I0214146

כרך שלישי

אופן ע"ג: באותו יום זכה משה לחכמה.........א'רט

והוא סוד ויקרא אל משה - יקר היא החכמה ניתנה למשה

סעודה שלישית דשבת קדש וסעודת מלוה מלכא (א'רטו) עצם הלוז (א'רטז) מצות הצדקה (א'ריח) ואהבת לרעך כמוך אני הוי' גימטריא ואהבת את ה' א-להיך (א'רכג) עצמותו יתברך קודם קריאה בשם (א'רכח) והיה טרם יקראו ואני אענה יקרא"ו צירוף ויקר"א (א'רכט)

אופן ע"ד: רמז כאן על עסקי אהל מועד דזמין לאתמשכנא.א'רלא

א' זעירא צורת יוד מרמז י' גלויות כו' דישראל נעשין זעירין

י"ב עצות בעבודת ה' (א'רלג) יבוא המלך והמן היום - צירוף שם הוי' כסדר ועניננו (א'רלה) יצר הרע לקח בשבי את יצר הטוב (א'רלז) ארור המן בגימטריא ברוך מרדכי (א'רלח) הכאת הקלי' מיניה וביה (א'רלט) השם דלפק"ט בו הכה הקב"ה את מצרים (א'רמב) הציפיה למשיח (א'רמג)

אופן ע"ה: מאחר שהראה הקב"ה למשה מאהל מועד דזמין לאתמשכנא.........................א'רמה

יבאר הטעם שלא נכנס משה לארץ ישראל

עשרה דברים נאמרו בכוס של ברכה (א'רנ)

אופן ע"ו: הגיהנם הוא אורך מהלך רי"ו אלפים שנה.........א'רסט

א' צורת רי"ו מרמז שכרן של הצדיקים

בסנה נרמזה למשה הגאולה העתידית (א'רעא) רמזי קריעת ים סוף (א'רבע) ת' עלמין דכסיפין (א'רדע) עבודת התפלה (א'רפ) מלכות ישראל (א'רפא) התחנן משה שלא לעבור דרך גיהנם ונענה - שנאמר עלה ראש הפסגה (א'רפב) רוח קודשו של רבינו (א'רפג)

אופן ע"ז: יש בצורת א' זעירא י"ו למעלה י"ו למטה...........א'רפה

אדם הראשון לאחר החטא נחלק לתרין בנין קין והבל סטרא רע וסטרא טוב ולכן א' נחלקה לתרין י"ו למעלה ו"י למטה ומשה זכה לתקנה - משה סוד הבל יתרו הקיני סוד קין

אין מזל לישראל (א'רפז) נר חנוכה אור הגנוז (א'רפז) משה גלגול הבל יתרו גלגול קין (א'רפח) שלמות התיקון בג' קוין (א'רפח) כ"ב אותיות וה' כפולות נרמזות והנה נער בכ"ה (א'רפח) תיקון הריגת הבל (א'רצא) הגלויות מסכים המגינים על בני ישראל מפני גלוי אורו הגדול ית' בטרם עת (א'רצו) ישראל עלה במחשבה (א'רצז) ג"פ צדקה משלים עשרת הדברות לחושבן מאה אלף סוד א"ק (א'רצט)

אופן ע"ח: צורת א' שהוא צורת י' סוד המקוה.........א'שג

ר"ם קבין במקוה ישראל נמנו ד' פעמים בתורה ד"פ ס' הרי ר"ם רבוא, במזבח ר"ם חגורי אפוד, י' עשרת ימי תשובה הן ר"ם שעות וכולהו רמיזן באלף זעירא

אתחלתא דגאולה (א'שד) עמ-רם וכנגדו עמ-לק דהוא ר"ם דקלי' (א'שו) נתן לנו את תורתו - תורה שבכתב, וחיי עולם נטע בתוכנו - תורה שבעל פה (א'שו) שם הוי' ב"ה רמיז בישראל (א'שיב) אדם

צורת י-ה-ו-ה (א'שיד) עבודת הזיכוך (א'שיד) לקליפה אין אחיזה בכתר ומכשיל האדם בכר"ת ואז יונק משם רח"ל (א'שטו) חוה היא אשת חיל עטרת בעלה (א'שטז) קריעת ים סוף - ז' לשונות של יראה (א'שיט)

אופן ע"ט: א' זעירא נרמז סוד כבוד ה' מלא את המשכן ....א'שכא

השכינה שם אדנ"י רוכבת על ת"ר מחנות שהם ק"כ צרופי שם א-להים ה' פעמים – וכאשר שכינתא בגלותא הרי א' זעירא

בשג"ם הוא בשר (א'שכג) בראשי"ת צירוף בשתי א"ר (א'שכה) מרדכי בדורו כמשה בדורו (א'שכו) חוה פגמה בד' אותיות שם הוי' ב"ה (א'שכח) משה אהרן ומרים בחינת שנים מקרא ואחד תרגום (א'שכט)

אופן פ': כתיב ה' קנני ראשית דרכו.........................א'שלא

כל התורה שמותיו של הקב"ה – שם הוי' שם העצם – נרמז בא' זעירא דויקרא

משה ויהושע נקראים נער (א'שלג) דוד תיקן חטא אדם הראשון (א'שלד) משה זכה לשער הנון (א'שלו) שלמות ישראל שנקראו אדם (א'שלח) אדם הראשון לא המתין ליום השבת (א'שלט)

אופן פ"א: כנפי ד' החיות הן רנ"ו...............................א'שמא

משה אהרן כלילן רנ"ו כנפי החיות וג' חיות דמרכבה עם פני אדם ולכן השרה הקב"ה שכינתו עליהם בסוד א' זעירא י"ו ו"י מכים זה בזה הרי רנ"ו

השמחה לעתיד לבוא ונגלה כבוד ה' (א'שמג) יש להתחזק במדת האמונה והבטחון (א'שדמ) משיח בן יוסף משיח בן דוד (א'שמו) משה וישראל (א'שמט) הכנעת עמלק (א'שמט) רוח קדשו של רבינו (א'שנ)

אופן פ"ג: אות א' של אנכי היתה הולכת לד' רוחין............א'שנא

ניצוצין מאות א' דאנכי נתפשטו לד' רוחות, ובאהל מועד א' זעירא

עשרת הדברות (א'שנג) טעם האור הגנוז (א'שנד) ניצוצין נקרא מימין ומשמאל (א'שנה) אושפיזין דחג הסוכות (א'שנח)

אופן פ"ד: אלף יומין דחול ותרין משיחין.......................א'שסז

משיח בן דויד משיח בן יוסף עולים אלף רמז לאלף זעירא

בראשית ברא סוד כתר מלכות (א'שעא) ישראל אשר בך אתפאר (א'שעא) ט' ניצוצין דאזדריקו לכל עיבר (א'שעב) תקון ליל שבועות - כ"ד קשוטי כלה (א'שעג) אור הגנוז דעתידא לאתגלאה (א'שעה) אין הדין נמתק אלא בשרשו (א'שעה)

אופן פ"ה: נרמז בא' זעירא מ"ם של אפרסמון................ א'שעז

מ"ם בלוחות לקביל מסו"ה של משה שעולה אל"ף

סוד יריחו (א'שעט) בכיבוש יריחו עלתה המציאות לכתר ונתבטלו החומות (א'שפ) רוח קודשו של רבינו (א'שפא) האבות הקדושים ריחות היו - למעליותא (א'שפב) עשרת הדברות - לוחות ראשונות ולוחות שניות (א'שפג) טל תחית המתים (א'שפד)

אופן פ"ו: צירוף א-להים מלא בריבועו גימ' אלף ואחד....... א'שפז

משה זכה לאלף כוחות של א-להים להכניע ג' גוליירין בישין ולכן א' זעירא

י"פ א-להים מזכיר באופן (א'שפט) בשג"ם הו"א בש"ר גימ' י"פ א-להים חסר א' לכן א' זעירא (א'שפט) בשג"ם נוטריקון ש'כינה מ'דברת ב'תוך ג'רונו - ממו"ר הרב צבי חשין שליט"א (א'שצא) ארץ ישראל - שער השמים (א'שצב) דלפק"ט - השם בו הכה הקב"ה את המצרים - מר' שמשון מאוסטרופולי (א'ת) גאולתא תליא באהבת חנם (א'תא) עד ששמשו של משה שוקע שמשו של יהושע זורחת (א'תב) משה ואהרן תקונא דאדם הראשון (א'תב)

אופן פ"ז: איתא בסודי רזיא שי' שמות הם שמות שאינם נמחקים ונחלקים לו' ולד'.. א'תה

א' זעירא צורת יו"ד והן י' דברים שנחלקים לו' ולד'

ד' שמות שאינן נמחקין באתוון זעירין ורברבין (א'תז) משה וירמיהו (א'תח) משה לא יכול לבטל הגזירה דלא יכנס לארץ ישראל (א'תח) משה ורבי עקיבא (א'תח) מלכותא קדישא דלה ועניה דלית לה מגרמא כלום (א'תח) העולם ו' קצוות עולה לגימטריא ה"פ משיח (א'תי) משה גילה האור הגנוז ומדוע יגנז בשנית בעלותו ראש הפסגה (א'תיא) ר"ב ל"ך - ערב רב עלה לדעתך (א'תיא) בראשית המחשבה עלה שיהושע מכניס (א'תיב)

אופן פ"ח: איתא ברעיא מהימנא פרשת כי תצא שבצורת אלף נרמזים הגואלים של ישראל .... א'תיג

בצורת אלף נרמזים ג' הגואלים משיח בן דוד, משה, משיח בן יוסף והיא זעירא דאנן בגלותא

משה גואל ראשון וגואל אחרון כדברי האור החיים הקדוש (א'תטו) כ"ד קשוטי כלה (א'תיח) על ידי ג' בחינות משיח מכניעים ג' בחינות עמלק (א'תכ) ישרא"ל נוטריקון י'ש ש'שים ר'בוא א'ותיות ל'תורה (א'תכא) אבי לבן נקרא בתואל - רצה לאסור כל בתולות עלמא על יצחק (א'תכב) תלת רישין בסוד עולם-שנה-נפש: בית המקדש (861) - ראש השנה (861) והא-להים נסה את אברהם (861) (א'תכב) רל"א שערים פנים ואחור (א'תכג) הקב"ה בעצמו יחיה המתים (א'תכג) גלוי אינסוף בתחית המתים (א'תכד) ביאור שיר השירים פרק ח' (א'תכד) נתאוה הקב"ה להיות לו ית' דירה בתחתונים (א'תכה)

אופן פ"ט: איתא בספר יונת אלם פרק שישי בסוד האלף וכו' פנימי חיצון מקיף......................... א'תכז

יבאר ענין ג' אורות פנימי חיצון ומקיף בעגל פגמו ומשה מסר נפשו ותיקנם - והם סוד א' זעירא

נשמת משה נמשכה מהנסתרות לה' א-להינו (א'תכט) אור חיצון על שם שמשם יניקות החיצונים (א'תכט) משה סוד אור קדמון (א'תל) מים אחרונים חובה - ג' בחינות באור (א'תלא) מים במספר כולל גימ' משה (א'תלא) כלום אדם (העליון) זורע כור ע"מ לקצור כור? (א'תל) ל"ט פעמים תיבה ע"ם ולבתר ג"פ בנ"י ישרא"ל (א'תלב) זכה משה לרב טוב הצפון לצדיקים לעתיד לבוא (א'תלה) ג' תוארים ברישא דצלותא: האל הגדול הגבור והנורא - מעשה דרבי חנינא (א'תלג) לעתיד לבוא הקב"ה מוציא חמה מנרתיקה (א'תלה) שבעת האושפיזין דסוכות מתקנים ג' האורות פנימי-מקיף-

אופן סו

אלף זעירא (רומזת) שבמלת ויקרא נרמזת סוד ד׳ חיות המרכבה שהן אריה שור נשר אדם בגימטריא אלף שי״ז והוא סוד דמש״ק אליעזר דמשק נוטריקון ד מחנות שכינה קדושה הוא מנין אליעזר אלף הוא אלף נשתייר אח״כ שי״ז מנין אברהם אבינו, עולם העליון.

לכן בכאן ויקרא הוצרך להורות לנו ד׳ חיות המרכבה שהם חשבון אלף שי״ז כמנין ויקרא שהוא שי״ז ולמדרש פעם אחרת א׳ שהיא רומזת על אלף שיהיה החשבון מכוון אלף שי״ז כמנין היקר של מעלה שהם חיות המרכבה.

אופן סו

אלף זעירא רומזת שבמלת ויקרא נרמזת סוד ד' חיות המרכבה שהן אריה שור נשר אדם (יחזקאל א',י') בגי' אלף

גלא עמיקתא

והנה יחזקאל הנביא מתאר [א]ד' חיות המרכבה, דהיינו (יחזקאל א',י'):

[א] ריקאנטי במדבר פרק א: וידבר יי' אל משה במדבר סיני באהל מועד וגו' [א, א]. נתעוררו רבותינו ז"ל בספר הזוהר [ח"ג קיז ע"א] על אמרו במדבר סיני באהל מועד וכו', למה הוצרך לכל הביאורים האלו, כי לא דבר רק הוא, אמר שם עלמא לא אשתלים עד דקבילו ישראל אורייתא בטורא דסיני ואיתוקם משכנא כדין אתקיימו עלמין ואיתבסמו עילאין ותתאין, כיון דאורייתא ומשכנא אתקיימו בעא קודשא בריך הוא למיפקד מילוי דאורייתא כמה חיילין אינון דאורייתא כמה חיילין אינון דמשכנא, תא חזי כל מלה דבעי לאתיישבה לדוכתיה לא מתיישבא עד דמדכר בפומא ואתמני עלה, אוף הכא בעי קודשא בריך הוא למיפקד חיילין דאורייתא וחיילין דמשכנא וכולהו הוו כחד ולא מתפרשא דא מן דא כולהו כגוונא דלעילא דהא אורייתא ומשכנא לא מתפרשי דא מן דא ואזלי כחדא, ובגיני כך חייליהון עיילין בחושבנא לאישתמודע גבייהו בר אינון אחרנין דלית להו חושבנא, ובגיני כך כתיב וידבר יי' אל משה במדבר סיני באהל מועד, אי במדבר סיני אמאי באהל מועד ואי באהל מועד אמאי במדבר סיני, אלא חד לאורייתא וחד למשכנא בהאי ובהאי. באחד לחדש השני בשנה השנית, כולא חד והאי איקרי חדש זיו, רמז לההוא ירחא ושתא דשמשא נהיר לסיהרא דהא כדין עלמין כולהו אשתכחו בשלימו, תא חזי לא אשתכח בהו מניינא בישראל דאיתברכאן ביה בר האי, דהא מניינא לאתברכא הוה מניינא לאשלמא שלימותא דעלמין הוה ובתר דברכאן נפקין אתמנון דכתיב באחד לחדש השני, דאיהו זיוא וברכאן דעלמא דמיניה נפיק זיוא לעלמא, ועל דא איקרי חדש זיו דזיוא דכולא נפק מיניה, ועל דא כתיב [תהלים קלד, ג] יברכך יי' מציון, וכולא חד מלה, וכתיב [שם קלג, ג] כי שם צוה יי' את הברכה חיים עד העולם. לצאתם מארץ מצרים, לאשתמודעא דכד ישראל נפקו ממצרים בחדש הראשון הוה. והנה לפי כוונתם מדבר סיני ואהל מועד הם רמז להקב"ה ולשכינת עוזו, מדבר סיני רמז למדת רחמים, כי שם נתנה תורה שבכתב, ואהל מועד רמז למדת הדין הנקראת כך, כי היא ביתה ובה שוכן, כענין [להלן לה, לד] כי אני יי' שוכן בתוך בני ישראל, ובאמצעותה הקדוש ברוך הוא מדבר עם הנביאים שנאמר וידבר יי' מאהל מועד לאמר, כי כל מי שמדבר עמו ע"י אהל זה מדבר עמו, ותרגום אהל משכנא, הוא סוד השכינה. וענין מועד, מלשון בית וועד וזימון, כלומר שהשי"ת מזומן בו תמיד והוא בית הוועד שלו, מלשון [שמות כה, כב] ונועדתי לך שם, והיא היתה הולכת במשכן לפני מחנה ישראל, שנאמר [שיר השירים ד, ו] מי זאת עולה מן המדבר כתימרות עשן, דימה השכינה ההולכת לפני מחנה ישראל לתימרות עשן שהוא מתמר ועולה, כך השכינה מתעלה לקבל מן הכחות אשר לפניה, ואמר כתימרות עשן, כי עיקר קבלתה מן האש הגדולה מקוטרת מור ולבונה מקבלת אצילות ושפע מן המור ולבונה, והרמז לזרועות עולם. וקראה זאת, כד"א [בראשית ב, כג] כי מאיש לוקחה זאת. ובעבור כי השכינה היתה שרויה בתוכם, על כן עשו משכנה כתיקון המרכבה עליונה, ותקנו לה ארבע דגלים, רמז לארבע מחנות שכינה, והסימן מרכבו ארגמ"ן [שיר השירים ג, י], א'וריאל, ר'פאל, ג'בריאל, מ'יכאל, נ'וריאל, רמז שהיא רוכבת על ד' חיות המרכבה, שנאמר [יחזקאל א, יג] היא מתהלכת בין החיות, מלת היא רומזת לשכינה כאשר נבאר בגזירת האל. והמנין הזה שנמנו כאן ישראל, היה להורות כבוד למעלה מכבוד, שנאמר [קהלת ה, ז] כי גבוה מעל גבוה שומר, כי גלוי וידוע היה לפניו מנין ישראל, רק בעבור כי יש כמה ענינים שצריך לעשות בהם מעשה או דבור להוציא בפועל ואינו מספיק בהם הידיעה לבד, כי העליונים צריכים לפעולות התחתונים, גם כי המנין רומז למדת הדין, ועל כן נאמר [פסוק ג] יוצא צבא, כי מנינם היה מבן עשרים ועד בן ששים בעוד תקפו וגבורתו, שהאש היסודי שולט עליו, אבל הכהנים שבאו ממדת החסד לא נמנו, והרמז לכל זה אלה פקודי המשכן וגו' [שמות לח, כא], והבן כל זה. ומפני שמדותיהן של לוים חלוקים משל ישראל, לכך נמנו בשני

שי"ז והוא סוד דמש"ק אליעזר (בראשית ט"ו,ב') דמשק נוטריקון ד' מ"חנות ש"כינה ק"דושה הוא מנין אליעזר אלף

גלא עמיקתא

א'. [ב]ודמות פניהם פני אדם ב'. ופני אריה אל הימין לארבעתם ג'. ופני שור מהשמאול לארבעתן ד'. ופני נשר לארבעתן גימ' (5353) "זה אלי" (53) פעמים "מלוכה" (101) באור הענין: ארבעת החיות הם המרכבה הקדושה של המלכות, ועל הים אמרו (שמות ט"ו,ב') "זה אלי ואנוהו" [1עיין במקום

מניינים. **[ב] ילקוט שמעוני יחזקאל רמז שלז:** וארבעה פנים לאחת וארבע כנפים לאחת, וכתיב שש כנפים שש כנפים לאחד? ר' יעקב בר זבדי בשם ר' אבהו בשביל כפרתן של ישראל הוסיף להם עוד שתים לקיים ולא יהיה עוד לבני ישראל למבטח מזכיר עון, אמר הקדוש ברוך הוא יתכסו רגליהם שהם דומות לעגל, אתה מוצא שאין לך גדול בעוף מן הנשר ונעשה פנים לחיה, שנאמר ופני נשר לארבעתן, הגדול שבחיות ארי והוא נתון בחיה שנאמר פני (האחד) [אדם] ופני אריה, והשור גדול בבהמה ועשה אותו פנים לחיה שנאמר ופני שור מהשמאל לארבעתן, ובשביל כבודם של ישראל מחק את השור ונתן כרוב תחתיו שנאמר פני האחד פני הכרוב וכל כך למה לכפר עונותיהם של ישראל. ורגליהם רגל ישרה, שאין להם קפצים א"ר יוסי בר חנינא בשם ר' אליעזר בן יעקב המתפלל צריך שיכוין את רגליו שנאמר ורגליהם רגל ישרה, ורגליהם רגל ישרה כמנין ישרה, כתיב קרוב ה' לכל קוראיו, וכתיב כה' אלהינו בכל קראנו אליו, א"ר לוי מן הארץ ועד לרקיע מהלך ת"ק שנה ועובי כל רקיע ורקיע מהלך ת"ק שנה ובין כל רקיע ורקיע מהלך ת"ק שנה, א"ר ברכיה אף טלפי החיות מהלך ת"ק שנה ועוד ט"ו מה טעם ורגליהם רגל ישרה כמנין ישרה, ראה כמה הוא גבוה מן עולמו ואדם נכנס לבית הכנסת ומתפלל אחרי העמוד ולוחש את תפלתו והקב"ה מאזין לו יש לך אלוה גדול כזה, וידי אדם מתחת כנפיהם א"ר כהנא משום רבי ישמעאל בר' יוסי ורבנן אמרי משום ר' יהודה נשיאה זה ידיו של הקדוש ברוך הוא שפרושות תחת כנפי החיות כדי לקבל בעלי תשובה מפני מדת הדין והחיות רצוא ושוב, א"ר יהודה כאור היוצא מפי הכבשן, מאי כמראה הבזק, כאור היוצא מבין החרסים א"ר איבו רצות אין כתיב כאן אלא רצוא רוצים לעשות שליחותו:

1. ר' עזרא ור' פרידא (מנחות נ"ג): א' זעירא דויקרא רמיזא א' דממתקא דין בסוד א-דני א-דין ד"אין הדין נמתק אלא בשרשו" גימ' (1560) "כלי" פעמים "הוי'" (26)- דשם א-דני במלכות בסוד "כלי", דאיהי דלה ועניה דלית לה מגרמה כלום- בסוד כלי ריקן מחזיק וכו', והוא עצה בעבודת ה' דיעשה האדם עצמו כלי ריקן ויבטל עצמו בפני השי"ת ע"י רבוי תורה תפלות ותחנונים ומע"ט, וגורם השראת השכינה וממתק דינים בשרשם, וכמו דוד המלך ע"ה דהוה מרכבה שלימה לספי' המלכות בסוד רגל רביעי, ואמר ולבי חלל בקרבי וכו', והנה במזמור קי"ח חזינן גודל הבטחון דדוד בהשי"ת עיי"ש כל המזמור, ושם עניין המתקת הדין בשרשו בפס' י"ג "דחה דחיתני לנפל וה' עזרני" גימ' (1064) א' דין- מרמז המתקת הדין בשרשו [וכמ"ש (עץ חיים שער י"ג פי"א) אין הדין נמתק אלא בשרשו] על ידי א'- והיא א' זעירא דאזעירת גרמה בסוד בטול.

והנה אנחנו ערב חג השבועות ה'תשע"ד הבא עלינו לטובה בעז"ה, ובגמ' מנחות (דף נ"ג) אמרו רבנן לרבי פרידא דרבי עזרא בר בריה דרבי אבטולס דהוא עשירי לר' אלעזר בן עזריה דהוא עשירי לעזרא, קאי אבבא אמר אי בר אוריין יאי וכו' ואי לא אישא תיכליה וכו', ופתח עמו באגדתא והביא מתהלים (ט"ז,ב') כתיב "אמרת לה' א-דני אתה טובתי בל עליך" אמרה כנסת ישראל לפני הקב"ה וכו' אמר לה טובתי בל עליך, ורמיזא אורייתא דמתחלא ב' ומסיימא ל' הרי "בל", ובא"ת ב"ש בל היינו ש"ך דהן ש"ך דינים ה"פ דין גימ' ש"ך כנודע, בל פשוט וא"ת ב"ש גימ' (352) "(אתה הראת לדעת כי) ה' הוא האלהים אין עוד מלבדו" (דברים ד',ל"ה) דאמרינן בהוצאת ס"ת, והוא המתקת הדינים- שם הוי' ממתיק שם אלהים. וכשהגיע שם רבי פרידא (באותו פרק ט"ז בתהלים) "לקדושים אשר בארץ המה ואדירי וכו'" ושמע ר'

עזרא ואז פתח ודרש בכמה דרשות והראה לו לר' פרידא דבר אוריין הוה, וחזינן שם בדרשתו דבר אוריין הוה ידע למתקא דין בשרשו, וזאת התורה- כאמרם בראתי יצה"ר בראתי לו תורה תבלין- וכנודע תבלין ממתק האוכל וכו' ובכל דרשה ודרשה שדרש חזינן מתוק הדין, ונביא ב' מדרשותיו ותן לחכם ויחכם עוד, ונחזה המתקת דין בשרש וכדכתיב (עץ חיים שער י"ג פי"א) אין הדין נמתק אלא בשרשו: א'. פתח ואמר- יבא טוב ויקבל טוב מטוב לטובים- ומפרש דבריו ומביא פס' לכל דבר, וסליק לחושבן דהיינו "יבא טוב (זה) משה (דכתיב) ותרא אותו כי טוב הוא ויקבל טוב (זו) תורה (דכתיב) כי לקח טוב נתתי לכם מטוב (זה) הקדוש ברוך הוא (דכתיב) טוב ה' לכל לטובים (אלו) ישראל (דכתיב) היטיבה ה' לטובים" (4992) (לא חשבינן ח"ע) "מלח" (ג' הוי'-78) פעמים דין (64), וכמו שידוע בכונות האכילה דטובלין לחם במלח ג"פ לאחר ברכת המוציא בסוד מתוק הדינים, ועיין אופן קל"ג. ב'. ודרש ר' עזרא דרוש נוסף- יבא זה ויקבל זאת מזה לעם זו- ומבאר דבריו ומביא פס' לכל דרשה, ואנו נקיים בואו חשבון- "יבא זה (זה) משה (דכתיב) כי זה משה האיש ויקבל זאת (זו) תורה (דכתיב) וזאת התורה אשר שם משה מזה (זה) הקדוש ברוך הוא (דכתיב) זה אלי ואנוהו לעם זו (אלו) ישראל (דכתיב) עם זו קנית" סליק לחושבן (ללא זה אלו ודכתיב מה שבחצאי עיגול כנ"ל) ע"ה (6464) ק"א (101) [מאה ואחת] פעמים דין (64) [ועיין לעיל אופן פ'] והוא בסוד מה שאמרו חז"ל (חגיגה ט:) אינו דומה שונה פרקו מאה פעמים לשונה פרקו מאה ואחת פעמים, משום דיוצא מגדר רגילותו וממתקו ליצה"ר דיסכים שילמד אבל בקרירות ובשגרה עד לשכחו מנותן התורה ח"ו- וכדחזינן בערכאות חילוניים אוניברסיטה וכד' דלומדים גמרא ואפילו תורת הסוד רח"ל מצות אנשים מלומדה, וה' ירחם ויצילנו מקלי' עמלק דפשטה במחוזותינו ועם עזרים אלקטרוניים רח"ל להכשיל בחורינו תמימי ה' והחכם עיניו בראשו ישמור עצמו וילדיו וכו' וכדזועקים רבנים עיני העדה השכם והערב, וה' יעזרנו. וחזינן דהאי דרשה יבא זה וכו' סליק לחושבן ע"ה (6464) דהוא בעצמו

הוא אלף נשתייר אח"כ שי"ז מנין [ג]אברה"ם אבינ"ו [ד]עול"ם העליו"ן לכן בכאן ויקרא הוצרך להורות לנו ד' חיות המרכבה

[ג] **משנה מסכת תענית פרק ב משנה ה:** מעשה בימי ר' חלפתא ור' חנניה בן תרדיון שעבר אחד לפני התיבה וגמר את הברכה כולה ולא ענו אחריו אמן תקעו הכהנים תקעו מי שענה את אברהם אבינו בהר המוריה הוא יענה אתכם וישמע בקול צעקתכם היום הזה הריעו בני אהרן הריעו מי שענה את אבותינו על ים סוף הוא יענה אתכם וישמע בקול צעקתכם היום הזה וכשבא דבר אצל חכמים אמרו לא היינו נוהגין כן אלא בשער מזרח ובהר הבית: [ד] **אלשיך בראשית פרק א:** ונבא אל הענין. והוא כי הנה ידענו מרבותינו ז"ל (בראשית רבה ח ה) מה גדלו קטרוגי מלאכי השרת על בריאת אדם, באומרם אליו יתברך מה אנוש כי תזכרנו וכו'. והוא על היותו מעותד לחטא, ועל כן בדור המבול שבו על משמרתם לדבר ולומר לפניו יתברך, הלא נמצאו דברינו, כי הנה הרבו לפשוע ומאבדים את העולם שנברא בעשרה מאמרות. על כן אומר כי בא לשים לפניהם כוונת הבראו ואיך הוא תועלת גם למלאכי השרת. כי מלאכתם - להיות צנורות להריק שפע ברכה לקיים עולם - גם הוא לא יהיה אלמלא אדם, כי בלעדו איזה חבל אשר יקשר העולם השפל החומרי, אף עם אשר עליו והוא עולם הגלגלים, ומה גם עתה עם עולם המלאכים וכל שכן עם עולם העליון, להשתלשל השפע כסידרן והלכתן אם לא על ידי האדם המקיים את התורה, ככל הכתוב למעלה. כי הוא כולל ארבע העולמות, השפל, והשני של גלגלים, ושל מלאכים, ועולם הנשמות. וגם התורה כוללת כולם בארבע בחינותיה כמדובר למעלה. שעל ידי כן יתאחדו ויתקשרו העולמות ותורק ברכה ושפע מעולם העליון דרך המדרגות. ואלמלא הוא לא היה מבוא אל השפע העליון לבא אל הארץ, ומה גם אל שלש יסודותיה השפלים יותר, הם יסוד המים ורוח ועפר. ולשמא ישיבו אמרים אמת כי למה שהבחירה חפשית, הלא כמו שיתעתד האדם לקיים עולם, גם יתקיים ויתעתד לאבדו. על כן בהמשך הכתובים הורה הוא יתברך תועלת אדם אל שפע וקיום העולמות, ולתת טוב טעם לפניהם להעלות ארוכה ומרפא אל הקושי הלז. והיחל ואמר למלאכיו יתברך נעשה אדם, לומר הנה בין כולנו - הוא כללות העולמות - נעשה אדם כלומר מאדמה

שהוא החומר מעולם השפל, משותף בצלמינו שלי ושלכם, שכולל עולם העליון שהוא על הנשמה ועולם המלאכים על הרוח, כי גם הם נבראו בצלם, כמו שאמרו רבותינו ז"ל (שם). וגם בדמותנו הוא על הדומה לנו בצד מה, והוא הנפש מעולם הגלגלים ככל הכתוב למעלה. וכל זה לקיים עולם. כי על ידי כן ימשך כי צלמנו ודמותנו הנזכרים הכוללים שלשת העולמות העליונים, אין צריך לומר ירדו וישפיעו עד יסוד האש הקרוב אל הרוחניות, כי אם גם ירדו בדגת הים הוא יסוד המים אפילו שמתחת לארץ, ובעוף השמים הוא יסוד האויר, ובבהמה וכו' הוא יסוד הארץ, עד היותר שפל באיכות הוא הרמש הרומש על הארץ. כי אלמלא האדם המקשרן ומאחדן, לא היה רדוי העולמות העליונים משתלשל עד למטה לארץ, ומה גם על רמש האדמה

שהם חשבון אלף שי"ז כמנין ויקרא שהוא שי"ז ולמדרש פעם אחרת א' שהיא רומזת על אלף שיהיה החשבון מכוון אלף שי"ז

גלא עמיקתא

אחר בפירוש ענין [ה]ר' עזרא ור' פרידא (מנחות נ"ג)] ודרשו חז"ל [ו]ראתה שפחה על הים מה שלא ראה יחזקאל וא"כ קל וחומר שראתה דמות ארבע חיות המרכבה שראה יחזקאל. וכותב: דמש"ק נוטריקון "ד' מחנות שכינה קדושה" גימ' (1308) ד' פעמים "דודי ירד לגנו" (327) (שיר השירים ו',ב') ועיין מה

מספר "דין דין" אמנם בהכפלה ק"א פעמים דין כנ"ל, ועם המימרא קדמאה יבא טוב וכו' סליק לחושבן (11456) (ע"ח פעמים דין עם ק"א פעמים דין) "ונהפוך הוא" (179) פעמים "דין" והפלא ופלא הוא סליק לחושבן "בל" פעמים "משיח", דהביא ר' פרידא הפס' "טובתי בל עליך" [ורמיזא "בל" אותיות ראשונה ואחרונה בתורה, ו' רבתי דגחון (ויקרא י"א,מ"ב) אמצע אותיות רמיזא נחש גימ' משיח] והאי דחשבינן בל פשוט וא"ת ב"ש עולה גימ' (352) "ה' הוא האלהים אין עוד מלבדו" כדלעיל, ועם ו' תבותיו עולה "משיח". וחשבינן "בל" בא"ת ב"ש ש"ך (דינים כנ"ל) משיח בא"ת ב"ש יבק (הוי' אלהים בסוד מתוק הש"ך דינים) וכפי שבפשוט הוה כולי האי תרי מימרות "בל" פעמים "משיח", בואו חשבון האי א"ת ב"ש דילהון, דהיינו ש"ך פעמים יב"ק סליק לחושבן (35840) "יודע צדיק דין דלים" (משלי כ"ט,ז') ע"ה (448) פעמים "במלח" (80), כמ"ש במש' באבות פת במלח תאכל וכו'. והנה הוא הפלא ופלא דהני תרי מימרות דר' עזרא ענינם מתוק הדינים כאו"א, וכן כאשר הן יחד, וכן בא"ת ב"ש בסוד או"ח, והמפליא לעשות הוא יודע

[ה] **תלמוד בבלי מסכת מנחות דף נג עמוד א**: אמרי ליה רבנן לרבי פרידא: רבי עזרא בר בריה דרבי אבטולס דהוא עשירי לר' אלעזר בן עזריה דהוא עשירי לעזרא קאי אבבא, אמר: מאי כולי האי? אי בר אוריין הוא יאי, אי בר אוריין ובר אבהן יאי, ואי בר אבהן ולא בר אוריין אישא תיכליה! אמרו ליה: בר אוריין הוא, אמר להו: ליעול וליתי. חזייה דהוה עכירא דעתיה, פתח ואמר: אמרת לה' אדני אתה טובתי בל עליך - אמרה כנסת ישראל לפני הקדוש ברוך הוא: רבונו של עולם, החזק לי טובה שהודעתיך בעולם, אמר לה: טובתי בל עליך, איני מחזיק טובה אלא לאברהם יצחק ויעקב שהודיעוני תחלה בעולם, שנאמר: לקדושים אשר בארץ המה ואדירי כל חפצי בם. כיון דשמעיה דקאמר אדיר, פתח ואמר: יבא אדיר ויפרע לאדירים מאדירים באדירים; יבא אדיר - זה הקדוש ברוך הוא, דכתיב: אדיר במרום ה', ויפרע לאדירים - אלו ישראל, שנאמר: ואדירי כל חפצי בם, מאדירים - אלו המצרים, דכתיב: צללו כעופרת במים אדירים, באדירים - אלו מים, שנא': מקולות מים רבים אדירים משברי ים. יבא ידיד בן ידיד ויבנה ידיד לידיד בחלקו של ידיד ויתכפרו בו ידידים; יבא ידיד - זה שלמה המלך, דכתיב: וישלח ביד נתן הנביא ויקרא שמו ידידיה בעבור ה'.

[ו] **מכילתא בשלח פרק טו סימן ב**: עזי. עוז שנתתי לו. כדכתיב תנו עוז לאלהים (תהלים סח לה), וננקד בחטף קטן, להודיעך כי הוא שם דבר והיו"ד טפל בו, כמו (מעברם) [מעסים] רמוני (שה"ש ח ב), שכני בחגוי סלע (עובדי' א ג), והיא תוקף, וכן וזמרת, זמר הוא יסוד המלה, והוא שם דבר שבח והתי"ו לסמיכה: וזמרת יה. וזמרה שהייתי מקלס לפניו, לפיכך ויהי לי לישועה לשעבר, כדכתיב ויושע ה' את

כמנין היקר של מעלה שהם חיות המרכבה.

גלא עמיקתא

שכתבנו 2בבאור עשרת המכות מכת ארבה פסוק י' וכן לגנ"ו גימ' (89) חנוכ"ה רמיזא הארת [ז]אור הגנוז דזכה לה משה בחיי חיותו. ומנין אל"ף שי"ז ויקר"א הרי שי"ז א' מאל הרי אל"ף שי"ז.

דכשנחברם יחד, היינו הני תרי מימרות דר' עזרא פשוט וא"ת ב"ש בפשוט סליק לחושבן (11456) "ונהפוך הוא" פעמים "דין" (64), וא"ת ב"ש גימ' (משלי כ"ט) "יודע צדיק דין דלים" פעמים "במלח" כנ"ל, וסליק כלא לחושבנא (עם כ"ד כוללים דכל צרוף חשבינן כולל אחד כגון יבא טוב כולל אחד ותרא אותו כי טוב הוא כולל אחד וכו') (47320) 1820 פעמים הוי' (26), והוא מפליא לעשות פלא עליון דהאי חושבנא איהו מספר הפעמים דכתוב שם הוי' בתורה כולה ובמכוון, וכמ"ש לעיל כמה פעמים דגלהו לפני כמאה שנה ר' פנחס זלמן איש הורוויץ וכתבו בספרו הק' אהבת תורה, וחזינן דשם העצם דהוא היקר דקוב"ה רמיזא ב-א' זעירא אלופו של עולם וכדביארנו לעיל, ורמיזא בהני תרי מימרות דר' עזרא בגמ' מנחות (דף נ"ג), ומעתה יובן באר היטב האי דאמרו חז"ל בראתי יצר הרע ובראתי לו תורה תבלין- דכל התורה שמותיו של הקב"ה, ובה 1820 פעמים שם העצם הוי' ב"ה דהוה שרש לשאר שמותיו וממילא שרש לתורה כולה, ושלמות התורה שבכתב ע"י תורה שבע"פ, וזהו דאמר ר' עזרא הני תרי מימרות ובחושבן פשוט וא"ת ב"ש סליק 1820 פעמים הוי' והוא בהכאה בסוד מתוק הדין בשרשו, ובהאי חושבנא איהו מתוק מיניה וביה דחושבן 1820 היינו מספר שם העצם הוי' ב"ה בתורה כולה איהו חושבן גימ' (1820) כח (28) פעמים אדנ-י (65) בסוד הפס' (במדבר י"ד,י"ז) "ועתה יגדל נא כח אדנ-י" ועולה גימ' "מאה ועשרים" דהוו שנותיו דמרע"ה, וכמו שאמרו חז"ל (בגמ' חולין קלט:) משה מן התורה מנין ומביאים שם הפס' (בראשית ו',ג') "בשגם הוא בשר והיו ימיו מאה ועשרים שנה" בשג"ם גימ' מש"ה, ועי' לעיל אופן ל"ד בעניין י' רבתי (דיגדל) בסוד נקודה-קו-שטח, ודכאן המתוק בשרשו דכח פעמים אדנ-י הוה הגדרת כח הדין ומתוקו בתורתינו הק' בשם העצם הוי' ב"ה דהוא 1820 פעמים כהאי גימ' דכח פעמים אדנ-י, ויש לעיין עוד בנפלאות מימרות קדמאי דר' עזרא בסוגיין בגמ' דנן (מנחות נ"ג) "תן לחכם ויחכם עוד" (משלי ט',ט') גימ' עם הכולל (713) "תשובה", וממשיך "הודע לצדיק ויוסף לקח" סליק כולא פסוקא לחושבנא (1332) י"ב פעמים אלף בסוד א' זעירא כנ"ל, ויהי רצון דנזכה למתוק הדינים בגאולה האמיתית והשלמה וביאת משיח צדקנו במהרה בימינו אמן.

ישראל ביום ההוא (שמות יד ל), ומעתה יהי לי לישועה בכל דור ודור, יהי לי לישועה לעתיד, כדכתיב ישראל נושע בה' תשועת עולמים (ישעי' מה יז), ואיזה זה, זה אלי. ר' אליעזר אומר ראתה שפחה על הים מה שלא ראו יחזקאל וישעי', שנא' וביד הנביאים אדמה (הושע יב יא), שלא היו רואין אלא מתוך מראות, שנאמר נפתחו השמים ואראה מראות אלהים (יחזקאל א א), ומתוך שראו שרפים וחיות הקודש מימין ומשמאל, לפיכך לא היו מכירין כבוד יוצרם, אבל כשנגלה הקדוש ברוך הוא על הים לא נגלה עמו לא מלאך ולא שרף ולא חיות הקודש, לפיכך רואין בראיית נשמה ובראיית הלב ומכירין כבוד יוצרם דומה להם כאילו רואים בעיניהם, ואפי' עוללים ויונקי שדים היו רואין כבוד יוצרם, ומראין אותו באצבע, ואומרים זה אלי, וכן יהא לעתיד, שנא' ואמר ביום ההוא הנה אלהינו זה וגו' (ישעי' כה ט).

[ז] **תלמוד בבלי חגיגה דף יב עמוד א:** ואור ביום ראשון איברי? והכתיב ויתן אתם אלהים ברקיע השמים וכתיב ויהי ערב ויהי בקר יום רביעי! - כדרבי אלעזר. דאמר רבי אלעזר: אור שברא הקדוש ברוך הוא ביום ראשון - אדם צופה בו

2. עשרת המכות: פסוק י': ויאמר אלהם יהי כן ה' עמכם כאשר אשלח אתכם ואת טפכם ראו כי רעה נגד פניכם גימ' (3270) י"פ "דודי ירד לגנו" (שיר השירים ו',ב') (327) רמז לגאולה העתידה גלוי אור הגנוז "לגנו" גימ' (89) "חנוכה" דוד"י אתוון דוי"ד מלכא משיחא, "ירד" גימ' (214) ב"פ "אנכי" די' דברות דיתרו ואתחנן. ועיין בפסוקא דנן אריכות דברי רש"י בענין תיבה רע"ה- והוא חושבן (275) "באור גנוז", וקשר האי חושבן לאריכות דברי רש"י.

גלא עמיקתא

והפסוק כולו: [ח]**ויקרא אל משה, וידבר ה' אליו מאהל מועד לאמר** גימ' (1455) **אל"ף תנ"ה דהוא משה במלוי יודין כנ"ל. והני כל תשעת הדברים, דהיינו: ויקרא אל משה וידבר ה' אליו מאהל מועד לאמר** (1455) **ד' מחנות שכינה** (1308) **ודמות פניהם** [היינו ד' החיות] (5353) **גימ'** (8116) **הו"ד** (15) **פעמים ישרא"ל** (541) **עם הכולל. וכגון מאי דאמר דוד** (תהל' צ"ו) "הוד והדר לפניו"– **ות"י: שבחא קדמוי. ומי הם המשבחים לפניו יתברך– והיינו קוב"ה– ישראל, וכן אמרו המלאכים** (תהל' ח') "**אשר תנה הודך על השמים**"– **דאיהי אורייתא קדישא. וזהו דכפלינן הו"ד פעמים**–

מסוף העולם ועד סופו, כיון שנסתכל הקדוש ברוך הוא בדור המבול ובדור הפלגה וראה שמעשיהם מקולקלים - עמד וגנזו מהן, שנאמר וימנע מרשעים אורם. ולמי גנזו - לצדיקים לעתיד לבא שנאמר וירא אלהים את האור כי טוב, ואין טוב אלא צדיק, שנאמר אמרו צדיק כי טוב. כיון שראה אור שגנזו לצדיקים שמח, שנאמר אור צדיקים ישמח. כתנאי: אור שברא הקדוש ברוך הוא ביום ראשון אדם צופה ומביט בו מסוף העולם ועד סופו, דברי רבי יעקב. וחכמים אומרים: הן הן מאורות שנבראו ביום ראשון ולא נתלו עד יום רביעי.

[ח] **של"ה פרשת ויקרא תורה אור**: יז. נחזור ונבוא אל ענין שלנו בענין שלשה טעמים הנזכרים לעיל (אות ה - ז). טעם הראשון שהקרבנות באות לכפרה, זהו נראה בפרטיות בחטאת ועולה ואשם כו'. טעם השני בסוד התמורה, זה נראה ביותר בקרבן תודה, שאמרו רבותינו ז"ל (ברכות נד ב) ארבעה צריכין להודות, ומחויב להביא קרבן תודה מחמת הנס שנעשה לו, וכבר כתבתי (אות יד) הצלת הנס הוא בסוד תמורה וחליפין. וענין 'קרבן לידו"ד', נראה ביותר בסוד התמידין ומוספי ראש חודש ושבת וזמנים, שהם ימים המקודשים. וזה ענין המאמר של אדם ונח ואברהם. אדם הראשון הקריב לכפרה לאחר שחטא, ואמר אין גנאי לדבר עם אריסו. במדרש (רבה) פרשת כי תשא (ילקוט שמעוני ח"א רמז שצ"א) איתא, רבי ברכיה בשם רבי לוי, משל למלך שהיה לו כרם ומסרו לאריס, כד הוה עבד חמר טב, [הוה] אמר מה טוב חמרא דכרמי, וכד הוה עבד ביש, [הוה] אמר מה ביש חמרא דאריסי כו'. והעתקתיו לעיל בפרשת כי תשא (אות י). נודע כי עולם הבא הוא חמר טוב, כי הוא נקרא יין המשומר בענביו (ראה ברכות לד ב), וכל הטוב הוא מצד הקדוש ברוך הוא, כי טוב ה'. אמנם אדם בבחירתו בחר ביין רע, כי חוה סחטה אשכול של ענבים כו' (בראשית רבה פי"ט ס"ה). על כן קרא לאדם הראשון אריס וקלקל ביין המשומר, על כן הביא קרבן לכפר לתקן ולכנוס ליין המשומר. נח היה מארבעה שצריכין להודות, כי היה מיורדי הים ויותר מזה. וכבר כתבתי קרבן תודה מהנס ענין תמורה, והבהמה והבקר והצאן תמורתו, זהו שקראו נקדוד. אברהם אבינו היה פונדק ההיכל להשם יתברך, כמו שנאמר (בראשית יז, כב) 'ויעל אלהים מעל אברהם', מלמד שהוא המרכבה. וכתבתי במקום אחר (פרשת לך אות כו) שבתיבת שם אברהם נרמזו המרכבות, והוא קיים 'אדם כי יקריב מכם' ממש, שהקריב את בנו לגבוה, ודיבק אדם תחתון באדם העליון בסוד 'ואתם הדבקים בידו"ד' (דברים ד, ד), כי יצחק עולה תמימה והוא קרבן לידו"ד. ואמר 'אליו' למעט את אהרן, ופירשתי לעיל (אות ד) בפשט המאמר, שנגד זה אמר בהמאמר ויקרא אל משה לא כאברהם כו'. הענין יתבאר על פי שתי הקדמות קצרות, אחד מה שבארתי לעיל (אות ג) שאהרן נבחר ונתקרב במקום אדם הראשון שנתרחק ונעשה כהן גדול. גם אברהם תיקון אדם, ונקרא אדם הגדול, כמו שכתבתי בפרשת חיי שרה (אות ד - ה). ובא הכהונה לאהרן ויצא מכלל זרות להיות קודש, ונתקדש בשמן המשחה ובבגדי הכהונה שהם כתנות אור במקום כתנות עור, כמו שכתבתי בפרשת תצוה (אות ב). שני, הוא מה שכתבתי גם כן שם (אות ב - ג) במאמר משה שימש בחלוק לבן (תענית יא ב), שמשה מיום הולדו נעשה אור, ונתמלא הבית כולו אור (סוטה יב א) ולא היה מעולם זר עיין שם באורך. ומעלתו הרבה יותר ממעלת אהרן, כי אהרן היה זר, רק אחר כך יצא מכלל זרות להתקדש, אבל משה רבינו ע"ה לא היה מעולם זר. על כן 'אליו' למעט את אהרן, ויצדק גם כן דברי המאמר 'ויקרא

גלא עמיקתא

3[ט]דקוב"ה אורייתא וישראל חד (זוה"ק אחרי עג.). וכאשר נחשב ללא הפסוק ויקרא אל משה וכו' והיינו ד' חיות ו-ד' מחנות שכינה גימ' (6661) כל"י (60) פעמים אל"ף (111) ע"ה – דהני ד' חיות א"נ מחנות הן כלי להשראת אלהותו יתברך בעולם– דאיהו אלף– אלופו של עולם. וכמבואר בדברי רש"י על הפסוק (משלי ט"ז,כ"ח) "[י]ונרגן מפריד אלוף" [יא]ופרש"י שם וזה לשונו הקדוש: ועל ידי רגונו ותרעומתו מפריד ממנו אלופו של עולם. עכד"ק. וכן מפורש בדברי רש"י

3. באור על מגלה עמוקות ואתחנן אופן פ"א: אקדמות מילין: הנה מבאר באופן זה ענין תקט"ו תפילות דהתפלל משה כמנין ואתחנ"ן וכמנין תפל"ה, וחכמים תקנו ח"י ברכות בכל תפלה, ומשגברו המינים תקנו ברכת המינים [ותקנו רבן גמליאל ובית דינו ביבנה] הרי י"ט, ומשה רבינו איקרי טו"ב כדכתיב ותרא אותו כי טוב הוא (שמות ב',ב'), רצה להיכנס לארץ ישראל ולתקן תמן טו"ב (17) ברכות בכל תפלה, שכן את צמח דוד תקן דוד אחרי כן כשייסד את בית המקדש.

וזהו "טוב" (17) פעמים "ברכה" (227) גימ' (3859) ג' פעמים "יום ההוא יתקע בשופר גדול" (1286) ע"ה, דרצה משה רבינו להמשיך האי שופר גדול כבר עתה בארץ ישראל ולקיים ובאו האובדים בארץ אשור וכו', והוא חושבן ג' פעמים לקביל ג' תפלות. וכאשר נוסיף הברכה הנוספת את צמח דוד דהיינו ח"י (18) פעמים "ברכה" (227) גימ' (4086) ו' פעמים "עיני ישראל" (681) [כגון ועיני ישראל כבדו מזקן לא יוכל לראות (בראשית מ"ח,י')], והן ח"י ברכאן בסוד תחית המתים דאז יקוים מאמר הנביא כי עין בעין יראו בשוב ה' ציון (ישעי' נ"ב,ח'). ועם ברכת המינים דהיינו: י"ט (19) פעמים "ברכה" (227) גימ' (4313) ז' פעמים "התורה" (616) ע"ה, בסוד נשמות ישראל דכל אות בתורה מושרשת בשרש מנשמות ישראל דעלו במחשבה לפני כל דבר, ואף לפני התורה הקדושה. ומהאי טעמא כד עסקינן במלין חדתין דאורייתא קדישא אתמשכו נהורין חדתין לנשמתא דישראל, וכדאיתא בזוה"ק דבגין דא אתעבדו שמיא וארעא חדתין. וזכינו לדין, ד-ג' הדברים דלעיל: "ביום ההוא יתקע בשופר גדול (1286) עיני ישראל (681) התורה (616)" בסוד קוב"ה אורייתא וישראל כולא חד, סליקו כולהו לחושבן (2583) ג' פעמים "בית המקדש" (861), דערך הממוצע דכל אחד מן הדברים הוא בית המקדש- ורמיזא ג' מקדשות: ב' הראשונים חרבו ו-ג' נצחי, ורצה משה רבינו להיכנס לארץ ישראל ולהמשיך כל הענינים הנ"ל ולמנוע החורבנות והגלויות מבני ישראל. ואמר לו הקב"ה: "רב

אל משה' לא כאברהם כו'. **[ט] זוהר ויקרא פרשת אחרי מות:** ובגין דאיהי גניזא עלאה יקירא שמיה ממש אורייתא כלא סתים וגליא ברזא דשמיה, ועל דא ישראל בתרין דרגין אינון סתים וגליא דתנינן ג' דרגין אינון מתקשרן דא בדא קודשא בריך הוא אורייתא וישראל, וכל חד דרגא על דרגא סתים וגליא, קודשא בריך הוא דרגא על דרגא סתים וגליא, אורייתא הכי נמי סתים וגליא, ישראל הכי נמי דרגא על דרגא, הדא הוא דכתיב מגיד דבריו ליעקב חקיו ומשפטיו לישראל, תרין דרגין אינון יעקב וישראל חד גליא וחד סתים, מאי קא מיירי, אלא כל מאן דאתגזר ואתרשים בשמא (נ"א ברשימא) קדישא יהבין ליה באנון מלין דאתגליין באורייתא כלומר מודיעין ליה ברישי אתוון ברישי פרקין יהבין עליה חומרא דפקודי אורייתא ולא יתיר עד דיסתלק בדרגא אחרא. **[י] ילקוט שמעוני תהלים רמז תתפח:** איש לשון בל יכון בארץ. א"ר לוי לעתיד לבא נוטל הקדוש ברוך הוא את עובדי אלילים ומוסרם לגיהנם, ואומר להם למה הייתם קונסים את בני והם אומרים מהם ובהם היו באים ואומרים לשון הרע, והקב"ה נוטל את אלו ואלו ומורידן לגיהנם. ד"א איש לשון זה הנחש שאמר לשון הרע על בוראו, בל יכון בארץ על גחונך תלך. איש חמס רע יצודנו למדחפות, למדחפה אין כתיב כאן, אלא למדחפות, אדם נתקלל וחוה נתקללה ונחש נתקלל. וכה"א איש תהפוכות ישלח מדון, זה הנחש שהפך דברים על בוראו, ונרגן שרגן דברים על בוראו, לא מות תמותון, יפריד אלוף, שהפריד אלופו של עולם ומיד נתקלל. אך צדיקים יודו לשמך, זה אחד משבע כתות בגן עדן (כתוב ברמז תרנ"ו): **[יא] רש"י משלי פרק טז:** ונרגן מפריד אלוף - וע"י ריגונו ותרעומתו מפריד ממנו אלופו של עולם.

גלא עמיקתא

על הפסוק (שם י"ז,ט') "ושונה בדבר **מפריד אלוף**" פרש"י מפריד ממנו **אלופו של עולם שהוא הקב"ה** עכד"ק. נמצינו למדים שאלף פירושו **אלופו של עולם**, ויה"ר דנזכה להיות כלי ראוי להשראת השכינה כדרשת חז"ל ושכנתי בתוכם (שמות כ"ה,ח') חז"ל [יב] **בתוכו לא נאמר אלא בתוכם** -בתוך כל אחד ואחד מישראל בביאת משיח צדקנו בב"א.

מקורות

[יב] אין לו מקור רק מובא **באלשיך פרשת כי תשא ובשל"ה מסכת תענית דף ס' ויש מהמפרשים מביאים בשם המדרש:** אלשיך שמות פרק לא ואם כן כיון שהמשכן אין השראת שכינה בו מצד עצמו כי אם באדם כמה דאת אמר (לעיל כה ח) ועשו לי מקדש ושכנתי בתוכם, כי בתוכו לא נאמר אלא בתוכם שהוא כי היכל ה' הוא האדם וממנו יתפשט אל המשכן. ואם כן אמור מעתה איך בשבת שהאדם הוא היכל ה' יעשה מלאכה במשכן שהוא עצמו מצד עצמו אין בו שכינה אלא ממה שנמשך לו מן האדם, שעל ידי היות האדם היכל ה' נמשך אל המשכן.

עיונים

לך" (252), ובמלוי: "ריש בית -למד כף" (1096), ובמלוי המלוי: "ריש יוד שין, בית יוד תיו - למד מם דלת, כף פא" (2507) סליקו כולהו לחושבן עם ד' האותיות [ר"ב ל"ך] (3859) "טוב" (17) פעמים "ברכה" (227) דרצה משה רבינו להיכנס לארץ ישראל ולתקן שם טו"ב ברכות, ולהקים בית המקדש הנצחי, ובלע המות לנצח (ישעי' כ"ה,ח') ולא יצטרכו בני ישראל לצאת לגלות הממושכת, שכן משה רבינו בסוד אות ו' [כמבואר אצלנו במקום אחר] דמורה על המשכה, והיה ממשיך "אור הגנוז ותחית המתים" גימ' (1596) "מזמור שיר ליום השבת" (תהל' צ"ב,א') ליום שכלו שבת, והוא על ידי הני י"ז ברכות דהיו מתפללים בני ישראל ג' פעמים בכל יום, דלא יהא להון נהמא דכסופא. וזהו "ואתחנן" (515) עם "טוב" פעמים "ברכה" כנ"ל (3859) סליק לחושבן (4374): ו' פעמים קר"ע שט"ן (729) [דאמרינן בתפלת אנא בכח קבל רנת עמך שגבנו טהרנו נורא ראשי תיבות קר"ע שט"ן] כדאזיל ומפרש לה המגלה עמוקות.

אופן סז

איתא בזוהר קטן בזו הפרשה שהראה הקב"ה למשה ק"ך צירופים של ויקרא. ולפי זה יש ליישב מה שכתוב בסודי רזא בשם פרקי היכלות כשהתענה משה קכ"א תעניות אחר עשיית העגל יצאו מאחורי הפרגוד י"ח מאות מלאכים מליצי יושר על ישראל ומטטרון עמהם ומסרו התפלה לאכתריאל צריך למדרש היכא רמיזי בקרא. והנה טעם קכ"א תעניות כי יום ראשון שעלה משה לא היה מן המנין נמצא שביום הכיפורים נשלמו קכ"א תעניות ובאותו יום קיבל לוחות אחרונות שהם סוד ו"ה מן השם והלוחות והמכתב ורזא דא ו"ה פעמים ו"ה בגי' קכ"א. לכן בהשלים קכ"א תעניות שהוא חשבון ו"ה מן השם קיבל הלוחות.

וכשתמלא קכ"א כזה קו"ף כ"ף אל"ף הרי תמצא בסוף ג' [פעמים] ף', שבכל אותיות התורה לא תמצא אות ף' באותיות יותר מאלו. והנה אות ף' מורה על מדת הדין הקשה כמו שכתב אדוני מורי זקני מהר"ן ז"ל בברכת המזון שלו שמזה הטעם בכל ברכת המזון ובכל תפילות י"ח אין שום פ', לפי שאין א"ף אנ"ף זע"ף יש"ף נג"ף קצ"ף בתפילתם של ישראל. והנה אחר שנשמע תפילתו של משה הקטיגור נעשה סניגור ומאחר שיש בקכ"א ג' ף', וכל ף' היא ח' מאות באי"ק, הרי כ"ד מאות לקביל כ"ד זיני דמסאבותא שהיה לישראל בשעת

עשיית העגל. לכן לסוף כ״ד דורות נגבה חוב זה ביום פקוד פקדתי מן כ׳ עשה הקב״ה פ׳ כפולה אלה פקודי המשכן וכו׳ הרי ג׳ פקודות.

והנה במלת ויקרא נרמז ענין זה שיצאו י״ח מאות מלאכים באותו פרק לכן א׳ זעירא שיש לאלף ה׳ צורות: א) י׳ למעלה י׳ למטה ו׳ באמצע, ב) י׳ למעלה ד׳ למטה ו׳ באמצע, ג) י״ו למטה י״ו למעלה, ד) רי״ו, ה) צירוף לחלק הו׳ באמצע לב׳ ווין יוד למעלה יוד למטה. בא׳ תסתכל באות א׳ בעצמו ותמצא החשבון כיצד א׳ של אל״ף במילואו הוא אלף, ף׳ של אלף הוא ח׳ מאות בא״ק, הרי ח״י מאות מלאכים. מלמד שבא משה הוא סוד מטטרון מגדל עוז מגדל הפורח באויר בשם ה׳ כי צורות ל׳ היא כ״ו בו ירוץ צדיק בו ירוץ בגימטריא מטטרון בו דייקא כי אות ל׳ נרמז עליו נמצא שבתיבת אל״ף מבואר שיצאו אלף ח׳ מאות.

מפרש בפסוק וידבר ה׳ אליו מאוהל מועד בזכות שדיבר כאשר צוה ה׳ באוהל מועד אותו יקר בא אל משה שנתהפך אף הגדול רוצה לומר אלף של אף היא אלף ף׳ של אף היא ח׳ מאות בא״ק שאמר משה שוב מחרון אפך ונעשה סנגוריא זה שאמר וידבר ה׳ אליו שכן יקר של משה הוא שם של מ״ה מה יקר חסדך אלהים לכן נקרא משה אדם לקחת מתנות באדם ונעלם שם של מ״ה הוא ח״י דהיינו כשהו״ו

היא חסר א׳ כדאיתא בסודי רזיא. לכן אלף זעירא שזכה משה ליקר אל הנעלם של שם של הויה זה שמי לעלם חסר ו׳ לפי שהיא חסירה א׳ וזה זכה מאוהל מועד שזכר שמו ח״י פעמים. זה שאמר אדם כי יקריב יקר תפארת גדולתו של משה היא תפארת אדם לשבת בית.

ומשה יקח את האוהל במילת יקח יבואר חשבון של אלף ת״ת מליצים ששמעו תפילתו ה׳ תפילתי יקח בזה האופן י׳ פעמים ק׳ הרי אלף, ח׳ פעמים ק׳ הרי ת״ת. וגם בצירוף א׳ של יקרא תמצא כל הענין מבואר וא׳ של ויקרא מורה על התעניות שהתענה משה שהם סוד ו״ה מן השם שאמרנו שהתענה ו״ה פעמים ו״ה שהוא י״א פעמים י״א ורמז בו סוד י״א י״א שהוא שם קדוש ונורא י״י אלקינו י״י אחד לפי שפגמו ישראל בעגל בזה עברו על כ״ב אותיות התורה שנחלקת י״א שורשיות י״א שמושית נשתיירו אתוון וק״ר תחשוב ו׳ פעמים קר הרי י״ח מאות הם הי״ח מליצי יושר של משה נמצא שבמלת ויקרא תמן תשכח כל התעניות שהתענה והמליצי יושר שבאו לקבל תפלתו.

והנה יש עוד ליתן טעם על אותן י״ח מאות לפי שפגמו ישראל בשם של שד״י ושם שדי יש לו ו׳ צירופין כדין תיבה בת ג׳ אותיות תחשוב ו׳ פעמים צירופי שד״י הרי אלף ה׳ מאות נשתיירו פ״ד הוא חשבון חנו״ך הרי מרומז אלף ות״ת מלאכים

באו וחנו"ך עמהם שהוא מטטרון שחשבונו שד"י לכן בההיא יומא דאיתוקם משכנא איתוקם משכנא דחנוך עמוהי. וזה שאמר בצל שדי יתלונן באותו יום שהוקם המשכן בצל שדי דייקא שהם תהפוכות שם של שדי לכן אלף זעירא ויקר אל משה שרמז על שם שדי ג' אותיות מורה על ג' אבות כמבואר בספרין קדמאין אית דאמרי ש' מורה על יצחק ש' שורקת ד' אברהם שמדתו מדה הד' מלמעלה למטה חסד י' הוא יעקב איש תם שנולד מהול באות ברית ידו אוחזת בעקב עשו יד"ו דייקא שהוא אותיות יו"ד ואית דאמרי איפכא ש' היא מורה על יעקב שהוא משולש באבות ג' קווין של ש' הוא החוט המשולש ד' הוא צורות ש' שבתפילין שהוא ממול ערפו הוא כנגד יצחק שפשט צווארו על המזבח ודלת ראשך כארגמן י' לקביל אברהם שנתנסה בי' נסיונות בזה הוא סדר הפסוק וזכרתי את בריתי יעקב שהוא ש' של שד"י כי שם י"י נקרא עליך אף את בריתי יצחק שהיא ד' של שד"י ואף את בריתי אברהם שהוא י' של שדי ובזה והארץ אזכור שבג' אותיות אלו נבראת הארץ. לכן אמר משה זכור לאברהם וליצחק ולישראל שרצה הקב"ה להחריב את העולם באותהשעה הנברא בשם של שד"י. ולכן במשכן אמר בצל שד"י יתלונן ובמלת בצ"ל נרמז שמלאכת המשכן היה למחרת יום הכפורים שהוא תשלום קכ"א תעניות ולמחרת היה קכ"ב מנין בצל ואז הכניע משה קץ כל בשר.

אופן סז

איתא בזוהר קטן בזו הפרשה שהראה הקב"ה למשה [א]קי"ד צירופים של ויקרא. ולפי זה יש ליישב מה שכתוב [ב]בסודי רזא

גלא עמיקתא

והנה מביא המגלה עמוקות דהתענה משה רבינו קכ"א תעניות. ובמלוין "קוף – כף – אלף" גימ' (397) "אדם כי יקריב" (ויקרא א',ב') והוא בריש ספר ויקרא מיד לאחר ויקרא אל משה וכו' "אדם כי יקריב" אדם זהו משה כמבואר בכ"מ תקונא דאדם קדמאה והקריב אל האלהים עד דאיקרי איש האלהים כדכתיב (דברים ל"ג,א') "וזאת הברכה אשר ברך משה איש האלהים". ומחשב בהמשך דבריו פ' במנצפ"ך ח' מאות– ואז חושבן "קוף – כף – אלף" גימ' (2557) ח' פעמים ויקר"א (317) עם הכולל, ורמיזא הארת עלמא דאתי דזכה לה משה בחייו ויקרא אל משה, וכדוגמת ח' נרות דחנוכה א"נ א' דמעל ז' דטבע, ובסוד "א"ז ישיר משה" דהוא חושבן (873) "קדשי הקדשים" ובא"ת ב"ש "תע מדמג יבצ" גימ' (657) "חטר מגזע ישי" כדכתיב במשיחא ויצא חטר מגזע ישי וכו' (ישעי' י"א,א'). ושניהם יחד

[א] שו"ת תורה לשמה סימן תנו: וכתב עוד שם בפ"א ענין הצירוף תנן בספר יצירה שתי אבנים בונות שתי בתים. שלוש בונות ששה בתים. ארבע בונות עשרים וארבעה בתים. חמש בונות מאה ועשרים בתים. שש בונות שבע מאות ועשרים בתי'. שבע אבנים בונות חמשת אלפים וארבעים בתים. מכאן ואילך צא וחשוב מה שאין הפה יכול לדבר ולא האזן יכולה לשמוע ע"כ. והנה כבר בארנו בשער האותיות כי האותיות הם אבני מחצב הבינה שהם כוחות נעלמות רוחניות ואבן אחת לא יבנה בית כלל אמנם שתי אבנים בונות שתי בתים כי בחיבור שתי אותיות יתהוו שתי תיבות כל תיבה בית אחד. ופירושו כי כאשר יתחברו שתי אותיות יחד יעשו שתי תיבות כזה א"ב ב"א כי יתגלגל התיבה מראשה לסופה ומסופה לראשה וכאשר יתחברו ג' אבנים יחד יבנו מהם ששה בתים כזה אב"ג אג"ב הרי ב' בתים בראש כל אחד אל"ף /א'/, בא"ג בג"א הרי ב' בתים בראש כל אחד בי"ת /ב'/. גא"ב גב"א הרי ב' בתים בראש כל אחד גימ"ל /ג'/. וכללם ששה בתים וארבע בונות עשרים וארבעה בתים כיצד וכו' וכו'. והנה כל עניני הצירוף שאמרנו הוא בתנאי שלא תהיה בצירוף אות כפולה כלל ואז יעלה הצירוף במספר מדרגות הסולם הנז"ל. אמנם אם נמצא אות כפולה אז מיד יגרע חצי הצירוף הראוי לבא לפי מספר האבנים הן רב הן מעט.

ומטעם זה שם בן ארבע ושם אהי"ה לא יעלה בצירופו כי אם י"ב צירופים נמצא חסר חצי הצירוף הראוי להיות בו כי ארבעה אבנים בונות עשרים וארבעה בתים, הנה ד' אבנים אלה לא יבנו אלא י"ב, שהוא חצי מן הראוי. וכן אם יהיה בן ג' אותיות שמשפטו הוא ששה תיבות אם יכפל אות אחת יצטרף ג"פ לבד. ואם יהיה ג' אותיות כפולות שוות בתיבת הכפל. הא' יגרע חצי הצירוף כדפרישית והכפל הב' שהיא אות ג' יגרע שני שלישי הצירוף הנשארים שהותיר הכפל הראשון ומן י"ב יחזרו ד' כיצד א', ג', ג', ג', שמן הראוי היה שיהיה בעל כ"ד צירופים ומפני ג' האותיות השוות לא נשאר כי אם ד'. ואם יהיה תיבה בת חמשה אותיות שצירופו הפשוט מאה ועשרים צרופים אם יכפל אות אחת כמו אבדג"ד לא ישאר כי אם ששים צירופים כי חצי הצירוף נגרע מפני הכפל האחת ואם יכפל אות אחרת כמו אבדד"ד אז נגרע מפני האות השלישי כפל שני שלישי הצירוף הנותרים ולא יתהוו ממנו כי אם עשרים צירופים שהם שליש וכו' וכו'. **[ב] ספר סודי רזיא חלק ב הלכות מטטרו"ן:** כשעלה משה למרום והתענה קכ"א תעניות עד שפתחו לו מעינות החשמל, וראה שלבו כלב האריה, וראה כתי צבאות סביביו לשרפו, ובקש משה רחמים על ישראל ואח"כ בקש רחמים על עצמו, ופתח היושב על המרכבה את החלונות אשר על ראשי הכרובים

בשם פרקי היכלות כשהתענה משה קכ"א תעניות אחר עשיית העגל יצאו מאחורי הפרגוד י"ח מאות מלאכים

גלא עמיקתא

גימ' (1530) י"ה (15) פעמים אמונ"ה (102) דמשה רבינו איקרי [1][ג]רעיא מהימנא- מש"ה בא"ת ב"ש גימ' (102) אמונ"ה, וכפלינן י"ה פעמים רמיזא דסליק עד לבחינת או"א עילאין. ומביא בשם זקנו מהר"ן: שאמר שבכל ברכת המזון ותפלת שמונה עשרה לא תמצא אות פ' סופית בחינת מדת הדין הקשה.

ויצאו אלף וח' מאות סניגורין על ישראל ומטטרו"ן שר הפנים עמהם, וקבלו תפלת משה ונתנו אותו בראש הקדוש ברוך הוא, שמע ישראל ה' אלקינו ה' אחד, צהלו ושמחו מפנים של שכינה, ואמרה למטטרו"ן שר הפנים מי הם אלו ולמי נותנים כל היקר והכבוד הזה, שנא' (נחום ב, ג) כגאון (בית) ישראל, ואמרו ה' חי וקיים. באותה שעה נענה אכתריא"ל י"ה ה' ואמר למטטרו"ן שר הפנים כל שמבקש מלפני אל תשיב אל תחזירהו ריקם, שמע תפלתו ועשה צרכיו בין מרובים בין מועטים. מיד אמר מטטרו"ן למשה בן עמרם אל תתירא תבע צרכיך בגיאות ובגבורה כי קרן עור פניך מסוף העולם ועד סופו, אמר לו משה שמא באשם אני, אמר לו מטטרו"ן שר הפנים למשה קבל אותה שבועה שאין בו הפר ברית, ונקרא שמו מטטרו"ן שנעשה מטטורו מראה מה שהקב"ה חפץ למלאכיו כי הוא לפנים, והוא מטטרו"ן רב ומורה דיעה את הילדים בני טובים, זהו מטטרו"ן מטרון לרשעה שאין בני אסנ"ת משגע"ח הנזכרים במסכת נדרים (כ, ב). ולמה המשיל את מטטרו"ן על כל בני מעלה, לפי שכשראה שחטאו דור המבול בנה בית חוץ למקומו ושם היתה בית תפלתו ולמודו ולא היה הולך בין העולם, ויתהלך חנוך את האלקים וסלקו בקול תרועה, עלה אלקים בתרועה עם השכינה ה' בקול שופר (תהלים מז, ו), להודיע שהצדיקים לפנים ממלאכי השרת, כעת יאמר ליעקב ולישראל מה פעל אל (במדבר כג, כג). וכן יסד הקליר אלה יהו מבפנים וכו' [ג] **זוהר בראשית פרשת וירא דף קו עמוד א:** ועל דא לא הוה בעלמא בר נש דיגין על דריה כמשה דאיהו רעיא מהימנא.

1. באור על מגלה עמוקות ואתחנן אופן ק"א: אקדמות מילין: פותח רבינו האופן בתיבות: "לא רצה משה לחיות רק ששה חדשים" גימ' (2392) הוי' (26) פעמים "חסדך" (92) דביקש חסד חנם מאת השי"ת אע"פ שנגזר שיחיה ק"כ שנים עם כל הבאורים שיש בזה בשג"ם הוא בשר וכו' (בראשית ו',ג'), והוא לקביל מה שאמרו חז"ל א"ר יוחנן ו' חדשים היה עוסק [משה] במשכן וכו' עיין שם, והוא בדומה לנח שהיה מקים את התיבה כל ק"כ שנה והיו מתלוצצים עליו וכו', והן ק"כ שנה דחי משה עם כל ההקבלות נין נח ומשה דהוה תקונא שלים דאיקרי רעיא מהימנא - ונח איקרי רעיא שטיא. ולכן "רעיא מהימנא" גימ' (427) ז' פעמים אי"ן (61) דהוא רמז למשה דאמר ונחנו מה (שמות ט"ז,ז') בחינת אין, והוה מרכבתא לספירת החכמה מאין תמצא, ולעומתו נח נקרא "רעיא שטיא" גימ' (601) "משה - אהרן" דהוו תקונא שלים לנח, דמסרו נפשייהו על בני ישראל. ותרוויהו: "רעיא מהימנא שטיא" גימ' (747) "משה איש האלהים" בסוד עצי שטים עומדים (שמות כ"ו,ט"ו) דהוה במשכן ענין שטות דקדושה כמבואר אצלנו במקום אחר. ובכאן רצה משה הני ו' חדשים להיכנס לארץ ישאל ויעברו עליו ג' הרגלים ויקיים המצוות ויקים בית הבחירה ויהיה לנצחיות - והנה הוא נפלא מאד ו' פעמים "חדש" (312) גימ' (1872) "בחג המצות ובחג השבועות ובחג הסכות" (דברים ט"ז,ט"ז) וממילא יזכה לראות אור החלונות דהני ג' תקופות הנרמז בתיבה ואתחנ"ן נוטריקון "ו' אור תעלומה חלון נעמן נגה" גימ' (1126) "תורה - תפלה", וכמ"ש רבינו במקום אחר דתפל"ה גימ' ואתחנ"ן והן ר"ת דנוטריקון הנ"ל, ונמשך דשאר אתוון סליקו לחושבן (611) תור"ה, והתחנן בזכותא דאורייתא קדישא דמסר נפשו עליה, ולימדה לבני ישראל באר היטב ב-ע' לשון וכו', ואם כן שינתן לו חסד חנם ד-ו' חדשים הללו - ויגלה כבודו יתברך ויתעלה בארץ ישראל בחינת גלוי אור הגנוז ותחית המתים, כנרמז ב-ק"כ צרופי שם אלהי"ם דזכה לתקן משה רבינו

מליצי יושר [כמ"ש (איוב לג,כג) אם יש עליו מלאך מליץ אחד מני אלף להגיד לאדם ישרו] על ישראל ומטטרון

גלא עמיקתא

לפי שאין "אף אנף זעף ישף נגף קצף" גימ' (1162) דו"ד (14) פעמים "טוב גנוז" (83) דדוד מלכא משיחא גנז הטוב כדאמר בתהלים (ל"א,כ') "מה רב טובך אשר צפנת ליראיך" לבלתי ינקו מהן הני קלי' עם פ' סופית בשמם. וכאמרם (ב"ר י"ט,ב') [ד]ארבעה פתחו באף. ונעביד חושבן הפסוקים כדלקמן: א'. נחש (בראשית ג',א'): "[ה]והנחש היה ערום מכל חית השדה אשר עשה ה' אלהים, ויאמר אל האשה אף כי אמר אלהים לא תאכלו מכל עץ הגן" [כנ"ל תיבה אף]

עיונים

דאיקרי איש האלהי"ם (דברים ל"ג,א'), וזכה לבחינת תחית המתים ב-ק"כ יום בהר סיני [ארבעים ראשונים, אמצעיים, ואחרונים] לחם לא אכל ומים לא שתה (שמות ל"ד,כ"ח) כעין תחית המתים דאין אכילה ושתיה לעתיד לבא [כמו שדרשו חז"ל על הפסוק ימים אשר אין בהם חפץ (קהלת י"ב,א') אלו ימות המשיח שאין בהם לא אכילה ולא שתיה וכו']. וזהו ק"כ (120) פעמים אלהי"ם (86) גימ' (10,320): "יסוד" (80) פעמים "הוי' הוא האלהים" (129), דיסוד הוא ענין המשכה במלכות היינו בארץ ישראל בחינת אור הגנוז, וכן ו' חדשים דייקא ו' דא אות אמת ודאי (זוהר פרשת ויקרא) דיזכה להמשיכה בארץ ישראל, ק"כ פעמים "יום" (56) גימ' (6720) כ' פעמים "פורים" (336) בחינת תחית המתים מאור הכתר - על כן בא הרמז בכפילת כ' פעמים. ותרויהו יחד דהיינו כ' פעמים אלהי"ם (10,320) עם כ' פעמים "יום" (6720) - דהוה משה בהר סיני ק"כ יום כמנין שנותיו - סליקו לחושבן (17,040) כ' פעמים "יברכך ה' - יאר ה' - ישא ה'" (852) שלימו דברכת כהנים. והוא חושבן כ' פעמים "כ' ארץ ישראל" (852) היינו המשכת אור שפע הכתר [הנרמז באות כ' וכן משמע בגמרא (שבת קד.) ד-כ' מרמז לבחינת הכתר במעשה דהני דרדקי דאתו לבי כנישתא ואמרו מילי דמימות יהושע בן נון לא איתמר כוותייהו, ודרשו כל סדר הא"ב ובאות כ' דרשו כ' הקב"ה קושר לך כתר לעולם הבא] לארץ ישראל. ואמר ליה השי"ת: ר"ב ל"ך כדמסיים האופן - "לך אני עושה ולא לאחר" גימ' (768) ח' פעמים צ"ו (96) היינו צ"ו את יהושע, והענק לו סוד אלף זעירא דילך, דתיבין "לך אני" [וכגון מאי דצלי דוד: לך אני הושיעני וכו' (תהל' קי"ט,צ"ד)] גימ' (111) אל"ף, הווא ימגר הקלי' בארץ ישראל וימשיך הקדושה. ונרמז בתיבה אחריתי "לאחר" גימ' (239) "כי יד על כס י-ה", ומסכם רישא וסיפא דאופן ימין ושמאל תפרוצי דהיינו: "לא רצה משה לחיות רק ששה חדשים (2392) לך אני עושה ולא לאחר (768)" סליקו לחושבן (3160) ח' פעמים "בארץ צבי" (395) דקאי אארץ ישראל דכתיב בה צבי היא לכל הארצות (יחזקאל כ',ו'), וכתיב ונתתי צבי בארץ חיים (שם כ"ו,כ') צב"י באר"ץ בהדיא, וכפילת ח' פעמים רמיזא כניסת משה רבינו לארץ ישראל באלף ה-ח' דיכשיר דרא ויעביר רוח הטומאה מן הארץ. והוא נמי חושבן (3160) ה' פעמים תפל"ה פשוט וא"ת ב"ש (632) ולכן אמר ואתחנ"ן וכו'.

מקורות

[ד] **בראשית רבה פרשת בראשית פרשה יט:** ויאמר אל האשה אף כי אמר אלהים, אמר רבי חנינא בן סנסן ארבעה הן שפתחו באף ונאבדו באף, ואלו הן נחש, ושר האופים, ועדת קורח, והמן, נחש (בראשית ג) ויאמר אל האשה אף, שר האופים (שם מ) אף אני בחלומי, עדת קרח (במדבר טז) אף לא אל ארץ, המן (אסתר ה) אף לא הביאה אסתר. [ה] **שמות רבה פרשת שמות פרשה ב:** ד"א ומשה היה כל מי שכתוב בו היה מתוקן לכך, (בראשית ג) הן האדם היה, מתוקנת היתה המיתה לבא לעולם שנאמר (שם /בראשית/ א) וחשך על פני תהום זו מיתה שמחשיך פני הבריות, (שם /בראשית/ ג) והנחש היה ערום מתוקן לפורעניות היה, בנח כתיב (שם /בראשית/ ו) תמים היה מתוקן לגאולה, ביוסף כתיב (שמות א) ויוסף היה מתוקן לפרנסה, במרדכי כתיב (אסתר ב) איש יהודי היה מתוקן להצלה, ומשה לגאולה, מתחלת ברייתם נתקנו לכך, וינהג את

עמהם ומסרו התפלה [ו]לאכתריאל צריך למדרש היכא רמיזי בקרא. והנה טעם קכ"א תעניות כי יום ראשון שעלה משה לא היה מן המנין

גלא עמיקתא

גימ' (4348) ד' פעמים "בכור פרעה הישב על כסאו" (1087) (שמות י"ב–מכת בכורות) ומתחלק "בכור פרעה הישב על" גימ' (1000) **אלף– רמיזא מכת בכורות מבחינת הכתר– והוא ד' זימנין לקביל ד' אתוון דשמא קדישא– כולן במכת בכורות. ורמיזא א' זעירא דזכה לה משה– לעומת זה דפרעה– דלכן חשש להיכנס עד שאמר לו השי"ת בא אל פרעה– ואז נכנס אצלו** [כמבואר [ז]בספר מאור ושמש פרשת

הצאן אחר המדבר, א"ר יהושע למה היה רודף למדבר לפי שראה שישראל נתעלו מן המדבר שנא' (שיר /השירים/ ג) מי זאת עולה מן המדבר שהיה להם מן המדבר המן והשליו והבאר והמשכן והשכינה כהונה ומלכות וענני כבוד, ד"א אמר הקדוש ברוך הוא למשה עתה עתיד להעלות ישראל ממצרים בזכות מי שדברתי עמו בין הבתרים זה אברהם, ואין מדבר אלא דבור שנאמר (שם /שיר השירים/ ד) ומדברך נאוה, ואמר ר' לוי א"ל הקדוש ברוך הוא למשה סימן זה לך במדבר אתה מניחן ומן המדבר עתה עתיד להחזירן לעתיד לבא, שנאמר (הושע ב) לכן הנה אנכי מפתיה והולכתיה המדבר, ד"א למה היה רודף למדבר שצפה שהוא עתיד להחריב כרכי אומות העולם, כמה דכתיב (ירמיה נ) הנה אחרית גוים מדבר ציה וערבה, ד"א וינהג את הצאן אחר המדבר בישרו שישראל הקרויים צאן ימותו במדבר, וכן בשעה שתבע משה צרכיהן של ישראל אמר לו הקדוש ברוך הוא (שיר /השירים/ א) הגידה לי שאהבה נפשי וגו', כמה חיות בהן כמה מעוברות כמה מיניקות התקנת לתינוקות כמה ריכוכין התקנת למעוברות, השיבו הקדוש ברוך הוא (שם /שיר השירים א'/) אם לא תדעי לך, אם לא ידעת סופך לידע, צאי לך בעקבי הצאן כלומר הצאן והגדיים אתה רועה (כלומר האבות ימותו במדבר והבנים נכנסים) ואין אתה רועה הבנים, אלא על משכנות הרועים בארץ סיחון (שלא תכנס משם והלאה), ויבא אל הר האלהים חורבה ה' שמות יש לו, הר אלהים, הר בשן, הר גבנונים, הר חורב, הר סיני, הר האלהים, ששם קבלו ישראל אלהותו של הקדוש ברוך הוא, הר בשן, שכל מה שאוכל אדם בשיניו בזכות התורה שניתנה בהר, וכן הוא אומר (ויקרא כו) אם בחקותי תלכו ונתתי גשמיכם בעתם, הר גבנונים, נקי כגבינה נקיים מכל מום, הר חורב, שממנו נטלו סנהדרין רשות להרוג בחרב, ורבי שמואל בר נחמן אמר שמשם נטלו עובדי גלולים איפופסין שלהם שנאמר (ישעיה ס) והגוים חרב יחרבו, מחורב יחרבו, הר סיני, שממנו ירדה שנאה לעובדי כוכבים.

[ו] **תלמוד בבלי מסכת ברכות דף ז עמוד א:** אמר רבי יוחנן משום רבי יוסי: מנין שהקדוש ברוך הוא מתפלל? שנאמר והביאותים אל הר קדשי ושמחתים בבית תפלתי, תפלתם לא נאמר אלא תפלתי, מכאן שהקדוש ברוך הוא מתפלל. מאי מצלי? אמר רב זוטרא בר טוביה אמר רב: יהי רצון מלפני שיכבשו רחמי את כעסי, ויגולו רחמי על מדותי, ואתנהג עם בני במדת רחמים, ואכנס להם לפנים משורת הדין. תניא, אמר רבי ישמעאל בן אלישע: פעם אחת נכנסתי להקטיר קטורת לפני ולפנים, וראיתי אכתריאל יה ה' צבאות שהוא יושב על כסא רם ונשא ואמר לי: ישמעאל בני, ברכני! - אמרתי לו: יהי רצון מלפניך שיכבשו רחמיך את כעסך ויגולו רחמיך על מדותיך ותתנהג עם בניך במדת הרחמים ותכנס להם לפנים משורת הדין, ונענע לי בראשו. וקמשמע לן שלא תהא ברכת הדיוט קלה בעיניך. [ז] **מאור ושמש שמות פרשת בא:** ומזה נבוא לביאור הכתובים; שמשה לא רצה לילך אל פרעה מחמת שראה שהוא מסרב, ואמר לו הקדוש ברוך הוא בא אל פרעה כי אני הכבדתי וגו' פירוש, מחמת שאמר 'אני פרעה' גרם לי שהכבדתי את לבו, כדי שילקה עד שיעשה תשובה. וזהו שאמר הכתוב לְמַעַן שִׁתִי אֹתֹתַי אֵלֶּה בְּקִרְבּוֹ, הנה כל מקום שנאמר 'אלה' פסל את הראשונים (שמות י א). פירוש, שֶׁאַכֶּה אותו עד שיתחרט על דיבוריו הראשונים, ויודה שהוא כְּאֶפֶס וָאַיִן, ולפי זה לא

נמצא שביום הכיפורים נשלמו קכ"א תעניות ובאותו יום קיבל לוחות אחרונות שהם סוד ו"ה מן השם וה"לוחות וה"מכתב [כמ"ש (שמות לב,טז) והלוחות מעשה אלהים המה והמכתב

גלא עמיקתא

בא]. והוא במדרש: [ח]ארבעה פתחו באף: שר האפים פרעה קרח והמן. ויש לרמוז ארבעתם וכל אחד מהם לקביל אות אחת משם הוי' ב"ה: (א') רמיזא מא"ף דנחש יצא בכור פרעה– והוא לקביל אות י' דשמא קדישא. ואם כן הוא הפסוק דכתיב בנחש "[ט]אף כי אמר אלהים" וכו' כנ"ל. (ב') המן הרשע לקביל אות ה' עילאה בינה דשם ה' דעשה ע"ץ גבוה נ' אמה לקביל [2]נ' שערי בינה. ואמר: "[י]אף לא הביאה אסתר המלכה עם המלך אל המשתה אשר עשתה כי אם אותי, וגם למחר אני קרוא לה עם המלך" גימ' (4933) י"ב פעמים "הפיל פור" (411) עם הכולל (אסתר ג',ז') דביקש לאבד ישראל המושרשים מי"ב שבטי י–ה, ולבסוף תלו אותו ואת בניו על

2. באור על מגלה עמוקות ואתחנן אופן קמ"ד: כ"ג. כִּי יֶשׁ יוֹם קָרְאוּ נֹצְרִים בְּהַר אֶפְרָיִם קוּמוּ וְנַעֲלֶה צִיּוֹן אֶל יהוה אֱלֹהֵינוּ (ירמיהו לא,ה)גימ' (2259) ג' פעמים "נון שערי בינה" (753) דזכה להן משה רבינו בהסתלקותו בהר נב"ו נוטריקון נון בו, והוא סוד הכתר תמן תלת רישין, ולכן בכאן נרמז בכפילת ג' פעמים. ורמז המגלה עמוקות ממשנה (בכורים פ"ג מ"ב) דאמר "הממונה" גימ' (146) קו"ם, דהוא ב' פעמים חכמ"ה בסוד חכמה תתאה וחכמה עילאה.

ניטל ממנו הבחירה כלל, רק מחמת גַּאֲוָתוֹ הכביד הקדוש ברוך הוא את לבו, וכשהוכה עוד בנגעים עשה תשובה. וגמר אומר ולמען תספר באזני בנך וגו' פירוש, שתספר להם שהאותות שֶׁשַּׂמְתִּי במצרים היה בשביל גַּאֲוַת פרעה - שעל ידי זה נלקה בעשר מכות, כדי שילמדו מזה מדת ההכנעה. ובזכרנו בכל יום יציאת מצרים ישימו אל לבם שֶׁמָּה שנלקו המצריים היה מחמת גאותם, ויוסיפו על ידי זה מדת ההכנעה, ואז וידעתם כי אני ה' פירוש, שתדעו מזה שאין לשום בריה לומר 'אני' כי אם להבורא יתברך לו נאה לומר אני ה'. **[ח] עיין לעיל אות ט"ו. [ט] ילקוט שמעוני תורה פרשת בראשית רמז כו:** והנחש היה וגו' [ג, א] מתוקן לפורענות הן האדם היה מתוקן למיתה וקין היה מתוקן לגלות אחד היה אברהם מתוקן להדריך את כל העולם בתשובה ומשה היה מתוקן לגואל. אף כי אמר אלהים ארבע שפתחו באף ואבדו באף, הנחש אף כי אמר אלהים [ג, א]. שר האופים אף אני בחלומי, עדת קרח אף לא אל ארץ זבת חלב המן אף לא הביאה אסתר, ותאמר האשה אל הנחש מפרי עץ הגן נאכל [ג, ב] והיכן היה אדם הראשון באותה שעה נתעסק בדרך ארץ וישן לו. רב אמר נטלו הקדוש ברוך הוא והחזירו בכל העולם וא"ל כאן בית נטע כאן בית זרע הה"ד ארץ אשר לא עבר בה איש ולא ישב אדם שם לא ישב אדם הראשון שם, ולא תגעו בו הה"ד אל תוסף על דבריו פן יוכיח בך. שלא תעשה את הגדר יותר על העיקר שלא יפול ויקצץ את הנטיעות. כך הקדוש ברוך הוא אמר ביום אכלך ממנו [ב, י"ז] ועמדה והעידה עדות שקר לא תגעו בו פן תמותון [ג, ג] כיון שראה שכזבה דחפה עליו א"ל כמה דלא דמכה במקרביה אף לא במיכליה, אמר חזקיה מנין שכל המוסיף גורע שנא' ולא תגעו בו [ג, ג] רב משרשיא אמר מהכא אמתים וחצי ארכו רב אשי אמר עשתי עשרה יריעות: **[י] ספרי דאגדתא על אסתר - מדרש פנים אחרים נוסח ב פרשה ה:** ויבא את אהביו וגו'. מיד הביאה את אוהביה, והוא היה בבית אהובתו, אמר המשל יצא בעלך ליקרע פוק לקוטו, שכל עובדי אלילים בני זימה ובני זנות כעגלות גומלות זו את זו, אבל בנות ישראל משולות כרחל, שנאמר כי אם כבשה אחת קטנה וגו' (שמואל ב' יב ג), ובנות עובדי אלילים משולות כעגלה, אחד אומר לחבירו מנמלת העגלה, שלי עמך היום, ושלך עמי למחר, וכן אמר שמשון לפלשתים, לולא חרשתם בעגלתי (שופטים יד יח), אף אשת המן היתה חוזרת אחר אוהביה, שכן הוא אומר ויבא את אוהביו ואת זרש אשתו, ובת קול יוצאת וצווחה

וכו׳] ורזא דא ו״ה פעמים ו״ה בגי׳ קכ״א. לכן בהשלים קכ״א תעניות שהוא חשבון ו״ה מן השם קיבל הלוחות וכשתמלא קכ״א כזה קו״ף כ״ף אל״ף הרי תמצא בסוף ג׳ ף׳ שבכל אותיות התורה לא תמצא אות ף׳ באותיות יותר מאלו. והנה אות ף׳ מורה על מדה״ד הקשה כ״ש אמ״ז מהר״ן ז״ל בברכת

גלא עמיקתא

העץ [יא]אשר הכין לו– לעצמו (מגילה ט״ז ע״א). (ג׳) עדת קרח כנגד משה תפארת ישראל ו׳ דשמא קדישא הוי״ה ב״ה, כדכתיב בהו (במדבר ט״ז,י״ד) "[יב]אף לא אל ארץ זבת חלב ודבש [ע״כ גימ׳ (1195) ה״פ "כי יד על כס י״ה" (239) (שמות י״ז,ט״ז)] הביאתנו, ותתן לנו נחלת שדה וכרם, העיני האנשים ההם תנקר לא נעלה" גימ׳ (5211) י״פ "אהל העדות" (521) ע״ה (במדבר י״ח,ב׳) דזכה משה ל–י׳ פעמים אהל בהאי פרשתא

מה בידך הגדולה הזאת, למחר אותו האיש יהיה נצלב, שכן הוא אומר אף לא הביאה אסתר המלכה עם המלך וגו׳, וכן הוא אומר באותו האופה אף אני בחלומי (בראשית מ טז), ונצלב. **[יא] תלמוד בבלי מסכת מגילה דף טז עמוד א:** לא נעשה עמו דבר, אמר רבא: לא מפני שאוהבין את מרדכי, אלא מפני ששונאים את המן. הכין לו, תנא: לו הכין. ועשה כן למרדכי, אמר ליה: מנו מרדכי? - אמר ליה: היהודי, - אמר ליה: טובא מרדכי איכא ביהודאי. - אמר ליה: היושב בשער המלך. - אמר ליה: סגי ליה בחד דיסקרתא, אי נמי בחד נהרא! - אמר ליה: הא נמי הב ליה, אל תפל דבר מכל אשר דברת ויקח המן את הלבוש ואת הסוס, אזל אשכחיה דיתבי רבנן קמיה, ומחוי להו הלכות קמיצה לרבנן. כיון דחזייה מרדכי דאפיק לקבליה, וסוסיה מיחד בידיה, מירתת. **[יב] סדר עולם רבה (ליינר) פרק ח:** וידבר ה׳ אל משה במדבר סיני באהל מועד באחד לחדש השני בשנה השנית וגו׳, שאו את ראש וגו׳, מבן עשרים שנה וגו׳, ואתכם יהיו וגו׳ (במדבר א), ואחר כן פקד כל בכר זכר לבני ישראל וגו׳ (שם /במדבר/ ג מ), ואחרי כן נשא את ראש בני קהת וגו׳ (שם /במדבר/ ד ב), ואחרי כן נשא את ראש בני גרשון גם הם וגו׳ (שם /במדבר/ ד כב), ואחרי כן (נשא את ראש) בני מררי וגו׳ (שם /במדבר/ ד כט), ואחרי כן על פי ה׳ פקד אותם ביד משה (שם /במדבר/ ד מט). בי״ד באייר שחטו טמאי נפש פסח שני, שנאמר ויהי אנשים אשר היו טמאים לנפש אדם וגו׳, ויאמרו האנשים ההמה אליו וגו׳, וידבר ה׳ אל משה לאמר וגו׳, איש איש כי יהיה טמא לנפש וגו׳ (שם /במדבר/ ט). ויהי בשנה השנית בחדש השני בעשרים בחדש נעלה הענן (שם /במדבר/ י יא), נמצאו עושין במדבר סיני י״ב חדש חסר עשרה ימים, ואומר ויכתב משה את מוצאיהם למסעיהם וגו׳ (שם /במדבר/ לג ב), נסעו ממדבר סיני, ובאו להם לקברות התאוה, ועשו שם שלשים יום, שנאמר לא יום אחד תאכלון וגו׳, עד חדש ימים וגו׳ (שם /במדבר/ יא), נסעו מקברות התאוה ובאו לחצרות, ועשו שם שבעה ימים, שנאמר ותסגר מרים וגו׳ שבעת ימים (שם /במדבר/ יב טו), נסעו מחצרות ובאו להן למדבר פארן בכ״ח בסיון, ובכ״ט בסיון שלח משה מרגלים, שנאמר והימים ימי בכורי ענבים (שם /במדבר/ יג כ), וישבו מתור הארץ מקץ ארבעים יום (שם /במדבר/ יג כה), ותשעה באב היה, שתמצא אומר בתשעה באב נגזר על אבותינו שלא יכנסו לארץ, אחר מרגלים היתה מחלוקתו של קרח ובליעתו, שנאמר אף לא אל ארץ זבת חלב ודבש וגו׳ (שם /במדבר/ טז יד), ויחר אף ה׳ בישראל (שם /במדבר/ לב יג), ואומר והימים אשר הלכנו מקדש ברנע עד אשר עברנו את נחל זרד שלשים ושמנה שנה וגו׳ (דברים ב יד), י״ט שנה היו חוזרין ומטורפין, וי״ט שנה ישבו בקדש ברנע, שנאמר ותשבו בקדש ימים רבים כימים אשר ישבתם (שם /דברים/ א מו), נמצאו כל המסעות

המזון שלו שמזה הטעם בכל ברכת המזון ובכל תפילות י"ח [יג]אין שום פ' לפי שאין א"ף אנ"ף זע"ף יש"ף נג"ף קצ"ף בתפילתם של ישראל והנה אחר שנשמע תפילתו של משה הקטיגור נעשה סניגור [כדאיתא בגמרא [יד]אין קטיגור נעשה סניגור] ומאחר שיש בקכ"א ג"ף וכל ף' היא ח' מאות

גלא עמיקתא

[3]ובארנוהו במקום אחר. (ד') שר האפים [והם שני א"ף דהקב"ה נקרא ארך אפיים וכאמרם ב' אפים וכו'] לקביל ה' תתאה מלכותא קדישא והוא לעומת זה דשכינתא קדישא דכתיב בה (משלי ל"א,י"ד) "ממרחק תביא לחמה" וכתיב

עיונים

3. אקדמות מילין לבאור תהלים מזמור י"ז: "תפלה לדוד שמעה ה'" גימ' (1000) "אלף". והנה רישא דהאי מזמורא רמיזא א' זעירא דאגדילת גרמה לאלף- דהאי תפלה לדוד שמעה ה' גימ' (1000). והוא מזמור ה"טוב" (י"ז) ועסיק בנסיונות דעביד קוב"ה לעמו ישראל ומלמדם לעמוד בהם, דהקב"ה הקדים רפואה למכה (מגילה יג:). ודוד המלך ע"ה מלמדנו כאן דכל הקלי' אינם אלא דמיון, והקב"ה "מלא כל הארץ כבודו" (ישעי' ו',ג') וכו', ובהתקשרות אליו על ידי התבטלות להצדיק למשה רבינו של הדור כגון רשב"י בדורו וכו' [ועיין לעיל אופן כ'-התקשרות לצדיק הכולל]. ורמיזא בהאי א' זעירא כנ"ל, וכד נעביד הני תיבין דאמרינן דסליקו לחושבן אלף (1000) בריבוע כזה: "תפלה, תפלה לדוד, תפלה לדוד שמעה, תפלה לדוד שמעה ה'" גימ' (3048) ח"פ "אהל משה" (381) והוא בפסוק בשמות (ל"ג,ז') "ומשה יקח את האהל וכו' וקרא לו אהל מועד" וכו' עיין שם. והנה הוא הפלא ופלא דאינון י"א פעמים אה"ל (שם) בתוך ה' פסוקין, ואפשר שזהו הריכוז הגדול ביותר בכ"ד ספרים בתיבת אה"ל, ורמיזא הכנעתם של הני י"א כתרין דמסאבותא- והאי א' דאהל איהי א' זעירא דנוק', ד"ויקרא אל משה" - ס"ת אה"ל. ונעביד חושבן דהני י"א "אהל", דהיינו: "האהל אהל אהל (שמ' ל"ג,ז') האהל אהלו האהלה (פס' ח') האהלה האהל (פס' ט') האהל אהלו (פס' י') האהל (פס' י"א)" גימ' (453) "מלך המשיח" והוא נפלא דדוד מלכא משיחא ימגר ויאביד לנצח הני י"א קלי' דלקביל להון הני י"א אהל- ואינון י"א יריעות עזים מעל האהל וכדכתיב "וסרח העדף ביריעת האהל" (שמ' כ"ו,י"ב) גימ' (1166) כ"ב (אתוון דאורייתא קדישא) פ' ג"ן (פרשיות התורה), וד"ל. ובהני י"א פעמים אהל דאמרינן התם (שמות ל"ג) מתחלק בהדרגה: א'. האהל - אהל [גימ' (77) ז"פ י"א ז"ת דלהון]. ב'. אהל [גימ' (113) "באלף" זעירא דויקרא מכה בהון]. ג'. האהל - אהלו - האהלה [גימ' (242) בעמל"ק דהיינו מכה בהו]. ד'. האהלה [גימ' (288) רפ"ח- ענין ברור רפ"ח נצוצין דבלעו]. ה'. האהל [גימ' (329) "אינטרנט" ברור האי מכשיר הרסני דהפיל רבבות מקדושי ישראל, ועיין מה שכתבנו לעיל אופן קל"ד-תהלים ט' פסוק ט"ז]. ו'. האהל - אהלו [שניהם גימ' (412) "בית" את קדמאה דאורייתא קדישא- דעל ידי לימוד התורה מאבידים לעמלק]. ז'. האהל [גימ' (453) "ביאת גואל" א"נ "מלך המשיח" יגלה ויגאלנו בב"א].

מקורות

מ"ב מסעות. [יג] **ספר תשב"ץ קטן סימן שטו**: כל האותיות יש בברכת המזון חוץ מן אות ף. לפי שאין מלאך המות א"ף שצ"פ קצ"ף אנ"ף שולט במי שמברך אותה בשעתה ובכונה: [יד] **תלמוד בבלי מסכת ראש השנה דף כו עמוד א**: משנה. כל השופרות כשרים, חוץ משל פרה מפני שהוא קרן. אמר רבי יוסי: והלא כל השופרות נקראו קרן, שנאמר במשך בקרן היובל. גמרא. שפיר קאמר רבי יוסי! - ורבנן: כל השופרות אקרו שופר ואקרו קרן, דפרה - קרן אקרי, שופר - לא אקרי, דכתיב בכור שורו הדר לו וקרני ראם קרניו. ורבי יוסי אמר לך: דפרה נמי אקרי שופר, דכתיב ותטב לה' משור פר, אם שור - למה פר, ואם פר - למה שור? אלא מאי שור פר - משופר. - ורבנן: כדרב מתנה, דאמר רב מתנה: מאי שור פר - שהוא גדול כפר. עולא אמר:

באי"ק הרי כ"ד מאות לקביל כ"ד מיני דמסאבותא שהיה לישראל בשעת עשיית העגל [טו] לכן לסוף כ"ד ([טז] סנהדרין קב, א) דורות נגבה חוב זה ביום פקוד פקדתי [כמ"ש (שמות לב,לד) וביום פקדי ופקדתי עליהם חטאתם] מן כ' עשה הקב"ה פ' כפולה אלה פקודי המשכן וכו' (שמות לח,כא) הרי ג' פקודות. והנה במלת ויקרא נרמז ענין זה שיצאו [יז] י"ח מאות מלאכים באותו פרק לכן א' זעירא שיש לאלף ה' צורות אחת י' למעלה י' למטה ו'

היינו טעמא דרבנן - כדרב חסדא. דאמר רב חסדא: מפני מה אין כהן גדול נכנס בבגדי זהב לפני ולפנים לעבוד עבודה - לפי שאין קטיגור נעשה סניגור. - ולא? והא איכא דם פר! - הואיל ואשתני - אשתני. - והא איכא ארון וכפורת וכרוב! - חוטא בל יקריב קאמרינן. - והא איכא כף ומחתה! - חוטא בל יתנאה קא אמרינן. - והא איכא בגדי זהב מבחוץ! - מבפנים קא אמרינן. - שופר נמי מבחוץ הוא! - כיון דלזכרון הוא - כבפנים דמי. - והא תנא מפני שהוא קרן קאמר! - חדא ועוד קאמר; חדא: דאין קטיגור נעשה סניגור, ועוד: מפני שהוא קרן. ורבי יוסי אמר לך: דקא אמרת אין קטיגור נעשה סניגור - הני מילי מבפנים, והאי שופר - מבחוץ הוא. ודקא אמרת מפני שהוא קרן - כל השופרות נמי אקרו קרן. אביי אמר: היינו טעמייהו דרבנן: שופר אמר רחמנא, ולא שנים ושלשה שופרות. והא דפרה, כיון דקאי גילדי גילדי - מיתחזי כשנים ושלשה שופרות. - והא תנא מפני שהוא קרן קאמר! - חדא ועוד קאמר: חדא: דשופר אחד אמר רחמנא ולא שנים ושלשה שופרות, ועוד: מפני שהוא קרן. ורבי יוסי אמר לך: דקאמרת שופר אחד אמר רחמנא ולא שנים ושלשה שופרות - כיון דמחברי אהדדי חד הוא, ודקאמרת מפני שהוא קרן - כל השופרות נמי אקרו קרן.

[טו] כן כתב במפורש בספר ילקוט חדש ערך עגל אות נב: עשרים וארבע זיניך דמסאבא הטיל הנחש בחוה, ונפסק במעמד הר סיני (כדלעיל ערך לוחות [סי' ח]) וחזרה הזוהמא בחטא העגל. ולכך בסוף כ"ד דורות נגבה חוב של עגל.

[טז] תלמוד בבלי מסכת סנהדרין דף קב עמוד א: ודי זהב, אמרו דבי רבי ינאי: אמר משה לפני הקדוש ברוך הוא: רבונו של עולם, בשביל כסף וזהב שהשפעת להן לישראל עד שיאמרו די"י גרם להם לעשות להם אלהי זהב. משל: אין ארי דורס ונוהם מתוך קופה של תבן, אלא מתוך קופה של בשר. אמר רבי אושעיא: עד ירבעם היו ישראל יונקים מעגל אחד, מכאן ואילך - משנים ושלשה עגלים. אמר רבי יצחק: אין לך כל פורענות ופורענות שבאה לעולם שאין בה אחד מעשרים וארבעה בהכרע ליטרא של עגל הראשון, שנאמר וביום פקדי ופקדתי עלהם חטאתם. אמר רבי חנינא: לאחר עשרים וארבעה דורות נגבה פסוק זה, שנאמר ויקרא באזני קול גדול לאמר קרבו פקדות העיר ואיש כלי משחתו בידו. אחר הדבר הזה לא שב ירבעם מדרכו הרעה, מאי אחר? אמר רבי אבא: אחר שתפשו הקדוש ברוך הוא לירבעם בבגדו, ואמר לו: חזור בך, ואני ואתה ובן ישי נטייל בגן עדן, אמר לו, מי בראש: - בן ישי בראש - אי הכי לא בעינא.

[יז] פירושי סידור התפילה לרוקח [לז] אז ישיר עמוד רכה: אדירים', מ'י פלא', נ'טית ארץ', נ'חית קדשך', ש'מעו פלשת', א'ז כנען', ת'פל קנית', ת'ביאמו ידידך', ה' ועד', התחלת פסוקין וסופן תקח האותיות ויהיה בגימ' ג' אלפים ות"ר, כי מבריאת העולם עד שעשו פורים ג' אלפים ות"ר שנים וכו'. וכן י"ד שם י-ה בוישע, כי לה' המלוכה והיתה לה' המלוכה, והיה ה' למלך, יהיה ה' אחד, הרי י"ח שמות. וכן י"ח מאות וי"ח פעמים ה' בה' חומשים, כנגד המתפלל י"ח ברכות בכוונת הלב יצאו י"ח מאות מלאכים לקבל תפילה. ומצאתי בספר המרכבה: אלף ות"ת עומדין לפניו צדק ומלמדים מישרים והוא יושב בעבה של (לקבל תפילה להפיל) מרכבה בדרומו של ערבות מפני שהוא עשוי מישור וכו' (עד), וכשראה משה כיתי צבאות סביבותיו לשורפו התפלל וביקש רחמים על ישראל ואחר כך ביקש

באמצע ב' י' למעלה ד' למטה ו' באמצע ג' י"ו למטה י"ו למעלה דל"ת רי"ו ה' צירוף לחלק הו' באמצע לב' ווין יוד למעלה יוד למטה בא' תסתכל באות א' בעצמו. ותמצא החשבון כיצד א' של אל"ף במילואו הוא אלף ף' של אלף הוא ח' מאות באי"ק הרי ח"י מאות מלאכים מלמד שבא משה הוא סוד [יח]מטטרון מגדל עוז [במשלי יח, י מגדל עז

רחמים על עצמו, ופתח היושב על המרכבה את החלונות אשר על ראשי הכרובים, ויצאו אלף ושמונה מאות סניגורין ומט"ט שר הפנים עמהם, וקיבלו תפילות מישראל ונתנו אותו בראשו של הקדוש ברוך הוא שמע ישראל ה' וגומר, צהלו ושמחו פניה של שכינה.

[יח] **ספר האמונה הרמה לראב"ד מאמר ב עיקר ו:** העקר הששי - בשתופים, וההערה על אמתיות ההפרשה וההעברות לדמות אותו, והוא שני פרקים. הפרק הראשון. אמנם על הדרך אשר נקראהו אנחנו הנה כבר תפול על המלאכים, כמאמר הכתוב: וירא אליו ה' עד וישא עיניו וירא וכו' עד אמרו אדני אם נא מצאתי חן בעיניך [ראשית יח א ושם] וסמך לזה ויאמר ה' לאברהם למה זה צחקה שרה, עד אמרו וה' אמר המכסה אני מאברהם, עד ויאמר ה' אם אמצא בסדום, וכל מה שהוכפל שם מאמר אברהם, הנה נא הואלתי לדבר אל אדני, אל נא יחר לאדני הוא אחד השלשה האנשים. אחר: וילך ה' כאשר כלה לדבר אל אברהם. אחר כן, ויבאו שני המלאכים סדומה, ואחר זה ג"כ קרא הכתוב אחד משני המלאכים או שניהם ה', באמרו: וה' המטיר על סדום ועל עמורה. וכבר תראה שהמלאך הוא פועל הדבר והמכריח המעשה כלו או קצתו במצות הבורא ית' אליו בזה. וזה מבואר מאד באמרו: כי לא אוכל לעשות דבר עד בואך שמה, ואמרו: הנה נשאתי פניך. אכן אלה כולם ראיות ואינם מופתים, כי אפשר למתעקש להכחישם, ויטעון שהמלאך לא נקרא לעולם ה'. ואמרו רז"ל: וה' המטיר על סדום ועל עמורה גפרית ואש מאת ה' מן השמים, מאת ה' מאתו מבעי ליה? אמר רב יהודה אמר רב: זה מטטרון ששמו כשם רבו, ודברי חכמינו ז"ל אצלנו מקובלים כדברי הנבואה. ואם ישימו המינים ספק בדבריהם, מה יאמרו במאמר האל ית' למשה ע"ה: הנה אנכי שולח מלאך לפניך השמר מפניו ושמע בקולו, וכו' [שמות כג ב], וזה הכתוב בחכמת הדבור במדרגת המושכלות הראשונות אין דחייה בהם [ראשית יח יג]. וכתוב שני אין דחייה בו מספור יעקב אבינו ע"ה ויאמר עליו: והנה ה' נצב עליו ויאמר אני ה' אלהי אברהם אביך, אחר כן ספר על עצמו ויאמר, ויאמר אלי מלאך אלהים בחלום הלילה וכו' עד אמרו אנכי האל בית אל אשר משחת שם מצבה [שם לא יג], וזה כבר נתאמת שהנאמר עליו בבית אל והנה ה' נצב עליו ויאמר, הוא הנאמר עליו ויאמר אלי מלאך האלהים בחלום הלילה יעקב, והוא המספר על עצמו אני ה' אלהי אברהם אביך. וכתוב שלישי אין דחייה בו מספור משה רבינו ע"ה, אמר הכתוב עליו: וירא מלאך ה' אליו בלבת אש מתוך הסנה, ויקרא אליו ה' מתוך הסנה ויאמר אנכי האל אלהי אביך [שמות ג ב]. וכתוב רביעי אין דחייה בו מספור גדעון אשר נאמר בו: ויבא מלאך ה' וישב תחת האלה אשר בעפרה אשר ליואש עד אמרו ויבוא אליו ה' ויאמר לך בכחך זה והושעת את ישראל [שופטים ו א], אחר כן כפל דבורו ויאמר ה' אל גדעון פעמים רבות. הנה אלה ארבעה כתובים מעידים על שהמלאך הוא הוא הממונה על האומה נקרא ה'. וממה שיעיד בזה ג"כ, ספור הגר במאמר הכתוב עליה: וימצאה מלאך ה' על עין המים, ויאמר לה מלאך ה' שובי אל גבירתך, ויאמר לה מלאך ה' הרבה ארבה את זרעך [בראשית טז ושם], זה דבור המלאך ונגלה במצות האל אליה ויאמר לה מלאך ה' הנך הרה וילדת בן וקראת שמו ישמעאל, כי שמע ה' את עניך, ולא אמר כי שמעתי את עניך, זה דבור המלאך, ונגלהו והפנימי ממנו, ואחר כן: ותקרא שם ה' הדובר אליה אתה אל ראי, פירש ותקרא האל הנגלה אליה בהגלות, כי היא אמרת ראי ראיתיך ראיה אחר ראיה, זה לכפול ויאמר לה מלאך ה' שלש פעמים, ויורה על שהיא ראתה העצם הנכבד שלש פעמים, לכן נקרא הבאר באר לחי הנגלה. ומה שיאמר בו זולת זה לא אמר כלום. ויראה ג"כ שהמלאך יקרא ה' ממאמר יעקב אבינו

שם ה' בו ירוץ צדיק ונשגב] [יט]מגדל הפורח באויר בשם ה' כי צורות ל' היא כ"ו בו ירוץ צדיק בו ירוץ בגי' מטטרון בו דייקא כי אות ל' נרמז עליו נמצא שבתיבת אל"ף מבואר שיצאו אלף ח' מאות. מפרש בפסוק וידבר ה' אליו מאוהל מועד בזכות שדיבר כאשר צוה ה' באוהל מועד אותו יקר בא אל משה שנתהפך אף הגדול ר"ל אלף של אף היא אלף ף' של אף היא ח' מאות בא"ק שאמר משה שוב מחרון אפך (שמות לב,יב) ונעשה סנגוריא

גלא עמיקתא

בשר האופים (בראשית מ',ט"ז) "[כ]וירא שר האפים כי טוב פתר, ויאמר אל יוסף אף אני בחלומי והנה שלשה סלי חרי על ראשי" גימ' (3892) י"ד פעמים או"ר הגנו"ז (278) ורמיזא בפסוקא תיבין לקביל "וירא אלהים את האור כי טוב"

ע"ה: האלהים אשר התהלכו אבותי לפניו, המלאך הגואל אותי מכל רע ובספורו (ע"ה) קרא הנמצא האחד איש ואלהים. הנה יתבאר מזה כי השלשה האנשים הנראים לאברהם אבינו ע"ה הם ג"כ כך. וכן במאמר הכתוב: [בראשי' לב כה ושם] ויאבק איש עמו עד, עלות השחר, ואחר אמר: כי שרית עם אלהים ועם אנשים ותוכל ואמר הוא, כי ראיתי אלהים פנים אל פנים. אבל כבר הרבה הדבור בזה בספרי הנבואה עד שאמר: וישר אל מלאך ויוכל [הושע יב ה]. **[יט] ספר מגיד מישרים פרשת ואתחנן ד"ה אבל רזא:** אבל רזא דמלתא ואתחנן חיבר וא"ו דאיהי תפארת עם תחנה דאיהי מלכות אל חיבר אל"ף עלאה עם למ"ד דאיהי מגדל הפורח באויר בעת דאית עתים לטובה ועתים לרעה כדאיתא בס' קהלת וקאמר דבעת טבא כיון צלותא לאמר לחברא למ"ד דאיהו רזא דמגדל הפורח בהדי אמיר' דאיהי רמז למלכות ה' אתה החילות וגו' מבוארים רמיזים רבים. אעברה נא ואראה משה בעא לאעברא ית ירדנא למיעל לארע' דישראל משום דכיון דנשמתיה הוה מיובלא אי הוה זכי למיעל לא"י הוה מסתלקא נשמתיה לעיל מן יובלא וז"ס נ"א אסתלק לעילא מחמשין שערי בינה ברזא דאל"ף וארא דתמן הוא עולם הראיה וקאמר אעבר' את הירדן למרמז דבעא לאעברא לעילא מן בינה וזהו סוד ההר הטוב דאיהו יסוד. הזה והלבנון כ"ע דאיהו לעילא מן בינה וקב"ה לא בעא דיתעלה נשמתיה דמשה לעילא מן בינה משום דא"כ לא הוה ליה דביקו בהאי עלמא וכי היכי דליהוי לישראל קיומא בגלותא אצטריך למיהוי למשה קצת דביקו בהאי עלמא ואוף כי היכי דיזכה לישראל בימות המשיח כי היכי דזיכ' להו בהאי עלמא והיינו דקאמר ויתעבר ה' בי למענכם. האי ויתעבר הוא כמו תשרש כמו ודשנו את המזבח והכי קאמר ולא שבקני קב"ה דאיעבר למענכם כדאמרן. עלה ראש הפסגה היינו לומר מסתייך דתסלק לעילא בראש בינה דאקרי ראש הפסגה ושא עיניך וגומ' כלומר באתרא דאקרי עינים דאיהו לעילא בריש שער החמשין קריב לחכמ' והיינו וראה בעיניך כי שמה לא תעבור כלומ' כ"י אקרי שם ובינה שמה דאיהי אתחברותא דשם עם ה' עלאה והיינו דקאמר ליה ושמה לא תעבור כלומר באתרא דשמה דאיהי בינה לא תעבור תמן רק תדבק נפשך ברי' יובלא כדאמרן הא הכא רזא טמירא וגניזא לכן אזדהר מלפנאה לבך כלל מתורתי ויראתי ומשניותי ותעסוק בחכמת הקבלה פעמים שלש בשבוע ואפתח לך בה פתחין להבין מה שלא הבין אדם מכמה שנים עד היום. ובכן ואתה שלום וגו': **[כ] ילקוט שמעוני אסתר רמז תתרנו:** אף לא הביאה, לפיכך נצלב, פיו הכשילו שכן הוא אומר בשר האופים אף אני בחלומי ונצלב, א"ר חנינא בר פפא ארבעה הם שפתחו באף ואבדו באף, ואלו הן, הנחש, ושר האופים, וקרח, והמן, נחש מנין שנאמר אף כי אמר וגו', שר האופים אף אני בחלומי, קרח אף לא אל ארץ, המן אף לא הביאה אסתר:

ז"ש וידבר ה' אליו שכן יקר של משה הוא שם של מ"ה מה יקר חסדך אלהים (תהל' לו,ח) לכן [כא]נקרא משה אדם לקחת מתנות באדם (שם סח,יט) ונעלם שם של מ"ה הוא ח"י דהיינו כשהו"י היא חסר א' כדאיתא בסודי רזא. לכן אלף זעירא שזכה משה ליקר אל הנעלם של שם של הויה זה שמי לעלם חסר ו' לפי שהיא חסירה

גלא עמיקתא

[כב]כבאור חז"ל בגמרא דהוא [כג]אור הגנוז 4ובארנוהו בכמה מקומות. וכן ר"ת

4. באור על מגלה עמוקות ויקרא אופן ס"ז: סליקו כל הני פסוקים דמביא בדבריו המגלה עמוקות, וכן כמה פסוקים שהבאנו לענ"ד לבאר באר היטב דבריו הקדושים, לחושבן (74528): ל"ב פעמים "אני מאמין באמונה שלמה שהבורא יתברך שמו אינו גוף" (2329) והוא העיקר השלישי מ-י"ג עיקרי האמונה לרמב"ם. וכפלינן ל"ב פעמים רמיזא אורייתא קדישא דמתחלא ב' ומסיימא ל' "בראשית - לעיני כל ישראל"- והיא לבנו וחיותנו ובה נהגה יומם ולילה. גו"ף גימ' (89) חנוכ"ה רמיזא גלוי אור הגנוז בעולם כדכתיב לעתיד לבוא בגאולתא שלמתא (ישעי' מ') "ונגלה כבוד ה' וראו כל בשר יחדו כי פי ה' דבר" בעגלא דידן ובזמן קריב ונאמר אמן. והנה בהאי חושבן דפסוקין דהאי אופן (74528) רמיזא טובא: א'. חיי"ם (68) פעמים "ליהודים היתה אורה ושמחה" (1096) (אסתר ח',ט"ז) כמבואר בסוף האדרא זוטא דהסתלקותו של רשב"י היתה בתיבה חיי"ם בפסוק (תהל' קל"ג,ג') כי שם צוה ה' את הברכה חיי"ם (עד העולם). דרשב"י איהו בחינת הוד שבהוד, וכפלינן ליהודים היתה אורה ושמחה נס דפורים דאיהו בספירת נצח- נצח והוד תרין שוקין- ואנו ביום ל"ב בעומר ה'תשע"ה ספירת נצח דהוד- ואחר חצות כבר ישנה הארת הוד שבהוד דרשב"י. ובזכות ספר הזוהר הקדוש דהוריד להאי עלמא בחינת אור הגנוז. וכדכתיב לגבי ספר הזוהר הקדוש (זח"ג קכ"ד ע"ב בר"מ): "בהאי חבורא דילך יפקון (ביה) מן גלותא ברחמי" גימ' (1335): הו"ד (15) פעמים חנוכ"ה (89) והוא נפלא- דהלולא רבא דרשב"י בל"ג בעומר הוא בספירת הוד שבהוד, וחנוכ"ה נמי בהוד בחינת אהרן כהנא רבא- דמשה ואהרן נצח והוד תרין שוקין- משה בנצח ואהרן בהוד. והנה תיבין "בהאי חבורא דילך יפקון מן גלותא" "שיר השירים" (1075), ותיבה "ברחמי" גימ' (260) י"פ שם הוי' ברוך הוא יקרב ביאת משיח צדקנו ויגאלנו במהרה בימינו אמן. ב'. א"נ רמיזא בהאי חושבן (74528):

[כא] קהלת רבה פרשה ז: א [כ"ח] אשר עוד בקשה נפשי ולא מצאתי אדם אחד מאלף מצאתי, בנוהג שבעולם אלף בני אדם נכנסין למקרא יוצאין מהן ק' למשנה, יוצאין מהן עשרה לתלמוד, יוצא מהם אחד להוראה, הה"ד אדם אחד מאלף מצאתי, ד"א אדם זה אברהם, ואשה בכל אלה לא מצאתי זו שרה, ד"א אדם זה עמרם, ואשה זו יוכבד, ד"א אדם זה משה, ואשה אלו נשי המדבר, ד"א אדם זה משה שבא לאלף דור, ואשה זו היא התורה שנתנה לאלף דור, הה"ד (תהלים ק"ה) דבר צוה לאלף דור מלמד שצפה הקדוש ברוך הוא בכל הקנקנים ולא מצא קנקן זפות מקנקנו של משה שפשט ידו וקבל את התורה. **[כב] תלמוד בבלי חגיגה דף יב עמוד א:** ואור ביום ראשון איברי? והכתיב ויתן אתם אלהים ברקיע השמים וכתיב ויהי ערב ויהי בקר יום רביעי! - כדרבי אלעזר. דאמר רבי אלעזר: אור שברא הקדוש ברוך הוא ביום ראשון - אדם צופה בו מסוף העולם ועד סופו, כיון שנסתכל הקדוש ברוך הוא בדור המבול ובדור הפלגה וראה שמעשיהם מקולקלים - עמד וגנזו מהן, שנאמר וימנע מרשעים אורם. ולמי גנזו - לצדיקים לעתיד לבא שנאמר וירא אלהים את האור כי טוב, ואין טוב אלא צדיק, שנאמר אמרו צדיק כי טוב. כיון שראה אור שגנזו לצדיקים שמח, שנאמר אור צדיקים ישמח. כתנאי: אור שברא הקדוש ברוך הוא ביום ראשון אדם צופה ומביט בו מסוף העולם ועד סופו, דברי רבי יעקב. וחכמים אומרים: הן הן מאורות שנבראו ביום ראשון ולא נתלו עד יום רביעי. **[כג] כנ"ל אות כ"ג.**

א' וזה זכה מאוהל מועד שזכר שמו ח"י פעמים. ז"ש אדם כי יקריב (ויקרא א',ב') יקר תפארת גדולתו (אסתר א',ד') של משה היא תפארת אדם לשבת בית (ישעי' מ"ד,י"ג)

גלא עמיקתא

יוסף אף אני בחלומי גימ' י"ד רמיזא [כד]דו"ד (גימ' י"ד) מלכא משיחא. והנה ארבעת הפסוקים שכתוב בהם א"ף שהבאנו כנגד כל אות מארבע אותיות שם הוי' ברוך הוא- גימ' (18384) כ"ד פעמים "כי גדול ה' ומהלל מאד, ונורא הוא על כל אלהים" (766) (דה"א ט"ז,כ"ה) ופירש המצודות שם: על כל אלהים- הם שרי מעלה של העכו"ם. וחזינן דהני ארבעה שפתחו בא"ף הם ד' שורשים לסטרא אחרא- וחושבן פסוקיהן סליק כ"ד פעמים "כי גדול ה'" וכו' וכמו שכתב בהאי אופן ד-ג' פעמים סופיות בא"ק הרי כ"ד מאות לקביל

[כד] ר' צדוק הכהן מלובלין - פרי צדיק דברים חג הסוכות: אך בסידור שער השמים מהשל"ה הקדוש איתא סדר האושפיזין האבות יוסף משה אהרן דוד כתולדתם. ולכאורה היא נגד המפורש בכמה מקומות בזוה"ק בסדר השבעה רועים יוסף מרכבה למדת יסוד עולם וכסדר האושפיזין מהאר"י הקדוש. אך באמת נמצא גם בזוה"ק (בהשמטות שם לעיל מיניה) דחשב האושפיזין ביומא רביעאה לקבל דרגא דיוסף ביומא חמישאה לקבל דרגא דמשה ביומא שתיתאה לקבל דרגא דאהרן. ובאמת גם בזוהר חדש (פרשת תולדות) דחשיב סדר הרועים מרכבה להמדות וחשיב יוסף מרכבה למדת יסוד מכל מקום בתחילה כשחשב השבעה רועים חשב אבהן דעלמא אברהם יצחק ויעקב יוסף ומשה ואהרן ודוד. ובאמת אלו ואלו דברי אלהים חיים שיש סעד גם לסדר הזה דחשב יומא רביעאה נגד יוסף שברביעי נתלו המאורות שהיו מאור הראשון וכתיב (תהלים צ"ז, י"א) אור זרוע לצדיק. וכן חשב בגמרא (ברכות נ"ח א) והנצח זו מפלתה של מלכות הרשעה וכו' ויז נצחם וגו' והיינו נגד יוסף שעל ידי משיח בן יוסף יהיה הניצוח שעשו נופל בזרעו. וכן חמישאה לקבל דרגא דמשה דאיתא בזוה"ק (רעיא מהימנא ח"ג רכ"ג ב) ונתן ההוד למשה שנאמר (במדבר כ"ז, כ') ונתת מהודך עליו. וכן הוא בתיקונים (תיקון י"ג) דאיהו הוד דיהיב למשה. ובתוס' (שבת פ"ח. ד"ה שני) שני כתרים של הוד היו לפיכך כשנטלן משה קרן עור פניו. וכן הוא בתנחומא (תשא ל"ז) ומנין זכה משה לקרני הוד וכו'. וחשב ביומא שתיתאה לקבל דרגא דאהרן על פי מה שמובא בזוה"ק (ח"ג נ"ג ב) אהרן שושבינא דמטרוניתא וכו' והיינו שהוא מקרב כנסת ישראל לקודשא בריך הוא והוא המכפר והמטהר לכנסת ישראל והיינו מדת כל שמקרב ישראל לאביהן שבשמים. אך ההבדל בין שתי הדעות הוא כעין מחלוקת רב הונא ורב חסדא (סוטה ה' א) חד אמר אתי דכא וחד אמר אני את דכא והיינו דלמאן דאמר אתי דכא נחשב אהרן מדת כל שמקרב ישראל לאביהן שבשמים אתי דכא. ולמאן דאמר אני את דכא יוסף מדה ששית כל שמחבר שמים וארץ שמים

"נורא הוד" (272) פעמים מרדכ"י (274) כדכתיב (איוב ל"ז,כ"ב) "מצפון זהב יאתה, על אלוה נורא הוד" ו"מרדכי" שעל ידו התחולל נס דפורים בחינת נצח כדאמרינן אחר קריאת המגילה "תשועתם היית לנצח ותקותם בכל דור ודור" וכו'. ושוב כפלינן בחינת נצח והוד דא בדא- דמרדכי בדורו כמשה בדורו בחינת נצח כדמשמע בזוה"ק (משפטים קטז:) דרשב"י בחינת משה רעיא מהימנא. דאיתא שם בזוה"ק אמר ליה רבי שמעון רעיא מהימנא (נ"א בוצינא קדישא) משמע שם דרשב"י בחינת משה רבינו שנקרא בזוה"ק בכמה מקומות רעיא מהימנא וכו' לאפוקי מנח שנקרא בזוה"ק (זוהר חדש נח לח:) רעיא שטיא. ורשב"י בחינת הוד שבהוד י"ל כאהרן כהנא רבא בגופו, ובנשמתו בחינת משה רעיא מהימנא בספירת הנצח- דמשה ואהרן בחינת נצח והוד. ויהי רצון דבזכותיה דבר יוחאי נזכה לצאת מחשכת הגלות כיתרון האור הבא מן החושך ועת צרה היא ליעקב וממנה דייקא יושע במהרה בימינו אמן.

ומשה יקח את האוהל (שמות ל"ג,ז') **במילת יקח יבואר חשבון של אלף ת"ת מליצים ששמעו תפילתו ה' תפילתי**

גלא עמיקתא

[כה]כ"ד זיני דמסאבותא– ולכן כפלינן כ"ד פעמים. ב'. ומביא הפסוק עם פ' כפולה "פקד פקדתי" והוא בפרשת שמות (ג',ט"ז): "לך ואספת את זקני ישראל ואמרת אלהם ה' אלהי אבתיכם נראה אלי, אלהי אברהם יצחק ויעקב לאמר, פקד פקדתי אתכם ואת העשוי לכם במצרים" גימ' (6741) ז"פ אח"ד במלוי כזה "אלף חית דלת" (963) ובאורו דהגאולה העתידה כדוגמת גאולת מצרים אך ללא שיעור יותר תהיה בס"ד מבחינת פנימיות הכתר והוא אחד רוכב על ז' [כו]וכביאור הכלי יקר ריש פרשת שמיני אחד הרוכב על ז' כוכבי לכת עיין שם– ולכן כפלינן ז"פ אח"ד מלא. ג'. ומביא פסוקא דנן דפותח ספר ויקרא: "[כז]ויקרא אל משה, וידבר ה' אליו מאהל מועד לאמר" פסוקא דנן

עליונים שממשיך כל המדות לכנסת ישראל. וכחשבון האושפיזין שסידר האריז"ל יוסף מדה ששית וכן אנו אומרים וכמו שאמרו בגמרא ומסתברא כמאן דאמר אני את דכא וכו'. ויוסף הוא הכנה להושענא רבה שכנגד דוד מלכא משיחא שאז יהיה הישועה הגדולה הושענא רבה. (ומה שמובא בזוה"ק (שם בהשמטות) לקבל דרגא דאהרן דאחיד בהוד היינו מתחילה הסדר אני את דכא והוד דרגא דאהרן בחסד דאברהם. ואחר שעוברים ימי החג דרגא דאהרן אחיד במדה ששית שמקרבן לתורה ומקרב כנסת ישראל לה' יתברך כמאן דאמר אתי דכא ואלו ואלו דברי אלהים חיים. כן שמעתי בקודש פנימה מהכותב): [כה] **ספר אבן יקרה ח"א שיר השירים ג ח קמט:** אמנם בשלמים שאין באים על חטא אלא לנדבה הקריבו מן הבקר שנים שנים כדי שיעלה סך הכל כ"ד כנגד כ"ד קשוטי כלה שהם כ"ד צרופים שם אדנ"י שיהיו נמתקים בשלימות ועי"ז יתפרדו כ"ד זיני דמסאבותא שהטיל נחש בחוה שהם כמנין ואיב"ה כמ"ש על פסוק (בראשית ג') ואיבה אשית בינך ובין האשה כידוע ואז הנפש נטהרת מן כ"ד זיני דמסאבותא ותתקשט בכ"ד קישוטי כלה ועל זה עשו הרמז במספר כ"ד קרבנות הנז' בבקר שהביאו אותם בתורת השלמים ולכך היה זה בבקר שהם לשון בקר ולשון בקור ורמז זה שייך לעילוי הנפש. [כו] **כלי יקר ויקרא פרק ט פסוק א:** ומה שיום שמיני זה נטל עשר עטרות, רמז למה שאמרו חז"ל (ערכין יג ב) כינור של ימות המשיח יהיה שמונה נימין ושל העולם הבא עשרה נימין לפי שלימות המשיח ונגלה כבוד ה' וראו כל בשר כי ה' אחד רוכב על שבעה כוכבי לכת מנהיגי העולם הזה, אבל לעולם הבא שיהיו מופשטים מן החומר לגמרי יתוסף בהם השגה שיכירו כח מלכותו יתברך על כל נבדלים העליונים הכלולים במספר ט' בסוד ארון ט' וכפורת טפח ואז השמיני יעלה למספר עשר, על כן בא הרמז ביום שמיני זה שנטל עשר עטרות לומר כי יש בו מעין של העולם הבא כי שם יראו את כבוד ה' עין בעין וכן ביום זה נאמר כי היום ה' נראה אליכם. [כז] **מרכבת המשנה לר"י אלאשקר על אבות פרק א:** התחיל ואמר, משה קבל תורה מסיני, בכאן רצה התנא להודיענו מעלת התורה, ומעלת הנותן, ומעלת המקבל, ומעלת המקום, שבאמת שאלו הד' דברים תשלום המתנה. ועל כן התחיל ואמר, משה קבל תורה, תדע מי הוא מקבל הראשון, הוא מרע"ה אדון כל הנביאים שהיה שלם במדות ושלם בדעות. וזהו מאמר חז"ל (דברים רבה, יא, ד) על משה איש האלהים (דברים לג, א) שהיה מחציו ולמטה איש ומחציו ולמעלה אלהים להורות שהיה בו שלימות עיוני ושלימות מעשי. ועוד אמרו חז"ל [(קהלת רבה ז, א, כח) בדק הב"ה בכל הקנקנים ולא מצא קנקן כמשה רבינו ע"ה. כלומר, בדק הב"ה בכל הגופות שבעולם ולא מצא גוף שוה המזג כמשה ע"ה. ומזה הרבה, ומותר הראיה על המפורסם. ואם על שלמות המתנה אמרה תורה, שבודאי היא מורה אור לישרים ומגעת אל השלמות והתענוג הנצחי,

יקח (תהל' ו,י') בזה האופן י"פ ק' הרי אלף ח"פ ק' הרי ת"ת וגם בצירוף א' של יקרא תמצא כל הענין מבואר וא' של ויקרא

גלא עמיקתא

[5]ויקרא א' זעירא – דסליק לחושבן (1455) אלף תנ"ה (מש"ה במלוי יודין) כנ"ל. ומבאר דהני ח"י מאות מלאכים נרמזים במלה אלף– כי נתלוה אליה מטטרו"ן גימ' (314) "בו ירוץ"– והוא בפסוק העוסק במגדל הפורח באויר אות ל' (משלי י"ח,י'): "מגדל עז שם הוי', בו ירוץ צדיק ונשגב" גימ' (1399): "אלף (1000) אלף זעירא (399)" וזהו איך שהצדיק מתחזק ע"י שפלותו בפני אלהים ואדם בבחינת א' זעירא דויקרא אל משה, ורץ ועולה עד לבחינת א' רבתי דאדם דפותח דברי הימים.

וכמו שאמר דוד עליו השלום תורת ה' תמימה משיבת נפש (תהלים יט, ח), שהיא משיבה הנפש אל מקום שחוצבה שהוא תחת כסא הכבוד, גם כן תורת ה' תמימה חוזרת לנפש, כי תורת הש"י משיבה לנפש שלימה ותמימה. עוד אמר תורת כנגד החומר שהוא זך ונקי, וכנגד הפועל אמר ה', וכנגד הצורה אמר תמימה, וכנגד התכלית אמר משיבת נפש, נמצאת שלימה מכולם. וזאת התורה היא תורה שבכתב ותורה שבע"פ וכמ"ש הכתוב עלה אלי ההרה וגו' ואתנה לך את לוחות האבן (שמות כד, יב) ואז"ל את לוחות האבן אלו עשרת הדיברות, והתורה היא תורה שבכתב, והמצוה זו תורה שבע"פ, אשר כתבתי אלו נביאים וכתובים, להורותם זו תלמוד, והרבה מזה, וכבר הארכתי בזה הענין בספר צפנת פענח יעויין שם. והנה מעלת הנותן ומעלת המקום למדנו אותו ממה שאמר מסיני. והנה קודם יש לבאר על מה ששאלנו, מה ענין אמרו מסיני ולא אמר בסיני. יש מי שפירש שזה המ"ם היא במקום בי"ת כמו כי מציון תצא תורה (ישעיהו ב, ג), שפירושו בציון. ויש מי שפירש מסיני, מהש"י הנגלה בסיני. והטעם שאמר מסיני, שאם היה אומר משה קבל תורה בסיני היה נראה שכל התורה קבל בסיני, ואינו כן, שהרי קבל באהל מועד ובערבות מואב ובמרה. והטעם שזכר סיני יותר מכל המקומות, לפי ששם הוא העיקר ושם ניתן הרוב. ועוד, להורות שבחר הב"ה בסיני יותר מכל שאר ההרים, כמו שדרשו ז"ל (ב"ר צט, א) על פסוק למה תרצדון הרים גבנונים ההר חמד אלהים לשבתו (תהלים סח, יז), שכל ההרים הגבוהים, וזהו פי' ג בנונים, היו מצפים ומרצדים, וזהו פירוש תרצדון, שרצו שישרה הב"ה שכינתו ותורתו עליהם. השיבם מרע"ה וכי בשביל שאתם גבוהים ישרה הב"ה שכינתו עליכם, כבר ההר חמד אלהים לשבתו משׁשת ימי בראשית, כאמרם ז"ל מיום שנברא העולם לא זזה שכינה מהר חורב. ועוד פירשו במדרש (ב"ר שם), שכל ההרים הם כבעלי מומים בפני הר סיני, וזהו פי' גבנונים מלשון או גבן או דק (ויקרא כא, כ). ויש מי שפירש שטעם אמרו מסיני ולא אמרו בסיני, שאם היה אומר בסיני היה צריך

5. באור על מגלה עמוקות ואתחנן אופן צ"ז: ה. אֲדֹנָי יהוה אַתָּה הַחִלּוֹתָ לְהַרְאוֹת אֶת עַבְדְּךָ אֶת גָּדְלְךָ וְאֶת יָדְךָ הַחֲזָקָה אֲשֶׁר מִי אֵל בַּשָּׁמַיִם וּבָאָרֶץ אֲשֶׁר יַעֲשֶׂה כְמַעֲשֶׂיךָ וְכִגְבוּרֹתֶךָ (דברים ג,כד) גימ' (6385) י"ב פעמים "פני יהושע" (532) ע"ה - דאמרו חז"ל פני יהושע כפני לבנה (בבא בתרא עה.) והוא יכניס את בני ישראל לארץ ישראל דהיא בחינת לבנה - בחינת מלכות - הלכה פסוקה - כרחל זו שהכל גוזזין ופוסקין ממנה הלכות [כמבואר בליקוטי מוהר"ן קמא סימן י"ב]. וכפלינן י"ב זימנין לקביל י"ב שבטי י"ה עדות לישראל (תהל' קכ"ב,ד') דהן י"ב גבולי אלכסון צנורות השפע להמשיך למכלותא קדישא ארץ ישראל. והוא חושבן י"ב פעמים "פני יהושע" חסר א' - לכן חזקהו ואמצהו בסוד א' זעירא דילך - השלימהו לו בבחינת כול"ל בסוד "האור הגנוז - תחית המתים" גימ' (1596) "מזמור שיר ליום השבת" - תיבות הפנימיים שי"ר ליו"ם אתוון ירושלי"ם, ותיבות החיצוניות "מזמור השבת" גימ' (1000) "אלף" - בסוד אלף זעירא דויקרא - מאן דאיהו זעיר [א'] איהו רב [אלף], ולכן חזקהו ואמצהו כנ"ל דהוא יכניס את בני ישראל לארץ הבחירה ויקים בית המקדש השלישי הנצחי בירושלים עיה"ק תבנה ותכונן ב"ב אכי"ר.

מורה על התעניות שהתענה משה שהם סוד ו"ה מן השם שאמרנו שהתענה ו"ה פעמים ו"ה שהוא י"א פעמים י"א ורמז בו סוד י"א י"א שהוא שם קדוש ונורא י"י אלקינו י"י אחד (דברים ו',ד') לפי שפגמו ישראל בעגל בזה עברו על [כח]כ"ב אותיות התורה

גלא עמיקתא

והמגלה עמוקות מוציא מאות אל"ף את ה–ל' בסוד [כט]מגדל הפורח באויר ונותר א'ף' ארבעה פתחו בא"ף לסניגור בחינת א' אלף ף' ח' מאות ח"י מאות מלאכים מליצי יושר כדמבאר ואזיל. ד'. ומביא מתפלת משה לקב"ה לאחר חטא העגל (שמות ל"ב,י"ב): "[ל]למה יאמרו מצרים לאמר, ברעה הוציאם להרג אתם בהרים ולכלתם מעל פני האדמה, שוב מחרון אפך והנחם על הרעה לעמך" גימ' (4571)

להזכיר ממי קבל, והיה נכנס לנו בזה ספק שמא קבלה ע"י מלאך, או ע"י שמיעת קול כשאר הנביאים. אך עתה שאמרו מסיני, למדנו שמשה בעצמו קבלה מהש"י בלתי אמצעי, כאמרם ז"ל ויקרא אל משה וידבר ה' אליו מאהל מועד (ויקרא א, א), שאם היה אומר באהל מועד היה נראה שהיה ע"י אמצעי, אמנם עתה שאמר מאהל להורות שלא היה ע"י אמצעי. [כח] **דברים רבה פרשת דברים:** [כז.] [ד"א ונפן ונעל], זש"ה בך צרינו ננגח, א"ר יצחק, בך, בתורה שהיא כ"ב אותיות, ב' תרי, כ' עשרים, בשעה שישראל עוסקי' בתורה שונאיהם נופלין לפניהם, וכה"א לו עמי שומע לי (תהלים פ"א י"ד), וכתיב כמעט אויביהם אכניע -תהלים פ"א ט"ו-. בשמך נבוס קמינו -תהלים מ"ד ו'-, אילולי ששתף הקדוש ברוך הוא שמו בישראל לא היו יכולין לעמוד בין האומות, שנא' שמע ישראל -דברים ו' ד'-, כשם ששיתף שמו במלאכיו, ה' בם סיני בקדש -תהלים ס"ח י"ח-, מהו אדני סיני בקדש ששיתף שמו בהם, מיכאל גבריאל, אלולי כן לא היו יכולין לעמוד, לכך הם אומרי' לא לנו ה' לא לנו כי לשמך תן כבוד -תהלים קט"ו א'-, ועשה עמנו. וכן את מוצא ביהושע כשנפלו בעי ואמ' ומה תעשה לשמך הגדול -יהושע ז' ט'-, וכן ירמיה אומר אם עונינו ענו בנו -ירמיהו י"ד ז'-, וכה"א ואתה בקרבינו ה' -ירמיהו י"ד ט'-, הוי אלולי ששיתף הקדוש ברוך הוא שמו עמהם לא היו יכולין לעמוד, למלך שה"ל דיפלומיטרין והיה לו מפתח קטן, מה עשה המלך, עשה שלשלת של זהב ונתנה בו כדי שלא יאבד, כך אמ' הקדוש ברוך הוא ישראל מעט הם, שנא' כי אתם המעט -דברים ז' ז'-, וכדי שלא יתבלעו בין האומות שיתף שמו עמהם, הוי ובשמך נקרא -תהלים פ' י"ט-, שהקב"ה עושה מלחמתם של ישראל, שכן את מוצא במלחמת האמורי אילולי שהתחיל הקדוש ברוך הוא במלחמה לא יכלו להם ישראל [כט] **תלמוד בבלי חגיגה דף טו עמוד ב:** אשכחיה שמואל לרב יהודה דתלי בעיברא דדשא וקא בכי. אמר ליה: שיננא, מאי קא בכית? - אמר ליה: מי זוטרא מאי דכתיב בהו ברבנן איה ספר איה שקל איה ספר את המגדלים. איה סופר - שהיו סופרים כל אותיות שבתורה, איה שוקל - שהיו שוקלים קלין וחמורין שבתורה. איה סופר את המגדלים - שהיו שונין שלש מאות הלכות במגדל הפורח באויר. ואמר רבי אמי: תלת מאה בעיי בעו דואג ואחיתופל במגדל הפורח באויר. ותנן: שלשה מלכים וארבעה הדיוטות אין להם חלק לעולם הבא, אנן מה תהוי עלן? - אמר ליה: שיננא, טינא היתה בלבם. אחר מאי - זמר יווני לא פסק מפומיה. אמרו עליו על אחר, בשעה שהיה עומד מבית המדרש הרבה ספרי מינין נושרין מחיקו. שאל נימוס הגרדי את רבי מאיר: כל עמר דנחית ליורה סליק? - אמר ליה: כל מאן דהוה נקי אגב אימיה - סליק, כל דלא הוה נקי אגב אימיה - לא סליק. [ל] **אליהו זוטא (איש שלום) פרשה ד:** ארבעים ימים האמצעיין נטל משה את האהל ויצא לו חוץ למחנה, שנאמר ומשה יקח את האהל ונטה לו מחוץ למחנה וגו' (שמות ל"ג ז'), והיו ישראל נוהגין אבילות בעצמן כל אותן הימים, עד שנתגלה מלך מלכי המלכים הקדוש ברוך הוא, יהי

שנחלקת י"א שורשיות י"א שמושית נשתיירו אתוון וק"ר תחשוב ו' פעמים קר הרי י"ח מאות הם הי"ח מליצי יושר של משה נמצא שבמלת ויקרא תמן תשכח כל התעניות שהתענה והמליצי יושר שבאו לקבל תפלתו. והנה יש עוד ליתן טעם על אותן י"ח מאות

גלא עמיקתא

י"פ "ומלאה הארץ דעה" (457) עם הכולל (ישעי' י"א,ט'). דזכה משה למתק האף של האלף בעסקי אהל מועד– והשיג בפרטיות הבחינה של לעתיד לבוא ומלאה הארץ דעה את ה', וזהו דכל אותו הדור נקרא דור דעה– דהיה להם בחינה של כי מלאה הארץ דעה את ה' וכו'. ה'. ומביא עוד הפסוק (תהל' ל"ו,ח'): "[לא]מה יקר חסדך אלהים, ובני אדם בצל כנפיך יחסיון" גימ' (1092): ד"פ "אור גנוז" (273) ורמיזא תיבה כנפי"ך גימ' (180) י"פ ח"י ובהתכללות ב-י' הרי ק"פ ח"י כחושבן המלאכים כנ"ל, ובישעי' (פרק ו' פסוק ב') כתיב בענין כנפיהן "בשתים יכסה פניו" וכו' וכאן הן בחינת כנפי"ך דייקא. ו'. ומביא

שמו הגדול מבורך לעולם ולעולמי עולמים, ופתח לו פתח של רחמים, ואמר הקדוש ברוך הוא למשה, משה, מה עושין אותן עניים, מנודין לרב מנודין לתלמיד, מנודין לי מנודין לך, חזור בך והיכנס למחנה, שנאמר ודבר ה' פנים אל פנים (שם שם /שמות ל"ג/ י"א), איני יודע מקרא זה מה הוא אומר, כשהוא אומר, ושב אל המחנה (שם /שמות ל"ג/), מלמד שהתיר לו את נדרו, והכניס את האהל למחנה. משלו משל, למה הדבר דומה, למלך בשר ודם שכעס על בנו, והיה אחד מגדולי מלכות יושב לפניו, אמר לו, ריקא, אילמלי פלוני אוהבי יושב לפני, כבר היכיתיך מכות גדולות, לכך נדמה משה באותה שעה, שנאמר ויחל משה את פני ה' אלהיו וגו' למה יאמרו מצרים לאמר וגו' זכור לאברהם ליצחק וליעקב עבדיך וגו' (שם /שמות/ ל"ב י"א עד גמירא), מיד היה להן עניו, שנאמר וינחם ה' על הרעה וגו' (שם /שמות ל"ב/). **[לא] שפת אמת שמות פרשת שמות:** [תרנ"ד] ואלה שמות כו' אחז"ל כל מקום שנא' ואלה מוסיף על הראשונים. כי הנה התורה נחלקה לז' כמ"ש חז"ל חצבה עמודיה שבעה מול שבעת ימי בראשית. וספר בראשית הוא בחי' חסד לאברהם כי עולם חסד יבנה. ואיתא כי יש כ"ו כל"ח בהודו. על כ"ו דורות קודם שניתנה תורה שהי' קיומם בחסדו ית' בלבד. וספר שמות התחיל בגלות מצרים שהוא בחי' יהי רקיע להבדיל בין ישראל לאומות שזה הי' תכלית גלות מצרים וגאולת מצרים. והוא בחי' יצחק ומדה"ד. ולכן נא' ואלה מוסיף על הראשונים לומר כי זה הדין הי' כלול בחסד וכמ"ש במד' מטעם ואוהבו שחרו מוסר. ואדרבא זה נקרא חסד ואמת. כי הקדוש ברוך הוא רוצה שבני ישראל יזכו במעשיהם על פי התורה והמצות דמאן דאכיל דלאו דילי' בהית לאיסתכולי בי'. וזה הדרך התחיל בקבלת התורה שהוא בחי' אמת ליעקב. אבל יצ"מ הי' הקדמה לקבלת התורה כדכ' בהוציאך א"ה ממצרים תעבדון כו' ובמד' שלש מתנות נתן הקדוש ברוך הוא לישראל. ועל ידי יסורין כו'. אבל התכלית הי' כדי שיזכו לתורה ויקבלו החסד של אמת. וע"ז נא' מה יקר חסדך אלקים כמ"ש במ"א שהוא החסד שכלול בדין וזה בכח התורה שהיא מחברת חסד ודין. ולכן ספר ואלה שמות מתחיל בגלות ומסיים בקבלת התורה כמו שהי' ביום שני תחילת מלאכת המים ולא נגמר עד יום השלישי ע"ש ברש"י ובמדרשים. וכמו כן קבלת התורה הוא התכלית של גלות מצרים. לכן נא' ו' מוסיף על ענין ראשון על ספר בראשית. עוד יובן כי באמת תכלית הבריאה נגמר בגלות וגאולת מצרים כי תיקון מעשה בראשית הוא יותר עיקר מבריאת מעשה בראשית. לכן מוסיף על ענין ראשון לומר שזה תכלית הבריאה. ועל ג' אלו מברכין שבראנו לכבודו והבדילנו מן התועים ונתן לנו תורת אמת:

לפי שפגמו ישראל בשם של שד"י ושם שדי יש לו ו' צירופין כדין תיבה בת ג' אותיות תחשוב ו' פעמים צירופי שד"י הרי אלף ה' מאות נשתיירו פ"ד הוא חשבון חנו"ך הרי מרומז אלף ות"ת מלאכים באו וחנו"ך עמהם [לב]שהוא מטטרון שחשבונו שד"י לכן בההיא יומא דאיתוקם משכנא איתוקם משכנא דחנוך עמוהי. וז"ש

גלא עמיקתא

הפסוק (תהל' ס"ח,י"ט): "[לג]עלית למרום שבית שבי, לקחת מתנות באדם, ואף סוררים לשכן י-ה אלהים" גימ' (4435): ה"פ "מעשה ידיו מגיד הרקיע" (תהל'

[לב] **של"ה פרשת חיי שרה תורה אור: יט.** נודע כי מטטרון שר העולם שעליו נאמר (תהלים לז, כה) 'נער הייתי (ו)גם זקנתי', ואמרו רבותינו ז"ל (יבמות טז ב) פסוק זה שר העולם אמרו. והוא הנער המשרת (יוצר לשמחת תורה) למעלה כמו שכתבו המקובלים (זהר ח"א דף רכ"ג ע"ב; רע"ז ע"ב), ונתנו סימן לדבר (משלי כב, ו) 'חנך לנער', כי הוא שומר השער. והענין כי חנוך הוא מטטרון (תרגום יונתן בראשית ה, כד), ומה שהקשו התוספות (יבמות טז ב ד"ה פסוק) על הא דאמרו שר העולם בשעת הבריאה (חולין ס א), וחנוך היה זמן ארוך אחר הבריאה, ועל כן דחקו לומר שהם מדרשות חלוקות. אבל לפי האמת קושייתם אינה קושיא להבאים בסוד ה'. בודאי שר העולם הוא מעת הבריאה, והוא מטטרון נקרא בשם זה, כי הוא השומר ברצון השם יתברך, ו'מטרה' הוא תרגום של 'שומר' כמו שהאריכו המקובלים (רבינו בחיי שמות כד, א). וענין חנוך הוא שנעשה מטטרוני ונסתלק כו', והוא בחינה התחתונה של מטטרון הנקרא 'מנעל', בסוד מטטרון וסנדלפון הם סוד מנעל וסנדל (זהר ח"ג דף רפ"א ע"א) האמור עליהם 'מה יפו פעמיך בנעלים' (שיר השירים ז, ב). וזהו סוד שאמרו במדרש (מובא במדרש תלפיות ערך חנוך וע' עשרה מאמרות, מאמר אם כל חי, ח"ג סי' כ"ב) חנוך תופר מנעלים היה, ודבר זה פירשתי במקום אחר בארוכה (ראה לעיל ח"ב, מסכת יומא אות קלט). נחזור לענינינו, כי מטטרון הוא שומר ישראל והוא השליח של מעלה. וזה לשון הרב רבינו בחיי פרשת משפטים (שמות כד, א): ונקרא בשם מטטרון, לפי שבשם הזה נכללים שתי לשונות המורים על (עניינינו) [ענינו], והוא אדון ושליח. אדון, מלשון חכמים שקורין אל הגברת בעלת ממשלת מטרונא. שליח, מלשון יון שקורין לשליח מנטטור. ועוד יכלול ענין גם מלשון שמירה, כי תרגום 'משמרת' (ויקרא ח, לה) 'מטרת', ועל שהוא שומר העולם (והוא) נקרא שומר ישראל. והנה מתוך הוראת שמו השגנו שהוא אדון לכל מה שתחתיו, שכל צבא העליונים והתחתונים הלא הם ברשותו ותחת ידו, והוא השליח למי שעליו ולמעלה ממנו, שהשליט(ו)הו על הכל ושמו אדון לביתו ומושל בכל קניינו, עד כאן לשונו הרב בחיי ז"ל. והאריך עוד עיין שם. והנה הוא נקרא 'עבד' כמבואר בזהר (ח"ב דף צ"ד ע"א; ח"ג דף רע"ו ע"א) ובפרדס (שער א' פ"ה), כי בחינת 'בנים אתם לה' אלהיכם' (דברים יד, א) מצד האצילות הוא בן, והבריאה הוא סוד אמה העבריה, ומטטרון הוא סוד עבד עברי. נמצא, מטטרון הוא עבד זקן בית המושל בכל אשר למעלה ברצון הבורא יתברך. ועליו נאמר (שמות כג, כ) 'הנה אנכי שלח מלאך לפניך לשמרך בדרך' וגו', וכתיב אחר כך (שם שם, כא) 'כי שמי בקרבו', ופירשו רבותינו ז"ל (סנהדרין לח ב) והביא רש"י דבריהם שם (שמות שם), ואמרו זהו מטטרון ששמו כשם רבו. ועוד אמרו רבותינו ז"ל (שמות רבה פל"ב ס"ט) מי ששמר האבות ישמור הבנים.

[לג] **ספר כד הקמח לרבינו בחיי חלק אמונה:** ודבר ידוע כי ישראל זרע קדש אף גם זאת בהיותם בגלות בארץ אויביהם ועם היות שהם מפוזרים בקצוות דחויים בגוים כזורה ברחת ומזרה לא ישכחו עקרי התורה והמצות אך ישמרו משמרת האמונה ויעמדו חזקים באמונתם ובכל דור ודור כל אחד ואחד מן האומות מתגרה בהם להמיר דתם ולהחליף אמונתם ולא אבו שמוע, וכמו שדרשו חז"ל (שיר ז) שובי

שובי השולמית שובי שובי ונחזה בך הזכיר הכתוב הזה ד' פעמים שובי כנגד ד' מלכיות שכל מלכות ומלכות אומרת לנו לחזור לאמונתם ויעשו ממנו גזברין ושלטנין זהו נחזה בך מלשון (שמות יח) ואתה תחזה מכל העם אנשי חיל וישראל משיבים להם מה תחזו בשולמית מה מעלה ושולטנות אתם יכולין לתת לנו כלום יש בכם כח לתת לנו כאותה מעלה של הר סיני זהו כמחולת המחנים כלומר שמא יש באלהיכם לעשות לנו כאותו מחול שהיו בו שתי מחנות מחנה ישראל ששים רבוא ומחנה מלאכי השרת כענין שכתוב (תהלים סט) רכב אלהים רבותים אלפי שנאן, ובזכות האמונה הזאת שהם חזקים באמונתם עתיד הקדוש ברוך הוא להשרות שכינתו ביניהם ולשוב לירושלים כבתחלה והבנים שגלו מעל שולחן אביהם ישובו לקדמותם. ועל זה הזכיר כאן ישעיה הנביא ואמר (ישעיה כו) פתחו שערים ויבא גוי צדיק שומר אמונים, כי לפי שהזכיר בפסוק שלמעלה חומות ירושלים והוא שאמר (שם) ישועה ישית חומות וחיל על כן סמך לו מיד פתחו שערים כלומר שערי ירושלים שהיו עד עתה סגורים ויבאו ישראל שהם גוי צדיק שהמתינו בגלותם לאמונתו של הקדוש ברוך הוא. והנה זאת אמנה שרואים ישראל אדמתם לנגדם זרים אוכלים אותה והמורדים והפושעים משמרים הבלי שוא הם שוכנים בתוכה והם מגורשים מבית תענוגיהם משועבדים בין האומות ועומדים באמונתם, ולזה אמר דוד ע"ה (תהלים סח) עלית למרום שבית שבי לקחת מתנות באדם אף סוררים לשכון יה אלהים. ואמרו במדרש עלית למרום כשעלה כבודו למרום הגלה את ישראל שכל זמן שהיה הכבוד בבהמ"ק גלו ישראל לקחת מתנות באדם אותם מתנות שנתת להם שישרה כבודך ביניהם לקחת אותם מהם ובאו סוררים ושכנו שם במקום יה אלהים:

(תהלים צ"א,א') בצל שדי יתלונן באותו יום שהוקם המשכן בצל שדי דייקא שהם תהפוכות שם של שדי לכן אל"ף זעירא ויקר אל משה שרמז על שם שדי ג' אותיות מורה על ג' אבות כמבואר בספרין קדמאין אית דאמרי ש' מורה על יצחק ש' שורקת ד' אברהם שמדתו מדה הד' מלמעלה למטה חסד י' הוא

גלא עמיקתא

י"ט,ב') ר"ת מעשה ידיו מגיד מי"ם– ענין האמונה המוחלטת בצדיק ועצותיו וס"ת מעשה ידיו מגיד הו"ד כסדר– הו"ד גימ' י"ה. ז'. ומביא הפסוק (ויקרא א',ב'): "[לד]דבר אל בני ישראל ואמרת אלהם אדם כי יקריב מכם קרבן לה', מן הבהמה מן הבקר ומן הצאן תקריבו את קרבנכם" גימ' (4785) ג"פ "בהעלותך את הנרות" (1595) (במדבר ח',ב')

[לד] **תולדות יעקב יוסף ויקרא פרשת ויקרא**: בפסוק ויקרא אל משה וידבר ה' אליו מאהל מועד לאמר, דבר אל בני ישראל ואמרת אליהם אדם כי יקריב מכם קרבן לה' מן הבהמה מן הבקר ומן הצאן תקריבו את קרבנכם (א, א – ב). וי"ל, א' איך שייך פרשה זו בכל אדם ובכל זמן, שהתורה נצחי. ב' קושיית האלשיך, תחלה כתיב סתם ויקרא אל משה, ואחר כך וידבר ה' וגו', איפכא הל"ל ויקרא ה' אל משה וידבר אליו. ג' דהל"ל ויקרא אל משה מאהל מועד. ד' כפל וידבר ה' וגו' לאמר, ואחר כך אמר דבר וכו'. ה' דבר אל בני ישראל, וחזר ואמר ואמרת אליהם. ו' דיבור ואמירה למשה, ושוב דיבור ואמירה לישראל. ז' תואר אדם כי יקריב, ולא איש. ח' מכם, מיותר. ט' פתח בלשון יחיד אדם כי יקריב וגו', וסיים בלשון רבים תקריבו את קרבנכם. י' תחלה שלא לנוכח אדם כי יקריב, ומסיים לנוכח תקריבו את קרבנכם. י"א למה לי מן הבהמה שהוא כלל, אחר שפרט מן הבקר ומן הצאן תקריבו וגו'. או איפכא, למה לי הפרט אחר הכלל, כי בכלל בהמה הוא בקר וצאן, ודרשת חז"ל ידוע. י"ב למה לי ג' פעמים מן, דהל"ל כי יקריב בקר וצאן קרבן לה' וגו', וגם בזה דרשו חז"ל וכו' (תו"כ עה"פ).

יעקב איש תם (בראשית כ"ה,כ"ז) [לה]שנולד מהול באות ברית ידו אוחזת בעקב עשו (בראשית כ"ה,כ"ו) יד"ו דייקא שהוא אותיות יו"ד ואית דאמרי איפכ' ש' היא מורה על יעקב שהוא משולש באבות ג'

גלא עמיקתא

[6]ובארנוהו בכמה מקומות. ח'. ומביא

6. באור על מגלה עמוקות ויקרא אופן נ"ד: ומובן שפסוק עיקרי בכל הדרוש הוא (ויקרא א',ב'): דבר אל בני ישראל ואמרת אלהם אדם כי יקריב מכם קרבן לה', מן הבהמה מן הבקר ומן הצאן תקריבו את קרבנכם גימ' (4785) ג"פ "בהעלותך את הנרות" (1595) (במדבר ח',ב'). דהוא ענין העלאת נשמות ישראל לשרשן דהן ז' נרות לקביל ז"א דאצילות דכללות דמתמן נמשכו נשמות עם ישראל. והוא בדומה לענין העלאת נשמות המגולגלות בדצ"ח ע"י ברכות ועסק התורה והמצוות לשם שמים. והנה הוא בהשגחה פרטית האי בהעלותך את הנרות ואנן באופן נ"ר וכתיב נר ה' נשמת אדם דנשמה נמשלה לנר ואמר הקב"ה שלכם אצלי ושלי אצלכם וכו'. שלי אצלכם זו התורה הקדושה- עסקו בה ושמרו עליה (דהיינו מיניקת החיצונים). ושלכם אצלי זו הנשמה- וכך אשמור אני את נשמתכם. וכדאמרינן נשמה שנתת בי טהורה היא וכו' ואתה משמרה בקרבי וכו'.

[לה] **במדבר רבה פרשת נשא פרשה יד:** ה [ז, מט] קרבנו קערת כסף אחת וגו' זה הקרבן הקריב לשם יעקב שהקדימו למנשה ולשם יוסף שבעבור אהבתו בירכן יעקב כל אותן הברכות כמה דתימא (בראשית מח) ויברך את יוסף ויאמר האלהים וגו' ואומר בך יברך ישראל לאמר ישמך אלהים כאפרים וכמנשה וגו' קערת זה יעקב אל תקרי קערת אלא עקרת שעקר הימין ממנשה בעד אפרים, כסף על שם (משלי י) כסף נבחר לשון צדיק מה שאמר ליוסף וימאן אביו ויאמר ידעתי בני ידעתי גם הוא יהיה לעם וגו' שלשים ומאה משקלה כנגד ק"ל תיבות שיש מן וישת על ראש אפרים עד וישם את אפרים לפני מנשה, מזרק אחד כסף זה היה יוסף שנזרק מאביו ונמכר למצרים אחד שהיה מלך במצרים כמה דתימא (בראשית כו) כמעט שכב אחד העם וגו' וכה"א (שם /בראשית/ מב) ויוסף הוא השליט על הארץ וגו' כסף על שם כסף נבחר לשון צדיק שעל ידי חכמתו זכה למלכות כמה דתימא (שם /בראשית/ מא) אחרי הודיע אלהים אותך את כל זאת וגו' אתה תהיה על ביתי וגו' שבעים שקל בשקל הקדש שבא גבריאל והוסיף לו אות אחת על שמו משמו של הקדוש ברוך הוא ולימדו שבעים לשון שנאמר (תהלים פא) עדות ביהוסף שמו בצאתו על ארץ מצרים שפת לא ידעתי אשמע שאילולי כן לא היו המצריים מקבלים את יוסף לשלוט עליהם, שניהם מלאים סלת בלולה בשמן למנחה יעקב ויוסף שניהם היו צדיקים גמורים ושניהם היו דומים זה לזה אתייא כההיא דאמר ר' שמואל בר נחמני (בראשית לז) אלה תולדות יעקב יוסף, לא היה צריך קרייה למימר אלא אלה תולדות יעקב ראובן, למה נאמר אלה תולדות יעקב יוסף ללמדך שהיה יוסף דומה לאביו בכל דבר מה יעקב נולד מהול אף יוסף נולד מהול מה זה היתה אמו עקרה אף זה היתה אמו עקרה, מה זה נתקשית אמו מצער עיבורה אף זה נתקשית אמו בשעת הלידה, מה זה ילדה אמו שנים אף זה ילדה אמו שנים, מה זה אחיו מבקש להרגו אף זה אחיו מבקשים להרגו, זה אחיו שונא אותו וזה גם כן זה רועה וזה רועה, זה נשטם וזה נשטם, זה נגנב ב' פעמים (שם /בראשית/ לא) גנובתי יום וגנובתי לילה וזה נגנב שתי פעמים (שם /בראשית/ מ) כי גנב גנבתי וגו' זה נתברך בי' ברכות וזה נתברך בי' ברכות זה יוצא חוצה לארץ וזה יצא חוצה לארץ זה נשא אשה בחוצה לארץ וזה נשא אשה בחוצה לארץ זה הוליד בנים בחוצה לארץ וזה הוליד בנים בחוצה לארץ זה לוו אותו מלאכים וזה לוו אותו מלאכים זה נתגדל ע"י חלום וזה נתגדל על ידי חלום זה נתברך בית חמיו בשבילו וזה נתברך בית חמיו בשבילו זה ירד למצרים וזה ירד למצרים זה כלה את הרעב וזה כלה את הרעב זה השביע בנו וזה השביע אחיו זה מת במצרים וזה מת במצרים זה נחנט וזה נחנט זה עלו עצמותיו וזה עלו עצמותיו הא לפי שהיה יוסף דומה לאביו לכך נאמר אלה תולדות יעקב יוסף ולכך נאמר שניהם מלאים וגו' על יעקב ויוסף, כף אחת כנגד כף ימינו ששם על ראש אפרים ולמה קרי ליה אחת שהיא חשובה מן יד השמאל, עשרה זהב כנגד

קווין של ש' הוא החוט המשולש [כמ"ש קהלת ד,יב והחוט המשולש לא במהרה ינתק] ד' הוא צורות ש'

גלא עמיקתא

הפסוק (ישעי' מ"ד,י"ג): "[לו]חרש עצים נטה קו יתארהו בשרד יעשהו במקצעות ובמחוגה יתארהו, ויעשהו כתבנית איש כתפארת אדם לשבת בית" גימ' (7687):

י' תיבות שיש מן (שם /בראשית/ מח) וישלח ישראל את ימינו עד והוא הצעיר, מלאה קטרת שראה יעקב דבר זה ברוח הקודש שראוי היה אפרים שיניח ימינו על ראשו וכה"א שכל את ידיו כי מנשה הבכור השכילו ידיו לרוח הקדש כמה דתימא (תהלים פט) משכיל לאיתן האזרחי, פר אחד בן בקר כנגד אברהם כו' שנא' (בראשית יח) ואל הבקר רץ אברהם, איל אחד כנגד יצחק שכתוב בו (שם /בראשית/ כב) ויקח את האיל ויעלהו לעולה תחת בנו, כבש אחד כנגד יעקב דכתיב ביה (שם /בראשית/ ל) והכשבים הפריד יעקב ולמה הקריב אלו ג' מיני עולות כנגד האבות כנגד הברכה שבירכם יעקב הה"ד (שם /בראשית/ מח) ויקרא בהם שמי וגו' שעיר עזים אחד לחטאת כנגד יוסף שכתוב (שם /בראשית/ לז) וישחטו שעיר עזים וגו' ולמה הקריב זה כנגד יוסף לפי כשם שבירכם יעקב על שם ג' האבות כך בירכם על שם יוסף ותלאם עליו שנא' (שם /בראשית/ מח) בך יברך ישראל לאמור ישימך אלהים כאפרים וכמנשה, ולזבח השלמים בקר שנים כנגד שתי ברכות שבירכם בתחלה יברך את הנערים ולבסוף בך יברך ישראל וגו' אילים חמשה וגו' הרי שלשה מינין כנגד שלשה דורות שראה יוסף לאפרים שהיו נקראים על שם יוסף והיו בתי אבות שנאמר (שם /בראשית/ נ) וירא יוסף לאפרים בני שלשים וכן הוא אומר (במדבר כו) אלה בני אפרים למשפחותם לשותלח וגו' אלה בני שותלח לערן וגו' אפרים ושותלח וערן הרי שלשה בנים של שלשה דורות למה היו של ה' ה' כנגד חמשה תיבות של וישם את אפרים לפני מנשה שמשם זכה אפרים להקריב ראשון, זה קרבן וגו' לפי שהקריב על סדר הזה התחיל הקדוש ברוך הוא מקלס את קרבנו זה קרבן אלישמע וגו'. **[לו] זוהר - רעיא מהימנא במדבר פרשת פנחס דף רכח עמוד א:** והאי רזא דחשמלי חיות אש עתים חשות ועתים ממללות ואמרו מארי מתניתין במתניתא תנא כשהדבור יוצא מפי הקדוש ברוך הוא חשות וכשאין הדבור יוצא מפי הקדוש ברוך הוא ממללות בההוא זמנא דמתייחדין קול ודבור כחדא דאינון יאהדונהי חשות אבל בזמנא דפניהם וכנפיהם פרודות ידו"ד מן אדנ"י בפרודא איהו אשתכח בארבע אנפי חיון כלהו פתיחן לקבליה ממללות למשאל מזונא בגין דמזון לכלא ביה אדנ"י אשתכח בכנפי החיות כלהו פתיחן לגבי חיון שאגין בקול דאיהו ידו"ד כלהו בימינא אופנים מצפצפן בדבור דאיהו אדנ"י בשמאלא בשרפים מתחברים קול ודבור באמצעיתא, יאהדונהי בהון ועוף יעופף הדא הוא דכתיב (ישעיה ו) ויעף אלי אחד מן השרפים ואתמר בהון ועוף השמים יוליך את הקול ובעל כנפים יגיד דבר ושרפים שש כנפים לאחד מסטרא דאת ו' דאיהו עמודא דאמצעיתא כליל ימינא ושמאלא ואיהו כליל שית תיבין בשתים יכסה פניו ובשתים יכסה רגליו ובשתים יעופף סימן תקונא תניינא ועל דמות הכסא דמות כמראה אדם עליו מלמעלה רשימו דס"ת ואיהו כתפארת אדם לשבת בית ואוקמוה רבנן כל הקורא ק"ש ערבית ושחרית כאילו מקיים (יהושע א) והגית בו יומם ולילה דטלית לבנה איהו לימינא מסטרא דחסד ואתמר אלמלך יושב על כסא רחמים ומתנהג בחסידות (ישעיה טז) והוכן בחסד כסא חסד סליק ע"ב חוליין וקשרין דטלית, ואית טלית מסטרא דמטטרו"ן דאיהו ט"ט כליל ח"י בין קשרין וחוליין לכל סטרא ה' קשרין לקבל ה' חומשי תורה ותליסר חוליין לקבל תליסר מכילן דרחמי דאורייתא דאתמר בהון בי"ג מדות התורה נדרשת ובגינה אתמר כמראה אדם עליו מלמעלה בדיוקנא דתפארת דאיהו ת"ת אדם עליו מלמעלה ואתקרי בשמיה יו"ד ה"א וא"ו ה"א (שם מג) כל הנקרא בשמי ולכבודי בראתיו יצרתיו אף עשיתיו ולעילא כמראה אדם דא שכינתא דאיהי כחיזו דעמודא דאמצעיתא בד' אנפין ובעשר ספיראן דאינון אדם וארבע אנפין דאדם ארבע אתוון ואינון י"ד אתוון ובהון (הושע יב) וביד הנביאים אדמה ועוד אתקרי ח"י מסטרא דצדיק וביה קודשא בריך הוא ושכינתיה אתקרי אז אדם דאיהו עמודא דאמצעיתא ט"ל ושכינתיה ה' ובה' איהו אדם בגין

שבתפילין שהוא ממול ערפו הוא כנגד יצחק שפשט צווארו על המזבח ודלת ראשך כארגמן (שיר השירים ז,ו) י׳

גלא עמיקתא

ח"י פעמים "רעיא מהימנא" (427) עם הכולל. [לז]והוא משה דמכנהו הזוהר רעיא מהימנא כנ"ל, לאפוקי מנח שנקרא "[לח]רעיא שטיא". והאי פסוקא עסיק בכל מיני עבודות זרות ותוכחת הנביא לישראל בגנותן דהן בחינת (דברים ח,י"ז) "כוחי ועוצם ידי" וכו׳. ומתקן כל זאת משה רעיא מהימנא– ואת זה לעומת זה עשה האלהים. ולכן מביא המגלה עמוקות: דתפארת גדולתו של משה הוא תפארת אדם לשבת בית– היינו דמפקיע מהני עבודות זרות וכו׳. ט׳. ומביא הפסוק (שמות ל"ג,ז׳): "[לט]ומשה יקח את האהל ונטה לו מחוץ למחנה הרחק מן המחנה וקרא לו אהל מועד, והיה כל מבקש ה׳ יצא אל אהל מועד אשר מחוץ למחנה" גימ׳ (3914): ב"פ חו"ה (19) פעמים נחמ"ה (103) דחוה חטאה "ותתן גם לאישה עמה ויאכל" (בראשית ג,ו׳) וכאן משה הוא תקון אדם הראשון והאהל תקון חוה [מ]דאשתו זו ביתו, ויקרא אל משה ס"ת אה"ל כמו שהביא המגלה עמוקות בכמה מקומות. י׳. ומביא פסוק ראשון דקריאת שמע: "[מא]שמע ישראל ה׳ אלהינו ה׳ אחד" גימ׳ (1118): אח"ד (13) פעמים אלהי"ם (86) דמשה איש

דט"ל הכי סליק בחושבן יו"ד ה"א וא"ו והאי איהו מוריד הט"ל לגבי ה"א קשר דטלית ח"י עלמין דקשיר קודשא בריך הוא ושכינתיה בכל סטרין בארבע כנפות דטלית תפלין משמאלא הדא הוא דכתיב (ישעיה סב) נשבע יי׳ בימינו ובזרוע עזו בימינו זו תורה ובזרוע עזו אלו תפלין [לז] **זוהר בראשית פרשת וירא דף קו עמוד א:** ועל דא לא הוה בעלמא בר נש דיגין על דריה כמשה דאיהו רעיא מהימנא. [לח] **זוהר חדש בראשית פרשת נח דף לח עמוד ב:** ת"ר מה השיב הקדוש ברוך הוא לנח כשיצא מן התיבה וראה כל העולם חרב והתחיל לבכות עליו ואמר רבש"ע נקראת רחום היה לך לרחם על בריותיך השיבו הקדוש ברוך הוא רעיא שטיא וכו׳. [לט] **שו"ת משנה הלכות חלק ח סימן צד אות ל:** ומה שחזר בסוף עוד הפעם שהיה במדבר פלטיא למסחר או מחוץ למחנה כדכתב לקנות מתגרי עכו"ם וגם במחנה לויה דכיון שהיה אלפים אמה בין אהל מועד להמחנה היה שם גם פלטיא לשום שווקים הנה חס לנו לומר כן על דור המדבר שבעצם לא היו צריכין לשום דבר אלא כל עסקן היה בתורה ורק יחידים מהגרועים היו מתאוים לקנות לפעמים שיעשו להם שווקים למסחר בשום מקום

וכ"ש לא במחנה לויה בדרך שהלכו למשה לשמוע דברי אלקים וללמוד תורה ממנו כדכתיב והיה כל מבקש ה׳ יצא אל אהל מועד אשר מחוץ למחנה, וכן היה גם כשישב משה במחנה לויה אף שהיה שייך לפעמים לאינשי ליילך לשם לצרכי אינשי בעלמא שהרי היו שם אהלי כל הלוים, נמי רובא דרובא מהליכות אינשי לשם היה לעניני תורה לא רק הליכתם למשה ולאהרן אלא אף להלוים ללמוד מהם שנתייחדו לכך כדכתיב יורו משפטיך ליעקב ואף הזקנים היו שם וכן הנשיאים כמשמעות הקראי בעובדא דבנות צלפחד ועוד, ולא יהיה שם אף מחשבה לאחד לקנות איזה דבר ולעשות איזה מסחר שם [מ] **תלמוד בבלי יומא דף ב עמוד א:** משנה. שבעת ימים קודם יום הכפורים מפרישין כהן גדול מביתו ללשכת פרהדרין, ומתקינין לו כהן אחר תחתיו, שמא יארע בו פסול. רבי יהודה אומר: אף אשה אחרת מתקינין לו, שמא תמות אשתו. שנאמר וכפר בעדו ובעד ביתו, ביתו זו אשתו. אמרו לו: אם כן אין לדבר סוף. [מא] **מהרש"א חידושי אגדות מסכת פסחים דף נו עמוד א:** בקש יעקב לגלות כו׳. מלשונות הכפולים בהאי קרא האספו ואגידה לכם וגו׳ הקבצו ושמעו וגו׳ דהיינו האספו ואגידה לכם באחרית הימים

לקביל אברהם שנתנסה בי' נסיונות בזה הוא סדר הפסוק (ויקרא כ"ו,מ"ב) וזכרתי את בריתי יעקב שהוא ש' של שד"י

גלא עמיקתא

האלהי"ם [בתחלת פרשת וזאת הברכה "וזאת הברכה אשר ברך משה איש האלהי"ם את בני ישראל לפני מותו" וכו'] זכה למתק בחינת אלהי"ם [רמיזא אלהי"ם] ולגלות אחדותו יתברך [רמיזא אח"ד] לעולם [מב]הטב"ע גימ' אלהי"ם. י"א. ומביא בסוף דבריו הפסוק מתפלת משה אחר חטא העגל (שמות ל"ב, י"ג): "[מג]זכר לאברהם ליצחק ולישראל עבדיך, אשר נשבעת להם בך, ותדבר אליהם ארבה את זרעכם ככוכבי

היינו ממש קץ הימין שנאמר בסוף דניאל ומשמע לפי הדרש הימין מלשון ימים דהכי פרש"י שם ולא כפירש"י בשמעתין ימין שיחזיר ימינו לפניו כו' ע"ש ואמר הקבצו ושמעו וגו' ע"ש קיבוץ גליות כדמפרש בב"ר ומפני שלא הוזכר בקרא בתר הכי שהודיע להם זמן קץ הימין וקיבוץ גליות אמרו שנסתלקה ממנו שכינה כדי שלא יבא לגלות קץ הימין כמ"ש גם בדניאל סתום הדברים וחתום וגו' אבל הוא חשב מטעם אחר שנסתלקה ממנו השכינה דשמא יש פסול במטתו ופי' הסמ"ג שמא יש בכם פסול שאינו מאמין בה' אחד כו' ע"ש וז"ש להו ושמעו אל ישראל אביכם דהיינו שתקבלו מלכות שמים עליכם כמו שקבל ישראל אביכם ועיין בב"ר. ובזה הלשון השיבו שמע ישראל וגו' כפרש"י לאביהם היו אומרים כן שמע ישראל ה' וגו' כשם שאתה קבלת עליך ה' שהוא שם האחדות גם אלהינו ה' אחד ומלשון אלהינו לשון רבים ולא כתיב אלהיך וגו' מלשון יחיד כדכתיב בתר הכי ואהבת את ה' אלהיך וגו' אמרו דלא משה אמרו בתחלה רק בני יעקב ואח"כ גם משה אמרו ע"ש זה בהאי לישנא ועל כוונה זו אמר הכתוב אני ה' לא שניתי ואתם בני יעקב לא כליתם ר"ל אני ה' שהוא שם המיוחד לא שניתי רק אחדות גמור ובני יעקב ממש לא כליתם דבר זה אבל הודו לדברי אביהם לומר ה' אחד פתח יעקב ואמר בשכמל"ו כו'. הנראה לפי סוגיא דשמעתין כי יעקב אמרו כששמע שהיו בניו מזכירים שם שמים כשאמרו שמע ישראל ה' וגו' וכמ"ש ביומא כשהזכיר כה"ג השם ביוה"כ היו עונין אחריו בשכמל"ו. ותניא ר' אומר כי שם ה' אקרא וגו' אבל משה לא אמרו דהיינו בפ' שמע ישראל ה' וגו' שנכתבה בתורה מפני שלא אמרו כדרך הקורא ק"ש כמקבל עליו מלכות שמים אלא בדרך לימוד לישראל כתבה וע"כ לא שייך ביה לענות אחריו בשכמל"ו ולזה אמר אנן נמי בקורא ק"ש לקבל עליו עול מלכות שמים היה לנו לומר ג"כ בשכמל"ו כמ"ש יעקב בקבלת בניו עול מלכות שמים עליהם וכדכתיב כי שם ה' אקרא וגו' כמ"ש ביומא אבל משום דלא אמריה משה בתורה היה גנאי להוסיף על דברי משה ולהפסיק בקול רם בשכמל"ו בין ה' אחד לואהבת ומשום דאמרו יעקב בקבלת מלכות שמים נימריה מיהת בחשאי ומסיק דהיכא דאיכא למיחש לתרעומת המינין התקינו שלא ניחוש אל מה שלא אמרו ונמריה בקול רם כמו שאמרוהו בני יעקב. זהו הנראה לפי סוגיין דשמעתין ולפי המדרשות פירשו בו המפרשים דרכים אחרים: **[מב] בעל שם טוב בראשית פרשת בראשית:** כתיב (תהלים פ"ד, י"ב) כי שמש ומגן ה' אלהים, פירוש כי שם הוי"ה נקרא שמש, וזהו שאמר שמש ומגן פירוש כמו מחיצה המגין בעד אור השמש, הוא הדמיון כמו ה' אלהים, רצה לומר כמו שאי אפשר להסתכל בשמש, מגודל אור הבהירות שלו, אם לא על ידי מגן ומסך המבדיל, שהוא המגין בעד אור השמש, שיוכלו חלושי הראות ליהנות מאורו, כך הוא שם הוי"ה ברוך הוא אורו רב מאוד, מגודל אור בהירותו, לכך הוצרך לצמצמו ולהגבילו בתוך שם אלהים גימטריא הטבע שהוא המגן **[מג] פרקי דרבי אליעזר פרק מה:** רַבִּי אוֹמֵר כָּל הַנְּשִׂיאִים לֹא נִשְׁתַּתְּפוּ בְּמַעֲשֵׂה הָעֵגֶל, שֶׁנֶּאֱמַר [שם כד, יא] וְאֶל אֲצִילֵי בְּנֵי יִשְׂרָאֵל לֹא שָׁלַח יָדוֹ, וְאֵין אֲצִילֵי אֶלָּא הַנְּשִׂיאִים. לְפִיכָךְ זָכוּ לִרְאוֹת פְּנֵי הַשְּׁכִינָה, שֶׁנֶּאֱמַר [שם י] וַיִּרְאוּ אֶת אֱלֹהֵי יִשְׂרָאֵל. רַבִּי יְהוּדָה אוֹמֵר אַף שֵׁבֶט לֵוִי לֹא שִׁתֵּף עַצְמוֹ בְּמַעֲשֵׂה הָעֵגֶל, שֶׁנֶּאֱמַר [שם לב, כו] וַיַּעֲמֹד מֹשֶׁה בְּשַׁעַר הַמַּחֲנֶה וְגוֹ' וַיֵּאָסְפוּ אֵלָיו כָּל בְּנֵי לֵוִי. רָאָה

כי שם י״י נקרא עליך (דברים כ״ח,י׳) אף את בריתי יצחק שהיא ד׳ של שד״י ואף את בריתי אברהם שהוא י׳ של

גלא עמיקתא

השמים, וכל הארץ הזאת אשר אמרתי אתן לזרעכם ונחלו לעולם״ גימ׳ (7958): חי״ה (23) פעמים רצו״ן (346) והוא תקון חוה דכתיב (בראשית ג׳,כ׳): ״ויקרא [רמיזא א׳ זעירא דויקרא אל משה] האדם שם אשתו חוה, כי הוא היתה אם כל חי״ גימ׳ (2004) י״ב פעמים ״ה׳ אלהינו ה׳ אחד״ (167) דאינון י״ב שבטי י״ה מיחדים שמו הגדול ועושין רצונו של מקום, ולעתיד לבוא יחזרו אותיות ו״ה לבחינת י״ה ביום ההוא יהי״ה ה׳ אחד וכו׳ ואז יחזרו כנ״ל ו״ה דחוה לי״ה ותקרא חי״ה כי היא היתה אם כל חי (בראשית ג׳,כ׳). י״ב. ומביא בסוף דבריו הפסוק (ויקרא כ״ו,מ״ב): ״[מד]וזכרתי את בריתי יעקוב, ואף את בריתי יצחק, ואף את בריתי אברהם אזכר והארץ אזכר״ גימ׳ (5288): ח״פ ״האיש משה״ (661)

מֹשֶׁה שֶׁשֵּׁבֶט לֵוִי לֹא נִשְׁתַּתֵּף עִמָּהֶם, מִיָּד נִתְחַזֵּק וְנִתְגַּבֵּר, וְלָקַח אֶת הָעֵגֶל וּשְׂרָפוֹ בָאֵשׁ וְכִתְּתוֹ כֶּעָפָר הָאָרֶץ, וְהִשְׁלִיךְ אֶת עֲפָרוֹ עַל פְּנֵי הַמַּיִם, שֶׁנֶּאֱמַר [שם כ] וַיִּקַּח אֶת הָעֵגֶל אֲשֶׁר עָשׂוּ. וְהָיָה מַשְׁקֶה לְיִשְׂרָאֵל, וְכָל מִי שֶׁהָיָה נוֹשֵׁק אֶת הָעֵגֶל בְּכָל לִבּוֹ, הָיוּ שְׂפָתָיו נַעֲשׂוֹת שֶׁל זָהָב, וְשֵׁבֶט לֵוִי הָיוּ הוֹרְגִין אוֹתוֹ, עַד שֶׁנָּפְלוּ מִיִּשְׂרָאֵל כִּשְׁלֹשֶׁת אַלְפֵי אִישׁ. שָׁלַח הַקָּדוֹשׁ בָּרוּךְ הוּא חֲמִשָּׁה מַלְאָכִים לְהַשְׁחִית אֶת כָּל יִשְׂרָאֵל, וְאֵלּוּ הֵן: קֶצֶף, אַף, חֵימָה, מַשְׁחִית, חָרוֹן. שָׁמַע מֹשֶׁה וְיָצָא לִקְרַאת אַבְרָהָם יִצְחָק יַעֲקֹב וְאָמַר, אִם אַתֶּם מִבְּנֵי הָעוֹלָם הַבָּא עִמְדוּ לְפָנַי בַּשָּׁעָה הַזֹּאת, שֶׁהֲרֵי בְּנֵיכֶם נִתְּנוּ כְּצֹאן לְטִבְחָה, וְעָמְדוּ שָׁם לְפָנָיו שְׁלֹשֶׁת הָאָבוֹת. אָמַר מֹשֶׁה לְפָנָיו, רִבּוֹן כָּל הָעוֹלָמִים, לֹא כָךְ נִשְׁבַּעְתָּ לָאֵלּוּ לְהַרְבּוֹת אֶת זַרְעָם כְּכוֹכְבֵי הַשָּׁמַיִם, שֶׁנֶּאֱמַר [שם יג] זְכֹר לְאַבְרָהָם לְיִצְחָק וּלְיִשְׂרָאֵל וְגוֹ׳. וּבִזְכוּת שְׁלֹשֶׁת הָאָבוֹת נֶעֶצְרוּ שְׁלֹשָׁה מַלְאָכִים מִיִּשְׂרָאֵל, קֶצֶף אַף וְחֵימָה, וְנִשְׁתַּיְּרוּ שְׁנַיִם. אָמַר לְפָנָיו רִבּוֹנוֹ שֶׁל עוֹלָם, לְמַעַן הַשְּׁבוּעָה שֶׁנִּשְׁבַּעְתָּ לָהֶם עֲצֹר מַשְׁחִית מִיִּשְׂרָאֵל, שֶׁנֶּאֱמַר [שם] אֲשֶׁר נִשְׁבַּעְתָּ לָהֶם בָּךְ, וְנֶעֱצַר הַמַּשְׁחִית, שֶׁנֶּאֱמַר [תהלים עח, לח] וְהוּא רַחוּם יְכַפֵּר עָוֹן וְלֹא יַשְׁחִית. וְעוֹד אָמַר מֹשֶׁה לְפָנָיו, לְמַעַן הַשְּׁבוּעָה שֶׁנִּשְׁבַּעְתָּ לִי עֲצֹר חָרוֹן מִיִּשְׂרָאֵל, שֶׁנֶּאֱמַר [שמות לב, יב] שׁוּב מֵחֲרוֹן אַפֶּךָ. מֶה עָשָׂה מֹשֶׁה, חָפַר בָּאָרֶץ כְּבֵית דִּירָה גְּדוֹלָה, בְּנַחֲלַת בְּנֵי גָּד, וְטָמַן חָרוֹן אַף בָּאָרֶץ כְּאָדָם שֶׁהוּא חָבוּשׁ בְּבֵית הָאֲסוּרִים. וּבְכָל זְמַן שֶׁהָיוּ יִשְׂרָאֵל חוֹטְאִין, הוּא עוֹלֶה וּפוֹעֵר אֶת פִּיו לִנְשׁוֹךְ בְּרוּחוֹ וּלְהַשְׁחִית אֶת יִשְׂרָאֵל, לְפִיכָךְ נִקְרָא שְׁמוֹ פְּעוֹר. וְהָיָה מֹשֶׁה מַזְכִּיר עָלָיו אֶת הַשֵּׁם, וּמוֹרִידוֹ לְמַטָּה לָאָרֶץ. וּכְשֶׁמֵּת מֹשֶׁה, מֶה עָשָׂה הַקָּדוֹשׁ בָּרוּךְ הוּא, נָתַן אֶת קִבְרוֹ כְּנֶגְדּוֹ, וְכָל זְמַן שֶׁיִּשְׂרָאֵל חוֹטְאִין וְהוּא פּוֹעֵר אֶת פִּיו לִנְשׁוֹךְ בְּרוּחוֹ וּלְהַשְׁמִיד אֶת יִשְׂרָאֵל, הוּא רוֹאֶה קִבְרוֹ שֶׁל מֹשֶׁה כְּנֶגְדּוֹ, הוּא מִתְפַּחֵד וְחוֹזֵר לַאֲחוֹרָיו, שֶׁנֶּאֱמַר [דברים לד, ו] וַיִּקְבֹּר אֹתוֹ בַגַּי מוּל בֵּית פְּעוֹר.

[מד] סדר רב עמרם גאון סדר אשמורות: סדר אשמורות ועשרת ימים שבין ראש השנה ליום הכפורים בשחרית ומנחה אומר אבינו מלכנו. ומשכימין בכל יום לבתי כנסיות קודם עמוד השחר ומבקשין רחמים. וכך מתחילין אומר ש״ץ אשרי יושבי ביתך ועונין אחריו עד תהלת ה׳ ידבר פי. ועומד ש״ץ ואומר קדיש ומתחיל ואומר לך ה׳ הצדקה ולנו בשת הפנים. מה נתאונן ומה נאמר מה נדבר ומה נצטדק נחפשה דרכינו ונחקורה ונשובה אליך כי ימינך פשוטה לקבל שבים. אתאנו על שמך ה׳ עשה למען שמך. בעבור כבוד שמך כי אל מלך חנון ורחום שמך. לא בחסד ולא במעשים באנו לפניך. כדלים וכרשים דפקנו דלתיך. מה נאמר לפניך יושב מרום. ומה נספר לפניך שוכן שחקים. מה נאמר לפניך כי בושנו במעשינו. ומה נספר לפניך כי נכלמנו בעונינו. מה נאמר לפניך ה׳ אלהינו. מה נדבר ומה נצטדק. אנו בושים במעשינו ונכלמים בעונינו. אלהינו בושנו ונכלמנו להרים אלהינו פנינו אליך. כי עונותינו רבו למעלה ראש ואשמתנו גדלה עד לשמים. כי עונותינו רבו מלמנות וחטאותינו עצמו מספר. כי עונותינו עברו

ראשנו כמשא כבד יכבדו ממנו. אם עונות תשמר יה ה' מי יעמוד. אם עונינו ענו בנו ה' עשה למען שמך. כי רבו משובותינו לך חטאנו. מקוה ישראל ה' מושיענו בעת צרה. אל תבא במשפט עמנו כי לא יצדק לפניך כל חי. אין כמוך באלהים ה' ואין כמעשיך. מי אל כמוך נושא עון ועובר על פשע לשארית נחלתו לא החזיק לעד אפו כי חפץ חסד הוא. ישוב ירחמנו יכבוש עונותינו ותשליך במצולות ים כל חטאתינו. תתן אמת ליעקב חסד לאברהם אשר נשבעת לאבותינו מימי קדם. כי לא על צדקותינו אנחנו מפילים תחנונינו לפניך כי על רחמיך הרבים. אל מלך יושב על כסא רחמים מתנהג בחסידות מוחל עונות עמו מעביר ראשון ראשון ומרבה מחילה לחטאים וסליחה לפושעים עושה צדקה עם בשר ורוח. ולא כרעתם תגמול. אל הוריתנו לומר שלש עשרה. זכר לנו שלש עשרה שהודעת לענו מקדם. וכן כתוב. וירד ה' בענן ויתיצב עמו שם ויקרא בשם ה'. ושם נאמר. ויעבר ה' על פניו ויקרא. ה' ה' אל רחום וחנון ארך אפים ורב חסד ואמת נוצר חסד לאלפים נושא עון ופשע וחטאה ונקה. למען שמך ה' וסלחת לעוננו כי רב הוא. סלח לנו אבינו כי חטאנו מחל לנו מלכנו כי פשענו. כי אתה ה' טוב וסלח ורב חסד לכל קוראיך. כי עמך הסליחה למען תורא. שוב מחרון אפך והנחם על הרעה לעמך. שוב למען עבדיך שבטי נחלתך. שובה ה' חלצה נפשנו והושיענו. שובה ה' רבבות אלפי ישראל. שובה ה' את שבותנו כאפיקים בנגב. שובה משובה ישראל נאם ה' ולא אפיל פני בכם כי חסיד אני נאם ה' לא אטר לעולם. שובה ישראל עד ה' אלהיך כי כשלת בעונך. קחו עמכם דברים ושובו אל ה' אמרו אליו כל תשא עון וקח טוב ונשלמה פרים שפתינו. וקרעו לבבכם ואל בגדיכם ושובו אל ה' אלהיכם. כי חנון ורחום הוא ארך אפים ורב חסד ונחם על הרעה. דרשו ה' בהמצאו קראוהו בהיותו קרוב. יעזוב רשע דרכו ואיש און מחשבותיו. וישוב אל ה' וירחמהו ואל אלהינו כי ירבה לסלוח. סלח נא לעון העם הזה כגודל חסדך. וכאשר נשאת לעם הזה ממצרים ועד הנה. ויאמר ה' סלחתי כדברך. הטה אלהי אזנך ושמע פקח עיניך וראה שוממותנו והעיר אשר נקרא שמך עליה. כי לא על צדקותינו אנחנו מפילים תחנונינו לפניך. כי על רחמיך הרבים. ה' שמעה ה' סלחה ה' הקשיבה ועשה אל תאחר למענך אלהי כי שמך נקרא על עירך ועל עמך. אל מלך יושב וכו' ויעבור וכו' זכור ה' חרפת עבדיך שאתי בחיקי כל

רבים עמים. זכור רחמיך ה' וחסדיך כי מעולם המה. זכור ואל תפר בריתך אתנו. זכור ה' מה היה לנו הביטה וראה את חרפתנו. הביטה וראה את אנחותינו. הביטה וראה את בשתנו. הביטה וראה את גלותינו. הביטה וראה את דלותנו. הביטה וראה את הריסותינו. האזינה ושמע את ודויינו. הביטה וראה את זלזולנו. הביטה וראה ומלא את חסרוננו. הביטה וראה את טלטולנו. האזינה ושמע את יללתנו. הביטה וראה את כלמתנו. הביטה ולחץ את לחצנו. הביטה וראה את מכתנו. האזינה ושמע את נאקתנו. האזינה ושמע את שיחתנו. האזינה ושמע את עתירתנו. האזינה ושמע את פגיעתנו. הביטה וראה את צרותינו. הביטה ושמע את קולנו. האזינה ושמע את רנתנו. האזינה ושמע את שועתנו. האזינה ושמע את תחינותינו. הביטה וראה כי אין לנו אלוה אחר אלא אתה. הביטה וראה כי אין לנו עוזר וסומך אלא אתה. הביטה וראה כי אין לנו גואל ומושיע אלא אתה. הביטה וראה כי אכלונו אויבים. הביטה וראה כי בלעונו צרים. הביטה וראה כי שללונו בוזזים. הביטה וראה כי הממונו זאבים. הביטה וראה כי אכלונו בכל פה. הביטה וראה כי הכבידו עולם עלינו. הביטה וראה כי כלתה רוחנו. הביטה וראה כי נקטה נפשנו. הביטה וראה כי אין לאל ידינו. הביטה וראה כי היינו לחרפה ולמשל. היינו חרפה לשכנינו לעג וקלס לסביבותינו. היינו משל בגוים מנוד ראש בלאומים. היינו שחוק לכל עמים נגינתם כל היום. היינו כיתומים אשר אין להם אב וכאלמנות אשר אין להם רועה. אתה הוא מלכנו אלהים צוה ישועות יעקב בשמך נבוס קמינו. אל תזכר לנו עונות ראשונים מהר יקדמונו רחמיך כי דלונו מאד. אל תקצוף ה' עד מאד ואל לעד תזכר עון, הן הבט נא עמך כלנו. עשה כמו שאמרת, וזכרתי את בריתי יעקוב ואף את בריתי יצחק ואף את בריתי אברהם אזכר והארץ אזכר. ועשה כמו שאמרת, וזכרתי להם ברית ראשונים אשר הוצאתי אותם מארץ מצרים לעיני הגוים להיות להם לאלהים אני ה'. עשה עמנו כמו שהבטחתנו ואף גם זאת בהיותם בארץ אויביהם לא מאסתים ולא געלתים לכלותם להפר בריתי אתם, כי אני ה' אלהיהם. ורחם עלינו כמו שכתוב. וישמע אלהים את נאקתם ויזכור אלהים את בריתו את אברהם את יצחק ואת יעקב. ראה בענינו כמו שכתוב. וירא אלהים את בני ישראל וידע אלהים. קומה עזרתה לנו ופדנו למען חסדך. עזרנו אלהי ישענו על דבר כבוד שמך והצילנו וכפר על חטאתינו למען שמך.

שדי ובזה והארץ אזכור שבג' אותיות אלו נבראת הארץ. לכן אמר משה (שמות ל"ב,י"ג) זכור לאברהם וליצחק ולישראל

גלא עמיקתא

כדכתיב (במדבר י"ב,ג') "והאיש משה ענו מאד" וכו' דהוא כלול מ-ג' אבהן וכמבואר [מה]בזה"ק תחלת שיר השירים בסוד ש' רבתי [וזה לשון

נשא עינינו אל ההרים מאין יבא עזרנו. עזרנו מעם ה' עושה שמים וארץ. למען שמך ה' תחיינו ובצדקתך תוציא מצרה נפשנו. שמרה נפשנו והצילנו, אל נבוש כי חסינו בך. תום ויושר יצרונו כי קוינוך. פדה אלהים את ישראל מכל צרותיו. פודה ה' נפש עבדיו ולא יאשמו כל החוסים בו. ה' חננו לך קוינו היה זרועם לבקרים אף ישועתנו בעת צרה. אל מלך יושב וכו' ויעבר וכו' אליך נשאנו עינינו היושבי בשמים. עזרנו מעם ה' עושה שמים וארץ. אל יתן למוט רגלנו אל ינום שומרנו. הנה לא ינום ולא יישן שומר ישראל. הנה כעיני עבדים אל יד אדוניהם כעיני שפחה אל יד גברתה כן עינינו אל ה' אלהינו עד שיחננו. חננו ה' חננו כי רב שבענו בוז. רבת שבעה לה נפשנו הלעג השאננים הבוז לגאי יונים. חננו אלהים כחסדך כרב רחמיך מחה פשעינו. עשה כמו שאמרת, מחיתי כעב פשעיך וכענן חטאתיך, שובה אלי כי גאלתיך. עשה כמו שאמרת, אנכי אנכי הוא מוחה פשעיך למעני וחטאתיך לא אזכור. עשה כמו שאמרת, למעני למעני אעשה כי איך יחל שמי וכבודי לאחר לא אתן. עשה כמו שאמרת, למען ציון לא אחשה ולמען ירושלם לא אשקוט עד יצא כנגה צדקה וישועתה כלפיד יבער. שובנו אלהי ישענו והפר כעסך עמנו. הלעולם תאנף בנו תמשוך אפך לדור ודור. הלא אתה תשוב תחיינו ועמך ישמחו בך. רצית ה' ארצך שבת שבות יעקב. נשאת עון עמך כסית כל חטאתם סלה. אספת כל עברתך השיבות מחרון אפך. ויבטחו בך יודעי שמך כי לא עזבת דורשיך ה'. אליך זעקו ונמלטו בך בטחו ולא בושו. בך בטחו אבותינו בטחו ותפלטמו. בטחו בה' עדי עד כי ביה ה' צור עולמים. ה' הושיעה המלך יעננו ביום קראנו. הושיעה את עמך וברך את נחלתך ורעם ונשאם עד העולם. הושיענו אלהי ישענו וקבצנו והצילנו מן הגוים להודות לשם קדשך להשתבח בתהלתך. הושיענו אלהים כי באו מים עד נפש. לה' הישועה על עמך ברכתך סלה. פנה אל תפלת הערער ולא בזה את תפלתם. כי שומע אל אביונים ה' ואת אסיריו לא בזה. כי לא בזה ולא שקץ ענות עני ולא הסתיר פניו ממנו ובשועו אליו שומע. שומע תפלה עדיך כל בשר יבאו. שמעה תפלתנו ה' ושועתנו האזינה, אל דמעותנו אל תחרש. שמע קולנו ה' וקבל ברחמים את תפלתנו. שמע ה' קולנו נקרא וחננו ועננו. קולנו שמעה, אל תעלם אזנך לרוחתנו לשועתנו. כי לא על צדקותינו אנחנו מפילים תחנונינו לפניך, כי על רחמיך הרבים. ה' שמעה ה' סלחה. [מה] **זוהר חדש מגילות מגילת שיר השירים**: פתח ואמר ועתה אם תשא חטאתם ואם אין מחני נא מספרך אשר כתבת. קללה דא על תנאי וקב"ה מחיל לחוביהון בגיניה דמשה ואעפ"כ אתמחי מפרשתא מעלייתא באורייתא בפיקודא דעובדא דמשכנ' ואיהי פרשת ואתה תצוה דהוה ליה למיכתב שמיה דמשה בכל מלה ומלה ובכל פיקודא ופיקודא דתמן ואתמחי מכל ההיא פרשתא דלא אדכר תמן. הוי קללת חכם אפילו על תנאי אתקיים. כיון דארגישנא ביה קמנא ואותיבנא ליה ברישא דפתורא. אמינא והא לבתר ואתה תצוה אמר משה האי מלה. א"ל אין מוקדם ומאוחר בתורה. שאילנא ליה במקרא במשנה ובתוספתא ובהגדה והוה בקי בכולא. אמינא אמאי בקדמיתא לא אתיבת לי כד בדיקנא בך אמר שינתא אניס לי תרין יומין הוו דלא דמיכנא והשתא דשינתא אתא לעיני לא אתיבנא לך. לבתר דאכל ושתה פתח ואמר שיר השירים ש רברבא והיא תניינא מסופא דאתווי דאלפא ביתא. ב דבראשית רברבא והיא תניינא משירותא דאלפא ביתא מאי טעמא בגין דשי"ן רזא דרתיכא עילאה ועל דא איהי בתלת סמכין דהא אבהן אינון רתיכא וכל שיר השירים רזא דרתיכא עילאה איהי ובג"כ שירותא דיליה בשי"ן. ב איהי ביתא דעלמא דעובדא דעלמא איהי וע"ד [אתוון] דקיימין בשירותא דספרין ד' אינון. דהא כגוונא דאיתעבידו וכההוא רזא דילהון הכי [הני] אתוון רשימין ברישא. ואינון אתוון רברבן דסלקן על כל שאר אתוון. וההוא את רזא וסתרא דכל ספרא. ואלין אינון א דדברי [דף א עמוד ב] הימים ב דבראשית מ דמשלי ש דשיר

שרצה הקב"ה להחריב את העולם באותו שעה הנברא בשם של שד"י ולכן במשכן אמר בצל שד"י יתלונן (תהל'

גלא עמיקתא

הזוה"ק: פתח ואמר ועתה אם תשא חטאתם וכו' (שמות ל"ב, ל"ב) בגין דשי"ן רזא דרתיכא עילאה ועל דא איהי בתלת סמכין דהא אבהן אינון רתיכא וכל שיר השירים רזא דרתיכא עילאה איהי ובג"כ שירותא דיליה בשי"ן. ע"כ]. י"ג. ומסיים האופן בתיבות הפסוק (בראשית ו', י"ג): "[מו] **ויאמר אלהים לנח, קץ כל בשר בא לפני, כי מלאה הארץ חמס מפניהם, והנני משחיתם את הארץ"** גימ' (3697):

השירים. אלין ד' אתוון בריש ספרין אינון אתוון רברבן. ומאן דידע בהו ינדע רזא דכל ספרא. וההוא את אוליף רזא דכל ספרא. א תיקונא דיליה דיוקנא וסתרא דאדם בתרין גוונין רישא דלעילא איהו נקודה קדמאה דשלטא על כלא בגליפו דאתעטר לאתפשטא תחותיה. וא"ו דאיהו רזא ודיוקנא דאדם (שלימו) הוא ובת זוגיה דלת דלתתא דאתאחדת מסטרוי ודא איהו שלימו דאדם. בגוונא אחרא באמצעיתא דיוקנא דאדם ואתאחיד' ביה מתרין סטרין כגוונא דדרועין מסטרא דא ומסטרא דא. ודא א דיוקנא ורזא דיליה אדם איהו. ועל דא רשימא אל"ף בריש ספרא דדברי הימים דהא לא אתא ההוא ספרא אלא לאשלמא אדם בסתרוי ודרגוי באינון תולדין דיליה למהוי כולא חד [אדם] שלים. ב איהי ביתא דכל עלמא מסחרא לתלת סטרין עילא ותתא וכל עובדין [כלילן] בגווה (סטרא) [סחרא] תלת סטרין דכל עלמא ואשתאר סטרא דצפון דלא אתבני דאיהו מדורא בישא דתמן שרת רעה דכל עלמא כד"א [ירמי' א'] מצפון תפתח הרעה. ועל דא ב' איהי ביתא ובניינא דכל עלמא איהי בריש אורייתא רברבא רשימא לאחזאה על כל ספרא. וספרא דא כעובדא דבראשית אתעביד ברזא דשמא דארבעין ותרין כליל בעובדא דבראשית ועל דא (רישא) [רזא] דספרא ברישא ב. סיומא דספרא ם. [ספרא] ברזא דארבעין ותרין אתוון אסתלק: מ' פתיחא רזא דנוקבא שלימתא אשת חיל מתעטרא בעטרהא. ועל דכל ספרא דמשלי לאו איהי אלא תושבחתא דהאי אשת חיל ולמיתב דעתא דבני נשא לאסתמרא מאשה רעה כמא דאת אמר לשמרך מאשה רעה ולאתקרבא להאי אשת חיל בפולחנא עילאה. ועל דא מ רברבא בריש ספרא. [דכל ספרא] על ההוא רזא אזלא: ש דא איהי מתייחדא ברזא דרתיכא עילאה. דאבהן אינון רתיכא עליאה ואברהם ויצחק

אחידן דא בדא וכלילן דא בדא ויעקב עאל באמצעיתא ואסכים לתרין סטרין ועל דא מתייחדאן כולהו ברזא דעלמא עילאה. ובגין כך תושבחתא דא ברזא דרתיכא עילאה איהי דאתיחדא במלכא דשלמא כולא דיליה ובג"כ איהי רברבא. ובג"כ אתייחדת בריש ספרא לאחזאה דכל ספרא על רזא דא אזלא ואתתקן. ועל דא את דא אתחזיאת שבחא דכל ספרא. בההיא שעתא קמנא ונשיקנא ליה ותבענא מניה דימחול לי ומחל לי. **[מו] שו"ת רב פעלים חלק א – סוד ישרים סימן ב:** בביאור הפסוק וינחם ה' כי עשה ה' את האדם בארץ. שאלה הבאה לי במכתב ממ"א, וז"ל, כבר הטרחתי לאדוני בכמה שאלות מקדמת דנא, וזכיתי להיות מבעלי תשובה, והיום באתי עוד הפעם לשאול מאת אדוני שאלה אחת ששאל נכרי א' בלשון המקרא בפרשת בראשית, בפסוק וינחם ה' כי עשה את האדם בארץ, שהקשה איך יאמר וינחם, שהוא לשון חרטה, על האלוק הבורא יתברך שהוא צופה עתידות באמת. והנה אנחנו מאמינים שדברה תורה בלשון בני אדם, ואין הדברים כפשוטן ח"ו, ויש כמה תוארים כתובים בתורה על השי"ת בדרך השאלה, וגם הנכרי ההוא מודה בכך, אך רק בדבר זה של וינחם ה' וכו' אין דעתו של אותו נכרי מתיישבת בו, כי אם עד שנאמר לו שיש לנו משמעות אחרת בלשון זה של וינחם. והגם שנמצא בלשון נחמה משמעות אחרת, לא יכולתי למצוא לה מקום בענין הכתוב ההוא, ליישב בה את הכתוב ההוא, ולכן באתי לשאול מאת מעכ"ת, אם יש לזה משמעות אחרת שתתיישב בזה הפסוק, כדי להשיב חורפי דבר, ושכמ"ה. תשובה, יש ויש לזה משמעות אחרת, אשר מתיישבת היטב בהכתוב ההוא, וכבר פרשוה רז"ל במדרש רבא פכ"ז, וז"ל, רבי נחמיה אמר, מתנחם אני שבראתי אותו מלמטה, שאילו בראתי אותו

מלמעלה, כשם שהמריד את התחתונים כך היה ממריד את העליונים, עכ"ל. והרי משמעות זו מתיישבת יפה במקרא הנז' וככה תפרשהו לאותו נכרי, ותוסיף לו דברי טעם, ותאמר לו שבתורה עצמה כתוב, לא איש אל ויכזב ובן אדם ויתנחם, שר"ל לא כבן אדם הוא, וא"כ מוכרח לומר דמ"ש וינחם ה' כי עשה את האדם בארץ, אינו לשון חרטה, אלא לשון נחמה, וכבר ידוע כי למלה אחת יש לה כמה משמעות שיהיה לה פירוש כפי הענין. וכן יש עוד משמעות אחרת למלת וינחם שהוא לשון סליחה, וזה המשמעות של סליחה היא בפסוק וינחם ה' על הרעה אשר דבר לעשות לעמו, כי כן פרשו הראשונים ז"ל, וכן הוא בפירוש רבינו סעדיה גאון ז"ל. ודע כי לפי פירוש זה שפירש רבי נחמיה במדרש רבא הנז' שהוא לשון נחמה, ואינו לשון חרטה, צריך לפרש סיום הכתוב שאמר ויתעצב אל לבו, לשון כעס, כמ"ש הרמב"ם ז"ל במורה

צ"א,א') ובמלת בצ"ל נרמז שמלאכת המשכן הי' למחרת יום הכפורים שהוא תשלום קכ"א תעניות ולמחרת הי'

גלא עמיקתא

ו"פ התור"ה (616) עם הכולל ובזוה"ק איתא דנשמת משה רבינו היתה כלולה בנשמת נח ומביא הרמזים כגון תיבת נח כנגד תיבת גומא של משה וכו' וכן מ"י נ"ח (ישעי' נ"ד,ט') אתוון מחנ"י כתפלת משה אחר חטא העגל (שמות ל"ב,ל"ב) ואם אין מחנ"י נא וכו' וכאן היתה אפשרות לנח למסור נפשו על אותו דור ולא עשה כן ולכן נקרא רעיא שטיא– ותוקן על ידי משה רבינו רעיא מהימנא– שמסר נפשו עבור כלל ישראל. והנה בארנו בס"ד בדרך אפשר רמזי הפסוקים שמביא המגלה עמוקות בדבריו הקדושים באופן זה– והוא מרובה בפסוקים. ונעביד חושבן כלל הפסוקים דהבאנו– והיינו חלקי הפסוקים דמזכיר בדבריו המגלה

פרק כ"ט וז"ל, עצב שם משתתף הוא, הא' שם הכאב, וכמ"ש בעצב תלדי בנים, והב' הוא שם הכעס, כמ"ש ולא עצבו אביו מימיו, שהוא ר"ל לא הכעיסו, וכן כי נעצב אל דוד, ר"ל כעס בעבורו, והג' הוא שם המרי, כמ"ש מרו ועצבו את רוח קדשו, וכן יעציבוהו בישימון וכן אם דרך עוצב בי, וכן כל היום דברי יעצבו, ולפי הענין השני או השלישי נאמר ויתעצב אל לבו, אמנם כפי ענין השני הפירוש הוא כי השם כעס עליהם לרוע מעלליהם, ואמנם אומרו לבו, וכן אומרו בענין נח ויאמר ה' אל לבו, וכו' הוא הענין אשר לא יהגה ולא יאמרהו לזולתו, וכן כל ענין שרצהו השי"ת, ולא אמרו לנביא בעת ההיא אשר עבר בו המעשה ההוא כפי הרצון, יאמר עליו ויאמר ה' אל לבו, להדמות בענין ההוא האנושי על המשך דברה תורה בלשון בני אדם וכו' יע"ש. ואני עבדו אומר כי אפשר לפרש כאן אומרו אל לבו קאי על לב האדם, ולא קאי

עמוקות וכמה הפסוקים דהבאנו לבאר דבריו– ומאי רמיזא לן בהאי חושבן, וכמו שנבאר לקמן: "והנחש היה ערום מכל חית השדה אשר עשה ה' אלהים, ויאמר אל האשה אף כי אמר אלהים לא תאכלו מכל עץ הגן" "אף לא הביאה אסתר המלכה עם המלך אל המשתה אשר עשתה כי אם אותי, וגם למחר אני קרוא לה עם המלך" "אף לא אל ארץ זבת חלב ודבש הביאתנו, ותתן לנו נחלת שדה וכרם, העיני האנשים ההם תנקר לא נעלה" "וירא שר האפים כי טוב פתר, ויאמר אל יוסף אף אני בחלומי והנה שלשה סלי חרי על ראשי" "לך ואספת את זקני ישראל ואמרת אלהם ה' אלהי אבתיכם נראה אלי, אלהי אברהם יצחק ויעקב לאמר, פקד פקדתי אתכם ואת העשוי לכם במצרים" "ויקרא אל משה, וידבר ה' אליו מאהל מועד לאמר" "מגדל עז שם הוי', בו ירוץ צדיק ונשגב" "למה יאמרו מצרים לאמר, ברעה הוציאם להרג אתם בהרים ולכלתם

קכ"ב מנין בצ"ל ואז הכניע משה ק"ץ כ"ל ב"שר (בראשית ו', י"ג).

גלא עמיקתא

מעל פני האדמה, שוב מחרון אפך והנחם על הרעה לעמך" "מה יקר חסדך אלהים, ובני אדם בצל כנפיך יחסיון" "עלית למרום שבית שבי, לקחת מתנות באדם, ואף סוררים לשכן י–ה אלהים" "דבר אל בני ישראל ואמרת אלהם אדם כי יקריב מכם קרבן לה', מן הבהמה מן הבקר ומן הצאן תקריבו את קרבנכם" "חרש עצים נטה קו יתארהו בשרד יעשהו במקצעות ובמחוגה יתארהו, ויעשהו כתבנית איש כתפארת אדם לשבת בית" "ומשה יקח את האהל ונטה לו מחוץ למחנה הרחק מן המחנה וקרא לו אהל מועד, והיה כל מבקש ה' יצא אל אהל מועד אשר מחוץ למחנה" "שמע ישראל ה' אלהינו ה' אחד" "זכר לאברהם ליצחק ולישראל עבדיך, אשר נשבעת להם בך, ותדבר אליהם ארבה את זרעכם ככוכבי השמים, וכל הארץ הזאת אשר אמרתי אתן לזרעכם ונחלו לעולם" "וזכרתי את בריתי יעקוב, ואף את בריתי יצחק, ואף את בריתי אברהם אזכר והארץ אזכר" "ויאמר אלהים לנח, קץ כל בשר בא לפני, כי מלאה הארץ חמס מפניהם, והנני משחיתם את הארץ" "ויקרא האדם שם אשתו חוה, כי הוא היתה אם כל חי" סליקו כל הני פסוקים דמביא בדבריו המגלה עמוקות,

על השי"ת, והכונה הוא ויתעצב שכעס השי"ת על לבו של אדם, כי יצר הרע הוא בלב, וכמ"ש כי יצר לב האדם רע מנעוריו, ותיבת אל הוא ר"ל על. וכפי הביאור הזה של וינחם ה' כי עשה את האדם בארץ, כן יהיה ביאור הכתוב הבא אחריו דכתיב כי ניחמתי כי עשיתים, דגם זה הוא לשון נחמה ואינו לשון חרטה, והיינו ר"ל מתנחם אני שעשיתים כאן בארץ, שהיא בכלל העשיה, ולא יצרתים בשמים במקום שיצרתי המלאכים. והנה כל זה המשמעות כתבתי כפי מ"ש רז"ל במדרש רבא הנז"ל, אך באמת מצאתי לרבינו סעדיה גאון שתרגם וינחם משמעות אחרת, שתרגם וינחם ה' כי עשה את האדם וכו' ותואעדהם אללה כמה צנעהם פי אל ארץ ואוצל אל משקה אלי קלובהם, ופסוק ויאמר ה' אמחה את האדם וכו' תרגם באן קאל אלה אמחי אל נאם אלד"י כלקתהם מן אל ארץ מן אנסאן אלי בהימה אלי דביב ואלי טאיר אל סמא אד תואעדתהם במה כלקתהם, והרב רבי אברהם בן עזרא ז"ל הביא פירוש הגאון רבינו סעדיה הנז', שכתב ויש אומרים כי וינחם כמו מתנחם לך להרגך ויפרשוהו ועד, וכן נמצא בתרגום הגאון הנז' על פסוק מתנחם לך הידא עשו אכיך מתואעדך ליקתלך, וכתב ראב"ע שם, והגאון אמר מגזרת ווע"ד בלשון ערבי ע"ש. נמצא הגאון מבאר בזה משמעות אחרת, שהוא לשון נועד, כי ווע"ד בערבי הוא לשון נועד בעברי, וזה אמת, יען כי יש כמה תרגומים שתרגמו מתנחם לך, כך, שקבע מועד וזמן להרגו, ולכן גם פסוק וינחם ופסוק כי נחמתי, מפרש הגאון לשון ווע"ד, כלומר שייעד להם מועד לאבדם בו, ולא ישארו קיימים לעולם כמו המלאכים, ולכן אמר קץ כל בשר בא לפני, ר"ל הגיע קץ המועד שייעדתי להם, כי השי"ת צופה עתידות, וידע מעיקרא מעת שברא אדם ושאר בריות שיקלקלו אח"ז, ולכן מעת בריאתם חשב זמן נועד לבטלם ולאבדם בו, והמופת לזה שלא קרא להם שמות, אלא נתן בינה באדם הראשון לקרא שם לכל הבריות, וגם את עצמו, והטעם מפורש בדברי חכמים, כי אותיות השם של כל בריה הוא חיות שלה, כמ"ש נפש חיה הוא שמו, ואם היה השי"ת קורא להם שמות היו נשארים חיים וקיימים לעולם, וכיון שידע שיחטאו ויקלקלו וצריך לאבדם, לכך לא קרא להם שמות הוא יתברך, אלא אמר לאדה"ר שיקרא להם שמות, וכן אמר לאדה"ר ואתה מה שמך, ואמר אני ראוי שאהיה נקרא אדם. והנה ביאור זה של הגאון רבינו סעדיה, יבא נכון יותר בפירוש המקרא, וטוב שתאמרו פירוש זה

לאותו נכרי, כי יתיישב על לבו יותר, ואף על פי שגם פירוש רבי נחמיה במדרש רבא ג"כ מתיישב היטב בפשט המקרא, אתם תאמרו לנכרי פירוש הגאון. ודע כי מה שפקפק הראב"ע בענין אל לבו, היינו מפני שלא ראה תרגום הגאון בעצמו, אלא הוגד לו בע"פ, אך באמת הגאון תיקן זה בתרגום שלו, שתרגם העצב משק"ה בלשון ערבי ופירש אל לבו היינו לבו של אדם, וכאשר העתקתי לשון הגאון לעיל, כלומר הגיע אל לבו של האדם העצב של הגזרה אשר ייעד לו, ובזה יבא פירוש הגאון לנכון, והשי"ת יאיר עינינו באור תורתו אכי"ר.

[מז] י"ג עיקרי אמונה לרמב"ם: אני מאמין באמונה שלמה שהבורא יתברך שמו אין לו דמות הגוף ואינו גוף ואין לו שום דמיון כלל [מח] זוהר - האדרא זוטא דברים פרשת האזינו דף רצו עמוד ב: וההוא נגידו בתר דאתכניש תמן שריין ליה בההוא יסוד קדישא כלא חוורא בגין כך אקרי חסד וההוא חסד עייל לקדש הקדשים דכתיב כי שם צוה יי' את הברכה חיים עד העולם, א"ר אבא לא סיים בוצינא קדישא למימר חיים עד דאשתככו מלוי ואנא כתבנא סברנא למכתב טפי ולא שמענא ולא זקיפנא רישא דנהורא הוה סגי ולא הוה יכילנא לאסתכלא אדהכי אזדעזענא שמענא קלא דקארי ואמר (משלי ג) ארך ימים ושנות חיים וגו', שמענא קלא אחרא (תהלים כא) חיים שאל ממך וגו', כל ההוא יומא לא אפסיק אשא מן ביתא ולא הוה מאן דמטי לגביה דלא יכילו דנהורא ואשא הוה בסוחרניה, כל ההוא יומא נפילנא על ארעא וגעינא, בתר דאזיל אשא חמינא לבוצינא קדישא קדש הקדשים דאסתלק מן עלמא אתעטף שכיב על ימיניה ואנפוי חייכין, קם רבי אלעזר בריה ונטיל ידוי ונשיק לון ואנא לחיכנא עפרא דתחות רגלוי בעו חברייא למבכי ולא יכילו למללא שארו חברייא בבכיה ורבי אלעזר בריה נפיל תלת זמנין ולא יכיל למפתח פומיה, לבתר פתח ואמר אבא אבא, תלת הוו, חד אתחזרו, השתא תנוד חיותא צפראן טאסין משתקען בנוקבאן דימא רבא וחברייא כלהו שתיין דמא, קם רבי חייא על רגלוי ואמר עד השתא בוצינא קדישא מסתכל (ס"א משתדל) עלן, השתא לאו הוא עדן אלא לאשתדלא ביקריה, קם רבי אלעזר ור' אבא, נטלו ליה בטיקרא דסיקלא מאן חמא (ס"א ערעורא וערבוביא) ערבוביא

גלא עמיקתא

וכן כמה פסוקים שהבאנו לענ"ד לבאר באר היטב דבריו הקדושים, לחושבן (74,528): ל"ב פעמים "[מז]אני מאמין באמונה שלמה שהבורא יתברך שמו אינו גוף" (2329) והוא העיקר השלישי מ–י"ג עיקרי האמונה לרמב"ם. וכפלינן ל"ב פעמים רמיזא אורייתא קדישא דמתחלא ב' ומסיימא ל' "בראשית – לעיני כל ישראל"– והיא לבנו וחיותנו ובה נהגה יומם ולילה. גו"ף גימ' (89) חנוכ"ה רמיזא גלוי אור הגנוז בעולם כדכתיב לעתיד לבוא בגאולתא שלמתא (ישעי' מ,ה') "ונגלה כבוד ה' וראו כל בשר יחדו כי פי ה' דבר" בעגלא דידן ובזמן קריב ונאמר אמן, ונמשך מהאי דאף כשיקוים וראו כל בשר יחדו, דבתחית המתים יהיו נשמות בגופים, ויחזו את האור הגנוז כנרמז ב–ח' נרות דחנוכ"ה גימ' גו"ף כנ"ל – אף זה אינו הקב"ה בעצמו כמבואר בעיקר ה–ג' דאני מאמין דאינו גוף, ואפילו בבחינה הנעלה של גוף כחושבן חנוכ"ה הייונ האור הגנוז – גם זה אינו, אלא אין לו גוף וגם לא דמות הגוף – והכל הארה בעלמא מאורו יתברך ויתעלה בבחינת לא יראני האדם וחי (שמות ל"ג,כ') – ואפילו בתחית המתים – אע"ם דבלע המות לנצח (ישעי' כ"ה,ח') ולא יהיה בחי' מיתה עוד, גם אז יקוים לא יראני האדם וכו'. והנה בהאי חושבן דפסוקין דהאי אופן (74,528) רמיזא טובא: [א] חיי"ם (68) פעמים "ליהודים היתה אורה ושמחה" (1096) (אסתר ח',ט"ז) [מח]כמבואר בסוף האדרא זוטא דהסתלקותו של רשב"י היתה בתיבה חיי"ם בפסוק (תהל' קל"ג,ג') כי שם צוה ה' את הברכה

דחברייא וכל ביתא הוה סליק ריחין סליקו ביה בפורייה ולא אשתמש ביה אלא ר' אלעזר ור' אבא, אתו טריקין ומארי תריסין דכפר וטרדא בהו (ס"א דצפרי וטרדיא והוו) בני מרוניא צווחין בקטירין דחשיבו דלא יתקבר תמן, בתר דנפק פורייא הוה סליק באוירא, ואשא הוה להיט קמיה שמעו קלא עולו ואתו ואתכנשו להילולא דרבי שמעון (ישעיה נז) יבא שלום ינוחו על משכבותם, כד עאל למערתא שמעו קלא במערתא זה האיש מרעיש הארץ מרגיז ממלכות כמה פטרין ברקיעא משתככין (ס"א ולא משתכחין) ביומא דין בגינך דנא רשב"י דמאריה משתבח ביה בכל יומא, זכאה חולקיה לעילא ותתא כמה גניזין עלאין מסתמרן ליה עליה אתמר (דניאל יג) ואתה לך לקץ ותנוח ותעמוד לגורלך לקץ הימין **[מט] זוהר - רעיא מהימנא פרשת נשא**: הדא הוא דכתיב (דניאל יב) יתבררו ויתלבנו ויצרפו רבים דאינון מסטרא דטוב וקיימין בנסיונא, והרשיעו רשעים אינון מסטרא דרע ויתקיים בהון (יחזקאל יג) ואל אדמת ישראל לא יבאו וקטיל לון, (דניאל שם) והמשכילים יבינו מסטרא דבינה דאיהו אילנא דחיי בגינייהו אתמר (שם) והמשכילים יזהירו כזוהר הרקיע בהאי חבורא דילך דאיהו ספר הזהר מן זוהרא

גלא עמיקתא

חיי"ם (עד העולם). דרשב"י איהו בחינת הוד שבהוד, וכפלינן ליהודים היתה אורה ושמחה נס דפורים דאיהו בספירת נצח– נצח והוד תרין שוקין– ואנו ביום ל"ב בעומר ה'תשע"ה ספירת נצח דהוד– ואחר חצות כבר ישנה הארת הוד שבהוד דרשב"י. ובזכות ספר הזוהר הקדוש דהוריד להאי עלמא בחינת אור הגנוז. וכדכתיב לגבי ספר הזוהר הקדוש (זח"ג קכ"ד ע"ב בר"מ): "[מט]בהאי חבורא דילך יפקון (ביה) מן גלותא ברחמי" גימ' (1335): הו"ד (15) פעמים חנוכ"ה (89) והוא נפלא– דהלולא רבא דרשב"י בל"ג בעומר הוא בספירת הוד שבהוד, וחנוכ"ה נמי בהוד בחינת אהרן כהנא רבא– דמשה ואהרן נצח והוד תרין שוקין– משה בנצח ואהרן בהוד. והנה תיבין "בהאי חבורא דילך יפקון מן גלותא" גימ' (1075) "שיר השירים", ותיבה "ברחמי" גימ' (260) י"פ שם הוי' ברוך הוא יקרב ביאת משיח צדקנו ויגאלנו במהרה בימינו אמן. [ב] א"נ רמיזא בהאי חושבן (74,528): "נורא הוד" (272) פעמים מרדכ"י (274) כדכתיב (איוב ל"ז,כ"ב) "מצפון זהב יאתה, על אלוה נורא הוד" ומרדכ"י שעל ידו התחולל נס דפורים בחינת נצח כדאמרינן אחר קריאת המגילה "תשועתם היית לנצח ותקותם בכל דור ודור" וכו'. ושוב כפלינן בחינת נצח והוד דא בדא– [נ]דמרדכי בדורו כמשה

דאימא עלאה תשובה, באלין לא צריך נסיון ובגין דעתידין ישראל למטעם מאילנא דחיי דאיהו האי ספר הזהר יפקון ביה מן גלותא ברחמי ויתקיים בהון (דברים לב) ה' בדד ינחנו ואין עמו אל נכר. **[נ] שפתי צדיקים ויקרא פרשת צו**: מדרש רבה (אסתר ב, ה) במגילת אסתר (ו, ב) איש יהודי היה כו' שקול היה מרדכי כמשה רבינו ע"ה נאמר במשה (במדבר יב, ג) והאיש משה כו'. ונאמר במרדכי איש יהודי. נאמר במשה (ויקרא י, טז) דרוש דרש משה. ונאמר במרדכי דורש טוב לעמו כו' (אסתר י, ג). ויש לדקדק היאך תולה זה בפסוק איש יהודי כו'. ונראה כי משה רבינו ע"ה היה רעיא מהימנא של ישראל והיה מוסר נפשו תמיד על ישראל להחזירם למוטב ולהמתיק מהם הדינים הקשים על ידי פעולות מעשים ויחודים שעשה בעולמות העליונים וידוע כי עיקר המתקות הדינים נעשים על ידי שמירת שבת קודש, ולכן הראשי תיבות של ושמרו בני ישראל את השבת הם אותיות ביא"ה שהוא מורה על יחוד וזווג העליון כביכול, וזה היה גם כן מעשה מרדכי הצדיק שלבש שק ואפר ומסר נפשו להחזיר את ישראל למוטב ולהמתיק מהם הדינים הקשים על ידי היחודים שלו, וזה הוא ראשי תיבות של איש יהודי היה בשושן הם גם כן

גלא עמיקתא

בדורו בחינת נצח כדמשמע בזוה"ק (משפטים קטז:) [נא]דרשב"י בחינת משה רעיא מהימנא. דאיתא שם בזוה"ק אמר ליה רבי שמעון רעיא מהימנא (נ"א בוצינא קדישא) משמע שם דרשב"י בחינת משה רבינו שנקרא בזוה"ק בכמה מקומות רעיא מהימנא וכו' לאפוקי מנח שנקרא בזוה"ק (זוהר חדש נח לח:) רעיא שטיא. [7ועיין מה שבארנו במקום אחר בענין משה רבינו דאיקרי רעיא מהימנא]. ורשב"י בחינת הוד שבהוד י"ל כאהרן כהנא רבא בגופו, ובנשמתו בחינת משה רעיא מהימנא בספירת הנצח- דמשה ואהרן בחינת נצח והוד. ויהי רצון דבזכותיה דבר יוחאי נזכה לצאת מחשכת הגלות כיתרון האור הבא מן החושך ועת צרה היא ליעקב וממנה דייקא יושע ב"ב אבי"ר.

7. ארבע מאות איש דעשו: ובמגלה עמוקות על התורה פרשת נח כתב וזלשה"ק: "זה סוד מגדל עז ל' מגדל הפורח באויר שדרש דואג האדומי ת' בעיי (סנהדרין ק"ו) שאמר דוד איה סופר את המגדלים בו ירוץ צדיק זה אברהם שהייתה מסכתא ע"ז שלו ת' פרקים וכו' לקביל ת' בעיי של דואג שהם ת' בתי דינין דחציפין וקובליהון והם סוד ארבע מאות שקל כסף לעפרן גימ' "רע עין" וזהו בית יעקב אש ובית עשו לקש וכו' ר"ל באשו של יעקב ניצל אברהם מכבשן האש כמ"ש יעקב אשר פדה את אברהם (ישעי' כ"ט,כ"ב)" עכלה"ק. וזהו דיעקב הביא לשלמות של עם ישראל והפרדתם מהקלי', והיה נצרך לעוד רד"ו שנה להיות במצרים להוציא בלעם מפיהם היינו כל נצוצות הקדושה שבלעו, והיינו הפס' שם "בית יעקב אשר פדה את אברהם" עולה גימ' (1883) "שנים עשר שבטי ישראל" ע"ה- שלמות שבטי י-ה, ומרע"ה הוליכם במדבר ארבעים שנה כלול מ-י' בחי' היינו ארבע מאות כנ"ל, והוא תיקון דחטא אדה"ר שקלקל בע"ז וגרם ת' של מות שנכנס בתיבת ותר"א האשה כי טוב העץ סוד אות ת' שנכנסה באותיות או"ר, וזהו ד"ויקר" במלוי כזה: "ואו יוד קוף ריש" גימ' (729) "קרע שטן", וזהו דלאחר חטא אדה"ר מרומז עניין קריאת ה' למשה מאהל מועד דהוה תקון לאדה"ר, הה"ד "ויקרא ה' אלקים אל האדם ויאמר לו איכה" (בראשית ג',ט') גימ' ע"ה (1839) "תורה תשובה תפלה" עיין מש"כ לעיל אופן ב', והן כנגד ג' עבירות דאדה"ר "עבודה זרה גילוי עריות ושפיכות דמים" גימ' (1944) "רם ונשא גדול ונורא משפיל גאים ומגביה שפלים" דאמרינן קדם צלותא דשחרית, והוא ח' מלים היינו ח"פ סוכה במילוי כזה: סמ"ך וא"ו כ"ף ה"ה ועם "אמונה" (102) גימ' (345) "משה" דאיהי (סוכה) צילא דמהימנותא ואיהו רעיא מהימנא.

אותיות ביא"ה, ולכן שפיר דייקו חז"ל בזה הפסוק שקול היה מרדכי כמשה רבינו ע"ה. ע"כ בשם הרב הק' מראפשיץ. [**נא**] **זוהר פרשת משפטים דף קטז עמוד ב**: אמר ליה רבי שמעון רעיא מהימנא עם כל דא דאנת לא יכיל לאסתכלא בבני עלמא דאתי בעיינין ולא במלאכייא כל שכן בקודשא בריך הוא ובשכינתיה, אבל בעין השכל דלבך את חזי בכלא בבני עלמא דאתי ובמלאכין ובקודשא בריך הוא ושכינתיה דסחרין לך ובגין דא אמר שלמה דכתיב ביה (מלכים א ה) ויחכם מכל האדם

אופן סח

בשעת העגל התעוררו ישראל ד׳ בתי דינים. וזה סוד הפסוק ויאמר להשמידם לולי משה בחירו שכן ד׳ פעמים אלהים הוא עולה שמ״ד שהם סוד אשר חרפו עקבות משיחך ב׳ פעמים עק״ב והנה משה עולה לקביל ד׳ בתי דינים אלו וכן אהרן עולה ד׳ פעמים דין ונמצא שאות א׳ שבשם משה היא מכניע ד׳ בתי דינים. לזה נרמז ויקר אל משה וכמה הוציא יקר מזולל בא׳ שבשם משה שהיא עולה יותר מד׳ פעמים אלהים זה שאמר ויאמר להשמידם לולי משה בחירו מש״ה דייקא שבאותו א׳ גרם לבטל הבתי דינים שאמרנו.

אופן סח

בשעת העגל התעוררו ישראל ד' בתי דינים. וזה סוד הפסוק (תהל' ק"ו, כ"ג) ויאמר להשמידם לולי משה בחירו שכן ד"פ אלהים הוא עולה

גלא עמיקתא

אופן ס"ח למגלה עמוקות סימנך חיי"ם, ופותח בפסוק היפך החיים, כיצד הציל [א]משה רעיא מהימנא את עם ישראל ממיתה רח"ל- דכתיב (תהל' ק"ו,כ"ג): [ב]ויאמר להשמידם לולי משה בחירו עמד בפרץ לפניו, להשיב חמתו מהשחית גימ' (3559) ו' פעמים

[א] זוהר כרך א פרשת וירא דף קו עמוד א: ועל דא לא הוה בעלמא בר נש דיגין על דריה כמשה דאיהו רעיא מהימנא. **[ב] מכילתא דרבי ישמעאל בשלח - מסכתא דויהי פרשה ג:** ויאמר ה' אל משה מה תצעק אלי, ר' יהושע אומר אמר הקדוש ברוך הוא למשה משה אין להם לישראל אלא ליסע בלבד. ר' אליעזר אומר אמר הקדוש ברוך הוא למשה משה בני נתונים בצרה הים סוגר ושונא רודף ואתה עומד ומרבה בתפלה. מה תצעק אלי שהיה אומר יש שעה לקצר ויש שעה להאריך, אל נא רפא נא לה (במדבר יב יג) הרי זה לקצר ואתנפל לפני ה' כראשונה ארבעים יום (דברים ט יח) הרי זה להאריך. ר' מאיר אומר אם לאדם יחידי עשיתי לו ים יבשה שנאמר ויאמר אלהים יקוו המים (בראשית א ט) ולעדת קדושים אלו איני עושה להם את הים יבשה. מה תצעק אלי דבר אל בני ישראל ויסעו ר' ישמעאל אומר מה תצעק אלי, בזכות ירושלם אני אקרע להם את הים שנ' עורי עורי לבשי עוזך ציון לבשי בגדי תפארתך ירושלים עיר הקדש כי לא יוסיף יבא בך עוד ערל וטמא (ישעיה נב א) ואומר עורי עורי לבשי עוז זרוע ה' עורי כימי קדם דורות עולמים הלא את היא המחצבת רהב מחוללת תנין הלא את היא המחרבת ים מי תהום רבה השמה מעמקי ים דרך לעבור גאולים (שם /ישעיה/ נא ט - י). ד"א בשביל הבטחה שהבטיחום אבותיהם אני אקרע לכם את הים שנ' והיה זרעך כעפר הארץ ופרצת ימה וקדמה (בראשית כח יד). ר' יהודה בן בתירה אומר אמר לו הקדוש ברוך הוא כבר עשיתי הבטחה שהבטחתי אברהם אביכם שנ' וישם את הים לחרבה: ובני ישראל הלכו ביבשה בתוך הים, ר' שמעון בן יוחאי אומר כבר חמה ולבנה מעידין בהם שקרעתי להם את הים שנ' כי כה אמר ה' נותן שמש לאור יומם חוקות ירח וכוכבים לאור לילה רוגע הים ויהמו גליו ה' צבאות שמו (ירמיה לא לד). ר' בנאה אומר בזכות מצוה שעשה אביהם אברהם אני אקרע להם את הים שנ' ויבקע עצי עולה (בראשית כב ג) וכתיב ויבקעו המים. שמעון התימני אומר בזכות המילה אני אקרע להם את הים שנ' אם לא בריתי יומם חוקות שמים וארץ לא שמתי (ירמיה לג כה) אמרת צא וראה אי זו היא ברית שהיא נוהגת ביום ובלילה הוי אומר זו מילה. ר' אבטולס הזקן אומר משל למה הדבר דומה לאדם שכעס על בנו וטרדו מביתו נכנס אוהבו לבקש הימנו ולהחזירו לביתו אמר לו כלום אתה מבקש ממני אלא מפני בני כבר נתרצתי לבני כך אמר לו המקום מה תצעק אלי כבר אני מרוצה עליהם. ד"א אמש היית אומר ומאז באתי אל פרעה [לדבר בשמך הרע לעם הזה] (שמות ה כג) ועכשיו אתה עומד ומרבה בתפלה מה תצעק אלי. ד"א רבי אומר דבר אל בני ישראל ויסעו יסיעו דברים שהיו דוברים מלבן אמש היו אומרים המבלי אין קברים במצרים ועכשיו אתה עומד ומרבה בתפלה מה תצעק אלי דבר אל בני ישראל ויסעו יסיעו דברים מלבן. וחכמים אומרים למען שמו עשה עמהם שנ' למעני למעני אעשה וגו' (ישעיה מח יא) וכתיב בוקע מים מפניהם (שם /ישעיה/ סג יב) מפני מה לעשות לו שם עולם. רבי אומר כדי היא האמנה שהאמינו בי שאקרע להם את הים שנ' וישובו ויחנו לפני פי החירות. ר' אלעזר בן עזריה אומר בזכות אברהם אביהם אני קורע להם את הים שנ' כי זכר את דבר קדשו את אברהם עבדו וכתיב ויוציא עמו בששון ברנה את בחיריו (תהלים קה מב - מג). ר' אלעזר בן יהודה איש ברתותא אומר בזכות השבטים אני קורע להם את הים שנ' נקבת במטיו ראש פרזיו וגו' (חבקוק ג יד) מהו אומר לגוזר ים סוף לגזרים (תהלים קלו יג). שמעיה אומר כדי היא האמנה שהאמין בי

שמ"ד שהם סוד אשר חרפו עקבות משיחך (תהל' פ"ט,נ"ב) ב"פ עק"ב והנה משה עולה לקביל ד' בתי דינים אלו וכן

גלא עמיקתא

[ג]"**הלולא דרשב"י**" (593) עם הכולל. **דאנו עתה שעה קלה לפני שקיעת החמה ותחל הלולא רבא דרבי שמעון בר יוחאי זיע"א** [ל"ג בעומר תשע"ה] **ויהי רצון שיהיה מליץ טוב בעדנו ובעד כל ישראל ויהפוך לנו גזירות השמד לגזירות טובות ויחיש הגאולה במהרה בימינו אמן.**

אברהם אביהם שאקרע להם את הים [שנ' והאמין בה' ויחשבה לו צדקה (בראשית טו ו). אבטליון אומר כדי היא האמנה שהאמינו בי שאקרע להם את הים] שנ' ויאמן העם וישמעו וגו' (שמות ד לא). שמעון איש קטרון אומר בזכות עצמות של יוסף אני קורע להם את הים שנ' ויעזוב בגדו אצלה וינס החוצה (בראשית לט יב) וכתיב הים ראה וינס (תהלים קיד ג). ר' נתן אומר משום אבא יוסי המחוזי והלא כבר הכתבתי בתורתי בכל ביתי נאמן הוא (במדבר יב ז) אתה ברשותי והים ברשותי ואני עשיתיך עליו גזבר. ר' חנניה בן חלניסי אומר והלא כבר הכתבתי אח לצרה יולד (משלי יז יז) אח אני לישראל בשעת צרתן אחים אלו ישראל שנ' למען אחי ורעי וגו' (תהלים קכב ח). ר' שמעון בן יהודה אומר מה תצעק אלי כבר צעקתם קדמה לצעקתך שנ' וייראו מאד ויצעקו בני ישראל אל ה'. ר' אחא אומר מה תצעק אלי בשבילך אני עושה אמר הקדוש ברוך הוא אלולי צעקתך כבר אבדתי אותם מן העולם [על עבודה זרה שביניהם שנ' ועבר בים צרה (זכריה י יא) ואין צרה אלא עבודה זרה שנ' והמסכה צרה כהתכנס (ישעיה כח כ) ואומר ואשה אל אחותה לא תקח לצרור (ויק' יח יח) ועל צעקתך אני משיב את חמתי] שנ' ויאמר להשמידם לולי משה בחירו עמד בפרץ לפניו להשיב חמתו מהשחית (תהלים קו כג) לכך נאמר מה תצעק אלי דבר אל בני ישראל ויסעו מפני צעקתך נוסעים. ר' אליעזר המודעי אומר מה תצעק אלי על בני אני צריך צווי על בני ועל פועל ידי תצווני (ישעיה מה יא) והלא כבר מוכנים הם לפני משעת ימי בראשית שנ' אם ימושו החקים האלה מלפני נאם ה' גם זרע ישראל ישבותו מהיות גוי לפני כל הימים (ירמיה לא לה). אחרים אומ' דבר גדול עשו ישראל כדי היא האמונה שהאמינו בי שאקרע להם את הים שלא אמרו למשה היאך אנו יוצאים למדבר ואין בידינו מחיה לדרך אלא האמינו והלכו אחרי משה עליהם מפורש בקבלה הלוך וקראת באזני ירושלים לאמר זכרתי לך חסד נעוריך אהבת כלולותיך לכתך אחרי במדבר בארץ לא זרועה (שם /ירמיה/ ב ב) מה שכר נטלו על כך קדש ישראל לה' ראשית תבואתו כל אוכליו יאשמו רעה תבא עליהם נאם ה'. ר' יוסי הגלילי אומר כשנכנסו ישראל לים כבר הר המוריה נעקר ממקומו ומזבחו של יצחק הבנוי עליו ומערכתו הערוכה עליו ויצחק כאלו עקוד ונתון על המזבח ואברהם כאלו פשט ידו ולקח את המאכלת לשחוט את בנו שנ' וישלח אברהם את ידו ויקח את המאכלת לשחוט את בנו (בראשית כב י) אמר המקום למשה משה בני נתונים בצרה והים סוגר ושונא רודף ואתה עומד ומאריך בתפלה אמר לפניו ומה בידי לעשות אמר לו ואתה הרם את מטך ונטה ידך על הים וגו' ואתה תהא מרומם ומשבח ונותן שיר ושבח והודאה וגדולה ותפארת והוד והלל למי שהמלחמות שלו.

[ג] **ערוך השולחן אורח חיים סימן תצג:** סעיף ז והן הן דברי רבינו הרמ"א שכתב בסעיף ג' מיהו בהרבה מקומות נהגו להסתפר עד ר"ח אייר ואותן לא יספרו מל"ג בעומר ואילך אף על פי שמותר להסתפר בל"ג בעומר בעצמו ואותן מקומות שנוהגין להסתפר מל"ג בעומר ואילך לא יסתפרו כלל אחר פסח עד ל"ג בעומר עכ"ל וזה שכתב בסעיף א' מיהו מל"ג בעומר ואילך הכל שרי עכ"ל זהו לפי מנהג זה שמסתפרין מל"ג בעומר ואילך ואין מסתפרין עד ר"ח אייר וזהו מנהג רבינו הב"י אבל לא לדידן וזהו שכתב בסעיף ב' על דברי רבינו הב"י שאין מסתפרין בל"ג בעומר אלא בל"ד כתב וז"ל ובמדינות אלו אין נוהגין כדבריו אלא מסתפרין ביום ל"ג ומרבים בו קצת שמחה ואין אומרים בו תחנון עכ"ל וכוונתו דלעניין ל"ג בעומר בעצמו בכל מקום נוהגין להתיר בין לפי מנהגו של רבינו הב"י ובין לפי מנהגינו מפני שמחזיקין היום הזה לקצת יום טוב וגם במנחה שלפניו ורגילין לקרותו הלולא דרשב"י ובארץ ישראל מרבין

אהרן עולה ד"פ דין ונמצא שאות א' שבשם משה היא מכניע ד' בתי דינים. לזה נרמז ויקר אל משה ובמה הוציא יקר

גלא עמיקתא

וכנודע [ד]רשב"י ניצוץ נשמת משה רבינו עליו השלום– שהרי שניהם נקראים בזוהר הקדוש "רעיא מהימנא". ואיתא בספרים הקדושים 1[ה]משה (345) עומד בין שמ"ד (344) לרצו"ן

1. באור על מגלה עמוקות ואתחנן אופן נ"ח י"ז. וַיִּתְעַבֵּר יהוה בִּי לְמַעַנְכֶם וְלֹא שָׁמַע אֵלָי וַיֹּאמֶר יהוה אֵלַי רַב לָךְ אַל תּוֹסֶף דַּבֵּר אֵלַי עוֹד בַּדָּבָר הַזֶּה (דברים ג,כו) גימ' (3169) י"א פעמים רפ"ח (288) דהן רפ"ח נצוצין דנפלו בקליפות בשבירת הכלים, ומהן נתהוו י"א כתרין דמסאבותא בסוד המן ועשרת בניו, דכתיב בהמן (אסתר ז',ח') ופני המן חפו- חפ"ו כתיב פ' והיא האות היחידה ב-א"ב שחזינן מה כתיב בלבן שבתוכה, דכתיב תמן אות ב', ועל פי זה תיבת חפ"ו נקראת חב"ו בסוד (איוב כ',ט"ו) חיל בלע ויקיאנו, דנפלו ממנו כל הנצוצין קדישין שבלע בימיו ובגלגוליו מנחש הקדמוני כאמרם (חולין קלט:) המן מן התורה מנין שנאמר המן העץ וכו' (בראשית ג',י"א). וזהו "ופני המן חפו" גימ' (335) ה' פעמים "בינה" (67) דאין הדין נמתק אלא בשרשו- בשער ה-נ' דבינה, דמהאי טעמא שמע לעצת זרש אשתו המרשעת דיעצה לו (שם ה',י"ד) "יעשו עץ גבוה חמשים אמה" כנגד שער הנו"ן דבינה- דרצתה לינוק משם- ולבסוף תלו את המן על העץ- וחמת המלך שככ"ה גימ' (345) מש"ה- אשרי העם שככ"ה לו (תהל' קמ"ד,ט"ו) דמש"ה עומד בין שמ"ד (344) לרצו"ן (346) ומהפך משמד לרצון [כמ"ש בלקוטי מוהר"ן], וכן עשו לעשרת בני המן- תלו אותם על אותו העץ בן חמשים אמה. וזהו

בתפלה ובהדלקת נרות על קברו הקדוש ואומרים שנסתלק ביום זה וגם יצא מהמערה ביום זה [וכתבו המג"א סק"ג ובעט"ז שגדול אחד היה רגיל לומר נחם בכל יום ואמרו בל"ג בעומר ונענש ע"ש]:

[ד] **דגל מחנה אפרים שמות פרשת בשלח:** ובני ישראל יוצאים ביד רמה (יד, ח). ותרגומו ובני ישראל נפקין בריש גלי. יש לפרש בזה על דרך ששמעתי מן אא"ז זללה"ה על תן במדבר הר היינו שהוא תפילה לה' יתברך שיתן הר היינו הרי"ש שהוא חכמה על דרך ראשית חכמה במדבר היינו בדיבור רצה לומר שיהיה יחוד דיבור שהוא מלכות סוף כל המדריגות עם חכמה וזהו יחוד יו"ד ראשונה של הוי"ה עם יו"ד אחרונה של אדנ"י, וזהו סוף מעשה היינו יו"ד של אדנ"י יתיחד במחשבה תחילה שהוא יו"ד ראשונה של הוי"ה ואז יהיה גאולה שלימה, וזהו שמרמז הפסוק ובני ישראל יוצאים היינו מן הגלות ביד רמה היינו ביו"ד רמה, כמו שאיתא בכוונת פותח את ידיך אל תקרי ידיך אלא יודיך כן נמי יש לומר אל תקרי ביד רמה אלא ביו"ד רמה היינו שהיו"ד אחרונה של אדנ"י יתרומם ויתנשא ויתיחד ליו"ד ראשונה של הוי"ה ברוך הוא ואז יפקון מן גלותא, וזהו שרימז גם כן התרגום בריש גלי היינו שהרי"ש שהוא חכמה יתגלה אל הדיבור שהוא מלכות והוא יחוד השתי יודי"ן של הוי"ה אדנ"י כנ"ל והבן או יאמר בריש גלי היינו בשיר גלי, רצה לומר כשיתגלה שיוכלו לומר לפני ה' יתברך שירה כמו משה רבינו ע"ה ושאר הצדיקים שאמרו שירה אז ובני ישראל יוצאים מן הגלות והבן או יאמר בריש גלי, על דרך דאיתא בזוה"ק (ח"ג קכ"ד ב) בספרא דא יפקון מן גלותא ועיין שם שמבואר עוד יותר כשיתגלה הספר הזוהר בדא יפקון מן גלותא, וזהו שמרומז בפסוק ובני ישראל יוצאים היינו מן הגלות כנ"ל ביד רמה ותרגומו בריש גלי בריש ראשי תיבות רבי שמעון בר יוחאי גלי כשיתגלה ספרו הקדוש ספר הזוהר אז בדא יפקון מן גלותא והבן או יאמר על פי מה שאמר הרב הקדוש המפורסם מוהר"ר ליפא מחמעלניק ועל דרך דאיתא באגרת הקודש של אא"ז זללה"ה הנדפס בספר הקדוש של הרב מפולנאי ע"ה ששאל למשיח אימתי אתי מר והשיב כשיתגלה תורתך ויפוצו מעינותיך חוצה עיין שם, וזה יש לומר שמרומז בפסוק ובני ישראל יוצאים מן הגלות בריש גלי, בריש ראשי תיבות רבי ישראל בעל שם גלי היינו כשיתגלה תורתו ויפוצו מעינותיו אז יפקון מן גלותא והבן: [ה] **ליקוטי מוהר"ן חלק א' תורה רי"ד:** ועל כן משה עומד בין שמד לרצון, כי מספר משה הוא ממצע בין מספר שמד למספר רצון וכו'.

מזולל [כמו שכתוב (ירמיהו ט"ו, י"ט) ואם תוציא יקר מזולל] בא' שבשם משה שהיא עולה יותר מד"פ אלהים ז"ש ויאמר

גלא עמיקתא

(346). **ואיתא בגמרא** (סוכה מה:) **דרשב"י אומר** "[ו]יכול אני לפטור את כל העולם כולו מן הדין" גימ' (1275) הו"ד (15) פעמים מיל"ה (85) רמיזא שמירת ברית המעור וברית הלשון. דאמרו חז"ל (קהלת רבה ט', י"ג) [ז]אין אדם אומר לשון הרע עד שכופר בקב"ה. ואיתא בספה"ק אין אדם אומר לשון

[ו] **אוהב ישראל ליקוטים חדשים:** איתא במדרש שלעת תחיית המתים יקראו אותם על שמם, על פי אלפא ביתא. אברהם בנימין. ועוד איתא שמי שיש בו מדת ענוה יעמוד תחלה בתחיית המתים. ועל פי זה יבואר התרגום יהונתן (במדבר יג, טז), כד חמא משה ענוותנותיה קרא להושע בן נון יהושע, פירוש כי כשרצה לקראו יהושע. אמר פן יתרעם יהושע על דבר זה כי יאמר שגרמתי לו בזה שיתאחר לעמוד בתחיית המתים כי מתחלה היה התחלת שמו בה"א ועתה ביו"ד. אמנם כשראה בו מדת עניוות נמצא הוא יעמוד בתחלה לתחייה ואז קרא אותו יהושע, והבן

דהתחנן משה רבינו להשי"ת ליתן לו דעת למתק הדינים הנוראים מעל בני ישראל כמה דאת אמרת בני בכורי ישראל (שמות ד', כ"ב) ומדוע יעברו כל הגלויות והנסיונות. והשיב לו הקב"ה: רב לך - עלה ראש הפסגה- לעתיד לבוא יתבאר הכל לבני ישראל דיראו דהכל היה לטובתם ממש [כדאיתא בגמרא דיברכו הטוב והמטיב על הטובה ועל הרעה כאחד] ולך אני מגלה רז זה רק בהסתלקותך לראש הפסגה בחינת פנימיות הכתר.

במדרש הנפטר מחבירו אל יפטר אלא מתוך דבר הלכה. ומאי הלכה יחיד ורבים הלכה כרבים. עד כאן לשון המדרש. פירוש כי שם של שמירת הדרך הוא יוה"ך היוצא מן סופי תיבות מפסוק (תהלים צא, יא) כ' י מ' לאכיו י' צוה ל' ך, והם ראשי תיבות של י "חיד ו "רבים ה "לכה כ "רבים שהוא גם כן שם זה בגמרא (עירובין סה א) אמר ר' אלעזר בן עזריה יכול אני לפטור את כל העולם כולו מן הדין וכו'. דכתיב (ישעיהו נא, כא) עניה ושכורת ולא מיין, מיתיבי שכור מקחו מקח וכו' כללו של דבר וכו' אלא שפטור מן התפלה. מאי יכול אני לפטור דקאמר נמי מדין תפילה. עד כאן לשון הגמרא. וקשה על לשון רבי אלעזר בן עזריה דהוה ליה למימר אנא מדי"ן תפילה קא אמינא מאי לשון נמי דקאמר. ועוד קשה שאם היה סברת ר' אלעזר בן עזריה לפטור את העולם מן הדין מחמת שכרות לא היה ליה למימר אלא סוף הפסוק שכורת ולא מיין. אמאי מייתי תחלת הכתוב, עניה. וי"ל על פי דאיתא בגמרא (שם מא ב) שלשה מעבירין על דעתו ועל דעת קונו וחד מינייהו עניות למאי נפקא מינה למיבעי רחמי. נמצא מה שאמר רבי אלעזר בן עזריה יכול אני לפטור את כל העולם כולו מן הדין דכתיב עניה ושכורת ולא מיין כוונתו היה למיפטר מכל המצות מחמת עניות. ומן התפילה מחמת שכרות. אבל המקשה לא הבין כוונתו, וסברת המקשה היה שכוונת רבי אלעזר בן עזריה לדייק מן שכורת ולא מיין שכל העולם פטורין מן הדין ומשום זה הקשה הלא שיכור חייב בכל המצות חוץ מן התפלה. ותירץ רבי אלעזר בן עזריה מאי יכילנא לפטור דקאמר נמי מדין תפלה, פירוש מה שאני מייתי סוף הפסוק שכורת וגו'. כוונתי גם כן לפטרו מדין תפילה כי מכל המצות המה פטורין מן הדין מחמת עניה. והבן: [ז] **מדרש רבה קהלת פרשה ט:** כי גם לא ידע האדם את עתו וגו'. מדבר במרגלים. כתיב וימותו האנשים (במדבר י"ד ל"ז). במה מתו. רבנן אמרין באסכרה מתו. רבי שמעון בן יוחי אומר במגפה מתו, מלמד שנתרברב לשונם ונפל על טבורם, אמר ר' יצחק אין אומר אדם לשון הרע עד שכופר בעיקר, שנאמר אשר אמרו ללשונינו נגביר וגו' (תהלים י"ב ה'). אמר ר' שמעון בן יוחי קשה לשון הרע כנגד ג' עבירות שבתורה. ע"ז וגילוי עריות ושפיכות דמים. ע"ז דכתיב אנא חטא העם הזה חטאה גדולה וגו' (שמות ל"ב ל"א). גילוי עריות, דכתיב ואיך אעשה הרעה הגדולה הזאת וגו' (בראשית ל"ט ט'). שפיכות דמים, דכתיב גדול עוני מנשוא (שם ד' י"ג). ובלשון הרע כתיב יכרת ה' כל שפתי חלקות [לשון מדברת גדולות] (תהלים י"ב ד'). וכתיב איש לשון בל יכון בארץ (שם ק"מ י"ב).

להשמידם לולי משה בחירו מש"ה דייקא שבאותו א' גרם לבטל הבתי דינים שאמרנו.

גלא עמיקתא

הרע עד שפגם בברית קודש. ומקורו בספר יצירה [ח]ברית המעור ברית הלשון. ומשה רבינו שאמר לשון הרע על כלל ישראל [ראה להלן] ומי לנו גדול ממשה, כלום פגם בברית המעור, וכלום כפר בקב"ה?

ובהקדים נאמר דאין לנו מושג כלל באבות העולם ובאב הנביאים משה רבינו אלא שדיברה תורה כלשון בני אדם, ותורה מלשון הוראה להורות לנו את הדרך נלך בה, ועל דרך זה כל עסקינו במאמר זה.

והנה פותח ספר ויקרא "ויקר(א)" [2]ב–א' זעירא, וכמאן דבטלה דמי, וכתיב "ויקר" לשון קרי. וכשהיה משה בסנה, ופניו בוערות כלפידים וכו', וצופה ומביט מסוף העולם ועד סופו כאדם הראשון קודם החטא, ידע כי בני ישראל ירדו מצרימה מסיבת חטא אדם הראשון. דכתב רבינו האריז"ל וזלשה"ק: "[ט]ולכן ישראל שבאותו הדור שהם מן הדעת אלא שהיו בסוד הפגם שהיו בחי' הנצוצות קרי" עבד"ק. והנה אמרו חז"ל

2. באור על מגלה עמוקות ואתחנן אופן קמ"ח: ד'. כִּי תָצוּר אֶל עִיר יָמִים רַבִּים לְהִלָּחֵם עָלֶיהָ לְתָפְשָׂהּ לֹא תַשְׁחִית אֶת עֵצָהּ לִנְדֹּחַ עָלָיו גַּרְזֶן כִּי מִמֶּנּוּ תֹאכֵל וְאֹתוֹ לֹא תִכְרֹת כִּי הָאָדָם עֵץ הַשָּׂדֶה לָבֹא מִפָּנֶיךָ בַּמָּצוֹר (דברים כ,יט) גימ' (7821) י"א פעמים "ארץ הקדושה" (711) - דטען משה לפני הקב"ה: לכשאכנס לארץ הקדושה אכניע הקלי' דהן י"א כתרין דמסאבותא, ואמר ליה השי"ת: ר"ב ל"ך - עדיין לא הגיעה העת לכך, וזכית כבר לסוד אחוריים ויקרא אל משה ב-א' זעירא סוד אחוריים כנ"ל, וזהו דמביא המגלה עמוקות מהרמ"ע מפאנו [בספרו כנפי יונה ח"ב סימן ס"ג] כי תצור אל עיר - ריבוע הוי' הפשוט גימ' ע"ר והוא שרש אל ד' המילויים, ומוספינן ריבוע שם ע"ב דעלה קפ"ד ריבוע ס"ג עולה קס"ו ריבוע מ"ה עולה ק"ל ריבוע ב"ן עולה קד"ם הרי ע"ב קפ"ד קס"ו ק"ל קד"ם סליקו לחושבן (696) "תצור", והוא מניין ב' בתי דינים "קשה - רפה" (696), וזכה משה לכל אלו המעלות בהקמת המשכן דסליק לחושבן (696) "ויקרא אל משה" עם ג' התיבות [וממשיך: וידבר ה' אליו מאהל מועד - דזכה לסוד א' זעירא דויקרא בהקמת המשכן], ולכן רב לך - אל תוסף דבר אלי עוד בדבר הזה.

[ח] **ספר יצירה פרק א משנה ג:** עשר ספירות בלימה מספר עשר אצבעות חמש כנגד חמש וברית יחיד מכוונת באמצע כמלת הלשון וכמילת מעור.

[ט] **שער הכונות - דרושי פסח - דרוש א:** וכבר נתבאר זה במ"א ולהיות כי כל אותו הדור היו מבחי' הדעת ונודע כי כשח"ו פוגמים למטה באיזו מדה וספי' עליונה הנה הם גורמים הקלי' שיתאחזו ויקחו שפע מן המקור ההוא שנפגם ולכן ירדו ישראל למצרים שהם סוד הקלי' היושבת באחוריים של דעת העליון וכמ"ש אצלנו בענין מצרים שהוא מצר העליון שהוא הגרון ופרעה הוא העורף הקשה שבאחורי הדעת והיו אותם הקלי' נאחזים ויונקים כל שפע הנמשך מן הדעת דז"א ולכן ישראל שבאותו הדור שהם מן הדעת אלא שהיו בסוד הפגם שהיו בחי' הנצוצות קרי' לכן נשתעבדו לפרעה ולמצרים היונקים כל שפע הדעת יען כי הם גרמו לכל זה וכל ענין הגלות הזה של מצרים היה לצרף ולתקן בחי' ניצוצות הקדושות ההם בסוד ויוציא אתכם מכור הברזל ממצרים והבן זה כי נדמה מצרים אל הכור אשר בתוכו ניתך הזהב ונפרד מן הסיגים ונתקן. והנה נודע כי בהיות למעלה אחיזת החיצו' באיזו ספי' ח"ו מחמת מעשה התחתו' הרעים הנה מסתלק השפע מן המקום ההוא כדי שלא יצא שפע רב משם אל החיצוני' וכמו שהודעתיך בענין אצילות ז"א בתחילת אצילותו בבחי' ו"ק בלבד ולא כלול מי"ס שבו ונמצא כי בהתאחז פרעה ומצרים בדעת העליון

בדור ההוא חזר ז"א לקדמותו כבזמן היותו בעיבור א' גו אי' עילא' בסוד ג' כלילן בג' כנודע אצלנו.

[י'] מדרש תנחומא פרשת שמות סימן כ: ויקח משה את מטה האלהים בידו (שמות ד כ), א"ל הקדוש ברוך הוא טול המטה הזה בידך. וכל הנסים שאתה מבקש לעשות בו עשה בו. ויאמר ה' אל משה בלכתך לשוב מצרימה (שם שם /שמות ד'/ כא). הראה לו הקדוש ברוך הוא נסים שהוא עתיד לעשות לו ואמר לו לך ואספת את זקני ישראל וגו' (שם /שמות/ ג טז), ואח"כ אתם הולכים אצל פרעה, אמר משה אם יאמרו לי מה שמו מה אומר אליהם (שם שם /שמות ג'/ יג) אמר לו אמור להם אהיה אשר אהיה (שם שם /שמות/ יד). (ד"א, והיה אם לא יאמינו לך וגו') [והן לא יאמינו לי וגו'] (שמות ד א). אמר לו הקדוש ברוך הוא מה זה בידך וגו' (שם שם /שמות ד'/ ב), ויאמר השליכהו ארצה וגו' (שם שם /שמות ד'/ ג). א"ל אתה אומר לשון הרע על בני, מה הנחש שאמר לשון הרע, והלקיתי אותו בצרעת, אף אתה הבא נא ידך (אל חיקך) [בחיקך] ויבא ידו בחיקו ויוציאה והנה ידו מצורעת כשלג (שם /שמות/ ד ו), א"ל הקדוש ברוך הוא אתה אומר על בני שאינן מאמינים, והם מאמינים בני מאמינים, והיה אם לא יאמינו גם לשני האותות האלה (שם שם /שמות ד' ט), רמז לו הקדוש ברוך הוא רמז, א"ל מהיכן את נוטל שלך מן המים, שנאמר ולקחת ממימי היאור (שם /שמות ד'/). אמר ר' שמואל בר נחמיה רמז לך שאת נוטל את שלך מן המים, שנאמר המן הסלע הזה נוציא לכם מים (במדבר כ י).

[יא] תלמוד בבלי מסכת שבת דף צז עמוד א: אמר ריש לקיש: החושד בכשרים לוקה בגופו, דכתיב והן לא יאמינו לי וגו', וגליא קמי קודשא בריך הוא דמהימני ישראל. אמר לו: הן מאמינים בני מאמינים, ואתה אין סופך להאמין. הן מאמינים - דכתיב ויאמן העם, בני מאמינים והאמין בה'. אתה אין סופך להאמין - שנאמר יען לא האמנתם בי וגו'. ממאי דלקה - דכתיב ויאמר ה' לו עוד הבא נא ידך בחיקך וגו'. אמר רבא ואיתימא רבי יוסי ברבי חנינא: מדה טובה ממהרת לבא ממדת פורענות. דאילו במדת פורענות כתיב ויוציאה והנה ידו מצרעת כשלג ואילו במדה טובה כתיב ויוציאה מחיקו והנה שבה כבשרו, מחיקו הוא דשבה כבשרו. ויבלע מטה אהרן את מטתם אמר רבי אלעזר: נס בתוך נס. **[יב] רש"י שמות פרק ד פסוק ג:** ויהי לנחש - רמז לו שסיפר לשון הרע על ישראל ותפש אומנתו של נחש.

גלא עמיקתא

[י'] במדרש דמשה רבינו במראה הסנה סיפר לשון הרע על בני ישראל ולכן נענש בצרעת, וזה לשון המדרש: "והן לא יאמינו לי וכו' (שמות ד',א') – אמר לו [הקב"ה]: אתה אומר לשון הרע על בני – מה הנחש שאמר לשון הרע הלקיתי אותו בצרעת אף אתה הבא נא ידך בחיקך וכו' והנה מצורעת כשלג, אתה אומר על בני שאינם מאמינים – והם מאמינים בני מאמינים". [ועיין עוד בסוגיא [יא] בשבת פרק הזורק (צז.) דמביאה הגמרא המימרא הנ"ל בשינוי לשון, ברם התם לא מדכר בהדיא לשון הרע, אלא חושד בכשרים עיין שם]. וכן מובא [יב] בפרש"י שם על הפסוק ויהי לנחש (שם ד',ג') – רמז לו (הקב"ה למשה) שסיפר לשון הרע ותפס אומנותו של נחש. וקשה וכי יעלה על הדעת דמשה רבינו גדול הנביאים ייכשל באיסור לשון הרע החמור מכל עבירות שבתורה ושקול כנגד ג' עבירות, דעולה מדברי המדרש ופרש"י שמשה עבר על איסור לשון הרע.

ולביאור הענין יש להביא יסוד מספר חובת הלבבות לרבנו בחיי שער הכניעה פרק ז', ועליו יתבסס מאמרינו זה, וזלשה"ק: "כשבני אדם באים לפני בית דין של מעלה וכו' מוצאים מצוות שלא עשו וכו' ועונים להם: מצוות אלה עשה פלוני ופלוני והם נזקפו לזכותכם מפני שדברו עליכם וספרו בגנותכם, ואילו אלה שדברו לשון הרע מוצאים את ההיפך ח"ו – שחסר להם המצוות

גלא עמיקתא

שכן עשו, וכן יש בעלי לשון הרע שמוצאים בין העבירות שלהם עבירות שלא עשו, ואומרים להם– עבירות האלה נזקפו לחובת פלוני, ונזקפו לחובתכם מפני שדברתם עליהם לשון הרע וכו' ומביא ראיה מהפסוק (תהל' ע"ט,י"ב) "והשב לשכנינו שבעתים אל חיקם חרפתם אשר חרפוך אדני" עיין שם. נמצינו למדים, דהמספר לשון הרע על חברו מצוותיו נזקפות לזכות חברו אף על פי שלא עשאן חברו מעולם, ועבירות חברו נזקפים לחובתו אף על פי שהוא לא נכשל בהן מעולם. ועל פי זה יש לבאר דברי המדרש בדרך אפשר ע"פ חובת הלבבות הנ"ל, "אתה אומר לשון הרע על בני" – דמשה רבינו עליו השלום סיפר לשון הרע על עם ישראל על מנת לתקן חטאם ולהצילם מן העונש – דהיות וכלל נקוט הוא בידינו שהמספר לשון הרע על חברו מקבל לחובתו העונש על עוונותיו של חברו וזכויותיו נזקפות לזכות חברו – אם כן רצה משה שהעבירות שבחלקם של ישראל יעברו אליו, וקדושתו וטהרתו יזקפו לזכותם, ועל ידי זה יתקן החטאים של ישראל – והיה זה לשון הרע לתועלת ובמסירות נפש גמורה אך ורק למטרה אחת ויחידה – להציל את ישראל מהפורענות שהיו ראויים לה מצד מעשיהם. ונמצא שמשה דבר על בני ישראל [כביכול] לשון הרע כדי שנצוצי הקרי שבחלקם יעברו אליו, וקדושתו וטהרתו וזכויותיו יעברו אליהם, וסוף מעשה במחשבה תחילה. וזהו "ויקר אל משה" גימ' (692) "ברית – יסוד", דמשה ויתר על טהרתו וקדושתו לטובתם, ושכל הפגמים שלהם היינו כללות נצוצות הקרי שלהם – יחולו על ראשו רח"ל [וביותר יובן על פי מה שכתוב בספר יצירה [יג] ברית המעור וברית הלשון, וביארו בספה"ק דאין אדם נכשל בפגם הברית קודש רח"ל עד שנכשל בברית הלשון – סיפור לשון הרע, וכן בתיקון: ויקר אל משה, שדיבר עליהם לשון הרע, כדי לתקנם. והנה הפסוק שמביא החובת הלבבות כסמך לדבריו עד תיבת אדנ"י ["והשב לשכנינו שבעתים אל חיקם חרפתם אשר חרפוך"] – עולה בגימ' (3333) ג' פעמים דהוי חזקה "נר ה' נשמת

[יג] **באור הר"א לספרא דצניעותא - פרק ב:** ואלו שני פסוקים ברח כו' ואם תגביה כו' נאמר על בלעם ועשו שרוצין להגביה יותר ממקומם שלכן הוא אזהרה על כל מי שרוצה להסתכל יותר ממדרגתו: ואמר והחיות רצוא ושוב ר"ל תמיד העינים הן כך פתחין וסתמין כנ"ל ואמר ברח לך כו' שאם רוצה להיות פתוח שעה אחת נאמר ברח לך כו' כנ"ל ואם רץ לבך להרהר שוב למקום. ואמר שם ועל זה נכרת ברית ר"ל שנאמר (איוב ל"א) ברית כרתי לעיני שלא להסתכל מה שאין מגיע לו וכן בלשון נכרת ברית הלשון שז"ש לעיל ווי מאן דגלי פתחהא ר"ל שמגלה רזין כמ"ש בא"ז ד' רצ"ד ע"ב ווי לההוא מגלה רזין כו' ואלין אקרי חייבי דרא כו' כל ההוא מגלה רזין בידוע דנשמתא כו' ווי לההוא ב"נ ווי ליה וי לנשמתיה כו' ע"ש. ולישן סתים פתחהא שהן נ' תרעין דבינה שבהן כל הרזין כמ"ש (ר"ה כ"א ע"ב) נו"ן שערי בינה נבראו בעולם וכולן ניתנו למשה חסר חד והמגלה פותח את הלשון ומגלה פתחהא לכן אמר ווי למאן דגלי פתחהא. והוא ברית הלשון נגד ברית המעור כמ"ש בס"י פ"א והוא כמ"ש בר"מ פרשת פנחס דף רמ"ז ע"א ובחבורא קדמאה אמר ר"מ מאן דמזלזל בפירורין כו' כ"ש מאן דמזלזל בפירורין דמוחא דאינון דזרע דזריק לון בארעא כו' וכ"ש מאן דמסר רזין דאורייתא וסתרי קבלה וסתרי מעשה בראשית או סתרי אתוון דשמא מפרש לאנשים כו' וזהו מכוון במלת הלשון ובמלת המעור (בס"י). ופסוק השלישי אם רוצה להגביה על גבות עיניו אז [אם] וכו' והג' פסוקין הן נגד ג' רישין. נגד א' שהוא מ"ס ששם שרשי החיות שהן המוחין והחיות רצוא ושוב. ונגד גלגלתא סתימא פסוק ברח. ונגד רדל"א אם כו'.

גלא עמיקתא

אדם" (1111) (משלי כ',כ"ז) ומרמז ענין **א' זעירא: אלף אל"ף, ואינון ברזא** דתלת טיפין דאזדריקו ממוחא סתימאה, דחב בהון אדם קדמאה, עיין בדברי רבינו בבאורו על **ואתחנן** [יד]אופן קנ"ג ובבאורנו שם. ויחד עם **תיבת אדנ"י** דהיינו **כולא פסוקא** [והשב לשכנינו שבעתים אל חיקם חרפתם אשר חרפוך אדנ"י] גימ' (3398) ב' פעמים "רצה לזכות את ישראל" (1699) כדכתיב [טו]**רבי חנניא בן עקשיא אומר רצה** הקב"ה לזכות את ישראל לפיכך הרבה להם תורה ומצוות שנאמר ה' חפץ למען צדקו יגדיל תורה ויאדיר (ישעי' מ"ב,כ"א). וכאן עולה ב' פעמים רצה

[יד] מגלה עמוקות ואתחנן אופן קנ"ג: איתא בספר גלי רזיא שלשה טיפין דאיזדריקו במוחא עילאה, שכתב בזוהר בראשית ([ח"א] עמוד קנה [זוהר ח"א] ובתיקונים תיקון ס"ו דף ק"ח [תיקו"ז סט ק"ט ע"ב]) דחב ביה אדם קדמאה, והוא רזא דמתניתא (פסחים דף מ"ח [ע"ב]) שלשה נשים אחת אופה ואחת מערכת ואחת מקטפת, הם סוד מהרי שלש סאים סולת (בראשית יח [ו]), יצחק הוא סוד אופה, אברהם מערכת, שרה היא סוד מקטפת והיא ברזא דבינה, שלשתן הם סוד תתק"ס לוגין שבמקוה, שכן אברהם יצחק שרה עולה לחשבון תתק"ס. ולדעתי מזה הטעם הוצרך משה להיות מ' יום עם ה' (שמות כד יח), במ' יום יש בהם תתק"ס שעות לתקן ג' טיפין אילו של אדם הראשון שחטא בו, וז"ש עלית למרום שבית שבי לקחת מתנות באדם (תילים ס"ח [תהלים סו יט]), שהוצרך משה לתקן מה שקלקל אדם. ועל זה אמר בעת ההיא, שרצה משה לתקן באותו עת מה שקלקל אדם הראשון, כתיב ההוא בו' שקאי על אדם הראשון, וסידר תפילתו מאחר שהחלות להראות לי תקוני דתלת טיפין, את גדלך זה אברהם שהוא סוד אחת מערכת, ואת ידך החזקה סוד אחת אופה, לכן אמר יצחק מי אפוא (בראשית כז [לג]), אשר מי אל כנגד שרה, שהוא סוד בינה נקראת אשר מי. גם מ"י נוטריקון מ' יום, שבמ' יום יש תתק"ס שעות כמנין תתק"ס לוגין שבמקוה. ולכן אמר אעברה נא, רוצה אני לעבור אל ארץ ישראל לתקן "נפש א"דם שהוא נוטרייקון של נ"א, ואמר אעברה בה' יתירה, שקלקול אדם היה באות ה' כדאיתא בתקונים (שם) שקלקול של אדם היה באות ה' שהיתה מצה שמורה ועשה אותה פרוסה, לכן ואראה את הארץ, דתמן תלת תיקונים אלו ולקביל תלת טיפין דאזדריקו בסוד ה' בחכמה יסד ארץ (משלי ג' [יט]), חכמה הוא סוד מוחא עילאה כמבואר לידועים, ובזה הפסוק נרמז אבא יסוד בר"תא (עיין זוהר ח"ג רנ"ו ע"ב), והוא נרמז בר"ת "אל "ידוד ב"עת, נוטרייקון "אבא "יסד "ברתא, "בעת ההיא, קרי ביה ההיא, שהוא סוד ברתא, וההוא כתיב שהוא אבא, לכן ר"ת "אל ה' "בעת, אב"א י"סד ברתא, גם למפרע "בחכמה "יסד "ארץ. ואמר ג' דרגין לקביל ג' טיפין, הארץ הטובה לקביל אברהם, ההר הטוב הזה לקביל יצחק דאתמר ביה בהר ה' יראה (בראשית כב יד), והלבנון לקביל שרה אמו, שהיתה שרה עיקרת בנבואה לאברהם (שמו"ר פ"א א'), כל אשר תאמר שרה שמע בקולה (ראשית כא [בראשית כא יב]), כי אברהם שהוא סוד חסד מקבל מבינה, וסוד מי אל, מי היא בינה, ואל מדת חסד אל שמקבלת ממנה. השיב הקב"ה למשה רב לך, כבר בשמך נרמז תיקון של תלת טיפין של אדם הראשון, שכן נקרא משה מה (זוהר ח"ב קצ"ז ע"א), כמ"ש מ"ה שם בנו (משלי ל [ד]), והוא בחשבון אד"ם, ובמה מתקן, בש' של משה שיש לה תלת טיפין שיש בהן ג' יודין, שהם לקביל ג' טיפין של חכמה עילאה (כדאיתא בתיקונים שם), וכן נרמז משה שנקרא ראשית (מדרש רבה שם [ב"ר פ"א ד']) דמתרגמינן בחוכמה, הרי שכבר זכה משה לחכמה, לכך אל תוסף דבר אלי. **[טו] משנה מסכת מכות פרק ג משנה טז:** ר"ש בר רבי אומר הרי הוא אומר רק חזק לבלתי אכול (את) הדם כי הדם הוא הנפש וגו' ומה אם הדם שנפשו של אדם קצה ממנו הפורש ממנו מקבל שכר גזל ועריות שנפשו של אדם מתאוה להן ומחמדתן הפורש מהן על אחת כמה וכמה שיזכה לו ולדורותיו ולדורות דורותיו עד סוף כל הדורות ר' חנניא בן עקשיא אומר רצה הקב"ה לזכות את ישראל לפיכך הרבה להם תורה ומצוות שנאמר ה' חפץ למען צדקו יגדיל תורה ויאדיר.

גלא עמיקתא

לזכות את ישראל, מבלי להזכיר "רצה הקב"ה" – כי תרי נפקו מחד, בהדי הדדי, היינו רצונו של משה רבינו ע"ה יחד עם רצונו של הקב"ה, ומאחר והקב"ה יודע תעלומות וצפונות הלב, וראה מסירות נפשו ממש עליהם, שלחו להיות להם למנהיג, אכן לא לפני שקיבל עונשו עפ"י דין מצורע [טז]נוטריקון מוציא רע כדברי חז"ל, כדכתיב (שמות ד',ו') "ויבא ידו בחיקו, ויוצאה והנה ידו מצרעת כשלג", גימ' (1522) ב' פעמים "לעיני כל ישראל" (761) – הפסוק המסיים תורתינו הקדושה, דהיא חיינו ואורך ימינו, ותחילת הפסוק "ולכל היד החזקה" וכו' – היא היא ידו שהיתה מצורעת בגין לשון הרע דיליה, שלא היה מעולם ולא יהיה לשון הרע כזה – לשם שמים ובמסירות נפש נוראה.

וראיה לדברינו מדברי [יז]רש"י בחטא המרגלים, שפירש על הפסוק וימותו האנשים מוציאי דבת הארץ רעה (במדבר י"ד,ל"ז), הא למדת שיש דיבה שהיא טובה. הא כיצד? אלא שלדידן ניחא, דלפעמים צדיקים סיפרו לשון הרע במסירות נפש כדי לטהר חטא של אדם פלוני, על ידי שמצוותיו נזקפות לזכות חבירו, והוא מקבל לחובתו את העבירות של חבירו. ואין לקשר הדברים לדין היתר סיפור לשון הרע לתועלת. דלא דמי כלל, דלשון הרע לתועלת הוא לשון הרע שהתורה התירה, ומותר לספרו על פי ההלכה, כגון שראובן מספר לשון הרע על שמעון כדי למנוע נזק מלוי וכיוצא בזה. אבל אנן עסקינן בלשון הרע לשם שמים שהוא לשון הרע שאסור על פי ההלכה, ואעפ"כ צדיקים עברו על כך במסירות נפש כדי לתקן חטא של יהודי [ומובן שרק צדיקים גמורים יכולים לעשות כהאי גוונא שיהיה לשם שמים בתכלית]. מה שאין כן לגבי לשון הרע שמספרים רשעים, שהוא לא לשם שמים, וגם לא לתועלת, ולכן הקב"ה הופך את זה לטובה – כי זה רע באמת. כגון בהמן שכתוב בו שסיפר לישנא בישא [כמו שנביא בסמוך] – כדי להשמיד להרוג ולאבד (אסתר ג',י"ג), וכן בבלעם שהקב"ה הפך את הקללה לברכה (דברים כ"ג,ו'), ורואים מזה שבאמת הם נתכוונו לרעה כדי לכלות ח"ו את בני ישראל. כלומר מהעונש שלהם אגלאי מילתא למפרע שהיה שלא לשם שמים. ויש לחדש עוד דהקב"ה ציווה למשה לדבר אל הסלע [כדכתיב ודברתם אל הסלע וכו' (במדבר כ',ח')]

[טז] **של"ה פרשת שמות תורה אור:** יד. ובזה יובן מאמר בשמות רבה (פ"א סל"ב) למה נקרא(ת) [שמה] צפורה שטיהרה הבית כצפור, עכ"ל. רצה לומר, צפור מטהר בית המנוגע (ויקרא יד, מט - נג) רבי יוסי קרא לאשתו ביתו (שבת קיח ב). והנה בהיותה ברשות קין קינא דמסאבותא (זהר ח"א דף נ"ד ע"א) מצד זוהמת הנחש, טומאת מצורע - מוציא רע על קונו לומר מן העץ הזה אכל כו'. ומטה משה מעץ החיים בסוד 'הבל' שאין בו חטא. והבל חי מ"ט יום, כמו שכתב האר"י (ראה שער הפסוקים בראשית דרוש ד', וקהלת יעקב ערך הבל), 'שבעתים' (בראשית ד, טו), שבע פעמים שבע, 'יקם' (שם) ראשי תיבות יתרו קין מצרי, הרי שהבל חי מ"ט יום בעולם הזה הנברא בה"א (מנחות כט ב), זהו 'מטה'. ואחר כך נעשית 'מטה משה'. וכשסירב משה לילך בשליחות לפרעה שהוא חידוש עולם, על כן נתהפך אז המטה לנחש וידו נעשית מצורע.

[יז] **רש"י במדבר פרק יד פסוק לז:** וישבו וילינו עליו - וכששבו מתור הארץ הרעימו עליו את כל העדה בהוצאת דבה אותם אנשים וימותו. כל הוצאת דבה לשון חינוך דברים, שמלקיחים לשונם לאדם לדבר בו, כמו (שה"ש ז, י) דובב שפתי ישנים. וישנה לטובה וישנה לרעה, לכך נאמר כאן מוציאי דבת הארץ רעה, שיש דבה שהיא טובה: דבה - פרלדי"ץ בלע"ז [לשון הרע].

[יח] **תלמוד בבלי מסכת מגילה דף יח עמוד א:** ומה ראו לומר שים שלום אחר ברכת כהנים - דכתיב ושמו את שמי על בני ישראל ואני אברכם. ברכה דהקדוש ברוך הוא - שלום, שנאמר ה' יברך את עמו בשלום. וכי מאחר דמאה ועשרים זקנים, ומהם כמה נביאים, תקנו תפלה על הסדר, שמעון הפקולי מאי הסדיר? - שכחום וחזר וסדרום. מכאן ואילך אסור לספר בשבחו של הקדוש ברוך הוא, דאמר רבי אלעזר: מאי דכתיב מי ימלל גבורות ה' ישמיע כל תהלתו, למי נאה למלל גבורות ה' - למי שיכול להשמיע כל תהלתו. אמר רבה בר בר חנה אמר רבי יוחנן: המספר בשבחו של הקדוש ברוך הוא יותר מדאי - נעקר מן העולם, שנאמר: היספר לו כי אדבר אם אמר איש כי יבלע. דרש רבי יהודה איש כפר גבוריא, ואמרי לה איש כפר גבור חיל: מאי דכתיב לך דמיה תהלה - סמא דכולה משתוקא. כי אתא רב דימי אמר: אמרי במערבא: מלה - בסלע, משתוקא - בתרין.

גלא עמיקתא

כדי לתקן פגם זה של לשון הרע בשורשו, ועל דרך מה שכתוב [יח]מילה בסלע משתוקא בתרין, אבל משה הכה בסלע פעמיים [כדכתיב "ויך את הסלע במטהו פעמיים"] בחינת משתוקא בתרין [רק שבגמרא הוא למעליותא וכאן הוא לגריעותא] והפסיד את שעת הכושר.

והנה מצינו גם במרים ואהרן שסיפרו לשון הרע על משה רבינו ודיברו בגנותו, כדכתיב (במדבר י"ב,א') ותדבר מרים ואהרן במשה על אודות האשה הכושית אשר לקח כי אשה כושית לקח. ומשמע [יט]ברש"י שעברו על איסור לשון הרע ומספר בגנות חבירו, שכתב מה מרים וכו' קל וחומר למספר בגנותו של חבירו עכד"ק. וקשה: א' לא ייתכן שעברו על איסור לשון הרע בצורה ברורה כל כך, ב' ממי למדו זאת. ויש לבאר על פי דרכנו דמרים ואהרן היתה כוונתם בתכלית הדקות רק לטובתו של משה, והיות [כ]3והקב"ה מדקדק עם הצדיקים

3. באור על מגלה עמוקות ואתחנן אופן ה' א'. וַיַּקְהִלוּ מֹשֶׁה וְאַהֲרֹן אֶת הַקָּהָל אֶל פְּנֵי הַסָּלַע וַיֹּאמֶר לָהֶם שִׁמְעוּ נָא הַמֹּרִים הֲמִן הַסֶּלַע הַזֶּה נוֹצִיא לָכֶם מָיִם (במדבר כ,י) גימ' (3349) ד' פעמים "אנכי אנכי ה' ואין מבלעדי מושיע" (837) עם הכולל (ישעי' מ"ג,י"א) דרמז באמרו "המן הסלע הזה נוציא לכם מים" ולא אמר בלשון יחיד יוציא וכו' דהקב"ה מדקדק עם הצדיקים כחוט השערה (יבמות קכא:) ומהאי טעמא הוא חושבן ד' פעמים "אנכי אנכי ה'" וכו' לקביל ד' אתוון דשמא קדישא, ומוספינן הכולל לקביל קוצו של י'.

[יט] **רש"י במדבר פרק יב פסוק א:** ותדבר - אין דבור בכל מקום אלא לשון קשה, וכן הוא אומר (בראשית מב, ל) דבר האיש אדוני הארץ אתנו קשות, ואין אמירה בכל מקום אלא לשון תחנונים, וכן הוא אומר (בראשית יט, ז) ויאמר אל נא אחי תרעו, (במדבר יב, ו) ויאמר שמעו נא דברי, כל נא לשון בקשה. ותדבר מרים ואהרן - היא פתחה בדבור תחילה, לפיכך הקדימה הכתוב תחלה, ומנין היתה יודעת מרים שפרש משה מן האשה, רבי נתן אומר, מרים היתה בצד צפורה בשעה שנאמר למשה אלדד ומידד מתנבאים במחנה, כיון ששמעה צפורה, אמרה אוי לנשותיהן של אלו אם הם נזקקים לנבואה שיהיו פורשין מנשותיהן כדרך שפרש בעלי ממני, ומשם ידעה מרים והגידה לאהרן. ומה מרים שלא נתכוונה לגנותו, כך נענשה, קל וחומר למספר בגנותו של חבירו. [כ] **תלמוד בבלי מסכת בבא קמא דף נ עמוד א:** תנו רבנן: מעשה בבתו של נחוניא חופר שיחין שנפלה לבור גדול, באו והודיעו את רבי חנינא בן דוסא. שעה ראשונה - אמר להם: שלום, שניה - אמר להם: שלום, שלישית - אמר להם: עלתה. אמרו לה: מי העלך? אמרה להם: זכר של רחלים נזדמן לי וזקן אחד מנהיגו. אמרו לו: נביא אתה? אמר להם: לא נביא אנכי ולא בן נביא אנכי, אלא כך אמרתי: דבר שאותו צדיק מצטער בו יכשל בו זרעו? אמר רבי אחא: אף על פי כן מת בנו בצמא, שנאמר: וסביביו נשערה מאד, מלמד, שהקדוש ברוך הוא מדקדק עם סביביו אפילו כחוט השערה. ר' נחוניא אמר, מהכא: אל נערץ בסוד קדושים רבה ונורא על כל סביביו. אמר ר' חנינא: כל האומר הקדוש ברוך הוא ותרן הוא - יותרו חייו, שנאמר: הצור תמים פעלו כי כל דרכיו משפט.

4. באור על מגלה עמוקות ואתחנן אופן ל"ב ג'. וְעַתָּה אִם תִּשָּׂא חַטָּאתָם וְאִם אַיִן מְחֵנִי נָא מִסִּפְרְךָ אֲשֶׁר כָּתָבְתָּ (שמות לב,לב) גימ' (3671) ה' פעמים "משה דוד שלמה" (734) עם הכולל- רמיזא דהגאולה בארץ ישראל על יד דוד ושלמה בנו דיבנה בית המקדש, ותסתיים במהרה בימינו על ידי דוד מלכא משיחא. ועם הכולל סליק כולא פסוקא לחושבן (3672) "נא" (51) פעמים "חסד" (72) רמיזא דהכל בחסדי השי"ת. והוא חושבן (3671) י' פעמים "רפא נא לה" (367) עם הכולל (במדבר י"ד,י"ט) דהתפלל משה כאשר נצטרעה מרים "אל נא רפא נא לה".

גלא עמיקתא

כחוט השערה, **אם כן רצו לפעול דאם יש בו איזה רבב** (ואפילו בדקות שבדקות) **- אם כן שיעבור אליהם, ואם יש בהם דבר טוב שאין בו – אותו הדבר הטוב יעבור אליו, ויש לומר שאהרן ומרים למדו זאת ממשה עצמו** – דסיפר לשון הרע לשם שמים על בני ישראל כדי לתקן חטאם, ורצו להשתמש בדרך זו בה הוא עצמו נהג, כדי לתקן הפגמים שלו עצמו, ויתקנו הלשון הרע שלו שדיבר בסנה על כלל ישראל כנ"ל. והנה מרים נענשה ב-ז' ימי צרעת [כדכתיב התם תסגר שבעת ימים וכו' (במדבר י"ב,י"ד)], ולא כתוב שהטיחה דברים כלפי מעלה, אלא משמע שקיבלה את הדין באמונה, ומשה התפלל עליה [4]אל נא רפא נא לה (שם פסוק י"ג), וקיימא לן תפלה עושה מחצה, ובאמת הקב"ה ויתר לה על חצי מהעונש מהדין של דיו לבא מן הדין להיות כנידון ולכן במקום י"ד קיבלה ז' [[כא]כמבואר בגמרא], ואהרן גופא למד זאת מעצמו, שהתפלל על בניו ומתו שנים (נדב ואביהוא) במקום ארבע (אלעזר ואיתמר ניצלו), כדכתיב ובאהרן התאנף ה' להשמידו (דברים ט',כ') זהו כילוי בנים, שנאמר ואשמיד פריו ממעל ושרשיו מתחת (עמוס ב',ט'), הא למדת שעל כל הבנים נגזרה הגזירה [[כב]עיין במדרש רבה פרשת צו]. וכן אהרן לקה בעצמו בצרעת שנאמר (שם) ויחר אף ה' בם – אך נרפא מיד.

[כא] תלמוד בבלי מסכת בבא קמא דף כה עמוד א: ורבי טרפון לית ליה דיו? והא דיו דאורייתא הוא! דתניא: מדין ק"ו כיצד? ויאמר ה' אל משה ואביה ירק ירק בפניה הלא תכלם שבעת ימים, ק"ו לשכינה ארבעה עשר יום, אלא דיו לבא מן הדין להיות כנדון! כי לית ליה דיו - היכא דמפריך ק"ו, היכא דלא מפריך ק"ו - אית ליה דיו, התם שבעה דשכינה לא כתיבי, אתא ק"ו אייתי ארבסר, אתא דיו אפיק שבעה ואוקי שבעה, אבל הכא חצי נזק כתיב, ואתא ק"ו ואייתי חצי נזק אחרינא ונעשה נזק שלם, אי דרשת דיו אפריך ליה ק"ו. ורבנן? שבעה דשכינה כתיבי: תסגר שבעת ימים. ורבי טרפון? ההוא תסגר דדרשינן דיו הוא. ורבנן? כתיב קרא אחרינא: ותסגר מרים. ורבי טרפון? ההוא דאפי' בעלמא דרשינן דיו, ולא תאמר: הכא משום כבודו של משה, אבל בעלמא לא, קמ"ל.

[כב] ויקרא רבה פרשת צו פרשה י סימן ה: ר' יהודה וריב"ל ר' יהודה אומר תשובה עושה מחצה ותפלה עושה הכל ריב"ל אמר תשובה עשתה את הכל ותפלה עשתה מחצה על דעתיה דר' יהודה ב"ר תשובה עושה מחצה ממי את למד מקין שנגזרה עליו גזירה כיון שעשה תשובה נמנע ממנו חצי גזירה ומנין שעשה תשובה שנא' (בראשית ד) ויאמר קין אל ה' גדול עוני מנשוא ומנין שנמנע ממנו חצי הגזירה הה"ד (שם /בראשית ד'/) ויצא קין מלפני ה' וישב בארץ נוד קדמת עדן, נע ונד אין כתיב אלא בארץ נוד קדמת עדן, דבר אחר ויצא קין מהיכן יצא ר' יודן בשם ר' אייבו אמר הפשיל בגדיו לאחוריו ויצא כגונב דעת העליונה רבי ברכיה בשם רבי אלעאי בר שמעיא אמר יצא כמערים וכמרמה בבוראו ר' הונא בשם רבי חנינא בר יצחק אמר יצא שמח כמה דתימר (שמות ד) וגם הנה הוא יוצא לקראתך וראך ושמח כיון שיצא פגע בו אדם הראשון אמר לו מה נעשה בדינך אמר לו עשיתי תשובה ונתפשרתי כיון ששמע אדם הראשון כך התחיל

גלא עמיקתא

[ועיין עוד מה שכתבנו [5]במקום אחר בענין לשון הרע לשם שמים דמשה אהרן ומרים]. והנה מיד לאחר שדיברו בו כתיב (במדבר י"ב,ג') והאיש משה ענו וכו' דלכאורה אינו מאותו ענין המדובר בפרשה, ומאי שייטיה הכא? אלא הביאור בזה, שבזכות דיבורם של אהרן ומרים קיבל משה מעלה זו, ומרים נצטרעה לשבעה ימים וכו' ולא אכפת לה מגרמה כלום – דלשם שמים

טופח על פניו אמר לו כל כך היא כחה של תשובה ולא הייתי יודע באותה שעה אמר אדם הראשון (תהלים צב) מזמור שיר ליום השבת אמר ר' לוי המזמור הזה אדם הראשון אמרו על דעתיה דרבי יהודה ברבי דאמר תפלה עשתה את הכל ממי את למד מחזקיה חזקיה עיקר מלכותו לא היתה אלא ארבע עשרה שנה ה"ה דכתיב (ישעי' לו) ויהי בארבע עשרה שנה למלך חזקיהו וכיון שהתפלל הוסיפו לו חמש עשרה שנה שנאמר (שם /ישעיהו/ לח) הנני יוסיף על ימיך חמש עשרה שנה על דעתיה דריב"ל דאמר תשובה עשתה את הכל ממי את למד מאנשי ענתות שנאמר (ירמיה יא) כה אמר ה' וגו' הבחורים ימותו בחרב וכיון שעשו תשובה זכו להתיחס שנאמר (נחמיה ז) אנשי ענתות מאה ועשרים ושמנה ואם אין לך ללמוד מאנשי ענתות למד מיכניהו (ירמיה כב) העצב נבזה נפוץ וגו' רבי אבא בר כהנא אמר כעצם הזה של מוח שמשמנפצו אין בו מאומה ר' חלבו אמר כחותל של תמרה שכשאתה מנערו אין בו מאומה (שם /ירמיהו כ"ב/) אם כלי אין חפץ בו רבי חמא בר חנינא אמר ככדין של מי רגלים רבי שמואל בר נחמן אמר ככדין של מקיזי דם אמר רבי זירא מלתא הכא שמעית מן רבי שמואל בר רבי יצחק דהוה דריש הכא ולית אנא ידע מהו א"ל רבי אחא אריכא דילמא דא היא (שם /ירמיהו כ"ב/) כתבו את האיש הזה ערירי גבר לא יצלח בימיו א"ל הין בימיו אינו מצלח בימי בנו מצליח, רבי אחא ור' אבין בר בנימין בשם ר' אבא גדול הוא כחה של תשובה שמבטלת גזירה ומבטל שבועה, שבועה שנא' (שם /ירמיהו/ כב) חי אני נאם ה' כי אם יהיה כניהו בן יהויקים וגו' ומבטלת גזירה כה אמר ה' כתבו את האיש הזה ערירי וכתי' (דברי הימים א ג) ובני יכניה אסיר בנו שאלתיאל בנו אסיר בנו שהיה בבית האסורים שאלתיאל בנו שממנו הושתלה מלכות בית דוד א"ר תנחום בר' ירמיה אסיר זה הקדוש ברוך הוא שאסר את עצמו בשבועה שאלתיאל ששאל אל לבית דינו של מעלה על נדרו, על דעתיה דריב"ל דאמ' תפלה עשתה מחצה ממי אתה למד מאהרן שבתחלה נגזרה גזירה עליו שנא' (דברים ט) ובאהרן התאנף ה' מאד להשמידו אמר רבי יהושע דסכנין בשם רבי לוי אין השמדה אלא כילוי בנים כמד"א (עמוס ב) ואשמיד פריו ממעל ושרשיו מתחת כיון שהתפלל משה עליו נמנעה ממנו חצי הגזירה מתו שנים ונשתיירו שנים הה"ד (ויקרא ח) קח את אהרן ואת בניו אתו.

5. באור על מגלה עמוקות ואתחנן אופן מ"ז י"א. שִׁיר הַמַּעֲלוֹת לְדָוִד לוּלֵי יְהוָה שֶׁהָיָה לָנוּ יֹאמַר נָא יִשְׂרָאֵל (תהלים קכד,א) גימ' (2456) ד' פעמים "בברית" (614) דאמר משה לקב"ה בזכות שמירת הברית וקדושתי ראוי אני להיכנס, ואמר לו הקב"ה רב לך- יהושע יכנס- ועיין מה שבארנו במקום אחר בענין לשון הרע לשם שמים שסיפר משה על בני ישראל דרצה שכל קדושת הברית שלו תעבור לבני ישראל שהיו ב-מ"ט שערי טומאה במצרים, ופגמיהם יעברו אליו- ולכן נבחר למנהיג. וכן בארנו באופן דמרים ואהרן שסיפרו לשון הרע על משה רבינו [כמ"ש ותדבר מרים ואהרן במשה וכו' (במדבר י"ב,א')] לשם שמים להביאו לשלמותו דמיד אחרי כן כתיב והאיש משה ענו מאד וכו'- דנראה לכאורה שאין ענינו שם- אלא שמלמדנו דמרים ואהרן למדו ממשה גופיה כיצד עביד בסנה לגבי בני ישראל. וכאשר נחבר ב' הפסוקים הסמוכים בתהלים דבתרוויהו כתיב נ"א נוטריקון נח"ש אד"ם בעור הקלי' דמרכבת הטומאה בשרש: "שיר המעלות לדוד לולי ה' שהיה לנו יאמר נא ישראל (2456) לולי ה' שהיה לנו בקום עלינו אדם (867)" סליקו תרוויהו לחושבן (3323) י"א פעמים "ה' ימלך לעולם (ועד)" (302) (שמות ט"ו,י"ח) וכדכתיב אז יאמרו בגויים וכו' (תהל' קכ"ו,ב') והוא כגון אז ישיר משה וכו' (שמות ט"ו,א') להבדיל, דלעתיד לבוא כל הבריאה תאמר שירה לפניו יתברך ויכירו במלכותו- ולכן כפלינן י"א פעמים- דאף הסיטרא אחרא בחינת י"א כתרין דמסאבותא יודו להשי"ת.

גלא עמיקתא

נתכוונה כנ"ל. [כג]ופירש רש"י על הפסוק הנ"ל "והאיש משה ענו מאד מכל האדם אשר על פני האדמה" – ענו – "שפל (ו)סבלן" גימ' (552) "הוציאך ממצרים" (שמות י"ג,ט'), וזהו שבפסוק הנ"ל (שם) "והיה לך לאות על ידך"– היא היא ידו המצורעת כשלג, וממשיך "כי ביד חזקה הוצאך ה' ממצרים" ביד משה.

וזהו ששלח הקב"ה למשה ג' סימנים לרמזו שנתקבל הסדר לרצון [והיינו דאמרינן בתר הגדה של פסח "[כד]נרצה" גימ' (345) "משה"] ואלו הן: א'. "נחש" – גימ' (358) "משיח" רמז לו דהוא הוא מושיען של ישראל. ב'. "צרעת" – שבאה על עסקי על לשון הרע – כי מצורע הוא מוציא רע [כמבואר לעיל], רמז לו שגלוי וידוע לפניו יתברך דהוא "האיש משה" [גימ' (661) "לשון הרע"] ענו מאד מכל האדם וכו', וגם לרמזו שהוא ביחד עם

[כג] רש"י במדבר פרק יב פסוק ג: ענו - שפל וסבלן. **[כד] פירוש אלשיך על התורה (לר' משה אלשיך זצוק"ל) שמות פרק יג פסוק י:** הנה כי מאשר בחר בנו יתברך והפליא לעשות עמנו ביציאת מצרים, חובה עלינו לידבק בו יתברך, ולבער שאור יצרנו הרע מקרבנו. וזכר, למען יזכור את הדבר הזה בשעה שמצה ומרור מונחים לפניו, נסדר רמז הענין בסדר הלילה על פי הדברים אשר שמו ראשונים למזכרת הסדר, למען יהיה נזכר לקורא אותו. וז"ל. קדש ורחץ כרפס ויחץ מגיד רחצה מוציא מצה מרור כורך שולחן עורך צפון ברך הלל נרצה. והוא לרמוז כי כל איש ישראל אשר חננו ה' דעת כי שכל וכי שיג לו, והשיגה יד שכלו כי לא טהור הוא מדברי עונות גברו מנו, ויחשוב מחשבות להביט אל האלהים אשר בראו. כי טרם החילו לסגף עצמו, תחת תענוגי רשעתו יתחיל בקל תחלה הלא הוא לקדש עצמו במותר לו, וזהו אומרו קדש ואחרי כן ראוי לך תרחץ מכל אשמת דבר, כד"א (ישעיה א טז) רחצו הזכו בכל תמרוקי תשובה הראויים ואחר רחוץ טומאתיך, קנה מדות קניניות טובות, אחד בל תרדוף אחר המותרות כי אם טוב ארוחת ירק בחומץ באהבת ה'. וזהו כרפס, הוא שאר ירקות מצטמק ויפה לך. והיה הרמז בכרפס מבשאר ירקות, לרמוז כי לעצמך תצמצם אך לא לדל, כי אם תמלא כפו כי בצדקה תכונן. וזה רמז באותיות אלו כף ריש, כלומר תמלא כף בעל ריש ועוני. וגם תפייסהו בדברים כי הנותן לרש מתברך בשש ברכות והמפייסו בי"א שהוא לסמוך לבו (בבא בתרא ט ב), וזהו פא סמך, לומר כי אחרי מלאך כף הריש, גם בפה תסמכהו כי תפייסהו ושמא תאמר כי מה תעשה ואין ידך משגת, אין זה עכוב כי הלא פרוס לרעב לחמך (ישעיהו נח ז). וזהו יחץ שהוא פרוס המצה, אשר לך חציה לשמור לאחר המזון וחציה לאכול כעת והוא רמז פרוס לרעב, שמה שפורס לו הוא לשמור לעולם הבא הזכות אחר הנתינה. ואחר שקדשת עצמך מטומאתך ונתת צדקה להעזר מן השמים, גם היה מגיד רחצה לעם שירחצו מטומאותיהם וישובו גם הם עד ה', שתהיה זוכה ומזכה ואחר כך על ידי כן תהיה מוציא מצה, כי היצר הטוב שהוא כטמון לפני היצר הרע, יצא בגבורתו בעזרת תשובה ומעשה הצדקה. וזהו מוציא מצה, כי תהיה מוציא היצר הטוב הנקרא מצה כמו שאמרו חכמי האמת הפך החמץ שהוא היצר הרע. וכן הוא, כי אין בין זה לזה אלא נקודה אחת, כי אותיות דדין כאותיות דדין אלא שבזה ה"א ובזה חי"ת. כי היצר הטוב כרעיה תלוי רמז לבעלי תשובה שנכנסים משם, כמו שאמרו ז"ל (מנחות כט ב) העולם הזה נברא בה"א כאכסדרה כו', אך המחזיק ביצר הרע סותם בין ירך הה"א וגגה ונועל דלת התשובה. וזהו חי"ת של חמץ, שבו שאור שבעיסה המחמיץ ומעפש העיסה ואחר צאת היצר הטוב בגבורתו את המרור הוא היצר הרע כי מר הוא, תשקע בטיט ואחרי כן תוסיף כי יהיה כורך, כי תהיה כורך המרור עם המצה. והוא כי היצר הטוב תכרוך עם היצר הרע, שגם בו תעבוד את ה' כענין בכל לבבך בשני יצריך (ברכות נד א) שיהיה נגרר אחר היצר הטוב. ובזה תהיה שולחן עורך בגן עדן ואוכל טוב בעולם הבא, כמד"א (תהלים לא) מה רב טובך אשר צפנת כו'. ואחר כך הלל של חירות הפך הלל שמגהינם שהוא של עבדות שהוא יפה דנת כו'. שאשר מגן עדן הוא הנרצה.

גלא עמיקתא

כלל ישראל תקון פגם אדם הראשון ותנתן תורה על ידו ויתגלה כבוד מלכות שמים על ידו, וכמו כן "אדם שת אנוש" (תחילת דה"י) גימ' (1102) "ברוך שם כבוד מלכותו", ונרמזים שתי אותיות מהסימנים בכ"א מהם: אדם – דם, שת – ס"ת נחש צרעת, אנוש – שתי אותיות מנחש. ומעתה יובן היטב מה שכתבנו "האיש משה" גימ' (661) "לשון הרע", דמחדא משה אמת ותורתו אמת שהוא היפך הלשון הרע שהוא כזב ושקר, אבל מאידך משה עצמו משתמש בלשון הרע כדי להציל את בני ישראל, ושני הדברים עולים בקנה אחד. ג'. "דם" – יש לרמוז לדברינו, כי חז"ל משווים לשון הרע לשפיכות דמים[כה]. ובישר לו הקב"ה ב-ג' סימנים אלו דלא קם נביא עוד בישראל כמשה וכו', ואיהו הצדיק שכן "נחש צרעת דם" גימ' (1162) בדיוק "צדיק כתמר יפרח" (תהל' צ"ב,י"ג) וכן "כתמר" ע"ה גימ' "האיש משה" (במדבר י"ב,ג'). ולכן משה מעומקא דליביה אמר "ויקר(א)" באׄ זעירא, ורמז לפסוק "ולי מה יקרו רעיך (בנ"י) א-ל מה עצמו ראשיהם" (תהל' קל"ט,י"ז), "יקרו" היינו ויקר(א) שמסר נפשו ופגם לשם שמים בתכלית בלשון הרע [וכמו שביארנו ע"פ חובת הלבבות כנ"ל], ע"מ למשוך אליו

[כה] תלמוד בבלי מסכת ערכין דף טו עמוד ב: אמר רבי יוחנן משום רבי יוסי בן זימרא מאי דכתיב מה יתן לך ומה יוסיף לך לשון רמיה אמר לו הקדוש ברוך הוא ללשון כל אבריו של אדם זקופים ואתה מוטל כל אבריו של אדם מבחוץ ואתה מבפנים ולא עוד אלא שהקפתי לך שתי חומות אחת של עצם ואחת של בשר מה יתן לך ומה יוסיף לך לשון רמיה אמר רבי יוחנן משום ר' יוסי בן זימרא כל המספר לשון הרע כאילו כפר בעיקר שנאמר אשר אמרו ללשוננו נגביר שפתינו אתנו מי אדון לנו ואמר ר' יוסי בן זימרא כל המספר לשון הרע נגעים באים עליו שנאמר מלשני בסתר רעהו אותו אצמית וכתיב התם לצמיתות ומתרגמינן לחלוטין ותנן אין בין מצורע מוסגר למצורע מוחלט אלא פריעה ופרימה אמר ריש לקיש מאי דכתיב זאת תהיה תורת המצורע זאת תהיה תורתו של מוציא שם רע ואמר ריש לקיש מאי דכתיב אם ישוך הנחש בלא לחש ואין יתרון לבעל הלשון לעתיד לבא מתקבצות כל החיות ובאות אצל נחש ואומרות ארי דורס ואוכל זאב טורף ואוכל אתה מה הנאה יש לך אומר להם וכי מה יתרון לבעל הלשון ואמר ריש לקיש כל המספר לשון הרע מגדיל עונות עד לשמים שנאמר שתו בשמים פיהם ולשונם תהלך בארץ אמר רב חסדא אמר מר עוקבא כל המספר לשון הרע ראוי לסוקלו באבן כתיב הכא אותו אצמית וכתיב התם צמתו בבור חיי וידו אבן בי ואמר רב חסדא אמר מר עוקבא כל המספר לשון הרע אמר הקדוש ברוך הוא אין אני והוא יכולין לדור בעולם שנאמר מלשני בסתר רעהו אותו אצמית גבה עינים ורחב לבב אותו לא אוכל אל תיקרי אותו לא אוכל אלא אתו לא אוכל ואיכא דמתני לה על גסי הרוח אמר רב חסדא אמר מר עוקבא כל המספר לשון הרע אומר הקדוש ברוך הוא [לשר של] גיהנם אני עליו מלמעלה ואתה עליו מלמטה נדוננו שנאמר חצי גבור שנונים עם גחלי רתמים אין חץ אלא לשון שנאמר חץ שחוט לשונם מרמה דבר ואין גבור אלא הקדוש ברוך הוא שנאמר ה' כגבור יצא גחלי רתמים היינו גיהנם אמר רבי חמא בר' חנינא מה תקנתו של מספרי לשון הרע אם תלמיד חכם הוא יעסוק בתורה שנא' מרפא לשון עץ חיים ואין לשון אלא לשון הרע שנאמר חץ שחוט לשונם ואין עץ אלא תורה שנאמר עץ חיים היא למחזיקים בה ואם עם הארץ הוא ישפיל דעתו שנאמר וסלף בה שבר רוח רבי אחא ברבי חנינא אומר סיפר אין לו תקנה שכבר כרתו דוד ברוח הקדש שנאמר יכרת ה' כל שפתי חלקות לשון מדברת גדולות אלא מה תקנתו שלא יבא לידי לשון הרע אם תלמיד חכם הוא יעסוק בתורה ואם ע"ה הוא ישפיל דעתו שנאמר וסלף בה שבר רוח תנא דבי רבי ישמעאל כל המספר לשון הרע מגדיל עונות כנגד שלש עבירות עבודת כוכבים וגילוי עריות

גלא עמיקתא

נצוצי הקרי דילהון ולשפוך עליהם מים טהורים מדיליה – כדאמר "יוסף עליכם ככם אלף פעמים" (דברים א,י"א), ופירש"י: "זו משלי הוא" גימ' (405): "יהי רקיע" – והוא ענין המחלוקת דיום שני לבריאה.

והנה חטאה של הארץ היה ביום השלישי לבריאה לשם שמים לתקן ענין המחלוקת דיום השני לבריאה, דאיתא בספה"ק דביום השני נבראה המחלוקת, [כו]מים תתאין בכיין וכו'. נמצא שהארץ שינתה על מנת שהקדושה שלה תעבור לשמים, והפגם כביכול שהושם בשמים יעבור אליה [ארץ מלשון רצון [כז]שרצתה לעשות רצון קונה], כדכתיב ושמים לא זכו בעיניו (איוב ט"ו,ט"ו) והקב"ה בעצמו חולל כביכול איזה פגם בשמים, כי חז"ל דורשים ושמים לא זכו בעיניו [כח]אפילו מלאכי שמים – דאתבריאו ביומא תנינא שנאמר ובמלאכיו ישים תהלה (איוב ד',י"ח),

ושפיכות דמים כתיב הכא לשון מדברת גדולות וכתיב בעבודת כוכבים אנא חטא העם הזה חטאה גדולה בגילוי עריות כתיב ואיך אעשה הרעה הגדולה הזאת בשפיכות דמים כתיב גדול עוני מנשוא גדולות אימא תרתי הי מינייהו מפקא במערבא אמרי לשון תליתאי קטיל תליתאי הורג למספרו ולמקבלו ולאומרו א"ר חמא ברבי חנינא מאי דכתיב מות וחיים ביד לשון וכי יש יד ללשון לומר לך מה יד ממיתה אף לשון ממיתה אי מה יד אינה ממיתה אלא בסמוך לה אף לשון אינה ממיתה אלא בסמוך לה ת"ל חץ שחוט לשונם אי מה חץ עד ארבעים וחמשים אמה אף לשון עד ארבעים וחמשים אמה תלמוד לומר שתו בשמים פיהם ולשונם תהלך בארץ וכי מאחר דכתיב שתו בשמים פיהם חץ שחוט לשונם למה לי הא קמשמע לן דקטיל כחץ וכי מאחר דכתיב חץ שחוט לשונם מות וחיים ביד לשון למה לי לכדרבא דאמר רבא דבעי חיים בלישניה דבעי מיתה בלישניה היכי דמי לישנא בישא (רבא אמר) [אמר רבה] כגון דאמר איכא נורא בי פלניא. **[כו] ספר סודי רזיא – אות ה:** ואותו עמוד וכל העולם עומדים על סנפיר אחד של לויתן ולויתן שוכן בתוך המים התחתונים כדג קטן בתוך הים והמים התחתונים על מי בראשית כמעיין קטן על שפת הים ומי אקיינוס עומדים על המים הבוכים כמעיין קטן על שפת הים ונקרא שמם מים בוכים בשעה שחצה המים ולקח מים עליונים בכו התחתונים בכיה גדולה שלא זכו לעלות ורצו לעלות ודרכן הקב"ה ומים הבוכים תלויין ועומדים למעלה מן הארץ התחתונה. **[כז] ילקוט שמעוני תורה פרשת בראשית רמז ח:** ויקרא אלהים ליבשה ארץ [א, י] שרצתה לעשות רצון קונה, רבי יצחק אומר אני אל שדי אני הוא שאמרתי לעולמי די שאלו לא כן עדיין היו שמים וארץ נמתחין והולכין ולמקוה המים קרא ימים [א, י] והלא ים אחד הוא אלא אינו דומה דג העולה מעכו ומצידן לעולה מאספמיא בשלישי היתה הארץ מישור כבקעה והמים מכסין על פני כל הארץ וכשיצא הדבר מפי הקדוש ברוך הוא יקוו המים [א, ט] הרים וגבעות נתפרדו על פני כל הארץ ונעשה עמקים עמקים עלה תוכה של ארץ ונתגלגלו המים ונקוו המים שנא' ולמקוה המים קרא ימים [א, י] מיד נתגאו המים ועלו לכסות את הארץ כבתחלה עד שגער בהן הקדוש ברוך הוא וכבשן ונתנן תחת כפות רגליו ומדדן בשעלו שלא לפחות ושלא להוסיף ועשה חול גדר הים כאדם שעושה גדר לכרמו כשהן עולים ורואין את החול לפניהם חוזרין לאחוריהם שנא' האותי לא תיראו וגו'. **[כח] ספר קדושת לוי – פרשת נצבים:** ובזה יבואר מה שכתוב בספר רזיא"ל, כי השם יתברך נקרא מלך עלוב כביכול לשון בושה. ויבואר על דרך משל, אם חכם גדול בא לשאול עצה אם יעשה דבר זה או לא ויעצו אותו שלא יעשה והחכם לא חש לעצתם ועשה הדבר וכשעשה הדבר חס ושלום לא עלה כהוגן ונגמר הדבר חס ושלום כעצת היועצים אז חס ושלום החכם ההוא מתבייש. כן השם יתברך כשעלה ברצונו לברוא האדם אמר נעשה אדם שנמלך במלאכי מעלה אם לברוא האדם והמלאכים אמרו מה אנוש כו'. והשם יתברך ברחמיו לא חש לעצתם וברא את האדם. ועתה כשחס ושלום הם

עושין נגד רצונו ומוטב היה להם שלא היו נבראים אז כביכול השם יתברך נקרא עלוב. וזהו גם כן מה שאמר הכתוב (תהלים פא,ה) כי חק לישראל הוא משפט לאלהי יעקב, עיין בר"ה ד"ח וי"ל הל"ל, כי משפט לאלהי יעקב הוא חק לישראל. ובזה יבואר הפסוק כך, כי חק לישראל הוא, כלומר לישראל עם קדוש בוודאי יהיה להם חוק והוא לשון מזוני פרנסה כמאמר חכמינו ז"ל (ביצה טז.) ממאי דהאי חק לישנא דמזוני הוא עיין שם. והאיך מוכח שבודאי לישראל יהיה פרנסה. על זה מתרץ הכתוב משפט לאלהי יעקב, כלומר מה שרוצים לשפוט את ישראל אם ליתן להם פרנסה המשפט אינו לישראל, רק המשפט הוא לאלהי יעקב כביכול המשפט לאלהים הוא וכמאמר הזוהר עליו דייקא וכו', וכיון שהדבר כן ממילא נסתמו פי כל המקטריגים וכל המסטינים מעמו ישראל, כי לא להם המשפט רק הדבר נוגע להבורא ברוך הוא ואז חיל ורעדה יאחזון לפתוח פיהם, כי אז יעשן אף ה', ויתחיל לשפוט אותם שאף שהם מלאכים קדושים לא יזכו בעיניו כמאמר הכתוב (איוב טו,טו) הן צבא השמים לא זכו בעיניו. **[כט] ספר של"ה - מסכת פסחים - דרוש ג':** ועל ענין התורה סוד נגנז, וענין הביאני אל בית היין ע' פנים, איתא פרק אחד דיני ממונות (סנהדרין לח, א), יודא וחזקיה בני ר' חייא הוו יתבי בסעודה קמיה רבי ולא הוו קאמרי ולא מידי. אמר להו, אגברו חמרא אדרדקי כי היכי דלימרו מילתא. כיון דאבסום פתחו ואמרו, אין בן דוד בא עד שיכלו שני בתי אבות מישראל, אלו הן, ראש גולה שבבבל ונשיא שבארץ ישראל שנאמר כו'. אמר להם, בניי, קוצים אתם מטילים לי בעיני. א"ל ר' חייא, רבי, אל ירע בעיניך, יין נתן בע' אותיות וסוד נתן בע' אותיות, נכנס יין יצא סוד, ע"כ. קשה איך בני ר' חייא שגו ביין, והלא רז"ל אמרו (עירובין סה, א), המתפתה ביינו יש בו דעת קונו, שעל כן אמר רבי אגברו חמרא כו'. עוד קשה מה תנחומין השיב ר' חייא לרבי, אדרבה הודה לדבריהם שאמר יצא סוד. עוד קשה, אל ירע בעיניך, בלבך הוי ליה למימר כלישנא דקרא בפרשת ראה. אלא הענין אין בן דוד בא להיות אור הגדול עד שיכלה בית דוד מקודם ויהיה חושך, ואז יבא היתרון אור, וזהו עתה נכנס יין שהוא עליו ע' פנים לתורה, ומכח זה יצא סוד הגנוז ברום מעלה. וזהו אל ירע ב ע יניך הוא 'עין' לא ראתה כו', ועתה נכנסו קוצים בעין הם סוד קוץ ודרדר שגרם אדם בחטא, ועתיד יצמח עץ פרי עושה פרי סודות התורה. וסיבת הכל כי חוה סחטה האשכול וגרמה להיות שמרים, ובביטול השמרים שהיה בכח האשכול, ישאר היין משומר, ויהיה סוד עין לא ראתה אלהים זולתך. וזהו ביאור הפסוק מי יתן טהור מטמא לא אחד, שהטהרה בא מכח הטומאה שהיא עתה לא אחד, כי נסתלקה ה'אלף', ומכח הטומאה שיצאתה והתבטלה יצא הסיג והטהרה מטוהרות לגמרי. **[ל] תלמוד בבלי מסכת יומא דף כב עמוד ב:** וירב בנחל, אמר רבי מני: על עסקי נחל. בשעה שאמר לו הקדוש ברוך הוא לשאול לך והכית את עמלק, אמר: ומה נפש אחת

גלא עמיקתא

ומיד החל תיקון המסירות נפש של הארץ, ששינתה את דבר ה' על מנת שיהיה החילוף כנ"ל, דכל שינוי מדבר ה' הוא בחינת לשון הרע, ולכן נענשה, דכתיב וקוץ ודרדר תצמיח לך, צרעת נוטריקון קוץ ודרדר תצמיח. ודרשו חז"ל כי זה העונש בא על ששינתה עץ עושה פרי וכו' [עיין [כט]בשל"ה שכותב שעתה הוא קוץ ודרדר – עץ עושה פרי, אבל לעתיד לבוא יהיה עץ פרי – שטעם עצו ופריו שוה להיפך מקוצים ודרדרים]. והזינן על פי העונש של מוציאי לשון הרע [מדה כנגד מידה] בכמה שהוא יותר לשם שמים – כך העונש קטן יותר: א'. משה רבינו, ומי לנו גדול ממשה, שהיה בתכלית הזיכוך, וקיבל צרעת לכמה רגעים, שנאמר וישב ידו לחיקו והנה שבה כבשרו (שמות ד',ז'), וכן אהרן דנרפא מיד כנ"ל. ב'. ומרים שהיתה פחות בזיכוך, היה רק לשבעת ימים כמ"ש תסגר שבעת ימים (במדבר י"ב,י"ד). ג'. דוד נצטרע לששה חדשים [[ל]כדאיתא בגמרא (יומא כב:)] ויש לבאר דנצטרע בעוון לשון הרע כמ"ש

גלא עמיקתא

קיבל דוד לשון הרע וכו' ואמרו חז"ל מצורע נוטריקון מוציא רע [כנ"ל] הא למדת שצרעת בא בשביל לשון הרע [עיין להלן ביאורו].

והנה [לא] **ברבינו בחיי** (פרשת קורח) **כתב ד-י"ב נשיאי ישראל דהוו בחנוכת המשכן היו בעדת קרח, דאמרו חז"ל** (פ"ה,מי"ז) [לב]**איזו היא מחלוקת שלא לשם שמים – זו מחלקת קרח ועדתו – ואפשר דמכלל לאו אתה שומע הן – ד-י"ב הנשיאים דחנוכת המשכן הוו במחלוקת וממילא בלשון הרע, דדברו לשון הרע ממש – שלא לשם שמים – ו-י"ב הנשיאים דנבחרו להיות המרגלים היה לשון הרע שלהם לשם שמים – ואעפ"כ נענשו במיתה משונה רח"ל – ופורסמו שמותיהן ברבים, ובקרח ועדתו י"ב הנשיאים שסרחו והוה שלא לשם שמים לא נתפרסמו** (שם) **בשמותיהם –**

אמרה תורה הבא עגלה ערופה, כל הנפשות הללו על אחת כמה וכמה! ואם אדם חטא - בהמה מה חטאה? ואם גדולים חטאו - קטנים מה חטאו? יצאה בת קול ואמרה לו אל תהי צדיק הרבה. ובשעה שאמר לו שאול לדואג סב אתה ופגע בכהנים, יצאה בת קול ואמרה לו אל תרשע הרבה. אמר רב הונא: כמה לא חלי ולא מרגיש גברא דמריה סייעיה; שאול באחת - ועלתה לו, דוד בשתים - ולא עלתה לו. שאול באחת מאי היא - מעשה דאגג, והא איכא מעשה דנוב עיר הכהנים! - אמעשה דאגג כתיב נחמתי כי המלכתי את שאול למלך. דוד בשתים, מאי נינהו - דאוריה ודהסתה. - והא איכא נמי מעשה דבת שבע! - התם אפרעו מיניה, דכתיב ואת הכבשה ישלם ארבעתים - ילד, אמנון, תמר, ואבשלום. - התם נמי אפרעו מיניה, דכתיב ויתן ה' דבר בישראל מהבקר ועד עת מועד! - התם לא אפרעו מגופיה. - התם נמי לא אפרעו מגופיה. - לאיי, אפרעו מגופיה. דאמר רב יהודה אמר רב: ששה חדשים נצטרע דוד, ופרשו הימנו סנהדרין, ונסתלקה הימנו שכינה, דכתיב ישובו לי יראיך וידעי עדותיך, וכתיב השיבה לי ששון ישעך. והא אמר רב: קבל דוד לשון הרע! - כשמואל, דאמר: לא קבל דוד לשון הרע. - ולרב נמי, דאמר קבל דוד לשון הרע הא איפרעו מיניה, דאמר רב יהודה אמר רב: בשעה שאמר לו דוד למפיבושת אמרתי אתה וציבא תחלקו את השדה, יצאה בת קול ואמרה לו: רחבעם וירבעם יחלקו את המלכות. **[לא] פירוש רבינו בחיי במדבר פרק טז פסוק א:** ובמדרש: (סנהדרין קט ב) "ויקח קרח בן יצהר בן קהת בן לוי". אמר ר' לוי "קרח" שעשה קרחה בישראל. "בן יצהר" בן שהרתיח כל העולם כצהרים, "בן קהת" בן שקהה שני מולידיו, "בן לוי" בן שעשה לויה לגיהנם, "ודתן" שעבר על דת אל, "ואבירם" שאיבר לבו מלעשות תשובה, "ואון" שישב באנינות, "בן פלת" שנעשה בו פלא, "בן ראובן" בן שראה והבין. "קריאי מועד", שהיו נקראים אל אהל מועד, "אנשי שם", קודם צאתם ממצרים. ומכלל חמשים ומאתים אלו היו שנים עשר הנשיאים שהקריבו בחנוכת המזבח, וכן דרשו רז"ל מגזרה שוה קריאי קריאי, כתיב הכא: "נשיאי עדה קריאי מועד", וכתיב במדבר סיני: (במדבר א, טז) "אלה קריאי העדה נשיאי מטות אבותם". וכן פירש"י ז"ל: "אליצור בן שדיאור וחביריו", האנשים אשר נקבו בשמות. ואף על פי שלא פרסמן הכתוב, נתן סימניהן, ומתוך המקומות אתה מבין אותם. משל לבן טובים שגנב כלים מבית המרחץ ולא רצה בעל הגניבה לפרסמו, התחיל נותן סימנין, אמרו לו: מי גנב את כליך, אמר להם: אותו בן טובים בעל קומה, שניו נאות, שערו שחור, חוטמו נאה, משנתן סימניו ידעו מי הוא. אף כאן אף על פי שלא פרסמן ולא פירש שמותם, מתוך סימניהם אתה יודע מי הן, עד כאן. והנה זה מדרכי התורה שכל דרכיה דרכי נועם שפרסמן אצל המצוה והזכות בחנוכת המזבח, וכאן אצל הפורענות הסתירן. ואפשר לומר כי מלבד הסימנין יש רמז בשם האנשים, הראשון שנקרא אליצור בן שדיאור, כי מאת הצור הושלך עליהם אש, וכענין שכתוב: "ואש יצאה מאת ה'". **[לב] משנה מסכת אבות פרק ה משנה יז:** כל מחלוקת שהיא לשם שמים סופה להתקיים ושאינה לשם שמים אין סופה להתקיים איזו היא מחלוקת שהיא לשם שמים זו מחלוקת הלל ושמאי ושאינה לשם שמים זו מחלוקת קרח וכל עדתו.

גלא עמיקתא

דדרכיה דרכי נועם (משלי ג׳,י״ז) – וכדמביא הבחיי.

ויש לומר שגם באברהם אבינו ושרה אמנו מצינו כגון דא. דאמרו חז״ל [לג]גדול השלום שאפילו הקב״ה שינה בו, שכתוב אחד אומר ואדוני זקן (בראשית י״ח,י״ב), וכתוב אחד אומר ואני זקנתי (שם פסוק י״ג). [לד]ובירושלמי [פאה פ״א,מ״א] משמע שמלבד הענין של מותר לשנות, יש פה משום אבק לשון הרע כביכול, דמביא הירושלמי אזהרה ללשון הרע מנין? וכו׳ ומיד מביא הסוגיא של אברהם ושרה – בא וראה כמה קשה אבק לשון הרע, שהרי דיברו הכתובים לשון בדאי כדי להטיל שלום בין אברהם לשרה – שבשרה כתיב שצחקה כי אמרה ואדוני זקן, והתורה אמרה שצחקה רק בגלל ש״ואני זקנתי״, ורואים שהמלאכים כביכול סיפרו לשון הרע, ולכל הפחות כלשון הירושלמי אבק לשון הרע. וכן מש״כ שאמרה שרה לאברהם: חמס״י עליך (שם ט״ז,ה׳), שמבואר בספרים שפגמה בדיבור, אמנם אעפ״כ חמס״י ר״ת חונה מלאך ה׳ סביב ליראיו ויחלצם (תהל׳ ל״ד,ח׳) ומשמע שהיה למעליותא, וכן הקב״ה אמר לאברהם: כל אשר תאמר אליך שרה שמע בקולה (בראשית כ״א,י״ב) מלמד שהיה טפל לה בנביאות, והיתה גדולה ממנו וכו׳. ומשמע שאברהם קיבל לשון הרע מכך שלא מחה בה, דשרה רצתה שהיראת שמים שלה – אשה יראת ה׳ [י–ה–ו–ה] (משלי ל״א,ל׳) דכתב האר״י הקדוש אותיות שניות שר״ה [וכתיב בשרה לא צחקתי כי יראה (בראשית י״ח,ט״ו)], תעבור אליו, והסיגים שבו – שיצא ממנו ישמעאל – יעברו אליה. וכן מה ששאל אברהם אבינו לקב״ה: במה אדע כי אירשנה? הוא פגם בלשון, דאמרו חז״ל [לה]במה אדע – ידע

[לג] **תלמוד בבלי מסכת יבמות דף סה עמוד ב:** מתני׳. האיש מצווה על פריה ורביה, אבל לא האשה; רבי יוחנן בן ברוקה אומר, על שניהם הוא אומר: ויברך אותם אלהים ויאמר להם [אלהים] פרו ורבו. גמ׳. מנא הני מילי? אמר ר׳ אילעא משום ר׳ אלעזר בר׳ שמעון, אמר קרא: ומלאו את הארץ וכבשוה, איש דרכו לכבש, ואין אשה דרכה לכבש. אדרבה, וכבשוה תרתי משמע! אמר רב נחמן בר יצחק: וכבשה כתיב. רב יוסף אמר, מהכא: אני אל שדי פרה ורבה, ולא קאמר פרו ורבו. ואמר רבי אילעא משום ר׳ אלעזר בר׳ שמעון: כשם שמצוה על אדם לומר דבר הנשמע, כך מצוה על אדם שלא לומר דבר שאינו נשמע. רבי אבא אומר: חובה, שנאמר: אל תוכח לץ פן ישנאך הוכח לחכם ויאהבך. וא״ר אילעא משום רבי אלעזר בר׳ שמעון: מותר לו לאדם לשנות בדבר השלום, שנאמר: אביך צוה וגו׳ כה תאמרו ליוסף אנא שא נא וגו׳. ר׳ נתן אומר: מצוה, שנאמר: ויאמר שמואל איך אלך ושמע שאול והרגני וגו׳. דבי רבי ישמעאל תנא: גדול השלום, שאף הקדוש ברוך הוא שינה בו, דמעיקרא כתיב: ואדוני זקן, ולבסוף כתיב: ואני זקנתי. [לד] **תלמוד ירושלמי מסכת פאה פרק א הלכה א:** אזהרה ללשון הרע מנין [דברים כג י] ונשמרת מכל דבר רע אמר רבי לא תני ר׳ ישמעאל לא תלך רכיל בעמך זו רכילת לשון הרע תני ר׳ נחמיה שלא תהא כרוכל הזה מטעין דבריו של זה לזה ושל זה לזה א״ר חנינא בא וראה כמה קשה הוא אבק לשון הרע שדברו הכתובים לשון בדאי בשביל להטיל שלום בין אברהם לשרה [בראשית יח יב] ותצחק שרה בקרבה לאמר אחרי בלותי היתה לי עדנה ואדני זקן ולאברהם אינו אומר כן אלא למה זה צחקה שרה לאמר האף אמנם אלד ואני זקנתי ואדוני זקן אין כתיב כאן אלא ואני זקנתי. [לה] **פסיקתא רבתי פרשה מז:** ד״א מכל שיער ושער שבראשו היה הקב״ה משיח (עצמו) עמו אמר לו הקדוש ברוך הוא (למי) [למה] אתה קורא תגר שהגיעוך הייסורים שמא אתה גדול מן האדם יציר (כפים) [כפיי] שעל מצוה אחת שביטל גזרתי

גלא עמיקתא

תדעוכו׳ ועבדום וענו אותם ארבע מאות שנה, כלומר שבגלל זה גזר הקב״ה גלות על כל בני ישראל [ידע תדע משמע אתה תדע עכשיו, ובני ישראל ידעו אחר כך]. ויש לומר דהכא הוא גופא התיקון, דע״י שסיפר לשון הרע הזכויות שלו יעברו אל בני ישראל. א״נ י״ל שהוא כעין לשון הרע על הארץ, ובא לתקן את החטא של הארץ כנ״ל. ויש לקשר מאי דכתיב באדם הראשון מות תמות (שם ב׳,י״ז) לידע תדע דכתיב באברהם, ששניהם בכפל לשון, שלפי זה אברהם הוא תיקון של אדם הראשון. וכן משמע בזוהר דאברהם תיקן את חטא אדם הראשון, דאיתא [לו] בזוהר חדש [פרשת כי תבוא – מאמר יוסף מדיליה יהבו ליה] דנטיעות שנטע אדם הראשון תיקנן אברהם וכו׳ דכתיב ויטע אשל בבאר שבע (שם כ״א,ל״ג).

והנה ביוסף כתיב ויבא יוסף את דבתם רעה אל אביהם (שם ל״ז,ב׳), וכן בחלומות הוציא דבה שאמר והנה השמש והירח ואחד עשר כוכבים משתחוים לי, וכתיב התם ואביו שמר את הדבר (שם פסוק י״א), ומשמע שיעקב עבר על איסור לשון הרע, דאחד המספר ואחד המקבל עוברים על איסור לשון הרע. וכוונת יוסף ויעקב שתעבור קדושתם אל האחים, ואם היה פגם בהנהגתם יעברו אל יוסף ויעקב, והוא במסירות נפשם על האחים ע״פ רבינו בחיי כנ״ל. ועיין בספר ישא ברכה שמביא שכנגד ג׳ דברים שיוסף סיפר לשון הרע נענש [ומקורו [לז] במדרש]: א׳. כנגד מה שאמר שאכלו אבר מן החי – וישחטו שעיר עזים (שם פסוק ל״א). ב׳. כנגד מה שאמר שהם מזלזלים בבני השפחות וקורין להן עבדים – לעבד נמכר יוסף (תהל׳ ק״ה,י״ז). ג׳. כנגד מה שאמר שהאחים

עליו מיתה ועל תולדותיו ולא קרא תגר אלא אברהם שנסיתי אותו כמה נסיונות על שאמר במה אדע (בראשית ט״ו ח׳) אמרתי לו ידע תדע כי גר יהיה זרעך (שם שם י״ג) ולא קרא תגר אלא אתה גדול מיצחק על שאהב את עשו הכהיתי את עיניו ויהי כי זקן יצחק ותכהין עיניו מראות (שם כ״ג א׳) אלא גדול [אתה] מן משה שע״י שאמר שמעו נא המורים (במדבר כ׳ י׳) גזרתי עליו שלא יכנס לארץ ולא קרא תגר אלא גדול אתה מן אהרן שלא חילקתי כבוד לבריות בעולם כיוצא בו שהיה לבוש שמנה לבושי קודש ונכנס לבית קדשי הקדשים ומלאכי השרת בורחים מלפניו וכל אדם לא יהיה באהל מועד (ויקרא ט״ז י״ז) אילו מלאכי השרת ודמות פניהם פני אדם (יחזקאל א׳ י׳) שהיו חולקים לו כבוד ובורחים מלפניו וכבודי היה מלא הבית ולא יכלו הכהנים לעמוד לשרת [מפני הענן] כי מלא כבוד ה׳ (מלכים א׳ ח׳ י״א) ובזמן שהוא נכנס הייתי חולק לו (כבודו) [כבוד] ומסלק את כבודי (בין) [מבין] שני הכרובים. [לו] **זוהר חדש פרשת כי תבוא - מאמר יוסף מדיליה יהבו ליה:** ויטע אשל בבאר שבע, הקיצוץ שקצץ אדם הראשון, תקנו אברהם, והוא בבאר שבע, שהיא המלכות. ד״א אש״ל, גווני מדות, שהם חג״ת ״אדום ״שחור ״לבן המשיך לה מהם, בסוד ג׳ עדרי צאן רובצים עליה. [לז] **בראשית רבה פרשת וישב פרשה פד סימן ז:** ויבא יוסף את דבתם רעה, מה אמר, ר׳ מאיר ורבי יהודה ורבי שמעון, ר׳ מאיר אומר חשודים הן בניך על אבר מן החי, ר׳ שמעון אומר תולין הן עיניהן בבנות הארץ, רבי יהודה אומר מזלזלין בבני השפחות וקורין להם עבדים, ר׳ יהודה בר סימון אמר על תלתיהון לקה (משלי טז) פלס ומאזני משפט לה׳, אמר לו הקדוש ברוך הוא אתה אמרת חשודים בניך על אבר מן החי חייך אפילו בשעת הקלקלה אינם אלא שוחטים ואוכלים וישחטו שעיר עזים, אתה אמרת מזלזלים הם בבני השפחות וקורין עבדים (תהלים קה) לעבד נמכר יוסף, אתה אמרת תולין עיניהם בבנות הארץ חייך שאני מגרה בך את הדוב, (בראשית לט) ותשא אשת אדוניו וגו׳.

גלא עמיקתא

תולים עיניהן בבנות הארץ – חייך שאני מגרה בך את הדב, ותשא אשת אדוניו את עיניה אל יוסף וכו' (בראשית ל"ט,ז'). ופה רואים לשון הרע לשם שמים של יעקב, שמזה שכתוב ואביו שמר את הדבר משמע שקיבל לשון הרע – שהרי התורה כותבת על יוסף שהוציא דבה, ואם זה לא היה באמת לשם שמים יעקב היה מוכיחו. שהרי יוסף מדתו ביסוד ונקרא צדיק יסוד עולם (משלי י',כ"ה) שהגיע לתכלית שמירת הברית, וכמ"ש שיוסף גדר עצמו מן הערוה ונגדרו כל ישראל עמו, כלומר לא רק ששמר הברית בשלמות, אלא שהוא השרש לקדושה של בני ישראל עם קדוש. ואם כן על ידי לשון הרע שסיפר ליוסף, יגיעו השבטים לטהרה, ובאמת אמרו חז"ל שיעקב אבינו מטתו שלמה, שלא ראה קרי מימיו וכו', [לח]ובמקום אחר לא היה בשבטים חט"א [דאין בהם אתוון ח' ט']. ומצינו ביעקב שפגם בלשונו במקום אחר, [לט]דאמר ללבן עם אשר תמצא את אלהיך לא יחיה (בראשית ל"א,ל"ב) וקללת חכם אפילו על תנאי היא באה, ובאמת התרפים היו אצל רחל ולכן מתה בטרם עת וכו'. והחטא היה שלמעשה באותו דיבור יעקב אבינו הטיל קללה על ציבור שלם, שהרי אולי אחד מאנשיו לקח את התרפים ואם כן הוא מקללו, והרי באמת בסופו של דבר רואים שהתרפים היו אצל רחל.

והנה מצינו בקורח שעונשו היה שפצתה הארץ את פיה ובלעה אותו ואת כל עדתו, ויש לומר שקורח סיפר לשון הרע כדי לקנטר – כמ"ש שקורח צחק על משה – [מ]בית מלא ספרים חייב במזוזה, טלית שכולה תכלת חייבת בציצית וכו', ובזה עבר את הגדר

[לח] פענח רזא בראשית פרשת ויחי: הקבצו ושמעו, ביקש לגלות להם את הקץ מפני שלא נמצאו אותיות ח"ט בשמותיהם, ואמר בודאי הם בלא חטא וראויין לגלות להם וא"ל הקדוש ברוך הוא בדוק ותמצא שגם אותיות קץ לא נמצאים בהם, לומר שהקץ ראוי להעלים מהם, אף כי הם ראויין בהיותם בלא חטא (ועוד טעם ורמז במה שלא בא אותיות ק"ץ וח"ט בשמות השבטים שגלו, לומר כי הקץ יאריך ויתעלם זמן רב בשתי סבות הפכיות, דהיינו אמרם אין בן דוד בא אלא בדור שכולו זכאי וכו', דהיינו או עד דור שכולו חייב, שבכולם יהי' חטא, וכל עוד שלא ימצא חטא בכולם יתעלם גם הקץ, או בדור שכולו זכאי, שהקץ נעלם עד שהחטא יהא נעלם לגמרי מכולם).

[לט] בראשית רבה פרשת ויצא פרשה עד סימן ט: ט [לא, לב] עם אשר תמצא את אלהיך לא יחיה, והוה כן כשגגה היוצאה מלפני השליט, ותגנוב רחל ותמת רחל, ויבא לבן באהל יעקב ובאהל רחל, באהל יעקב שהוא אהלה של רחל ובאהל לאה ובאהל שתי האמהות ולא מצא ויצא מאהל לאה ויבא באהל רחל, למה באהל רחל שתי פעמים שהיה מכיר שהיא משמשנית, ורחל לקחה את התרפים ותשימם בכר הגמל, בעביטא דגמלא, ותשב עליהן ותאמר אל אביה אל יחר בעיני אדוני כי לא אוכל וגו', א"ר יוחנן תרפים לא מצא קיתוניות מצא נעשו תרפים קיתוניות שלא לבייש את רחל.

[מ] במדבר רבה פרשת קרח פרשה יח: ג ויקח קרח מה כתיב למעלה מן הענין (במדבר טו) ועשו להם ציצית קפץ קרח ואמר למשה טלית שכולה תכלת מהו שתהא פטורה מן הציצית א"ל חייבת בציצית א"ל קרח טלית שכולה תכלת אין פוטרת עצמה ארבע חוטין פוטרות אותה, בית מלא ספרים מהו שיהא פטור מן המזוזה אמר לו חייב במזוזה א"ל כל התורה כולה רע"ה פרשיות אינה פוטרת את הבית פרשה אחת שבמזוזה פוטרת את הבית אמר לו דברים אלו לא נצטוית עליהן ומלבך אתה בודאן הה"ד ויקח קרח אין ויקח אלא לשון פליגא שלבו לקחו וכענין שנאמר (איוב טו) מה יקחך לבך, הוא שמשה אומר להם שנאמר המעט כי הבדיל אלהי ישראל אמרו חכמים חכם גדול היה קרח ומטועני הארון שנאמר (במדבר ז) ולבני

6. באור על מגלה עמוקות ואתחנן אופן קמ"ח: י"ט. וְצַו אֶת יְהוֹשֻׁעַ וְחַזְּקֵהוּ וְאַמְּצֵהוּ כִּי הוּא יַעֲבֹר לִפְנֵי הָעָם הַזֶּה וְהוּא יַנְחִיל אוֹתָם אֶת הָאָרֶץ אֲשֶׁר תִּרְאֶה (דברים ג,כח) גימ' (4177) ו' פעמים "קשה ורפה" (696) ע"ה דסביב האי חושבן סובב הולך כל האי אופן, דמביא רבינו דחושבן ד' הויות בריבועם עם רבוע הוי' הפשוט איהו כחושבן "קשה ורפה", וכן כחושבן בלע"ם במלויו, וכחושבן צרו"ת, וכחושבן א"ת האר"ץ, וכחושבן בארצו"ת החיי"ם בתוספת א' אלופו של עולם דמשפיע בהם החיות בסוד אור הפנים - וכדאמרינן לעיל דחושבן ויקרא אל משה עם ג' התיבין הרי מביא ו' דברים דסליקו להאי חושבן (696), ולכן בכאן סליק פסוקא דנן לחושבן ו' פעמים "קשה ורפה" (696) לקביל הני ו' דברים שמביא רבינו ברוח קודשו בהאי אופן - והרי הוא לפלא. אמנם החושבן הוא בהוספת הכולל, והיא א' זעירא דחשבינן כדבר ה-ז' דהבאנו ויקרא אל משה עם ג' התיבין (696) תמן א' זעירא, ולכן אמר ליה קוב"ה: רב לך - מאן דאיהו זעיר איהו רב נוטריקון ז' אד"ר - דנשלמו ימיך בהאי עלמא כדאמרת ונחנו מה (שמות ט"ז,ז') ונחנ"ו גימ' ק"כ כמנין שנותיך, ונחנ"ו קרינן מימין ומשמאל בסוד ימין ושמאל תפרוצי ואת ה' תעריצי (פיוט לכה דודי) והוא משה ואת עלית על כולנה (משלי ל"א,כ"ט) לכן עלה ראש הפסגה וכו'.

גלא עמיקתא

של לשון הרע לשם שמים, ומכאן ואילך היתה כוונתו להתלוצץ על משה רבינו. דקורח היה גברא רבא, ותחילתו היתה לשם שמים, אבל רואים שבסופו של דבר עבר את גבול הלשם שמים, ונעשה שלא לשם שמים, כמו שמעידה עליו המשנה באבות: איזוהי מחלוקת שלא לשם שמים? זו מחלוקת קורח ועדתו [ולשון הרע הוא חלק מהענין של מחלוקת]. ובקדושה הוא בהיפוך: איזוהי מחלוקת לשם שמים? זו מחלוקת שמאי הלל ראשי תיבות מש"ה, ולפי דרכנו מובן ששמאי והלל הלכו בדרכו של משה שסיפר לשון הרע [היינו מחלוקת] לשם שמים, "מחלוקת שמאי הלל" גימ' (1000) אלף, בסוד אלף זעירא מאן דאיהו זעיר איהו רב [6]ובארנוהו.

ויש לחדש שגם דוד אמר לשון הרע לשם שמים, דאיתא בגמרא (שבת נו.) [מא]אמר רב קיבל דוד לשון הרע, עיין שם בשקלא וטריא מה היה הלשון הרע,

קהת לא נתן כי עבודת הקדש עליהם וקרח בן יצהר בן קהת וכשאמר משה (שם /במדבר/ טו) ונתנו על ציצת הכנף פתיל תכלת מיד צוה ועשו ר"נ טליתות תכלת ונתעטפו בהן אותן ר"נ ראשי סנהדראות שקמו על משה שנאמר ויקומו לפני משה ואנשים מבני ישראל חמשים ומאתים נשיאי עדה קריאי מועד עמד קרח ועשה להם משתה ונתעטפו בטליתות תכלת באו בני אהרן ליטול מתנותיהם חזה ושוק עמדו כנגדן אמרו להן מי צוה אתכם ליטול כך לא משה, לא נתן כלום, לא דבר המקום כך, באו והודיעו את משה הלך לפייסן מיד עמדו כנגדו לקדמו לפני משה ואנשים מבני ישראל חמשים ומאתים מי הם אליצור בן שדיאור וחביריו האנשים אשר נקבו בשמות אף על פי שלא פרסמן הכתוב נתן סימניהן ומתוך המקראות את מבין אותם, משל למה הדבר דומה לבן טובים שנמצא גונב כלים מבית המרחץ ולא היה רוצה בעל הגניבה לפרסמו התחיל נותן סימניו, אמרו לו מי גנב כליך, אמר להם אותו בן טובים בעל קומה ושיניו נאות ושערו שחור וחוטמו נאה, משנתן סימניו ידעו מי הוא, אף כאן אף על פי שסתמן הכתוב בא ונתן סימניהן ואתה יודע מי הם נאמר להלן (במדבר א) אלה קריאי העדה נשיאי מטות אבותם ראשי אלפי ישראל הם ויקח משה ואהרן את האנשים האלה אשר נקבו בשמות ונאמר כאן נשיאי עדה קרואי מועד אנשי שם. **[מא] תלמוד בבלי מסכת שבת דף נו עמוד א:** גופא, רב אמר: קיבל דוד לשון הרע, דכתיב ויאמר לו המלך איפוא הוא ויאמר ציבא אל המלך הנה הוא בית מכיר בן עמיאל בלו דבר, וכתיב: וישלח המלך ויקחהו מבית מכיר בן עמיאל מלו דבר, מכדי חזייה דשקרא הוא, כי הדר אלשין עילויה מאי טעמא קיבלה מיניה? דכתיב ויאמר המלך ואיה בן אדוניך ויאמר ציבא אל

המלך הנה (הוא) יושב בירושלים וגו׳. ומנא לן דקיבל מיניה - דכתיב ויאמר המלך הנה לך כל אשר למפיבשת ויאמר ציבא השתחויתי אמצא חן בעיניך אדוני המלך. ושמואל אמר: לא קיבל דוד לשון הרע, דברים הניכרים חזא ביה.

[מב] **פירוש הרמ״ז לזוהר דברים עמוד כ״ח:** וצריך לדקדק בה, כי בבטיית הה׳ בכח, מרים ה׳ אחרונה שהיא מלכות דאצילות שירדה למקום ראשונה דהיינו הבריאה, ולכן צריך שידקדק בביטוי ה׳ זו כאילו הן שני ההיי״ן על דרך שכתוב בסה״כ רמ). וצריך למבצע וכו׳, שבעל הבית הוא הזעיר כנז״ל רמא). וגמר פרי, הוא כחו שהשפיע בלחם שה״ס המלכות, כי נתחבר ה״א בוא״ו, וה״א פעמים וא״ו ג׳ לח״ם, ונפרד המוץ והתבן ונתקנו יצירה ועשיה.

[מג] **תלמוד בבלי מסכת סנהדרין דף כט עמוד א:** אם אמר הוא אמר לי כו׳ עד שיאמרו בפנינו הודה לו שהוא חייב לו מאתים זוז. מסייע ליה לרב יהודה, דאמר רב יהודה אמר רב: צריך שיאמר אתם עדיי. איתמר נמי, אמר רבי חייא בר אבא

גלא עמיקתא

ושם בסוגיא (עמוד ב׳) **אלמלי קיבל דוד לשון הרע לא נחלקה מלכות בית דוד.** והוא לשון הרע במסירות נפש כנודע דדוד מסר נפשו בשביל כלל ישראל כמה וכמה פעמים, והרי פה בודאי קשה וכי יעלה על הדעת שדוד המלך קיבל לשון הרע. אלא שמוכרח שעשה זאת לשם שמים בתכלית רק בשביל לזכך את בני ישראל [ועיין בירושלמי (פאה פ״א ה״א) דמבואר שם שבדורו של דוד היו בעלי דלטוריא ומספרי לשון הרע שלא תיקנם, ומשמע שהיה קצת נגוע בפגם זה, ומבואר לפי הגמרא הנ״ל]. והצעתי את הדברים לפני האדמו״ר מראזלא שליט״א, ודייק למה דוד נצטרע ששה חדשים דייקא, משום שדוד הוא השביעי במלכות, והוא תיקן את כל השש ספירות שהם בסוד ו׳ קצוות וד״ל. וחזינן ד–ז׳ הרועים שהם מרכבה ל–ז׳ ספירות תחתונות של אצילות שבהן מנהיג הקב״ה את העולם, שהרי ג׳ ראשונות הן למעלה מהנהגת עולמות בי״ע, והם היו מרכבה לזה בעצם מהותם [אברהם מרכבה לחסד, יצחק מרכבה לגבורה וכן על זה הדרך]. ורואים אצלם, שהיו מוכנים למסור את העצם בשביל עם ישראל, ולכן בסופו של דבר באמת נהיו מרכבה לשכינה, כלומר דווקא בגלל שויתרו על עצם המדרגה שלהם בשביל כלל ישראל. כגון משה בנצח ואהרן בהוד, ונצח והוד תרין ביעין דמבשלאן לזרע קודש, ויוסף ביסוד צדיק יסוד עולם (משלי י׳,כ״ה), ודוד המלך במלכות וכן מרים במלכות [מב]כמבואר בספה״ק [כל הנהי״מ קשור לשמירת הברית].

וכל אחד מהרועים בזמנו ובבחינה שלו וכו׳ אמר לשון הרע לשם שמים על עם ישראל, כדי שאותה מדה – שהיא אצלו בעצם – תעבור אל עם ישראל, והעוונות של בני ישראל יעברו אליו [אברהם – חסד, יצחק – גבורה, יעקב – תפארת, משה – נצח, אהרן – הוד, יוסף – יסוד, דוד ומרים במלכות], ובזה ויתרו על עצם הקדושה שלהם, וזה גופא מה שעשה אותם למרכבה האמיתית, בסוד מאן דאיהו זעיר איהו רב.

והנה נתבאר שמשה רבינו סיפר לשון הרע על בני ישראל לשם שמים כדי לתקן עוונותיהם וכן מרים ואהרן למדו זאת ממשה. ומשה עצמו ממי למד? יש לחדש דמשה למד זאת מאדם וחוה, דאף חוה סיפרה וקיבלה לשון הרע על הקב״ה בשיחתה עם הנחש – כדכתיב ויצו ה׳ אלהים וכו׳ (בראשית ב׳,ט״ז) והיא שינתה ואמרה אמר אלהים (שם ג׳,ג׳), וכן הקב״ה אסר רק את האכילה – לא תאכל ממנו וכו׳ (שם ב׳,י״ז) והיא הוסיפה – בבחינת [מג]כל המוסיף גורע – לא תאכלו ממנו ולא תגעו בו (שם ג׳,ג׳) הרי שפגמה בלשון.

גלא עמיקתא

[ויעויין עוד [מד] בספר באר מים חיים פרשת חקת (בפירוש פרק כ״א פסוק ו׳) דכתב דנחש הקדמוני סיפר לשון הרע על בוראו בפני חוה וכו׳ עיין שם, ומקורו [מה] במדרש דאיתא שם בא וראה כמה

אמר רבי יוחנן: מנה לי בידך? אמר לו: הן. למחר אמר לו: תנהו לי! אמר: משטה אני בך - פטור. תניא נמי הכי: מנה לי בידך, אמר לו: הן. למחר אמר לו: תנהו לי! - אמר לו: משטה אני בך - פטור. ולא עוד אלא, אפילו הכמין לו עדים אחורי גדר, ואמר לו מנה לי בידך, אמר לו: הן. - רצונך שתודה בפני פלוני ופלוני? - אמר לו: מתיירא אני שמא תכפיני לדין. למחר אמר לו: תניהו לי! אמר לו: משטה אני בך - פטור. ואין טוענין למסית. - מסית מאן דכר שמיה? - חסורי מיחסרא והכי קתני: אם לא טען - אין טוענין לו. ובדיני נפשות, אף על גב דלא טען - טוענין לו. ואין טוענין למסית. מאי שנא מסית? - אמר רבי חמא בר חנינא: מפירקיה דרבי חייא בר אבא שמיע לי: שאני מסית, דרחמנא אמר לא תחמל ולא תכסה עליו. אמר רבי שמואל בר נחמן אמר רבי יונתן: מניין שאין טוענין למסית - מנחש הקדמוני, דאמר רבי שמלאי: הרבה טענות היה לו לנחש לטעון ולא טען, ומפני מה לא טען לו הקדוש ברוך הוא - לפי שלא טען הוא. מאי הוה ליה למימר - דברי הרב ודברי תלמיד דברי מי שומעין? דברי הרב שומעין. אמר חזקיה: מניין שכל המוסיף גורע - שנאמר אמר אלהים לא תאכלו ממנו ולא תגעו בו. רב משרשיא אמר: מהכא אמתים וחצי ארכו רב אשי אמר: עשתי עשרה יריעת. [מד] **ספר באר מים חיים פרשת חקת - פרק כא:** (ו) וישלח ה׳ בעם את הנחשים וגו׳. כי אחזו בזה מעשה נחש הקדמוני כי אמרו זאת בפני משה והוא לשון הרע שאמרו על שמו יתברך בפני משה מה שעשה לו. וכן עשה נחש הקדמוני שאמר לשון הרע על בוראו בפני חוה לאמר שלא רצה הקב״ה שתהיו כאלהים ועל כן נשלח בהם הנחשים השרפים וינשכו את העם. ולזה, (ז) ויבוא העם וגו׳ חטאנו כי דברנו בה׳ ובך. פירוש דברנו בה׳ ועיקר דברינו היה ובך מה שעשה לך וכראות משה כי בשלו נעשתה הרעה הזאת וענוש לצדיק לא טוב ועל כן ויתפלל משה בעד העם. ועל כן, (ח) ויאמר ה׳ אל משה עשה לך שרף ושים אותו על נס וגו׳. כי המה מה שדיברו באלהים ובמשה כאמור לא ידעו אשר וסביביו נשערה מאוד וכמאמר חז״ל (בבא קמא נ׳.) שהקב״ה מדקדק עם הצדיקים כחוט השערה. וכבר כתבנו בזה במקום אחר באריכות שורש הדבר הזה. כי לפי ששורש נשמת הצדיק בא ממקום גבוה עליון ונורא מאוד וצריכה שתשוב שמה. ושם לפי ערך זכות ציחצוח אור הגדול והנורא במאוד בעולם רם ונשגב כזה צריכה להיות זכה וטהורה מלובנה בליבון נפלא הפלא ופלא שלא תמצא בה כתם דק מן הדק על חוט השערה בכדי שתוכל לסבול אור הנפלא הגדול והנורא המבהיק ומאיר שם אור בהיר הוא בשחקים. ועל כן הקב״ה מדקדק עם הצדיקים כחוט השערה כדי שיוכלו להשיב אל מקום מחצבתם מקום אשר נלקחו משם. מה שאין כן שארי הנשמות שנלקחו מעולמות שלמטה אין מדקדקין עמהם כל כך כי יוכלו לסבול אור עולם שנלקחו משם אף שלא יהיו זכים ובהירים כל כך. ולזה אמר הכתוב עשה לך שרף ושים אותו על נס והיה כל הנשוך וראה אותו וחי רמז במה שאמר ושים אותו על נס, לעולם העליון אשר למעלה משבעת ימי הבנין. כי כל ענין הנס בא למעלה מטבע העולם והוא מעולם שלמעלה משבעת ימי הבנין והוא בחינת החמשים יובל הגדול נ׳ שערי בינה שבה סומך ה׳ לכל הנופלים וזה נ״ס ומשם היה שורש נשמת משה ולשם היה צריך להשיבה בעדן מקדם ששם עין לא ראתה אלהים זולתך יעשה למחכה לו (ישעיה ס״ד, ג׳). ועל כן דקדק הקב״ה עמו על חוט השערה כי אין שיעור לזכות בהירות הנשמה שתוכל לסבול אור הנפלא והנורא ההוא. ועל כן והיה כל הנשוך וראה אותו וחי כלומר שיביט אל השרף אשר הושם על הנס כלומר אל אור הגדול והנורא השורף ומכלה כל הקוצים. שעל זה האור נאמר (שם ב׳, י״ח) והאלילים כליל יחלוף וגו׳ מפני פחד ה׳ ומהדר גאונו (ועל כן אמר עשה לך שרף ולא נחש והבן) באופן שאור הזה לא תוכל לסבול כתם קל כל דהו מחטא ועוון, ובזה ישוב אל ה׳ לאמר כי הצור תמים פעלו וכל דרכיו משפט והכל לטב הוא דעביד כי מדקדק עם הצדיקים על חוט השערה בכדי לזכותם לחסות תחת צל כנפיו בעדן גן אלהים עדן העליון. ויתחרט באמת על דברו באלהים וראה אותו וחי. [מה] **מדרש ילמדנו ילקוט תלמוד תורה - בראשית אות יב:** דף ח׳, ע״ב (לבר׳ ג׳,

גלא עמיקתא

קשה לשון הרע וכו', ומביא המדרש דהנחש סיפר לשון הרע על בוראו והייתם כאלהים וכו' ולכן לקה גם הוא בצרעת כמשה אהרן ומרים עיין שם דמבואר מהו צרעת שלו, ועל כל פנים גם בזה עברה חוה על איסור לשון הרע משום שקיבלה דבריו של הנחש, [מו]דאחד המספר ואחד המקבל עוברים על איסור לשון הרע].

והוא כדוגמת המן הרשע דסיפר לשון הרע עם אסתר [כאמרם (מגילה יג:) [מז]ליכא דידע לישנא בישא כהמן וכו' דאמר על ישראל ישנו עם אחד (אסתר ג',ח') ישנים מן המצוות וכו'] דהיא תיקון חוה ומפרי העץ וכו' פן תמותון (בראשית ג',ג') דהקדים הקב"ה רפואה למכה [גם זה שם בסוגיא דאמר ריש לקיש דבישראל הקב"ה מקדים רפואה למכה, אבל באומות העולם הקב"ה מכה תחלה ואחר כך בורא רפואה שנאמר ונגף ה' את מצרים נגוף ורפוא וכו' (ישעי' י"ט,כ"ב) תחלה נגוף ואחר כך

ה'). בא וראה כמה קשה לשון הרע וכו', בזאת תהיה תורת המצורע. וכן את מוצא בנחש הקדמוני על שספר לשון הרע על בוראו לפיכך נצטרע, ומה אמר, והייתם כאלהים וגו'. אמ' ר' הונא הסלעין שהן על הנחש היא צרעתו. ולא עוד אלא כל בעלי מומין מתרפאין לעתיד לבא, ונחש אינו מתרפא. באדם כתיב אז ידלג כאיל פסח וגו' אז תפקחנה עיני עורים וגו' (יש' ל"ה, ה'), ובחיה ובבהמה כתיב זאב וטלה ירעו כאחד (שם, ס"ה, כ"ה), אבל הנחש עפר לחמו (שם), שאינו מתרפא לעולם הבא, לפי שהוא הוריד הבריות למיתה. ומי גרם לו, שספר לשון הרע ואמר והייתם כאלהים וגו'. **[מו] ספר חפץ חיים - הלכות לשון הרע - כלל ו'**: א'. אסור לקבל לשון הרע מן התורה, בין שהוא מהדברים שבין אדם למקום, או מדברים שבין אדם לחברו וכו' עוד אמרו שגדול עונש המקבלו יותר מן האומרו. **[מז] תלמוד בבלי מסכת מגילה דף יג עמוד ב**: ואת מאמר מרדכי אסתר עשה, אמר רבי ירמיה: שהיתה מראה דם נדה לחכמים. כאשר היתה באמנה אתו - אמר רבה בר לימא (משמיה דרב:) שהיתה עומדת מחיקו של אחשורוש וטובלת ויושבת בחיקו של מרדכי. בימים ההם ומרדכי יושב בשער המלך קצף בגתן ותרש, אמר רבי חייא בר אבא אמר רבי יוחנן: הקציף הקדוש ברוך הוא אדון על עבדיו לעשות רצון צדיק, ומנו - יוסף, שנאמר ושם אתנו נער עברי וגו'. עבדים על אדוניהן לעשות נס לצדיק, ומנו - מרדכי, דכתיב ויודע הדבר למרדכי וגו'. אמר רבי יוחנן: בגתן ותרש שני טרסיים הוו, והיו מספרין בלשון טורסי, ואומרים: מיום שבאת זו לא ראינו שינה בעינינו, בא ונטיל ארס בספל כדי שימות. והן לא היו יודעין כי מרדכי מיושבי לשכת הגזית היה, והיה יודע בשבעים לשון. אמר לו: והלא אין משמרתי ומשמרתך שוה? - אמר לו: אני אשמור משמרתי ומשמרתך. והיינו דכתיב ויבקש הדבר וימצא - שלא נמצאו במשמרתן. אחר הדברים האלה, מאי אחר? אמר רבא: אחר שברא הקדוש ברוך הוא רפואה למכה. דאמר ריש לקיש: אין הקדוש ברוך הוא מכה את ישראל אלא אם כן בורא להם רפואה תחילה, שנאמר כרפאי לישראל ונגלה עון אפרים - אבל אומות העולם אינו כן, מכה אותן ואחר כך בורא להם רפואה, שנאמר ונגף ה' את מצרים נגף ורפוא. ויבז בעיניו לשלח יד במרדכי לבדו אמר רבא בתחילה במרדכי לבדו, ולבסוף בעם מרדכי, ומנו - רבנן, ולבסוף בכל היהודים. הפיל פור הוא הגורל, תנא: כיון שנפל פור בחדש אדר שמח שמחה גדולה, אמר: נפל לי פור בירח שמת בו משה. ולא היה יודע שבשבעה באדר מת ובשבעה באדר נולד. ישנו עם אחד אמר רבא: ליכא דידע לישנא בישא כהמן. אמר ליה: תא ניכלינהו! - אמר ליה: מסתפינא מאלהיו, דלא ליעביד בי כדעבד בקמאי. - אמר ליה: ישנו מן המצות. - אמר ליה: אית בהו רבנן. - אמר ליה: עם אחד הן. שמא תאמר קרחה אני עושה במלכותך - מפוזרין הם בין העמים, שמא תאמר אית הנאה מינייהו - מפורד, כפרידה זו שאינה עושה פירות. ושמא תאמר איכא מדינתא מינייהו - תלמוד לומר בכל מדינות מלכותך. ודתיהם שנות מכל עם - דלא אכלי מינן, ולא נסבי

7. עיין אופן ט"ז הערה ב'.

מינן, ולא מנסבי לן. ואת דתי המלך אינם עשים - דמפקי לכולא שתא בשה"י פה"י. ולמלך אין שוה להניחם - דאכלו ושתו ומבזו ליה למלכות. ואפילו נופל זבוב בכוסו של אחד מהן - זורקו ושותהו. ואם אדוני המלך נוגע בכוסו של אחד מהן - חובטו בקרקע ואינו שותהו. אם על המלך טוב יכתב לאבדם ועשרת אלפים ככר כסף וגו' אמר ריש לקיש: גלוי וידוע לפני מי שאמר והיה העולם שעתיד המן לשקול שקלים על ישראל, לפיכך הקדים שקליהן לשקליו. והיינו דתנן: באחד באדר משמיעין על השקלים ועל הכלאים. **[מח] קיצור שולחן ערוך סימן ל סעיף ב**: יש עון גדול מזה עד מאד, והוא בכלל לאו זה, והוא לשון הרע, והוא המספר בגנות חברו אף על פי

גלא עמיקתא

רפוא] [7]ומפר"י אתוון פורי"ם בסוד ונהפוך הוא (אסתר ט',א') דתחית המתים, ולכן "אסתר" גימ' (661) "[מח]לשון הרע" – דאסתר תיקנה לשון הרע דחוה והנחש כנ"ל, כאמרם (מגילה טו:) מה ראתה אסתר שזימנה את המן וכו' [ובארנוהו באורך בד"ה י"ב עצות בעבודת ה' עיין לקמן אופן ע"ד הערה א'].

ונחזור לענין אדם וחוה, דביארנו דפגמו באיסור לשון הרע, ואם כן קשה מה ראו אדם וחוה לנהוג כך, והרי תפוח עקבו של אדם היה מכהה גלגל חמה, וכלום חסר לו שכל בקדקדו? [וכעין מה שמצינו בגמרא (יבמות ט.) שאמר אחד האמוראים לחבירו: [מט]כמדומה אני שאין לו מוח בקדקדו]. אלא יש לומר דאדם וחוה גם הם נתכוונו לשם שמים [וכגון [נ]שטן ופנינה לשם שמים נתכוונו (בבא בתרא טז.)] למסור נפשם למען שמו הגדול יתברך

שאומר אמת. אבל האומר שקר, נקרא מוציא שם רע על חברו, אבל בעל לשון הרע זה שיושב ואומר: כך וכך עשה פלוני, כך וכך היו אבותיו, כך וכך שמעתי עליו, ואומר דברים של גנאי, על זה אמר הכתוב יכרת ה' כל שפתי חלקות לשון מדברת גדולות. המקבל לשון הרע הוא גרוע יותר מן האומרו, ולא נחתם גזר דין על אבותינו במדבר אלא על לשון הרע בלבד. **[מט] תלמוד בבלי מסכת יבמות דף ט עמוד א**: א"ל לוי לרבי, מאי איריא דתני: ט"ו? ליתני: ט"ז! א"ל: כמדומה לי שאין לו מוח בקדקדו! מאי דעתך? אמו אנוסת אביו, אמו אנוסת אביו פלוגתא דרבי יהודה ורבנן היא, ובפלוגתא לא קא מיירי. ולא? והרי איסור מצוה ואיסור קדושה, דפליגי רבי עקיבא ורבנן, וקתני! בפרקין קא אמרינן. והא בית שמאי מתירין את הצרות לאחין, ובית הלל אוסרין! בית שמאי במקום בית הלל אינה משנה. **[נ] תלמוד בבלי מסכת בבא בתרא דף טז עמוד א**: א"ר לוי: שטן ופנינה לשם שמים נתכוונו. שטן, כיון דחזיא להקדוש ברוך הוא דנטיה דעתיה בתר איוב, אמר: חס ושלום, מינשי ליה לרחמנותיה דאברהם; פנינה, דכתיב: וכעסתה צרתה גם כעס בעבור הרעימה. דרשה רב אחא בר יעקב בפפוניא, אתא שטן נשקיה לכרעיה. בכל זאת לא חטא איוב בשפתיו - אמר רבא: בשפתיו לא חטא, בלבו חטא. מאי קאמר? ארץ נתנה ביד רשע פני שופטיה יכסה אם לא איפו מי הוא, אמר רבא: בקש איוב להפוך קערה על פיה; אמר ליה אביי: לא דבר איוב אלא כנגד השטן. כתנאי: ארץ נתנה ביד רשע - רבי אליעזר אומר: בקש איוב להפוך קערה על פיה; אמר לו רבי יהושע: לא דבר איוב אלא כלפי שטן. על דעתך כי לא ארשע ואין מידך מציל - אמר רבא: בקש איוב לפטור את כל העולם כולו מן הדין, אמר לפניו: רבונו של עולם, בראת שור פרסותיו סדוקות, בראת חמור פרסותיו קלוטות; בראת גן עדן, בראת גיהנם; בראת צדיקים, בראת רשעים, מי מעכב על ידך! ומאי אהדרו ליה חבריה [דאיוב]? אף אתה תפר יראה ותגרע שיחה לפני אל - ברא הקדוש ברוך הוא יצר הרע, ברא לו תורה תבלין. דרש רבא, מאי דכתיב: ברכת אובד עלי תבא ולב אלמנה ארנין? ברכת אובד עלי תבא - מלמד שהיה גוזל שדה מיתומים ומשביחה ומחזירה להן; ולב אלמנה ארנין - דכל היכא דהוה (איכא) אלמנה דלא הוו נסבי לה, הוה אזיל שדי שמיה עילווה, והוו אתו נסבי לה. לו שקול ישקל כעשי והותי במאזנים ישאו יחד - אמר רב: עפרא לפומיה דאיוב, חברותא כלפי שמיא? לו יש בינינו מוכיח ישת ידו על שנינו - אמר רב: עפרא לפומיה דאיוב, כלום יש עבד שמוכיח את רבו? ברית כרתי לעיני ומה אתבונן על בתולה - אמר רבא: עפרא לפומיה דאיוב, איהו באחרניתא, אברהם אפילו בדידיה

גלא עמיקתא

– דביום הרביעי לבריאה היה קטרוג הלבנה [נא]כמבואר בגמרא (חולין ס:), ובסופו אמר הקב"ה הביאו כפרה עלי על שמיעטתי את הירח, דהיינו שעיר של ראש חודש שנאמר בו לחטאת לה' (במדבר כ"ח,ט"ו) כמבואר שם בסוגיא – דהלבנה אמרה דבר הגון – וכפי שמוכיח לדינא הקב"ה בעצמו דאומר הביאו כפרה עלי וכו' – משמע ממה שאמר הביאו כפרה עלי – שהטיל כביכול הקב"ה פגם בעצמו במה שאמר ללבנה לכי ומעטי את עצמך. ובכאן מסרה עצמה חוה, [נב]שקיבלה לשון הרע מהנחש – כמבואר בבאר מים חיים הנ"ל, והוה לשם שמים בתכלית, וכן ספרה זאת לאדם וקיבל ממנה, שהרי אכל מפרי העץ שנצטווה לבלתי אכול ממנו. וזהו אדם הראשון המשיך משחא דחויא והפכו מכתנות אור לכתנות עור שהוא בחינת צרעת לגביהם ובסנה אמר השי"ת למשה של נעלך היינו משחא

לא איסתכל. דכתיב: הנה נא ידעתי כי אשה יפת מראה את, מכלל דמעיקרא לא הוה ידע לה. כלה ענן וילך כן יורד שאול לא יעלה - אמר רבא: מכאן שכפר איוב בתחיית המתים. אשר בשערה ישופני והרבה פצעי חנם - אמר רבה: איוב בסערה חרף ובסערה השיבוהו. בסערה חרף, דכתיב: אשר בשערה ישופני, אמר לפניו: רבונו של עולם, שמא רוח סערה עברה לפניך ונתחלף לך בין איוב לאויב! בסערה השיבוהו, דכתיב: ויען ה' את איוב מן הסערה ויאמר [וגו'] אזר נא כגבר חלציך (אשאלך) [ואשאלך] והודיעני, אמר לו: הרבה נימין בראתי באדם, וכל נימא ונימא בראתי לה גומא בפני עצמה, שלא יהו שתים יונקות מגומא אחת, שאלמלי שתים יונקות מגומא אחת - מחשיכות מאור עיניו של אדם, בין גומא לגומא לא נתחלף לי, בין איוב לאויב נתחלף לי? מי פלג לשטף תעלה [וגו'] - הרבה טיפין בראתי בעבים, וכל טיפה וטיפה בראתי לה דפוס בפני עצמה, כדי שלא יהו שתי טיפין יוצאות מדפוס אחד, שאלמלי שתי טיפין יוצאות מדפוס אחד - מטשטשות את הארץ ואינה מוציאה פירות, בין טיפה לטיפה לא נתחלף לי, בין איוב לאויב נתחלף לי? מאי משמע דהאי תעלה לישנא דדפוס היא? אמר רבה בר שילא, דכתיב: ויעש תעלה כבית סאתים זרע. ודרך לחזיז קולות - הרבה קולות בראתי בעבים, וכל קול וקול בראתי לו שביל בפני עצמו, כדי שלא יהו שתי קולות יוצאות משביל אחד, שאלמלי שתי קולות יוצאות משביל אחד - מחריבין את כל העולם, בין קול לקול לא נתחלף לי, בין איוב לאויב נתחלף לי? **[נא] תלמוד בבלי מסכת חולין דף ס עמוד ב:** רבי שמעון בן פזי רמי, כתיב: ויעש אלהים את שני המאורות הגדולים וכתיב: את המאור הגדול ואת המאור הקטן! אמרה ירח לפני הקדוש ברוך הוא: רבש"ע, אפשר לשני מלכים שישתמשו בכתר אחד? אמר לה: לכי ומעטי את עצמך! אמרה לפניו: רבש"ע, הואיל ואמרתי לפניך דבר הגון, אמעיט את עצמי? אמר לה: לכי ומשול ביום ובלילה, אמרה ליה: מאי רבותיה, דשרגא בטיהרא מאי אהני? אמר לה: זיל, לימנו בך ישראל ימים ושנים, אמרה ליה: יומא נמי, אי אפשר דלא מנו ביה תקופותא, דכתיב והיו לאותות ולמועדים ולימים ושנים, זיל, ליקרו צדיקי בשמיך: יעקב הקטן שמואל הקטן דוד... הקטן. חזייה דלא קא מיתבא דעתה, אמר הקדוש ברוך הוא: הביאו כפרה עלי שמיעטתי את הירח! והיינו דאמר ר"ש בן לקיש: מה נשתנה שעיר של ראש חדש שנאמר בו לה' - אמר הקדוש ברוך הוא: שעיר זה יהא כפרה על שמיעטתי את הירח. **[נב] פסיקתא זוטרתא אסתר פרק ה סימן יד:** ובא עם המלך אל המשתה שמח. וייטב הדבר לפני המן ויעש העץ. אמר ר' אלעזר אמר ר' חנינא כך אמרה לו, אדם זו שאתה אומר לא תוכל לו כי אם בעץ, שאם תשליכנו לתוך כבשן האש, כבר יצאו ממנו חנניה מישאל ועזריה, ואם לגוב אריות, כבר יצא ממנו דניאל, ואם לבית האסורים, כבר יצא ממנו יוסף, ואם במולי של נחשת תשימהו ותסיק תחתיו, כבר יצא ונצול ממנה מנשה בן חזקיהו, ואם תגלהו במדבר, הרי פרו ורבו שם ישראל, ואם תעור עיניו, הרי שמשון לאחר שעוורוהו הרג בפלשתים, אין טוב אלא צלוב אותו, שלא מצינו שניצל אחד מהם,

גלא עמיקתא

דחויא דילך – נעל ר"ת "נחש עפר לחמו" גימ' ע"ה (793) "והאיש משה ענו", בחינת את זה לעומת זה עשה הא–להים.

ואדם וחוה עצמם ממי למדו? יש לחדש שלמדו זאת מהקב"ה עצמו – דאמרו חז"ל (זוה"ק פרשת נח דף סד:) [נג]**אלמלי מקרא כתוב אי אפשר לאומרו – ה' למבול ישב** (תהל' כ"ט,י') **דהקב"ה כביכול ישב בדד** [כמצורע דכתיב ביה בדד ישב מחוץ למחנה מושבו (ויקרא י"ג,מ"ו)], **רואים שהזוה"ק** [שהרי מבואר שם דנאמר לרבי יוסי ורבי חייא ע"י ההוא יהודאי בשם רבו רבי יצחק בר יוסי מחוזאה, ובסוף הסוגיא אמרו בפני רשב"י, ואמר להון ודאי שפיר קא אמר] **כביכול מביא**

מיד וייטב הדבר לפני המן ויעש העץ, מביתו נטלו, הרס אכסדרה שלו, ותקנו גבוה נ' אמה, כדי שכל בני המדינה רואים אותו. ויש אומרים שהלך וקיצץ ארז מגינת הביתן, ארכו נ' אמה, ורחבו י"ב אמות, ויש אומרים פרשנדתא בנו היה הגמון בקרדונייא, והביאו מתיבתו של נח. והוציאו בהלל ובזמר, והביט על פתח ביתו, והיה אומר למחר בשחרית בשעת קריאת שמע אני תולה מרדכי עליו. לאחר שהעמידו הביט והוא מדד עצמו עליו, ובת קול אומרת לו, לך נאה העץ, מתוקן היה מששת ימי בראשית, מיד הלך לבית המדרש, ומצא את מרדכי יושב ודורש, וראשי התינוקות מפולשין באפר, ושקים במתניהם, וסופדין ובוכין, וצוה המן ומצאום כ"ב אלף, ונתן קולרין בצואריהם ושלשלאות ברגליהם. והפקיד עליהם שומרים, ואמר הללו אני שוחט תחלה, ואח"כ אני תולה את מרדכי, ואמותם מביאות להם לחם ומים, ואומרים להם אכלו קודם שתמותו, הם מניחין ידיהם על ספריהם, ונשבעין בחיי מרדכי רבן לא נאכל ולא נשתה אלא בתעניתנו נמות עייפים, והיה כל אחד ואחד גולל ספרו ונותן לרבו, ואומרים סבורין היינו כי בם נאריך ימים ושנים, ועכשיו לא זכינו, טול ספרך, מיד צעקו צעקה גדולה ומרה, ואמותם גועות כפרות מבחוץ, ובניהם כעגלים מבפנים, ועלתה צעקתם כשתי שעות בלילה, באותה שעה נתגלגלו רחמי הקדוש ברוך הוא, והעביר החותמות, וקרע את האגרות, וגדע קרן רשע, והפך עצת המן הרע. אמר ר' חלבו אין העולם מתקיים אלא בשביל הבל פיהם של תינוקות של בית רבן, וכן הוא אומר מפי עוללים ויונקים יסדת עוז (תהלים ח, ג), ואין עוז אלא תורה, שנאמר ה' עוז לעמו יתן (שם כט, יא), וצריכין אנו לעסוק בדברי אגדה שייסדו הראשונים, מפני שהם נאים ומיישבים דעת האדם, ומושכין לבו של אדם בדברים שהדעת מקבלן. [נג] **זוהר בראשית פרשת נח דף סד עמוד ב:** כד מטו בי חקל יתיבו אמר ההוא בר נש מאי שנא דכתיב (בראשית י"ט) ויי' המטיר על סדום ועל עמורה וגו', (נדפס בפקודי רכ"ז ב) ומאי שנא בטופנא דכתיב אלהים אלהים בכל אתר (אמאי) ולא כתיב ויי' (בכלא) אלא תנינן בכל אתר דכתיב ויי' הוא ובית דינו, אלהים סתם דינא בלחודוי אלא בסדום אתעביד דינא ולא לשיצאה עלמא ובגין כך אתערב איהו בהדי דינא אבל בטופנא כל עלמא שצי וכל אינון דאשתכחו [נ"א בלחודוי] בעלמא, ואי תימא (ד"א דהא) נח ודעמיה (ד"א אשתזיבו) (נ"א הא) סתים מעינא הוה דלא אתחזי ועל דא כל מה דאשתכח בעלמא שצי ליה, ועל דא ויי' באתגליא ולא שצי כלא, אלהים בעי סתימו ובעי לאסתמרא דהא כלא שצי ועל דא אלהים בלחודוי הוי ורזא דא (תהלים כ"ט) יי' למבול ישב מהו ישב אלמלא קרא כתיב לא יכלינן למימר, ישב בלחודוי דלא אתיא עם דינא, כתיב הכא ישב וכתיב התם (ויקרא י"ג) בדד ישב בלחודוי, ובגין דנח הוה סתים מעינא לבתר כד אתעביד דינא ושצי עלמא ונח רוגזיה מה כתיב ויזכור אלהים את נח וגו' דהא כד שצי עלמא לא אדכר דסתים מעינא הוה ורזא (ודא) אוליפנא קודשא בריך הוא סתים וגליא, גליא הוא בי דינא דלתתא, סתים הוא אתר דכל ברכאן נפקי מתמן ובגין כך כל מלוי דבר נש דאינון בסתימו ברכאן שריין עלוי וכל דאינון באתגליא ההוא אתר דבי דינא שריאן עלוי בגין דאיהו אתר באתגלי וההוא דאקרי רע עין שליט עליה וכלא הוא ברזא עלאה כגוונא דלעילא, בכה רבי יוסי ואמר זכאה דרא דר' שמעון שריא בגויה דהא זכותא דיליה אזמין לן בטורי מלין עלאין כאלין, עד כאן.

[נד] **תלמוד בבלי מסכת בבא מציעא דף פו עמוד א:** אמר רב כהנא: אישתעי לי רב חמא בר ברתיה דחסא: רבה בר נחמני אגב שמדא נח נפשיה. אכלו ביה קורצא בי מלכא, אמרו: איכא חד גברא ביהודאי דקא מבטל תריסר אלפי גברי מישראל ירחא בקייטא וירחא בסתוא מכרגא דמלכא. שדרו פריסתקא דמלכא בתריה ולא אשכחיה. ערק ואזל מפומבדיתא לאקרא, מאקרא לאגמא, ומאגמא לשחין, ומשחין לצריפא, ומצריפא לעינא דמים, ומעינא דמים לפומבדיתא. בפומבדיתא אשכחיה. איקלע פריסתקא דמלכא לההוא אושפיזא דרבה, קריבו תכא קמיה ואשקוהו תרי כסי ודליוה לתכא מקמיה - הדר פרצופיה לאחוריה. אמרו ליה: מאי נעביד ליה? גברא דמלכא הוא! - אמר להו: קריבו תכא לקמיה, ואשקיוהו חד כסא, ודליוהו לתכא מקמיה, ולתסי. עבדו ליה הכי ואתסי. אמר: מידע ידענא דגברא דקא בעינא הכא הוא. בחיש אבתריה ואשכחיה. אמר: אזלינא מהא, אי מקטל קטלו לההוא גברא - לא מגלינא, ואי נגידי מנגדין ליה - מגלינא. אתיוהו לקמיה, עייליה לאדרונא וטרקיה לבבא באנפיה. בעא רחמי, פרק אשיתא, ערק ואזיל לאגמא. הוה יתיב אגירדא דדקולא וקא גריס. קא מיפלגי במתיבתא דרקיעא אם בהרת קודמת לשער לבן - טמא, ואם שער לבן קודם לבהרת - טהור. ספק, הקדוש ברוך הוא אומר: טהור, וכולהו מתיבתא דרקיעא אמרי טמא. ואמרי: מאן נוכח - נוכח רבה בר נחמני. דאמר רבה בר נחמני: אני יחיד בנגעים, אני יחיד באהלות. שדרו שליחא בתריה, לא הוה מצי מלאך המות למקרב ליה, מדלא הוה קא פסיק פומיה מגרסיה. אדהכי נשב זיקא ואויש ביני קני, סבר גונדא דפרשי הוא. אמר: תינח נפשיה דההוא גברא, ולא ימסר בידא דמלכותא. כי הוה קא ניחא נפשיה אמר: טהור, טהור. יצאת בת קול ואמרה: אשריך רבה בר נחמני שגופך טהור, ויצאתה נשמתך בטהור. נפל פתקא מרקיעא בפומבדיתא: רבה בר נחמני נתבקש בישיבה של מעלה. נפקו אביי ורבא וכולהו רבנן לאיעסוקי ביה, לא הוו ידעי דוכתיה. אזלו לאגמא חזו צפרי דמטללי וקיימי, אמרי: שמע מינה התם הוא. ספדוהו תלתא יומי ותלתא לילותא. נפל פתקא: כל הפורש יהא בנידוי. ספדוהו שבעה יומי, נפל פתקא: לכו לביתכם לשלום. ההוא יומא דנח נפשיה דלייה זעפא ודרי לההוא טייעא כי רכיב גמלא מהאי גיסא דנהר פפא ושדייה בהך גיסא, אמר: מאי האי? - אמרי ליה: נח נפשיה דרבה בר נחמני. אמר לפניו: רבונו של עולם, כולי עלמא דידך הוא, ורבה בר נחמני דידך, את דרבה ורבה דידך - אמאי קא מחרבת ליה לעלמא? נח זעפא. רבי שמעון בן חלפתא בעל בשר הוה, יומא חד הוה חמימא ליה, הוה סליק ויתיב אשינא דטורא. אמר לה לברתיה: בתי, הניפי עלי במניפא ואני אתן ליך ככרין דנרד. אדהכי נשבא זיקא, אמר: כמה ככרין דנרד למרי דיכי.

גלא עמיקתא

איזה דמיון בין הקב"ה למצורע, שאמרו חז"ל מצורע נוטריקון מוציא רע, והיכן מצינו שהקב"ה אמר דבר רע? ויאמר א-להים לנח קץ כל בשר בא לפני כי מלאה הארץ חמס (בראשית ו', י"ג) [ובענין לשון הרע דסיפר משה על בני ישראל]. וע"פ חובת הלבבות הקב"ה רצה להציל אותם, כי הוא עצם הטוב, וטבע הטוב רק להיטיב, והם בחרו ברע, כדכתיב כי השחית כל בשר וכו' (בראשית ו', י"ב), ואיך יצילם, על כרחך שידבר עליהם רע כדי שייכנס משהו טוב בלבם וישנו את בחירתם, והיות ולא חזרו בתשובה – כתיב בדד ישב מחוץ למחנה (ויקרא י"ג, מ"ו).

וכן מצינו בגמרא (בבא מציעא פו.) [נד]דנחלקו הקב"ה ופמליא של מעלה בענין צרעת, אם בהרת קדמה לשיער לבן וכו', ורואים משם שהקב"ה עסק בענין נגע הצרעת, וצרעת באה בעוון לשון הרע, ולשון הרע שקול כנגד ג' עבירות. ולפי דרכנו למדנו שהקב"ה דיבר רע על בני האדם כדי לטהר אותם מן החטא. ומשה רבינו תפס אומנותו של נחש, ובעומק הענין יש לבאר דמשה תיקון נח דכתיב ביה ואם אין מחני נא

גלא עמיקתא

(שמות ל"ב,ל"ב) [נה]מחני"י אתוון מ"י נ"ח (ישעי' נ"ד,ט'), ונח נקרא צדיק תמים, ובזוהר מכנהו רשב"י [נו]רעיא שטיא, תרתי דסתרי ולכאורה האומר כן

[נה] מגלה עמוקות על ואתחנן אופן קס"ז: דאיתא בספר סודי רזיא שהשיעור קומה הוא ת"ר רבוא ונ"ז אלף רבוא, וזהו חותמו של הקב"ה שהוא אמת (שבת נ"ה ע"א) ראש תוך סוף מהאותיות, אל"ף רבוע שלה היא א' פעם א' הוא א', ל' פעמים ל' הוא תת"ק, ף' פעמים ף' הם ס"ד רבוא, א' פעם תת"ק הם תת"ק, תת"ק פעמים ס"ד רבוא הם ת"ר רבוא ונ"ז אלף רבוא. מ"ם רבוע שלה היא מ' פעמים מ' הם י"ו מאות, ם' פעמים ם' הם ל"ו רבוא, י"ו מאות פעמים ל"ו רבוא, הם ת"ר רבוא ונ"ז אלף רבוא. תי"ו רבוע שלה היא ת' פעמים ת' הם י"ו רבוא, י' פעמים י' הם ק', ו' פעמים ו' הם ל"ו, י"ו רבוא פעמים ק', הם י"ו מאות רבוא, י"ו מאות רבוא פעמים ל"ו, הם ת"ר רבוא ונ"ז אלף רבוא. וכל כך אמות היתה מחנה ישראל, כי מחנה ישראל היתה ג' פרסאות שהם כ"ד אלף אמות, כ"ד אלף פעמים כ"ד אלף, הם ת"ר רבוא ונ"ז אלף רבוא, וזהו פשט הפסוק ושמתי כ"ד כ"ד שמשותיך (ישעיה נ"ד [נד יב]), כי ירושלים עתידה להיות ג' פרסאות על ג' פרסאות, כמו שהביא הגמרא (ב"ב דף ע"ה [ע"ב]) על פסוק (זכריה יד י) וראמה ויושבה תחתיה, כתחתיה וכו', ואם כן תהיה כ"ד כ"ד, רצה לומר כ"ד אלף אמות על כ"ד אלף אמות, וגם מגילת עפה (שם זכריה ה א) היא מהלך ת"ר רבוא ונ"ז אלף רבוא יום, כי העולם הוא מהלך ת"ק שנים, וכל שנה ש"ס יום, ש"ס פעמים ת"ק הם י"ח רבוא, ומגילת עפה היא ל"ב מאות פעמים כל כך כמו העולם (עירובין כ"א [ע"א]), ואם כן ל"ב מאות פעמים י"ח רבוא, הם ת"ר רבוא ונ"ז אלף רבוא, וכל כך רביעית הלוג מחזקת תיבת נח, כי התיבה היתה ארכה ש' אמות, ורחבה נ' אמות, וקומתה ל' אמות (בראשית ו טו), אם כן היא בתברייתא מ"ה רבוא אמות, כי ש' פעמים נ' הוא ט"ו אלף, ל' פעמים ט"ו אלף הם מ"ה רבוא, וכל אמה על אמה ברום אמה מחזקת י"ב מאות ושמונים רביעית הלוג, כי אמה על אמה ברום ג' אמות מחזיקים מ' סאה, ואם כן אמה על אמה ברום אמה מחזקת י"ג סאין ושליש, וכל סאה היא כ"ד לוגין, כי הסאה היא ו' קבין, וכל קב הוא ד' לוגין, ואם כן הסאה הוא כ"ג לוגין שהם צ"ו רביעית הלוג, ואם כן י"ג ושליש פעמים צ"ו, הם י"ב מאות ושמונים, ואם כן מ"ה רבוא פעמים י"ב מאות ושמונים, הם ת"ר רבוא ונ"ז אלף רבוא. וזה סוד אל ה' ויאר לנו (תילים קי"ח [תהלים קיח כז]), כי אל הויה בגימטריא נ"ז, שהם הנ"ז אלף רבוא, ויאר לנו דייקא, שהם הת"ר רבוא, כי הם ס' רבוא, וכל אחד הוא כלול מן י' שהם ת"ר רבוא, ואם כן השיעור קומה לפי זה הוא נ"ז אלף רבוא. וז"ש משה אתה החלות להראות את עבדך בימי נח, דאיתא בתיקונים (תיקון סט [תיקו"ז סט קי"ג ע"א]) שהקדוש ברוך הוא שתיל למשה בימי נח ולא אצלח, ולכך בפעם הראשון נקרא איש צדיק (בראשית ו ט), ואחר כך כשנסתלקה ממנו נשמת משה, נקרא איש האדמה (שם בראשית ט כ), ולכך אמר משה מחני נא (שמות לב לב), כי באותו פעם בימי נח לא התפללתי, אשר מטעם זה נקרא המבול מי נח (ישעיה נד ט), ולא מסרתי את נפשי עליהם כדאיתא בזוהר (ח"א ס"ז ע"ב) על פסוק (שמות לב יא) ויחל משה, אבל עכשיו אמסור את נפשי עליהם. וז"ש נא, נ"א דייקא, ר"ל כען לעת עתה, וז"ש מחנ"י אותיות מ"י נ"ח, וז"ש אתה החלות בימי נח להראות לי בתיבה שיעור קומה שלך של נ"ז, כי כל כך החזיקה התיבה כמ"ש לעיל, וז"ש את גדל"ך בגימטריא נ"ז, ואת ידך החזקה בגימטריא אמ"ת, שכל אות ממנו הוא השיעור קומה של נ"ז כמ"ש לעיל, ואת ידך החזקה היא תורה שהיא מגילת עפה, שהיא גם כן שיעור קומה של נ"ז כמ"ש לעיל, לכן אעברה נא ואראה את הארץ, כי שם אמת מארץ תצמח (תהלים פה יב) ואתקן שיעור קומה. ואז השיב לו הקב"ה רב לך במחנה ישראל, כי מחנה ישראל היא גם כן שיעור קומה של נ"ז כנ"ל. או רב לך, ר"ל לגדול מזה אתה מתוקן, כי השיעור קומה הוא בעולם היצירה דתמן אל הויה, כמ"ש ר' ישמעאל הרוצה לדעת שיעורו של יוצר בראשית וכו', אבל לעולם הבריאה אין חקר, ואתה צריך לעלות לעולם הבריאה למעלה משיעור הקומה דתמן א"ל שד"י שהוא בגימטריא משה. וז"ש עלה ראש הפסגה, כי רא"ש נוטריקון רי"ש "אל "שדי, ר"ל בעולם הבריאה דתמן אל שדי, יש שם ד' עולמות מאתין עלמין דכסופין, לכן רב לך אל תוסף דבר וגומר.

[נו] זוהר – השמטות כרך א (בראשית) דף רנד עמוד ב:

מה השיב הקדוש ברוך הוא לנח כשיצא מן התיבה וראה את העולם חרב והתחיל לבכות לפניו ואמר רבונו של עולם נקראת רחום היה לך לרחם על בריותיך וכו׳ השיבו הקדוש ברוך הוא ואמר רעיא שטיא השתא אמרת דא, למה לא אמרת בשעתא דאמרית לך כי אותך ראיתי צדיק לפני וגו׳ ואח״כ הנני מביא את המבול מים ואח״כ עשה לך תיבת עצי גופר כל האי אתעכבית ואמרית לך בגין דתבעי רחמין על עלמא, ומכדין שמעתא דתשתזיב בתיבותא לא עאל בלבך למבעי רחמין על ישובא דעלמא ועבדת תיבותא ואשתזיבת וכען דאתאביד עלמא פתחת פומך למללא קדמי בעיין ותחנונים, כיון דחזא נח כך אקריב קרבנין ועלוון דכתיב (בראשית ח׳) ויקח מכל הבהמה הטהורה ומכל העוף הטהור וגו׳ אמר רבי יוחנן בא וראה מה בין צדיקים שהיו להם לישראל אחר נח ובין נח, נח לא הגין על דורו ולא התפלל עליהם כאברהם דכיון דאמר קודשא בריך הוא לאברהם (שם י״ח) זעקת סדום ועמורה כי רבה מיד ויגש אברהם ויאמר וגו׳ והרבה תחנונים לפני הקדוש ברוך הוא עד ששאל שאם ימצא עשרה צדיקים שיכפר לכל המקום בעבורם וחשב אברהם שהיו בעיר עם לוט ואשתו ובנותיו עשרה צדיקים ולפיכך לא התפלל אח״כ בא משה והתפלל והגין על דורו

גלא עמיקתא

הרי זה מתחייב בנפשו. **אלא** פנימיות הדברים, שגם נח היה צריך לתפוס אומנותו של נחש ולספר לשון הרע לשם שמים על בני דורו, והיות ולא עשה זאת ה׳ יתברך נשאר בדד ישב, ופעלה מדת הדין בלבד וכילתה את העולם, ולכן תיקונו במשה דסיפר לשון הרע במסירות נפש על בני דורו – כדי שזכויותיו יעברו אליהם, ועבירותיהם יעברו אליו. ולפי זה משה אהרן ומרים כולם למדו מהשי״ת שדיבר רע על בני האדם כדי לטהרם מכל חטא – וזה הביאור בסוגיא דמיעוט הלבנה (חולין ס: כנ״ל) דאומר הקב״ה: הביאו כפרה עלי על שמיעטתי את הירח. ובזה מבואר דברי הזוהר ה׳ למבול ישב – בדד ישב, דהלבנה קודם הקטרוג הייתה ספירית כמבואר במאמר שני המאורות לרבינו יצחק אייזיק מהאמל ונתעברה, הוא בחינת צרעת בלבנה. ועיין בעשרה מאמרות לרמ״ע מפאנו דביאר (ומביאו במאמר שני המאורות הנ״ל) דהקטרוג דלבנה הוא מלשון קטר רגיג שהוא קשר וחיבה שרצתה שלא יפסק קשר החיבה שלה עם החמה, כנודע חמה זעיר אנפין והלבנה נוקבא דיליה, דרצתה שיהיה ייחוד תדירי.

אלא שלכל זה צריך הקב״ה כביכול לצדיק – כאמרם (מועד קטן טז:) [נז]מי מושל בי? צדיק שנאמר צדיק מושל

כיון שאמר הקדוש ברוך הוא (שמות ל״ב) סרו מהר מן הדרך מיד עמד משה בתפלה ויחל משה וגו׳ עד שאחזתו חלחלה רבנן אמרי לא הניח משה להקב״ה עד שנתן נפשו עליהם מן העולם הזה ומן העולם הבא דכתיב (שם) ואם אין מחני נא מספרך אשר כתבת אמר רבי יוסי מהכא (תהלים ק״ו) ויאמר להשמידם לולי משה בחירו עמד בפרץ לפניו, אמר רבי יהושע מה ראה נח שלא בקש רחמים על דורו אמר בלבו אולי לא אמלט דכתיב (בראשית ז׳) כי אותך ראיתי צדיק לפני בדור הזה כלומר לפי הדור ולפיכך לא ביקש רחמים עליהם אמר רבי אלעז׳ אפילו הכיר הוה ליה למבעי רחמי על עלמא בגין דניחא ליה לקב״ה מאן דיימר טבא על בנוי מנא לן מגדעון בר יואש דלא הוה זכאי ולא בר זכאי ומשום דאמר טיבותא על ישראל אמר ליה קודשא בריך הוא (שופטים ו׳) לך בכחך זה והושעת את ישראל מיד מדין, מהו בכחך זה טיבותא דאמרת על בני רבי אלעזר שאיל וכו׳. [נז] **תלמוד בבלי מסכת מועד קטן דף טז עמוד ב**: אמר רבי שמואל בר נחמני אמר רבי יונתן: מאי דכתיב נאם דוד בן ישי ונאם הגבר הקם על - נאם דוד בן ישי, שהקים עולה של תשובה. אמר אלהי ישראל לי דבר צור ישראל מושל באדם צדיק מושל יראת אלהים, מאי קאמר? אמר רבי אבהו, הכי

גלא עמיקתא

יראת אלהים (שמואל ב' כ"ג,ג') – **כי הצדיק מוסר נפשו בשביל בני ישראל, כתפלת משה ואם אין מחני נא וכו'** (שמות ל"ב,ל"ב), **ובתפלותיו מהפך מדת הדין למדת הרחמים, כאמרם** [נח]**למה נמשלה תפלתן של צדיקים לעתר וכו', דבסוגיא דמיעוט הלבנה** (חולין ס:) – **הלבנה סיפרה לשון הרע לקב"ה על השמש – וכי אפשר לשני מלכים להשתמש בכתר אחד? וכונתה היתה לשם שמים, שכן השמש נקרא זעיר אנפין והלבנה נקראת מלכות נוקבא דיליה, וכל כונתה היתה להגדילו, בסוד גדלות ראשון וגדלות שני** [נט]**כמבואר בפרי ע"ץ חיים], ומסרה נפשה דאמר לה הקב"ה לכי ומעטי את עצמך. העולה מדברי הבאר מים חיים הנ"ל דאדם וחוה קבלו לשון הרע מהנחש לשם שמים – דלא יהא ח"ו בדד ישב וכו' ויחזור למדת הרחמים – דכל ששת ימי בראשית כתיב אלהי"ם בסוד מדת הדין כנודע [ושורשו בראשית ברא אלהי"ם], ובתר דא** (בראשית ב',ד') **אלה**

קאמר: אמר אלהי ישראל: לי דבר צור ישראל, אני מושל באדם, מי מושל בי - צדיק. שאני גוזר גזרה ומבטלה. אלה שמות הגברים אשר לדוד ישב בשבת וגו', מאי קאמר? - אמר רבי אבהו, הכי קאמר, ואלה שמות גבורותיו של דוד: יושב בשבת - בשעה שהיה יושב בישיבה לא היה יושב על גבי כרים וכסתות, אלא על גבי קרקע. דכל כמה דהוה רביה עירא היאירי קיים - הוה מתני להו לרבנן על גבי כרים וכסתות, כי נח נפשיה - הוה מתני דוד לרבנן, והוה יתיב על גבי קרקע. אמרו ליה: ליתיב מר אכרים וכסתות! - לא קביל עליה. תחכמני - אמר רב: אמר לו הקדוש ברוך הוא, הואיל והשפלת עצמך - תהא כמוני, שאני גוזר גזרה - ואתה מבטלה. ראש השלישים - תהא ראש לשלשת אבות. הוא עדינו העצני - כשהיה יושב ועוסק בתורה - היה מעדן עצמו כתולעת, ובשעה שיוצא למלחמה - היה מקשה עצמו כעץ. על שמנה מאות חלל בפעם אחת - שהיה זורק חץ ומפיל שמונה מאות חלל בפעם אחת, והיה מתאנח על מאתים. דכתיב איכה ירדף אחד אלף יצתה בת קול ואמרה: רק בדבר אוריה החתי. **[נח] תלמוד בבלי מסכת יבמות דף סד עמוד א:** ת"ר. נשא אשה ושהה עמה עשר שנים ולא ילדה - יוציא ויתן כתובה, שמא לא זכה להבנות ממנה. אף על פי שאין ראיה לדבר - זכר לדבר: מקץ עשר שנים לשבת אברם בארץ כנען - ללמדך, שאין ישיבת חו"ל עולה לו מן המנין. לפיכך, חלה הוא או שחלתה היא, או שניהם חבושים בבית האסורים - אין עולין לו מן המנין.

א"ל רבא לרב נחמן: ולילף מיצחק, דכתיב: ויהי יצחק בן ארבעים שנה בקחתו את רבקה וגו', וכתיב: ויצחק בן ששים שנה בלדת אותם! א"ל: יצחק עקור היה. א"ה, אברהם נמי עקור היה! ההוא מיבעי ליה לכדר' חייא בר אבא, דא"ר חייא בר אבא א"ר יוחנן: למה נמנו שנותיו של ישמעאל? כדי לייחס בהן שנותיו של יעקב. אמר רבי יצחק: יצחק אבינו עקור היה, שנאמר: ויעתר יצחק לה' לנכח אשתו, על אשתו לא נאמר אלא לנוכח, מלמד ששניהם עקורים היו. א"ה, ויעתר לו - ויעתר להם מיבעי ליה! לפי שאינו דומה תפלת צדיק בן צדיק לתפלת צדיק בן רשע. א"ר יצחק: מפני מה היו אבותינו עקורים? מפני שהקב"ה מתאוה לתפלתן של צדיקים. א"ר יצחק: למה נמשלה תפלתן של צדיקים כעתר? מה עתר זה מהפך התבואה ממקום למקום, כך תפלתן של צדיקים מהפכת מדותיו של הקדוש ברוך הוא ממדת רגזנות למדת רחמנות. **[נט] ספר פרי עץ חיים - שער חג המצות - פרק א:** אמנם הענין, כי בשאר הזמנים דזעיר אנפין הולך וגדול מעט מעט, תחלה קטנות ראשון, ואחר כך גדלות א', ואח"כ קטנות שני, ואחר כך גדלות שני. אך עתה בפסח, נכנס הכל ברגע אחת, ובפעם אחד. וזהו כי בחפזון יצאת, וכדי לשבר כח הקליפה. מה שאין כן בשום פעם אחרת, רק במדרגה כנודע. ואפילו ביום שבת, אינו עולה רק כפי התפלות. אך יש יתרון בצד א' ביום שבת, כי עולה עד דיקנא דאריך אנפין, מה שאין כן בפסח, כמ"ש בע"ה, רק עד יום שבועות במתן תורה.

גלא עמיקתא

תולדות השמים והארץ בהבראם ביום עשות הוי' אלהי"ם, הקדים הקב"ה מדת הרחמים למדת הדין [כאמרם [ס] בתחלה עלה במחשבה לברוא את העולם במדת הדין שנאמר בראשית ברא אלהים, ראה שאין העולם מתקיים עמד ושיתפה א"נ הקדימה למדת הרחמים שנאמר ביום עשות הוי' אלהי"ם ארץ ושמים]. וכד כתב רחמנא חטא חוה והנחש (בראשית פרק ג') הוא בשינוי דכתיב ומפרי העץ אשר בתוך הגן אמר אלהי"ם וכו' ויאמר הנחש וכו' כי יודע אלהי"ם וכו' ובתר דא היינו לאחר החטא ויקרא הוי' אלהי"ם אל האדם (פסוק ט') בחזרה למדת הרחמים, והם נענשו יחד עם הנחש.

וכן בכאן הקדים הקב"ה תרופה למכה, דכולא פסוקא (בראשית ג',כ"ב): "ויאמר ה' אלהים הן האדם היה כאחד ממנו לדעת טוב ורע, ועתה פן ישלח ידו ולקח גם מעץ החיים ואכל וחי לעולם" סליק לחושבן (3150) "אדם" (45) פעמים "אדם וחוה" (70) – רמז להם אכלו מעץ החיים היא תורתנו הקדושה דכתיב בה עץ חיים היא למחזיקים בה וכו' (משלי ג',י"ח) ותחיו לעולם כלומר תקומו בתחית המתים לחיי נצח, "ואכל וחי לעולם" גימ' (251) "יעקב אבינו", ואמרו חז"ל (תענית ה:) "[סא] יעקב אבינו לא מת" גימ' (722) "חוה" (19) פעמים "אך טוב" (38) כדכתיב אך טוב לישראל (תהל' ע"ג,א'), ויוברר למפרע דכולו הטוב והמיטיב בביאת גואל צדק ב"ב אכי"ר, ובמקום אחר בארנו דבהאי פרשתא אית ח"י זימנין שרש אכ"ל, דאכל הנ"ל ואכל וחי לעולם הוא הפעם ה-ח"י והיא תורתנו הקדושה עץ חיים למחזיקים בה דבעסק התורה זכינן לחיי נצח, ונבארו במקומו אי"ה.

ונחזור לענין הראשון, דחזינן כחו של משה בסנה שעמד מול הקב"ה וסיפר לשון הרע על בני ישראל, וכל זה בשביל להצילם מאבדון ומכליה, והוא תיקון נח [דמשה הוא תיקונו מחנ"י נא אתוון מ"י נ"ח [סב] כמבואר בזוה"ק] ועד סוף כל הדורות. ואולי יש

[ס] **רש"י בראשית פרק א פסוק א**: ברא אלהים - ולא אמר ברא ה', שבתחלה עלה במחשבה לבראתו במדת הדין, ראה שאין העולם מתקיים, הקדים מדת רחמים ושתפה למדת הדין, היינו דכתיב (להלן ב ד) ביום עשות ה' אלהים ארץ ושמים. [סא] **תלמוד בבלי מסכת תענית דף ה עמוד ב**: רב נחמן ורבי יצחק הוו יתבי בסעודתא, אמר ליה רב נחמן לרבי יצחק: לימא מר מילתא! אמר ליה, הכי אמר רבי יוחנן: אין מסיחין בסעודה, שמא יקדים קנה לושט ויבא לידי סכנה. בתר דסעוד אמר ליה: הכי אמר רבי יוחנן: יעקב אבינו לא מת. - אמר ליה: וכי בכדי ספדו ספדניא וחנטו חנטייא וקברו קברייא? - אמר ליה: מקרא אני דורש, שנאמר ואתה אל תירא עבדי יעקב נאם ה' ואל תחת ישראל כי הנני מושיעך מרחוק ואת זרעך מארץ שבים, מקיש הוא לזרעו, מה זרעו בחיים - אף הוא בחיים. אמר רבי יצחק: כל האומר רחב רחב מיד נקרי. אמר ליה רב נחמן: אנא אמינא, ולא איכפת לי! - אמר ליה: כי קאמינא - ביודעה ובמכירה (ובמזכיר את שמה). כי הוו מיפטרי מהדדי אמר ליה: ליברכן מר! - אמר ליה: אמשול לך משל, למה הדבר דומה - לאדם שהיה הולך במדבר והיה רעב ועיף וצמא, ומצא אילן שפירותיו מתוקין וצלו נאה, ואמת המים עוברת תחתיו. אכל מפירותיו, ושתה ממימיו, וישב בצילו. וכשביקש לילך, אמר: אילן אילן, במה אברכך? אם אומר לך שיהו פירותיך מתוקין - הרי פירותיך מתוקין, שיהא צילך נאה - הרי צילך נאה, שתהא אמת המים עוברת תחתיך - הרי אמת המים עוברת תחתיך. אלא: יהי רצון שכל נטיעות שנוטעין ממך יהיו כמותך. [סב] **זוהר חלק א דף סז עמוד ב**: תא חזי מה

גלא עמיקתא

לבאר דכשם שיש הנהגה של נורא עלילה על בני אדם (תהל' ס"ו,ה') מלעילא [כלומר שהקב"ה עושה דבר שנראה לכאורה דין אבל באמת הוא לטובה, וכגון מה שמבואר [סג]בגמרא (חגיגה ד:) על הפסוק ויש נספה בלא במשפט (משלי י"ג,כ"ג) – שנראה כביכול שהקב"ה לוקח אדם מן העולם בלא משפט, אבל באמת הוא מכוון מלמעלה וכו', וכגון מה שמביא [סד]המדרש על הפסוק אודך ה' כי אנפת בי וכו' (ישעי' י"ב,א') מעשה באדם שנתקע לו קוץ ברגלו ולא הספיק לבוא

בין משה לשאר בני עלמא, בשעתא דא"ל קב"ה למשה (שמות לב י) ועתה הניחה לי וגו', ואעשה אותך לגוי גדול וגו', מיד אמר משה וכי אשבוק דינהון דישראל בגיני, השתא יימרון כל אינון בני עלמא דאנא קטלית לון לישראל, כמה דעבד נח, דכיון דאמר ליה קב"ה דישזיב ליה בתיבותא, (כמה דאתמר) דכתיב ואני הנני מביא את המבול מים וגו', וכתיב ומחיתי את כל היקום אשר עשיתי מעל פני האדמה, ואני הנני מקים את בריתי וגו', ובאת אל התיבה, כיון דאמר ליה דישתזיב הוא ובנוי, לא בעא רחמין על עלמא ואתאבידו, ובגין כך אקרון מי המבול על שמיה, כמה דאת אמר (ישעיה נד ט) כי מי נח זאת לי אשר נשבעתי מעבור מי נח, אמר משה השתא יימרון בני עלמא דאנא קטילת לון, בגין דאמר לי ואעשה אותך לגוי גדול, השתא טב לי דאימות ולא ישתצון ישראל, מיד ויחל משה את פני יהו"ה אלקיו, בעא רחמין עלייהו ואתער רחמי על עלמא. ואמר רבי יצחק, שירותא דבעא רחמי עלייהו מאי קאמר, למה יהו"ה יחרה אפך בעמך, וכי מלה דא איך אמר לה משה למה, והא עבדו עבודה זרה, כמה דאת אמר עשו להם עגל מסכה וישתחוו לו ויאמרו אלה וגו', ומשה אמר למה, אלא הכי אוליפנא, מאן דמרצה לאחרא לא בעי למעבד ההוא חובא (דאיהו) רב, אלא יזעיר ליה קמיה, ולבתר יסגי ליה קמיה אחרא (ד"א ל"ג חייבא), דכתיב אתם חטאתם חטאה גדולה, ולא שביק ליה לקב"ה, עד דמסר גרמיה למותא, דכתיב ועתה אם תשא חטאתם, ואם אין מחני נא מספרך אשר כתבת, וקב"ה מחיל לון, דכתיב וינחם יהו"ה על הרעה וגו', ונח לא עבד כן, אלא בעא לאשתזבא, ושביק כל עלמא. ובכל זמנא דדינא שריא על עלמא, רוח קודשא אמר, ווי דלא אשתכח כמשה, דכתיב ויזכור (ימי עולם משה עמו וגו'), (ישעיה סג יא) איה המעלם מים וגו'. **[סג] תלמוד בבלי מסכת חגיגה דף ד עמוד ב:** רב הונא כי מטי להאי קרא בכי אמר עבד שרבו מצפה לו לראותו יתרחק ממנו דכתיב כי תבואו לראות פני מי בקש זאת מידכם רמוז חצרי רב הונא כי מטי להאי קרא בכי וזבחת שלמים ואכלת שם עבד שרבו מצפה לאכול על שלחנו יתרחק ממנו דכתיב למה לי רוב זבחיכם יאמר ה' רבי אלעזר כי מטי להאי קרא בכי ולא יכלו אחיו לענות אתו כי נבהלו מפניו ומה תוכחה של בשר ודם כך תוכחה של הקדוש ברוך הוא על אחת כמה וכמה רבי אלעזר כי מטי להאי קרא בכי ויאמר שמואל אל שאול למה הרגזתני להעלות אותי ומה שמואל הצדיק היה מתיירא מן הדין אנו על אחת כמה וכמה שמואל מאי היא דכתיב ותאמר האשה אל שאול אלהים ראיתי עולים תרי משמע חד שמואל ואידך דאזל שמואל ואתייה למשה בהדיה אמר ליה דלמא חס ושלום לדינא מתבעינא קום בהדאי דליכא מילתא דכתבת באורייתא דלא קיימתיה רבי אמי כי מטי להאי קרא בכי יתן בעפר פיהו אולי יש תקוה אמר כולי האי ואולי רבי אמי כי מטי להאי קרא בכי בקשו צדק בקשו ענוה אולי תסתרו ביום אף ה' אמר כולי האי ואולי רבי אסי כי מטי להאי קרא בכי שנאו רע ואהבו טוב והציגו בשער משפט אולי יחנן ה' [אלהי] צבאות כולי האי ואולי רב יוסף כי מטי להאי קרא בכי ויש נספה בלא משפט אמר מי איכא דאזיל בלא זמניה אין כי הא דרב ביבי בר אביי הוה שכיח גביה מלאך המות אמר ליה לשלוחיה זיל אייתי לי מרים מגדלא שיער נשייא אזל אייתי ליה מרים מגדלא דרדקי אמר ליה אנא מרים מגדלא שיער נשייא אמרי לך אמר ליה אי הכי אהדרה אמר ליה הואיל ואייתיתה ליהוי למנינא. **[סד] ילקוט שמעוני - ישעיהו - רמז תיז:** אודך ה' כי אנפת בי. דרש רב יוסף במה הכתוב מדבר בשני בני אדם שהלכו לסחורה ישב לו קוץ לאחד מהם ברגלו התחיל מחרף ומגדף, לימים שמע שטבעה ספינת חבירו בים התחיל

מודה ומשבח לכך נאמר ישוב אפך ותנחמני, וכה"א לעושה נפלאות גדולות לבדו, אר"א אפילו בעל הנס אינו מכיר בנסו. [סה] **ילקוט שמעוני ישעיהו - רמז תנ:** אל תיראי תולעת יעקב. מה תולעת זו אינה מכה את הארזים אלא בפה, כך ישראל אין להם אלא תפלה, וכן הוא אומר וייראו מאד ויצעקו בני ישראל אל ה'. תפשו אומנות אבותם אברהם יצחק ויעקב, באברהם נאמר בית אל מים והעי מקדם וגו' ויטע אשל בבאר שבע, ביצחק כתיב ויצא יצחק לשוח בשדה, ביעקב נאמר ויפגע במקום, וכה"א ואני נתתי לך שכם אחד וגו', וכי בחרבו ובקשתו לקח והא כתיב כי לא בקשתי אבטח וחרבי לא תושיעני, אלא זו תפלה, וכן בדוד הוא אומר אתה בא אלי בחרב ובחנית וגו', ואומר אלה ברכב ואלה בסוסים וגו', וכן באסא הוא אומר ויקרא אסא אל ה' אלהיו. במשה הוא אומר ונצעק אל ה' וישמע קולנו, א"ל אתם מתגאים על שהוריש לכם אביכם הקול קול יעקב וישמע ה' את קולנו, ואנו מתגאים במה שהוריש לנו אבינו ועל חרבך תחיה שנאמר ויאמר אליו אדום לא תעבור בי פן בחרב אצא לקראתך. [סו] **תלמוד בבלי מסכת ברכות דף לא עמוד ב:** ותדר נדר ותאמר ה' צבאות, אמר רבי אלעזר: מיום שברא הקדוש ברוך הוא את עולמו, לא היה אדם שקראו להקדוש ברוך הוא צבאות עד שבאתה חנה וקראתו צבאות; אמרה חנה לפני הקדוש ברוך הוא: רבונו של עולם, מכל צבאי צבאות שבראת בעולמך קשה בעיניך שתתן לי בן אחד? משל למה הדבר דומה - למלך בשר ודם שעשה סעודה לעבדיו, בא עני אחד ועמד על הפתח, אמר להם: תנו לי פרוסה אחת! ולא השגיחו עליו; דחק ונכנס אצל המלך. אמר לו: אדוני המלך, מכל סעודה שעשית קשה בעיניך ליתן לי פרוסה אחת? אם ראה תראה, אמר רבי אלעזר: אמרה חנה לפני הקדוש ברוך הוא: רבונו של עולם, אם ראה - מוטב, ואם לאו - תראה, אלך ואסתתר בפני אלקנה בעלי, וכיון דמסתתרנא משקו לי מי סוטה, ואי אתה עושה תורתך פלסתר, שנאמר: ונקתה ונזרעה זרע. הניחא למאן דאמר אם היתה עקרה נפקדת - שפיר, אלא למאן דאמר אם היתה יולדת בצער יולדת בריוח, נקבות - יולדת זכרים, שחורים - יולדת לבנים, קצרים - יולדת ארוכים, מאי איכא למימר? דתניא: ונקתה ונזרעה זרע - מלמד, שאם היתה עקרה נפקדת, דברי רבי ישמעאל; אמר ליה רבי עקיבא: אם כן, ילכו כל העקרות כולן ויסתתרו, וזו שלא קלקלה נפקדת! אלא: מלמד שאם היתה יולדת בצער - יולדת בריוח, קצרים - יולדת ארוכים. שחורים - יולדת לבנים, אחד - יולדת שנים. מאי אם ראה תראה - דברה תורה כלשון בני אדם. [סז] **מדרש תנחומא ואתחנן סימן ו:** כיון שראה משה שאין משגיחין בו הלך אצל שמים וארץ אמר להם בקשו רחמים אמרו ליה עד שנבקש רחמים עליך נבקש רחמים על עצמנו שכתוב כי שמים כעשן נמלחו והארץ כבגד תבלה (ישעיה נא) הלך אצל כוכבים ומזלות אמר להם בקשו עלי רחמים אמרו לו עד שנבקש רחמים עליך נבקש רחמים על עצמנו שנאמר (שם לד) ונמקו כל צבא השמים וגו' הלך אצל הרים וגבעות אמר להם בקשו עלי רחמים א"ל נבקש על עצמנו שנאמר כי ההרים ימושו והגבעות תמוטינה (שם נד) הלך אצל הים הגדול א"ל בקש עלי רחמים א"ל בן עמרם מה היום מיומים הלא אתה בן עמרם שבאת עלי במטך הכיתני וחלקת לי"ב שבילים ולא יכולתי לעמוד לפניך מפני שכינה שמהלכת לפניך לימינך שנאמר

גלא עמיקתא

בספינה וחבירו עלה לספינה, והתחיל מחרף ומגדף, למחר טבעה הספינה בים והתחיל לשבח לקב"ה, וכיוצא בזה בדברי חז"ל בכמה מקומות] יש נורא עלילה על בני אדם לתתא, ומנו? משה, [סה]דישראל נמשלו לתולעת זו שכחה בפיה, ומשה רבינו השתמש בכח פיו כלפי הקב"ה [וסיפר לשון הרע על ישראל] כדי להצילם מאבדון וכליה. ומעין זה מצינו [סו]בחנה שאמרה לקב"ה: אם אתה נותן לי בן – מוטב, ואם לאו – אסתר עם פלוני ותתן לי בן בעל כרחך כביכול כדכתיב בסוטה שנסתרה ולא חטאה ואם טהורה היא ונקתה ונזרעה זרע. ובזה יבואר דברי המדרש דאמר משה לקב"ה [סז]בעלילה אתה בא עלי וכו' – כלומר בבחינת נורא עלילה על בני אדם [שנראה כאילו הוא לרעה אבל באמת הוא לטובה]. ועל דרך

גלא עמיקתא

מה שמבואר בספה"ק [סח] שכל מידה ומידה יש בה חלק טוב וחלק רע, כגון שמחה יש בה טוב בשמחה של מצוה, וחלק רע בשמחה של הוללות, וכן קנאה ושנאה. ואם כן גם בלשון הרע יש גם צד הקדושה על פי דברי החובת הלבבות, שלעיתים צדיקים מספרים לשון הרע על אדם כדי להצילו – כמו שמצינו במשה אהרן ומרים, אדם וחוה.

ואולי יש לחדש עוד, שאף המלאכים סיפרו לשון הרע על ידי שדיברו בגנותם של בני ישראל לפני הקב"ה, כדאיתא [סט] במדרש דבקריעת ים סוף קטרגו המלאכים לפני הקב"ה ואמרו: הללו עובדי עבודה זרה, והללו עובדי עבודה זרה. אמר להם הקב"ה אם יתן איש

(שם סג) מוליך לימין משה זרוע תפארתו בקע מים מפניהם לעשות לו שם עולם והיום מה עלתה לך כיון שהזכיר לו הים מה שעשה בנערותו צעק ובכה ואמר מי יתנני כירחי קדם כימי אלוה ישמרני (איוב כט) בשעה שעברתי עליך הייתי מלך עולם ועכשיו אני משתטח ואין משגיחין בי מיד הלך לו אצל שר הפנים א"ל בקש עלי רחמים שלא אמות אמר לו משה רבי טורח זה למה כך שמעתי מאחורי הפרגוד שאין תפלתך נשמעה בדבר הזה הניח משה ידיו על ראשו והיה צועק ובוכה ואומר אצל מי אלך לבקש עלי רחמים אמר רבי שמלאי באותה שעה נתמלא הקב"ה בעברה עליו שנאמר ויתעבר ה' בי למענכם וגו' עד שפתח משה מקרא זה ויעבר ה' על פניו ויקרא (שמות לד) באותה שעה נתקררה רוח הקדש וא"ל להקב"ה למשה משה שתי שבועות נשבעתי אחת שתמות ואחת שלא לאבד את ישראל לבטל את שתיהן אי אפשר אם תרצה לחיות ויאבדו ישראל מוטב אמר לפניו רבוני בעלילה אתה בא עלי אתה תופש החבל בשני ראשים יאבד משה ואלף כמוהו ואל יאבד אחד מישראל. **[סח] ספר צדקת הצדיק (לר' צדוק הכהן מלובלין) - אות מז:** כל הכוחות הנטועות בכל נפש מישראל אין לחשוב שהוא רע גמור ושצריך להיות הפכו כי אין לך שום מדה וכח שאין בה צד טוב גם כן רק צריך שישתמש בה כפי רצון השם יתברך ואם אינו כפי רצון השם יתברך גם המדות טובות, רעות. כמו שאול שנענש בעבור הרחמנות, ובגיטין (נ"ו.) ענותנותו של ר' זכריה בן אבקולס החריבה וכו', ולהיפך אמרו ז"ל (שבת ס"ג.) אם ראית תלמיד חכם נוקם ונוטר כנחש חגרהו וכו' ונחש הוא שורש הרע בכעס. ובתלמיד חכם רצה לומר אשר כל מגמותיו רצון השם יתברך אדרבה הוא טוב מאוד, על דרך שאמרו ז"ל (בראשית רבה ט' ז') טוב מאוד זה יצר הרע. וכן בגאוה (פרק קמא דסוטה ה'.) בשמתא מאן דלית ביה ולכן הנביאים היו מייללים על אבדן האומות (ירמיה מ"ח ל"ו) לבי למואב וגו' וכיוצא, וחז"ל שבחום על זה במדרש רבה (ריש פרשת בלק כ' א') ובודאי לא חשו על איבוד גופם כי באבוד רשעים רנה [ואולי יהיה לבי על דרך שאמרו ז"ל (שיר השירים רבה ה' ב') הקב"ה לבן של ישראל שנאמר (תהלים ע"ג כ"ו) צור לבבי. ואמרו ז"ל (מגילה י' ע"ב) הוא אינו שש] רק ידוע כל אומה הוא כח מיוחד, שבעים אומות ושבעים כוחות בנפש, וביום ההוא יגדל המספד באבדן היצר הרע גם כן כמו שאמרו בסוכה (נ"ב.) כי יפה שעה אחת בתשובה ומעשים טובים בעולם הזה מכל וכו', ואז יהיה בכלל. ואבדן אומה פרטית הוא איבוד ממשלת אותו כח פרטי [ועל דרך שנתאונן קהלת וכן חז"ל שילהי שבת (קנ"ב.) על הילדות ואף על פי ששנינו (קנים ג' ו') זקני תלמידי חכמים וכו' דעתן מתיישבת וכו' ובשמות רבה (סוף פרשה ה' ט') מחשיבות הזקנים, וכן בכמה מקומות. אלא שפסק החמדה והיצר הרע]. וכח בלעם בחציפות שלמדו ממנו חז"ל (סנהדרין ק"ה.) והוא היה ראשית גוים דוגמת משה רבינו ע"ה בישראל כמו שאמרו ז"ל (זוהר ח"ג קצ"ג ע"ב), לכך הכח שהשיג יתוקן בישראל באחרית הימים ובעקבי משיח אז חוצפא יסגא יתגדל ויהיה במעלה. **[סט] מדרש תהלים מזמור טו:** וכן הוא אומר, (שיר השירים ח, ז) מים רבים לא יוכלו לכבות את האהבה. אלו העכו"ם, שנאמר (ישעיה יז, יב) הוי המון עמים רבים. לכבות את האהבה, אהבה שאהב הקב"ה את ישראל. ונהרות לא ישטפוה, אלו העכו"ם. ר' עזריה בשם רבי יהודה אומר, לעתיד לבוא באין כל האומות לקטרג את ישראל ואומרים לפני הקב"ה, רבונו של

גלא עמיקתא

את כל הון ביתו באהבה (שאהב הקב"ה את ישראל) **בוז יבוזו לו** (שיר השירים ח',ז') [עד כאן דברי המדרש]. **הא** למדת שהמלאכים סיפרו לשון הרע על בני ישראל – "הללו עובדי עבודה זרה". **ועל פי חובת הלבבות יש לומר שעשו זאת לשם שמים** – על דרך שטן ופנינה לשם שמים נתכוונו (כנ"ל), שהרי **שטן הוא אחד מן המלאכים**, וכתיב בשטן [ע]יורד ומשטין עולה ומקטרג יורד ונוטל נשמה, משטין היינו לשון הרע שמספר על פלוני ופלוני החטאים והפגמים שעשו, כלומר המלאכים שמשטינים על האדם הוא לכאורה על מנת להכשילו, וכגון בקריעת ים סוף שאמרו המלאכים הללו עובדי עבודה זרה והללו עובדי עבודה זרה לומר **מאי שנא אלו מאלו. אבל** בפנימיות הדברים נתכוונו לשם שמים (על דרך שטן לשם שמים נתכוון) כדי שהקב"ה **יאמר שנא ושנא** – שהרי **אלו הם בניי, ואלו אינם בניי**, ועל ידי זה יינצלו בני ישראל מן הפורענות. [עא]**ואיתא** בספה"ק דישראל **באמת חטאו בלשון הרע** כדכתיב וילונו כל עדת בני ישראל וכו' (במדבר י"ז,ו').

עולם, אלו עובדי עבודה זרה ואלו עובדי עבודה זרה. אלו מגלי עריות ואלו מגלי עריות. אלו שופכי דמים ואלו שופכי דמים. מפני מה אלו יורדין לגיהנם, ואלו אין יורדין. וכי משוא פנים יש לפניך. אומר להן, (שיר השירים ח, ז) אם יתן איש את כל הון ביתו. אם תתנו כל ממונכם בדבר אחד מן התורה, אינו מתכפר לכם. מה כתיב בתריה, (שם, ח) אחות לנו קטנה. מה הקטן הזה כל מה שהוא עושה אין מניחין בידו. כך, כל מה שישראל מתלכלכין בעבירות כל ימות השנה, יום הכפורים בא ומתכפר להם, שנאמר (ויקרא טז, ל) כי ביום הזה יכפר עליכם. **[ע] תלמוד בבלי מסכת בבא בתרא דף טז עמוד א:** ויאמר ה' אל השטן השמת לבך אל עבדי איוב כי אין כמוהו בארץ וגו' ועודנו מחזיק בתומתו ותסיתני בו לבלעו חנם אמר רבי יוחנן אלמלא מקרא כתוב אי אפשר לאומרו כאדם שמסיתין אותו וניסת במתניתא תנא יורד ומתעה ועולה ומרגיז נוטל רשות ונוטל נשמה ויען השטן את ה' ויאמר עור בעד עור וכל אשר לאיש יתן בעד נפשו אולם שלח נא ידך וגע אל עצמו ואל בשרו אם לא (על) [אל] פניך יברכך ויאמר ה' אל השטן הנו בידך אך את נפשו שמור ויצא השטן מאת פני ה' ויך את איוב וגו' אמר רבי יצחק קשה צערו של שטן יותר משל איוב משל לעבד שאמר לו רבו שבור חבית ושמור את יינה אמר ר"ל הוא שטן הוא יצר הרע הוא מלאך המות הוא שטן דכתיב ויצא השטן מאת פני ה' הוא יצר הרע כתיב התם רק רע כל היום וכתיב הכא (רק את נפשו שמור) [רק אליו אל תשלח ידך] הוא מלאך המות דכתיב (רק) [אך] את נפשו שמור אלמא בדידיה קיימא א"ר לוי שטן ופנינה לשם שמים נתכוונו שטן כיון דחזיא להקדוש ברוך הוא דנטיה דעתיה בתר איוב אמר חס ושלום מינשי ליה לרחמנותיה דאברהם פנינה דכתיב וכעסתה צרתה גם כעס בעבור הרעימה דרשה רב אחא בר יעקב בפפוניא אתא שטן נשקיה לכרעיה בכל זאת לא חטא איוב בשפתיו אמר רבא בשפתיו לא חטא בלבו חטא מאי קאמר ארץ נתנה ביד רשע פני שופטיה יכסה אם לא איפו מי הוא אמר רבא בקש איוב להפוך קערה על פיה אמר ליה אביי לא דבר איוב אלא כנגד השטן כתנאי ארץ נתנה ביד רשע רבי אליעזר אומר בקש איוב להפוך קערה על פיה אמר לו רבי יהושע לא דבר איוב אלא כלפי שטן על דעתך כי לא ארשע ואין מידך מציל אמר רבא בקש איוב לפטור את כל העולם כולו מן הדין אמר לפניו רבונו של עולם בראת שור פרסותיו סדוקות בראת חמור פרסותיו קלוטות בראת גן עדן בראת גיהנם בראת צדיקים בראת רשעים מי מעכב על ידך. **[עא] גבורת ארי מסכת יומא דף מד עמוד א:** יבא דבר שבחשאי ויכפר על מעשה חשאי. בסוף פרק ט' דזבחים (דף פ"ח) ובפרק ב' דערכין פריך עלה מהא דאמר ר' ענני בר ששון דמעיל מכפר על לשון הרע יבא דבר שבקול ויכפר על קול ומשני לא קשיא הא בצנעה דהוא בחשאי קטורת מכפרת

הא בפרהסיא דמעשה קול מעיל שהוא דבר שבקול מכפר. וקשה לי דהא ההוא עובדא דויתן אהרן קטורת ויכפר על העם דמייתי מיניה קטורת מכפרת לשון הרע של פרהסיא הוי כדכתיב וילונו כל עדת בני ישראל וכו׳ ויהי בהקהל העדה וכו׳ ואין זה מקומו. [עב] **ספר קדושת לוי - פרשת נצבים:** ובזה יבואר מה שכתוב בספר רזיא״ל, כי השם יתברך נקרא מלך עלוב כביכול לשון בושה. ויבואר על דרך משל, אם חכם גדול בא לשאול עצה אם יעשה דבר זה או לא ויעצו אותו שלא יעשה והחכם לא חש לעצתם ועשה הדבר וכשעשה הדבר חס ושלום לא עלה כהוגן ונגמר הדבר חס ושלום כעצת היועצים אז חס ושלום החכם ההוא מתבייש. כן השם יתברך כשעלה ברצונו לברוא האדם אמר נעשה אדם שנמלך במלאכי מעלה אם לברוא האדם והמלאכים אמרו מה אנוש כו׳. והשם יתברך ברחמיו לא חש לעצתם וברא את האדם. ועתה כשחס ושלום הם עושין נגד רצונו ומוטב היה להם שלא היו נבראים אז כביכול השם יתברך נקרא עלוב. וזהו גם כן מה שאמר הכתוב (תהלים פא,ה) כי חק לישראל הוא משפט לאלהי יעקב, עיין בר״ה ד״ח וי״ל הל״ל, כי משפט לאלהי יעקב הוא חק לישראל. ובזה יבואר הפסוק כך, כי חק לישראל הוא, כלומר לישראל עם קדוש בוודאי יהיה להם חוק והוא לשון מזוני פרנסה כמאמר חכמינו ז״ל (ביצה טז.) ממאי דהאי חק לישנא דמזוני הוא עיין שם. והאיך מוכח שבודאי לישראל יהיה פרנסה. על זה מתרץ הכתוב משפט לאלהי יעקב, כלומר מה שרוצים לשפוט את ישראל אם ליתן להם פרנסה המשפט אינו לישראל, רק המשפט הוא לאלהי יעקב כביכול המשפט לאלהים הוא וכמאמר הזוהר עליו דייקא וכו׳, וכיון שהדבר כן ממילא נסתמו פי כל המקטריגים וכל המסטינים מעמו ישראל, כי לא להם המשפט רק הדבר נוגע

להבורא ברוך הוא ואז חיל ורעדה יאחזון לפתוח פיהם, כי אז יעשן אף ה׳, ויתחיל לשפוט אותם שאף שהם מלאכים קדושים לא יזכו בעיניו כמאמר הכתוב (איוב טו,טו) הן צבא השמים לא זכו בעיניו.

גלא עמיקתא

ובזה יבואר דברי חז״ל על הפסוק ושמים לא זכו בעיניו (איוב ט״ו,ט״ו) [עב]אפילו מלאכי שמים [כנ״ל] – וקשה מדוע הקב״ה שופט את המלאכים והרי אין להם בחירה ולא חטאו. אלא שהמלאכים פוגמים באיסור לשון הרע כיוון שמספרים חטאיהם של בני אדם לפני הקב״ה. וכגון מה שכתוב במעמד הר סיני (עיין שבת פח:) שאמרו המלאכים לקב״ה [על משה]: [עג]מה לילוד אשה בינינו?, ואמר הקב״ה למשה החזר להן תשובה – כי כל הכונה היתה לטובה לנקותו מן העוון כנ״ל [כלומר באמת הוא משטין ולכן נקרא לשון הרע – ולכן אפילו מלאכי שמים לא זכו

[עג] **תלמוד בבלי מסכת שבת דף פח עמוד ב:** ואמר רבי יהושע בן לוי כל דיבור ודיבור שיצא מפי הקדוש ברוך הוא יצתה נשמתן של ישראל שנאמר נפשי יצאה בדברו ומאחר שמדיבור ראשון יצתה נשמתן דיבור שני היאך קיבלו הוריד טל שעתיד להחיות בו מתים והחיה אותם שנאמר גשם נדבות תניף אלהים נחלתך ונלאה אתה כוננתה ואמר רבי יהושע בן לוי כל דיבור ודיבור שיצא מפי הקדוש ברוך הוא חזרו ישראל לאחוריהן שנים עשר מיל והיו מלאכי השרת מדדין אותן שנאמר מלאכי צבאות ידודון ידודון אל תיקרי ידודון אלא ידודון: ואמר רבי יהושע בן לוי בשעה שעלה משה למרום אמרו מלאכי השרת לפני הקדוש ברוך הוא רבונו של עולם מה לילוד אשה בינינו אמר להן לקבל תורה בא אמרו לפניו חמודה גנוזה שגנוזה לך תשע מאות ושבעים וארבעה דורות קודם שנברא העולם אתה מבקש ליתנה לבשר ודם מה אנוש כי תזכרנו ובן אדם כי תפקדנו ה׳ אדנינו מה אדיר שמך בכל הארץ אשר תנה הודך על השמים אמר לו הקדוש ברוך הוא למשה החזיר להן תשובה אמר לפניו רבונו של עולם מתיירא אני שמא ישרפוני בהבל שבפיהם אמר לו אחוז בכסא כבודי וחזור להן תשובה שנאמר מאחז פני כסא פרשז עליו עננו ואמר רבי נחום מלמד שפירש שדי מזיו שכינתו ועננו עליו אמר לפניו רבונו של עולם תורה שאתה נותן לי מה כתיב בה אנכי ה׳ אלהיך אשר הוצאתיך מארץ מצרים אמר להן למצרים ירדתם לפרעה השתעבדתם תורה למה תהא לכם שוב מה כתיב בה לא יהיה לך אלהים אחרים בין עמים אתם

גלא עמיקתא

בעיניו של הקב״ה, אבל בכל זאת סוף סוף הם מלאכי שמים, ועל כרחך שעושים לשם שמים על דרך שמן לשם שמים נתכוון וד״ל]. ושם שם הקב״ה זרת שלו ביניהן ושרפן – הנה עונשם על הלשון הרע –ומצורע חשוב כמת והרי שרפן והמיתן.

ובלעומת זה המן הרשע סיפר לשון הרע על בני ישראל [כאמרם (מגילה יג:) [עד]ליכא דידע לישנא בישא כהמן, דאמר: ישנו עם אחד וכו' (אסתר ג',ח') ישנים מן המצוות] **לא לשם שמים כלל, אלא אדרבא אך ורק כדי לקטרג עליהם ועל ידי זה לגרום להם כליה**, כמבואר בפסוק הנ״ל **ישנו עם אחד מפוזר ומפורד בין העמים וכו' ולמלך אין שוה להניחם, אם על המלך טוב יכתב לאבדם** – דתכלית הכל היה כדי להשמיד להרוג ולאבד את כל היהודים (שם פסוק י״ג), **אלא שהקב״ה ביטל הגזירה בזכות תפלתן של ישראל. והגדילו לעשות נדב ואביהוא שאמרו לשון הרע על משה ואהרן.** וכפי שכתב [עה]הכלי יקר בפירושו על פרשת שמיני

שרויין וכו'. [עד] **תלמוד בבלי מסכת מגילה דף יג עמוד ב:** ישנו עם אחד אמר רבא ליכא דידע לישנא בישא כהמן אמר ליה תא ניכלינהו אמר ליה מסתפינא מאלהיו דלא ליעביד בי כדעבד בקמאי אמר ליה ישנו מן המצות אמר ליה אית בהו רבנן אמר ליה עם אחד הן שמא תאמר קרחה אני עושה במלכותך מפוזרין הם בין העמים שמא תאמר אית הנאה מינייהו מפורד כפרידה זו שאינה עושה פירות ושמא תאמר איכא מדינתא מינייהו תלמוד לומר בכל מדינות מלכותך ודתיהם שונות מכל עם דלא אכלי מינן ולא נסבי מינן ולא מנסבי לן ואת דתי המלך אינם עושים דמפקי לכולא שתא בשה״י פה״י ולמלך אין שוה להניחם דאכלו ושתו ומבזו ליה למלכות ואפילו נופל זבוב בכוסו של אחד מהן זורקו ושותהו ואם אדוני המלך נוגע בכוסו של אחד מהן חובטו בקרקע ואינו שותהו אם על המלך טוב יכתב לאבדם ועשרת אלפים ככר כסף וגו' אמר ריש לקיש גלוי וידוע לפני מי שאמר והיה העולם שעתיד המן לשקול שקלים על ישראל לפיכך הקדים שקליהן לשקליו והיינו דתנן באחד באדר משמיעין על השקלים ועל הכלאים. [עה] **כלי יקר ויקרא פרשת שמיני פרק י פסוק א:** ויקריבו לפני ה' אש זרה אשר לא צוה אותם. במהות חטא זה רבו הדעות. בילקוט (רמז תקנד) מסיק בשם ר' מני על שנכנסו שתויי יין, ועל ידי שנכנסו בלא רחיצת ידים ורגלים, ויש אומרים שהיו מחוסרי בגדים והיינו המעיל, ויש אומרים על שלא היה להם בנים, ויש אומרים על שלא נשאו נשים, ויש אומרים על שהורו הלכה בפני משה רבן, ויש אומרים על שהיו מהלכים ואומרים מתי ימותו שני זקנים הללו ואני ואתה ננהיג שררה על הציבור, ויש אומרים שעוון העגל שעשה אהרן גרמה להם ודרשו על זה פסוק ישלם שנים לרעהו (שמות כב ט), וכל הדעות הללו אף על פי שיש להם קצת סמך מפסוקים אחרים מכל מקום הרי מקרא זה מכחיש כל הדעות ההם שנאמר ויקריבו לפני ה' אש זרה אשר לא צוה אותם, שמע מינה שלא היה בהם חטא אחר כי אם זה על כן חל עלי חובת ביאור להמליץ בעד כל הדעות הללו, ולומר שכולם מצאו להם סמך מן פסוק זה. לפי שקשה להם הלא כבר נאמר (ויקרא א ז) ונתנו בני אהרן הכהנים אש וגו', שמצוה להביא מן ההדיוט ואיך יאמר אשר לא צוה אותם. ואין לומר כדברי מהר״י אברבנאל שהיה להם ליקח אש הקטורת ממזבח העולה שהרי ציווי זה היה אחרי מות בני אהרן ושם נאמר (שם טז יב) ולקח מלא המחתה גחלי אש מלפני ה' וגו'. על כן ראוי לפרש אש זרה זו על צד הזרות והרמז על שאר דברים שנרמזו באש זרה כי דעת האומר שתויי יין נכנסו, סובר שאש זרה זה מדבר ביין הבוער באדם כאש כמו שנאמר (ישעיה ה יא) מאחרי בנשף יין ידליקם, והוא דליקה ממש מן השריפה אשר שרף בקרבם היין, ואף על פי שפרשת יין ושכר אל תשת עדיין לא נאמרה להם מכל מקום על דרך הקריבהו נא לפחתך היה להם לידע מסברא כי אין לבוא בשער המלך והוא שכור. וראיה גדולה לדעה זו מה שנאמר (שמות כד יא)

גלא עמיקתא

שמביא דברי [עו]המדרש ד' דברים שבגינם מתו נדב ואביהוא, ואחד מהם

ואל אצילי בני ישראל לא שלח ידו, מכלל שהיו ראוין לשליחת יד על מה שאכלו ושתו וזנו עיניהם מן השכינה מתוך לב גס של מאכל ומשתה ואמרו חז"ל (ויקרא רבה כ י) שלא רצה הקדוש ברוך הוא לערבב שמחת התורה והמתין להם עד יום זה. וקשה מה יום מיומים, ועוד שהרי גם יום זה נקרא שמחת לבו שכן דרשו חז"ל (תענית כו ב) ביום חתונתו זה מתן תורה וביום שמחת לבו זה חנוכת בית המקדש, והיה לו להמתין עוד. אלא לפי שביום זה חזרו ושנו באוולתם ויקריבו לפני ה' אש זרה אשר בערה בקרבם מצד היין ומתוך רוב שתיה באו לפני ה' אשר לא כדת על כן לא רצה ה' להמתין להם עוד כדי שלא יהיה הדבר בעיניהם כהיתר כי העובר עבירה ושנה בה הותרה לו (יומא פו ב). ועל כן נאמר לאהרן אחרי מות שני בניו ציווי בזאת יבוא אהרן אל הקודש וגו' (ויקרא טז ג) ביום צום כיפור יום ענות אדם נפשו כי אז הוא בא בהכנעה לפני בוראו לא מתוך לב גס כי היין בוגד גבר יהיר ולא ינוה (חבקוק ב ה) ולמאן דאמר שלא נשאו נשים, היה אש התאוה בוער בהם כי כל מי שאינו נשוי מלא הרהורי עבירה מן אש זרה וברותחין קלקלו ברותחין נדונו (סנהדרין קח ב) וכן מצינו בגמרא נורא בי עמרם וכו' (קידושין פא א) על חמדת נשים הבוער בקרבו כאש בנעורת ולמאן דאמר שהיו חסרים מעיל, ידוע שהמעיל מכפר על לשון הרע (ערכין טז א) ואלו סיפרו לשון הרע על משה ואהרן ואמרו מתי ימותו שני זקנים הללו וכו' רצו בזה שאינן ראוין להיות מנהיגים כי אם מצד זקנתם לא מצד מעלתם וכל מספר לשון הרע מקריב אש זרה גחלים בערו ממנו כמו שנאמר (משלי כו יח) כמתלהלה היורה זיקים חצים ומות, והיינו זיקי דינור כי יצא כברק חצו ועל כן דינו באש כמו שנאמר (תהלים קכ ג - ד) מה יתן לך ומה יוסיף לך לשון רמיה חצי גבור שנונים עם גחלי רתמים, ולכן נדונו גם המה באש. ואילו היו לבושי מעיל היה מכפר עליהם על לשון הרע. ויכלול דמיון האש מדת גסות הרוח כי כל גס רוח רוצה לעלות למעלה כטבע האש העולה למעלה ועל כן דינו באש, כמבואר למעלה בפרשת צו (ויקרא ו ט) על אומרם ז"ל (ויקרא רבה ז ו) הוא העולה על מוקדה כל המתגאה נידון באש. ובני אהרן הגיסו לבם בהקרבה זו והיינו אש זרה. ודבר זה יכלול הרבה דעות, הן דעת האומר שהיו שתויי יין דהיינו מתוך לב גס, הן דעת האומר שלא נשאו נשים בעבור רוב גסות רוחם בחשבם כי אין על עפר משלם, הן דעת האומר שלא נטלו עצה זה מזה בעבור רוב גסות רוחם, הן דעת האומר שהורו הלכה בפני משה רבן כי לרוב גסות לא נטלו רשות ממשה, הן לדעת האומר ואני ואתה ננהיג שררה וכו' ומאן דאמר שלא היה להם בנים, נראה שסובר גם הוא כדעת המדרש האומר שנפקד עליהם עוון העגל, ולפי שבעבודה זרה כך הוא המדה שהקב"ה פוקד עוון אבות על בנים ועל בני בנים (שמות לד ז) ולכבוד אהרן היה הקדוש ברוך הוא מאריך אפו וגבה דיליה מן בני בנים, אך לפי שלא היה להם בנים נפקד העוון עליהם. ואולי שבשעת שימת אש זרה היו מהרהרין באש העגל כי השליך שם אהרן הזהב ויצא העגל הזה וחשבו שעל ידי האש זרה נעשה הנס ההוא כך הרהרו בשימת אש זה שיעשה להם נס על ידו, וה' ידע מחשבות לבם כי אש זרה המה מקריבים לפניו על כן דנם באש כדרך שנאמר בעגל (שם לב כ) וישרוף אותו באש ודעת האומר שלא היו רחוצי ידים ורגלים סובר שהיינו אש זרה לפי שלא קידשו ידיהם ורגליהם מן הכיור היו חולין במקום קודש ועל כן נקרא האש אש זרה כי הזרות היפך הקדושה כמו שנאמר (ויקרא כב י) וכל זר לא יאכל קודש, לכך נאמר איש מחתתו, כאילו היתה מחתה שלו שאין בה צד קדושה, וכל זה מצד שלא קידשו ידיהם ורגליהם. ועל שחטאו במים על כן נדונו באש השולט במקום שאין מים מצוין לכבותו:

[עו] ויקרא רבה פרשת אחרי מות פרשה כ: [ט] ר' מני דשאב ור' יהושע דסיכנין בש' ר' לוי בשביל ארבעה דברים מתו שני בני אהרן ובכולן כת' בהן מיתה. על ידי שהיו שתויי יין וכת' בהן מיתה יין ושכר אל תשת (ויקרא י, ט). ועל ידי שהיו מחוסרי בגדים וכת' בהן מיתה, והיו על אהרן ועל בניו וגו' (שמות כח, מג). מה היו חסירים, אמ' ר' לוי מעיל היו חסירין, שכת' בו מיתה והיה על אהרן לשרת וגו' (שם /שמות כ"ח/ לה). ועל ידי שנכנסו בלא רחוצי ידים ורגלים, ורחצו ידיהם ורגליהם ולא ימותו וגו' (שמות ל, כא), וכת' בבאם אל אהל מועד (שם /שמות ל'/ כ). ועל ידי שלא היו להם בנים וכת' בו מיתה, הה"ד וימת נדב ואביהוא ובנים לא היו להם (במדבר ג, ד). אבא חנן אמ' על ידי

גלא עמיקתא

שנכנסו בלי מעיל, [עז]דמעיל מכפר על לשון הרע, והם סיפרו לשון הרע על משה ואהרן [עח]מתי ימותו שני זקנים הללו ואנחנו ננהיג את הדור, והלשון הרע היה שאמרו שהשררה היתה מחמת זקנותם ולא מחמת מעלתם [עכד״ק].

ויש לבאר על פי דרכנו, שמשה ואהרן צריכים היו למות – המיתה הזאת עברה אל נדב ואביהוא ומה שהם [נדב ואביהוא] היו צריכים לחיות – זה עבר למשה ואהרן, ואחד מהאמצעים שנקטו לכך – היה הלשון הרע לפי החובת הלבבות, [עט]שהקב״ה אמר: אתם אומרים מתי ימותו שני זקנים הללו – ואני אומר נראה מי יקבור את מי,

---

שלא היה להם נשים וכת׳ וכפר בעדו ובעד ביתו (ויקרא טז, ו), ביתו זו אשתו. [עז] **תלמוד בבלי מסכת ערכין דף טז עמוד א**: א״ר שמואל בר נחמני א״ר יוחנן על שבעה דברים נגעים באין: על לשון הרע, ועל שפיכות דמים, ועל שבועת שוא, ועל גילוי עריות, ועל גסות הרוח, ועל הגזל, ועל צרות העין. על לשון הרע, דכתיב: מלשני בסתר רעהו אותו אצמית. על שפיכות דמים, דכתיב: ואל יכרת מבית יואב זב ומצורע וגו׳. ועל שבועת שוא, דכתיב: ויאמר נעמן הואל קח ככרים, וכתי׳: וצרעת נעמן תדבק בך וגו׳. ועל גילוי עריות, דכתיב: וינגע ה׳ את פרעה נגעים וגו׳. ועל גסות הרוח, דכתיב: ובחזקתו גבה לבו עד להשחית וימעול בה׳ אלהיו, והצרעת זרחה במצחו. ועל הגזל, דכתיב: וצוה הכהן ופנו את הבית, תנא: הוא כונס ממון שאינו שלו, יבא הכהן ויפזר ממונו. ועל צרות העין, דכתיב: ובא אשר לו הבית [וגו׳], ותנא דבי ר׳ ישמעאל: מי שמיוחד ביתו לו. איני? והא אמר ר׳ ענני בר ששון: למה נסמכה פרשת בגדי כהונה לפרשת קרבנות? לומר לך: מה קרבנות מכפרין, אף בגדי כהונה מכפרין; כתונת מכפרת על שפיכות דמים, דכתיב: ויטבלו את הכתנת בדם; מכנסים מכפרים על גילוי עריות, דכתיב: ועשה להם מכנסי בד לכסות בשר ערוה; מצנפת מכפרת על גסי הרוח, כדרבי חנינא, דא״ר חנינא: יבא דבר שבגובה ויכפר על מעשה גובה; אבנט מכפרת על הרהור הלב, אהיכא דאיתיה, (דכתיב: והיה על לב אהרן); חושן מכפר על הדינין, דכתיב: ועשית חושן משפט; אפוד מכפר על עבודה זרה, דכתיב: אין אפוד ותרפים; מעיל מכפר על לשון הרע, אמר הקדוש ברוך הוא: יבא דבר שבקול ויכפר על מעשה הקול; ציץ מכפר על מעשה עזי פנים, כתיב הכא: והיה על מצח אהרן, וכתיב התם: ומצח אשה זונה היה לך! לא קשיא: הא דאהנו מעשיו, הא דלא אהנו מעשיו, אי אהנו מעשיו - אתו נגעים עליה, אי לא אהנו מעשיו - מעיל מכפר. והא״ר סימון אמר רבי יהושע בן לוי: שני דברים לא מצינו להם בקרבנות כפרה, בדבר אחר מצינו להם כפרה, שפיכות דמים ולשון הרע, שפיכות דמים בעגלה ערופה, ולשון הרע בקטרת, דתניא ר׳ חנינא: למדנו לקטרת שמכפרת, דכתיב: ויתן את הקטרת ויכפר על העם, ותנא דבי רבי ישמעאל: על מה קטרת מכפרת? על לשון הרע, אמר הקדוש ברוך הוא: יבא דבר שבחשאי ויכפר על מעשה חשאי; קשיא שפיכות דמים אשפיכות דמים! קשיא לשון הרע אלשון הרע! שפיכות דמים אשפיכות דמים לא קשיא: הא דידיע מאן קטליה, הא דלא ידיע מאן קטליה. דידיע מאן קטליה בר קטלא הוא! במזיד ולא אתרו ביה. לשון הרע אלשון הרע ל״ק: הא בצינעא, הא בפרהסיא. [עח] **תלמוד בבלי מסכת סנהדרין דף נב עמוד א**: וכבר היו משה ואהרן מהלכין בדרך ונדב ואביהוא מהלכין אחריהן וכל ישראל אחריהן, אמר לו נדב לאביהוא: אימתי ימותו שני זקנים הללו ואני ואתה ננהיג את הדור? אמר להן הקדוש ברוך הוא: הנראה מי קובר את מי. אמר רב פפא: היינו דאמרי אינשי: נפישי גמלי סבי דטעיני משכי דהוגני. אמר רבי אלעזר ממשיך בעמוד ב תלמוד בבלי מסכת סנהדרין דף נב עמוד ב למה תלמיד חכם דומה לפני עם הארץ? בתחלה דומה לקיתון של זהב, סיפר הימנו - דומה לקיתון של כסף, נהנה ממנו - דומה לקיתון של חרש, כיון שנשבר - שוב אין לו תקנה. [עט] **פסיקתא זוטרתא ויקרא פרשת שמיני דף כז עמוד ב**: [י, ב] ותצא אש מלפני ה׳. מלמד שיצתה אש מבית קדש הקדשים ושרפה את נשמתן. אבא יוסי בן דוסאי אומר שני חוטין של אש יצאו מבית קדש הקדשים ונתחלקו לארבעה ונכנסו שנים בחוטמו של זה ושנים

גלא עמיקתא

דהיינו שעוררו מדת הדין הקשה על עצמם במקום על משה ואהרן, דאיך שלא יהיה מיתת אדם היא במדת הדין. וכאן הגדילו נדב ואביהוא לעשות שכן הם מתו במקום משה ואהרן, ולא כשאר הלשון הרע לשם שמים דלעיל, שרק עבר משהו מאחד לשני ומהשני לראשון, אלא פה הם עצמם מתו. וזהו דאמר משה לאהרן [9]בקרובי אקדש (ויקרא י׳,ג׳) – גדולים הם [נדב ואביהוא] ממני וממך, ולפי דרכנו כאן במה הם גדולים? שאני ואתה אמרנו לשון הרע לשם שמים ומסרנו נפש בשביל אחרים ולא מתנו, והם מתו ממש במקומנו. אמנם יש להעיר שמתו בגלל ד׳ סיבות באחד, ברם אחד מהם היה לשון הרע, ואפשר שהוא העיקר.

ונחזור לענין ראשון, דבהאי מימרא דרשב״י רמיזא שמיה: דתיבין ״יכול אני לפטור את כל העולם כולו״ סליקו לחושבן (1116) בראשי״ת בר״א דאינון אתוון בר״א א״ת רשב״י ואנן עדיין בספירת ההוד דרשב״י – יסוד שבהוד ורמיזא האי חושבן הו״ד פעמים מיל״ה – וכמו שכתב בלקוטי מוהר״ן דבימי הספירה בכל יום כל העולם כולו מדברים מענין אותה הספירה– ומי ששמיעתו דקה ומזוככת יכול לשמוע זאת. וממשיך המגלה עמוקות ומביא

בחוטמו של זה ומתו. ותאכל אותם. אותם שרפה ולא בגדיהם שנאמר וישאום בכתנותם. בכותנותיהן נישאין שהיו להן כתנות שנא׳ (שמות כח) ולבני אהרן תעשה כתנות. ולא למישאל ולאלצפן בני עוזיאל למדנו שבכתנות של מתים. שהלוים לא היו להם כתנות. וימותו לפני ה׳. בעין מיתה הנשמה נשרפת והגוף היה קיים. רבי אליעזר אומר וימותו לפני ה׳. לא מתו בפנים ולא בחוץ מקום שהלוים מותרין ליכנס לשם שנאמר ויקרבו וישאום. א״כ מהו לפני ה׳ נגפם המלאך ודחם והוציאם לחוץ. רבי עקיבא אומר לפני ה׳ מתו והלוים גרורם בחכות של ברזל והוציאם לחוץ. ואיסי בן עקיבא אומר לא מתו נדב ואביהוא אלא שלא ליתן פתחון פה לבאי העולם לאמר לא שרתה שכינה באהל מועד וכיון שנכנסו נדב ואביהוא לפני ולפנים באהל מועד אמר הקדוש ברוך הוא אם אני מאריך אפי עם אלו יהא כל אחד ואחד מישראל עושה כך מוטב ימותו נדב ואביהוא ואל יתמעט כבודי אפילו שעה אחת מיד אמר למלאך ונגפם. אם על הקרובים כך על הרחוקים על אחת כמה וכמה. במסכת סנהדרין מפרש וכבר היו משה ואהרן מהלכין בדרך ונדב ואביהוא מהלכין אחריהן א״ל נדב לאביהוא מתי ימותו שני זקנים הללו ואני ואתה ננהיג הדור אמר להן הקדוש ברוך הוא הא נראה מי קובר את מי וכמה בנים היו לו לאהרן שהיו ראוין לישרף כנדב ואביהוא אלא שזכות אבותם עמדה להם. ר׳ ירמיה אומר בארבעה מקומות מזכיר מיתת בני אהרן ובכל מקום מזכיר סרחונם ללמדך שלא מתו אלא על הקריבה ועל הקרבה ועל שלא נכנסו בעצה ועל אש זרה שהקריבו. ר׳ אליעזר המודעי אומר בוא וראה כמה חביבין צדיקים לפני מי שאמר והיה העולם שכל מקום שמזכיר מיתתן מזכיר סרחונן להודיעך שלא היה בידם אלא זו בלבד. והרי דכתיב ק״ו אם בשעת הכעס חס הקדוש ברוך הוא עליהם קל וחומר בשעת רצון וכן הוא אומר (ישעיה מט) בעת רצון עניתיך. [פ] **ויקרא רבה פרשת שמיני פרשה יב:** ב ר׳ יצחק פתח (ירמיה טו) נמצאו דבריך ואוכלם ויהי דברך לי לששון ולשמחת לבבי כי נקרא שמך עלי ה׳ אלהי צבאות א״ר שמואל בר נחמן זה הדבור נאמר למשה בסיני ולא נודע לו עד שבא מעשה לידו אמר משה לאהרן אחי בסיני נאמר לי שאני עתיד לקדש את הבית הזה ובאדם גדול אני מקדשו והייתי סבור שמא אי בי או בך הבית הזה מתקדש ועכשיו ב׳ בניך גדולים ממני וממך כיון ששמע אהרן שבניו יראי שמים הן שתק וקבל שכר על שתיקתו ומנין ששתק שנא׳ (ויקרא י) וידם אהרן ומנין שקיבל שכר על שתיקתו שזכה ונתייחד אליו הדיבור שנאמר וידבר ה׳ אל אהרן.

גלא עמיקתא

הפסוק (תהל' פ"ט,נ"ב): [פא]אשר חרפו אויביך ה', אשר חרפו עקבות משיחך גימ' (2621) כ"פ סמא"ל (131) עם הכולל דאיהו הגורם לחרוף ה' ולעתיד לבוא יתן הדין [פב]דעתיד הקדוש ברוך הוא לשחוט למלאך המות (עיין סוכה נ"ב ע"א). ומביא פסוקא דנן דפותח ספר ויקרא: [פג]ויקרא אל משה, וידבר ה' אליו מאהל מועד לאמר (1455) בענין

[**פא**] **שיר השירים רבה פרשה ב:** ד ד"א ענה דודי ואמר לי, ענה על ידי אליהו, ואמר לי על ידי מלך המשיח, מה אמר לי קומי לך רעיתי יפתי ולכי לך, אמר ר' עזריה כי הנה הסתו עבר זו מלכות כותים שמסיתה את העולם ומטעת אותו בכזביה המד"א (דברים י"ג) כי יסיתך אחיך בן אמך, הגשם חלף הלך לו, זה השעבוד, הנצנים נראו בארץ, הנצוחות נראו בארץ, מי הם, רבי ברכיה בשם ר' יצחק כתיב (זכריה ב') ויראני ה' ארבעה חרשים, ואלו הן: אליהו ומלך המשיח ומלכי צדק ומשוח מלחמה, עת הזמיר הגיע, הגיע זמנן של ישראל להגאל, הגיע זמנה של ערלה להזמר, הגיע זמנה של מלכות כותים שתכלה, הגיע זמנה של מלכות שמים שתגלה, שנאמר (שם /זכריה/ י"ד) והיה ה' למלך על כל הארץ, וקול התור נשמע בארצנו, איזה זה, זה קולו של מלך המשיח המכריז ואומר (ישעיה נ"ב) מה נאוו על ההרים רגלי מבשר, התאנה חנטה פגיה, א"ר חייא בר אבא סמוך לימות המשיח דבר גדול בא לעולם והרשעים כלים, והגפנים סמדר נתנו ריח, אלו הנשארים ועליהם נאמר (שם /ישעיהו/ ד') והיה הנשאר בציון והנותר בירושלם, אמר ר' יוחנן שבוע שבן דוד בא שנה ראשונה מתקיים מה שנאמר (עמוס ד') והמטרתי על עיר אחת, בשניה חצי רעב משתלחין בה, בשלישית רעב גדול ומתים בו אנשים ונשים וטף, וחסידים ואנשי מעשה מתמעטים והתורה משתכחת מישראל, ברביעית רעב ולא רעב שובע ולא שובע, בחמישית שובע גדול ואוכלין ושותין ושמחים והתורה חוזרת לחדושה ומתחדשת לישראל, בששית קולות, בשביעית מלחמות, במוצאי שביעית בן דוד בא, אמר אביי כמה שבועין אתת כהדא ולא אתא, ולא אתי אלא כההיא דאמר ריש לקיש דור שבן דוד בא בית הוועד יהיה לזנות והגליל יחרב והגבלן ישום ואנשי הגליל יסבבו מעיר לעיר ולא יחננו וחכמת הסופרים תסרח ויראי חטא ואנשי חסד נאספים והאמת נעדרת ופני הדור כפני הכלב, ומנין שאמת נעדרת שנא' (ישעיה נ"ט) ותהי האמת נעדרת וסר מרע משתולל, להיכן הולכת דבי ר' ינאי אומר הולכת ויושבת לה עדרים עדרים במדבר, ורבנן אמרי דור שבן דוד בא חכמי הדור מתים והנותרים עיניהם כלות ביגון ואנחה וצרות רבות ורעות רבות באות על הצבור וגזרות קשות מתחדשות ומשתלחות עד שהראשונה קיימת אחרת באה ונסמכה לה, אמר ר' נהוראי דור שבן דוד בא הנערים ילבינו לזקנים ויעמדו הזקנים בפני הנערים (מיכה ז') בת קמה באמה כלה בחמותה אויבי איש אנשי ביתו ובן אינו מתבייש מאביו, ר' נחמיה אומר קודם ימות המשיח, עניות ירבה ויוקר הווה והגפן תתן פריה והיין יסריח והמלכות כלה תהפך למינות ואין תוכחות, אמר ר' אבא בר כהנא אין בן דוד בא אלא בדור שפניו דומין לכלב, אמר רבי לוי אין בן דוד בא אלא בדור שפניו חצופות וחייב כלייה, אמר ר' ינאי אם תראה דור אחר דור מחרף ומגדף צפה לרגלי מלך המשיח, הה"ד (תהלים פ"ט) אשר חרפו אויביך ה' אשר חרפו עקבות משיחך, מה כתיב בתריה ברוך ה' לעולם אמן ואמן. [**פב**] **תלמוד בבלי סוכה דף נב עמוד א:** וספדה הארץ משפחות משפחות לבד משפחת בית דוד לבד ונשיהם לבד. אמרו: והלא דברים קל וחומר. ומה לעתיד לבא - שעוסקין בהספד ואין יצר הרע שולט בהם - אמרה תורה אנשים לבד ונשים לבד, עכשיו שעסוקין בשמחה ויצר הרע שולט בהם - על אחת כמה וכמה. הא הספידא מאי עבידתיה? פליגי בה רבי דוסא ורבנן. חד אמר: על משיח בן יוסף שנהרג, וחד אמר: על יצר הרע שנהרג. בשלמא למאן דאמר על משיח בן יוסף שנהרג - היינו דכתיב והביטו אלי את אשר דקרו וספדו עליו כמספד על היחיד. אלא למאן דאמר על יצר הרע שנהרג - האי הספידא בעי למעבד? שמחה בעי למעבד! אמאי בכו? - כדדרש רבי יהודה: לעתיד לבא מביאו הקדוש ברוך הוא ליצר הרע ושוחטו בפני הצדיקים ובפני הרשעים וכו' [**פג**] **פרי חדש אורח חיים סימן תיז:** נהגו פה ירושלים תוב"ב שביום משמרת ראש חודש מאריכין בתפלות ותחנונים על אורך גלותינו, ואח"כ

גלא עמיקתא

ויקר– להוציא יקר– כדכתיב (ירמי' ט"ו, י"ט): [פד]לכן כה אמר ה' אם תשוב ואשיבך לפני תעמד ואם תוציא יקר מזולל כפי תהיה ישבו המה אליך ואתה לא תשוב אליהם גימ' (5337) ט"פ "הלולא דרשב"י" (593) והוא נפלא דפסוקא קדמאה בהאי אופן ויאמר להשמידם וכו' סליק לחושבן ו"פ "הלולא דרשב"י" כנ"ל ופסוקא דנן "ואם תוציא יקר מזולל" וכו' סליק ט"פ "הלולא דרשב"י" ובזכותיה דבר יוחאי יבא בן דוד ויגאלנו במהרה בימינו אמן. וממילא שני הפסוקים יחד: א'. ויאמר להשמידם לולי משה בחירו עמד בפרץ לפניו להשיב חמתו מהשחית (3559) ב'. לכן כה אמר ה' אם תשוב ואשיבך לפני תעמד ואם תוציא יקר מזולל כפי תהיה ישבו המה אליך ואתה לא תשוב אליהם (5337) גימ' הו"ד (15) פעמים הלול"א דרשב"י (593) עם הכולל. כנודע

מתקבצים יחידי סגולה בבתי כנסיות ובבתי מדרשות וקורין קודם חצות פרשת ויקרא אל משה כולה, ופרשת צו את אהרן [שם ו, א] עד להקריב את קרבניהם במדבר סיני [שם ז, לח] ובישעיהו סימן ב' מן נכון יהיה [פסוק ב] עד ולא ילמדו עוד מלחמה [שם פסוק ד], ובסימן י"א מן ויצא חוטר מגזע ישי [פסוק א] עד כי גדול בקרבך קדוש ישראל [שם יב, ו], ובירמיה סימן ל"א מן מצא חן במדבר [פסוק א] עד ולא יהרס עוד לעולם [שם פסוק לט], וביחזקאל בסימן מ' בעשרים וחמש שנה [פסוק א] עד סופו, ומן יואל סימן ג' מן והיה אחרי כן אשפוך את רוחי [פסוק א] עד סופו, ומשלי [לא, י] אשת חיל עד סופו. ואח"כ לומדים מסכת אבות ומסכת מדות ומסכת תמיד וסימנך אמ"ת, ואחר חצות קורין כל ספר תהילים ובין ספר וספר מאריכין בתחנונים ואח"כ לומדים בספר ראשית חכמה עד שיתקבצו הקהל להתפלל תפלת מנחה, הר"י בואינו ז"ל [שלחן מלכים ס"ק ח]. כתב הרמ"ע מפאנ"ו ז"ל [שו"ת] בסימן ע"ט יזהרו המתענים לפני ראש חודש שלא יכנסו בו כשהם מעונים אלא ראוי למהר בסעודת הלילה ע"כ, ואף על גב דאסיקנא בסוף פרק בכל מערבין [עירובין שם] הלכה מתענה ומשלים, כבר כתב המגיד משנה [שם ד"ה חל] הביאו הב"י בסימן רמ"ט [עמוד לח ד"ה ולענין] דהיינו לומר שיתענה עד שקיעת החמה אבל כל שנכנס לתחום שבת שוב אינו רשאי להתענות, ואם כן הכא נמי משעת צאת הכוכבים ואילך אסור להתענות. **[פד] תלמוד בבלי מסכת בבא מציעא דף פה עמוד א**: איקלע רבי לאתריה דרבי אלעזר ברבי שמעון, אמר להם: יש לו בן לאותו צדיק? – אמרו לו: יש לו בן, וכל זונה שנשכרת בשנים שוכרתו בשמנה. אתייה, אסמכיה ברבי, ואשלמיה לרבי שמעון בן איסי בן לקוניא אחות דאמיה. כל יומא הוה אמר: לקרייתי אנא איזיל. אמר ליה: חכים עבדו יתך, וגולתא דדהבא פרסו עלך, ורבי קרו לך, ואת אמרת לקרייתי אנא איזיל? אמר ליה: מומי! עזובה דא. כי גדל אתא יתיב במתיבתא דרבי, שמעיה לקליה, אמר: הא קלא דמי לקליה דרבי אלעזר ברבי שמעון. אמרו ליה: בריה הוא. קרי עליה: פרי צדיק עץ חיים ולקח נפשות חכם. פרי צדיק עץ חיים - זה רבי יוסי ברבי אלעזר ברבי שמעון, ולקח נפשות חכם - זה רבי שמעון בן איסי בן לקוניא. כי נח נפשיה אמטוהו למערתא דאבוה, הוה הדרא לה עכנא למערתא. אמר ליה: עכנא עכנא, פתח פיך, ויכנס בן אצל אביו. לא פתחא להו. כסבורים העם לומר שזה גדול מזה, יצתה בת קול ואמרה: לא מפני שזה גדול מזה, אלא זה היה בצער מערה וזה לא היה בצער מערה. איקלע רבי לאתריה דרבי טרפון, אמר להו: יש לו בן לאותו צדיק שהיה מקפח את בניו? אמרו לו: בן אין לו, בן בת יש לו, וכל זונה שנשכרת בשנים שוכרתו בשמנה. אתיוהו לקמיה, אמר ליה: אי הדרת בך - יהיבנא לך ברתאי, הדר ביה. איכא דאמרי: נסבה וגירשה, איכא דאמרי: לא נסבה כלל, כדי שלא יאמרו בשביל זו חזר זה. ולמה ליה כולי האי? - דאמר רב יהודה אמר רב, ואמרי לה אמר רבי חייא בר אבא אמר רבי יוחנן, ואמרי לה אמר רבי שמואל בר נחמני אמר רבי יונתן: כל המלמד את בן חבירו תורה זוכה ויושב בישיבה של מעלה, שנאמר אם תשוב ואשיבך לפני תעמד. וכל המלמד את בן עם הארץ תורה אפילו

הקדוש ברוך הוא גוזר גזירה - מבטלה בשבילו, שנאמר ואם תוציא יקר מזולל כפי תהיה. **[פה] שו"ת חתם סופר חלק ב (יורה דעה) סימן רלג:** אמנם ידעתי כי שמעתי שעכשיו אכשיר דרי וממרחק יבואו ידרושו את ה' בעה"ק צפת ביום ל"ג בעומר בהלולא דרשב"י ז"ל ואם כי כל כוונתם לשם שמים שכרם רב בלי ספק ע"ד ודיגולו ודליקו נרות עלי

גלא עמיקתא

[פה]דרשב"י בספירת הוד שבהוד, דמהפך דו"ה להו"ד והצילנו מידיהם דיהב לן ספר הזוהר הקדוש בחינת [19]8אור הגנוז להחיותנו בחשכת הגלות

8. באור על מגלה עמוקות ואתחנן אופן קמ"ג: י"ז. אֲדֹנָי יהוה אַתָּה הַחִלּוֹתָ לְהַרְאוֹת אֶת עַבְדְּךָ אֶת גָּדְלְךָ וְאֶת יָדְךָ הַחֲזָקָה אֲשֶׁר מִי אֵל בַּשָּׁמַיִם וּבָאָרֶץ אֲשֶׁר יַעֲשֶׂה כְמַעֲשֶׂיךָ וְכִגְבוּרֹתֶךָ (דברים ג,כד) גימ' (6385) ה' פעמים "אור הגנוז" (1277) ב-א' רבתי (1000) דזכה לו משה רבינו כבר בלידתו ותרא אותו כי טוב הוא (שמות ב',ב') דנתמלא הבית כולו אורה נוטריקון אור ה' דהן ה' זימנין או"ר דכתיבי ביומא קמאה דמעשה בראשית, וסליקו הני ה' זימנין או"ר (207) לחושבן (1035) ג' פעמים "משה" (345) כמבואר אצלנו במקום אחר בבאור פסוקא (שמות ל"ד ל"ה) דכתיב ביה ג' זימנין מש"ה (345) וסליק לחושבן (5000) ה' אלפים, וימשיך משה האי אור הגנוז לארץ ישראל, ואמר ליה קוב"ה: רב לך וכו'.

אהבה כמ"ש תוס' ר"פ אין מעמידין אבל מטעם זה בעצמו הייתי אני מן הפרושים כבן דרותאי שלא אצטרך להיות יושב שם ומשנה מנהגם בפניהם ושלא ארצה להתחבר עמהם בזה כי כבר כמה כרכורי' כרכר בפר"ח א"ח סי' תצ"ו בקונטרס מנהגי איסור שלו אות י"ד על המקומות שעושים י"ט ביום שנעשה להם נס מהא דאמרי' פ"ק דר"ה קמייתא בטיל אחרינייתא מוסיפי' בתמי' [ובמקומו טרחתי הרבה לקיים מנהג עיר מולדתי ק"ק פפד"מ העושים פורים ביום כ' אדר א'] ומנהג מצרי' ביום כ"ג אדר שלפע"ד דאמרי' הוא מהאי ק"ו משעבוד לחירות אמרינן שירה ממיתה לחיים לא כ"ש אבל לקבוע מועד שלא נעשה בו נס ולא הוזכר בש"ס ופוסקים בשום מקום ורמז ורמיזה רק מניעת הספד ותענית מנהגא הוא וטעמי' גופא לא ידענא ובסידור מהר"יעבץ כ' ע"פי נסתר דהוה כב"ד שכלו חייב והוה זכאי דהיינו הוד שבהוד יע"ש אלא לפ"ז הי' ראוי' לקבוע כל טוב בהגיענו לגבורות ביום תשעה למנין בני ישראל אלא שבלא"ה ימי ניסן הם ואין מספידים בו ואי אתיהיב רשותא לכמוני לדבר מה שהי' נ"ל י"ל דכשם שסופרים דרך ירידה ממעלה למטה ויהי' יום הראשון חסד שבחסד לעומת זה מן נוקבי' עולים ביום הראשון מלכות שבמלכות וכן לעולם חתן וכלה יוצאים זה לקראת זה ופוגשי' זה בזה בנצח שבנצח ויום כ"ה למב"י יו"ד /י'/ אייר יום בקור פסח שני ולפ"ז ביום ל"ג הוא הוד שבהוד להורדות הניצוצות ולעומת זה הוא תפארת שבתפארת להיורדים להעלות בקדש ויש לבחון כי רגילים להתחיל מנהג קצת אבילות מיום ב' אייר עד יום ל"ג לעומר והנה יום ב' אייר הוא ממש ההיפך מיום ל"ג כי אז הוא הוד שבהוד להעולים ותפארת שבתפארת להיורדי' מתחילים להתאבל וביום ח"י אייר הוא היפך [מיו' ב' אייר כי אז הוא הוד שבהוד להעולים] ושמחים בו ומה שכתבתי מהעלאה ממטה למעלה כן הוא כי כל ימי הספירה מונחים בין יום שבת ליום נון /נ'/ כי ממחרת השבת תספרו עד יום נון וידוע מדת שבת התחתונה ונון אימא עילאה הרי שעולים בו וכנ"ל ולפי דאי' במדרש שמיום שכלה החררה שהוציאו ממצרי' הלכו ג' ימים בלא לחם ואח"כ ירד המן א"כ הי' הורדת המן ביום ל"ג בעומר וראוי' לעשות לזה זכר טוב אך הוא נגד ש"ס פר"ע ושם הארכתי מ"מ לעשותו יום שמחה והדלקה ובמקום ידוע דוקא שיהי' תל תלפיות שהכל נפנים לשם לא ידעתי אם רשאים לעשות כן והוה כעין מ"ש רלב"ח במי שנדר לקבר שמואל הנביא יע"ש וכבר עלה בלבי לומר לפמ"ש רמב"ן באגרת הנפלא שלו שכל מקום המקודש יותר מחברו חרוב ושמם יותר מחברו ע"כ הואיל ובעוו"ה עדיין לא הגיע עד עתה זמן בנינו ע"כ הי' זאת כדי שלא יתישב ירושלים ביתר עז כי לא זכינו לכך מי יתן ויזכני הי"ת להיות ממישבים של ירושלים ועכ"פ לא ממהרסים וממחריבים ח"ו להאריך גלות ישראל **[פו] תלמוד בבלי חגיגה דף יב עמוד א:** ואור ביום ראשון איברי? והכתיב ויתן אתם אלהים ברקיע השמים וכתיב ויהי ערב ויהי בקר יום רביעי! - כדרבי אלעזר. דאמר רבי אלעזר: אור שברא הקדוש ברוך הוא ביום ראשון - אדם צופה בו מסוף העולם ועד סופו, כיון שנסתכל הקדוש ברוך הוא בדור המבול ובדור הפלגה וראה שמעשיהם מקולקלים - עמד וגנזו מהן, שנאמר וימנע מרשעים אורם. ולמי גנזו - לצדיקים לעתיד לבא שנאמר וירא אלהים את האור

כי טוב, ואין טוב אלא צדיק, שנאמר אמרו צדיק כי טוב. כיון שראה אור שגנזו לצדיקים שמח, שנאמר אור צדיקים ישמח. כתנאי: אור שברא הקדוש ברוך הוא ביום ראשון אדם צופה ומביט בו מסוף העולם ועד סופו, דברי רבי יעקב. וחכמים אומרים: הן הן מאורות שנבראו ביום ראשון ולא נתלו עד יום רביעי. **[פז] זוהר - רעיא מהימנא פרשת נשא:** הדא הוא דכתיב (דניאל יב) יתבררו ויתלבנו ויצרפו רבים דאינון מסטרא דטוב וקיימין בנסיונא, והרשיעו רשעים אינון מסטרא דרע ויתקיים בהון (יחזקאל יג) ואל אדמת ישראל לא יבאו וקטיל לון, (דניאל שם) והמשכילים יבינו מסטרא דבינה דאיהו אילנא דחיי בגינייהו אתמר (שם) והמשכילים יזהירו כזוהר הרקיע בהאי חבורא דילך דאיהו ספר הזהר מן זוהרא דאימא עלאה תשובה, באלין לא צריך נסיון ובגין דעתידין ישראל למטעם מאילנא דחיי דאיהו האי ספר הזהר יפקון ביה מן גלותא ברחמי ויתקיים בהון (דברים לב) ה' בדד ינחנו ואין עמו אל נכר. **[פח] עיין לעיל אות ה'.** **[פט] פסיקתא רבתי (איש שלום) פיסקא לא - ותאמר ציון:** דבר אחר ותאמר ציון בשעה שבא נבוכדנצר ושרף את בית המקדש והגלה את ישראל ושבה אותם, לא עשה אסטטיא בכל ארץ ישראל אלא היו רודפים אותם כמה שנאמר על צוארינו נרדפנו (איכה ה' ה'), ולמה היו רודפים אותם, אלא היו חוששים לנפשם לומר, אלהיהם של אומה זו מצפה להם שיעשו תשובה, שמא יעשו תשובה עד שהם נתונים בתוך ארצם והוא עושה לנו כדרך שעשה לסנחריב, לכך לא עשו אסטטיא בכל ארץ ישראל, וכיון שבאו על הנהרות בבל וראו עצמם שהם נתונים בידם על אדמתם מיד עשה אסטטיא, אילו (ואילו) נפנו לאכילה ושתיה, ואילו נפנו לבכי ולמספד, אמר להם נבוכדנצר מה אתם יושבים ובוכים, והוא קורא לשבטו של לוי ואמר להם, הכינו עצמכם עד שאנו אוכלים ושותים אני מבקש שתעמדו ותקישו לפניי בכינורות שלכם כדרך שהייתם מקישים בבית המקדש שלכם לתני /לפני/ אלהיכם, מסתכלים אילו באילו ואמרו לא דיינו שהחרבנו בית מקדשו בעונותינו אלא עכשיו אנו עומדים להקיש בכינורותינו לפני הננס הזה, מיד עמדו כולהם ונטלו עצה ותלו כינורותיהם בערבות שהיו שם, ושלטו בנפשותם ונתנו אליוני ידיהם לתוך פיהם ומרצצים ומקצצים אותם, ודוד מפרשה על נהרות בבל שם ישבנו גם בכינו [וגו'] על ערבים בתוכה תלינו כינורותינו (תהלים קל"ז א' וב'), שתלו שבטו של לוי שם כינורותיהם בערבים על שפת הנהר, כי [שם] שאלונו שובינו דברי שיר ותוללינו שמחה שירו [לנו] משיר ציון [איך נשיר את שיר ה'] (שם שם /תהלים קל"ז/ ג' וד') לא נשיר לא נאמר אלא איך נשיר, מראים אותם אצבעותיהם ואומרים להם אין (אתה יודע) [אתם יודעים] שהיו כפותינו חזקים כברזל ונתקטעו אצבעותינו (ראה) [ראו] היאך נשיר, אמר להם הקדוש ברוך הוא אתם שלטתם (באצבעותיכם) [בעצמיכם] וקטעתם אצבעותיכם חייכם מה שלא השבתי לירמיה ולציון, אני משיב אתכם, על עזיבה ושכיחה שתבעו אותי שנא' אם אשכחך ירושלים תשכח ימיני (שם שם /תהלים קל"ז/ ה'), ולא עוד אלא אתם שלטתם באצבעות ידיכם של ימין אף אני אם אשכחך ירושלים תשכח ימיני, ואם (אתם) [אין אתה] למד מכאן, יש לך להתפייס ממקום אחר, שאתה מוצא שאחר שבעים שנה נבנה הבית, ובשנה שכורש אומר להם שיעלו ויבנו את בית המקדש מי בכם מכל עמו יהי אלהיו עמו ויעל (עזרא א' ג') כתב שעלו הכהנים והלוים וראשי האבות שנאמר ויקומו הכהנים והלוים וראשי האבות (שם שם /עזרא א'/ ה'), ואחר כך כתב ואקבצם אל הנהר (אחבא) [וגו'] ואבינה בעם ובכהנים ומבני לוי לא מצאתי שם (שם /עזרא/ ח'

גלא עמיקתא

דבזכות[פז] **הארוכה, כדאיתא בזוה"ק האי ספרא יפקון מן גלותא ברחמי במהרה בימינו אמן. ומביא ד"פ אלהי"ם גימ'** (344) **שמ"ד- ואיתא בספרים הקדושים**[פח] **מש"ה** (345) **עומד בין שמ"ד** (344) **לרצו"ן** (346) **היינו דחושבן מש"ה הוא א' יותר מחושבן שמ"ד ו-א' פחות מחושבן רצו"ן- דמשה מהפך דין לרחמים. ואינון ד' בתי דינין דהתעוררו בשעת עשית העגל, כמובא בתחלת האופן. והנה ד"פ "בית דין" גימ'** (1904) **דו"ד** (14) **פעמים ימי"ן הוי'** (136) **כדאמר דוד** (תהל' קי"ח,ט"ז) **"**[פט]**ימין הוי' רוממה, ימין הוי' עושה חיל" באור הענין:**

ט"ו) אלא שלא היו יכולים להקיש בכינורות שהיו אצבעותיהם מקוטעות, (והניי') [ומניין] שחזרו לתוכה מן אותם הלוים שגלו מתוכה, שכן כתב ורבים מראשי האבות והלוים אשר ראו הבית הראשון ביסדו וגו' (שם ג' י"ב). דבר אחר אם אשכחך ירושלים תשכח ימיני אמר רבי אלעזר הקפר תורתי בידכם והקץ בידי, ושנינו צריכים זה לזה, אם אתם צריכים לי להביא את הקץ, אף אני צריך לכם שתשמרו את תורתי, כדי לקרב (בני ביתו) [בנין ביתי] ואת ירושלים, וכשם אי איפשר לי מלהשכיח את הקץ, שהוא תשכח ימיני, כך אף אתם אין לכם רשות לשכח את התורה שכתב מימינו אש דת למו (דברים ל"ג ב'). דבר אחר אם אשכחך ירושלים כשגלו ישראל אף השכינה גלה עמהם, אמרו לו מלאכי השרת רבונו של עולם כבודך במקומך אל תבזה שכינתך, אמר להם הקדוש ברוך הוא לא דברים של תנאים הם, כך התניתי עם אבותיהם, שבזמן שהם בטובה ואני עמהם, ואם אחרת כבודי עמהם, שנאמר עמו אנכי בצרה (תהלים צ"א ט"ו) (ודייך), אמר רבי אבוהו בשם רבי שמעון בן לקיש (שהראה) [אתה מוצא כשראה] הקדוש ברוך הוא את ישראל (מנתכי' לאחוריה דיין לקורא לסבו' את המקרא) [מכופתין לאחוריהם] השיב אחור ימינו (איכה ב' ג'), וכל ימים שישראל ממושכנים בעולם הזה אף ימינו של הקדוש ברוך הוא ממושכנת עמהם, אמר דוד לפני הקדוש ברוך הוא רבונו של עולם מה אתה סבור שאין דוחק לפניך לקרב את הקץ, (איני) [בשבילנו אינו] דוחק, אלא בשביל ימינך עשה, עד מתי תהא ימינך ממושכנת למען יחלצון ידידיך הושיעה ימינך ועננו (תהלים ס' ז'),

גלא עמיקתא

דמשיחא עתידא למעבד דינא ברשעיא, כדכתיב (שם קכ"ב,ה'): "כי שמה ישבו כסאות למשפט, כסאות לבית דוד" [ואיהו דוד מלכא משיחא] דהוא בחינת בית דין דקדושה, כדמסיים שם: "למען בית הוי' אלהינו אבקשה טוב לך". והנה כל הפסוקים דמביא המגלה עמוקות באופן דנן, דהיינו: **ויאמר להשמידם לולי משה בחירו עמד בפרץ לפניו, להשיב חמתו מהשחית** (3559) **אשר חרפו אויביך ה', אשר חרפו עקבות משיחך** (2621) **ויקרא אל משה, וידבר ה' אליו מאהל מועד לאמר** (1455) **לכן כה אמר ה' אם תשוב ואשיבך לפני תעמד ואם תוציא יקר מזולל כפי תהיה ישבו המה אליך ואתה לא תשוב אליהם** (5337) סליקו לחושבן (12972) י"ב פעמים תפאר"ת (1081) וכפלינן י"ב פעמים לקביל י"ב שבטי י-ה- דכתיב (ישעי' מ"ט,ג') "ישראל אשר בך

לפיכך כשאמרה ציון עזבני ושכחני אמר לה הקדוש ברוך הוא יכול אף אני לשכח אותך, ימיני ממושכנת בשבילך ואני שוכח אותך, ואם שוכח אני אותך ימיני אני שוכח, אם אשכחך ירושלים תשכח ימיני. דבר אחר אם אשכחך ירושלים אמר רבי לוי בשם רבי חמא בי רבי חנינא לפי שלעתיד לבא עתיד הקדוש ברוך הוא לעשות אהלי חופות של כבוד לצדיקים כל אחד ואחד לפי כבודו כמה שישעיה אומר וברא ה' על מכון הרי ציון ועל מקראיה ענן ועשן יומם ואש להבה לילה כי על כבוד חופה (ישעיה ד' ה'), והכל אומרים מה כל הכבוד הזה קול רנה, והם אומרים להם קול רנה וישועה באהלי צדיקים וגו' ימין ה' רוממה ימין ה' עושה חיל (תהלים קי"ח י"ד וט"ו), לפיכך כשאמרה ציון וה' שכחני אמר לה הקדוש ברוך הוא אני הכתבתי בכבוד שאני עתיד לעשות לצדיקים בגאולתכם, שהכל עתיד להיות מקלסים אתכם ואומרים קול רנה וישועה [וגו'] ימין ה' רוממה ימין ה' עושה חיל, ואת אומרת וה' שכחני אם אשכחך ירושלים תשכח ימיני. ועל הדעת (הראשונים) [הראשונה] שאמר רבי אבהו בשם רבי שמעון בן לקיש אתה מוצא (לפיכך) כשגילה הקדוש ברוך הוא לדניאל את הקץ מהו אומר לו בסוף ואתה לך לקץ תנוח ותעמוד לגורלך לקץ הימין (דניאל י"ב י"ג), מהו לקץ הימין, כשתעורר קיצה של ימין, אמרו לו ישראל כשתגאול אותנו משיעבוד מלכיות ותושיע את ימינך עלינו לומר שירות וזמירות על הפלאים שאתה עושה לנו ועל הישועות שאתה עושה לימינך מזמור שיר לה' שיר חדש כי נפלאות עשה הושיעה לו ימינו וזרוע קדשו (תהלים צ"ח א') הוי

גלא עמיקתא

אתפאר" והן המפארים ומהללים לקב"ה יממא ולילא. ואיהו נמי חושבן י"ב פעמים הפסוק (תהל' קל"ב,ט') "כהניך ילבשו צדק וחסידיך ירננו" (1081) [9ועיין עוד באור על [צ]מגלה עמוקות ויקרא אופן כ"ו].

9. באור על מגלה עמוקות ויקרא אופן כ"ו ופסוקא דמביא המגלה עמוקות (תהל' קל"ב,ט') "כהניך ילבשו צדק וחסידיך ירננו" גימ' (1081) "תפארת" עמודא דאמצעיתא. ובזוהר הקדוש דמביא (פנחס רמב.) וזה לשונו הקדוש: כהניך ילבשו צדק לוייך מיבעי ליה דהא צדק מסטרא דלואי איהו וחסידיך ירננו לוייך ירננו מיבעי ליה דהא רנה (זמרה) בלואי נינהו וכו'. וא"ל דוד לקב"ה תקונא דאנא תקינת וכו' א"ל קב"ה הואיל ואתא חתן לגבי כלה וכו' עיין שם. וזהו דפסוקא "כהניך ילבשו צדק וחסידיך ירננו" סליק לחושבן "תפארת" בחינת ז"א דאיהו חתן דאתא לגבי כלה בחינת מלכותא קדישא. ראשי תיבות דפסוקא "כיצוי" גימ' (136) "קול" כדכתיב "קול חתן וקול כלה" (ירמיהו ל"ג,י"א) והוא בחינת ז"א "הקול קול יעקב" (בראשית כ"ז,כ"ב). וסופי תיבות בחינת הנוק' סוף דבר תכלית הכל אתוון "כוקכו" סליק לחושבן (152) "צמח דוד" בחינת מלכותא קדישא. ושניהם יחד דהיינו ראשי תיבות עם סופי תיבות בחינת יחוד זו"ן סליקו לחושבן (288) רפ"ח דתכלית כל היחודים ברור רפ"ח הנצוצין והעלאתם לשרשם. ושאר אתוון דפסוקא סליקו לחושבן (793) "וחיי עולם נטע בתוכנו" בחינת תורה שבעל פה- שנתן לנו הקב"ה הכח והיכולת לחדש מלין חדתין באורייתא קדישא ולעשות לו יתברך נחת רוח בחינת "יגדיל תורה ויאדיר" (ישעי' מ"ב,כ"א). ויהי רצון דאיהו אדיר במרומים יקבל דברינו ויקרב ביאת משיח צדקנו- וכבר חלף אחישנה וכעת בעתה מתמהמה [כאמרם זכו אחישנה לא זכו בעתה]- ויהי רצון דישלח לנו צמח דוד דיבוא ויגאלנו בגאולה האמיתית והשלמה. ובדברי המגלה עמוקות כתב ושינה הקב"ה לפי שהחתן בא אל הכלה וצריך לדייק דהכוונה בדבריו ששינה דוד שהרי כתיב כהניך ילבשו צדק וחסידיך ירננו דנתן תפקיד הכהנים ללויים בסוד מיתוק להגביר הימין על שמאל. וכדעבדינן לעיל באתי לגני אחתי כלה עם אכלו רעים ברבועי אתוון סליק לחושבן י"א פעמים חכמה חסד נצח- למנוע יניקת י"א כתרין דמסאבותא בסוד י"א יריעות עיזים- והקדוש ברוך הוא הסכים עמו. ובלשון הזוהר הקדוש: אמר ליה קב"ה: דוד לאו אורח דילי הכי. אמר דוד בעבור דוד עבדך אל תשב פני משיחך (דהוא הפסוק הבא דהיינו) תקונא דאנת תקינת לא תשנה ליה. אמר ליה דוד הואיל וזמינת לי (אליך אל המלכות למטה דקב"ה בחינת יחודא עילאה) אית לי למעבד רעותך ולא רעותי. ובאור הענין כי למעלה הסדר הוא לויים ילבשו צדק והם ירננו וי"ל דבכך שגה קורח ועדתו דהן נועדו להיות בחינה גבוהה ולכן גילחו שערם ושאר גופם דבמקום גבוה כזה לא שייך שערות ויניקה. והם פירשוהו הפוך ורצו להיות בבחינת אהרן כהנא רבא דהוא ממתק המלכות משה, ולכן הזקן זקן אהרן, ונבארו במקומו אי"ה בענין מחלוקת קורח ועדתו. וזהו דכתב המגלה עמוקות שעשה הקדוש ברוך הו כבוד למשה א' זעירא הוא סוד כלה- בסוד (ב"מ נט.) איתתך גוצא גחין ותלחוש לה- ואז סליק לבחינת אכלו רעים בחינת יחודא עילאה י-ה דהן חמשה עשר דברים שהיו באהל מועד. והנה נתבאר מעט בס"ד אופן כ"ו למגלה עמוקות, ויהי רצון שיעלו דברינו לרצון לפני בורא כל עולמים וישלח לנו מהרה את אליה דיבשר ביאת משיח צדקנו והשיב לב אבות על בנים ולב בנים על אבותם (סוף מלאכי) במהרה בימינו אמן.

אם אשכחך ירושלים תשכח [ימיני]. **[צ] מגלה עמוקות על א' זעירא דויקרא אופן כ"ו:** נרמז בכאן סוד (שיר השירים ה') באתי לגני אחתי כלה כדאיתא בזוהר פנחס על פסוק (תהל' קל"ב) כהניך ילבשו צדק וחסידיך ירננו לוייך מיבעי ליה אלא שינה הקב"ה לפי שהחתן בא אל הכלה. וז"ש ויקר אל משה שעשה הקב"ה כבוד למשה א' זעירא הוא סוד כלה ויקר הוא (שם ל"ו) מה יקר חסדך מהא' זעירא תצרף א"ל מש"ה בגימ' (שיר השירים ה') אכלו רעים (הוא סוף אותו פסוק דהבאנו לעיל באתי לגני וכו'). שכתוב בזוהר בזה הפסוק באתי לגני אחתי וכו' והן תרין רעין דלא מתפרשין שהם סוד י"ה שזכה מאהל מועד שהיה בו ט"ו דברים ובזה זכה לב' אתוון אלו.

אופן סט

משה היה תיקונו של אדם שחי תתק"ל שנים שהוא סוד ג' פעמים יקר דאיתמר במזמור מ"ט ומשה זכה בהר סיני לב' שלישים שהם תר"ך אותיות שהם ב' פעמים יקר ועתה באוהל מועד נשלם לו יקר. לכן א' זעירא שרומז על השליש הג' שלא זכה בו בהר סיני ועתה נשלם לו כלי יקר שפתי דעת ומלת כלי נרמז על ג' קטרין כהן לוי ישראל ברעיא מהימנא פרשת צו כהן מסטרא דחכמה לוי מסטרא דתבונה ישראל מסטרא דדעת בג' אלה נבנה המשכן.

זה שכתוב וידבר ה' אליו מאוהל מועד שהוא דרגא דיוסף צדיק יסוד עולם בגימטריא כלי שלם. והנה כל שנותיו של אדם היו כמנין תענית, תכון תפלתי קטורת לפניך ר"ת תתק"ל שלום רב לאוהבי תורתיך ר"ת בגימטריא תתק"ל ולכן בזכות תענית זכה משה להוציא יקר מזולל עם קרבנות שבאוהל מועד שכן סופר מברך וכור יוצא שהוא על סוד הנשמה שתקו"ע בבהמ"ה הוא בגימטריא תתק"ל חסר א' לכן א' זעירא.

אופן סט

משה היה תיקונו של אדם שחי תתק"ל שנים שהוא סוד ג"פ יקר דאיתמר במזמור מ"ט [ויקר פדיון נפשם (פסוק ט')

גלא עמיקתא

והנה מביא המגלה עמוקות ממזמור מ"ט דכתיב שם ג"פ יק"ר גימ' תתק"ל כמנין שנותיו של אדם הראשון– ואמנם בשנים מהשלשה כתיב אדם: בפסוק י"ג "ואדם ביקר בל ילין" ובפסוקא דחתם למזמורא "אדם ביקר ולא יבין נמשל כבהמות נדמו" [א]ובארוהו חז"ל במדרשים ובגמרא הקדושה (סנהדרין לח:) [ב]א"ר יוחנן בר חנינא שתים עשרה שעות הוי יומו של אדם הראשון שעה ראשונה וכו'. שעה שתים עשרה נטרד

[א] **ילקוט שמעוני קהלת רמז תתקפט:** בעצלתים ימך המקרה, א"ר אלעזר בשביל עצלות שהיה בהם בישראל שלא עסקו בתורה נעשו שונאים של הקדוש ברוך הוא [מך] שנאמר המקרה, ואין מקרה אלא הקדוש ברוך הוא שנאמר המקרה במים, ואומר ואם מך הוא, ואין מך אלא עני שנאמר ואם מך הוא ההוא דהוה קאמר ואזיל היא ניימא ודיקולא שפיל, א"ל שמואל לרב יהודה שיננא קרא כתיב בעצלתים ימך המקרה ובשפלות ידים ידלף הבית, דבר אחר בעצלתים ימך המקרה מי גרם לאשה הזאת שהיא שופעת דמים, על ידי שהיא מתעצלת לבדוק את עצמה אם טמאה היא אם לאו, לפי ששנו רבותינו היד המרבה לבדוק בנשים משובחת, מעשה בשפחתו של רבן גמליאל שהיתה מפנה חביות לבית החביות והיתה בודקת עצמה על כל חבית וחבית, באחרונה בדקה עצמה ונמצאת טמאה ונתירא רבן שמעון בן גמליאל לומר שמא נטמאו כל הטהרות, קרא לה רבן גמליאל אמר לה לא היית בודקת עצמך, אמרה לו חייך אדוני שהייתי בודקת עצמי על כל חבית וחבית ובאחרונה נמצאתי טמאה, הוי על ידי שהאשה מתעצלת היא שופעת דמים, ואין המקרה אלא דמים שנאמר את מקורה הערה, ובשפלות ידים ידלף הבית ואשה כי יזוב וגו': גם במדעך מלך אל תקלל, מלך שבדורך אל תקלל, ובחדרי משכבך אל תקלל עשיר, עשיר שבדורך אל תקלל, כי עוף השמים יוליך את הקול, אמר רבי ירמיה זה העורב חכמת טיאורין, ובעל כנפים יגיד דבר, משום אזנים לכותל, כתיב כי אם ה' יגפנו, אמר ליה הקדוש ברוך הוא גם במדעך מלך אל תקלל וכו' (כתוב בשמואל ברמז קל"ח), אמר רבי אבין לא במדע שנתתי לך יותר מחיה ועוף ובהמה תהא מחרף ומגדף לפני, בראתי לך שתי עינים ולה שתי עינים, לך שתי אזנים ולה שתי אזנים דמיתיך להם נמשל כבהמות נדמו שתקתים פני כבודך, כמה טובות עשיתי לך ואין אתה מבין אדם ביקר ולא יבין, דבר אחר גם במדעך מלך אל תקלל מלכו של עולם, אל תקלל עשיר עשירו של עולם, כי עוף השמים יוליך את הקול, אמר רבי לוי יש קול יוצא לטובה וישמע ה' את קול דבריכם ויאמר היטיבו וגו', יש קול יוצא לרעה וישמע ה' את קול דבריכם ויקצוף ובעל כנפים יגיד דבר, א"ר אבא בשעה שהאדם ישן, הגוף אומר לנשמה, והנשמה לנפש, והנפש למלאך, והמלאך לכרוב, וכרוב לבעל כנפים, ובעל כנפים יגיד דבר לפני מי שאמר והיה העולם, דבר אחר גם במדעך מלך אל תקלל זה משה דכתיב ויהי בישורון מלך, אל תקלל עשיר זה משה א"ר חנין מחצב של סנפירינון ברא הקדוש ברוך הוא בתוך אהלו ומשם העשיר משה הה"ד פסל לך הפסולת שלך כי עוף השמים יוליך את הקול, קול שטס כעוף ועולה לשמים, ובעל כנפים יגיד דבר שהוגד לה בסיני הוצא את המקלל, ד"א קולם של מדברי לשון הרע, לפיכך קולם של בעלי כנפים מכפר על אותו הקול שנאמר ולקח למטהר שתי צפרים חיות, ובעל כנפים אלו המלאכים שכתוב בהם שש כנפים לאחד

[ב] **תלמוד בבלי מסכת סנהדרין דף לח עמוד ב:** אמר רבי יוחנן בר חנינא: שתים עשרה שעות הוי היום; שעה ראשונה - הוצבר עפרו, שניה - נעשה גולם, שלישית - נמתחו אבריו, רביעית - נזרקה בו נשמה, חמישית - עמד על רגליו, ששית - קרא שמות, שביעית נזדווגה לו חוה, שמינית - עלו למטה שנים וירדו ארבעה, תשיעית - נצטווה שלא לאכול מן האילן, עשירית - סרחה, אחת עשרה -

ואדם ביקר (פסוק י"ג) אדם ביקר (פסוק כ"א)] ומשה זכה בהר סיני לב' שלישים שהם תר"ך אותיות שהם ב"פ יקר

גלא עמיקתא

והלך לו שנאמר "אדם ביקר בל ילין" לינת לילה לא לן, ובארנו ענין זה באריכות [1]במקום אחר בפירוש ענין אדם הראשון יציר כפיו של הקב"ה. והני

מקורות

נידון, שתים עשרה - נטרד והלך לו. שנאמר אדם ביקר בל ילין. אמר רמי בר חמא: אין חיה רעה שולטת באדם אלא אם כן נדמה לו כבהמה, שנאמר נמשל כבהמות נדמו. (שע"ה בסו"ף ארמ"י סימן). אמר רב יהודה אמר רב: בשעה שבקש הקדוש ברוך הוא לבראות את האדם, ברא כת אחת של מלאכי השרת, אמר להם: רצונכם, נעשה אדם בצלמנו? אמרו לפניו: רבונו של עולם, מה מעשיו? אמר להן: כך וכך מעשיו, אמרו לפניו: רבונו של עולם מה אנוש כי תזכרנו ובן אדם כי תפקדנו, הושיט אצבעו קטנה ביניהן ושרפם. וכן כת שניה. כת שלישית אמרו לפניו: רבונו של עולם, ראשונים שאמרו לפניך - מה הועילו? כל העולם כולו שלך הוא, כל מה שאתה רוצה לעשות בעולמך - עשה. כיון שהגיע לאנשי דור המבול ואנשי דור הפלגה שמעשיהן מקולקלין, אמרו לפניו: רבונו של עולם, לא יפה אמרו ראשונים לפניך? אמר להן: ועד זקנה אני הוא ועד שיבה אני אסבל וגו'. אמר רב יהודה אמר רב: אדם הראשון מסוף העולם ועד סופו היה, שנאמר למן היום אשר ברא אלהים אדם על הארץ ולמקצה השמים (ועד קצה השמים), כיון שסרח - הניח הקדוש ברוך הוא ידו עליו ומיעטו, שנאמר אחור וקדם צרתני ותשת עלי כפכה. אמר רבי אלעזר: אדם הראשון מן הארץ עד לרקיע היה, שנאמר, למן היום אשר ברא אלהים אדם על הארץ ולמקצה השמים עד קצה השמים, כיון שסרח - הניח הקדוש ברוך הוא ידו עליו ומיעטו, שנאמר אחור וקדם צרתני וגו'. קשו קראי אהדדי! - אידי ואידי חדא מידה היא. ואמר רב יהודה אמר רב: אדם הראשון בלשון ארמי ספר שנאמר ולי מה יקרו רעיך אל. והיינו דאמר ריש לקיש: מאי דכתיב זה ספר תולדת אדם - מלמד שהראהו הקדוש ברוך הוא דור דור ודורשיו, דור דור וחכמיו. כיון שהגיע לדורו של רבי עקיבא שמח בתורתו ונתעצב במיתתו, אמר ולי מה יקרו רעיך אל. ואמר רב יהודה אמר רב: אדם הראשון מין היה, שנאמר ויקרא ה' אלהים אל האדם ויאמר לו איכה - אן נטה לבך. רבי יצחק

עיונים

1. אדם הראשון יציר כפיו של הקב"ה: כתיב (תהלים מ"ט,י"ג) "ואדם ביקר בל ילין, נמשל כבהמות נדמו" גימ' (1488) ט"ז פעמים "גץ" (93), ומקשר אופן ט' גץ שיצא מתחת הפטיש וכו' גמל שהיה טעון פשתן וכו' גץ דא אשא דיעקב, גמל דא עשו כדכתיב "הלעיטני נא" גימ' (225) "יגל יעקב" עיי"ש דברינו. וזהו דמאדם הראשון דחטא נתגלגל עניין יעקב ועשו, והתגברות הקדושה על הקלי' היא תקונו דאדם קדמאה. והאי פסוקא "ואדם ביקר בל ילין, נמשל כבהמות נדמו" בא"ת ב"ש סליק לחושבן (2158) "שיר המעלות ממעמקים קראתיך ה'" (תהלים ק"ל,א')- וזהו דאדם הראשון לאחר חטאו ונטרד מגן עדן היינו ואדם (הראשון) ביקר (בגן עדן) בל ילין (לא לן לילה הראשונה בג"ע) אמר האי מזמור. והאי פסוקא "ואדם ביקר וכו'" פשוט וא"ת ב"ש סליק לחושבן (3646) ה"פ "קרע שטן" (729) ע"ה, וע"י תשובה מעומקא דלבא בכל ה' בחי' נרנח"י זוכים לקריעת גזר דינו, היינו ה"פ "קרע שטן". והנה בגמ' (סנהדרין לח:) א"ר יוחנן בר חנינא שתים עשרה שעות הוי היום שנה ראשונה הוצבר עפרו שניה נעשה גולם שלישית וכו' ומונה שם י"ב שלבי יצירתו וחייו בגן עדן של אדה"ר [ועיין אופן י"ד-אברהם משה דוד תקון אדה"ר, ואופן ק"ב-שור שהקריב אדה"ר קרן אחת היתה לו במצחו] ואנו נדרוש האי י"ב שלבים לפי הספירות, שכן אדם קדמאה- יציר כפיו דקוב"ה כדכתיב "אחור וקדם צרתני ותשת עלי כפכה" (תהלים קל"ט) גימ' (2456) ד"פ "ה' מלך ה' מלך ה' ימלוך לעולם ועד" שחטא בעולם-שנה-נפש (930) דיליה גימ' רוח שטות (930), כדאמרו בגמ' סוטה אין אדם (הראשון) עובר עברה אא"כ נכנס בו רוח שטות- ותקונו ע"י "תענית", שמרעיב את עצמו- חושבנא דדין כחושבנא דדין [לקוטי מוהר"ן ח"א סי' ס"ב עיי"ש], האי אדם קדמאה איהו תכלית כל הבריאה, ונמנה את שלבי יצירתו בידי הקב"ה במאמר ר' יוחנן בר חנינא בסנהדרין לח: אחד לאחד לפי סדר

הספי', ונקשרם עם ד' יסודות ו-ד' מצבי הנפש, דהיינו עפר-מים-רוח-אש ודומם-צומח-חי-מדבר, וישראל על גבי כולנה בחי' הכתר ד"ישראל" אתוון "לי ראש" היינו הכתר, וכדנבאר לקמן הוי תלת רישין בכתרא, היינו מאי דא"ר שמעון- שלשה כתרין הן כתר תורה, וכתר כהונה, וכתר מלכות, וכתר שם טוב עולה על גביהן (אבות ד',י"ג), והשיגו מאור עינינו מייסד תורת החסידות ר' "ישראל בעל שם טוב" גימ' (1000) "אלף"- ורמיזא א' זעירא דהאי אופן. והנה דבריו של רבי יוחנן בר חנינא הן הפלא ופלא ברוך קדשו, סליקו כולהו דהיינו- "הוצבר עפרו, נעשה גולם, נמתחו אבריו, נזרקה בו נשמה, עמד על רגליו, קרא שמות, נזדווגה לו חוה, עלו למעלה שנים וירדו ארבע, נצטוה שלא לאכל מן האילן, סרח, נידון, נטרד והלך לו" (שנאמר) "אדם ביקר בל ילין" (שם) לחושבן (7398) ח"י פעמים "גן-נחש" (411)- וע"י תורה תשובה וגמ"ח אנו מחזירים ומתקנים הכל בשרש, שכן ג"ן נח"ש במלוי "גימל נון, נון חית שין" גימ' (1073) "אילת אהבים ויעלת חן" (משלי ה',י"ט) דאיהי התוה"ק. וכשנחבר הני ד' יסודות ארמ"ע עם ה' בחי' בנפש דצח"מ ישראל, דהיינו- "עפר-דומם, מים-צומח, רוח-חי, אש-מדבר, ישראל" סליקו כולהו לחושבן (1994) "אז הוחל לקרא בשם ה', זה ספר תולדת אדם" ע"ה (בראשית ד',כ"ו ו-ה',א') והוא הפלא ופלא.

ועתה באוהל מועד נשלם לו יקר. לכן א' זעירא שרומז על השליש הג' שלא זכה בו בהר סיני ועתה נשלם לו כלי יקר

גלא עמיקתא

ג' פסוקין דמביא המגלה עמוקות ממזמור מ"ט: א'. [ג]ויקר פדיון נפשם, וחדל לעולם (1160) [(פסוק ט') וכן נדרש

אמר: מושך בערלתו היה, כתיב הכא והמה כאדם עברו ברית וכתיב התם את בריתי הפר. רב נחמן אמר: כופר בעיקר היה, כתיב הכא עברו ברית וכתיב התם (את בריתי הפר) ואמרו על אשר עזבו (את) ברית ה' אלהיהם

[ג] **ספר מעייני הישועה לארבנאל מעיין ח תמר ט:** והמשפט החמישי הוא אמרו ולה יהב שלטון ויקר ומלכו וכל עממיא וגומר ר"ל שבזמן ההוא יזכו ישראל לכל הדברים שנעדרו מהם בגלות. וידוע ששלשה סוגי רעות היו להם. האחד שלא היה בגלות כח ואומץ לב כי הנה נתחדש להם חלשה ומורך לב גדול כמו שנאמר בקללות (ויקרא כו, לו) והנשארים בכם והבאתי מורך בלבבם וגומר ובמוסר האחרון נאמר (דברים כח, סה) ובגוים ההם לא תרגיע ולא תמצא מנוח וגומר. והסוג השני מהרעות שתחת היותם בני ציון היקרים המסולאים בפז אחרי היותם בגלות נחשבו לנבלי חרש גלה כבודם ויקרם, וכמאמר הנביא (ישעיה נג, ג) נבזה וחדל אישים איש מכאובות וידוע חולי וגומר, וראוי היה להיות כן כי הנה כבוד ה' ויקרו היה ארץ ה' ושכינתו אשר בתוכם ובהלקחו מאתם גלה כבוד ישראל והיה למשיסה יעקב וישראל לבוזזים, וכמאמר כלת עלי בחכמתה אי כבוד גלה כבוד מישראל אל הלקח ארון האלקים. והסוג הג' מהרעות הוא שתחת היות להם על אדמת הקדש שבט ומלכות ומחוקק מבין רגליו הנה בבואם בגלות מלכה ושריה בגוים הלכו בשבי לפני צר אין עוד להם מלך ושר, ועליו נאמר במוסר האחרון (דברים כח, לו - לז) יוליך ה' את מלכך אשר תקים עליך אל גוי אשר לא ידעת וגומר והיית למשל ולשנינה וגומר. והנביא אמר (הושע ג, ד) כי ימים רבים ישבו בני ישראל אין מלך ואין שר לפי שכל מקום אשר דרכה כף רגליהם היו עבדים לכל ממלכות הארץ ועם היות להם שבט מראשי גליות שבבבל הנה המלכות נעדר מהם. הנה שלשת סוגי הרעות האלה ייעד דניאל שיבטלו מהם, ועליהם אמר ולא יהב שלטן ויקר ומלכו, כי באמרו שלטן רמז אל הכח ואומץ הלב אשר תתחדש אז בהם. וכמו שאמר במגילת אסתר (אסתר ט, א) אשר ישלטו היהודים המה בשונאיהם. ונאמר (נחמיה ה, טו) עד אשר שלט האדם באדם גם נעריהם שלטו בעם. אין אדם שליט ברוח (קהלת ח, ח). אשה זונה שולטת (יחזקאל טז, ל). כולם הם מלשון חוזק ואומץ לב. וכנגד הבזיון הדבק בנפש בהיותם בגלות אמר דניאל שיהיה להם בזמן ההוא יקר שהוא הכבוד והמעלה. וכנגד העבדות והעדר המלכות אשר היה להם אמר שאז יזכו למלכות וגם יהיה מלכותם כל כך עליון וכולל שכל עממיא אומיא ולישניא ליה יפלחון, ר"ל יעבדו אליו ויהיו נכנעים תחתיו. וכאשר פירש המלאך לדניאל אמר ומלכותא ושלטנה ורבותא די מלכות תחות כל

שפתי דעת [כמ"ש (משלי כ,טו) יש זהב ורב פנינים וכלי יקר שפתי דעת] ומלת כלי נרמז על ג' קטרון כ"הן ל"וי י"שראל

גלא עמיקתא

פסוק זה בדברי רבינו לעיל [ד]**אופן מ"ה]** ב'. [ה]**ואדם ביקר בל ילין, נמשל כבהמות נדמו** (1488) [גם פסוק זה נדרש שם] ג'. [ו]**אדם ביקר ולא יבין, נמשל כבהמות נדמו** (1459) סליקו לחושבן (4107) ג"פ הפסוק (תהלים פ"א,י"ב):

שמיא יהיבת לעם קדישי עליונים אמר במקום יקר רבותא לפי שהיוקר והכבוד אינן כ"א ענין גדולה ורבנות כמו מה יקר חסדך אלקים (תהלים לו, ח) מאשר יקרת בעיני נכבדת (ישעיה מג, ד) ויקר פדיון נפשם (תהלים מט, ט) וזולתם. וביאר גם כן שהמלכות והשלטנות והיוקר הזה הוא בעולם הזה אמרו תחות כל שמיא. [ד] **מגלה עמוקות על א' זעירא דויקרא אופן מ"ה:** ועי"ז יהיה פירוש הפסוק ויקר אל משה (תהל' מ"ט) ויקר פדיון נפשו וחדל לעולם שבתחלה (שם) אדם ביקר בל ילין אדם הראשון שהיה כלול מכל ס' רבוא נפשות ואח"כ העמידו על ק' אמה והיו תלויין בו כל הנשמות והנה עתה זכה משה לאותן העטרות והיה כלול מכל ס' רבוא נשמות. ז"ש ויקר אל משה ובא' זעירא מורה שהיקר בא לו מן אתוון שבתורה שהם ס' רבוא א' היא ראש לכל האותיות ובאהל רמוז שהיקר בא לו מן אתוון שבתורה. [ה] **ספר המשלים לר' אברהם גיקטיליא סימן א:** למה בריאת אדם הראשון דומה - למלך שבקש להראות לעבדיו עושר כבוד מלכותו. פירוש, כשברא הקדוש ברוך הוא את העולם ברא בו כמה מעשים נפלאים ונוראים, וכמה מיני צורות משונות, מהן נסתרות ומהן גלויות, ראה שאין כח ביצורים להבין גדלו ותפארתו ועוצם נפלאותיו במעשיו הנפלאים והנעלמים, עמד וברא את האדם וצייר בו סימנים בדוגמת כל מיני צורות שברא בעליונים ובתחתונים. משל למלך שהיו לו כמה אוצרות וכמה גנזים מלאים מיני עושר וכסף וזהב וכלים נאים אבנים טובות ומרגליות, אמר המלך בדעתו, היאך ידעו בני מלכותי גודל עושרי ותפארת גדולתי, עמד ועשה כתר אחד וקבע בו כמה אבנים טובות, אבן יקרה אחת מכל אוצר ואוצר, והראה אותו לעבדיו, אמר להם דעו כי מכל מין ומין שתראו קבוע בכתר הזה יש לי הרבה ממנו כמה אוצרות מלאים וכמה גנזים מלאים, ובכך אתם יכולים להתבונן גודל תקפי ועושרי. כך הקדוש ברוך הוא ברא כמה עולמות משונות זה מזה וברא בכל עולם כמה צורות משונות זו מזו, כמו שאמר הכתוב מה רבו מעשיך ה' כולם בחכמה עשית, ראה שאין כח בנבראים להבין גודל מעשיו ונפלאותיו עמד ויצר את האדם וצייר בו צורות רבות משונות זו מזו ושכלל [נ"א: וכלל] בו צורות כל העולמות כולם. ברא את ראשו בצורת עולם המלאכים בכמה ענינים משונים נפלאים ונוראים ונעלמים ונפח בו נשמה אצולה מרוחו [נ"א: מכסאו], וברא את הגויה וכל האברים פנימים וחיצונים בצורת עולם הגלגלים והכוכבים וצר בהם כמה צורות נפלאות ונוראות, וברא את הכליות ומה שלמטה מהם בצורת עולם התחתון, ובכל צורה וצורה מכל האברים שבאדם נתן סימן לכל צורות העולמות, העליונים והתחתונים נסתרים ונגלים. וכשגמר ה' ושכלל צורת גוף האדם עמד ומנהו למלך על כל בני עולם, כמו שאמר הכתוב (תהלים ח ז) תמשילהו במעשי ידיך כל שתה תחת רגליו, עד שעמד האדם וחטא וקלקל את השורה [נ"א: הצורה] והוסרה ממנו הממשלה ונדמה לצורת בהמה, וכן הכתוב אומר (תהלים מט יג) ואדם ביקר בל ילין נמשל כבהמות נדמו. [ו] **עקידת יצחק בראשית שער לב (פרשת ויחי) ובו מבואר באר היטב כל פסוקי המזמור ובכללו פסוק זה אדם ביקר ולא יבין וכו':** למנצח לבני קרח מזמור. יאמר כי בהבנת כוונת המזמור הזה יוסיף כל משכיל אומץ נצח והוד לעמוד על שלמותו. שמעו זאת כל העמים האזינו כל יושבי חלד כי מה שידבר על דרך הפרסום הנה הוא מועיל לכלם. ואולי אמר חלד מענין חלודה כמו שאמרו רבותינו ז"ל (תנחומא פרשת כי תבא) על ממתים מחלד (תהלים י"ז). והכונה שיסירו חלודת הטפשות. גם בני אדם וגו' כתנאי כל דבור שלם שיקבלו תועלת כל השומעים איש כפי כחו ובדברי חכמינו ז"ל (שוח"ט תהלים מ"ט) עשיר

בתורה ואביון בתורה. פי ידבר חכמות והגות לבי תבונות ייעד כי מה שידבר בפיו יהיו דברי חכמה ומוסר מפורסמים. אמנם בהגות לבו ותוכיותו ימצאו תבונות נסתרות והוא הבנת דבר מתוך דבר כענין המשל והנמשל. אטה למשל אזני וגו׳ אמר זה לפי שהענין המפורסם בו אמרו בדרך משל במה ששם קצת דברי המזמור משל לקצתם והכל יחד שמו לחידה לענין השני היותר נעלם. והנה על הענין האחד אמר אטה למשל אזני. ועל השני אפתח בכנור חידתי. ואחר שהקדים עניני השיר ומדרגתו התחיל בדרוש ואמר למה אירא בימי רע וגו׳ אמר שהכונה אשר הניעתהו היא לעורר לבות בני אדם ולגלות את אזנם שכל הרע המגיע אל המין האנושי במה שלא יגיע אחד מאלף אל כוונת תכליתם הוא נמשך אל רוע בחירתם. והוא אומרו בדרך שאלה למה אירא בימי הרעה והוא זמן כליון הגוף והפסדו שהנפש והבשר יחדו יסופו כמו שחשבו האנשים הפתאים. והשיב עון עקבי יסובני. כלומר אנכי סבותי לי את כל הרעה הזאת כי נרדפתי מעצמי והשגתי. ואם כן איפא מי ירחם עלי. הבוטחים על חילם וברב עשרם יתהללו. פתח להם בענין השני שאמרנו שהוא המפורסם שבסכליות והוא שום בקשת הממונות ודרישתם הדבר היותר מעולה שימצא באדם ובדבר עם העשירים הבוטחים על חילם ומתהללים ברוב עושרם להיותו הטוב העליון בעיניהם יאמר, אליכם עשירי עם אקרא היום אגלה חרפות האדון הזה אשר אתם מבקשים כי מלבד מה שהוא נודע ונכר לעין החכמים שהוא ענין פחות וחיצוני מהמבוקש יתבאר פחיתותו מן הדרך אשר אתם משתמשים בו אצל הזולת או אצל עצמכם עד שתחייבו להודות שימצא לאדם ענין יותר משובח שהוא יהיה התכלית המבוקש. והעיון הראשון יתבאר בפנים הראשונים מהמזמור. והשני בפנים השניים. ובקטון מומיו החל ואומר אח לא פדה יפדה איש לא יתן לאלהים כפרו ויקר פדיון נפשם וגו׳. ירצה לא די שלא יועיל הון ביום עברה למלט בעליו מיום מיתה אלא שימציא לו עוד חולי רע מצד רוע ההנהגה ברוע בחירת הבעלים בהשתמש ממנו. וזה כי איש מה כי יראה את אחיו ביום אידו יום שבות זדים גופו ועבדוהו וענו אותו וכבר יאותו לשלח אותו חפשי במעט מהממון אשר ביד אחיהו איש. ותגדל אהבתו עם ממונו על אהבתו עם אחיו וחמלתו עליו על חמלתו עד שיניחנו בצרתו ופדה לא יפדה אותו ולא יתן בעדו אפילו כופר נפש המושת בתורה

האלהית להנתן בפלילים ואם מעט הוא כ״ש שאם היה יקר פדיון נפשם כפי שוויו ממש יחדל מן הפדיון ולא יתן לא היום ולא לעולם. ויחי עוד לנצח וגו׳ ירצה ולא תאמר שיעשה כן לפחדתו כי ביום פדות אותו ימות מיד או קרוב לו ונמצא מאבד ממונו בלי הועיל שאף אם ידע בו שיחיה עוד לנצח ולא יראה השחת לא יפר אהבתו אשר עם ממונו ולא יוסיף. ולא יתן את כל מאומה בעדו. כי יראה חכמים ימותו וגו׳, קרבם בתימו וגו׳, אמר כי הסבה המביאה לו לידי עוורון היא כי יראה חכמים ימותו בענין אחד עם הכסיל והבער. ומאלו ואלו לא יראה שישאר דבר אחרי מותם רק מה שיותר מעזבון חילם וממונם ביד הקונה אותו לדורותיו. והקברים אשר הם בקרבם הם בתימו לעולם. ירצה שלזמן ארוך אומרים זה קבורת פלוני העשיר ומשכנותיו אשר ישכנו בהם בעוד בחיים יקראו על שמם לדור ודור מה שלא ירצה זה הזכרון והשארית מחכמתם ומשאר השלימות. ואדם ביקר בל ילין וגו׳ גזר אומר כי אדם אשר כזה שיש לו יקר העושר והנכסים ולא ילין בו להשתמש ממנו כשיבא צורך גדול אשר כזה שזכר מפדיון האח הוא מפורסם אפילו להמון שהוא דומה לבהמות הנושאות בר ולחם ומזון על כתפיהם ואין ברשותם לאכול מהם ומתו ברעב. ואמר נדמו כי הוא והם נדמו דמיון גמור לא כענין המשל לבד. ואחר שהראה הגנאי הגדול הזה על זה האופן זכר גנאי עצום ונפלא ממנו אשר אליו היתה כוונתו באלו הפנים הראשונים. וכבר שם הגנאי הראשון למשל או ערך אל השני. אלא שהגנאי הוא יותר מבואר בנמשל ממה שהוא מבואר במשל הפך המנהג בכמו אלו העניינים. אמנם כיון לבוא אליו באופן זה להפליג. ואמר זה דרכם כסל למו ואחריהם בפיהם ירצו סלה. ירצה דרך הכסילות המפורסם אשר להם לחבב ממונם וליקרו על פני אחיהם זה דרכם כסל למו בעצמם ממש כי לא יוציאו אותו בשום פנים לפדות את נפשם מיד שאול כמו שחוייב לאנשים השלמים הקונים עולמם ועם היות שאחריהם בפיהם ירצו סלה כי תמיד תמצאם אומרים בפיהם שירצו בחיי העולם הבא ויבינו לאחריתם. אמנם יתרון אהבתם עם ממונם על הכל היא. או שירצה והראוי להיות להם אחריהם בפיהם ירצו אותו סלה. כלומר שלא נשאר להם מכל עמלם רק מה שראו אותו להיות אוכל לפיהם ובזה כצאן לשאול שתו מות ירעם וגו׳. ירצה שבזה הענין שתו עצמם כצאן טבחה אשר המות הוא הרועה אותם

במה שינהגום במרעה דשן ושמן וירעום בכר נרחב כדי שתהיינה בריאות וטובות ליום מיתה ולא נשאר אחריהם כלום רק מה שנהנים הבעלים מדמי בשרם ומעורן ומצמרן כן אלו הפתאים לא נשאר אחריהם מעצמיותם כלום ולא ישלטו ליהנות מכל נכסיהם אשר עמלו בהם להטיב את נפשם וירדו בם ישרים לבקר עד צאת נפשם על דרך יכין וצדיק ילבש (איוב כ"ז) שהפתאים הללו האלהים אשר עשאם הסגירם וצורם אשר מכרם לגלות אותם השאול ולאבדם מזבול לו. אך אלהים יפדה וגו'. ירצה רחמנא ליצילן מדעת האנשים החטאים האלה בנפשותם הרודפים אחר אילו הקניינים הפחותים אשר לא יועילו ולא יצילו אך אני אשוב מרדוף אחריהם להשיג המעשים אשר בהם יפדה אלהים נפשי מיד שאול כי יקחני השאול להיות לו נפש לשלל סלה כנפשם. אל תירא כי יעשיר וגו' כי לא במותו יקח וגו' אחר שגינה פתיות האנשים האלה על זה האופן הסב דברו עם האיש המסתפק אצל הממונות. ואמר אתה האיש אשר הסתפקת באספך די ספקך מהממון ונשאת בעולמך זה עול גאות העשיר וזדונו וחרפת חנופת הארץ אותו כי רב כבודו אל תירא שיהיה כן לעולם הבא הארוך והטוב אלא כמו שתראה בעיניך שלא במותו יקח את כל מאומה בידו כן לא ירד אחריו כבודו כי אין שם משוא פנים אל העשיר בעשרו כלל. כי נפשו בחייו יברך וגו' והטעם כי זה האוכל נפשו בחייו קלל ולא נשא ברכה במעשה הצדקה ומעשים טובים והוא ישא את עונו ואז הוא וחבריו הרשעים כמוהו יודוך כי תטיב לך לעצמך כל ימי חייך במה שיראו שם ויכירו בין טוב לרשע ובין עובד אלהים לאשר לא עבדו. תבא עד דור אבותיו וכו' ירצה לא יקרה לו כאשר יקרה לאיש השלם אשר נאמר בו (בראשית ט"ו) ואתה תבא אל אבותיך בשלום, וכמו שאמר ושכבתי עם אבותי וגו' אך תבא עד דור אבותיו ועמו אשר עמהם יאסף ותראה כי הוא והם לנצח לא יראו אור. אדם ביקר ולא יבין וכו' ירצה ויתר שהיה הסכלות הראשון מגונה מאד מהיות לו יקר עושר ונכסים ולא ילין על אבוסם אפילו לצורך אחיו אשר כנפשו. ולזה נמשל כבהמה הנושאת משאת המזון ולא נהנית ממנו. עוד מגונה מאוד זה האחרון אשר נתן לו מאת האלהים יקר השכל לדרוש הטוב לעצמו ולא יבין לאשורו כי באמת נמשל כבהמות אשר נדמו מבלי הדעת ובמותם אין להם עוד אחרית ותקוה. זהו שיעור מה שרצהו המשורר בחצוני ממאמריו אלה אשר יכוין בהם אל הכתות ההמוניות גם בני אדם גם בני איש יחד עשיר ואביון. כי יש ויש בדבריו אלה מוסר השכל לכל, תוכחה לעשירים המנוולים עצמם אצל ממונם. עצה לאביונים שלא יסמכו עליהם בשעת דחקם. גלוי דעת את העם שעל הרוב המרבים בעושר וכבוד ימעטו במעלות עצמם והממעיטים בהם מרבים בכבודם וכבוד קונם:

[ז] ברעיא מהימנא פרשת צו כהן מסטרא דחכמה לוי מסטרא דתבונה ישראל מסטרא דדעת בג' אלה נבנה

גלא עמיקתא

"[ח] ולא שמע עמי לקולי, וישראל לא אבה לי" (1369). באור הענין: דמחטא

[ז] **זוהר - רעיא מהימנא פרשת צו:** איהו מזונא דנשמתא ורוחא ונפשא שכליים דאינון כהן לוי וישראל, כהן ביה י' חכמה ודאי, לוי ביה ה' תבונה, ישראל ביה דעה ודא ו', נפש יתירה ה' בתראה, רמ"ח מ"ע ושס"ה לא תעשה.

[ח] **ביאור על ספר המצוות לרס"ג (הרב פערלא) עשין עשה ג ד:** עוד הי' נראה ליישב עיקר קושית הראשונים ז"ל לדעת הבעל הלכות גדולות וסייעתו מברייתא דתנא דבי ר"י בהוריות שם בפשיטות. דודאי לפום פשטי' דקרא קרא דאנכי לאו מצוה היא כלל ולא נאמר אלא להצעה וטעם ללאוין שאחריו. לומר אנכי ה' אלקיך אשר הראך את ידו החזקה וזרועו הנטוי' בהוציאך ממצרים. ולכן אני מזהירך לא יהי' לך אלהים אחרים ולא תשתחוה להם ולא תעבדם. וכן נראה להדיא מדברי המכילתא והספרא שהביאו הרמב"ן והרשב"ץ ז"ל שם עיין שם. וכן נראה לענ"ד להדיא מהכתובים בתהלים (מזמור פ"א) דכתיב שמע עמי ואעידה בך וגו' לא יהי' בך אל זר ולא תשתחוה לאל נכר אנכי ה' אלקיך המעלך מארץ מצרים וגו' ולא שמע עמי לקולי וגו'. דמבואר שבא הכתוב לספר בדרך תוכחה שהעיד והתרה המקום בישראל בסיני ואמר להם לא יהי' וגו' לא תשתחוה וגו' כי אנכי ה' אלקיך המעלך מארץ מצרים. ואין לך לפנות לאלהים אחרים. ומ"מ לא שמע עמי לקולי וישראל לא אבה לי ומיד

המשכן. ז"ש וידבר ה' אליו מאוהל מועד שהוא דרגא דיוסף צ"דיק י"סוד ע"ולם [כמ"ש (משלי י,כה) כעבור סופה ואין רשע וצדיק יסוד

גלא עמיקתא

אדם הראשון נתערב הרע בטוב, [ט]ויצרא בישא מפתה לאדם בכל יום להחטיאו. וזהו דערך ממוצע דכל פסוק מ–ג' הפסוקים הוא הפסוק "ולא שמע עמי לקולי וישראל לא אבה לי". ומשה זכה לתקן אדם הראשון באהל מועד ואז זכה ליקר ה–ג' ויקר אל משה. וסליקו הני ג' יקר"ר (310) לחושבן שנותיו דאדם קדמאה (930) וחושבן הפסוק ולא שמע וכו' (1369) דהוא ערך ממוצע ל–ג' הפסוקים כנ"ל הוא גופא גימ' (1369) כ"ד פעמים "אל הוי'" (57) עם הכולל

פנו אלי עורף ועשו להם עגל מסכה וילכו בשרירות לבם. ולכן אשלחם בשרירות לבם ילכו במועצותיהם. אבל לו עמי שומע לי וגו'. זה נראה מבואר בהדיא מהמשך לשון הכתובים. ומתבאר מזה דקרא דאנכי אינו אלא טעם והקדמה ללאוין שבאו אחריו. ועכצ"ל דמה שאמרו דאנכי ולא יהי' לך מפי הגבורה שמענו. ומשלימים שתי מצות החסרים לגימטריא דתורה. דמבואר דס"ל דאנכי הוא אחת מהעשין שבתורה. אינו אלא דרך דרשא מייתורא דקרא. דהוה סגי למיכתב אזהרה דלא יהי' לך בלא הקדמה וטעם זה כשאר אזהרות שבתורה שבאו סתם. ובפרט דכבר כתיב אח"כ כי אנכי ה' אלקיך אל קנא וגו'. ולכן דרשו קרא לעשה והכניסוהו בכלל מספר תרי"ג מצות. אף על גב דודאי פשטי' דקרא לאו הכי הוא. וכמבואר בהדיא בקראי דתהלים שהבאתי. וכבר אשכחן ממש כיו"ב במאי דדרשו קרא דלא ימותו אבות על בנים שלא לקבל עדות קרובים אף על גב דבהדיא מבואר בכתוב (במלכים ב' י"ד. ובדברי הימים ב' כ"ה) דפירושא דקרא כפשטי' שלא להמית אבות בעון בנים. מכל מקום דרשו הכי מייתורא דקרא אף על גב דודאי אין מקרא יוצא מידי פשוטו. וכמו שכבר ביארו הרמב"ן ז"ל (בפי' עה"ת פרשת בחוקותי. ובמשפט החרם שבסוף תשובות המיוחסות להרמב"ן). וכ"כ רבינו יונה והר"ן ז"ל בחי' לסנהדרין (כ"ז ע"ב) עיין שם בדבריהם ז"ל. וכ"כ הרמב"ן עוד בסה"מ (שורש שני) עיין שם. וכיו"ב כתב הסמ"ג (עשין קס"ט) עיין שם וביראים (סי' רמ"ה) עיין שם ובכמה דוכתי ואין כאן מקום להאריך בזה. ואם כן שפיר קאמר תנא דבי ר' איזו מצוה שנאמרה בתחלה הוי אומר זו ע"ז כיון שכן הוא ודאי לפום עיקר פשטי' דקרא. ומשמע ליה לר' דקרא דלמן היום אשר צוה ה' והלאה לדורותיכם על מצוה שנאמרה בתחילה לפום פשטי' דקרא קאי ולא אההיא דנפקא מדרשא בעלמא שאינה מבוארת בכתוב. ולכל זה לא הוצרכנו אלא לפירש"י ושאר ראשונים ז"ל בההיא דהוריות שם. אבל לפי מה שדחה הר"ב באר שבע בהוריות שם פי' זה. והכריח לפרש דמצוה שנאמרה בתחלה לאדם הראשון קאמר עיין שם שהאריך בזה. אם כן אין התחלה לקושיא זו וקושיא מעיקרא ליתא. אלא שיש לדון בזה. אבל איני רוצה להאריך בזה יותר. דבלאו הכי כבר סילקנו קושיא זו מדעת הגאונים ז"ל

[ט] מסכתות קטנות מסכת כלה רבתי פרק ב הלכה ו: הנחמים באלים, אלו המחממין את עצמן ומוציאין שכבת זרע לבטלה, למה הוא חשוב, לבהמה, מה בהמה אינה מקפדת ועושה, אף הוא אינו מקפיד ועושה, דבר אחר מה בהמה עומדת לשחיטה ואין לה חלק לעולם הבא, אף הוא יורד לגיהנם ואין לו חלק לעולם הבא. תאנא אף הוא עובר משום בועל ונבעל, וכל כך למה, מפני שמעורר יצר הרע על עצמו. תאנא יצרו של אדם מתגבר עליו בכל יום, שנאמר וכל יצר מחשבות לבו רק רע כל היום. מכאן דרשו רבותינו, הרהור מביא לידי תאוה, תאוה לידי אהבה, אהבה לידי רדיפה, רדיפה לידי מעשה, להודיעך כמה קשה חזרתו מזו לזו; וכנגדן בתשובה, פרישות מביאה לידי זהירות, זהירות מביאה לידי זריזות, זריזות לידי נקיות, ונקיות לידי טהרה, וטהרה לידי חסידות, וחסידות לידי ענוה, וענוה גדולה מכולם, שנאמר רוח י"י אלהים עלי יען משח י"י אותי לבשר ענוים, צדיקים, ישראל, טהורים, חסידים, לא נאמר, אלא לבשר ענוים.

עולם] בגי' כ"ל"י ש"ל"ם והנה כל שנותיו של אדם היו כמנין תעני"ת ת"כון ת"פלתי ק"טורת ל"פניך ר"ת תתק"ל [כמ"ש

גלא עמיקתא

בסוד מיתוק [י]כ"ד זיני דמסאבותא – ד"אל הוי'" שמות החסד והרחמים ונמשך מכאן דחושבן ג' הפסוקים דהן ג"פ האי פסוקא (ולא שמע עמי וכו') איהו (4107) "חסד" (72) פעמים "אל הוי'" (57) עם ג' כוללים. והוא מיתוק שלם לחטא אדם הראשון וזכה לו משה. דזכה משה ל-ג' אלפין דהן הן ג' הכוללים דמוספנא: ויקרא אל משה דנן, משה איש האלהים, והאיש משה ענו מאד וממשיך: מכל האדם אשר על פני האדמה – רמיזא האדם בה' הידיעה – האדם הידוע דהיינו אדם הראשון, כדכתיב (בראשית ב',ח') "ואדם אין לעבוד את האדמה". וכולא פסוקא, דהיינו: "וכל שיח השדה טרם יהיה בארץ וכל עשב השדה טרם יצמח, כי לא המטיר הוי' אלהים על הארץ, ואדם אין לעבד את האדמה" גימ' (3906) ו"פ "[יא]עם ישראל" (651). כפלינן ו"פ דאות ו' לקביל תפארת ישראל כדכתיב (ישעי'

[י] **ספר אבן יקרה ח"א שיר השירים ג ח קמט:** אמנם בשלמים שאין באים על חטא אלא לנדבה הקריבו מן הבקר שנים שנים כדי שיעלה סך הכל כ"ד כנגד כ"ד קשוטי כלה שהם כ"ד צרופים שם אדנ"י שיהיו נמתקים בשלימות ועי"ז יתפרדו כ"ד זיני דמסאבותא שהטיל נחש בחוה שהם כמנין ואיב"ה כמ"ש על פסוק (בראשית ג') ואיבה אשית בינך ובין האשה כידוע ואז הנפש נטהרת מן כ"ד זיני דמסאבותא ותתקשט בכ"ד קישוטי כלה ועל זה עשו הרמז במספר כ"ד קרבנות הנז' בבקר שהביאו אותם בתורת השלמים ולכך היה זה בבקר שהם לשון בקר ולשון בקור ורמז זה שייך לעילוי הנפש. [יא] **ספר שם משמואל פקודי שנת תרפ"א:** ונראה דהנה במדרש (לקמן פרשה נ"ב) עוז והדר לבושה זה משה שנא' ומשה לא ידע כי קרן עור פניו ותשחק ליום אחרון אלו ליצני ישראל שמליצין אחריו ואומרים אלו לאלו אפשר שהשכינה שורה על ידיו של בן עמרם לא עשה אלא כיון שא"ל האלקים להקים את המשכן התחיל שוחק עליהם וכו' ולא היו יודעים ליישבו מה עשו נטלו כל אחד ואחד ממלאכתו ובאו להם אצל משה ואמרו הרי קרשים הרי בריחים וכיון שראה משה אותם מיד שרתה עליו רוה"ק והקימו, עכ"ל. ויש להבין אחר שראו שקרן עור פניו [עוד קודם שמעו ממנו ציווי המשכן] פלא שלא הי' כמוהו בעולם, מזה עצמו הי' הדין נותן להאמין בו ביותר שיעשה פלא כזה שתשרה שכינה על ידו, וא"כ אין שייכות זה לזה ומדמסמכן הכתוב משמע דאדרבה אחר שראו שקרן עור פניו היו ליצני ישראל מליצין אחריו אתמהה ונראה דהנה במדרש (ב"ר פ' י"ט) עיקר שכינה בתחתונים היתה ומפני חטא דורות הקודמים נסתלקה שכינה מרקיע לרקיע עד הרקיע השביעי, וכנגדו עמדו שבעה צדיקים וכו' והורידו השכינה מרקיע לרקיע עד משה שהורידה לארץ, ומשמע דזכות משה קא גרים ולאו זכות ישראל, וכמו הצדיקים שקדמוהו מרקיע לרקיע שודאי בזכותם הי' שהרי עדיין עם ישראל לא יצאו לפועל והיו במצרים כמו עובר במעי בהמה. אך ליצני ישראל אמרו אפשר שהשכינה שורה על ידיו של בן עמרם, הפירוש לא שהיו סבורין שאי אפשר שתשרה השכינה בישראל, כי כבר ראו מ"ת אשר פנים בפנים דיבר ה' עמהם, וא"כ אין השראת שכינה בישראל כ"כ פלא ורבותא יתירה, אלא שהיו חושבין שזה בזכות ישראל ולא בזכות משה, וזה שאמרו אפשר שתשרה השכינה על ידיו של בן עמרם, היינו שזכותו לבד תגרום זה ומעתה תובן הסמיכות של קירון עור פניו של משה. דהנה במדרש (ריש פ' תרומה) יש לך אדם לוקח מקח ובנ"א אינם יודעין מהו אבל משכר הסרסור נתוודע מה לקח כך התורה אין אדם יודע מה היא אלא משכר שלקח משה שנא' ומשה לא ידע כי קרן עור פניו בדברו אתו. הנה מפורש שקירון עור פני משה הוא שכר

סרסרות מהמקח שלקחו ישראל, ומובן שעיקר המקח גדול משכר הסרסרות, וא"כ הם כשראו קירון עור פני משה שזה שכר הסרסרות הבינו גודל ויקרת עיקר המקח שזכו ישראל, וע"כ מזה עצמו שפטו כי השראת השכינה בישראל לא בזכות משה היא אלא בזכות ישראל. ומעתה מובנת הסמיכות עוז והדר לבושה זה קירון עור פני משה, ומזה נצמח מאמר ליצני ישראל. אבל ותשחק ליום אחרון, שבאשר לא היו יכולין להקימו והביאוהו אל משה ושרתה רוה"ק והקימו, מזה מוכח שכל ענין המשכן לשרות השכינה בו הוא בזכות משה ולפי האמור יש לפרש נמי דהא דהיו אומרים חמי קדל דברי' דעמרם וחבירו אומר לו אדם ששלט על מלאכת המשכן אין אתה מבקש שיהא עשיר, הכוונה לא על גשמיות אלא על חכמד בינה ודעת כי (נדרים מ"א.) אין עני אלא בדעה, ובהיפוך זוהי העשירות באמת ואמרו שזה שזכה משה הוא בזכות המשכן ששורה בישראל וכענין שכר הסרסרות כנ"ל: [**יב**] **פרשת דרכים דרך האתרים - דרוש שלישי:** לזה אמר לו ה', אל תירא אברם שכרך הרבה מאד כדין מצווה ועושה, לפי שיצאת מכלל בני נח לגמרי ואתה נענש בידי שמים, וכיון שכן יש לך לדאוג ולהצטער וחושש מחטאה, הנה כי כן שכרך הרבה מאד. וזהו שסיים בעל המאמר היך מה דאת אמר מה רב טובך אשר צפנת ליראיך, דהכונה היא שבא לומר שמה שאמר לו ה' שכרך הרבה מאד, הטעם הוא לפי שכיון שאתה מתיירא ומתפחד דלא תעבור, א"כ שכרך הרבה מאד, והכתוב מלמדנו זה מה רב טובך אשר צפנת, ותדע למי הוא רב טובך, ליראיך, כלומר לאותם שהם יראים דלמא יעברו, ויש להם צער בקיום המצות. והנה כיון ששמע אברהם שאמר לו ה' שכרך הרבה מאד, שפירוש שיצא מכלל בני נח, על זה תמה ואמר ה' אלהים מה תתן לי ואנכי הולך ערירי, כלומר ראה דבריך סותרים אלו לאלו, דמאחר שאנכי הולך ערירי הייתי סבור דהטעם הוא לפי שלא יצאתי מכלל בני נח, והמזל דוחקני שאין לי בן, דאם לא כן אלא דיצאתי מכלל בני נח, הרי אמרו אין מזל לישראל, והשתא דאתה אומר לי שכרך הרבה מאד א"כ איפא למה המזל דוחקני, והלא ישראל אינם תחת המזל, מיד ויוצא אותו החוצה[165], ואמר לו, צא מאצטגנינות שלך שאין מזל לישראל, ואתה קדוש יצאת מכלל בני נח, ויש לך דין ישראל אשר בך אתפאר [**יג**] **מכילתא דרבי שמעון בר יוחאי פרק טו:** ד"א [משה] ובני יש' מלמד שאמר משה שירה כנגד כל יש' את [השירה] הזאת וכי שירה אחת היא והלא עשר שירות הן ר[אשונה] שנאמרה במצ' השיר יהיה לכם כליל וגומ' (ישע' ל כט). שנייה ש[נאמרה] על הים זה אלי ואנוהו וגומ' (שמ' טו ב) שלישית שנאמ' על הבאר אז [ישיר] יש' וגומ' (במ' כא יז) רביעית שאמ' וידבר משה באזני כל קהל יש' וגומ' (דב' לא ל) [.] חמישית שאמ' יהושע אז ידבר יהושע לייי וגומ' (יהו' י יב) ששית שאמ' דבורה ותשר דבורה וגומ' (שופט' ה א) שביעית שאמר דוד (לייי) וידבר דוד לייי [וגו'] (ש"ב כב א) שמינית שאמ' שלמה מזמור שיר חנוכת וגומ' (תה' ל א) וכי דויד בנאו והלא שלמה בנאו שנא' ויבנה שלמה את הבית לייי וגומ' (מ"א ו יד) אלא שנתן דויד נפשו עליו נקרא על שמו והיכן נתן דויד נפשו על הבית שנא' זכור ייי לדויד (תה' קלב א) וכול עניינא. מה נאמ' לו עתה ראה ביתך דויד (מ"א יב טז). הא כל דבר ודבר שאדם נותן נפשו עליו נקרא על שמו. שלשה דברים נתן משה נפשו עליהן ונקראו על שמו נתן נפשו על התורה ונקראת על שמו שנא' זכרו תורת משה עבדי וגומ' (מלאכי ג כב) וכי תורת משה היא והלא תורת ייי שנא' תורת ייי תמימה (תה' יט ח) אלא לפי שנתן נפשו עליה [נקראת על שמו והיכן נתן משה נפשו על התורה ויהי שם] [עם ה' וגומ' (שמ' לד כח) ואומ' ואשב

(בראשית ה,ה) ויהיו כל ימי אדם אשר חי תשע מאות שנה ושלושים שנה וימת] ש"לום ר"ב ל"אוהבי ת"ורתיך (תהל'

גלא עמיקתא

מ"ט,ג') "[יב]**ויאמר לי עבדי אתה ישראל אשר בך אתפאר". ומחטא אדם הראשון נמשכו חטאי בני ישראל ועד לחטא הנורא מכל חטא העגל. ושם בכל הפרשה (כי תשא) נקראים עם כגון "[יג]כי שחת עמך" וכו' (שמות ל"ב,ז'). ועם הוא מלשון גחלים עוממות כדכתיב**

קי"ט,קס"ה) ר"ת בגי' תתק"ל ולכן בזכות תענית זכה משה להוציא יקר מזולל [כמו שכתוב (ירמיהו ט"ו,י"ט) ואם תוציא

גלא עמיקתא

(יחזקאל ל"א,ח') "[יד]**ארזים לא עממוהו**". וכן תיבה "עם" גימ' (110) י' פעמים י"א – כלומר י"א ספירות הקליפה יונקות מעשר ספירות הקדושה.

ובהאי פרשה (כי תשא מפרק ל"ב וירא העם כי בשש משה לרדת וכו') אינון ל"ד פעמים "עם" (110) גימ' (3740): דומ"ה (55) פעמים חיי"ם (68) והוא זה לעומת זה כדאמר דוד (תהל' קט"ו,י"ז)

בהר וגומ' (דב' ט ט). נתן נפשו [על יש' ונקראו על שמו שנא' לך רד כי שחת עמך (שמ' לב ז) וכי] [עמו של משה הן והלא עם ה' הם שנא' והם עמך ונחלתך (דב' ט כט)] [ואומ' בא]מור להן עם ייי אלה וגומ' (יחז' לו כ). אלא לפי שנתן משה נפשו [על יש'] נקראו על שמן והיכן נתן משה נפשו על יש' ויהי בימים [ההם וי]גדל משה וגומ' ויפן כה וכה וגומ' (שמ' ב יב) נתן נפשו על הדינין [ונקראו] על שמו שנא' שפטים ושוטרים תתן לך וגומ' (דב' טז יח) וכי של [משה הן] והלא כבר נאמ' כי המשפט לאלקים הוא (שם א יז). ואומ' כי אלקי [משפט] ייי וגומ' (ישע' ל יח) ואומ' אלקים נצב בעדת אל וגומ' (תה' פב א) אלא לפי שמסר [נפשו ע]ליהן נקראו על שמו והיכן מסר נפשו על הדינין הרי [הוא א]ומר מי שמך וגומ' וישמע פרעה את הדבר הזה וגומ' (שמ' ב יד - טו) [ואומ'] צדקת ייי עשה וגומ' (דב' לג כא) מדינין הלך לדינין חזר. הא כל [דבר] ודבר שאדם נותן נפשו עליו נקרא על שמו. תשיעית שאמ' יהושפט ויועץ אל העם ויעמד משוררים לייי (דה"ב כ כא) וכי מה נשתנית הודאה זו מכל הודאות שבתורה שלא נאמ' בה הודו לייי כי טוב כי לעולם חסדו (שם). כביכול אין שמחה לפני המקום באבדן שלרשעים קל וחומר באבדן שלצדיק ההוא שהיה שקול כנגד הכל שנא' וצדיק יסוד עולם (מש' י כה). עשירית לעתיד לבוא שנא' שירו לייי שיר חדש וגו' (ישע' מב י) ואומ' הל' שירו לייי שיר חדש תהלתו בקהל חסידים (תה' קמט א) כל תשועות שעברו נקראו על שם נקבה כשם שהנקבה יולדת כך תשועות שעברו יש אחריהן שעבוד אבל תשועה הבאה לעתיד לבוא נקראת על שם זכר כשם שאין זכר יולד כענין שנא' שאלו נא וראו אם יולד זכר וגומ' (ירמ' ל ו) כך תשועה העתידה ל[בוא אין אחריה שעבוד] שנא' יש' נושע בייי [תשועת עו]למ[ים] [לא תבושו ולא תכלמו עד עולמי עד (ישע' מה יז). לייי לייי אמרוה ולא לבשר] [ודם לא כענין שנא' ותצאנה הנשים מכל ערי ישראל וגומ' ותענינה הנשים] ה[משחקות ותאמרנה וגומ' (ש"א יח ו - ז) אבל כאן לייי אמרוה ולא] לבשר [ודם. ויאמרו] לאמר. ר' נחמיה אומ' רוח הקודש שרת על יש' ואמ' [שירה] כבני אדם שקוראין את שמע ר' עקיבה אומ' משה פ[תח] ואמ' אשירה לייי ויש' עונין אחריו וגומרין עמו כקור[אין את] ההלל בבית הכנסת. אלעזר בן תדאי אומ' משה פותח [ואומ'] אשירה לייי ויש' עונין אחריו וגומרין עמו.

[יד] מסכתות קטנות מסכת כלה רבתי פרק ה: הלכה ד והלומד מחבירו פרק אחד, או הלכה אחת, או פסוק אחד, או דבר אחד, או אפילו אות אחת, צריך לנהוג בו כבוד, שכן מצינו בדוד מלך ישראל שלא למד מאחיתופל אלא שני דברים בלבד עשאו רבו אלופו ומיודעו. והלומד מחבירו פרק אחד, וכי מאחר דעל אות אחת צריך לנהוג בו כבוד, דבר אחד למה לי, ואי על דבר אחד צריך לנהוג בו כבוד, פסוק אחד, הלכה אחת, או פרק אחד למה לי, אלא אות אחת בתלמוד, דבר אחד במשנה, פסוק אחד במקרא, הלכה אחת אפילו לא פסיקא, פרק אחד אפילו בדרך ארץ. היכי דמי אות אחת, כגון מאמצין או מעמצין, אי נמי גראינין או גרעינין, אי נמי אוממות או עוממות; והוא דאמר ליה סברא, מעמצין, דכתיב ועוצם עיניו מראות ברע, גרעינין, דכתיב ונגרע מערכך, עוממות, דכתבי ארזים לא עממוהו, אבל סבריה בין אלפין לעיינין לא, והא הני אלפין עיינין ניניהו, כי קאמרינן דמפרש ללבא, כגון מסיקין מציקין, והא לא דמי? אלא כגון הא דתנן, משילין פירות דרך ארובה, ואית דתני משחילין, ולא משתבש, דתנן השחול והכסול, שחול שנשמטה ירך אחת, ואית דתני משירין, ולא משתבש, דתנן מי שנשר כליו, ואית דתני משחירין,

ולא משתבש, דתנן השחור והזוג של סופרים; והא אות אחת היא, האי דבר אחד הוא, לא צריכא אלא אסבריה. אמר רבא אפילו וא"ו, פשיטא דהא אות אחת היא, מהו דתימא כיון דלתוספות לא אתיא, אימא לא, קא משמע לן דזימנין דמתוקם בה טעמא, דלא אמרן אלא בדאוקים בה טעמא. אמר רבא ובמקרא אף על גב דלא איתוקם בו טעמא, דלא קריא; הא אמרת, פסוק אחד במקרא, לא צריכא דפריש ליה אגב הילכתא. שכן מצינו בדוד מלך ישראל שלא למד מאחיתופל אלא שני דברים בלבד, מאי נינהו, אמר רבא, מגופיה דקרא לאו שמעית מינה? נמתיק סוד, אמר ליה, דוד, למה אתה יושב לבדך ועוסק בתורה, אין דברי תורה מתקיימין אלא בחברים. בסוד, מה סוד, הפר מחשבת באין סוד, אף הכא נמי, ומנא אסבריה, דכתיב הסכת ושמע ישראל, עשו עצמכם כתות כתות; ואידך, פעם אחרת מצאו אחיתופל לדוד שהיה הולך לבית המדרש לבדו, אמר ליה ולית לך ברב עם הדרת מלך, אלא בבית אלהים נהלך ברגש, ברגישת בני אדם נלך אני ואתה; ואית דאמרי, דאמר ליה, כי אתית לצלויי, רהוט כאיניש דאזל בתר מלכא, ומנא אסבריה, דכתיב אחרי י"י אלהיכם תלכו. ומנין שחזר דוד ושבחן, דכתיב מכל מלמדי השכלתי, וכתיב בבית אלהים נהלך ברגש, וכתיב דרך מצותיך ארוץ **[טו] תלמוד בבלי מסכת ברכות דף מה עמוד ב:** גופא, אמר רב דימי בר יוסף אמר רב: שלשה שאכלו כאחת ויצא אחד מהם לשוק - קוראין לו ומזמנין עליו. אמר אביי: והוא דקרו ליה ועני. אמר מר זוטרא: ולא אמרן אלא בשלשה, אבל בעשרה - עד דנייתי. מתקיף לה רב אשי: אדרבה, איפכא מסתברא! תשעה - נראין כעשרה, שנים אין נראין כשלשה! והלכתא כמר זוטרא. מאי טעמא - כיון דבעי לאדכורי שם שמים, בציר מעשרה לאו אורח ארעא. אמר אביי, נקיטינן: שנים שאכלו כאחת - מצוה ליחלק. תניא נמי הכי: שנים שאכלו כאחת - מצוה ליחלק; במה דברים אמורים - כששניהם סופרים, אבל אחד סופר ואחד בור - סופר מברך, ובור יוצא. אמר רבא, הא מילתא אמריתא אנא, ואיתמרה משמיה דרבי זירא כוותי: שלשה שאכלו כאחת - אחד מפסיק לשנים ואין שנים מפסיקין לאחד. ולא? והא רב פפא אפסיק ליה לאבא מר בריה, איהו וחד! - שאני רב פפא דלפנים משורת הדין הוא דעבד. יהודה בר מרימר ומר בר רב אשי ורב אחא מדפתי כרכי ריפתא בהדי הדדי, לא הוה בהו חד דהוה מופלג מחבריה לברוכי להו; (יתבי וקא מיבעיא להו) אמרו הא דתנן: שלשה שאכלו כאחת חייבין לזמן - הני מילי היכא דאיכא אדם גדול, אבל היכא דכי הדדי נינהו - חלוק ברכות עדיף. בריך איניש לנפשיה, אתו לקמיה דמרימר, אמר להו: ידי ברכה - יצאתם, ידי זימון - לא יצאתם. וכי תימרו ניהדר ונזמן - אין זימון למפרע **[טז] הפלאה מסכת כתובות הקדמה אות יח:** יח ועמ"ש שם דאף שאמרו יזכור לו יום המיתה אינו אלא זכרון בעלמא כדי לשבר חולי הגאוה שהוא תועבת ה' ודוחקת רגלי השכינה, ע"כ צריך להחזיק הרע במעוטו להעציב עצמו ביום המיתה, אבל גם מדת העצבות אין בה תועלת לדביקות הבורא דכתיב עוז וחדוה במקומו, ואיתא בזהר באתר דעציבו לית תמן שכינתא דכתיב הרופא לשבורי לב ומחבש לעצבותם. נראה פירושו כי באמת לב נשבר הוא מעלה גדולה כמ"ש לב נשבר ונדכה וגו' אבל צריך ליזהר מאוד מעצבות וה' הטוב הוא הרופא ומחבש לעצבותם שלא יתעצבו למען יוכלו להיות מדור לשכינה שדרכו להשתמש בכלים שבורים כמ"ש חז"ל, וכתבנו שם בפנים שזהו שאמר(ה) הכתוב, במתגאה [תהלים קז כט], יקם סערה לדממה ויחשו גליהם, וישמחו כי ישתקו וגו'. שמה שאמר ודומו סלה לזכור יום המיתה אינו אלא לשבר רוח סערה שמרומם גליו אבל אח"כ אם ישתקהו ישוב לשמחתו. וז"ש דוד הע"ה לא המתים יהללו יה ולא כל יורדי דומה, רצ"ל אותן שצריכים לרפואות ודומו סלה [תהלים ד ה] לזכור יום המות. ואמר עוד [תהילים ל י] מה בצע בדמי ברדתי אל שחת היודך עפר וגו', המובן מזה גודל השמירה בבעלי התורה ממדת הגסות הרוח שהיא מפסדת דביקות השי"ת וחכמתו וביותר במקום שאין אנשים שאמרו חז"ל השתדל להיות

יקר מזולל] עם קרבנות שבאוהל מועד שכן [טו]סופר מברך ובור יוצא שהוא על סוד הנשמה שתקו"ע בבהמ"ה הוא

גלא עמיקתא

"[טז]לא המתים יהללו י-ה, ולא כל יורדי דומה" וכו' הרי שדומ"ה משמעותו מיתה

בגי' תתק"ל חסר א' לכן א' זעירא.

גלא עמיקתא

והיפך החיי"ם וכעין מה שהודה חזקיהו המלך ב"[יז]מכתב לחזקיהו" וכו' [פרש"י: תרגם יונתן: כתב אודאה על ניסא דאתעביד לחזקיהו] (ישעי' ל"ח, י"ח): "[יח]כי לא שאול תודך מות יהללך לא ישברו יורדי בור אל אמתך,

איש [ברכות סג א] ובשעת המתכנסים פזר, שצריך לזהר יותר בהיות אין מתנגד לדעתו לסתור סברתו צריך זהירות רב שלא יתנשא בדעתו. ופרשתי בזה מ"ש חז"ל ביחיד העוסק בתורה עליו נאמר המקרא הזה ישב בדד וידום כי נטל עליו. י"ל ענין וידום כמו ודומו סלה שיזכור יום המות להנצל מן גסות הרוח, וזהו כי נטל עליו שהוא לשון ההתרוממות כמו וינטלם וינשאם וכבר פרשנו במ"ש דוד המלך ע"ה מי יעלה בהר ה' וגו' שהעולה להר ה' צריך לזהר שיקום במקום הראשון ולא יתגאה ויתנשא א"ע ע"י עלייתו להר ה' ויותר מה שהוא מוצב ארצה ראשו מגיע השמימה והארכנו מאד בזה [יז] **שו"ת שתי הלחם הקדמה:** ובבראשית רבא פ' ס"ח מצינו תוספת ברכה על שמועה נאה זו. דגם כן יצחק חידש יסורין ואמר לפניו יתברך רבש"ע אדם מת בלא יסורין. מדת הדין מתוחה נגדו. ומתוך שאתה מביא עליו יסורין אין מדה"ד מתוחה כנגדו. א"ל הקדוש ברוך הוא חייך דבר טוב תבעת וממך הוא מתחיל. מתחלת הספ' ועד כאן אין כתיב יסורין. וכיון שעמד יצחק נתן לו יסורין שנאמר ויהי כי זקן יצחק ותכהינה עיניו וגו'. יעקב כדאמרן. חזקיהו חידש עמידת חולי. א"ל רבש"ע העמדת אותו עד יום מותו. אינו עושה תשובה. אבל מתוך שהוא חולה ועומד. חולה ועומד. הוא עושה תשובה שלמה. א"ל הקדוש ברוך הוא חייך דבר טוב שאלת וכו'. הדא הוא דכתיב מכתב לחזקיהו מלך יהודה בחלותו ויחי מחליו עכ"ל ע"ש [יח] **תורת המגיד ש"ס עוקצין:** עתיד הקדוש ברוך הוא להנחיל לכל צדיק וצדיק ש"י עולמות שנאמר להנחיל אוהבי יש [פ"ג יב]. הענין שהאדם עובד בבחינת שלשה קוים שהם אהבה ויראה והתפארות, וכל זמן שהם באדם עובד בשלימות עבודה שלימה, רק לפעמים מסתלקין ממנו ולא נשאר רק רשימו בחינת נקודה. וצריך להאמין בבחינת האמונה אף בהסתלקותם יעבוד בהארה הנשארה כאילו היו בו שלושה קוים שהם בחינת שי"ן דתלת ראשין, וזהו שש אנכי וכו', ודוד היה בבחינה זו, אף בהסתלקות השי"ן גדלה בו האמונה כאילו היה השי"ן דתלת ראשין ולא חסרה כלום עבודתו, נמצא היה ב' שינין, שהאמונה גדולה כמו שי"ן דתלת ראשין, וכן אברהם בעשרה נסיונות שעבד בכולם, כי גדלה האמונה בו על ידי זה, גם דוד היתה בו אמונה זו בחינת שש וזהו שש אנכי וכו', וזהו צדיק וצדיק, בין בהיות בו המוחין בין בהסתלקותן אז מנחילין לו ש"י עולמות, ר"ל השי"ן דתלת ראשין, והיו"ד בעת הסתלקות הוא שנשארה רשימו ונקודת יו"ד, וכשהקב"ה מנחיל נקרא יו"ד יש, כן הוא כסדר מלמעלה למטה, תחילה בא רק רשימו בבחינת נקודה יו"ד, ואחר כך בא השי"ן דתלת ראשין, ואצל האדם בהיפך תחילה עובד כשיש לו מוחין, ואחר כך כשמסתלקין צריך לעבוד ע"י רשימו והאמונה שנשארה, ולהיות הוא גדול אצלו כמו המוחין, ואז מתוספין לו מוחין חדשים, מהיו"ד נעשה בחינת שי"ן, זהו י"ש. והנקודה בחינת חכמה צריך האדם לכנס ביראה והאמונה, ואז בחכמה יסד ארץ, באבא יסד ברתא (זח"ג, רנח א), ובא אל החכמה תיכף, ונקרא אבא, כי מתחיל התורה בבי"ת מפני גודל הבהירות של א', אי אפשר היה להתגלות, כי אם על ידי צמצום של הבי"ת, וזהו בחכמה יבנה בית (משלי כד, ג), ובית הוא צמצום ומגביל כנודע. וא' היה בבהירות גדולה, אי אפשר להשיג כי אם על ידי צמצום הב', ואחר כך נתגלה א' בדיבור ראשון אנכי, וזהו אבא, רצה לומר הא' אי אפשר להתגלות רק שיהא תחילה ב', ואחר כך א'. ואיתא בזוהר בראשית (ח"א, טו ב) כיון דזרע זרענא בההוא בית וכו' ועי"ש. וזהו ואצרותיהם אמלא היא היראה הנקראת אוצר, וזהו בא גד (בראשית ל, יא), שאחר שנתגלה הא' על ידי הב' ניכר ונתגלה חסדו למדריגת דלים, שזהו ג"ד גומל דלים (שבת קד א). והנה האדם הצדיק נקרא כל, דכתיב (דה"א כט, יא) כי כל בשמים ובארץ, ומתרגמינן דאחיד בשמיא ובארעא, ר"ל שמייחד ארציות וגשמיות, כי נשתלשל חלק אלוה ממעל עד הארציות, כדי לאחד ולקשר למעלה. והנה הצדיק נקרא חי, שמביא חיים בכולם. והענין שאמרו ז"ל

(שער מאמרי רשב"י - פרק שירה) כל העוסק בפרק שירה בכל יום מובטח שהוא בן עולם הבא, הוא שכל הנבראים מקבלים שפע ההשתלשלות מפרק לפרק ממדריגה למדריגה עד מקום כל אחד ואחד. והכל על ידי הצדיק שמוריד שפע ומקשר הכל, וכל העולם בכללו הוא קומה שלימה ונכללו כל הפרקים בבחינת פרקים, כמו באדם יורד השפע מהמוח דרך ח"י חוליות שבשדרה עד בואו אל היסוד להשפיע, כן העולם בכללו, לכן נקרא ח"י, אך יש שתי בחינות, האחד שעושה לעצמו כענין לגרמייהו עבדין לקבל פרס, והשני שעושה למען ה' הוא האב, והבן חייב לעבדו בלי שום פרס ואז נקרא ח"י בבחי' יותר מעולה בבחינת ח"י שעובד לאב, כי אתה אבינו, ולא לשום דבר אחר. והח"י השני מתלבש בבחינת ח"י תחתון, ואז נקרא חי חי. וזהו חי חי הוא יודך (ישעיהו לח, יט), שכשבא לשתי בחינות חי אז יודך, אב לבנים, בבחינת אב לבנים, וזהו כל צדיק וצדיק הם שתי בחינות, חי חי, חי תחתון וחי עליון. (מכת"י של הרבי ר' שמעלקי) **[יט] זוהר במדבר פרשת בלק דף קצב עמוד ב:** משעיר למו ממה דאמרו בני שעיר דלא בעאן לקבלא מהאי אנהר לון לישראל ואוסיף עלייהו נהורא וחביבו סגיא, אוף הכי הופיע ואנהר לישראל מהר פארן ממה דאמרו בני פארן דלא בעו לקבלא, מהאי אוסיפו ישראל חביבו ונהירו יתיר כדקא יאות, ומה דשאלת על ידא דמאן אתגלי עלייהו (ת"ח) (ריח ב רע ריט א) רזא עלאה איהו ואתגלי מלה על ידך, אורייתא נפקת מרזא עלאה דרישא (ס"א קדישא) דמלכא סתימא כד מטא לגבי דרועא שמאלא (ס"א ימינא) חמא קודשא בריך הוא בההוא דרועא דמא בישא דהוו מתרבי מתמן, אמר אצטריך לי לבררא וללבנא דרועא דא, ואי לא ימאיך ההוא דמא בישא יפגים כלא אבל אצטריך לבררא מהכא כל פגימו, מה עבד קרא לסמאל ואתא קמיה ואמר ליה תבעי אורייתא דילי, אמר מה כתיב בה, אמר ליה לא תרצח, דליג קודשא בריך הוא לאתר דאצטריך, אמר ח"ו אורייתא דא דילך היא ודילך יהא לא בעינא אורייתא דא, אתיב ואתחנן קמיה אמר מאריה דעלמא אי את יהבה לי כל שלטנו דילי אתעבר דהא שלטנו דילי על קטולא איהו וקרבין לא יהון ושלטנו דילי על ככבא דמאדים, א"ה כלא אתבטל מעלמא, מאריה דעלמא טול אורייתך ולא יהא חולקא ואחסנא לי בה, אבל אי ניחא קמך הא עמא בנוי דיעקב לון אתחזי, ואיהו חשיב דהא דלטורא אמר עלייהו ודא הוא וזרח משעיר למו משעיר ממש נפק נהורא לון לישראל, אמר סמא"ל ודאי אי בנוי דיעקב יקבלון דא יתעברון מעלמא ולא ישלטון לעלמין, אתיב ליה כמה זמנין ואמר דא ואמר ליה אנת בוכרא ולך אתחזי, אמר ליה הא ליה בכירותא דילי והא אזדבן ליה ואנא אודיתי, אמר ליה הואיל ולא בעית למהוי לך בה חולקא אתעבר מנה בכלא, אמר יאות, אמר ליה הואיל וכך הב לי עיטא איך אעביד דיקבלון לה בנוי דיעקב דאת אמר, אמר ליה מאריה דעלמא אצטריך לשחדא לון טול נהורא מנהירו דחילי שמיא והב עלייהו ובדא יקבלון לה והא דילי יהא בקדמיתא, אפשיט מניה נהירו דחפיא עליה ויהב ליה למיהב לון לישראל הדא הוא דכתיב וזרח משעיר למו, משעיר ממש, דא סמא"ל דכתיב (ויקרא טז) ונשא השעיר עליו, למו לישראל, כיון דביער דא ואעבר דמא בישא מדרועא שמאלא אהדר לדרועא ימינא (ס"א שמאלא) חמא ביה אוף הכי אמר הכי נמי אצטריך לנקייא מדמא בישא דרועא דא, קרא לרה"ב אמר ליה תבעי את אורייתא דילי, אמר ליה מה כתיב בה דליג ליה ואמר לא תנאף אמר ווי אי ירותא דא יחסין לי קודשא בריך הוא ירותא בישא דיתעבר בה כל שלטני דהא ברכתא דמיא נטילנא ברכתא דנוני ימא דכתיב (בראשית א) פרו ורבו וגו', וכתיב (שם יז) והפריתי אותו והרביתי אותו וגו' וכתיב (שם טז) והוא יהיה פרא אדם, שארי לאתחננא קמי מאריה אמר ליה מארי דעלמא תרין בנין נפקנא מאברהם הא בנוי דיצחק הב לון ולון אתחזי, אמר ליה לא יכילנא דאנת בוכרא ולך אתחזי שארי לאתחננא קמיה ואמר מאריה דעלמא בכירותא דילי יהא דיליה והאי נהורא דאנא ירותנא על דא טול והב לון וכך עבד, הדא הוא דכתיב (דברים לג) הופיע מהר פארן, מאי שנא בסמא"ל כתיב וזרח וברה"ב כתיב הופיע, אלא נטל בההוא נהירו דאפשיט מניה סמא"ל חרב וקטולא לקטלא בדינא ולקטלא כדקא יאות, הדא הוא דכתיב (שם) ואשר חרב גאותך אף על גב דלא הוה דילך ונטל בההוא ברכתא דאפשיט מניה רה"ב זעיר כמאן דאופא זעיר מברכתא דלהון למעבד

גלא עמיקתא

חי חי הוא יודך כמוני היום אב לבנים יודיע את אמתך" והאי דומ"ה איהו [יט]רה"ב שרו של מצרים, דאיתא

גלא עמיקתא

בספה"ק [כ] וירא ישראל את מצרים מת על שפת הים– דא רה"ב שרו של מצרים שירד ממדרגתו ונהיה דומ"ה שר של גיהנם. וכל ירידה מעולם לעולם איקרי "מיתה". והוא כמו שכתוב בענין מיתת המלכים (בראשית ל"ו) "[כא] וימלך וימת" וכו' – ומבואר בכתבי האריז"ל שהוא ענין ירידה ממדרגה למדרגה שנקראת מיתה [עיין [כב] עץ חיים שער ט' פרק ב'].

פריה ורביה, בגין כך הופיע מהר פארן ולא כתיב וזרח, כיון דנטל מתנן אלין לישראל מאינון רברבין שלטנין **[כ] ספר מעולפת ספירים יום עשרים ושלשה:** אות א: כתב בספר שמות דף י"ח ע"א, אמר רבי יוחנן, כי בשעה שאמר משה רבינו ע"ה (שמות יב,יב) ובכל אלהי מצרים אעשה שפטים, היה שרו של מצרים דומה וקפץ ת' פרסה, אמר לו הקדוש ברוך הוא, כבר נגזרה גזרה לפני, דכתיב (ישעיה כד,כא) יפקד ה' על צבא המרום, באותה שעה נעשה דומה שר של גיהנם לדון נשמת הרשעים, ורבי יהודה אמר, דומה הוא שר המתים. **[כא] תורת המגיד ליקוטים:** להבין הטעם למה אין אנו משיגים בכל דבר גשמי רק הטעם שהוא סוד החכמה, ולא שאר בחינות, כי בכל דבר מוכרח להיות בו טנת"א [טעם, ניקוד, תג, אות]. והתירוץ הוא כי בכל שאר בחינות היתה השבירה מה שאין כן בטעמים שהוא חכמה. והטעם שהחכמה היא אותיות ובאותיות אין יכול להיות שבירה, כי כל מה שתתחלק הי' אפי' לאלף חלקים עד אין מספר, נשאר לעולם י', והטעם שבכל הפרצופים היתה שבירה, כידוע שכל א' אמר אנא אמלוך, אבל החכמה לפי שהיא קרובה לשורש לא היה בה גדלות, והיה משיג ומבין שהיא כאין למה שלמעלה, וזה סוד והחכמה מאין תמצא (איוב כח, כב), ונשארה בבחינת מה, כמד"א ונחנו מה (שמות טז, ח), לפיכך לא היתה בו שבירה, משא"כ בשאר פרצופים, וזה סוד ג"כ יעקב אבינו לא מת (תענית ה ב), פי' כי בת"ת לא היתה שבירה, הגם שבת"ת נמי כתיב וימלך וימת, התירוץ הוא השבירה, שהיה בת"ת לא היה בת"ת עצמו, רק בהסתכלות, מה שת"ת כלול מחסד וגבורה בזה התכללות היה שבירה, אבל באותה בחי' במה שמחבר חו"ג כי בוודאי יש דבר אחד המחברם, וזה בחינת חכמה שבת"ת שהוא מחבר החו"ג, כי א"א לחבר ב' דברים הפכיים אם לא ע"י חכמה כמבואר במ"א, שהחכמה עושה ב' הקצוות לאין, ואז יוכלו להתחבר וחו"ג הם דברים הפכיים, אש ומים, ואיך יתחברו אם לא ע"י חכמה, כשהוא עושה אותם לאין ויוכלו לחבר, וזה והחכמה מאין תמצא, ר"ל מכח שהחכמה עושה את כולם לאין, תמצא, יוכל להיות מציאות התחברות ובזה הבחינה שבת"ת לא היתה השבירה. (א"צ סו) **[כב] ספר עץ חיים שער ט פרק ב:** והענין כי מן האדר"ז נראה שלא ירדו רק הז' מלכים בלבד וממדרשים אחרים בס' הזהר משמע כי גם באו"א יש ביטול ופגם וכמעט אפי' בכתר. ואמנם הענין הוא כי ודאי שמכל י' נקודות נפלו מהם בחי' ובכולם היה ביטול רק זו"נ נפלו כולם בין בבחי' היותן אב"א ובין בבחי' היותן פב"פ והנה זו נקרא מיתה כי הכל ירד לגמרי אבל אבא ואמא שלא ירד מהם רק בחי' אחוריים יקרא ביטול ולא מיתה וכתר שלא נפלו ממנו רק בחינת נצח הוד יסוד שלו שנכנסו בסוד מוחין דאבא ואמא כנזכר לעיל אשר אין בחינת זו נכנסה אפי' בערך אחוריים לכן לא נקרא ביטול בכתר רק פגם בעלמא. עוד יש טעם אחר והוא כי אינו נקרא מיתה רק מי שהולך מעולם לעולם ונבדל מעולמו ולכן שבעה מלכים שהיו באצילות וירדו אל הבריאה יקרא מיתה ממש כמ"ש באדרא קל"ה לא תימא דמיתו אלא כל מאן דנחית מדרגא קדמאה דהוי ביה קרי ביה מיתה כמו שכתוב וימת מלך מצרים. אמנם אחורי או"א אע"פ שנפלו לא ירדו בבריאה אלא נשארו בעולם האצילות עצמו לכן להיותן שלא במקומן יקרא ביטול אבל לא יקרא מיתה. ונבאר עתה שם מ"ב הנ"ל והוא כי שם אבגית"ץ הוא בספי' חסד כנודע לפי שממנו מתחיל (ביטול) מיתת המלכים כנ"ל לכן בשם זה נרמז מיתת שבעה מלכים וזהו פי' אבגית"ץ כמו אבג"י ת"ץ כי אבג"י גימ' י"ו והם סוד ז' מלכים כי י' הוא במלכות שהיא נקודה א' לבד והוא י' של אבג"י ואותיות אב"ג הם ו' בגימ' והם ו"ק דז"א והרי הם ז' מלכים. וז"ס שארז"ל כי רה"ר רחבו י"ו אמה כי הרי אלו הז' מלכים הם הנקראים רה"ר בהיותן קודם התיקון ואמנם אחר התיקון נקרא רה"י. והנה הז' מלכים הנקרא אבג"י הלא הם נתצו ונשברו ומתו וז"ס ת"ץ של אבגית"ץ ויען שמן החסד התחיל מיתת המלכים כנ"ל לכן

גלא עמיקתא

ולעתיד לבוא [כג]עתידא קוב״ה למשחטיה למלאך המות ובלע המות לנצח (ישעי׳ כ״ה,ח׳). וכאן הני ל״ד פעמים "עם" סליקו לחושבן שמיה "דומה" פעמים "חיים" רח״ל דתחת ידו כמה רבבות מלאכי חבלה רח״ל וכתיב דעומד על פתחה של גיהנם וכל מאן דנטר ברית קודש לית ליה רשו ליגע ביה וכו׳ [כד]כמבואר בזוה״ק (הקדמה דף ח׳ ע״א עיין שם). וכד נעביד חושבן

נרמזו בשם זה הראשון. ויש מפרשים אבגית״ץ מלשון הגמ׳ ההיא אבגא דבי רב פי׳ השטן שהיה נמצא בבה״מ ההוא ונמצא כי אב״ג (נ״א אבגית״ץ) הוא ממש ע״ד מ״ש לעיל באותיות שעטנ״ז ג״ץ שצירופי שט״ן ע״ז ג״ץ. והנה השם ב׳ הוא קר״ע שט״ן הוא בגבורה שהוא המלך הב׳ אשר במיתתו נפלו אחורי דאמא גם כן ולכן נרמז ביטול אחורי או״א בשם זה וזהו ביאורו קר״ע ר״ל כי כאן לא היתה מיתה ונתיצה ממש כמו ז׳ מלכים רק קריעה ושבירה בעלמא ונשאר במקומה אבל בנתיצה היא הפלת אבן בכח ממקומה למקום אחר כנ״ל וע״י קריעה זו יצאה הקליפה הנקרא שטן וזהו קר״ע שט״ן והנה או״א בחי׳ פב״פ הוא הוי״ה דיודין באבא ואהי״ה דיודין באמא ושניהן גימ׳ רג״ל והוא גימ׳ זכור כי הזכירה בה מצד פנים ובחי׳ אב״א הם אחוריים של ב׳ שמות הנ״ל שהם אחוריים דהוי״ה כזה יו״ד יו״ד ה״י יו״ד ה״י וי״ו יו״ד ה״י וי״ו ה״י באבא ואחורי אמא כזה אל״ף אל״ף ה״י אל״ף ה״י יו״ד אל״ף ה״י יו״ד ה״י אשר שניהן גי׳ תשכ״ח כי השכחה מצד אחוריים ואמנם קר״ע שט״ן גי׳ תשכח עם הכולל כמנין האחוריים לרמז על נפילת אחורי אבא ואמא. ונחזור לענין ראשון כי הנה כאשר עדיין לא מת שליש ת״ת עדיין לא נגמר ירידת ונפילת אחורי דאבא ואמא לגמרי וכאשר היו המלכים האלו נכנסים בכלי שלהם היו מגולין באור גדול אבל אחר שמת שליש עליון דת״ת אשר אז נפלו שם האחוריים דאו״א הנה כאשר יצאו שם שאר האורות הנשארים כדי לכנוס בכלי שלהם היו מלובשים באלו האחוריים שנפלו ונשארו באצילות כנ״ל והיו יוצאין המלכים האחרונים מלובשים באחורי או״א וזה נשאר להם (נ״א ועד״ז נעשים) תמיד עד שיכלו כל הברורים לצאת עד לע״ל ב״ב וז״ס העלאת מ״ן אשר מעלין זו״נ אל אבא ואמא והוא מסוד אלו האחוריים דאו״א שירדו שם למטה באצילות עצמו כנ״ל אשר לקחום הם. **[כג] תלמוד בבלי סוכה דף נב עמוד א**: וספדה הארץ משפחות משפחות לבד משפחת בית דוד לבד ונשיהם לבד. אמרו: והלא דברים קל וחומר. ומה לעתיד לבא - שעוסקין בהספד ואין יצר הרע שולט בהם - אמרה תורה אנשים לבד ונשים לבד, עכשיו שעסוקין בשמחה ויצר הרע שולט בהם - על אחת כמה וכמה. הא הספידא מאי עבידתיה? פליגי בה רבי דוסא ורבנן. חד אמר: על משיח בן יוסף שנהרג, וחד אמר: על יצר הרע שנהרג. בשלמא למאן דאמר על משיח בן יוסף שנהרג - היינו דכתיב והביטו אלי את אשר דקרו וספדו עליו כמספד על היחיד. אלא למאן דאמר על יצר הרע שנהרג - האי הספידא בעי למעבד? שמחה בעי למעבד! אמאי בכו? - כדדרש רבי יהודה: לעתיד לבא מביאו הקדוש ברוך הוא ליצר הרע ושוחטו בפני הצדיקים ובפני הרשעים וכו׳. **[כד] זוהר - הקדמה דף ח עמוד א**: פתח רבי שמעון ואמר (תהלים י״ט) (תרומה קל״ו ב) השמים מספרים כבוד אל וגו׳ קרא דא הא אוקימנא ליה, אבל בזמנא דא דכלה אתערא למיעל לחופה ביומא דמחר אתתקנת ואתנהירת בקישוטהא בהדי חברייא דחדאן עמה כל ההיא ליליא ואיהי חדאת עמהון וביומא דמחר כמה אוכלוסין חיילין ומשריין מתכנשין בהדה ואיהי וכלהו מחכאן לכל חד וחד דתקינו לה בהאי ליליא כיון דמתחברן כחדא ואיהי חמאת לבעלה מה כתיב השמים מספרים כבוד קל, השמים דא חתן דעאל לחופה, מספרים מנהרין כזוהרא דספיר דנהיר וזהיר מסייפי עלמא ועד סייפי עלמא, כבוד אל דא כבוד כלה דאקרי אל דכתיב (תהלים ז׳) אל זועם בכל יום, בכל יומי שתא אקרי אל והשתא דהא עאלת לחופה אקרי כבוד, ואקרי אל, יקר על יקר, נהירו על נהירו, ושלטנו על שלטנו, כדין בההיא שעתא דשמים עאל לחופה ואתי ונהיר לה, כל אינון חברייא דאתקינו לה כלהו אתפרשי בשמהן תמן הדא הוא דכתיב (שם י״ט) ומעשה ידיו מגיד הרקיע, מעשה ידיו אלין אינון מארי קיימא דברית בהדי כלה ואינון מארי קיימא דברית אקרון מעשה ידיו כמה דאת אמר (שם צ׳) ומעשה ידינו כוננהו דא ברית קיימא

גלא עמיקתא

הני ל"ד "עם" כמו שכתובים בפרשה: "העם העם העם העם עמך העם עם בעמך לעמך לעמו העם העם העם העם העם העם העם העם העם והעם עם העם עם העם העם העם העם עמך ועמך ועמך העם עם עמך העם" סליקו כולהו לחושבן (4076): ד"פ "אלף (1000) חוה (19)" (1019). ובאור הענין דאלף אות עיקרית בשמיה דאדם קדמאה– דנעשה אדם בצלמנו וכו' בחינת תחתונים משל לעליונים היינו לאלופו של עולם בחינת אות א'. וכפלינן ד' זימנין לקביל ד' אתוון דשם הוי' ב"ה. ורמיזא דמשה נשמה כללית דכלל ישראל [כה]אשה אחת ילדה במצרים ששים ריבוא בכרס אחת זהו משה ששקול וכו' (שיר השירים רבה א',ס"ד) תיקן חטאם של אדם וחוה בהנהיגו נאמנה את עם ישראל "עם" דייקא. והוא כיתרון האור [כו]הבא מן החשך דייקא, וכדוגמת וימש חשך– [כז]ולכל בני ישראל היה אור במושבותם (שמות י"א,כ"ג). ומיד בתר

דחתים בבשרא דב"נ, רב המנונא סבא אמר הכי (קהלת ה') אל תתן את פיך לחטיא את בשרך דלא יהיב ב"נ פומיה למיתי להרהורא בישא ויהא גרים למחטי להדיא בשר קדש דחתים ביה ברית קדישא דאילו עביד כן משכין ליה לגיהנם וההוא דממונא על גיהנם דומ"ה שמיה וכמה רבוא דמלאכי חבלה בהדיה וקאים על פתחא דגיהנם וכל אינון דנטרו ברית קדישא בהאי עלמא לית ליה רשו למקרב בהו. **[כה] שיר השירים רבה פרשה א:** רבי היה יושב ודורש ונתנמנם הציבור, בקש לעורר אמר ילדה אשה אחת במצרים ששים רבוא בכרס אחת, והיה שם תלמיד אחד ורבי ישמעאל ברבי יוסי שמו אמר ליה מאן הות כן, אמר ליה זו יוכבד שילדה את משה ששקול כנגד ששים רבוא של ישראל, הה"ד (שמות ט"ו) אז ישיר משה ובני ישראל (במדבר א') ויעשו בני ישראל ככל אשר צוה ה' את משה, (דברים ל"ד) ולא קם נביא עוד בישראל כמשה. **[כו] בעל שם טוב דברים פרשת האזינו:** והנה יש לשאול על עיקר הבריאה, הא כל מעשה בריאת עולם לצביונן נבראו, כדרשת חז"ל (חולין ס' א) שהובא ברש"י בפסוק ויעש אלהים, ואם כן מה טעם לא רצה ארץ להיות בחינת שמים, וצריך לומר שלא ניתן דעת זה לארץ, שידע בחינת שמים וזכותו, שיתאוה להיות בבחינת שמים, והטעם, כי גם בחינת ארץ צריך להיות בעולם, וכיוצא בזה בכל הנבראים, וזה שאמרו בצביונן נבראו, וגם בבחינת אדם צריך שיהיו כת רשעים וכת בינונים וכת צדיקים, כי יתרון האור מן החושך, עיין מזהד) במקום אחר, ורצה לומר שנמשך תועלת מהחושך, שממעשה הרשעים נודע מעלת הצדיקים, וכל אחד מהם נבראו לצביונם ורצונם, וכי תימא אם כן תקשה לכם קושית הבחירה עם הידיעה, הנה מאחר שאתם כופרים בדרשת חז"ל, אם כן איך אתם משיגים ביאור קושיא זו: **[כז] [דרך הקדימ"ה] - הקדמת המסדר החכם המרומם כמה"ר יעקב כולי נר"ו:** קול הנער הנצב פור"ץ לעשות לו דרך בתוך הבאים זכות הוא לעבד עומד ומשמש לעבוד עבודה עמוס בלשונו כרוך ותני עשרה תנאי"ם תני תנ"א קמיה דרבי יהודה. תנא ארישא קאי. הלא מראש הבינותם מוסדות הארץ ורזנים יחוקקו צדק מילין לצד עילאה ועד עתיק יומיא מטא. כי ה' הוא האלהים היושבי בשמים ושם חביון עזו מעולם לא ירדה שכינה למטה. ראו חיבתכם לפני המקום הופיע מהר פארן וירד ה' על הר סיני שביק פתחא רבא ועייל בפתחא זוטא. בהראותו את יקר תפארת גדולתו בשביל ישראל שנקראו ראשית אלהים נצב בעדת אל כגבור איש מלחמה הרים נזלו וינועו אמות הסיפים ארץ יראה מוט התמוטטה. מימינו אש דת ויתן לנו נחלת שדי ממרומים חמדה גנוזה בחקל תפוחין קדישין חלקת השדה אשר נטה. ולא זו בלבד אלא שבכל דור ודור קדמה שכינה ואתיא תוך תוך בהתאסף ראשי עם קדש אלופינו בתורה שמופלאים במעשיהם העומדים ברומו של עולם הן הן מעשה מרכבה תואמים מלמטה. עוד זאת יתירה שה פזורה לעטרת צבי ולצפירת תפארה שאפילו אחד שיושב ועוסק בתורה ה"ן השכינה שורה ונהורא עמיה שריה על ראש המטה. ואף גם זאת בכל צרתם לו צר בכל המקום שגלו הבנים מעל

שלחן אביהם שכינה שרויה ביניהם וה׳ הולך לפניהם כנשר יעיר קנו ולהחיות לכם לפליטה. ועמא דארעא לא ידעו ולא יבינו היש ה׳ בקרבנו כלם נפנו על כסף וזהב דרך גבר בעלמא דהבא טבע״א הוי דעתיה אפרוטה. ושנ״ותם בבהלה על עסקי קש ותבן איש לפי אכלו ובגד ללבוש אגב עמר נקי סדינא בקייטא. והחי יתן אל לבו לעולם שכולו טוב כי גרים אנחנו כצל ימינו עלי ארץ האחד בא לגור וכארח נטה. כמה גדולים מעשי צדיקים זבחי אלהים מאנין תבירין דקב״ה דיתבין ועסקין באורייתא קדישתא מוהרקייהו דהני בטפסא דמלכא מנח, שם יתנ״ו צדקות ה׳ פמליא של מעלה ופמליא של מטה. ה״ן עומדין להתפלל יעשו דרך בקשה בעד השארית הנמצאה פליטת בית יהודה. תנא דידן קא חשי״ב ממעל לחשוב חטיבה אחת בעולם ועם קדושים נאמן אהוב למעלה ונחמד למטה. והנה אמת דרך התגרים כותבי ספרים דרך הקדי״ם מרבים העם להביא מילי״ן על גבי מילין בשבח המגיע לכתפים וכל המרבה לספר חשיב״א בעלמא הוי יעשה טוב ולא יחטא. לא כאלה חלק יעקב כי מי הוא זה ערב אל לבו לגשת בארשת שאין הפה יכולה לדבר וכל הרוצה ליטול את השם אפילו הוא עושה כן אלף אלפי אלפים עדיין לא הגיע לחצי כבוד אפילו כמכחול בשפופרת קל וחומר מחטה. תמיה אני הנמצא כזה אחד מאלף שיכול להשמיע כל תהלתו וחכם לכשירצה עדיו לבלום משתקין אותו בנזיפה הדר חזא סיוטא. יחשוב ה׳ לו עון האמור״י כי מגרעות נתן מעלה עליו הכתוב כאלו חטא. הלא אב בחכמה וכתרה של תורה משיירי כנסת הגדולה ביודעה ומכירה קא אמינא אגב ריהטא. מה דמות תערכו לו אם יהיו כל חכמי ישראל בכף מאזנים אין היקש למחצה ויחכם מכל האדם בשעה שפותח בדברי תורה נעשו הכל כחרשין פותחין בחרטה. דומה הרב למלאך וצדיק יסוד עולם אדבורא דידיה קא סמיך ונשמע קולו בבואו אל הקודש פנימה שמע ה׳ קול יהודה. תנא בעלמא קאי. עלמא דקשוט אזיל תנא ויתיב בדוכתיה בבית מותבא רבא בי גזא דרחמנא, ונפשו אותה זה השלחן אשר לפני ה׳ מקשטא ליה תכא ומקשטא. אנן מה תהוי עלן יד עניי יתמי דיתמי לן יאות למבכי לספוד לצר״ה דרך אני״ה ויהי העם כמתאונני״ם ה״ן אנינות שהיה העולם שמם ויסעו ממתק״ה ויבאו מרת״ה והמה בוכים כל ראש מוקרח וכל כתף מרוטה. איכה ישבה בדד העיר רבתי עם אוי לו לעולם שאבד מנהיגו ואוי לה

לספינה שאבדה קברניטה. מי שצריך לו עם קדש מטיפה של גשמים אבי יתומים ולכל בני ישראל היה אור זה כלל גדול בתורה גברא דנפיש נהוריה צדיק כתמר יפרח בתוך האהל אשר נטה. מי האיש הירא את דבר ה׳ פורש ובוכה בכיה לדורות וכך היא חובותינו להיות קו״ל איש צור״ר בביתו ואדמה על ראשו הלוך ערום ויחף רבי יהודה מחייב בכפיית המטה. תיתי לי כי זה שנתים ימים ביום פקדי לחזות בנועם ה׳ חזיתיה לרבי מצער נפשיה ברחמי טובא אמר מר קרבה שנת השבע שנת השמיטה. שמעתי ותרגז בטני אז אמרתי אני אל לבי ווי לעלמא בההיא שעתא כד תסתלק מניה אשר נשיא יחט״א. הן בעון נח נפשיה דרבי ביום שמיני של פסח משנת התפ״ז, ומעת הוסר התמיד תשש כחן של חכמים וכהה מאור עיניהם ונסתלקה עטרה מראש כל אדם כי נשבה ארון הקדש גלתה יהודה. תנא ושייר. ה׳ השאיר לנו שריד תולדותיהם של צדיקים מעשים טובים מהני מילי מעלייתא המצויינים בהלכה מילי דאפי׳ בימי יהושע בן נון לא אתמר כותייהו ואיהו עבד מלמטה. ידו פרש ש״ר לכל היד החזקה אשר עשה משה הר״ם במז״ל וסיעת מרחמוהי אעיקרא קאי ספרא וספרי וכוליה תלמודא דינא רבה ודינא זוטא. ואגבן ידיו רב לו בתורת עסקא טובה תוכחת מגולה עם כל ראשי בשמים כמה גדולים דברי חכמים ראשונים ואת אחרונים איגלגל מלתא ומטא. אף כי רוב חכמתו תורה יוצאה לכל ישראל הלכתא למשיחא וכלהו תנויי בסדר קדשים וסדר טהרות דברים שלא שמעתן אזן מעולם וזה דבר השמיט״ה. זו היא תורה של חסד וכתב לה לשמה ונפקא מינה כמה הלכתא גברוותא כך היא דרכה של תורה נעוץ סופה בתחלתה הנה היא לוטה. ועוד ידו נטויה לו זרוע עם גבורה כל שאתה יכול לרבות ספיקות בתר דבעיא הדר פשטה. הדור אתם ממנו תראו עצמותי״ו של יהודה הן הן גבורותיו עצמו מספר זה הים גדול כמעין המתגבר והזהר״ו בהם כזהר הרקיע שהלכות קבועות הן הן גופי תורה הבו גודל לאלהינו ברוך שחלק מחכמתו ליראיו להשאיר לנו פליטה שארית יהודה. תנא אקרא קאי. זה יצא ראשונה מדי דאתיא ליה מדרשא דברים שהם מתוקים מחלב חטה. מן התורה ומן הנביאים ומשולש בכתובים דרשינהו לקראי כסיני באמתה של תורה ול״ו המדרש הוא העיקר מזהב ומפז רב כאן שנה רבי מקרא מועט והלכות מרובות הלכה אדם מישראל בריא בחיובא לקוח את ספר התורה

הזה וימלא כריסו מקדשי שמים יכנסו בעלי מקרא ירוצו לשמוע דברי עתיק יומיא אגרא דפרקא ריהטא. אלו ואלו דברי אלהים חיים וקרני ראם יפוצו מעיינותיו חוצה לעיני כל ישראל תרוממנה קרנות צדיק בצוותא דעלמא טפי מעלי ומלאה הארץ דעה אתן במדבר ארז שטה. וינחם יהודה. תנא גמר מאברהם פרי צדיק עץ חיים כי חפץ חסד הוא זכה ונעשה אושפיזכן לשכינה כי ש״ם ביתו בית וועד לפני כל יודעי דת ודין, האי מאן דרחים ומוקיר רבנן תפשו והושיבו על מטה. דרכו של איש לקדם בשלום כל אדם בסבר פנים יפות ועושה חסד לאלפים הענקה והעבטה. גדול המעשה נודע ביהודה שממנו מכלל יופיו של עולם הוא הראש הרב הכולל שר וגדול בישראל כמהר״ר חיים קמחי נר״ו רץ כצבי לעשות רצון צדיק המצדיק עצמו מלמטה. ואני תפלתי ניעול מר ברישא לעילא מן כל כל ברכתא בבנים הראוים להוראה סימן יפה לבנים העומדים בבית ה׳ בלילות מגידי בעלטה. ואען ואומר אמן תבנה בעולם הזה ותכונן בעולם הבא ועשה פרי למעלה ושרש למטה. והיה לאב ליושבי ירושלם ולבית יהודה. תנא שלמי״ם הבאים האנשים האלה שלמים טובים השנים תרוייהו אית להו דרב חסד״א חסד ואמת נפגשו שבת אחים ולא יתפרדו מזרעא דיוסף דלא שלטא. ה״ה החכמים השלמים כמה״ר חיים וכמה״ר אהרן רוזאניש יצ״ו אחי הרב המחבר ז״ל יחדיו יהיו תמים דשנים ורעננים משמע שניהם כאחד ומשמע כל אחד בפני עצמו ברואים זה את זה חיים ארוכים ומתוקנים איש תחת גפנו התאנה חנטה. זכות הרב המחבר יגן עליהם במעמד שלשתם וינטלם וינשאם עליונים למעלה וזכרם לא יסוף מזרעם לא יסור שבט מיהודה. תנא ירושלמאה דתני לישנא קלילא ואר״ש לא מטוהרה ואריכנא מגילתא אל אר״ש אשר לא עבר בה איש כי פי המדבר בריה קלה ינוקא דלא מטא. הן קדם מי אנכי לשוב בדרך הזה באתרא דמרי ביתא תלי זייניה קולבא רעיא קולתיה תלה אם אמרתי מטה. חסדך ה׳ יסעדני זאת הפעם אודה את ה׳ שהביאני עד הלום אשרי עיני שכך ראו ותהי זאת נחמתי שאתבשם גם אני מתורתו של רבי מאי״ר לרגל המלאכה אשר לפני הנה אלהים שליט בעולמו נאמן עלי כמה גדול כח של מלאכה ולבי ער לילו כיומו ראוי להיות חוזר כל כתבי הקדש בין רגע לרגע לא נחלף לי והיד כותבת אלכה נא השדה ואלקטה. כל כי האי מילתא שרי ליה לאינש לאודועי כי מלאכה היא ואינה חכמה והוא דרך חול

הלא זה הדבר כי בעמדי לשרת בקדש הנה באתי במעמקי מים שאין להם סוף הני מילי דדרשא עייפינהו וסדרינה״ו רבינו הגדול ז״ל ענינים ארוכים וקשורים זה בזה ובהקדמה אחת הוא פור״ש כמה מאמרים ובנה עליה מצודים גדולים מחתינהו בחדא מחתא. ואף גם זאת יגעתי ול״ו מצאתי כמה ענינים נפלאים זעיר שם זעיר שם והמה בכתובים על הנייר קטן הכמות והדברים עתיקים שלחופי הוו משלחפי ואב״א זה שלא כנגד זה הוו קיימי זוהי שקשה מלתא דשף מדוכתי סחור סחור והדבר צריך תלמוד למען דעת תנא אהיכא קאי מה למעלה מה למטה. אז אמרתי אין התורה נקנית אלא בסימנים ושנוי בנביאים הציבי לך ציונים ואחשבה לדעת לתת ריוח מענין לענין למען ירוץ הקורא בו וראיתי אני כי נכון הדבר לסדר כל סוג בפני עצמו בדרך בדרך אלך אברך את ה׳ אשר יעצני ותאורנה עיני לחבר את האהל להיות אחד טעמו וראו כמה יפין דרכיו מכוונים זה לזה כל שיטה ושיטה. הלא מעתה כל הרוצה ליהנות להתבונן בדרכים נכון לבו בטוח בחזקה שקנ״ה חכמה הגיע לפרשת דרכים דסלקא ליה שמעתתא אליבא דהלכתא. זה שמו אשר יקראו לו והוא שם העצם ועוד בה דברים בגו אשר יש״א את שמו כי חשבו״ן פרשת דרכים עולה לחשבון רב יהודה רוזאניס זכר צדיק לברכה מזקנים אתבונן מעשה רוקח זו היא דרך ישרה טוב לגבר לרשום שמו על ספרו תיתי לי דעבידנא ליה נייח נפשיה וערבה לה׳ מנחת יהודה. תנא גזלות וחבלות. מכאן לקובלנא מן התורה, אך גדול היה יצא מנח״ם וערבה קו״ל שמחה ותהי צעקה מוחלפת השיטה. על שבעתה באתי מן המודיעי״ת להודיע לבני האדם שבהיותי סובב הולך דרך הערבה לתקן את הדרכים אשתומם כשעה חדא וידי נטפו מ״ר מעוצר רעה ויגון ומוצא אני מר ממות כי רובא דנמכר אורייתא דיליה היא חסורי מחסרא גזלה יש כאן גזל הנאכל בית הצביטה. והנה שלשה ספרים ארוכים ומתוקנים מזה ומזה הם כתובים ספו תמו נאמרה שליחות יד למטה. חבל על דאבדין ועוד זאת רעה חולה שרוב הענינים אדוקים זה בזה ודברי תורה עניים במקומם ועשירים במקום אחר והיה המחנה הנשאר לפליטה. ה״ן עניות במקום עשירות יען שהרב המחבר סמך על מה שכתב במקום אחר כאשר ראה ראיתי בכמה דוכתי מרגלא בפומיה למימר ובמקום אחר הארכתי ש״ם רמ״ז נתן בהם סימנים באותו פרק באותו מקום ולא אתנו יודע עד מה מי אשר חטא. הלא לאמונה לאיש

אשר אלה לו אשר שלח ידו כבלע את הקדש כבר מלתיה אמורה אל יהי ברוך הוא כיבה אורו של עולם וחרבו שלופה עליו מאשר חטא. ומונע בר יקבוהו לאום והוא חטא רבים נש"א על שתי כתפיו לזכרון מזכרת עון ונפשו של המחבר ז"ל עליו תאבל תהא ליט"א ול"ו תהא מלטטא. וגמולו ישוב בראשו דבר שה"ן זרעו כלה יש אש אוכלת אש תמיד תוקד בקיץ ובחורף יהיה אשתא דסתוא קשה מדקייטא. ולמוכיחים ינעם זה השב בנתים שידע בעצמו שחטא. והיה שכרו רבוע יהיה כפול זה מעלה ארוכה לזכות את ישראל ויגל את מסך יהודה. תנא אסיפא קאי. ותפלתי על חיקי תשוב מי שזיכני לסדר האי ספרא דבי רב הקל הקל תחלה הוא יגמור בעדי כי חנוניו הם חנונים ויעזרני על דבר כבוד שמו שאשמש בכהונה גדולה לסדר החבור הגדול הנזכר על סדר הלכות הר"ם במז"ל אלהא דמאי"ר ענני לבל אכשל בדבר הלכה גל עיני ואביטה. ישמח לבי גם אני כי המ"ר שדי צ"ר לי המקו"ם אבי השביענ"י במרורים וכסלי מלאו נקלה ותזנח משלום נפשי אפילו שבתות וימים טובים מרוב שיחי אמאס בקול שירי"ם למאן דגני בבית אפל בי סתוא בקייטא. ועוצם עיניו מראות עולם כמנהגו יתייצב על דרך לא טוב ליכא קושטא. וימאסו באר"ש חמדה הכל היה בכלל אחד מוכר מרגליות ואחד מוכר מיני סדקית עשו את שאינו זוכה כזוכה כאן בהגבהה כאן בהבטה. אין לי מועדות אלא אלו הני ספרי דבי רב פקודי ה' ישרים משמחי לב הן הן החזירוני לנערותי כי באלה חפצתי כל ימי הייתי מצטער מתי יבא לידי ומשער ראשי אמרטה. ועכשו שבא לידי אחזתיו ולא ארפנו בטחתי בקוני בזאת יכופר עון יעקב לפום צערא יהא כפרה עלי על כל דבר פשע אנא ה' מלטה. ועל שאר התפלה ספר"א בתר צלותיה קאמר הכי בעד כל קהל ישראל וגלות החל הזה דא כנסת ישראל שרחמ"ה ס"ר קפץ רחמיו שחמת"ה מרובה ביום חמ"ה מהלכת למטה. אף לילות עברה וזעם וצרה וישראל לבוזזים דבקו צערי"ם זה בזה ברשעת הגוים מכין ועונשין שלא מן הדין ישנה לשחיטה. ועל המדינות יאמר נא ישראל הנה נא העיר הזאת נעמי קרתא קדישא דירושלם היינו עזובה היינו שכוחה ניטל טעם ביאה מבלי באי מועד עד מתי עשנת בתפלת עמך ואתה אמרת ה"ן בן דוד בא עד שתכלה פרוטה. אם כן אוי למה לנצח תשכחנו ראה נא בעניינו ואתה תשמע השמים קו"ל בית ישראל טובא מגר"ר גריר עלמא בתר דוד מתי יבא בעל הכרם ויכלה את קוציו במטאטאי השמד שקולי טאטא. זיל פייסינהו ליתמי השת"א לישקול מר אגר ביתא מייתבא יתיב כהנים בעבודתם ולוים במעמדם וישראל עושה חיל אסא דקאי ביני חלפא אף על פי שחטא. והיינו לעם אחד בארעא דישראל נכסי רשיעייא צדיקים יחסנון קל מן שמיא יריע אף יצריח אבוא בירושלם של מטה. הלא דוד מסתתר מלך ביפיו בא יבא ברנה ושמח את אשתו דא כנסת ישראל וסימן לדבר ישמח הר ציון תגלנה בנות יהודה. הלא כה דברי איש צעי"ר מתאבק בעפר לפני כל יודעי דת יומי ולילי. הצעיר יעקב כולי

גלא עמיקתא

דא כתיב "[כח]**ואחרי כן נגשו כל בני ישראל ויצום את כל אשר דבר ה' אתו בהר סיני"** (שם ל"ד, ל"ב–סוף פרשת כי תשא). **כל בני ישראל דייקא– דהוה להו אור כדוגמת האור דהוה לכל בני ישראל במצרים במכת חשך– ומיד** (שם ל"ה) **"וראו בני ישראל את פני משה כי קרן עור פני משה".**

[כח] מזרחי במדבר פרק ל פסוק ב: וידבר משה אל ראשי המטות חלק כבוד לנשיאים ללמדם תחלה ואחר כך לכל ישראל. לקמן יליף מגזרה שווה ד"זה הדבר", "זה הדבר", משחוטי חוץ, מה להלן לאהרן ולבניו ולכל ישראל, אף כאן לאהרן ולבניו ולכל ישראל. ואם כן פירוש "אל ראשי המטות לבני ישראל" אל ראשי המטות ולבני ישראל, ואם כן על כורחך לומר, שבא להודיענו, שלימד לנשיאים תחלה ואחר כך לכל ישראל, דאם לא כן ראשי המטות למה לי, לכתוב קרא, וידבר משה אל בני ישראל, וראשי המטות בכלל. אך מפני שכבר הוא אמור בקרא ד"וישובו אליו אהרן וכל הנשיאים בעדה וידבר משה אליהם ואחרי כן נגשו כל בני ישראל", דהתם בלימוד כל המצות קא מיירי ופרשת נדרים נמי בכלל, הוכרחו רבותינו זכרונם לברכה לפרש חלוק הכבוד הזה להתרת נדרים ביחיד מומחה או בשלשה הדיוטות, באם אינו ענין לחלוק כבוד דלימוד, תנהו לחלוק כבוד דהתרת נדרים, דראשי המטות שהם המומחין מתירין ביחיד, וההדיוטות אינם מתירין אלא בשלשה. דהשתא אתיא שפיר, דליכא לאקשויי על שפירש תחלה, "חלק כבוד

לנשיאים ללמדם תחלה ואחר כך לכל ישראל", ובאחרונה חזר ופירש ל"התרת נדרים ביחיד מומחה, ואם אין יחיד מומחה, מפר בשלשה הדיוטות", דהתרת נדרים בשניהם יחד חלוק כבוד הן, אלא שלא היה יכול לפרש מתחלה חלוק הכבוד הזה להתרת נדרים, משום דפשוטו של מקרא בחלוק כבוד דלמוד קא מיירי, ולפיכך הוכרח לפרש תחלה בחלוק כבוד דלמוד, ואחר כך באם אינו ענין בחלוק כבוד דהתרת נדרים. אבל לא ידעתי היכן מצא זה לדרוש אותה באם אינו ענין, והלא אין כל אדם רשאי לעשות זה, חוץ מחכמי המשנה, שכל דבריהם דברי קבלה, אבל לא לשום אחד זולתם, אפילו לגאונים הראשונים וכל שכן לבאים אחריהם. ומה שאמר, "יכול שלא נאמרה פרשה זו אלא לנשיאים בלבד, נאמר כאן 'זה הדבר' ונאמר בשחוטי חוץ 'זה הדבר' מה להלן אהרן ולבניו ולכל ישראל, אף זו נאמרה לכולן. וכן מה שאמר "שהפרת נדרים ביחיד מומחה ואם אין יחיד מומחה, בשלשה הדיוטות", כל זה בפרק יש נוחלין. "דתניא, נאמר כאן 'זה הדבר' ונאמר להלן 'זה הדבר', מה כאן אהרן ובניו וכל ישראל, אף להלן אהרן ובניו וכל ישראל. ומה להלן ראשי המטות, אף כאן ראשי המטות". ובעי תלמודא, "למאי הלכתא, לומר, שהפרת נדרים בשלשה הדיוטות". ופרשב"ם, "למאי הלכתא בעינן גבי נדר אהרן ובניו וכל ישראל. לומר שהפרת נדרים בשלשה הדיוטות דכתיב 'לא יחל דברו', הוא אינו מיחל, אבל אחרים מתירין לו, כגון שלשה דהוו בית דין, כדאמרינן בסנהדרין אפילו לשמואל דאמר, 'שנים שדנו דיניהם דין, אלא שנקראין בית דין חצוף', הני מילי בדיני ממונות, אבל למשרי אסור נדר לא סגי בפחות משלשה. ולהכי אהני גזרה שווה כאילו נכתב בנדרים אהרן ובניו וכל ישראל, לומר לך ששקולין כל ישראל להתיר נדרים ואפילו הדיוטות כאהרן ובניו". ופריך תלמודא, "והא 'ראשי המטות' כתיב", דמשמע מומחין ולא הדיוטות, ואם כן קרא ד"ראשי המטות" וגזרה

גלא עמיקתא

והנה בכולא פרשתא (כי תשא) ה"פ שרש "עם" נוספים מלשון עמי ואצלי: "עמי עמנו עמך עמו עם" כולן בחירק – סליקו לחושבן (642) "אל תירא". והוא כדכתיב (ישעי' מ"ד,ב') "[כט]אל תירא עבדי יעקב". דהאי דאמרינן ל"ד פעמים "עם" סליק לחושבן (3740) ה"פ "יעקב" במלוי כזה "יוד עין קוף בית" (748) בחינת נרנח"י דכללות נשמות עם ישראל. והכא מוספינן ה"פ שרש "עם"

שווה ד"זה הדבר" סתרן אהדדי. ומשני, "כדאמר רב חסדא אמר ר' יוחנן, ביחיד מומחה, הכא נמי ביחיד מומחה". פירוש, אי לאו קרא דראשי המטות, דמשמע מומחין ולא הדיוטות, הוה אמינא דגזרה שווה ד"זה הדבר", דילפינן מיניה ששקולין כל ישראל, אפילו הדיוטות שבהם להתרת נדרים כאהרן ובניו, לכולהו מילי דהתרה הן שקולין, בין לענין ההתרה בין לענין מנין המתירין, שאלו ואלו בשלשה, דהוו בית דין, השתא דכתיב קרא ד"ראשי מטות" דמשמע מומחין ולא הדיוטת, על כרחך לומר, דקרא דראשי המטות דמשמע מומחין, ולא הדיוטות במנין המתירין קא מיירי, שהמומחין מתירין ביחיד. ולא ההדיוטות. וגזרה שווה ד"זה הדבר", "זה הדבר", דמשמע ששקולין כל ישראל אפילו ההדיוטות, כאהרן ובניו, אינו אלא לענין ההתרה, שגם ההדיוטות מתירין הנדרים, כמו המומחין, אלא שהמומחין מתירין ביחיד וההדיוטות אינן מתירין אלא בשלשה. והא דמשני תלמודא עליה, דלמאי הלכתא, לומר שהפרת נדרים בשלשה הדיוטות, אין כוונתם לומר, אלא, שהפרת נדרים גם בהדיוטות, אבל שיהא התרתם בשלשה, לאו מהכא נפקא, אלא מדסתרי אהדדי כדאמרן. ואם תאמר, והא מ"ראשי המטות" מומחין רבים משמע, ולא יחיד מומחה. כבר תירץ רש"י ז"ל על זה ואמר, "דהא דכתיב ראשי בלשון רבים, ראשי דעלמא קאמר", פירוש, דומיא דערבי פסחים.

[כט] פירוש בעלי התוספות בראשית פרק כח פסוק יג: והנה ה' נצב עליו. כדכתיב וירד ה' על הר סיני. אני ה' אלהי אברהם אביך כדכתיב אנכי ה' אלהיך. סינ"י סמ"ך ששים רבוא יו"ד עשרת הדברות נו"ן יו"ד ששים מסכתות. ד"א מלאכי אלהים עולים ויורדים בו אותם מלאכים שירדו כאשר ראו בנות האדם היפות לא עלו עד עתה כי כשירדו מצאו בתולה אחת אמרו לה שמעי לנו. אמרה להן ומה תתנו לי אמרו לה כנפים שלנו ונלמדך שם המפורש וילמדו לה שם המפורש ויתנו לה כנפים מיד פרחה שמים. אמר לה הקב"ה הואיל

וברחת מן העבירה אקבע לך שם במזלות והיינו מזל בתולה והמלאכים שנתנו לה כנפיהם לא יכלו לעלות עד עתה שמצאו סולם לעלות. אכן פ"ה ניחא. עוד י"ל שאותם מלאכים היו אותם שהלכו להפוך סדום שאמרו כי משחיתים אנחנו ולפי שתלו הגדולה בעצמם נדחו ממחיצתו של הקב"ה קל"ח שנה ועכשיו עלו. ד"א ויחלום והנה סלם ממש. והנה מלאכי אלהים עולים ויורדים בו. הראהו הקב"ה שר של מצרים עולה רד"ו מדרגות ואח"כ יורד ושל בבל עולה ע' מדרגות ויורד. ושל מדי נ"ב מדרגות ויורד ושל יון ק"פ ויורד ושל אדום עולה למעלה למעלה אמר יעקב שמא ח"ו אין לו ירידה לעולם. אמר הקב"ה אל תירא עבדי יעקב כי הנני מושיעך מרחוק. כביכול אפילו אתה רואהו אצלי אורידהו משם שנאמר אם בין כוכבים שים קנך משם אורידך נאם ה'. א"ר ברכיה לאחר שהראהו אותם ה' שרים שעולים ויורדים א"ל הקב"ה יעקב עלה כמו כן. אמר ח"ו כשם שהללו ירדו כן ארד א"ל הקב"ה עלה והיה בטוח שלא תרד ולא האמין ולא עלה שנאמר בכל זאת חטאו לו ולא האמינו בנפלאותיו. א"ל הקב"ה אלו עלית לא היית משועבד לעולם עכשיו שלא עלית ולא האמנת לי. בניך יהיו משועבדים לאותם ה' מלכיות בעולם הזה. א"ל רבש"ע ולעולם. א"ל אל תירא עבדי יעקב כי הנני מושיעך מרחוק וכו' ושב יעקב ושקט ושאנן וכו' כי אעשה כלה בכל הגוים וכו' ויסרתיך למשפט. והכי נדרש אותו פסוק מושיעך מרחוק אושיעך ממצרים לזמן רחוק. ושב יעקב מבבל ושקט ממדי ושאנן מיון ואין מחריד מאדום ויסרתיך למשפט בעוה"ז כדי לנקותך לעולם הבא

[ל] **כתב סופר ויקרא פרק ז פסוק יא:** בהפטרת שבת הגדול, זכרו תורת משה עבדי אשר צויתי אותו וכו'. במדרש [ילקוט רמז תתקס"ו] אמר משה שמא תקרא התורה על שם אחר, אמר הקב"ה אין התורה נקראת אלא על שמך, שנאמר זכרו תורת משה וכו'. וצ"ב מה עלה על דעת משה שהתורה נקראת על שם אחר. והנה איתא במדרש שה"ש [רבה ה, ב] אני ישנה ולבי ער, אמרו ישראל אני ישנה מן המצות בגלות ולבי ער למצות. ונ"ל כונתו כי כמה וכמה ממצות התורה התלוים בארץ ואי אפשר לנו לקיימם בגלות, וע"י זה חסר לנו חלק גדול ממצות התורה. אבל בכל זאת אם אנו משתוקקים תמיד לקיים מצות האלו, ועינינו מיחלות שנבוא אל המקום אשר נוכל לקיימם, והוי כמו חישב לעשות מצוה ונאנס מעלה עליו הכתוב כאלו עשאה [ברכות ו.], והשי"ת משלם שכר על מחשבותינו אם אנו מצפים ומיחלים תמיד שנוכל לקיים כל המצות בשלימות. וז"ש המדרש אמרו בני ישראל אני ישנה מן המצות בגלות כי הרבה מצות אין ביכולתינו לקיימם, אבל לבי ער ומשתוקק לקיים אותם, וזה מרוצה לפני היודע מחשבות ית"ש. ועד"ז נתן השי"ת לנו התורה במדבר הגם שלא היה אפשר לקיים שם כל התורה בכל זאת כיון שנתנו לב לקיימם וקבלו על עצמם לעשות את כל דברי התורה היה חשוב לפניו ית"ש כאלו קיימנו כל המצות וזהו כונת הקרא זכרו תורת משה, האחרון שבנביאים מזהיר את ישראל שיקיימו את התורה לעולם אפילו כשיהיו בגלות ואף שא"א לקיימה בפועל, לכן אמר "זכרו" תורת משה, שיש תועלת ורצון לפני ד' גם בזכרון לבד אם לא תוכלו לקיימה במעשה. והראיה על זה, אשר צויתי אותו בחרב, הגם ששם לא היה אפשר לעשות ככל הכתוב בספר, מ"מ צויתי אותו שיקבלו אותה ומעלה עליו כאלו עשאו. והנה התורה נקראת על שם משה כי על ידו קבלנו אותה והוא מסר נפשו עליה ולמדה את ישראל, והנה אמרו חז"ל

גלא עמיקתא

בחירק לקביל הני ה"פ יעקב במלוי. **והוא חושבן** "אל תירא" (642) בחינת "אל תירא עבדי יעקב" כנ"ל דאמרינן בסעודת דוד מלכא משיחא (בפיוט אל תירא עבדי יעקב ע"פ סדר א"ב) בחינת אלף השמיני גאולתא שלמתא בעגלא דידן ובזמן קריב ונאמר אמן. וכד מוספינן האי חושבן (642) לחושבן הכולל ד-ל"ד תיבין בשרש עם (4076) סליקו לחושבן (4718) ב"פ "אלפים משיחא" (2359). **והוא חושבן** "דוד" (14) פעמים "[ל]בהר סיני" (337) כמ"ש בתחלת פרשת בהר (ויקרא כ"ה,א') "וידבר ה' אל משה בהר סיני לאמר" וכן מסיים ספר ויקרא "אל המצוות וכו' בהר סיני".

גלא עמיקתא

ובאור הענין: דבהר סיני החל תיקון חטא אדם הראשון בפועל, דעד אז תקנו האבות הקדושים ובני ישראל במצרים בכח ע״י העלאת נצוצות שנפלו והכנה למתן תורה, דהאבות הקדושים קיימו כל התורה כולה עוד בטרם ניתנה, והוא קיום בכח בבחינת יחודים עליונים וכדומה, אך לא בפועל בחפצא דמצוה כגון יעקב פצל פצלות וכו׳ בחינת יחוד תפלין וכו׳, ובהר סיני החל תיקון בפועל בקבלת התורה, ויסתיים התיקון בשני ימות משיחא ותחית המתים [לא]**כמבואר בספה״ק. ואז לא נהיה**

[תנחומא עקב ח, א] אין המצוה נקראת אלא על שם שגומרה, ולכן אמר משה שמא כשימות תקרא התורה על שם אחר, הוא יהושע שהכניסם לארץ, כי רק שם היה להם באפשר לקיים את כל התורה, ואמר לו ד׳ לא תקרא אלא על שמך, כי ע״י שלמד משה את התורה עם ישראל והם נתנו לב לקיימה הוי כאלו קיימו באמת את כל דברי התורה וע״י זה נתקיים כל התורה ע״י משה רבנו ע״ה. ולכן מביא הקרא זכרו תורת משה אשר צויתי אותו בחרב, דמשם משמע דגם הרצון והמחשבה נחשב למעשה ושפיר נקראה התורה על שם משה, וק״ל זכרו תורת משה עבדי אשר צויתי אותו בחורב על כל ישראל חקים ומשפטים. צריך להבין למה ציין המקום שציוה ה׳ ע״י משה חוקים ומשפטים, וגם הול״ל בהר סיני, וידועים דברי הרמב״ן [דברים א, ו] דלכן נקרא הר חורב יען הוא במדבר חריבה ויבישה, וצריך להבין מה רצה בזה כאן להזכיר שם חורב. והנה בילקוט תהלים [רמז תרע״ד] כתיב תורת ה׳ תמימה משיבת נפש, למה היא תמימה מפני שהיא משיבת נפש. ונ״ל כי תמים לא שייך אלא בדבר שהוא בכל עת ובכל זמן שוה מבלי השתנות ע״י מקום וזמן, ודבר שצריך השתנות אינו תמים. והנה תורתינו הקדושה שניתנה לנו מאת השי״ת היא תמימה בתכלית התמימות, מאחר כי ה׳ ציוה עלינו [דברים ד, ב] לא תוסיפו על הדבר ולא תגרעו ממנו, וכל הנביאים אשר עמדו אחר משה לא חידשו דבר, ולכן נקראת תמימה שהיא שוה בכל עת וזמן ומקום. וכיון שהתורה לא תשתנה בשום זמן ומקום מזה נראה כי אין כונת נותן התורה ית״ש לתועלת ושלימות הגופנית כמו שנותנים המינים טעמים פגומים על שמירת מילה ואכילת חזיר וכדומה, שאלו היה כמו שהם אומרים האיך אמרה תורה לא תוסיפו ולא תגרעו ממנו הלא הגופים והטבעים משתנים בעתים וזמנים שונים, ואיך תתקיים התורה תמיד באופן אחד אם לצורך גופניות האדם ניתנה, אלא בוודאי הבל יפצה פיהם ולא ניתנה התורה רק להשלמת הנפש שיצרף נפשו ע״י קיום המצות כדי שיבוא אח״כ לחיי עד לדבק בה׳, וכיון שכל תכלית התורה להחיות נפש האדם חלק אלקי ממעל אשר נפח ה׳ באדם, ואחז״ל [בזוהר עה״פ (בראשית ב, ז) ויפח באפיו] כאדם שנופח משלו לשל חברו, וחלק האלקי באדם אינו מקבל שינוי מעת שנברא אדם הראשון לא ישתנה בשינוי הטבעים והעתים וזמנים, וכיון שהתורה ניתנה להשלמת הנפש ממילא שגם היא לא תשתנה לעולם וזה כונת המדרש, תורת ה׳ תמימה שהיא שלימה בתכלית השלימות, ומקשה ולמה היא תמימה, כלומר איך שייך לומר תמימה שלא תהיה תוספת ומגרעת בהשתנות העיתים ובהתחלפות המקום, והשיב מפני שהיא משיבת נפש, שזה תכלית המכוון מן התורה, וכמו שהנפש אינה מקבלת שינוי, כן התורה שהיא משיבת הנפש. ולפי״ז י״ל שהנביא מזהיר את ישראל, זכרו תורת משה עבדי אשר צויתי אותו בחורב, שיזכרו התורה כמו שניתנה ע״י משה רבנו ע״ה כן תהיה לעולם. ואמר אשר צויתי אותו בחורב, כי ה׳ במכוון נתן התורה במקום חריבה ויבישה שאין מקום ישוב שאילו ניתנה באחת המקומות היה מקום לומר כי ניתנה התורה לפי המקום ההוא, או קר או חם וכדומה, ולא במק״א, לכן התחכם נותן התורה ית״ש ונתנה לנו במקום שאי אפשר להשאר שם, ומשם תצא התורה לכל מקום ומדינה. ולכן אמר אשר צויתי אותו בחורב על ישראל, ומזה ראיה שלא תתחלף לעולם, ואתי שפיר: [**לא**] **פנים יפות (לר׳ פנחס הורוויץ זצ״ל) בראשית פרק ד**: ויצא קין מלפני ה׳ וגו׳. בילקוט [בראשית רמז לח] פגע בו אדם הראשון, א״ל מה נעשה בדינך, א״ל עשיתי תשובה ונתפשרתי, התחיל אדם מטפח על פניו ואמר כך הוא כח של התשובה ולא הייתי יודע, מיד עמד אדם ואמר מזמור שיר ליום השבת

וגו'. נראה לפרש ע"פ פשוטו, לפי שהמתין הקדוש ברוך הוא לקין ממיתה עד דור שביעי, שנאמר [ד, כד] שבעתים יוקם קין. והנה חטא אדם הראשון היה שגרם מיתה לדורות, אך לפי פירש"י בתהלים [צ, ד] כי מ"ש הש"י ביום אכלך וגו' היינו יומו של הקדוש ברוך הוא שהוא אלף שנה, הרי אף לאחר חטא אדם הראשון יכול לחיות אלף שנים, ואותם המתים קודם אלף שנים ע"כ הם בחטא עצמם, וז"ש ירמיה [ירמיה לא, כח - כט] אל תאמרו האבות אכלו בוסר ושיני בנים תקהנה, כ"א איש בחטאו ימותו, שלא יאמר אדם שמת מחמת חטא אדם הראשון שאכל מעץ הדעת שהוא בוסר, כי מחמת חטא אדה"ר היה יכול לחיות אלף שנים, א"כ אין לתלות בחטא אדה"ר, אלא שאדה"ר היה מצטער שאם יהיו הדורות צדיקים גמורים, ולולי חטאו היה יכול הדור הראשון לחיות כל חיי העולם, אבל לאחר חטאו הוכרח הוא למות בסוף אלף שנים, וכיון שאחז"ל [ר"ה לא א] שית אלפי שני הוי עלמא הוא גרם שבהכרח שאפילו יהיו צדיקים גמורים בהכרח להיות שש דורות בשית אלפי שנין, וכיון שראה בקין שהתשובה מועלת עד ששה דורות, א"כ באדה"ר אם ימחול לו על ששה דורות, אח"ז יהיה יום שבת הגדול שהוא תחיית המתים, לכך אמר מזמור שיר ליום השבת.

[**לב**] **אברבנאל ויקרא יט,כג-לז**: והתבאר למה אמר אני י"י בקצת המצוות האלה ולא בכלן, ובאופנים מתחלפים, שהיה זה כפי צורך הדברים. כי בענין הערלה אמר (פסוק כה): "אני י"י אלהיכם", לענין תוספת התבואה, שהוא יתעלה יוסיפה להם, ולא העבודה זרה כמחשבת הכנעניים. ואחר זה זכר ארבעה דברים מדרכי העבודות הזרות ההן שהן אסורות לכל ישראל, ובפרט בנטיעת האילנות כמו שביארתי. ולהיותם מעשים מתיחסים ומקושרים זה בזה, לא אמר "אני י"י" אלא בסופם, להגיד שהוא המואס המעשים ההם מצד עצמותו המקודש, שהוא "י"י" - השם המפורש הנבדל והמקודש, וכמו שאמר: "בנים אתם לי"י אלהיכם לא תתגודדו" וגו' (דברים יד, א). וכן אמר במצות "אל תפנו אל האובות ואל הידעונים אל תבקשו לטמאה בהם אני י"י" (פסוק לא), להגיד, שלהיותו קדוש ושוכן בתוכם אין ראוי שיטמאו בטומאות ההמה. ובשמירת השבתות ויראת המקדש אמר: "אני י"י" (פסוק ל'), ולא אמר 'אלהיכם', כדי שידעו שהוא היכול על הכל, כי הוא ברא את העולם. אבל בהדור הזקן אמר: "ויראת מאלהיך" (פסוק לב), לפי שטבע הנערים והבחורים לשחוק ולהלעיג מהזקנים. ולכך הזהירם שייראו את ה', כי אם לא יעשו כן ולא יהדרו פני הזקן, לא יגיעו להיות זקן כמוהו. וכדומה לזה נאמר על "ולפני עור לא תתן מכשול" (לעיל פסוק יד) - "ויראת מאלהיך", כלומר שאם תלעיג מהעור ותתן מכשול לפניו, יהיה שכרך שתהיה עור כמוהו. הנה הותרו במה שפירשתי השאלות השלש עשרה והארבע עשרה ואמנם פירש "וכי יגור אתך גר בארצכם לא תונו אותו". יראה בקשורה, שכאשר הודיע ה' לישראל תועבות הכנעניים וכזביהם ודמיוניהם, חשש אולי בני ישראל ילעיגו מהגרים הגרים אתם, מפני המעשים שהיו עושים קדמוניהם. ולפי שבזה יכסו כלימה פניהם, צוה יתעלה, שבהיות הגר בארצם שלא יונו אותו ואין האונאה הזאת - רמאות ותחבולה, אלא שלא ילעיגו ממנו מהמעשים האלה שהיו לאבותיהם. ולזה אמר: "כאזרח מכם יהיה לכם הגר". שלא יחשוב שהוא עתה כימים הראשונים שהיה מן האומות והגוים ההמה, אלא שיהיה הגר בעיניהם כאחד מבני ישראל. ולכך לא יכלימום בדבר מדברי אבותיהם, כי כבר אינו מהם אלא מעדת ישראל. ונתן טעם בזה באמרו: "כי גרים הייתם בארץ מצרים אני י"י אלהיכם". רוצה לומר, כשהייתם גרים שמה יחדתי שמי עליכם ומשגיח

גלא עמיקתא

בבחינת גחלים עוממות וכדהבאנו לעיל מיחזקאל (ל"א,ח') "ארזים לא עממוהו" שענינו ביסוי והסתרה – אלא בבחינת בני ישראל (דברים י"ד,א') "[לב]בנים אתם לה' אלהיכם". וזהו דכתיב בסוף פרשתא (כי תשא – שמות ל"ד,ל"ב ואילך) נ"פ "בני ישראל" בפסוק אחד: "נגשו כל בני ישראל – ויצא ודבר אל בני ישראל – וראו בני ישראל" סליק לחושבן (2781) י"פ "אור הגנוז" (278) עם הכולל – דהאי כולל בחינת א' זעירא דויקרא אל משה דמשפיע להאי אור הגנוז על עם ישראל ומחיה המתים במהרה בימינו אמן בט"ל תחיה. ורמיזא

בכם. וגם עתה, הגוים אשר בתוככם אני יי׳ אלהיהם, וכלכם הייתם גרים, וכלכם עתה מבני ישראל ואחרי שהזהיר על האונאה הזאת מהלעג והכלימה, הזהיר במצוה אחרת במעשים, ואמר ״לא תעשו עול במשפט״. וכבר נאמר למעלה (פסוק טו): ״לא תעשו עול במשפט״, אבל שם הזהיר לכל בני ישראל בענין המשפט, וכאן הזהירם בענין הגרים, שלא יעשו להם עול במשפט בהיותם גרים, וכן לא יעשו להם עול במדה במשקל ובמשורה, כי כל מה שהוא אסור בישראל אסור לגרים. וזכר שלשה שמות אלו: ״מדה״, ״משקל״ ו״משורה״. לפי שיש דברים שימכרו במשקל, כאלו תאמר כסף זהב ברזל ונחושת. ויש דברים נמכרים במדה, כבגדים ושאר הדברים שימדדו. ויש דברים נמכרים במשורה, כיין וכשמן איפה או הין ודומיהם. ואמר: ״מאזני צדק״ - כנגד המשקל, וכן: ״אבני צדק״. על המשורה וכולל גם כן המדה, אמר: ״איפת צדק והין צדק״. ואמר בסוף ״אני יי׳ אלהיכם״ וגו׳, להגיד, שמלבד שזה עול ובלתי ראוי מצד עצמו, הוא גם כן בלתי ראוי מפאת המצוה, שהוציאם ממצרים ונתן להם חקותיו, וראוי שיהיו חקים ומשפטים צדיקים, ולא יחשבו שכאשר הוציאם ממצרים צוה אותם לעשות עול אשר כזה:

[לג] פתח אליהו תקו״ז הקדמה דף יז עמוד ב: עלאין שמעו אינון דמיכין דחברון ורעיא מהימנא אתערו משנתכון הקיצו ורננו שוכני עפר אלין אינון צדיקייא דאינון מסטרא דההוא דאתמר בה אני ישנה ולבי ער ולאו אינון מתים ובגין דא אתמר בהון הקיצו ורננו וכו׳ רעיא מהימנא אנת ואבהן הקיצו ורננו לאתערותא דשכינתא דאיהי ישנה בגלותא דעד כען צדיקייא כלהו דמיכין ושינתא בחוריהן מיד שכינתא יהיבת תלת קלין לגבי רעיא מהימנא ויימא ליה קום רעיא מהימנא דהא עלך אתמר קול דודי דופק לגבאי בארבע אתוון דיליה ויימא בהון פתחי לי אחותי רעיתי יונתי תמתי דהא תם עונך בת ציון לא יוסיף להגלותך שראשי נמלא טל מאי נמלא טל אלא אמר קודשא בריך הוא אנת חשיבת דמיומא דאתחרב בי מקדשא דעאלנא בביתא דילי ועאלנא בישובא לאו הכי דלא עאלנא כל זמנא דאנת בגלותא הרי לך סימנא שראשי נמלא טל ה״א שכינתא בגלותא שלימו דילה וחיים דילה איהו ט״ל ודא איהו יו״ד ה״א וא״ו וה״א איהי שכינתא דלא מחושבן ט״ל אלא יו״ד ק״א וא״ו דסליקו אתוון לחשבן ט״ל מלייא לשכינתא מנביעו דכל מקורין עלאין מיד קם רעיא מהימנא ואבהן קדישין עמיה עד כאן רזא דיחודא. **[לד] שיר השירים רבה פרשה ב אות ב:** משום רבנן אמרו

גלא עמיקתא

דאינון ל״ד פעמים ״עם״ דאמרינן עם ה״פ ״עם״ בחירק יחד גימ׳ ט״ל בחינת ״עם״ רמיזא [לג]טל תחית המתים. דאיתמר בתחית המתים (ישעי׳ כ״ו, י״ט): ״[לד]יחיו מתיך נבלתי יקומון, הקיצו ורננו שוכני עפר כי טל אורות טלך״ וכו׳.

ורמיזא בהני פסוקין טובא: נגש״ו גימ׳ (359) משיח״א [וגימ׳ שט״ן (359) שמעכב ביאת משיח״א- חושבנא דדין כחושבנא דדין] ויצ״א גימ׳ (107) [2]אנכ״י הוי׳ [כדפתח עשרת הדברות (שמות

2. באור על מגלה עמוקות ואתחנן אופן צ׳: ד׳. וַיֹּאמֶר אֱלֹהִים יְהִי מְאֹרֹת בִּרְקִיעַ הַשָּׁמַיִם לְהַבְדִּיל בֵּין הַיּוֹם וּבֵין הַלָּיְלָה וְהָיוּ לְאֹתֹת וּלְמוֹעֲדִים וּלְיָמִים וְשָׁנִים (בראשית א,יד) גימ׳ ע״ה (3745) ״יהודי״ (35) פעמים ״אנכי הוי״ (107) וכנ״ל באות ג׳ דישראל עם קדוש עלה במחשבה לפני כל דבר, דבני ישראל מושרשים בעצמותו יתברך כמבואר בספרים, והתורה הקדושה כולה שמותיו של הקב״ה כאמרם אנכ״י נוטריקון אנא נפשי כתבית יהבית (שבת קה.), ושם אינו ממהות הדבר כגון שמו של אדם אינו מהותו ועצמותו, שכן כאשר יהיה לבדו אינו זקוק לשמו, אלא כאשר הוא בחברת בני אדם, ואז כאשר יקרא בשמו יפנה כל עצמותו אל הקורא, וממילא גם לגבי הקב״ה התורה אינה מהותו ועצמותו יתברך ממש, ולכן נרמז בכאן חושבן יהוד״י פעמים אנכ״י הוי׳, והוא בהאי פסוקא דייקא דענינו להבדיל בין היום ובין הלילה וכו׳, וכדאמרינן במוצ״ש בהבדלה המבדיל בין קדש לחול בין ישראל לעמים בין יום השביעי לששת ימי המעשה וכו׳, ולכן בא הרמז בחושבן יהוד״י פעמים אנכ״י הוי׳ דייקא, דנרמז בתיבה יהוד״י שם הוי׳ ברוך הוא דיהודי הרי עיקר השם, ומסיים ד״י גימ׳ ה׳ [במספר קטן] הרי שם שלם י-ה-ו-ה, א״נ ד״י דיהוד״י גימ׳ (14) דו״ד - רמיזא דגאולתא אחריתי תיהוי ע״י מלכא משיחא מזרעיה דדוד.

הארץ אמרה אותו (שם מדבר על הפסוק אני חבצלת השרון) אמרה אני היא וחביבה אני, שכל מתי העולם חבויין בי, שנאמר (ישעי' כו,יט) יחיו מתיך נבלתי יקומון, לכשיבקשם הקב"ה ממני אחזירם לו וארטיב מעשים טובים כשושנה ואומרת שירה לפניו שנאמר (ישעי' כד,טז) מכנף הארץ זמירות שמענו וכו'. [לה] **זוהר שמות פרשת בשלח:** ויקרא מכלא הוא מזונא דחברייא דמשתדלי באורייתא והוא מזונא דאתי מחכמה עלאה, מ"ט מאתר דא בגין דאורייתא נפקא (בראשית מ"ז ב' ויקרא קפ"ב ב' קצ"ב ב') מחכמה עלאה ואינון דמשתדלי באורייתא עיילי בעקרא דשרשהא ועל דא מזונא דלהון מההוא אתר עלאה קדישא קא אתיא, אתא ר' אלעזר ונשיק ידוי אמר זכאה חולקי דקאימנא במלין אלין, זכאה חולקהון דצדיקייא דמשתדלי באורייתא יממא ולילי דזכי לון בהאי עלמא ובעלמא דאתי דכתיב (דברים ל) כי הוא חייך ואורך ימיך. [לו] **תלמוד בבלי סוטה דף**

גלא עמיקתא

כ',ב') "אנכי הוי' אלהיך"] **ועוד טובא ולא נוכל להאריך עוד ואין לדבר סוף** ותן לחכם ויחכם עוד וכו'. וזהו דכתב רבינו דעתה באהל מועד נשלם לו השליש ה-ג' לבחינת תתק"ל שנותיו דאדם קדמאה. **וכד מוספינא ל-ג'** הפסוקין ממזמור מ"ט דאמרינן בריש דברינו (4107) חושבן פסוקא דנן, דהוא כל ענינו של החיבור כנ"ל: "ויקרא אל משה וידבר ה' אליו מאהל מועד לאמר" (1455) סליקו הני ד' פסוקין לחושבן (5562) ו"פ "הושיע את עמך" (927) [כדכתיב הושיע את עמך וברך את נחלתך וכו' (תהל' כ"ח,ט')] דאנו מתפללים אליו להשיענו מהגלות הממושך דאם אין הקב"ה עוזרו אין יכול לו וכו'. ומביא הפסוק (משלי כ',ט"ו): יש זהב ורב פנינים, וכלי יקר שפתי דעת גימ' (2412) ג"פ "בית דוד משיחך" (804) רמז לגאולה השלמה על ידי משיח צדקנו שיהיה מזרע דוד המלך – והוא ג' פעמים דהוי חזקה. ומביא עוד ממשלי (י',כ"ה): כעבור סופה ואין רשע, וצדיק יסוד עולם גימ' (1522) ב"פ "לעיני כל ישראל" (761) דהוא סוף תורתנו הקדושה. דהן כל"י של"ם גימ' (430) "צדיק יסוד עולם" דהוא ממתק ה"פ "אלהים" (430). ומביא כמה ראשי תיבות שעולים בגימ' תתק"ל כמנין שנותיו של אדם הראשון [כמפורש בפסוק (בראשית ה',ה')]. כגון "תכון תפלתי קטרת לפניך" גימ' (2301) ג"פ "ומי כעמך ישראל" (767) (ש"ב ז',כ"ג) וכן הפסוק (תהל' קי"ט,קס"א): "שלום רב לאוהבי תורתך ואין למו מכשול" גימ' (2191) ל"פ "חכמה" (73) עם הכולל [לה]דאורייתא מחכמה עילאה נפקת. ובדרך אפשר נאמר דאיתא בגמ' (סוטה ג.) [לו]אמר ריש לקיש אין אדם עובר עבירה אא"כ נכנס בו רוח שטות- "אדם" היינו "אדם הראשון". וזהו רוח שטות גימ' (929) תתק"ל שנותיו דאדם הראשון חסר א'. וזהו משה דזכה לתקן הרוח שטות דאדם הראשון ויקרא א' זעירא נוספה לו למהוי חושבן (930) "תענית". וע"י שישראל מהללים ומשבחים לקב"ה וסליק לשנותיו של אדם הראשון תתק"ל חושבן (סוף תהלים) "כל הנשמה תהלל י-ה (הללוי-ה)" (930) עד ביאת משיח צדקנו בב"א.

והנה כל הפסוקים יחד: ויקר פדיון נפשם, וחדל לעולם (1160) ואדם ביקר בל ילין, נמשל כבהמות נדמו (1488) אדם ביקר ולא יבין, נמשל כבהמות נדמו (1459) וכל שיח השדה טרם יהיה בארץ וכל עשב השדה טרם יצמח, כי לא המטיר ה' אלהים על הארץ, ואדם אין לעבד את האדמה (3906) ויקרא אל משה וידבר ה' אליו מאהל מועד לאמר (1455) יש זהב ורב פנינים, וכלי יקר שפתי דעת (2412) כעבור סופה ואין רשע, וצדיק יסוד עולם (1522) שלום רב לאוהבי תורתך ואין למו מכשול (2191) סליקו כולהו

ג עמוד א: תניא, היה רבי מאיר אומר: אדם עובר עבירה בסתר והקב"ה מכריז עליו בגלוי, שנאמר: ועבר עליו רוח קנאה, ואין עבירה אלא לשון הכרזה, שנאמר: ויצו משה ויעבירו קול במחנה. ריש לקיש אמר: אין אדם עובר עבירה אא"כ נכנס בו רוח שטות, שנא': איש איש כי תשטה אשתו, תשטה כתיב. תנא דבי רבי ישמעאל: מפני מה האמינה תורה עד אחד בסוטה? שרגלים לדבר, שהרי קינא לה ונסתרה, ועד אחד מעידה שהיא טמאה.

גלא עמיקתא

לחושבן (15593) "אל" (31) פעמים "יחוה דעת" (503) כדאמר דוד (תהל' י"ט,ג') "יום ליום יביע אומר, ולילה ללילה יחוה דעת" והוא מלשון חוה–חיה דהיא היתה אם כל ח"י, ומשה הוא הדעת דתקן חטא חוה ואדם קדמאה. ומשיח צדקנו יתקנו בתקונא שלים. ולעתיד לבוא כתיב (ישעי' י"א,ט') "ומלאה הארץ דעה את ה'" וכו' וקוב"ה יתקנו בתקון האחרון בבחינת (ישעי' כ"ה,ח') "בלע המות לנצח" ואז יקוים (ישעי' מ',ה') "וראו כל בשר יחדו כי פי ה' דבר" בעגלא דידן ובזמן קריב ונאמר אמן.

אופן ע

ידוע שבנוהי דבלעם גרמו עשיית העגל כדאיתא בזוהר דאיתמר גבי ויקר אלהים אל בלעם באותיות קר הם מסיטרא דקליפה ומאחר שהקליפה היא כלולה מי׳ לכן נהרגו בעגל כשלשת אלפי איש לפי שהוא סיטרא דויקר רוצה לומר י׳ פעמים ק״ר הרי שלשת אלפי איש. ולכן בא בכאן לרמוז בא׳ זעירא כדי לקרות גם כן סטרא דויקר של בלעם תמן יקר בחיר״ק שהוא נקודה של מדת הדין שרקו ויחרקו שן רשע יראה וכעס שיניו יחרק ונקודת חיר״ק הוא יוד אבל עתה נשתנה הנקודה מחיר״ק לקמץ שנקודת קמץ היא ו׳ י׳ וקמץ הכהן שהוא סיטרא דחסד לכן אמר ויקר אל משה מה יקר חסדיך שזכו לקרבנות על ידי כהנים זה שאמר מאוהל מועד לאמר אותו יקר בא לו מאוהל מועד שהוא ענין הקרבנות בכתר כהונה שזכה באותו יום.

אופן ע

ידוע שבנוהי דבלעם גרמו עשיית העגל [א]כדאיתא בזוהר דאיתמר גבי ויקר אלהים אל בלעם (במדבר כ"ג, ד')

גלא עמיקתא

ומביא בהאי אופן ששה פסוקים, ונבארם בס"ד אחד לאחד ונקשרם לדבריו הקדושים, וכדלקמן: פסוק ראשון: (במדבר כ"ג,ט"ז): [ב]**ויקר ה' אל בלעם, וישם דבר בפיו, ויאמר שוב אל**

[א] זוהר שמות פרשת ויקהל דף קצה עמוד א: על פרשת ארחין דכתיב (שמואל א טו) אשר שם לו בדרך בעלותו ממצרים, כמין הוה לעילא לסאבא מקדשא, וכמין הוה לתתא לסאבא לישראל, מנלן דכתיב (דברים כה) אשר קרך בדרך, כתיב הכא אשר קרך, וכתיב התם (שם כג) כי יהיה בך איש אשר לא יהיה טהור מקרה לילה, ועל דא בבלעם כתיב (במדבר כג) ויקר אלהים אל בלעם, ויקר לישנא דמסאבא נקט, ואי תימא הא כתיב אלהים, אלא קודשא בריך הוא אזמין ליה ההוא אתר דמסאבא לאסתאבא ביה בההוא דרגא דאיהו אתדבק לאסתאבא ביה, מה עבד בלעם, איהו חשיב באינון קרבנין לסלקא לעילא מיד זמין ליה קודשא בריך הוא ההוא אתר, א"ל הא מסאבו לגבך כמה דאתחזי לך ועל דא ויקר אלהים אל בלעם, כגוונא דא אשר קרך בדרך וגו', אזמין לגבך ההוא חויא בישא לעילא לסאבא לך בכל סטרין, ואלמלא דאתתקף משה לעילא ויהושע לתתא לא יכילו ישראל ליה, ובגין כך נטיר קודשא בריך הוא ההוא דבבו לדרי דרין, מ"ט בגין דחשיב לאעקרא את קיימא מאתריה, ובגין כך פקדתי בפקידה דהא תמן (ויצא קנט ב) אתרמיז רזא דאת קיימא קדישא, ת"ח מה כתיב ויאמר שאול אל הקני, מאן קני דא יתרו וכי מאן יהיב בני יתרו הכא למהוי דיוריהון בעמלק, והא ביריחו הוו שריין, אלא הא כתיב (שופטים א) ובני קני חתן משה עלו מעיר התמרים את בני יהודה מדבר יהודה וגו', וכד עלו מתמן שרו בתחומא דעמלק עד ההוא זמנא דאתא שאול מלכא דכתיב ויסר קני מתוך עמלק, בגין דהא בזמנא דחייביא אשתכחו (נ"א אתענשו) אינון חסידי וזכאי דמשתכחין בינייהו מתפסן בחוביהון והא אוקמוה, כגוונא דא אלמלא ההוא ערבוביא דאתחברו בהו בישראל לא אתענשו ישראל על עובדא דעגלא, ות"ח מה כתיב (קצז רכד א) בקדמיתא (שמות כה) מאת כל איש אשר ידבנו לבו לאכללא כלא בגין דבעא קודשא בריך הוא למעבד עובדא דמשכנא מכל סטרין במוחא וקליפה, ובגין דהוו אינון ערב רב בגווייהו אתמר מאת כל איש אשר ידבנו לבו לאכללא לון בינייהו דישראל דאינון מוחא, וכלהו אתפקדו, לבתר סטא זינא לזיניה ואתו אינון ערב רב ועבדו ית עגלא וסטו אבתרייהו אינון דמיתו וגרמו לון לישראל מותא וקטולא, אמר קודשא בריך הוא מכאן ולהלאה עובדא דמשכנא לא יהא אלא (קצז א) מסטרא דישראל בלחודייהו, מיד ויקהל משה את כל עדת בני ישראל וגו', וכתיב בתריה קחו מאתכם תרומה ליי', מאתכם ודאי ולא כקדמיתא דכתיב מאת כל איש אשר ידבנו לבו, ויקהל משה וגו', מאן אתר כניש לון אלא בגין דהוו אינון ערב רב בינייהו אצטריך משה לאתכנשא לון וליחדא לון מבינייהו:

[ב] דגל מחנה אפרים במדבר פרשת בלק: ויאמר בלעם אל בלק התיצב כה על עולותיך ואנכי אקרה כה ויקר ה' אל בלעם וישם דבר בפיו ויאמר שוב אל בלק וכה תדבר (כג, טו). יש להעיר בזה מדוע בפעם ראשונה לא אמר ואנכי אקרה כה אלא כה תדבר, ויש לומר לעניות דעתי ובתחילה נבין למה הקרה ה' יתברך כן וכי היה צריך ישראל לברכותיו של בלעם אלא דהענין הוא כך דכוונת ה' ברוך הוא באהבתו וחיבתו לעם סגולתו שכמו שהוא אין סוף יתברך ויתעלה כך לא יהיה סוף לברכותיו של ישראל שיהיו נתברכין בכל העולמות בעליונים ובתחתונים ואפילו מן הקליפות יתברכון ומלאך רע עונה אמן בעל כרחו (שבת קי"ט ב) בעבור שאנו נאגדים ונאחזים בשמו הגדול יתברך ומקבלים עלינו אחדותו בכל יום ערב ובוקר בפסוק שמע ישראל שהם כ"ה אתוון דיחודא (זוהר ח"ג רס"ג ב) וכמה נפשות מישראל מוסרים עצמם בגופן ונשמתן על קדושת ה' יתברך והרבה מהם שמבטלין תאותם והכל מפני שמקבלין עליהם אחדותו יתברך ויש כמה ענינים וראיות ואופנים מהו ענין אחד, ואחד מהם הוא המנין שהכל נמשך אחר אחד וחוזר אל אחד כמו אחד ואחר כך עד עשרה ומאה אלף וריבוא הכל נמנה באחד מאה

באותיות קר הם מסיטרא דקליפה ומאחר שהקליפה היא כלולה מי׳ לכן נהרגו בעגל כשלשת אלפי איש (שמות ל״ב,כ״ח) לפי שהוא סיטרא דויקר ר״ל י״פ ק״ר הרי שלשת אלפי איש.

גלא עמיקתא

בלק וכה תדבר גימ׳ (2540) י׳ פעמים "[1][ג]נחם ציון" (254) כדכתיב (ישעי׳ נ״א,ג׳) כי נחם ה׳ ציון נחם כל חרובתיה וכו׳ וכדאמרינן בתשעה באב "נחם ה׳ אלהינו את אבלי ציון" וכו׳.

אחד עשרה אחד וכו׳ נמצא הכל חוזר אל אחד לכן מיחד ה׳ ברוך הוא את ישראל גם כן באחד כדאיתא (ברכות ו׳ א) בתפילין של הקדוש ברוך הוא כתיב ומי כעמך ישראל גוי אחד בארץ (דברי הימים - א י״ז, כ״א) וזהו גם כן בזוה״ק (ח״ב קל״ה א) למהוי אחד באחד והא אוקימנא רזא דה׳ אחד ושמו אחד היינו נפשות ישראל הם שמו יתברך כמו שכתוב (בראשית ב׳, י״ט) נפש חיה הוא שמו וזה יש לומר הטעם שבפעם ראשון אמר הקדוש ברוך הוא לבלעם שוב אל בלק וכה תדבר היינו שגם אתם צריכין להודות על ברכתן בשביל שמקבלים תמיד עליהם אחדות שלי בכ״ה אתוון דיחודא ולכך כה תברכו את בני ישראל (במדבר ו׳, כ״ג) ובלעם היה סבור בדעתו שיש להם רק אחיזה במדריגה זו של כה ופועלים פעולותיהם ממדריגה זו כמו שאר אומות העולם שפועלים פעולותיהם מבחינה שיש להם אחיזה בו כמו כן ישראל וחישב בדעתו שיעשה פעולה שלא יהיה להם אחיזה בכה ויתפרדו מן כה תברכו לכן אמר לבלק התיצב כה היינו אתה תתיצב כה על עולותיך ואנכי אקרה כה כפירוש רש״י לשון אתפעל היינו אעשה פעולה שלא יהיה להם אחיזה בכה ויפרידם מכה כפירוש רש״י אמר לפני ה׳ יתברך אבותיהם של אלו בנו לפניך שבעה מזבחות ואני ערכתי כנגד כולן וכו׳ לכן ויקר ה׳ אל בלעם וישם דבר בפיו כפירוש רש״י רסן וחכה שם בפיו ויאמר שוב אל בלק היינו אין לך אלא לשוב אל בלק וכה תדבר היינו המדת כה בעצמה שהיא השכינה כביכול תדבר בעל כרחך אף שלא תרצה לדבר דברים ההם דהאמת אינו כן כמו שאתה סובר שיש להם רק אחיזה בלבד שם כמו שאר אומות אלא ה׳ ברוך הוא הבדיל והפריש עם בני ישראל מכל אומות להיות עם סגולתו אשר בחר בהם להיות דבקים עמו אחד באחד כולא חד כדאיתא בזוה״ק (ח״ג ע״ג ב) קודשא בריך הוא וישראל כולא חד לכן פתח ואמר לא הביט און ביעקב וגו׳ ה׳ אלהיו עמו ותרועת מלך בו היינו בו ממש ותרועת כפירוש רש״י לשון ריעות ותרגומו ושכינת מלכהון ביניהון והיינו ממש כולו חד והם בני קודשא בריך הוא אשר ממש מעיו המו עליהם לכן ה׳ שם בפיו כה שהיא השכינה כביכול שהיא מקור הברכות כמו שכתוב (במדבר ו׳, כ״ג) כה תברכו והיא בחינת פה ודיבור של כל העולמות ועל ידי כה יתברכו בעל כרחם ומלאך רע בעל כרחו יענה אמן והבן: **[ג] מדרש תנחומא פרשת מסעי:** [י׳] אתה מוצא סנחריב הגלה את ישראל שלש גליות, ראשונה הגלה לראובני ולגדי ולחצי שבט המנשי, השניה שבט זבולון ושבט נפתלי, שנאמר כעת הראשון הקל ארצה זבולון וארצה נפתלי (ישעיה ח כג), והשלישית הגלה לשאר השבטים, שנאמר והאחרון הכביד (שם /ישעיהו ח/), נבוכדנצר אף הוא הגלה שלש גליות מן שבט יהודה ובנימין, בראשונה הגלה יהויקים, בשניה יהויכין, מה עשה קשר אותו (בקרובין) [בקרוכין] ומוקר לו, שנאמר הנני משלחך כגבירה, מה הגבירה הזו אדם מיקר לה, כך עשה לו נבוזראדן והגלה לצדקיהו, הרי שלש גליות, אמר הקדוש ברוך הוא בעולם הזה על ידי עונות גלו ישראל, אבל לעתיד לבא אם יהיה נדחך בקצה השמים משם יקבצך ה׳ אלהיך ומשם יקחך (דברים ל ד), ואומר ונפוצות יהודה יקבץ וגו׳ (ישעיה יא יב), ואומר ופדויי ה׳ ישובון ובאו ציון ברנה ושמחת עולם על ראשם ששון ושמחה ישיגו ונסו יגון ואנחה (שם /ישעיהו/ לה י), ואומר כי נחם ה׳ ציון נחם כל חרבותיה וישם מדברה כעדן וערבתה כגן ה׳, ששון ושמחה ימצא בה תודה וקול זמרה (שם /ישעיה/ נא ג). חסלת פרשת מסעי וספר במדבר.

1. באור שיר השירים פרק ב׳: פסוק ד׳: הביאני אל בית היין ודגלו עלי אהבה גימ׳ (768): י״ב פעמים "דין" (64) דהיינו מתוק הדינים ע״י בנ״י דעסקין באורייתא וצלותא וגמ״ח, הוא דכפלינן י״ב פעמים לקביל י״ב שבטי י-ה שרש נשמות כלל ישראל וכן י״ב גבולי אלכסון (ס״י).

והבאור דע"י התכללותם זה בזה ממתקא לדינא, ודלא כהני ז' מלכין קדמאין דהוו ברי סמכא וכ"א אמר אנא אמלוך ונשבר וכתיב ביה מיתה פרט למלך ה-ח' והוא לקביל אלפא תמינאה גאולתא שלמתא בעגלא ובזמן קריב ונאמר אמן. והוא דאמרו דביהמ"ק חרב בגלל שנאת חינם ויבנה ב"ב אכי"ר בזכות אהבת חינם, וזהו "ודגלו עלי אהבה" ע"ה גימ' (173) "אנכי ה' אלהיך" התקשרות לשרש לכתרא ע"י התורה- וזהו דמוספינן הכולל בסוד א' זעירא ליש לקשר לכתרא עילאה קדישא. וכן ר"ת תיבין קדמאין הביאני אל בית היין "אהבה"- ס"ת גימ' (490) י"פ "ודגלו" (49), "בית היין" גימ' (487) "בתהלים"- דע"י אמירת תהלים מקרבין לגאולתא. ועיקר המתוק ע"י ג' הויות גימ' "הביאני" ובסוד דכתב האר"י הק' לטבול ג"פ לח"ם במל"ח למתקא בתר ברכת המוציא- ועיין לעיל אופן ו' בענין סעודות שבת קודש. וחזינן דפסוקא ז' תיבין לקביל ז' יומין דשבתא, וכ"ז אתוון לקביל כ"ז אתוון דאורייתא קדישא- וחושבן דהאי פסוקא איהו זעיר, בסוד מה שכתוב מאן דאיהו זעיר איהו רב (זוה"ק תחלת פרשת חיי שרה) דאינון כ' אתוון בחושבן עד י' ו-ז' אתוון מעל י'. והיינו כ' אתוון בחושבן מתחת י' רמיזא שפע הכתר דמשפע בחכמה י' איקרי חכמה, והני ז' דחושבן דילהון מעל י' לקביל ימי החול ומתמן יניקת סטרין אחרנין. ולכן אינון אתוון דהיינו "נ' ל' ת' נ' ל' ע' ל'" סליקו לחושבן (660): "(ויאמר) כי יד על כס י-ה מלחמה לה' בעמלק (מדר דר)" (שמ' י"ז,ט"ז). והני אתוון אחרנין דמתחת לחושבן י' סליקו לחושבן (108): "מחה אמחה" ע"ה והוא נפלא דאיהו כתוב באותו ענין דהאי פסוקא כדכתיב שם (פסוק י"ד) "כתב זאת זכרון בספר ושים באזני יהושע כי מחה אמחה את זכר עמלק מתחת השמים". והאי כולל היינו אלופו של עולם והיינו האי א' זעירתא דויקרא דהוא ימחה את זכר עמלק מתחת השמים כאמרם אין השם שלם ואין הכסא שלם עד שימחה זרעו של עמלק, ויקוים בגאולה האמיתית והשלמה בב"א, והוא נפלא. וכד נעביד חושבן להאי פסוקא בא"ת ב"ש יהיו כחותם המתהפך- דכולא הני אתוון דחושבנהון זעיר יהא רב ונהפוך הוא, והוא בסוד או"ח ומאן דאיהו זעיר איהו רב. וכדאיתא בזוה"ק דהבאנו לעיל על שה"ש ש' דשה"ש רברבא ואיהי תנינא מסיפא, ב' דבראשית רברבא ואיהי תנינא מרישא- ורמיזא לענין א"ת ב"ש. ונעביד להאי פסוקא בא"ת ב"ש- ואיהו סליק כולהו לחושבן (3246): ו"פ "ישראל" (541) דאיהי ספי' התפארת דכוללת ו"ק, ואיהי תפארת ישראל כדכתיב (ישעי' מ"ט) "ויאמר לי עבדי אתה ישראל אשר בך אתפאר" דכתיב בתפלין דמרי עלמא. ומתחלקים הני תיבין בא"ת ב"ש כך: א'. הביאני גימ' (879): "אהבתי אתכם (אמר ה')" (מלאכי א',ב'). ועם הפשוט גימ' (78-ג' הויות) סליק לחושבן (957): "יונה מצאה בו מנוח" דאמרינן לעיל פסוק ג' אות י' עיין שם. ב'. אל גימ' (420): "גאולה שלמה" במהרה בימינו אמן. ועם הפשוט (31) גימ' (451): "להודות" כדכתיב "טוב להודות לה'" (תהל' צ"ב,ב'). ג'. בית גימ' (341): "סוד הצמצום" עיין מה שבארנו לעיל אופן ט"ו-סוד הצמצום. ועם הפשוט (412): גימ' (753): ג"פ "רזא דה' אחד" (251) ואיהו ג"פ "לב טהור" כדכתיב "לב טהור ברא לי אלהים ורוח נכון חדש בקרבי" (תהל' נ"א,י"ב). ד'. היין גימ' (179): "ונהפוך הוא" דאתמר בפורים, וכתיב (בגמ' מגילה יז: עיי"ש) חייב איניש לבסומי עד דלא ידע וכו'- וזהו תיבת היין. ועם הפשוט (75): "נחם ציון" כדכתיב "כי נחם ה' ציון נחם כל חרבתיה וישם מדברה כעדן וערבתה כגן ה' ששון ושמחה ימצא בה תודה וקול זמרה" (ישעי' נ"א,ג') בב"א. ה'. ודגלו גימ' (480): "לילי-ת" והוא דסטרין אחרנין יכלו בגאולתא שלמתא בב"א. ועם הפשוט (49) גימ' (529): "תענוג"- בכליון הקלי' נחמתנו והוה התענוג דקוב"ה. ו'. עלי גימ' (67): "בינה"- כתרא דז"א כדאיתא בזוה"ק על שה"ש דהבאנו לעיל ש' רברבא אבהן קדישין דהוו מרכבתא לאמא עילאה דהיינו בינה. ועם הפשוט (110) גימ' (177): "גן עדן" דהיינו עלמא דאתי בב"א. ז. אהבה גימ' (880): "דוד" במלוי "דלת וו דלת". ועם הפשוט

ולכן בא בכאן לרמוז בא' זעירא כדי לקרות ג"כ סטרא דויקר של בלעם תמן יקר בחיר"ק שהוא נקודה של מדת הדין (איכה ב',ט"ז) שרקו ויחרקו שן רשע יראה וכעס שיניו יחרק (תהל' קי"ב,י')

[ד] תיקוני זוהר תקונא תשסרי דף לט עמוד ב: לח"ם דהכי איהו חל"ם בהפוך אתוון לח"ם ודא איהו לחם אבירים אכל איש דאתמר ביה י"י איש מלחמה מסטרא דחכמה אתקריאת חל"ם ומסטרא דעמודא דאמצעיתא אתקרי שור"ק כמה דאת אמר ואנכי נטעתיך שור"ק כלה זרע אמת ההוא דאתמר ביה תתן אמת ליעקב מסטרא דיליה אתקריאת חר"ק ובהפוך אתוון חק"ר ובגינה אתמר החקר אל"ק תמצא ואיהי קרח הנורא דאיהו שמא תליתאה דצלותא דאתמר ביה הא"ל הגדול הגבור והנורא הנורא איהו עמודא דאמצעיתא ושור"ק איהו טמיר וגניז מסטרא דצדיק דאיהו ברית אור גנוז דאיהו ר"ז כחושבן אור כמה דאוקמוהו מארי מתניתין אור זרוע לצדיק ודא הוא אור הגנוז לצדיקייא דחמש אור דלעילא מיניה כלהון אינון באתגלייא ומאי ניהו תלת אור סגו"ל ותרין אור שב"א כד סלקא על גדפייהו דתרין נקודין דאינון שב"א אתעבידת שור"ק ורזא דמלה סמכוני באשישות וכד נחתת איהי תחות צר"י אתעבידת סגו"ל ועלייהו אתמר רפדוני בתפוחים ומאי ניהו אלין אשישות אינון תרי אשות דאינון איש ואשה אשא חוורא ואשא סומקא דתמן אב ואם דאינון י"ק ואינון אנפי

ונקודת חיר"ק הוא יוד אבל עתה נשתנה הנקודה מחיר"ק לקמ"ץ שנקודת קמ"ץ היא ו' י' וקמ"ץ הכהן (ויקרא ה',י"ב)

גלא עמיקתא

ובאור הענין: דמקללותיו של בלעם התברכו ונוחמו ישראל. וכדכתיב (דברים כ"ג,ו') "ולא אבה ה' אלהיך לשמוע אל בלעם, ויהפוך ה' אלהיך לך את הקללה לברכה, כי אהבך ה' אלהיך" וכתיב (מיכה ו',ה') "עמי זכר נא מה יעץ בלק מלך מואב, ומה ענה אותו בלעם בן בעור מן השטים עד הגלגל למען דעת צדקות ה'" ומיד ממשיך הנביא "במה אקדם ה' אכף לאלהי מרום" וכו'. פסוק שני: (איכה ב',ט"ז): [ד]פצו עליך פיהם כל איביך שרקו ויחרקו שן אמרו בלענו, זה היום שקוינהו מצאנו ראינו גימ'

(13) גימ' (893): "והנכם היום ככוכבי השמים לרב" (דב' א',י'). והנה כולא פסוקא בא"ת ב"ש גימ' (3246) ויחד עם הפשוט (768) סליק לחושבן (4014): ח"י (18) פעמים "דלפקט" (223). והזכרנוהו לעיל בפסוקא קדמאה דשיר השירים- תיבה השירים "ה הש השי השיר השירי השירים" סליק לחושבן י"פ "דלפקט" עיין שם דכתבנו דהוא השם דעמו הכה הקב"ה למצרים, והן אתוון דלפני לתיבה "המצרים". והוא כדבאר הרה"ק שמשון מאוסטרופולי בהגדה של פסח וז"ל "דהוא שם היוצא מתיבת המצרים באותיות הקודמות להן ו-מ' אחרונה אינה נחלפת כי היא שמוש, וע"י זה השם הוכו המצרים" עכלשה"ק. בעזהי"ת זכינו והגענו לנר שביעי של חנוכה ה'תשע"ה- ושמענו ממו"ר יוסף צבי חשין שליט"א באור להאי פס' בענין יחוד נ"ר דחדשו האר"י הק' דהיינו הוי'-א-היה הוי'-אלהים הוי'-א-דני גימ' נ"ר לקביל כללות הקומה, "הביאני" גימ' (78) ג' הויות דיחוד הנ"ל "ודגלו עלי אהבה" גימ' (172) א-היה אלהים א-דני "אל בית היין" גימ' (518) "להדליק נר חנוכה" והוא נפלא ומכוון ואין כאן מקום להאריך. הני ד' פסוקין יחד סליקו לחושבן (8814): ג"פ "ויכלו השמים והארץ וכל צבאם ויכל אלהים ביום השביעי מלאכתו אשר עשה" (בר' ב'). ורמיזא כבר במעשה בראשית לגאולתא דתיבין "ויכל אלהים ביום השביעי" גימ' (607): "הללו את ה' כל גוים" (תהל' קי"ז) רמיזא דכל העמים יהללו לע"ל. א"נ גימ' (607) "אדם הראשון" דנברא בצלם וחטא, ולע"ל נקבל בחזרה צורת אדם העליון ויתגלה אלהותו בגופים, וכמו שדרשו חז"ל (בגמ' יבמות סא.) עה"פ (יחזקאל ל"ד,כ"א) "אדם אתם" אתם קרויים אדם ואין עכו"ם קרויים אדם. א"נ גימ' (607) "משה ואהרן" תרין פלגי גופא בחי' נצח והוד בחי' חנוכה ופורים דלע"ל מועדים בטלים חנוכה ופורים אינם בטלים- ומעשי ידיו דמשה נצחיים. ומשה חולל בחי' פורים, ונהפוך הוא עליונים ירדו למטה ותחתונים עלו למעלה (דהיינו הוא עצמו), ואהרן כהנא רבא בחי' חנוכה המשיך אור הגנוז להאי עלמא- בכח, ולע"ל בפועל- בהעלותך את הנרות- שלך גדולה משלהם.

דינא ואנפוי דרחמי אמאי בעאת לאסתמכא תמן בגין דאינון תרין גוונין דשושנה חוור וסומק רחמי ודינא דאינון חסד וגבורה ותמן ריחא דשושנה ודא איהו עמודא דאמצעיתא ובגין דארחת ביה אמרת סמכוני באשישות וביה אתעבידת סגו"ל כד נחתא רפדוני בתפוחים אלין אינון תרי סמכי קשוט דאינון חוור וסומק ובגין דארחת באת ו' דאיהי בברית אמרת רפדוני בתפוחים וכד אתחברת ביה אתעבידת סגו"ל מה דהוו צר"י אתעביד צייר הדא הוא דכתיב וייצר י"י אלקי"ם את האדם עפר מן האדמה וגומר ויצמח י"י אלקי"ם מן האדמה כל עץ נחמד למראה וגומר דא צדיק איהו עץ פרי עושה פרי למינו ובהאי אתר איהו רחימו דילה בחבורא ויחודא דבעלה ובגין דא אמרת כי חולת אהבה אני וכד ישראל חאבין בברית מילה אתפסיק נבועי דנקודין מאתוון דכלילן בשכינתא תתאה ואשתארת בהון יבשה בההוא זמנא מה כתיב בשור"ק חיר"ק שרקו ויחרקו שן אמרו בלענו קמ"ץ פת"ח דא סגיר ודא פתח אלין תרין אינון דסגרין ופתחין מבועין דאינון נקודין לגבי אתוון ואת ו' כד איהו נטוי על רישי אתוון חיוון עלאין אתקרי רפ"ה וכד איהו במציעו דאתוון אתקרי דג"ש אתוון אלין אינון חיוון דאתמר בהון והחיות רצוא ושוב רצוא בדג"ש ושוב ברפ"ה כתרין דאתוון דאינון תליין במחשבה דאינון כגוונא (נ"א הני טעמי תליין במחשבה אתוון בעובדא דתמן נקודין תליין אתוון בעובדא שבע זיינין אינון כגוונא דא ש ש כן איהו ז' שביעאה לא צריכין תגין כגוונא) דתגין נקודין תליין בדבורא אתוון תליין בעובדא שבע זיינין אינון כגוונא דא הה י"ו איהו ז' לא צריכין תגין דאינון אתוון אתקרון תגין כגוונא דא יהו"ה תגין תליין במחשבה דלבא ומוחא נקודין בדבורא דפומא אתוון בעובדא דאברין ואלין נקודין וטעמי ואתוון עביד ההוא סתים וגניז כורסייא טמירא עלאה ועליה אתמר אתה י"י לעולם תשב וכו' מאי אתה ההוא דאתמר ביה י"י אלק"י אתה ארוממך בההוא דאתמר ביה רום ידיהו נשא ובגין דא אתמר למי נושאין כפים לרום השמים הדא הוא דכתיב רום ידיהו נשא ומאי ניהו יו"ד ק"א וא"ו ק"א דאיהו חכמה כ"ח מ"ה [ה] **מסכתות קטנות מסכת שמחות ספר חיבוט הקבר פרק א הלכה ה:** אמר ר' יצחק בן פרנך כל עונותיו של אדם חקוקין לו על עצמותיו, שנאמר ותהי עונותם על עצמותם, וכל זכיותיו של אדם כתובים לו על יד ימינו, שנאמר ה' צלך על יד ימינך. ר' יהושע בן לוי אומר אין מעמידין בזכותו ובחובתו אלא בשעת פטירתו, אפילו שיחה קלה שאין בה חטא מגידים לו בשעת מיתתו, שנאמר כי הנה יוצר הרים ובורא רוח ומגיד לאדם מה שיחו, וכשמת אדם באין עליו ג' מלאכי השרת, אחד מלאך המות, ואחד סופר, ואחד שממונה עמו, אומרים לו דע כי הגיע קצך, אומר להם, עדיין לא הגיע קיצי, מיד יושב הסופר ומחשב לו ימיו ושנותיו, מיד האדם פותח את עיניו ורואה את מלאך המות, ומזדעזע ונופל על פניו. וחכמים אומרים מלאך המות ארכו מסוף העולם ועד סופו, מכף רגלו עד קדקודו כלו עינים, וכסותו אש, סכין שלו טיפות יש בו, מאחד מת, ומאחת מסריח, ומאחד פניו מוריקות, ואינו מת עד שרואה הב"ה, שנאמר כי לא יראני האדם וחי, בחייהן אינן רואין אבל בשעת מיתתן רואין אותו, לפניו יכרעו כל יורדי עפר, מיד מעיד בשר ודם על עונותיו שעשה בעולם הזה, פיו מעיד, והקב"ה חותם, שנאמר בי נשבעתי יצא מפי צדקה דבר ולא ישוב כי לי תכרע כל ברך תשבע כל לשון, אם צדיק גמור הוא מוסר נשמתו לבעלו, ואם רשע גמור הוא מקשה ערפו ומגבר יצרו, מכאן אמרו חכמים אפילו בשעת מיתתו של רשע יצרו מתגבר עליו. ר' אלעזר בן

שהוא סיטרא דחסד לכן אמר ויקר אל משה (תהל' ל"ו,ח') מה יקר חסדיך שזכו לקרבנות ע"י כהנים ז"ש מאוהל מועד לאמר

גלא עמיקתא

(3250) נ' פעמים אדנ"י (65) בסוד בינה– נ' שערי בינה מלכות שם א–דני– וזהו מיתוק דין ע"י אות א' דשם א–דני בשרשו בבינה שער ה–נ', דמלכות עולה לבינה בסוד מי זאת עולה (שיר השירים ג',ו'). פסוק שלישי: (תהל' קי"ב,י'): [ה]רשע יראה וכעס, שניו יחרק ונמס, תאות רשעים תאבד גימ' (3616) ל"ב פעמים באל"ף (113) ורמיזא מיתוק הדינים– ל"ב נתיבות חכמה דכתר עליון

אותו יקר בא לו מאוהל מועד שהוא ענין הקרבנות בכתר כהונה שזכה באותו יום.

גלא עמיקתא

רמיזא באל"ף מלובש בחכמה דהיא כלי לכתר בבחינת בטול והחכמה מאין תמצא (איוב כ"ח,י"ב). וכן [ו]רשעי"ם גימ' כת"ר דברשעותם פוגמים בכת"ר עליון בעבירת כר"ת. פסוק רביעי: (תהל' ל"ו,ח'): [ז]מה יקר חסדך אלהים, ובני אדם בצל כנפיך יחסיון גימ' (1092) י"ב פעמים "הוי' א-דני" (91) גימ' "אמן"

עזריה אומר כשם שמקשה ערפו בעולם הזה, כך מקשין לו בשעה שעומד לדין, שנאמר רשע יראה וכעס שיניו יחרוק ונמס תאות רשעים תאבד. [ו] **כתבי הגרמ"מ משקלוב - תמונת האותיות - דף רלו:** אבל עיקר גילוי או"ר העול"ם סוד יעק"ב, היחל לצוק שמן המשחה משח"ת קודש, יו"ד עי"ן קו"ף בי"ת, גי' שמ"ן המשח"ה וכן משח"ת, ולכן נקרא דוד משי"ח אלקי יעקב [ש"ב כג], כי הוא או"ר העול"ם, אשר עלה בבריאת העולם, כי בריא"ת העול"ם גי' תה"ו ובה"ו וחש"ך [בראשית א], אבל עכ"פ הן גי' מוחי"ן, אבל או"ר בריא"ת העול"ם גי' ש"ם המפור"ש, סוד נפ"ש ישרא"ל, והן ע', מתעטרין מע' תלויה של רשעי"ם [עי' איוב לח], גי' כת"ר, ונעשו רשי"ם, כי עיני רשעים תכלנה [שם], כי שרשי ע' פנים אשר סוב"ב אל צפו"ן [קהלת א] בשרשיהם, סוד פנ"י אלקי"ם גי' צפו"ן, כללי אומ"ת הוא ואמ"ת, אבל אימתי, כשהיו דבוקים בשרשם בסוד קד"ם, קו"ל דבו"ר מחשב"ה, אבל ויהי בנסעם מקדם וימצאו בקעה בארץ שנע"ר [בראשית יא], גי' כת"ר, הניחו כתר האמיתי ליעקב ובניו, וירשו עפרא, ונתבלבלו לשונם, בסוד בב"ל א"ת ב"ש שש"ך [ירמיה נא וערש"י], גי' כת"ר שנע"ר, ודבקו בשכ"ל ר"ע. [ז] **ר' צדוק הכהן מלובלין - צדקת הצדיק אות קפה:** שלוש מדריגות לתלמידי חכמים רב וחבר ותלמיד כמו שאמרו (תענית ז' א) הרבה למדתי מרבותי ומחבירי וכו' ומתלמידי וכו' [והם עצמן שלוש מדריגות הנזכרות לעיל (אות קפ"ג) כל אחד בשעתו כמובן למשכיל] ושתים ראשונות הם בידו כמו שאמרו (אבות א' ו') עשה וכו' וקנה וכו' מה שאין כן תלמיד עיין שם בתוס' יום טוב. רק הסיום והוי דן וכו' נראה דזהו כלפי התלמידים לא כרבן גמליאל שאמר (ברכות כ"ח א) כל תלמיד שאין תוכו כברו וכו' דעל תלמיד שאינו בידו לא שייך אזהרה רק שהוא ממילא מי שעשה שני דברים הקודמים זוכה אחר כך גם כן לתלמידים. וכלפי מה שאמרו אנשי כנסת הגדולה העמידו תלמידים הרבה אמר הוא בלשון אחר הוי וכו' דגם כן על ידי זה יהיו הרבה. ולפי ר' יהושע בן פרחיה היה יוצאת ברחובותיו מאותו תלמיד (ברכות י"ז ריש ע"ב) והיה סלקא דעתך שלא להרבות תלמידים לפיכך אמר בלשון זה לומר שאין לחוש לכך ואת הוי דן וכו' כל שמעשיו סתומים. ובהדי כבשא דרחמנא למה לי והלימוד מרב הוא ההתחלה וזה נקרא בברכות (ו' א) אחד שיושב ועוסק בתורה ששכינה עמו מקרא דאזכיר את שמי דהתורה נקרא שם ה' כמו שאמרו (שם כ"א א) ואזכיר היינו דהוא תורת ה' כנזכר לעיל (אות קפ"ד) ונקרא על שם השם יתברך שמזכיר ומלמד. וזהו ביחיד שיושב ועוסק וכמו שאמרו (נדרים פ"א א) מפני מה אין תלמידי חכמים מצויים להיות בניהם וכו' שלא בירכו וכו' כי ברכת התורה שמברך המלמד תורה לעמו ישראל ומכיר שהקב"ה מלמד והיא תורת ה' אז נעשית תורתו לאחר ברכה כמו שנתבאר לעיל (אות קפ"ד). ואז זוכים לבנים תלמידי חכמים דהיינו להיות שנים שיושבים ועוסקים בתורה [וזהו מדריגת אז נדברו יראי וגו' מדריגת הדיבור שנתבאר לעיל (אות קפ"ג) שהוא מקביל לזה כמו שנתבאר] ונקרא יראי ה' איש אל רעהו מדריגת חבר כי יראת שמים הוא הבחירה שבידי אדם והבחירה בעצמה באמת גם כן מהשם יתברך שיצר האדם בעל בחירה. רק יראת שמים דהיינו ההכרה שהבחירה גם כן מהשם יתברך זה נקרא יראת שמים שירא לבחור ברע זהו בידי אדם. והתחלת החשק ללמוד מרב הוא הבחירה עצמה והוא בסוד נעוץ סופן בתחילתן שזה גם כן מהשם יתברך באמת ולכן נקרא תורת ה' ואחר פטירת הרב ואבדו עשתנותיו כדרך שאמרו (תהלים קמ"ו ג') אל תבטחו בנדיבים וגו' ביום ההוא וגו' [וקאי אעשתונות הבוטח] ומתחיל להכיר כי באמת השם יתברך מלמד תורה לעמו ישראל

גלא עמיקתא

[ח]כמבואר בספה"ק] מיחודא שלים יושפע לעתיד לבוא שפע לבני ישראל נרמז דכפלינן י"ב פעמים לקביל י"ב שבטי י–ה שרש לנשמות ישראל, ועד הגאולה האמיתית והשלמה שאז יתגלה כבוד ה' בעולם כולו וראו כל בשר יחדו כי פי ה' דבר. פסוק חמישי: (ויקרא א',א'): [ט]ויקרא אל משה, וידבר ה' אליו מאהל מועד לאמר גימ' (1455) ג"פ "תהלים".

ואשרי וגו' שברו על וגו' הכרה זו נקרא יראת שמים ואז נדברו וגו' ומבקש לקנות חבירים כענין שחביריך יקיימוה בידך (אבות ד' י"ד) שהוא מצד יראה שמא ישכח חס ושלום כדרך ר' אלעזר בן ערך (שבת קמ"ז ב) וזהו יראת שמים. והוא ברכת התורה תחילה שזוכה לבנים תלמידי חכמים וכמו שנאמר (תהלים קכ"ח ד') כי כן יבורך גבר ירא ה' וגו' ודבר זה נקרא לאוקמי גירסא שאמרינן במגילה (ו' ב) דהוא סייעתא דשמיא. [וזהו גירסא דהיינו דיבור כנזכר לעיל (אות קפ"ג)] ולכן אמר אשרי וגו' שברו וגו' ולא אמר בלשון ציווי כמו שפתח אל תבטחו וגו' רק בטחו בה'. רק דזהו סייעתא דשמיא ואינו בידי אדם ולכן אמר אז נדברו ולא דיברו רק נדברו שאירע כך. וזהו מכתבן מילייהו פירוש ספר הזכרונות הם נפשותן כמו שפירשו הקדמונים על ספרן של צדיקים ושל רשעים דראש השנה. ומכתבן היינו שנחקק לזכרון ולאוקמי גירסא שלא יעתק מהם עוד. מה שאין כן ביחיד שאמרו (תענית ז' א) דמטפשן והגם דדבר זה סייעתא דשמיא התנא דאבות אמר בציווי וקנה שהוא בידו ודאי לקנות חבר רק שיהיה מאותם שחבירך יקיימוהו בידך זהו סייעתא דשמיא כדרך שאמרו בגמילות חסדים (סוכה מ"ט ב) מה יקר וגו' והיינו משום שאמרו בבבא קמא (ט"ז ב) הכשילם בשאין מהוגנים. ונראה דלכך סיים רבי יהושע בן פרחיה והוי דן וכו' דאין לו לחוש לכך דהגם דברב נאמר עשה אף על פי שאינו הגון כמו שכתב הרמב"ם שם וכמו שמובא (זוהר סוף פרשת קדושים פ"ה ב) דאית למילף מכל בר נש וכו' מה שאין כן בחבר צריך שיהיה הגון מכל מקום הוי דן וכו' ואל תדקדק בו יותר ובטח בה' שבודאי יהיה בעוזרך ופסוק של אל תבטחו בנדיבים וגו' מסיים השומר אמת לעולם הקדוש ברוך הוא שומר הדברי תורה שיתקיימו בידו לעולם עושה משפט וגו'. ומזכיר כל החסרים שהשם יתברך עוזרם וכן מאחר שמכיר בחסרונו איך אבדו עשתונותיו מעתה בודאי השם יתברך יעזרנו ושומר תורתו לעולם והתנא אמר חבר לשון יחיד וכן בכתוב איש אל רעהו חד. רק הגמרא מזכיר שם גם כן שלושה והם דוגמת שנים לענין השכינה שביניהם עיין שם. דרק לצורך דינא ושלמא בעלמא פירוש שלום בעולם. כענין תלמידי חכמים מרבים שלום בעולם והיינו תורה צריך שלושה כלשון שחביריך יקיימוהו לשון רבים. אבל עשרה זהו אחר כך כשמרביץ תורה בתלמידים שהשר היותר פחות בכתוב הוא שרי עשרות ואין נקרא רב לתלמידים בפחות מעשרה (בבא בתרא י"ב ב) ואז קדמה שכינה ואתיא שכבר נעשה גופו מרכבה לשכינתו יתברך אף קודם שעוסק בתורה כטעם מדריגת שיחו שכל שיחתן תורה הנזכר לעיל (אות קפ"ג). [ח] **ספר דן ידין לר' שמשון מאוסטרופולי - מאמר ב:** א. סוד סוכה בלבן ושחור וכו', ידוע כי רחמים הוא סוד מחשוף הלבן סוד כסף, והוא מורה רחמים ושחור מורה דין, כידוע האי שחור אדום הוא, סוד גבורה ופחד והכוונה סוכה גי' צ"א מנין תרין שמות ידוד אדני משלבים יאהדונהי סוכה אותיות כ"ו ה"ס, כ"ו גי' הוי' רחמים, ה"ס גי' אדני דין בסוד (ה"ס מפניו כל הארץ) שניהם גי' אמן כידוע. [ט] **ויקרא רבה פרשת ויקרא פרשה א:** ז ד"א ויקרא אל משה מה כתיב למעלה מהענין פ' משכן כאשר צוה ה' את משה משל למלך שצוה את עבדו וא"ל בנה לי פלטין על כל דבר ודבר שהיה בונה היה כותב עליו שמו של מלך והיה בונה כתלים וכותב עליהן שמו של מלך, היה מעמיד עמודים וכותב עליהן שמו של מלך, היה מקרה בקורות והיה כותב עליהן שמו של מלך, לימים נכנס המלך לתוך פלטין על כל דבר ודבר שהיה מביט היה מוצא שמו כתוב עליו, אמר כל הכבוד הזה עשה לי עבדי ואני מבפנים והוא מבחוץ קראו לו שיכנס לפני ולפנים, כך בשעה שאמר לו הקדוש ברוך הוא למשה עשה לי משכן על כל דבר ודבר שהיה עושה היה כותב עליו כאשר צוה ה' את משה, אמר הקדוש ברוך הוא כל הכבוד הזה עשה לי משה ואני מבפנים והוא מבחוץ קראו לו שיכנס לפני ולפנים לכך נאמר

ויקרא אל משה. [י] **אליהו רבה (איש שלום) פרשה ד:** מפני מה זכה משה למאור פנים בעולם הזה ממה שעתיד ליתן לצדיקים לעתיד לבא, מפני שעשה רצונו של הקדוש ברוך הוא ומתאנח על כבודו של הקדוש ברוך הוא ועל (כל) כבודן של ישראל כל ימיו, ומתחמד ומתאוה ומצפה מה אם יהיה שלום בין ישראל לאביהן שבשמים, מניין, תדע לך שכן, כשהיו ישראל במדבר וסרחו במעשיהן אמר לו הקדוש ברוך הוא למשה, עתה הניחה לי (שמות ל"ב י'), מיד היה לו פתחון פה למשה להשיב, שנאמר ויחל משה וגו' (שם שם /שמות ל"ב י"א) למה יאמרו מצרים וגו' זכור לאברהם ליצחק ולישראל וגו' (שם /שמות ל"ב י"ב וי"ג), מיד היה לו ענייה, שנאמר וינחם ה' על הרעה (שם /שמות ל"ב/ י"ד), אמר לפניו, רבונו של עולם כלום הוא לפניך אלא מידת הדין לכל באי העולם ולכל מעשה ידיך שבראתה בעולם, ארד מלפניך ואעשה בהן מידת הדין, מה, אם עבדוהו בלבב שלם ימותו כלם ביום אחד, ירד מלפניו ונטל את העגל ושרפו באש, שנאמר ויקח את העגל וגו' ויעמד משה בשער וגו' ויאמר להם כה אמר ה' וגו' (שם /שמות ל"ב/ כ', כ"ו וכ"ז), מעיד אני עלי את השמים ואת הארץ שלא אמר לו הקדוש ברוך הוא למשה כך לעמוד בשער המחנה ולומר מי לה' אלי (שם /שמות ל"ב/) ולומר כה אמר ה' אלהי ישראל (שם /שמות ל"ב/), אלא שהיה משה צדיק דן קל וחומר בעצמו, אמר, אם אני אומר לישראל, הרגו איש את אחיו ואיש את רעהו ואיש את קרובו (שם /שמות ל"ב/ כ"ז), יהו ישראל אומרים, לא כך למדתנו, סנהדרין שהורגת נפש אחת בשבוע נקראת מחבלנית, מפני מה אתה הורג שלשת אלפים ביום [אחד], לפיכך תלה בכבוד שלמעלה, שנאמר כה אמר ה' וגו' (שם /שמות ל"ב/), מה ענין שלאחריו, ויעשו בני לוי כדבר וגו' (שם /שמות ל"ב/ כ"ח), חזר משה צדיק ועמד בתפלה לפני הקדוש ברוך הוא, אמר לפניו, רבונו של עולם צדיק וחסיד אתה וכל מעשיך באמונה בשביל שלשת אלפים שעבדו בלב שלם ימותו שש מאות אלף ובני עשרים שנה ולמטה, ובני שמונה עשרה, וחמש עשרה, ועשר, ושתים, ואחת, וכמה גרים ועבדים שנתוספו עליהם אין לדבר סוף, מיד נתגלגלו רחמיו של הקדוש ברוך הוא ונתרצה עמהם באותה שעה, משלו משל, למה הדבר דומה, למלך בשר ודם שסרח לפניו בנו בכורו, תפסו בידו ונתנו לעבדו לשר הבית, ואמר לו, צא והרג את זה ותנהו לחיה ולכלבים, מה עשה אותו העבד, הוציאו מלפניו והניחו (בבית ארץ) [בביתו, ורץ] ובא ועמד לפניו, לסוף ל' יום כטוב לב המלך עליו והיו עבדיו ובני ביתו מסובין לפניו, כשהוא נושא את עיניו אינו רואה את בנו בכורו היה מכניס יגון ואנחה בלבבו ואין כל ברייה מכיר בו אלא עבדו שר הבית, מיד רץ והביאו והעמידו במקומו, כתר יפה שהיה מונח לפניו תפסו בידו ונתנו בראש עבדו שר הבית, (למה נדמה במשה צדיק) [לכך נדמה משה הצדיק], כיון שעמד בתפלה בארבעה וחמשה מקומות והציל את ישראל מן המיתה אמר לו הקדוש ברוך הוא למשה, הואיל ועמדתה לפניי בארבעה ובחמשה מקומות והצלתה את ישראל מן המיתה כתר יפה שמונח להם ולבניהם ולבני בניהם בשביל תורה שעשו הרי הוא מונח לעולם הבא לך, שנאמר וראו בני ישראל את פני משה (שמות ל"ד ל"ה), ושמא תאמר הואיל ונכנס משה לבית עולמו שמא בטל ממנו מאור פניו, תלמוד לומר ולא קם נביא [וגו'] (דברים ל"ד י'), מה פנים שלמעלה לעולם ולעולמי עולמים, כך אותו מאור פנים של משה עימו נכנס לבית עולמו, שנאמר ומשה בן מאה ועשרים שנה וגו' (דברים ל"ד ז'). לא משה בלבד אלא כל תלמיד חכם שעוסק בתורה מקטנותו ועד זקנותו ומת, עדיין לא מת אלא בחיים הוא לעולם ולעולמי עולמים, שנאמר והיתה נפש אדני צרורה בצרור החיים את ה' אלהיך (שמואל א' כ"ה כ"ט), מקיש הדבר לומר, מה ה' אלהיך יהי שמו הגדול מבורך לעולם

גלא עמיקתא

ובאור הענין: דעל ידי אמירת תהלים בכונה מקרבים ביאת משיח צדקנו. וזהו דשבועות הוא חג מתן תורה וגם יומא דהלולא רבא דדוד מלכא משיחא, ומספרו תהלים אנו מתפללים ומרבים בתחנונים עד ביאת משיח צדקנו בעגלא דידן ובזמן קריב ונאמר אמן. **פסוק ששי:** (שמות ל"ג,כ"ח): [י]**ויעשו בני לוי כדבר משה, ויפל מן העם ביום ההוא כשלשת אלפי איש** גימ' עם הכולל (2959) י"א פעמים (296) "הארץ".

ולעולמי עולמים, כך כל תלמיד חכם העוסק בתורה מקטנותו ועד זקנותו ומת, הרי הוא בחיים ועדיין לא מת, אלא בחיים הוא לעולם ולעולמי עולמים, והיכן היא נשמתו, תחת כסא הכבוד. מיכן אמרו אל ירבה אדם בכי ומספד יגון ואנחה על מיתו אלא כשיעור שנתנו חכמים, שלשה ימים בכי ומספד, שבעת ימים אבל, שלשים לתספורת ולגיהוץ ולשאר דברים אחרים, מיכן ואילך כל החובל בעצמו הרי זה מתחייב בנפשו, שנאמר אל תבכו למת וגו׳ (ירמיה כ״ב י׳) אין אתם מרחמין עליו יותר ממני, כאי זה צד, אדם עושה מריבה עם חבירו הולך הוא לבדו ואין מתרצה לו עד שמקבץ לו בני אדם הרבה ואחר כך מתרצה לו, ואף על פי שמתרצה לו יש לו מקצת קנאה בלבבו, אבל אני איני כן, אלא אדם עובר עבירה לפני אם חוזר בו ועושה תשובה הרי אני ברחמים ומקבלו בתשובה, וכיון שאני מקבלו בתשובה אין אני זוכר אפילו מקצת עונותיו, לכך נאמר אל תבכו למת ואל תנדו לו וגו׳ (שם /ירמיהו כ״ב/), ואי זהו הולך זה שעבר עבירה ושנה ושילש שלשה פעמים ולא חזר בו ועשה תשובה, על אתו (בכי) [בכו, כי] נעקר מן העולם, כי לא ישוב עוד וראה את ארץ מולדתו (שם /ירמיהו כ״ב/). ולא זה בלבד אלא שכרו של משה צדיק שעמד בתפילה בארבעה וחמשה מקומות והציל את ישראל מן המיתה העלה עליו הכתוב כאילו ברא אותן, לכך נאמר ויזכור ימי עולם משה עמו (ישעיה ס״ג י״א), [כך] כל חכם וחכם מישראל שיש בו דבר תורה לאמיתו ומתאנח על כבודו של הקדוש ברוך הוא ועל כבודן של ישראל כל ימיו, ומתאוה ומחמד ומצפה על כבוד ירושלים ועל כבוד בית המקדש ועל ישועה שתצמיח בקרוב ועל כינוס גליות, (ברוח קודש) [רוח הקודש] בדבריו (את) השם בקרבו את רוח קדשו (שם /ישעיהו ס״ג/), מכן אמרו כל תלמיד חכם שעוסק בתורה בכל יום תמיד בשביל להרבות כבוד שמים אין צריך לא חרב ולא חנית ולא רומח ולא כל דבר (שהיה) [שיהיה לו שומר], שהקב״ה משמרו בעצמו, ומלאכי השרת עומדין לו סביב סביב והחרבות ביד כולן (ומשמרות) [ומשמר] אתו, שנאמר רוממות אל בגרונם וגו׳ (תהלים קמ״ט ו׳). חיים שלא בצער לימות המשיח ולעולם הבא, כיצד, עתיד הקדוש ברוך הוא לישב בבית המדרש הגדול שלו וצדיקי עולם יושבין לפניו הן ונשיהן ובניהן ובנותיהם ועבדיהם ואמהותיהם ועושין להן צורך בתיהן, שנאמר והיה אחרי כן אשפוך רוחי וגו׳ וגם על העבדים ועל השפחות וגו׳ (יואל ג׳ א׳ וב׳), נשים שאננות קמנה וגו׳ (ישעיה ל״ב ט׳). שלא ביצר הרע, כיצד, ונתתי לכם לב חדש (יחזקאל ל״ו כ״ו) [זה] יצר טוב, ורוח חדשה אתן בקרבכם (שם /יחזקאל ל״ו/) אילו מעשים טובים, והסרותי את לב האבן מבשרכם (שם /יחזקאל ל״ו/) זה יצר הרע, ונתתי לכם לב בשר (שם /יחזקאל ל״ו/) לקיים על דברי תורה שהן כפולין בכל מקום. ומניין שדברי תורה כפולין בכל מקום, שנאמר אנכי ה׳ אלהיך וגו׳, עשר דיברות נאמרו לפני הר סיני, עשר דיברות נאמרו בספר תוכחות, נזיקין לפני הר סיני נזיקין (לפני) [בספר] תוכחות, כי תקנה עבד עברי, נאמר לפני הר סיני (שמות כ״א ב׳), כי ימכר לך אחיך העברי, נאמר בספר תוכחות (דברים ט״ו י״ב), וכן (במאה) [בכמה] מקומות, כלאים בהר סיני כלאים בספר תוכחות, לא תבשל גדי בסיני (שמות כ״ג י״ט), לא תבשל גדי בספר תוכחות (דברים י״ד כ״א), וכן (במאה) [בכמה] מקומות, סימני בהמה וחייה נאמרו לפני הר סיני, סימני בהמה וחייה נאמרו בספר תוכחות, וכל קרבנות ציבור ויחיד נאמרו לפני אהל מועד בחורב, כל קרבנות ציבור ויחיד נאמרו בין לפני מיתתו של אהרן בין לאחר מיתתו של אהרן, ברית כרתי לכם בצאתכם מארץ מצרים, ברית כרתי לכם בספר תוכחות, שירה אמרתי לכם בצאתכם מארץ מצרים, שירה אמרתי לכם בספר תוכחות, הא למדתה לדברי תורה שהן כפולין בכל מקום, אתם (או) [אי] אתם כן, אלא ששמין אתם טחי תפל, מלעיגין אתם על (דבר) [דבריי] כאילו אין בהם ממש, ועושין אתם אותן צואה שאינה צואה, קואה שאינה קואה, צויתי אתכם בצאתכם ממצרים, צויתי אתכם בספר תוכחות, קויתי אתכם ארבע מאות ושמונים עד שלא נבנה הבית, חזרתי וקויתי אתכם ארבע מאות ועשר שנים (משבנה) [משנבנה] הבית, שנאמר כי צו לצו צו לצו קו לקו קו לקו וגו׳ (ישעיה כ״ח י׳), לא כן מצאתי בכם קורת רוח ולא כאן מצאתי בכם קורת רוח, מה שכר לכם מלפני, משלו משל, למה הדבר דומה, למלך בשר ודם שכעס על עבדו וצוה עליו ונתנוהו בשלשלת, והיו מושכין את השלשלת מאחריו, ומשליכין אותו על פניו, והיו מבעטין בו בפניו ובבני מעיו, שנאמר והיה להם דבר ה׳ (שם שם /ישעיה כ״ח/ י״ג), וכן במאה מקומות עשיתן לפני דברים מכוערין, דברים שאינן ראוים, ורחמים שלי מקדימין עימכם בכל יום תמיד, שנאמר מציל עני מחזק ממנו (תהלים ל״ה י׳) במה עני, לא

גלא עמיקתא

ורמיזא דיהושע עבד מלחמה בעמלק ובל"א מלכים וכבש הארץ וחילקה והכניע [2]י"א כתרין דמסאבותא וכו'. והוא עם הכולל בחינת אלופו של עולם [יא]דאם אין הקדוש ברוך הוא עוזרו אינו יכול לו (קדושין ל' ע"ב). כל ששת הפסוקים יחד שמביא המגלה עמוקות סליקו לחושבן (14,912): ל"ב פעמים שמעו"ן (466).

במעשיו, עני ואביון מגוזלו (שם /תהלים ל"ה/) במה אביון, לא במעשיו, אלא הוי אומר כן, מציל עני מחזק בין מיצר הרע ובין מאומות העולם, שנאמר כי שומע אל אביונים ה' וגו' (שם /תהלים/ ס"ט ל"ד), ונאמר פנה אל תפלת הערער וגו' (שם /תהלים/ ק"ב י"ח), אילו בני אדם שהן מדה בינונית, לשתי מדות [אני] נפרע, מיצר [הרע] על אחת שבע כשם שנפרעתי מכם על אחת שבע, וממבקשי רעתכם על אחת שבע כשם שנפרעתי מכם על אחת שבע, שנאמר ביום ההוא יפקוד ה' על צבא המרום וגו' (ישעיה כ"ד כ"א), אילו שבקשו לאבד אתכם מן העולם, ומיצר הרע על אחת שבע על שם שהסטין אתכם ולא רבת תורה בעולם, שנ' ויהושע היה לבוש וגו', ואומר ויראני את יהושע הכהן הגדול וגו', ויאמר ה' אל הסטן וגו' (זכריה ג', א' וב'), מה שכר לו מלפני, כשם ששם ארצי ונחלתי לארץ ציה ושממה כדי שלא ימצא הנשמה שתגבה עליה, שנ' ואת הצפוני ארחיק מעליכם (יואל ב' כ'), מה שצפנתי עליכם לפורענות מרחק אני מעליכם, והדחתיו אל ארץ ציה ושממה (פנה) [את פניו] אל הים הקדמוני (שם /יואל ב'/), זה מקדש ראשון שהחריבו והרג חכמים שבו, וסופו אל הים האחרון (שם /יואל ב'/), זה מקדש האחרון שהחריבו והרג חכמים שבו, ועלה באשו ותעל צחנתו כי הגדיל לעשות (שם /יואל ב'/), מפני שהניח כל אומות העולם ובא ונידבק בהן בישראל (להטינן) [להטותן] מדברי תורה. סליק פירקא.

[יא] תלמוד בבלי קידושין דף ל עמוד ב: ואמר ר"ש בן לוי: יצרו של אדם מתגבר עליו בכל יום ומבקש המיתו, שנאמר: צופה רשע לצדיק ומבקש להמיתו, ואלמלא הקדוש ברוך הוא עוזרו אין יכול לו, שנאמר: אלהים לא יעזבנו בידו. תנא דבי ר' ישמעאל: בני, אם פגע בך מנוול זה משכהו לבית המדרש, אם אבן הוא נימוח, ואם ברזל הוא מתפוצץ, שנאמר: הלא כה דברי כאש נאם ה'

2. יעקב התחפש לעשו שרש לפורים דלע"ל - תחית המתים: א' זעירא דויקרא אל משה רמיזא הסתרה והתחפשות- דנראה דכתיב ויקר וכגון ויקר אלהים אל בלעם והוא בכדי להוציא בלעם מפיהם של הסט"א הצדיק לעתים משים עצמו בדומה להם ובהערמה מוציא הנצוץ הקדוש מבטנם.

והוא כדכתיב "חיל בלע ויקיאנו מבטנו ירשנו אל" (איוב כ',ט"ו) גימ' (1027) "ויאמר משה קומה ה' ויפצו אויביך" (במ' י',ל"ה) ובהסתלק כל הסטרין אחרנין כמוץ אשר תדפנו רוח תתגלה הקדושה במלוא הדרה, ואיהו חושבן "אור אין סוף" בא"ת ב"ש ע"ה- ראה במנורה לאופן הקודם בשמאל למטה. וזהו ענין התחפשות- שרש חפ"ש ענינו התחפשו"ת והסתרת עצמו, ובו בזמן ענינו ג"כ חפו"ש אחר נצוצות הקדושה הבלועים ולשחררם לחפש"י להגיע לשרשם בקדושה- והן הן שעשועיו העצמיים דקוב"ה ועבדין ליה נחת רוח מרובה. והנה פרשיה שלמה בתורה בענין לקיחת הבכר"ה והברכ"ה אתוון דדין כאתוון דדין להראות כי חד הוא, והוא בפרשת תולדות (בר' כ"ז א'-מ"א) עד וישטם עשו את יעקב על הברכה אשר ברכו יצחק אביו וכו'. ואינון מ' פסוקים בכל ענין התחפשות ולקיחת הברכה- וזו היא הוצאת הקדושה מהסט"א, והיא תורה מלשון הוראה- כיצד כאו"א מישראל יכול וצריך לעשות כדוג' יעקב עם עשו עם היצה"ר אשר בקרבו. והנה כתיב (בר' כ"ה,כ"ח) "ויאהב יצחק את עשו כי ציד בפיו" גימ' (1241): "ויהפך ה' אלהיך לך את הקללה לברכה כי אהבך ה' אלהיך" (דב' כ"ג,ו') וזהו דהאמין יצחק כי עשו יוכל להתגבר על יצרו ולהפוך הכל לקדושה- דראה את יכולתו לצוד את הקדושה וקיוה כי יוכל להוציא קדושה גדולה הבלועה בסט"א. אך כמובן שלא כך עבד עשו- אלא הוריד הכל לסט"א ואף רצה לחזור על חטא קין ולהרג את אחיו יעקב, ולא חפץ בעניני עולם הבא דהרי התחלקו ביניהם: "יעקב" חושבן שמיה "חיי עולם הבא"- ועשו הרשע לקח עניני עולם הזה- ויצחק ידע כל זאת אך קיוה שיוכל לשכנעו להעלות כל עניני עולם הזה לקדושה- עוה"ב. והוא כדכתיב (תהל' ס"ד,ז') "יחפשו עולת תמנו חפש מחפש וקרב איש ולב

גלא עמיקתא

ובאור הענין: ל"ג בעומר יומא דהלולא רבא דתנא הקדוש רבי שמעון בר יוחאי וכתבנו [3] במקום אחר שכבר מחצות יום ל"ב בעומר מתחילה להאיר קדושת ל"ג בעומר. ורשב"י הוריד ספר

עמק" גימ' (3089): ח"פ "דוד בן ישי" (386) (ע"ה) רמיזא אלפא תמינאה. והיה מקום כעת למעבד כולא מ' פסוקין אחד לאחד ולמחזי למהלך התחפשותו של יעקב לעשו וכיצד הוציא יקר מזולל, ברם בשלב זה נעביד רק לכמה פסוקין, ובהמשך חבורנו בעזרת הנותן ליעף כח נעביד לכולא האי פרשתא דרמיזא בה טובא בעבודת השי"ת- ונאמר: דאמרה רבקה ליעקב "עלי קללתך בני" גימ' (752): ב"פ "שלום" דהיינו לרחוק ולקרוב, ויש לקשרו למאי דאמרינן לעיל "ויאהב יצחק את עשו כי ציד בפיו" גימ' (1241) "ויהפך ה' אלהיך לך את הקללה לברכה כי אהבך ה' אלהיך". וכתיב (בר' כ"ה,כ"ח) "ורבקה אהבת את יעקב" גימ' (1304): "וכל ישראל יש להם חלק לעולם הבא" (משנה סנהדרין תחלת חלק) דהוא חלקו דיעקב אבינו דאנן זרעו. וכדאמרו חז"ל (תענית ה:) יעקב אבינו לא מת וכו' מה זרעו בחיים אף הוא בחיים- לנצח נצחים ויתגלה לעתיד לבוא דיעקב אבינו לא מת וכן אף יהודי אינו נקרא מת כי היא נקודת נשמתו נצחית ורק הגוף בחי' לבוש לנשמה יורד לקבר. והנה שני פסוקי התחפושת שהלבישה רבקה את יעקב: א'. "ותקח רבקה את בגדי עשו בנה הגדל החמדת אשר אתה בבית ותלבש את יעקב בנה הקטן" (בר' כ"ז,ט"ו) גימ' (5036): ב"פ "ויטע ה' אלהים גן בעדן מקדם וישם שם את האדם אשר יצר". ורמיזא ב"פ גם על חוה- דהיו שנים, וכן בפסוקא דנן "בגדי" גימ' (19) "חוה"- רמיזא דאתתא בחינת מניה דבר נש דרבי יוחנן קרי למאניה מכבודותי (עיין שבת קי"ג ע"ב) ולכן אמרו חז"ל (יבמות סב:) מכבדה כגופו, וד"ל. ב'. "ואת ערת גדיי העזים הלבישה על ידיו ועל חלקת צואריו" (בר' כ"ז,ט"ז) גימ' (2675): ה"פ "ויפול על צוארו" (535) (בר' ל"ג,ד'). והוא המפגש בין יעקב לעשו לאחר שחזר מלבן הארמי הרמאי- ומביא רש"י הק' הלכה היא בידוע שעשו שונא ליעקב- ודרשוהו במדרש מדוע נקוד על וישקהו. והנה שני הפסוקים יחד בענין הלבשת יעקב תחפושת עשו סליקו לחושבן (7711) י"א פעמים "חונה מלאך ה' סביב ליראיו ויחלצם" (701) ר"ת חמס"י דאמרה שרה לאברהם חמס"י עליך- והוא י"א פעמים לקביל י"א כתרין דמסאבותא- וענין ויחלצם הוא דיחלץ נצוצי הקדושה הבלועים בקלי' וכדאמרינן לעיל. וזהו ויקרא א' זעירא- יקר הן הבגדים בחי' התחפשות בגדי יקר דר' יוחנן קרי למאניה מכבודותי כנ"ל [ועיין לעיל אופן מ"ז] א' זעירא בחי' הסתרת הניצוץ לבל יוקח ע"י הקלי' וכדוגמת יעקב שהתחפש לבל יבוא קללת עשו תחת ברכות. וכאשר יעקב נגש אל יצחק ויאמר "הקל קול יעקב והידים ידי עשו" (בר' כ"ז,כ"ב) גימ' (928) "וישכם אברהם בבקר" (בר' כ"ב) והוא במעשה העקדה [אופן עק"ד]. והבאור הוא דאברהם ויצחק נזקקו למעשה העקדה לאכללא אשא במיא וכו' וכך יכלו להוציא באופן של הכאה בכח את נצוצות הקדושה מהקלי'. ולאחר שעשו פעולה זו בארעא ושמיא- מעתה אין צורך בעשית פעולה כזו עוד- אלא ניתן בדרכים קלות יותר כגון תחפושת להוציא להני נצוצות קדושה מהקלי'. ואיהו חושבן (928) ד"פ רל"ב- ד' מלויי שם הוי' ב"ה, וכן "ויאהב יצחק" (את עשו) גימ' (232) רל"ב כנ"ל, רמיזא שאהבתו של יצחק לעשו לא היתה אהבת נפש אלא רק הוצאת נצוצות הקדושה כדכתיב "כי ציד בפיו" להעלותם לשרשם בקדושה. והנה נהגו להתחפש בפורים- והוא רמז ליעקב שהתחפש לעשו דאמרינן- ולהוציא נצוצות הקדושה מפי הקלי' ולהעלותם לשרשם עד ביאת משיח צדקנו.

3. ל"ג בעומר - רשב"י ובנו - אבן אב ובן. והאי חושבן (3757) גימ' י"ז פ' "אייר" דהוא י"ז אייר ערב הלולת התנא הקדוש רשב"י דאז כלל ישראל עולים לרגל למירון לציונו הקדוש כעין העליה לביהמ"ק, ולאחר חצות היום מתחילה הארת ל"ג בעומר, וזהו "טוב" (י"ז) פ' "אייר", היינו דכתיב (ישעי' ג',י') "אמרו צדיק כי טוב" גימ' (500) "פרו ורבו" והוא המצוה הראשונה בתוה"ק- עניין הבנים כנ"ל. והוא יום ל"ב בעומר דאמר (אבות פ"ב) רבי אלעזר בן ערך "לב טוב" [בעניין איזו היא דרך ישרה שיבור לו האדם ואמר להם ריב"ז רואה אני את דברי אלעזר בן ערך מדבריכם, שבכלל דבריו דבריכם, ונבארו אי"ה באופנים הבאים] והוא ד-י"ז באייר ל"ב בעומר ו-י"ז גימ' "טוב". וזהו "ל"ג בעומר" במלוי הקטן "למד גימל בית עין, למד מם

גלא עמיקתא

הזוה"ק לעולם דממתק הדינים בשרשם והוא בחינת [יב]אור הגנוז, וכדאמר במקום אחר (סוכה מ"ה ע"ב) [יג]יכול אני לפטור את העולם כולו מן הדין.

וכפטיש יפוצץ סלע, אם אבן הוא נימוח; שנאמר: הוי כל צמא לכו למים, ואומר אבנים שחקו מים. **[יב] ספר שערי הלשם - חלק א - סימן יב - פרק ג - ליקוטים:** והרי נתבאר לנו עכ"פ כי התיקון דהעולמות בי"ע כולן שהם העהד"ע הכללי. הנה הוא נעשה ע"י ג' דברים א' התורה והמצוה ב' הצירוף והליבון ג' האור הגנוז. והא' והב' שהם התורה והמצוה והצירוף והליבון. הנה הם נעשים ויוצאים מהנבראים ממעשיהם ובסיבתם. אבל הג' שהוא האור הגנוז הנה הוא מהקב"ה עצמו כי בו אינו נוגע מעשה בני אדם כלל וכנז'. והתיקון דהעה"ח הוא ע"י ב' דברים אחד התורה והמצוה והשני האור הגנוז. והרי נמצא כי מה שנמשך מהאדם בתיקון העהד"ע והעה"ח. הנה נמשך תיקון דהעהד"ע ע"י התורה והמצוה וע"י הצירוף והליבון. והתיקון דהעה"ח הוא לעולם רק ע"י התורה והמצוה. אמנם התיקון האחרון אשר הן בהעה"ח והן דהעהד"ע הנה יהיה רק ע"י הקב"ה בעצמו והוא ע"י הגילוי דהאור הגנוז ועל ידו יתייחדו שניהם לאחד והוא ג"כ ענין היחוד דאצי' בבי"ע וכלילותם זב"ז ואז יתעלו כל העולמות כולם למדרגתם הראשונה. ובעוד יותר נעלה ומרומם הרבה. כי הרי קודם החטא לא היה מתפשט האור הגנוז במקום הבי"ע של עתה כלל ולכן היה עדיין מציאת הרע ג"כ עכ"פ והיה גם בעשיה של אז מציאת העהד"ע טוב ורע. כי היה תולה תיקונו וביטול הרע לגמרי. במעשה אדם הראשון. אבל בהתיקון האחרון יתפשט הגילוי דהאור הגנוז גם במקום הבי"ע של עתה ויתבטל הרע לגמרי והעהד"ע יחזור להעה"ח וכן כל העולמות בי"ע יהיו כולן בקדושת האצילות וכן יתעלה כל המציאות כולו מעילוי לעילוי עד אין קץ וכמו שבארנו בספר הכללים כלל י"ז ע"ש. **[יג] תלמוד בבלי מסכת סוכה דף מה עמוד ב:** ואמר חזקיה אמר רבי ירמיה משום רבי שמעון בן יוחי: יכול אני לפטור את כל העולם כולו מן הדין מיום שנבראתי עד עתה, ואילמלי אליעזר בני עמי - מיום שנברא העולם ועד עכשיו, ואילמלי יותם בן עוזיהו עמנו - מיום שנברא העולם עד סופו. ואמר חזקיה אמר רבי ירמיה משום רבי שמעון בן יוחי: ראיתי בני עלייה והן מועטין, אם אלף הן - אני ובני מהן, אם מאה הם - אני ובני מהן, אם שנים הן - אני ובני הן. - ומי זוטרי כולי האי? והא אמר רבא: תמני סרי אלפי דרא הוה דקמיה קודשא בריך הוא, שנאמר סביב שמונה עשר אלף! לא קשיא: הא דמסתכלי באספקלריא המאירה, הא - דלא מסתכלי באספקלריא המאירה. ודמסתכלי באספקלריא המאירה מי זוטרי כולי האי? והא אמר אביי: לא פחות עלמא מתלתין ושיתא צדיקי דמקבלי אפי שכינה בכל יום, שנאמר אשרי כל חוכי לו - ל"ו בגימטריא תלתין ושיתא הוו! - לא קשיא: הא - דעיילי בבר, הא - דעיילי בלא בר.

ריש" גימ' (1301) "יעקב, משה, שמעון, אלעזר" ר"ת שמא"י ס"ת ברנ"ה, וכשיצאו מן המערה לאחר י"ב שנה כל מקום שנתנו עיניהם בו מיד נשרף, יצתה בת קול ואמרה וכי לשרוף עולמי באתם, ואז נכנסו למערה שנה נוספת וכו'- ולכן ר"ת שמאי ענין הדין, לאחר י"ב שנה לקביל י"ב שבטי י-ה, י-ה ענין הדין, ויוסף על גביהן לקביל השנה ה-י"ג ונהפך ל-י"ג מדות הרחמים וכנ"ל מלאים כ"א ב-א' זעירא גימ' כל הני ח' אבנין דיעקב, כשבא לחרן למקום הקלי' למצוא את האמהות הק' דמהן יבנה עם ישראל, בסוד אבן אב-בן, ומרומז ה-א' זעירא צורת י', ובזוה"ק י' איהי אבן, ופשוט.

אופן עא

איתא במדרש נשא על פסוק ויהי ביום כלות משה: משל לטרסקל של שתי רגלים לא יכול לעמוד עד שבא רגל שלישי כן העולם הי' עומד קודם המשכן על ב' רגלים נחית בחסדיך הם כ"ו דורות עד שעת מתן תורה שהי' דן הקב"ה העולם בחסד נהלת בעזך עמוד התורה אל נוה קדשיך הוא המשכן עמוד העבודה הוא משכן. ג' העמודים האלו מבוארין בג' דרגין שבקרא: מתחלה דרגא דחסד ויקר אל משה מה יקר חסדיך שהיא עמוד גמילות חסדים אח"כ וידבר ה' אליו עמוד התורה וידבר אלהים את כל הדברים מאוהל מועד הוא עמוד העבודה לז"א אדם כי יקריב שהן הן ג' קטרין של אדם שהם נפש רוח נשמה: נפש הוא עמוד ג"ח דאיתמר גבי אברהם ואת הנפש אשר עשו בחרן גומל נפשו איש חסד רוח וידבר ה' אליו לקביל יצחק שמסיטרא נתנה התורה מפי הגבורה לקביל רוח כי בשעת מתן תורה נפשי יצאה בדברו ונכנס להם הרוח מאוהל מועד מה טובו אהליך יעקב שהוא תיקון הנשמה לכן באותו יום אשתלים דיוקנא דאדם לכן אמר אדם כי יקריב ולכך אלף זעירא בגי' טרסקל שעד אותו יום היו עולין בטרסקל וכן מלאכ"י רחמים וכן חנו"ך מטטרון עם הכולל לכן א' זעירא לפי שהוא חסר א'.

אופן עא

איתא [א]**במדרש נשא על פסוק (במדבר ז',א') ויהי ביום כלות משה: משל** [ב]**לטרסקל [פירוש: שולחן קטן] של שתי רגלים לא**

גלא עמיקתא

ומביא המדרש דקודם המשכן היה עומד על ב' רגלים – חסד וגבורה. כאמרם (ב"ר י"ב,ט"ו) [ג]בתחלה עלה במחשבה לברוא את העולם במדת הדין, ראה שאין העולם מתקיים עמד ושיתף [א"נ הקדים] מדת הרחמים – והתקיים. וזהו [ד]על שלשה דברים העולם עומד: על התורה ועל העבודה ועל גמילות חסדים (אבות א',ב'). א"נ [ה]על שלשה דברים העולם קיים: על הדין ועל האמת ועל השלום (אבות א',י"ח). ולעתיד לבוא בביאת משיח בן דוד יתקיים העולם על ד' רגלים – ואז יהיה תקונא שלים לחטא אדם הראשון בפועל ממש. וזהו ד' פעמים "רגל" (233) גימ' (932) "עץ הדעת טוב ורע" (בראשית ב',ט'). ועתה נגש לבאר הפסוקים שמביא המגלה עמוקות: פסוקא קמא: (במדבר ז',א'): [ו]ויהי ביום כלות משה להקים את המשכן, וימשה

[א] **מדרש תנחומא פרשת נשא:** (יט) [ז, א] ויהי ביום כלות משה שנו רבותינו על שלשה דברים העולם עומד על התורה ועל העבודה ועל גמילות חסדים, אתה מוצא עשרים וששה דורות משנברא העולם עד שנתנה תורה והיה הקדוש ברוך הוא מנהיג אותן בחסד, וכנגדן אמר דוד ששה ועשרים פעמים כי לעולם חסדו בהלל הגדול, אמר רבי אחא בשם רב הונא אף משה רמזן לישראל בים שאמר עם זו שני פעמים שנאמר (שמות טו) נחית בחסדך עם זו גאלת וכתיב עד יעבור עם זו קנית, אלו כ"ו דורות שהיו משנברא העולם ועד שנתנה התורה, נהלת בעוזך זה התורה שנקרא עוז שנאמר (תהלים כט) ה' עוז לעמו יתן, משל למה היה העולם דומה באותה שעה לטרסקל של שתי רגלים שאינו יכול לעמוד, כיון שעמד המשכן עמד העולם ונתבסס שנא' ויהי ביום כלות משה להקים את המשכן להקים משכן אין כתיב כאן אלא את המשכן לרבות בריאת העולם שכתוב בו את השמים ואת הארץ. [ב] **פרי מגדים אורח חיים משבצות זהב סימן שה:** (ח) אין. עיין ט"ז. חיזק דבריו באות ו', להטור כולה סוגיא מהו ליתן מרדעת בשבת מטעם חשש שימוש בעלי חיים, והוא הדין טרסקל נמי הטעם חשש שימוש בעלי חיים, דאם לא כן אין שייכות זה לזה, ובגמרא [שם נג, א] אמרו מאן דמתיר טרסקל כל שכן מרדעת. ולתוספות [שם ד"ה מהו] משום טרחא שלא לצורך, אתי שפיר. ולטור על כרחך טרסקל נמי משום חשש שימוש בעלי חיים. ואתי שפיר נמי דהביא הטור קושרין חבל בפרה, וכתב הב"י [עמוד רעז ד"ה חבל] דמקומה בסימן שי"ז, ולפי מה שכתב הט"ז אתי שפיר, דבירושלמי מפרש גם כן הטעם משום שימוש בעלי חיים, יע"ש: [ג] **רש"י בראשית פרק א:** ברא אלהים - ולא אמר ברא ה', שבתחלה עלה במחשבה לבראתו במדת הדין, ראה שאין העולם מתקיים, הקדים מדת רחמים ושתפה למדת הדין, היינו דכתיב (להלן ב ד) ביום עשות ה' אלהים ארץ ושמים. [ד] **משנה מסכת אבות פרק א:** שמעון הצדיק היה משירי כנסת הגדולה הוא היה אומר על שלשה דברים העולם עומד על התורה ועל העבודה ועל גמילות חסדים. [ה] **משנה מסכת אבות פרק א:** רבן שמעון בן גמליאל אומר על שלשה דברים העולם עומד על הדין ועל האמת ועל השלום שנאמר (זכריה ח) אמת ומשפט שלום שפטו בשעריכם. [ו] **ילקוט שמעוני תורה פרשת נשא רמז תשיא:** ויהי ביום כלות משה [ז, א], זש"ה באתי לגני אחותי כלה, רבי עזריה בשם רבי סימון אמר משל למלך שכעס על מטרונא (והורידה) [וטרדה] והוציאה מתוך פלטין שלו, לאחר זמן בקש להחזירה, אמרה יחדש לי דבר ואחר כך הוא מחזירני, כך לשעבר הקדוש ברוך הוא מקבל קרבנות מלמעלה שנאמר וירח ה' את ריח הניחוח, ועכשיו הוא מקבל מלמטה הה"ד

יכול לעמוד עד שבא רגל שלישי כן העולם הי' עומד קודם המשכן על ב' רגלים נחית בחסדיך (שמות ט"ו, י"ג) הם כ"ו

גלא עמיקתא

אתו ויקדש אתו ואת כל כליו, ואת המזבח ואת כל כליו, וימשחם ויקדש אתם גימ' (6269) י"א פעמים "יצר הרע" (570) חסר א'. ורמיזא יצר הרע דאינון י"א כתרין דמסאבותא והוא חסר א' כאמרם (קדושין ל:) [ז]אם אין הקב"ה עוזרו אינו יכול לו – אל"ף בחינת אלופו של עולם. וזהו דזכה משה ל-א' זעירא

באתי לגני, באתי לגן אין כתיב כאן אלא באתי לגני, לגנוני, במקום שהוא עיקרה מתחלה, עיקר שכינה בתחתונים היה הה"ד וישמעו את קול ה', מהלך אין כתיב כאן אלא מתהלך, מקפץ וסליק, כתיב צדיקים יירשו ארץ וישכנו לעד עליה, ורשעים היכן הן פורחין באויר, אלא וישכנו לעד עליה, ישכינו שכינה עליה וכו' (כתוב ברמז כ"ז), לכך נאמר ויהי ביום כלות משה, משה זכה והורידה לארץ אפריון עשה לו המלך שלמה [אפריון זה אהל מועד, עשה לו המלך שלמה] זה מלך שהשלום שלו, משל למלך שהיתה לו בת קטנה וכו' (כתוב ברמז שס"ה), למה היה אהל מועד דומה למערה שהיא נתונה על שפת הים [ועלה הים] והציף המערה ומתמלאת מן הים והים לא חסר כלום, כך אהל מועד נתמלא מזיו השכינה, לכך נאמר ויהי ביום כלות משה ביום חתונתו זה אהל מועד וביום שמחת לבו זה בנין בית עולמים, להקים המשכן אין כתיב כאן אלא להקים את המשכן, מה הוקם עמו, עולם הוקם עמו, שעד שלא הוקם המשכן היה העולם רותת, משהוקם המשכן נתבסס העולם, לכך נאמר ויהי ביום כלות משה כלת כתיב ביומא דעלת כלתא לגנונא, רבי אלעזר אמר ביום כלות משה ביום שכלו הקמותיו תנא בכל יום ויום היה משה מעמיד את המשכן ובכל בקר ובקר מקריב קרבנותיו עליו (ובשביעי) [ובשמיני] העמידו ולא פרקו, אמר רבי זעירא מכאן שהקמת לילה פסולה לעבודה ביום, רבי שמואל בר נחמן אמר אף בשמיני העמידו ופרקו, רבי אלעזר אמר ביום כלות משה ביום שכלו המזיקין מן העולם, ומאי טעמא לא תאונה אליך רעה ונגע לא יקרב באהליך [משעה שכלו המזיקים מן העולם], אמר ר' יוחנן מה לי ללמוד ממקום אחר נלמד ממקומו, יברכך ה' וישמרך מן המזיקין, רבי יוחנן אמר ביום שכלתה איבה מן העולם, שעד שלא הוקם המשכן היתה איבה וקנאה ותחרות ומצות ומחלוקת בעולם, אבל משהוקם המשכן נתנה אהבה וחבה וריעות וצדק ושלום בעולם, ומה טעם אשמעה מה ידבר האל וגו', ריש לקיש אמר מה לי ללמוד ממקום אחר נלמד ממקומו, וישם לך שלום, וימשח אותו ויקדש אותו, מכיון דכתיב וימשח אותו ויקדש אותו [ז, א] לאיזה דבר נאמר וימשחם ויקדש אותם, רבי תחליפא קיסריא וריש לקיש, חד אמר משהיה מושח כלם כאחד חוזר ומושח כל אחד ואחד, וחרנא אמר משיחה בעולם הזה ומשיחה לעולם הבא, ודכוותה וחברת את היריעות, חד אמר משהיה מחבר כל אחת ואחת היה מחבר (כל אחד ואחד) [כולם כאחת], וחרנא אמר וחברת את היריעות וגו' והיה המשכן אחד אחד למדידה ואחד למשיחה, זש"ה נוצר תאנה יאכל פריה אין הקדוש ברוך הוא מקפח שכר כל בריה, אלא במה שאדם יגע ונותן נפשו על הדבר אין הקדוש ברוך הוא מקפח שכרו [תדע לך שהרי] בנה שלמה את בית המקדש שנאמר ויבן שלמה את הבית ויכלהו, ובשביל שנתן דוד נפשו עליו שיבנה שנאמר זכור ה' לדוד את כל ענותו וגו' עד אמצא מקום לה' לא קפח הקדוש ברוך הוא את שכרו, אלא כתבו על שמו שנאמר מזמור שיר חנוכת הבית לדוד [וכי דוד חנכו והרי שלמה חנכו, אלא לפי שנתן דוד נפשו עליו נקרא על שמו], וכן אתה מוצא הכל נתנדבו למשכן, הנשים טוו ויעשו כל חכם לב, ועשה בצלאל ואהליאב, ובשביל שנתן משה נפשו עליו שלא יטעו ויעשו כשם שהראה לו הקדוש ברוך הוא, לכך נאמר על כל דבר ודבר כאשר צוה ה' את משה, וכן הוא אומר ויהי ביום כלות משה: [ז] **תלמוד בבלי קידושין דף ל עמוד ב**: ואמר ר"ש בן לוי: יצרו של אדם מתגבר עליו בכל יום ומבקש המיתו, שנאמר: צופה רשע לצדיק ומבקש להמיתו, ואלמלא הקדוש ברוך הוא עוזרו אין יכול לו, שנאמר: אלהים לא יעזבנו בידו.

דורות עד שעת מתן תורה שהי' דן הקב"ה העולם בחסד נהלת בעזך עמוד התורה אל נוה קדשיך הוא המשכן עמוד

גלא עמיקתא

ומשלים חושבן הפסוק ל–י"א פעמים "יצר הרע" ומכניעו, דכאשר הקדושה והסט"א באותו חשבון תמיד יטה הקב"ה לטובת הקדושה דאיהו קדוש כדאמרינן בצלותא אתה קדוש ושמך קדוש וכו'. ובפסוקא דנן רמיזא טובא אודות הגלויים שיהיו לעתיד לבוא: "ויהי ביום" גימ' (89) "חנוכה" ענין הארת אור הגנוז דתהיה באלף השמיני בחינת שמונה נרות חנוכה. "ויהי ביום כלות משה" גימ' (890) י"פ "חנוכה" כנ"ל. וכן כולא פסוקא לבר מן ג' תיבין אחרנין: ויהי ביום כלות משה להקים את המשכן, וימשח אתו ויקדש אתו ואת כל כליו, ואת המזבח ואת כל כליו (וימשחם ויקדש אתם) גימ' (5004) י"ב פעמים "יום הכפורים" (417) והכא נמי רמיזא אלפא תמינאה דעתידא קוב"ה להחיא ביה מתיא כאמרם [ח][1]דאין אכילה ושתיה לעתיד לבוא. וכפלינן י"ב זימנין רמיזא י"ב שבטי י"ה דאמרו חז"ל (סנהדרין ריש פרק חלק) [ט]כל ישראל יש להם

1. באור על מגלה עמוקות ואתחנן אופן קל"א: אקדמות מילין: מביא המגלה עמוקות דברי הגמרא (בבא בתרא כה.) "שכינה במערב" גימ' (699) "כל עצי השדה ימחאו כף" (ישעי' נ"ה,י"ב) דכתיב לעתיד לבוא בגאולתא שלמתא, דכל בני ישראל יהיו במדרגת שלמה המלך ויותר מכך, דתהא התכלית אלהות בגופים, ושלמה המלך ידע שיח החיות והאילנות וכו'. והוא נמי חושבן (699) "לא רעב ללחם ולא צמא למים" וממשיך כי אם לשמוע את דברי ה' (עמוס ח',י"א), וכדכתיב במשה כד הוה בטורא דסיני לחם לא אכל ומים לא שתה (שמות ל"ד,כ"ח) דיהיה רעה וצמא רק לדבר ה', וממילא אין אכילה ושתיה גשמיים לעתיד לבוא [כדאיתא בגמרא (ברכות יז.) עולם הבא אין בו לא אכילה ולא שתיה וכו'] ובלע המות לנצח (ישעי' כ"ה,ח'), אך אכילה ושתיה רוחניים היינו לדבר ה' - לא זו בלבד שלא יתבטלו, אלא יהיו ביתר שאת ויתר עז בחינת ויענך וירעיבך ויאכילך את המן (דברים ח',ג') דהוא בחינת דבר ה', ומשיח צדקנו ילמדנו תורת ה' בבחינת תורה חדשה מאתי תצא (ישעי' נ"א,ד'), ורצה משה רבינו להמיכה כבר עתה בארץ ישראל, ואמר ליה קוב"ה: ר"ב ל"ך - אתה זכית לרב מכך, והן זוכין רק לעתיד לבוא. והנה במקום אחר בארנו ענין י"ב מזלות - י"ב חדשים - י"ב שבטים, בסוד עולם - שנה - נפש עיין שם, ובמקום אחר בארנו ענין י"ב

תנא דבי ר' ישמעאל: בני, אם פגע בך מנוול זה משכהו לבית המדרש, אם אבן הוא נימוח, ואם ברזל הוא מתפוצץ, שנאמר: הלא כה דברי כאש נאם ה' וכפטיש יפוצץ סלע, אם אבן הוא נימוח; שנאמר: הוי כל צמא לכו למים, ואומר אבנים שחקו מים. [ח] **תלמוד בבלי מסכת ברכות דף יז עמוד א:** מרגלא בפומיה דרב: [לא כעולם הזה העולם הבא], העולם הבא אין בו לא אכילה ולא שתיה ולא פריה ורביה ולא משא ומתן ולא קנאה ולא שנאה ולא תחרות, אלא צדיקים יושבין ועטרותיהם בראשיהם ונהנים מזיו השכינה, שנאמר: ויחזו את האלהים ויאכלו וישתו. [ט] **תלמוד בבלי מסכת סנהדרין דף צ עמוד א:** כל ישראל יש להם חלק לעולם הבא, שנאמר ועמך כלם צדיקים לעולם יירשו ארץ נצר מטעי מעשה ידי להתפאר. ואלו שאין להם חלק לעולם הבא: האומר אין תחיית המתים מן התורה ואין תורה מן השמים, ואפיקורוס. רבי עקיבא אומר: אף הקורא בספרים החיצונים, והלוחש על המכה ואומר כל המחלה אשר שמתי במצרים לא אשים עליך כי אני ה' רפאך. אבא שאול אומר: אף ההוגה את השם באותיותיו. שלשה מלכים וארבעה הדיוטות אין להן חלק לעולם הבא. שלשה מלכים: ירבעם, אחאב, ומנשה. רבי יהודה אומר: מנשה יש לו חלק לעולם הבא, שנאמר ויתפלל אליו וישמע תחנתו וישיבהו

העבודה הוא משכן. ג' העמודים האלו מבוארין בג' דרגין שבקרא: מתחלה דרגא דחסד ויקר אל משה מה יקר

גלא עמיקתא

חלק לעולם הבא. פסוקא תנינא: (שמות ט"ו,י"ג): [י]נחית בחסדך עם זו גאלת, נהלת בעזך אל נוה קדשך גימ' (2219) ז"פ "ויקרא" (317) תיבה קדמאה דפסוקא דהאי חבורא יקירא: ויקרא אל משה וכו'. ורמיזא בפסוקא [יא]ג' עמודים עליהם העולם עומד: נחית בחסדך – גמילות חסדים ופשוט כמפורש בקרא "בחסדך" וכו'. נהלת בעזך – תורה ה' עז לעמו יתן ה' יברך את עמו בשלום (תהל' כ"ט,י"א) במתן תורה וכו'. אל נוה קדשך – תפלה כדכתיב (תהל' ה',ח') אשתחוה אל היכל קדשך ביראתך. פסוקא תליתאה: (תהל' ל"ו,ח'): [יב]מה יקר חסדך

ירושלים למלכותו. אמרו לו: למלכותו השיבו, ולא לחיי העולם הבא השיבו. ארבעה הדיוטות - בלעם, ודואג, ואחיתופל, וגחזי. **[י] מכילתא דרבי שמעון בר יוחאי פרק טו:** (יג) נחית בחסדך. חסד שעשית עמנו לא היה בידנו מעשים כענין שנא' חסד ייי אזכיר תהלות ייי וגומ' (שם סג ז) ואומ' חסדי ייי עולם אשירה וגומ' (תה' פט ב) ואמ' חסדך ייי מלאה הארץ וגומ' (שם קיט סד) ואומ' וחסד ייי מעולם עד עולם וגומ' (שם קג יז) ואומ' כי אמרתי עולם חסד וגומ' (שם פט ג). עם זו אף על פי שכל העולם כולו שלך הוא אין לך עם אלא יש' שנא' עם זו יצרתי לי (ישע' מג כא) וכבר היה ר' יושב ודורש שילדה אשה מיש' רבוא ששים בכרס אחת ונענו תלמידיו באותה השעה ואמרו מי גדול צדיק או כל אדם אמ' להן צדיק אמרו לו במה אמ' להן מצינו שילדה יוכבד אמו של משה את משה ששקול כנגד כל יש' וכין מצינו שהיה משה שקול ככל יש' בשעה שאמ' שירה שנא' אז ישיר משה ובני יש' (שמ' טו א). ולא קם נביא עוד בישר' כמשה וגומ' (דב' לד י) ואומ' ככל אשר צוה ייי את משה עבדו וגומ' (יהו' יא טו) ואומ' ששים המה מלכות וגו' ואומ' אחת היא יונתי תמתי וגומ' (שה"ש ו ח - ט). נהלת בעזך. נהלתנו בתוקף אין עזי אלא תוקף שנא' ייי עזי ומעזי וגומ' (ירמ' טז יט) ואומ' ייי עזי ומגני וגומ' (תה' כח ז) ד"א נהלת בעזך בזכות תורה שעתידין לקבל שנא' ייי עוז יתן וגומ' (שם כט יא) ואומ' ועוז מלך משפט וגומ' (תה' צט ד). ד"א נהלת בעזך בזכות בית דוד שעתידין לקבל את המלכות (וגומ') שנא' ייי בעזך וגומ' (שם כא ב) ואומ' ייי עז למו וגו' (שם כח ח) ואומ' ויתן עוז לעמו וגומ' (ש"א ב י) אל נוה קדשך בזכות בית המקדש] שעתידין לבנות שנא' אל נוה קדשך. ואומ' ואת נוהו השמו (תה' עט ז) ואו' חזה ציון וגומ' (ישע' לג כ). סליק פסוקא **[יא] משנה מסכת אבות פרק א:** שמעון הצדיק היה משירי כנסת הגדולה הוא היה אומר על שלשה דברים העולם עומד על התורה ועל העבודה ועל גמילות חסדים. **[יב] שארית ישראל דרוש ח:** בראשית פרק מג [פסוקים יג - יד] וְקוּמוּ שׁוּבוּ אֶל הָאִישׁ: וְאֵל שַׁדַּי יִתֵּן לָכֶם

צרופי הוי' ברוך הוא הנמשכים מר"ת וס"ת ד-י"ב הפסוקים שמהם יוצא הצרוף השולט בכל חודש כמובא בספרים. ומסיים המגלה עמוקות האופן: ואל תוסף דבר אלי עוד בדבר הז"ה, דהיינו: "אתה ויהושע תנחילו ה', ואחר מות יהושע ז'" גימ' (2371) ה' פעמים דע"ת (474) ע"ה, דמשה הוא הדעת, ונצטוה להנחיל הדעת ליהושע בשוה אליו כדי שינחיל אף הוא שנים וחצי שבטים כמותו ממש. וזהו דחושבן תיבין דכתב המגלה עמוקות הכל ברוח קודשו מפי אליהו: "אתה ויהושע תנחילו ה'" גימ' (1312) "אלף (1000) שיב (312)" (1312) בסוד משה דזכה לסוד אל"ף זעירא, וכתיב ביה עלית למרום שבית שב"י (תהל' ס"ח,י"ט), וזהו אל"ף שב"י, וממשיך "ואחר מות" גימ' (661) "האיש משה" דהוא שזכה ל-א' זעירא, ושבה השב"י דהיא התורה הקדושה דקיבלה משה מסיני. "ואחר מות יהושע ז'" גימ' (1059) ג' פעמים "שמחה" (353) והכל הוא בסוד הדע"ת ה' דעת, ולכן "משה יהושע הדעת" גימ' (1215) "אדם" (45) פעמים "זך" (27) דהוא אדם זך, דהתורה הקדושה מזככתו בסוד (סוף קהלת) כי ז"ה כ"ל האד"ם אותיות להז"ך האד"ם.

רַחֲמִים לִפְנֵי הָאִישׁ וְשִׁלַּח לָכֶם אֶת אֲחִיכֶם אתמר במדרש במדבר רבה [שמות רבה פרשת תצוה פרשה לו אות ג]: כי נר מצוה ותורה אור, מהו [כי] נר מצוה אלא כל מי שעושה מצוה כאלו מדליק נר לפני הקדוש ברוך הוא ומחיה את נפשו שנקראת נר שנאמר [משלי כ פסוק כז] נר ה' נשמת אדם, ומהו ותורה אור אלא הרבה פעמים שאדם מחבב לעשות מצוה ויצר הרע שבתוכו אומר מה לך לעשות מצוה ומחסר את נכסיך, עד שאתה נותן לאחרים תן לבניך, ויצר טוב אומר לו תן למצוה ראה מה כתיב כי נר מצוה מה הנר הזה כשהוא דולק אפילו אלף אלפים קנדינים וסבקין מדליקין הימנו אור במקומו, כך כל מי שיתן למצוה אינו מחסר נכסיו, לכך נאמר כי נר מצוה ותורה אור. עד כאן. כאשר חכמים הגידו כי מנורת המאור היא דוגמא לתורה שמאירה לעולם וכמו שנאמר [בבא בתרא כה ע"ב] הר־צה להחכים ידרים ומנורה בדרום, וכן אמרו [ברכות נז ע"א] הרואה שמן בחלום יצפה לחכמה דכתיב כי נר מצוה ותורה אור, וכן אמרו בפרק במה מדליקין [שבת כג ע"ב] אמר רב הונא הרגיל בנר הוין ליה בנים תלמידי חכמים, וכתב רש"י [שם ד"ה בנים] וזו לשונו דכתיב כי נר מצוה על ידי נר מצוה דשבת וחנוכה בא אור דתורה, ואני שמעתי שפירש בזה הרב הקדוש האר"י זצוק"ל כונת הכתוב ואתה תצוה את בני ישראל ויקחו אליך שמן זית זך כתית וכו', דיש לנו לדעת כי לא מצינו בכל הצוויים של נדבת המשכן שאומר ויקחו אליך זהב וכסף ונחושת ותכלת וארגמן זולת בנדבת השמן למנורה שכתב ויקחו אליך, ומה טעם, אך שם רמז לדבר האמור שאמר הקדוש ברוך הוא למשה ואתה תצוה את בני ישראל ויקחו אליך, כלומר אם רוצים בני ישראל לקחת להם בנים הגונים תלמידי חכמים מאירים לעולם כמוך כאשר הדבר ידוע דמשה רומז לתלמידי חכמים כמו שנאמר בגמרא [ביצה לח ע"ב] משה שפיר קאמרת, הסגולה לדבר הזה הוא שמן זית זך כתית למאור של מצוה, כך שמעתי משמו של קדוש מדבר [פני דוד להחיד"א פרשת תצוה ס"ק ה ד"ה ובזה אפשר]. ובזה אני מפרש כונת הכתוב [תהילים פרק לו פסוק י] כי עמך מקור חיים באורך נראה אור, מה כתיב למעלה [שם פסוקים ח - ט] מזה מה יקר חסדך אלהים ובני אדם בצל כנפיך יחסיון ירויון מדשן ביתך ונחל עדניך תשקם, שידוע שתכלית השכר מכל יגיעת האדם בעולם הזה במצוות ומעשים טובים הוא להיות זוכה ליהנות מזיו השכינה, ואם לא זכה האדם להשלים חקו בעולם הזה אם זכה לבן הגון ירא אלקים עובד את ה' ובפרט אם הוא תלמיד חכם הבן ההוא מביאו לחיי העולם הבא ועולה נשמת אביו על ידי מעשיו הטובים ליהנות מזיו השכינה. זהו אמרו מה יקר חסדך אלקים, כלומר דמה יקר וחשוב חסד אל עם ברואיו ובני אדם בצל כנפיך יחסיון, כדאמרן תכלית שכר בני אדם הוא זה ליהנות מזיו השכינה, ירויון מדשן ביתך ונחל עדניך תשקם, שהרי עמך מקור חיים וזה חסדו אשר עשה עמנו ה' יתברך, באורך נראה אור כלומר אשר קדשנו במצותיו וצונו להדליק נרות של מצוה, וזהו באורך ועל ידי זה נוכל לראות אור דהיינו שיהיו לנו בנים תלמידי חכמים ועל ידי הבנים ההם נזכה ליהנות מזיו שכינתו, ובזה יתבאר גם כן כונת הכתוב נר לרגלי דבריך ואור לנתיבתי כלומר בזכות הנר של מצוה שאני רגיל בו יבא נא דבריך שתתן לי בנים תלמידי חכמים הגונים וזהו ואור לנתיבתי הדרך נתיבה אל מות והבנים חכמים והגונים יצילוני מדינא של גיהנם באופן כי לפי האמור נרות של מצוה הם דוגמא לתורה בכל פרטיה. [יג] **שמות רבה פרשת יתרו פרשה כח:** ד [כ, א] את כל הדברים האלה לאמר, שהוא עושה את הכל בבת אחת, ממית ומחיה בבת אחת, מכה ורופא בבת אחת, אשה על המשבר יורדי הים והולכי מדברות וחבושי בבית האסורין אחד במזרח ואחד במערב ואחד בצפון וא' בדרום שומע כולן בבת אחת, וכה"א (ישעיה מה) יוצר אור ובורא חשך, עפר כמו כן נהפך לאדם חזר נהפך לעפר,

חסדיך [כלשון הפסוק (תהל' לו,ח) מה יקר חסדך אלהים] שהיא עמוד גמילות חסדים אח"כ וידבר ה' אליו עמוד

גלא עמיקתא

אלהים, ובני אדם בצל כנפיך יחסיון גימ' (1092) ד"פ "אור גנוז" (273) דהוא היקר שנגלה למשה באהל מועד. פסוקא רביעאה: (שמות כ',א'): [יג]וידבר אלהים את כל הדברים האלה לאמר גימ'

התורה וידבר אלהים את כל הדברים [כמ"ש בתחלת עשרת הדברות (שמות כ,א) וידבר אלהים את כל הדברים האלה

גלא עמיקתא

(1332) י"ב פעמים "אלף" (111) והוא א' דאנכי אלופו של עולם שכתב רצונו בתורה ועם ישראל קבלו ואמרו נעשה ונשמע, וכפלינן י"ב פעמים לרמוז עם ישראל י"ב שבטי י"ה. ברם הוא נמי חושבן (1332) פסוקא (דברים ג',כ"ג): "ואתחנן אל ה' בעת ההוא לאמר" – דהתפלל משה תקט"ו תפלות כמניין ואתחנן דיומתק דינו ויזכה להיכנס לארץ ישראל – ולא ניתן לו – וכמבואר באריכות בספרו דמרן המג"ע רנ"ב אופנים על ואתחנן, ויהי רצון דנזכה להוציאו מפורש ומבואר בס"ד. פסוקא חמישאה: (ויקרא א',ב'): [יד]דבר אל בני ישראל ואמרת אלהם אדם כי יקריב מכם קרבן לה', מן הבהמה מן הבקר ומן הצאן תקריבו את קרבנכם גימ' (4785) ה"פ "באפיו נשמת חיים" (בראשית ב',ז') ומבואר בדברי מגלה עמוקות בכמה מקומות [עיין באור על א' זעירא דויקרא [טו]אופן נ"ד] ענין נשמה מגולגלת בחיה ומתוקנת בשחיטה. פסוקא שתיתאה:

שנא' (עמוס ה) והופך לבקר צלמות מהו לבקר כתחלתו, בתחלתו מהו אומר (שמות ז) ויהפכו כל המים אשר ביאור לדם, חזר ונהפך הדם למים, בשר חי נהפך למת חזר המת ונהפך לחי, המטה נהפך לנחש חזר הנחש ונהפך למטה, הים נהפך ליבשה חזרה היבשה ונהפכה לים, וכה"א (עמוס ה) הקורא למי הים וגו', וכן דבור זכור את יום השבת לקדשו, ואומר (במדבר כח) וביום השבת שני כבשי' בני שנה, דבור (ויקרא יח) ערות אשת אחיך לא תגלה (דברים כה) כי ישבו אחים יחדו, וכלן אמרן בבת אחת הוי וידבר אלהים את כל הדברים האלה לאמר. **[יד] ספרא ויקרא – דבורא דנדבה פרשה ב סוף פרק ב:** (ד) אדם כי יקריב יכול גזרה תלמוד לומר כי יקריב אינה אלא רשות קרבן לה' כשיקדים הקדש להקרבתו דברי ר' יהודה אמר ר' שמעון מנין שלא יאמר אדם לה' עולה לה' מנחה לה' שלמים אלא יאמר עולה לה' מנחה לה' שלמים לה' ת"ל קרבן לה' והלא דברים קל וחומר ומה אם מי שהוא עתיד להתקדש אמרה תורה לא יזכיר שם שמים אלא על הקרבן על אחת כמה וכמה שאין מזכירים שם שמים לבטלה. **[טו] מגלה עמוקות על ויקרא אופן נ"ד:** גילה הקב"ה למשה שעניין הקרבנות הן על ניצוצות הנשמות טהורות שהם עולים בגלגול מדומם לצומח מצומח לחי שנתגלגל בבהמה מבהמה למדבר שהוא (תהלים לו) אדם ובהמה תושיע ה' וכן בקהלת (קהלת ג) אמרתי על דברת בני אדם לברם אלהים שהקב"ה רוצה לברור הנשמות ובמה מצרפן בהמה המה להם ר"ל שנתגלגל בבהמה ובזה מצורף הנשמה שבתוך בהמה ולפעמים כשמתכוין השוחט בברכת השחיטה כשהנשמה מכוין בעניית אמן על הברכה בזה נתעלית הנשמה שבבהמה כעובדא דהוי בימי אר"י ז"ל שבא לחלום אותו אדם שזרק אבן ראשון על זכריהו וזה סופר מברך ובור יוצא מזה הטעם נקראת שחיטה מלשון זהוב שחוט שהוא פירוש משוך וק"ל (חולין ל:) התיז את ראש בבת אחת נבילה כל שנפסלה בשחיטה איקרי נבילה לפי שהנשמה בתוך הבהמה עדיין הוא תחת מלאך המות ושחיטתו נבילה ועדיין נבל הוא ונבילה עמו אבל צריך להיות השחיטה בהולכה ובהובאה למשוך במשיכת הנפש בתוכה (משלי יב) יודע צדיק נפש בהמתו ע"ד יהי' פי' הפסוק אלף זעירא לקרות ויקר אל משה להוציא יקר מזולל מאוהל מועד על עסקי אוהל מועד שהוצרכו להקריב כל מ' שנה שהיו במדבר זבחי שלמים ונאסרו בשר תאוה מזה הטעם בשחוטי חרץ (ויקרא יז) ונכרתה הנפש ההיא שכל הקרבנות שקריבו היו להוציא יקר מזולל ונתן טעם למה יהיו במדבר הקרבנות דוקא בפתח אוהל מועד לז"א אדם כי יקריב מכם עיקר קרבן הוא מכם על הנשמה התקוע בבהמה ואי

גלא עמיקתא

(בראשית י"ב,ה'): [טז]ויקח אברם את שרי אשתו ואת לוט בן אחיו, ויצאו אתם ללכת ארצה כנען ויבאו ארצה כנען גימ' (8133) עם הכולל: "דוד" (14) פעמים "לב טהור ברא לי אלהים" (581). ורמיזא הגרים שגיירו אברהם ושרה בחינת תינוק שנולד והוא בריה חדשה [עיין בסוגיא ביבמות ס"ב ע"א) [יז]גר שנתגייר כקטן שנולד דמי], וזהו שמתפלל דוד המלך לקב"ה לב טהור ברא לי ברא דייקא- שאהיה אצלך כתינוק שזה עתה נולד בחינת "בני אתה אני היום ילדתיך". והוא כדאמר דוד (תהל' ב',ז') "ה' אמר אלי בני אתה אני היום ילדתיך". 2ועיין מה שבארנו פסוק זה במקומו בפירוש תהלים מזמור ב'. פסוקא שביעאה: (משלי י"א,י"ז): [יח]גמל נפשו איש חסד, ועכר שארו אכזרי גימ' (1933) י"ב פעמים קס"א דהוא שם אהי"ה דיודין – דישראל מושרשים

2. באור תהלים פרק ב': פסוק ז': "אספרה אל חק ה' אמר אלי בני אתה, אני היום ילדתיך" סליק לחושבן (1858) ב"פ "כבד את אביך ואת אמך" ע"ה (929) (שמות כ',י"ב), והוא ב"פ אחד לאב ואחד לאם, וזהו ג' שותפין ביצירת הולד, וכאן בפסוק ה' הוא המדבר- וכדפרש"י הק' אני היום: שהמלכתיך עליהם, ילדתיך: להיות קרוי בני וחביב עלי כבן וכו', ובשלמה (ש"ב ז',י"ב) "אני אהיה לו לאב והוא יהיה לי לבן", והוא נפלא ביותר- דתוכן הפס' איהו קוב"ה דאולד לדוד, ובגימ' ב"פ כבד את אביך ואת אמך דהן אביו ואמו דהולידוהו [ועיין לעיל אופן מ"ד: ג' שותפין הן באדם - הקב"ה ואביו ואמו].

אפשר לאדם שיהי' קרבן לה' לעלות למעלה עד שמתחילה מן הבהמה ומן הבקר תקריבו אזי באותו הפרק הנשמה שהיתה בתוך הבהמה מיכאל כה"ג מקריב אותו למעלה. **[טז] פנים יפות (לר' פנחס הורוויץ זצ"ל) בראשית פרק יב:** ויצאו ללכת ארצה כנען. הנה לא מצינו שהראהו הקדוש ברוך הוא ארץ כנען, והרמב"ן ז"ל כתב, דהיינו בדרך המיוחד לילך לארץ כנען וכו'. ונראה דא"ש לפמ"ש לעיל בפ' נח ויצאו אתם ללכת ארצה כנען, דהיינו שהיה מחשבות לבם ביציאתם מאור כשדים ללכת דוקא לארץ כנען כמ"ש שם, אבל כאן לא היה מחשבתם לארץ כנען דוקא, אלא לפי מה שיראהו הש"י כאשר אמר אשר אראך. ונראה דכיון שאמר השי"ת שיצא מחרן, ולא הודיעו מאיזה צד מארבע רוחות עולם, כמו בעקידה שנאמר [כב, ב] לך לך אל ארץ המוריה, והבין אברהם מדעתו שיסע בדרך המיוחד לארץ כנען, כיון שכבר נדר באור כשדים ואם יראיהו הש"י בדרך או בבואו לארץ, שילך אל ארץ אחרת יפנה משם דרך אחרת, וכשהגיע אל ארץ כנען נגלה אליו הש"י שזה המקום הקבוע לו לזרעו, וז"ש לו לזרעך אתן את הארץ.

[יז] תלמוד בבלי מסכת יבמות דף סב עמוד א: איתמר: היו לו בנים בהיותו עובד כוכבים ונתגייר, ר' יוחנן אמר: קיים פריה ורביה, וריש לקיש אמר: לא קיים פריה ורביה. רבי יוחנן אמר קיים פריה ורביה, דהא הוו ליה; וריש לקיש אמר לא קיים פריה ורביה, גר שנתגייר - כקטן שנולד דמי. ואזדו לטעמייהו, דאיתמר: היו לו בנים בהיותו עובד כוכבים ונתגייר, רבי יוחנן אמר: אין לו בכור לנחלה, דהא הוה ליה ראשית אונו; וריש לקיש אמר: יש לו בכור לנחלה, גר שנתגייר - כקטן שנולד דמי. וצריכא, דאי אשמעינן בההיא קמייתא, בההיא קאמר רבי יוחנן, משום דמעיקרא נמי בני פריה ורביה נינהו, אבל לענין נחלה דלאו בני נחלה נינהו - אימא מודי ליה לריש לקיש; ואי איתמר בהא, בהא קאמר ריש לקיש, אבל בההיא - אימא מודה ליה לר' יוחנן, צריכא. איתיביה ר' יוחנן לר"ל: בעת ההיא שלח בראדך בלאדן בן בלאדן מלך בבל וגו'! א"ל: בהיותן עובדי כוכבים אית להו חייס, נתגיירו לית להו חייס. אמר רב: הכל מודין בעבד - שאין לו חייס, דכתיב: שבו לכם פה עם החמור, עם הדומה לחמור. מיתיבי: ולציבא חמשה עשר בנים ועשרים עבדים! אמר רב אחא בר יעקב: כפר בן בקר. א"ה, ה"נ! שאני התם, דיחסינהו בשמייהו ובשמא דאבוהון, והכא לא מפרש. ואיבעית אימא: יחסינהו בדוכתא אחריתי באבוהון ובאבא דאבוהון, דכתיב: וישלחם המלך אסא אל בן הדד בן טברימון בן חזיון מלך ארם היושב בדמשק לאמר. **[יח] ילקוט שמעוני תורה פרשת נשא רמז תשי:** או אפילו אמר הריני נזיר מאה יום אם גלח יום שלשים

ואחד יצא, ת"ל עד מלאת הימים ועדיין לא מלאו אין לי אלא מי שיש הפסק לנזירותו נזיר עולם מנין, ת"ל כל ימי נזרו קדוש הוא [ו, ח] להביא את נזיר עולם, קדוש יהיה זו קדושת שער, או אינו אלא קדושת הגוף כשהוא אומר קדוש הוא לה' הרי קדושת הגוף אמור, הא מה ת"ל קדוש יהיה זו קדושת שער, קדוש יהיה למה נאמר, לפי שהוא אומר וגלח הנזיר פתח אהל מועד, אין לי אלא המגלח כמצותו ששערו אסור ואוסר, גלחוהו ליסטין מנין, ת"ל קדוש יהיה מ"מ, קדוש יהיה למה נאמר, לפי שהוא אומר גדל פרע שער ראשו אין לי אלא מי שיש לו שער שינהוג בו קדושה את שאין לו שער מנין, ת"ל קדוש יהיה מ"מ, דברי רבי יאשיה, רבי יונתן אומר אינו צריך שהרי כבר נאמר כי נזר אלהיו על ראשו בין שיש לו שער בין שאין לו שער, הא מה ת"ל קדוש יהיה, לענין שאמרנו, סתם נזירות שלשים יום, מנא ה"מ אמר רב מתנא אמר קרא קדוש יהיה, יהי"ה בגימטריא תלתין הוי, בר (קפרא) [פדא] אמר כנגד נזיר נזרו האמור בתורה שלשים חסר אחת, ורב מתנא נמי נייליף מנזיר [נזרו, א"ל] הנהו נזירות לדרשא, מיין ושכר יזיר, לאסור יין מצוה כיין רשות, נדר נזיר מלמד שנזירות חל על נזירות, ובר (קפרא) [פדא] אמר לך ליכא חד מנהון דלאו לדרשא [אלא] מדההוא למנינא כולהו נמי למנינא, תנן התם סתם נזירות שלשים יום, בשלמא לרב מתנא ניחא, אלא לבר (קפרא) [פדא] קשיא, אמר לך איידי דאיכא יום (קמא) תלתין (יומי) דמגלח ומייתי קרבן דהוה ליה כפרה משום הכי תנא שלשים, המקדש בשער נזיר אינה מקודשת מנלן, דא"ק קדוש יהיה גדל פרע גידולו יהא קדוש, אי מה קודש תופס דמיו ויוצא לחולין אף שער נזיר נמי, מי קרינן קודש קדוש קרינן, אמר שמואל כל היושב בתענית נקרא חוטא שנאמר וכפר עליו מאשר חטא על הנפש, וכי באיזה נפש חטא, אלא לפי שציער עצמו מן היין, והלא דברים ק"ו, ומה זה שלא ציער עצמו אלא מן היין נקרא (קדוש) [חוטא] המצער עצמו מכל דבר עאכ"ו, [ר' אלעזר אומר נקרא קדוש שנא' קדוש יהיה גדל פרע שער ראשו, ומה זה שלא ציער עצמו אלא מדבר אחד נקרא קדוש המצער עצמו מכל דבר על אחת כמה וכמה], ושמואל נמי הא איקרי קדוש, ההוא (דמדכי נפשיה) [אגידול פרע קאי], ולר' אלעזר נמי הא איקרי חוטא, ההוא דמסאב נפשיה, ומי אמר ר' אלעזר הכי, והאמר ר' אלעזר לעולם יראה אדם עצמו כאלו קדוש שרוי בתוך

מעיו שנאמר בקרבך קדוש ולא אבוא בעיר, לא קשיא הא דמצי לצער נפשיה הא דלא מצי, ריש לקיש אמר נקרא חסיד שנאמר גומל נפשו איש חסד וגו', [אמר ר"ל] אין ת"ח רשאי לישב בתענית מפני שממעט במלאכת שמים, בר בי רב דיתיב בתעניתא כלבא ליכול לשירותיה, הרי עלי לשלח פרע הרי זה נזיר, וממאי דהאי שילוח ריבויא הוא, דכתיב שלחיך פרדס רמונים, אימא מידי דעבורי כדכתיב ושולח מים על פני חוצות, תנא פרע פרע יליף, כתיב הכא קדוש יהיה גדל פרע וכתיב התם ופרע לא ישלחו, ואיבעית אימא האי ושולח מים נמי ריבויא הוא כדמשקין ליה מיא לפירא ורבי, הריני נזיר מאה יום אם נטמא יום מאה סותר את הכל, ר' אליעזר אומר אינו סותר אלא שלשים יום, דא"ק זאת תורת הנזיר ביום מלאת, התורה אמרה נטמא ביום מלאת תן לו תורת נזיר, לימא כתנאי עד מלאת הימים, שומע אני מיעוט ימים שנים, ת"ל קדוש יהיה גדל פרע, אין גידול שער פחות משלשים יום דברי רבי יאשיה, רבי [יונתן] אומר אינו צריך [הרי הוא אומר] עד מלאת הימים איזו הן ימים שצריכים למלאות הוי אומר שלשים, מאי לאו רב מתנא דאמר כרבי יאשיה ובר (קפרא) [פדא] דאמר כרבי [יונתן] אמר לך רב מתנא כ"ע שלשים בעינן והכא בעד ועד בכלל פליגי, ר' יאשיה סבר עד ולא עד בכלל ור' [יונתן] סבר עד ועד בכלל, אמר מר איזו הן ימים שצריכין למלאות הוי אומר שלשים, ואימא שבת, שבת מי איכא חסירותא, ואימא שנה, שנה מי מנינן ליומי והכתיב לחדשי השנה, חדשים אתה מונה לשנה ולא ימים לשנה, גדל פרע שער ראשו למה נאמר, לפי שהוא אומר והיה ביום השביעי יגלח את כל שערו אף הנזיר במשמע, הא מה אני מקיים גדל פרע שער ראשו בשאר כל הנזירים חוץ מן המנוגע, או אפילו מנוגע ומה אני מקיים יגלח את כל שערו בשאר כל המנוגעים חוץ מן הנזיר, או אף הנזיר, תלמוד לומר (יגלח אפילו נזיר) גדל פרע שער ראשו (למה נאמר, לפי שהוא אומר והצרוע אשר בו הנגע בגדיו יהיו פרומים) [מכאן אתה למד למצורע שנאמר בו] וראשו יהיה פרוע, פרוע יגדל שער, או אינו אלא פרוע כמשמעו, הרי אתה דן, נאמר כאן פרוע ונאמר להלן פרוע, מה פרוע האמור להלן גידול שער, אף פרוע האמור כאן גידול שער, כל ימי נזרו, לעשות (כל) ימים שלאחר נזירותו כימים שבתוך נזירותו עד הבאת קרבנותיו, או לא יהא חייב עד שישלם נזירותו, הרי אתה דן הואיל ואסור ביין ואסור

לאמר] מאוהל מועד הוא עמוד העבודה [כמ"ש (שמות ל"ג,ז') והיה כל מבקש ה' יצא אל אהל מועד] לז"א (ויקרא א',ב') אדם

גלא עמיקתא

מכתר עליון– וכפלינן י"ב פעמים לקביל י"ב שבטי י"ה שרש לנשמות עם ישראל. והא עם הכולל בחינת פנימיות הכתר שמשפיע בבני ישראל חסד יום ולילה לא ישבותו. **פסוקא תמינאה:** (ויקרא א',א'): [יט]**ויקרא אל משה וידבר ה' אליו מאהל מועד לאמר** גימ' (1455) **אלף תנ"ה** (מש"ה במלוי יודין) – **פסוקא דנן דפותח ספר ויקרא. פסוקא תשיעאה:**

בתגלחת, אם למדתי ליין שעשה ימים שלאחר נזירותו כימים שבתוך נזירותו עד הבאת קרבנות, אף תגלחת נעשה בה ימים שלאחר נזירותו כימים שבתוך נזירותו עד הבאת קרבן, ועוד ק"ו ומה היין שאינו (מותר) [סותר] עשה בו ימים שלאחר נזירותו כימים שבתוך נזירותו עד הבאת קרבן, תגלחת שמותרת אינו דין שנעשה בה ימים שלאחר נזירותו כימים שבתוך נזירותו עד הבאת קרבן, לא אם אמרת ביין שלא הותר מכללו, לפיכך עשה בו ימים שלאחר נזירותו כימים שבתוך נזירותו עד הבאת קרבן, תאמר בתגלחת שהותרה מכללה לפיכך לא נעשה בה ימים שלאחר נזירותו כימים שבתוך נזירותו עד הבאת קרבן, הרי טומאה תוכיח שהותרה מכללה ועשה בה ימים שלאחר נזירותו כימים שבתוך נזירותו עד הבאת קרבן, והיא תוכיח לתגלחת שאע"פ שהותרה מכללה נעשה בה ימים שלאחר נזירותו כימים שבתוך נזירותו עד הבאת קרבן, לא אם אמרת בטומאה שהיא סותרת את הכל לפיכך עשה בה ימים שלאחר מלאת כימים שבתוך מלאת עד הבאת קרבן, תאמר בתגלחת שאינה סותרת את הכל לפיכך לא נעשה בה ימים שלאחר מלאת כימים שבתוך מלאת עד הבאת קרבן, לא זכיתי מן הדין, ת"ל ואחר ישתה הנזיר יין, וכי הנזיר שותה יין, אלא מופנה לדון להקיש גזרה שוה, נאמר כאן נזיר ונאמר להלן נזיר, מה נזיר האמור להלן עשה בו ימים שלאחר נזירותו כימים שבתוך נזירותו עד הבאת קרבן, אף נזיר האמור כאן עשה ימים שלאחר נזירותו כימים שבתוך נזירותו עד הבאת קרבן גדל פרע שער ראשו למה נאמר, לפי שהוא אומר עד מלאת הימים שאם אמר הריני נזיר סתם קורא אני עליו עד מלאת הימים, שומע אני מיעוט ימים שנים, ת"ל גדל פרע שער ראשו, כמה הוא גידול פרע אין פחות משלשים יום, אבל מחדש ולמעלה (או) [אף] חדש ויום אחד או חדש ושני ימים

[יט] גבורת ארי מסכת יומא דף ד עמוד א: תניא כוותיה דריש לקיש הקשו התוס' דילמא ר' יוחנן נמי כרבי יוסי הגלילי סבירא ליה אלא דלא גמיר פרישת דורות מסיני דהוי וי"ו ימים אלא ממילואים דהוי ז' ימים. ותירצו כיון דאמר ר"א בסמוך ויקרא אל משה משה וכל ישראל עומדים אלמא דריש ליה לקרא כרבי עקיבא מסתמא משמיה דר' יוחנן רביה אמרה. וזה התירוץ אין לו שחר. ועוד קשה אפילו תאמר דר' יוחנן נמי דריש לקרא כרבי עקיבא אפילו הכי בהא ענינא דפרישה רבי יוסי הגלילי נמי מודה דאף על גב דבסיני לא היה פרישה אלא ששה אפילו הכי יש למילף ממילואים דהוי שבעה והשתא הוי ריש לקיש דלא כמאן ועוד קשה אפילו פרישת ששה מנא ליה לריש לקיש דרבי יוסי הגלילי גמר מסיני לדורות דהא לתנא דלעיל דגמר ממילואים אי לאו קרא דלכפר אף על גב שהיה פרישה במילואים לא גמרינן לדורות מיניה ואף על גב שהתוס' פירשו לעיל גבי הא דאמר ריש לקיש זה בנה אב כל הנכנס למחנה שכינה טעון פרישה ששה דנפקא ליה מיתורא דקרא דויכסהו הענן ו' ימים אלא לדורות אם כן לרבי עקיבא האי ויכסהו למה לי ובע"כ או דדרש לדרשא אחרינא או דלא משמע ליה כלל הכא נמי יש לומר כן לרבי יוסי הגלילי אבל מפירוש רש"י יש ללמוד תירוץ לכל זה דפירש בהא דאר"נ לא בא אלא למרק אכילה ושתיה שבמעיו להיות כמלאכי השרת דר"נ סבירא ליה כרבי יוסי הגלילי דפרישה למשה היה אך לא ללמוד מכאן לשאר נכנסין למחנה שכינה פרישה שלא היה פרישה זו אלא שבוי"ו ימים נתמרקה אכילה ושתיה שבמעיו אבל בעלמא לא בעינן מירוק מכלל דרבי יוסי הגלילי פליג עליו וסבירא ליה דילפינן מיניה פרישה לדורות נמי לכל הנכנס במחנה שכינה ועוד יש לומר דהכל ניחא ולא קשה מידי דהא בההיא

כי יקריב שהן הן ג' קטרין של אדם שהם נפש רוח נשמה: נפש הוא עמוד ג"ח דאיתמר גבי אברהם ואת הנפש אשר

גלא עמיקתא

(במדבר כ"ד,ה'): [כ]**מה טבו אהליך יעקב משכנתיך ישראל** גימ' (1691) "חוה" (19) פעמים "חנוכה" (89). רמיזא שמירת הברית דיעקב מטתו היתה שלמה תביא לגאולה וגילוי אור הגנוז דחנוכה בחינת אלף השמיני ענין שמונת נרות דחנוכה, ותקון חטא חוה ואדם, דעיקרו פגם הברית כדאמרו חז"ל (יבמות קג:) [כא]**בא ס"מ על חוה והטיל בה זוהמא**, והתבאר לקמן בס"ד.

תניא כוותיה דר' יוחנן לעיל קאמר בזאת במה שאמור בענין במקום אחר ודייק לה מדלא כתיב בזה או באלה ובודאי בכל מקום קיימא לן תפסת מרובה לא תפסת תפסת מועט תפסת והשתא לרבי יוסי הגלילי דסבירא ליה דהוה פרישה בסיני אין לנו ללמוד מבזאת אלא פרישה היותר מועטת שמצינו במקום אחר וע"כ אינה אלא ששה ימים כשל סיני ולא ז' ימים כשל מילואים דתפסת מרובה לא תפסת והיינו כריש לקיש אבל האי דתניא כוותיה דר"י סבירא ליה דויכסהו הענן להר ולא למשה וכיון דבסיני לא היה כלל פרישה ע"כ בזאת במה שאמור בענין אינו אלא מילואים אם כן צריך פרישה ז' ימים כמו התם: **[כ] של"ה פרשת ויקהל פקודי תורה אור:** ו. ועיין מאמר ארוך ברבתי פרשת תרומה (שמות רבה פל"ג ס"ד), דבר אחר 'ויקחו לי תרומה' (שמות כה, ב), רבי ברכיה פתח, 'לך ה' הגדלה והגבורה [וגו'] כי כל בשמים ובארץ' (דברי הימים - א כט, יא), אתה מוצא כל מה שברא הקדוש ברוך הוא למעלן ברא למטן. למעלן זבול וערפל, שנאמר (ישעיה סג, טו) 'וראה מזבול קדשך', ערפל 'ומשה נגש אל הערפל' (שמות כ, יח), וכתיב (איוב כב, יג) 'הבעד ערפל ישפוט'. למטן, 'אז אמר שלמה ה' אמר לשכן בערפל' (מלכים - א ח, יב), וכתיב (שם שם, יג) 'בנה בניתי [בית] זבל לך'. למעלן 'שרפים עמדים ממעל לו' (ישעיה ו, ב), למטן 'עצי שטים עמדים' (שמות כו, טו). למעלן כרובים שנאמר (ישעיה לז, טז) 'ישב הכרבים', למטן 'ויהיו הכרבים' (שמות לז, ט). למעלן 'והאופנים ינשאו לעמתם' (יחזקאל א, כ), למטן 'ומעשה האופנים כמעשה אופן המרכבה' (מלכים - א ז, לג), וכן 'והנה אופן אחד בארץ' (יחזקאל א, טו). למעלן 'ידו"ד בהיכל קדשו' (תהלים יא, ד), למטן 'היכל ה'' (שמואל - א א, ט). למעלן 'מלכי צבאות ידדון' (תהלים סח, יג), למטן 'יצאו כל צבאות ה'' (שמות יב, מא). למעלן 'יהי־רקיע בתוך המים' וגו' (בראשית א, ו), למטן 'והבדילה הפרכת לכם' (שמות כו, לג). למעלן 'כסא ה'' (ירמיה ג, יז), למטן 'כסא כבוד מרום מראשון מקום מקדשנו' (שם יז, יב). למעלן 'היש מספר לגדודיו' (איוב כה, ג), למטן 'ושני אנשים שרי גדודים' (שמואל - ב ד, ב). למעלן 'וספר הכוכבים' (בראשית טו, ה), למטן 'והנכם היום ככוכבי השמים לרב' (דברים א, י). למעלן 'והנה האיש לבוש הבדים' (יחזקאל ט, יא), למטן 'כתנת בד קודש [ילבש'] (ויקרא טז, ד). למעלן 'חנה מלאך ה'' (תהלים לד, ח), ולמטן 'כי מלאך ה' צבאות הוא' (מלאכי ב, ז). למעלן 'במלקחים לקח מעל המזבח' (ישעיה ו, ו), ולמטן 'מזבח אדמה תעשה לי' (שמות כ, כא). למעלן 'וימתחם כאהל לשבת' (ישעיה מ, כב), למטן 'מה טבו אהליך יעקב' (במדבר כד, ה). למעלן 'נוטה שמים כיריעה' (תהלים קד, ב), ולמטן 'עשר יריעת' (שמות כו, א). למעלן 'ונהירא עמה שרא' (דניאל ב, כב), למטן 'שמן זית זך כתית למאור' (שמות כז, כ). ולא עוד אלא שחביבין כל מה שלמטה משל מעלן, תדע לך שהניח מה שלמעלן וירד בשלמטן, שנאמר (שם כה, ח) 'ועשו לי מקדש ושכנתי בתוכם', הוי 'כי כל בשמים ובארץ' (דברי הימים - א כט, יא), ואומר (חגי ב, ח) 'לי הכסף ולי הזהב (אמר) [נאם] ה' צבאות' (עכ"ד המדרש). הרי שחשב הרבה דברים שלא נאמרו לכאן, ועיין בבחיי דלעיל (אות ה) שגם כן חשיב הרבה דברים. עוד קשה במה שכתבו מכוון נגד כו', מאי בעי הכי. **[כא] תלמוד בבלי מסכת יבמות דף קג עמוד ב:** בשלמא התם - דלמא מדכר ליה שמא דעבודת כוכבים, אלא הכא מאי רעה איכא? דקא שדי בה זוהמא, דא"ר יוחנן: בשעה שבא נחש על חוה הטיל בה זוהמא, ישראל

עשו בחרן (בראשית י"ב,ה') **גומל נפשו איש חסד** (משלי י"א,י"ז) **רוח וידבר ה' אליו לקביל יצחק שמסיטרא** [פירוש

גלא עמיקתא

פסוקא עשיראה: (שיר השירים ה',ו'): [כב]**פתחתי אני לדודי ודודי חמק עבר נפשי יצאה בדברו בקשתיהו ולא מצאתיהו קראתיו ולא ענני** גימ' (4569) ח"פ "אני הוי' מקדשם" (571) עם הכולל (ויקרא כ"ב,ט') [כג]דעל כל דבור ודבור פרחה נשמתן והחזירה להם הקב"ה בטל

שעמדו על הר סיני - פסקה זוהמתן, עובדי כוכבים שלא עמדו בהר סיני - לא פסקה זוהמתן. [כב] **מדרש תנחומא פרשת ויקרא:** [א] ויקרא אל משה וגו' (ויקרא א א). זש"ה ברכו ה' מלאכיו גבורי כח עושי דברו (תהלים קג כ), ברכו ה' מלאכיו, אלו הנביאים שנקראו מלאכים, שנאמר וישלח מלאך ויוציאנו ממצרים (במדבר כ טז), וכן הוא אומר ויהיו מלעיבים במלאכי האלהים וגו' (דברי הימים ב' לו טז). ור' הונא בשם ר' אחא אמר אילו ישראל, שהוא אומר גבורי כח עושי דברו לשמוע בקול דברו (תהלים קג כ), שהקדימו עשיה לשמיעה. ר' יצחק נפחא אמר אילו שומרי שביעית, ולמה נקראו גבורי כח, כיון שרואה שדהו מובקרת, ואילנותיו מובקרין, והסייגין מופרצין, ורואה פירותיו נאכלין, וכובש יצרו ואינו מדבר, ושנו רבותינו ואיזהו גבור הכובש את יצרו. ר' תנחום בן חנילאי אומר גבורי כח, זה משה, שאין גבור כח כמשה, שישראל עמדו לפני הר סיני ולא יכלו לשמוע קול הדבור, שנאמר אם יוספים אנחנו לשמוע את קול ה' אלהינו עוד ומתנו (דברים ה כב), ומשה לא ניזק, ללמדך שגדולים צדיקים יותר ממלאכי השרת, שמלאכי השרת אינן יכולין לשמוע קולו, אלא עומדין ומרתחין ונבהלים, והצדיקים יכולין לשמוע קולו, שנאמר וה' נתן קולו לפני חילו כי רב מאד מחנהו (וכי) [כי] עצום (עושי) [עושה] דברו (יואל ב יא), מחנהו אלו המלאכים, שנאמר מחנה אלהים זה (בראשית לב ג), וכן הוא אומר אלף אלפין ישמשוניה (דניאל ז י), ומי קשה מהם הצדיקים, שנאמר כי עצום (עושי) [עושה] דברו (יואל שם /ב' י"א/), זה צדיק שעשה דברו, ואיזה זה משה, שאמר לו [הקדוש ברוך הוא] עשה משכן, ונזדרז ועשאו, והיה עומד לעצמו מבחוץ, שהיה מתיירא לבא אל אהל מועד, שנאמר ולא יכול משה לבא אל אהל מועד וגו', כי ענן ה' על המשכן (שמות מ לה לח), אמר הקדוש ברוך הוא אינו דרך משה שנצטער במשכן יהא עומד מבחוץ ואני עומד מבפנים, אלא הריני קורא אותו שיכנס, לכך כתיב ויקרא אל משה, הוי קשה כחן של צדיקים שיכולין לשמוע את קולו, וכן כתיב בשמואל, ויבא ה' ויתיצב ויקרא כפעם בפעם שמואל שמואל [ויאמר דבר כי שומע עבדך] (שמואל א' ג י), לפיכך אמר דוד גבורי כח עושי דברו לשמוע בקול דברו, ואם תאמר כשהיה מדבר עם משה בקול נמוך היה מדבר, לפיכך היה יכול לשמוע, לא היה מדבר אלא בקול מתן תורה ששמעו את קולו ומתו בדבור ראשון, דכתיב אם יוספים אנחנו וגו' (דברים ה כב), וכן הוא אומר נפשי יצאה בדברו (שיר השירים ה ו), ומנין שבקול מתן תורה היה מדבר, שכן הוא אומר קול ה' בכח קול ה' בהדר [קול ה' שובר ארזים] (תהלים כט ד ה). וכן הוא אומר ובבא משה אל אהל מועד לדבר אתו וישמע את הקול מדבר אליו (במדבר ז פט), קול שהיה שומע במתן תורה, (קול ה' שובר ארזים), וכן היה מדבר על כל דבור ודבור, ועל כל אמירה ואמירה, שמא תאמר ישראל היו שומעים את הקול מבחוץ, תלמוד לומר וישמע [את הקול], הוא היה שומע את הקול בלבד, וכי מאחר שבקול גבוה היה מדבר, למה לא היו שומעין, לפי שגזר הקדוש ברוך הוא על הדבור שיצא וילך אצל משה ועשה לו הקדוש ברוך הוא שביל, שבו יצא הדבור עד שיגיע למשה, ולא נשמע לכאן ולכאן, שנאמר לעשות לרוח משקל (איוב כח כה), שכל דבור שיוצא מפי הקדוש ברוך הוא [הכל במשקל], וכן הוא אומר ודרך לחזיז קולות (שם שם /איוב כ"ח/ כו), שעשה לו הקדוש ברוך הוא דרך לאותו הקול שיוצא אצל משה בלבד, שנאמר ויקרא אל משה וידבר ה' אליו, אליו היה נשמע ולא לאחר, לכך נאמר גבורי כח עושי דברו. [כג] **תניא ליקוטי אמרים פרק לו:** ונודע שימות המשיח ובפרט כשיחיו המתים הם תכלית ושלימות בריאות עולם הזה שלכך נברא מתחילתו* וגם כבר היה לעולמים

מעין זה בשעת מתן תורה כדכתי' אתה הראת לדעת כי ה' הוא האלהים אין עוד מלבדו הראת ממש בראיה חושיית כדכתיב וכל העם רואים את הקולות רואים את הנשמע ופי' רז"ל מסתכלים למזרח ושומעין את הדבור יוצא אנכי כו'. וכן לארבע רוחות ולמעלה ולמטה וכדפי' בתיקונים דלית אתר דלא מליל מיניה עמהון כו' והיינו מפני גילוי רצונו ית' בעשרת הדברות שהן כללות התורה שהיא פנימית רצונו ית' וחכמתו ואין שם הסתר פנים כלל כמ"ש כי באור פניך נתת לנו תורת חיים ולכן היו בטלים במציאות ממש כמארז"ל שעל כל דיבור פרחה נשמתן כו' אלא שהחזירה הקדוש ברוך הוא להן בטל שעתיד להחיות בו את המתים והוא טל תורה שנקרא עוז כמארז"ל כל העוסק בתורה טל תורה מחייהו כו' רק שאח"כ גרם החטא ונתגשמו הם והעולם עד עת קץ הימין שאז יזדכך גשמיות הגוף והעולם ויוכלו לקבל גילוי אור ה' שיאיר לישראל ע"י התורה שנקר' עוז ומיתרון ההארה לישראל יגיה חשך האומות גם כן כדכתיב והלכו גוים לאורך וגו' וכתיב בית יעקב לכו ונלכה באור ה' וכתיב ונגלה כבוד ה' וראו כל בשר יחדיו וגו' וכתיב לבוא בנקרת הצורים ובסעיפי הסלעי' מפני פחד ה' והדר גאונו וגו' וכמ"ש והופע בהדר גאון עוזך על כל יושבי תבל ארצך וגו'. [כד] **מסכתות קטנות מסכת אבות דרבי נתן נוסחא א פרק ב:** זה אחד מהדברים שעשה משה מדעתו דן ק"ו והסכים דעתו לדעת המקום. [פירש מן האשה והסכימה דעתו לדעת המקום. פירש מאהל מועד והסכימה דעתו לדעת המקום. שבר את הלוחות והסכימה דעתו לדעת המקום]: פירש מן האשה והסכימה דעתו לדעת המקום כיצד אמר מה אם ישראל שלא נתקדשו אלא לפי שעה ולא נזדמנו אלא כדי לקבל עליהם עשרת הדברות מהר סיני אמר לי הקדוש ברוך הוא לך אל העם וקדשתם היום ומחר (שמות י"ט י') ואני שאני מזומן לכך בכל יום ויום ובכל שעה [ושעה] ואיני יודע אימתי מדבר עמי או ביום או בלילה על אחת כמה וכמה שאפרוש מן האשה והסכימה דעתו לדעת המקום. רבי יהודה בן בתירא אומר לא פירש משה מן האשה אלא שנאמרה לו מפי הגבורה שנאמר פה אל פה אדבר בו (במדבר י"ב ח') פה אל פה אמרתי לו פרוש מן האשה ופירש. י"א לא פירש משה מן האשה עד שנאמר לו מפי הגבורה שנאמר לך אמור להם שובו לכם לאהליכם (דברים ה' כ"ז) וכתיב ואתה פה עמוד עמדי (שם כ"ח) חזר לאחוריו ופירש והסכימה דעתו לדעת המקום: פירש מאהל מועד כיצד אמר ומה אהרן אחי שמשוח בשמן המשחה ומרובה בבגדים ומשתמש בהם בקדושה אמר לו הקדוש ברוך הוא דבר אל אהרן אחיך ואל יבא בכל עת אל הקודש (ויקרא טז ב') אני שאני מזומן לכך על אחת כמה וכמה שאפרוש מאהל מועד פירש מאהל מועד והסכימה דעתו לדעת המקום: שבר את הלוחות כיצד אמרו בשעה שעלה משה למרום לקבל את הלוחות שהן כתובות ומונחות משששת ימי בראשית שנאמר והלחות מעשה אלהים המה והמכתב מכתב אלהים הוא חרות על הלחות (שמות ל"ב ט"ז). אל תקרי חרות אלא חירות שכל מי שעוסק בתורה הרי הוא בן חורין לעצמו. באותה שעה היו מלאכי השרת קושרין קטיגור על משה והיו אומרים רבש"ע מה אנוש כי תזכרנו ובן אדם כי תפקדנו ותחסרהו מעט מאלהים וכבוד והדר תעטרהו תמשילהו כמעשה ידיך כל שתה תחת רגליו צנה ואלפים כלם גם בהמות שדי צפור שמים ודגי הים וגו' (תהלים ח' ה') היו מרננים אחריו של משה והיו אומרים מה טיבו של ילוד אשה שעלה למרום שנאמר עלית למרום שבית שבי לקחת מתנות (תהלים ס"ח י"ט). נטלן וירד והיה שמח שמחה גדולה כיון שראה אותו סרחון שסרחו במעשה העגל אמר היאך אני נותן להם את הלוחות מזקיקני אותן למצות חמורות ומחייבני אותן מיתה לשמים שכן כתוב בהן לא יהיה לך אלהים אחרים על פני (שמות כ' ג') חזר לאחוריו וראו אותו שבעים זקנים ורצו אחריו הוא אחז בראש הלוחות והן אחזו בראש הלוחות חזק כחו של משה מכולן שנאמר ולכל היד החזקה ולכל המורא הגדול אשר עשה משה לעיני כל ישראל (דברים ל"ד י"ב) נסתכל בהן וראה שפרח כתב מעליהן אמר היאך אני נותן להם לישראל את הלחות שאין בהן ממש אלא אאחוז ואשברם שנאמר ואתפוש בשני הלחות ואשליכם מעל שתי ידי ואשברם (דברים ט' י"ז). רבי יוסי הגלילי אומר אמשול לך משל למה הדבר דומה למלך בשר ודם

מסיטרא דיצחק שהוא גבורה] נתנה התורה [כד]מפי הגבורה לקביל רוח כי בשעת מתן תורה נפשי יצאה בדברו (שיר

שאמר לשלוחו צא וקדש לי נערה יפה וחסידה ומעשיה נאין הלך אותו שליח וקדשה. לאחר שקדשה הלך ומצאה שזינתה עם אחר מיד היה דן ק"ו מעצמו ואמר אם אני נותן לה כתובה מעכשיו נמצא מחייבה מיתה ונפטרנה מאדוני לעולם. כך היה משה הצדיק דן ק"ו מעצמו אמר האיך אני נותן להם לישראל את הלחות הללו מזקיקני אותן למצות חמורות ומחייבני אותן מיתה שכך כתוב בהן זובח לאלהים יחרם בלתי לה' לבדו (שמות כ"ב י"ט) אלא אאחוז בהן ואשברם וחוזרן למוטב שמא יאמרו ישראל היכן הלחות הראשונות אשר הורדת אין דברים אלא בדאי. רבי יהודה בן בתירא אומר לא שבר משה את הלחות אלא שנאמר לו מפי הגבורה שנאמר פה אל פה אדבר בו (במדבר י"ב ח') פה אל פה אמרתי לו שבר את הלחות. וי"א לא שבר משה את הלחות אלא שנאמר לו מפי הגבורה שנאמר וארא והנה חטאתם לה' אלקיכם (דברים ט' ט"ז) אינו אומר וארא אלא שראה שפרח כתב מעליהם. אחרים אומרים לא שבר משה את הלחות אלא שנאמר לו מפי הגבורה שנאמר ויהיו שם כאשר צוני אינו אומר צוני אלא שנצטוה ושברן. רבי אלעזר בן עזריה אומר לא שבר משה את הלחות אלא שנאמר לו מפי הגבורה שנאמר אשר עשה משה לעיני כל ישראל (שם ל"ד י"ב) מה להלן נצטוה ועשה אף כאן נצטוה ועשה. רבי עקיבא אומר לא שבר משה את הלחות אלא שנאמר לו מפי הגבורה שנאמר ואתפוש בשני הלחות (שם ט' י"ז) במה אדם תופס במה שיכול לבוראי. רבי מאיר אומר לא שבר משה את הלחות אלא שנאמר לו מפי הגבורה שנאמר אשר שברת (שם י' ב') יישר כוחך ששברת

[כה] פתח אליהו תקו"ז הקדמה דף יז עמוד ב: עלאין שמעו אינון דמיכין דחברון ורעיא מהימנא אתערו משנתכון הקיצו ורננו שוכני עפר אלין אינון צדיקייא דאינון מסטרא דההוא דאתמר בה אני ישנה ולבי ער ולאו אינון מתים ובגין דא אתמר בהון הקיצו ורננו וכו' רעיא מהימנא אנת ואבהן הקיצו ורננו לאתערותא דשכינתא דאיהי ישנה בגלותא דעד כען צדיקייא כלהו דמיכין ושינתא בחוריהן מיד שכינתא יהיבת תלת קלין לגבי רעיא מהימנא ויימא ליה קום רעיא מהימנא דהא עלך אתמר קול דודי דופק לגבאי בארבע אתוון דיליה ויימא בהון פתחי לי אחותי רעיתי יונתי תמתי דהא תם עונך בת ציון לא יוסיף להגלותך שראשי נמלא טל מאי נמלא טל אלא אמר קודשא בריך הוא אנת חשיבת דמיומא דאתחרב בי מקדשא דעאלנא בביתא דילי ועאלנא בישובא לאו הכי דלא עאלנא כל זמנא דאנת בגלותא הרי לך סימנא שראשי נמלא טל ה"א שכינתא בגלותא שלימו דילה וחיים דילה איהו ט"ל ודא איהו יו"ד ה"א וא"ו וה"א איהי שכינתא דלא מחושבן ט"ל אלא יו"ד ק"א וא"ו דסליקו אתוון לחשבן ט"ל מלייא לשכינתא מנביעו דכל מקורין עלאין מיד קם רעיא מהימנא ואבהן קדישין עמיה עד כאן רזא דיחודא.

השירים ה',ו') ונכנס להם הרוח מאוהל מועד מה טובו אהליך יעקב (במדבר כ"ד,ה') שהוא תיקון הנשמה לכן באותו יום

גלא עמיקתא

תחיה. וכפלינן ח' פעמים רמיזא דכשם שהחיה אותן בטל תחיה בהר סיני [כה]כך עתיד להחיותן בטל תחיה באלף השמיני תחית המתים כדכתיב (ישעי' כ"ו,י"ט): "יחיו מתיך נבלתי יקומון, הקיצו ורננו שוכני עפר, כי טל אורות טלך" וכו', ובכאן כפילת ח' פעמים רמיזא ח' נרות דחנוכה, וכדהוה חושבן הפסוק הקודם חו"ה פעמים חנוכ"ה דייקא. והנה כל עשרת הפסוקים יחד גימ' (33478) ב"פ "חוה" (19) פעמים "כי שמש ומגן הוי' אלהים" (881) כדאמר דוד המלך ע"ה (תהל' פ"ד,י"ב–י"ג) "כי שמש ומגן הוי' אלהים, חן וכבוד יתן הוי', לא ימנע טוב להולכים בתמים, הוי' צבאות אשרי אדם בוטח בך". רמיזא תקונא שלים דחוה דחטאה ונקנסה מיתה בעולם דרע נתערב בטוב, ולכן חייבת להיות מיתה וסיום וגם לטוב, כדי שגם הרע לא יהיה נצחי יחד עם הטוב.

[כו] **תלמוד בבלי סוכה דף נב עמוד א:** וספדה הארץ משפחות משפחות לבד משפחת בית דוד לבד ונשיהם לבד. אמרו: והלא דברים קל וחומר. ומה לעתיד לבא - שעוסקין בהספד ואין יצר הרע שולט בהם - אמרה תורה אנשים לבד ונשים לבד, עכשיו שעסוקין בשמחה ויצר הרע שולט בהם - על אחת כמה וכמה. הא הספידא מאי עבידתיה? פליגי בה רבי דוסא ורבנן. חד אמר: על משיח בן יוסף שנהרג, וחד אמר: על יצר הרע שנהרג. בשלמא למאן דאמר על משיח בן יוסף שנהרג - היינו דכתיב והביטו אלי את אשר דקרו וספדו עליו כמספד על היחיד. אלא למאן דאמר על יצר הרע שנהרג - האי הספידא בעי למעבד? שמחה בעי למעבד! אמאי בכו? - כדדרש רבי יהודה: לעתיד לבא מביאו הקדוש ברוך הוא ליצר הרע ושוחטו בפני הצדיקים ובפני הרשעים וכו׳ [כז] **זוהר פרשת פקודי דף רסא עמוד א:** ת״ח היכלא שביעאה דא רזא דמלכא עלאה אתעטר ביה ומתעטרן ביה אבהן כדקאמרן ואתכלילו ביה ועד השתא אתכלילו ובעי לאפקא לון איהו היכלא דא וכד אפיק לון מברכאן (נ״א מתברכאן) בגין האי נערה כדין איהי אחידת בהו בכל אינון ברכאן, ואף על גב דהא אתכלילו היכלין בהיכלין השתא אתאחידו באינון ברכאן כחדא וכד אמר מלך עוזר ומושיע ומגן כדין אפיק לון מברכאן, והאי איהו חד היכלא שביעאה ברזא דשמא קדישא עלאה בוכ״ו, ברכה וחסד כח ומשפט כללא רזא [נ״א דרזא], ורזא דא הוא רזא (ס״א דאיהי) דאהי״ה כללא דכלא, בגין דאלין אתוון כללא דכלא בגין דאלין אתוון אפיקו אלין (ס״א לון) דנפקו מנייהו כללא דאבהן ודא איהו דמתחברא בהדייהו דאקרי ברכה, כיון דאמר בא״י מגן אברהם הא אחידת ברכאן מנייהו ברזא דהיכלא חמשאה אהבה דאיהו ימינא ואיהו חמשאה לאתקשרא ברחימו דברכאן דימינא והכי אצטריך מעילא לתתא לאתברכא [כח] **תלמוד בבלי בבא קמא דף כח עמוד א:** ת״ש: וקצתה את כפה - ממון; מאי לאו בשאינה יכולה להציל ע״י דבר אחר! לא, שיכולה להציל ע״י דבר אחר. אבל אינה יכולה להציל ע״י דבר אחר - פטורה, אי הכי, אדתני סיפא: ושלחה ידה - פרט לשליח ב״ד, לפלוג ולתני בדידה: בד״א - בשיכולה להציל ע״י ד״א, אבל אינה יכולה להציל ע״י דבר אחר - פטורה! ה״נ קאמר: בד״א - בשיכולה להציל ע״י דבר אחר,

אשתלים דיוקנא דאדם לכן אמר (ויקרא א׳,ב׳) אדם כי יקריב ולכך אלף זעירא בגי׳ טרסקל שעד אותו יום היו עולין

גלא עמיקתא

[כו]**ועתידא קוב״ה למשחטיה למלאך המות ובלע המות לנצח, וראו כל בשר** וכו׳ **דכולו טוב ולא היה רע מלכתחילה כלל ועיקר אלא מעיקרא הכל היה רצונו יתברך.** ויש לקשר האי חושבן[3] לבאור עשרת הדברות דיתרו, דסליקו לחושבן אהי״ה [כז]**בוכ״ו** (55) פעמים ״**כי שמש ומגן הוי׳ אלהים**״ (881). ונרמוז עוד: דחושבן עשרת הפסוקים (33478) **איהו** כחושבן: ״**חוה**״ (19) פעמים ״**וקצתה את כפה לא תחוס עינך**״ (1762) (דברים כ״ה, י״ב). דפירשו חז״ל [כח]**וקצתה את כפה– ממון דמי בושתו** (כמובא ברש״י שם) ובאדם וחוה כתיב (בראשית ב׳, כ״ד) ״**ויהיו שניהם ערומים האדם ואשתו ולא יתבוששו**״ ומיד כתיב ״**והנחש היה ערום**״ וכו׳ **וחטאו ונקנסה מיתה לעולם וכו׳.**

3. עשרת הדברות: והנה הני ה׳ דבריא דלוח שמאל יחד סליקו כולהו לחושבן (8154): ״דן״ (54) פעמים ״א-דני אלהים״ (151) - דקו השמאל הוא דין, והן בכללות בין אדם לחברו- ואין הדין נמתק אלא בשרשו [עיין לעיל אופן ל״ח-אין הדין נמתק אלא בשרשו]. וזהו ״דן״ היינו הדינים פעמים קנ״א (151) דהיא הבינה שם א-היה במלוי ההין כזה ״אלף הה יוד הה״ (151) - ותמן ממתקא לדינא, והוא ע״י שמירת הני ה׳ דבריא. ונמשך מדברינו דכל י׳ דבריא דפרשת יתרו סליקו לחושבן (48455): ״א-היה בוכו״ (55) פעמים ״כי שמש ומגן הוי׳ אלהים״ (תהל׳ פ״ד, י״ב) (881). והוא מיתוק הדין בשרשו- בשם א-היה בבינה פנים ואחור- דפנים הוא הפשוט ואחור הוא שם בוכ״ו אתוון דאחרי אתוון א-היה.

אבל אינה יכולה להציל ע"י דבר אחר, נעשה ידה כשליח ב"ד ופטורה. [כט] **זוהר - רעיא מהימנא ויקרא פרשת אמור דף ק עמוד ב:** דפתי סמאל לאדם ארכיב על נחש כמין גמל, תנינן מאן דחמי גמל בחלמיה מיתה נקנסה עליו מלמעלה ואשתזיב מינה, וכלא חד, וכדין אהדר עשו אפטרופוסא דיעקב ויעקב לא בעא דובשיה ועוקציה, יעבר נא אדוני לפני עבדו, כדין וישב ביום ההוא עשו לדרכו אימתי בשעת נעילה דהא אתפרש מעמא קדישא וקודשא בריך הוא שביק לחוביהון וכפר עלייהו, כיון דההוא מקטרגא אזל בההוא דורונא ואתפרש מנייהו בעי קודשא בריך הוא למחדי בבנוי מה כתיב ויעקב נסע סכתה ויבן לו בית וגו', על כן קרא שם המקום סכות, כיון דיתבו בסכות הא אשתזיבו מן מקטרגא וקודשא בריך הוא חדי בבנוי, זכאה חולקהון בהאי עלמא ובעלמא דאתי. [ל] **תלמוד בבלי מסכת יבמות דף קג עמוד ב:** אמר רבי יוחנן משום ר"ש בן יוחי: כל טובתן של רשעים רעה היא אצל צדיקים, שנא': השמר לך פן תדבר עם יעקב מטוב עד רע, בשלמא רע לחיי, אלא טוב אמאי לא? אלא ש"מ: טובתן של רשעים רעה היא אצל צדיקים. בשלמא התם - דלמא מדכר ליה שמא דעבודת כוכבים, אלא הכא מאי רעה איכא? דקא שדי בה זוהמא, דא"ר יוחנן: בשעה שבא נחש על חוה הטיל בה זוהמא, ישראל שעמדו על הר סיני - פסקה זוהמתן, עובדי כוכבים שלא עמדו בהר סיני - לא פסקה זוהמתן.

בטרסקל וכן מלאכ"י רחמים וכן חנו"ך מטטרון עם הכולל לכן א' זעירא לפי שהוא חסר א'.

גלא עמיקתא

[כט]דבא סמאל רכוב על נחש [ל]והטיל בחוה זוהמא ולכן אמרה חוה הנחש השיאני (שם ג',י"ג) לשון נישואין ורמז לכי ינצו אנשים דכתיב קודם וקצתה את כפה וכו'. דבנחש כתיב (בראשית ג',ט"ו) הוא ישופך ראש ואתה תשופנו עקב – מלחמה תמידית בין האדם לנחש עד ביאת משיח צדקנו ב"ב אכי"ר. וכתיב דלעתיד לבוא בגאולתא שלמתא (ישעי' י"א,ח') "ושעשע יונק על חור פתן ועל מאורת צפעוני גמול ידו הדה, לא ירעו ולא ישחיתו בכל הר קדשי כי מלאה הארץ דעה את ה' כמים לים מכסים". ואז יקוים (שם ס"ה,כ"ה) "ונחש עפר לחמו, לא ירעו ולא ישחיתו בכל הר קדשי אמר ה'" בעגלא דידן ובזמן קריב ונאמר אמן. ויש לקשרו לחוה דחושבן כולא פסוקא "ואיבה אשית בינך ובין האשה ובין זרעך ובין זרעה, הוא ישופך ראש ואתה תשופנו עקב" גימ' (4266) ו"פ "אשתי" (711) א"נ ו"פ "אשית" וזהו וקצתה את כפה דמעשה ידיה לבעלה, וכתיב שם "ענוש יענש כאשר ישית עליו בעל האשה ונתן בפללים" ופרשו חז"ל דמי בשתו כנ"ל. ויהי רצון דנזכה לביאת משיח צדקנו ואז יקוים מאמר הנביא (ישעי' נ"ד,ד'): "לא תיראי כי לא תבושי, ולא תכלמי כי לא תחפירי, כי בשת עלומייך תשכחי וחרפת אלמנותייך לא תזכרי עוד" וכדאמרינן בפיוט לכה דודי להרה"ק שלמה אלקבץ זיע"א– ומקורו בפסוק הנ"ל: "לא תבושי ולא תכלמי, מה תשתוחחי ומה תהמי, בך יחסו עניי עמי, ונבנתה עיר על תילה" והוא בית המקדש השלישי יבנה ויכונן במהרה בימינו אמן.

אופן עב

הראה הקדוש ברוך הוא למשה סוד שם של ע"ב שהוא נחלק לג' קטרין ג' ווי"ן של ו"יסע ו"יבא ו"יט לכן ג' דרגין בהאי קרא ולכן א' זעירא קרי ביה ויקר מה יקר חסדך שהראה הקדוש ברוך הוא מדת החסד למשה שהם ע"ב קיטרין של מעלה וצורתו א' הוא רי"ו שיש בג' פסוקים אלו רי"ו אותיות בהם נחה המשכן שעליהם אמרו רז"ל יודע בצלאל לצרף אותיות שבהם נברא שמים וארץ אמרתי עולם חסד יבנה ע"ב שעות של ו' ימי השבוע לכן נקרא בצל אל חסד אל כל היום ולפי שבהם מושלמת יצירת האדם כמו שכתוב בזוהר בראשית על פסוק ויזורר הנער עד שבע פעמים שהוא סוד חבקוק בגי' רי"ו ובזה השם החיה אלישע אותו שהם רי"ו אותיות לכן ז' ימי המילואים אח"כ ויקרא אל משה שאז זכה ליקר חסדיך.

אופן עב

הראה הקדוש ברוך הוא למשה סוד שם של ע"ב שהוא נחלק לג' קטרין ג' ווי"ן של [א]ו"יסע ו"יבא ו"יט (שמות י"ד י"ט–כ"א)

גלא עמיקתא

והנה מבאר המגלה עמוקות ענין שם בן ע"ב [ומכוון בהשגחה פרטית וברוח קודשו של רבינו שהוא באופן ע"ב בספרו] היוצא מאותיות ג' הפסוקים בפרשת בשלח הפותחים בתיבות: "[ב]ויסע, ויבא, ויט" (שמות י"ד, י"ט–כ"א). ונוסיף באור הפסוקים

[א] זוהר סתרי תורה בראשית פרשת וירא דף קח עמוד ב: ח שמים דאינון ע' רזא ידוד דא איהו ברזא דשבעין ותרין שמהן ואלין אינון דנפקי מן ויסע ויבא ויט והה"ו יל"י סי"ט על"ם מה"ש לל"ה אכ"א כה"ת הז"י אל"ד לא"ו הה"ע, חלק ראשון יז"ל מב"ה "הר"י הק"ם לא"ו כל"י לו"ו פה"ל נל"ך יי"י מל"ה חה"ו, חלק שני נת"ה הא"א יר"ת שא"ה רי"י או"ם לכ"ב יש"ר יח"ו לה"ח כו"ק מנ"ד, חלק שלישי אנ"י חע"ם רה"ע יי"ז הה"ה מי"ך וו"ל יל"ה סא"ל ער"י עש"ל מי"ה, חלק רביעי וה"ו דנ"י הח"ש עמ"ם ננ"א ני"ת מב"ה פו"י נמ"מ יי"ל הר"ח מצ"ר, חלק חמישי ומ"ב יה"ה ענ"ו מה"י דמ"ב מנ"ק אי"ע חב"ו רא"ח יב"מ הי"י מו"ם: חלק ששי ואלין אינון שבעין שמהן דשלטין על שבעין דרגין תתאין רזא וידוד אלין שבעין שמהן ידוד רזא דאקרי שמים, שבעא רקיעין אינון דסלקין לשבעין שמהן שמא קדישא ודא איהו וידוד המטיר, מאת ידוד מן השמים סתרא דסתרין לחכימין אתמסר. **[ב] מכילתא דרבי ישמעאל בשלח - מסכתא דויהי פרשה ד:** ויסע מלאך האלהים ההולך, ר' יהודה אומר הרי זה מקרא עשיר במקומות הרבה. משל למה הדבר דומה לאחד שהיה מהלך בדרך והיה מנהיג את בנו לפניו באו לסטים לשבותו מלפניו נטלו מלפניו ונתנו לאחריו בא הזאב ליטלו מאחריו נטלו מאחריו ונתנו מלפניו באו לסטים מלפניו וזאבים מאחריו נטלו ונתנו על זרועותיו התחיל הבן מצטער מפני החמה פרש עליו אביו בגדו רעב האכילו צמא השקהו. כך עשה הקדוש ברוך הוא שנ' ואנכי תרגלתי לאפרים קחם על זרועותיו ולא ידעו כי רפאתים (הושע יא ג), התחיל הבן מצטער מפני החמה פרש עליו בגדו שנ' פרש ענן למסך ואש להאיר לילה (תהלים קה לט), הרעיב האכילו לחם שנ' הנני ממטיר לכם לחם מן השמים (שמות טז ד), צמא השקהו מים שנ' ויוציא נוזלים מסלע (תהלים עח טז) ואין נוזלים אלא מים חיים שנ' מעין גנים באר מים חיים ונוזלים וגו' (שיר השירים ד טו) ואומר שתה מים מבורך ונוזלים מתוך בארך (משלי ה טו). שאל ר' נתן את ר' שמעון בן יוחאי וימצאה מלאך ה' (בראשית טז ז) אתה מוצא מלאך ה' בכל מקום ויאמר לה מלאך ה' וירא מלאך ה' וכאן הוא אומר ויסע מלאך האלהים, אמר לו אין אלהים בכל מקום אלא דיין מגיד הכתוב שהיו ישראל נתונים בדין באותה שעה אם להנצל אם להאבד עם מצרים. ויבא בין מחנה מצרים ובין מחנה ישראל ויהי הענן והחשך, הענן אל ישראל והחשך אל מצרים מגיד הכתוב שהיו ישראל נתונין באורה ומצרים באפלה שנ' לא ראו איש את אחיו ולא קמו איש מתחתיו שלשת ימים (שמות י כג). וכן אתה מוצא לעתיד לבא הרי הוא אומר קומי אורי כי בא אורך וכבוד ה' עליך זרח (ישעיה ס א) מפני מה כי הנה החשך יכסה ארץ וערפל לאומים ועליך יזרח ה' וכבודו עליך יראה. ולא עוד אלא כל מי שהוא נתון באפלה רואה כל מי שהוא נתון באורה שהיו מצרים שרוים באפלה רואים את ישראל שהיו נתונין באורה אוכלים ושותים ושמחים והיו מזרקים בהם בחצים ובאבני בליסטרא והיה המלאך והענן מקבלן שנ' אל תירא אברם אנכי מגן לך שכרך הרבה מאד (בראשית טו א) ואומר מגיני וקרן ישעי משגבי ומנוסי מושיעי מחמס תושיעני (שמואל ב' כב ג) ואומר מגן הוא לכל החוסים בו (שם /שמואל ב' כב/ לא): ולא קרב זה אל זה כל הלילה, מגיד הכתוב שהיה המצרי עומד ולא היה יכול לישב יושב ולא היה יכול לעמוד פורק ואינו יכול לטעון טוען ואינו יכול לפרוק מפני שהוא מש באפלה שנאמר וימש חשך. ד"א ולא קרב זה אל זה כל הלילה, לא קרב מחנה מצרים למחנה ישראל ולא מחנה ישראל למחנה מצרים. ויט משה את ידו על הים, התחיל הים עומד כנגדו אמר לו משה בשם

לכן ג' דרגין בהאי קרא ולכן א' זעירא קרי ביה ויקר מה יקר חסדך (תהל' ל"ו,ח') שהראה הקדוש ברוך הוא מדת החסד

גלא עמיקתא

אחד לאחד וכולם יחד לענין באורו הקדוש: פסוק א': [ג]ויסע מלאך האלהים ההלך לפני מחנה ישראל וילך מאחריהם, ויסע עמוד הענן מפניהם

הקדוש ברוך הוא שיבקע ולא קבל עליו הראהו את המטה ולא קבל עליו. משל למה הדבר דומה למלך שהיו לו שתי גנות זו לפנים מזו מכר את הפנימית ובא הלוקח ליכנס ולא הניחו השומר אמר לו הלוקח לשומר בשם המלך ולא קבל עליו הראהו את הטבעת ולא קבל עליו עד שניהג הלוקח את המלך בעצמו ובא כיון שבא המלך התחיל השומר בורח אמר לו כל היום הייתי אומר לך בשם המלך ולא קבלת עליך ועכשיו מפני מה אתה בורח אמר לו לא מפניך אני בורח אלא מפני המלך, כך עמד משה על הים אמר לו משה בשם הקדוש ברוך הוא שיבקע ולא קבל עליו הראהו המטה ולא קבל עליו עד שנגלה הקדוש ברוך הוא עליו בכבודו וכיון שנגלה הקדוש ברוך הוא בכבודו ובגבורתו התחיל הים בורח שנ' הים ראה וינס (תהלים קיד ג) אמר לו משה כל היום הייתי אומר לך בשם הקדוש ברוך הוא ולא קבלת עליך עכשיו מפני מה אתה בורח מה לך הים כי תנוס, אמר לו לא מפניך בן עמרם אני בורח אלא מלפני אדון חולי ארץ מלפני אלהי יעקב ההופכי הצור אגם מים חלמיש למעינו מים: ויולך ה' את הים ברוח קדים עזה כל הלילה, בעזה שברוחות ואי זו זו רוח קדים וכן אתה מוצא שלא נפרע המקום מאנשי דור המבול ומאנשי סדום אלא ברוח קדים עזה שנ' מנשמת אלוה יאבדו ומרוח אפו יכלו (איוב ד ט) מנשמת אלוה יאבדו זה דור המבול ומרוח אפו יאכלו אלו אנשי סדום. וכן אתה מוצא באנשי מגדל שלא נפרע המקום מהם אלא ברוח קדים שנא' ומשם הפיצם ה' על פני כל הארץ (בראשית יא ט) ואין הפצה אלא רוח קדים שנ' ברוח קדים אפיצם (ירמיה יח יז). וכן אתה מוצא במצרים [שלא נפרע מהם המקום אלא ברוח קדים] שנא' וה' ניהג רוח קדים בארץ (שמות י יג). וכן אתה מוצא שלא נפרע הקדוש ברוך הוא מעשרת השבטים אלא ברוח קדים שנא' כי הוא בין אחים יפריא יבא קדים רוח ה' ממדבר עולה ויבש מקורו ויחרב מעיינו הוא ישסה אוצר כל כלי חמדה (הושע יג טו). וכן אתה מוצא בעשרת השבטים שלא נפרע המקום מהם אלא ברוח קדים שנא' ברוח קדים אפיצם. וכן את מוצא בצור שלא נפרע מהם הב"ה אלא ברוח קדים שנ' רוח הקדים שברך בלב ימים (יחזקאל כז כו). וכן את מוצא שאין הקדוש ברוך הוא עתיד ליפרע ממלכות העליזה אלא ברוח קדים שנ' ברוח קדים תשבר וגו' (תהלים מח ח). וכן את מוצא שאין הקדוש ברוך הוא עתיד ליפרע מן הרשעים בגיהנם אלא ברוח קדים שנ' כי ערוך מאתמול תפתה גם היא למלך הוכן העמיק הרחיב מדורתה אש ועצים הרבה נשמת ה' כנחל גפרית בוערה בה (ישעיה ל לג) ואומר הגה ברוחו הקשה ביום קדים (שם /ישעיה/ כז ח) אף כאן אתה אומר ויולך ה' את הים ברוח קדים עזה בעזה שברוחות ואי זו זו רוח קדים: וישם את הים לחרבה עשאו כמין חרבה: ויבקעו המים, כל מים שבעולם נבקעו ומנין אתה אומר אף המים שבבורות ושבשיחין ושבמערות ושבכד ושבכוס ושבצלוחית ושבחבית נבקעו שנ' ויבקעו המים כאן [ויבקע הים אין כתיב כאן אלא ויבקעו המים מלמד שכל המים שבעולם נבקעו] ומנין אתה אומר אף המים העליונים והתחתונים נבקעו שנ' ראוך מים אלהים ראוך מים יחילו אף ירגזו תהומות (תלים /תהלים/ עז יז) ראוך מים אלו שעברו ישראל שנחרבו בדבר הקדוש ברוך הוא שנ' הים ראה וינס ראוך מים יחילו אלו העליונים אף ירגזו תהומות אלו התחתונים וכן הוא אומר זורמו מים עבות קול נתנו שחקים אלו העליונים אף חצציך יתהלכו (שם /תהלים עז/ יח) אלו התחתונים [וכתיב תהום אל תהום קורא לקול צינוריך (שם /תהלים/ מב ח)] ואומר נתן תהום קולו וגו' (חבקוק ג י) וכשחזרו למקומם כל מים שהיה בעולם חזרו שנ' וישובו המים מלמד שכל מים שבעולם חזרו להם למקומם.

[ג] **ספרי זוטא פרק י:** וארון ברית י"י נוסע לפניהם, ונאמר וארון ברית י"י ומשה לא משו מקרב המחנה (במדבר יד מד) יש אומרין שתי ארונות היו עמהן אחד לפנים מן המחנה ואחד באמצע המחנה זה שהיה לפנים מן המחנה היתה

למשה שהם ע"ב קיטרין של מעלה וצורתו א' הוא [ד]רי"ו

גלא עמיקתא

ויעמד מאחריהם (שמות י"ד,י"ט) גימ' (2672) ב' פעמים "אלף (1000) פורים (336) (1336)" וכן אפשר לחלק החשבון (2672) לשני חלקים: א': "[ה]ביני ובין בני

התורה בתוכו וזה שהיה באמצע המחנה היו שברי הלוחות בתוכו: לתור לכם מנוחה, ר' שמעון אומר מושלו משל למה הדבר דומה לקנסור הזה שהוא מקדים לפני האומות קודם שלשה ימים לתקן להם את הדרך שנא' ובדבר הזה אינכם מאמינים בי"י אלהיכם ההולך לפניכם בדרך לתור לכם מקום לחנותכם (דברים א לב - לג): וענן י"י עליהם יומם וגו' ונא' ויסע מלאך האלהים ההולך לפני מחנה ישראל (שמות יד יט) ונא' כי ענן י"י על המשכן יומם (שם /שמות/ מ לח) ונא' לא ימיש עמוד הענן יומם (שם /שמות/ יג כב) ונא' וי"י הולך לפניהם יומם בעמוד ענן (שם /שמות י"ג/ כא) מלמד שהיה עמהם שבעה ענני כבוד אחד לפניהם ואחד אחריהם ואחד מימינם ואחד משמאלם ואחד על גבי ראשיהם מפני החמה ואחד מתחת רגליהם כדי שלא יהו מהלכין יחפים וענן שכינה היה מקדם לפניהם קודם לשלשה ימים משפיל להם את ההרים ומגביה את הגיאיות הנמוך מגביהו והגבוה משפילו ועושה להם דרך ואיסרט להלך: חביב הוא הארון שהמשכן כולו לא נעשה אלא בשביל הארון וכל נסים שהיו נעשין בישראל בארון היו נעשין וכה"א וארון ברית י"י נוסע לפניהם שהיה הורג נחשים ועקרבים והיה הורג לפניהם שונאיהן של ישראל. ד"א וענן י"י עליהם יומם אפילו יחיד מישר' היה נמשך חוץ למחנה היה עמוד הענן נמשך ומגין עליו במקומו יכול שהיה מגין על אחרים ת"ל עליהם עליהם היה מגין לא היה מגין על אחרים יכול שהיה מגין בלילה ת"ל יומם ביום היה מגין לא היה מגין בלילה יכול עמוד הענן לא היה מגין בלילה אבל עמוד האש יהא מאיר ביום ת"ל ואש תהיה לילה בו (שם /שמות/ מ לח) עמוד הענן ביום ועמוד האש בלילה בכל מסעיהם אפילו יחיד מישר' היה נכנס חדר לפנים מן החדר היה עמוד האש נכנס ומאיר עליו במקומו יכול שהיה מאיר על אחרים ת"ל לעיני כל בית ישר' לעיני ישר' היה מאיר לא היה מאיר על אחרים. - כל ספר שיש בו שמונים וחמש טעיות לא יקרא בו עד שיוגה. יש אומרין לא נאמרו כל השעורין הללו אלא שאינה מקומה של פרשה היה

צריך לומר וענן י"י עליהם יומם בנסעם מן המחנה ויאמר ויהי העם כמתאוננים אלא מושלין אותו משל למה הדבר דומה לבני מדינה שהלכו אצל מושל שבעכו אמרו לו היגעתה עמנו נלך אצל מושל שבצור הגיעו לצור והלכו לצידון ומצידון הלכו לכידון משנתיגעו אמרו הוגעתנו וטירפתנו היגעתה שלא נאמרו כל השיעורין הללו אלא שאינה מקומה של פרשה: [ד] **תפארת שלמה פרשת לך לך:** ואברם בן חמש שנים ושבעים שנה בצאתו מחרן. לכאו' למה נכתבה בהתורה כמה היו שנותיו בצאתו מחרן. ולדרכינו הרמז הוא ששרש החסד הוא שם ע"ב כמבואר בספרים הקדושים. ועוד השלש ראשונות איה חסדיך הראשונים היינו ספירת כת"ר וחכמ"ה ובינ"ה. הרי עולה במספר חמש ושבעים. ולזה אמר ב"ן חמש ושבעים. דהיינו שהמשיך לעוה"ז חסדים. ועולם העשיה הוא כנגד שם ב"ן כמבואר בספרים. וידוע בספרי קבלה ששלש ראשונות נקראים ימי קדם שהם החסדים שהיו קודם בריאת העולם. ששבעת ימי בראשית עם שבת קודש מתחיל מחסד ואילך עולם חסד יבנה. ולזה אף שיש עשר ספירות אין לנו אלא שבעה ימי בראשית כנגד הספירות מחסד ואילך. וז"פ חדש ימינו כקדם. אשר נשבעת לאבותינו מימי קדם. שהאבות מתחילים מחסד ואילך כידוע רק האבות המשיכו לעולם העשי' החסדים מימי קדם. אבותינו ספרו לנו פועל פעלת בימיהם בימי קדם. ולזה אמרה התורה ויעתק משם ההרה. היינו מעולם העליון הנקרא עתיקא קדישא י"ג מכילין דרחמי לשתי ההי"ן ההר"ה והר באמצע. והשתחוו להר קדשו בסידור האר"י ז"ל הר קדשו מלכות שבאצילות שהמשיך מעולם העליון לספי' מלכות (עוד י"ל ההר"ה עם הכולל גימ' רי"ו גימ' גבורה שהמשיך החסדים מעתיקא קדישא והמתיק הגבורות שעולה ההר"ה) מקדם לבית אל. מימי קדם המשיך לבית אל היינו לספירת מלכות. ויט אהל"ה. אהל ה' ולכך נכתב אהלה בה'. והעי' מקדם והע"י גימ' צ"א הוי"ה אדנ"י שהמשיך להיחוד הוי' אדני מקדם. מעולמות הקדם וק"ל: (מכי"ק) [ה] **שמות רבה פרשת בשלח פרשה**

כה: יא [טז, כט] ראו כי ה' נתן לכם את השבת, לא היה צריך לומר אלא דעו מה ראו אלא כך אמר להם הקדוש ברוך הוא אם יבואו עובדי כוכבי' ויאמרו לכם למה אתם עושים את יום השבת ביום הזה אמרו להם ראו שאין המן יורד בשבת, ומהו נתן לכם לכם נתנה ולא לעובדי כוכבים מכאן אמרו אם יבואו מעובדי כוכבים וישמרו את השבת לא דיים שאין מקבלים שכר וכו' שנאמר (בראשית ח') ויום ולילה לא ישבותו וכן הוא אומר (שמות לא) ביני ובין בני ישראל וגו' משל למלך יושב ומטרונא יושבת כנגדו העובר ביניהם חייב.

שיש בג' פסוקים אלו רי"ן אותיות בהם נחה המשכן שעליהם אמרו רז"ל [ו] יודע בצלאל לצרף אותיות שבהם

גלא עמיקתא

ישראל אות היא לעלם" (1336) (שמות ל"א,י"ז) ב': "[ז]אתם תהיו לי לעם ואני אהיה לכם לאלהים" (1336) (ירמי' ז',כ"ג) רמיזא גילוי אלופו של עולם בחינת א' רבתי- באלף השמיני תחית

[ו] **תלמוד בבלי ברכות דף נה עמוד א:** אמר רבי שמואל בר נחמני אמר רבי יונתן: בצלאל על שם חכמתו נקרא. בשעה שאמר לו הקדוש ברוך הוא למשה: לך אמור לו לבצלאל עשה לי משכן ארון וכלים, הלך משה והפך, ואמר לו: עשה ארון וכלים ומשכן. אמר לו: משה רבינו, מנהגו של עולם - אדם בונה בית ואחר כך מכניס לתוכו כלים, ואתה אומר: עשה לי ארון וכלים ומשכן! כלים שאני עושה - להיכן אכניסם? שמא כך אמר לך הקדוש ברוך הוא: עשה משכן ארון וכלים. אמר לו: שמא בצל אל היית וידעת! אמר רב יהודה אמר רב: יודע היה בצלאל לצרף אותיות שנבראו בהן שמים וארץ. כתיב הכא וימלא אתו רוח אלהים בחכמה ובתבונה ובדעת, וכתיב התם ה' בחכמה יסד ארץ כונן שמים בתבונה וכתיב בדעתו תהומות נבקעו. אמר רבי יוחנן: אין הקדוש ברוך הוא נותן חכמה אלא למי שיש בו חכמה, שנאמר יהב חכמתא לחכימין ומנדעא לידעי בינה. שמע רב תחליפא בר מערבא ואמרה קמיה דרבי אבהו, אמר ליה: אתון מהתם מתניתו לה, אנן מהכא מתנינן לה - דכתיב ובלב כל חכם לב נתתי חכמה. [ז] **ילקוט שמעוני ירמיהו רמז שיב:** כל מאהביך שכחוך אותך לא ידרושון כי מכת אויב הכיתיך [מכת איוב]. באיוב כתיב כשדים שמו ששה ראשים, ובירושלים כתיב והעיר נתנה ביד הכשדים, באיוב כתיב אש אלהים נפלה מן השמים, ובירושלים כתיב ממרום שלח אש, באיוב כתיב ויקח לו חרש ובירושלים כתיב איכה נחשבו לנבלי חרש, באיוב כתיב וישבו אתו לארץ, ובירושלים כתיב ישבו לארץ ידמו, באיוב כתיב שק תפרתי עלי גלדי, ובירושלים כתיב חגרו שקים, באיוב כתיב ועוללתי בעפר קרני, ובירושלים כתיב העלו עפר על ראשם, באיוב כתיב חנוני חנוני אתם רעי, ובירושלים כתיב אשר לא אתן לכם חנינה. באיוב כתיב כי יד אלוה נגעה בי, ובירושלים כתיב כי לקחה מיד ה', אמר ר' יהושע בר חנינא מה איוב לקה בכפלים וניתן לו שכרו בכפלים אף ירושלים לקתה בכפלים כי לקחה מיד ה' כפלים, ומתנחמת בכפלים נחמו נחמו עמי. כי אעלה ארוכה לך וממכותיך ארפאך, אמר ר' אבא בר חוניא בשם רבי שמואל בשר ודם אינו מתקן את הרטיה עד שהוא רואה את המכה, אבל מי שאמר והיה העולם אינו כן אלא מתקן את הרטיה ואחר כך רואה את המכה שנאמר כי אעלה ארוכה לך ואחר כך וממכותיך ארפאך (כתוב ברמז רנ"ז וברמז ע"ו). ציון היא דורש אין לה (בפסוק ולחנה אין ילדים): ציון היא דורש אין לה. שנו רבותינו בראשונה היה לולב ניטל במקדש שבעה ובמדינה יום אחד, משחרב בית המקדש התקין ר' יוחנן בן זכאי שיהא לולב ניטל שבעה זכר למקדש, ומנא לן דעבדינן הכי זכר למקדש דכתיב ציון היא דורש אין לה מכלל דבעיא דרישה: כה אמר ה' הנני שב שבות אהלי יעקב, לפי שנאמר ויעקב איש תם יושב אהלים, א"ל הקדוש ברוך הוא אתה התחלת באהלים חייך כשנשוב אל ירושלים בזכותך אני חוזר, אמר ר' שמואל בר נחמני כה אמר ה' הנני שב שבות אהלי אברהם ויצחק אין כתיב כאן אלא אהלי יעקב ומשכנותיו ארחם. וכה"א מה טובו אהליך יעקב משכנותיך ישראל: מי הוא זה ערב את לבו. אמר רבה בר ר' הונא מעלה זו יש בין ישראל לעו"א דאילו בישראל כתיב והייתי להם לאלהים והמה יהיו לי לעם, ואילו בעו"א כתיב מי הוא זה ערב את לבו לגשת אלי נאם ה', והייתם לי לעם

נברא שמים וארץ אמרתי עולם חסד יבנה (תהל׳ פ״ט) ע״ב שעות של ו׳ ימי השבוע לכן נקרא [ח]בצל אל (תהל׳ נ״ב)

גלא עמיקתא

המתים בחינת תכלית ענין "ונהפוך הוא" (אסתר ט׳,א׳) דפורים והוא ב״פ דבתחית המתים יהיו ב׳ בחינות תחיה מיתה ומיד תחיה כוללת לחיים נצחיים עם בוראנו הקב״ה ובלע המות לנצח במהרה בימינו אמן. ובפסוק ויסע מלאך האלהים נרמז הקשר בין הצדיק הכולל [ט]משה רעיא מהימנא ובני ישראל והקב״ה – [י]דקוב״ה אורייתא וישראל חד (זוה״ק אחרי דף ע״ג ע״א): "ויסע מלאך האלהים ההלך לפני מחנה (אתוון נחמה)" גימ׳ (661) "האיש משה" [כדכתיב (במדבר י״ב,ג׳) "והאיש משה ענו מאד" וכו׳] ומיד כתיב תיבה "ישראל". ויחד עם "האיש משה" גימ׳ (1202) "[יא]בראשית ברא אלהים" פסוקא דפתח לאורייתא קדישא– הרי קוב״ה אורייתא וישראל חד– ומשה רבינו

ואנכי אהיה לכם לאלהים: [ח] **גם זה שם בגמרא עיין אות ג׳.** [ט] **זוהר בראשית פרשת וירא דף קו עמוד א:** ועל דא לא הוה בעלמא בר נש דיגין על דריה כמשה דאיהו רעיא מהימנא. [י] **זוהר ויקרא פרשת אחרי מות:** ובגין דאיהי גניזא עלאה יקירא שמיה ממש אורייתא כלא סתים וגליא ברזא דשמיה, ועל דא ישראל בתרין דרגין אינון סתים וגליא דתנינן ג׳ דרגין אינון מתקשרן דא בדא קודשא בריך הוא אורייתא וישראל, וכל חד דרגא על דרגא סתים וגליא, קודשא בריך הוא דרגא על דרגא סתים וגליא, אורייתא הכי נמי סתים וגליא, ישראל הכי נמי דרגא על דרגא, הדא הוא דכתיב מגיד דבריו ליעקב חקיו ומשפטיו לישראל, תרין דרגין אינון יעקב וישראל חד גליא וחד סתים, מאי קא מיירי, אלא כל מאן דאתגזר ואתרשים בשמא (נ״א ברשימא) קדישא יהבין ליה באנון מלין דאתגליין באורייתא כלומר מודיעין ליה ברישי אתוון ברישי פרקין יהבין עליה חומרא דפקודי אורייתא ולא יתיר עד דיסתלק בדרגא אחרא. [יא] **ילקוט שמעוני תורה פרשת בראשית רמז ב:** ומנין שאל״ף נקרא אחד שנאמר איכה ירדוף אחד אלף. ומנין שהקב״ה נקרא אחד שנאמר שמע ישראל ה׳ אלהינו ה׳ אחד. ומנין שהתורה נקראת אחת שנא׳ תורה אחת יהיה לכם. אנכי ראש כל הדברות ואל״ף ראש כל האותיות א״ר יהודה בר שלום מקדם ומתחלה ברא אלהים אין כתיב כאן אלא בראשית [א, א] בזכות ישראל שנקראו ראשית שנא׳ קדש ישראל לה׳ ראשית תבואתה. משל למה הדבר דומה

למלך ב״ו שלא היה לו בן ואומר טלו מלנין וקלמרין לבני והיו הכל אומרים בן אין לו והוא אומר טלו מלנין וקלמרין לבני חזרו ואמרו המלך אסטרולוגוס וכו׳ דרש רבי יהודה בן פזי למה בבי״ת להודיעך שהן שני עולמות העוה״ז והעוה״ב. ד״א למה בבי״ת שהוא לשון ברכה ולמה לא באל״ף שהוא לשון ארירה. ד״א למה לא באל״ף שלא ליתן פתחון פה לאפיקורוס לומר היאך העולם יכול לעמוד והוא נברא בלשון ארירה אלא אמר הקדוש ברוך הוא הריני בורא אותו בלשון ברכה הלואי יעמוד. ד״א למה בבי״ת לפי שיש לה שני עוקצין אחת למעלה ואחת מלמטה מאחוריו אומר לבי״ת מי בראך בעולם והוא מראה להם בעוקצו של מעלה ואומר להם זה של מעלה בראני ומה שמו והוא מראה להם עוקצו של אחריו ואומר להם ה׳ אחד ושמו אחד. ר׳ אלעזר בר אבינא אומר כ״ו דורות היה אל״ף קורא תגר לפני הקדוש ברוך הוא אמר לפניו רבש״ע אני ראשון של אותיות ולא בראת עולמך בי אמר לו הקדוש ברוך הוא העולם ומלואו לא נבראו אלא בזכות התורה שנאמר ה׳ בחכמה יסד ארץ למחר אני עתיד ליתנה בסיני ואיני פותח אלא בך שנאמר אנכי ה׳ אלהיך. בר חוניא אמר למה נקרא שמו אל״ף שהקב״ה מסכים ליתן תורה לאלף דור שנא׳ דבר צוה לאלף דור ר׳ הושעיא רבה פתח ואהיה אצלו אמון אומן התורה אמרה אני הייתי כלי אומנותו של הקדוש ברוך הוא. בנוהג שבעולם מלך ב״ו בונה פלטרין ואינו בונה אותו מדעת עצמו אלא מדעת האומן והאומן אינו בונה

חסד אל כל היום (תהל' נ"ב,ג') ולפי שבהם מושלמת יצירת האדם כמו שכתוב [יב]בזוהר בראשית על פסוק (מלכים ב'

גלא עמיקתא

מקשרם זה בזה, וממילא שאר תיבין דפסוקא דהיינו: "וילך מאחריהם ויסע עמוד הענן מפניהם ויעמד מאחריהם" גימ' (1470): ג"פ "אור זרוע" (490) רמזיא גלוי אור הגנוז דהוה בקריעת ים סוף דקרע להם הרקיעים וראו כבוד מלכותו בעיני בשר עד שפחה שעל הים וכ"ש וק"ו גדולים שבישראל – והוא ג' פעמים דייקא כנגלה למשה בסנה ג"פ שם אהי"ה דהוה חזקה, ושם אהי"ה הוא שם בחד פסוקא ואינו מופיע ב–כ"ד ספרים אלא בהאי פסוקא, ועיין באורנו בענין במקום אחר. פסוק ב': [יג]ויבא בין מחנה מצרים ובין מחנה ישראל, ויהי הענן והחשך ויאר את הלילה, ולא קרב זה אל

מדעת עצמו אלא דפטראות ופינקסאות יש לו לידע היאך הוא עושה חדרים והיאך הוא עושה פשפשין כך היה הקדוש ברוך הוא מביט בתורה ובורא את העולם והתורה אמרה בראשית בי ראשית ברא אלהים שנאמר בראשית ברא אלהים [א, א]. ואין ראשית אלא תורה כד"א ה' קנני ראשית דרכו. רבי ברכיה אומר בזכות משה נברא העולם שנאמר בראשית [א, א] וכתיב וירא ראשית לו. רבי הונא בשם רבי מתנה בזכות שלשה דברים נברא העולם בזכות חלה ובזכות מעשר ובזכות בכורים שנאמר בראשית ברא אלהים [א, א]. ואין ראשית אלא חלה כד"א ראשית עריסותיכם חלה. ואין ראשית אלא מעשר כד"א ראשית דגנך. ואין ראשית אלא בכורים כד"א ראשית בכורי אדמתך: [יב] **זוהר פרשת בשלח דף מד עמוד ב:** אלא אמר קודשא בריך הוא ומה אנא קטיל להאי אי אימא ליה לא ימות דהא נבזבזא דיליה הוא, ודאי אית ליה למימת, דהא אתמר דכתיב את חובקת בן ומאתר דנוקבא גרים מותא ובגיני כך לא אמר ליה, ויאמר לגחזי חגור מתניך וקח משענתי בידך ולך, והא אוקמוה ואסתלק ניסא מניה, חי יי' וחי נפשך אם אעזבך אמאי כיון דגיחזי הוה אזיל, אלא היא ידעת ארחוי דההוא רשע דגיחזי דלאו איהו כדאי דישתכח ניסא על ידוי, וישם פיו על פיו ועיניו על עיניו וגו', אמאי אלא דאשגח אלישע וידע דאתרא (נ"א דאתתא הוא), דא הוא דגרים דאתקשר ביה השתא, וישם פיו על פיו ועיניו על עיניו לקשרא ליה באתרא אחרא עלאה אתר דחיין אשתכחו ביה ולא יכיל לאעקרא ליה מאתר דאתקשר ביה בקדמיתא, אלא אתער רוחא חדא מלעילא ואתקשר בהאי אתר

ואתיב ליה נפשיה, דאי לאו הכי לא הוה קאים לעלמין, ויזורר הנער עד שבע פעמים ולא סליק יתיר כמה דאת אמר ימי שנותינו בהם שבעים שנה, ודא הוא חבקוק נביאה, כמה דאת אמר את חובקת בן, אי הכי חבוק מבעי ליה, אמאי חבקוק תרי אלא חד. [יג] **פסיקתא זוטרתא שמות פרשת בשלח פרק יד:** כא) ויט משה את ידו על הים. התחיל הים עומד כנגדן, ואמר לו בשם הקדוש ברוך הוא ולא קיבל עליו, הראהו המטה ולא קיבל עליו, עד שנגלה הקדוש ברוך הוא בכבודו ובגבורתו, התחיל הים לברוח, שנאמר הים ראה וינוס (תהלים קיד ג), אמר לו משה כל היום הייתי אומר לך בשם המלך ולא קבלת עליך, ועכשו מה לך הים כי תנוס, אמר לו לא מפניך בן עמרם, אלא מלפני אדון חולי ארץ (שם שם ז): ויולך ה' את הים ברוח קדים עזה. קדים עזה שברוחות, שנאמר ברוח קדים אפיצם (ירמיה יח יז), ואומר וה' נהג רוח קדים בארץ (שמות י יג): וישם את הים לחרבה. עשאו כמין חרבה: ויבקעו המים כל המימות שבעולם נבקעו: דע כי אלו שלשה פסוקים ויסע מלאך האלהים (פסוק יט), ויבא בין מחנה מצרים, ויט משה את ידו, כל אחד ואחד יש בו שבעים ושתים אותיות, כנגד שבעים ושתים שמות, ומהם אתה מוצא שם המפורש, אות מן הראשון, ואות מן אמצעי, ואות מן האחרון, פסוק האמצעי שהוא ויבא בין מחנה מצרים, אותו אתה לוקח למפרע מסופו לתחלתו, והשנים הראשון והאחרון, ויסע, ויט, תקח אותיותיו מן תחלתו לסופו, ו' מן ויסע, ה' מן הלילה, ו' מן ויט, והוא שם וה"ו, וכן כל שלשתן, ותמצא זה השם בספר דישר, והוא נקרא וה"ו יל"י ט"ט על"ם

ד׳, ל״ה) ויזורר הנער עד שבע פעמים שהוא סוד חבקוק בגי׳ רי״ו ובזה השם החיה אלישע אותו שהם רי״ו אותיות לכן ז׳

גלא עמיקתא

זה כל הלילה (שם פסוק כ׳) גימ׳ (3043) טו״ב (17) פעמים "ונהפוך הוא" (179) כדכתיב במגילת אסתר (ט׳,א׳) "ובשנים עשר חודש הוא חודש אדר בשלושה עשר יום בו וכו׳ ונהפוך הוא אשר ישלטו היהודים המה בשונאיהם" וכדאמרינן בפסוקא קמא ויסע ויבא ויט דסליק לחושבן ב״פ "אלף פורים" (1336) דתכלית כל הבריאה והתיקון להגיע למעמד הנשגב של ונגלה כבוד הוי׳ ובלע המות לנצח ותחית המתים דהוא תכלית הכונה דנתאוה הקב״ה להיות לו יתברך דירה בתחתונים, ומה הוא נצחי אף דירתו נצחית. [יד]ואדם בלא איתתא כפלג גופא- והוא כביכול אדם העליון

וכו׳: **[יד] זוהר ויקרא פרשת ויקרא דף ז עמוד ב:** ת״ח בשעתא דאשתכח מזונא לתתא אשתכח מזונא דלעילא, למלכא דאתקין סעודתא דיליה ולא אתקין לעבדוהי, כד אתקן לעבדוהי אכיל הוא סעודתא דיליה ואינון אכלי סעודתייהו הדא הוא דכתיב (שיר ה) אכלתי יערי עם דבשי, דא סעודתא דמלכא, אכלו רעים שתו ושכרו דודים דא סעודתא דידהו, מריחא דקרבנא כד ריחא דקרבנא הוה סליק, ובגיני כך אקרי ריח ניחוח ליי׳ ריח לעבדוהי ניחוח ליי׳, (מאתר דענוגא דעתיקא אשתכח), ועל דא סעודתא דמלכא אתעכב בגין סעודתא דעבדוהי, ובגין כך ישראל מפרנסי לאביהן שבשמים תנינן, ומסעודתא דמלכא מאן אכיל אלא אינון נשמתין דצדיקייא, תו פתח ואמר (תהלים קלג) הנה מה טוב ומה נעים שבת אחים גם יחד, זכאין אינון ישראל דלא יהב לון קודשא בריך הוא לרברבא או לשליחא אלא ישראל אחידן ביה והוא אחיד בהו, ומחביבותא דלהון קרא לון קודשא בריך הוא עבדין הדא הוא דכתיב (ויקרא כה) כי לי בני ישראל עבדים עבדי הם לבתר קרא לון בנים הדא הוא דכתיב (דברים יד) בנים אתם ליי׳ אלהיכם, לבתר קרא לון אחים הדא הוא דכתיב (תהלים קכב) למען אחי ורעי וגו׳, ובגין דקרא לון אחים בעא לשוואה מדוריה בהו ולא יעדי מנייהו, כדין כתיב הנה מה טוב ומה נעים שבת אחים גם יחד, ובוצינא קדישא הכי אמר הנה מה טוב ומה נעים וגו׳ כמה דאת אמר (ויקרא כ) ואיש אשר יקח את אחותו, ובספרא דרב ייבא סבא, ואיש דא קודשא בריך הוא, אשר יקח את אחותו דא כ״י, וכל כך למה חסד הוא, חסד הוא ודאי, והא אוקמוה, ועל דא הנה מה טוב ומה נעים שבת אחים גם יחד קודשא בריך הוא וכנסת ישראל, גם לרבות ישראל דלתתא כדאמרינן דהא בשעתא דכנסת ישראל (ס״א באחוותא באחדותא) באחדותא בקודשא בריך הוא ישראל דלתתא שריין בחדוותא גם אינון בקודשא בריך הוא, ובגין כך גם יחד כתיב ובספרא דרב המנונא סבא (ע״ז) גם יחד לרבות צדיק בה בכנסת ישראל דאינון זווגא חד וכלא מלה חד, ותנינן בפרשתא דשמע ישראל יי׳ אלהינו יי׳ אחד, מהו אחד דא כנסת ישראל, דאחיד ביה בקודשא בריך הוא, דאמר רבי שמעון זווגא דדכר ונוקבא אקרי אחד, באתר דנוקבא שריא, אחד אקרי, מאי טעמא בגין דדכר בלא נוקבא פלג גופא אקרי, ופלג לאו הוא חד, וכד מתחברן כחדא תרי פלגי אתעבידו חד גופא וכדין אקרי אחד, והשתא קודשא בריך הוא לא אקרי אחד, ורזא דמלה כנסת ישראל בגלותא וקודשא בריך הוא סליק לעילא לעילא וזווגא אתפרש ושמא קדישא לא אשתכח שלים ואחד לא אקרי, ואימתי יתקרי אחד בשעתא דמטרוניתא תשתכח ביה במלכא ויזדווגון כחדא, הדא הוא דכתיב (עובדיה א) והיתה ליי׳ המלוכה מאן מלוכה דא כנסת ישראל דמלכו בה אתקשר כדין (זכריה יד) ביום ההוא יהיה יי׳ אחד ושמו אחד ועל דא הנה מה טוב ומה נעים שבת אחים גם יחד, (תהלים קלג) כשמן הטוב על הראש, מאן שמן הטוב דא משח רבות קודשא דנגיד ונפיק מעתיקא קדישא דאשתכח בההוא נהר עלאה דינקא לבנין לאדלקא בוצינין וההוא משח נגיד ברישא דמלכא ומרישיה ליקירו דדקנא קדישא ומתמן נגיד לכל אינון לבושי יקר דמלכא אתלבש בהו הדא הוא דכתיב שיורד

ימי המילואים אח"כ ויקרא אל משה שאז זכה ליקר חסדיך.

גלא עמיקתא

הבורא יתברך וכנסת ישראל בת זוגו בזמן הגלות כמבואר בשיר השירים, ובכאן טו"ב רמייזא קוב"ה אורייתא וישראל דאיקרו טו"ב יבא טוב ויקבל טוב מטוב לטובים – דהפך ים ליבשה. פסוק ג': [טו]ויט משה את ידו על הים ויולך ה' את הים ברוח קדים עזה כל הלילה, וישם את הים לחרבה ויבקעו המים (שם פסוק כ"א) גימ' (3428) ד"פ "ואנחנו קמנו ונתעודד" (857) (תהל' כ',ט') וכאן נמשך פירוש דקמנו קאי אתחית המתים, כמבואר בשני הפסוקים הקודמים. וכן ג' תיבין קדמאין דפסוקא מרמזין תחית המתים: "המה כרעו ונפלו" גימ' (518) "בשכבך ובקומך" (דברים

על פי מדותיו, על פי מדותיו ממש ואלין אינון כתרי מלכא דשמיה קדישא אשתכח בהו, תא חזי כל נגידו וכל חידו דעלמין לא נחית לברכא אלא על ידא דאלין כתרין קדישין דאינון שמא דמלכא קדישא ובגין כך שיורד על פי מדותיו, על פי מדותיו ודאי כמה דאת אמר (במדבר ד) על פי אהרן ובניו תהיה, כך על פי מדותיו נחית ונגיד לכלהו עלמין לאשתכחא ברכאן לכלא

[טו] מכילתא דרבי שמעון בר יוחאי פרק יד: (כא) ויט משה את ידו על הים התחיל הים עומד כנגד משה מושלו משל למה הדבר דומה למלך בשר ודם שהיו לו שתי גנות זו לפנים מזו מכר את הפנימית והניח את החיצונה בא לוקח להכנס ולא הניחו שומר אמ' לו בשם המלך ולא קבל עליו הראהו טבעת ולא קיבל עליו נהג המלך ובא כיון שראה שומר את המלך התחיל בורח אמ' לו מה לך בורח אמ' לו לא מלפניך אני בורח אלא מלפני המלך אני בורח כך כשבא משה ועמד על הים אמ' לו בשם הקדש ולא קיבל עליו הראהו המטה ולא קיבל עליו כיון שנגלה עליו הקדוש ברוך הוא הים ראה וינס אמ' לו משה הייתי אומ' לך בשם הק' ולא היתה מקבל עליך הראיתיך את המטה ולא קיבלת עליך עכשיו מה לך הים כי תנס (תה' קיד ה) אמ' לו לא מלפניך בן עמרם אלא מלפני אדון חולי ארץ (שם ז). ויולך ייי את הים ברוח קדים עזה כל הלילה בעזה שברוחות ואי זו זו רוח הקדים וכן אתה מוצא באנשי מבול ובאנשי סדום שלא נפרע מהן אלא ברוח קדים שנא' מנשמת אלוה יאבדו (איוב ד ט) זה דור המבול. ומרוח אפו יכלו (שם) אלו אנשי סדם וכן את מוצא באנשי מגדל שלא נפרע מהן אלא ברוח קדים שנא' ויפץ ייי אתם (ברוח) וגומ' (בר' יא ח) אין הפצה אלא ברוח הקדים שנא ברוח קדים אפיצים וגומ' (ירמ' יח יז) וכן אתה מוצא במצ' שלא נפרע מהן אלא ברוח קדים שנא' וייי נהג רוח קדים וגו' (שמ' י יג) וכן את מוצא בעשרה שבטים שלא נפרע מהן אלא ברוח קדים שנא' כי הוא בין אחים יפריא יב' ק' וגומ' (הושע יג טו): וכן את מוצא בשבט בנימן ויהודה שלא נפרע מהן אלא ברוח קדים שנא' ברוח קדים אפיצם לפני וגומ' (ירמ' יח יז). וכן את מוצא בצור שלא נפרע ממנה אלא ברוח קדים שנא' צור את אמרת וגומ' (יחז' כז ג) ברוח הקדים שבנ[ר]ך וגומ' (שם כו). וכן את מוצא במלכות עליזה זו שאין (שאין) נפרעין ממנה אלא ברוח קדים שנא' ברוח קדים תשבר וגומ' (תה' מח ח). וכן את מוצא כשהמקום עתיד ליפרע מן הרשעים בגיהנם אין נפרע מהן אלא ברוח קדים שנא' כי ערוך מאתמול תפתה וגומ' (ישע' ל לג) מה הוא אומ' הגה ברוחו הקשה וגומ' (שם כז ח) אף כן אתה אומר ברוח קדים עזה בעזה שברוחות ואי זו זו זו רוח קדים וישם את הים לחרבה עשאו כחרבה. ויבקעו המים כל מים שבעולם נחלקו מנין אתה אומ' מים שבבאר ושבשיח ושבמער' ושבבור ושבחבית ושבכוס ושבצלוחית ת"ל ויבקע הים אין כת' כן אלא ויבקעו המים כל מים שבעולם נחלקו וכן הוא אומר זורמו מים עבות וגומ' (תה' עז יח) נאמ' כאן תהום ונא' להלן תהום אל תהום קורא לקול צנוריך (שם מב ח) ר' נתן אומ' מנין שהמים העליונים והתחתונים נחלקו שנ' ראוך מים אלקים (שם עז יז) אלו מים העליונים. ראוך מים יחילו (שם) אילו מים התחתונים. ואומ' ראוך יחילו הרים וגו' (חב' ג י) וכשחזרו כלמים שבעולם חזרו שנא' וישב הים אין כתיב כאן אלא וישובו המים (שמ' יד כו) כל מים שבעולם חזרו. סל' פסו'

גלא עמיקתא

ו',י"ט) – דנמשיך לומר שמע ישראל אף לאחר התחיה ביתר שאת ויתר עז– והיינו בשכבך– מיתה, ובקומך– תחית המתים. וכולא פסוקא: "המה כרעו ונפלו, ואנחנו קמנו ונתעודד" סליק לחושבן (1375) ה"פ "באור גנוז" (275) דקאי על שני ימות המשיח ובתר דא תחית המתים ע"י [טז]טל תחיה מפנימיות [יז]אור הגנוז לצדיקים לעתיד לבוא. ורמיזא בהאי פסוקא טובא וכן בשאר הפסוקים ולא נוכל להאריך כל כך כי קצרה היריעה ותן לחכם ויחכם עוד (משלי ט',ט') וכו'. ורק נאמר דתיבין "ויט משה את ידו על הים ויולך ה'" גימ' (1044) "אדם" ב–א' רבתי כדפותח ספר דברי הימים "אדם שת אנוש" אדם ב–א' רבתי. ורמיזא תקונא דחטא אדם קדמאה על ידי משה רבנו עליו השלום. וכן תיבה קדמאה דפסוק הקודם (כ') "ויבא" גימ' (19) "חוה". וכל תיבות הפסוק למעט תיבה אחרינא (המים) דהיינו: ויט משה את ידו על הים ויולך ה' את הים ברוח קדים עזה כל הלילה, וישם את הים לחרבה ויבקעו (המים) גימ' (3333): ג"פ "[יח]נר ה' נשמת אדם" (1111) (משלי כ',כ"ז) כדכתיב (בראשית ה',ב') "ויקרא [רמיזא א' זעירא דויקרא אל משה] את שמם אדם". ובכוונות נרות

[טז] **פתח אליהו תקו"ז הקדמה דף יז עמוד ב:** עלאין שמעו אינון דמיכין דחברון ורעיא מהימנא אתערו משנתכון הקיצו ורננו שוכני עפר אלין אינון צדיקייא דאינון מסטרא דההוא דאתמר בה אני ישנה ולבי ער ולאו אינון מתים ובגין דא אתמר בהון הקיצו ורננו וכו' רעיא מהימנא אנת ואבהן הקיצו ורננו לאתערותא דשכינתא דאיהי ישנה בגלותא דעד כען צדיקייא כלהו דמיכין ושינתא בחוריהן מיד שכינתא יהיבת תלת קלין לגבי רעיא מהימנא ויימא ליה קום רעיא מהימנא דהא עלך אתמר קול דודי דופק לגבאי בארבע אתוון דיליה ויימא בהון פתחי לי אחותי רעיתי יונתי תמתי דהא תם עונך בת ציון לא יוסיף להגלותך שראשי נמלא טל מאי נמלא טל אלא אמר קודשא בריך הוא אנת חשיבת דמיומא דאתחרב בי מקדשא דעאלנא בביתא דילי ועאלנא בישובא לאו הכי דלא עאלנא כל זמנא דאנת בגלותא הרי לך סימנא שראשי נמלא טל ה"א שכינתא בגלותא שלימו דילה וחיים דילה איהו ט"ל ודא איהו יו"ד ה"א וא"ו וה"א איהי שכינתא דלא מחושבן ט"ל אלא יו"ד ק"א וא"ו דסליקו אתוון לחשבן ט"ל מלייא לשכינתא מנביעו דכל מקורין עלאין מיד קם רעיא מהימנא ואבהן קדישין עמיה עד כאן רזא דיחודא. [יז] **תלמוד בבלי חגיגה דף יב עמוד א:** ואור ביום ראשון איברי? והכתיב ויתן אתם אלהים ברקיע השמים וכתיב ויהי ערב ויהי בקר יום רביעי! - כדרבי אלעזר. דאמר רבי אלעזר: אור שברא הקדוש ברוך הוא ביום ראשון - אדם צופה בו מסוף העולם ועד סופו, כיון שנסתכל הקדוש ברוך הוא בדור המבול ובדור הפלגה וראה שמעשיהם מקולקלים - עמד וגנזו מהן, שנאמר וימנע מרשעים אורם. ולמי גנזו - לצדיקים לעתיד לבא שנאמר וירא אלהים את האור כי טוב, ואין טוב אלא צדיק, שנאמר אמרו צדיק כי טוב. כיון שראה אור שגנזו לצדיקים שמח, שנאמר אור צדיקים ישמח. כתנאי: אור שברא הקדוש ברוך הוא ביום ראשון אדם צופה ומביט בו מסוף העולם ועד סופו, דברי רבי יעקב. וחכמים אומרים: הן הן מאורות שנבראו ביום ראשון ולא נתלו עד יום רביעי. [יח] **מדרש תנחומא פרשת בהעלותך:** [ד] [ד"א] בהעלתך את הנרות [וגו'. וזה מעשה המנורה]. את מוצא שנתקשה משה במעשה המנורה יותר מכל כלי המשכן, עד שהראה לו הקדוש ברוך הוא באצבע, וכן בפרסות בהמה טהורה, שנאמר זאת החיה [אשר תאכלו וגו' אך את זה לא תאכלו] (ויקרא יא ב ד), וכן בירח, א"ל הקדוש ברוך הוא החדש הזה (שמות יב ב), וכן במעשה המנורה, שנאמר וזה מעשה המנורה [מקשה זהב] (במדבר ח ד), מהו מקשה, כלומר מה קשה הוא לעשות, שהרבה יגע משה עד שלא נעשתה המנורה, שכן הוא אומר מקשה תעשה המנורה

גלא עמיקתא

שבת ב' נרות לקביל שם י–ה: י' נר ימין ה' נר שמאל. ובפסוקא דנן "ויט משה את ידו על הים, ויולך ה' את הים" גימ' (1500) מאה פעמים שם י"ה (15) ורמיזא שלמותא דאיש ואשה. וכן בפסוק הבא שם (פסוק כ"ב) תיבין "ויבאו בני ישראל בתוך הים" גימ' (1111) "נר ה' נשמת אדם" כנ"ל. ויחד עם הפסוק הקודם – פסוקא דעסקינן ביה – ד"פ "נר ה' נשמת אדם" לקביל ד' אתוון דשמא קדישא– ג"ר יה"ו בפסוק כ"א ו–ה' אחרונה בפסוק כ"ב. והנה הני תרין תיבין "ויבקעו המים" סליקו לחושבן (289) "א' זעירא". וכל הפסוק הבא שם (כ"ב): "ויבאו בני ישראל בתוך הים ביבשה, והמים להם חומה מימינם ומשמאלם" סליק לחושבן (2312) ח' פעמים "א' זעירא" (289). ויחד אינון ט' זימנין "א' זעירא" לקביל ט' תקוני דיקנא דז"א. [יט]דעל הים נגלה כגבור מלחמה ששערו שחור– כדאמרו בני ישראל בשירת הים (שמות ט"ו,ג') "ה' איש מלחמה", ובהר

(שמות כה לא), [כאדם שהוא אומר מה קשה לי המלאכה הזאת], וכיון שנתקשה לו, א"ל הקדוש ברוך הוא משה טול ככר זהב והשליכהו לאור והוציאוהו ומעצמה נעשית, [שנאמר] (כפתוריה ופרחיה גביעיה וקניה) [ירכה וקנה גביעיה כפתוריה ופרחיה ממנה יהיו] (שם /שמות כ"ה ל"א/), היה מכה בפטיש ומעצמה נעשית, לכך נאמר מקשה תיעשה, יו"ד מלא, ולא כתיב תעשה, כלומר מעצמה תיעשה. מה עשה משה, נטל ככר זהב והשליכה לאור, ואמר משה רבש"ע הרי הככר [נשלך בתוך האש], כשם שאתה רוצה תיעשה לפניך, מיד יצאה המנורה עשויה כתקונה, לכך כתיב כמראה אשר הראה ה' את משה כן עשה את המנורה (במדבר ח ד), עשה משה אין כתיב כאן, אלא עשה סתם, ומי עשאה הקדוש ברוך הוא, לכך אמר הקדוש ברוך הוא למשה להזהיר לאהרן [להדליק שנאמר] בהעלתך, אמר הקדוש ברוך הוא לישראל אם אתם מדליקין לפני אף אני משמר את נפשותיכם מכל דבר רע שלא יגע בכם דבר, שנמשלו נפשותיכם כנר, שנאמר נר (אלהים) [ה'] נשמת אדם חופש כל חדרי בטן (משלי כ כז). **[יט] מכילתא דרבי ישמעאל בשלח - מסכתא דשירה פרשה ד:** ה' איש מלחמה ה' שמו, ר' יהודה אומר הרי זה מקרא עשיר במקומות הרבה מגיד שנגלה עליהם הקדוש ברוך הוא בכל כלי זיין נגלה עליהם כגבור חגור חרב שנאמר חגור חרבך על ירך גבור (תהלים מה ד), נגלה עליהם כפרש שנ' וירכב על כרוב ויעף וגו' (שם /תהלים/ יח יא), נגלה עליהם בשריין וכובע כגבור שנ' וילבש צדקה כשריין וגו' (ישעיה נט יז), נגלה עליהם בחנית שנ' לנוגה ברק חניתך (חבקוק ג יא) ואומר והרק חנית וסגור וגו' (תהלים לה ג), נגלה עליהם בקשת ובחצים שנ' עריה תעור קשתך (חבקוק ג ט) ואומר וישלח חציו (תהלים יח טו), נגלה עליהם בצנה ומגן שנ' צנה וסוחרה אמתו וגו' (שם /תהלים/ צא ד) ואו' החזק מגן וצנה (שם /תהלים/ לה ב). שומע אני ולא שהוא צריך לאחת מכל המדות האלו ת"ל ה' איש מלחמה ה' שמו בשמו הוא נלחם ואינו צריך לאחת מכל המדות הללו אם כן למה הוצרך הכתוב לפרט כל אחד בפני עצמו אלא שאם נצרכו לישראל הקדוש ברוך הוא עושה להם מלחמות ואוי לאומות מה הם שומעין באזניהם שהרי מי שאמר והיה העולם עתיד להלחם בם. ה' איש מלחמה למה נאמר לפי שנגלה על הים כגבור עושה מלחמה שנאמר ה' איש מלחמה, נגלה בסיני כזקן מלא רחמים שנ' ויראו את אלהי ישראל (שמות כד י) וכשנגאלו מה הוא אומר וכעצם השמים לטוהר ואומר חזה הוית עד די כרסון ואומר נהר דינור נגיד ונפיק מן קדמוהי וגו' (דניאל ז ט - י) שלא ליתן פתחון פה לאומות העולם לומר שתי רשויות הן אלא ה' איש מלחמה ה' שמו הוא במצרים הוא על הים הוא לשעבר הוא לעתיד לבוא הוא בעולם הזה הוא לעולם הבא שנ' ראו עתה כי אני אני הוא וגו' (דברים לב לט) [וכתיב עד זקנה אני הוא וגו' (ישעיה מו ד) וכתיב כה אמר ה' מלך ישראל וגואלו ה' צבאות אני ראשון ואני אחרון (שם /ישעיה/ מד ו)] ואומר מי פעל ועשה קורא הדורות מראש אני ה' ראשון ואת אחרונים אני הוא (שם

/ישעיה/ מא ד). יש גבור במדינה ועליו כל כלי זיין אבל אין לו כח ולא גבורה ולא תכסיס ולא מלחמה אבל הב"ה אינו כן יש לו כח וגבורה ותכסיס ומלחמה שנ׳ כי לה׳ המלחמה ונתן אתכם בידינו (שמואל א׳ יז מז) וכתיב לדוד ברוך ה׳ צורי המלמד ידי לקרב אצבעותי למלחמה (תהלים קמד א). יש גבור במדינה וכחו עליו בן ארבעים שנה אינו דומה [לבן נ׳ ולא בן נ׳] דומה לבן ששים ולא בן ששים לבן שבעים אלא כל שהוא הולך כחו מתמעט אבל מי שאמר והיה העולם אינו כן אלא אני ה׳ לא שניתי וגו׳ (מלאכי ג ו). יש גבור במדינה שמשקנאה וגבורה לובשתו אפילו אביו ואפילו אמו ואפילו קרובו הכל מכה בחמה והולך לו אבל הקדוש ברוך הוא אינו כן אלא ה׳ איש מלחמה ה׳ שמו. ה׳ איש מלחמה שהוא נלחם במצרים, ה׳ שמו שהוא מרחם על בריותיו שנ׳ ה׳ ה׳ אל רחום וחנון וגו׳ (שמות לד ו). יש גבור במדינה בשעה שהחצי יוצא מידו עוד לא יכול להחזירו אליו אבל הקדוש ברוך הוא אינו כן אלא כשאין ישראל עושין רצונו כביכול גזרה יוצאה מלפניו שנ׳ אם שנותי ברק חרבי וגו׳ (דברים לב מא) עשו תשובה מיד הוא מחזירה שנ׳ ותאחז במשפט ידי, או שומע אני שהוא מחזירה ריקם ת"ל אשיב נקם לצרי, ועל מי הוא מחזירה על אומות העולם שנ׳ ולמשנאי אשלם. מלך בשר ודם יוצא למלחמה ומדינות קרבות באות אצלו ושואלות צרכיהן מלפניו והן אומ׳ להן זעוף הוא למלחמה הוא יוצא לכשינצח במלחמה וישוב באין אתם ושואלין צרכיכם מלפניו אבל הקדוש ברוך הוא אינו כן אלא ה׳ איש מלחמה שהוא נלחם במצרים ה׳ שמו שהוא שומע צעקת כל באי העולם שנ׳ שומע תפלה עדיך כל בשר יבואו (תהלים סה ג). מלך בשר ודם עומד במלחמה אינו יכול לזון ולא לספק אכסניות לכל חיילותיו והקב"ה אינו כן אלא ה׳ איש מלחמה שהוא נלחם במצרים ה׳ שמו שהוא זן ומפרנס לכל באי העולם שנאמר לגוזר ים סוף לגזרים וגו׳ נותן לחם לכל בשר (שם /תהלים/ קלו יג - כה). ה׳ איש מלחמה, איפשר לומר כן והלא כבר נאמר הלא את השמים ואת הארץ אני מלא נאם ה׳ (ירמי׳ כג כד) וכתוב וקרא זה אל זה ואמר (ישעיה ו ג) וכתיב והנה כבוד אלהי ישראל וגו׳ (יחזקאל מג ב) ומה ת"ל ה׳ איש מלחמה מפני חבתכם ומפני קדושתכם אקדש שמי בכם שנ׳ כי אל אנכי ולא איש בקרבך קדוש אקדש שמי בכם (הושע יא ט): ה׳ שמו בשמו הוא נלחם ואינו צריך לאחת מכל מדות אלו וכן דוד אומר אתה בא אלי בחרב ובחנית ובכידון ואני בא אליך בשם ה׳ צבאות (שמואל א׳ יז מה) וכתיב אלה ברכב ואלה בסוסים ואנחנו בשם ה׳ אלהינו (תהלים כ ח) וכן אסא אומר ויקרא אסא אל ה׳ אלהיו וגו׳ (דברי הימים ב׳ יד י). **[כ]** כותב ר׳ שמשון מאוסטרופולי באגרת לבאור הגדה של פסח: והנה כבר השמעתיך שפרעה נלקה בעשר מכות במצרים וכו׳ ועליהם השר הנקרא דלפק"ט וכו׳ ובבאור שם: אותיות הקודמות לתיבת המצרים וכו׳. **[כא] של"ה מסכת פסחים ספירת העומר:** ולפי שבאלו ימים שולט סוד אלהים, אנו מחשבין מהבינה תמורה לשלש אותיות האמצעיות, כדי למתק דיניו, והחילוף הוא ׳כט"ד׳, נוטריקון: ׳כי טובים דודיך׳ (שה"ש א, ב). ואותיות ׳אם׳, שהם תחלה וסוף לשם זה, אין להם תמורה, מפני

גלא עמיקתא

סיני כזקן מלא רחמים ששער לבן בזקנו לקביל י"ג מכילן דרחמי– כדכתיב (שמות כ"ד,י׳) "ותחת רגליו כמעשה לבנת הספיר". והנה שלושת הפסוקים יחד – ויסע ויבא ויט – דמהם יוצא שם בן ע"ב כנ"ל (שמות י"ד,י"ט–כ"א): **א׳. ויסע מלאך האלהים ההלך לפני מחנה ישראל וילך מאחריהם, ויסע עמוד הענן מפניהם ויעמד מאחריהם** (2672) **ב׳. ויבא בין מחנה מצרים ובין מחנה ישראל, ויהי הענן והחשך ויאר את הלילה, ולא קרב זה אל זה כל הלילה** (3043) **ג׳. ויט משה את ידו על הים ויולך ה׳ את הים ברוח קדים עזה כל הלילה, וישם את הים לחרבה ויבקעו המים** (3428) סליקו לחושבן (9143) **א"ם** (41) פעמים [כ]דלפק"ט (223) **דהן אתוון א"ם משם אלהים דאינן מתחלפות בשם הקדוש [כא]אכדט"ם שם הבטחון** (אכדט"ם סליק לחושבן בטחו"ן עם הכולל) **ומבואר בכוונות ספירת העומר**

ש׳כט״ד׳, הן אותיות הקודמות לאותיות לה״י, בסדר אלפא ביתא הישרה, שמחפה על הדין, ומושיבין אותו אחור להחלישו ולמתקו. והנה, א׳ אין לה עוד אות קודמת כלל. ועוד אין דינה קשיא. והמ״ם סתומה, הרי מ׳ אחרת קדמה לה, לפיכך גם היא במקומה עומדת, ׳אכדט״ם׳. כט״ד, נוטריקון ׳כי טובים דודיך׳. ׳מיין׳ מורה שורש השם הזה ברחמי הבינה, אשר שם היין משומר בענביו. ובכל יום אנו ממשיכין זה המתוק מן האם העליונה, שהיא מתפשטת בעשרים ימים ראשונים, לאות הכ״ף, ובד׳ ימים האחרים לאות הד׳, ובט׳ ימים לאות ט׳, אשר בהצטרפם יעלו למספר ל״ג בעומר, כמנין ׳כד״ט׳ שבו פסקה המיתה. וכן רבו יתירה אשתכח ליום מ״ה של ספירת העומר, והוא ראש חודש סיון, דכתיב ביה (שמות יט, א) ׳ביום הזה באו מדבר סיני׳, ובו נשלמו אותיות ׳לה״י׳ ממש, עם שם מ״ה כו׳. עד כאן מצאתי.

גלא עמיקתא

לאר״י הקדוש. וכפלינן הני אתוון א״ם בשם הקדוש דלפק״ט דהן אותיות הקודמות לתיבה ״המצרים״ ו–מ׳ אחרונה אינה נחלפת כי היא שימוש. וע״י זה השר הוכו המצרים [עד כאן לשונו הקדוש של ר׳ שמשון מאוסטרופולי בבאור הגדה של פסח]. והוא נפלא דתרין תיבין בתראין דהני תלת פסוקין ״ויבקעו המים״ גימ׳ (289) ״א׳ זעירא״ כדאמרינן לעיל. ומיד מתחילה גאולת ישראל ומפלת מצרים עד ש״לא נשאר בהם עד אחד״ ע״ד דייקא- שהשם הקדוש שם הבטחון אכדט״ם גימ׳ (74) ע״ד. וזהו ״בטחו בה׳ עדי עד״ (ישעי׳ כ״ו,ד׳) ומכאן נמשך דהוא שם הבטחון וכו׳. [והנה מבאר רבינו בענין שם בן ע״ב, ועיין [כב] בפירושו על ואתחנן אופן נ״ה מה שביאר בענין אותיות יה״ו משם הוי׳ דאות י׳ כנגד שם של ע״ב[1] ומה שבארנו דבריו הקדושים שם].

[כב] מגלה עמוקות על ואתחנן אופן נ״ה: זכה משה להשיג ד׳ עולמות, שיש בכל עולם שם של הוי״ה ע״ב ס״ג מ״ה ב״ן, שיש בהן אותיות בשם של ע״ב, ד׳ אותיות הפשוט וי׳ מילוי, ומילוי דמילוי כ״ח, הרי מ״ב. וכן גם כן בס״ג. וכן גם כן במ״ה. הרי ג׳ פעמים מ״ב כמנין קכ״ו, שזכה משה

1. באור על מגלה עמוקות ואתחנן אופן נ״ה: אקדמות מילין: משה רבינו עסק כל ימיו במיתוק הדינים- בכללות הן ק״כ צרופי שם אלהי״ם, עד שזכה לכינוי משה איש האלהי״ם [בתחלת פרשת וזאת הברכה (דרים ל״ג,א׳) וזאת הברכה אשר ברך משה איש האלהים את בני ישראל לפני מותו]. והנה ״משה איש האלהים״ גימ׳ (747) ״מדת הרחמים״, ובאור הדברים דמשה רבינו הפך מדת הדין למדת הרחמים, כדאיתא בספה״ק משה עומד בין שמד לרצון [כלומר מש״ה (345) הוא בין חושבן שמ״ד (344) לחושבן רצו״ן (346)] דהופך השמד והכליה שבאים מצד מדת הדין למדת החסד והרצון, וכל זה לא לעצמו עשה, אלא בשביל ישראל, ומהאי טעמא הוא נמי חושבן (747) ״ומי כעמך ישראל״ (דברי הימים א׳ י״ז,כ״א) דכתיב בתפלין דמרי עלמא (ברכות ו. עיין שם). ובאופן זה עוסק המגלה עמוקות בענין מלוי אתוון דשמא קדישא הוי׳ ברוך הוא- ד״מלוי״ גימ׳ (86) אלהי״ם, דהוא ענין גלוי הדינים שבשם ומיתוקם, ״מלוי דמלוי״ גימ׳ (176) י״א פעמים חב״ו (16) [ראשי תיבות היוצאים מתיבות הפסוק (איוב כ׳,ט״ו) חיל בלע ויקיאנו מטנו יורישנו אל] והוא ענין הוצאת נצוצות הקדושה הבלועים בפיהם ד-י״א כתרין דמסאבותא [לכן בא הרמז בכפילת י״א פעמים דייקא] בסוד המן ועשרת בניו [עיין לעיל אופן כ״א], ושניהם יחד: ״מלוי ומלוי דמלוי״ גימ׳ (268) ד׳ פעמים ״בינה״ (67) [לקביל ד׳ אתוון דשם הוי׳ דעסקינן ביה בהאי אופן] בסוד אין הדין נמתק אלא בשרשו- ושרש הדינים בבינה. ובכאן עביד החושבן ב-ג׳ שמהן ע״ב ס״ג מ״ה, ואם כן ג׳ פעמים ״מלוי ומלוי דמלוי״ (268) סליקו לחושבן (804) ד׳ פעמים ״פה אל פה״ (201) - דעל ידי שהגיע משה רבינו למדרגה נעלית של פה אל פה אדבר בו- יכול היה לבקש למתק הדינים דבני ישראל- שנגרמו מחמת מעשיהם שהיו הפך הטוב- כגון בחטא העגל וכיוצא בזה.

לעלות לשמים ג׳ פעמים מ׳, הרי ק״ך. וו׳ ימים של ראש חודש סיון שעלה וירד בכל יום, הרי קכ״ו. על זה אמר אתה החלות להראות את גדלך, ר״ל אותיות שם של הוי״ה, שאמר מתחלה ואתחנן אל יהו״ד, על שם של הוי״ה כשמגדלין אותיות שם של הוי״ה, הרי הם סוד קכ״ו ימים שהיה משה בהר לקבל הלחות, עד שהוריד הלוחות שניות ביום הכיפורים. זה שאמר את ידך החזקה על הלוחות השניות שהביא ביום הכפורים שהוא דרגא דמ״י (שמו״ר פמ״ו ג׳). זה שאמר אשר מ״י אל בשמים ובארץ, שבאותו יום חסד אל כל היום בעת רצון, ובזה זכה להשגת קכ״ו אותיות של ג׳ שמות, שהם בסוד ג׳ אותיות השם, י׳ תמן שם של ע״ב גדלך, ה׳ תמן ס״ג ידך החזקה, ו׳ של מ״ה תמן אל בשמים ובארץ, לכן אעברה נא את הארץ, דתמן שם של מ״ב שיש במילוי של ב״ן, ובמילוי ג״ל אותיות ג״ל עיני ואביטה (תהלים קיט יח), זה שאמר ואראה את הארץ, שם אביט״ה אותיות הארץ שהוא סוד שם של בן שהוא במלכות, ולכן מן ואתחנן עד והלבנון מ׳ תיבות, רמז על מ׳ יום שעלה להר. השיב הקב״ה רב לך השגה יש לך בכאן בכל הד׳ שמהון, ובזוהר פרשת ויצא [ח״א] עמוד שי״ח (זוהר ח״א רס״ז ע״א) משה נקרא בר בהיפוך אתוון ר״ב, ועל זה אמר רב לך, שגם אותו השם שהוא ב״ן יש לך, עלה ראש הפסגה וראה בעיניך ימ״ה וצפונ״ה תימנ״ה ומזרח״ה, שם רמז ב׳ פעמים שם של הויה, שהוא סוד שם של ב״ן תוכו כברו שזכה משה לתרווייהו. **[כג] זוהר בראשית פרשת וירא דף קו עמוד א:** ועל דא לא הוה בעלמא בר נש דיגין על דריה כמשה דאיהו רעיא מהימנא. **[כד] תלמוד בבלי מסכת חולין דף קלט עמוד ב:** אמרי ליה פפונאי לרב מתנה וכו׳ משה מן התורה מנין? בשגם הוא בשר (בראשית ו׳) המן מן התורה מנין? המן העץ (בראשית ג׳) אסתר מן התורה מנין? ואנכי הסתר אסתיר (דברים ל״א) מרדכי מן התורה מנין? דכתיב (שמות ל׳) מר דרור ומתרגמינן: מירא דכיא. **[כה] תיקוני זוהר הקדמה דף ו**

גלא עמיקתא

והנה הפלא ופלא כאשר נוסיף הפסוק הבא לאחר ג׳ הפסוקים ״ויסע ויבא ויט״: ״ויבאו בני ישראל בתוך הים ביבשה, והמים להם חומה מימינם ומשמאלם״ [דסליק לחושבן (2312) ח״פ ״א׳ זעירא״ (289) כנ״ל] סליקו הני ד׳ פסוקין לחושבן (11455): י״פ אל״ף היינו רבבה (10,000) עם פסוקא דהבורא יקירא דנן: ״ויקרא אל משה וידבר ה׳ אליו מאהל מועד לאמר״ (1455) ומבואר באר היטב ענינה וכוחה דהאי א׳ זעירא דיהב קוב״ה למשה רבנו ע״ה. דהיא בחינת י׳ אלף דמשה גובהו י׳ וכו׳ דהפסוק עצמו חושבן (1455) אל״ף עם משה במלוי י׳ ״מם שין הי״ גימ׳ (455) תנ״ה הודך על השמים וכו׳ (תהל׳ ח׳). ויש לקשרו לרשב״י דשייך לספירת ההוד שבהוד הוד״ך- הו״ד כ׳- דהוריד עיר וקדיש מן שמיא נחית ר״ת שמעו״ן (הקדמת לקוטי מוהר״ן) ספר הזוהר הקדוש בחינת פנימיות הכתר הוד שבהוד- הוד כ׳ כנ״ל. [כג]ומשה רעיא מהימנא מלא את ספר הזוהר ומלמדנו מתוך גרונו של רשב״י בחינת בשג״ם [כדאיתא בגמרא (חולין קל״ט ע״ב) [כד]משה מן התורה מנין? שנאמר (בראשית ו׳,ג׳) בשג״ם הוא בשר והיו ימיו מאה ועשרים שנה- בשג״ם גימ׳ (345) מש״ה וכן והיו ימיו מאה ועשרים שנה רמז למנין שנותיו של משה] ר״ת ״שכינה מדברת בתוך גרונו״ גימ׳ (1724) ד״פ ״עבדי משה״ (431) כדכתיב (במדבר י״ב,ז׳) ״לא כן עבדי משה, בכל ביתי נאמן הוא״, ועם הכולל סליק לחושבן (1725) ה״פ ״משה״ (345). ועם ״שמעון״ גימ׳ (2190) ל׳ פעמים ״חכמה״ (73) לשון ״החרש ואאלפך חכמה״ (איוב ל״ג,ל״ג) הרי שאל״ף משמעותו לימוד חכמה דהיינו תורה. ומעתה יובן (תהל׳ צ״א,ז׳) ״יפל מצדך אלף, ורבבה מימינך, אליך לא יגש״ גימ׳ (1175) ה׳ פעמים ״[כה]אהבה ויראה״ (235) והאי

עמוד א: והארץ היתה תהו ובהו מסטרא דאילנא דטוב ורע דאיהי ארעא ריקניא שפחה בישא כגוונא דחד מארבע אבות נזיקין דאיהו הבור וכגוונא דבור דיוסף דאוקמוהו עליה הברה והבור רק וכו׳ הברה נוקבא בישא בור דכורא ובור בגין דאיהי מתמן אוקמוהו עליה אין בור ירא חטא בתר דלית ביה יראת י״י מאן דאיהו דחיל מגו אורייתא דאיהי תפארת דמניה נפקת כגון דא איהי שקולה לגביה ובגין דא אין כל יראה שוה דהא יראת י״י היא מלכות דיליה כלילא מכל פקודי אורייתא בגין דאיהי יראה דנפקת מגו תורה דאיהי עמודא דאמצעיתא דאיהי יקו״ק דבגינה אוקמוהו מארי מתניתין גדולה תורה שמביאה לאדם לידי מעשה דאי בר נש לא ידע אורייתא ואגרא דפקודייא דילה ועונשין דילה למאן דעבר על פקודיא ומאן הוא דברא ליה וברא אורייתא ומאן הוא דיהב לה לישראל איך דחיל ליה ונטיר פקודוי ובגין דא אמר דוד לשלמה בנו (דברי הימים א׳ כ״ח) דע את אלה״י אביך ועבדהו דאי בר נש לא אשתמודע ההוא דיהב ליה אורייתא ומני ליה לנטרא לה איך דחיל מניה ועביד פקודוי ובגין דא אוקמוהו רבנן ולא עם הארץ חסיד ואין בור ירא חטא בגין דאורייתא דאיהי תרי״א מתרין דרגין אתייהיבת מחסד וגבורה דמתמן תרין פקודין אהבת חסד ודחילו דגבורה דאיהי יראה דבהון אשתלימו תרי״ג פקודיא ובגין דכל אורייתא ופקודהא מתרין סטרין אתיהיבת אוקמוהו רבנן ולא עם הארץ חסיד ואין בור ירא חטא ואי תימא הא חסד גבורה דמתמן מלכות איהי אהבה ויראה איך אוקמוהו רבנן גדולה תורה שמביאה לאדם לידי מעשה דמהכא משמע דכל הקודם יראתו לחכמתו חכמתו מתקיימת אלא כלא קשוט תפארת אתקרי אדם כגוונא דיליה הוה אדם ה״א דלתתא דאוקמוהו עליה דהוה ראשון למחשבה ואחרון למעשה ובגין דא אוקמוהו רבנן ישראל עלה במחשבה ליבראות דאתמר עלייהו אדם אתם אוף הכי תפארת דאיהו יקו״ק איהו ראשון למחשבה דאיהי חכמה עלאה ואחרון למעשה דאיהי י׳ מן אדנ״י חכמה תתאה יראת י״י מלכות דיליה ובגין דא אתמר בה אשה כי תזריע אתתא אית לה לאקדמא בכל פקודייא דאתמר בה אשה יראת י״י היא תתהלל ובגין דא מצא אשה בקדמיתא מצא טוב דאתמר ביה טוב י״י לכל ואי אקדים לה בצלותא כמה דאוקמוהו אדנ״י שפתי תפתח מיד ויפק רצון מי״י ובגין דא כוונה דאיהי מחשבה צריך לאקדמא למצוה ובגין דא שויאו רבנן כוון מחשבתא דצלותא בברכה קדמאה דהכי אוקמוהו אם לא כוון בברכה ראשונה חוזר לראש ובגין דא צריך לאקדמא יראה מסטרא דשכינתא בין באורייתא בין בפקודייא אבל מסטרא דקודשא בריך הוא צריך לאקדמא אורייתא ליראה בכל פקודייא דיראה דאורייתא אית דאתקרי נוקבא תורה שבעל פה דבגינה אתמר תמן אז ירננו עצי היער ענה מלאך מן השמים ואמר הן הן מעשה מרכבה מהאי א״ז תליין ע״ב שמהן דהיינו חסד דביה צריך לאתקנא כורסייא למאריה בכנפי מצוה וישב עליו באמת עשור אמת מ״ה יו״ד ק״א וא״ו ק״א מוריד הטל לאנהרא לגבי ה״א דאיהו כליל תלת ברכאן קדמאין דצלותא ותלת בתראין ודא עשר ספירות בלי מה דאינון לקבלייהו תרין שמהן יקו״ק אדנ״י ותמנייא אתוון דאינון עשרה עשרה הכף בשקל הקדש ודא כ׳ מן כתר

[כו] תולדות יעקב יוסף שמות פרשת יתרו: וכמו שהוא בכלל, כך הוא בפרטות אדם א׳ שרוצה להתקרב לעבודתו יתברך, הוא ככל חוקת הפסח (במדבר ט, יב), שפסח תחלה, ואחר כך חזר למדריגה, בסוד הספירה, על פי הטבע, עד חג השבועות שבא סוד הגדלות, והבן. ועל פי זה נבאר ש״ס דסוטה (יג א), חכם לב יקח מצות (משלי י, ח) זה משה, שכל ישראל עסקו בביזה וכו׳. וי״ל הא גם ישראל עשו מצות ה׳, שנאמר (שמות יא, ב) דבר נא באזני העם וישאלו וגו׳. ועוד מאי מצו״ת לשון רבים. ונ״ל דזכרנו דיש ב׳ מיני זווגים, א׳ תדיר, תרין ריעין דלא מתפרשין, ומשם נק׳ משה רעיא מהימנא, ומשם הם המצוות מעשיות. זיווג ב׳ שאינו תדיר, והוא בסוד הדיבור תורה ותפלה. ובזה יובן, כי חכם לב הוא או״א, תרין ריעין, משם יקח וימשוך מצו״ת זה משה שהי׳ שרשו משם, ומצדו עסקו ישראל בביזה מצות מעשיות, וז״ש גם האיש משה גדול מאוד בעיני וגו׳ (שמות יא, ג), והבין. ובזה תבין

גלא עמיקתא

פסוקא קאי **אמשה** דאיהו [כו]**רעיא מהימנא**- דמלויו כחושבן מלוי שמיה דמשה תנ״ה. וב–ד׳ פסוקים "**ויסע, ויבא, ויט**" עם "**ויבאו בני ישראל**" סליקו לחושבן (11,455) **משה מלא** (455) **עם אלף** (1,000) **בשמאלו ורבבה** (10,000) **מימינו. וזהו** "**יפל**" גימ׳ ק״ך **שנותיו של**

גלא עמיקתא

משה, ומיתוק ק"ך צרופי שם אלהים דאיקרי משה איש האלהים ע"ש המיתוק כנ"ל. "יפל מצדך" גימ' (274) "מרדכי" דאמרו חז"ל [כז]מרדכי בדורו כמשה בדורו. "יפל מצדך אלף" גימ' (385) שכינ"ה וכדאמרינן לעיל בשג"ם ר"ת שכינה מדברת בתוך גרונו דהיינו של מש"ה שעולה למנין (345) בשג"ם וכו'. "מימינך" גימ' (170) י"פ טו"ב דכתיב במשה (שמות ב') "ותרא אותו כי טוב הוא". "אליך" גימ' (61) אי"ן כדאמר משה (שם ל"ב) "ואם אין מחני נא" וכו'. והוא תקונא דאדם קדמאה ונח מחנ"י אתוון מ"י נ"ח כמ"ש (ישעי' נ"ד) "כי מי נח וכו' כאשר נשבעתי מעבור מי נח עוד על הארץ". והפסוק בשלמותו שם: "כי מי נח זאת לי, אשר נשבעתי מעבור מי נח עוד על הארץ כן נשבעתי מקצוף עליך ומגעור בך". "לא יגש" גימ' (344) שמ"ד דהבאנו מהספרים הקדושים [כח]מש"ה (345) עומד בין שמ"ד (344) לרצו"ן (346) – דמשה מהפך מדת הדין למדת רחמים. [כט]וכדכתב המגלה עמוקות לעיל אופן ס"ד דמשה זכה למתק ד"פ אלהים גימ' שמ"ד כנ"ל בסוד ד' בתי דינין דנתעוררו בשעת עשית העגל וכדכתיב (תהל' ק"ו,כ"ג) "[ל]ויאמר להשמיד"ם לולי משה בחירו

מ"ש שנתעסק בעצמות יוסף, כי עור ובשר וגידים ועצמות הוא חיצוניות, ונר"ן הוא פנימי', וז"ש (שמות יג, ג) ויקח משה את עצמות יוסף עמו, ואתי שפיר, והבן. בפסוק עתה ידעתי כי גדול ה' מכל האלדים כי בדבר אשר זדו עליהם (יח, יא). והוא תמוה מה ענין זה לזה. ונ"ל, דכתב האלשיך בפ' שמיני (ויקרא ט, א) ולך ה' החסד כי אתה תשלם לאיש כמעשהו (תהלים סב, יג), שזהו חסד ה' שמענש מדה כנגד מדה, שאז יודע וישוב בתשובה וכו', יעו"ש. **[כז] שפתי צדיקים ויקרא פרשת צו:** מדרש רבה (אסתר ב, ה) במגילת אסתר (ו, ב) איש יהודי היה כו' שקול היה מרדכי כמשה רבינו ע"ה נאמר במשה (במדבר יב, ג) והאיש משה כו'. ונאמר במרדכי איש יהודי. נאמר במשה (ויקרא י, טז) דרוש דרש משה. ונאמר במרדכי דורש טוב לעמו כו' (אסתר י, ג). ויש לדקדק היאך תולה זה בפסוק איש יהודי כו'. ונראה כי משה רבינו ע"ה היה רעיא מהימנא של ישראל והיה מוסר נפשו תמיד על ישראל להחזירם למוטב ולהמתיק מהם הדינים הקשים על ידי פעולות מעשים ויחודים שעשה בעולמות העליונים וידוע כי עיקר המתקות הדינים נעשים על ידי שמירת שבת קודש, ולכן הראשי תיבות של ושמרו בני ישראל את השבת הם אותיות ביא"ה שהוא מורה על יחוד וזווג העליון כביכול, וזה היה גם כן מעשה מרדכי הצדיק שלבש שק ואפר ומסר נפשו להחזיר את ישראל למוטב ולהמתיק מהם הדינים הקשים על ידי היחודים שלו, וזה הוא ראשי תיבות של איש יהודי היה בשושן הם גם כן אותיות ביא"ה, ולכן שפיר דייקו חז"ל בזה הפסוק שקול היה מרדכי כמשה רבינו ע"ה. ע"כ בשם הרב הק' מראפשיץ. **[כח] ליקוטי מוהר"ן חלק א' תורה רי"ד:** ועל כן משה עומד בין שמד לרצון, כי מספר משה הוא ממצע בין מספר שמד למספר רצון וכו'. **[כט] מגלה עמוקות על א' זעירא דויקרא אופן ס"ד:** קודם שחטאו ישראל קבלו ישראל כתר שלם הם תר"ך אותיות של דברות לכן התחלת הדברות באלף שהוא סוד כתר אבל לאחר החטא אע"פ שאמר סלחתי כדבריך מ"מ לא זכו רק לחצי כתר. לכן אמר ויקר אל משה אלף זעירא רומזת שאותו אלף שזכו בהר סיני נתמעט ולא נשאר רק יקר שהוא עולה לחשבון חצי כתר מזה הטעם נתנו מחצית השקל כל העובר על הפקודים לפי שהפסידו החצי מן תר"ך נשאר להם יקר (שם) יש זהב ורב פנינים ר"ל כשנכנס לפני ולפנים לא היו להם רק יש מן כתר וזה הוא כלי יקר שפתי דעת שלא נשאר להם רק יקר: **[ל] פסיקתא דרב כהנא (מנדלבוים) פיסקא ט - שור או כשב:** והאלהים יבקש את נרדף (קהלת ג: טו). רב חונה בשם רב יוסף עתיד הקדוש ברוך הוא לתבוע דמן של נרדפים מיד רודפיהם. צדיק רודף צדיק, והאלהים

יבקש את נרדף. רשע רודף רשע, והאלהים יבקש את נרדף. רשע רודף צדיק, והאלהים יבקש את נרדף. אפי׳ את חוזר ואו׳ צדיק רודף אחר רשע, מכל מקום והאלהים יבקש את נרדף. תדע לך שהוא כן, שהרי הבל נרדף מפני קין, והאלהים יבקש את נרדף, וישע י״י אל הבל ואל מנחתו (בראשית ד: ד). נח נרדף מפני דורו, והאלהים יבקש את נרדף, ונח מצא חן בעיני י״י (שם /בראשית/ ו: ח). אברהם נרדף מפני נמרוד, והאלהים יבקש את נרדף, אתה הוא י״י האלהים אשר בחרת באברם וגו׳ (נחמיה ט: ז). יצחק נרדף מפני פלשתים, והאלהים יבק׳ את נרד׳, ויאמרו ראה ראינו כי היה י״י עמך וגו׳ (בראשית כו: כח). יעקב נרדף מפני עשו, והאלהים יבקש את נרדף, כי יעקב בחר לו יה (תהלים קלה: ד). יוסף נרדף מפני אחיו, והאלהים יבקש את נרדף, ויהי י״י את יוסף ויהי איש מצליח (בראשית לט: ב). משה נרדף מפני פרעה, והאלהים יבקש את נרדף, ויאמר להשמידם לולי משה בחירו וג׳ (תהלים קו: כג). ישר׳ נרדפים מפני אומות העולם, והאלהים יבקש את נרדף, ובך בחר י״י אלהיך להיות לו לעם סגולה וג׳ (דברים יד: ב). ר׳ יודה בר׳ סימון בשם ר׳ יוסה בר נהורי אף כאן שור נרדף מפני הארי, כשב מפני זאב, עז מפני נמר, א׳ הקדוש ברוך הוא לא תביאו קרבן לפני מן הרודפים אלא מן הנרדפים, שור או כשב או עז כי יולד וגו׳ (ויקרא כב: כז).

[**לא**] **מכילתא דרבי ישמעאל בשלח – מסכתא דשירה פרשה ח**: ד״א עושה פלא עשה עמנו פלא ועושה עמנו בכל דור ודור שנ׳ אודך על כי נוראות נפלאתי נפלאים מעשיך ונפשי יודעת מאד (תהלים קלט יד) ואומר רבות עשית אתה ה׳ אלהי נפלאותיך ומחשבותיך אלינו (שם

גלא עמיקתא

עמד בפרץ לפניו להשיב חמתו מהשחית״. וכן תיבה יג״ש רמיזא ויקבר אתו בגי חסר א׳, בג״י יג״ש אתוון דדין כאתוון דדין– ובלבד שתחליף ב׳–ש׳ בא״ת ב״ש, **ומשה נגש אל הערפל אשר שם האלהים** וכו׳ נ׳ יגש– דהסתלק בהר נבו נ׳ בו– דזכה ל–נ׳ שערי בינה בשלמות בהסתלקותו. ולא נוסיף בלתי אם זאת– דשאר הפסוקים דהאי פרשתא דהצלת בני ישראל מיד המצרים בבחינת יפל מצדך אלף ורבבה מימינך כנ״ל. דהיינו הפסוקים שלאחר ה–ד׳ דאמרינן ויסע ויבא ויט ויבאו בני ישראל. והם הפסוקים כדלקמן: וַיִּרְדְּפוּ מִצְרַיִם וַיָּבֹאוּ אַחֲרֵיהֶם כֹּל סוּס פַּרְעֹה רִכְבּוֹ וּפָרָשָׁיו אֶל תּוֹךְ הַיָּם וַיְהִי בְּאַשְׁמֹרֶת הַבֹּקֶר וַיַּשְׁקֵף יְהוָֹה אֶל מַחֲנֵה מִצְרַיִם בְּעַמּוּד אֵשׁ וְעָנָן וַיָּהָם אֵת מַחֲנֵה מִצְרָיִם וַיָּסַר אֵת אֹפַן מַרְכְּבֹתָיו וַיְנַהֲגֵהוּ בִּכְבֵדֻת וַיֹּאמֶר מִצְרַיִם אָנוּסָה מִפְּנֵי יִשְׂרָאֵל כִּי יְהוָֹה נִלְחָם לָהֶם בְּמִצְרָיִם וַיֹּאמֶר יְהוָֹה אֶל מֹשֶׁה נְטֵה אֶת יָדְךָ עַל הַיָּם וְיָשֻׁבוּ הַמַּיִם עַל מִצְרַיִם עַל רִכְבּוֹ וְעַל פָּרָשָׁיו וַיֵּט מֹשֶׁה אֶת יָדוֹ עַל הַיָּם וַיָּשָׁב הַיָּם לִפְנוֹת בֹּקֶר לְאֵיתָנוֹ וּמִצְרַיִם נָסִים לִקְרָאתוֹ וַיְנַעֵר יְהוָֹה אֶת מִצְרַיִם בְּתוֹךְ הַיָּם וַיָּשֻׁבוּ הַמַּיִם וַיְכַסּוּ אֶת הָרֶכֶב וְאֶת הַפָּרָשִׁים לְכֹל חֵיל פַּרְעֹה הַבָּאִים אַחֲרֵיהֶם בַּיָּם לֹא נִשְׁאַר בָּהֶם עַד אֶחָד וּבְנֵי יִשְׂרָאֵל הָלְכוּ בַיַּבָּשָׁה בְּתוֹךְ הַיָּם וְהַמַּיִם לָהֶם חֹמָה מִימִינָם וּמִשְּׂמֹאלָם וַיּוֹשַׁע יְהוָֹה בַּיּוֹם הַהוּא אֶת יִשְׂרָאֵל מִיַּד מִצְרָיִם וַיַּרְא יִשְׂרָאֵל אֶת מִצְרַיִם מֵת עַל שְׂפַת הַיָּם וַיַּרְא יִשְׂרָאֵל אֶת הַיָּד הַגְּדֹלָה אֲשֶׁר עָשָׂה יְהוָֹה בְּמִצְרַיִם וַיִּירְאוּ הָעָם אֶת יְהוָֹה וַיַּאֲמִינוּ בַּיהוָֹה וּבְמֹשֶׁה עַבְדּוֹ סליקו לחושבן (34429) ״הוה״ (19) פעמים ״ממחרת הפסח יצאו בני ישראל ביד רמה״ (1812) עם הכולל (במדבר ל״ג, ג׳–תחלת פרשת מסעי). וכפלינן ״הוה״ פעמים רמיזא שהושלם שלב בתיקון חטא אדם וחוה, והוא חושבן עם הכולל רמיזא א׳ זעירא– דנתן הכח למשה לחולל הניסים הכבירים על הים. ורמיזא גאולתא שלמתא [לא]דגאולת מצרים כעין גאולה דלעתיד לבוא דכתיב (מיכה ז׳) ״כימי צאתך מארץ מצרים אראנו נפלאות״ במהרה בימינו אמן. והנה כד מוספינן

גלא עמיקתא

האי חושבן (34429) לחושבן ד׳ הפסוקים הקודמים דבהם התחיל הנס דקריעת ים סוף: ויסע, ויבא, ויט, ויבאו בני ישראל (11455) סליקו לחושבן עם הכולל (45885): ״חוה״ (19) פעמים ״אשר הוצאתי אותם מארץ מצרים לעיני הגויים״ (2415) כדכתיב (ויקרא כ״ו,מ״ה) ״וזכרתי להם ברית ראשונים, אשר הוצאתי אותם מארץ מצרים לעיני הגויים להיות להם לאלהים, אני ה׳״. **שוב ענינו תקונא שלים דחטא אדם וחוה.** והנה האי חושבן מתחלת ויסע ויבא ויט עד סוף פרשתא סליק לחושבן עם הכולל (45885) ״סנה״ (115) פעמים ״אלף זעירא״ (399). דכבר בסנה ניתנה לו למשה א׳ זעירא בכח, וניתנה לו בפועל בקריעת ים סוף– ועתה באהל מועד זכה לה בפנימיות. וזהו ויקר אל משה– ומהו היקר– א׳ זעירא דכבר ניתנה לו בכח בסנה ובפועל בקריעת ים סוף ועתה בפעם השלישית באהל מועד. וזהו דכתב המגלה עמוקות ג״פ ויקר גימ׳ תתק״ל שנותיו דאדם הראשון. והאי חושבן (45885) סליק נמי לחושבן: ״משה״ (345) פעמים ״כסא כבודך״ (133). באור הענין: דמשה קידש שם שמים ברבים ומסר נפשו על עם ישראל וזכה להאי א׳ זעירא דמשלימה כם לכס״א בהכניעו עמל״ק כי יד על כס י–ה. ובקריעת ים סוף כסא כבודך פעמים משה, ואין מוקדם ומאוחר בתורה וכו׳. דנתן כח לעם ישראל להכניע עמלק בכל הדורות ולהפוך כס לכסא כבודך בשלמות ומשיח צדקנו ישלים המלאכה בשלמות בגאולתא שלמתא ובנין בית המקדש השלישי בעגלא דידן ובזמן קריב ונאמר אמן. פסוק ד׳: [לב]מה יקר חסדך אלהים, ובני אדם בצל כנפיך יחסיון גימ׳ (1092) ״ומי כעמך ישראל גוי אחד בארץ״ [לג]דכתיב בתפלין דמרי עלמא [כדאיתא בגמרא ברכות ו.] וכדכתב המגלה עמוקות שהראה הקב״ה מדת החסד למשה– הראני נא את כבודך

מ ו). ד״א עושה פלא, עושה פלא עם אבות ועתיד לעשות עם בנים שנא׳ כימי צאתך מארץ מצרים אראנו נפלאות (מיכה ז טו) אראנו מה שלא הראתי אל אבות שהרי נסים וגבורות שאני עתיד לעשות עם הבנים יותר הם ממה שעשיתי לאבות וכה״א לעושה נפלאות גדולות לבדו כי לעולם חסדו, ואומר ברוך ה׳ אלהים אלהי ישראל עושה נפלאות לבדו וברוך שם כבודו לעולם וימלא כבודו את כל הארץ אמן ואמן. [לב] **מראה יחזקאל שמות פרשת משפטים:** ולפ״ז נאמר דהנה רות עשתה כאן שני דברים הא׳ מה שגיירה את עצמה וע״ז אין לה שכר בעה״ז דשכר מצוה בהאי עלמא ליכא, והב׳ שעשתה חסד עם החיים והמתים וגמילות חסד הוא מדברים שאדם אוכל פירותיהן בעה״ז כו׳, ולכך מדה כנגד מדה לפי שעשתה גמ״ח ניתן לה בן המטיב לישראל כל כך שלא יצטרכו כלל לגמ״ח בימיו, והנה איתא במדרש שם א״ר אבין אשריהם של בעלי צדקה וגמ״ח שאינן חוסין לא בצל הארץ כו׳

ושרפים וכרובים כו׳ אלא בצילו של הקדוש ברוך הוא שנאמר מה יקר חסדך כו׳ בצל כנפיך יחסיון, וזהו אומרו פה ישלם ה׳ פעלך ותהי משכורתך שלמה, והוקשה על מה שכתיב חסר דקאי על שלמה המלך, ויקשה למה דוקא אמר שלמה כנ״ל, ועוד שכר מצוה בהאי עלמא ליכא, ולזה תירץ ר׳ חסא אשר באת לחסות בצל כנפיו, פי׳ שעשתה גמ״ח ואתי שפיר דדוקא נקט שלמה ואכלה הפירות כמ״ש [מ״א ב יט] וישם כסא לאם המלך לאמה של מלכתא כנודע. [לג] **תלמוד בבלי מסכת ברכות דף ו עמוד א:** אמר רבי אבין בר רב אדא אמר רבי יצחק: מנין שהקדוש ברוך הוא מניח תפילין - שנאמר נשבע ה׳ בימינו ובזרוע עזו; בימינו - זו תורה, שנאמר: מימינו אש דת למו, ובזרוע עזו - אלו תפילין, שנאמר: ה׳ עז לעמו יתן. ומנין שהתפילין עוז הם לישראל - דכתיב: וראו כל עמי הארץ כי שם ה׳ נקרא עליך ויראו ממך, ותניא, רבי אליעזר הגדול אומר: אלו תפילין שבראש. אמר

גלא עמיקתא

וכו' [לד]ופרש"י דהראה לו הקב"ה קשר ד' של תפלין– ואמרו חז"ל יקר אלו תפלין. והוא בגמרא מגילה טז: "[לה]ליהודים היתה אורה" (אסתר ח',ט"ז) זו תורה וכו' "ושמחה" זה יום טוב "וששון" זו מילה "ויקר" אלו תפלין וכן הוא אומר (דברים כ"ח,י') "וראו כל עמי הארץ כי שם ה' נקרא עליך ויראו ממך" ותניא רבי אליעזר הגדול אומר אלו תפלין שבראש. פסוק ה': [לו]כי אמרתי עולם חסד יבנה, שמים תכן אמונתך בהם (תהל' פ"ט,ג') גימ' (2390) י"פ "כי"

בההיא זמנא חלה זכות אבהן דמיומא דאתחריב בי מקדשא עלמא אתקרי תהו ובהו מתמן ואילך אתקיים קרא אמרתי עולם חסד יבנה חס"ד סליק לחושבן ע"ב שמהן וה' דא רזא דאתקשר שביעי ביומא קדמאה ומאן שביעי דא צדיק אות דשבת ויומין טבין ורזא דמלה חי י"י שכבי עד הבקר ודא בקר דאברהם ההוא דאתמר ביה וישכם אברהם בבקר ואיהו חסד דיליה בגין דבהאי חסד אתתקן כורסייא דאיהי נפילה הדא הוא דכתיב (ישעיה ט"ז) והוכן בחסד כסא וביה תקום ורזא דמלה ובחסד עולם רחמתיך וכל ספירן מתקשרין בימינא בגין דעליה אתמר מימינו אש דת למו מימינא אתייהיב אורייתא בגין דא מוליך לימין משה זרוע תפארתו ובוקע מים דאורייתא מתמן מה' דאברהם למהוי ליה בה שם עולם ובה אשתלים ה' דמשה דאיהי במשכונא לגביה מה' דאברהם למהוי ליה בה שם עולם ובה אשתלים ה' דמשה דאיהי במשכונא לגביה דאברהם במשה דאייתי אורייתא עד דיפרוק לבנוי ורזא דמלה כימי צאתך מארץ מצרים אראנו נפלאות ורזא דפורקנא בהאי חותמא איהו דעליה אתמר כי בשמחה תצאו ובשלום תובלון בשמחה סליק לחושבן אד"ן דאיהו אדנ"י ארון הברית אדון כל הארץ אתקרי בר מאות ש דאיהו תלת מאה ואינון תלת אבהן דאתחברו בה ואתוון בשמח"ה איהי מחשב"ה בחמה ה"ן ואיהי שכינתא דלית לה יחודא אלא במינה כמה דאתוותא דה"ן ואתעבידו עשרה ואתעבידו מאה כמה דשכינתא כלילא כלהו עשרה וכלהו מאה והיינו דכתיב הן לי"י אלקי"ך השמים ושמי השמים ורזא דמלה הן אדנ"י ובשלום תובלון ש תלת אבהן ו"ו תרין משיחין מל"ב דובשלום סליק ע"ב ודא איהו דאתמר ושבתי בשלום אל בית אבי שמחה איהו דאתמר ביה לך אכול בשמחה לחמך ושתה בלב טוב יינך דא יין המשומר בענביו ועליה אתמר סוד י"י ליראיו יין טוב דא צדיק דאתמר ביה הצדיק אבד ומאי אבד אבד ההוא נביעו ואשתאר נחרב

ליה רב נחמן בר יצחק לרב חייא בר אבין: הני תפילין דמרי עלמא מה כתיב בהו? אמר ליה: : ומי כעמך ישראל גוי אחד בארץ. ומי משתבח קודשא בריך הוא בשבחייהו דישראל? - אין, דכתיב: את ה' האמרת היום (וכתיב) וה' האמירך היום. אמר להם הקדוש ברוך הוא לישראל: אתם עשיתוני חטיבה אחת בעולם, ואני אעשה אתכם חטיבה אחת בעולם; אתם עשיתוני חטיבה אחת בעולם, שנאמר: שמע ישראל ה' אלהינו ה' אחד. ואני אעשה אתכם חטיבה אחת בעולם, שנאמר: ומי כעמך ישראל גוי אחד בארץ. אמר ליה רב אחא בריה דרבא לרב אשי: תינח בחד ביתא, בשאר בתי מאי? - אמר ליה: כי מי גוי גדול ומי גוי גדול אשריך ישראל או הנסה אלהים ולתתך עליון. - אי הכי נפישי להו טובי בתי! אלא: כי מי גוי גדול ומי גוי גדול דדמיין להדדי - בחד ביתא, אשריך ישראל ומי כעמך ישראל בחד ביתא, או הנסה אלהים - בחד ביתא, ולתתך עליון - בחד ביתא,

[לד] רש"י שמות פרק ל"ג: וראית את אחורי - הראהו קשר של תפילין.

[לה] תלמוד בבלי מגילה דף טז עמוד ב: ליהודים היתה אורה ושמחה וששון ויקר, אמר רב יהודה: אורה - זו תורה, וכן הוא אומר כי נר מצוה ותורה אור. שמחה - זה יום טוב, וכן הוא אומר ושמחת בחגך, ששון - זו מילה, וכן הוא אומר שש אנכי על אמרתך ויקר - אלו תפלין, וכן הוא אומר וראו כל עמי הארץ כי שם ה' נקרא עליך ויראו ממך ותניא, רבי אליעזר הגדול אומר: אלו תפלין שבראש.

[לו] תיקוני זוהר תקונא עשרין ותרין דף סז עמוד א: יום השישי דהאי ה' דהששי איהו מלכות שביעאה ואיהי אתקריאת ע"ב ובה רכיב ו' למפרק לישראל הדא הוא דכתיב (ישעיה י"ט) הנה י"י רוכב על ע"ב קל בגין דאיהי כללא דתלת אבהן דתליין מנהון ע"ב שמהן ואתכלילן בה ולקבל תלת אבהן אתמר בויכלו תלת זמנין שביעי ודא איהי רזא דשב"ת ב"ת ש דאינון ויסע ויבא ויט דאתכלילן בב"ת

ויבש בבית ראשון ושני קם סבא ואמר אדנ"י במחשבה סלקא ולאו בחושבן ועליה אתמר ה"ס כל בשר מפני י"י כי נעור ממעון קדשו יתער ביה כמה דאתער משנתיה וחזר לשנתיה עד דיתער יקו"ק דאיהו רחמי לקיימא ביה וברחמים גדולים אקבצך גדולים אתקריאת מסטרא דהא"ל הגדול דאיהו חסד ושכינתא ביה סלקא לאתקרי גדולה וביה ודאי רזא דפורקנא כגוונא דא יו"ד ק"א וא"ו ק"א יקו"ק וא"ו ביה רזא דפורקנא דאיהו רשים בשמא דע"ב דאינון וה"ו אנ"י וה"ו רישי תיבין וא"ו תלת עשר מכילן דרחמי דאורייתא דאתייהיבת מימינא אשתאר יו"ד ק"א ק"א דסליק לחשבן ל"ב ואיהו ב' מן בראשית ל' לעיני כל ישראל ועוד איהו ל"ב אלקי"ם דעובדא דבראשית דעליה אתמר כי יום נקם בלבי ושנת גאולי באה ושמא דע"ב איהו ויכל"ו ביה אשתלים רזא דפורקנא ועליה אתמר ללב"י גליתי דאיהו חושבן ויכל"ו וביה אתקיים קרא אמרתי עולם חסד יבנה וכמה דנפקו ממצרים ברזא דע"ב שמהן כך יפקון בהון כד יפרקון בבתרייתא בההוא זמנא חסד י"י מלאה הארץ ועליה אתמר וחסדי מאתך לא ימוש ובחסד עולם רחמתיך ובגין דא שבח דוד לקודשא בריך הוא בגלותא דאיהי שאול בהאי חסד כמה דאת אמר כי חסדך גדול עלי והצלת נפשי משאול תחתיה [לז] **פרשת דרכים דרך הרבים - דרוש שלושה עשר:** ובזה יובן מאי דאמרינן בפרק חלק א"ר יצחק מאי דכתיב מה תתהלל ברעה הגבור חסד אל כל היום, אמר ליה הקדוש ברוך הוא לדואג לא גבור בתורה אתה, מה תתהלל ברעה, לא חסד אל נטוי עליך כל היום, ע"כ. ופירש"י ז"ל, והלא גבור אתה בתורה למה תתהלל לספר לשון רעה על דוד, לא חסד תורה עליך, לא חכם בתורה אתה, דכתיב ותורת חסד על לשונה ע"כ. ויש לדקדק, דלמאי אצטריך להקב"ה לשבוחי לדואג שהיה גבור בתורה ושהיה חכם בתורה למה שרוצה להאשימו במה שסיפר לשון הרע על דוד, אף שדואג היה עם הארץ ראוי להאשימו על עבירה הלזו דלשון הרע שהיא מן המצות המושכלות. ועוד יש לדקדק באומרו מה תתהלל ברעה, מה היה זה ההלול של דואג. ועוד יש לדקדק במלת רעה מה היא הכונה, ורש"י פירש שהוא לשון רעה על דוד. אך עם מה שכתבנו נראה דיובן הכל. והנה התחלת הפסוק כך הוא, בבוא דואג האדומי ויגד לשאול ויאמר לו בא דוד אל בית אחימלך, מה תתהלל ברעה הגבור וגו', ודבר ידוע הוא שדואג היה שונא של דוד. והנה כבר נתבאר שדואג כל מגמתו שאמר לשאול בא דוד אל בית אחימלך הוא לומר שהוא מורד במלכות משום דאית ליה דאין נשאלין אלא למלך ולא למי שצורך הצבור בו, וכמו שכתבנו לעיל מדברי רז"ל, ועיקר התכלית היה שיהיה אחימלך נענש ע"י דוד משום דכל מי שחברו נענש על ידו איקרי רע ומאן דאיקרי רע אין מכניסין אותו במחיצתו של הקדוש ברוך הוא, וכמו שנתבאר כל זה לעיל בדרך המלך באורך. וזהו הכונה בבוא דואג ויגד לשאול בא דוד אל בית אחימלך מה תתהלל ברעה, כלומר שאתה מתהלל שהשגת כל מבוקשך להסב תאר זה דרעה על דוד, לומר מאחר דאין נשאלין למי שצורך הצבור בו, נמצא דאחימלך נענש ע"י דוד ונמצא דדוד נקרא רע. לא גבור בתורה אתה ולא חכם בתורה אתה, כלומר אם היית כאחד האדם, הייתי אומר דלמא סברת דלא דרשינן יתורא דהוא, וא"כ אייתר לן תרי רבויי דהיינו וכל בני ישראל אתו וכל העדה, ושדינן חד לרבות סתם מלך ואידך לרבות סנהדרין, אבל מי שצורך הצבור בו לית לן קרא דנשאלין לו, אבל מאחר שגבור בתורה אתה וידעת דדרשינן יתורא דהוא, א"כ מיתורא דהוא מרבינן סתם מלך ואייתר לן תרי רבויי, ועל כרחך שדינן חד למי שצורך הצבור בו ואידך לסנהדרין, וא"כ מה תתהלל ברעה, דאדרבה, דוד כדין עשה, שהרי נשאלין למי שצורך הצבור בו, ואם כן לא נענש אחימלך ע"י דוד לפי שדוד כדין עשה במה שנשאל באורים. ואדרבה, דואג הוא שנקרא רע, שנענש אחימלך על ידו במה שהורה שלא כדין שאין נשאלין למי שצורך הצבור

גלא עמיקתא

יד על כס י-ה" (239) (שמות י"ז,ט"ז-סוף פרשת בשלח). וכדאמרינן לעיל דזכה משה לפנימיות א' זעירא להשלים כס לכסא שלם. ועולה לחושבן (240) "עמלק" ומכניעו ומאבידו כדאמר בלעם (במדבר כ"ד,כ') "ראשית גוים עמלק, ואחריתו עדי אובד". פסוק ו': [לז]מה תתהלל ברעה הגבור, חסד אל כל היום (תהל' נ"ב,ג') גימ' (1617) י"א פעמים "טוב עין" (147) כדכתיב (משלי כ"ב,ט')

בו. [לח] **תלמוד בבלי מסכת נדרים דף לח עמוד א:** אמר רבי יוסי בראשית חנינא: לא ניתנה תורה אלא למשה ולזרעו, שנאמר: כתב לך פסל לך, מה פסולתן שלך אף כתבן שלך, משה נהג בה טובת עין ונתנה לישראל, ועליו הכתוב אומר: טוב עין הוא יבורך וגו'. מתיב רב חסדא: ואותי צוה ה' בעת ההיא ללמד אתכם! ואותי צוה, ואני לכם. ראה למדתי אתכם חוקים ומשפטים כאשר צוני ה' אלהי! אותי צוה, ואני לכם. ועתה כתבו לכם את השירה הזאת! השירה לחודה. למען תהיה לי השירה הזאת לעד בבני ישראל! אלא פילפולא בעלמא. [לט] **ילקוט שמעוני קהלת רמז תתקעג:** ז טוב שם משמן טוב, למה משמן טוב שאם אתה נותן לתוכו מים הוא צף מלמעלה, מה שאין כן בשאר משקים, שמן טוב יורד כשמן הטוב על הראש שיורד, שם טוב עולה ואגדלה שמך, שמן טוב כלה, שם טוב אינו כלה שם עולם אתן לו אשר לא יכרת, שמן טוב בדמים, שם טוב בחנם, שמן טוב לעשירים, שם טוב לעניים ולעשירים, שמן טוב מהלך מקיטון לטרקלין, שם טוב מהלך מסוף העולם ועד סופו, שמן טוב נופל על המת מבאישו שנאמר זבובי מות יבאיש יביע שמן רוקח, שם טוב נופל על המת ואינו מבאיש שנאמר ויגהר עליו ויזורר, שמן טוב נופל על המים והוא נדוח, שם טוב נופל על המים ואינו נדוח ויאמר ה' לדג ויקא את יונה, שמן טוב נופל על האור והוא נשרף, שם טוב נופל על האור ואינו נשרף באדין נפקין שדרך מישך ועבד נגו מגו אתון נורא, אמר רבי יודן בר סימון בעלי שם טוב נכנסו למקום החיים ויצאו מתים, נדב ואביהוא נכנסו לאהל מועד ויצאו מתים, חנניה מישאל ועזריה נפלו לתוך כבשן האש ויצאו חיים אמר הקדוש ברוך הוא חביב עלי שמותן של שבטים החקוקים על לבו של אהרן מכהן גדול שנמשח בשמן המשחה, ר' ברכיה בשם רבי אבין אמר אם היו חסרים אות אחת לא היו מכפרין, תנא רבי יהושע אמר אפילו נקודה אחת, תנא רבי שמעון בן יוחאי שלשה כתרים הם, כתר תורה, וכתר כהונה, וכתר מלכות, וכתר שם טוב עולה על גביהן, ר' אבין בשם ר' שמעון בן יוחאי מצינו שהלך הקדוש ברוך הוא מהלך ת"ק שנה בשביל ליטול שם טוב שנאמר אשר הלכו לו אלהים לפדות לו לעם, אמר ר' שמעון בן מנסיא חביב הוא השם מכהונה ומלכות שהם בטלו ושם טוב אינו בטל: ויום המות מיום הולדו, נולד אדם מונין לו למיתה, מת מונין לו לחיים, נולד אדם הכל שמחים, מת הכל בוכים, ואינו כן אלא נולד אדם הכל צריכים לבכות מפני שאין יודעים על אי זה פרק הוא עומד, מת הכל צריכים לשמוח מפני שיודעים שיצא בשלום מן העולם, משל לשתי ספינות שהיו פורשות בים אחת נכנסת לנמל ואחת יוצאה מן הנמל, אותה שהיתה נכנסת היו מקלסות אותה עמדו להם תמהות, אמרו להם למה אתם מקלסים לזו ואין אתם מקלסים לזו, אמרו להם לזו שבאתה אנו מקלסין שאנו יודעים שהלכה בשלום ובאה בשלום, אבל זו אין אנו יודעין מה היא עתידה לעשות, כך האדם, לפיכך טוב שם וגו', נולדה מרים אין הכל יודעים מה היא, מתה נסתלקה הבאר, וכן את מוצא במשה ובאהרן וכו'

גלא עמיקתא

"טוב עין הוא יבורך" דע"י "טוב עין" מכניעים י"א כתרין דמסאבותא. ואמרו חז"ל (נדרים ל"ח ע"א) [לח]אמר ריב"ח לא ניתנה תורה אלא למשה ולזרעו שנאמר (שמות ל"ד,כ"ז) כתב לך פסל לך מה פסולתן שלך אף כתבן שלך. וממשיך: משה נהג בה טובת עין ונתנה לישראל ועליו הכתוב אומר (משלי כ"ב,ט') "טוב עין הוא יבורך" וכו'. עיין שם בסוגיא דלמסקנה אינו אמר אלא לפלפולא בעלמא, אך כל כל פנים חזינן מדת החסד הרבה שהיתה למשה רבינו עליו השלום. וכנודע משה רצה להמשיך בחינת חסד לעם ישראל כדאמר ב–י"ג מדות הרחמים: "ה' ה' אל רחום וחנון, ארך אפים ורב חסד ואמת" וכו' (שמות ל"ד,ו') בחינת חסדים רביב הנמשכים על ידי אמירת י"ג מדות הרחמים בכונה וכו'. פסוק ז': [לט]וישב וילך בבית אחת הנה ואחת הנה, ויעל ויגהר עליו, ויזורר הנער עד שבע פעמים ויפקח הנער את עיניו (מלכים ב' ד',ל"ה) גימ' (4714)

גלא עמיקתא

"ויקח משה את אשתו ואת בניו וירכיבם על החמור וישב ארצה מצרים ויקח משה את מטה האלהים בידו" (שמות ד׳,כ׳) [וכן מצינו באלישע שמא רלגיחזי ושמת משענתי על פני הנער (מ״ב ד׳,כ״ט)]. ורמיזא גאולתא שלמתא – דמשה הוא גואל ראשון והוא גואל אחרון (כמבואר [מ]בדברי האור החיים פרשת ויחי ד״ה אסרי לגפן) וגאולת מצרים כעין גאולה דלעתיד לבוא כדכתיב (מיכה ז׳,ט״ו) "כימי צאתך מארץ מצרים אראנו נפלאות", ובכאן רמיזא תחית המתים דבני ישראל איקרו נער ישראל ואהבהו (הושע י״א,א׳), וכן שבע פעמים שית אלפי שנין וחד חרוב – דבאלף השמיני תחית המתים בב״א. פסוק ח׳: ויקרא אל משה וידבר ה׳ אליו מאהל מועד לאמר (ויקרא א׳,א׳) פסוקא דנן דפותח ספר ויקרא גימ׳ (1455) משה במלוי יודין כנ״ל. והנה כל שמונת הפסוקים יחד: ויסע מלאך האלהים ההלך לפני מחנה ישראל וילך מאחריהם, ויסע עמוד הענן מפניהם ויעמד מאחריהם ויבא בין מחנה מצרים ובין מחנה ישראל, ויהי הענן והחשך ויאר את הלילה, ולא קרב זה אל זה כל הלילה ויט משה את ידו על הים ויולך ה׳ את הים ברוח קדים עזה כל הלילה, וישם את הים לחרבה ויבקעו המים מה יקר חסדך אלהים, ובני אדם בצל כנפיך יחסיון כי אמרתי עולם חסד יבנה, שמים תכן אמונתך בהם מה תתהלל ברעה הגבור, חסד אל כל היום וישב וילך בבית אחת הנה ואחת הנה, ויעל ויגהר עליו, ויזורר הנער עד שבע פעמים ויפקח הנער את עיניו ויקרא אל משה וידבר ה׳ אליו מאהל מועד לאמר סליקו כולהו לחושבן (20411) "הוי״" (26) פעמים "שמור וזכור" (785) עם הכולל. דעם ישראל במעמד הר סיני שמעו שמור וזכור בדבור אחד. והוא כדאיתא בגמרא (ראש השנה כז.) [מא]והתניא זכור ושמור בדבור אחד נאמרו. והרה״ק שלמה אלקבץ זיע״א בפיוט לכה

[מ] אור החיים פרשת ויחי ד״ה אוסרי לגפן: ולא יקשה בעיניך שאנו מחלקים דברי הכתוב חלק בימי משה וחלק בימי המשיח, כי הלא ידעת דברי הזוהר הקדוש (ח״ב קכ.) כי משה הוא הגואל אשר גאל את אבותינו הוא יגאל אותנו וישיב בנים לגבולם דכתיב (קהלת א׳) מה שהיה הוא שיהיה ר״ת משה. ולא יקשה בעיניך דבר זה באומרך הלא מלך המשיח משבט יהודה מזרעו של דוד המלך ע״ה וי״א (סנהדרין צח:) דוד עצמו מלך המשיח דכתיב (יחזקאל ל״ז) ועבדי דוד מלך עליהם כמשמעו ואם כן היאך אנו אומרים שהוא משה הבא משבט לוי. יש לך לדעת כי בחינת נשמת משה רבינו עליו השלום היא כלולה מי״ב שבטי ישראל כי כל הס׳ ריבוא היו ענפיה ע״ה וענף שבטו של דוד במשה הוא. ולזה תמצאנו בארץ מדבר שהיה מלך וכהן ולוי ונביא וחכם וגבור שהיה כולל כל הענפים שבקדושה ולעתיד לבא תתגלה בעולם שורש המלכות שבמשה שהוא עצמו מלך המשיח והוא דוד והוא ינון ושילה.

[מא] תלמוד בבלי ראש השנה דף כז עמוד א: ושתי חצוצרות מן הצדדים ותרי קלי מי משתמעי? והתניא: זכור ושמור בדיבור אחד נאמרו, מה שאין הפה יכולה לדבר ואין האוזן יכולה לשמוע! - לכך מאריך בשופר. - למימרא דכי שמע סוף תקיעה בלא תחילת תקיעה יצא, וממילא תחילת תקיעה בלא סוף תקיעה - יצא? תא שמע: תקע בראשונה ומשך בשניה כשתים - אין בידו אלא אחת. אמאי? תיסלק ליה בתרתי! - פסוקי תקיעתא מהדדי לא פסקינן. תא שמע: התוקע לתוך הבור או לתוך הדות או לתוך הפיטס, אם קול שופר שמע - יצא, ואם קול הברה שמע - לא יצא. אמאי? ליפוק בתחילת תקיעה, מקמי דליערבב קלא! - אלא: תרתי קלי מחד גברא - לא משתמעי, מתרי גברי - משתמעי. - ומתרי גברי מי משתמעי? והא תניא: בתורה אחד קורא ואחד מתרגם, ובלבד שלא יהא אחד קורא ושנים מתרגמין. הא לא דמיא

גלא עמיקתא

דודי כתב "שמור וזכור בדבור אחד" וכו' והחליף סדרן עיין מה שבארנו באריכות ענין זה [2]בפירוש פיוט לכה דודי בבית השני **שמור וזכור בדיבור אחד וכו'.** [מב]וכדאמר ליה ההוא סבא לרשב"י כשיצא מהמערה הני תרין הדסין אחד כנגד זכור ואחד כנגד שמור (שבת ל"ג ע"ב). וזהו דתכלית קריעת ים סוף ועשרת המכות להגיע למעמד הר סיני למתן תורה– דתורת חסד על לשונה– התורה הקדושה ניתנה לנו בחסדי השי"ת [מג]וטעמין בה כולהו טעמין

מקורות

אלא לסיפא: בהלל ובמגילה, אפילו עשרה קורין. אלמא: כיון דחביב - יהיב דעתיה, הכא נמי: כיון דחביב - יהיב דעתיה ושמע. אלא למה מאריך בשופר? - לידע שמצות היום בשופר. **[מב] תלמוד בבלי שבת דף לג עמוד ב:** אזל הוא ובריה טשו בי מדרשא. כל יומא הוה מייתי להו דביתהו ריפתא וכוזא דמיא וכרכי. כי תקיף גזירתא, אמר ליה לבריה: נשים דעתן קלה עליהן, דילמא מצערי לה ומגליא לן. אזלו טשו במערתא. איתרחיש ניסא איברי להו חרובא ועינא דמיא. והוו משלחי מנייהו, והוו יתבי עד צואריהו בחלא, כולי יומא גרסי, בעידן צלויי לבשו מיכסו ומצלו, והדר משלחי מנייהו כי היכי דלא ליבלו. איתבו תריסר שני במערתא. אתא אליהו וקם אפיתחא דמערתא, אמר: מאן לודעיה לבר יוחי דמית קיסר ובטיל גזרתיה? נפקו. חזו אינשי דקא כרבי וזרעי, אמר: מניחין חיי עולם ועוסקין בחיי שעה! כל מקום שנותנין עיניהן - מיד נשרף. יצתה בת קול ואמרה להם: להחריב עולמי יצאתם? חיזרו למערתכם! הדור אזול. איתיבו תריסר ירחי שתא. אמרי: משפט רשעים בגיהנם - שנים עשר חדש. יצתה בת קול ואמרה: צאו ממערתכם! נפקו, כל היכא דהוה מחי רבי אלעזר - הוה מסי רבי שמעון. אמר לו: בני, די לעולם אני ואתה. בהדי פניא דמעלי שבתא חזו ההוא סבא דהוה נקיט תרי מדאני אסא, ורהיט בין השמשות. אמרו ליה: הני למה לך? - אמר להו: לכבוד שבת. - ותיסגי לך בחד? - חד כנגד זכור, וחד כנגד שמור. - אמר ליה לבריה: חזי כמה חביבין מצות על ישראל! יתיב דעתייהו. שמע רבי פנחס בן יאיר חתניה ונפק לאפיה, עייליה לבי בניה הוה קא אריך ליה לבישריה, חזי דהוה ביה פילי בגופיה, הוה קא בכי, וקא נתרו דמעת עיניה וקמצוחא ליה. אמר לו: אוי לי שראיתיך בכך! - אמר לו: אשריך שראיתני בכך, שאילמלא לא ראיתני בכך - לא מצאת בי כך. דמעיקרא כי הוה מקשי רבי שמעון בן יוחי קושיא - הוה מפרק ליה רבי פנחס בן יאיר תריסר פירוקי, לסוף כי הוה מקשי רבי פנחס בן יאיר קושיא - הוה מפרק ליה רבי שמעון בן יוחי עשרין וארבעה פירוקי וכו' **[מג] תלמוד**

עיונים

2. פירוש על פיוט לכה דודי: שמור וזכור בדבור אחד וכו'- בינה: והוא מגמ' ר"ה כז. קשיא דא"א לשמוע ב' קולות בבת אחת והתניא זכור ושמור בדבור אחד נאמרו (והרה"ק אלקבץ פה בפיוט החליף סדרן והקדים שמור לזכור וכדמקדמינן בב' הפסוקים מבראשית לנוק' כדאמרינן לעיל ויכל-לשון כלה, ובפס' השני ויברך-לשון דכורא והוא בסוד אשת חיל עטרת בעלה) מה שאין הפה יכול לדבר והאוזן יכולה לשמוע- ורמיזא בינה ענין שמיעה. וממשיך בפיוט השמיענו אל המיחד, ומביא (מזכריה י"ד,ט') ה' אחד ושמו אחד, וכל הפס' דהיינו "והיה ה' למלך על כל הארץ ביום ההוא יהיה ה' אחד ושמו אחד" גימ' (1126) "שבת קדשך" ורמיזא כנ"ל לשרש היחוד בא"א. וכן תיבה "המיחד" גימ' (67) "בינה". והנה הוא פלא דהאי ביתא תנינא לקביל בינה "שמור וזכור בדבור אחד, השמיענו אל המיחד, ה' אחד ושמו אחד, לשם ולתפארת ולתהלה" סליק לחושבן (עם ב' כוללים) (3960) ב"פ (בראשית ב',ב') "ויכל אלהים ביום השביעי מלאכתו אשר עשה" (1980) והוא ב"פ משום דשבת מעשיה כפולין כנ"ל, וכן ב' בינה כדאמרו הני דרדקי (שבת קד.) אלף בית אלף בינה, והוא פלא דויכל לשון כלה-נוק', ובחלוקת לחם לאשתו בסעודת שבת נותן האיש מנה כפולה לאתתיה, וכדאמרו האר"י הקדוש בפיוט לסעודת ליל שבת "למבצע על רפתא, כזיתא וכביעתא" - עבורו כזיתא, ועבור אשתו כפול - כביצה, והוא לקביל הני ב' יודין דברים יחודין הוי' וא-דני כדלעיל- ונבאר הני פיוטים דשבת קדש במקומם אי"ה, ואמרינן לעיל בהאי פסוקא "ויכל אלהים ביום השביעי וכו'" לקביל הנוק' ובשרשה הבינה, והוא נפלא מאד.

בבלי מסכת עירובין דף נד עמוד ב: אמר רבי שמואל בר נחמני: מאי דכתיב אילת אהבים ויעלת חן וגו׳ למה נמשלו דברי תורה לאילת? לומר לך: מה אילה רחמה צר, וחביבה על בועלה כל שעה ושעה כשעה ראשונה - אף דברי תורה חביבין על לומדיהן כל שעה ושעה כשעה ראשונה. ויעלת חן - שמעלת חן על לומדיה. דדיה ירוך בכל עת, למה נמשלו דברי תורה כדד? מה דד זה, כל זמן שהתינוק ממשמש בו מוצא בו חלב - אף דברי תורה, כל זמן שאדם הוגה בהן - מוצא בהן טעם. **[מד] פסיקתא זוטרתא - במדבר - פרשת בהעלותך דף קא עמוד א:** שטו העם ולקטו. הצדיקים היה נמצא להם פתח אהליהם. והרשעים היו שוטים על פני המדבר ולוקטים. וטחנו בריחים. והלא לא היה צריך ליטחן ולא לירד לריחים מעולם אלא מלמד שנשתנה להם ולכל הנטחנין. או דכו במדוכה. והלא לא ירד במדוכה מעולם לפי שלא היה צריך להידוך. אלא נשתנה להם לדברים הנדוכים במדוכה. מיכן אמרו תכשיטי נשים ירדו לישראל עם המן. מלמד שכל מיני בשמים היו להם במן שלא היו נשים צריכות למיני בשמים אלא מן המן היו מתקשטות. שנאמר (דברים ב) זה ארבעים שנה ה׳ אלהיך עמך לא חסרת דבר. ובשלו בפרור. והלא לא ירד לקדירה מעולם לפי שלא היה צריך בישול. אלא מלמד שנשתנה להן לכל מיני תבשילין ועשאו אותו עוגות. והלא לא ירד לתנור מעולם אלא מלמד שנשתנה להם לכל הנאפים בתנור. ולקטו. שנשתנה להם לכל דבר שמתלקט בשדה. כשהיה אדם מתאוה לאכול ענבים טועם כמו טעם ענבים תאנים ג״כ וכן לכל דבר שבעולם. והיה טעמו כטעם לשד השמן. לישה שמן ודבש שמתהפך לכל דבר. ד״א לשד השמן מה שד שהתינוק טועם בו כל מיני מתיקה כך המן לישראל. ומה השד לתינוק אחר כל מאכלו שהוא עיקר והכל טפילה לו כך היה המן עיקר והכל טפילה לו. ד״א מה השד שהתינוק יונק ואפילו כל היום יונק אינו מזיקו כך המן אפילו כל היום אוכלין לא היה מזיקן. ד״א מה השד הזה מין אחד משתנה לכמה טעמים כך היה המן לישראל משתנה לכל דבר שרוצין. ד״א מה השד הזה תינוק מצטער עליו בשעה שפורש ממנו כך ישראל מצטערין בשעה שפורשין מן המן. שנאמר (יהושע ה) וישבות המן ממחרת באכלם מעבור הארץ. הא אם היה להם מן לא היו צריכין לתבואת הארץ. משל לאדם שאומר לו מפני מה אתה אוכל פת שעורין אומר להם לפי שאין לי פת חטים.

גלא עמיקתא

כדוגמת [מד]מן שאכלו בני ישראל במדבר.

אופן עג

באותו יום זכה משה לחכמה שהוא סוד י׳ מן השם בחכמה יבנה בית חכמה בנתה ביתה לכן חצבה עמודיה שבעה לז׳ ימי המילואים אח״כ ויקר אל משה חכמה נקראת יקר שנאמר יקר מחכמה לכן ע״ה ימים ממחרת יוה״כ עד שנשלם מלאכת המשכן שהיא כ״ה בכסליו כמנין בחכמה יבנה בית אז זכו לכהן ולכן במזמור ע״ה אמר הודינו לך אלהים כי אקח מועד שאותו מזמור נאמר על ענין אוהל מועד:

אופן עג

באותו יום זכה משה לחכמה [א]שהוא סוד י' מן השם בחכמה יבנה בית (משלי כ"ד,ג') חכמה בנתה ביתה לכן חצבה עמודיה

גלא עמיקתא

והנה חזינן דנתן בהם סימנים וכגון [ב]רבי יהודה היה נותן בהם סימנים דצ"ך עד"ש באח"ב וכו'. וכן המגלה

[א] זוהר - רעיא מהימנא כרך ג (ויקרא) פרשת צו דף כט עמוד ב: ומאן דמחלל שבת חייב סקילה, והכי מאן דאשתמש בתגא חלף, והכי הוא המשתמש במי ששונה הלכות, דמחלל תורתיה, וכל שכן המבזה ליה כאילו מבזה שבתות ומועדות ואוקמוה מארי מתניתין, כל המבזה את המועדות כאילו כופר בעיקר, וכגוונא דכל מאני בית המקדש, ואתקריאו קדש, הכי כל אינון דמשמשי תלמידי חכמים אתקריאו קדש ותלמידי דרב דאינון לקבל אברים דגופא, אתקריאו קדש קדשים, ורזא דמלה קא רמיז בהון (שמות כו) והבדילה הפרכת לכם בין הקדש ובין קדש הקדשים, ומטטרו"ן את ומשריין דילך צריכין לקרבא לון קרבנא קדם יי' בכל ליליא עשייה לקבל עליה עול מלכות שמים דא קבלת יסורין דעניות לת"ח איהו מות לגופא דבעירן, דמזונא דאורייתא, איהו מזונא דנשמתא ורוחא ונפשא שכליים דאינון כהן לוי וישראל, כהן ביה י' חכמה ודאי, לוי ביה ה' תבונה, ישראל ביה דעה ודא ו', נפש יתירה ה' בתראה, רמ"ח מ"ע ושס"ה לא תעשה, ותורה דא אדם הדא הוא דכתיב (במדבר יט) זאת התורה אדם ודא כליל שמא מפרש יו"ד ה"א וא"ו ה"א האי איהו אוריתא מזונא לאדם בארבע אנפין דיליה, מזונא דבעירן נהמא וחמרא ובשרא וכל מיני פירות (קהלת ז) זה לעמת זה עשה האלהים, וצריך בר נש לקרבא בכל ליליא קרבן נפשא ורוחא ונשמתא דבעירן קדם יי' ויתודה בכמה מיני ודויין ויסלק לון במחשבתיה קרבנא קדם יי' לאפקא לון בק"ש (בלב אחד) לקמי קודשא בריך הוא ויפיק רוחיה דדפיק בערקין דלבא, נפש יכוון בשריפתה ובשחיטתה ובנחירתה דהוו נחירין כהניא הדא הוא דכתיב ומלק את ראשו ממול ערפו ולא יבדיל והיינו חנק, ותלתא מיתות אלין הוו כמרה סומקא ירוקא אוכמא

[ב] ילקוט שמעוני תורה פרשת כי תבוא רמז תתקלח: ובאת אל הכהן אשר יהיה בימים ההם [כו, ג], זו היא שאמר רבי יוסי הגלילי וכי תעלה על דעתך כהן שאינו בימיך, אלא כהן שהוא כשר, וכן הוא אומר אל תאמר מה היה שהימים הראשונים וגו', ואמרת אליו (ולא) [שאינך] כפוי טובה, הגדתי היום פעם אחת קורא בשנה ואי את קורא פעמים בשנה, כי באתי אל הארץ אשר (ה' אלהי אבותיך) [נשבע ה' לאבותינו] פרט לגרים, לתת לנו פרט לעבדים, רבי שמעון אומר פרט לשבעבר הירדן שנטלו מעצמן ולקח הכהן הטנא מידך, מכאן אמרו העשירים מביאין בכורים בקלתות של כסף ושל זהב, ועניים בסלי נצרים של ערבה קלופה והסלים ניתנן לכהנים בשביל לזכות מתנה (לכהנים) [לעניים], מידך מלמד שטעונין תנופה [דברי] רבי אליעזר בן יעקב (אומר), והניחו לפני מזבח ה' אלהיך כל זמן שיש לך מזבח יש לך בכורים, וכ"ז שאין לך מזבח אין לך בכורים, [ולקח הכהן וגו'], מכאן אמרו נגנבו או שאבדו חייבין באחריותן נטמאו בעזרה נופץ ואין קורא, ולקח הכהן הטנא מידך לימד על הבכורים שטעונין תנופה דברי רבי אליעזר בן יעקב מאי טעמא דרבי אליעזר בן יעקב גמר יד יד (מבעלים) [משלמים] כתיב הכא ולקח הכהן הטנא מידך וכתיב התם ידיו תביאנה מה כאן כהן אף להלן כהן ומה להלן בעלים אף כאן בעלים, הא כיצד כהן מניח ידו תחת יד הבעלים ומניף, רבי יהודה אומר והנחתו זה תנופה, או אינו אלא הנחה, כשהוא אומר והניחו הרי הנחה אמור, הא מה אני מקיים והנחתו זו תנופה, מקרא בכורים בלשון קדש דכתיב וענית ואמרת ולהלן הוא אומר וענו הלוים וגו' [מה עונייה האמורה להלן בלה"ק אף כאן בלה"ק], ולוים גופייהו מנלן אתיא קול קול ממשה, כתיב הכא קול רם וכתיב התם משה ידבר והאלהים יעננו בקול מה להלן בלה"ק אף כאן בלשון הקודש, [וענית ואמרת] מכאן אמרו [בראשונה] כל מי שהוא יודע לקרות קורא וכל מי שאינו יודע לקרות מקרין אותו, נמנעו מלהביא התחילו להיות מקרין את מי שיודע ואת מי שאינו יודע סמכו על המקרא וענית ואין ענייה אלא מפי אחרים ואמרת לפני ה' אלהיך ארמי אובד אבי [כו, ה], מלמד שלא ירד יעקב לארם אלא

שבעה (שם ט',א') לז' ימי המילואים. אח"כ ויקר אל משה חכמה נקראת יקר שנאמר יקר מחכמה (קהלת י',א') לכן ע"ה

גלא עמיקתא

עמוקות באופן ע"ב דיליה– זכה משה [ג]לשם בן ע"ב. וכן בכאן אופן ע"ג גימ' חכמ"ה– זכה משה לחכמה. וכן על זה הדרך. וכנודע חכמ"ה במלוי יודין כזה: "חית כף מם הי" גימ' (613) [ד]תרי"ג וכן הוא גימ' מש"ה רבינ"ו ואף במילה רבינו נזקקנו לאות י' היינו חכמה.

באור הענין: דמשה בחינת חכמה– דהוריד התורה הקדושה לישראל– תרי"ג מצוות חכמ"ה בא"ת ב"ש דהיינו סלי"צ גימ' (190) "הבו לה' כבוד ועוז" (תהל' כ"ט,א') דאמרינן קדם קבלת שבת מזמור לדוד הבו לה' בני אלים וכו' ותמן במזמור כ"ט ז"פ קו"ל [מבואר

(לאבדם) [להאבד] ומעלה על לבן הארמי כאלו אבדו, וירד מצרימה מלמד שלא ירד [להשתקע] אלא לגור שם, שמא תאמר ירד ליטול כתר מלכות, תלמוד לומר ויגר שם, יכול באוכלוסים הרבה, ת"ל במתי מעט כמה שנאמר בשבעים נפש וגו', ויהי שם לגוי מלמד שהיו ישראל מצויינין שם לגוי, וירא את ענינו כמה שנאמר וראיתם על האבנים, ואת עמלינו כענין שנאמר כל הבן הילוד וגו', רבי יהודה היה נותן בהם סימנין דצ"ך עד"ש באח"ב, אין מביאין בכורין משקה אלא היוצא מן הזיתים ומן הענבים והא תנינן בכורין משקין מנין תלמוד לומר אשר תביא פרי אתה מביא ואי אתה מביא משקה, תנינן תמן משליקטן משעה ראשונה על מנת כן, כל הגרים כולן מביאין ואינן קורין, בני קיני חתן משה מביאין וקורין שנאמר והיה כי תלך עמנו וגו' אם היתה אמו מישראל מביא וקורא ודכוותה אומר אלהי אבותינו. רבי זעירא אומר כלום הוא מתכוון לא לאברהם ליצחק וליעקב וכי אברהם יצחק ויעקב אבותיו היו, כלום נשבע הקדוש ברוך הוא אלא לזכרים שמא לנקבות, תני בשם רבי יהודה גר עצמו מביא וקורא, מאי טעמא כי אב המון גוים נתתיך, לשעבר היית אב לארם מכאן ואילך אב לכל הגוים, רבי יהושע בן לוי אמר הלכה כרבי יהודה, אתא עובדא קמיה רבי אבהו והורה כרבי יהודה כיצד מפריש את הבכורים יורד אדם לתוך שדהו ורואה תאינה שביכרה אשכול שביכר רימון שביכר קושרו בגמי ואומר הרי אלו בכורים, ר' שמעון אומר אעפ"כ קורא אותם בכורים אחר שתלשן מן הקרקע, טעמייהון דרבנן הנה הבאתי את ראשית פרי בשעת הבאה פרי אבל בשעת הפרשה אפילו בוסר אפילו פגין, על דעתיה דר"ש מה בשעת הבאה פרי אף בשעת הפרשה פרי: ארמי אובד אבי [כו, ה], צא ולמד מה בקש לבן הארמי לעשות ליעקב אבינו כו' (כל הסדר של הגדה לליל פסח):

[ג] זוהר סתרי תורה בראשית פרשת וירא דף קח עמוד ב: ח שמים דאינון ע' רזא ידוד דא איהו ברזא דשבעין ותרין שמהן ואלין אינון דנפקי מן ויסע ויבא ויט וה"ו יל"י סי"ט על"ם מה"ש לל"ה אכ"א כה"ת הז"י אל"ד לא"ו הה"ע, חלק ראשון יז"ל מב"ה הר"י הק"ם לא"ו כל"י לו"ו פה"ל נל"ך יי"י מל"ה חה"ו, חלק שני נת"ה הא"א יר"ת שא"ה רי"י או"ם לכ"ב יש"ר יח"ו לה"ח כו"ק מנ"ד, חלק שלישי אנ"י חע"ם רה"ע יי"ז הה"ה מי"ך וו"ל יל"ה סא"ל ער"י עש"ל מי"ה, חלק רביעי וה"ו דנ"י הח"ש עמ"ם ננ"א ני"ת מב"ה פו"י נמ"מ יי"ל הר"ח מצ"ר, חלק חמישי ומ"ב יה"ה ענ"ו מה"י דמ"ב מנ"ק אי"ע חב"ו רא"ח יב"מ הי"י מו"ם: חלק ששי ואלין אינון שבעין שמהן דשלטין על שבעין דרגין תתאין רזא וידוד אלין שבעין שמהן ידוד רזא דאקרי שמים, שבעא רקיעין אינון דסלקין לשבעין שמהן שמא קדישא ודא איהו וידוד המטיר, מאת ידוד מן השמים סתרא דסתרין לחכימין אתמסר.

[ד] של"ה מסכת יומא פרק דרך חיים תוכחת מוסר: קנג. 'החכם עיניו בראשו'. אשרי המשכיל. ומי שאין בו דעה אסור לרחם עליו (ברכות לג א). וסימנך, כל שוטה - חוטא. גם, כל חוטא - שוטה. וכמו שאמרו רבותינו ז"ל (סוטה ג א) אין אדם חוטא אלא אם כן נכנסה בו רוח שטות. חכמה במילוי, חי"ת כ"ף מ"ם ה"י - עולה תרי"ג. רמז לדבר (תמיד לב א) איזהו חכם הרואה את הנולד, דהיינו מילוי הנזכר.

ימים ממחרת יוה״כ עד שנשלם מלאכת המשכן שהיא [ה]כ״ה בכסליו כמנין בחכמה יבנה בית (משלי כ״ד,ג׳) אז זכו לכהן

[ה] **שם משמואל בראשית פרשת מקץ:** זמן כ״ה בכסלו מסוגל להתחדשות והתחלת עבודה עוד מימות עולם. כי במד״ר (פ׳ כ״ב) שלמ״ד בתשרי נברא העולם הי׳ קרבן קין והבל בחנוכה. ובכ״ה בכסלו נגמר המשכן אלא שהמתין עם הקמתו עד חודש שנולד בו יצחק אבינו, כדאיתא בילקוט שמעוני (מלכים א׳ רמז קפ״ד). ונראה כי עד נס חנוכה אף שהי׳ הזמן מסוגל להתחלת עבודה מטעמא דבעינן למימר קמן, מ״מ הי׳ כאילו אבן היתה מונחת על פי הבאר, ובנס חנוכה מחמת גודל מסירת הנפש שהיתה שם זכו שנגללה האבן מעל פי הבאר, והפתח פתוח וכל מי שנדבו לבו לכנוס יכנוס: ובטעמא דהזמן בעצמו מסוגל עוד מימי קדם, יש לומר היות בכ״ה באלול הי׳ יום ראשון למעשה בראשית ואז נעקר תוהו ובוהו, ומאז עד כ״ה כסלו שלושה חדשים, וכבר אמרנו שדוגמת תוהו ובוהו בעולם הוא באדם היפוך ישוב הדעת, וכמו מיציאת מצרים שהיתה כעין בריאת העולם כמבואר במדרשות המתין עם קבלת התורה עד החודש השלישי, ובמדרש כמו גיורת שצריכה להמתין ג׳ חדשים עד שתינשא לאיש כך היו צריכין ישראל להמתין עד קבלת התורה, כן נמי נאמר שמעת עקירת תוהו ובוהו שהוא היפוך ישוב הדעת עד להשתמש בדעת להתחלת עבודה המתינו קין והבל ג׳ חדשים, וכן לדורות שבכל שנה מתעורר הזמן כמאז: ויש עוד לומר דאור שנברא ביום ראשון הי׳ בחינת זריעה כמ״ש אור זרוע לצדיק וכלום אדם זורע סאה אלא להכניס כמה כורים, והדבר ידוע למבינים מענין שבירת הכלים ורפ״ח ניצוצין, ואף שהאור ההוא נגנז מ״מ רשימו נשאר ממנו לקיום העולם כבזוה״ק, וזמן הכרת העובר הוא לשלשה חדשים, ומהכרת עובר ואילך נחשב כאילו הוא בעולם כידוע בדין אין אדם מקנה דבר שלא בא לעולם בש״ס קידושין (ס״ב ב), ע״כ אחר ג׳ חדשים מיום שנברא אור הראשון נחשב כאילו הגידולין באו לעולם ומתחיל זמן אור החוזר מלמטה למעלה והוא התחדשות עבודה: וקבעום ימים טובים בהלל והודאה. קבעום הם הנרות, וא״כ שלש מצוות יש בחנוכה, נרות, הלל והודאה. ויש להתבונן בשלש מצוות אלו מה עבידתייהו. ונראה דהנה במד״ר (פ׳ ב׳) וחושך זו מלכות יון שהחשיכה עיניהם של ישראל בגזירותיהן. וברמ״ז חשך ר״ת חמור שור כלב. והיינו שהיונים באו על ישראל בכח שלש קליפות רעות אלו. שור וחמור ידועין דאינון תרין גזירין דינין בישין, חמור זה ישמעאל מימין, ושור זה עשו משמאל, וכד אתחברו תרין גיזרי דינין בישין אילין יוצא מביניהם קליפת כלב כבזוה״ק (ח״ב ס״ה א) והיא קליפת עמלק. וג׳ אלה בטומאה הם לעומת ג׳ האבות בקדושה. קליפת חמור בטומאה לעומת מדת אאע״ה בקדושה, וקליפת שור בטומאה לעומת יצחק בקדושה, זה מימין וזה משמאל, וכלב שהוא קליפת עמלק בטומאה הוא לעומת יעקב אע״ה בקדושה, כמו שהגיד כ״ק אבי אדמו״ר זצללה״ה שיעקב נקרא ישורון מלשון ישר ועמלק לשון עקלקלות, ובכח ג׳ כחות רעים אלו באו על ישראל. והנה ידוע שג׳ האבות הם מרכבה לג׳ האותיות הראשונות שבשם הוי׳ ב״ה בסוד אלקי אברהם אלקי יצחק ואלקי יעקב, ולעומתן להבדיל בטומאה הן שלש האותיות של יון, אות י׳ ואות ו׳ מכוונים שהם בשם הוי׳ ב״ה והנו״ן פשוטה רומזת לנ׳ שערי בינה שהם באות ה׳ הראשונה, והיינו שזה לעומת זה עשה האלקים, ויון היתה כוללת כל כחות הרע שהם לעומת שלש אותיות הוי׳, ובכח זה טמאו כל השמנים שבהיכל שידוע שהיכל גימטריא שם אד׳ שהוא ה״א האחרונה, והיינו שהי׳ מתכוונים להטיל פגם במדת מלכותו ית״ש. ואולי לזה כוון המהר״ל בספר נר מצוה שיון גמטריא ס״ו והיכל ס״ה והיו רוצים להתגבר על ההיכל, עיין שם: והנה נמצא שהיו גוזרין עליהם שלש גזירות לבטל מהם חודש מילה שבת. ויש לפרש שהם לעומת ג׳ הכחות הרעים הנ״ל, חמור שור כלב, ישמעאל עשו עמלק. בכח חמור בטומאה שהוא כח התאוה חומר כשמו רצו לבטל מישראל מילה שהיא רסן בפני התאוה. בכח שור בטומאה שהוא כחו של עשו רצו לבטל מהם קידוש החודש, שידוע שעשו מתנגד לקידוש החודש כמ״ש מהרש״א סנהדרין (י״ב א) שרמזו ז״ל במאמרם ולא הניחם האדומי הלז, ובר״ה (כ״ב ב) עולה הייתי במעלה אדומים, עיין שם. והטעם שהי׳ עשו מתנגד לקה״ח, כי עשו הי׳ עשוי כבן שנים הרבה והגיד כ״ק אבי אדמו״ר זצללה״ה הפירוש שהי׳ אדם

שלם בעצמו שלא הי' חסר לו מאומה, עכ"ד, ובאשר לא הי' חסר לו מאומה לא הי' בו לעולם שום חידוש התעוררות אפי' כרשעים שהם מלאים חרטות, וזה היפוך לגמרי מענין קה"ח שמורה על התחדשות אחר הכנעה כידוע, ע"כ בכח שור דקליפה שהוא גסות הרוח כחו של עשו רצו לבטל מישראל ענין קידוש החודש. ובכח קליפת כלב שהוא עמלק רצו לבטל מישראל שבת שהוא נחלת יעקב, וידוע עוד בפרקי דר"א ובפסיקתא שעמלק הוא היפוך שבת וכמו שכתבנו זה במקומו, ע"כ בכח זה רצו לבטל מישראל את השבת: ולפי האמור יש לומר שכאשר גברו עליהם ישראל ונצחום נטלו מהם את שלושת הכוחות האלה ונתחזקו ישראל בשלושת הכחות שבישראל משלושת האבות. וע"כ ראו חכמים שבאותו הדור ותקנו להם שלש מצוות, נר חנוכה, הלל, והודאה, שג' מצוות אלו מקבילות לג' הכחות הנ"ל. נ"ח שהוא באור כי טוב מקביל לשבת, כענין נר של שבת חובה, ע"ש נר ה' נשמת אדם ושבת שהוא יומא דנשמתא באה בו מצות הנר, ולא בלילה לבד אלא גם ביום השבת, כמו שהגיד כ"ק אבי אדמו"ר זצללה"ה שאור היום הוא במקום נר של שבת, ולעומת שבכח קליפת כלב עמלק רצו לבטל מהם שבת זכו ישראל לנר חנוכה אף בחול. הלל הוא התרוממות הנפש מקביל לקידוש החודש שישראל מתחדשים בחידוש עבודה והם עתידים להתחדש כמותה חידוש אחר ההעדר כנ"ל, ולעומת שבכח קליפת שור שהוא עשו רצו לבטל מהם קידוש החודש שהוא חידוש החיות זכו להלל רוממות הנפש. והודאה היא הכנעה להשי"ת ומודה שאינו ראוי לכל החסד שעשה השי"ת, וכמו שאמרה לאה הפעם אודה את ה' ופירש רש"י שנטלתי יותר מחלקי, מקביל לעומת שבכח קליפת חמור רצו לבטל מהם מילה ולהמשיכם לתאוה, שהוא חמור דקליפה, היפוך הכנעה שהנכנע אינו מתאוה ומבקש תענוגים וזכו ישראל להודאה:

ולכן במזמור ע"ה אמר (תהל' ע"ה,ב') הודינו לך אלהים כי אקח מועד שאותו מזמור נאמר על ענין אוהל מועד.

גלא עמיקתא

היטב [1]בבאורנו על [1]מגלה עמוקות ויקרא אופן נ"ט]. גימ' (952) "נר שבת",

[1] **מגלה עמוקות על א' זעירא דויקרא אופן נ"ט**: איתא בסודי רזא שהנבואה הבאה לנביא הולכת דרך ז' מלאכים ולכן ז' קולות במזמור הבו

1. באור על מגלה עמוקות ויקרא אופן נ"ט: ומביא המגלה עמוקות: דבמזמור כ"ט ז' פעמים "קול" (136) גימ' (952) "נר שבת". רמיזא אלף השביעי יום שכולו שבת נר ה' נשמת אדם- ונזכה כולנו במהרה לאורו. ואז יחזיר יעקב ה' ווין שלקח מאליהו: דאיתא במדרש דכתיב ה"פ אליה חסר וה"פ יעקוב מלא ודרשוהו רבותינו ז"ל שלקח יעקב ה' ווין מאליהו ועתיד להחזיר לו כשיבשר על גאולת בניו וכו'. ובהאי מזמורא אינון ו' פסוקין דתמן כתיבי ז"פ "קול" דבפסוק ד' אינון ב"פ "קול": (פסוק ג') (1) קול ה' על המים אל הכבוד הרעים, ה' על מים רבים (פסוק ד') (2) קול ה' בכח (3) קול ה' בהדר (פסוק ה') (4) קול ה' שבר ארזים, וישבר ה' את ארזי הלבנון (פסוק ז') (5) קול ה' חצב להבות אש (פסוק ח') (6) קול ה' יחיל מדבר, יחיל ה' מדבר קדש (פסוק ט') (7) קול ה' יחולל אילות ויחשף יערות ובהיכלו כלו אמר כבוד סליקו כולהו לחושבן (8408) ז"פ "תקע בשופר גדול" (1201) עם הכולל. דאמרינן שלש פעמים בכל יום בצלותא. וזהו בכל אחד מהפסוקים "קול" אחד, ובפסוק ד' בשני חלקי הפסוק כ"א "קול". כלומר דערך הממוצע דכל אחד ואחד מהם הוא "תקע בשופר גדול" כנ"ל. ורמיזא דכפלינן ז' פעמים לאלף השביעי הגאולה האמיתית והשלמה- כנודע "תקע בשופר גדול" נוטריקון שב"ת- יום שכולו שבת ומנוחה לחיי העולמים. והני תיבין דפתחין ברכת קבוץ גלויות "תקע בשופר גדול" הן כדאיתמר בגאולתא: "והיה ביום ההוא יתקע בשופר גדול, ובאו האובדים בארץ אשור והנדחים בארץ מצרים, והשתחוו לה' בהר הקדש בירושלים" (ישעי' כ"ז,י"ג). ושאר אתוון בר משב"ת "תקע בשופר גדול" סליקו לחושבן (499) "צבאות". דאיתמר בגאולת מצרים (שמות י"ב,מ"א): "ויהי בעצם היום הזה יצאו כל צבאות ה' מארץ מצרים" וכנודע גאולה דלעתיד לבוא מעין גאולת מצרים כדכתיב (מיכה ז'): "כימי צאתך מארץ מצרים אראנו נפלאות" וכן יגאלנו הקב"ה מגלותנו מאפלה לאורה ונזכה לראות בבנין בית המקדש השלישי במהרה בימינו אמן.

לה׳ בני אלים וכן ביחזקאל ואשמע את קול כנפי הכרובים קחשיב ז׳ דרגין לפ״ז קאי על למעלה שכסה הענן את משה שבעה ימי המלואים הם לקביל ז׳ דרגין אלו ואחר כך אמר ויקרא בא׳ זעירא לרמוז שהנבואה באה לו אחר ז׳ מלאכים קרי בי׳ ויקר אל משה שהיא הנבואה לזה רמזו ז׳ ימי המילואים חצבה עמודיה שבעה ז׳ ימי המילואים מטעם שלחה נערותיה תקרא שהן הן שבע הנערות הראויות לתת לה מבית המלך. [ז] **תלמוד בבלי שבת דף קד עמוד א**: אמרי ליה רבנן לרבי יהושע בן לוי: אתו דרדקי האידנא לבי מדרשא ואמרו מילי דאפילו בימי יהושע בן נון לא איתמר כוותייהו: אל״ף בי״ת - אלף בינה, גימ״ל דל״ת - גמול דלים, מאי טעמא פשוטה כרעיה דגימ״ל לגבי דל״ת - שכן דרכו של גומל חסדים לרוץ אחר דלים. ומאי טעמא פשוטה כרעיה דדל״ת לגבי גימ״ל - דלימציה ליה נפשיה. ומאי טעמא מהדר אפיה דדל״ת מגימ״ל - דליתן ליה בצינעה, כי היכי דלא ליכסיף מיניה. ה״ו - זה שמו של הקדוש ברוך הוא, ז״ח ט״י כ״ל - ואם אתה עושה כן, הקדוש ברוך הוא זן אותך, וחן אותך, ומטיב לך, ונותן לך ירושה, וקושר לך כתר לעולם הבא וכו׳. [ח] **תלמוד בבלי חגיגה דף יב עמוד א**: ואור ביום ראשון איברי? והכתיב ויתן אתם אלהים ברקיע השמים וכתיב ויהי ערב ויהי בקר יום רביעי! - כדרבי אלעזר. דאמר רבי אלעזר: אור שברא הקדוש ברוך הוא ביום ראשון - אדם צופה בו מסוף העולם ועד סופו, כיון שנסתכל הקדוש ברוך הוא בדור המבול ובדור הפלגה וראה שמעשיהם מקולקלים - עמד וגנזו מהן, שנאמר וימנע מרשעים אורם. ולמי גנזו - לצדיקים לעתיד לבא שנאמר וירא אלהים את האור כי טוב, ואין טוב אלא צדיק, שנאמר אמרו צדיק כי טוב. כיון שראה אור שגנזו לצדיקים שמח, שנאמר אור צדיקים ישמח. כתנאי: אור שברא הקדוש ברוך הוא ביום ראשון אדם צופה ומביט בו מסוף העולם ועד סופו, דברי רבי יעקב. וחכמים אומרים: הן הן

גלא עמיקתא

וח״י פעמים שם הוי׳ (26) גימ׳ (468) ב״פ ״גואל צדק״. דאינון ט׳ ת״ד דז״א באו״י ובאו״ח בסוד ב׳ טטין דמטטרו״ן, ואכמ״ל.

ז״פ קו״ל עם ח״י פעמים שם הוי׳ גימ׳ (14) כ״פ הגנו״ז (71) דבקבלת שבת מתחילה הארת אור הכתר [ז]כ׳ היינו כתר-שבת קד.] [ח]אור הגנוז ומגיעה לשיאה בסעודה שלישית [ט]רעוא דרעוין זמן הסתלקות מרע״ה ובסעודה רביעית

מאורות שנבראו ביום ראשון ולא נתלו עד יום רביעי. [ט] **זוהר - האדרא זוטא כרך ג (דברים) פרשת האזינו דף רפח עמוד ב**: והוא עתיקא כליל לון ושליט על כלא, חד ארחא דנהיר בפלגותא דשערי דנפקי ממוחא הוא ארחא דנהירין ביה צדיקייא לעלמא דאתי דכתיב (משלי ד) וארח צדיקים כאור נוגה וגו׳, ועל דא כתיב (ישעיה נח) אז תתענג על יי׳, ומהאי ארחא מתנהרין כל שאר ארחין דתליין בזעיר אנפין, האי עתיקא סבא דסבין, כתרא עלאה לעילא דמתעטרין ביה כל עטרין וכתרין, מתנהרין כל בוצינין מניה ומתלהטין (ומתנהרן) והוא הוא בוצינא עלאה טמירא דלא אתידע, (וכל שאר בוצינין מניה מתלהטן ומתנהרן), (רצב ע״ב) האי עתיקא אשתכח בתלת רישין וכלילן בחד רישא, וההוא (נ״א והוא) רישא עלאה לעילא לעילא, ובגין דעתיקא קדישא אתרשים בתלת אוף הכי כל שאר בוצינין דנהרין מניה כלילן בתלת, עוד עתיקא אתרשים בתרין, כללא דעתיקא בתרין הוא, כתרא עלאה דכל עלאין רישא דכל רישי, וההוא דהוי לעילא מן דא דלא אתידע, כך כל שאר בוצינין סתימין בתרין, עוד עתיקא קדישא אתרשים ואסתים בחד והוא חד וכלא הוא חד כך כל שאר בוצינין מתקדשין מתקשרין ומתהדרין בחד ואינון חד, מצחא דאתגלי בעתיקא קדישא רצון אקרי דהא רישא עלאה דא סתים לעילא דלא אתידע פשיט חד טורנא בסימא יאה דאתכליל, במצחא ובגין דאיהו (נ״א דההוא) רעיא דכל רעוין אתתקן במצחא ואתגלייא בבוסיטא (ס״א אתגליף בפסיטא) האי מצחא אקרי רצון, וכד רצון דא אתגלייא, רעוא דרעוין אשתכח בכלהו עלמין וכל צלותין דלתתא מתקבלין ומתנהרין אנפוי דזעיר אנפין, וכלא ברחמי אשתכח וכל דינין אתטמרן ואתכפיין בשבתא בשעתא דצלותא דמנחה דהוא עידן דכל דינין מתערין אתגלייא האי מצחא ואתכפיין כל דינין ואשתכחו רחמין בכלהו עלמין, ובגין כך אשתכח שבת בלא דינא לא לעילא ולא לתתא ואפילו אשא דגיהנם אשתקע (ס״א אשתכך)

גלא עמיקתא

סעודת דוד מלכא משיחא בחי' [י]נגלגל אני ואתם עוד סעודה קטנה בחי' שמיני עצרת שאחר ז' ימי החג – מאירה בחינת תחית המתים ממש. ולכן איתא [יא]בספרים הקדושים בשם הקדמונים שיש עצם באדם ונסכוי שמו [והוא עצם הלוז], והוא נשאר קיים עד עת תחית המתים, ואותו אבר אינו נהנה משום אכילה אלא מסעודת מלוה מלכה.

וביאר הענין בספר חנוכת התורה (ליקוטים ר"ט): [יב]כיון שכל הנאת אבר זה הוא מאכילת מוצאי שבת, לכן כשאכל אדם הראשון מעץ הדעת לא נהנה אותו אבר מהאכילה, ולפיכך לא נגזר עליו מיתה כשאר הגוף, ואינו כלה אפילו בקבר. ועיין ב"ר (כ"ח,ג') על הפסוק (בראשית ו',ז') "ויאמר ה' אמחה את האדם" וכו': [יג]לאחת הדעות

באתריה ונייחין חייביא, ועל דא אתוסף נשמתא דחדו בשבתא ובעי בר נש למחדי בתלת סעודתי דשבתא דהא כל מהימנותא וכל כללא דמהימנותא ביה אשתכח, ובעי בר נש לסדרא פתורא ולמיכל תלת סעודתי דמהימנותא ולמחדי בהו, אמר רבי שמעון אסהדנא עלי לכל אלין דהכא דהא מן יומאי לא בטילנא אלין ג' סעודתי ובגיניהון לא אצטריכנא לתעניתא בשבתא ואפילו ביומי אחריני לא אצטריכנא כ"ש בשבתא דמאן דזכי בהו זכי למהימנותא שלימתא, חד סעודתא דמטרוניתא וחד סעודתא דמלכא קדישא וחד סעודתא דעתיקא קדישא סתימא דכל סתימין ובההוא עלמא יזכי בהו לאלין, האי רצון כד אתגלייא כל דינין אתכפיין משולשליהון תקונא דעתיקא קדישא אתתקן בתקונא חד כללא דכל תקונין והיא חכמה עלאה סתימאה כללא דכל שאר **[י] במדבר רבה פרשת פינחס פרשה כא**: כד ביום השמיני עצרת זש"ה (תהלים קט) תחת אהבתי ישטנוני ואני תפלה את מוצא בחג ישראל מקריבין לפניך שבעים פרים על שבעים אומות, אמרו ישראל רבון העולמים הרי אנו מקריבין עליהם שבעים פרים והיו צריכין לאהוב אותנו והם שונאין אותנו שנא' תחת אהבתי ישטנוני, לפיכך אמר להם הקדוש ברוך הוא עכשיו הקריבו על עצמכם ביום השמיני עצרת תהיה לכם [כט, לו] והקרבתם עולה אשה ריח ניחוח לה' פר בן בקר אחד איל אחד משל למלך שעשה סעודה שבעת ימים וזימן כל בני אדם שבמדינה בשבעת ימי המשתה כיון שעברו שבעת ימי המשתה אמר לאוהבו כבר יצאנו ידינו מכל בני המדינה נגלגל אני ואתה במה שתמצא ליטרא בשר או של דג או ירק כך אמר הקדוש ברוך הוא לישראל (במדבר כט) ביום השמיני עצרת תהיה לכם גלגלו במה שאתם מוצאים בפר אחד ואיל אחד. **[יא] בן איש חי שנה שניה פרשת ויצא**: וכל מי שאינו מקיים סעודה רביעית, נחשב לו כאלו לא קיים סעודה שלישית לכבוד שבת, דאז נחשב לו שאכלה בשביל סעודת הלילה, דכל אדם דרכו כל לילה לאכול ואין זה לכבוד שבת. ולכן אלו שמתענים הפסקות, אסור להם לעשות הפסקה במ"ש, דאסור להתענות בליל מ"ש, ועיין כף החיים מ"ש בזה. ואם יהיה האדם אנוס מחמת חולי ואינו יכול לקיים סעודה רביעית, עכ"ז יסדר שלחנו במזונות ופירות ויאכלו בני ביתו, והוא ג"כ יטעם עמהם מן השלחן כפי יכלתו. וכתבו המקובלים יש עצם באדם שאינו נהנה משום אכילה אלא רק מן סעודה רביעית דמ"ש, ועצם זה נשאר קיים בקבר ואין שולט בו רקבון, והוא נקרא נסכוי, וגם נקרא לוז, וגם נקרא בתואל. ואמרתי בזה רמז כי שלשה שמות של עצם הנז' הם ר"ת לב"ן, והם ס"ת שלשה שמות שהם ישראל יעקב ישורון, ומזה העצם יבנה הגוף בתחיית המתים, וזה יהיה לישראל דוקא הנאמר בהם (דברים ד') ואתם הדבקים בה' אלהיכם חיים כולכם היום. **[יב] ספר חנוכת התורה ליקוטים ר"ט**: ב. הבית יוסף הביא מקדמונים שיש אבר באדם ונסכוי שמו, והוא נשאר קיים עד עת התחיה, ואותו אבר אינו נהנה משום אכילה אלא מסעודת מלוה מלכה. וביאר החנוכת התורה [ליקוטים, רט] והאליהו רבא, כיון שכל הנאת אבר זה הוא מאכילת מוצאי שבת, לכן כשאכל אדם הראשון מעץ הדעת לא נהנה אותו אבר מהאכילה, ולפיכך לא נגזר עליו מיתה כשאר הגוף, ואינו כלה אפילו בקבר. **[יג] בראשית רבה פרשת בראשית פרשה כח**: ג ויאמר ה' אמחה את האדם, ר' לוי בשם ר' יוחנן אמר אפי' אסטרובלין של רחיים

גלא עמיקתא

הבאור שנמחה "אפילו לוז של שדרה, שממנו מציץ הקדוש ברוך הוא את האדם לעתיד לבוא". וסעודת דוד מלכא משיחא בחינת הסעודה דיעביד קוב"ה לצדיקיא לעתיד לבוא מבשר שור הבר והלויתן ויין המשומר. וכדכתיב לעתיד לבוא (ישעי' כ"ז,א'): "[יד]והיה ביום ההוא יפקד ה' בחרבו הקשה והגדולה והחזקה על לויתן נחש בריח ועל לויתן נחש עקלתון, והרג את התנין אשר בים". ופרשו חז"ל דלויתן זה הקב"ה שוחטו לסעוד עם הצדיקים לעתיד לבוא וכו' [טו]וכדאיתא במדרש תנחומא פרשת ויקרא: "אמר לו ללויתן בשבילך באתי לראות מדורך בים, ולא עוד אלא שאני עתיד לירד ליתן חבל בצוארך ולעלות אותך לסעודה גדולה של צדיקים כמ"ש (איוב כ"ה,כ"ה) תמשוך לויתן בחכה ובחבל תשקיע לשונו" וכו'. [טז]וכדברי האור החיים (ויקרא כ"ו,י'): ואומרו

נמחה, ר"י בר סימון בשם ר' יוחנן אמר אפי' עפרו של אדה"ר נמחה, כד דרשה ר"י בציפורי בצבורא ולא קיבלו מיניה, רבי יוחנן בשם ר"ש בן יהוצדק אמר אפילו לוז של שדרה, שממנו הקדוש ברוך הוא מציץ את האדם לעתיד לבוא נמחה. אדריאנוס שחיק עצמות שאל את רבי יהושע בן חנניא א"ל מהיכן הקדוש ברוך הוא מציץ את האדם לעתיד לבא, א"ל מלוז של שדרה א"ל מנין אתה יודע א"ל איתיתיה לידי ואנא מודע לך, טחנו ברחים ולא נטחן, שרפו באש ולא נשרף, נתנו במים ולא נמחה, נתנו על הסדן והתחיל מכה עליו בפטיש נחלק הסדן ונבקע הפטיש ולא חסר כלום. **[יד] זוהר - מדרש הנעלם כרך א (בראשית) פרשת תולדות דף קלה עמוד ב:** ובאתר אחרא תנינן נזונין מאי בין האי להאי אלא הכי אמר אבוי הצדיקים שלא זכו כל כך נהנין מאותו זיו שלא ישיגו כ"כ אבל הצדיקים שזכו נזונין עד שישיגו השגה שלמה ואין אכילה ושתיה אלא זו וזו היא הסעודה והאכילה ומנא לן הא ממשה דכתיב (שמות לד) ויהי שם עם יי' ארבעים יום וארבעים לילה לחם לא אכל ומים לא שתה מ"ט לחם לא אכל ומים לא שתה מפני שהיה נזון מסעודה אחרת מאותו זיו של מעלה וכהאי גוונא סעודתן של צדיקים לעתיד לבא, א"ר יהודה סעודת הצדיקים לעתיד לבא לשמוח בשמחתו הדא הוא דכתיב (תהלים לד) ישמעו ענוים וישמחו, רב הונא אמר מהכא (שם ה) וישמחו כל חוסי בך לעולם ירננו, א"ר יצחק האי והאי איתא לעתיד לבא ותאנא אמר רבי יוסי יין המשומר בענביו משׁשת ימי בראשית אלו דברים עתיקים שלא נגלו לאדם מיום שנברא העולם ועתידים להתגלות לצדיקים לעתיד לבא וזו היא השתיה והאכילה (ושתיה) ודאי דא היא, אמר ר' יהודה ברבי שלום א"כ מהו לויתן ומהו השור דכתיב (איוב מ) כי בול הרים ישאו לו אמר רבי יוסי והא כתיב (ישעיה כז) בעת ההיא יפקוד יי' בחרבו הקשה והגדולה והחזקה על לויתן נחש בריח ועל לויתן נחש עקלתון והרג את התנין אשר בים, הא הכא תלתא, אלא רמז הוא דקא רמז על מלכוותא, אמר רבי תנחום לית למימר על מה דאמרו רבנן ודאי כך היא, אמר רבי יצחק אנא הוינא קמיה דרבי יהושע ושאילנא האי מלה אמרנא האי סעודתא דצדיקיא לעתיד לבא אי כך הוא לא אתיישבא בלבאי דהא אמר רבי אלעזר סעודת הצדיקים לעתיד לבא כהאי גוונא **[טו] מדרש תנחומא פרשת ויקרא:** א"ל הדג ליונה אי אתה יודע שבא זמני להאכל לתוך פיו של לויתן, א"ל הוליכני לשם ואני מציל אותך ואת נפשי, הוליכו אצל לויתן, אמר לו ללויתן בשבילך באתי לראות מדורך בים, ולא עוד אלא שאני עתיד ליתן חבל בצוארך ולעלות אותך לסעודה גדולה של צדיקים. **[טז] אור החיים ויקרא פרק כו:** ואומרו ואכלתם ישן נושן כאן רמז לסעודת עולם הבא שיטעימם ה' מיין המשומר בענביו מו' ימי בראשית גם מבשרו של לויתן ואין לך ישן נושן כזה שלא קדמו דבר בעולם קודם לבריאת האדם: ואומרו וישן מפני חדש תוציאו. מלבד מה שפירשתי בו למעלה ירמוז עוד על דרך מה שאמרו ז"ל (חגיגה י"ב) בפסוק וימנע מרשעים אורם כי אור שבו ברא הקדוש ברוך הוא מעשה בראשית גנזו הקדוש ברוך הוא לצדיקים לפי שראה הרשעים שאינם ראוים להשתמש בו וכו', והוא אומרו וישן שהוא אור

שקדם לאור זה החדש שנתחדש אחריו והוא אומרו מפני חדש תוציאו פירוש תוציאו מבית גנזיו להשתמש בו. [יז] **אוהב ישראל ויקרא פרשת בחקותי**: ואכלתם ישן נושן וגו' [כו, י]. בהעיר לב אחר אשר חנן ה' אל דעות בחכמה ובינה ודעת ברוב רחמיו וחסדיו יש לומר על דרך האמת. ואכלתם ישן נושן, היינו שפע קדושה ובהירה בבחינת עתיקא דעתיקין סתימא דכולא. והוא על ידי לימוד תורה לשמה וקיום מצותיה לשמו יתברך ויתעלה תזכו להשפעה הקדושה זכה ובהירה. וישן מפני חדש תוציאו, היינו שהמשכת השפע דעתיק יומשך לעדת ה' בני אל חי על ידי סוד י"ב גבולי אלכסון סוד שתים עשרה צירופי הוי"ה הקדושים שהם מספר שי"ב מנין חד"ש. ואמר מפני חדש ירמוז בזה לאותיות הקודמים לאותיות חדש הם זג"ר מספר ר"י עולה מספר יו"ד שמות אהי"ה הקדושים. והיינו שמשמות אלו הקדושים יומשך הארת השפע להשתים עשרה צירופי הוי"ה ומהם תוציא ותמשך השפעות טובות וכל טיבו וחדו וברכאין טבין להכנסת ישראל לעילא ותתא. וזהו וישן מפני חדש תוציאו. וכן יהי רצון לדור דורים אמן והמשכיל יבין כל זה:

גלא עמיקתא

"[יז]ואכלתם ישן נושן" כאן רמז לסעודת עולם הבא, שיטעימם ה' מיין המשומר בענביו מ-ו' ימי בראשית, גם מבשר של לויתן, ואין לך ישן נושן כזה שלא קדמו דבר בעולם קודם לבריאת האדם. ועיין עוד מה שבארנו באריכות[2] במקום אחר בענין סעודות שבת-סעודת דוד מלכא משיחא-שמיני עצרת וקשרהו לכאן.

והנה חכמ"ה פשוט (73) מלוי (613) א"ת ב"ש [גימ' (190) י"פ חוה דמשה תקון "אדם הראשון" גימ' (607) "משה ואהרן"] ומלוי דא"ת ב"ש [סמך למד יוד צדי] [ובסוד י-ה-ו-ה דחכמה י'-הפשוט ה'-המלוי ו'-א"ת ב"ש ה'-מלוי דא"ת ב"ש] סליקו כולהו לחושבן (1194) ו"פ "צדקה" (199) וכדעבדינן[3] במקום אחר חושבן ה' דבריא קדמאין דעשרת

2. סעודות שבת: וזהו דבשב"ק ג' סעודות וטובלים ג"פ "לחם" ב"מלח" גימ' (78) ג"פ הוי' (אריז"ל). ט"פ "לחם "גימ' (702) "שבת", וג"פ נוספים בסעודת "דוד מלכא משיחא" גימ' (464) "לחם מן הארץ" הרי י"ב פעמים "לחם" עולה גימ' (936) "מרדכי אסתר" ע"ה להאריז"ל שלמות י"ג ת"ד כ"א בחסד בסוד גבי"ע דיוסף הצדיק י"ג ע"ב ובסוד תפלת מוסף דשבת, ולרבי חידקא (שבת קיז:) דאמר ארבע סעודות הן בשבת, הרי סעודה ה' ג"פ "לחם" נוספים עולה (ט"ו פעמים "לחם") (1170) "שמיני עצרת", שאמרו חז"ל אמר הקב"ה- "בואו נגלגל אני ואתם עוד סעודה קטנה" בסוד אותה האלף זעירא דויקרא כדלעיל, וזהו דסעודות ושמחת פורים מגיעין לשלמותן בשמחת תורה, תיקון אכילתו של אדה"ר מעץ הדעת טוב ורע. וזהו כאמור "נעוץ סופן בתחילתן" גימ' (1302) "שויתי ה' לנגדי תמיד" כנ"ל שאמר דוד המלך ע"ה, וסופן בתחילתן- היינו- תכלית הירידה (דפורים) עליה (דשמחת תורה): "אורה ושמחה וששן ויקר" (עם) "שמיני עצרת" גימ' (2713) "קשר תפלין הראה לעניו תמונת ה' לנגד עיניו" מרמז ב-א' זעירא לענותנותו דמשה, והראה קשר ד' דתפלין מרמז על דוד המלך ע"ה. וזהו רש"י האחרון על התורה המילה האחרונה "ששברת" גימ' (1202) "בראשית ברא אלהים" בסוד שלמות תורה שבכתב ע"י תורה שבע"פ, וגימ' "כי לא תשכח מפי זרעו" (דברים ל"א,כ"א) שמובא בשם הרשב"י הק' בזוה"ק. ובתחילת מעשה בראשית ה"פ "אור" גימ' (1035) "העשירי יהיה קודש" (ויקרא כ"ז, ל"ב) שרש הקדושה, וד"פ "חשך" שרש הקליפה גימ' (1312) "מה אשיב לה'" (תהלים קט"ז, י"ב) - וההפרש בין האור והחשך הנ"ל גימ' (277) "זרע" - כדאמר שלמה (קהלת ב',י"ג) "כיתרון האור מן החושך" ה"פ "אור" ד"פ "חשך", אך בגימ' "חשך" (328) יותר מ"אור" (207) - בסוד כל המוסיף גורע, וההפרש סליק לחושבן (121) "פודה ה' (נפש עבדיו ולא יאשמו כל החוסים בו)" (תהלים ל"ד,כ"ג) דהיינו את נצוצות הקדושה מהקלי', ופשוט.

3. עשרת הדברות: דיבר א': אנכי וכו' (2495): ה"פ "צב-אות" (499), ויש לקשרו לצבאות ה' יצאו ממצרים- חמושים יצאו ולכן כפלינן ה"פ. דיבר ב': לא יהיה וכו' עד ולשמרי מצותו (לפי הכתיב) גימ'

(13271): "טובו" (23) פעמים "ה' לנגדי תמיד" (577), וממילא יקוים לא יהיה לך אלהים אחרים על פני. דיבר ג': לא תשא וכו' גימ' (כמו ביתרו-4451): נ"פ "חנוכה" (89) עם הכולל. דיבר ד': שמור וכו' גימ' (18377): "טוב" (17) פעמים "כשמחך יצירך בגן עדן מקדם" (1081) בשבע ברכות, ויתגלה בגאולה האמיתית והשלמה שלמות חתן וכלה קוב"ה וכנס"י בגאולה האמיתית והשלמה במהרה בימינו אמן. דיבר ה': כבד וכו' גימ' "דוד" (14) פעמים "טובו אהליך יעקב" (271) דע"י דמכבד את אביו ואמו מקרב הגאולה ומביא שלום ביתו ושלום כל העולם כולו. ונמשך דכל לוח ימין סליק לחושבן (42387): "צדקה" (199) פעמים "אוהב צדקה" (213) וכדכתיב (ישעי' א',כ"ז) "ושביה בצדקה", ופשוט.

גלא עמיקתא

הדברות דואתחנן דסליקו ה' דבריא קדמאין לחושבן (42387) "צדקה" (199) פעמים "אוהב צדקה" (213) (תהל' ל"ג,ה') עיין שם באריכות ובמנורה בסוף האופן. והאריכו בספרים הקדושים במעלת מצות הצדקה: [יח]דכל עלמין מתקיימין בהאי מצוה (מדרש תהלים מזמור פ"ט) [יט]ושקולה צדקה כנגד כל המצוות (בבא בתרא ט' ע"א) [כ]ועתידין ישראל להיגאל בזכות הצדקה שנאמר (ישעי' א',כ"ז) "ציון במשפט תפדה ושביה בצדקה" (שבת קל"ט ע"א) ומעתה יובן הקשר בין חכמה לצדקה: דכתיב (קהלת ז',י"ב) "[כא]החכמה תחיה

[יח] מדרש תהלים מזמור פט: [ב] [פט, ג] כי אמרתי עולם חסד יבנה [שמים תכין אמונתך בהם]. לא השמים בלבד, אלא אף הכסא אינו עומד רק על החסד, שנאמר והוכן בחסד כסא (ישעיה טז ה), למה הדבר דומה, לכסא שהיו לו ארבע רגלים, והיה האחד מתמוטט, על שהיא קטנה, נטל צרור וסמכו, כך היה כסא של מעלה כביכול שמתמוטט, עד שסמכו הקדוש ברוך הוא, ובמה סמכו, בחסד, הוי אמרתי עולם חסד יבנה, וכן דוד אמר לעושה השמים בתבונה (תהלים קלו ה), ועל מה הן עומדין, על חסד, שנאמר כי לעולם חסדו (שם שם /תהלים קל"ו/), לרוקע הארץ על המים (שם שם /תהלים קל"ו/ ו), באיזה זכות, כי לעולם חסדו (שם שם /תהלים קל"ו/), וכן כל המזמור, ואחר כך נותן לחם לכל בשר (שם שם /תהלים קל"ו/ כה), ללמדך שקשה המזון כנגד כל מעשה בראשית. אמר ר' אלעזר משל הפרנסה כגאולה, מה הגאולה פלאים, אף הפרנסה פלאים, מה הפרנסה בכל יום, אף הגאולה בכל יום, אמר ר' שמואל בר נחמני הפרנסה גדולה מן הגאולה, שהגאולה על ידי מלאך, שנאמר המלאך הגואל אותי (בראשית מח טז), והפרנסה תלויה על ידו של הקדוש ברוך הוא, שנאמר פותח את ידך ומשביע לכל חי רצון (תהלים קמה טז), הוי אמרתי עולם חסד יבנה. **[יט] תלמוד בבלי בבא בתרא דף ט עמוד א:** אמר רב אסי: לעולם אל ימנע אדם עצמו [מלתת] שלישית השקל בשנה, שנא': והעמדנו עלינו מצות לתת עלינו שלישית השקל בשנה לעבודת בית אלהינו. ואמר רב אסי: שקולה צדקה כנגד כל המצות, שנאמר: והעמדנו עלינו מצות וגו', מצוה אין כתיב כאן אלא מצות. **[כ] תלמוד בבלי מסכת שבת דף קלט עמוד א:** תניא, רבי יוסי בן אלישע אומר: אם ראית דור שצרות רבות באות עליו - צא ובדוק בדייני ישראל. שכל פורענות שבאה לעולם לא באה אלא בשביל דייני ישראל, שנאמר שמעו נא זאת ראשי בית יעקב וקציני בית ישראל המתעבים משפט ואת כל הישרה יעקשו בנה ציון בדמים וירושלים בעולה ראשיה בשחד ישפטו וכהניה במחיר יורו ונביאיה בכסף יקסמו ועל ה' ישענו וגו' רשעים הן, אלא שתלו בטחונם במי שאמר והיה העולם. לפיכך מביא הקדוש ברוך הוא עליהן שלש פורעניות כנגד שלש עבירות שבידם. שנאמר לכן בגללכם ציון שדה תחרש וירושלים עיין תהיה והר הבית לבמות יער. ואין הקדוש ברוך הוא משרה שכינתו על ישראל עד שיכלו שופטים ושוטרים רעים מישראל, שנאמר ואשיבה ידי עליך ואצרף כבר סגיך, ואסירה כל בדיליך ואשיבה שפטיך כבראשונה ויעציך כבתחלה וגו'. אמר עולא: אין ירושלים נפדה אלא בצדקה, שנאמר ציון במשפט תפדה ושביה בצדקה. **[כא] תלמוד בבלי מסכת יומא דף פג עמוד ב:** תנו רבנן: מי שאחזו בולמוס מאכילין אותו דבש וכל מיני מתיקה, שהדבש וכל מיני מתיקה מאירין מאור עיניו של אדם. ואף על פי שאין ראיה לדבר זכר לדבר - ראו נא כי ארו עיני כי טעמתי מעט דבש הזה. ומאי אף

גלא עמיקתא

בעליה" וכתיב (משלי י׳,ב׳) "[כב]וצדקה תציל ממות" וזהו "חכמה – צדקה" גימ׳ (272) "והמלך דוד זקן" (תחלת ספר מלכים) ופירש הרד"ק שם: בן שבעים היה. וזהו זק"ן נוטריקון זה קנה חכמה. **והוא בגמרא** (קידושין ל"ב ע"ב) **בענין** "**והדרת פני זקן**" (ויקרא י"ט) [כג]**רבי יוסי הגלילי אומר אין זקן אלא מי שקנה חכמה**– כלומר זק"ן נוטריקון זה קנה חכמה. וקשה הרי זק"ן הוא ראשי תיבות זה קנה ו–ח׳ של חכמה חסר. והתירוץ על פי מה שכתוב (קהלת רבה פרשה ז׳) [כד]דעת קנית מה חסרת דעת חסרת מה קנית– ולכן בודאי שאם הוא קנה אז הוא קנה חכמה. וכן תירץ בספר תורת חיים סנהדרין י"ד ע"א עיין שם. ודוד המלך כתב רבות בספר תהלים בשבח צדקות ה׳. וכגון (תהל׳ י"א,ז׳): "כי צדיק ה׳ צדקות אהב, ישר יחזו פנימו" גימ׳ (1595) **י"א פעמים** "**יהודא עילאה**" (145). **וכפלינן י"א פעמים**– דעל ידי צדקה מכניעים י"א כתרין דמסאבותא.

ומביא המגלה עמוקות ד׳ פסוקים משלמה לקביל שמא קדישא י–ה–ו–ה

על פי שאין ראיה לדבר - דהתם לאו בולמוס אחזיה. אמר אביי: לא שנו אלא לאחר אכילה, אבל קודם אכילה - מגרר גריר, דכתיב וימצאו איש מצרי בשדה ויקחו אתו אל דוד ויתנו לו לחם ויאכל וישקהו מים ויתנו לו פלח דבלה ושני צמקים ויאכל ותשב רוחו אליו כי לא אכל לחם ולא שתה מים שלשה ימים ושלשה לילות. אמר רבי נחמן אמר שמואל: מי שאחזו בולמוס מאכילין אותו אליה בדבש. רב הונא בריה דרב יהושע אמר: אף סולת נקיה בדבש. רב פפא אמר: אפילו קמחי דשערי בדיבשא. אמר רבי יוחנן: פעם אחת אחזני בולמוס, ורצתי למזרחה של תאנה, וקיימתי בעצמי החכמה תחיה בעליה. דתני רב יוסף: הרוצה לטעום טעם תאנה - יפנה למזרחה, שנאמר וממגד תבואת שמש. רבי יהודה ורבי יוסי הוו קא אזלי באורחא, אחזיה בולמוס לרבי יהודה - קפחיה לרועה, אכליה לריפתא. אמר ליה רבי יוסי: קפחת את הרועה! כי מטו למתא אחזיה בולמוס לרבי יוסי, אהדרוהו בלגי וצעי. אמר ליה רבי יהודה: אני קפחתי את הרועה ואתה קפחת את העיר כולה.

[כב] ילקוט שמעוני ישעיהו רמז תפד: נו כה אמר ה׳ שמרו משפט ועשו צדקה. אמר רבי נתן גדולה תשובה שהיא מקרבת את הגאולה שנאמר שמרו משפט ועשו צדקה וגו׳, דרש רבי יהודה בר אלעאי גדולה צדקה שהיא מקרבת את הישועה שנאמר ועשו צדקה כי קרובה ישועתי לבא וגו׳, הוא היה אומר עשרה דברים קשים זה מזה, הר קשה ברזל מחתכו, ברזל קשה אש מפעפעו, אש קשה מים מכבין אותו, מים קשים עב סובלן, עב קשה רוח מפזרתו, רוח קשה גוף סובלו, גוף קשה פחד שוברו, פחד קשה יין מפיגו, יין קשה שינה מפכחתו, שינה קשה מיתה קשה הימנה, וצדקה תציל מכלן שנאמר וצדקה תציל ממות:

[כג] תלמוד בבלי קידושין דף לב עמוד ב: ת"ר: מפני שיבה תקום - יכול אפילו מפני זקן אשמאי? ת"ל: זקן, ואין זקן אלא חכם, שנאמר: אספה לי שבעים איש מזקני ישראל; רבי יוסי הגלילי אומר: אין זקן אלא מי שקנה חכמה, שנאמר: ה׳ קנני ראשית דרכו. יכול יעמוד מפניו ממקום רחוק? ת"ל: תקום והדרת, לא אמרתי קימה אלא במקום שיש הידור. יכול יהדרנו בממון? ת"ל: תקום והדרת, מה קימה שאין בה חסרון כיס, אף הידור שאין בו חסרון כיס. יכול יעמוד מפניו מבית הכסא ומבית המרחץ? ת"ל: תקום והדרת, לא אמרתי קימה אלא במקום שיש הידור. יכול יעצים עיניו כמי שלא ראהו? ת"ל: תקום ויראת, דבר המסור ללב נאמר בו ויראת מאלהיך.

[כד] קהלת רבה פרשה ז: כל זה נסיתי בחכמה, כתיב (מלכים א׳ ה׳) ויתן אלהים חכמה לשלמה, רבנן ור׳ לוי, רבנן אמרי כחול, מהו כחול, ניתן לו חכמה כנגד כל ישראל, ור׳ לוי אמר מה החול הזה גדר לים, כך היתה חכמה גדר לשלמה, מתלא אמר דעת חסרת מה קנית, דעת קנית מה חסרת, כתיב ותרב חכמת שלמה מחכמת כל בני קדם ומכל חכמת מצרים, ומה היתה חכמתן של בני קדם, שהיו יודעין במזל וקוסמין בעופות ובקיאן בטייר.

גלא עמיקתא

ופסוק אחד מדוד לקביל קוצו של י': י': [כה]בחכמה יבנה בית ובתבונה יתכונן (משלי כ"ד,ג') גימ' (1561) ז"פ דלפק"ט (223) [כו]דלפק"ט הוא השם הקדוש שגילה ר' שמשון מאוסטרופולי, דאינון אתוון קדם תיבה המצרי"ם פרט ל–מ' הסופית שהיא שימוש, וע"י מלאך א"נ שר זה הוכו המצרים– והוא בחינת סותר על מנת לבנות– סור מרע ועשה טוב בקש שלום ורדפהו– דתחלה הפריד עמו ישראל מקלי' וטומאת מצרים, ואז נתן להם התורה הקדושה. ה': [כז]חכמות נשים בנתה ביתה, ואולת בידיה תהרסנו (משלי י"ד,א') גימ' (2943): ג"פ (חזקה) "ויהפוך ה' את הקללה לברכה" (981) (דברים כ"ג,ו'). וכן פרש"י שם: חכמות נשים בנתה ביתה כגון אשתו של און בן פלת, ואולת– אשה שוטה, בידיה תהרסנו– זו אשתו של קרח. והוא

[כה] דעת זקנים מבעלי התוספות שמות פרק לה: (לא) בחכמה. דכתיב ה' בחכמה יסד ארץ: בתבונה. דכתיב כונן שמים בתבונה: בדעת. דכתיב בדעתו תהומות נבקעו וכן בבנין שלמה בן אשה אלמנה ממטה נפתלי וגו' וימלא את החכמה ואת התבונה ואת הדעת וכן בנין דלעתיד דכתיב בחכמה יבנה בית ובתבונה יתכונן ובדעת חדרים ימלאו כל הון יקר ונעים וכו':

[כו] כותב ר' שמשון מאוסטרופולי באגרת לבאור הגדה של פסח: והנה כבר השמעתיך שפרעה נלקה בעשר מכות במצרים וכו' ועליהם השר הנקרא דלפק"ט וכו' ובבאור שם: אותיות הקודמות לתיבת המצרים וכו'

[כז] רבי מתתיה היצהרי על אבות פרק ג משנה יג: [יג] זה השלם היה מגדולי חכמי ישראל, והיה מגדולי תלמידי ר' אליעזר ור' יהושע, שבאה הקבלה להם מהלל ושמאי, ועשה כ"ד אלפי תלמידים. ובא בגמרא (סנהדרין פו ע"א, עיין שם) שסתם תוספת ובריתא ומשנה שהם החבורים שנתיסד התלמוד עליהם, וכל פירושי הגדות והאמונות שקבלנו ממשה בסיני, בכולם היו תלמידים לרבי עקיבא, וכל זה נודע לרגיל בחבורים התלמודים. וא"כ הקבלה השלימה האמיתית באה אליו, וממנו באה אלינו. ואמר שלשה מאמרים ראויים לחכם גדול כמוהו, גדולי האיכות והתועלת, מעטי הכמות. ראשון, הודיע ההכנות המיישרות אל החסרון והשלימות, אם במדות אם בדעות. שני, הודיע החסד שעשה השם ית' אל המין האנושי ולאומת ישראל בפרט, שהישירם אל השלימות והודיע דרכי דינו ית', והתיר ספק אחד שיש להסתפק בענין הגמול והעונש. שלישי, הודיע דרכי העונש והאריך בהתר הספק. אומנם בראשון לפי שאמר ר' ישמעאל הוי קל לראש, הזהיר אותנו שלא נטעה בהיתר הרצועה כהרגלנו בענין הקלות. כי השחוק והקלות ראש הם הכנות עצמיות באיסור העריות, ואני אפרש. ערוה, הוא שם דבר מן ערו ערו (תהלים קלז, ז), והוא לשון גילוי, וכל דבר שראוי להיות מכוסה ונתגלה נקרא ערוה. ולזה נתיחד למקום היותר מגונה של איש ואשה, וירא חם את ערות אביו (בראשית ט, כב), ערות אמך לא תגלה (ויקרא יח, ז), וכל בזוי שיהיה לאדם שהוא רוצה שיהיה מכוסה נקרא ערוה. אמר במפלת בבל תגל ערותך גם תראה חרפתך (ישעיה מז, ג). אמר כי מי שנמשך אחרי השחוק והשעשוע והטיול, יורגל לערוה. אמרו ז"ל בפ"ק דיומא (יט ע"ב) מיקירי ירושלים לא היו ישנים כל ליל יום הכיפורים כדי שישמע כהן גדול קול הברה ולא יישן. ובגמרא אף בגבולין היו עושים כן אלא שהיו חוטאין, עד שא"ל אליהו לרב יהודה אחוה דרב שילא אמריתו אמאי לא הוי משיח, האידנא יומא דכפורא ואיבעול כמה בתולתא בנהרדעא. וכל שכן אם השחוק הוא מתוך אכילה ושתיה. אמרו ויין ישמח לבב אנוש (תהלים קד, טו), תרתי בלבי למשוך ביין את בשרי (קהלת ב, ג), לשחוק עושים לחם ויין ישמח חיים (שם י, יט). ורז"ל אמרו למה נסמכה פרשת נזיר לפרשת סוטה שכל הרואה סוטה בקלקולה יזיר עצמו מן היין (ברכות סג ע"א). ומי שהוא קל התנועה, ר"ל שאינו שם אורחותיו, אין ספק שיביאהו קלותו לעשות דבר בלתי נאות שיהיה ראוי שיהיה מכוסה, כמו שאמרו אץ ברגלים חוטא (משלי יט, ב), חזית איש אץ בדרכיו תקוה לכסיל ממנו (שם כט, כ), ר"ל שהוא קל התנועה בעניניו, אף על פי שיש לו שכל טוב אי אפשר לו שלא יחטא. והכסיל אפשר

שלפעמים יתישב בדעתו בהשגת דרושו בדרך נאות, או ישמע לקול מלחשים, וזה לא כן, כי ישען על בינתו. לפיכך הזהיר בשני אלה כדי שלא ינגדוהו בדעות ובמדות. ולזה אמרו ז״ל אל יפסיע אדם פסיעה גסה, ושלא יהלך בקומה זקופה (ברכות מג ע״ב), ושהמהלך בקומה זקופה כאילו דוחק רגלי שכינה, ושלא ילך בגלוי ראש (קידושין לא ע״א), ואמר שלמה וגם בדרך כשסכל הולך לבו חסר ואמר לכל סכל הוא (קהלת י, ג). ואחר שהזהיר על שני ענינים אלה בהנהגות המכינות האדם אל החסרון, הודיע כללים בהיישרתו אל השלימות. ראשון, בעיון להיותו לו בקנין והשגת האמת, והוא המסורת. וזה לפי שהעניינים התוריים אי אפשר שיושגו בחקירת השכל האנושי, כענין חדוש ברצון וידיעת הש״י בפרטים מצד שהם פרטים, וההשגחה להם, וגמול ועונש לנפשות, ותחיית המתים ודומה להם. גם בהכרח אל המצוות התוריות כמו הקרבנות, ואיסור חמץ בזמן מה, ואיסור בשר בחלב וכלאים, שנפרדים מותר והרכבתם אסור, וחלוקי המיתה בביאות האסורות, והם הנקראים חקים. ולזה יחוייב לקבלם מרבו, ורבו מרבו עד משה והוא מסיני מפי הגבורה. ולזה אמרו ז״ל לגרוס איניש והדר ליסבר (עיין שבת סג ע״א). ואמרו וחייב אדם לומר בלשון רבו (עדיות פ״א מ״ב). ואמרו אין הלכה כתלמיד במקום הרב. ובסוף סוטה (מז ע״ב) משרבו תלמידי שמאי והלל שלא שמשו כל צרכם רבו מחלוקות בישראל, ונעשה תורה לשתי תורות. שני, בהיות לו די צרכו ההכרחי והוא שקרא עושר, ר״ל ההסתפקות בהרוחה שיהיה זריז בתת המעשרות. אמרו ז״ל עשר תעשר (דברים יד, כב), עשר בשביל שתתעשר (שבת קיט ע״א). ואמרו מלח ממון חסד (כתובות סו ע״ב), כלומר הרוצה שיתקיימו נכסיו ויצליחו יעשה בהם חסדים, ר״ל שיתן צדקה לעניים כל אחד כפי כבודו. וכבר האריכו בפרק מציא(ו)ת האשה (שם סז ע״ב) דרכי צניעות לתת צדקה שלא לבייש המקבל, ולהלוות למי שאינו רוצה לקבל ולא יביישנו, כמו שכתוב (ו)לא תהיה לו כנושה (שמות כב, כד). וסמך זה הדבר לעיון לפי ההכרחי לו, כמו שאמרו ז״ל אי קרי בן בנהו לא גרסינן. ואמרו בשמעתא בעיא צילותא כיומא דסיתוא (מגילה כח ע״ב, עיין שם), כלומר שמנשב רוח צפונית שמפזרת העננים. ואם אין לו מה יאכל, לא יתישב בעיונו. ואמרו אם אין קמח אין תורה (לקמן, מי״ז). והיתה מחכמתו של ר׳ עקיבא שהזהיר בשני אלה הענינים מתהפכים. ואמר סייג, שהוא המחיצה הנעשית סביב השדה לשמרו. אמר, כי מגן העיון ושמירתו הוא הקבלה, ושורש וקיום העושר הוא הנדיבות. ג״כ ההכרחי בקיום העיון והעושר שיזהר מהתאוה המותרית. והגבילו באמרו נדרים סייג לפרישות, מגאוה ומתאוה מותריות. והגבילו באמרו סייג לחכמה שתיקה. ושני אלו אמר לו אליהו לר׳ יהודה אחוה דרב שילא חסידא בפרק תפלת השחר (ברכות כט ע״ב), לא תרתח ולא תחטא, לא תרוי ולא תחטא. ר״ל לא יכעוס שהוא ענף הגאוה, ולא יחטא. לא ישתכר שהוא ענף התאוה הגופית, ולא יחטא. כי הגאוה והתאוה הוא שורש כל העבירות, כי בשתי אלו יוכללו כל מעשה בני אדם בהנהגתם בעצמם ובזולתם. אמנם בשלישי אמרו ז״ל (נדרים ח ע״א) מניין שנשבעין לקיים את המצוה, שנאמר נשבעתי ואקיימה לשמור משפטי צדקתך (תהלים קיט, קו). ואמרו (ויק״ר כג, יא) גבי בעז כשבאה רות לשכב מרגלותיו, שהיה יצרו מקטרגו אתה פנוי והיא פנויה, והשביעו ואמר חי ה׳ שכבי עד הבוקר (רות ג, יג). והוא אמרו ז״ל יזיר עצמו מן היין (סוטה ב ע״א), ובכלל זה להתקדש עצמו במותר לו. וכתב ה״ר יונה שלכך אמרו נדרים ולא אמרו שבועות, לפי שכיון שנשבע כבר נאסר ואין זה סייג. אבל נדר הוא סייג, שיאמר אם אעשה דבר פלוני אהיה אסור בדבר פלוני. אמנם החכמה שבכאן ר״ל המדינית, כי שם חכמה יאמר עליו, כמו שכתב הר״ם בסוף ספרו המעולה (סוף מורה נבוכים), וכתיב דרך אויל ישר בעיניו ושומע לעצה חכם (משלי יב, טו), כלומר יש בו מעלות המדות. וכן חכמות נשים בנתה ביתה וכו׳ [ואולת בידיה תהרסהו] (שם יד, א), כלומר הטפשית שאינה יודעת הנהגת ההנהגות ההכרחיות לבית בידיה תהרסנו, ולפיכך אמרו שהחומה המקפת לאדם בהנהגתו עם זולתו, [ו]מגינה עליו מלהיות לו אויבים ומהכשל בעסקיו היא השתיקה, כמו שאמרו ז״ל (שבת פח ע״ב) הנעלבים ואינם עולבים שומעים חרפתם ואינם משיבים עליהם הכתוב אומר ואוהביו כצאת השמש בגבורתו (שופטים ה, לא). ואמרו מיחסותא דבבל שתיקותא (קידושין עא ע״ב, עיין שם). ובכלל זה שיהיה משאו ומתנו בנחת, בדברים שקולים וערבים, לא בדברי גוזמות וערמות מרמות, ולא בדברי עתק ובגאוה וגודל לבב, כי זה ממה שמרחיק האנשים מלישא ולתת עמו, ובהנהגה הקודמת יערב לבני אדם וימצא חן בעיניהם.

גלא עמיקתא

לקביל אות ה' עילאה דשם הוי' ברוך הוא [כח]דאין הדין נמתק אלא בשרשו. וכשנמתק הדין נהפך לברכה ורחמים כמו שהבאנו הפסוק (שם): "ולא אבה ה' אלהיך לשמוע אל בלעם, ויהפוך ה' אלהיך לך את הקללה לברכה, כי אהבך ה' אלהיך". [4ועיין מה שכתבנו בכמה מקומות בענין מיתוק

[כח] **ליקוטי מוהר"ן תורה מא**: ואין דין נמתק אלא בשרשו, ושרש הדינים בבינה, כמ"ש (בזוהר ויקרא י' ע"ב) בינה דינין מתערין מינה, אני בינה לי גבורה (משלי ח'). ושם מ"ב בבינה. נמצא כשממשיך שם מ"ב לתוך עמודים, אזי הדינין נמתקין בשרשם. וזה פי' (שמות כ"ז) ווי עמודים וחשוקיהם כסף, פי' ע"י חשיקה והתחברות ווי עם עמודים, נעשה פשר, חסד, שנמתקין הדינין.

4. **המתקת דיני הגיהנם**: איתא בברייתא דמסכת גיהנם נהר ז' וזה לשונו בקיצור כי נורא: "...ושם חושך עוביו בהומה של עיר ודיניהם של רשעים מתקנים שם קשה ומרה שנאמר "ורשעים בחשך ידמו" (ש"א ב',ט') מדור העליון "שאול" (337) גובהו מהלך שלש מאות שנה. רחבו מהלך שלש מאות שנה. ועוביו מהלך שלש מאות שנה. מדור השני "באר שחת" (911) גובהו ומדותיו כגון של הראשון. מדור השלישי טיט היון (99) מדותיו כנ"ל. הרביעי "שערי מות" (1026), החמישי אבדון" (63), הששי "שערי צלמות" (1146) השביעי (הלעו"ז דכל השביעין חביבין) "גיהנם" (108)" עכ"ל. והנה כאשר מחברים ז' שמות המדורים הללו, בתוספת 300 שהוא המדה של כולן אורך רוחב גובה וכו' גימ' (3990) י"פ אלף זעירא. והנה פירושו משה רע"ה חס על הרשעים בכל הדורות וכתב ויקרא "באלף זעירא" שעולה (339) וכלולה מי' ומשה גבהו י' ובמלחמת עמלק כתי' "והיה כאשר ירים משה ידו וגבר ישראל" (שמות י"ז,י"א) וכו', אל תיקרי ידו אלא יודו דהיינו אותה האל"ף זעירא שהופכת ליו"ד ומשה מרימה לעשות הכסא שלם כמבואר לעיל אופן ג', וא"כ רצה משה להקטין דיני הרשעים שהוא רעיא מהימנא והקטין אותה האלף העולה כנ"ל. והנה הפסוק המובא בברייתא הנ"ל "ורשעים בחשך ידמו" (ש"א ב',ט') גימ' (1024) "העם ההלכים בחשך ראו אור גדול" (ישעי' ט',א'), היינו דכונת משה למעט יסוריהם של הרשעים, וכאמרם "ישראל אע"פ שחטא ישראל הוא", "כל ישראל יש להם חלק לעוה"ב", "והוי דן את כל האדם לכף זכות" כמובא לעיל באופן ט', ועוד רבים, ונרמז ב-א' זעירא דייקא מכל כ"ב האותיות דתורתינו הקדושה שמרמזת על אור אינסוף, כדאיתא בזוהר הקדוש כולא קמיה כלא חשיב וארך אפים מלפניו, וכן ממשיך הפסוק (ישעי' ט',א') "ישבי בארץ צלמות אור נגה עליהם" עולה גימ' (1601) "ציון במשפט תפדה ושביה בצדקה" (ישעי' א', כ"ז) עניין התשובה, וממשיך בפרק דנן (ישעי' ט') "בכל זאת לא שב אפו ועוד ידו נטויה" ג' פעמים- ומוכיח על עקשות הלבב שאינם חוזרים בתשובה גימ' (1066) "סכת דוד הנופלת" ע"ה, ג"פ גימ' (3198) "עם אחד" (123) פעמים "הוי'",(26) והיינו דאמר המן-עמלק, המקטרג הגדול "ישנו עם אחד" (אסתר ג',ח') מוכח שגם אותם הרשעים העומדים על פתחה של גיהנם ואינם שבים בתשובה כמאמרם ז"ל, גם הם בכלל עם אחד עם ה', ובמדרש אברהם יושב פתח האהל בפתחה של גיהנם וכל מי שמהול מוציאו וכו' אפילו שם עניין כף זכות, וגימ' הפסוק הנ"ל כולו "העם ההלכים בחשך" וכו' גימ' (2605) "יביאך ה' אל ארץ הכנעני כאשר נשבע לך ולאבותיך ונתנה לך", ובנעם אלימלך הק' ארץ כנען לשון הכנעה- שבע יפול צדיק וקם, סופי תיבות עמלק ועמך כולם צדיקים, וד"ל. אין הדין נמתק אלא בשרשו: והנה "אנכי" פשוט, מלוי, ומלוי דמלוי, כזה: "אנכי, אלף נון כף יוד, אלף למד פא, נון ויו נון, כף פא, יוד ואו דלת" גימ' (1575) "בטחון" (75) פעמים "אהי-ה" (21), ובתוס' "ויקר" גימ' (1891) "טוב" פעמים "אלף", ובתוס' "משה" גימ' (2236) "הוי' פעמים אלהים". והיינו דפרש"י בתחלת התורה וז"ל "ברא אל-הים - ולא אמר ה' שבתחילה עלה במחשבה לברוא את העולם במדת הדין וכו' והקדים את מדת הרחמים והיינו דכתיב "ביום עשות ה' אלהים ארץ ושמים" עולה גימ' (1633) "נפלאות מתורתך" כנ"ל באופן ב'. ואכן "ויקרא" גימ' (317) "אברהם אבינו", היינו דכתיב בהבראם-באברהם, דהוא מרכבתא דחסד, ובתוכה כלולה מידת הדין -היינו א' זעירא-דין מוקטן, דאנכי כנ"ל בש' אהי-ה דבינה, דאין הדין נמתק אלא בשרשו, ואנכי בטחון פעמים אהי-ה כנ"ל, וכשנחבר "בטחון ו-"אהי-ה" גימ' (96) "סוד ה'", וכדאמרינן לעיל אופן ל"ו "סוד" (ה') ליראיו) פעמים "הוי'" גימ' (1820) מספר הפעמים שכתוב שם הוי' ב"ה בתורה (וכמו שכתב ר' פנחס

[כט] קהלת רבה פרשה י: ב ד"א זבובי מות יבאיש יביע שמן רוקח מדבר בעדת קרח, אתמול מבאישין כנגד משה ואומרין לא משה נביא אמת ולא אהרן כהן גדול, ולא תורה מן השמים, והיום מביעים דברים לפני משה ואומרים משה נביא אמת ואהרן כהן גדול ותורה מן השמים, יקר מחכמה ומכבוד זו הנבואה, סכלות מעט זו גזירתו של משה שאמר (במדבר ט"ז) ואם בריאה יברא ה', ד"א זבובי מות יבאיש יביע שמן רוקח וגו', מדבר בדואג ובאחיתופל, אתמול מבאישין דברים כנגד דוד, ואומרים פסול משפחה הוא לא מרות המואביה הוא, והיום מביעין דברים ומתביישין, יקר מחכמה ומכבוד זו נבואתו של דוד, סכלות מעט (תהלים נ"ה) ואתה אלהים תורידם לבא שחת וגו', ד"א זבובי מות יבאיש יביע שמן רוקח וגו', מדבר בדורו של אליהו, אתמול מבאישין דברים כנגדו ואומרין (מלכים א' י"ח) הבעל עננו והיום מביעין דברים ואומרים ה' הוא האלהים ה' הוא האלהים, יקר מחכמה ומכבוד מחכמה זו תורה ומכבוד זו נבואתו של אליהו סכלות מעט (שם /מלכים א' י"ח/) ויורידם אליהו אל נחל קישון וישחטם.

גלא עמיקתא

הדינים] ו': [כט]זבובי מות יבאיש יביע

זלמן הורוויץ בספרו הק' אהבת תורה) - והיינו המתקת שם אהי-ה בשם הוי' ב"ה, והן אורות דתהו בכלים רחבים דתיקון, ואכמ"ל. ז' הרקיעים - מתוק הדין: א' זעירא דויקרא מרמז הרקיעים כאמרם (חגיגה יב:) אמר רב יהודה שני רקיעין הן שנ' וכו', ר"ל אמר שבעה והן וילון רקיע שחקים זבול מעון מכון ערבות וכו' והן מתתא לעילא, ואמר רב אחא בר יעקב עוד רקיע למעלה וכו' והוא א' למעלה ז' ר"ת א"ז אלף זעירא כנ"ל, באופן נ"א בעניין א"ז ישיר משה עיי"ש, דהוה בקריעת ים סוף דאז נקרעו הרקיעים ובארנוהו שם. והנה הני ז' רקיעים דלעיל סליק לחושבן (1975) ה"פ "השמים" (395) וכן "השמים" גימ' "נשמה" (395) כנודע, ובגמ' חמשה שמות נקראו לנשמה וכו' לקביל ה"פ ברכי נפשי את ה', וכתיב "מן השמים דברתי עמכם" גימ' (1271) "ויאמר אלהים יהיה רקיע בתוך המים", והיינו דבר ה' אל חמש בחינות הנשמה, וכמו כן אמר מרע"ה "האזינו השמים ואדברה" (דברים ל"ב,א') סליק לחושבן (692) "עוטה אור כשלמה" (תהלים ק"ד), דדבר משה מה' בחי' נשמתו, ובאריז"ל הן בחינת "נפש רוח נשמה חיה יחידה" גימ' (1099) הפס' "ברכי נפשי את ה'" והאי נשמה דאיהי בחי' השמים, וכמ"ש בגמ' אע"ג דאיהו לא חזי מזליה חזי, דהיינו נשמתו, ונרמוז דהני ה' בחינות "נפש רוח נשמה חיה יחידה" בא"ת ב"ש עולה גימ' ע"ה (792) "האל ה' בורא השמים ונוטיהם" (ישעי' מ"ב,ה'), פשוט וא"ת ב"ש גימ' (1890) י"פ "המלך הטוב והמטיב" דאמרינן ברכה ד' דברכת המזון, דאכילה דקדושה מחברא לגופא ונפשא, וכמבואר בלקוטי מוהר"ן סי' ס"ב ובמקומות נוספים, דהני נרנח"י [גימ' (318) "שיח" היינו ג"פ קו- ימין שמאל אמצע] דמתחלקים לפנים ואחור והן עשר כחות הנפש לקביל י' ספירות דמבשרי אחזה אלו-ה, וכדכתיב "אחור וקדם צרתני" (תהלים קל"ט,ה'), דהיינו יחידה- חכמה, חיה- בינה, נשמה- דעת, רוח- חסד, נפש- גבורה נרנח"י דפנים לקביל י' ספירות עליונות, יחידה- תפארת, חיה- נצח, נשמה- הוד, רוח- יסוד, נפש- מלכות נרנח"י דאחור לקביל ה' ספירות תתאין, ואכמ"ל ונבארו אי"ה באופנים הבאים, והוא סוד מיעוט הלבנה, ד-ה"ס עליונות תמיד מלאים פב"פ עם החמה, ובה"ס תתאין הוא המיעוט, וע"ע לעיל אופן ס'. ברקיע ז' דהיינו "ערבות" מונה שם בגמ' י' דברים דישנם שם "צדק משפט צדקה חיים שלום ברכה צדיק רוח נשמה טל תחיה" בגימ' (2768) הפסוק "(ו)עמך כלם צדיקים לעולם יירשו ארץ נצר מטעי מעשה ידי להתפאר" (ישעי' ס',כ"א) ומיד בפסוק הבא "הקטן יהיה לאלף" מרמז להאי אלף זעירא, וכן "נשמה" בא"ת ב"ש גימ' (111) "אלף", וד"ל. וממשיך בגמ' (חגיגה יג.) ואמר רב אחא בר יעקב עוד רקיע אחד יש למעלה מראשי החיות ומביא הפס' (יחזק' א') ודמות על ראשי החיה כעין הקרח הנורא" גימ' ק"פ כ"ב אותיות תורתינו הק', דהני ז' רקיען מתתא לעילא לקביל ז"ס תתאין, והאי רקיע השמיני לקביל בינה, דאיהי שרש האותיות בסוד (שבת קד.) אלף בית אלף בינה עיי"ש כל מה שאמרו הני דרדקי, וכשנוסיף ג' אותיות א'ל'ף' וכן אלף (111) במ"ק הרי ג' סליק לחושבן (2203) "כי אלף שנים בעיניך כיום אתמול כי יעבר ואשמורה בלילה" (תהלים צ',ד') והאריך בפירושו רש"י שם בעניין "כי ביום אכלך ממנו מות תמות" (בראשית ב',י"ז) גימ' (1587) "עשרת הדברות", דע"י התורה הקדושה מתקנים ישראל חטא אדם הראשון ומקרבים הגאולה האמיתית והשלמה במהרה בימינו אמן.

גלא עמיקתא

שמן רוקח, יקר מחכמה מכבוד סכלות מעט (קהלת י׳,א׳) גימ׳ (2722) ג״פ (חזקה) **״ואהבת לרעך כמוך אני הוי״** (907) עם הכולל (ויקרא י״ט,י״ח) **וכדאמר רבי עקיבא: ״ואהבת לרעך כמוך״** [ל]זה כלל גדול בתורה. **וממילא איהו נמי חושבן ג״פ ״ואהבת את הוי׳ אלהיך״** (907).

באור הענין: דעל ידי קיום מצות **ואהבת לרעך כמוך** [לא]דאמר רבי עקיבא **״ואהבת לרעך כמוך״** זה כלל גדול בתורה] מראה דאוהב את השי״ת דשוכן בתוך כל אחד ואחד מישראל בבחינת (שמות כ״ה,ח׳) ועשו לי מקדש ושכנתי בתוכם- [לב]בתוכו **לא נאמר אלא בתוכם- בתוך כל אחד ואחד מישראל. והוא בעיקר על ידי מצות הצדקה כמו שבארנו לעיל. והאר״י** הקדוש הנהיג לומר לפני תפלת שחרית: ״הריני מקבל עלי מצות עשה של **ואהבת לרעך כמוך, והריני אוהב כל אחד מישראל כנפשי וכמאודי״** ומוסיף ״כנפשי וכמאודי״ כדכתיב **ואהבת את ה׳ אלהיך בכל לבבך ובכך נפשך ובכל מאודך** [לג]**ופרש״י מאודך – ממון. וכמו**

[ל] **בראשית רבה פרשת בראשית פרשה כד:** ז ר׳ תנחומא בשם ר״א ורבי מנחם בשם רב אמר כל האומניות אדם הראשון למדם מאי טעמיה (ישעיה מד) וחרשים המה מאדם, מאדם הראשון, רבנן אמרין אפי׳ סירגולו של ספר אדם הראשון למדו, שנאמר זה ספר הוא וסירגולו, ביום ברא אלהים אדם, הדא מסייעא לההיא דאמר ר״א בן עזריה, שלש פלאים נעשו באותו היום, בו ביום נבראו בו ביום שמשו, בו ביום הוציאו תולדות, בן עזאי אומר זה ספר תולדות אדם זה כלל גדול בתורה, ר״ע אומר (ויקרא יט) ואהבת לרעך כמוך, זה כלל גדול בתורה, שלא תאמר הואיל ונתבזיתי יתבזה חבירי עמי הואיל ונתקללתי יתקלל חבירי עמי, א״ר תנחומא אם עשית כן דע למי אתה מבזה, בדמות אלהים עשה אותו. [לא] **תלמוד ירושלמי מסכת נדרים פרק ט:** אמר ר״מ פותחין לו מן הכתוב שבתורה ואומר לו אילו היית יודע שאתה עובר על [ויקרא יט יח] לא תקום ועל לא תטור ועל לא תשנא את אחיך בלבבך ואהבת לרעך כמוך וחי אחיך עמך שמא יעני ואין את יכול לפרנסו ואמר אילו הייתי יודע שהוא כן לא הייתי נודר הרי זה מותר: גמ׳ כתיב לא תקום ולא תטור את בני עמך. היך עבידא הוה מקטע קופד ומחת סכינא לידוי תחזור ותמחי לידיה. [ויקרא יט יח] ואהבת לרעך כמוך. רבי עקיבה אומר זהו כלל גדול בתורה. בן עזאי אומר [בראשית ה א] זה ספר תולדות אדם זה כלל גדול מזה. שמא יעני לא כנולד הוא. אמר רבי זעירא עניות מצויה. כהדא חד בר נש הוה בעל דיניה עתיר אתא בעי מידון קומי רב. שלח רב בתריה אמר עם ההוא אנא בעי מיתי מידון כך אין אתון גמלייא דערבייא לא טענין קורקסייא דאפותיקי דידי שמע ומר מהו מתגאה דלא ליה תהא פחתה בה. מן יד נפקת קלווסים מן מלכותא דייעול הוא ומדליה לטימיון אתא גבי רב א״ל צילי עלי דו נפשי תחזור. צלי עלוי וחזר עלה. רש״י ויקרא פרק יט ואהבת לרעך כמוך - אמר רבי עקיבא זה כלל גדול בתורה. [לב] **אין לו מקור רק מובא באלשיך פרשת כי תשא ובשל״ה מסכת תענית דף ס׳ ויש מהמפרשים מביאים בשם המדרש::** אלשיך שמות פרק לא ואם כן כיון שהמשכן אין השראת שכינה בו מצד עצמו כי אם באדם כמה דאת אמר (לעיל כה ח) ועשו לי מקדש ושכנתי בתוכם, כי בתוכו לא נאמר אלא בתוכם שהוא כי היכל ה׳ הוא האדם וממנו יתפשט אל המשכן. ואם כן אמור מעתה איך בשבת שהאדם הוא היכל ה׳ יעשה מלאכה במשכן שהוא עצמו מצד עצמו אין בו שכינה אלא ממה שנמשך לו מן האדם, שעל ידי היות האדם היכל ה׳ נמשך אל המשכן. [לג] **רש״י דברים פרק ו:** ובכל מאדך - בכל ממונך יש לך אדם שממונו חביב עליו מגופו לכך נאמר ובכל מאדך. דבר אחר ובכל מאדך בכל מדה ומדה שמודד לך בין במדה טובה בין במדת פורענות וכן דוד הוא אומר (תהלים קטז, יג) כוס ישועות אשא וגו׳ (שם קטז,

ג) צרה ויגון אמצא וכו׳. [לד] **תלמוד בבלי מסכת סנהדרין דף לח עמוד א:** לפיכך כו׳. תנו רבנן: אדם יחידי נברא, ומפני מה - שלא יהו מינים אומרין: הרבה רשויות בשמים. דבר אחר: מפני הצדיקים ומפני הרשעים. שלא יהו הצדיקים אומרים: אנו בני צדיק, ורשעים אומרים: אנו בני רשע. דבר אחר: מפני המשפחות, שלא יהו משפחות מתגרות זו בזו. ומה עכשיו שנברא יחיד - מתגרות, נבראו שנים - על אחת כמה וכמה. דבר אחר: מפני הגזלנין ומפני החמסנין. ומה עכשו שנברא יחידי - גוזלין וחומסין, נבראו שנים - על אחת כמה וכמה. ולהגיד גדולתו כו׳. תנו רבנן: להגיד גדולתו של מלך מלכי המלכים הקדוש ברוך הוא; שאדם טובע כמה מטבעות בחותם אחד - וכולן דומין זה לזה, אבל הקדוש ברוך הוא טובע כל אדם בחותמו של אדם הראשון - ואין אחד מהן דומה לחבירו, שנאמר תתהפך כחמר חותם ויתיצבו כמו לבוש. ומפני מה אין פרצופיהן דומין זה לזה, שלא יראה אדם דירה נאה ואשה נאה ויאמר שלי היא, שנאמר וימנע מרשעים אורם וזרוע רמה תשבר. תניא היה רבי מאיר אומר: בשלשה דברים אדם משתנה מחבירו: בקול, במראה, ובדעת. בקול ובמראה - משום ערוה, ובדעת - מפני הגזלנין והחמסנין. תנו רבנן: אדם נברא בערב שבת, ומפני מה - שלא יהו מינים אומרים שותף היה לו להקדוש ברוך הוא במעשה בראשית. דבר אחר: שאם תזוח דעתו עליו אומר לו: יתוש קדמך במעשה בראשית. דבר אחר: כדי שיכנס למצוה מיד. דבר אחר: כדי שיכנס לסעודה מיד. משל למלך בשר ודם שבנה פלטרין ושיכללן, והתקין סעודה, ואחר כך הכניס אורחין, שנאמר חכמות בנתה ביתה חצבה עמודיה שבעה. טבחה טבחה מסכה יינה אף ערכה שלחנה שלחה נערתיה תקרא על גפי מרמי קרת. חכמות בנתה ביתה - זו מידתו של הקדוש ברוך הוא, שברא את כל העולם כולו בחכמה. חצבה עמודיה שבעה - אלו שבעת ימי בראשית, טבחה טבחה מסכה יינה אף ערכה שלחנה - אלו ימים ונהרות וכל צורכי עולם. שלחה נערתיה תקרא - זה אדם וחוה. על גפי מרמי קרת רבה בר בר חנה רמי: כתיב על גפי וכתיב על כסא! בתחלה - על גפי, ולבסוף - על כסא. מי פתי יסר הנה חסר לב אמרה לו. אמר הקדוש ברוך הוא: מי פתאו לזה - אשה אמרה לו, דכתיב נאף אשה חסר לב. תניא, היה רבי מאיר אומר: אדם הראשון מכל העולם כולו הוצבר עפרו, שנאמר גלמי ראו עיניך, (וכתיב כי ה׳ עיניו משטטות בכל הארץ). [לה] **תלמוד בבלי סוכה דף נב עמוד א:** וספדה הארץ משפחות משפחות

גלא עמיקתא

שבארנו שהוא ע״י צדקה. ובפסוקא דמביא מקהלת רמיזא טובא: דהוא לקביל אות ו׳ דשם הוי׳ ב״ה דהוא היסוד מקבץ הו״ק למלכות בת שבע. דחצבה עמודיה שבעה דהיא הספירה השביעית דכל השביעין חביבין. וזהו דתיבין "זבובי מות יבאיש יביע" סליקו לחושבן (888) ח״פ אל״ף (111) ורמיזא אל״ף זעירא דויקרא. וכפלינן ח״פ לקביל אלפא תמינאה גלוי אור הגנוז ותחית המתים. ואז כתיב (ישעי׳ כ״ה,ח׳) "בלע המות לנצח" ולא יהיו עוד זבובי מות וכו׳. וכתרגום יונתן בן עוזיאל: "ויצרא בישא דשכין על תרעי ליבא". ופירושו: ויצר הרע השוכן על פתחי הלב. ועם תיבה הבאה "שמן" דהיינו "זבובי מות יבאיש יביע שמן" סליקו לחושבן (1278) "אלף אור הגנוז" דיתגלה ומפנימיותו יחיה קוב״ה מתיא. תיבה "רוקח" גימ׳ (314) "ש-די" שם השמירה והיסוד. "מחכמה" גימ׳ (113) באל״ף – דאל״ף משמעותו חכמה כדכתיב (איוב ל״ג,ל״ג) "החרש ואאלפך חכמה". ה׳: [לד]חכמות בנתה ביתה, חצבה עמודיה שבעה (משלי ט׳,א׳) גימ׳ (1965) ג״פ "הקדוש ברוך הוא" (655). והא גימ׳ י״ה (15) פעמים "סמאל" (131) דעיקר יניקתו ממלכותא קדישא, בחינת חצבה עמודיה שביעה הספירה השביעית כדבארנו לעיל. [לה]ועתידא קוב״ה

לבד משפחת בית דוד לבד ונשיהם לבד. אמרו: והלא דברים קל וחומר. ומה לעתיד לבא - שעוסקין בהספד ואין יצר הרע שולט בהם - אמרה תורה אנשים לבד ונשים לבד, עכשיו שעסוקין בשמחה ויצר הרע שולט בהם - על אחת כמה וכמה. הא הספידא מאי עבידתיה? פליגי בה רבי דוסא ורבנן. חד אמר: על משיח בן יוסף שנהרג, וחד אמר: על יצר הרע שנהרג. בשלמא למאן דאמר על משיח בן יוסף שנהרג - היינו דכתיב והביטו אלי את אשר דקרו וספדו עליו כמספד על היחיד. אלא למאן דאמר על יצר הרע שנהרג - האי הספידא בעי למעבד? שמחה בעי למעבד! אמאי בכו? - כדדרש רבי יהודה: לעתיד לבא מביאו הקדוש ברוך הוא ליצר הרע ושוחטו בפני הצדיקים ובפני הרשעים וכו' [לו] **ילקוט שמעוני תהלים רמז תתי:** ע"ה. למנצח אל תשחת מזמור לאסף שיר. זה שאמר הכתוב כי אל רחום ה' אלהיך לא ירפך ולא ישחיתך, ואתפלל אל ה' ואומר אל תשחת עמך ונחלתך. א"ל הקדוש ברוך הוא איני משחית, שנאמר וישמע ה' אלי גם בפעם ההיא ולא אבה ה' השחיתך. אמר אסף לפני הקדוש ברוך הוא כשם שעשית למשה, כך עשה לי, למנצח אל תשחת. א"ר אושעיא אמר אסף, לא עשית לנו נסים והודינו לך, עשה לנו נסים ושוב אנו מודים לך, הודינו לך בעולם הזה, שוב אנו מודים לך לעולם הבא. הודינו לך אלהים הודינו וקרוב שמך, בין מכה בין מטיב, הרי אנו מודים לך ושמך קרוב בפינו. ספרו נפלאותיך, אימתי אנו מספרים כי אקח מועד, כשיבא אותו מועד כי למועד מועדים, אותה שעה אני מישרים אשפוט:

גלא עמיקתא

למשחטיה למלאך המות (סוכה נב.) ואז יקוים "בלע המות לנצח ומחה ה' אלהים דמעה מעל כל פנים" וכו' (ישעי' כ"ה,ח') במהרה בימינו אמן. ופסוקא אחריתי דאמר דוד מלכא משיחא לקביל כתר–מלכות: קוצו של י': [לו]הודינו לך אלהים, הודינו וקרוב שמך, ספרו נפלאותיך (תהל' ע"ה,ב') גימ' (1915) ה"פ "האור העליון" (383) באור הענין: דבכתר עליון מושרשים כל חמשת עולמות אבי"ע עם קוצו של י'. ומדבר בסיפא דאופן ע"ג הפסוק הבא (שם פסוק ג'): [לז]כי אקח מועד אני מישרים אשפט גימ' (1310) י' פעמים סמא"ל (131) רמיזא דמפלתו תהיה מתמן–מפנימיות הכתר. ותיבה אשפ"ט רמיזא א' זעירא דכתב המגלה עמוקות במקום אחר [לח]א' צורת י' וכשתחליף א' דאשפ"ט ב–י' דהיינו ישפ"ט גימ' (399) אל"ף זעיר"א. ושני הפסוקים יחד (תהל' ע"ה,ב'–ג') גימ' (3225) ג"פ "שיר השירים" (1075) וחוזר מדוד לשלמה דחברו ונקרא בחז"ל קדש קדשים. ורמיזא גאולתא שלמתא ומלאה הארץ דעה את ה' וכו' ובלע המות לנצח וכו' והקב"ה יחיה מתיא ונזכה ליחודא שלים עם בוראנו כמרומז טובא בשיר השירים. כל ששת הפסוקים יחד: א'. בחכמה

[לז] **במדבר רבה פרשת חקת פרשה יט:** ו [יט, ב] ויקחו אליך פרה אדומה א"ר יוסי ברבי חנינא אמר לו הקדוש ברוך הוא למשה לך אני מגלה טעם פרה אבל לאחר חקה דאמר רב הונא כתיב (תהלים עה) כי אקח מועד אני מישרים אשפוט וכתיב (זכריה יד) והיה ביום ההוא לא יהיה אור יקרות וקפאון יקפאון כתיב דברים המכוסין מכם בעולם הזה עתידים להיות צופים לעולם הבא כהדין סמיא דצפי דכתיב (ישעיה מב) והולכתי עורים בדרך לא ידעו וכתיב (שם /ישעיהו מ"ב/) אלה הדברים עשיתים ולא עזבתים אעשה אין כתיב כאן אלא עשיתים שכבר עשיתי לרבי עקיבא וחביריו דברים שלא נגלו למשה נגלו לר"ע וחביריו (איוב כח) וכל יקר ראתה עינו זה רבי עקיבא וחביריו, אמר רבי יוסי ברבי חנינא רמז שכל הפרות בטלות ושלך קיימת. [לח] **מגלה עמוקות על א' זעירא דויקרא אופן ע"ח:** רמז הקב"ה בכאן בצורת א' שהיא צורת י' סוד המקוה שהוא סוד שיעור קומה בהיפך אתוון הוקם המשכן אז נשלמה המקוה של מעלה. שיש ר"ם קבין במקוה. לכן היו ישראל ד' פעמים ס' רבוא שהם ר"ם רבוא.

[לט] פסיקתא זוטרתא (לקח טוב) במדבר פרשת בלק דף קכח עמוד ב: ויען בלעם ויאמר אל בלק הלא גם אל מלאכיך. אמר לו איני מברכם מרצוני אלא על כרחי. אשר ידבר ה' אותו אעשה מלמד שהנביא מתנבא על כרחו. וכשאמר ירמיה (ירמיה כ) (ואני) ואמרתי לא אזכרנו ולא אדבר עוד בשמו וגו': ויאמר בלק אל בלעם לכה נא אקחך אל מקום אחר. זהו שאמר הכתוב (תהלים קיב) רשע יראה וכעס שיניו יחרק ונמס וגומר. שהיה בלק לוקח את בלעם ממקום למקום כדי לקלל את ישראל ולא הצליח. וכן אמר משה רבינו (דברים כג) ולא אבה ה' אלהיך לשמוע אל בלעם ויהפוך ה' אלהיך לך את הקללה לברכה כי אהבך ה' אלהיך. ויקח בלק את בלעם. ויאמר בלק אל בלעם. ויעש בלק. וירא בלעם כי טוב בעיני ה' לברך את ישראל וגו'. שכל הפ' היה אומר בלעם אולי יקרה ה' לקראתו ודבר מה יראני והניח זה הדרך והלך לקראת נחשים. אמר אלך אל המדבר שעשו ישראל שם את העגל. לכך נאמר וישת אל המדבר פניו. והוא לא ידע שבמדבר קיבלו ישראל את התורה ואמרו נעשה ונשמע. וכן אמר ישעיה (ישעיה מט) גם אלה (שענו אלה אלהיך ישראל) תשכחנה ואנכי לא אשכחך:

[מ] קדושת לוי ויקרא פרשת צו: ענין חטאת ועולה, חטאת קודמת לעולה (זבחים פט, ב). כי 'חטאת' הוא אור ישר מעולם העליון לעולם התחתון, ו'עולה' הוא אור חוזר מעולם התחתון לעולם העליון (עי' זוה"ק ח"א רמו, א), ולכן עולה כולה כליל. וזהו 'ויקרב את העולה ויעשה כמשפט' (ויקרא ט, טז), היינו כמו ראש חודש תשרי האותיות הם למפרע בסוד אור חוזר (חסר). ודו"ק.

[מא] עיין לעיל אות ו'.

גלא עמיקתא

יבנה בית ובתבונה יתכונן (1561) ב'. חכמות נשים בנתה ביתה, ואולת בידיה תהרסנו (2943) ג'. זבובי מות יבאיש יביע שמן רוקח, יקר מחכמה מכבוד סכלות מעט (2722) ד'. חכמות בנתה ביתה, חצבה עמודיה שבעה (1965) ה'. הודינו לך אלהים, הודינו וקרוב שמך, ספרו נפלאותיך (1915) ו'. כי אקח מועד אני מישרים אשפט (1310) סליקו לחושבן (12416) י"ג פעמים "ויהפוך את הקללה לברכה" (955) עם הכולל והוא כדכתיב (דברים כ"ג,ו'): "[לט]ולא אבה ה' אלהיך לשמוע אל בלעם, ויהפוך ה' אלהיך לך את הקללה לברכה, כי אהבך ה' אלהיך" ורמיזא גאולתא שלמתא מכתר עליון דרך י"ג מדות הרחמים מלאים כולן בתיבין "ויהפוך ה' את הקללה לברכה" כנ"ל. ובפסוקא דלעיל לקביל ה' עילאה דשם הוי' ברוך הוא (משלי י"ד,א') "חכמות נשים בנתה ביתה, ואולת בידיה תהרסנו" סליק לחושבן ג"פ "ויהפוך ה' את הקללה לברכה" ובחושבן הכולל לא כתיב מי הוא ההופך (ויהפוך ה' אלהיך וכו')

באור הענין: דהוא גבוה מני גבוה בחינת עצמותו יתברך קודם קריאה בשם בחינת מה שכתוב (ישעי' ס"ה,כ"ד): "והיה טרם יקראו ואני אענה, עוד הם מדברים ואני אשמע" גימ' (1684) ב"פ "אחת מאלף אלפי אלפים" (842) דאמרינן בצלותא דשחרית שבת קודש והא ב' בחינות בהודאה בסוד או"י ואו"ח. וכגון בשמונה עשרה מודים אנחנו לך– [מ]אור ישר, ומודים דרבנן– אור חוזר. ורמיזא התקשרות לאותו מקום גבוה מני גבוה כנ"ל דהוא לפני שהוה הבורא יתברך את שמו הגדול, והיא היא אותה א' זעירא שהיא אות ולא אות– דאם יכלו לציירה לא היתה ניכרת כלל. וכן שאר אתוון זעירין דהן במלכות– ומושרשות במלכות דאינסוף בחינת עשר ספירות הגנוזות במאצילן ושם כולן בכלי אחד– דבר שאינו במציאות כלל. וזהו "והיה טרם יקראו ואני אענה"– אנ"י דייקא שלמעלה מאנכ"י דהוא אנ"י כ' אנ"י כתר ([מא]כ' היינו כתר עיין שבת קד.) – וכאן אני סתם. וכן הוא בפסוקא דחבורא יקירא דנן ויקרא אל משה וכו' ולא כתיב מי

גלא עמיקתא

הוא הקורא– **בחינת עצמותו יתברך ויתעלה. ורמיזא בפסוקא בנביא שם: יקרא"ו אתוון ויקר"א אל משה א' זעירא.** "והיה ט־ם" גימ' (275) **"באור גנוז". וכל הפסוק למעט תיבה אחרינא (אשמע) דהיינו: "והיה טרם יקראו ואני אענה, עוד הם מדברים ואני" גימ' (1273) "אלף אור גנוז" רמיזא אל"ף זעירא דנן. והנה הפסוקים דמביא המגלה עמוקות ד' פסוקין קדמאין לקביל י–ה–ו–ה סליקו לחושבן (9191) "מלוכה" (101) פעמים "הוי' א–דני" (91).** [מב]**דלעתיד לבוא כתיב (סוף ספר עובדיה) "והיתה להוי' המלוכה". ויחד עם פסוק החמישי לקביל קוצו של י' (תהל' ע"ה,ב') סליקו לחושבן (11100) מאה פעמים אל"ף (111) והוא בתוספת ו' כוללים דהן כללות ו' פסוקים כולל פסוקא בתראה (שם פסוק ג') דאינו במנין הפסוקים דאיהו בחינת פנימיות הכתר שלמעלה ממנין– בחינת אין מספר כדכתיב ביוסף (בראשית מ"א,מ"ט) "עד כי חדל לספור כי אין מספר". ובחיבור כל ששת הפסוקים כדהבאנו לעיל דסליקו לחושבן י"ג פעמים "ויהפוך את הקללה לברכה" וכמו שכתבנו שלא פירש מי הוא הקורא בחינת עצמותו יתברך והוא בחינת יחי"ד גימ' (32) ל"ב באור הענין: דהטביע אף את יחידותו יתברך ברמז בתורה הקדושה דמתחלא ב' ומסיימא ל' היינו ל"ב גימ' יחי"ד והוא פנימיות ועצמיות המאור ב"ה בחינת "אין עוד מלבדו" (דברים ד',ל"ה) גימ' (223) "אור הוי"" [כדכתיב (ישעי' ב',ה') "ב־ת יעקב לכו ונלכה באור הוי""] ברוך הוא וברוך שמו יתברך ויתעלה לעד ולנצח נצח־ם אמן נצח סלה ועד.**

[**מב**] **מכילתא דרבי שמעון בר יוחאי פרק יד:** ואכבדה בפרעה כשהקב"ה נפרע מן הרשעים שמו מתגדל בעולם וכן הוא אומר ושמת־י בהם אות ושלחתי מהם פליטים אל הגוים תרש־ש פול ולוד מושכי קשת תובל ויון האיים הרחוקים אשר לא שמעו את שמעי ולא ראו את כבודי מהוא אומר והגידו את כבודי בגוים (ישעי' סו יט). כיוצא בו אתה אומר ונשפטתי אתו בדבר ובדם וגשם שוטף מהוא אומ' והתגדלתי והתקדשתי ונודעתי לעיני גוים רבים (יחזקאל לח כב). כיוצא בו אתה אומר ה' עזי ומעזי ומנוסי ביום צרה מהוא אומר אליך גוים יבואו מאפסי ארץ ויאמרו אך שקר נחלו אבותינו הבל ואין בם מועיל (ירמי' טז יט). כיוצא בו אתה אומר כה אמר ה' יגיע מצרים וסחר כוש וסבאים אנשי מדה עליך יעבורו ולך יהיו אחריך ילכו ובזקים יעבורו ואליך ישתחוו אליך יתפללו מהוא אומר אך בך אל ואין עוד אפס אלהים (ישעי' מה יד). כיוצא בו אתה אומר ועלו מושיעים בהר ציון לשפוט את הר עשו מהוא אומר והיתה לה' המלוכה (עובדיה כא) ואומר ה' מלך עולם ועד אבדו גוים מארצו (תהל' י טז) ואומר יתמו חטאים מן הארץ ורשעים עוד אינם ברכי נפשי את ה' הללויה (תהל' קד לה). ואומר ה' שומר את גרים יתום ואלמנה יעודד ודרך רשעים יעות מהוא אומר ימלוך ה' לעולם אלקיך ציון לדור ודור הללויה (תהל' קמו י).

אופן עד

ע"פ הזוהר שרמז כאן על עסקי אהל מועד דזמין לאתמשכנא אמר ויקרא בא' זעירא שהוא צורת י': על י' מסעות שנסעה שכינה ו-י' גליות גלתה סנהדרין ו-י' דברים אירע לישראל ה' בי"ז בתמוז ה' בתשעה באב גם בצורת יוד נרמז פסוק יהפוך ידו כל היום שגברה הקליפה שהוא י' קטרין תתאין בימי יחזקאל באו ו' אנשים מדרך הצפון ובימי ירמי' באו ד' מלאכים והציתו אש ב-ד' זויות המקדש בזה נרמז בצורת י' כמו שאמרנו שנחלקה הי' לתרין ל-ו' ול-ד'.

אופן עד

ע"פ הזוהר שרמז כאן על עסקי אהל מועד [א]דזמין לאתמשכנא אמר ויקרא בא' זעירא [ב]שהוא צורת י': [ג]על י' מסעות שנסעה

גלא עמיקתא

ויש להקדים בענין האי דאמרה אסתר לאחשורוש "יבא המלך והמן היום" (אסתר ה',ד') [ומבואר אצלנו באר היטב בענין הגמרא במגילה מה ראתה אסתר שזימנה את המן י"ב דעות לקביל י"ב ברכות אמצעיות בשמונה עשרה ושנים עשר נביאים שבתרי עשר[1] עיין מה שכתבנו במקום אחר בענין י"ב עצות בעבודת השי"ת].

1. י"ב עצות בעבודת ה': א' זעירא עניין בטול המסכים - "מחצתי ואני ארפא" (דברים ל"ב,ל"ט) א' רפא - ע"י השלמת הכסא שלם "כי יד על כס י-ה" (שמות י"ז,ט"ז) עם א' גימ' עמלק, דהיינו מבטלו ובאופן שנעשה ב"קריעת ים סוף" גימ' "שמונה עשרה" (976) וזהו שא' זעירא מרמזת לתפילת שמונה עשרה - א' כתבינן י' וו י' ו-י' נחלקת ל-ג' עצם הי', קוץ עליון וקוץ תחתון, ובדמות סולם יעקב כדכתיב (בראשית כ"ח,י"ב) "ויחלם והנה סלם מצב ארצה וראשו מגיע השמימה" גימ' (1754) "קדוש קדוש קדוש ה' צבא-ות" (ישעי' ו',ג') ואמרינן בגמרא "חביבין ישראל לפני הקב"ה יותר ממלאכי השרת - דישראל מזכירין את שם ה' אחרי שתי תיבות שנ' שמע ישראל ה' וגו' ומלאכי השרת אין מזכירין את השם אלא לאחר ג' תיבות שנ' קדוש קדוש קדוש ה' צבא-ות" וגו', ורמז נפלא ממו"ר יוסף צבי חשין שליט"א מרומז בתיבה "ישראל" יש ר"ת שמע ישראל (גימ' 951) היינו דמזכירין ישראל ה' אחרי שתי אותיות, ראל גימ' (1230) ג"פ קדוש כנ"ל, דמזכירים המלאכים ה' אחרי ג' אותיות, וביחד גימ' (2181) "והתקדשתם והייתם קדושים", ואם כן: י' עילאה ד-א' זעירא מרמז ג' ראשונות דשמונה עשרה, י' תתאה ג' אחרונות ו' נחלקת לתרין ווין: י"ב אמצעיות- בקשת צרכיו - והנה הן י"ב עצות לקריעת המסכים דעמלק ובדומה לקריעת ים סוף נקרע הים לי"ב השבטים, ומקשר י"ב הברכות דשמונה עשרה לי"ב נביאים דתרי עשר אחד לאחד בהתאמה ולי"ב טעמים י' ע"י תנאים ו-ב' ע"י אמוראים בגמ' מגילה טו: בענין מה ראתה אסתר שזימנה את המן אל המשתה וכו' והן בכללות י"ב עצות בעבודת ה' וכנגד י"ב שבטי י-ה וכדנבאר בעזהי"ת לקמן אחד לאחד: א."אתה חונן לאדם דעת" גימ' (1069) ע"ה "יראו את ה' קדושיו" וס"ת "מתנה" ע"ה גימ' (496) "מלכות" להבין כי הכל מתנה מאת ה' וליראה אותו - ובעמלק כתיב (דברים כ"ה,י"ח) "ואתה עיף ויגע ולא ירא אלקים", והנה בהושע - ראשון הנביאים בתרי עשר כתיב (הושע ב', כ"ב) "וארשתיך לי באמונה וידעת את ה'" גימ' (שמות י"ט,ו') "ואתם תהיו לי ממלכת כהנים וגוי קדוש", ובגמ' רבי אליעזר אמר: פחים טמנה לו שנאמר "יהי שלחנם לפניהם לפח" (תהלים ס"ט,כ"ג) גימ' (778) "והיו לטטפת בין עיניך" - עניין דעת, והעצה שטיכסה אסתר - לערוך להמן-עמלק שלחן וישתה עד דלא ידע דקלי' ותטמון לו אז פח. ב."השיבנו אבינו לתורתך" - ר"ת לאה - עולם הבינה תשובה, גימ' (1498)

[א] זוהר פרשת ויקרא דף ד עמוד ב: תא חזי בההוא יומא דאשתכלל בי משכנא קודשא בריך הוא אקדים ושארי ביה מיד ויקרא אל משה וידבר יי' אליו מאהל מועד לאמר, וידבר יי' אליו ואודע ליה דזמינין ישראל למיחב קמיה ולאתמשכנא האי אהל מועד בחובייהו ולא יתקיים בידייהו (ס"א בהדייהו) הדא הוא דכתיב וידבר יי' אליו מאהל מועד לאמר, מאי א"ל, מאהל מועד מעסקי אהל מועד דזמין לאתמשכנא בחובייהו דישראל ולא יתקיים בקיומיה אבל אסוותא להאי אדם כי יקריב מכם קרבן ליי' הרי לך קרבנין דאגין על כלא. **[ב] מגלה עמוקות על א' זעירא דויקרא אופן ע"ח:** רמז הקב"ה בכאן בצורת א' שהיא צורת י' סוד המקוה שהוא סוד שיעור קומה בהיפך אתוון הוקם המשכן אז נשלמה המקוה של מעלה. שיש ר"ם קבין במקוה. לכן היו ישראל ד' פעמים ס' רבוא שהם ר"ם רבוא. **[ג] תלמוד בבלי ראש השנה דף לא עמוד א:** אמר רב יהודה בר אידי אמר רבי יוחנן: עשר מסעות נסעה שכינה, מקראי. וכנגדן גלתה סנהדרין, מגמרא.

ע״ה (צפניה ג׳,כ׳) ״בשובי את שבותיכם״ ובתרי עשר ביואל (ב׳,י״ב) עניין התשובה ״שובו עדי בכל לבבכם וכו׳ ושובו אל ה׳ אלהיכם״ ע״ש, ובגמ׳ רבי שמעון בן מנסיא אמר: ״אולי ירגיש המקום ויעשה לנו נס״ גימ׳ (1348) א׳ שמ״ח, שעניין התשובה קשור לשמחה, כדכתיב (תהלים ק״ד) ״אנכי אשמח בה׳, יתמו חטאים מן הארץ״ עיקר העצה הב׳ להכנעת עמלק ע״י תשובה בשמחה עד בלי די. ג.״סלח לנו אבינו״ ר״ת גימ׳ (91) יחוד הוי׳ וא-דני (והוא שם סא״ל), גימ׳ (223) ע״ה: ״אחד מני אלף״ העצה להיות מליץ טוב על אחרים, ובנביא הג׳ עמוס (ז׳) ״ואמר א-דני הוי׳ (נקוד אלוקים) סלח-נא מי יקום יעקב, כי קטן הוא״ הנביא מלמד זכות על עם ישראל, גימ׳ (1175) ״יפל מצדך אלף ורבבה מימינך, אליך לא יגש״ (תהלים צ״א,ז׳) - ע״י לימוד זכות על יהודי נופל עמלק, ובגמ׳ ר׳ יוסי אמר ״כדי שיהא מצוי לה בכל עת״, ובעמוס (ח׳, י״ג) ״לכן המשכיל בעת ההיא ידם, כי עת רעה היא״ גימ׳ (1843) ״ליחדא שמא דקודשא בריך הוא ושכינתיה״ ע״ה, וחוזר לראש: יחוד הוי׳-א-דני נעשה ע״י למוד זכות על יהודי אחר. ד.״גואל ישראל״ ר״ת י״ג (מדות הרחמים) גימ׳ (581) ״יאמינו בה׳ ובמשה עבדו״ (שמות י״ד, ל״א) עיקר הגאולה תלויה בהתקשרות לצדיק הכולל, הנביא הרביעי עובדיה - כל ענין הגאולה מתואר שם והפס׳ האחרון ״ועלו מושעים בהר ציון לשפט את הר עשו והיתה לה׳ המלוכה״ גימ׳ (2930) ״מה אשיב לה׳ כל תגמולוהי עלי כוס ישועות אשא ובשם ה׳ אקרא״ (תהלים קט״ז, י״א) - ורגש ביטול עצמי, ובגמ׳ הק׳: רבה אמר ״לפני שבר (גימ׳ ארור המן) גאון״ שבירת עמלק ע״י לב נשבר גימ׳ (733) ״ סלח לנו מחל לנו כפר לנו״ שאומרים ביוה״כ, ובעובדיה כתיב (א׳,ד׳) ״אם תגביה... משם אורידך״ גימ׳ (1082) ״שבשפלנו זכר לנו״ ע״ה - שפלות - גאולה [ועיין במקום אחר בענין ענותנותו של משה רבנו עליו השלום]. ה.״רפאנו ה׳ ונרפא״ [ר״ת גימ׳ ״יראה״], גימ׳ (700) עניין שתי הקליפות עשו וישמעאל שכתוב ״אלה ברכב אלה בסוסים״ (תהלים כ׳, ח׳) גימ׳ (474) ״דעת״, ״אלה אלה״ גימ׳ 70 (עם שני האלפין שרשי עשו וישמעאל) וכלולים מ-י׳ היינו 700, ולכן רפאנו הוי׳ ונרפא סימטריא: ונרפא היינו רפאנו, והוי׳ נחלק לב״פ ״אחד״ דהיינו (350) גימ׳ ע״ה ״אלף פעמים״ בברכת משה לכלל ישראל, ובנביא (בתרי עשר) יונה (ד׳,ה׳) - ״ויעש לו שם סוכה וכו׳ וימן ה׳ אל-הים קיקיון להציל לו מרעתו״- ״קיקיון״ גימ׳ (276) ״אי זה מקום בינה״ (איוב כ״ח, י״ב) שהרפואה מגיעה מבינה - עניין הסוכה (ויעש וכו׳ סוכה), ובגמ׳ רבי יהודה אמר: ״כדי שלא יכירו בה שהיא יהודית״, וביונה לא הכירו מאיזה עם הוא, גימ׳ (1369) ״ורוח אל-הים מרחפת על פני המים״ באריז״ל מרחפת מת רפ״ח עניין שבירת הכלים ובכוונות בחתימת הברכה רופא חולי עמו ישראל ראשי תיבות סליקו לחושבן (288) רפ״ח: בקשת רפואה ורחמים מה׳ מתוך יראה [ועיין מה שבארנו במקום אחר בענין צורת אדם]. ו. ״ברך עלינו״ ר״ת ע״ב חסדי ה׳, גימ׳ (388) ״מלך רחמן״ (שאומרים במוסף ג׳ רגלים - שעיקר השפע של כל השנה מהג׳ רגלים) העניין לעורר ר״ר מאת השי״ת להמשכת ברכה לכלל ישראל, ובתרי עשר במיכה (ג׳,ג׳) כתיב: ״ואשר אכלו שאר עמי ועורם מעליהם הפשיטו וגו׳״ ובגמ׳ כתובות (מז:) ״אמר רבא האי תנא סבר שארה אלו מזונות שנ׳ ואשר אכלו שאר עמי וגו׳״ עיי״ש, ובגמ׳ דנן רבי יהושע בן קרחה אמר: ״אסביר לו פנים כדי שיהרג הוא והיא״ גימ׳ (1075) ״ה׳ אלקי אברהם יצחק וישראל״, מעורר ר״ר בזכות אבות הק׳ וכו׳, שמסרו נפשם עקדה״ש, וכך אסתר כאן - כדי שיהרג הוא והיא הכוונה על עצמה, וכן במיכה דנן (ז׳,ב׳) ״אבד חסיד מן הארץ״ עניין מס״נ גימ׳ (475) ״נפש אדם״. לעורר רחמים רבים ע״י מסירות נפש [ועיין בבאור תהלים פרק ט״ז הני י׳ פסוקין וכו׳]. ז. ״תקע בשופר גדול לחרותנו״ (לחרותנו גימ׳ 700 רפאנו ה׳ ונרפא - אות ה׳) גימ׳ (1901) ״ונקדשתי בתוך בני ישראל״ לעורר אתערוד״ע לקבוץ נדחי ישראל ע״י ונקדשתי, ובנביא בנחום (ג׳,י״ט) כתיב ״כל שמעי שמעך תקעו כף עליך״ גימ׳ (1706) ״תפול עליהם אימתה ופחד בגדול זרועך ידמו כאבן״ (שמות ט״ו) הולך על מפלת נינוה והגויים וממילא תקומת ישראל, ובגמ׳ הק׳ דנן (מגילה טו:) רבי מאיר אמר: ״כדי שלא יטול עצה וימרוד״ ובנחום (א׳,י״א) מביא רש״י הק׳ שסנחריב דימה להחריב דירה של מעלה ומטה. יהודי מתקדש למטה ומעורר עניין ״ונקדשתי״ ושונאיהם של ישראל כלים ממילא. ח. ״מלך אוהב צדקה ומשפט״ ר״ת אצו״ם ובמגילה אומרת אסתר (ד׳,ט״ז) ״גם אני ונערתי אצום כן״ גימ׳ (1047) ״הנשא שופט הארץ״ לעורר ע״י צום- תענית שעות לפני התפילה וכו׳ משפטי ה׳ אמת צדקו יחדו, וכן השב גמול על גאים וכו׳, ובתרי עשר חבקוק

(א׳,ד׳) כתיב על כן תפוג תורה ולא יצא לנצח משפט "כי רשע מכתיר את הצדיק" עולה גימ׳ (1880) "בסעודתא דמהימנותא שלימתא" שאומרים בקדוש דליל שבת- מעוררים המשפט ע״י אצו״ם ואז אכילה בקדושה, וגמ׳ הק׳ רבי יהושע אמר "אם רעב שונאך האכילהו לחם" גימ׳ (845) "כ״ב אותיות" התורה הק׳ שעל פיה המשפט, וביעקב "וישכב במקום ההוא" ודרשו ויש כ״ב (אותיות), ובחבקוק "הוי משקה רעהו מספח חמתך ואף שכר", ופירש״י הק׳ שם: משקהו כדי לקבל נחלות. על ידי צום לפני התפילה מעוררים הדינים על שונאיהם של ישראל, ודבור התפלה

שכינה ו-י׳ גליות גלתה סנהדרין (ראש השנה לא.)

[ד]ו-י׳ דברים אירע לישראל ה׳ בי״ז בתמוז ה׳ בתשעה באב

גלא עמיקתא

וכנודע בכל חודש שולט צרוף של ארבע תיבות מפסוק שיש בו שם הוי׳ ב״ה בר״ת כגון "ישמחו השמים ותגל הארץ" וכו׳ (תהל׳ צ״ו,י״א) הוא הצרוף של חודש ניסן, כמו שכתב הבני יששכר מאמרי ראש חודש ניסן מאמר א׳ עיין שם. ואחד מהצרופים [אינו בצרופים השולטים ב-י״ב החודשים אך מובא בספה״ק] "יבא המלך והמן היום" ר״ת י-ה-ו-ה כסדר. והאי חושבן "יבא המלך והמן היום" גימ׳ (270)

[ד] **משנה מסכת תענית פרק ד משנה ו: חמשה** דברים אירעו את אבותינו בשבעה עשר בתמוז וחמשה בתשעה באב בשבעה עשר בתמוז נשתברו הלוחות ובטל התמיד והובקעה העיר ושרף אפוסטמוס את התורה והעמיד צלם בהיכל בתשעה באב נגזר על אבותינו שלא יכנסו לארץ וחרב הבית בראשונה ובשניה ונלכדה ביתר ונחרשה העיר משנכנס אב ממעטין בשמחה.

יוצא בקדושה ללא יניקת שלשת שרי פרעה, כמבואר בלקוטי מוהר״ן תורה ס״ב. ט. "משען ומבטח לצדיקים": ס״ת "נחם", גימ׳ (809) "מלכות שד-י" - שעל מלכותו אנו נשענים ובוטחים- מדת הבטחון. ובנביא צפניה כתיב בתחילתו "דבר ה׳ אשר היה אל צפניה בן כושי בן גדליה וגו׳" ובגמ׳ (מגילה טו.) במתניתא תנא כשמעשיו ומעשה אבותיו סתומין ופרט לך הכתוב באחד מהן לשבח בידוע שהוא צדיק בן צדיק וגו׳ עיי״ש ואם כן ברכה זו מתאימה לנביא הנ״ל שהוא ואבותיו צדיקים בני צדיקים. ובגמ׳ דנן רבי אליעזר המודעי אמר: "קנאתו במלך קנאתו בשרים" גימ׳ (1758) "צדיקים לבם מסור בידם ורשעים מסורים ביד לבם", וכמובא בספה״ק לעולם יהא "מח שליט על הלב". י. "בונה ירושלים" ומפרט "וכסא דוד עבדך", עניין הכסא שלם ע״י אלף זעירא דדוד דעל דרועא ימינא דיליה [כמבואר אצלנו במקום אחר], גימ׳ (197) "על לוח לבך" דהיינו התורה, שבזכות למוד התורה הק׳ נזכה לבנין ירושלים. ובנביא חגי כללות נבואתו עוסקת בבנין בית המקדש וירושלים עיה״ק, ובגמ׳ רבי גמליאל אמר: "מלך הפכפכן היה" גימ׳ (365) "מלחמה בעמלק", כורש הורה לבנות את בית המקדש, פסקו מלבנות- התחרט, ואח״כ כתיב בספר עזרא שחגי התנבא שבני ישראל יעלו ויבנו את בית המקדש, שזאת נבואת ספר חגי, והעצה- יסיר הספק מעל לבו. יא. "מצמיח קרן ישועה" ס״ת חנ״ה, ובישעי׳ (כ״ט,א׳) "הוי אריאל אריאל קרית חנה דוד וגו׳" בית המקדש נקרא "קרית חנה דוד" גימ׳ (770) עז (בחולם) כלול מ-י׳ כדכתיב שכינת עוזו, ונרמז בשם אדנ-י פשוט (65) עם אותיות המילוי (12) גי׳ "עז" (77) ובנביא זכריה כתיב "הנה איש צמח שמו ומתחתיו יצמח ובנה את היכל ה׳", "הנה איש צמח שמו (עם ו׳ ד"ובנה" 671-תרע״א) גימ׳ (861) "בית המקדש". ובגמ׳ דנן אביי ורבא דאמרי תרוויהו: "בחומם אשית את משתיהם" גימ׳ (2003) "שלש פעמים בשנה יראה כל זכרך את פני האדן ה׳", ולעתיד לבוא הקב״ה מוציא חמה מנרתיקה והן מבעטין בסוכה בירח תמוז וכו׳ (עיין בגמ׳ נדרים ח:). יב. "שומע תפלה" גימ׳ (931) "תפלה צריכה כוונה" (עם המילים והכולל), והעצה לעבודת ה׳- כוונה. ובנביא האחרון בתרי עשר מלאכי (א׳, ט׳) כתיב: "ועתה חלו נא פני אל ויחננו" [עניין התפילה- בפנימיות "פני אל"] גימ׳ (877) "לבי ובשרי ירננו" ע״ה בתפלה, ובגמ׳ (מגילה טו:) רבי נחמיה אמר: "שלא יאמרו אחות לנו בבית המלך ויסיחו דעתם מן הרחמים" [דהיינו מן התפילה] סליקו הני תיבין לחושבן (2606) "וזכרת את ה׳ אלוהיך כי הוא הנתן לך כח לעשות חיל" (דברים

(תענית כח:) גם בצורת יוד נרמז פסוק (איכה ג׳,ג׳) יהפוך ידו כל היום שגברה הקליפה שהוא י׳ קטרין תתאין בימי

גלא עמיקתא

ר״ע הוא מדברי הרמ״ע מפאנו [ה]במאמר מעין גנים חלק ראשון לקוטים, וזה לשונו הקדוש שם: ״יבא המלך והמן היום– ראשי תיבות פסוק זה הוי״ה ביושר, מלכא שלים איהו כד דאין את בניו לטב. דאין לביש את עושקיהם. לפיכך ד׳ תיבות אלה שהם בנוטריקון השם כדאמרן, הם בגימטריא ר״ע. עד כאן דברי קדשו של הרמ״ע מפאנו. ורק נרמז ונקשרו בהשגחה פרטית מאתו יתברך דהוא באורנו לאופן ע״ד למגלה עמוקות וסימן בטחו בה׳ עדי ע״ד כנ״ל. ותיבין ״יבא היום״ סליקו לחושבן (74) ע״ד – חושבן אופן המגלה עמוקות אופן ע״ד רמיזא [ו]ע׳ ו–ד׳ רבתי בפסוק שמע ישראל הוי׳ אלהינו הוי׳ אחד. ושאר ב׳ תיבין

[ה] **ספר עשרה מאמרות לרמ״ע מפאנו מאמר אם כל חי::** לדרוש ברבים בכסא ליום חגנו: חלק ראשון וה׳ פקד את שרה כאשר אמר ויעש ה׳ לשרה כאשר דבר. אמרו רבותינו ע״ה כל מקום שנאמר וה׳ הוא ובית דינו. במקום הזה כי אף על פי שהפקידה לשרה היתה מפועל הרחמים הוצרך להמלך עם מדת הדין לפי שקב״ה מדקדק עם הצדיקים כחוט השערה. אמנם אופן הלמוד איך המלה הזאת תורה היות בית דינו מצורף אליו להם מדה בתורה אין רבוי אחר רבוי אלא למעט כי הנה השם הגדול בן ארבע אותיות ב״ה ידוע ומפורסם שהוא מיוחד למדת הרחמים והוי״ו הנוספת במלת וה׳ היא עצמה אות של רחמים ובאה למעט בגדרי הרחמים ולהוסיף בית דינו וכמדומים אנו שהוא מעוט רחמים ואינו אלא רבוי רחמים שגם הבית דין מסכים לפעולה זו. ובמדרש רבה ספר במדבר פרשה ג׳ ואני ה״א ובית דינו והוא מאמר השם המיוחד. ובירושלמי ריש סנהדרין אמרו ה׳ אלהים הוא ובית דינו ושלשתם הביאו בנין אב מפסוק וה׳ דבר עליך שאמר מיכיהו לאחאב שכן מיתת אחאב היתה לטובתן של ישראל כדכתיב לא אדונים לאלה ישובו איש לביתו בשלום וכן באיוב כתיב ה׳ נתן בחסד גמור וה׳ לקח במשפט צדק יהי שהוא שם ה׳ אחד מצרופי אותיותיו כנודע ששמש במעשה בראשית מבורך מכל מקום שזה וזה קיום מעשה בראשית הוא כדתנן בעשרה מאמרות נברא העולם ליפרע וליתן שכר בארנוהו במאמר המדות עמוד עליו. ולעולם ה׳ הוא האלהים וידוע שאין אלהים אלא דיין לפיכך לית אבטחותא לצדיקיא בהאי עלמא. והם אמרו מלכא שלים איהו כד דאין לטב דאין לביש וכל שכן בהפך כי מדה טובה מרובה וכן כתיב בקשו את ה׳ כל ענוי ארץ אשר משפטו פעלו ואמרו חכמים במקום משפטו שם פעלו שמזכירים זכיותיהם בשעת הדין. [ו] **ספר הקנה - ד״ה ענין יראת המקום:** אל״ר מהו דכתיב עד ה׳ בכם, א״ל בני ע׳ של שמע רברבא ד׳ של אחד רברבא דא הוא עד, א״ל סלק הע׳ משמע והד׳ מאחד מה נשאר, א״ל ש״ם א״ח, א״ל מהו שם, אל״ב מלאהו שי״ן מ״ם שי״ן רומז בבינה (נ״ל מ׳ רומז בת״ת) והנעלם שלו מ״ם סתומה הוא מלך סתום ונעלם נקרא מלך המשפט היא הבינה, והנה הכוונה בני שמע דיתיר מן שמע הוא רומז בבינה ובת״ת והת״ת עולה בבינה ומוריד באמציעותא מחכמה עילאה ומבינה ומחס״ד ומפח״ד ומשלימין, ומוריד בא״ח של אחד אז מתחבר ש״ם א״ח ומתהפך שמח וא׳ מורה על כל העשרה כי א׳ מצטייר יו״י, יו״ד הראשון קוצו הראשון וגופו וקוץ האחרון רומז

ח׳,י״ח) ע״ה וזאת אחת המצוות התמידיות- לזכור את ה׳. והנה הפלא ופלא- דברי התנאים והאמוראים בגמ׳ דנן מכוונים להפליא עד לאות האחרונה, ועולים בגימ׳ (דהיינו ״יהי שלחנם לפניהם לפח״, ״אם רעב שונאך האכילהו לחם״, ״כדי שלא יטול עצה וימרוד״ וכו׳ כל דבריהם) (14,794) ״הוי׳״ פעמים ״קטנתי״ (62X 569), והנה ע״י עניין קטנתי היינו אלף זעירא מגיעים לשם הוי׳ השלם ובאופן של הכאה - הכפלה - המרמז להכאת ומפלת ״המן-עמלק״ גימ׳ (335) ״הקטן יהיה לאלף״ בב״א. [מבואר במקום אחר בעניין סעודת דוד מלכא משיחא ד״רבי חידקא״ גימ׳ (335) ״הקטן יהיה לאלף״ עיין שם].

לג' רוחניים ו' רומז בו' קצוות יו"ד השני בעטרה הנה ביחוד ירידת התפילין בעטרה אז מתחברים כולם ושמחים, וזהו שמח בה וזהו מאמר התפארת פתחי לי אחותי רעייתי להתייחד האחות עם התפארת, ולכן מאריך בד' שהד' רומזת בכנ"י עד שיתקשרו ד' פרשיות של תפילין כי ד' היא קשר של תפילין. [ז] **של"ה מסכת פסחים ספירת העומר:** ולפי שבאלו ימים שולט סוד אלהים, אנו מחשבין מהבינה תמורה לשלש אותיות האמצעיות, כדי למתק דיניו, והחילוף הוא 'כט"ד', נוטריקון: 'כי טובים דודיך' (שה"ש א, ב). ואותיות 'אם', שהם תחלה וסוף לשם זה, אין להם תמורה, מפני ש'כט"ד', הן אותיות הקודמות לאותיות לה"י, בסדר אלפא ביתא הישרה, שמחפה על הדין, ומושיבין אותו אחור להחלישו ולמתקו. והנה, א' אין לה עוד אות קודמת כלל. ועוד אין דינה קשיא. והמ"ם סתומה, הרי מ' אחרת קדמה לה, לפיכך גם היא במקומה עומדת, 'אכדט"ם'. כט"ד, נוטריקון 'כי טובים דודיך'. 'מיין' מורה שורש השם הזה ברחמי הבינה, אשר שם היין משומר בענביו. ובכל יום אנו ממשיכין זה המתוק מן האם העליונה, שהיא מתפשטת בעשרים ימים ראשונים, לאות הכ"ף, ובד' ימים האחרים לאות הד', ובט' ימים לאות ט', אשר בהצטרפם יעלו למספר ל"ג בעומר, כמנין 'כד"ט' שבו פסקה המיתה. וכן רבו יתירה אשתכח ליום מ"ה של ספירת העומר, והוא ראש חודש סיון, דכתיב ביה (שמות יט, א) 'ביום הזה באו מדבר סיני', ובו נשלמו אותיות 'לה"י' ממש, עם שם מ"ה כו'. עד כאן מצאתי. [ח] **תלמוד בבלי מסכת חולין דף קלט עמוד ב:** אמרי ליה פפונאי לרב מתנה וכו' משה מן התורה מנין? בשגם הוא בשר (בראשית ו') המן מן התורה מנין? המן העץ (בראשית ג') אסתר מן התורה מנין? ואנכי הסתר אסתיר (דברים ל"א) מרדכי מן התורה מנין? דכתיב (שמות ל') מר דרור ומתרגמינן: מירא דכיא.

יחזקאל באו ו' אנשים מדרך הצפון [כמ"ש (יחזקאל ט',ב') והנה ששה אנשים באים מדרך שער העליון אשר מפנה צפונה

גלא עמיקתא

"המלך והמן" גימ' (196) "קוץ" והוא בסוד (בראשית ג',י"ח) "וקוץ ודרדר תצמיח לך, ואכלת את עשב השדה" גימ' (2758) ז"פ "אני ה' רופאך" (394) כדכתיב בפרשת בשלח מיד אחר שירת הים (שמות ט"ו,כ"ו): "ויאמר אם שמוע תשמע לקול ה' אלהיך, והישר בעיניו תעשה, והאזנת למצותיו, ושמרת כל חוקיו, כל המחלה אשר שמתי במצרים לא אשים עליך כי אני ה' רופאך" דקוב"ה מקדים רפואה– "אני ה' רופאך" למכה– "וקוץ ודרדר תצמיח לך" וכו'. וידוע הדרוש דאתוון ע"ד (כמספר אופן דנן דמגלה עמוקות) הן ע"ד רבתי דשמע ישראל ה' אלהינו ה' אחד. ואיהו נמי שם הבטחון [ז]אכדט"ם גימ' ע"ד ועם הכולל גימ' בטחו"ן. ותמן איהו "קוצא דאות ד'" גימ' (612) "ברית"– וכאשר מוציאים אותו נהפך מע"ד לר"ע שהרי ד' בלא קוצו נראית כ–ר'. ובחושבן להוציא ע"ד (74) מר"ע (270) נותר קו"ץ (196) וזהו "המלך והמן" גימ' קו"ץ כנ"ל – דהמן בחינת חיויא בישא [ח]המן מן התורה מנין? (עיין חולין קלט:) "ויאמר מי הגיד לך כי עירם אתה, המן העץ אשר צויתיך לבלתי אכל ממנו אכלת" (בראשית ג') גימ' (3542) י"א פעמים "יצר הטוב" (322). דאינון י"א כתרין דמסאבותא דלקחו שבי את "יצר הטוב" (322) והכו בו מכה ניצחת (לעת עתה) ולכן הוא בהכאה י"א פעמים "יצר הטוב". ולעתיד לבוא ונגלה כבוד הוי' וראו כל בש"ר יחדו כי "פי ה' דבר" (ישעי' מ',ה') חושבנא דדין כחושבנא דדין ["יצר הטוב" גימ' (322)] ויכה ב–י"א כתרין דמסאבותא מכה אחת אפים לפני שיקוים "ואחריתו עדי אובד" (במדבר

[ט] **אלשיך ישעיהו פרק סג:** או יאמר, ענין מאמרם ז"ל בפסיקתא על פסוק פתיתני ה' וכו', כי בבית ראשון לא שלטה בו יד אויב, כי אם שממרום שלח אש הקדוש ברוך הוא ביד ד' מלאכים, והציתו בארבע פנות ההיכל ושרפוהו, אך בבית שני שלטו בו גוים, ובזה יאמר על הגלות החיל הארוך הלזה, אוי לנו כי הוכפלה רעתנו, כי למצער שהוא על הגלות המועט שהוא שבעים שנה של גלות בבל, לא היתה הצרה כי אם שירשו עם קדשך אך לא בוססו מקדשיך, ועתה צרינו שבגלותנו זה המר בוססו מקדשנו גם הוא, באופן שהיו רעות רבות אורך הגלות עם החרבן בית ה', כלומר כי על כן ראוי לרחם עלינו ועל המקדש מהרה ולשלם גמול לרשעים כרעתם.

[י] **תלמוד בבלי מגילה דף ז עמוד א:** אמר רב יהודה אמר שמואל: אסתר אינה מטמאה את הידים. למימרא דסבר שמואל אסתר לאו ברוח הקודש נאמרה? והאמר שמואל: אסתר ברוח הקודש נאמרה! - נאמרה לקרות ולא נאמרה ליכתוב. מיתיבי: רבי מאיר אומר: קהלת אינו מטמא את הידים, ומחלוקת בשיר השירים. רבי יוסי אומר: שיר השירים מטמא את הידים, ומחלוקת בקהלת. רבי שמעון אומר: קהלת מקולי בית שמאי ומחומרי בית הלל, אבל רות ושיר השירים ואסתר - מטמאין את הידים! הוא דאמר כרבי יהושע. תניא, רבי שמעון בן מנסיא אומר: קהלת אינו מטמא את הידים, מפני שחכמתו של שלמה היא. אמרו לו: וכי זו בלבד אמר? והלא כבר נאמר וידבר שלשת אלפים משל, ואומר אל תוסף על דבריו. מאי ואומר? וכי תימא: מימר - טובא אמר, דאי בעי - איכתיב, ודאי בעי לא איכתיב. תא שמע אל תוסף על דבריו. תניא, רבי אליעזר אומר: אסתר ברוח הקודש נאמרה, שנאמר ויאמר המן בלבו. רבי עקיבא

וכו'] ובימי ירמי' [ט]באו ד' מלאכים והציתו אש ב-ד' זויות המקדש בזה נרמז בצורת י'

גלא עמיקתא

כ"ד,כ') ובלע המות לנצח (ישעי' כ"ה,ח'). וזהו וראו כל בש"ר דייקא, דכתבו המפרשים במגילה (ז' ע"ב) עד דלא ידע בין "ארור המן" ל"ברוך מרדכי" היינו לעשות חשבון הגימטריא של שניהם – דחושבנא דדין כחושבנא דדין (502). והוא נמי חושבן (502) בש"ר – וזהו וראו כל בש"ר – הצדיקים (ברוך מרדכי) ורח"ל הרשעים בחינת "ארור המן" כי פי ה' דבר (שם מ',ה'). ומעתה יובנו קצת אותיותיו הקדושות של הרמ"ע מפאנו: דקשה כיצד כרך קרא המלך– מלכו של עולם– כנודע דכל המלך במגילה הכונה הפנימית בזה למלכו של עולם– יחד עם המן הרשע– ארור המן– ואין אני והוא יכולים לדור בכפיפה אחת וכו'. דלעתיד לבוא ונגלה כבוד הוי' בחינת הראשי תיבות "יבוא המלך והמן היום". דעתה הוא רק ברמז בראשי תיבות, ברם לעתיד לבוא יהיה בגילוי – ונגלה כבוד הוי' – ואז וראו כל בש"ר – מי שהוא בחינת בן המלך מלכו של עולם אלין אינון צדיקיא בני בכורי ישראל ועמך כל"ם צדיקים כל"ם אתוון מל"ך – וזה פירוש "יבא המלך", וממשיך "והמן"– מי שהם בבחינתו של המן הרשעים לזיניהון רח"ל. וזהו דתיבין "המלך" ושמיה "המן"– חושבנא דדין כחושבנא דדין (95) כדוגמת "ברוך מרדכי" גימ' "ברוך המן" כמו שביארו המפרשים במגילה כנ"ל. ובין תיבין "המלך – המן" יש אות ו'– בחינת ו' רבתי דגחון (ויקרא י"א,מ"ב) אמצע התורה באותיות והוא חויא בישא. ולכן צמוד לתיבה המ"ן דכתיב והמ"ן. ואינו דבר מקרי אלא מכוון מפי עליון בסייעתא דשמיא כמאמר חז"ל (מגילה ז' ע"א) [י]אסתר ברוח הקודש נאמרה וכו' ד-ו' החבור דבוקה לתיבה השנייה דייקא. ואז תיבה והמ"ן עולה לחשבון (101) מלוכ"ה. וכאן ה-ו' אות אמצעית כדוגמת ו' רבתי דגחון (ויקרא י"א,מ"ב) כנ"ל. מימינה מ"ל מלשון מילה כדכתיב (דברים ל',ו')

כמו שאמרנו שנחלקה הי' לתרין ל-ו' ול-ד'.

גלא עמיקתא

"ומל ה' אלהיך את לבבך ואת לבב זרעך" וכו' "ומלתם את ערלת לבבכם" וכו'. ומשמאל לאות ו' דתיבה מלוכ"ה אתוון כ"ה כדאמר הקב"ה למשה (שמות ג',י"ד) "כה תאמר לבני ישראל" וכו' "כה תברכו את בני ישראל אמור להם" וכו'. ונמשך דאינון תיבין "יבא המלך מלוכה היום". אתוון מ"ל מימין רמיזא מל"ך ו-כ"ה משמאל לאות ו' רמיזין היום בהכאה כזו: ה"פ י' נ', נ"פ ו' ש', ש"פ מ' י"ב אלף – דהן כחושבן כ"ה (25) פעמים לילי"ת (480) ומכה בה ומאבידה, דאתוון כ"ה מלשון הכאה, כדכתיב במשה (שמות ב',י"ב): "ויפן כה וכה וירא כי אין איש, ויך את המצרי ויטמנהו בחול" גימ' (1775) "אכן" (71) פעמים "כה" (25) והיינו כ"ה לשון הכאה כנ"ל. וכפלינן "אכן" פעמים דכתיב מיד בתר דא "ויירא משה ויאמר אכן נודע הדבר". ותיבין "אכן נודע הדבר" גימ' (412) ד"פ נחמ"ה (103). באור הענין: דנחום מ-ד' אתוון דשמא קדישא י-ה-ו-ה בחינת "נחמו נחמו עמי יאמר אלהיכם" (ישעי' מ',א'). ומביא באופן דיליה הפסוק (איכה ג',ג'): "[יא]אך בי ישוב יהפך ידו כל היום" גימ' (591) "מציל עני מחזק ממנו" (תהלי' ל"ה,י'). ובאור הענין: דאף שנראה שהקלי' גוברת, השי"ת מצילנו מידם.

אומר: אסתר ברוח הקודש נאמרה, שנאמר ותהי אסתר נשאת חן בעיני כל ראיה. רבי מאיר אומר: אסתר ברוח הקודש נאמרה, שנאמר ויודע הדבר למרדכי. רבי יוסי בן דורמסקית אומר: אסתר ברוח הקודש נאמרה, שנאמר ובבזה לא שלחו את ידם. אמר שמואל: אי הואי התם הוה אמינא מלתא דעדיפא מכולהו, שנאמר קימו וקבלו - קימו למעלה מה שקיבלו למטה. אמר רבא: לכולהו אית להו פירכא, לבר מדשמואל דלית ליה פירכא. דרבי אליעזר - סברא הוא, דלא הוה איניש דחשיב למלכא כוותיה, והאי כי קא מפיש טובא ואמר - אדעתיה דנפשיה קאמר. דרבי עקיבא - דלמא כרבי אלעזר, דאמר: מלמד שכל אחד ואחד נדמתה לו כאומתו. והא דרבי מאיר - דלמא כרבי חייא בר אבא, דאמר: בגתן ותרש שני טרשיים היו. והא דרבי יוסי בן דורמסקית - דלמא פריסתקי שדור. דשמואל ודאי לית ליה פירכא. אמר רבינא: היינו דאמרי אינשי: טבא חדא פלפלתא חריפתא ממלי צני קרי. רב יוסף אמר, מהכא: וימי הפורים האלה לא יעברו מתוך היהודים, רב נחמן בר יצחק אומר, מהכא: וזכרם לא יסוף מזרעם.

[יא] **פנים יפות (לר' פנחס הורוויץ זצ"ל) דברים פרק כט:** (ט) אתם נצבים וגו'. בילקוט [נצבים תתק"מ] זש"ה [משלי יב, ז] הפוך רשעים ואינם ובית צדיקים יעמוד, ענינו דכתיב [תהלים לד, יז] פני ה' בעושי רע להכרית מארץ זכרם, וה' היא מידת הרחמים הוא כי הצלחת הרשעים בעוה"ז השי"ת מראה להם פנים של חיבה, ואינו לטובתן אלא להכרית מארץ זכרם באחריתו, וכן להיפוך בצדיקים אמר רבות רעות צדיק ומכולם יצילנו ה' פירוש כי כל הרעות הם הצלות נפשו להטיבו באחריתו, כי הרשעים יסתיר הקדוש ברוך הוא פנים מהם ויאבדו עדי עד, כמו שפירש"י [איוב לח, יג] בפסוק וינערו רשעים ממנה, כאדם ההופך ידו והם נופלים, אבל בישראל נאמר [לקמן לב, כ] ויאמר אסתירה פני מהם אראה מה אחריתם כי דור תהפוכות המה וגו' דהיינו כי ההסתר פנים הוא להטיבו באחריתו, וכן אמר ירמיה [איכה ג, ג] אך בי ישוב יהפוך ידו כל היום, פירוש אף כי רבות רעות זה אחר זה אפ"ה אינם נופלים כל היום, וכן כשהיו ישראל נזופים במדבר היו בבחינת אחור ולא לפנים כדכתיב [שה"ש ג, יז] עד שיפוח היום ונסו הצללים סוב דמה לך דודי לצבי, פירש"י דקאי על דור המדבר ואח"כ חזרו פא"פ, והיינו דכתיב אתם נצבים היום כולכם לפני ה' אלהיכם דהיינו פנים בפנים, וזש"ה הפוך רשעים ואינם אבל בצדיקים אף על פי שמהפך פנים מהם אפ"ה בית צדיקים

גלא עמיקתא

וכולא פסוקא דאמר דוד מלכא משיחא (תהל' ל"ה,י'): "[יב]**כל עצמותי תאמרנה ה' מי כמוך, מציל עני מחזק ממנו ועני ואביון מגוזלו** סליק לחושבן (2412) ג"פ "בני ישראל" (603). דלעתיד לבוא "[יג]**לא ידח ממנו נדח**" (ש"ב י"ד,י"ד) **ויקבצנו** השי"ת **מארבע כנפות הארץ ויוליכנו קוממיות לארצנו** ב"ב אכי"ר. ומביא המגלה עמוקות: דבימי יחזקאל באו ו' **אנשים מדרך הצפון**. ומוזכר בנבואת יחזקאל (יחזקאל ט',ב'): "[יד]**והנה ששה אנשים באים מדרך שער העליון אשר מפנה צפונה, ואיש כלי מפצו בידו, ואיש אחד בתוכם לבוש הבדים, וקסת הספר במתניו, ויבאו ויעמדו אצל מזבח הנחשת**" גימ' (7359)

יעמוד: **[יב] ילקוט שמעוני תורה פרשת אמור רמז תרנב:** רבי יהודה בשם ר"ש בן פזי פתח שמע בני וקח אמרי הרבה מצות צויתי אתכם בשביל לזכות אתכם, אמרתי לכם ויקחו אליך פרה אדומה שמא בשבילי לא בשביל לזכות אתכם שנאמר והזה הטהור על הטמא, אמרתי לכם ויקחו לי תרומה לא בשביל לזכות אתכם שנאמר ועשו לי מקדש כביכול אמר הקדוש ברוך הוא קחו אותי לכם ואדור ביניכם, תקחו תרומה אין כתיב כאן אלא ויקחו לי תרומה אמרתי לכם אותי אתם לוקחים, ויקחו אליך שמן זית זך וכי אור צריך והלא נהורא עמיה שרא אלא בשביל לזכות אתכם ולכפר על נפשותיכם שמשולה כנר דכתיב נר ה' נשמת אדם עכשיו שאמרתי לכם ולקחתם לכם ביום הראשון [כג, מ] כדי לזכות אתכם להוריד לכם מטר, רבי מני פתח כל עצמותי תאמרנה ה' מי כמוך לא אמר דוד הפסוק הזה אלא בשביל לולב, השדרה דומה לשדרו של אדם, וההדס דומה לעין, וערבה דומה לפה, ואתרוג דומה ללב [אמר דוד] אין בכל האברים גדול מהן והן שקולין ככל הגוף הוי כל עצמותי תאמרנה ה' מי כמוך. דבר אחר ולקחתם לכם אחר כל אותה החכמה שכתוב בשלמה החכמה והמדע נתון לך ותרב חכמת שלמה וגו' ויחכם מכל האדם ישב לו תמיה על ארבע מינין הללו שנאמר שלשה אלה נפלאו ממני פסח מצה ומרור, וארבעה לא ידעתי אלו ארבעת מינין הללו שבקש שלמה לעמוד עליהן. פרי עץ הדר מי יאמר שהוא אתרוג כל אילנות עושין פירות הדר כפות תמרים התורה אמרה טול שתי כפות תמרים להלל בהן והוא אינו נוטל אלא לולב, לולב ליבה של תמרה. וענף עץ עבות מי יאמר שהוא הדס הרי הוא אומר במקום אחר צאו ההר והביאו עלי זית וערבי נחל כל האילנות גדלין על המים וד' לא ידעתי. חזר ומזכירן פעם אחרת שלשה המה מיטיבי צעד אלו ארבעת מינין שכל אחד ואחד מישראל הולך ורץ ליקח מהן להלל להקב"ה והן נראין קטנים בעיני בני אדם וגדולים להקב"ה, ומי פירש להן לישראל על ארבעת מינין הללו שהן אתרוג לולב הדס וערבה חכמים. שנאמר והמה חכמים מחוכמים: **[יג] של"ה פרשת כי תצא תורה אור:** הנה אקדים מה שכתבו המקובלים בענייני הגלגולים, ומאחר שדברי האלהי מהר"ש אלקווי"ץ ביותר מסודרים, אעתיק לשונו ואומר כי ביום ברא אלהים אדם על הארץ, וייצר בו רמ"ח מיני מאורות אשר שם שם לו האצילות, והם חקותיו משפטיו ותורותיו, מצות עשה אשר יעשה אותם האדם וחי בהם בעולם הנזכר, ובצלם יחיה גם העולם הזה, ושס"ה גידים כנגד שס"ה מצות לא תעשה כנודע (זהר ח"א דף ק"ע ע"ב). ויפח באפו נשמת חיים אצולה ממנו יתברך, עולה עמו בעלותה מלובשת ומקוטרת במצות הללו כאשר אחת מהנה לא נעדרה, ואם חסר אחד מכל סמניה חייב מיתה, ולא יעלה אל המקום הנועד לה. וכפי חסרון מנין המצות כן רחוק המקום, ומה גם אם עבר על אחת ממצות ה' אשר לא תעשינה. והוא יתברך בחמלתו על מעשה ידיו חשב מחשבות לבלתי ידח ממנו נדח, ותקן להם מדת הגלגול והיא החזרה אל העולם הזה. **[יד] מדרש תנחומא פרשת תזריע:** (ט) [יג, ב] אדם כי יהיה בעור בשרו, זש"ה כי לא אל חפץ רשע אתה לא יגורך רע ללמדך שאין הקדוש ברוך הוא חפץ לחייב בריה שנא' (יחזקאל לג) חי אני נאם ה' אלהים אם אחפוץ במות הרשע וגו', ובמה חפץ להצדיק בריותיו שנאמר ה' חפץ למען צדקו יגדיל וגו' (ישעיה מב) למען לצדק בריותיו ולא לחייב, וכי אתה מוצא באדם הראשון כשבראו נתנו בג"ע וצוהו ואמר לו מזה אכול ומזה לא תאכל כי ביום

אכלך ממנו מות תמות (בראשית ב) עבר על צווי הקדוש ברוך הוא הביא עליו אפופסי', בא השבת ופטרו, התחיל מסיח עמו אולי יעשה תשובה שנאמר (בראשית ג) ויקרא ה' אלהים לאדם ויאמר לו איכה אן את, ואין ה' אלא מדת רחמים שנאמר (שמות לד) ה' ה' אל רחום וחנון, הקדים מדת הרחמים למדת הדין שיעשה תשובה, הוי אומר כי לא אל חפץ רשע אתה שאינו חפץ לחייב בריה, התחיל מסיח עמו שנאמר (בראשית ג) מי הגיד לך כי ערום אתה, ויאמר האדם האשה וגו' הניח אדם והתחיל מסיח עם האשה שנאמר (שם /בראשית ג'/) ויאמר ה' אלהים אל האשה מה זאת עשית וגו', אבל כשבא אצל הנחש לא הסיח עמו כמן שהסיח עם האשה אלא מיד נתן לו אפופסין שנאמר (שם /בראשית ג'/) ויאמר ה' אלהים אל הנחש וגו' ואיבה אשית בינך וגו', חזר אצל האשה ואמר לה הרבה ארבה וגו', וכשחזר אצל אדם לא חייבו עד שנתן לו רמז לעשות תשובה ומנין א"ר חכינאי בשם רבי לוי שאמר לו בזעת אפך תאכל לחם וגו' (שם /בראשית ג'/) אין שובך אלא תשובה שנאמר (הושע יד) שובה ישראל עד ה' אלהיך כי כשלת בעונך, כיון שלא עשה תשובה טרדו מג"ע שנאמר (בראשית ג) ויגרש את האדם, הוי אומר כי לא אל חפץ רשע אתה, מהו יגורך רע, א"ר תנחום בר חנילאי בשם רבי ברכיה בשם רבי יוחנן אין עומדין לפני הקדוש ברוך הוא אלא מלאכי שלום אבל מלאכי זעף רחוקים ממנו שנא' (שמות לד) ה' ארך אפים וכי אין אנו יודעים שהוא ארך אפים אלא מהו ארך אפים שמלאכי זעף רחוקים ממנו שנא' (ישעיה יג) באים מארץ מרחק מקצה השמים וכלי זעמו הוי אומר כי לא אל חפץ רשע אתה לא יגורך רע, ד"א לא יגורך רע אמר רבי יוחנן אין אתה נגרר אחר הרעה ואין הרעה גוררת אותך ואינו גרה אצלך הוי לא יגורך רע ואין יגורך אלא דירה שנאמר (במדבר ט) וכי יגור אתך גר, ד"א לא יגורך רע אמר רבי אליעזר בן פדת בשם רבי יוחנן אין שמו של הקדוש ברוך הוא נזכר על הרעה אלא על הטובה, תדע לך שהוא כן שבשעה שברא הקדוש ברוך הוא את האור ואת החשך וקרא להן שמות הזכיר שמו על האור ולא הזכיר שמו על החשך שנאמר (בראשית א) ויקרא אלהים לאור יום ולחשך קרא לילה, הרי הזכיר שמו על האור, אבל כשבא לחשך אינו אומר קרא אלהים לחשך לילה אלא קרא לילה, וכן אתה מוצא כשברא הקדוש ברוך הוא אדם וחוה הזכיר שמו עליהם שנא' (שם /בראשית א'/) ויברך אותם אלהים, וכשקללו לא הזכיר שמו עליהם אלא ואל האשה אמר ולאדם אמר, וא"ת הרי על הנחש הזכיר שמו בשעה שקללו דכתיב (שם /בראשית/ ג) ויאמר ה' אלהים אל הנחש כי עשית זאת ארור אתה, כך שנו רבותינו על ג' דברים הזכיר הקדוש ברוך הוא שמו עליהם ואף על פי שהן לרעה על המסית זה הנחש שהסית את האשה ואמר לה כי יודע אלהים כי ביום אכלכם ממנו ונפקחו עיניכם והייתם כאלקים יודעי טוב ורע תהיו כמותו מה הוא בורא עולמות אף אתם תבראו עולמות כמוהו שכל אומן שונא את אומן כמותו, ולפי שהסית אותה וספר לשון הרע לפיכך הזכיר שמו עליו, ועל העובר על דברי חכמים שנאמר (ירמיה יא) כה אמר ה' אלהי ישראל ארור האיש אשר לא ישמע את דברי הברית הזאת, ועל העושה בטחונו בב"ו שנא' (שם /ירמיהו/ יז) כה אמר ה' ארור הגבר אשר יבטח באדם וגו' אימתי הוא ארור בשעה שמן ה' יסור לבו וישלך בטחונו על בשר ודם, וכן אתה מוצא בנח כשברך את בניו (בראשית ט) ויאמר ברוך ה' אלהי שם, אבל כשקלל את כנען לא הזכיר שמו של הקדוש ברוך הוא עליו אלא (שם /בראשית ט'/) ויאמר ארור כנען, וכן את מוצא באלישע הנביא כשבא מלך ארם להלחם בישראל נתיעץ בעבדיו ועשה לישראל בורות (ס"א פטשין) כלומר שאם יבאו ישראל להלחם עמנו יפלו לתוך הבורות שנא' (מלכים ב ו) ומלך ארם היה נלחם בישראל וגו' וישלח איש האלהים אל מלך ישראל השמר וגו' אין הקדוש ברוך הוא עושה דבר כי אם גלה סודו אל עבדיו הנביאים שנא' (עמוס ג) כי לא יעשה ה' אלהים דבר וגו', כיון שעברו ישראל פעם ראשונה ושניה ולא נפלו לתוכן הרגיש מלך ארם ואמר לעבדיו הלא תגידו לי מי משלנו אל מלך ישראל, אמרו לו עבדיו אלישע הנביא אשר בישראל יגיד למלך ישראל את הדברים אשר תדבר בחדר משכבך, ויאמר לכו וראו איפה הוא ואשלח ואקחהו, ויגידו לו לאמר הנה בדותן, וישלח שמה סוסים ורכב וחיל כבד וגו', מיד עמד נער אלישע בלילה וראה שהקיפו את העיר סוסים ורכב וחיל מיד ויצעק ויאמר אהה אדוני איכה נעשה, ויאמר אל תירא כי רבים אשר אתנו מאשר אותם, מיד נתפלל אלישע והזכיר שמו של הקדוש ברוך הוא שנאמר (שם) ה' פקח נא את עיניו ויראה, ויפקח ה' את עיני הנער וגו', מיד עמד אלישע וקלל את הארמים ואמר הך נא את הגוי הזה בסנורים וגו' ולא הזכיר את שמו של הקדוש ברוך הוא, וכשחזר

ונתפלל עליהם שיפקחו עיניהם אמר ה' פקח את עיני אלה ויראו, הוי אומר שמו של הקדוש ברוך הוא נזכר על הטובה ולא על הרעה, וכן את מוצא כשראה הנביא אותן מרכבות שנמשלו לארבע מלכיות שנאמר (זכריה ו) ואשא עיני ואראה והנה ארבע מרכבות יוצאות מבין שני ההרים וגו', וכשאמר על הגאולה (שם /זכריה/ ב) ויראני ה' ארבעה חדשים, וכן אתה מוצא כשבאו אותן חמשה מלאכי חבלה להחריב את ירושלים שנ' (יחזקאל ט) והנה ששה אנשים באים מדרך שער העליון וגו' נשתלח גבריאל עמהם ככתוב (שם /יחזקאל י'/) ויאמר אל האיש לבוש הבדים ויאמר בוא אל בינות לגלגל, א"ל הקדוש ברוך הוא לגבריאל מלא חפניך גחלי אש מבינות לכרובים וזרוק על העיר כדכתיב (שם /יחזקאל י'/) ויאמר אל האיש לבוש הבדים בא אל בינות לגלגל, בא גבריאל ועמד אצל האופן א"ל הכרוב מה אתה מבקש, א"ל כך וכך צוני הקדוש ברוך הוא, א"ל טול, א"ל תן אתה בידי, מיד (שם /יחזקאל י'/) וישלח הכרוב את ידו מבינות לכרובים וגו' וישא ויתן אל חפני לבוש הבדים ויקח ויצא, וא"ר יוחנן בשם רבי שמעון בן יוחאי אלמלא לא נצטננו הגחלים מיד של כרוב לידו של גבריאל לא נשתייר משונאיהם של ישראל שריד ופליט ולא רצה הקדוש ברוך הוא לעשות הרעה ע"י עצמו אלא ע"י מלאך, אבל לעתיד לבוא הוא עושה הטובה ע"י עצמו שנא' (שם /יחזקאל/ לו) וזרקתי עליכם מים טהורים, הוי אומר כי לא אל חפץ רשע אתה לא יגורך רע (תהלים ה) מהו לא יגורך רע שאין שמו של הקדוש ברוך הוא חל על הרעה אבל על הטובה חל, חוץ משני דברים שחל הקדוש ברוך הוא שמו עליהן אף על פי שהוא לרעה, ואלו הן שנ' (דניאל ט') וישקוד ה' על הרעה ויביאה עלינו כי צדיק ה' אלהינו, משום שצדיק ה' אלהינו וישקוד ה' ויבא את הרעה, ומהו אלא שצדקה עשה עמנו שהקדים גלות יכניה לגלות צדקיה, ואיזו צדקה שהקדים והגלה גלות יכניה לבבל עם החרש והמסגר ועם כל גבורי החיל וירדו לבבל ועשו תרבץ לתורה שאלמלא היה כן היתה התורה משתכחת בגלות צדקיה אלא שיצאו אלו שהאמינו לדבריו של ירמיה הנביא ויצאו עם התורה, החרש והמסגר אלף (מלכים ב כד) מהו חרש כיון שפותחין בד"ת נעשו הכל כחרשים מסגר כיון שהיו סוגרין לא היה בכל ישראל מי שהיה יכול לפתוח הוי אומר כי צדיק ה' אלהינו וצדקה עשה באותה גולה ששקד עליה, ועוד טובה גדולה עשה עם ישראל כיצד שבעשרה בטבת היו ראויין ישראל לגלות מירושלים שכן הוא אומר (יחזקאל כד) בן אדם כתב לך את שם היום הזה בעצם היום הזה וגו' מה עשה הקדוש ברוך הוא אמר אם יוצאין עכשיו בצנה הם מתים מה עשה המתין להם והגלה אותם בקיץ הוא שהנביא אומר (ירמיה ח) אסוף אסיפם נאם ה', ואין אסוף אסיפם אלא גלות שנאמר (מיכה ב) אסוף אאסוף יעקב כלך והמתין להם עד הקיץ ואח"כ הגלה אותם, וזה שנא' (דניאל ט) וישקוד ה' על הרעה הוי אומר אף זה טובה, והשניה ויאמר ה' אליו עבור בתוך העיר וגו' (יחזקאל ט) א"ל הקדוש ברוך הוא לגבריאל לך ורשום על מצחן של צדיקים תי"ו של דיו כדי שלא ישלטו בהם מלאכי חבלה וימותו מיד ועל מצחן של רשעים תי"ו של אדם כדי שישלטו בהם מלאכי חבלה נכנסה קטיגוריא לפני הקדוש ברוך הוא אמרה לפניו רבש"ע מה נשתנו אלו מאלו, אמר לה הקדוש ברוך הוא הללו צדיקים גמורים והללו רשעים גמורים אמרה לו היה בידם למחות ולא מיחו, א"ל גלוי וידוע לפני שאם מיחו בהם לא היו מקבלים מהם אמרה לפניו רבש"ע אם גלוי וידוע לפניך לפניהם מי גלוי ולפיכך היה להם למחות בידם ולהתבזות על קדושת שמך ולקבל על עצמן ולסבול הכאות מישראל כמו שהיו הנביאים סובלים מישראל שהרי ירמיה סובל כמה צרות מישראל, וישעיה כמו כן דכתיב (ישעיה נ) גוי נתתי למכים ולחיי למורטים ושאר הנביאים מיד חזר הקדוש ברוך הוא ואמר למלאכי חבלה זקן בחור וגו', אף זו לטובה שהפיג הקדוש ברוך הוא חמתו בירושלים שנאמר כלה ה' את חמתו וגו' (איכה ד) שאלולי כן כל ישראל נתחייבו בו כלייה, הוי לא יגורך רע, שאין הקדוש ברוך הוא מחל שמו על הרעה, ואפילו ישראל רשעים חלק כבוד להם ולא הזכירן לרעה, כיצד כשבא על הקרבנות מהו אומר דבר אל בני ישראל אדם כי יקריב מכם קרבן לה' (ויקרא א) מישראל ולא מעכו"ם אבל כשבא להזהיר על הנגעים מהו אומר אדם כי יהיה, אינו אומר אלא אדם הוי לא יגורך רע. **[טו]** כותב ר' שמשון מאוסטרופולי באגרת לבאור הגדה של פסח: והנה כבר

גלא עמיקתא

ג"ל (33) פעמים [טו]**דלפק"ט (223) דהוא השם דקודם לתיבה המצרי"ם כמו**

השמעתיך שפרעה נלקה בעשר מכות במצרים וכו' ועליהם השר הנקרא דלפק"ט וכו' ובבאור שם: אותיות הקודמות לתיבת המצרים וכו'.

2. באור על מגלה עמוקות ויקרא אופן ע"ג: י': בחכמה יבנה בית ובתבונה יתכונן (משלי כ"ד,ג') גימ' (1561) ז"פ דלפק"ט (223) דהוא השם הקדוש גילה ר' שמשון מאוסטרופולי דאינון אתוון קדם תיבה המצרי"ם פרט ל-מ' הסופית שהיא שימוש. וע"י מלאך א"נ שר זה הוכו המצרים- והוא בחינת סותר על מנת לבנות- סור מרע ועשה טוב בקש שלום ורדפהו- דתחלה הפריד עמו ישראל מקלי' וטומאת מצרים, ואז נתן להם התורה הקדושה.

גלא עמיקתא

שחידש ר' שמשון מאוסטרופולי בבאורו להגדה של פסח, [2]ומבואר אצלנו במקום אחר. ושם ביחזקאל פרק ט' נותן רשות למשחית להשחית, עיין שם תאור נורא הוד. והנה שלושת הפסוקים יחד: **א'. אך בי ישוב יהפך ידו כל היום** (591) (איכה ג',ג') **ב'. כל עצמותי תאמרנה ה' מי כמוך, מציל עני מחזק ממנו ועני ואביון מגוזלו** (2412) (תהל' ל"ה,י') **ג'. והנה ששה אנשים באים מדרך שער העליון אשר מפנה צפונה, ואיש כלי מפצו בידו, ואיש אחד בתוכם לבוש הבדים, וקסת הספר במתניו, ויבאו ויעמדו אצל מזבח הנחשת** (7359) (יחזקאל ט',ב') סליקו לחושבן (10362) כ"ב (אתוון דאורייתא קדישא) פעמים **"דודי צח ואדום דגול מרבבה"** (471) (שיר השירים ה',י'). והאריך בפלפול נפלא בתרגום יונתן. [טז]ובמדרש מבאר הסתירה בין צח (לבן) ואדום: **צח לי בארץ מצרים ואדום למצרים, צח לי בים ואדום להם למצרים צח לי בראש השנה ואדום לי בכל השנה, צח לי בעולם הבא ואדום לי בעולם הזה ויה"ר דבוראנו יגלה משיחו ויגאלנו כי רב שבענו בוז ונגאל מחשכת גלותנו מאפלה לאור גדול בבנין בית המקדש השלישי הנצחי יבנה ויכונן בב"א** [3]ועיין במקום אחר דביארנו ענין הציפיה לביאת משיח

3. באור על מגלה עמוקות ואתחנן אופן מ"ה: ב'. אֲדֹנָי יֱהוִה אַתָּה הַחִלּוֹתָ לְהַרְאוֹת אֶת עַבְדְּךָ אֶת גָּדְלְךָ וְאֶת יָדְךָ הַחֲזָקָה אֲשֶׁר מִי אֵל בַּשָּׁמַיִם וּבָאָרֶץ אֲשֶׁר יַעֲשֶׂה כְמַעֲשֶׂיךָ וְכִגְבוּרֹתֶךָ (דברים ג,כד) גימ' (6385) "בא יבא" (16) פעמים "אלף זעירא" (399) ביאת משיח צדקנו דכתיב ביה (חבקוק ב',ג') אם יתמהמה חכה לו כי בא יבא לא יאחר וכדאמרינן ב-י"ג עיקרי האמונה לרמב"ם אני מאמין באמונה שלמה בביאת המשיח ואף על פי שיתמהמה עם כל זה אחכה לו בכל יום שיבא. וכמו כן הוא בבחינת בא יבא ברנה נושא אלומותיו (תהל' קכ"ו,ו') - יקרע שוב את המים רבים המנסים לכבות את האהבה בכח "א' זעירא" גימ' (289) "ויבקעו המים" דאיתמר בקריעת ים סוף, ותמן ט' פעמים "א' זעירא" (289) כמו שבארנו. ומשיח צדקנו יבא בכח י"ג תיקונין דאריך ואז יהיו י"ג פעמים "א' זעירא" (289) גימ' (3757) ב' פעמים "אלף (1000) משיח במילוי: מם שין יוד חית (878)" (1878) עם הכולל- והן ב' משיחין משיח בן דוד ומשיח בן יוסף ולכן כפלינן ב' פעמים אלף משיח

[טז] שיר השירים רבה פרשה ה: מה דודך מדוד היפה בנשים, אומות העולם אומרים לישראל מה דודך מדוד, מה אלוה הוא מאלוהות, מה פטרון הוא מפטרונין, ישראל אומרים להם דודי צח ואדום, צח לי בארץ מצרים וגומר, ואדום למצרים, צח לי בארץ מצרים שנא' (שמות י"ב) ועברתי בארץ מצרים וגו', ואדום למצרים שנא' (שם י"ד) וינער ה' את מצרים, צח לי בים שנאמר (שם) ובני ישראל הלכו ביבשה בתוך הים, ואדום לי בים שנא' וינער ה' את מצרים בתוך הים, צח לי בעוה"ב, ואדום לי בעולם הזה, רבי לוי בר חייתא אמר בה תלת, צח לי בשבת, ואדום לי כל ימי השבת, צח לי בראש השנה, ואדום לי כל ימות השנה, צח לי בעולם הזה, ואדום לי בעולם הבא, דגול מרבבה, א"ר אבא בר כהנא מלך בשר ודם מעטיפתו ניכר, ברם הכא הוא אש משרתיו אש, ואתא מרבבות קדש, ואות הוא בתוך רבבות קדש.

[יז] **תלמוד בבלי מסכת שבת דף לא עמוד א:** אמר ריש לקיש: מאי דכתיב והיה אמונת עתיך חסן ישועות חכמת ודעת וגו׳ - אמונת - זה סדר זרעים, עתיך - זה סדר מועד, חסן - זה סדר נשים, ישועות - זה סדר נזיקין, חכמת - זה סדר קדשים, ודעת - זה סדר טהרות. ואפילו הכי יראת ה׳ היא אוצרו. אמר רבא: בשעה שמכניסין אדם לדין אומרים לו: נשאת ונתת באמונה, קבעת עתים לתורה, עסקת בפריה ורביה, צפית לישועה, פלפלת בחכמה, הבנת דבר מתוך דבר? ואפילו הכי: אי יראת ה׳ היא אוצרו - אין, אי לא - לא. משל לאדם שאמר לשלוחו: העלה לי כור חיטין לעלייה. הלך והעלה לו. אמר לו: עירבת לי בהן קב חומטון? אמר לו: לאו. אמר לו: מוטב אם לא העליתה.

גלא עמיקתא

צדקנו [יז]כאמרם (שבת לא.) דכאשר מכניסים אדם לדין שואלים אותו: ציפית לישועה? וכו׳].

דתרוויהו אית בהו כח א׳ זעירא בחינת פנימיות אור הגנוז דבהתגלותה היא אלף רבתי בסוד אלף אורות דזכה להן משה רבינו בהר סיני, ובמקום אחר ביארנו ענינה דהאי א׳ זעירא דהות רשימא בדרועיה דדוד בסוד א׳ זעירא דמשיח בן דוד, ו-א׳ זעירא דמשה בחינת משיח בן יוסף כדכתיב ויקח משה את עצמות יוסף עמו (שמות י״ג,י״ט) ודו״ל.

אופן עה

מאחר שהראה הקב"ה למשה מאוהל מועד דזמין לאתמשכנא הוצרך להודיע הטעם שלא יהי' משה כהן באותו שעה וזה נרמז בא' זעירא שהוא צורת י' כי עשרה דברים נאמרו בכוס ובזמן שישראל בארץ כוס מלא ברכת ה' והיא כלולה מי' אבל אנו שאנחנו בגלות אין לנו אלא ארבע הרי שנחלקו הי' דברים לו' ולד' שמאותו טעם לא נכנס משה לארץ ישראל כדי שתהא הי' זעירא שאלו בא משה לא"י הי' הי' דברים מלאים כוס מלא ברכת ה' נמצא שלא הי' המקדש חרב ולא הי' הקב"ה מכלה חמתו בעצים ובאבנים.

אופן עה

מאחר שהראה הקב"ה למשה מאוהל מועד [א]דזמין לאתמשכנא [פירוש מועד מלשון זמן דזמין לאתמשכנא

גלא עמיקתא

בהאי אופן מדבר תיבין מפיוט צור משלו אכלנו "כוס מלא ברכת ה'" כלשון הפיוט: "על כוס יין מלא כברכת ה'" והוא מברכת משה לשבט נפתלי (דברים ל"ג,כ"ג): "ולנפתלי אמר נפתלי שבע רצון ומלא ברכת ה' ים ודרום ירשה" גימ' (3681) ט' פעמים "אבדו גוים מארצו" (409) ר"ת אג"ם והוא דאמר דוד (תהל' י',ט"ז) "ה' מלך עולם ועד, אבדו גוים מארצו" ור"ת אג"ם [ב]כפרש"י שזכה נפתלי שיפול ים כנרת בחלקו ירש"ה גימ' (515) תפל"ה– וזהו דנפתל"י אתוון ה.פלי"ן [ג]מלשון תופל כלי חרס– מלשון חבור ודבקות בתפלה [1ועיין מה שבארנו במקום אחר בענין התפלה].

1. באור על מגלה עמוקות ואתחנן אופן י': אקדמות מילין: באופן הקודם [אופן ט'] עסק במעלות התורה דהשיג משה רבינו כל מה ששכל אנושי יוכל להשיג, ובאופן דנן עוסק במעלות התפלה. והנה "תורה תפלה" גימ' (1126) ב' פעמים "בינה מלכות" (563) דתורה בחינת בינה כמ"ש קנה חכמה קנה בינה (משלי ד',ה') ואיתא בזוה"ק אורייתא מחכמה עילאה נפקת ומתלבשת בבינה כתרא דז"א- דהוא בחינת תורה, ותפלה בחינת מלכות. והוא דערך ממוצע של תורה-תפלה הוא בינה-מלכות, כמובא בספרים הקדושים לעשות מתורות תפילות ומתפילות תורות. ובמילוי: תור"ה: "תיו ויו ריש הי" [גימ' (963) היינו אח"ד במילוי אלף חית דלת- דהתורה מגלה אחדותו יתברך בעולם]. תפל"ה: "תיו פא למד הה" [גימ' (581) היינו "לב טהור ברא אלהים" (תהל' נ"א,י"ב)]. סליקו תרויהו לחושבן (1544) ובהוספת הכולל (1545) ג' פעמים תפל"ה (515) [וכן ג' פעמים ואתחנ"ן (515) כנודע תפל"ה - ואתחנ"ן - שיר"ה חושבנא דדין כחושבנא דדין (515)] וזהו דאמרו חז"ל דרך ארץ קדמה לתורה, "דרך ארץ" גימ' (515) תפל"ה, דכביכול התפלל הקב"ה בסוד (ישעי' נ"ו,ז') "והביאותים אל בית תפלתי". והוא בדברי בגמרא (ברכות ז.) מנין שהקב"ה מתפלל? שנאמר (ישעי' נ"ו,ז') והביאותים אל הר קודשי ושמחתים בבית תפלתי תפלתם לא נאמר אלא תפלתי- והיינו דהתפלל שיצליחו מעשה ידיו, ובתר דא אסתכל באורייתא וברא עלמא. והוא חושבן (1544) ב' פעמים "משה רעיא מהימנא" (772) א"נ ד' פעמים "דוד בן ישי" (386) וחזינן התכללות תורה בתפלה ותפלה בתורה [כמו שחידש רבי נחמן מברסלב שצריך לעשות מהתפלות תורות ומהתורות תפלות].

[א] **זוהר פרשת ויקרא דף ד עמוד ב:** תא חזי בההוא יומא דאשתכלל בי משכנא קודשא בריך הוא אקדים ושארי ביה מיד ויקרא אל משה וידבר יי' אליו מאהל מועד לאמר, וידבר יי' אליו ואודע ליה דזמינין ישראל למיחב קמיה ולאתמשכנא האי אהל מועד בחובייהו ולא יתקיים בידייהו (ס"א בהדייהו) הדא הוא דכתיב וידבר יי' אליו מאהל מועד לאמר, מאי א"ל, מאהל מועד מעסקי אהל מועד דזמין לאתמשכנא בחובייהו דישראל ולא יתקיים בקיומיה אבל אסוותא להאי אדם כי יקריב מכם קרבן ליי' הרי לך קרבנין דאגין על כלא. [ב] **רש"י דברים פרק ל"ג:** ים ודרום ירשה - ים כנרת נפלה בחלקו ונטל מלא חבל חרם בדרומה לפרוש חרמים ומכמורות. [ג] **שם משמואל ויקרא פרשת ויקרא:** שנת תרע"ה אדם כי יקריב מכם וגו'. ברש"י אדם למה נאמר, מה אדה"ר לא הקריב מן הגזל אף אתם לא תקריבו מן הגזל. ויש להבין דמכם משמע משלכם ולא מן הגזל כבש"ס סוכה (ל' א) כי יקריב מכם אמר רחמנא והאי לאו דידי' הוא עיין שם, וא"כ אדם למה לי ונראה דהנה יש להתבונן למה הזהיר כאן בפירוש על הגזל, כי בכל המצוות הדין כך, ובחלה אמרו (ב"ק צ"ד א) הרי שגזל סאה של חיטין טחנה ולשה ואפאה והפריש ממנה חלה כיצד מברך אין זה מברך אלא

מנאץ, ובמדרש (ויק"ר פ' ל') על לולב הגזול אוי לזה שנעשה סניגורו קטיגורו. ובודאי בכל המצוות כן כבמשנה אבות (פ"ד מי"א) העושה מצוה אחת קונה לו פרקליט אחד, ואם הוא גזול נעשה סניגורו קטיגורו. א"כ למה הזהיר כאן בפירוש. ובודאי אתא קרא לאשמעינן דיש בכאן תוספת גרעון מבכל המצוות ולמה ויש לומר עפ"י מה שהגיד כ"ק אבי אדומו"ר זצללה"ה בהא דשלמה המלך שאל מהש"י ליתן לו חכמה לעשות משפט, וכן כתיב (מל"א ג' כ"ח) כי ראו כי חכמת אלקים בקרבו לעשות משפט, משמע שלעשות משפט צריכין חכמה יתירה מבכל התורה כולה, וכן אמרו ז"ל (ב"ב קע"ה ב) הרוצה שיחכים יעסוק בדיני ממונות. והענין כי להכיר ולברר בין היתר לאיסור, בין טהור לטמא ובין כשר לפסול, באשר שזה מצד הרע וזה מצד הטוב ומשתנים במהותם, אין כ"כ רבותא כמו להכיר בממון שהוא היתר לבד אלא אם שייך לזה או לזה, ומ"מ מבואר במדרש שנמלה אחת שהפילה חטה והיו הנמלים באין ומריחין בה ולא נטלוה מפני שהרגישו שאינה שייכת להם, ומוכח שממונו של איש שייך דוקא אליו ולא אל זולתו, וע"כ בהמת כהן אוכלת בתרומה ושביתת בהמתו, ובהמה וכלים כרגלי הבעלים, ע"כ במשפט לברר אם שייך לזה או לזה צריך ליתרון חכמה. עכ"ד הצריך לעניננו ודפח"ח ולפי האמור יש ליתן טעם למה שייך משפט למלך, שלכאורה משפט שייך רק לסנהדרין ודיינים שע"כ נקראים אלקים מפני שעושין משפט אלקים בארץ כמ"ש הרמב"ן, ומה טיבו למלך, והרי מפורש בכמה מקומות בכתוב שהמלך הי' שופט, וכתיב (ירמי' כ"א) בית דוד כה אמר ה' דינו לבוקר משפט וגו' ועוד (שם כ"ב) כה אמר ה' עשו משפט וצדקה והצילו גזול מיד עשוק וגו' ואם לא תשמעו את הדברים האלה בי נשבעתי נאום ה' כי לחרבה יהי' הבית הזה, הרי שהגלות הי' בשביל זה, ומדלא הזהיר לסנהדרין אלא למלך משמע שמשפט שייך ביחוד למלך שישגיח עכ"פ על המשפט יותר מעל כל המצוות, שהרי לא הוכיחו ירמי' על יתר המצוות אף שכתוב וכל ישראל עברו תורתך. ונראה לומר דהנה מצינו באאע"ה שלא רצה ליקח מרכוש סדום שהציל במלחמתו עם המלכים, ולא עוד אלא שנשבע שלא ליקח כמ"ש (בראשית י"ד) הרימותי ידי וגו' אף שע"פ הדין המציל מן הנהר ומן הגייס הרי אלו שלו, יש לומר הטעם מפני שאאע"ה הי' מהותו לחבר את כל באי עולם תחת כנפי השכינה,

ובמדרש (ב"ר פ' ל"ט) אחות זה אברהם שאיחה את כל באי העולם כזה שהוא מאחה את הקרע. וידוע שענין זה צריך שמירה יתירה מפני כחות החיצונים הלהוטין להתחבר ולהתהנות משפע קדושה ואפי' במקום שנתרוקן מהקדושה כטעם זוה"ק בטומאת מת, ואז יחשב ח"ו כמכניס טומאה למקדש. ולא עוד אלא שכל ההתחברות וההתאחדות מתקלקלת, וכמו שדייק כ"ק אבי אדומו"ר זצללה"ה מש"ס סנהדרין (פ"ח ב) אי לולב צריך אגד אם אגד עמהם מין חמישי גרוע ועומד הוא, וכבר הזכרתי זה הרבה פעמים. וע"כ אאע"ה לרגלי מהותו שחיבר כנ"ל עשה משמרת למשמרת ולא רצה שיתחבר אליו מרכוש סדום כלל. וכך יש לומר בענין מלך ישראל, כי מלך הוא המחבר את העם ונקרא מטעם זה בלשון עוצר כמ"ש (שמ"א ט') זה יעצור בעמי שפירש"י שלא יתפזרו. וכנראה כי מלך ר"ת מוח לב כבד שהם משכן נפש רוח ונשמה, ובמה שהוא מאחד את נפשו רוחו ונשמתו להש"י בזה עצמו מביא ג"כ בלב ישראל להתאחד בכלל ובפרט שיהיו לאחדים בידו, כי המלך לבו לב כל קהל ישראל כמ"ש הרמב"ם (פ"ג מהל' מלכים ה"ו), וזה מביא התאחדות עליונים ותחתונים, ובמדרש (במדב"ר פ' ט"ו) משל לפלטין שהיתה בנוי' על גבי הספינות כל זמן שהספינות מחוברות פלטין שע"ג עומדת וכו', וידוע עוד שמלך ישראל הוא מרכבה למדת מלכות שהיא מאחדת ומקשרת עולם בעולם כידוע. והנה התחברות והתקשרות צריכה שמירה לבל יתאחד ג"כ מה שאינו ראוי כנ"ל. אך במה שהמלך עושה משפט ומברר השייך לזה או לזה ע"י דקות החכמה כנ"ל, שוב לעומתו נעשה ג"כ בירור מי הוא הראוי להתאחד ונדחה מה שאינו ראוי ליקח חלק באחדותו, לפי עומק המשפט, ע"כ נמסר המשפט למלך כנ"ל ובדוגמא זו יש ליתן טעם למה נזדמן נסיון אשת פוטיפר ליוסף, כי מדתו של יוסף היא לחבר את העולמות כידוע ממדת צדיק, ולמען שלא יתחבר ג"כ מה שאינו ראוי נזדמן לידו נסיון זה, ובמה שלא רצה להתחבר למה שאינו ראוי זכה שדבר שאינו ראוי אינו יכול להתחבר אליו. וכמו שהגיד כ"ק אבי אדומו"ר זצלה"ה בפירוש מה שאמרו ז"ל (זבחים קי"ח ב) עין שלא רצתה ליזון וליהנות מדבר שאינו שלו תזכה ותאכל כמלוא עיני', היינו כמו שלא רצה שיהי' לו חיבור והתקרבות למה שאינו ראוי זכה שכחות החיצונים מתרחקין מגבול קדושתו, ע"כ אוכלין קדשים

בשילה בכל הרואה. וכענין שבת דכל שלטני רוגזא ומארי דדינא כלהו ערקין ואתעברו מינה, וכן הוא גם בפרטות כל איש ואיש לעומת שהוא שומר שבת לבל יצא מגבול קדושתו, זוכה שכחות חיצונים אינן יכולין להתקרב אליו ועוד בורחים מפניו ויש לומר שענין שמירת הברית שעמד לו ליוסף הצדיק, וענין משפט שעמד למלך, לבל יתאחד מה שאינו ראוי באחדותם, בני בקתא חדא נינהו, עפי״מ שהגדנו במק״א שפגם הברית נקרא גזל שגוזל את הרוחניות שבמוחו, ומובן ששמירת הברית כראוי ובזמן הראוי הוא כענין משפט לברר כנ״ל. ויש לומר עוד דתרווייהו כענין שני האותות מילה ותפילין דתרווייהו צריכי אלא שלזה הא ברישא ולזה הא ברישא והבן, וכבר דברנו מזה במקום אחר. ואפשר לומר שזה שנמסר לאאע״ה לתקן חטא פגם ברית של אדה״ר כמ״ש מהר״ל מהאי טעמא הוא שזה שמירה למהותו לחבר את כל באי עולם כנ״ל, וכן מה שנצטווה על מצות מילה נמי מהאי טעמא הוא. ובזה יתבארו דברי הש״ס חולין (פ״ט א) בשכר שאמר אברהם אבינו אם מחוט ועד שרוך נעל זכו בניו לשתי מצוות חוט של תכלת ורצועה של תפילין ולפי האמור יובנו דברי זוה״ק (ח״א צ״ג ב) מאן דנטיר להאי את קיימא מלכו אתנטרת לי׳, דהיינו טעמא משום דתעודת המלך הוא לחבר העולמות, ובשמירת הברית נעשה מוכן לענין זה. וכן נמי מה דאיתא בזוה״ק (שם צ״ד א) בגין דהאי זאת לא נטר לי׳ דוד מלכא כדקא חזי מלכותא אתעדי מיני׳ כל ההוא זמנא, נמי מהאי טעמא הוא שמאחר שנסתלקה השמירה שוב אינו ראוי לחבר העולמות עד שנתתקן וחזר למלכותו והנה בשמות רבה (פעמים כ׳) ויהי אנשים אשר היו טמאים לנפש אדם, אין אדם אלא יוסף שנאמר אוהל שיכן באדם וכתיב וימאס באוהל יוסף, וכבר אמרנו כי ידוע שאדם הוא המחבר את כל הבריאה עליונים ותחתונים באשר הוא כלול מהכל ובו חלק מהכל, וע״כ נברא באחרונה, ושם אדם מורה על זה, היינו אות ד׳ מורה על ד׳ יסודות המחוברים בגופו, אות מ׳ מספרו ד׳ עשיריות מורה על ד׳ יסודות נפשו מן העליונים כבזוה״ק שהנפש נמי יש בה ד׳ יסודות עליונים, ובאשר הם מעליונים באו בעשיריות שכל יסוד כפול עשרה, אות א׳ מורה על צלם אלקים המאחד את כל אלה, ואך בצלם יתהלך איש, ובהסתלק הצלם מתפרדים היסודות ואז הולך האדם אל בית עולמו, וזה צורת האדם ותעודתו, ואלמלא חטא אדה״ר הי׳ הוא המחבר לגמרי את

כל העולם עד שלא הי׳ עוד אפשרות להפרד והיו כל הברואים דבקים בהסיבה הראשונה, וזה הי׳ חיותם וקיומם לעולמי עד, ומחמת החטא נשתנה הענין והתחיל התיקון מאאע״ה, ואפשר מהאי טעמא נקרא אאע״ה נמי אדם כמ״ש (יהושע י״ד) האדם הגדול בענקים שדרשו (ב״ר פ׳ י״ד) זה אברהם, אבל עוד לא נתתקן לגמרי עד שבא דוד המלך ע״ה ותיקן החיבור בשירותיו ותשבחותיו, ועוד לא נתקן לגמרי עד שיבוא משיח ב״ד בב״א. ונרמז בר״ת אדם א׳דם ד׳וד מ׳שיח, וע״כ יוסף הצדיק שמדתו היתה לחבר נמי את האוהל להיות אחד בצד מה כנ״ל נקרא ג״כ אדם בהחלט. וזה שטענו נושאי ארונו של יוסף אנחנו טמאים לנפש אדם, היינו איש המחבר, ע״כ אינו בדין שיגרום זה לנו פירוד, היינו להפרד מקהל ישראל לבלתי הקריב את קרבן ה׳ במועדו והנה כמו שהיתה כוונת הבריאה בכלל, כן היא תעודת כל אדם בפרט לפי שורש נשמתו לחבר הכל להש״י, והיינו ע״י שהוא מאסף ומאחד ומחבר את עצמו מוח ולב וכבד [שהם משכן נפש רוח ונשמה] ר״ת מלך, להיות מלך ומושל על עצמו להטותם לרצון הש״י, כמ״ש (משלי ט״ז) ומושל ברוחו מלוכד עיר, בזה עצמו הוא מטה את כל העולם כולו או עכ״פ הדבקים בשורש נשמתו לרצון הש״י. וזה עצמו הוא ענין הקרבנות, קרבן הוי כשמו מלשון קירוב כבזוה״ק (ה׳ ע״א וע״ב), וכן בתפלה שהוא במקום הקרבן, וע״ז מורה לשון תפלה מלשון נפתולי אלקים נפתלתי בהיפוך אתוון כמו שבא בספה״ק, וזה תעודת כל אדם איש איש לפי מצבו ובחינתו בלי יציאה מן הכלל והנה כמו שלהמחברים הכלליים, כמו יוסף הצדיק ודוד המלך וכל מלכי ישראל, שהיו צריכין שמירה, לבל יתחבר מה שאינו ראוי באחדותם, ע״י שמירת הברית ושמירת המשפט כנ״ל, כן נמי המדה בכל איש פרטי כל הקרב אל משכן ה׳ לחבר את האוהל להיות אחד הן בקרבנות והן בתפלה שבמקום קרבן. וע״כ גזל ממון, או פגם הברית שהוא בכלל גזל, שכמו שמחבר מה שאינו ראוי, נתחבר ג״כ אליו מה שאינו ראוי ומקלקל את כל הענין, ולא עוד אלא שהוא ח״ו כמכניס טומאה למקדש. וע״כ פרט בראש סדר הקרבנות למעט גזל, נוסף על כל שאר המצוות שפוסל בהן גזל שנעשה סניגורו קטיגורו כנ״ל, שבקרבנות מזיק עוד יותר, וע״כ הכפיל האזהרה בתיבת אדם להורות על ענינו וטעמו שהוא מחמת שהקרבן בא לחבר. וכן בתפלה איתא בשמות רבה (סוף פעמים כ״ב) כך צריך אדם

לטהר לבו קודם שיתפלל וכן איוב אומר על לא חמס בכפי ותפלתי זכה אמ״ר יהושע הכהן בר׳ נחמי׳ וכי יש תפלה עכורה אלא כל מי שידיו מלוכלכות בגזל הוא קורא להקב״ה ואין עונה אותו וכו׳ ובפרישכם כפיכם וגו׳ אינני שומע מפני מה מפני שידיכם דמים מלאו וכו׳, וחד טעמא דגזל פוסל בקרבן ובתפלה שבמקום קרבן מחמת שמחבר אליו מה שאינו ראוי לו נדבק בו לעומתו דבר שאינו ראוי ומקלקל את החיבור שע״י הקרבן והתפלה כנ״ל: [ד] **מגלה עמוקות על א׳ זעירא דויקרא אופן ע״ח:** רמז הקב״ה בכאן בצורת א׳ שהיא צורת י׳ סוד המקוה שהוא סוד שיעור קומה בהיפך אתוון הוקם המשכן אז נשלמה המקוה של מעלה. שיש ר״ם קבין במקוה. לכן היו ישראל ד׳ פעמים ס׳ רבוא שהם ר״ם רבוא.

בחובייהו דישראל] הוצרך להודיע הטעם שלא יהי׳ משה כהן באותו שעה וזה נרמז בא׳ זעירא [ד]שהוא צורת י׳ כי

גלא עמיקתא

ומהאי טעמא נהגו לנשק לתפלין באשרי בצלותא דשחרית כד אמרינן ומשביע לכל חי רצון, כדכתיב נפתלי שבע רצון (דברים ל״ג,כ״ג), ונפתלי אתוון תפלין – כך שמעתי ממו״ר צבי חשין שליט״א. ומביא המגלה עמוקות (ברכות נ״א ע״א ובזוה״ק בכ״מ): א״ר זירא א״ר אבהו ואמרי לה במתניתא תנא: עשרה דברים נאמרו בכוס של ברכה [עיין [ה]בהגהת הצעיר ר׳ שלמה בן המחבר במגלה עמוקות על ואתחנן אופן ר׳ מה שביאר

[ה] **מגלה עמוקות על ואתחנן אופן ר׳:** אמרינן בפרק חלק דף ק״ן [פסחים קי״ז ע״ב]) על פסוק (שמואל ב׳ ז ט) ועשיתי לך שם כשם הגדולים אשר בארץ, שאמר דוד לפני הקב״ה רבש״ע למה אומרים אלהי אברהם אלהי יצחק ואלהי יעקב, ולמה לא אומרים אלהי דוד וכו׳. והנה זה היה גם כן ענין משה, שראה סוד המרכבה העליונה שהיא נחלקת על ארבע רגלים מד׳ אותיות הוי״ה, וראה שהאבות הן הן המרכבה (כדאיתא במדרש רבה פרשת לך לך פרשה מ״ז [ב״ר פמ״ז ו׳] ופרשת וישלח פרשה פ״ב [ב״ר פפ״ב ו׳]), וכמ״ש (דברים י יד) הן לה׳ אלהיך השמים וגומר, רק באבותיך חשק ה׳ (דברים י [טו]), שפירוש הפסוק מלשון וחשוקיהם כסף (שמות כז י), שהאבות הן הן ממש המרכבה. והוקשה לו אחר כך הלא המרכבה היא על ד׳ אותיות הוי״ה, כדכתיב הן לה׳, ה׳ דייקא שהם ד׳ אותיות, לזה השיב ויבחר בזרעם אחריהם, ר״ל דוד הוא רגל רביעי במרכבה (זוהר עקב [ח״ג עמוד תקכ״ג (זוהר ח״ג רע״ג ע״ב]). לכן רצה משה ליכנס לארץ ישראל, ורצה הוא להיות רגל רביעי במרכבה במקום דוד. גם נוכל לומר שרצה שיאמרו אלהי משה, כמ״ש אלהי אברהם וכו׳. ולזה פתח ואתחנן אל ה׳, ה׳ דייקא, על שם של הוי״ה קמכוין, בעת ההיא, ההוא כתיב, שהוא רצה להיות הה׳ של שם הוי״ה להשלים אות ד׳ במרכבה, וז״ש לאמר, לאמר לדורות, הדורות שיהיו יאמרו אלהי משה כמ״ש אלהי האבות. לכן פתח באדני, שהוא רצה להיות רגל רביעי במרכבה שהוא שם של אדני. וז״ש אתה החלות להראות סוד מרכבה שלימה, את גדלך שאומרים אלהי אברהם, ידך החזקה שאומרים אלהי יצחק, אשר מי אל שאומרים אלהי יעקב, לכן אעברה נא, וכשאהיה בארץ ישראל אעבור ה׳, ר״ל אשלים ה׳ אחרונה שבשם בהיפוך אתוון ארבעה, שיהיו ארבעה רגלי המרכבה שלימים, וזה יהיה דוקא כשאהיה בארץ, כי רגל רביעי נקראת ארץ החיים (ישעיה לח יא), וז״ש ואראה את האר״ץ, הארץ דייקא שהיא השכינה שנקראת ארץ החיים. וגם זכר ג׳ דרגין לקביל ג׳ אבות, שרצה הוא להיות גם כן במקום ג׳ אבות כמו שביקש דוד. והשיב הקב״ה רב לך, אין קורין אבות אלא לשלשה (ברכות פרק א׳ [ברכות ט״ז ע״ב]), אתה רוצה שיהיו קורין גם כן אלהי משה כדכתיב (שמות) אלהי אברהם יצחק יעקב, אבל אינו כן, כי אין העולם מתנהג אלא על ג׳ קוין שסודם חד״ר ׳חסד ׳דין ׳רחמים, שהוא מלוי ארץ כזה אל״ף רי״ש צדי״ק, שהנעלם מן ארץ הכי הוי. זה סוד הפסוק אני אדנ״י עושה חסד משפט וצדקה באר״ץ (ירמיה ל״ג [לג טו]), באר״ץ דייקא, ר״ל תסתכל במלוי אר״ץ, תמצא תמן חסד דין רחמים. גם אמר רב לך, המדרגה שלך היא יותר גבוה ממדת ארץ שהיא

השכינה, כי המקום אשר אתה עומד עליו אדמת קודש הוא (שמות ג [ה]), שנתעלה משה למעלה במקום יחוד חכמה שנקראת קודש, אבל אתה רוצה להיות רגל רביעי במרכבה שהיא מלכות, אל תוסף דבר אלי, דב"ר דייקא, נוטריקון 'דוד 'ברגל 'רביעי. ומשה ביקש מה שנאמר קודם מותו פסוק (תהלים קטז ט) אתהלך לפני ה' בארצות החיים (דב"ר פי"א ה'). לזה השיב לו הקב"ה אל תוסף דבר אלי דייקא, נוטריקון 'אתהלך 'לפני 'י"י, שלא תוסיף עוד לדבר תיבות אל"י בדב"ר הז"ה שכינה שנקראת דבר, שכבר הוכן לזה מלכות בית 'דוד 'ברגל 'רביעי, אבל אתה לפי שעה עלה ראש הפסגה שהוא סוד הדעת, וצו את יהושע, אין צו אלא שכינה כדאיתא בספר סודי רזא על פסוק (תהלים עה כג) ויצו שחקים ממעל, שבדור הזה יהיה הוא סוד לבנה, וחזקהו על דרגא דיליה, ואמצהו בדרגא דילך. הגהה: אמר הצעיר שלמה ולכן מלכות נקרא ארץ, ומן סוד זה אין קורין אבות אלא לשלשה, אף שהם ד' רגלים, מכל מקום אינו אלא ג' קרין והד' כלול בה', לכן חיותו היה מן האבות (זוהר (ח"א קס"ח ע"א) ובעשרה מאמרות דף ל"ח), ומצד עצמותו ראוי להיות נפל, בסוד גר אנכי עמך תושב ככל אבותי (תהלים לט יג), כ"כ א"א ז"ל. וזה סוד הרגלים שהם ג' פסח שבועות סוכות שנקראו בתורה חג, שהם סוד שלש אבהון כדאיתא בזוהר (ח"ג רנ"ז ע"ב), והם ד', כי שמיני עצרת חג בפני עצמו כנגד דוד, (זוהר במדבר [ח"ג] עמוד תע"ו [זוהר ח"ג רנ"ו ע"ב]), ושמם רגלים מוכיח על זה. וכן ברכת המזון הוא גם כן סוד רתיכא קדישא, זן זה אברהם שזן לכל עוברים ושבים (שמו"ר פ"א ט"ו), הארץ זה יצחק ויזרע יצחק בארץ ההיא (בראשית כו יב), בונה ברחמיו זה יעקב, ואלו ג' הם מדאורייתא. הטוב והמטיב זה מדת דוד, שנקרא טוב רואי (שמואל א' טז יב), ביבנה תקנוה (ברכות מ"ח ע"ב), כי אז הוצרכו לתקן רגל ד' שנפגם בגלות. ועל זה אמר דוד לי נאה לברך (פסחים קי"ט [ע"ב]), לי דייקא שהוא השלים המרכבה שהוא סוד ברכת המזון, והביא ראייה ממה שנאמר (תהלים קטז יג) כוס ישועו"ת אשא שהוא סוד השכינה, לכן בשם ה' אקרא, ולכן נקראת מדה זו כוס של ברכה שצריך שלשה (זוהר ח"ג רמ"ו ע"א). ועל זה אמר גם כן לי נאה לבר"ך, כי מדתו הוא סוד ברכה. וזה סוד י' דברים נאמרו בכוס ואין לנו אלא ארבע (זוהר דברים [שם] עמוד תקכ"ג [זוהר ח"ג רע"ג ע"ב]), ולכן לא רצה משה לברך לפי שלא זכה ליכנס לארץ ישראל (פסחים שם), ארץ ישראל דייקא שהוא סוד ברכה, והוא רגל רביעי שלא זכה בו משה. וזה סוד ביקש משה מלכות ולא נתנו לו, שנאמר (שמות ג ה) אל תקרב הלום (זבחים ק"ב [ע"א]). וז"ש הקב"ה כי המקום אשר אתה אתה עומד עליו אדמת קודש הוא, רמז על מדה זו, ואמרו רז"ל (שם) אין הלום אלא לעד, שהוא הטעם מה שלא זכה לזה הוא מצד מעלתו ומדרגתו, כי אז לא היה נחרב המקדש, כי השונאים אינן שולטין במעשה ידיו (סוטה ט' [ע"א]), והיה רגלו עומד לעד ולא נפגמה לעולם, כי השכינה והישראל לא היו נגלו לעולם מאדמתן כידוע, ואם כן לא היו עושין ישראל תשוב"ה מעולם, כי סוד תשוב"ה היא תשוב ה' למקומה, ואז לא היתה נטרדת הה'. מה שאין כן דוד כשחטא, נפגם רגלו ונסתלקה ממנו השכינה ונצטרע ששה חדשים (סנהדרין ק"ז [ע"א]), מדה כנגד מדה הוא ריחק הה' מן הו', לכן נסתלקה ממנו הה' שהיא השכינה ו' חדשים, חדשי"ם דייקא, כי מלמטה למעלה נקראו המדות חדש, ומלמעלה למטה שנים (זוהר במדבר [ח"ג] עמוד תע"א [זוהר ח"ג רנ"ג ע"א]). ובזה יתורץ קושיא בעל עשרה מאמרות (דף ז'), מ"ש בירושלמי ז' שנים נצטרע דוד, כי דא ודא חדא היא בסוד אור ישר ואור חוזר, ולכן נצטרע, כי בחטאו גברה הנחש למעלה שהיא אשה רעה צרעת לבעלה (יבמות ס"ג ע"ב), נמצא שנפגם רגלו. וזה סוד לא היה דוד ראוי לאותו מעשה, ר"ל לבת שבע, אלא ליתן פתחון פה לבעלי תשובה (ע"ז דף ה' [ע"א]), ולכן נאם הגבר הוקם על (שמואל ב' כג א) של תשובה (מו"ק דף י"ו [ט"ז ע"ב]). וזה סוד ראויה היתה בת שבע לדוד מו' ימי בראשית, אלא שאכלה פגה (סנהדרין שם [ק"ז ע"א]), שלא תיקנה כתיקונה ולכן נפגם רגלה. ועל זה ביקש דוד לומר אלהי דוד (סנהדרין שם), מאחר שאני רגל הד' אהיה כאחד מהם, ואז יהיה מרכב"ה שלמ"ה שהוא בגימטריא אברה"ם יצח"ק יעק"ב דו"ד, כ"כ א"א ז"ל. והשיב לו אינהו מינסית לי ורגליהם קיימים לעד, והן הן על ג' דברים עולם עומד, תורה עבודה גמילות חסדים (אבות פ"א מ"ב), ואתה לא מינסית לי וגלוי וידוע לפני שלא תוכל לעמוד בנסיון ואז תפגם רגלך. והראה לו גם כן כזה כשישראל יחטאו ח"ו יפגם רגלך, ומזה הטעם לא ייחד ה' שמו על האבות לומר אלהי בחייהם, הן בקדושיו לא יאמין (איוב טו טו), שמא יפגם אחד מהם רגלו. ולפי שהוא סוד בת שבע,

[ו]עשרה דברים נאמרו בכוס (ברכות נא.) ובזמן שישראל בארץ כוס מלא ברכת ה' [כמ"ש (דברים ל"ג,כ"ג) נפתלי

גלא עמיקתא

[ז]דמשה לא רצה לברך כשנתנו לו הכוס של ברכה כי לא נכנס לארץ ישראל (פסחים קיט:) שהיא בחינת ברכה]. ונעביד חושבניהון כדלקמן: הדחה – שטיפה – חי – מלא – עיטור – עיטוף – נוטלו בשתי ידיו – נותנו בימין – מגביהו מן הקרקע טפח – נותן עיניו בו סליקו לחושבן (3840) י"פ "משיח ה'" (384) **והא ג"כ באותו פיוט "רוח אפינו משיח ה'" ומקורו במגילת איכה (ד',כ'):** "[ח]**רוח אפינו משיח ה' נלכד בשחיתותם, אשר אמרנו בצלו נחיה בגויים" א"נ עם י' הכוללים של עשרת הדברים גימ'** (3850): **י' פעמים שכינ"ה** (385) **דערך ממוצע דכל אחד ואחד מהדברים הוא שכינ"ה א"נ משי"ח ה' באור הענין: דעל ידי עשית עשרת הדברים מקרבים ביאת משיח צדקנו**

לכן היו ימיו ע' שנה, כי שנה בגימטריא ספיר"ה, וכל אחת כלולה מי' הרי ע', ואם היה חי ק' שנה לא היו העולמות מבולבלים, והיה מתקן לבוצינא תקונא תקיף דלא אתכבי לעלמין ולא אחרב בי מקדשא (זוהר רות דף יד). ועל זה אמר דוד ושבתי בבית ה' לאור"ך ימי"ם (תהלים כג ו), לאורך הוא סוד אריך, ואז כשאזכה יהיו חיי כמניין לאור"ך ימי"ם שהוא ק', ואז אך טוב וחסד ירדפוני. וזה סוד אור"ך ימי"ם עולם ועד (שם תהלים כא ה), מה שבקש דוד ומדת ימי מה היא (שם תהלים לט ה). [ו] **תלמוד בבלי ברכות דף נא עמוד א:** אמר רבי זירא אמר רבי אבהו, ואמרי לה במתניתא תנא, עשרה דברים נאמרו בכוס של ברכה: טעון הדחה, ושטיפה, חי, ומלא, עיטור, ועיטוף, נוטלו בשתי ידיו, ונותנו בימין, ומגביהו מן הקרקע טפח, ונותן עיניו בו; ויש אומרים: אף משגרו במתנה לאנשי ביתו. אמר רבי יוחנן, אנו אין לנו אלא ארבעה בלבד: הדחה, שטיפה, חי, ומלא. [ז] **תלמוד בבלי מסכת פסחים דף קיט עמוד ב:** דרש רב עוירא, זימנין אמר ליה משמיה דרב, וזימנין אמר ליה משמיה דרב אסי: מאי דכתיב ויגדל הילד ויגמל - עתיד הקדוש ברוך הוא לעשות סעודה לצדיקים ביום שיגמל חסדו לזרעו של יצחק. לאחר שאוכלין ושותין נותנין לו לאברהם אבינו כוס של ברכה לברך, ואומר להן: איני מברך, שיצא ממני ישמעאל. אומר לו ליצחק: טול וברך! אומר להן: איני מברך, שיצא ממני עשו. אומר לו ליעקב: טול וברך! אומר להם: איני מברך, שנשאתי שתי אחיות בחייהן, שעתידה תורה לאוסרן עלי. אומר לו למשה: טול וברך, אומר להם: איני מברך, שלא זכיתי ליכנס לארץ ישראל לא בחיי ולא במותי. אומר לו ליהושע, טול וברך! אומר להן: איני מברך, שלא זכיתי לבן, דכתיב: יהושע בן נון נון בנו יהושע בנו. אומר לו לדוד: טול וברך: אומר להן: אני אברך, ולי נאה לברך, שנאמר כוס ישועות אשא ובשם ה' אקרא. [ח] **תלמוד בבלי מסכת תענית דף כב עמוד ב:** וישלח אליו מלאכים לאמר מה לי ולך מלך יהודה לא עליך אתה היום כי אל בית מלחמתי ואלהים אמר לבהלני חדל לך מאלהים אשר עמי ואל ישחיתך. מאי אלהים אשר עמי? - אמר רב יהודה אמר רב: זו עבודה זרה. אמר: הואיל וקא בטח בעבודה זרה - יכילנא ליה. וירו הירים למלך יאשיהו ויאמר המלך לעבדיו העבירוני כי החליתי מאד, מאי כי החליתי מאד? אמר רב יהודה אמר רב: מלמד שעשו כל גופו ככברה. אמר רבי שמואל בר נחמני אמר רבי יונתן: מפני מה נענש יאשיהו - מפני שהיה לו לימלך בירמיהו, ולא נמלך. מאי דרש: וחרב לא תעבר בארצכם, מאי חרב? אילימא חרב שאינה של שלום - והכתיב ונתתי שלום בארץ! אלא, אפילו של שלום, והוא אינו יודע שאין דורו דומה יפה. כי הוה ניחא נפשיה חזא ירמיהו שפוותיה דקא מרחשן, אמר: שמא חס ושלום מילתא דלא מהגנא אמר אגב צעריה. גחין ושמעיה דקא מצדיק עליה דינא אנפשיה, אמר: צדיק הוא ה' כי פיהו מריתי. פתח עליה ההיא שעתא רוח אפינו משיח ה'.

שבע רצון ומלא ברכת ה' שמשם לומדים [ט]**בירושלמי המובא שם בתוספות י' דברים שנאמרו בכוס של ברכה] והוא**

גלא עמיקתא

לאקמא שכינתא מעפרא והן לקביל י' ספירות – וניתן לסדרן בכמה אופנים – וכאן נציע אחד מהם עם באורו בצדו בדרך אפשר: [א] כתר: הדחה– כמובא בתוספות (שם ברכות נ"א ע"א ד"ה שטיפה חי ומלא) מירושלמי סוף פירקין דלמדו מהפסוק "(נפתלי) שבע רצון ומלא ברכת ה'" וכו' רצון– מודח, ורצון היינו כתר. וכן הדח"ה גימ' כ"ב אתוון מכתר לכולהו ספיראן. [ב] מלכות: שטיפה– דשוטפין הכוס מבחוץ כדמפרש בגמרא שטיפה מבחוץ– כוס הוא הכלי למזיגת היין והוא מלכותא קדישא– כו"ס גימ' (86) אלהים כנודע. ושם אלהים לעתים ג"כ במלכות. וכן שטיפ"ה גימ' (404) ד"פ מלוכ"ה. וכפלינן ד"פ בסוד ד' רגלי הכסא– ודוד מלכא משיחא רגל רביעית וכו'. א"נ כפלינן ד"פ בסוד דל"ת שמשמעותו דל ואביון [י]כדאיתא בגמרא שבת ק"ד ע"א הני דרדקי וכו' גימ"ל דל"ת גמול דלים. ופה בספירת המלכות כפלינן ד"פ בסוד מה שכתוב גבי מלכותא קדישא דאיהי "[יא]דלה ועניה דלית לה מגרמה כלום" ר"ת דו"ד מל"ך, [2]ובארנוהו בחושבן במקום אחר. ועולה מכאן: ב' הראשונים בסוד כתר–מלכות. והנה "הדחה –

2. פירוש תהלים מזמור כ"א: פסוק ד': כי תקדמנו ברכות טוב תשית לראשו עטרת פז: גימ' (3688): ד"פ "מלכות בית דוד" (922) [עיין עוד לעיל אופן קנ"א-פרק שירה שאר שבלים ספ"ב] והוא נפלא דרמיזא דכפלינן ד"פ בפסוק ד'. ומקשרא טו"ב שנין טבין דיעקב אבינו ע"ה כדאמרינן לעיל, וכן "ברכות" גימ' (628) ב"פ "ש-די", שמא דשמירת הברית קודש, והוא ב"פ ברית דדוד וברית דיעקב דמיטתו שלמה. א"נ כפלינן ב-ד' והיא את דמלכות "דלה ועניה דלית לה מגרמא כלום" גימ' (1039) "צמיחת קרן לדוד עבדך" ע"ה (תפלת רה"ש). ותרין תיבין אחרנין "עטרת פז" גימ' (766): "תשובה מאהבה"– דבעשי"ת עבדינן ב"ה תשובה מיראה, ובחג הסוכות תשובה מאהבה בחי' מש"כ "וימינו תחבקני" (שה"ש ב',ו') דעוונות נהפכין לזכויות. וזהו ר"ת תשית לראשו עטרת פז אינון פעל"ת– כדכתיב: א'. "מכון לשבתך פעל"ת ה'" (שמ' ט"ו,י"ז). ב'. "כי גם כל מעשינו פעל"ת לנו" (ישעי' כ"ו,י"ב). ג'. "פעל"ת לחוסים בך נגד בני אדם" (תהל' ל"א,כ'). ד'. "פעל פעל"ת בימיהם בימי קדם" (תהל' מ"ד,ב'). ה'. "עוזה א-להים זו פעל"ת לנו" (תהל' ס"ח,כ"ט). ו'. "ומי אמר פעל"ת עולה" (איוב

[ט] **תוספות מסכת ברכות דף נא עמוד א:** שטיפה חי ומלא - ירושלמי דסוף פירקין א"ר אחא שלשה דברים נאמרו בכוס של ברכה מלא עיטור ומודח ושלשתן מקרא נפתלי שבע רצון ומלא ברכת ה' שבע עיטור רצון מודח ומלא כמשמעו. [י] **תלמוד בבלי שבת דף קד עמוד א:** אמרי ליה רבנן לרבי יהושע בן לוי: אתו דרדקי האידנא לבי מדרשא ואמרו מילי דאפילו בימי יהושע בן נון לא איתמר כוותייהו: אל"ף בי"ת - אלף בינה, גימ"ל דל"ת - גמול דלים, מאי טעמא פשוטה כרעיה דגימ"ל לגבי דל"ת - שכן דרכו של גומל חסדים לרוץ אחר דלים. ומאי טעמא פשוטה כרעיה דדל"ת לגבי גימ"ל - דלימציה ליה נפשיה. ומאי טעמא מהדר אפיה דדל"ת מגימ"ל - דליתן ליה בצינעה, כי היכי דלא ליכסיף מיניה. ה"ו - זה שמו של הקדוש ברוך הוא, ז"ח ט"י כ"ל - ואם אתה עושה כן, הקדוש ברוך הוא זן אותך, וחן אותך, ומטיב לך, ונותן לך ירושה, וקושר לך כתר לעולם הבא וכו'. [יא] **כתוב לגבי לבנה ולומדים לענין המלכות:** זוהר פרשת וישב דף קפא עמוד א פתח ואמר (ישעיה נ"ב) הנה ישכיל עבדי ירום ונשא וגבה מאד, זכאה חולקהון דצדיקייא דקודשא בריך הוא גלי לון ארחי דאורייתא למהך בהו, ת"ח האי

כלולה מי' אבל אנו שאנחנו בגלות אין לנו אלא ארבע [כדאיתא שם בגמרא אמר רבי יוחנן אנו אין לנו אלא ארבעה

גלא עמיקתא

שטיפה" סליק לחושבן (426) ו"פ מל"א (71). וכדהבאנו דברי התוספות בשם הירושלמי שהמקור להדחה ושטיפה מברכת יעקב לנפתלי (דברים ל"ג,כ"ג) "ומלא ברכת ה'". [ג] יסוד: חי- כנודע שהצדיק נקרא ח"י- והיסוד עצמו נקרא אבר מת- וזהו סוד [יב]צדיקים במיתתן קרויין חיים. והוא בגמרא (ברכות י"ח

קרא רזא עלאה איהו, הנה ישכיל עבדי ואוקמוה אבל ת"ח כד ברא קודשא בריך הוא עלמא עבד לה לסיהרא ואזער לה נהורהא דהא לית לה מגרמה כלום ובגין דאזעירת גרמה אתנהרא בגין שמשא ובתוקפא דנהורין עלאין ובזמנא דהוה בי מקדשא קיים ישראל הוו משתדלי בקורבנין ועלוון ופולחנין דהוו עבדין כהני וליואי וישראלי בגין לקשרא קשרין ולאנהרא נהורין, ולבתר דאתחרב בי מקדשא אתחשך נהורא וסיהרא לא אתנהירת מן שמשא וכו' [יב] **ספר השל"ה הקדוש - הגהות למסכת פסחים - נר מצוה נח:** שוב יום אחד לפני מותך, על כן צריך האדם לגמול חסד הוא עם עצמו, וצריך האדם להיות מכין עצמו למיתה. בעודו בריא יהיו מוכנים תכריכין שלו מפני כמה טעמים, חדא שאז יכול לעשות אותם בקדושה ובטהרה ובנקיות, על ידי נשים שאינן נדות וכיוצא בהן. ועוד אולי ימות ויקבר ביום טוב על ידי עכו"ם, ואז הם יתעסקו בתכריכיו. ועוד שלא יגרומו עשיית התכריכין שהייה בקבורתו ואין למת מנוחה עד שלעפר ישוב. ועוד שבראות תכריכין שלו יבוא התעוררות בלבו לזכור תמיד ביום המיתה, והתכריכין יעשה מבגד פשתן ממוצע, ולא כאותן המתנהגין בשגעון בו, בוחרים בפשתן המעולים ביותר וביוקר, ובפרק אלו קשרים (שבת קיד, א) רבי ינאי כו', ויהיה לו צוואה כתובה וחתומה ויבחר אדם בבריאותו עת מן העתים שיתבודד ויתודה הוידוי הגדול הזה, ויחשוב בדעתו כאילו היה גוסס. והא לך סדר הוידוי בעודו בריא כשיזכור ביום המות, תנן (אבות ב, י) רבי אליעזר אומר, שוב יום אחד לפני מותך, במסכת שבת (קנג, א) שאלו תלמידיו את רבי אליעזר, וכי אדם יודע איזה יום ימות. אמר להן, וכל שכן ישוב היום שמא ימות למחר, ונמצא כל ימיו בתשובה. ראוי לכל בר דעת לתפוס זה הסדר שאכתוב, ויתנהג כן על כל פנים בכל ערב ראש חודש שהוא יום כפור קטן, ויתענה יום שלם כדין תשעה באב, ובכל החומרות, ויפשפש במאוד במעשיו וידבק עצמו בשכינה, על כל פנים שעה אחת, ויהיה בהסגר, עיניו למטה ולבו למעלה, ויזכור ביום המות וימסור עצמו למיתה באהבה בעת שיהיה רצון עת המיתה מן השם יתברך, ויהיה מלובש בטלית ובתפלין ויעורר את עצמו וזהו נוסח זכרון יום המות, אוי לך הגוף נגוף וגויה עניה ונשמה נשמה ויחידה גלמודה ושכל סכל ואנוש אנושי ואדם מאדמה, מה תקותך ומה תשובתך ביום שכבך בקבר, מדוע התמכרת וזדת ומעמד הזה לא חשבת, ועל מי בטחת איה עוזרך ואיה אוהביך ונאמניך ואיה איפה מכירך יקומו אם יושיעוך בעת רעתך, אתה עשית ואתה תשא, אתה זרעת ואתה תקצור, אתה מאסת ואתה תהיה נמאס, הכנע נפש האולה, דע יסודך והכר את בוראך, ראה ביתך גוש ורמה יכניעוך ותולעים יחלקוך, ורשפי אש שלהבת יאכלוך, על כן זכור את יום הזה יום המר יום תאבד עצתך ונסרח חכמתך, יום ישאוך על כתף יסבלוך ואל ארץ תחתיות ישליכוך ארץ ציה וצלמות חצר מות, שם תיפול עליך אימה ותכסך כלימה ולבושך גוש ורמה, הלא ההוא יום נורא ואיום

ל"ו,כ"ג). ואינון ו"פ פעל"ת בכ"ד ספרים גימ' (3480) י"פ "שמח" (348) דכאשר מבין אדם שהכל הוא פועל השי"ת הרי הוא בא לשמחה שלמה- דהוא בחיקו של השי"ת- היפך כוחי ועוצם ידי- ואז הוא בשמחה ב-י' בחי' דנפשו- ולכן כפלינן מ-ו' היינו ד' רוחות ל-י' כוחות הנפש. ויחד עם המלים הנלוות דהיינו: "פעלת- ה'- לנו - לחוסים- פעל- לנו- עולה" סליקו כולהו לחושבן (1223): י"א (כתרין דמסאבותא) פ' אל"ף (111) (עם ב' הכוללים) רמיזא לכתרא דקדושה דמכנע לי"א כתרין דמסאבותא. הני ד' פסוקין יחד גימ' (9889): י"א פ' "ישמח ישראל" (תהל' קמ"ט,ב') וחזינן דשמחתם של ישראל דשמחין בתורה ומצוות מכניעה להני י"א סטרין אחרנין.

בלבד] הרי שנחלקו הי׳ דברים לו׳ ולד׳ שמאותו טעם לא נכנס משה לארץ ישראל כדי שתהא הי׳ זעירא שאלו בא משה לא״י

גלא עמיקתא

ע״א [יג]**כי החיים יודעים שימותו אלו צדיקים שבמיתתן נקראים חיים שנאמר** (שמואל ב׳ כ״ג,כ׳) **״בניהו בן יהוידע בן איש חי״ וכו׳ אטו כולי עלמא בני מיתה נינהו אלא בן איש חי שאפילו במיתתו קרוי חי וכו׳.** [ד] **תפארת: מלא- וכדאמרינן לעיל ״שטיפה הדחה״ גימ׳** (426) **ו״פ ״מלא״** (71) **דהוא התפארת בריח התיכון המבריח מן הקצה אל הקצה, דהיינו ממלכות דרך היסוד, ועד לכתר- בסוד ״שעשני כרצונו״ גימ׳** (1102) **״ברוך שם כבוד מלכותו״. ואיהו נמי חושבן ״מקצה הארץ ועד קצה הארץ״** (דברים י״ג,ח׳) **דהיינו מקצה ארץ התחתונה- מלכות דעשיה ועד קצה הארץ העליונה- מלכות דאינסוף וזהו שעשנ״י גימ׳** (730) **י״פ חכמ״ה** (73) **כדכתיב** (תהל׳ ק״ד) **״כלם בחכמה עשית״ כרצונ״ו גימ׳** (372) **שב״ע- בחינת בת שבע מלכותא קדישא.** [ה-ו]

יום אשר אין לך פדיון, יום תמרור בכיה תאניה ואניה, יום חרדה וצעקה, יום שוע ונאנקה, יום מספד מר, יום תערוך אבל משמר מול משמר, יום יחרה אף האל וקנאתו ויתכה כאש חמתו, יום תצא הנשמה וישאר הגוף שממה השוכב לבדו ולא יהפך מצדו אל צדו, ואתה בן אדם אל מי תנוס לעזרה או מי יהיה עליך סתרה, הלא אז תאמר אוי לי מה עשיתי ומדוע דבר ה׳ בזיתי, ואחרי שרירות לבי פניתי, על כן בעוד חיים חיותך דע מה אחריתך, ואז תכף ימסור עצמו למיתה כשיהיה רצון אלהים להרג עבור קדושת שמו בכל לב ונפש ומאוד, הן למות על מטתו באהבה כשיהיה רצון אל ויאמר המזמור בסימן כ״ה לדוד אליך ה׳ נפשי אשא כו׳, ואחר המזמור יאמר צדוק הדין פסוק הצור תמים פעלו כי כל דרכיו משפט אל אמונה ואין עול צדיק וישר הוא, ואחר כך יאמר רבונו של עולם, הריני מקבל עלי המיתה בעת בואה על פי רצונך, הנני מקבלה באהבה לשם יחודך הקדוש, ואז יאמר בכל כחו, פירוש בכל כוונתו, כל הסדר הכתוב למעלה, ויעשה צוואה ויבקש מחילה עד צורי וגואלי. ואחר כך תפלת שם של מ״ב אנא בכח גדולת ימינך כו׳. ובסיום התפלה יכרע וישוח ויאמר, רבש״ע, זכיני קודם מותי להתודות לפניך כראוי ככל הנ״ל, ובאם יהיה רצונך ליסרני קודם מיתה בטירוף דעת חס ושלום או בלתי נקיון, אתה צדיק על כל הבא עלי כי אמת עשית ואני הרשעתי, אמנם ה׳ אלהי, הנני מפיל תחנתי לפני כסא כבודך בשברון לב ובהתעוררות רחמים גדולים, שתצרף מחשבה טובה למעשה, ויהיה זה הוידוי שאני מתודה עתה כאילו הייתי מתודהו גם כן לפני מותי מלה במלה ובכוונה גדולה ובבכיה רבה, ויעלה לרצון לפני כסא כבודך, וזכני לנצחיות דביקות נפש רוח ונשמה חיה יחידה, נעימות בימינך נצח אמן סלה וטוב הדבר שהטלית הזה שהוא לובש בהתודתו יהיה שמור ויהיה אתו בתוך הקבר, ובזה יהיה התעוררות להתלבשות נשמתו בבגדי כבוד שלמעלה אמן וכשהוא בריא ומתודה, יהיה נזהר אחר שיתודה הוידוי הזה שיעשה עצמו כאלם שלא ידבר שום שיחה בטילה כאילו היה מת ואינו יכול לדבר, ואף מה שמוכרח לדבר ידבר בנחת גם יקדש ראות עיניו ויהיו עצומים כאילו היה מת, וכן בכל תנועות החיצונים, ומכל שכן כשיבא חטא לידו שיהיה נמנע ממנו כאילו היה מת. גם מחשבתו תהיה נקיה, אבל בעסקה התורה והמצות ומדות טובות חיה יחיה, ועל זה ישים רמז בלבו הצדיקים במיתתן קרויין חיים, ובזה יהיה דבוק באלהים חיים, כי יהיה הוידוי עולה לו כאילו היה מתודה בכל כחו בעת יציאת נשמתו, מאחר שחושב עצמו כמת, וחי לעולם חיי הנצחיים. [יג] **תלמוד בבלי ברכות דף יח עמוד א**: כי החיים יודעים שימותו - אלו צדיקים שבמיתתן נקראו חיים, שנאמר: ובניהו בן יהוידע בן איש חי רב פעלים מקבצאל הוא הכה את שני אראל מואב והוא ירד והכה את הארי בתוך הבור ביום השלג.

הי׳ הי׳ דברים מלאים כוס מלא ברכת ה׳ נמצא שלא הי׳ המקדש חרב ולא הי׳ הקב״ה [יד]מכלה חמתו בעצים ובאבנים.

גלא עמיקתא

נצח והוד: עיטור עיטוף– דאתוון משותפין עי״ט גימ׳ (89) חנוכ״ה. וכדכתיב (איוב כ״ח,ז׳) נתיב לא ידעו עי״ט– ופירשו המפרשים מין עוף [טו]במצודות פירש מין עוף מדברי, וכן פירש [טז]הרלב״ג עיט – עוף. וכולל בתוכו את פורים דפעמיים חנוכ״ה עם הכולל גימ׳ (179) ״ונהפוך הוא״. דכתיב במגילה (ט׳,א׳) ״ונהפוך הוא אשר ישלטו היהודים המה בשונאיהם״. וזהו עיטו״ר לקביל פורים– דאתוון דיליה עי״ט גימ׳ חנוכה עם ו״ר דפורים. עיטו״ף לקביל הוד דהוא חנוכה גימ׳ ג׳ אתוון קדמאין דיליה עי״ט כנ״ל, ויחד עם פ״ו גימ׳ שם אלהים קו השמאל. [ז] בינה: נוטלו בשתי ידיו– ר״ת בי״ן מבינ״ה. כדאמר שלמה (משלי כ״ג,א׳) ״בין תבין את אשר לפניך״ וכו׳. ואיהו חושבן (843) ג״פ רפ״א (281) [יז]דאין הדין נמתק (בבחינת רפואה) אלא בשרשו – בבינה. [ח] חסד: נותנו בימין– כנודע דימין קו החסד כדאיתא בזוה״ק (פתח אליהו תקו״ז יז.) [יח]חסד דרועא ימינא, ופשוט.

[יד] **מדרש תהלים מזמור עט:** [ג] [עט, א] מזמור לאסף אלהים באו גוים בנחלתך. וכי מזמור היה לו לומר, אינו אלא בכייה], וכן כיוצא בדבר אתה אומר ודוד עולה במעלה הזיתים עולה ובוכה (שמואל ב׳ טו ל), וכתיב מזמור לדוד בברחו (תהלים ג א), זהו שאמר הכתוב שמחה לצדיק עשות משפט (משלי כא טו), הצדיקים פורעין ומזמרין להקב״ה, וכן אמר אסף מזמור לאסף אלהים באו גוים וגו׳, משל למלך שהיה לו בן והיה קשה ולא היה שומע לו, מה עשה המלך, כיון שנתמלא חימה נכנס לחופתו של בנו והיה מחתך ומקרע ומשליך את הוילאות עד שנקרעו כולם והשליכן, אמר המלך לא יפה עשיתי שקרעתי חופתו של בני, ואני יכול לעשות יפה ממנה ולא הרגתיו בחמתי, שאם הרגתיו בן אחי היה יורשני, מוטב שירשני בני, כך אמר אסף לא יפה עשה הקדוש ברוך הוא שהפיג חמתו בעצים ובאבנים ולא בבניו, וכן הוא אומר כלה ה׳ את חמתו שפך חרון אפו ויצת אש בציון (איכה ד יא), לכך מזמור לאסף אלהים.

[טו] **מצודת ציון איוב פרק כח פסוק ז:** נתיב - שביל ודרך. עיט - שם עוף מדברי וכן איה. שזפתו - ראתהו כמו עין שזפתו (איוב כ).

[טז] **רלב״ג איוב פרק כח פסוק ז:** עיט - עוף: שזפתו - ראתהו: איה - הוא מין אחד מהעוף.

[יז] **ליקוטי מוהר״ן תורה מא:** ואין דין נמתק אלא בשרשו, ושרש הדינים בבינה, כמ״ש (בזוהר ויקרא י׳ ע״ב) בינה דינין מתערין מינה, אני בינה לי גבורה (משלי ח׳). ושם מ״ב בבינה. נמצא כשממשיך שם מ״ב לתוך עמודים, אזי הדינין נמתקין בשרשם. וזה פי׳ (שמות כ״ז) ווי עמודים וחשוקיהם כסף, פי׳ ע״י חשיקה והתחברות ווי עם עמודים, נעשה פשר, חסד, שנמתקין הדינין.

[יח] **תיקוני זוהר הקדמה דף יז עמוד א:** פתח אליהו ואמר רבון עלמין דאנת הוא חד ולא בחושבן אנת הוא עלאה על כל עלאין סתימא על כל סתימין לית מחשבה תפיסא בך כלל אנת הוא דאפיקת עשר תקונין וקרינן לון עשר ספירן לאנהגא בהון עלמין סתימין דלא אתגליין ועלמין דאתגליין ובהון אתכסיאת מבני נשא ואנת הוא דקשיר לון ומייחד לון ובגין דאנת מלגאו כל מאן דאפריש חד מן חבריה מאלין עשר אתחשיב ליה כאלו אפריש בך ואלין עשר ספירן אינון אזלין בסדרן חד אריך וחד קצר וחד בינוני ואנת הוא דאנהיג לון ולית מאן דאנהיג לך לא לעילא ולא לתתא ולא מכל סטרא לבושין תקינת לון דמינייהו פרחין נשמתין לבני נשא וכמה גופין תקינת לון דאתקריאו גופא לגבי לבושין דמכסיין עליהון ואתקריאו בתקונא דא חסד דרועא ימינא גבורה דרועא שמאלא תפארת גופא

גלא עמיקתא

[ט] גבורה: מגביהו מן הקרקע טפח– סליק לחושבן (728) כ"ח (28) פעמים שם הוי' ברוך הוא (26). כדאמרינן בצלותא דשבת קודש כח וגבורה נתן בהם וכו' בחינת (תהל' קי"א,ו') "כח מעשיו הגיד לעמו" עיין [יט]רש"י בתחלת פירושו על התורה. [י] חכמה: נותן עיניו בו– סליק לחושבן (660) "(ויאמר) כי יד על כס י–ה מלחמה להוי' בעמלק (מדר דר)". והוא במפטיר דפרשת בשלח (שמות י"ז,ט"ז) בצווי על מחית עמלק אחר מלחמת עמלק והארכנו בבאור פסוק זה באופנים רבים. ולפני כן במלחמת עמלק כתיב "והיה כאשר ירים משה ידו" ודרש המגלה עמוקות את יודו– היינו א' זעירא דיליה [כ]צורת יו"ד הרימה השלים כס לכסא ומכניע עמלק כמבואר אצלנו באריכות במקום אחר. ואמרינן בפיוט בר יוחאי "יוד חכמה קדומה" הרי ש–י' בחינת חכמה. ולכן כנגד חכמה– נותן עיניו בו– דסליק לחושבן כי יד על כס י–ה וכו'– שנעשתה המלחמה על ידי והיה כאשר ירים משה ידו – כלומר יודו – י' חכמה כנ"ל. וזהו נותן עיניו בו כדאיתא בגמרא (ברכות נח.) [כא]רב ששת נתן עיניו בו ונעשה גל של עצמות– ורב ששת סגי נהור הוה בחינת רבוי אור. דהחכמה היא כלי לאור הרב דכתר– ולכן היה רב ששת סגי נהור. וזהו ר"ב שש"ת אתוון ששבר"ת– תיבה אחרינא דפרוש רש"י על התורה [כב]דסיים בתיבין ישר כחך ששבר"ת. ששבר"ת חושבן (1202) "בראשית ברא

נצח והוד תרין שוקין ויסוד סיומא דגופא אות ברית קדש מלכות פה תורה שבעל פה קרינן ליה חכמה מוחא איהו מחשבה מלגו בינה לבא ובה הלב מבין ועל אלין תרין כתיב הנסתרות לה' אלהינו כתר עליון איהו כתר מלכות ועליה אתמר מגיד מראשית אחרית ואיהו קרקפתא דתפלי מלגו איהו יו"ד ק"א וא"ו ק"א דאיהו ארח אצילות איהו שקיו דאילנא בדרועוי וענפוי כמיא דאשקי לאילנא ואתרבי בההוא שקיו. **[יט] רש"י בראשית פרק א פסוק א**: בראשית - אמר רבי יצחק לא היה צריך להתחיל את התורה אלא (שמות יב ב) מהחודש הזה לכם, שהיא מצוה ראשונה שנצטוו בה ישראל, ומה טעם פתח בבראשית, משום (תהלים קיא ו) כח מעשיו הגיד לעמו לתת להם נחלת גוים, שאם יאמרו אומות העולם לישראל לסטים אתם, שכבשתם ארצות שבעה גוים, הם אומרים להם כל הארץ של הקדוש ברוך הוא היא, הוא בראה ונתנה לאשר ישר בעיניו, ברצונו נתנה להם וברצונו נטלה מהם ונתנה לנו. **[כ] מגלה עמוקות על א' זעירא דויקרא אופן ע"ח**: רמז הקב"ה בכאן בצורת א' שהיא צורת י' סוד המקוה שהוא סוד שיעור קומה בהיפך אתוון הוקם המשכן אז נשלמה המקוה של מעלה. שיש ר"ם קבין במקוה. לכן

היו ישראל ד' פעמים ס' רבוא שהם ר"ם רבוא. **[כא] תלמוד בבלי ברכות דף נח עמוד א**: רב ששת סגי נהור הוה, הוו קאזלי כולי עלמא לקבולי אפי מלכא, וקם אזל בהדייהו רב ששת. אשכחיה ההוא מינא אמר ליה: חצבי לנהרא, כגני לייא? אמר ליה: תא חזי דידענא טפי מינך. חלף גונדא קמייתא, כי קא אוושא אמר ליה ההוא מינא: אתא מלכא. אמר ליה רב ששת: לא קאתי. חלף גונדא תניינא, כי קא אוושא אמר ליה ההוא מינא: השתא קא אתי מלכא. אמר ליה רב ששת: לא קא אתי מלכא. חליף תליתאי, כי קא שתקא, אמר ליה רב ששת: ודאי השתא אתי מלכא. אמר ליה ההוא מינא: מנא לך הא? אמר ליה: דמלכותא דארעא כעין מלכותא דרקיעא; דכתיב צא ועמדת בהר לפני ה' והנה ה' עבר ורוח גדולה וחזק מפרק הרים ומשבר סלעים לפני ה' לא ברוח ה' ואחר הרוח רעש לא ברעש ה' ואחר הרעש אש לא באש ה' ואחר האש קול דממה דקה. כי אתא מלכא, פתח רב ששת וקא מברך ליה. אמר ליה ההוא מינא: למאן דלא חזית ליה קא מברכת? ומאי הוי עליה דההוא מינא? איכא דאמרי: חברוהי כחלינהו לעיניה, ואיכא דאמרי: רב ששת נתן עיניו בו, ונעשה גל של עצמות. **[כב] רש"י דברים פרק לד פסוק יב**: ולכל היד

החזקה - שקבל את התורה בלוחות בידיו ולכל המורא הגדול - נסים וגבורות שבמדבר הגדול והנורא לעיני כל ישראל - שנשאו לבו לשבור הלוחות לעיניהם, שנאמר (לעיל ט, יז) ואשברם לעיניכם, והסכימה דעת הקדוש ברוך הוא לדעתו, שנאמר (שמות לד, א) אשר שברת, יישר כחך ששברת: **[כג] בני יששכר מאמרי חודש אדר מאמר ב - שקל הקודש, דרוש ו:** ואפשר לומר שזה היה כוונת יוסף בצוותו להשים הגביע באמתחת בנימין [בראשית מד ב], והוא עפ״י מה שכתב הרב הקדוש במגלה עמוקות [עה״ת פר' ויגש, ובואתחנן אופן קע״ב] לדרכו גבי״ע הוא י״ג ע״ב, היינו י״ג מדות חס״ד ורחמים, הנה יש לומר לרמז זה צוה להשים גבי״ע באמתחת בנימין שממנו יצא חוטר ב' גואלים הנ״ל מרדכ״י אסת״ר מספרן גבי״ע היינו י״ג ע״ב, וזהו שאמרו במדרש [ב״ר פצ״ב ט'] בשעה שאמר יוסף ואתם עלו לשלום יצתה בת קול ואמרה שלום רב לאוהבי תורתך [תהלים קיט קסה], והוא ג״כ כמו שכתב הרב הקדוש במגלה עמוקות [אופן קע״ב שם] לדרכו, אית שלום ואית שלום רב, שלום רב היינו בהחשב המ״ם סתומה במספר רבתי היינו ם' דאי״ק בכ״ר שהוא מספר ת״ר, אז יהיה מספר שלו״ם תתקל״ו, י״ג ע״ב (הנרמז בגבי״ע), וזה לדרכינו, שלום רב (כנ״ל יהיה) לאוהבי תורתך, היינו כשיאמרו רק תורת י״ג מדות אפילו ח״ו לא יקיימו בפועל והלכת בדרכיו, רק יזכירו באהבה את

הדברי תורה א״ל רחום וחנון וכו', אזי יושפע עליהם שלום רב כנ״ל, ואין למו מכשול. **[כד] מגלה עמוקות על ואתחנן אופן קע״ב:** ידוע ומפורסמת שיש שלשה מיני תפילין, של רש״י, ושל ר״ת, ושמושא רבא, התפילין של רש״י הם בסוד אימא, והתפילין של ר״ת הם בסוד אבא, ותפילין של שמושא רבא הם בסוד אריך. ושלשתן נרמזו בפסוק א' שמור תם וראה ישר כי אחרית לאיש שלום (תילים לז [תהלים לז לז]), שמור תם, הם תפילין של רבינו תם, שהם בסוד אבא. וראה יש״ר, הם תפילין של רש״י, שהם בסוד אמא. ולכן אמר וראה, כי שם יש איזה השגה, כי בינה נקראת מי דקיימא לשאלה כדאיתא בזוהר (ראשית עמוד יח [זוהר ח״א ד' ע״א]). כי אחרית לאיש שלום, הם תפילין של שמושא רבא (שנקרא רב שר שלום), שהם בסוד אריך שנקרא איש, בסוד ואיש כי ימרט ראשו (ויקרא יג [מ]), שהוא אריך, כי מר״ט ר״ת ״מה ״רב ״טובך (תהלים לא כ) שהוא באריך, ונקרא שלום בסוד שלום רב לאוהבי (תילים קיט [תהלים קיט קסה]), ר״ל במ' גדולה מ' סתומה שעולה שלו״ם כמנין תתקל״ו, שהם סוד י״ג פעמים ע״ב, כי שם הם י״ג מכילין דרחמי שהם חסדים גמורים הנקראים חסד עליון. וז״ש במדרש בראשית (פרשה צב [ב״ר פצ״ב ט']) כשאמר יוסף האיש אשר נמצא הגביע בידו הוא יהיה לי עבד ואתם עלו לשלום (בראשית מד יז), יצאה בת קול שלום רב לאוהבי תורתך, כי

גלא עמיקתא

אלהים״ ותרגם הירושלמי בחכמתא. וכנודע בתחלת השבירה היה באורות העיניים דא״ק, ואכמ״ל. ומוסיפה הגמרא: יש אומרים שדבר נוסף נאמר בכוס: ויש אומרים ״אף משגרו במתנה לאנשי ביתו״ גימ' (1936) אל״ף (1000) י״ג ע״ב (936) כנודע מכתבי האר״י הקדוש מרדכי אסתר גימ' י״ג ע״ב דבפורים מאירים י״ג מכילן דרחמי כולן מלאים בשם ע״ב שם החסד. י״ג ע״ב אתוון גבי״ע בסוד גבי״ע דיוסף. [כג]דבענין גבי״ע דיוסף הביא הבני יששכר דברי רבינו המגלה עמוקות גבי״ע אתוון י״ג ע״ב וכו' וכן כתב רבינו [כד]בפירושו על ואתחנן אופן קע״ב עיין שם. וכידוע יסודא סליק עד לפנימיות הכתר ואף בוקע לעולמות הא״ס עד לעצמות. וכדכתיב ביוסף השייך לספירת היסוד (שמות י״ג,י״ט): ״ויקח משה את עצמות יוסף עמו כי השבע השביע את בני ישראל לאמר, פקד יפקד אלהים אתכם והעלתם את עצמתי מזה אתכם״ גימ' (6827) י״ב פעמים ״רכוש גדול״ (569) כהבטחת הקב״ה לאברהם בברית בין הבתרים (בראשית ט״ו י״ג-י״ד): ״ועבדום וענו אותם ארבע

גלא עמיקתא

מאות שנה וכו' ואחרי כן יצאו ברכוש גדול". ובס"ד נבאר מעט ענין "[כה]ועבדום וענו אותם ארבע מאות שנה". דארבע מאות שנה כנגד [כו]ת' עלמין דכסופין דירתין צדיקיא לעתיד לבוא. וכדכתיב (ישעי' ס',כ') "ועמך כולם צדיקים, לעולם יירשו ארץ"- דהיא ארץ ארבע מאות שקל כסף ביני ובינך מה היא (בראשית כ"ג,י"ד) דאמר עפר"ן גימ' (400) "רע עין" ורמיזא גימ' (400) להני ת' בתי דינין דחציפין בסוד ארבע מאות איש דעשו דאמרו המלאכים ליעקב (בראשית ל"ב,ז'): "וגם הולך לקראתך וארבע מאות איש עמו" והאי חושבן (400) גימ' "ידי עשו" דיצחק לא הכיר ביעקב כי היו ידיו "כידי עשו אחיו שעירות" לשון "שעירים ירקדו שם" (עיין מגלה עמוקות פרשת מקץ). ולעתיד לבוא (עובדיה א',י"ח) "והיה בית יעקב אש ובית יוסף להבה ובית עשו לק"ש" וכו' ק"ש גימ' (400) ארבע מאות כנ"ל. וזהו את זה לעומת זה עשה האלהים (קהלת ז',י"ד): ת' איש דעשו וכו' דרוצים לינוק מאותו מקום גבוה בר.י עלמין דכסיפין- אך הוא שוא, כאמרם (ב"ר ס"ג,ח') [כז]מדוע נקרא שמו עשו הא שוא שבראתי בעולמי. ובספר חסדי דוד (דהוא קצור ספר עץ חיים) הוצאת החיים והשלום מודפס בסופו (דף נ' ע"ב) וזלשה"ק שם: "ת' עלמין דכסופין אלו בחינת הי"ב חורתי (לבן בארמית חיור) מח החכמה המתפשט לצד ימין (דא"א) ומח הבינה לצד שמאל. ו-ד' חורתי אחרים בחינת מח הדעת וכו' מתפשט דרך אחורי הראש דא"א עד רישא דא"א. ומאלו ה-ד' חורתי דמצד אחורי ירתי צדיקיא ת' עלמין דכסופין, דיש בהם

שלום רב שהוא תתקל"ו, הוא סוד גבי"ע, ר"ל י"ג פעמים ע"ב. [כה] **בראשית רבה פרשת לך לך פרשה מג:** ו [יד, יח] ומלכי צדק מלך שלם וגו', הה"ד (תהלים מה) ובת צור במנחה פניך יחלו עשירי עם, ומלכי צדק מלך שלם המקום הזה מצדיק את יושביו, מלכי צדק, אדוני צדק, צדק נקראת ירושלים שנאמר (ישעיה א) צדק ילין בה, מלך שלם, רבי יצחק הבבלי אומר שנולד מהול, הוציא לחם ויין והוא כהן לאל עליון, רבי שמואל בר נחמן ורבנן, רבי שמואל אמר הלכות כהונה גדולה גילה לו, לחם, זה לחם הפנים, ויין אלו הנסכים, ורבנן אמרי תורה גילה לו שנאמר (משלי ט) לכו לחמו בלחמי ושתו ביין מסכתי, והוא כהן לאל עליון, רבי אבא בר כהנא אמר כל יין שכתוב בתורה עושה רושם חוץ מזה, א"ר לוי אף זה לא יצאנו מידו שמשם קרא עליו ועבדום וענו אותם ארבע מאות שנה. [כו] **הון עשיר מסכת שבת פרק כד:** שבת מתחיל ביוד ומסיים בתיו בגי' קדוש, כי יום שבת קדוש הוא כדכתיב (שמות כ, ז) זכור את יום השבת לקדשו. ועוד י' כנגד עשרת הדברות שבהם כל התורה כלולה, והמשמר את השבת כאילו קיים כל התורה, ומעיד על חדוש העולם שנברא בעשרה מאמרות, והתיו היא האות שנכתבה על מצחות האנשים החוטאים בחרבן הבית (יחזקאל ט, ד. שבת נה א) שחלול שבת גרמו כמשאז"ל (שם קיט ב) על פסוק (שם כב, כו) ומשבתותי העלימו עיניהם. ועוד היוד בו נברא העולם הבא (מנחות כט ב) ועליו נאמר ארבע מאות שקל כסף. דפירש בזהר (תוספתא חיי קכג ב) ת' עלמין דכסופא, הרי כי שני האותיות מורים על העולם הבא, שיום שבת הוא בדמותו וצלמו כמשאז"ל (עי' ברכות נז ב). [כז] **בראשית רבה פרשת תולדות פרשה סג:** כלו כאדרת שער אמר רבי חנינה כולו ראוי לאדרת, רבנן דרומאי בשם ר' אלכסנדרי ורחבה בשם ר' אבא בר כהנא אמר יצא כולו מפוזר ומפורד כאדרת לזורתו כמוץ וכקש מאדרא, הה"ד (דניאל ב) באדין דקו כחדא פרזלא וגו' והוו כעור מן אידרי קיט, רבי חנינא בר יצחק אמר מי גרם להם להעשות כעור מן אדרי קיט על שפשטו ידיהם באדירים, ויקראו שמו עשו, הא שוא שבראתי בעולמי, אמר ר' יצחק אתון קריתון לחזירתכון שם אף אנא קורא לבני בכורי שם, כה אמר ה' בני בכורי

גלא עמיקתא

ד' יודין וכ"א כלולה מ-י' הרי ת'. וכשנמשכין ד' חיוורתי הנזכרין עם רישא דז"א נעשין י"ג ת"ד דז"א כי אין בדיקנא דיליה רק ט' תקונים. וכשנמשך ה-ד' חיוורתי הנזכר דרך אחורי רישא דז"א מכין בעורפו [דמתמן יניקת פרע"ה אתוון הער"ף, ומהאי בחינה לקו המצרים כדאיתא בספה"ק, וד"ל] ויוצא הארתם עד צד הפנים ונשלמים הי"ג ת"ד דיליה ע"י שנבקע יסוד דאמא [בסוד (שמות י"ד,כ"א) "ויבקעו המים" גימ' (289) "א' זעירא"] ומתגלים כל ה-ד' מוחין שהם חו"ב חו"ג וכו'. עד כאן דברי קדשו. וזהו דכולא פסוקא הנ"ל (שמות י"ג,י"ט): "ויקח משה את עצמות יוסף עמו כי השבע השביע את בני ישראל לאמר, פקד יפקד אלהים אתכם והעלתם את עצמתי מזה אתכם" סליק לחושבן י"ב פעמים "רכוש גדול" בסוד הני י"ב חיוורתי דמתמן נתהוו ת' עלמין דכסיפין מהכאת קוצא דשערי דא"א בעורף ז"א כנ"ל. וזהו "קוצא דשערי" גימ' (779) א"ם (41) פעמים חו"ה (19) דכתיב בחוה (בראשית ג',כ'): "[כח]ויקרא [רמיזא א' זעירא דויקרא] את שמה חוה כי היא היתה אם כל חי". וחזינן דנמשכת

ישראל. [כח] **זוהר שמות פרשת תרומה דף קלז עמוד א:** רתיכא עלאה אתקרי ימים יום ליום, רתיכא תתאה אקרי לילות לילה ללילה, יחוה דעת יחוה יחיה, יחיה תולדין דאינון (נ"א באינון) שמים, ואי תימא יחוה לאו יחיה, ת"ח כתיב (בראשית ג) ויקרא האדם שם אשתו חוה כי היא היתה אם כל חי, חוה וחיה במלה חדא סלקין, ועל דאסתלק (נ"א דא אסתלק) י' ועייל ו' דאיהו כדקא יאות דהא ו' איהו חיין ודאין, ועל דא חוה וחיה י' (ס"א זעירא נטלא) נטלא חיין מן ו', אוף הכא יחוה יחיה, דעת דא איהו רזא דשמים, מה שמים שית סטרין אוף הכא שית סטרין באינון תולדין דקא יחיה כגוונא דיליה ועל דא יום ליום אתכליל בדרגא עלאה אמ"ר, ולילה ללילה ברזא דדכורא דקא נהיר לה דאיהו שמיה (נ"א שמים) דעת ובגין דהאי אמר רזא עלאה איהו ולא כשאר אמירן אהדר קרא עליה ואמר אין אמר ואין דברים כשאר אמירן דעלמא, אלא האי אמר רזא עלאה איהו בדרגין עלאין דלית תמן אמירן ודברים ולא אשתמעו כשאר דרגין דאינון רזא דמהימנותא דאינון קלא דמשתמע אבל הני לא (בראשית נ) אשתמעו לעלמין והיינו דכתיב בלי נשמע קולם, אבל בכל הארץ יצא קום, אף על גב דאינון טמירין עלאין דלא אתיידעו לעלמין נגידו ומשיכו דלהון אתמשך ואתנגיד לתתא, ובגין ההוא משיכו אית לן מהימנותא שלימתא בהאי עלמא וכל בני עלמא משתעו רזא דמהימנותא דקודשא בריך הוא באינון דרגין כאילו אתגליין ולא הוו טמירין וגניזין והיינו ובקצה תבל מליהם מרישא דעלמא עד סייפי עלמא משתעאן אינון חכימי לבא באינון דרגין גניזין אף על גב דלא אתיידעו, אבל במה אשתמודען בגין דלשמש שם אהל בהם בגין שמשא קדישא דאיהו משכנא מאינון דרגין עלאין קדישין ואיהו נהורא דנטיל כל נהורין גניזין וההוא משיכו דלהון ובגיניה אתחזי מהימנותא בכל עלמא, מאן דנטיל לשמשא כמאן דנטיל לכלהו דרגין, בגין דשמשא איהו אהל דאתכליל בהון ונטיל כלא ואיהו נהיר לכל אינון גווני נהורין לתתא, ועל דא והוא כחתן יוצא מחפתו בנהירו ונציצו דכל נהורין גניזין דכלהו בתיאובתא ברעותא שלים יהבי ליה רעותייהו ונהירו דלהון כמה דלחתן אית רעו ותיאובתא דכלה (נ"א דכלהו) למיהב לה נבזבזן ומתנן, ועל דא והוא כחתן יוצא מחפתו, מאן חפתו, דא עדן, ורזא דא (שם ב) ונהר יוצא מעדן, עדן דא איהו חופא דחפיא על כלא, ישיש כגבור, ישיש מסטרא דאור קדמאה דלא אשתכח ביה דינא כלל, כגבור מסטרא דגבורה, ואף על גב דגבורה איהי דינא שלים כגבור כתיב ולא גבור בגין דאמתיק דינא בחסד ונטיל כלא כחדא בתיאובתא ורעותא שלים וכל דא לרוץ ארח כמה דאת אמר (ישעיהו מג) הנותן בים דרך לאשקאה ולאשלמא נהירו דסיהרא בכל סטרין (רטו א) ולמפתח בה ארח לאנהרא לתתא, מקצה השמים מוצאו מסייפי אלין שמים עלאין דקאמרן איהו

אפיק בגין דבסיומא דגופא איהו אפיק ובההוא אתר אשתמודע בין דכר לנוקבא, ודא הוא דכתיב (דברים ד) ולמקצה השמים ועד קצה השמים, קצה השמים דא (ר א) עלמא עלאה, ולמקצה השמים דא (מלכא ד) שלמא דיליה, כמה דהאי נטיל כל נהורין וכלהו ביה, אוף הכי האי נטיל כל נהורין וכלהו ביה ואיהו נפיק מקצה השמים [**כט**] **ויקרא רבה פרשת אחרי מות פרשה כב:** רבי נחמיה אמר ויתרון ארץ בכל היא אפי' דברים שאתה רואה אותן יתרון למתן תורה כגון הלכות ציצית תפילין ומזוזה אף הן בכלל מתן תורה שנאמר (דברים ט) ויתן ה' אלי את שני לוחות האבנים כתובים באצבע אלהים ועליהם ככל הדברים ריב"ל אמר ועליהם ככל הדברים וכתיב כל המצוה אשר אנכי וגו' כל ככל דברים הדברים מצוה המצוה מקרא משנה הלכות תלמוד תוספתות אגדות ואפי' מה שתלמיד ותיק עתיד לומר לפני רבו כלן נאמרו למשה בסיני שנאמר (קהלת א) יש דבר שיאמר ראה זה חדש הוא חבירו משיב עליו כבר היה לעולמים. [ל] **רש"י דברים פרק א' פסוק י"א:** יוסף עליכם ככם אלף פעמים - מהו שוב ויברך אתכם כאשר דבר לכם, אלא אמרו לו משה אתה נותן קצבה לברכתינו, כבר הבטיח הקדוש ברוך הוא את אברהם (בראשית יג, טז) אשר אם יוכל איש למנות וגו', אמר להם זו משלי היא, אבל הוא יברך אתכם כאשר דבר לכם. [**לא**] **תלמוד בבלי מסכת יומא דף פו עמוד ב:** אבל הקדוש ברוך הוא, אדם עובר עבירה בסתר - מתפייס ממנו בדברים, שנאמר קחו עמכם דברים ושובו אל ה', ולא עוד אלא שמחזיק לו טובה, שנאמר וקח טוב, ולא עוד אלא שמעלה עליו הכתוב כאילו הקריב פרים, שנאמר ונשלמה פרים שפתינו. שמא תאמר פרי חובה - תלמוד לומר ארפא

גלא עמיקתא

מבחינת קוצא דשערי דמכה באחורי ז"א מתמן ויבן את הצלע בסוד הנסירה. ולכן נשים מצוות לכסות שערן דנוצרו מהכאת קוצא דשערי באחורי ז"א דהן דינים קשים. ונמשך מבאורנו בהבנת דברי הגמרא ויש אומרים אף משגרה במתנה לאנשי ביתו דהוא לקביל עולמות דאינסוף דמתמן השתלשלשה התורה הקדושה בחינת אנכ"י ועד לפרטי פרטות דתורה שבעל פה דכל מה שעתיד תלמיד ותיק לחדש כבר ניתן למשה מסיני (ירושלמי פאה ב',ו'). והוא גם כן [כט]בויקרא רבה אחרי מות פרשה כ"ב וזה לשון המדרש: "לוי אמר ועליהם ככל הדברים, וכתיב (דברים ח',א') "כל המצוה אשר אנכי" וכו' כל ככל דברים הדברים מצוה המצוה, מקרא משנה הלכות תלמוד תוספתות אגדות ואפילו מה שתלמיד ותיק עתיד לומר לפני רבו כלן נאמרו למשה בסיני שנאמר (קהלת א',י') יש דבר שיאמר ראה זה חדש הוא, חברו משיב עליו (שם) כבר היה לעולמים" וכו'. עד כאן לשון המדרש. מש"ה ר"ת "מחלקת שמאי הלל" גימ' (1000) "תלמיד ותיק". ואיהו נמי חושבן (1000) "מטטרו"ן שר הפנים" ר"ת מש"ה. וכדאמר משה (דברים א',י"א) "ה' אלהי אבותיכם יוסף עליכם ככם אלף פעמים"–[ל]אלו מדילי וכו' כדאיתא במדרש ומובא בפרש"י שם. ורמיזא אף משגר במתנה לאנשי ביתו: א"ף גימ' (81) אנכ"י ס"ת אף משגרו במתנה לאנשי ביתו גימ' (107) "אנכי הוי'" דפותח עשרת הדברות (שמות כ',ב'–פרשת יתרו) "אנכי הוי' אלהיך" ובאור הענין דמשה רבינו המתיק חרון אף מעל ישראל בהורידו להם לוחות הברית הפותחים בתיבת אנכ"י כנודע מש"ה גימ' (345) חרו"ן א"ף וזהו דמסיים אופן ע"ה דיליה דנחלקו ה–י' ל–ו' ד' וכו' וכן בגמרא ברכות הנ"ל (נ"א ע"א): א"ר יוחנן אנו אין לנו אלא ארבעה בלבד: "הדחה – שטיפה – חי – מלא" גימ' (515) תפל"ה באור הענין: [לא]דתפלות כנגד קרבנות תקנום כדכתיב (הושע י"ד,ג') "ונשלמה פרים שפתינו" ואין לנו בית מקדש ולא

גלא עמיקתא

מלך ולא מלכות ואנן בגלותא ושכינתא בגלותא. וכמסופר בעליה מצפת למירון לפני שנים רבות ראו אשה זקנה שקשה עליה הליכתה, וטרחה ועלתה עד לציונו הקדוש דרשב"י, ומשהגיעה אמרה אך זאת: רבי שמעון, שכינתא בגלותא! וחזרה על עקבותיה והלכה כלעומת שבאה. והוא נורא ויש לזעוק השכם והערב ולפלפל בגימטריא ובא"ת ב"ש ובכל החילופים האפשריים ולהכפילם זה בזה וכו' "[לב]שכינתא בגלותא" גימ' (1223) "[לג]אתערותא דלעילא" ויהי רצון דנזכה בזכותיה דרבי "שמעון בר יוחאי" גימ' (703) שבת"א. ותיבה

משובתם אהבם נדבה. תניא, היה רבי מאיר אומר: גדולה תשובה, שבשביל יחיד שעשה תשובה מוחלין לכל העולם כולו, שנאמר ארפא משובתם אהבם נדבה כי שב אפי ממנו. מהם לא נאמר, אלא ממנו. [לב] **זוהר שמות פרשת ויקהל דף רטז עמוד ב:** ורזא דא יהיה כמה דאת אמר (זכריה יד) יהיה יי' אחד ברזא דיהיה, י' ליחדא ולאתדבקא בה' דאיהו היכלא פנימאה לאתר (נ"א אתר) גניזו דהאי נקודה עלאה דאיהי י' ודא איהו רזא (צח א) ידו"ד אלהינו, אלין תרין אתוון (נ"א שמהן) דאינון י"ה, ולאכללא כל שייפין בההוא אתר דנפקו מניה דאיהו היכלא פנימאה לאתבא מלין לאתריה לעקרא ויסודא ושרשא דלהון עד ההוא אתר דשרשא דברית, ולבתר אינון תרין אתוון אחרנין (דאיהו יה) ליחדא ולאתדבקא י' בה', י' איהו רזא דברית קדישא, והאי ה' איהו היכלא, אתר גניזו דהאי רזא דברית קדישא דאיהו י', ואף על גב דאוקימנא דאיהו ו' תניינא, אבל י' רזא דיליה ליחדא לון כחדא, אחד לייחדא מתמן ולעילא כלא כחדא ולסלקא רעותא לאתקשרא כלא (מתתא לעילא) בקשורא חד לסלקא רעותיה בדחילו ורחימו לעילא לעילא עד אין סוף ולא ישתבק רעותא מכל אינון דרגין ושייפין אלא בכלהו יסתלק רעותיה לאדבקא לון ולמיהוי כלא קשורא חדא באין סוף ודא הוא יחודא דרב המנונא סבא דאוליף מאבוי ואבוי מרביה עד פומא דאליהו ושפיר איהו ויחודא בתקונא, ואף על גב דאנן אוקימנא להאי בכמה רזין כלהו רזין סלקין לחד, אבל רזא דא אשכחנא בספריה ושפיר איהו ויחודא בתקונא, והא אנן ביחודא דרזא אחרא אתערנא מלין ואיהו שפיר ויחודא כדקא חזי והכי הוא, אבל יחודא דא יחודא בתקונא ודא איהו יחודא דרב המנונא סבא, ותו הוה אמר מאן דרעותיה לאכללא כל רזין דיחודא במלה דאחד שפיר טפי, ולהכי אנן מאריכין באחד לסלקא רעותיה מעילא לתתא

ומתתא לעילא למהוי כלא חד, אבל ברזא דא יהי"ה סימנא (נ"א בעלמא) איהו להאי, והא דתנינן אחד (למהוי ד') רזא עילא ותתא וארבע סטרין דעלמא הכי הוא ליחדא עילא ותתא כמה דאתמר (ס"א ולארבע) וארבע סטרין דעלמא אלין אינון רזא רתיכא עלאה עלאה לאתכללא כלא כחדא בקשרא חדא ביחודא חדא עד אין סוף כמה דאוקימנא, רזא לאדכרא יציאת מצרים לבתר בגין דהות שכינתא בגלותא ובזמנא דאיהי בגלותא לאו איהו חבורא לאתחברא דא בדא עלמא תתאה בעלמא עלאה ולאחזאה חירו דההיא גאולה דהות בכמה אתין בכמה נסין דעבד קודשא בריך הוא ואצטריך ההוא פורקנא לאתדכרא ולאתחזאה דאף על גב דהות בגלותא השתא חירו אית לה מיומא דאינון קשרין במצרים אשתריאו, אינון אתין ונסין אתעברו, ואצטריך לאחזאה חירו דילה בגין דאתחברא בבעלה ובגין לאסמכא גאולה לתפלה למהוי כלא חד בלא פרודא ולא לאחזאה תרוכין וסימנך (ויקרא כא) ואשה גרושה מאישה לא יקחו, ואי תימא והא בגלותא איהי והא אתתרכת, לאו הכי אלא ודאי בגלותא איהי לדיירא עמהון דישראל ולאגנא עלייהו אבל לא אתתרכת, והא שכינתא לא אתחזי בבית ראשון ובבית שני עד דלא גלו ישראל סלקא לעילא ולבתר איהי שויאת מדורה עמהון אבל תרוכין לא הות לעלמין ובגין דא בעי לאחזאה פורקנא דאית ביה ארבע גאולות ורזא הכא בשעתא דנפקא שכינתא בגלותא דמצרים תבעת מקודשא בריך הוא דיפרוק לה השתא ד' זמנין דאינון ד' גאולות לקבל ארבע גליות, בגין דתהא בת חורין ולא תהא מתתרכא ובההיא שעתא קיימא ואתפרקת ארבע גאולות בההיא יציאת מצרים והשתא דאצטריכת בתקונהא לאתחברא בבעלה אצטריך לאחזאה ההיא גאולת מצרים דאית בה ארבע גאולות [לג] **זוהר בראשית פרשת לך לך דף פו עמוד ב:** במה עביד מישרים בגין דכד ברא

קודשא בריך הוא עלמא לא הוה קאים והוה מתמוטט להכא ולהכא, א"ל קודשא בריך הוא לעלמא מה לך דאת מתמוטט, א"ל רבונו של עולם לא יכילנא למיקם דלית בי יסודא על מה דאתקיים א"ל הא אנא זמין למיקם בך חד צדיק דאיהו אברהם די ירחים לי מיד קאים עלמא בקיומיה הדא הוא דכתיב (בראשית ב') אלה תולדות השמים והארץ בהבראם אל תקרי בהבראם אלא באברהם, באברהם מתקיים עלמא, אמר רבי חייא (ישעיה מ"ה) מגיד מישרים דהא אתיב ליה עלמא לקודשא בריך הוא ההוא אברהם זמין הוא דיפקון מניה בגין דיחריבו מקדשא ויוקידו אורייתא, (נ"א לנפקא מניה ישמעאל א"ל הא יצחק א"ל זמין למיפק מניה עשו חייבא דיחרב בי מקדשא ויוקיד אורייתא) אמר ליה זמין חד בר נש למיפק מניה דאיהו יעקב ויפקון מניה תריסר שבטין כלהו זכאין, מיד אתקיים עלמא בגיניה הדא הוא דכתיב מגיד מישרים, ר' אלעזר אמר הא אתערנא וידבר ויגד ויאמר כלהו לטעמייהו מתפרשן, וידבר איהו באתגליא דרגא לבר דלא איהו דרגא פנימאה כאינון דרגין עלאין ודא איהו (שם) דובר צדק, ויגד איהו רמז לדרגא פנימאה עלאה דשלטאה על דבור ודא הוא מגיד מישרים, מאן מישרים דא דרגא עלאה דיעקב שרייא ביה הדא הוא דכתיב (תהלים צ"ט) אתה כוננת מישרים, ובגין כך מגיד כתיב ולא כתיב דובר, א"ר יצחק והא כתיב (דברים ד') ויגד לכם את בריתו, א"ל הכי הוא ודאי איהו דרגא דשלטא על תתאה דאיהו דובר צדק וכלא (בה) איהו (נ"א לאשתלא איבא) לאסתכלא (איכא) הכא, (נ"א אתיא), ת"ח דאף על גב דדבור איהו תתאה לא תימא דלאו עלאה איהו אלא ודאי דבור מלייא איהו מכלא ודרגא עלאה

גלא עמיקתא

שבת"א עצמה נוטריקון שכינתא בגלותא. ואתוון דנותרו (חוץ מאתוון שבת"א) סליקו לחושבן (520) "משיח בן דוד עבדך" **יבוא ויגאלנו מגלותנו הארוך והחשוך** בבחינת (תהל' קמ"ג,ג') במחשכים הושיבני בעגלא דידן ובזמן קריב ונאמר אמן. והנה הני ד' דברים מכוס של ברכה שנותרו כדאמר רבי יוחנן שם בגמרא **אנו אין לנו אלא ארבעה** אלו: הדחה, שטיפה, חי, מלא. **אינון** לקביל עמודא דאמצעיתא בספיראן לפי באורנו: כתר – מלכות –יסוד – תפארת ולכן יש להזהר בכוס של ברכה דלא יהיה בחינת חד סמכא ח"ו כדוגמת מקרה המלכים (עיין בראשית ל"ו–פרשת וישלח). ושאר ששת הדברים שאינם נוהגים כיום יחד עם השביעי דכל השביעין חביבין: **אף** משגרו במתנה לאנשי ביתו– [לד]**אשתו**

איהו וסימניך (שם ל"ב) כי לא דבר רק הוא מכם, רבי אלעזר הוה אזיל לבי חמוי והוו עמיה רבי חייא ורבי יוסי ורבי חזקיה אמר רבי אלעזר הא חמינא דאתערותא דלעילא לאו איהו אלא כד אתער לתתא דהא אתערותא דלעילא בתיאובתא דלתתא תליא (מלתא), פתח ואמר (תהלים פ"ג) אלהים אל דמי לך אל תחרש ואל תשקוט אל דא הוא אתערותא דלתתא בגין לשלטאה, אמר דוד אלהים אל דמי לך לאתערא לגבי עלאה ולאתחברא גבי ימינא מאי טעמא בגין (שם) כי הנה אויביך יהמיון וגו (וכתיב) כי נועצו לב יחדיו עליך ברית יכרותו ובגין כך אלהים אל דמי לך לאתערא לגבי עילא דהא כדין אתערת ימינא וקטירת לה בהדה, וכד אתקשרת בימינא כדין אתבר שנאין דכתיב (שמות ט"ו) ימינך יי' נאדרי בכח ימינך יי' תרעץ אויב, ותא חזי בשעתא דאתחברו כל אינון מלכין לאגחא קרבא עליה דאברהם אתייעטו לאעברא ליה מן עלמא וכיון דשלטו בלוט בר אחוה דאברהם מיד אזלו דכתיב ויקחו את לוט ואת רכושו בן אחי אברם וילכו, מ"ט בגין דדיוקניה דלוט הוה דמי לאברהם ובגין כך וילכו דכל ההוא קרבא בגיניה הוה, מאי טעמא בגין דהוה אברהם אפיק בני עלמא מפולחנא נוכראה ואעיל לון בפולחנא דקודשא בריך הוא ותו קודשא בריך הוא אתער לון בעלמא בגין לגדלא שמא דאברהם בעלמא ולקרבא ליה לפולחניה, ורזא דמלה כיון דאברהם אתער למרדף אבתרייהו כדין אלהים אל דמי לך עד דאתקשר כולא באברהם וכד אתקשר כולא באברהם כדין אתברו כלהו מלכין מקמיה כדקא אמרן כתיב ימינך יי' תרעץ אויב וגו': **[לד] תלמוד בבלי יומא דף ב עמוד א**: משנה. שבעת ימים קודם יום הכפורים מפרישין כהן גדול מביתו

ללשכת פרהדרין, ומתקינין לו כהן אחר תחתיו, שמא יארע בו פסול. רבי יהודה אומר: אף אשה אחרת מתקינין לו, שמא תמות אשתו. שנאמר וכפר בעדו ובעד ביתו, ביתו זו אשתו. אמרו לו: אם כן אין לדבר סוף. [לה] **זוהר פרשת בראשית דף כד עמוד א:** ובגין דא תקינו הבוחר בעמו ישראל באהבה ואינון כלילן באברהם דאתמר ביה זרע אברהם אוהבי (עיין בסוף הספר מה שחסר כאן) ישראל דסליק ביו"ד ה"א וא"ו ה"א ורזא דמלה ישראל עלה במחשבה להבראות מחשבה חש"ב מ"ה וביה תשכח שמא קדישא ובגין יעקב דאיהו ישראל אתמר ויברא אלהים את האדם בצלמו בדיוקנא דמאריה וכו' [לו] **בראשית רבה פרשת וירא פרשה נד:** ו [כא, לג] ויטע אשל בבאר שבע וגו', רבי יהודה ורבי נחמיה, רבי יהודה אמר אשל פרדס, שאל מה תשאל תאנים וענבים ורמונים, ר' נחמיה אמר אשל פונדיק שאל מה תשאל, עיגולא, קופר, חמר, ביעין, רבי עזריה בשם ר' יהודה בר סימון אשל סנהדרין, היך מה דאת אמר (שמואל א כב) ושאול יושב בגבעה תחת האשל ברמה, על דעתיה דרבי נחמיה דאמר אשל פונדיק אברהם היה מקבל את העוברים ואת השבים ומשהיו אוכלין ושותין אמר לון בריכו והן אמרין מה נימור ואמר להון ברוך אל עולם שאכלנו משלו, הה"ד (בראשית כא) ויקרא בשם ה' אל עולם, ויגר אברהם בארץ פלשתים ימים רבים, רבים מאותן שעשה בחברון, בחברון עשה עשרים וחמש שנה וכאן עשה עשרים ושש שנים. [לז] **מדרש תנחומא פרשת לך לך:** (יב) [טו, א] אחר הדברים האלה, זש"ה רשע עושה פעולת שקר וזורע צדקה שכר אמת (משלי י"א) רשע עושה פעולת שקר זה נמרוד הרשע שהיה עושה צלמים ומטעה הבריות שנמשלה עבודת עכו"ם לשקר שנאמר (ירמיה י) נבער כל אדם מדעת הוביש כל צורף מפסל כי שקר נסכו ולא רוח בם, וזורע צדקה שכר אמת זה אברהם שזרע צדקה והיה מאכיל עוברים ושבים שנאמר ויטע אשל בבאר שבע ויקרא שם בשם ה' אל עולם (ברא' כ"א), לאחר שהיה מאכילן ומשקן היו מברכין אותו, ואמר להם לי אתם מברכין ברכו לבעל הבית שנותן לכל הבריות אוכל ומשקה ונותן בהם רוח, והיו אומרים לו היכן הוא, אמר להם שליט בשמים ובארץ וממית ומחיה מוחץ ורופא, צר את העובר במעי אמו ומוציאו לאויר עולם מגדל צמחים ואילנות מוריד שאול ויעל, כיון שהיו שומעין כך היו שואלין כיצד נברך אותו ומחזיקין לו לטובה, היה אומר להם אמרו ברוך ה' המבורך לעולם ועד ברוך נותן לחם ומזון לכל בשר, והיה מלמדם ברכות וצדקות, הוא שאמר הכתוב ואת הנפש אשר עשו בחרן א"ר אלכסנדרי אלמלא נתכנסו כל הבריות לעשות יתוש אחד אין יכולין לעשות, ומהו הנפש אשר עשו, שהיה מלמדן יראת שמים ומורה להן את התורה, אמר לו הקדוש ברוך הוא אתה זרעת את הצדקה והודעתני בעולם שכר אתה נוטל שנאמר שכרך הרבה מאד.

גלא עמיקתא

זו ביתו (תחלת יומא) מתחלקים כדלקמן, דהוא בחינת הלעתיד לבוא: "עיטור – עיטוף – נוטלו בשתי ידיו" סליקו לחושבן (1313) "תחית המתים" וכדאמרינן דאינון בספיראן נצח והוד בחינת אור הגנוז דחנוכה ונהפוך הוא דפורים– ענין תחית המתים– דהוא תכלית ענין ונהפוך הוא– מתים קמים לתחיה. וכן נוטלו בשתי ידיו לקביל ספירת הבינה כתרא דז"א בחינת האלף השמיני דבינה היא ספירה שמינית מתתא לעילא כנודע. "נותנו בימין (חסד דרועא ימינא כנ"ל) – מגביהו מן הקרקע טפח – נותן עיניו בו – אף משגרו במתנה לאנשי ביתו" סליקו כולהו לחושבן (3948): ד"פ "ואתם הדבקים בה' אלהיכם חיים כלכם היום" (דברים ד',ד') (987) דנזכה במהרה בימינו לתחית המתים ולהיות דבוקים בו יתברך ביחוד נפלא דבורא ונברא כדאיתא בזוהר הקדוש [לה]ד"ישראל עלה במחשבה" גימ' (1003) "[לו]ויטע אשל בבאר שבע" (בראשית כ"א,ל"ג) ואז "[לז]ויקרא [רמיזא א' זעירא דויקרא] שם בשם ה' אל עולם" גימ' (1202) "בראשית ברא

גלא עמיקתא

אלהים" (תחלת התורה הקדושה) דהכל חוזר לשרשו באופן מתוקן דסוף מעשה במחשבה תחלה "ישראל עלה במחשבה" גימ' (1003): (תתן) "אמת ליעקב חסד לאברהם" (סוף מיכה) ודרשו חז"ל "ויאמר אלהים יהי אור ויהי אור" זה אברהם שנאמר בו (ישעי' מ"א,ב') "מי העיר ממזרח צדק יקראהו לרגלו" [לח]אל תיקרי העיר אלא האיר מלשון אור זה אברהם אבינו שהאיר את העולם כולו באור האמונה– שנקרא [לט]ראש למאמינים וזהו "לאברהם" גימ' (278) "אור הגנוז" דנזכה לגלויו ונגלה כבוד הוי' וראו כל בשר יחדו כי פי ה' דבר, ומלאה הארץ דעה את ה' ובלע המות לנצח, אמן נצח סלה ועד. ויש לקשר כוס של ברכה לימות המשיח דאיתא בגמרא (פסחים קיט:) [מ]דלעתיד לבוא הקב"ה יערוך סעודה גדולה לצדיקים ויתן הכוס של ברכה לאברהם ויאמר איני כדאי לברך וכן ליצחק וליעקב ולמשה וכו' עד שיתן הכוס לדוד מלכא משיחא ויאמר לו טול וברך– ואז דוד המלך יאמר לי נאה לברך שנאמר (תהל' קט"ז,י"ג) "כוס ישועות אשא ובשם ה' אקרא". והנה

[לח] **בראשית רבה פרשת בראשית פרשה ב: ג** רבי יהודה בר סימון פתר קריא בדורות, והארץ היתה תהו ובהו, זה אדם הראשון שהיה ללמה ולא כלום, ובהו זה קין שבקש להחזיר את העולם לתוהו ובוהו, וחושך זה דורו של אנוש על שם (ישעיה כט) והיה במחשך מעשיהם ויאמרו מי וגו', על פני תהום, זה דור המבול שנאמר (בראשית ז) ביום הזה נבקעו כל מעינות תהום, ורוח אלהים מרחפת על פני המים על שם ויעבר אלהים רוח על הארץ, אמר הקדוש ברוך הוא עד מתי יהא העולם מתנהג באפילה תבא האורה, ויאמר אלהים יהי אור זה אברהם הה"ד (ישעיה מא) מי העיר ממזרח צדק וגו' אל תקרא העיר אלא האיר, ויקרא אלהים לאור יום זה יעקב, ולחשך קרא לילה זה עשו, ויהי ערב זה עשו, ויהי בקר זה יעקב, ויהי ערב, ערבו של עשו, ויהי בקר, בוקרו של יעקב, יום אחד שנאמר (זכריה יד) והיה יום אחד הוא יודע לה' לא יום ולא לילה וגו', דבר אחר יום אחד, שנתן לו הקדוש ברוך הוא ואיזה זה יום הכפורים.

[לט] **ליקוטי מוהר"ן תורה כח: ב** וכשיש ליראי השם חרפות ובושות מהכופרים האלו, עצה ע"ז, אנכי תולעת ולא איש חרפת אדם (תהלים כ"ב). לחרפות ובזיונות, הסגולה לזה בחי' תולע. שע"י בחי' הזאת, מנצח אויביו. כי תולע הוא בחי' אמונה, כמ"ש (איכה ד') האמונים עלי תולע. והוא בחי' אברהם שהוא ראש למאמינים, כמ"ש (בראשית ט"ו) והאמין בה'. ובבחי' אברהם שהוא בחי' אמונה, משבר ומבטל ע"א והכפירות והבזיונות, ומתגבר על הכופרים, בבחי' (תהלים כ') בגבורות ישע ימינו. כי אברהם שהוא בחי' חסד, בחי' אמונה, בחי' (שם פ"ט) וחסדי לא אפיר ולא אשקר באמונתי, בימין הזאת הוא מתגבר על אויביו, כי נעשה בבחי' (נחום ב') אנשי חיל מתולעים. ובזה החסד הוא מתקן אלו האלפין הנפולים הנ"ל, בבחי' (שמות כ') ועושה חסד לאלפים:

[מ] **תלמוד בבלי מסכת פסחים דף קיט עמוד ב:** דרש רב עוירא, זימנין אמר ליה משמיה דרב, וזימנין אמר ליה משמיה דרב אסי: מאי דכתיב ויגדל הילד ויגמל - עתיד הקדוש ברוך הוא לעשות סעודה לצדיקים ביום שיגמל חסדו לזרעו של יצחק. לאחר שאוכלין ושותין נותנין לו לאברהם אבינו כוס של ברכה לברך, ואומר להן: איני מברך, שיצא ממני ישמעאל. אומר לו ליצחק: טול וברך! אומר להן: איני מברך, שיצא ממני עשו. אומר לו ליעקב: טול וברך! אומר להם: איני מברך, שנשאתי שתי אחיות בחייהן, שעתידה תורה לאוסרן עלי. אומר לו למשה: טול וברך, אומר להם: איני מברך, שלא זכיתי ליכנס לארץ ישראל לא בחיי ולא במותי. אומר לו ליהושע, טול וברך! אומר להן: איני מברך, שלא זכיתי לבן, דכתיב: יהושע בן נון נון בנו יהושע בנו. אומר לו לדוד: טול וברך: אומר להן: אני אברך, ולי נאה לברך, שנאמר כוס ישועות אשא ובשם ה' אקרא.

[מא] תלמוד בבלי מסכת חולין דף ס עמוד ב: רבי שמעון בן פזי רמי, כתיב: ויעש אלהים את שני המאורות הגדולים וכתיב: את המאור הגדול ואת המאור הקטן! אמרה ירח לפני הקדוש ברוך הוא: רבש"ע, אפשר לשני מלכים שישתמשו בכתר אחד? אמר לה: לכי ומעטי את עצמך! אמרה לפניו: רבש"ע, הואיל ואמרתי לפניך דבר הגון, אמעיט את עצמי? אמר לה: לכי ומשול ביום ובלילה, אמרה ליה: מאי רבותיה, דשרגא בטיהרא מאי אהני? אמר לה: זיל, לימנו בך ישראל ימים ושנים, אמרה ליה: יומא נמי, אי אפשר דלא מנו ביה תקופותא, דכתיב והיו לאותות ולמועדים ולימים ושנים, זיל, ליקרו צדיקי בשמיך: יעקב הקטן שמואל הקטן דוד הקטן. חזייה דלא קא מיתבא דעתה, אמר הקדוש ברוך הוא: הביאו כפרה עלי שמיעטתי את הירח! והיינו דאמר ר"ש בן לקיש: מה נשתנה שעיר של ראש חדש שנאמר בו לה' - אמר הקדוש ברוך הוא: שעיר זה יהא כפרה על שמיעטתי את הירח.

[מב] תלמוד בבלי מסכת סנהדרין דף צח עמוד א: אמר רבי אלכסנדרי: רבי יהושע בן לוי רמי, כתיב בעתה, וכתיב, אחישנה! זכו - אחישנה, לא זכו - בעתה. אמר רבי אלכסנדרי: רבי יהושע בן לוי רמי, כתיב וארו עם ענני שמיא כבר אנש אתה, וכתיב עני ורכב על חמור! - זכו - עם ענני שמיא, לא זכו - עני ורוכב על חמור. אמר ליה שבור מלכא לשמואל: אמריתו, משיח על חמרא אתי, אישדר ליה סוסיא ברקא דאית לי! - אמר ליה: מי אית לך בר חיור גווני? רבי יהושע בן לוי אשכח לאליהו, דהוי קיימי אפיתחא דמערתא דרבי שמעון בן יוחאי, אמר ליה: אתינא לעלמא דאתי? - אמר ליה: אם ירצה אדון הזה. אמר רבי יהושע בן לוי: שנים ראיתי וקול שלשה שמעתי. - אמר ליה: אימת אתי משיח? - אמר ליה: זיל שייליה לדידיה. - והיכא יתיב? - אפיתחא דרומי. - ומאי סימניה? - יתיב ביני עניי סובלי חלאים, וכולן שרו ואסירי בחד זימנא, איהו שרי חד ואסיר חד. אמר: דילמא מבעינא, דלא איעכב. אזל לגביה, אמר ליה: שלום עליך רבי ומורי! - אמר ליה שלום עליך בר ליואי. - אמר ליה: לאימת אתי מר? - אמר ליה: היום.

גלא עמיקתא

כאשר נחבר הפסוק שמביא המגלה עמוקות מברכת משה לנפתלי (דברים ל"ג,כ"ג): "ולנפתלי אמר נפתלי שבע רצון ומלא ברכת ה' ים ודרום ירשה" (3681) עם י"א הדברים שנאמרו בכוס של ברכה כנ"ל (מהגמרא ברכות נ"א ע"א): הדחה – שטיפה – חי – מלא – עיטור – עיטוף – נוטלו בשתי ידיו – נותנו בימין – מגביהו מן הקרקע טפח – נותן עיניו בו (והדבר ה-י"א: ויש אומרים) אף משגרו במתנה לאנשי ביתו (5776) ועם הפסוק שהבאנו לדרשה (שמות י"ג,י"ט): "ויקח משה את עצמות יוסף עמו כי השבע השביע את בני ישראל לאמר, פקד יפקד אלהים אתכם והעלתם את עצמתי מזה אתכם" (6827) סליקו כולהו לחושבן (16284): י"ב פעמים משי"ח (1357) וזהו באזעירת האלף (1000) ל-א' (1) בסוד האי דאמר הקב"ה ללבנה [מא]לכי ומעטי את עצמך (חולין ס:) ובסוד א' רבתי דאדם (תחלת דברי הימים) שנהפכת ל-א' זעירא דויקרא אל משה. ו-א' זעירא דויקרא רמיזא ענותנותו הרבה של משה כדכתיב (במדבר י"ב,ג') "והאיש משה ענו מאד מכל האדם אשר על פני האדמה". ועל ידי זה תיקן משה א' רבתי דאדם– ענין הגאוה שהביאה את אדם הראשון לחטוא ונתשלשלה מציאות הגלות והחטא. ולעתיד לבוא תגדל ה-א' זעירא ל-א' רבתי דאדם בסוד מה שכתוב בענין הגאולה (ישעי' ס') "הקטן יהיה לאלף והצעיר לגוי עצום, אני ה' בעתה אחישנה". ודרשו חז"ל הקדושים (סנהדרין צח.) [מב]זכו– אחישנה, לא זכו– בעתה. וכפלינן י"ב פעמים ל-י"ב חיוורתי [כדהבאנו לעיל מספר חסדי דוד] דמתמן נפקת נשמת משיח יבוא ויגאלנו במהרה בימינו אמן.

אתא לגבי אליהו. - אמר ליה: מאי אמר לך? - אמר ליה: שלום עליך בר ליואי. - אמר ליה: אבטחך לך ולאבוך לעלמא דאתי. - אמר ליה: שקורי קא שקר בי, דאמר לי היום אתינא, ולא אתא! - אמר ליה: הכי אמר לך היום אם בקלו תשמעו.

אופן עו

איתא בסודי רזי שהגיהנם הוא אורך מהלך רי"ו אלפים שנה עיין לעיל בפסוק בלבת אש של גיהנם עונש של רשעים שהוא אור תל"ב עולמות כל אחד מהלך ת"ק ונרמז בלבת אש. וזה נרמז במילת ויקרא א' זעירא ויקר אל משה ולי מה יקרו רעיך שהקב"ה שכרן של צדיקים שכל אחד מן הצדיקים נוטל חלק רשעים. לכן א' זעירא שהיא צורת רי"ו וא' בעצמו מורה על אלף שהוא רי"ו אלף כי כפי אורך הגיהנם שהוא רי"ו אלף נוטל הצדיק שכר של רשעים בגן עדן כמ"ש להנחיל אוהבי יש ולא די שנטלו אותן י"ש רק ואוצרותיהם של רשעים שיש להם גם כן חלקם בגן עדן אמלא לצדיקים.

אופן עו

איתא בסודי רזי שהגיהנם הוא אורך מהלך [א]רי"ו אלפים שנה עיין לעיל בפסוק בלבת אש (שמות ג',ב') של גיהנם עונש

גלא עמיקתא

ונבאר בס"ד הפסוקים שמביא המגלה עמוקות: פסוקא קמא (שמות ג',ב'): [ב]וירא מלאך ה' אליו בלבת אש מתוך הסנה, וירא והנה הסנה בער באש והסנה איננו אכל גימ' (2974) ג"פ "על יד בן ישי בית הלחמי" (991) עם הכולל.

[א] **ספר השם עמוד צא:** ולא יקרא שמך עוד אברם כי (בראשית יז, ה), אם כן למה נכתב ר' היה לו לומר א"ב ה"ם, אלא רמז לו א"ב אל תחשוב וחשוב כך ר' פעמים ה' הם אלף, ס' הוא ת"ר הרי ס' פעמים אלף הם ת"ר אלף, רמז שלא יהיו ישראל פחות מס' ריבוא. א"ב של רה"ם ואם תחשב כך אברה"ם, א' ב' פעמים א' הם ב', ור' פעמים ב' הם ת', וה' פעמים ת' הם אלפיים, וס' פעמים אלפיים הם כפליים כיוצאי מצרים, כי נמנו ביציאתם ממצרים ובכניסתן לארץ. יצח"ק י' פעמים צ' הם תת"ק, וח' פעמים תת"ק הם ז' אלפים ור', וק' פעמים ז' אלפים ור' הם תש"כ אלפים. ובאלפים שנה ש"ס ימים לשנה, ולמה אלפים שנה להודיעך כי מה שקדמה תורה לעולם אלפים שנה דווקא לבני יצחק שנימולים לח' ימים כמו יצחק אבינו, ובעבורו הקף ד' רוחות העולם אלפים, אם לא בריתי יומם ולילה חוקות שמים וארץ לא שמתי (ירמי' לג, כה). ישרא"ל י' פעמים ש' הם ג' אלפים, ור' פעמים ג' אלפים הם ס' ריבוא, שבשעה שקבלו תורה היה ישר לא"ל מי יתן והיה לבבם זה להם (דברים ה, כו), אשר עשה את האדם ישׁ"ר, וכן יר"ש ס' ריבוא ירשו את הארץ, לאלה תחלק הארץ (במדבר כו, נג). ישרא"ל י' פעמים ש' הם ג' אלפים, ור' פעמים ג' אלפים הם ס' ריבוא, וא' פעמים ס' ריבוא הם ק"כ ריבוא, ול' פעמים ק"כ ריבוא הם ג' אלפים ריבוא ות"ר ריבוא, סביב י"ח אלפים בסוף יחזקאל, מקום י"ב שבטים ג' אלפים ריבוא ות"ר ריבוא זרתות. הבית ק' על ק' אמה הם ג' אלפים ריבוא ות"ר ריבוא אמה. ויקרא לו אל אלקי ישראל (בראשית לג, כ). יהו"ה י' פעמים ה' הם נ', ו' פעמים נ' הם ש', וה' פעמים ש' הם אלף ות"ק. ממזרח עד מערב ת"ק, ומדרום עד צפון ת"ק ומן הארץ עד לרקיע ת"ק, כי ממזרח שמש ועד מבואו גדול שמי ובכל מקום (מלאכי א, יא). יו"ד ה"א ו"ו ה"א, י' פעמים ו' הם ס', וד' פעמים ס' הם ר"מ, וה' פעמים ר"מ הם אלף ור', ו' פעמים אלף ור' הם ז' אלפים ור', ו' פעמים ז' אלפים ור' הם מ"ג אלפים ור', וה' פעמים מ"ג אלפים ור' הם רי"ו אלף, גיהנם רי"ו אלף זרתות. הנה שם ה' בא ממרחק בוער אפו (ישעי' ל, כז), וסמך לו גיהנם. לא חשבנו אלפי"ן. יו"ד ה"א ו"ו ה"א, חשוב א' א', יו"ד הם ר"מ, וה' אלף ור', א' הרי אלפים ות'. ו' פעמים כן הם י"ד אלפים ות', ו' פעמים כן הם פ"ו אלף ות', ה' פעמים כן הם תל"ב אלף, א' פעמים כן הם תתס"ד אלף. הרי באלפים שנה ות' שנה כן ימים. או חשוב בק' שנה שעות, ש"ס ימים לשנה. בעניין אחר יו"ד ה"א ו"ו ה"א, יו"ד היא ר"מ, ה"א הם שש, יו"ד עשרים, ו"ו שנים עשר, ה"א שש, ה"א פעמים יו"ד הם ק"כ, ו"ו פעמים ק"כ הם אלף ות"מ.

[ב] **ספר מלמד התלמידים לרבי יעקב אנטולי פרשת צו:** ואפשר לומר שבעבור זה הוא כמו ולמה זה כלומר הגד לבנך למה אתה עושה פסח מצה ומרור כמו שאמר רבן גמליאל והכל עולה לענין אחד כי המכוון הוא ספור הנפלאות כמו שאמרנו להעמיד האמונה כי בגאולה ההיא הראה השם על ידי משה כי לו הממשלה בשמים ובארץ ונאמר שבתחלת נבואתו נראה לו המלאך בלבת אש מתוך הסנה והסנה הוא עץ שפל ונבזה וזה לרמוז במראה ההיא הראשונה שהשם שהוא רם על הכל ושוכן בעולם מרום וקדוש משרה שכינתו על העם שפל ושולח מלאכיו אל נביאי העם הזה כדי להחיות רוחם ולבם כמו שאמר הנביא כי כה אמר רם ונשא שוכן עד וקדוש שמו מרום וקדוש אשכון את דכא ושפל רוח להחיות רוח שפלים ולהחיות לב נדכאים וראה הסנה בוער באש והסנה היה נשאר ואיננו אוכל לחקות לו העם השפל הצרוף באש הצרות הבחון מתוך הצרות ההן לדעת השם ולהשיגו כמו שאמר הנביא על אחרית ימי הגלות ומי העומד בהראותו כי הוא כאש מצרף ואמר וצרפתים כצרוף הכסף

ובחנתים כבחון את הזהב והוא על דרך שאמר י״י צדיק יבחן והמשילו זה ליוצר הזה שאינו בודק קנקנים מרועעים מפני שאינו מספיק להקיש עליו אחת עד שהוא שוברו ומפני זה מניח אותם לעצמם ועל הדרך הזה מניח השם את הרשע משולח לטבע ולמקרים ולא יביט אליו וזה רצה באמרו רשע ואוהב חמס שנאה נפשו. ומהו בודק קנקנים בריאים שאפילו מקיש עליהם כמה פעמים אינו שוברן כך הקדוש ברוך הוא אינו מנסה אלא הצדיק וזהו שאמר י״י צדיק יבחן וזה המשל נמשך למה שאמר הנביא הנה כחומר ביד היוצר כן אתם בידי בית ישראל. [ג] **ספר האמונה הרמה לראב״ד מאמר ב עיקר ג:** כתובים מעידים במה שקדם אמנם תואר היכלת נגלה לאברהם ליצחק ע״ה וזה ביאר הכתוב באמרו: וארא אל אברהם על יצחק ואל יעקב באל שדי [שמות י ב], אמנם התמידות, והנצחות נגלה למשה ע״ה באמרו ית' אליו: ויאמר ה' אל משה אהיה אשר אהיה [שם ג יג], אהיה שהוא אחר אשר, מורה על עתיד באמת, מודיע התמדת הנצחיות לנצח. ואהיה הקודם לאשר, מלה מורה על עבר בנויה על עתיד. וכבר ידעת היות עובר זה בלשון העברי, כאמרו: שמעו עמים ירגזון [שם טו יד], ימצאהו בארץ מדבר [דברי לב י], ירכיבהו על במתי ארץ [שם לב יג], והדומים להם. ולא אומר שאלה הנביאים ע״ה לא ידעו שהתארים האלה לאל ית' עד שנגלו להם, אבל אומר שהם ידעו מציאותם לו, ותארים רבים מתארי ההגדלה והעלוי, ולא ידעו אי זה מהם ראוי לנטות אליהם, ואשר בהם יתפללו אליו כשירצו להיות נענים, עד שנגלה להם זה הענין. כמו שאמר לאברהם: אני ה' אשר הוצאתיך מאור כשדים [בראשית טו ז], ונאמר לו ג״כ: אני אל שדי התהלך

של רשעים שהוא אור תל״ב עולמות כל אחד מהלך ת״ק ונרמז בלבת אש. וזה נרמז במילת ויקרא א' זעירא ויקר

גלא עמיקתא

באור הענין: דכבר בסנה נרמזה לו למשה הגאולה העתידה האמיתית והשלמה– כדאמר לו הקב״ה (שמות ג', י״ד) "[ג]א–היה אשר א–היה"– ופרש״י שם: אהיה עמם בצרה זו וגם בצרה אחרת, אמר לו דיה לצרה בשעתה וכו'. [1]ובמקום אחר עבדינן חושבן כל הפסוקים דקריעת ים סוף, מן ויסע מלאך האלהים (שמות י״ד, י״ט) שהוא הפסוק הראשון מבין שלושה פסוקים ויסע ויבא ויט ועד סוף הפרשה ויאמינו בה' ובמשה עבדו (שם פסוק

1. באור על מגלה עמוקות ויקרא אופן ע״ב: ולא נוסיף בלתי אם זאת - דשאר הפסוקים דהאי פרשתא דהצלת בני ישראל מיד המצרים בבחינת יפל מצדך אלף ורבבה מימינך כנ״ל. דהיינו הפסוקים שלאחר ה-ד' דאמרינן ויסע ויבא ויט ויבאו בני ישראל. והם הפסוקים כדלקמן (שמות י״ד,כ״ג-ל״א): וַיִּרְדְּפוּ מִצְרַיִם וַיָּבֹאוּ אַחֲרֵיהֶם כֹּל סוּס פַּרְעֹה רִכְבּוֹ וּפָרָשָׁיו אֶל תּוֹךְ הַיָּם וַיְהִי בְּאַשְׁמֹרֶת הַבֹּקֶר וַיַּשְׁקֵף יְהוָה אֶל מַחֲנֵה מִצְרַיִם בְּעַמּוּד אֵשׁ וְעָנָן וַיָּהָם אֵת מַחֲנֵה מִצְרָיִם וַיָּסַר אֵת אֹפַן מַרְכְּבֹתָיו וַיְנַהֲגֵהוּ בִּכְבֵדֻת וַיֹּאמֶר מִצְרַיִם אָנוּסָה מִפְּנֵי יִשְׂרָאֵל כִּי יְהוָה נִלְחָם לָהֶם בְּמִצְרָיִם וַיֹּאמֶר יְהוָה אֶל מֹשֶׁה נְטֵה אֶת יָדְךָ עַל הַיָּם וְיָשֻׁבוּ הַמַּיִם עַל מִצְרַיִם עַל רִכְבּוֹ וְעַל פָּרָשָׁיו וַיֵּט מֹשֶׁה אֶת יָדוֹ עַל הַיָּם וַיָּשָׁב הַיָּם לִפְנוֹת בֹּקֶר לְאֵיתָנוֹ וּמִצְרַיִם נָסִים לִקְרָאתוֹ וַיְנַעֵר יְהוָה אֶת מִצְרַיִם בְּתוֹךְ הַיָּם וַיָּשֻׁבוּ הַמַּיִם וַיְכַסּוּ אֶת הָרֶכֶב וְאֶת הַפָּרָשִׁים לְכֹל חֵיל פַּרְעֹה הַבָּאִים אַחֲרֵיהֶם בַּיָּם לֹא נִשְׁאַר בָּהֶם עַד אֶחָד וּבְנֵי יִשְׂרָאֵל הָלְכוּ בַיַּבָּשָׁה בְּתוֹךְ הַיָּם וְהַמַּיִם לָהֶם חֹמָה מִימִינָם וּמִשְּׂמֹאלָם וַיּוֹשַׁע יְהוָה בַּיּוֹם הַהוּא אֶת יִשְׂרָאֵל מִיַּד מִצְרָיִם וַיַּרְא יִשְׂרָאֵל אֶת מִצְרַיִם מֵת עַל שְׂפַת הַיָּם וַיַּרְא יִשְׂרָאֵל אֶת הַיָּד הַגְּדֹלָה אֲשֶׁר עָשָׂה יְהוָה בְּמִצְרַיִם וַיִּירְאוּ הָעָם אֶת יְהוָה וַיַּאֲמִינוּ בַּיהוָה וּבְמֹשֶׁה עַבְדּוֹ סליקו לחושבן (34429) "חוה" (19) פעמים "ממחרת הפסח יצאו בני ישראל ביד רמה" (1812) עם הכולל (במדבר ל״ג,ג'-תחלת פרשת מסעי). וכפלינן "חוה" פעמים רמיזא שהושלם שלב בתיקון חטא אדם וחוה, והוא חושבן עם הכולל רמיזא א' זעירא- דנתן הכח למשה לחולל הניסים הכבירים על הים. ורמיזא גאולתא שלמתא בב״א דגאולת מצרים כעין גאולה דלעתיד לבוא דכתיב (מיכה ז') "כימי צאתך מארץ מצרים אראנו נפלאות" במהרה

בימינו אמן. והנה כד מוספינן האי חושבן (34429) לחושבן ד׳ הפסוקים הקודמים דבהם התחיל הנס דקריעת ים סוף: ויסע, ויבא, ויט, ויבאו בני ישראל (11455) סליקו לחושבן עם הכולל (45885): ״חוה״ (19) פעמים ״אשר הוצאתי אותם מארץ מצרים לעיני הגוים״ (2415) כדכתיב (ויקרא כ״ו,מ״ה) ״וזכרתי להם ברית ראשונים, אשר הוצאתי אותם מארץ מצרים לעיני הגוים להיות להם לאלהים, אני ה׳״. שוב ענינו תקונא שלים דחטא אדם וחוה. והנה האי חושבן מתחלת ויסע ויבא ויט עד סוף פרשתא סליק לחושבן עם הכולל (45885) ״סנה״ (115) פעמים ״אלף זעירא״ (399). דכבר בסנה ניתנה לו למשה א׳ זעירא בכח, וניתנה לו בפועל בקריעת ים סוף- ועתה באהל מועד זכה לה בפנימיות. וזהו ויקר אל משה- ומהו היקר- א׳ זעירא דכבר ניתנה לו בכח בסנה ובפועל בקריעת ים סוף ועתה בפעם השלישית באהל מועד. וזהו דכתב המגלה עמוקות הקדוש ג״פ ויקר גימ׳ תתקל״ל שנותיו דאדם הראשון. והאי חושבן (45885) סליק נמי לחושבן: ״משה״ (345) פעמים ״כסא כבודך״ (133). באור הענין: דמשה קידש שם שמים ברבים ומסר נפשו על עם ישראל וזכה להאי א׳ זעירא דמשלימה כס לכס״א בהכניעו עמל״ק כי יד על כס י-ה. ובקריעת ים סוף כסא כבודך פעמים משה, ואין מוקדם ומאוחר בתורה וכו׳. דנתן כח לעם ישראל להכניע עמלק בכל הדורות ולהפוך כס לכסא כבודך בשלמות ומשיח צדקנו ישלים המלאכה בשלמות בגאולתא שלמתא ובנין בית המקדש השלישי בעגלא דידן ובזמן קריב ונאמר אמן.

2. באור על מגלה עמוקות ויקרא אופן ע״ה: וזהו דכולא פסוקא הנ״ל (שמות י״ג,י״ט): ״ויקח משה את עצמות יוסף עמו כי השבע השביע את בני ישראל לאמר, פקד יפקד אלהים אתכם והעלתם את עצמתי מזה אתכם״ סליק לחושבן י״ב פעמים

אל משה ולי מה יקרו רעיך (תהל׳ קל״ט,י״ז) שהקב״ה שכרן של צדיקים שכל אחד מן הצדיקים [ד]נוטל חלק רשעים.

גלא עמיקתא

ל״א), דאינון י״ג פסוקין רמיזא י״ג מכילן דרחמי דמתמן גאולתא, כדרמזנו [2]באופן הקודם בענין י״ב חיוורתי דקוצא דשערי דא״א בסוד דעת מכה בעורף ז״א ובוקע עד פניו, והן ד׳ ת״ד נוספין על ט׳ ת״ד דיליה למהוי י״ג ת״ד דז״א דינים קשים למצרים.

לפני והיה תמים [שם יז א], ונאמר ליצחק: אלהי אברהם אביך [שם כו כד], ונאמר ליעקב: אני ה׳ אלהי אברהם אביך ואהלי יצחק [שם כח יג], ונאמר לו ג״כ: אנכי האל בית אל [שם לא יג], ונאמר לו ג״כ: אני אל שדי פרה ורבה [בראשית לה יא], וזה, כי הנביא לפעמים קרה לו בתחלות הגלות לו זה הענין העצום, שלא יאמין בעצמו בתחלה, ויהיה מסופק, אם יהיה זה דמיון מה, או מחשבה מה, עד שיקיים זה אליו המאמר האלהי בשם יקרא אצלו בו, ויהיה זה השם מבהיל ומפחיד להם, יתפללו בו בעתות צרותיהם ומצוקותיהם. לכן אמר יעקב ע״ה: הגידה נא שמך [שם לג ל], ואמר משה ע״ה: ויאמרו לו מה שמו [שמות ג יג]. ואתה תמצא קדמוננו והטובים מרחיקים התארים אשר לא זכרום הנביאים, ויסתפקו על אותם שזכרו אותם מהם. כמו שאמרו קצתם לשליח צבור, על אשר אמר האל הגדול הגבור והנורא, העזוז, והאדיר, סיימתיה לשבחיה דמרך, הני תלת אי לאו דמשה אמרינהו, לא הוה אמינא להו. אמנם תאר האחדות זכרו משה רבינו ע״ה, ושמה האומה הפסוק המדבר בו, פסוק אמונתם, ירבו לזכרו בחייהם: יי אלהינו יי אחד [דברי׳ ו ד], וזה, שהעולה מזה הפסוק שאין כמוהו ית׳ דבר. וכבר התבאר שזהו היותר נכון מכל מה שיאמר, ושכל מה שיאמר זולתו אמנם הוא על זה הענין, או בזה הענין יותנה בו. אמנם שהוא ית׳ האמתי והחי והיכול כבר ביאר זה ירמיה באמרו: וה׳ אלהים אמת, הוא אלהים חיים ומלך עולם [ירמיה מ י], ואמנם הרצון, בפסוקים המורים עליו הם מפורסמים כל כך, עד שאינם צריכים לבאר. הנה כבר תראה, שמה שיושב בפילוסופיה האמיתית אחר העמל והשתדלות, הוא מושג אל הנביאים ולמקובלים מהם בחסד האל ית׳ וית׳.

[ד] **פנים יפות (לר׳ פנחס הורוויץ זצ״ל) שמות פרק כב:** (ד) כי יבער איש שדה וגו׳. פירש״י יוליך ועיין ברא״ם שדקדק דהא אמרינן בריש ב״ק [ג א]

דהא דכתב רחמנא ושלח וביער, דלא נימא דבעינן דוקא ושלח שליח קמ"ל דאפילו אזיל ממילא, ונראה דבאמת לשון כי יבער דמשמע יוליך, כמ"ש הת"א ארי יוביל וכו', ומשום דמהאי קרא ילפינן [שם נח ב] דא"צ לשלם כסף או שוה כסף אם רוצה לשלם בקרקע, ואי לא הוי כתיב כי יבער ה"א דבכה"ג שהוליך בהמתו לשדה חבירו צריך לשלם כסף דוקא להכי כתב כי יבער, דהיינו בין שהוליך ובין דשלח שלוחו ובין דאזיל ממילא דיניהם שווין לשלם במיטב ונראה עוד הא דכתב רחמנא דין המיטב בהאי קרא ולא בניזקין האמורים למעלה, משום דהתם היה ההיזק בבהמה ומטלטלין דהוי מיטב כמ"ש [שם ז ב] מטלטלי כל מילי מיטב הוא, אבל הכא היה ההיזק בקרקע דכתיב וביער בשדה אחר, דה"א דאין צריך ליתן אלא קרקע כיוצא בה שהזיק, קמ"ל דצריך לשלם עידית, וסיים מיטב שדהו ומיטב כרמו ישלם, דאפילו אם הזיק שדה כדכתיב וביער בשדה אחר, ויש להמזיק שדה וכרם הברירה ביד הניזק ליקח מאיזה שירצה בין במיטב כרמו ובין במיטב שדהו ועוד נראה דאיצטריך למכתב כי יבער דהיינו שהוליך בעירו, דאי לאו הכי ה"א דבהוליך חייב אפילו ברשות הרבים, דהא בריש ב"ק דף ה' ע"ב אמר רבא וכולהו כי שדית בור ביניהו אתיא כולהו במה הצד וכו', אלא למאי הלכתא וכו', שן ורגל לפוטרן ברשות הרבים וכו', ואי לא הוי כתיב כי יבער הוי ילפינן מבור וחד מינייהו לחייבו אפילו ברשות הרבים אך לכאורה קשה הא אמרינן שם דף ג' [ע"א] טעמא דכתב רחמנא משלחי רגל השור והחמור, הא לאו הכי במאי מוקמת לה וכו', ומשני איצטריך סד"א אידי ואידי אשן והא דמכליא קרנא והא דלא מכליא קרנא קמ"ל, ועוד אמר שם טעמא דכתב רחמנא כי יבער וכו', ומשני איצטריך סד"א אידי ואידי ארגל, הא דאזיל ממילא הא דשלח שלוחו קמ"ל, ולפמ"ש דאפילו אי לא כתב קרא הוי ילפינן שן ורגל מבור וחד מאינך ולא אתי קרא אלא לפוטרו בר"ה, הוי ליה למימר איפכא גבי ושילח דה"א דוקא בשן היכא דאזיל ממילא פטור ברשות

לכן א' זעירא שהיא צורת רי"ו וא' בעצמו מורה על אלף שהוא רי"ו אלף כי כפי אורך הגיהנם שהוא רי"ו אלף נוטל הצדיק

גלא עמיקתא

ולכן נרמזים ב-י"ג הפסוקים כנ"ל, דסליקו לחושבן (45885) סנ"ה (115) פעמים "אלף זעירא" (399) עיין שם בבאורנו למגלה עמוקות על א' זעירא[3]

"רכוש גדול" בסוד הני י"ב חיורתי דמתמן נתהוו ת' עלמין דכסיפין מהכאת קוצא דשערי דא"א בעורף ז"א כנ"ל. וזהו "קוצא דשערי" גימ' (779) א"ם (41) פעמים חו"ה (19). דכתיב בחוה (בראשית ג',כ') "ויקרא [רמיזא א' זעירא דויקרא אל משה] את שמוה חוה כי היא היתה אם כל חי". וחזינן דנמשכת מבחינת קוצא דשערי דמכה באחורי ז"א מתמן ויבן את הצלע בסוד הנסירה. ולכן נשים מצוות לכסות שערן דנוצרו מהכאת קוצא דשערי באחורי ז"א דהן דינים קשים.

3. באור על מגלה עמוקות ויקרא אופן ע"ב: והנה מבאר המגלה עמוקות ענין שם בן ע"ב היוצא מאותיות ג' הפסוקים בפרשת בשלח הפותחים בתיבות "ויסע, ויבא, ויט" (שמות י"ד,י"ט-כ"א) ובארנוהו באריכות בתחלת באור שיר השירים פ"ה עיי"ש ובמנורה דשם ע"ב פשוט וא"ת ב"ש - וקשרהו לכאן. ונוסיף באור הפסוקים אחד לאחד וכולם יחד לענין באורו הקדוש: פסוק א': ויסע מלאך האלהים ההלך לפני מחנה ישראל וילך מאחריהם, ויסע עמוד הענן מפניהם ויעמד מאחריהם (שמות י"ד,י"ט) גימ' (2672) ב"פ "אלף (1000) פורים (336)" (1336) וכן אפשר לחלק החשבון (2672) לשני חלקים: א': "ביני ובין בני ישראל אות היא לעלם" (1336) (שמות ל"א,י"ז). ב': "אתם תהיו לי לעם ואני אהיה לכם לאלהים" (1336) (ירמי' ז',כ"ג). רמיזא גלוי אלופו של עולם בחינת א' רבתי- באלף השמיני תחית המתים בחינת תכלית ענין "ונהפוך הוא" (אסתר ט',א') דפורים. והוא ב"פ דבתחית המתים יהיו ב' בחינות תחיה מיתה ומיד תחיה כוללת לחיים נצחיים עם בוראנו הקב"ה ובלע המות לנצח במהרה בימינו אמן. ובפסוק ויסע מלאך האלהים נרמז הקשר בין הצדיק הכולל משה רעיא מהימנא ובני ישראל והקב"ה - דקוב"ה אורייתא וישראל חד (זוה"ק אחרי דף ע"ג ע"א): "ויסע מלאך האלהים ההלך לפני מחנה (אתוון נחמה)" גימ' (661) "האיש משה" [כדכתיב (במדבר י"ב,ג') "והאיש משה ענו מאד" וכו'] ומיד

כתיב תיבה "ישראל". ויחד עם "האיש משה" גימ׳ (1202) "בראשית ברא אלהים" פסוקא דפתח לאורייתא קדישא- הרי קוב"ה אורייתא וישראל חד- ומשה רבינו מקשרם זה בזה.

הרבים, אבל בשלח שלוחו חייב אפילו בר"ה דהוי ילפינן מבור ואינך להכי איצטריך ושילח בשן, וכן גבי כאשר יבער וגו׳ ה"ל למימר כולהו ברגל, ואיצטריך וביער דאפילו היכא דמכליא קרנא פטור ברשות הרבים, ולכאורה צריך לומר דאי כולה קרא מיירי בשן ליכא למימר דאיצטריך ושלח, דלא נימא היכא דשלח שלוחו חייב אפילו בר"ה מילפותא דבור וחד מאינך דכיון דכבר כתיב היכא דאזיל ממילא פטור בר"ה, איכא למיפרך מה להנך דחייב ברשות הרבים אפילו אזיל ממילא, וכן גבי יבער דאי קאי ארגל ליכא למילף היכא דמכליא קרנא מבור ואינך לחייב בר"ה, דהא איכא למפרך מה לבור ואינך שכן חייב בר"ה אפילו דלא מכליא קרנא, לפ"ז ממילא נסתר מ"ש דאיצטריך כי יבער דאי לאו הכי ה"א דחייב אפילו בר"ה דהוי ילפינן מבור ואינך, דהא איכא למפרך מה לבור ואינך שכן חייבו בר"ה אפילו ממילא אך נראה לפענ"ד דלא מתרצא בהכי הסוגיא הנ"ל, דהא הקשה התוס׳ בדף ה׳ ע"ב בד"ה להלכותיהן הוי מצי למימר דכולהו איצטריך למיכתב, דאי לא כתב, אלא הוי נפקא מחד מהנך ומבור הוי פטור בהו כלים וכו׳ ולענ"ד קשה יותר דמנא לן באמת לפטור שן ורגל היכא דהזיק בעל חיים בר"ה דפטור, כדאיתא שם בדף ט"ז ע"ב אמר שמואל ארי בר"ה דרס ואכל פטור וכו׳ ובכמה דוכתא, ואמאי לא נימא כיון דקרא שן ורגל מיירי בהזיקה ואכלה פירות כדכתיב וביער בשדה אחר, דבכה"ג פטור בבור דלא חייבה התורה אלא ב"ח אבל פירות הוי כמו כלים, כמ"ש התוס׳ בדף יו"ד בד"ה דשייר טמון וכו׳ ע"ש, א"כ י"ל דלא פטרה התורה בר"ה אלא פירות, אבל ב"ח נילף מבור ואינך ונראה דיש לתרץ קושית התוס׳ דלא מצי למימר דאיצטריך בשן ורגל לחייב בו את הכלים, דאפילו אי לא הוי כתיב אלא חד מינייהו הוי ילפינן אידך במה הצד מיניה ומבור, דהיינו אי לא הוי כתיב שן הוי ילפינן שן במה הצד מרגל ומבור, ואפ"ה הוי מחייב בשן וכלים ופירות, כמ"ש הרא"ש דף וי"ו ע"א דאף דעבדי׳ יוכיח מבור אפ"ה חייב בו את הכלים, וכ"כ כמה מפרשים גבי אבנו סכינו ומשאו לרב דס"ל [שם ג ב] משורו למדנו אף על גב דצ"ל יוכיח מבור אפ"ה הדרינן להיות דינו כשור דדמיא ליה שהוא ממונו, ולפ"ז י"ל דנהי דאם נילף שן מרגל, אף דאיכא למפרך מה לרגל שכן הזיקו מצוי וצ"ל בור יוכיח, אפ"ה הוי חייב אפילו פירות וכלים, דלא גרע מאבנו וסכינו ומשאו לרב והדריה לרגל דדמיא ליה לכך משני לפטרו בר"ה, דהיינו דלא נילף שן מבור וחד מאינך לחייב בר"ה, אף דאי הוי ילפינן מבור וחד מאינך ליכא לחייבא בכלים ופירות דפטור בבור, מ"מ ה"א בב"ח דחייב אפילו בר"ה, נמצא ממילא מתורץ כיון דלא איצטריך שן אלא לפטור ברשות הרבים אפילו בע"ח, וכיון שזכינו לזה ממילא מתורץ הסוגיא בריש ב"ק שהקשינו לעיל דלא אמר איפכא גבי ושילח, דה"א דילפינן מבור היכא דשלח שלוחו לחייבו בר"ה, וכן גבי כאשר יבער כנ"ל דהא קרא בפירות מיירי, ובכה"ג פטור גבי בור דלא שייך בזה הדרי לכללו דומיא דרגל, כיון דכולהו קרא בשן קמיירי, משא"כ גבי כאשר יבער איש דהיינו שהוליך בהמתו אי לא הוי כתוב בפירוש הוה אמינא דהדר לכללו לחייב אף ברשות הרבים (ה) כי תצא אש וגו׳. אמרו חז"ל בב"ק דף ס׳ ע"ב יתיב רב אמי ורב אסי וכו׳ אימא לכו מילתא דשויא לתרווייכו כי תצא אש ומצאה קוצים תצא מעצמה שלם ישלם המבעיר את הבעירה, אמר הקדוש ברוך הוא עלי לשלם את הבעירה שהבערתי, אני הציתי אש בציון שנאמר [איכה ד, יא] ויצת אש וגו׳ ואני עתיד לבנותה באש שנאמר [זכריה ב, ט] ואני אהיה לה חומת אש וגו׳ לומר לך אשו משום חציו יש לפרש שרמז בכאן ארבע גליות, והוא ענין מה שפרשתי במזמור [תהלים לט, ג - ה] נאלמתי דומיה החשיתי מטוב וכאבי נעכר, חם לבי בקרבי בהגיגי תבער אש דברתי בלשוני, הודיעני ה׳ קצי וגו׳, ענינו שאמר [שם לט, ב] אשמרה דרכי מחטוא בלשוני וגו׳, כמה צריך לשמור פיו שלא להוציא דבר, שהרי אברהם אבינו נענש במה שאמר במה אדע [בראשית טו, ח] עד שנגזר גליות על בניו כדכתיב [שם, יג] ידוע תדע כי גר יהיה זרעך וגו׳, והוא מ"ש נאלמתי דומיה בגלות מצרים שלא היה בהם אפילו כח להתפלל כמ"ש בזהר בפ׳ שמות [יט א], כי היו נאחזים בעומק טומאת מצרים שלא היו יכולים להוציא דבר שבקדושה מפיהם כמבואר שם באורך. וזהו החשיתי מטוב עד שזעקו מקושי השיעבוד, וזהו וכאבי נעכר, וע"ז חם לבי בקרבי בהגיגי פירוש בחושבי כי תבער אש מה שדיברתי בלשוני הודיעני ה׳ קצי, פירוש מ"ש אאע"ה במה אדע, והוא לפי האש שראה בין הבתרים ועל דרך זה יש לפרש מ"ש כי תצא אש ומצאה קוצים דרמז על גלות מצרים שנמשל לקוצים כמ"ש חז"ל [סוטה יא א] ויקוצו מפני ב"י, ומטעם זה נגלה הקדוש ברוך הוא למשה מתוך הסנה, ואמר

ונאכל גדיש רמז על חורבן בית ראשון, והוא ע"ד מ"ש דהע"ה מזמור קכ"ט רבת צררוני מנעורי וגו' גם לא יכלו לי, שרומז על גלות מצרים והוא התחלת גודל הצרות מנעורי, שאף שאמרו לפרעה הטרם תדע כי אבדה מצרים, וראה כי אין בכחו להלחם נגד ישראל וכ"ש לאחר צאתם, אפ"ה הכביד את לבו, וזהו גם לא יכלו לי פירוש אף שראו שאינם יכולים לי, אפ"ה הקשו את ערפם לצערינו, ואמר על גבי חרשו חורשים כמו שאחז"ל בסוטה פ"ק דף י"א ע"ב שהיו מביאין שוורין וחורשין על גבן, שנאמר על גבי חרשו חורשים וגו' ושמעתי לפרש מ"ש ה' צדיק קיצץ עבות רשעים, שהוא הרמז למה שאחז"ל בגיטין דף פ"ח [ע"א] דרש מרימר מה דכתיב [דניאל ט, יד] וישקד ה' וגו' כי צדיק ה' אלהינו, משום דצדיק ה' וישקד על הרעה ויביאה עלינו וכו' שהקדים שתי שנים לנושנתם וכו', וזהו שאמר [תהלים קכט, ד] ה' צדיק שקיצץ עבות רשעים, במה שהקדים שנחרב הבית קודם זמנו, והמשיל ע"ז כחציר גגות שקדמת שלף יבש פירוש קודם זמן נחרב, ועל ידי זה לא מילא כפו קוצר וגו' ועוד יש לפרש מ"ש שקדמת שלף יבש במ"ש במדרש שיצא בת קול בית מוקד' תוקד' שכבר היה בחזקת שרוף קודם שבא האויב וזה שאמר הכתוב [ישעיהו סד, י] בית קדשנו ותפארתנו וגו' היו לשריפת אש שכבר היה עומד לשרוף, וכן יש לפרש כאן שאמר ונאכל גדיש שאחז"ל בב"ק שם [ס א] אכל גדיש לא נאמר אלא ונאכל גדיש שכבר נתאכל, והוא ההפרש בין גדיש לקמה כי הגדיש שכבר נקצר משא"כ בקמה, ע"כ בחורבן בית ראשון נמשל לגדיש שכבר היה נקצר בטרם באו אויבים, והקמה הוא הרמז לגלות יון שלא נחרב הבית לגמרי אלא שפרצו בו י"ג פרצות [מדות פ"ב מ"ג] ומ"ש או השדה הוא חורבן בית שני שנמשל לשדה כמ"ש חז"ל [פסחים פח א] יצחק קראו שדה על שם חורבנו ויש לרמז במ"ש שלם ישלם המבעיר, קאי אהשי"ת הוא מ"ש חז"ל [ר"ה כג א] אוי להם לעכו"ם שאין להם תקנה, שנאמר [ישעיהו ס, יז] תחת הנחשת אביא זהב וגו', תחת ר"ע וחביריו מאי מביאין. וכן הוא בחורבן ב"ה דאף שישלמו דמי בנינו בכפלים אינם יכולים לשלם הקדושה הרוחנית שהיה בו ונסתלק בחורבנו, ואין מי שיכול לשלם אלא השי"ת בעצמו שישרה שכינתו לתשלומי מיטב, ורמז ע"ז מ"ש חז"ל [ב"ק ס א] מה קמה בגלוי להוציא הטמון באש והוא אור הצפון שהיה בבה"מ שלא ישלטו האומות, אבל לפני כבוד השי"ת הכל גלוי כמ"ש [ירמיה כג, כד] אם יסתר איש במסתרים וגו'. ועוד יש לפרש ע"ש מ"ש חז"ל בב"ק [שם] ומצאה קוצים אימתי אש יצאה בזמן שקוצים מצוים לה הם רשעי הדור הנקראים קוצים, כמ"ש חז"ל [רש"י במדבר יא, א] ותאכל אש בקצה המחנה בקוצים שבמחנה, ויש בזה ג' חלקים האחד שמיתת הצדיק מכפר כמ"ש חז"ל בכמה מקומות [מו"ק כח א] ויש אופן אחר שהקב"ה מסלק את הצדיק בטרם יבוא הרעה, כדי שלא יתפלל על דורו, ופרשנו בזה במ"ש דוד המע"ה במזמור ד' [ד] ודעו כי הפלה ה' חסיד לו ה' ישמע בקראי אליו, והוא שאמר לאנשי דורו שלא יבטחו שהוא מכפר על דורו, כי סילוק הצדיק הוא מטעם כי ה' ישמע בקראי אליו, לכן מסלק את הצדיק שלא יבטל את הדין בתפלתו ועוד פרשנו בזה מ"ש ירמיה [לא, כח - כט] לא - יאמרו עוד אבות אכלו בוסר ושיני בנים תקהינה, כי אם איש בעונו ימות כל - האדם האוכל הבוסר תקהינה שיניו, ענינו שלא יבטחו באמרם כי אבות שהם החכמים וצדיקים כבר אכלו בוסר, ונתבטל הגזירה בסילוקם, כי אם איש בחטאו יומת, כמ"ש חז"ל בסוף פרק במה בהמה [נה א] בחטא שהיה להם למחות ואחר סילוקו כל האדם האוכל הבוסר תקהינה שיניו, ואין מפגיע בעדם ויש עוד בחינה אחרת כמ"ש חז"ל שם [ב"ק ס א] כיון שניתן רשות למשחית אינו מבחין והוא כהפקר לפני משחית מבלי השגחה ח"ו, והמשיל הבחינה ראשונה לגדיש שכבר ניקצר, ונתבטל הגזירה במיתת הצדיק, והבחינה השנית נמשל לקמה שעדיין לא נקצר ולא נתבטל הגזירה, כמו שפירשו המפרשים כי מפני הרעה נאסף הצדיק [ישעיהו נז, א], שהוא טרם בא ימי הרעה ח"ו, ובחינה הג' נמשל לשדה שהוא הפקר בלי הבחנה בין טוב לרע, אמנם אחז"ל [חגיגה טו א] שצדיק נענש בעבור הרשע והצדיקים נוטלים חלקו בג"ע, כבר פרשנו בזה מה שאמר שלמה המע"ה [משלי יד, כג] בכל עצב יהיה מותר ודבר שפתים אך למחסור, ענינו שבכל צרה הבא על ישראל רפואה קודמת למכה, כמ"ש חז"ל [מגילה יג ב] כי ע"י זה אחריתם ישגה מאוד, אבל מיתת הצדיקים הוא מכה אשר לא כתובה מבלי רפואה, וזה שאמר ודבר שפתים הוא מכה אשר לא כתובה אלא נאמרה בפה הוא אך למחסור שמשלם במיטב הארץ שנוטל חלקו בעולם הבא. אמנם אין הצדיקים רצונם בזה, כמ"ש דהמע"ה [תהלים יז, יד] ממתים ידך ה' ממתים מחלד חלקם בחיים וגו',

שכר של רשעים בגן עדן כמ״ש [ה]להנחיל אוהבי יש (משלי ח׳,כ״א) ולא די שנטלו אותן י״ש רק ואוצרותיהם של רשעים שיש להם גם כן חלקם בגן עדן אמלא לצדיקים.

גלא עמיקתא

דויקרא [ו]אופן ע״ב. פסוקא תנינא (ויקרא א׳,א׳): [ז]ויקרא אל משה, וידבר ה׳ אליו מאהל מועד לאמר גימ׳ (1455) אל״ף מש״ה במלוי יודין מם שין הי (455). פסוקא תליתאה (תהל׳ קל״ט,י״ז):

שאין רצונם להסתלק קודם זמנם בשביל שיטלו גם חלק רשעים, ובוחרים בחיים ומספיקים א״ע בחלקם לבד, ואמר עוד [שם פד, יא] כי טוב יום בחצריך מאלף בחרתי הסתופף בבית אלהי מדור באהלי רשע, ענינו כי טוב היות יום עוסק בתורה ובמעשים טובים, אף שיהיה שכרו למעלה אלף ככה, וכמו שאמרו חז״ל [אבות פ״ד מי״ז] שיפה שעה אחת בתשובה ומעשים טובים בעולם הזה מכל חיי העוה״ב. ובחרתי במקום הזה וגו׳ [דה״ב ז, יב] מדור באהלי רשע שהוא חלק רשעים בג״ע, ואמר עוד [תהלים קכה, ג] כי לא ינוח שבט הרשע על גורל הצדיקים למען לא ישלחו הצדיקים בעולתה ידיהם, ענינו שאין דעת הצדיקים נוחה בזה אף שיטלו חלקם בגורלם כי אין רצונם בשל אחרים, וזה למען לא ישלחו הצדיקים בעולתה ידיהם פירוש חלקם אלא רצונם בחלקם לבד ע״כ מה שנטלו חלק רשעים אין עולתם בהם: [ה] **אוהב ישראל שמות פרשת שקלים**: והנה נודע כי ישנו ש״י עלמין וכאשר נתעלו אלו הש״י עלמין ונתייחדו למעלה למעלה בבחינת י״ש נעשה בחינת שקל שלם מספר כת״ר כי עולים עד למעלה בסוד האי״ן ואז ניתוסף רב שפע וכל טיבו וכל נהורין עילאין לכל העולמות וזהו סוד הפסוק (מ״ב י, טו) י״ש וי״ש תנה את ידך. היינו כאשר נתייחדו השני בחינות י״ש כנ״ל אז תנה את ידך היינו הד׳ יודי״ן דשם ע״ב הקדוש. שהם שרשי החסד העליון ולרמז זה ציוה הבורא ב״ה וב״ש ליתן מחצית השקל כי מחצית משקל שלם במילואו עולה י״ש וכנ״ל כדי לייחדם ולחברם בחיבורא חדא והבן זה היטב. [ו] **מגלה עמוקות על א׳ זעירא דויקרא אופן ע״ב**: הראה הקב״ה למשה סוד שם של ע״ב שהוא נחלק לג׳ קטרין ג׳ ווי״ן של ו״יסע ו״יבא ו״יט לכן ג׳ דרגין בהאי קרא ולכן א׳ זעירא קרי ביה ויקר מה יקר חסדך שהראה הקב״ה מדת החסד למשה שהם ע״ב

קיטרין של מעלה וצורתו א׳ הוא רי״ו שיש בג׳ פסוקים אלו רי״ו אותיות בהם נחה המשכן שעליהם אמרו רז״ל יודע בצלאל לצרף אותיות שבהם נברא שמים וארץ אמרתי עולם חסד יבנה ע״ב שעות של ו׳ ימי השבוע לכן נקרא בצל אל חסד אל כל היום ולפי שבהם מושלמת יצירת האדם כמ״ש בזוהר בראשית על פסוק ויזורר הנער עד שבע פעמים שהוא סוד חבקוק בגי׳ רי״ו ובזה השם החיה אלישע אותו שהם רי״ו אותיות לכן ז׳ ימי המילואים אח״כ ויקרא אל משה שאז זכה ליקר חסדיך. [ז] **אברבנאל ויקרא פרק א**: ויקרא אל משה עד ואם מן הצאן קרבנו. דעת המפרשים שויקרא אל משה שב אל מה שנאמר למעלה וכבוד ה׳ מלא את המשכן כי נעתק הכבוד מהר סיני ושכן מעל הכפורת בין שני הכרובים ולפי שלא היה יכול משה לבא שמה בלא רשות קראו יתברך לדבר אתו כי הנה קדש הקדוש ברוך הוא את המשכן בקדושת הר סיני בעת המעמד הנבחר וכמו ששם נזהרו העם השמרו לכם עלות בהר ונגוע בקצהו כל הנוגע בהר מות יומת. כן צוה במקדש והזר הקרב יומת. וכמו שבהר סיני נאמר וגם הכהנים הנגשים אל ה׳ יתקדשו פן יפרוץ בהם. כן צוה בענין המקדש גם לאהרן נאמר ואל יבא בכל עת אל הקדש. וכמו שבמעמד הר סיני נאמר ויקרא אליו ה׳ מן ההר כן נאמר כאן ויקרא אל משה וידבר ה׳ אליו מאהל מועד לאמר. והנכון הוא שאמרו מאהל מועד הוא נקשר עם ויקרא אל משה וכן ה׳ הנזכר כאן וידבר ה׳ אליו הוא נקשר גם כן עם ויקרא ויהיה שעור הכתוב ויקרא ה׳ אל משה מאהל מועד וידבר אליו לאמר. כי מאשר היו קצת מהמצות שקבלם מהר סיני וקצתם קבלם מאהל מועד הוצרך הכתוב הזה לפרש שמצות הקרבנות כלם נאמרו לו באהל מועד והוא אמרו ויקרא אל משה וידבר ה׳ אליו מאהל מועד. ויש הפרש בין קריאה לדבור כי הקריאה היא מרחוק

כדי שיתקרב הנקרב אל הקורא והדבור הוא בין הקרובים פה אל פה והותרה בזה השאלה הא׳. והנה אמר דבר אל בני ישראל ואמרת אליהם לפי שישראל טרחו בעבודת המשכן ומעשהו והיו מצפים שמשם תצא להם תורה ודבר ה׳ לעבוד עבודתו וישמחו בו ולכן רצה השם לכבדם הכבוד הזה בדבור הראשון שנאמר באהל מועד ר״ל לצוותם על דברי הקרבנות לפי שכלם יהיו מממונם. ומפני כבודם לא צוה בהם ראשונה לאהרן ולבניו ואחר כך לכל בני ישראל כאשר עשה בפרשת מומי בהמה. אבל צוה בעצם וראשונה כל זה אל בני ישראל ואחר כך בסדר צו את אהרן ואת בניו צוה את הכהנים על מעשה הקרבנות. ואמר אדם כי יקריב מכם קרבן להגיד שכל אחד מישראל איש או אשה כי על שניהם יאמר שם אדם כמו שאמר במעשה בראשית ויקרא את שמם אדם כאשר יקריב קרבן לה׳ מן הבהמה לא יבחר במינים אחרים מן הבהמה אלא מן הבקר ומן הצאן והוא יפרש אחר זה ששם צאן יאמר וכולל לכבשים ולעזים. ואמר כי יקריב מכם לא לשלול שלא יקבלו קרבן מן האומות אבל אמר מכם לדעת המפרשים להוציא את המומר שנתרחק מדתנו כי הנה האומות לא היו קרובים אליו אבל רחוקים. ואם באו להתקרב אליו ראוי לקבלם אבל המומרים שעזבו אמונתנו ונתרחקו מאלהינו למה יקובל מהם קרבן כל עוד שהם עומדים במרדם ושלכך אמר אדם כי יקריב מכם. ונראה לי שגם זה כיון הכתוב כי אם היה מומר עומד במרדו לא יקריב קרבן כי אין קרבת אלהים לו טוב. ואם הוא מתחרט ממה שעשה ושב בתשובה לא יהיה קרבנו מכפר על עונותיו מזולת שאר הדברים שיתחייב בהם. אבל אמר אדם כי יקריב מכם קרבן להגיד שהמצוה הראשונה הזאת שזכר מהקרבנות היא מהעולה הבאה בנדר ונדבה לא בחיוב ולפי שהיתה בחיריית מהם כרצונם לכן אמר כי יקריב מכם קרבן שיהיה ברצון וחפץ מוחלט. וכמו שביארו עוד באמרו אם עולה קרבנו מן הבקר זכר תמים יקריבנו אל פתח אהל מועד יקריב אותו לרצונו לפני ה׳. והתבונן איך ביאר בזה הקרבן הרצוי כל ארבעת סבותיו בו באמרו מן הבקר הוא ביאור חומר הקרבן. ובאמרו זכר תמים יקריבנו הוא צורת הקרבן ובאמרו אל פתח אהל מועד יקריב אותו לרצונו הוא רמז לפועל המביא הקרבן שיהיה האדם המביא אותו מעצמו ורצונו לא בחיוב. ובאמרו לפני ה׳ הוא התכלית שיהיה קרבנו לא לשום הוראה והתפארות אלא להתפלל

לאלהיו ולהדבק אליו. והותרו עם זה השאלות הב׳ והג׳. וכבר ביארתי בפרק הראשון מהקדמת זה הספר למה נבחרו שלשת המינים האלו מהבהמות רוצה לומר בקר וכבשים ועזים לקרבנות מזולתם ומה היה תכלית העולה שהוא לדבק הנשמה השכלית עם יוצרה. ואמר וסמך ידו על ראש העולה להגיד שיהיה ענינו כענין העולה ההיא כי כמו שהיא אחרי מותה תעלה על מזבח השם על ידי הכהנים הנגשים אל ה׳ ותדבק עם האש האלהי אשר שמה יתעלה אשה ריח ניחח להשם כן המקריב ההוא כמותו יעלה על מזבח השם שהוא רמז לעונג העולם הבא וידבק אל הקדוש ברוך הוא כי אש אוכלה הוא. ויהיה ריח ניחוח לפניו ולפי שאיש אין בארץ אשר יעשה טוב ולא יחטא בהרהורי לבו אם מעט ואם הרבה לכן אמר על זה ונרצה לו לכפר עליו לא שתבא העולה על ענין החטאות אלא על הרהורי הלב כמו שזכרתי כי בהיותו באותו מקום קדוש להקריב קרבנו יסיר מלבו כל הרהור רע ובליעל ואתה תראה שממלאכות העולה קצתם חייב הכתוב שיעשו אותם הכהנים וקצתם היו כשרים אף על פי שיעשו אותם זרים ולא כהנים כיון שהכתוב לא יחס אותן הפעלות אליהם. ונראה לי שכל הדברים שלא נתיחסו לכהנים והם כשרים בזרים היה הבעל המקריב חייב לעשותם בעצמו והם ה׳ דברים. הא׳ היא הסמיכה כמו שאמר וסמך ידו על ראש העולה וחז״ל אמרו שכל הסמיכות היו בשתי ידים ואב לכלם וסמך אהרן את שתי ידיו על ראש השעיר וכן כתב רש״י בפרק עדים זוממים עד שקר כל מקום שנאמר עד בשני עדים הכתוב מדבר וידוע שהיו עם הסמיכה ודוי ותשובה. והב׳ היא השחיטה כמו שאמר ושחט את בן הבקר לפני ה׳ שהבעל המקריב ישחטהו ואמר לפני ה׳ להגיד שישחט את העולה וראשה ופניה כנגד קדש הקדשים שהיא לצד המערב. והג׳ היא ההפשטה כמו שאמר והפשיט את העולה שהבעל יפשיט מעליה עורה. והד׳ הנתיחה כמו שאמר ונתח אותה לנתחיה רוצה לומר שהבעל יעשה מהבהמה ההיא חלקים ונתחים והם י״ב חלקים ראשונים שינתח בן הבקר אליהם להקל מעל הכהנים מקריבי העולה להעלותם על האש. וגם להפכם על האש בנקלה עד שיתעכלו מהר. והם הנתחים הראשונים כמו שאמר את הראש ואת הפדר לא לנתחים הקטנים שהם יותר מאלה כרצונו. והה׳ היא הרחיצה כמו שאמר וקרבו וכרעיו ירחץ במים והיה זה להסיר לכלוכם לכבוד הגבוה.

גלא עמיקתא

[ח]ולי מה יקרו רעיך אל, מה עצמו ראשיהם גימ' (1545) ג' פעמים תפל"ה (515) באור הענין: כפלינן ג' זימנין

וארז"ל שהפדר הוא החלב שהיו מניחים על בית השחיט' אך הפרש והטלפים לא היו נשרפים אלא מושלכים במי השלוח שבמקדש פן יכריחו שגם זה יעשה הבעל המקריב בידיו. כי הנה אף על פי שיהיה המקריב מלך ישראל היה חייב לעשות בידיו בקרבנו חמשה הדברים האלה. ואין ספק שיסייעוהו משרתיו ועבדיו אבל עכ"פ ידיו יגעו בעשייתם. וכן חייבה התורה לעשות הכהן בעולה ה' מלאכות אחרות. הא' והקריבו בני אהרן הכהנים את הדם ר"ל שיקבלו את הדם בעת השחיטה בכלי השרת. הב' וזרקו את הדם על המזבח סביב כי ההזאה היא ממלאכת הכהנים ולפי שאמר סביב למדנו שזה ישלם לשתי זריקות בשני סדרי האלכסון ברוחב חוט יסגור המזבח כי כל זריקה תכלול שני צדדים והיו הזריקות בקרן צפונית מזרחית מערבית דרומית. והיו שירי הדם נשפכים ליסוד הדרומית כי שם היה כלה ענין הזריקה. הנה א"כ באמרו על המזבח סביב כולל לכל הצדדים האמנם נאמר בחטאת על קרנות המזבח לפי שד' קרנו' המזבח היו רומזים לד' יסודות כמו שרמזתי ברמזים וכאלו העידה בזה התורה שמהם תבא החטאת באדם ובתגבורת קצתם תהיה באדם רתיחת הדם ותאוותיו הבהמיות. האמנם בעולה לא צוה שיזרקו את הדם על קרנות המזבח לרמוז שתהיה מיתת המקריב בקרבן העולה ודמה במזבח השם. ולהיות כל המזבח שוה ברמז הזה דיתה הזריקה בכלי סביב ולא לארבעת הקרנות בלבד והותרה בזה השאלה הד'. והמלאכה הג' שיצשו הכהנים היא ונתנו בני אהרן הכהנים אש על המזבח שלהיות נתינת האש מעבודת המזבח היה זה גם כן מעבודת הכהנים. והמלאכה הד' היא וערכו עצים על האש כי כל עבודות המזבח לא יעשו אלא על ידי הכהנים. וראוי שתדע שאמרו וערכו עצים על האש אין הכוונה על העצים שהיו מעריכים בבקר בעת הדליקה את האש על המזבח אבל אלו העצים היו נותנים שם בעת שישימו הנתחים ולזה ארז"ל שזה מצוה לשני גזרי עצים שהיו משימים שם שני כהנים בעת נתינת נתחי העולה על המזבח והיה זה בתמיד של בין הערבים כי בתמיד של שחר היה מספיק בכהן אחד שישים שני גזרי עצים. והמלאכה הה' היא וערכו בני אהרן הכהנים את הנתחים וגו' ואמר את הראש ואת הפדר להגיד שלא יפרד הפדר

מהראש לכסות בית השחיטה שהוא מלוכלך מפני כבוד גבוה. ואמר בני אהרן להגיד שיצטרכו לזה כהנים רבים שיקחו שנים מהם הנתח הגדול ואחד מהם הקטן והיה כל זה הוא לקרבן הצבור כי לא נחוש על זה בקרבן היחיד. ואמר על העצים אשר על האש ובמקום אחר פירש יותר שנאמר ובער עליה הכהן עצים בבקר בבקר מלמד שצריך שיהיו העצים מבוארים ראשונה ואחר כך וערך עליה העולה. הרי שבאו חמשת הדברים המוטלים על הבעל לעשותם כנגד האחרים שהיו מוטלים על הכהן לעשות. ובהיות העולה כלה נקטרת על המזבח בזה האופן שנזכר היתה ריח ניחח להשם שאותו אש היה מקובל לפניו: [ח] **ילקוט שמעוני תורה פרשת בראשית רמז מא:** אמר רב יהודה אמר רב אדם הראשון בלשון ארמי סיפר שנאמר ולי מה יקרו רעיך אל והיינו דאמר ריש לקיש מאי דכתיב זה ספר תולדות אדם [ה, א] מלמד שהראה לו הקדוש ברוך הוא לאדם הראשון דור דור ודורשיו וכו' כיון שהגיע לדורו של רבי עקיבא שמח בתורתו ונתעצב במיתתו שנאמר ולי מה יקרו רעיך אל, ד"א זה ספר תולדות אדם [ה, א] העביר לפניו כל הדורות הראהו דוד חיים חקוקין לו ג' שעות אמר לפניו רבש"ע לא תהא תקנה לזה אמר כך עלתה במחשבה לפני א"ל כמה שני חיי א"ל אלף שנים א"ל יש מתנה ברקיע א"ל הן א"ל ע' שנים משנותי יהיו למזל זה מה עשה אדם הביא את השטר וכתב עליו שטר מתנה וחתם עליו הקדוש ברוך הוא ומטטרון ואדם, אמר אדם רבש"ע יפיות זו מלכות וזמירות הללו נתונות לו במתנה ע' שנה שיחיה ויהא מזמר לפניך וזש"ה הנה באתי במגלת ספר כתוב עלי ד"א זה ספר הקדוש ברוך הוא עיבר את השנה ואח"כ מסר לאדם הראשון שנאמר זה ספר תולדות אדם [ה, א] אדם הראשון מסר לחנוך ונכנס בסוד העבור ועיבר את השנה שנאמר ויתהלך חנוך את האלהים [ה, כ"ב], חנוך מסר לנח ועיבר את השנה שנאמר עוד כל ימי הארץ וגו', נח מסר לשם ועיבר את השנה ונקרא כהן שנאמר נשבע ה' ולא ינחם אתה כהן לעולם על דברתי מלכי צדק ומלכי צדק מלך שלם וגו' וכי כהן היה אלא ע"י שהיה בכור והיה משרת לאלהיו ביום ובלילה נקרא כהן ושם מסר לאברהם ועיבר את השנה ונקרא כהן שנאמר והוא כהן לאל

גלא עמיקתא

לקביל ג׳ תפילות בכל יום – והוא עבודת הברורים [ט]איזוהי עבודה שבלב זוהי תפלה – ואז לוקחים הצדיקים שכר הרשעים. פסוקא רביעאה (משלי ח׳,כ״א): [י]להנחיל אהבי יש ואצרתיהם

עליון, אברהם מסר ליצחק ועיבר את השנה לאחר מיתתו של אברהם שנא׳ ויהי אחרי מות אברהם ויברך וגו׳ ע״י שנכנס בסוד העבור ברכו ברכת עולם, יצחק מסר ליעקב יצא יעקב לחוצה לארץ ובקש לעבר את השנה א״ל הקדוש ברוך הוא ליעקב אין לך לעבר הרי יצחק אביך יעבר את השנה בארץ שנאמר וירא אלהים אל יעקב עוד למה עוד שפעם ראשונה נגלה עליו ומנעו מלעבר את השנה בח״ל וכשבא לארץ א״ל הקדוש ברוך הוא קום עבר את השנה ועל שנכנס בסוד העבור ברכו ברכת עולם, יעקב מסרו ליוסף ואחיו והיו מעברים את השנה בארץ מצרים, מת יוסף ואחיו נתמעטו העבורים וכך עתידין להתמעט בסוף מלכות רביעית וכשם שנגלה הקדוש ברוך הוא על משה ואהרן כך עתיד להגלות על מלך המשיח. **[ט] ספר חמדת ימים - יום הכפורים - פרק ה:** ואפריון נמטיה להחכם המשורר הגדול שלמה בן גבירול ע״ה אשר חיבר ותיקן גדולותיו יתברך בשיר משובח ליום הכפורים הנקרא ״כתר מלכות״ לאומרו ביום הכפורים קודם תפלה, כי בו מודיע לבני אדם גבורותיו וכבוד הדר מלכותו יתברך שמו להכניע לבות בני אדם מפחד ה׳ ומהדר גאונו וליראה את השם הנכבד והנורא. כי היראה הוא צורך גדול אל התפלה, וכמו שמורגל לשון זה בזוהר ובתקונים דמאן דמשתמע קליה בין בצלותא בין באורייתא בלא דחילו מיד וישמע ה׳ ויחר אפו ע״כ וכן משמע פשוטו של פסוק דע את אלהי אביך ועובד״הו כי אמרו ז״ל איזו היא עבודה שבלב זו תפלה. שהזהירו שקודם שיתפלל ישים לפניו לידע למי הוא מתפלל וז״ש ״ואתה בני דע את אלהי אביך״ שידיעה זו מביאך אל היראה, ואחר כך ועובדהו בלב שלם זו תפלה. ואז ״אם תדרשנו ימצא לך״. וע״כ ראוי ונכון ללמוד באשמורת הבוקר היום הזה הכל בענייני גדולתו של הי״ת שמו. **[י] מחזור ויטרי סימן תקלב:** כת׳ מה רב טובך אשר צפנת ליראך פעלת לחוסים בך נגד בני אדם: אמר ר׳ יהושע בן לוי שני שערי כדכוד יש בגן עדן ועליהם ששים רבוא של כיתות מלאכי השרת. וכל אחד ואחד מהן זיו פניו מבהיק כזוהר הרקיע. בשעה שהצדיק בא אצלם הן מפשיטין מעליו הבגדים שהועמד בהן מן הקבר. ומלבישין אותו שבעה בגדים של ענני כבוד. ונותנין שני כתרים בראשו, אחד של אבנים טובות ומרגליות ואחד של זהב פרווים. ונותנין הדסים בידו. ומקלסין לפניו ואומ׳ לך אכול בשמחה. וגומ׳. ומכניסין אותו למקום נחלי מים ושם שמונה מאות מיני וורדי׳ והדסים. וכל אחד ואחד מן הצדיקים יש לו חופה בפני עצמו. ולפי מה שבידו. שנאמ׳ כי על כל כבוד חפה. וכל חופה וחופה מושכין ממנה ארבע נהרות. אחד של חלב. ואחד של יין ואחד של אפרסמון ואחד של דבש. וכל חופה וחופה למעלה הימנה גפן של זהב. ושלשים מרגליות קבועות בתוכה. וכל אחת ואחת מהן מבהיקות כזיו נוגה. ובכל חופה וחופה שלחן של אבנים טובות ומרגליות. וששים מלאכים עומדים על ראש כל צדיק וצדיק. ואומרי׳ לו אכול דבש שעסקת בתורה שנמשלה לדבש, שנאמר ומתוקים [מדבש ונפת] צופים. שתה יין המשומר בענביו שעסקת בתורה שנמשלה ליין. שנאמ׳ אשקך מיין הרקח. והכעור שבהן פניו דומים כדמיונו של יוסף. וכדמותו של ר׳ יוחנן. וכפרטי רמונים בכוס של כסף מוקף נגד השמש ואין אצלם לילה כל עיקר. שנאמ׳ וארח צדיקים כאור נגה הולך [ואור] עד נכון היום. והיום מתחדש עליהן: ארבע משמרות הן. משמר ראשון נעשה קטן ונכנס למחיצת קטנים. ושמח שמחת קטנים: משמר השני נעשה בחור ונכנס למחיצת בחורים ושמח בשמחת בחורים: משמר שלישי נעשה בינוני ונכנס למחיצת בינוניים. ושמח בשמחת בינונים: משמר רביעית נעשה זקן ונכנס למחיצת זקנים ושמח בשמחת זקנים: ובגן עדן שמונים רבוא מיני אילנות. הפחות שבהן משובח שבעצי בשמים. וכן בארבע זוויותיה: ובכל זוית וזוית יש בה ששים רבוא כתות של מלאכי השרת מזמרים בקול נעים: ועץ חיים באמצע. ונופו מכסה על כל גן עדן. ויש בו שמונה מאות מטעמים. ואין זה דומה לדמותו של זה. ולא טעמו של זה כטעמו של זה. ולא ריח זה דומה לריחו של זה. ושבעה ענני כבוד למעלה ממנו וארבע רוחות מנשבים בו. וריחו הולך מסוף העולם עוד סופו. ותחתיו תלמידי חכמים יושבים. ומבררים את התורה. וכל אחד ואחד מהן יש לו שתי חופות

גלא עמיקתא

אמלא גימ' (1285) ה' פעמים "[יא]אור הגאולה" (257) דמורגש כבר עתה בדור עקבתא דעקבתא דמשיחא. והני ד' פסוקין יחד סליקו לחושבן (7259) ז' פעמים "[יב]מלכות ישראל" (1037) [ועיין עוד [4]באור שה"ש פ"ד פסוק ט"ז]. וכאן

4. באור שיר השירים פרק ד': פסוק ט"ז: והן עצו"ת דרמיזא בראשי תיבות תיבין קדמאין דפסוקא- "עורי צפון ובואי תימן" ר"ת "עצות", והני ד' תיבין חושבן (1037) "מלכות ישראל", וללא הראשי תיבות "עורי צפון ובואי תימן" חושבן (471) "ברח דודי ודמה לך לצבי". והיינו בסיפא דשיר השירים (ח',י"ד) - דאיהו תכלית הכל אלף השביעי שני ימות המשיח ולאחריו עולם הבא תחית המתים וכו' - ורמיזא פרק ח' אלף השמיני פסוק י"ד חושבן דו"ד מלכא משיחא. ומסיים ג' תיבין אחרנין דשיר השירים "על הרי בשמים" גימ' (707) "השבת"- והיינו יום שכולו שבת בגאולה האמיתית והשלמה בב"א. הני ט"ז פסוקין יחד דהיינו כולא פרקא סליק לחושבן (47481): "באלפו" (119) (ש"א י"ח,ז') פעמים "אלף זעירא" (399) והוא התגלות אור הכתר בגאולתא שלמתא.

אחת של כוכבים. ואחת של חמה ולבנה. ובין כל חופה וחופה ששים פרגוד של ענני כבוד. לפנים ממנה עדן. ובה שלש מאות ועשרה עולמות לכל צדיק וצדיק. שנאמ' להנחיל אהבי י"ש: ובה שבע כיתות של צדיקים. כת ראשונה הרוגי מלכות. כגון ר' עקיבא וחביריו. כת שנייה טבועי ים. כת שלישית רבן יוחנן בן זכאי וחביריו. ומהו כחו של רבן יוחנן בן זכאי שהיה אומ' אם יהיו כל הימים דיו ושמים וארץ יריעות. וכל בני אדם לבלרין. לא היו מספיקין לכתוב מה שלמדתי מרבותיי. ולא חסרתי אות אחת. אפילו ככלב המלקלק מן הים: כת רביעית. אילו שירד הענן וכסה עליהן: כת חמשית בעלי תשובה. מקום שבעלי תשובה עומדין אין צדיקים יכולין לעמוד: כת ששית. רווקין שלא טעמו טעם חטא מימיהם. כת שביעית ענוים וקדושים שיש בהם מקרא ומשנה ודרך ארץ. ועליהם הכת' אומ' וישמחו (בך) כל חוסי בך לעולם ירננו. וגו': והק' יושב ביניהן ומבאר להם את התורה. ועליהם הכת' אומ' עיני בנאמני ארץ וג' ולא פירסם לברייא כבוד המתוקן להם, ועליהם הכת' אומ' ומעולם לא שמעו לא האזינו עין לא ראתה אלהים זולתך יעשה למחכה לו: סליק פרק גן עדן: **[יא] פענח רזא לבעלי התוספות פרשת שמות:** ובעזרת האל בתעצומות, נתחיל ספר וסדר ואלה שמות ואלה" שמות" בני" ישראל", ס"ת תהי"ל לומר שלבסוף יהיל אורם אור הגאולה בזכות ואלה שמות שלא שינו את שמם כדאיתא במדרש, שמות יש בו אותיות שמת"ו, כלומר אף על גב שמנאם בחיים חזר ומנאן לאחר מותן, "שמות "בני "ישראל "הבאים ר"ת שבי"ה, לומר שאז כשמת יוסף וכל הדור ההוא הי' ראש שבים וגלותם, לכן בא הרמז בראשי תיבות. **[יב] פסיקתא זוטרתא בראשית פרשת לך לך פרק טו סימן י:** י) ויקח לו את כל אלה. להביא עשירית האיפה, דכתיב והבאת את המנחה אשר יעשה מאלה (ויקרא ב ח): ואת הצפור לא בתר. הראה לו שמבדילין בעולת העוף ואין מבדילין בחטאת העוף, מלמד שהראה לו הקדוש ברוך הוא לאברהם אבינו הקרבנות והגליות, התורה והגיהנם, אמר לו בזמן שבניך עסוקין בשתים, ניצולין משתים, פורשין משתים, נידונין בשתים, עתיד בית המקדש ליחרב, וקרבנות ליבטל, נשארה התורה כנגד שתים, הגלות והגיהנם, בחר לך אחת מהם שיהיו בניך סובלין, והיה בדעתו לבחור גיהנם לבניו, כי נלאה מן הגלות, אמר ומה אני לבדי נלאיתי, כל ישראל על אחת כמה וכמה, עד שרמז לו הקדוש ברוך הוא לבחור בגלות, שהגלות לפי שעה, אבל גיהנם לדור דורים, היינו דכתיב איכה ירדוף אחד אלף ושנים יניסו רבבה אם לא כי צורם מכרם וה' הסגירם (דברים לב ל), צורם זה אברהם, דכתיב הביטו אל צור חצבתם (ישעיה נא א), וה' הסגירם, הסכים על ידו: ד"א קחה לי עגלה משולשת. זו בבל שהיא משולשת, נבוכדנאצר, אויל מרודך, ובלשצר: ועז משולשת. זו מדי, שמעמדת שלשה, כורש, ודריוש, ואחשורוש: ואיל משולש. א"ר אלעזר זו יון, שכבשה שלשה רוחות ורוח מזרחית לא כיבשה: ד"א קחה לי עגלה משולשת. אלו ג' מלכיות, מן גלות מצרים ועד גלות האחרון, עגלה זו מצרים, וכה"א עגלה יפיפיה מצרים (ירמיה מו כ), ועז זו מלכות יון, דכתיב וצפיר העזים הגדיל עד מאד (דניאל ח ח), ואומר והצפיר השעיר מלך יון (שם כא), ואיל זו מלכות מדי ופרס, דכתיב האיל אשר ראית בעל הקרנים מלכי מדי ופרס (שם שם כ), ותור וגוזל זו מלכות ישראל, דכתיב יונתי בחגוי הסלע (שה"ש ב יד): ויבתר

גלא עמיקתא

ד' פסוקין לקביל ד' דמלכות [יג]דלה ועניה דלית לה מגרמה כלום ר"ת דו"ד מל"ך כדאמרינן בקדוש לבנה דו"ד מל"ך ישראל חי וקים. וכפלינן ז' פעמים "מלכות ישראל" דמלכות היא בסוד בת שבע [יד]דאכלי כולא ושצי כולא והיא הספירה השביעית, ויהי רצון דהשי"ת ישלח לנו משיח צדקנו ויגאלנו בגאולתא שלמתא בעגלא דידן ובזמן קריב ונאמר אמן. [והנה באופן זה עוסק רבינו בענין הגיהנם, [5]ועיין עוד מה שכתבנו במקום אחר בבאור דברי רבינו [טו]באופן קכ"ו לסדר ואתחנן, דכתב דאמר הקב"ה למשה לפני הסתלקותו: אין אתה צריך ללכת דרך גיהנם וכו'].

מקורות

אותם בתוך. כדי להתישם: ואת הצפור לא בתר. אלו ישראל דכתיב אל תתן לחית נפש תורך (תהלים עד יט): **[יג] כתוב לגבי לבנה ולומדים לענין המלכות::** זוהר פרשת וישב דף קפא עמוד א פתח ואמר (ישעיה נ"ב) הנה ישכיל עבדי ירום ונשא וגבה מאד, זכאה חולקהון דצדיקייא דקודשא בריך הוא גלי לון ארחי דאורייתא למהך בהו, ת"ח האי קרא רזא עלאה איהו, הנה ישכיל עבדי ואוקמוה אבל ת"ח כד ברא קודשא בריך הוא עלמא עבד לה לסיהרא ואזער לה נהורהא דהא לית לה מגרמה כלום ובגין דאזעירת גרמה אתנהרא בגין שמשא ובתוקפא דנהורין עלאין ובזמנא דהוה בי מקדשא קיים ישראל הוו משתדלי בקורבנין ועלוון ופולחנין דהוו עבדין כהני וליואי וישראלי בגין לקשרא קשרין ולאנהרא נהורין, ולבתר דאתחרב בי מקדשא אתחשך נהורא וסיהרא לא אתנהירת מן שמשא וכו' **[יד] זוהר שמות פרשת תצוה:** מה בין דינא עילאה להאי דינא, דינא עילאה שירותא וסופא קשה ולית מאן דיקום ביה וכל מה דאזיל אתתקף ובתר דשארי לא סליק מניה עד דאכיל ושצי כלא דלא אשתאר כלום. **[טו] מגלה עמוקות על ואתחנן אופן קכ"ו:** אמרו במדרש תנחומא (מסעי סי' ד') וברבה (פרשת מסעי [במ"ר פכ"ג ה']) על פסוק (במדבר לד ב) כי תבואו אל הארץ בארץ כנען, שבאותו פרק הראה הקב"ה למשה גן עדן וגיהנם, והראה הקב"ה למשה כל החדרים של גן עדן של מעלה ושל מטה, וכן בגיהנם. ולכן רצה משה ליכנס לארץ ישראל, לפי שיש שני דרכים ליכנס לגן עדן, כמ"ש ר' יוחנן בן זכאי לתלמידיו (כדאיתא במסכת ברכות דף כ"ח [ע"ב]) ולא עוד אלא שיש ב' דרכים, ואיני יודע באיזה דרך מוליכין אותי. וכן אמרו במדרש פרשת האזינו (דב"ר פ"י ד') שמזה הטעם אמר משה

עיונים

5. באור על מגלה עמוקות ואתחנן אופן קכ"ו: אקדמות מילין: פותח רבינו האופן דהראה הקב"ה למשה "גן עדן וגיהנם" גימ' (291) "ארץ" לקביל גן עדן הוא ארץ אבות, כמו שאמר הקב"ה ליעקב: שוב אל ארץ אבותיך ואהיה עמך (בראשית ל"א,ג'). ובכאן אהיה אינו קודש, אך הוא רמז לשם אהי"ה דהתגלה למשה בסנה [כמו שבארנו במקום אחר דשם אהי"ה אינו מוזכר בשום מקום ב-כ"ד ספרים חוץ ממראה הסנה דכתיב תמן ג' פעמים אהי"ה בחד פסוקא: אהי"ה אשר אהי"ה, ויאמר כה תאמר אל בני ישראל אהי"ה שלחני אליכם (שמות ג',י"ד)]. ולכן רצה משה להיכנס לארץ ישראל ולהמשיך תמן אלף אורות בסוד אלף זעירא דויקרא - מאן דאיהו זעיר איהו רב (זוה"ק תחלת פרשת חיי שרה). ורמיזא בחושבן "שוב אל ארץ אבותיך ולמולדתך" גימ' (1605): "אלף (1000) בבני ישראל (605)" והוא לקביל גן עדן, ולקביל גיהנם כתיב והורידהו אותה ובנות גויים אדירים אל ארץ תחתיות (יחזקאל ל"ב,י"ח). וזהו "ארץ תחתיות" גימ' (1515): "אלף (1000) ואתחנן (515)" דהתחנן משה לא לעבור דרך גיהנם ח"ו. ותרוויהו: "ארץ תחתיות - שוב אל ארץ אבותיך ולמולדתך" סליקו לחושבן (3120): ק"כ (120) פעמים הוי' (26) בסוד מיתוק ק"כ צרופי שם אלהי"ם ע"י שם הוי' בסוד כי שמש ומגן הוי' אלהי"ם (תהל' פ"ד,י"ב), וזכה משה בק"כ שנותיו ובק"כ ימים על הר סיני - יום לשנה - למתק בשלמות ק"כ צרופי שם אלהי"ם. ולכן אמר ליה קוב"ה: ר"ב ל"ך - כדמסיים המגלה עמוקות האופן: "ואין אתה צריך לילך דרך גיהנם, רק מיד עלה ראש הפסגה שהוא גן עדן למעלה בראש" גימ' (3495): י"ה (15) פעמים "עץ החיים" (233) דמשה זכה לסוד שם של י"ה לוחות ראשונים י'

זיהרא דחכמתא עילאה, לוחות שניים ה׳ תבונה, דהן בחינת עץ חיים היא למחזיקים בה (משלי ג׳,י״ח), וברוח קודשו של המגלה עמוקות הרי צירוף תיבין ״ואין אתה צריך לילך בדרך גיהנם רק״ סליק לחושבן (1515) ״אלף (1000) ואתחנן (515)״ והוא פלאי.

האזינו השמים ואדברה ותשמע הארץ (דברים לב א), שאיני יודע נפשי היכן הולכת. וקשה וכי היה משה מתיירא מן הגיהנם. אבל הכוונה שיש ב׳ דרכים לגן עדן, הא׳ דרך גיהנם, והב׳ מיד למעלה דרך גן עדן. על זה אמר משה אתה החלות להראות את גדלך, זו היא מדת טובך שהוא גן עדן, ידך החזקה גיהנם. כנגד גן עדן וגיהנם שלמעלה אמר בשמים, וכנגד גן עדן וגיהנם שלמטה אמר בארץ, כנגד גן עדן אמר כמעשיך, כנגד גיהנם אמר כגבורתיך. לכן ביקש לבא לארץ ישראל כי שם שער השמים, ולא היה צריך לילך דרך גיהנם. השיב לו הקב״ה רב לך, בשמים עקב רב, מה רב טוב הצפון יהיה לך מיד, ואין אתה צריך לילך דרך גיהנם, רק מיד עלה ראש הפסגה שהוא גן עדן למעלה בראש.

אופן עז

יש בצורת א' זעירא י"ו למעלה י"ו למטה. הנה נרמז בכאן והון אדם יקר חרוץ נחלק אדם לאחר אכילת עץ הדעת טוב ורע לתרין בנין קין והבל קין מסיטרא דרע הבל מסיטרא דטוב ומהם נתערבו כל הנשמות שבעולם ונתערב טוב ברע ורע בטוב ומזה נחלקה א' לסוד בוצינא דקרדוניתא שיורדים ש"ך דינים לזעיר שכן נרמז ג"כ בשם קין והבל כי קין הוא החצי עץ שהוא חשבון ק"ס לכן תרגום של עץ הוא ק"ס חושבנא דדין כדין. רק מחטא של אדם הראשון סיפר בלשון הארמי וכן ג"כ הבל עולה כמנין קין בזה האופן ה"פ ל"ב הרי ק"ס שניהם יחד עולה ש"ך. והנה בכאן רמז דאיתמר גבי משה והנה נער בוכה שהוא סוד ש"ך שחשבה בתיה שש"ך גבורות ירדו לעולם. אבל איתמר גבי משה ותרא אותו כי טוב הוא. וז"ש ויקר אל משה שכל הנשמות שהם סוד אור יקר שהם הנשמות בכלל נתגלה אל משה בסוד א' זעירא שסוד א' היא נחלקת י"ו למטה י"ו למעלה שהם סוד זעיר שיורדין בו הנשמות בתרין חילוקין אלו דהיינו: י"ו למעלה הם נשמות מסיטרא דטוב הם מצד הבל שכן י"פ ו"י עולה ק"ס כמנין הבל שהוא ה"פ ב"ל. ואח"כ ו"י למטה תכה זה אל זה י"פ י"ו הרי קין נמצא שרמוזים בכאן כל הנשמות שיוצאים מתרין סטרין.

אופן עז

יש בצורת א' זעירא י"ו למעלה י"ן למטה. הנה נרמז בכאן (משלי י"ב,כ"ז) והון אדם יקר חרוץ נחלק אדם לאחר אכילת

גלא עמיקתא

והנה באנו לבאר האי אופן ע"ז דמגלה עמוקות ע"ז גימ' (77) מז"ל, כבאור הבעש"ט המימרא (שבת קנ"ו ע"א) "[א]אין מזל לישראל" וביאר דקרינן אַיִן בפתח– דישראל מושרשים מכתר עליון בחינת אַיִן למעלה מהמזלות בחינת א"ז ישיר משה (שמות ט"ו,א') א' רוכב על ז' כוכבי לכת והוא בדברי חז"ל בכמה מקומות, ואחד מהם [ב]בגמרא נדרים ל"ב ע"א וזה לשון הגמרא הקדושה: **ויוצא אותו החוצה** (בראשית ט"ו,ה') – **אמר לפניו: רבונו של עולם, הסתכלתי במזל שלי ואין לי אלא בן אחד, אמר לו** (הקב"ה) **צא מאצטגנינות שלך "אין מזל לישראל"** [דהיינו ישראל אינם כשאר עובדי כוכבים שמקבלים השפע דרך מלאכים ומזלות ושרים וכו' אלא ישירות מהקב"ה בחינת אור ישר לכן אין לך לחשוש מאצטגנינות שהרי ישראל הם למעלה מאותו סדר השתלשלות– וזה שאומר לו אברם אינו מוליד אבל אברהם מוליד] גימ' (709) ד' פעמים ג"ן עד"ן (177) עם הכולל – ונחלק דווקא לארבע כנגד ארבע אותיות שם הוי' ברוך הוא. א"נ נחלק לארבע פעמים "גן עדן" כמו שכתוב (בראשית ב',י'): "ונהר יצא מעדן להשקות את הגן, ומשם יפרד והיה לארבעה ראשים" גימ' (3391) י' פעמים [ג]נ"ר חנוכ"ה (339) עם הכולל – רמיזא אור הגנוז כמו שיהיה לעתיד לבוא בעשר בחינות הנפש של כל יהודי שיזכה לכך, ויהי רצון דבזכותיה דמגלה עמוקות נזכה לגאולה האמיתית והשלמה וביאת משיח צדקנו ב"ב אכי"ר. והנה באור הפסוקים דמביא המגלה עמוקות, והקשרם לאופן דיליה, כדלקמן: פסוק א': (משלי י"ב,כ"ז): [ד]**לא יחרך רמיה צידו, והון אדם יקר חרוץ** גימ'

[א] **תלמוד בבלי שבת דף קנו עמוד א**: איתמר, רבי חנינא אומר: מזל מחכים, מזל מעשיר, ויש מזל לישראל. רבי יוחנן אמר: אין מזל לישראל. ואזדא רבי יוחנן לטעמיה, דאמר רבי יוחנן: מניין שאין מזל לישראל - שנאמר כה אמר ה' אל דרך הגוים אל תלמדו ומאותות השמים אל תחתו כי יחתו הגויים מהמה, גויים יחתו, ולא ישראל. ואף רב סבר אין מזל לישראל, דאמר רב יהודה אמר רב: מניין שאין מזל לישראל - שנאמר ויוצא אתו החוצה. אמר אברהם לפני הקדוש ברוך הוא: רבונו של עולם בן ביתי יורש אתי. אמר לו: לאו, כי אם אשר יצא ממעיך. אמר לפניו: רבש"ע, נסתכלתי באיצטגנינות שלי ואיני ראוי להוליד בן. אמר ליה: צא מאיצטגנינות שלך, שאין מזל לישראל. [ב] **תלמוד בבלי נדרים דף לב עמוד א**: אמר רב יהודה אמר רב: בשעה שאמר לו הקדוש ברוך הוא לאברהם אבינו, התהלך לפני והיה תמים - אחזתו רעדה, אמר: שמא יש בי דבר מגונה! כיון שאמר לו ואתנה בריתי ביני ובינך, נתקררה דעתו. ויוצא אותו החוצה - אמר לפניו: רבש"ע, הסתכלתי במזל שלי ואין לי אלא בן אחד, אמר לו: צא מאיצטגנינות שלך, אין מזל לישראל. [ג] **ספר השל"ה הקדוש - תורה אור - מסכת תמיד**: ענין נר חנוכה כבר נתבאר, בברכה ראשונה כשאומר ברוך אתה ה' יכוין כי ה' הוא ע"ב דיודי"ן, גם תכוין לחבר עמה אהיה דיודי"ן גימטריא קס"א, ושניהם גימטריא 'רגל', וזהו סוד עד שתכלה רגל מן השוק. ובברכה שניה יכוין בה' שהוא ס"ג ויחבר עמו שם אלהים, הענין כי יכוין כי הויה זו ס"ג וניקוד בנקודה שלה כנודע. ובברכה שלישית כשאומר ה' יכוין שהוא מ"ה ויחבר עמו שם אדנ"י. [ד] **ילקוט שמעוני משלי רמז תתקנ**: לא יחרוך רמיה צידו. א"ר שיזבי משום ר' אלעזר בן עזריה לא יחיה ולא יאריך ימים צייד הרמאי, ורב ששת אמר צייד הרמאי יחרוך, כי אתא רב דימי אמר

משל לצייד שני צפרים אם ראשון ראשון משבר כנפיו מתקיים בידו ואם לאו אינו מתקיים בידו, ד"א לא יחרוך רמיה צידו, רבנן אמרין זה עשו לא יאריך ולא יאחר הקדוש ברוך הוא לרמאי ולצידו, דאמר ר' יהושע בן לוי כל אותו היום היה צד צביים וכופתן ומלאך בא ומתירן, עופות ומסכסכן ומלאך בא ומפריחן, וכל כך למה והון אדם יקר חרוץ כדי שיבא יעקב ויטול את הברכות שהן יקרו של עולם חרוצות לו, ר' חנינא בר פפא שאליה לר' זירא א"ל מהו דכתיב והון אדם יקר חרוץ, א"ל חרוצה היא ביד הצדיקים שאינם נוטלים מן יקר שלעתיד לבא בעולם הזה וכו' (כתוב בשמואל ברמז צ"ז): [ה] **תלמוד בבלי שבת דף קד עמוד א:** אמרי ליה רבנן לרבי יהושע בן לוי: אתו דרדקי האידנא לבי מדרשא ואמרו מילי דאפילו בימי יהושע בן נון לא איתמר כוותייהו: אל"ף בי"ת - אלף בינה, גימ"ל דל"ת - גמול דלים, מאי טעמא פשוטה כרעיה דגימ"ל לגבי דל"ת - שכן דרכו של גומל חסדים לרוץ אחר דלים. ומאי טעמא פשוטה כרעיה דדל"ת לגבי גימ"ל - דלימציה ליה נפשיה. ומאי טעמא מהדר אפיה דדל"ת מגימ"ל - דליתן ליה בצינעה, כי היכי דלא ליכסיף מיניה. ה"י - זה שמו של הקדוש ברוך הוא, ז"ח ט"י כ"ל - ואם

אתה עושה כן, הקדוש ברוך הוא זן אותך, וחן אותך, ומטיב לך, ונותן לך ירושה, וקושר לך כתר לעולם הבא וכו'. [ו] **שער הפסוקים פרשת יתרו:** ויאמר אל משה אני חותנך יתרו בא אליך כבר הודעתיך כי יתרו הוא קין, ומשה הוא הבל אחיו, ולכן רמז לו כי הוא אחיו, בר"ת 'אני 'חותנך 'יתרו, הוא אחי, ולכן אל יזלזל בכבודו, אעפ"י שהוא מלך וזה גר מחדש, וע"כ יקבלהו ויצא לקראת יתרו, וכמו שדרשו חז"ל ואם אין אתה יוצא בגיני, צא בגין אשתך. [ז] **חידושי הריטב"א מסכת חולין דף ה עמוד א:** אם כן עורביים מיבעיא ליה. פרש"י ז"ל דלא למיטעי בעורבים ממש, פירוש לפירושו מה שאין כן במצרים ועברים ודכוותייהו, וא"ת נערה נמי איכא למיטעי בנערה דעלמא, י"ל דכיון דכתיב קטנה ליכא למיטעי, וא"ת והא כתיב (ישעיה י"א) ונער קטן נהג בם, י"ל דבזכרים לא דייק קרא בהכי דזימנין דקרי אף לקטן נער וכדכתיב (שמות ב') והנה נער בוכה, וא"ת ולמה הוצרכו לדרוש במסכת סוטה (מ"ו ב') גבי נערים קטנים דגבי אלישע דקטנים קטני אמנה ונערים מנוערים מן המצות, וי"ל משום דהתם אי אפשר לומר קטנים ממש דהא לאו בני עונשין נינהו, אלא ע"כ קטני אמנה, וכיון

עץ הדעת טוב ורע לתרין בנין קין והבל קין מסיטרא דרע הבל מסיטרא דטוב ומהם נתערבו כל הנשמות שבעולם

גלא עמיקתא

(1360): כ' פעמים "חיים" (68) ויש לקשרו לעץ החיים– בחינת כתר עליון התורה הקדושה כדאיתא בספה"ק **אנכי אותיות אני כ' היינו כ'תר** [ה]דבגמרא שבת קד. הני דרדקי וכו' מבארים כל **אות ואות ובאות כ' ביאורו** הקב"ה קושר לך כ'תר לעולם הבא ומבאר המגלה עמוקות דהבל היה מסטרא דטוב בחינת עץ הדעת טוב [ו]ובאר"י הקדוש (שער הפסוקים פרשת יתרו) כתב משה היה גלגול הבל ויתרו גלגול קין דנקרא הקיני כדכתיב (שופטים ד',י"א) "וחבר הקיני נפרד מקין מבני חובב חותן משה" ותיקן משה הריגת הבל בידי קין וקשרם יחד ע"י התורה הקדושה עץ חיים כמבואר בספה"ק דיתרו התקרב לקב"ה ולתורה הקדושה וכו' בחינת "ויחד יתרו" גימ' (644) "אברהם יצחק ויעקב" ענין שלמות התיקון ב–ג' קוים. פסוק ב': (שמות ב',ו'): [ז]**ותפתח ותראהו את הילד והנה נער בכה ותחמל עליו ותאמר מילדי העברים זה** גימ' (4055): ה"פ "שכינת אל" (811) דזכה משה כבר בלידתו לה"פ או"ר דיומא קדמאה דמעשה בראשית, ה"פ "אור" (207) גימ' (1035): ג"פ "משה" (345) ובארנוהו, ולכן בכאן כפילת ה' פעמים שכינת א"ל, ה' פעמים

ונתערב טוב ברע ורע בטוב [הלשון כמו שכתוב (ויקרא כ"ז,י') לא יחליפנו ולא ימיר אותו טוב ברע או רע בטוב

גלא עמיקתא

דייקא. כפרש"י שם: "שראתה עמו שכינה" גימ' (1407): **אהי"ה (21) פעמים בינ"ה (67)** [ח]דבינה מינה דינין מתערין, ברם בינה כתרא דז"א, דלגבי זעיר בינה היא רחמים גמורים כולא ימינא דלית שמאלא בהאי עתיקא. **וכדפרש המגלה עמוקות** דחשבה שירד עמו ש"ך דינים, ומיד כהיב "ותחמל עליו"– הבינה שהוא רחמים גמורים "נער בכה" גימ' (347) במש"ה. דבשרשו אמנם נע"ר גימ' ש"ך דינים (ה"פ די"ן גימ' ש"ך) **אך הם ממותקים ע"י כ"ב אותיות התורה ו–ה' כפולות** (ה' אותיות סופיות מנצפ"ך) שעתיד להוריד מסיני והן אתוון כ"ב (פשוטות) ה' (כפולות) נוטריקון בכ"ה. פסוק ג': (שמות ב',ב'): [ט]**ותהר האשה ותלד בן ותרא אתו כי טוב הוא ותצפנהו שלשה ירחים** גימ' (4207): **ו"פ שם אדנ"י במלוי כזה:** "אלף דלת נון יוד" (671) **עם הכולל. דהוא יחודא ז"א ומלכות לכן כפלינן ו"פ לאדנ"י המלכות המלא בחינת תרע"א זה השער לה' צדיקים יבואו בו, ו' בסוד זעיר כנודע. פסוק ד':** (ויקרא א',א'): [י]**ויקרא אל משה, וידבר ה' אליו מאהל מועד לאמר** גימ' (1455): **אל"ף (1000) מש"ה במלוי יודין (455),** דזכה לאלף אורות בהר סיני ויהיב לון

דקטנים לאו ממש נערים נמי לאו ממש. **[ח] דגל מחנה אפרים בראשית פרשת מקץ:** או יאמר והנה שבע שבלים עולות בקנה אחד וגו', יש בכאן סוד המתקת הדינין בשורשן כי ידוע שורש כל הדינים הוא מבינה כי מינה דינין מתערין וכשמעלין הדינים לשורשן שהוא עולם הבינה שם נמתקו כל הדינים, ויש להסביר הדבר כי ידוע שהדינים הם בסוד ל"ט מלאכות ונגד זה יש ל"ט קללות והיינו כי כל מלאכה הוא צמצום כי קודם שעושה המלאכה מחשבתו מתפשטת בכמה ענינים וכשעושה כל דבר מלאכה אזי מצמצם מחשבתו כולו בתוך אותו הדבר וזהו דרך משל. **[ט] מאור ושמש שמות פרשת בא:** והאיש אשר הוא שפל בעיני עצמו, עד שאינו יכול לדמות עצמו אפילו לרמה ותולעה - זוכה אל הדעת, ויכול לקשר עולמות התחתונים עם עולמות העליונים. ומשה היה בחינת דעת מחמת שהיה עניו מאד מכל האדם, ואהרן היה גם כן מבחינת דעת, כְּאָמְרָם (שמות טז ז) 'וְנַחְנוּ מָה', ועל ידי זה זכו אל הדעת. ומשה היה שׁוֹשְׁבִינָא דְּמַלְכָּא' (זוהר ח"ג נג ב), היינו שהיה מפאר ומרומם את השי"ת בעיני כנסת ישראל, וּמְלַמְּדָם תורה ומצוות. ואהרן היה שׁוֹשְׁבִינָא דְּמַטְרוֹנִיתָא' - שהיה מפאר ומרומם הכנסת ישראל לפני השי"ת, אף שחטא אחד מהם - היה מלמד עליו זכות לפני הקדוש ברוך הוא, ועל ידי זה נתייחדו עולמות עליונים עם עולמות התחתונים. וְשֵׁם של אהו"ה עולה י"ז כמנין טוב. וזהו ויאמר אלהים יהי אור ויהי אור וירא אלהים את האור כי 'טוב' הוא שֵׁם של אהו"ה העולה טוב, וראה שאין העולם כדאי להשתמש בו וגנזו לצדיקים לעתיד לבוא. וזהו ותרא אותו כי טוב הוא ותצפנהו שלשה ירחים פירוש, ותרא אותו כי 'טוב' הוא - שהוא מבחינת דעת, שֶׁשֵּׁם שֶׁלּוֹ אהו"ה שעולה בגימטריא טוב, ותצפנהו שלשה ירחים - שֶׁהִסְתַּתְּרוּ בשלשה ראשונים. **[י] ספרא ויקרא - דבורא דנדבה פרשה א תחילת פרק ב:** (א) אליו למעט את אהרן אמר רבי יהודה בן בתירא י"ג דברות נאמרו בתורה למשה ולאהרן וכנגדן נאמרו י"ג מיעוטין ללמדך שלא לאהרן נאמר אלא למשה שיאמר לאהרן (ב) ואלו הן ובבא משה אל אהל מועד לדבר אתו וישמע את הקול מדבר אליו וידבר אליו ונועדתי לך ודברתי אתך אשר אועד לכם שמה לדבר אליך שם ביום צוותו את אשר צוה ה' אל משה את כל אשר אצוה אותך אל בני ישראל ויהי ביום דבר ה' אל משה בארץ מצרים ואלה תולדות אהרן

וכאן מקשרו לענין תערובת רע וטוב] ומזה נחלקה א' לסוד [יא]בוצינא דקרדוניתא שיורדים ש"ד דינים לזעיר שכן נרמז ג"כ

גלא עמיקתא

לישראל בכל שבת קדש בסוד ישמח משה, וכדביארנו. פסוק ה': נוסיף פסוקם של קין והבל (בראשית ד',ח'): [יב]**ויאמר קין אל הבל אחיו, ויהי בהיותם בשדה ויקם קין אל הבל אחיו ויהרגהו** גימ'

ומשה ביום דבר ה' אל משה בהר סיני ויקרא אל משה וידבר אליו: **[יא] תניא שער היחוד והאמונה פרק ד:** כי הנה כתיב כי שמש ומגן ה' אלהים פי' מגן הוא נרתק לשמש להגן שיוכלו הבריות לסבלו כמארז"ל לעתיד לבא הקדוש ברוך הוא מוציא חמה מנרתקה רשעים נידונין בה כו' וכמו שהנרתק מגין בעד השמש כך שם אלהים מגין לשם הוי"ה ב"ה דשם הוי"ה פירושו שמהוה את הכל מאין ליש והיו"ד משמשת על הפעולה שהיא בלשון הוה ותמיד כדפרש"י ע"פ ככה יעשה איוב כל הימים והיינו החיות הנשפע בכל רגע ממש בכל הברואים ממוצא פי ה' ורוחו ומהוה אותם מאין ליש בכל רגע כי לא די להם במה שנבראו בששת ימי בראשית להיות קיימים בזה כמ"ש לעיל. והנה בסידור שבחיו של הקדוש ברוך הוא כתיב הגדול הגבור כו' ופי' הגדול היא מדת חסד והתפשטות החיות בכל העולמות וברואים לאין קץ ותכלית להיות ברואים מאין ליש וקיימים בחסד חנם ונקראת גדולה כי באה מגדולתו של הקדוש ברוך הוא בכבודו ובעצמו כי גדול ה' ולגדולתו אין חקר ולכן משפיע ג"כ חיות והתהוות מאין ליש לעולמות וברואים אין קץ שטבע הטוב להטיב והנה כמו שמדה זו היא שבחו של הקדוש ברוך הוא לבדו שאין ביכולת שום נברא לברוא יש מאין ולהחיותו וגם מדה זו היא למעלה מהשכלת כל הברואים והשגתם שאין כח בשכל שום נברא להשכיל ולהשיג מדה זו ויכלתה לברוא יש מאין ולהחיותו כי הבריאה יש מאין הוא דבר שלמעלה משכל הנבראים כי היא ממדת גדולתו של הקדוש ברוך הוא והקב"ה ומדותיו אחדות פשוט כדאיתא בזה"ק דאיהו וגרמוהי חד וכשם שאין ביכולת שום שכל נברא להשיג בוראו כך אינו יכול להשיג מדותיו וכמו שאין ביכולת שום שכל נברא להשיג מדת גדולתו שהיא היכולת לברוא יש מאין ולהחיותו כדכתיב עולם חסד יבנה כך ממש אין ביכלתו להשיג מדת גבורתו של הקדוש ברוך הוא שהיא מדת הצמצום ומניעת התפשטות החיות מגדולתו מלירד ולהתגלות על הנבראים להחיותם ולקיימם בגילוי כ"א בהסתר פנים שהחיות מסתתר בגוף הנברא וכאילו גוף הנברא הוא דבר בפני עצמו ואינו התפשטות החיות והרוחניות כהתפשטות הזיו והאור מהשמש אלא הוא דבר בפני עצמו ואף שבאמת אינו דבר בפני עצמו אלא כמו התפשטות האור מהשמש מכל מקום הן הן גבורותיו של הקדוש ברוך הוא אשר כל יכול לצמצם החיות והרוחניות הנשפע מרוח פיו ולהסתירו שלא יבטל גוף הנברא במציאות וזה אין בשכל שום נברא להשיג מהות הצמצו' וההסתר ושיהיה אעפ"כ גוף הנברא נברא מאין ליש כמו שאין יכולת בשכל שום נברא להשיג מהות הבריאה מאין ליש. [והנה בחי' הצמצום והסתר החיות נקרא בשם כלים והחיות עצמו נקרא בשם אור שכמו שהכלי מכסה על מה שבתוכו כך בחי' הצמצום מכסה ומסתיר האור והחיות השופע והכלים הן הן האותיות ששרשן ה' אותיות מנצפ"ך שהן ה' גבורות המחלקות ומפרידות ההבל והקול בה' מוצאות הפה להתהוות כ"ב אותיות ושרש הה' גבורות הוא בוצינא דקרדוניתא שהיא גבורה עילאה דעתיק יומין ושרש החסדים הוא ג"כ חסד דעתיק יומין כידוע לי"ח: **[יב] פרקי דרבי אליעזר פרק כא:** כְּתִיב [בראשית ג, ג] וּמִפְּרִי הָעֵץ אֲשֶׁר בְּתוֹךְ הַגָּן, תָּנָא רַבִּי זְעִירָא אוֹמֵר מִפְּרִי הָעֵץ, אֵין הָעֵץ הַזֶּה אֶלָּא אָדָם שֶׁנִּמְשַׁל כָּעֵץ, שֶׁנֶּאֱמַר [דברים כ, יט] כִּי הָאָדָם עֵץ הַשָּׂדֶה וְגוֹ'. אֲשֶׁר בְּתוֹךְ הַגָּן, אֵין בְּתוֹךְ הַגָּן אֶלָּא לְשׁוֹן נְקִיָּה, מַה שֶּׁבְּתוֹךְ הַגּוּף, אֲשֶׁר בְּתוֹךְ הַגָּן, אֲשֶׁר בְּתוֹךְ הָאִשָּׁה. וְאֵין גַּן אֶלָּא הָאִשָּׁה שֶׁנִּמְשְׁלָה לְגַּן, שֶׁנֶּאֱמַר [שה"ש ד, יב] גַּן נָעוּל אֲחֹתִי כַלָּה, מָה הַגִּנָּה הַזּוֹ כָּל מַה שֶּׁנִּזְרָעָה הִיא צוֹמַחַת וּמוֹצִיאָה, כָּךְ הָאִשָּׁה הַזֹּאת כָּל מַה שֶּׁנִּזְרָעָה הָרָה וְיֹלֶדֶת מִבַּעְלָהּ. בָּא אֵלֶיהָ (ו)רוֹכֵב(ת) נָחָשׁ וְעִבְּרָה אֶת קַיִן, וְאַחַר כָּךְ עִבְּרָה אֶת הֶבֶל, שֶׁנֶּאֱמַר [בראשית ד, א] וְהָאָדָם יָדַע אֶת חַוָּה אִשְׁתּוֹ. מַהוּ יָדַע, שֶׁהָיְתָה מְעֻבֶּרֶת וְרָאֲתָה דְמוּתוֹ שֶׁלֹּא הָיָה מִן הַתַּחְתּוֹנִים אֶלָּא מִן הָעֶלְיוֹנִים, וְהִבִּיטָה וְאָמְרָה קָנִיתִי אִישׁ אֶת ה'

בשם קין והבל כי קין הוא החצי ע"ץ שהוא חשבון ק"ס לכן תרגום של עץ הוא ק"ס חושבנא דדין כדין. רק מחטא של אדם הראשון [יג]סיפר

גלא עמיקתא

(1959) נ"פ "אמת ליעקב" כדמסיים ספר מיכה: "תתן אמת ליעקב חסד לאברהם אשר נשבעת לאבותינו מימי קדם" ואמת איהי אורייתא קדישא כדמברכינן בברכת התורה: אשר נתן לנו תורת אמת- וחיי עולם נטע בתוכנו- והוא תיקון למעשה קין והבל. ורמיזא דתיבין

[שם]. רַבִּי יִשְׁמָעֵאל אוֹמֵר מִשֵּׁם עָלוּ וְנִתְיַחֲסוּ כָּל דּוֹרוֹת הַצַּדִּיקִים, וּמִקַּיִן עָלוּ וְנִתְיַחֲסוּ כָּל דּוֹרוֹת הָרְשָׁעִים הַמּוֹרְדִים וְהַפּוֹשְׁעִים בַּמָּרוֹם וְאוֹמְרִים אֵין אָנוּ צְרִיכִין לְטִפַּת גְּשָׁמֶיךָ, שֶׁנֶּאֱמַר [איוב כא, יד] וַיֹּאמְרוּ לָאֵל סוּר מִמֶּנּוּ: רַבִּי מִיאָשָׁא אוֹמֵר נוֹלַד קַיִן וּתְאוֹמָתוֹ עִמּוֹ, נוֹלַד הֶבֶל וּתְאוֹמָתוֹ עִמּוֹ. אָמַר לוֹ רַבִּי יִשְׁמָעֵאל וַהֲלֹא כְּבָר נֶאֱמַר [ויקרא כ, יז] וְאִישׁ אֲשֶׁר יִקַּח אֶת אֲחֹתוֹ בַּת אָבִיו. אָמַר לוֹ מִתּוֹךְ הַדְּבָרִים הָאֵלֶּה תֵּדַע לְךָ שֶׁלֹּא הָיוּ נָשִׁים אֲחֵרוֹת בָּעוֹלָם שֶׁיִּשְּׂאוּ לָהֶן, וְהִתִּירָן לָהֶם, וְעַל זֶה נֶאֱמַר [תהלים פט, ג] כִּי אָמַרְתִּי עוֹלָם חֶסֶד יִבָּנֶה, בְּחֶסֶד נִבְרָא הָעוֹלָם עַד שֶׁלֹּא נִתְּנָה תּוֹרָה. רַבִּי יוֹסֵי אוֹמֵר קַיִן וְהֶבֶל תְּאוֹמִים הָיוּ, שֶׁנֶּאֱמַר [בראשית ד, א] וַתַּהַר וַתֵּלֶד אֶת קַיִן. בְּהַהִיא שַׁעְתָּא אוֹסִיפַת לְמֵילַד, שֶׁנֶּאֱמַר [שם ב] וַתֹּסֶף לָלֶדֶת. וְהָיָה קַיִן אוֹהֵב לַעֲבֹד אֲדָמָה לִזְרֹעַ, וְהֶבֶל הָיָה אוֹהֵב לִרְעוֹת צֹאן, זֶה נוֹתֵן מִמְּלַאכְתּוֹ מַאֲכָל לָזֶה וְזֶה נוֹתֵן מִמְּלַאכְתּוֹ מַאֲכָל לָזֶה. הִגִּיעַ לֵיל יוֹם טוֹב שֶׁל פֶּסַח, אָמַר לָהֶם אָדָם לְבָנָיו בְּלֵיל זֶה עֲתִידִין יִשְׂרָאֵל לְהַקְרִיב קָרְבְּנוֹת פְּסָחִים, הַקְרִיבוּ גַּם אַתֶּם לִפְנֵי בּוֹרַאֲכֶם. הֵבִיא קַיִן מוֹתַר מַאֲכָלוֹ קְלָיוֹת זֶרַע פִּשְׁתָּן, וְהֵבִיא הֶבֶל מִבְּכוֹרוֹת צֹאנוֹ וּמֵחֶלְבֵּהֶן כְּבָשִׂים שֶׁלֹּא נִגְזְזוּ לַצֶּמֶר. וְנִתְעַב מִנְחַת קַיִן וְנִרְצֵית מִנְחַת הֶבֶל, שֶׁנֶּאֱמַר [שם ד] וַיִּשַׁע ה' אֶל הֶבֶל וְאֶל מִנְחָתוֹ. רַבִּי יְהוֹשֻׁעַ בֶּן קָרְחָה אוֹמֵר, אָמַר הַקָּדוֹשׁ בָּרוּךְ הוּא אַל יִתְעָרְבוּ מִנְחַת קַיִן וְהֶבֶל לְעוֹלָם, שֶׁמָּא חַס וְשָׁלוֹם יִתְעָרְבוּ בְּאֶרֶג בֶּגֶד, שֶׁנֶּאֱמַר [דברים כב, יא] לֹא תִלְבַּשׁ שַׁעַטְנֵז וְגוֹ'. אֲפִלּוּ הִיא מְרוּכֶּבֶת לֹא יַעֲלֶה עָלֶיךָ, שֶׁנֶּאֱמַר [ויקרא יט, יט] וּבֶגֶד כִּלְאַיִם שַׁעַטְנֵז לֹא יַעֲלֶה עָלֶיךָ. רַבִּי צָדוֹק אוֹמֵר נִכְנְסָה קִנְאָה וְשִׂנְאָה גְּדוֹלָה בְּלִבּוֹ שֶׁל קַיִן, עַל שֶׁנִּרְצֵית מִנְחָתוֹ שֶׁל הֶבֶל. וְלֹא עוֹד אֶלָּא שֶׁהָיְתָה אִשְׁתּוֹ תְּאוֹמָתוֹ יָפָה בַּנָּשִׁים, אָמַר אֲנִי אֶהֱרֹג אֶת הֶבֶל אָחִי וְאֶקַּח אֶת אִשְׁתּוֹ, שֶׁנֶּאֱמַר [בראשית ד, ח] וַיֹּאמֶר קַיִן אֶל הֶבֶל אָחִיו וַיְהִי בִּהְיוֹתָם בַּשָּׂדֶה. וְאֵין בַּשָּׂדֶה אֶלָּא הָאִשָּׁה שֶׁנִּמְשְׁלָה כַּשָּׂדֶה, שֶׁנֶּאֱמַר [דברים כ, יט] כִּי הָאָדָם עֵץ הַשָּׂדֶה. לָקַח אֶבֶן וְטִבְּעָהּ בְּמִצְחוֹ שֶׁל הֶבֶל וַהֲרָגוֹ, שֶׁנֶּאֱמַר [בראשית שם] וַיָּקָם קַיִן אֶל הֶבֶל אָחִיו וַיַּהַרְגֵהוּ. רַבִּי יוֹחָנָן אָמַר לֹא הָיָה יוֹדֵעַ קַיִן שֶׁהַנִּסְתָּרוֹת גְּלוּיוֹת לִפְנֵי הַמָּקוֹם. מֶה עָשָׂה, נָטַל אֶת נִבְלָתוֹ שֶׁל אָחִיו וְחָפַר וְטָמַן אוֹתוֹ בָּאָרֶץ, אָמַר לוֹ הַקָּדוֹשׁ בָּרוּךְ הוּא אֵי הֶבֶל אָחִיךָ. אָמַר לְפָנָיו, רִבּוֹנוֹ שֶׁל עוֹלָם שׁוֹמֵר שָׂדֶה וָכֶרֶם שַׂמְתָּנִי, שׁוֹמֵר אָחִי לֹא שַׂמְתָּנִי, שֶׁנֶּאֱמַר [שם ט] הֲשֹׁמֵר אָחִי אָנֹכִי. אָמַר לוֹ הַקָּדוֹשׁ בָּרוּךְ הוּא הֲרָצַחְתָּ גַּם שָׁמַעְתִּי, קוֹל דְּמֵי אָחִיךָ צוֹעֲקִים אֵלַי. כֵּיוָן שֶׁשָּׁמַע קַיִן הַדָּבָר נִבְהַל. וְאֵרְרוֹ שֶׁיִּהְיֶה נוֹדֵד בָּאָרֶץ, עַל שְׁפִיכוּת דָּמִים וְעַל מִיתָה רָעָה. אָמַר קַיִן לְפָנָיו רִבּוֹן הָעוֹלָמִים גָּדוֹל עֲוֹנִי מִנְּשׂוֹא שֶׁאֵין בּוֹ כַּפָּרָה, וְנֶחְשַׁב לוֹ הַדָּבָר הַזֶּה כִּתְשׁוּבָה, שֶׁנֶּאֱמַר [שם יג] גָּדוֹל עֲוֹנִי מִנְּשׂוֹא. וְלֹא עוֹד אֶלָּא יַעֲמֹד אֶחָד בָּאָרֶץ וְיַזְכִּיר אֶת שִׁמְךָ הַגָּדוֹל וְיַהַרְגֵנִי. מֶה עָשָׂה הַקָּדוֹשׁ בָּרוּךְ הוּא, נָטַל אוֹת אַחַת מֵעֶשְׂרִים וּשְׁתַּיִם אוֹתִיּוֹת שֶׁבַּתּוֹרָה וְכָתַב עַל זְרוֹעוֹ שֶׁל קַיִן שֶׁלֹּא יֵהָרֵג, שֶׁנֶּאֱמַר [שם טו] וַיָּשֶׂם ה' לְקַיִן אוֹת. הַכֶּלֶב שֶׁהָיָה מְשַׁמֵּר צֹאנוֹ שֶׁל הֶבֶל, הוּא הָיָה שׁוֹמְרוֹ מֵחַיַּת הַשָּׂדֶה וּמֵעוֹף הַשָּׁמַיִם. וְהָיוּ אָדָם וְעֶזְרוֹ יוֹשְׁבִים וּבוֹכִים וּמִתְאַבְּלִים עָלָיו, וְלֹא הָיוּ יוֹדְעִים מַה לַּעֲשׂוֹת לְהֶבֶל, שֶׁלֹּא הָיוּ נְהוּגִים בִּקְבוּרָה. בָּא עוֹרֵב אֶחָד שֶׁמֵּת לוֹ אֶחָד מֵחֲבֵרָיו, לָקַח אוֹתוֹ וְחָפַר בָּאָרֶץ וּטְמָנוֹ לְעֵינֵיהֶם, אָמַר אָדָם כָּעוֹרֵב אֲנִי עוֹשֶׂה, מִיָּד לָקַח נִבְלָתוֹ שֶׁל הֶבֶל וְחָפַר בָּאָרֶץ וּטְמָנָהּ. וְשִׁלֵּם הַקָּדוֹשׁ בָּרוּךְ הוּא שָׂכָר טוֹב לָעוֹרְבִים בָּעוֹלָם הַזֶּה. וּמַה שָּׂכָר נָתַן לָהֶם, כְּשֶׁהֵן מוֹלִידִין אֶת בְּנֵיהֶם רוֹאִין אוֹתָן לְבָנִים וּבוֹרְחִים מִפְּנֵיהֶם וּסְבוּרִים שֶׁהֵם בְּנֵי נָחָשׁ, וְהַקָּדוֹשׁ בָּרוּךְ הוּא נוֹתֵן לָהֶם מְזוֹנָם בְּלֹא חִיסּוּר. וְלֹא עוֹד אֶלָּא שֶׁהֵם קוֹרְאִים לִתֵּן מָטָר עַל הָאָרֶץ, וְהַקָּדוֹשׁ בָּרוּךְ הוּא עוֹנֶה אוֹתָן, שֶׁנֶּאֱמַר [תהלים קמז, ט] נוֹתֵן לִבְהֵמָה לַחְמָהּ לִבְנֵי עֹרֵב אֲשֶׁר יִקְרָאוּ. [יג] **תלמוד בבלי מסכת סנהדרין דף לח עמוד ב:** אמר רבי יוחנן בר חנינא: שתים עשרה

בלשון הארמי [שנאמר (תהל' קל"ט,י"ז) ולי מה יקרו רעיך אל ר"ת ארמ"י] וכן ג"כ הבל עולה כמנין קין בזה האופן ה"פ ל"ב

גלא עמיקתא

"ויאמר קין אל הבל" סליקו לחושבן (485) תהלי"ם והרי לא כתיב בקרא מה אמר לו, [יד]ופרש"י שם: נכנס עמו בדברי ריב, ואולי בדרך אפשר שאמר לו פסוקי תהלים ופתחו בדברים ובפלפולא דאורייתא, כדוגמת עשו שצד את אביו בפיו כיצד מעשרין את המלח וכו'. תיבין: "ויאמר קין אל הבל אחיו ויהי" גימ' (541) ישרא"ל- ואמרו חז"ל אין ויה"י אלא לשון צער וכו'- וישראל בתורה ותפלה מתקנים חטא הרציחה הראשון. והנה כל חמשת הפסוקים יחד סליקו לחושבן (12856): י"ה (15) פעמים "[טו]ואנחנו קמנו ונתעודד" (תהל' כ',ט') והוא לקביל ויקם קין אל הבל וכו' דמתקומה זו רח"ל נמשכה רציחה וניאוף בעולם. כדכתיב (תהל' נ"ה,כ"א) שלח

שעות הוי היום; שעה ראשונה - הוצבר עפרו, שניה - נעשה גולם, שלישית - נמתחו אבריו, רביעית - נזרקה בו נשמה, חמישית - עמד על רגליו, ששית - קרא שמות, שביעית נזדווגה לו חוה, שמינית - עלו למטה שנים וירדו ארבעה, תשיעית - נצטווה שלא לאכול מן האילן, עשירית - סרח, אחת עשרה - נידון, שתים עשרה - נטרד והלך לו. שנאמר אדם ביקר בל ילין. אמר רמי בר חמא: אין חיה רעה שולטת באדם אלא אם כן נדמה לו כבהמה, שנאמר נמשל כבהמות נדמו. (שע"ה בסו"ף ארמ"י סימן). אמר רב יהודה אמר רב: בשעה שבקש הקדוש ברוך הוא לבראות את האדם, ברא כת אחת של מלאכי השרת, אמר להם: רצונכם, נעשה אדם בצלמנו? אמרו לפניו: רבונו של עולם, מה מעשיו? אמר להן: כך וכך מעשיו, אמרו לפניו: רבונו של עולם מה אנוש כי תזכרנו ובן אדם כי תפקדנו, הושיט אצבעו קטנה ביניהן ושרפם. וכן כת שניה. כת שלישית אמרו לפניו: רבונו של עולם, ראשונים שאמרו לפניך - מה הועילו? כל העולם כולו שלך הוא, כל מה שאתה רוצה לעשות בעולמך - עשה. כיון שהגיע לאנשי דור המבול ואנשי דור הפלגה שמעשיהן מקולקלין, אמרו לפניו: רבונו של עולם, לא יפה אמרו ראשונים לפניך? אמר להן: ועד זקנה אני הוא ועד שיבה אני אסבל וגו'. אמר רב יהודה אמר רב: אדם הראשון מסוף העולם ועד סופו היה, שנאמר למן היום אשר ברא אלהים אדם על הארץ ולמקצה השמים (ועד קצה השמים), כיון שסרח - הניח הקדוש ברוך הוא ידו עליו ומיעטו, שנאמר אחור וקדם צרתני ותשת עלי כפכה. אמר רבי אלעזר: אדם הראשון מן הארץ עד לרקיע היה, שנאמר, למן היום אשר ברא אלהים אדם על הארץ ולמקצה השמים עד קצה השמים, כיון שסרח - הניח הקדוש ברוך הוא ידו עליו ומיעטו, שנאמר אחור וקדם צרתני וגו'. קשו קראי אהדדי! - אידי ואידי חדא מידה היא. ואמר רב יהודה אמר רב: אדם הראשון בלשון ארמי ספר שנאמר ולי מה יקרו רעיך אל. והיינו דאמר ריש לקיש: מאי דכתיב זה ספר תולדת אדם - מלמד שהראהו הקדוש ברוך הוא דור דור ודורשיו, דור דור וחכמיו. כיון שהגיע לדורו של רבי עקיבא שמח בתורתו ונתעצב במיתתו, אמר ולי מה יקרו רעיך אל. ואמר רב יהודה אמר רב: אדם הראשון מין היה, שנאמר ויקרא ה' אלהים אל האדם ויאמר לו איכה - אן נטה לבך. רבי יצחק אמר: מושך בערלתו היה, כתיב הכא והמה כאדם עברו ברית וכתיב התם את בריתי הפר. רב נחמן אמר: כופר בעיקר היה, כתיב הכא עברו ברית וכתיב התם (את בריתי הפר) ואמרו על אשר עזבו (את) ברית ה' אלהיהם. **[יד] רש"י בראשית פרק ד:** (ח) ויאמר קין אל הבל - נכנס עמו בדברי ריב ומצהא להתגולל עליו להרגו, ויש בזה מדרשי אגדה אך זה ישובו של מקרא. **[טו] כלי יקר במדבר פרק ב:** והקרוב אלי לומר בזה שעיקר חשקם של ישראל היה להראות לכל העמים כי שם ה' נקרא עליהם ויראו מהם, ועל ידי זה ישאו דגל הרוממות והנצחון בכל ארבע רוחות העולם כי על ידי שהם מסובבים בכל ארבע רוחות והשכינה והארון

הרי ק"ם שניהם יחד עולה ש"ך. והנה בכאן רמז דאיתמר גבי משה (שמות ב,ו) והנה נער בוכה שהוא סוד ש"ך שחשבה בתיה [טז] שש"ך גבורות ירדו

גלא עמיקתא

ידיו בשלומיו חלל בריתו- ענין פגם הברית. ובתר דא (פסוק כ"ד) אנשי דמים וכו׳ דהאי פגם בחינת רציחה דפוגם טיפי המח שמשם ההולדה וד"ל. והוא נמשך מחטא חוה שהמשיכה זוהמת הנחש לעולם, ובתר דא ויקם קין וכו׳ ויהרגהו- ניאוף שנמשך לרציחה.

באמצע תל שהכל פונין אליו, יראו כל העמים כי ילכו בשם ה׳ וזה האות אשר אליו יישירו עיני כל השוכנים בעיגול סביב, כמו שאמרו חז"ל (תענית לא א) לעתיד יעשה הקדוש ברוך הוא לצדיקים מחול בגן עדן וכבודו יתברך באמצע שנאמר (ויקרא כו יב) והתהלכתי בתוככם, כי כל הפניות שהצדיקים פונין הכל הוא מול פני השכינה וכן בעולם הזה. וזה אות הדגל כי הוא סימן הנצחון במלחמה ודגל זה הוא בשם ה׳ כי לא בחרבם ירשו ארץ כי בשם ה׳, וכן המלאכים על ידי שהם סובבים כסא כבודו יתברך מוראם על כל הנמצאים כמו שנאמר (שיר השירים ו י) איומה כנדגלות, כי על ידי סיבוב זה תהיה מוראם על כל האומות כמו המלאכים שהכל יראים מהם, ועל דגלים אלו הובטח יעקב שנאמר בו (בראשית כח יד) ופרצת ימה וגו׳. לכך נאמר איש על דגלו באותות, היינו באותות שמסר להם אביהם יעקב וכו׳ כי במראה נראה אליו ענין הדגלים בפסוק ופרצת ימה וגו׳. לכך מתחיל המזמור (תהלים כ ב - ו) ישגבך שם אלהי יעקב וגו׳, ועל זה אמר ובשם אלהינו נדגול, לישא דגל הרוממות והנצחון בכל ארבע רוחות בשם אלהינו. לכך אמרו מה תחזו בשולמית וגו׳, כי נצחון שלכם הוא נצחון אנושי וכל זה אינו שוה למחולת המחנים המורה על נצחון אלהי, כי המה כרעו ונפלו, כי הדבר בספק אם מנצחים ואנחנו קמנו ונתעודד, כי בודאי נוצחים כל הלוחמים בשם ה׳, ועוד שהעיקר חסר אצליכם דהיינו מראה כבוד ה׳ הוא האות אשר אליו יישירו כל השוכנים סביב המרכז לכך נאמר באותות כדי להיות להם השכינה אות אשר נגדו יישירו עפעפיהם. [טז] **תולדות יעקב יוסף בראשית פרשת וישב:** והוא נער וגו׳, כי נער יש לו ב׳ פירושים, וזה נמשך מזה, כי נער כפשוטו הם ימי נעורים. ועוד פירוש ב׳, כי נער גימטריא (פר) ש"ך גבורות. וזה נמשך מזה, כי אדם בימי נעוריו הוא במדריגות הגבורה, ואח"כ בימי הזקנה נכנס במדריגות החסד והליבון והרחמים, וזה סוד נראה על הים כבחור, ובמתן תורה זקן, והבן. והעולה מזה, כי המנהיג שהוא נער בשנים, הוא במדת הגבורה. לכך ויבא יוסף דבתם רעה אל אביהם, ר"ל שהיה מוכיח ברבים במדת הגבורה, והי׳ מביא דבה אל אביהם שבשמים, גם שנתכוין לשם שמים, כמו שכתבתי בפסוק (ויקרא יט, טז) לא תלך רכיל בעמיך, ופי׳ הרמב"ם שם, יעו"ש. וזה שפירשו חז"ל (רש"י בראשית לז, ב) כל רעה שהי׳ רואה באחיו בני לאה וכו׳. דאיתא בזוהר פרש׳ תולדת דף קל"ז ע"ב במדרש הנעלם: שם הגדולה לאה (בראשית כט, טז), שלאה מכחה וכו׳ יעו"ש. ול"נ שהוא על דרך מדרש איכה (איכ"ר פתיחתא י), טרון כל יומא ולא לאי קם ומצלי ולאי וכו׳. ובזה יובן, כל דבה שהי׳ רואה באחיו בני לא"ה, לפי שהם עצלים ולאה בתורה ועבודת הש"י, שהי׳ לו לטורח ולמשא, כי יגעת בי ישראל (ישעיה מג, כב), וז"ש שחשדן בג׳ דברים הנ"ל, ומ"מ בשלשתן לקה, כי אין הש"י חפץ בזה כי אם להליץ בעד ישראל. וע"פ הנ"ל יבואר פסוק (בראשית כה, כו) וידו אוחזת בעקב עשו וכו׳, דאיתא (זהר תרומה קכח ע"ב) זכאה מאן דאחיד בידא דחייביא, שהם מצד עשו. וז"ש וידו אוחזת בעקב, שהם המוני עם שנק׳ עקב בסוד עקבת משיחא, וז"ש בעקב עשו, וק"ל. ומ"מ הוא נתכוין לשם שמים, שהי׳ בחזקת צדיק שנקרא יוסף, להוסיף אהבה ושלימות בעבודת הש"י, לכך וישראל סבא אהב את יוסף מכל בניו כי ב"ן זקונים הוא לו, בר חכים הוא לי׳ (ת"א), וכמ"ש (אבות פ"ד מ"א) איזה חכם הלומד מכל אדם, להיות זהיר וזריז וכו׳. ועשה לו כתנת פסים, סוד חלוקא דרבנן, ובסוד החשמ"ל, כאשר נבאר עוד. ויפשיטו את כתנתו (עי׳ לז, כג), שהם גרמו שיאבד ממנו חלוקא, הדור גרם, והבן.

לעולם. אבל איתמר גבי משה (שם פסוק ב') ותרא אותו כי טוב הוא. וז"ש ויקר אל משה שכל הנשמות שהם סוד [יז]אור יקר שהם הנשמות בכלל

גלא עמיקתא

והני תרין פסוקין (תהל' נ"ה כ"א ושם פסוק כ"ד) **א'. שלח ידיו בשלמיו חלל בריתו** (1442) – "חלל בריתו" לקביל ניאוף. **ב'. ואתה אלהים תורדם לבאר שחת, אנשי דמים ומרמה לא יחצו ימיהם ואני אבטח בך** (3194) – "אנשי דמים" לקביל רציחה. סליקו תרוויהו לחושבן ב"פ חו"ה (19) פעמים "ביום דין" (122) [יח]כדאמרינן בתפלת יום כיפור על פי סדר א"ב כל פעם מידה אחרת של הקב"ה ומסיימים "ביום דין" דפגם זה נמשך מחטא חוה– והפקידה עליו ביום דין. וכפלינן ב"פ דאינון שני

[יז] **אלשיך בראשית פרק מז:** אמנם אשר חשבתי למפשט כי נהפוך הוא, כי כאשר נקרא שמו ישראל אז נתוסף ברוחו ונשמתו יתרון אור יקר רם ונשא במאד מאד על אשר היה בו מתחלה. והנה ידוע כי גדר מיתה הוא סילוק הנפש מהגוף. ואומרה כי הנה הגדר הגדול אשר נתוסף על נפשו רוחו ונשמתו כשנקרא ישראל הוא אשר נסתלק ממנו בעצם, ועל כן יצדק בו לשון מיתה, כי הבחינה ההיא מתה ונסתלקה מיעקב לגמרי. ועל כן כל המקום אשר יזכיר מיתה בשם ישראל יכונה, אך בבחינת יעקב הוא הגדר אשר היה בו מתחלה לא נסתלק, רק גוע כמי שנתעלף, שעדיין כל כחות נפשו ורוחו ונשמתו דבקים בו בעצם. על כן ביעקב לא נאמר רק ויגוע ויאסף ולא כאמור ביצחק ויגוע וימת ויאסף וכו': [יח] **צל"ח מסכת ראש השנה דף ח עמוד א:** גמרא ממאי דתשרי הוא דכתיב תקעו בחודש שופר כו' איזהו חג שהחודש מתכסה בו כו'. והקשה הפני יהושע מדוע לא אמר איזה חג דתוקעין בו שופר. והנה אין לומר דאי מתקיעת שופר יש לדחות ממאי דר"ה דלמא יוה"כ, דהרי אין תקיעה ביוה"כ רק ביובל שהיא אחת לחמשים שנה. ועוד יש לדקדק, ראש השנה שייך בדבר שנמשך כמו אחד בניסן ר"ה לרגלים שיש שלש רגלים וזה הראש, וכן כולם. אבל אחד בתשרי ראש השנה לדין, בשלמא אם היה הדין כל השנה ועכשיו ראשית הדין, שייך לומר ראש, אבל כיון שאין כאן דין רק בר"ה לא שייך לומר ראש. והנה התוס' [ע"ב ד"ה שהחדש] מביא פלוגתא דר"ת ורבינו משולם בחודש מתכסה בו, לדעת רבינו משולם לא היה קרב שעיר ר"ח כלל, ולדעת ר"ת היה קרב אלא שאין מזכירין אותו בפירוש כמו שמזכירין העולה דכתיב מלבד עולת החודש. ואומר אני דבר זה באמת טעמא בעי למה נכסה חטאת החודש בר"ה למר כדאית ליה ולמר כדאית ליה. והנה בפרק קמא דשבועות [ט' ע"א] אמרו מה נשתנה חטאת ר"ח שנאמר בו לחטאת לה', אמר הקדוש ברוך הוא שעיר זה יהיה כפרה עלי שמעטתי את הירח. ופירוש הדבר לדעתי, כי מיעוט הירח הוא רומז לכנסת ישראל שנתמעטה ולמלכות בית דוד שנמשלה לירח, ור' אמר לר' חייא קדשיה לירחא ואתנח ליה סימנא דוד מלך ישראל חי וקים, ומיעוט של כנסת ישראל הוא ע"י עונותינו הגורם אריכת הגלות ועיכוב של מלכות בית דוד, וכל זה ע"י יצה"ר. והנה בשלהי מסכת סוכה [נ"ב ע"ב] אמרו רז"ל שארבעה דברים הקדוש ברוך הוא מתחרט עליהם שבראם ואחד מהם יצה"ר דכתיב ואשר הרעותי. וא"כ כיון דמיעוט הירח בא בגרמת יצה"ר, וביצה"ר כתיב ואשר הרעותי, וא"כ כביכול שפיר שייך שאמר הקדוש ברוך הוא הביאו עלי כפרה. ובמדרש [ויקרא רבה כ"ט, ג'] אשרי העם יודעי תרועה ה' באור פניך יהלכון [תהלים פ"ט, ט"ז], וכי אומות הקדומות לא ידעו להריע כמה קרנות יש להם כמה בוקינוס יש להם כמה שלפנסים יש להם, ואת אמרת אשרי העם יודעי תרועה, אלא שיודעים לרצות בוראם בתרועה, מה הוא עושה עומד מכסא דין ויושב על כסא רחמים ומתמלא עליהם רחמים והופך להם מדת הדין למדת הרחמים אימת בחודש השביעי. ויש לדקדק בהני שלש לשונות שונות שנראו ככפולות, עומד מכסא דין ויושב על כסא רחמים הא חדא, ב' ומתמלא עליהם רחמים, ג' והופך להם מדת הדין למדת הרחמים. ונראה

דשלש מדרגות בתשובה זו למעלה מזו, א' תשובה ע"י יסורים, וזו גרוע שבכולם, ואעפ"כ הקדוש ברוך הוא מקבל שבים. וזה הקדוש ברוך הוא עומד מכסא דין ויושב על כסא רחמים, שלא ישב על כסא רחמים עד שהוצרך מתחלה לישב על כסא דין ולשלוח יסורים שהמה עצם הדין. ומדרגה גבוה מזה, שעושה תשובה מיראה דהיינו שמתירא שיבואו עליו יסורים אעפ"י שעדיין לא באו עליו, ובזה שהיא תשובה מיראה זדונות נעשו כשגגות, ומצד הדין לא היה ראוי שתקבל תשובה זו, וכבר אמרו רז"ל [עי' שבת נ"ה ע"א] שמצד מדת הדין נפש החוטאת היא תמות, ולכאורה יפלא החוטאת היינו שוגג, ואיך יהיה מדת משפט למות על השוגג. ונראה שזה קאי על מזיד ועושה תשובה מיראה, ונפש החוטאת היינו שעדיין נשארה חוטאת שהרי זדונות נעשו שגגות, ועפ"י הדין היא תמות כיון שאינו עושה תשובה כי אם מיראה, והקב"ה ברחמיו מקבלו ומתמלא רחמים ואינו יושב על כסא דין כלל, כי בדין אין לקבל תשובה זו. מדרגה שלישית הגבוה שבכל מעלות בתשובה, שעושה תשובה, ובזה זדונות נעשו לו כזכיות, ותשובה כזו שאינו נשאר רושם חטא כלל אדרבה נעשו כזכיות, וזה מהפך מדת הדין לרחמים שזדונות נעשו זכיות. ולזה רמוזים ארבעה קולות שאנו תוקעים תקיעה שברים תרועה תקיעה, תקיעה ראשונה אותיות תקעיה, שלא התחלנו אנחנו בתשובה אלא הקדוש ברוך הוא התקיע אותנו על כרחנו, ותשובה ע"י יסורים, וכן רומזת תקיעה זו למה שנאמר [הושע ה', ח'] תקעו שופר בגבעה, ולקול נתנו בבית ה' [איכה ב', ז'] בחורבן בית המקדש שאז התחילו יסורים לשלוט בנו. ואחריו שברים גניחי גניח. הנה העושה תשובה מיראה עדיין הוא רוצה לחטוא רק שמתיירא, ועל זה נאמר [ברכות ס"א ע"א] אוי לי מיוצרי ואוי לי מיצרי, כי לעולם אין לו מנוחה וגנוחי גניח. ועל תשובה מאהבה רומזת התרועה שבזה גורם הספד על היצה"ר שהוא ילולי יליל. וזהו אשרי העם יודעי תרועה, לרצות בוראם בתרועה דוקא, ותשובה זו ודאי מקרבת הגאולה. ובאה התקיעה האחרונה, תקיע"ה תקע יה, ביום ההוא יתקע בשופר גדול [ישעיה כ"ז, י"ג]. באופן שיש לנו שתי תקיעות הראשונה והאחרונה, הראשונה רומזת על גלות ירושלים התחלת וראשית הפורענות והיסורים שבאו עלינו מאז ועד עתה, והאחרונה על אות אחרית וסוף גלותנו וקבוץ גליותנו ברום המעלות. והנה התחלת התשובה שהיא ע"י פורענות אין בה התכלית, וצריך לעלות ממדרגה למדרגה, וכמו כן תשובה מיראה אינה התכלית, וצריך לילך אחריה למדרגה שהיא תשובה מאהבה, וזהו התקון האמתי ואותה אנו מבקשים. נמצא לפעמים יש תשובה אחת, מי שנותן לב תיכף לשוב מאהבה אינו צריך אח"כ שום תקון, ולפעמים יש ב' תשובות, דהיינו בעושה תשובה מיראה שצריך אח"כ תשובה מאהבה, ולפעמים יש שלש תשובות, דהיינו במי שלא התחיל מעצמו כלל עד שבאו עליו יסורים, וצריך לעלות ממדרגה למדרגה, וע"י התשובה הקדוש ברוך הוא עומד מכסא דין ויושב על כסא רחמים ופוסקים היסורים ממנו, וצריך ליתן על לב שאם לא ישוב עוד ישובו היסורים ולכן יתמיד בתשובה, וזהו מיראה מדרגה יותר גבוהה מהראשונה, ושוב ישוב מאהבה שהיא התכלית האמתי, והרי זה עשה שלש תשובות. אמנם חפצו של הקדוש ברוך הוא הוא בתשובה אחת שיעשה תיכף תשובה מאהבה. וזה רמזו רז"ל [לקמן כ"ו ע"א] במ"ש כל השופרות כשרים חוץ משל פרה מאי טעמא שופר אחד אמר רחמנא ולא שנים ושלשה שופרות. ויש לדקדק למה אחזו דוקא שנים או שלשה ולא אמרו ולא ארבעה וחמשה. אמנם כונתם שופר אחד, תשובה מאהבה אמר רחמנא, ולא שנים, דהיינו תשובה מיראה, ושלשה דהיינו תשובה ע"י יסורים. העולה מזה שאחר תשובה מאהבה אינו צריך אח"כ לשום דבר, ואחר תשובה מיראה וק"ו אחר תשובה ע"י פורענות, צריך אח"כ מדרגות עד יגיע למדרגת התרועה שהיא תשובה מאהבה, כי ע"י זה יהיה תקון האמתי וקבוץ נדחנו לשוב לירושלים ותחזינה עינינו השראת השכינה כבראשונה. וזה רמז הפסוק פרשת בהעלותך [במדבר י', ו' - ז'] תרועה יתקעו למסעיהם ובהקהיל את הקהל תתקעו ולא תריעו. כשתרצו לזכות להקהיל הקהל, דהיינו ביום ההוא יתקע בשופר גדול ובאו האובדים בארץ אשור והנדחים כו' [ישעיה כ"ז, י"ג], להקהיל כל קהל ישראל יחדיו לירושלים, תתקעו ולא תריעו, שצריכים אתם לשוב תיכף מאהבה שלא תצטרכו אחריו כלום. ועל ג' תשובות הללו רמז הפייטן [בפיוט לאל עורך דין] לכובש כעסו בדין ללובש צדקות ביום דין למוחל עונות בדין. אמר מתחילה המדרגה הפחותה שהיא ע"י יסורין וכבר היה כעס ששלח יסורין וע"י התשובה כובש כעסו, ומדרגה שניה תשובה מיראה, ועדיין לא נעשה הדין, אבל מחמת יום הדין שיודע שספרי מתים פתוחים

ונתירא ועושה תשובה, הקדוש ברוך הוא לובש צדקות ומקבל תשובה זו, ואמנם אין תשובה זו מתקבלת רק מצד צדקה, ואח"כ מזכיר תשובה מאהבה, ובזה זדונות נעשו כזכיות, ואז גם מצד הדין מתקבלת. וזה למוחל עונות בדין, שמצד הדין מוחל, ואין צריך לרחמים כי הזדונות נעשו זכיות. וזהו לכו נא ונוכחה וגו' [ישעיה א', י"ח], אמר הקדוש ברוך הוא הואיל ותליתם עצמכם בי, אם יהיו חטאיכם כשנים כשלג ילבינו [שבת פ"ט ע"ב]. תליתם בי דייקא, שע"י תשובה מאהבה נחיה לפניו ממש בו יתברך בדביקות, כי אין אהבה אלא דביקות, ואז כשלג ילבינו וזדונות עצמם יהיו זכיות. ועל כל פנים עיקר החפץ ביום ראש השנה שהוא ראשון לימי תשובה לתשובה מאהבה. וזהו יום תרועה יהיה לכם [במדבר כ"ט, א'], תרועה דייקא שהיא תשובה מאהבה, וזהו יהיה לכם, שאתם מעצמכם תתעוררו לתשובה בלי שום מניע ע"י יסורים ולא מיראת יסורים רק מנדבת לבכם, ובזה זדונות נעשו כזכיות, ונמצא למפרע העבירה לזכות, ואז אין הקדוש ברוך הוא מתחרט על בריית יצה"ר לומר ואשר הרעותי, כי אין כאן רעה כלל, ואלקים חשבה לטובה ולזכות, ואין הקדוש ברוך הוא צריך לומר הביאו עלי כפרה. ולכן בכסא ליום חגנו, שנכסה חטאת החודש, וכיון שלא נשאר שום רושם מעונות הראשונים נמצא ראש השנה ראשון לחשבון עונות, ולכן נקרא ראש השנה. וזהו שאמר איזה חג שהחדש מתכסה, ומכלל שעשה תשובה מאהבה, ולכן הוא ראש השנה ממש.

נתגלה אל משה בסוד א' זעירא שסוד א' היא נחלקת י"ו למטה י"ו למעלה שהם סוד זעיר שיורדין בו הנשמות בתרין

גלא עמיקתא

ימות המשיח– בחינת שני ימי הדין– והחכם עיניו בראשו– ויפה שעה אחת קודם. ויחד עם הפסוק דהבאנו לעיל (תהל' כ',ט'): ג'. **המה כרעו ונפלו ואנחנו קמנו ונתעודד** (1375) סליקו הני תלת פסוקין לחושבן (6011): ה"פ **"בראשית ברא אלהים"** (1202) עם הכולל. דמשיח עתיד להחזיר ה' בחינות נרנח"י דכללות (רמיזא דכפלינן ה"פ) דנפגמו בחטא אדם הראשון לשרשו לבראשית. וזהו דרמז המגלה עמוקות בהב"ל דכפלינן ה"פ ל"ב למהוי חושבן (160) ע"ץ– דהיינו עץ הדעת טוב, דהן [1]ה"פ או"ר דמעשה בראשית עם ל"ב פעמים שם אלהי"ם דמעשה בראשית. דכתיב באו"ר וירא אלהים את האור כי טוב– דהיא תיבה ה–ל"ג בתורה דהיינו לאחר

1. באור על מגלה עמוקות ואתחנן אופן פ"ט: והנה ט' הפסוקין דהאי אופן בסוד ט' תקוני דיקנא דז"א שערין קשישין - דנתקשה משה ב-ג' הדברים ובז"א בקטנות איהו תלת גו תלת בסוד א' זעירא דויקרא כעובר במעוי דאמא - סליקו לחושבן (40,270): "הטוב הגנוז" (93) פעמים "בעבדי משה" (133) ע"ה [כדכתיב ומדוע לא יראתם לדבר בעבדי במשה (במדבר י"ב,ח')], דמשה איקרי טוב כדכתיב בלידתו ותרא אותו כי טוב הוא (שמות ב',ב') והוא בחינת אור הגנוז כבר מלידתו וקל וחומר בגדלותו, דהן ה' פעמים או"ר דכתיבי במעשה בראשית גימ' (1035) ג' פעמים מש"ה (345), וכפרש"י נתמלא כל הבית אורה [עכד"ק] נוטריקון אור ה' - והן הן ה' פעמים או"ר דמעשה בראשית - דבלידתו של משה החלה האורה דנגנזה לצאת מן הכח אל הפועל, וכן ברצף הגלויות דאינן אלא מסכים להגן על בני ישראל מפני ריבוי האור עד לגלוי הגדול - ובמצרים כשנתגלה עליהם בדרך דלוג מתו במכת חשך רבים מבני ישראל דלא הוו בהכנה ראויה לגלוי הגדול [דהיה חשך למצרים אבל לבני ישראל הארה בכפליים - ולכל בני ישראל היה אור במושבותם (שמות י',כ"ג)] כמ"ש וחמושים עלו בני ישראל מארץ מצרים (שמות י"ג,י"ח) חמושים מלשון חמישית דארבע חמישיות מתו במכת חשך רח"ל. ולכן אמר הקב"ה למשה: רב לך, אל תוסף דבר אלי עוד בדבר הזה - דאינו הזמן ובני ישראל אינם מוכנים לגלוי הגדול, אך אתה כבר זכית אליו, ולכן רב לך דייקא.

חילוקין אלו דהיינו: י"ו למעלה הם נשמות מסיטרא דטוב הם מצד הבל שכן י"פ ו"י עולה ק"ס כמנין הבל שהוא ה"פ ב"ל. ואח"כ ו"י למטה תכה זה אל זה

גלא עמיקתא

ל"ב תיבין. ונמשך דהכל בחינת ה"פ או"ר (1035) עם ל"ב פעמים שם אלהי"ם (2752) גימ' (3787) ז' פעמים ישרא"ל (541) שזהו (במדבר ח,ב') "[יט]אל מול פני המנורה"– בחינת או"ר דמעשה בראשית. וממשיך: "יאירו שבעת הנרות"– אינון בני ישראל הנמשכים מה"פ או"ר עם ל"ב פעמים שם אלהי"ם– דישראל עלו במחשבה לפני כל דבר, ואף לפני בדבר ה' שמים נעשו. וכאמרם (מובא ברש"י בתחלת בתורה) "בראשית" [כ]בשביל ישראל שנקראו ראשית ובשביל התורה שנקראת ראשית וכו'. ונרמז בתיבה "בראשית" גופא: י' דבראשית רמיזא ישראל. והוא קודם ת' דבראשית רמיזא תורה ונותרו אתוון ברא"ש כגון ישרא"ל אתוון ל"י רא"ש ונעביד חושבן "בראש ישראל תורה" גימ' (1655) ה' פעמים "טמיר וגנוז" (331) בעצמותו יתברך. והוא בסוד אש"ל שנטע אברהם– מדוע דווקא אש"ל– וכי חסרים אילנות אחרים– אלא דאש"ל חושבן (331) "טמיר וגנוז" כנ"ל. ואש"ל במלוי "אלף שין למד" גימ' (545) "בדי עצי שטים" (שמות כ"ה,י"ג) – דאשל דאברהם הוריד יעקב למצרים

[יט] **מדרש ילמדנו ילקוט תלמוד תורה - פרשת בהעלתך:** בהעלותך את הנרות, בכמה מקומות צוה הב"ה על הנרות להדליק משמן זית: ואתה תצוה וגו', על המנורה הטהורה יערך אותו אהרן וגו' בהעלותך וגו', מכאן א"ר טרפון אין מדליקין אלא בשמן זית בלבד. בהעלותך וגו', אמ' הב"ה לישר' אם זכיתם לפני להדליק נרות אני משמר נפשותיכם שנמשלו לנר, שנ' נר י"י נשמת אדם וגו'. ד"א בהעלותך וגו', אמ' ישר' להב"ה רבש"ע כי אתה נרי י"י אל מול פני המנורה יאירו שבעת הנרות, א"ל לא שאני צריך לכם אלא שתאירו לי כשם שהארתי לכם, למה, כדי להעלות אתכם לפני האומות, שיהו או' ראו האיך ישר' מאירין למי שהוא מאיר לכל העולם, לה"ד לפקח וסומא שהיו מהלכין בדרך, בכל הדרך היה הפקח סומך ונוהג את הסומא, כשנכנסו לבית אמ' הפקח לסומא: צא והדליק לי נר זה שתאיר, א"ל הסומא: כשהייתי מהלך בדרך הייתי סומך אותי, ועכשו אתה אומ' לי צא והדלק לי את הנר, א"ל הפקח אני רוצה ממך דבר זה שאחזיק לך טובה, כשם שהייתי אני מוליך אותך בדרך, לפי' אני או' לך שתאיר לי. הפקח זה הב"ה - עיני י"י משוטטות בכל הארץ; והסומא אלו ישראל, שנ' נגששה כעורים קיר. והיה הב"ה מנהיגם, שנ' וי"י הולך לפניהם יומם וגו'. כיון שעמד המשכן קרא הב"ה למשה וא"ל: האירו לי כשם שהארתי לכם, לכך נא' בהעלותך וגו'. הקרבנות כל זמן שהיה המקדש קיים הם נוהגין אבל הנרות לעולם הם נוהגין, הוי אל מול פני המנורה. ד"א אל מול פני המנורה, שלא יטעך יצרך לומ' שהוא צריך לאורה, ראה מה כתיב בחלונות "שקופים אטומים", רחבות מבחוץ וצרות מבפנים כדי שיהו מוציאין האורה לחוץ. הוא מאיר לכל העולם ולאורך הוא צריך? ולמה אמרתי לך, כדי להעלותך. שבעת הנרות, כנגד שבעת כוכבים שמשוטטין בכל הארץ. ד"א בהעלותך וגו', בשר ודם מדליק מנר לנר, שמא יכול להדליק מתוך החשך? והב"ה האיר מתוך החשך, שנ' וחשך על פני תהם, מה כתיב בתריה ויאמ' אלהים יהי אור וגו', מתוך החשך הוצאתי אורה, ולאור שלך אני צריך? ולמה אמרתי לך, כדי להעלותך. הוי בהעלותך וגו'. ילמדנו.

[כ] **רש"י בראשית פרק א פסוק א:** בראשית ברא - אין המקרא הזה אומר אלא דרשני, כמו שדרשוהו רבותינו ז"ל בשביל התורה שנקראת (משלי ח כב) ראשית דרכו, ובשביל ישראל שנקראו (ירמיה ב ג) ראשית תבואתו.

י"פ י"ן הרי קין נמצא שרמוזים בכאן כל הנשמות שיוצאים מתרין סטרין.

גלא עמיקתא

ונטעו [כא]כמבואר בספה"ק. והעלו העצים הללו ובנו את המשכן עצי שטים עומדים וכו' לכן אש"ל במלוי סליק לחושבן "בדי עצי שטים" כנ"ל. [2]ובמקום אחר הבאנו [כב]מהרי"ץ (במאמר באתי לגני) עצי שטים עומדים לקביל שטות דקדושה כנגד שטות דלעומת זה [כג]ועיין בלקוטי מוהר"ן תנינא תורה מ"ח]. וזהו דאמרינן לעיל "ויטע אשל בבאר שבע" גימ' (1003) "ישראל עלה במחשבה". והאי

[כא] ספר קהלת יעקב - ערך בר: בריח התיכון הוא מדתו של יעקב הוא קו אמצעי (זוהר תרומה קע"ה ע"ב), ובמדרש (תנחומא תרומה אות ט') שיעקב נטלו למצרים שהוא מדתו בחיי, ובתרגום יהונתן איתא שהוא מן האילן שנטע אברהם בבאר שבע, וכשעברו ישראל בים קצצו אותו מלאכים ונטלו אותו ישראל ועשו ממנו בריח התיכון, והנה גם זה אילן של אברהם הוא בחינת יעקב שכלול מג' אבות, ועל כן נאמר ויטע אשל ראשי תיבות אדום שחור לבן חסד אדום דין שחור מדת יעקב כמו שכתב בתיקונים ובזוהר ששחור הוא דמות אדם גימטריא מ"ה בחינת יעקב, ולדברי הכל בריח התיכון הוא מדת יעקב. [כב] מאמר באתי לגני: ולהיות שהעבודה במשכן ומקדש הוא לאהפכא חשוכא לנהורא דהחושך עצמו יאיר, והיינו דמהשטות דלעו"ז יהי' בבחית שטות דקדושה, לכן הי' המשכן מעצי שטים דוקא, והיינו הלמעלה מן הדעת המתברר ונעשה מן הלמטה מן הדעת, וזהו ועשו לי מקדש ושכנתי בתוכם בתוך כאו"א, וזה בא ע"י עבודת האדם בעבודת הבירורים שלו, שפועל לאהפכא חשוכא לנהורא, והיינו להפוך את הלמטה מן הדעת דעולם (פון וועלט), שיהי' מזה למעלה מן הדעת. [כג] ליקוטי מוהר"ן תניינא תורה מח: וראוי לילך עם מה שנאמר במאמר אזמרה לאלקי בעודי (בליקוטי הראשון בסי' רפ"ב), דהיינו, לבקש ולחפש למצוא בעצמו איזה זכות ואיזה נקודה טובה, ובזה המעט טוב שמוצא בעצמו, ישמח ויחזק עצמו, ואל יניח את מקומו. אף אם נפל למה שנפל ר"ל, אעפ"כ יחזק עצמו במעט דמעט טוב שמוצא בעצמו עדיין, עד אשר יזכה לשוב עי"ז להש"י, וכל הזדונות יהיו נעשין זכיות (ע' יומא פו ע"ב) ומה עשה הבעש"ט זצ"ל על הים, כשהסיתו הבעל דבר וכו'. ומזה תבין, עד היכן אתה צריך להתחזק, ולבלי לייאש עצמך ח"ו, אף אם יהי' מה שיהי'. והעיקר, להיות בשמחה תמיד, וישמח עצמו בכל מה שיוכל, ואפי' ע"י מילי דשטותא, לעשות עצמו כשוטה, ולעשות עניני שטות

2. באור על מגלה עמוקות ויקרא אופן י"ט: והוא נפלא- דנמשך מכאן דתרין פסוקין "ויתן אל משה ככלתו לדבר אתו בהר סיני שני לחת העדת לחת אבן כתבים באצבע אלהים" (ג"פ מזמור שיר ליום השבת) עם "ומעץ הדעת טוב ורע לא תאכל ממנו" (גימ' מזמור שיר ליום השבת). סליקו כולהו לחושבן (6385) ד"פ "מזמור שיר ליום השבת" (תהל' צ"ב,א') עם הכולל ראשי תיבות למש"ה- דמשה הוא הדע"ת ועל ידי שקבל לחת העד"ת תיקן חטאו דאדם הראשון דאכל מעץ הדע"ת אשר צוה לבלתי אכל ממנו. ואין אדם (הראשון) עובר עברה אא"כ נכנס בו רוח שטות, ובאופן קצ"ח פסוק א' הבאנו מהריי"צ עצי שטים עומדים ענין שטות דקדושה להציל משטות דלעו"ז. ואמרינן "שטות דלעומת זה" סליק לחושבן (1277) "צדיק מושל יראת אלהים" (ש"ב כ"ג,ג') והוא ג"כ בסוף אופן ר"א עיין שם וקשרהו לכאן. וזהו דהאי חושבן דתרין פסוקין ויתן אל משה ככלותו וכו' עם ומעץ הדעת טוב ורע לא תאכל ממנו סליקו לחושבן (6385) ה"פ "צדיק מושל יראת אלהים" (1277) והוא לקביל ה' בחינות נרנח"י דמשה. דבירר בעצי שטים עומדים דמשכן האי שטות דלעומת זה שנכנסה באדם הראשון וגרמה לחטאו בעץ הדעת טוב ורע. וזהו דכתב המגלה עמוקות בתחלת פרשת פקודי אלה פקודי המשכן וכו' וכן פתח הפרשה במלה אל"ה ששקולים מלאכת המשכן כמעשה שמים וארץ. והוא בתנחומא כאן דאיתמר תמן אלה תולדות השמים והארץ בהבראם ב-ה' בראם וזוהי ה' יתרה אלה פקודי המשכן משכן וכן ויקרא אל משה ס"ת אל"ה.

גלא עמיקתא

בראשית נוטריקון בראש ישראל תורה מתחלכ: "בראש ישראל" גימ' (1044) "א'דם" ב-א' רבתי (תחלת דברי הימים) כאמרם (יבמות סא.) [כד]אתם קרויים אדם ואין עכו"ם קרויים אדם. ומיהו אדם- דעוסק בתורה ומצוות ומעשים טובים ומקיים את העולם, והקב"ה יושב ושונה כנגדו- וכן הקב"ה מקיים מצוה כנגדו, כביכול. וחזינן ב-ה' דברות ראשונות דואתחנן [כמו ששרטטנו בחנוכיה דעשרת הדברות דואתחנן] דסליקו לחושבן (42387): צדק"ה (199) פעמים אוה"ב צדק"ה (213) דהיא המצוה החביבה עליו יתברך כדכתיב (תהל' ל"ג,ה') "אוהב צדקה ומשפט" וכו' וכתיב (שם י"א,ז') "כי צדיק ה' צדקות אהב ישר יחזו פנימו" וכאשר אדם עושה צדקה הקב"ה עושה צדקה כנגדו לעם ישראל, ובספה"ק האריכו במעלת מצות הצדקה. וחזינן ד-י' דברות דיתרו עם ואתחנן - סליקו לחושבן (100000) י' רבוא - ובלבד שתוסיף חושבן (597) ג"פ צדק"ה (199) ורמיזא לן [כה]בכוונות האר"י הקדוש בתפלת שחרית (שער הכוונות דף י"ח עמודה ג') וזה לשונו הקדוש שם: "גם צריך ליתן צדקה בכל בקר בסוד (תהל' י"ז,ט"ו) "אני בצדק אחזה פניך, אשבעה בהקיץ תמונתך"

וצחוק, או קפיצות וריקודים, כדי לבוא לשמחה, שהוא דבר גדול מאד. **[כד] תלמוד בבלי יבמות דף סא עמוד א:** קברי עובדי כוכבים אינן מטמאין באהל, שנא': ואתן צאני צאן מרעיתי אדם אתם, אתם קרויין אדם, ואין העובדי כוכבים קרויין אדם. מיתיבי: ונפש אדם ששה עשר אלף! משום בהמה. אשר יש בה הרבה משתים עשרה רבוא אדם אשר לא ידע בין ימינו לשמאלו (ובהמה רבה)! משום בהמה. כל הורג נפש וכל נוגע בחלל תתחטאו! דלמא איקטיל חד מישראל. ורבנן? לא נפקד ממנו איש. ור' שמעון בן יוחי? לא נפקד ממנו איש לעבירה. רבינא אמר: נהי דמעטינהו קרא מאטמויי באהל, דכתיב: אדם כי ימות באהל, ממגע ומשא מי מעטינהו קרא? **[כה] שער הכונות דרושי תפלת השחר ענין תפלת השחר דף יח עמודה ג:** גם צריך ליתן צדקה בכל בקר בסוד ואני בצדק אחזה פניך קודם שיתפלל תפלת י"ח וצריך לתת תחילה ביד הגבאי שני פרוטות ביחד אחד כנגד לאה ואחד כנגד מל' דבינה שבתוך ראש ז"א אשר ממנה יוצאת לאה כנז' ולכן שני הפרוטות אלו ניתנים ביחד. ואח"כ נותן עוד ביד הגבאי פרוטה ג' כנגד רחל נוקבא תחתונה דז"א והענין הוא כי שלש בחינות אלו כל אחד מהן נקרא צדק אשר זהו בסוד הפסוק צדק צדק תרדוף כו' כנז' בתיקונים שהם צדק עילאה וצדק תתאה שהם לאה ורחל וגם מלכות דבינה נקרא בכלל צדק עילאה אבל להיות שהיא עצמה היא בחינת לאה לכן לא נזכרה גם היא בפסוק בפני עצמה בשם צדק שלישי כ"א ב"פ צדק בלבד ותכוין כי הם צדק שהם דינין כנז' באדרת האזינו וז"ל כד אתער צדק בשלהובוי' כו' וע"י צדקה זו שנותן נעשית צדקה כי צדקה היא רחמים כנודע ולכן צריך ליתן צדקה עתה מעומד והטעם הוא לפי שהצדק' היא מ"ע וראוי לעשות המצות מעומד עוד ט"א כי כיון שהטעם הוא כדי לתת צדקה לעני שהיא השכינה והמלכות כנז'. והנה המלכות נופלת לארץ בעו"ה ולכן צריך שיתננ' מעומד ויכוין להקימה ולהעמידה מעומד ע"י הצדקה שהוא הת"ת דכורא כמש"ה משפט וצדקה ביעקב אתה עשית. ולהיות שצדק' זו ניתנת מן הת"ת למלכו' ע"י היסוד לכן צריך ליתנה ביד הגבאי צדק' שיסוד נקרא גבאי צדקה שהוא היסוד דאימא או יסוד דז"א אשר הוא גובה כל הצדקה בסוד וילקט יוסף את כל הכסף והוא נותן לעני שהיא השכינה הנקרא עני ומזה הטעם עצמו צריך ליתנ' בעת שאומר כי כל בשמים ובארץ שהוא רומז אל היסוד הנקרא כל ופעם אחרת שמעתי ממוז"ל שצריך שיתננה בעת שאומר ואתה מושל בכל שהיסוד נקרא כל והוא גבאי צדקה ונותן אותה למלכות אשר גם היא נקרא בכל זה כל וזה בכל כמ"ש רז"ל בת היתה לו לאברהם ובכל שמה והוא

במה שידעת כי הויה דמילוי ההין היא בגימ' בכל שהיא במל' והכונה היא שע"י צדקה זו שנותן לה היסוד שהו' שם ב"ן כנז' יגדל פרצופה ושיעור קומתה והוא כי כבר ידעת כי קו המיד' דז"א הם הנה"י דבינה המתפשטים דרך קוים ומדות דז"א. **[כו] פני יהושע מסכת קידושין דף ל עמוד א:** והואיל ואתא לידי שנקראו הראשונים סופרים שהיו סופרין כל אותיות שבתורה אימא בהו מילתא דהוי קשיא לי כמה שנין לפי שמצאנו בספרים קדמונים ואחרונים שמספר כל האותיות שבתורה הם ששים ריבוא, ועל זה רומז ישראל שנוטריקון שלו יש ששים ריבוא אותיות לתורה ולכך מספר כל ישראל היו ששים ריבוא כמו אותיות התורה ושכל אחד מישראל יש לנשמה שלו מצוה אחת ואחיזה באות אחת, ודבר זה כמעט שהוא דבר מוסכם ונזכר בזוהר ובספר הקדוש שני לוחות הברית במקומות הרבה. ועמדתי משתומם ומתפלא לפי חשבון חמשים פסוקים שיערתי בלבי שלא יהיו אותיות התורה כי אם חצי ערך החשבון המוזכר. עד שראיתי בספר חסד לאברהם שהרגיש בזה וכתב שנמצא דאותיות התורה הן שלשים ואחד ריבוא אלא מה שנמצא שאותיות התורה עולים ששים ריבוא היינו השבעה ועשרים אותיות האלפא ביתא עם מנצפ"ך במילואיהן ומילוי דמילוי עיין שם במעיין שני נהר י"א ענין התירוץ. אמנם אף שאין אני כדאי נראה לי דהדברים ג"כ כפשוטן דמאחר שמצאנו שמספר האותיות שבתורה ממש הן ל"א ריבוא וא"כ שפיר מצינן למימר ג"כ שהן ששים ריבוא עם התרגום שנמסר ג"כ בסיני כדאיתא במדרש ובספרים הקדמונים הרבה מאד וביחוד בספר של"ה בענין שנים מקרא ואחד תרגום. ועוד נראה לי לפרש בענין יותר מרווח שכל אות מאותיות התורה יש לה שני בחינות קדושות ממש ענין הכתיבה שנכתב באצבע אלקים וענין קדושת הקריאה שדיבר הקדוש ברוך הוא עם משה וכדכתיב אחת דיבר אלהים שתים זו שמענו ורואין את הנשמע ושומעין את הנראה ואמרינן נמי יש אם למקרא ויש אם למסורת וראיה ברורה לדברי שהרי כל אותיות שבתורה נאצלו מהשם הקדוש הויה ב"ה ולא כשהוא נכתב הוא נקרא וא"כ כל התורה כיוצא בה הכתיבה לחוד

גלא עמיקתא

[גימ' (1939) ז"פ זר"ע (277) לקביל ז"פ ישרא"ל דנמשכו מה"פ או"ר עם ל"ב שם אלהי"ם דמעשה בראשית כנ"ל- בחינת אור האהבה שבדעת דקוב"ה כביכול ל"בני בכורי ישראל" (שמות ד',כ"ב וד"ל] קודם שיתפלל תפלת ח"י וצריך לתת תחלה ביד הגבאי שתי פרוטות ביחד: אחד דכנגד לאה ואחד כנגד מלכות דבינה שבתוך ראש ז"א אשר ממנה יוצאת לאה כנז' ולכן שתי הפרוטות האלו נתנים ביחד. אח"כ נותן עוד ביד הגבאי פרוטה ג' כנגד רחל נוקבא תחתונה דז"א וכו' עבד"ק ועיין שם אריכות דבריו הקדושים. ורמיזא דבריו הקדושים שצריך לתת ג' פרוטות- ל-ג' פעמים צדק"ה דהוספנו לחשבון י' דברות דיתרו ודואתחנן להשלים לחושבן א"ק מאה אלף י' ריבוא. וישראל דעלו במחשבה אף לפני התורה כנ"ל הן ס' ריבוא ישרא"ל [כו] ר"ת יש ששים ריבוא אותיות לתורה כדאיתא בספה"ק. והיינו דעלו במחשבה לפני כל דבר ואף לפני התורה הקדושה כמו שבארנו לעיל וממילא מהן נמשכו ששים ריבוא אותיות התורה הקדושה כדאיתא בספרים הקדושים- דכאו"א מישראל נשמתו מושרשת מאות אחת ומעתה יבואר שכל אות בתורה מושרשת מנשמת יהודי אחד- דעלה במחשבה אף לפני אותה האות שנבראה לאחר מכן וזהו ד-י' ריבוא הוא חושבן י' דברות דיתרו ודואתחנן עם ג"פ צדק"ה וכלולין מ-ו' בחינת הלוחות ארכן ו' ורחבן ו' הרי חושבן ס' ריבוא ובהכפלה ב-ו' רמיזא נמי צדק"ה כפלינן ב-ו' וסליקו לחושבן ח"י פעמים צדק"ה ובזה יומתקו ב' הפסוקים (משלי י',ב' ושם י"א,ד') "וצדקה תציל ממות".

והקריאה לחוד וא״כ שפיר מצינן למימר שעולין סמ״ך ריבוא ל״א ריבוא דכתיב וכ״ט דקריין וכמה אותיות לרוב שאין ניכרין כלל במבטא ואין בהן אלא בחינת כתיבה כאותיות הווין ואלפין שבאמצע התיבה והנחה, כן נראה לי נכון בעזה״י ואם שגיתי אתי תלין וה׳ הטוב יכפר בעדי. ועוד יש לפרש על דרך מזה ומזה הם כתובים ואין להאריך.

גלא עמיקתא

ויהי רצון מלפני אבינו שבשמים שיומתקו הדינים מעל עמו ישראל, ויזכור לנו אור האהבה שבדעת, וכגון אב שאוהב את בנו יחידו ויהי עמו אשר יהיה, ואף אם נפל ח״ו יאהבהו אף יותר ויחמול עליו. כן חמול נא עלינו, ושלח לנו משיח צדקנו דיגאלנו במהרה בימינו אמן, כי רב שבענו בוז וכו׳ ואלפיים שנות גלותנו דבקנו בתורתך ובמצוותיך, והגיע עת לחננה כי בא מועד, ונזכה לראות אור פניך בבנין בית מקדשך בב״א.

אופן עח

רמז הקב"ה בכאן בצורת א' שהיא צורת י' סוד המקוה שהוא סוד שיעור קומה בהיפך אתוון הוקם המשכן אז נשלמה המקוה של מעלה. שיש ר"ם קבין במקוה. לכן היו ישראל ד' פעמים ס' רבוא שהם ר"ם רבוא. לכן נקרא משה בן ע"מ ר"ם וכן אבינו הראשון נקרא א"ב ר"ם שהוא היה אב שזכו בניו להיות בסוד כסא שהוא מלך יושב על כסא רם. שכן במזבח של מעלה יש בכל זויות ס' רבוא חגורי איפוד ומיכאל כהן גדול עומד עליהם. וזה סוד ויקר אל משה מה יקר חסדיך ובצורת א' שהוא י' נרמז חשבון זה בזה האופן י"פ ו' הרי ס' ד"פ ס' הרי ר"ם. והם כמנין י' ימים אחרונים שזכה בהם משה ביום כיפורים בגמר י' ימי תשובה שיש בהם ר"ם שעות. ז"ש ויקר י' אותו יקר זכה ביום הכיפורים שהוא סוד י' וכן י' נחלק על ו"ד שהם ו' ימים האמצעים שמתענין בהם אבל ד' ימים אין מתענין והם ב' ימים של ראש השנה ושבת תשובה וערב יום הכפורים ויקר זה רמז על הענין התשובה שנחלקו לג' זמנים אלו.

[א] **וכן כתב רבינו לעיל אופן ע"ד:** ע"פ הזוהר שרמז כאן על עסקי אהל מועד דזמין לאתמשכנא אמר ויקרא בא' זעירא שהוא צורת י'. [ב] **וכן כתב רבינו בבאורו על ואתחנן אופן ק"נ:** כי סוד מקוה הוא סוד שיעור קומ"ה שבה"ם הוק"ם המשכן. ועל זה אמר משה אתה החלות להראות את גדלך, שהוא סוד שיעור קומ"ה שבהם הוקם המשכן, לכן ר"ת של "אתה "החלות "להראות, ר"ת אה"ל, ומאחר שאתה החלות להראות לי את גדלך כנגד שמות הוי"ה שהם החסדים, ידך החזקה כנגד ד' מילואי אהי"ה שהם מצד הגבורות, ולכן זכר אשר מי אל בשמים ובארץ כמעשך, לקביל מלואי ההוי"ה שהם גדולים מעשי ה', כגבורתך לקביל ד' שמות אהיה שהם הגבורות. [ג] **פסיקתא דרב כהנא פיסקא ה - החדש הזה:** [א] עשה ירח למועדים שמש ידע מבואו (תהלים קד: יט). א"ר יוחנן לא נברא להאיר אלא גלגל חמה בלבד, יהי מאורות (בראשית א: יד) מארת כתב. אם כן למה נבראת הלבנה, אלא לקדש בה ראשי חדשים וראשי שנים. ר' שילה דכפר תמרתה בשם ר' יוחנ' /יוחנן/ אף על פי כן, שמש ידע מבואו (תהלים שם /ק"ד/), מיכן שאין מונין ללבנה אלא אם כן שקעה החמה. יוסטה חברה בשם ר' ברכיה ויסעו מרעמסס בחדש הראשון בחמשה עשר יום וג' (במדבר לג: ג), אם ללבנה את מונה עד כדון לית בה אלא ארבעה עשר משוקעין, מיכן שאין מונין ללבנה אלא אם כן שקעה החמה. ר' זעירא בשם ר' חנינה לא נברא להאיר אלא גלגל חמה בלבד, יהי מאורות (בראשית שם /א'/), מארת כתב. אם כן למה נבראת לבנה, אלא צפה הקדוש ברוך הוא שאומות העולם עתידין לעמוד ולעשות אותן אלוהות ואמר, אם בשעה שהם שנים והם מכחישין זה את זה אומות העולם עושין אותן אלוהות, אילו היה אחד על אחת כמה וכמה. ר' ברכיה בשם ר' סימון שניהם נבראו להאיר, יהי מאורות (שם /בראשית א'/), והיו למאורות (שם /בראשית א'/ ט"ו), ויתן אותם אלהים ברקיע השמים וגו' (שם /בראשית א'/ יז). והיו לאתת ולמועדים (שם /בראשית א'/ יד), לאתת, אילו השבתות דכת' כי אות היא ביני וג' (שמות לא: יג). ולמועדים, אילו ימים טובים. ולימים (בראשית שם /א'/), אילו ראשי חדשים. ושנים (שם /בראשית א'/), אילו ראשי שנים, שיהיו אומות העולם מונים לחמה וישר' ללבנה, החדש הזה לכם ראש חדשים וג' (שמות יב: ב). [ד] **שיר השירים רבה פרשה א:** לריח שמניך טובים, ר' ינאי בריה דר"ש כל השירים שאמרו לפניך האבות ריחות היו, אבל אנו שמן תורק שמך, כאדם שמריק מכלי לכלי חבירו, כל המצות שעשו לפניך האבות ריחות היו, אבל אנו שמן תורק שמך, מאתים וארבעים וח' מצות עשה, ושלש מאות וששים וחמש מצות לא

אופן עה

רמז הקב"ה בכאן בצורת א' [א]שהיא צורת י' סוד המקוה שהוא סוד שיעור קומה [ב]בהיפך אתוון הוקם המשכן

גלא עמיקתא

והנה מביא המגלה עמוקות מספר פסוקים דנבארם בסמוך. וכתב דישראל היו ד' פעמים ס' ריבוא, דהיינו שנמנו בתורה הקדושה ד' פעמים, ונבאר בס"ד כל אחד ואחד מהם: [א] שמות י"ב,ל"ז פרשת בא: "[ג]ויסעו בני ישראל מרעמסס סכתה, כשש מאות אלף רגלי הגברים לבד מטף" גימ' (3556) ד' פעמים "אתחלתא דגאולה" (889) דיציאת מצרים הוא אתחלתא דגאולה כפשוטו דיצאו ממצרים לקבל התורה במעמד הר סיני. דאינה דומה עבודת ה' לפני מתן תורה לאחרי מתן תורה– כאמרם (שהש"ר א',ג') על הפסוק (שיר השירים א',ג') "לריח שמניך טובים, שמן תורק שמך" [ד]דכל השירים שאמרו לפניו האבות הקדושים ריחות היו, אבל אנו (דהיינו לאחר מתן תורה) שמן תורק שמך, כאדם שמוריק מכלי לכלי, וכן כל המצוות וכו' דאינו דומה ריח לעצם

אז נשלמה המקוה של מעלה. שיש ר"ם קבין במקוה. לכן היו ישראל ד' פעמים ס' רבוא שהם ר"ם רבוא. לכן נקרא משה בן

גלא עמיקתא

השמן– שהיא התורה הקדושה. ובפרט פנימיות התורה דהיא ממש כמשל השמן שמחלחל לכל מקום. ורמיזא דכפלינן ד"פ "אתחלתא דגאולה" לקביל ד"פ דמדבר מנין בני ישראל. והן ד"פ ס' ריבוא הרי ר"מ– וכן עמל"ק גימ' ר"מ דקלי'– ואת זה לעומת זה עשה האלהים ומכניעו, ואמרו דשמיה מעיד עליו עמל"ק נוטריקון עמ–לק שרוצה ללוק דמם של שונאיהם של ישראל, והוא לקביל ישראל עם–רם עם קדוש בניו דמלכו של עולם מלך ר"ם ונשא. [ב] שמות ל',י"א פרשת כי תשא: "[ה]כי תשא את ראש בני ישראל לפקדיהם, ונתנו איש כפר נפשו לה' בפקד אתם, ולא יהיה בהם נגף בפקד אתם" גימ' (5621) ז"פ "וחיי עולם נטע בתוכנו" (803) דאמרינן בברכת התורה– לקביל תורה שבעל פה. והוא לקביל ז' בחינות בני ישראל, וכדאמרינן[1] במקום אחר

תעשה. [ה] **מדרש תנחומא פרשת כי תשא**: (ד) [ל, יב] כי תשא את ראש בני ישראל, זש"ה (תהלים ג) רבים אומרים לנפשי אין ישועתה לו באלהים סלה, רבי שמואל בר אמי ורבנן, רבי שמואל בר אמי פתר קרא בדואג ואחיתופל רבים אלו דואג ואחיתופל שהיו רבים בתורה, אומרים לנפשי שהיו אומרים לדוד אדם ששבה את הכבשה והרג את הרועה והפיל את ישראל בחרב יש לו תשועה שנאמר אין ישועתה לו באלהים סלה, ואתה ה' אמר דוד ואתה רבון העולם הסכמת בתורתך עמהם ואמרת מות יומת הנואף והנואפת, מגן בעדי בזכות אבותי, כבודי שהחזרתני למלכותי ומרים ראשי שהייתי חייב הרמת ראש ונתת לי תלוי ראש ע"י נתן הנביא שאמר גם ה' העביר חטאתך לא תמות (שמואל ב' יב), ורבנן פתרי קרא באו"ה רבים אלו עו"ג שכתוב בהן הוי המון עמים רבים (ישעיה יז) שאומרין לישראל אומה ששמעה בסיני אנכי ה' אלהיך לא יהיה לך אלהים אחרים (שמות כ) ולסוף ארבעים יום אמרו לעגל אלה אלהיך ישראל (שם /שמות/ לב) יש להם תשועה אין ישועתה לו באלהים סלה, ואתה ה' מגן בעדי אמרו ישראל רבון העולם ואתה הסכמת עמהם ואמרת זובח לאלהים יחרם (שם /שמות/ כב), מגן בעדי, בזכות אבות, כבודי שהשרית שכינתך בתוכנו ואמרת ועשו לי מקדש ושכנתי בתוכם, ומרים ראשי תחת שהיינו חייבין לך הרמת ראש נתת לנו תלוי ראש ע"י משה שנאמר כי תשא את ראש, רבי יעקב בר יוחאי בשם רבי יונתן פתח

1. באור על מגלה עמוקות ויקרא אופן ע"ז: ויחד עם הפסוק דהבאנו לעיל (תהל' כ',ט'): ג'. המה כרעו ונפלו ואנחנו קמנו ונתעודד (1375) סליקו הני תלת פסוקין לחושבן (6011): ה"פ "בראשית ברא אלהים" (1202) עם הכולל. דמשיח עתיד להחזיר ה' בחינות נרנח"י דכללות (רמיזא דכפלינן ה"פ) דנפגמו בחטא אדם הראשון לשרשו לבראשית. וזהו דרמז המגלה עמוקות בהב"ל דכפלינן ה"פ ל"ב למהוי חושבן (160) ע"ץ– דהיינו עץ הדעת טוב, דהן ה"פ או"ר דמעשה בראשית עם ל"ב פעמים שם אלהי"ם דמעשה בראשית. דכתיב באו"ר וירא אלהים את האור כי טוב– דהיא התיבה הל"ג בתורה דהיינו לאחר ל"ב תיבין. ונמשך דהכל בחינת ה"פ או"ר (1035) עם ל"ב פעמים שם אלהי"ם (2752) גימ' (3787) ז"פ ישרא"ל (541) שזהו (במדבר ח',ב') "אל מול פני המנורה"– בחינת או"ר דמעשה בראשית. וממשיך: "יאירו שבעת הנרות"– אינון בני ישראל הנמשכים מה"פ או"ר עם ל"ב פעמים שם אלהי"ם– דישראל עלו במחשבה לפני כל דבר, ואף לפני בדבר ה' שמים נעשו. כאמרם (מובא ברש"י בתחלת בתורה) "בראשית" בשביל ישראל שנקראו ראשית ובשביל התורה שנקראת ראשית וכו'. ונרמז בתיבה "בראשית" גופא: י' דבראשית רמיזא ישראל. והוא קודם ת' דבראשית רמיזא תורה.

ע"מ ר"ם וכן אבינו הראשון [כמ"ש אביך הראשון חטא (ישעי' מ"ג,כ"ז) ופרש"י [ו]זה אברהם באומרו במה אדע כי

גלא עמיקתא

ה"פ או"ר עם ל"ב פעמים שם אלהי"ם דכתיב במעשה בראשית סליקו לחושבן (3787) ז"פ ישרא"ל (541) [ז]ר"ת יש ששים ריבוא אותיות לתורה כנ"ל. [ג] שמות ל"ח,כ"ו פרשת פקודי: "[ח]בקע לגלגלת מחצית השקל בשקל הקדש,

וישח אדם וישפל איש (ישעיה ב) וישח אדם אלו ישראל שנאמר (יחזקאל לד) ואתנה צאני צאן מרעיתי אדם אתם, וישפל איש זה משה שנאמר (במדבר יב) והאיש משה, אמר משה רבון העולם יודע אני ששחו ישראל לעגל והשפלתי אותי ואל תשא להם, אמר ליה תשא להם אמר ליה כי תשא את ראש. [ו] **רש"י ישעיהו פרק מג:** אביך הראשון חטא - באומרו במה אדע (בראשית טו). ומליציך פשעו בי - אין לך בכל מליצי' שאתה סומך על זכותם שלא מצאתי בו פשע יצחק אהב את שונאי.[ז] **דגל מחנה אפרים שמות פרשת וארא:** וזה יש לומר הפירוש וארא אל האבות באל שדי שאז היה שם הוי"ה ברוך הוא שהוא סוד כל התורה כולה על דרך שמי עם י"ה שס"ה ו"ה עם זכרי רמ"ח היה אז מצומצם באל שדי שהוא רזא דברית קדישא כנ"ל ומשם היו מסתכלין בשם הוי"ה ברוך הוא לקיים כל פרטי מצוות התורה שהוא שמו של הקדוש ברוך הוא ואור נשמת האדם כי אורייתא וקודשא בריך הוא ונשמותיהון דישראל כולהו חד (זוהר ח"ג ע"ג א) ולכך היה אז שמו של הקדוש ברוך הוא גם כן בסוד צמצום בשם שדי כמו אורייתא ונשמותיהון דישראל עד אחר כך שבא משה רבינו ע"ה וכבר הוליד יעקב שנים עשר שבטים ונתפשט שם הוי"ה ברוך הוא לשנים עשר צירופים ואחר כך מהם יצאו ששים ריבוא ישראל שהיו במצרים ואז נתפשט השם הוי"ה ברוך הוא שהוא סוד כל התורה כנ"ל יותר בכל צדדיו ונעשה מזה ששים ריבוא אותיות התורה שכל אחד מישראל היה לו אחיזה באות אחת של התורה כידוע שם ישראל מורה ראשי תיבות יש ששים ריבוא אותיות לתורה וזהו בחינת גדלות שיצא השם הוי"ה ברוך הוא שהוא סוד כל התורה כולה מן הצמצום לבחינת התפשטות ששים ריבוא אותיות התורה שהם כלל כל התרי"ג מצוות שהם שם הוי"ה ממש כנ"ל, והבן איך כל התורה כולה הוא שמו של הקדוש ברוך הוא, וזהו הכל על ידי הדעת שנתפשט כידוע שהדעת הוא מעלה כל הבחינות קטנות אל בחינת גדלות, ולכן כשבא משה ומצא ששים ריבוא ישראל והוא היה שורש כולם שהיו כולם נכללין בו כידוע אז הוציאם ממצרים שהוא בחינת קטנות לבחינת הגדלות שהיא נתינת התורה הקדושה בהתפשטות רמ"ח מצוות עשה ושס"ה מצוות לא תעשה המפורשים בששים ריבוא אותיות התורה וזה היה מאמר הראשון למשה בהוציאך את העם ממצרים (שמות ג', י"ב) בחינת קטנות תעבדון את האלהים על ההר הזה היינו הר סיני שעליו ניתנה התורה בבחינת גדלות, וזהו וארא אל האבות באל שדי כי משם היה כל בחינת עבודתם כנ"ל בסוד הצמצום ושמי ה' לא נודעתי להם היינו שעדיין לא הגיע לבחינת התפשטות כנ"ל כי בדעת חדרים ימלאו ואם אין חדר מי ימלא והבן, לכן אמור לבני ישראל אני הוי"ה שעתה יצאו מגדר הצמצום והקטנות ויתפשט שמי הוי"ה ברוך הוא בסוד הגדלות והתפשטות הדעת בנתינת התורה בכל פרטיה ושורשיה ותרי"ג מצוות שבה והבן כי יש בזה שער התורה ועבודה, וה' יכפר בעדי ואם שגיתי חס ושלום פשיטא יכפר בעדי אמן. [ח] **של"ה שער האותיות אות הקו"ף - קדושת האכילה (ב):** רלט. עוד אני אומר, שוא"ו של יעקב עולה כמנין אח"ד, לרמוז כי ההולך בדרך זה, כל מעשיו הולכים למקום אחד לכוונת הבורא, כמו שאמרו (אבות פ"ב מי"ב) וכל מעשיך יהיו לשם שמים, וכמו שכתב הרמב"ם (הלכות דעות פ"ג ה"ג) והטור אורח חיים סימן רל"א. אבל מי שכוונתו על הגוף, שהולך אחר מותרות, אז נעתק מחשבתו מדביקות הבורא ודבק בחומרו, כי לנפש די בסיפוק ואין צריך למותרות. ועל זה רומז מה שאמר הכתוב (יחזקאל לג, כד) 'אחד היה אברהם', כי מצינו גם כן באברהם שלא רצה לילך אחר המותרות, רק ממה שחננו ה', כענין שהשיב למלך סדום, וזהו שכתוב (בראשית כו, ה) 'עקב אשר

אירשנה] נקרא א"ב ר"ם שהוא היה אב שזכו בניו להיות בסוד כסא שהוא מלך יושב על כסא רם. שכן במזבח של מעלה יש

גלא עמיקתא

לכל העבר על הפקדים מבן עשרים שנה ומעלה, לשש מאות אלף ושלשת אלפים וחמש מאות וחמשים" גימ' (7996) ד"פ "נתן לנו את תורתו" (1999) דאמרינן בברכת התורה– לקביל תורה שבכתב. דאמרינן בברכת התורה: "אשר נתן לנו תורת אמת, וחיי עולם נטע בתוכנו" אשר נתן לנו תורת אמת– תורה שבכתב, וחיי עולם נטע בתוכנו– תורה שבעל פה. והפסוק הקודם סליק לחושבן ז"פ "וחיי עולם נטע בתוכנו" ופסוקא דנן סליק לחושבן ד"פ "נתן לנו את תורתו" ולכן כפלינן ד"פ– לקביל ד' אתוון דשם הוי' ברוך הוא– דכתב עצמותו יתברך כביכול בתורה הקדושה– כאמרם (שבת קה.) [ט]אנכ"י ר"ת אנא נפשית כתבית יהבית, דכל התורה (שבכתב) שמותיו של הקב"ה. ובמדרש (שמו"ר ריש פרק ל"ג) [י]מכרתי לכם תורתי כביכול נמכרתי עמה. ובפסוק הקודם סליק

שמע אברהם בקלי' וגו'. והנה תמצא באברהם כל תיבת יעקב, היו"ד דיעקב נגלה בו במה שנמצא שלם בעשרה נסיונות, ועל זה אמר 'עקב אשר שמע' וגו', והוא עקב מיעקב שרומז על הענוה והשפלות, היפך מ'ורם לבבך' וגו' (דברים ח, יד), הבא מרוב אכילה ושתיה. ולזה בא הרמז בפרשת פקודי (שמות לח, כו) 'בקע לגלגלת מחצית השקל', כי כבר ידוע שמחצית השקל רומז על הנהגת האדם שיהיו מעשיו במשקל במדה ובמשורה, ולא ילך אחר המותרות. וכן כתב רבינו בחיי (שמות ל, יג ד"ה ועל דרך השכל). על כן קראו 'בקע', כי 'בקע' הם אותיות 'עקב' מיעקב. ואמר 'בקע לגלגלת' כענין שאמר אצל המן (שם טז, טז) 'עמר לגלגלת', שרומז גם כן שלא ילך אחר המותרות, כמו שהאריך אדוני אבי שם (בעמק ברכה סי' מ"ז סעיף ב', והובא לעיל אות קצו - קצז). **[ט] תלמוד בבלי שבת דף קה עמוד א:** כתב אות אחת נוטריקון, רבי יהושע בן בתירה מחייב וחכמים פוטרין. אמר רבי יוחנן משום רבי יוסי בן זימרא: מנין ללשון נוטריקון מן התורה - שנאמר כי א"ב המו"ן גוים נתתיך, אב נתתיך לאומות, בחור נתתיך באומות, המון חביב נתתיך באומות, מלך נתתיך לאומות, ותיק נתתיך באומות, נאמן נתתיך לאומות. רבי יוחנן דידיה אמר אנכי - נוטריקון: אנא נפשי כתיבת יהבית. רבנן אמרי: אמירה נעימה כתיבה יהיבה. איכא דאמרי אנכי למפרע: יהיבה כתיבה נאמנין אמריה. דבי רבי נתן אמרי: כי יר"ט הדרך לנגדי יראה ראתה נטתה. דבי רבי ישמעאל תנא: כרמ"ל - כר מלא. רב אחא בר יעקב אמר: והוא קללני קללה נמרצ"ת - נוטריקון: נואף הוא, מואבי הוא, רוצח הוא, צורר הוא, תועבה הוא. רב נחמן בר יצחק אמר: מה נדבר ומה נצטד"ק - נכונים אנחנו, צדיקים אנחנו, טהורים אנחנו, דכים אנחנו, קדושים אנחנו. **[י'] שמות רבה פרשת תרומה פרשה לג:** א [כה, ב] ויקחו לי תרומה, הה"ד (משלי ד) כי לקח טוב נתתי לכם תורתי אל תעזובו, אל תעזובו את המקח שנתתי לכם, יש לך אדם שלוקח מקח יש בו זהב אין בו כסף, יש בו כסף אין בו זהב, אבל המקח שנתתי לכם יש בו כסף שנאמר (תהלים יב) אמרות ה' אמרות טהורות כסף צרוף, יש בו זהב שנאמר (שם /תהלים/ יט) הנחמדים מזהב ומפז רב, יש אדם לוקח שדות אבל לא כרמים, כרמים ולא שדות, אבל המקח הזה יש בו שדות ויש בו כרמים שנא' (שיר /השירים/ ד) שלחיך פרדס רמונים, יש לך אדם לוקח מקח ובני אדם אינן יודעין מהו אבל משכר הסרסור נתודע מה לקח, כך התורה אין אדם יודע מה היא אלא משכר שלקח משה שנאמר (שמות לד) ומשה לא ידע כי קרן אור /עור/ פניו בדברו אתו, ויש לך מקח שמי שמכרו נמכר עמו אמר הקדוש ברוך הוא לישראל מכרתי לכם תורתי כביכול נמכרתי עמה שנאמר ויקחו לי תרומה, משל למלך שהיה לו בת יחידה בא אחד מן המלכים ונטלה ביקש לילך לו

בכל זויות ס' רבוא חגורי איפוד ומיכאל כהן גדול עומד עליהם. וזה סוד ויקר אל משה מה יקר חסדיך ובצורת א' שהוא י'

גלא עמיקתא

לחושבן ז"פ "וחיי עולם נטע בתוכנו" לקביל תורה שבעל פה בחינת בת שבע מלכותא קדישא דמלכות הספירה השביעית לכן כפלינן ז"פ. דנתחדש בתורה הקדושה דלא בשמים היא ואחרי רבים להטות, וכששואלים לענין זמנים בשמיא עונה להם הקב"ה אורלוגין שלי אצל בני ישראל לכו ושאלום [מובא בקיצור [יא]במדרש (תנחומא פרשת בא סימן י"ב) אבל [יב]בירושלמי (ראש השנה פ"א ה"ג) מובא באריכות]. ונחבר

לארצו וליטול לאשתו אמר לו בתי שנתתי לך יחידית היא, לפרוש ממנה איני יכול, לומר לך אל תטלה איני יכול לפי שהיא אשתך אלא זו טובה עשה לי שכל מקום שאתה הולך קיטון אחד עשה לי שאדור אצלכם שאיני יכול להניח את בתי, כך אמר הקדוש ברוך הוא לישראל נתתי לכם את התורה לפרוש הימנה איני יכול, לומר לכם אל תטלוה איני יכול אלא בכל מקום שאתם הולכים בית אחד עשו לי שאדור בתוכו שנאמר ועשו לי מקדש. **[יא] מדרש תנחומא פרשת בא:** [יב] ד"א החדש הזה. ר' יהושע בן לוי אמר למה הדבר דומה למלך שהיה לו, (אודלוגין) [אורלוגין] והיה מביט בה, והיה יודע איזו שעה של יום, לא עשה אלא כיון שעמד בנו על פרקו, אמר לו בני עד עכשיו (אודלוגין) [אורלוגין] זה היה בידי, מעכשיו מסור הוא לך, כך הקדוש ברוך הוא היה מקדש חדשים ומעבר שנים, כיון שעמדו ישראל, אמר להם עד עכשיו חשבונן של חדשים ושל שנים בידי מכאן ואילך הרי הן מסורין לכם, שנאמר החודש הזה לכם. **[יב] תלמוד ירושלמי מסכת ראש השנה פרק א הלכה ג:** אמר רבי לעזר וכו' בנוהג שבעולם מלך בשר ודם גוזר גזירה רצה מקיימה רצו אחרים מקיימים אותה אבל הקדוש ברוך הוא אינו כן אלא גוזר גזירה ומקיימה תחילה מה טעמא ושמרו את משמרתי אני יי' אני הוא ששימרתי מצותיה של תורה תחילה אמר רבי סימון כתיב מפני שיבה תקום והדרת פני זקן ויראת מאלהיך אני יי' אני הוא שקיימתי עמידת זקן תחילה אמר רבי סימון כתיב כי מי גוי גדול אשר לו חוקים ומשפטים צדיקים וגו' רבי חמא בי רבי חנינה ורבי הושעיה חד אמר אי זו אומה כאומה הזאת בנוהג שבעולם אדם יודע שיש לו דין לובש שחורים ומתעטף שחורים ומגדל זקנו שאינו יודע היאך דינו יוצא אבל ישראל אינן כן אלא לובשים לבנים ומתעטפין לבנים ומגלחים זקנם ואוכלין ושותין ושמחים יודעין שהקב"ה עוש' להן ניסים וחורנה אמר אי זו אומה כאומה הזאת בנוהג שבעולם השלטון אומר הדין היום והליסטים אומר למחר הדין למי שומעין לא לשלטון אבל הקדוש ברוך הוא אינו כן אמרו בית דין היום ראש השנה הקדוש ברוך הוא או' למלאכי השרת העמידו בימה יעמדו סניגורין יעמדו קטיגורין שאמרו בני היום ראש השנה נמלכו בית דין לעברה למחר הקדוש ברוך הוא אומר למלאכי השר' העבירו בימה יעברו סניגורין יעברו קטיגורין שנמלכו בני לעברה למחר מה טעמא כי חוק לישראל הוא משפט לאלהי יעקב אם אינו חוק לישראל כביכול אינו משפט לאלהי יעקב רבי קריספא בשם ר' יוחנן לשעבר אלה מועדי יי' מיכן ואילך אשר תקראו אותם אמר רבי אילא אם קריתם אותם הם מועדי ואם לאו אינן מועדי אמר רבי סימון כתיב רבות עשית אתה יי' אלהי נפלאותיך ומחשבותיך אלינו לשעבר רבות עשית מיכן והילך נפלאותיך ומחשבותיך אלינו אמר רבי לוי למלך שהיה לו אורלוגין כיון שעמד בנו מסרה לו אמר רבי יוסה בר חנינה למלך שהיה לו שומרה כיון שעמד בנו מסרה לו אמר רבי אחא למלך שהיה לו טבעת כיון שעמד בנו מסרה לו אמר רבי חייה בר בא לנגר שהיו לו כלי נגרות כיון שעמד בנו מסרה לו אמר רבי יצחק למלך שהיו לו אוצרות כיון שעמד בנו מסרם לו ורבנן אמרי לרופא שהיה לו נרתיק של רפואות כיון שעמד בנו מסרה לו ובראש השנה כל באי העולם עוברין לפניו כבנו מרון רבי אחא אמר כהדין דירין ורבנן אמרי כהדא במגנימין מה טעמא היוצר יחד לבם המבין אל כל מעשיהם אמ' רבי לוי היוצר יחד לבם כבר הבין את כל

נרמז חשבון זה בזה האופן י"פ ו' הרי ס' ד"פ ס' הרי ר"ם. והם כמנין י' ימים אחרונים שזכה בהם משה ביום כיפורים בגמר

גלא עמיקתא

שניהם "נתן לנו את תורתו" עם "וחיי עולם נטע בתוכנו" סליקו תרוויהו לחושבן (2802) ו"פ "אמת ה'" (467) כדכתיב (תהל' קי"ז,ב') "ואמת ה' לעולם הללוי-ה" [יג]דהקב"ה אמת ותורתו אמת, ובזוה"ק (תחלת פרשת ויקרא) [יד]ו' דא אות אמת ודאי, ולכן כפלינן ו"פ אמת

מעשי' א"ר לעזר בנוהג שבעולם מה נוח ליוצר הזה לעשות מאה קנקנים או להסתכל בהן לא להסתכל בהן אמר ר' ברכיה יוצרן רוצה שיהא ליבן יחיד אליו אמר רבי אבון מי שהוא יחיד בעולמו כבר הבין את כל מעשיהן ובחג נידונין על המים מתניתא דרבי עקיבה דרבי עקיבה אמר ניסוך המים דבר תורה בשני ונסכיהם בשישי ונסכיה בשביעי כמשפטם מ"ם יו"ד מ"ם מים אמרה התורה הבא שעורים ביכורים בפסח שתתברך לפניך התבואה הבא חיטים ביכורים בעצרת שיתברכו לפניך פירות האילן אמור מעתה ניסוך המים בחג שיתברכו לפניך המים תני רבי שמעון בן יוחי הרי שהיו ישראל כשירין בראש השנה ונגזרו להם גשמים מרובין ובסוף חטאו לפחות מהן אי איפש' שכבר נגזר גזיר' מה הקדוש ברוך הוא עושה מפזרן לימים ולמדברו' ולנהרו' כדי שלא תיהנה הארץ מהן מה טע' להמטיר על ארץ לא איש מדבר לא אדם בו הרי שלא היו ישר' כשרין בראש השנה ונגזרו להן גשמים מעוטי' ובסוף עשו תשובה להוסיף עליהן אי איפשר שכבר נגזר גזירה מה הקדוש ברוך הוא עושה להן מורידן כדי הארץ ומשיב עמהן טללים ורוחות כדי שתיהנה הארץ מהן מה טעמא תלמיה רוה נחת גדודיה ברביבים תמוגגנה צמחה תברך ציה גם חום יגזלו מימי שלג שאול חטאו עונות שעשו ישראל בקייץ גזלו מהן מימי השלג כתב תמיד עיני יי' אלהיך בה מראשית השנה כהנא אמר מרשית כתיב ועד אחרית שנה מדוה לה בראשה ויהב לה אחרית טבה בסיפא. **[יג] מדרש תנחומא פרשת כי תשא:** (ה) [ל, יב] כי תשא רבי יונה פתח כי אלהים שופט זה ישפיל וזה ירים (תהלים עה), מטרונה אחת שאלה את רבי יוסי בר חלפתא לכמה ימים ברא הקדוש ברוך הוא את עולמו, אמר לה לששה ימים שנאמר (שמות כ) כי ששת ימים עשה ה', אמרה לו ומן אותו שעה מה עושה בכל יום, אמר לה מזווג זיווגים ומעשיר לזה ומוריש לזה, אמרה לו ואף אני יכולה לעשות כן כמה עבדים ושפחות יש לי אני מזווגן בלילה זו מה שהוא עושה מן אותה שעה עד היום אני אעשה בשעה קלה, אמר לה אם קלה היא בעיניך קשה היא לפניו כקריעת ים סוף דכתיב אלהים מושיב יחידים ביתה וגו' (תהלים סח) הניחה רבי יוסי והלך לו, הלכה לה מה עשתה נטלה אלף עבדים ואלף שפחות והעמידתן שורות שורות ואמרה ישא פלוני לפלונית ופלונית תשא פלוני, זיווגה אותן בלילה אחת, בצפרא אתו לגבה דין עיניה שמיטי דין רישיה פציעי דין רגליה תבירא, דין אמר לית אנא בעי להדא, והדא אמרה לית אנא בעי לדין, שלחה והביאה את רבי יוסי אמרה ליה מעידה אני שאלהיכם אמת ותורתו אמת שכל מה שאמרת יפה אמרת, א"ל הקדוש ברוך הוא יושב ומזווגן בעל כרחן וקושר קולר בצואר זה ומביאו מסוף העולם ומזווג לזו בסוף העולם שנאמר אלהים מושיב יחידים ביתה מוציא אסירים בכושרות, מה הוא בכושרות דלא בעי בכי ודבעי אמר שירה הוי בכושרות, ומעלה לזה ומוריד לזה בסולמות לכך נאמר כי אלהים שופט זה ישפיל וזה ירים (תהלים עה), רבי יונה בוצריי ורבנן פתרין קרא באהרן בלשון זה הושפל בלשון זה הוגבה, בלשון זה הושפל שנאמר (שמות לב) ואשליכהו באש ויצא העגל הזה, ובלשון זה הוגבה שנא' (שם /ויקרא ו/) זה קרבן אהרן ובניו, ר' יונה פתר קרא בישראל בלשון זה הוגבהו ובלשון זה הושפלו, בלשון זה הושפלו כי זה משה האיש ובלשון זה הוגבהו זה יתנו, זשה"כ צדקה תרומם גוי (משלי יד), ר' יהושע אומר צדקה תרומם גוי וחסד לאומים חטאת הנייה לאומות העולם בשעה שישראל חוטאים שהן חוזרין ומשעבדים בהם ר' נחוניה בן הקנה אומר צדקה תרומם גוי אלו ישראל וחסד לאומים חטאת חסד שאומות העולם עושין חטאת הוא לישראל. **[יד] זוהר פרשת ויקרא:** שאל לך אות אות ממש

י' ימי תשובה שיש בהם ר"ם שעות. ז"ש ויקר י' אותו יקר זכה ביום הכיפורים שהוא סוד י' וכן י' נחלק על ו"ד שהם ו'

גלא עמיקתא

ה'. [ד] במדבר א',מ"ו פרשת במדבר: "[טו]ויהיו כל הפקדים שש מאות אלף ושלשת אלפים וחמש מאות וחמשים" גימ' (3886) אל"ף (111) פעמים יהוד"י (35) עם הכולל. וזהו דכפלינן אל"ף פעמים יהוד"י בחינת אלופו של עולם מלובש כביכול בכל יהודי ויהודי כדכתיב (שמות כ"ה,ח') "ועשו לי מקדש ושכנתי בתוכם" [טז]בתוכו לא נאמר אלא בתוכם בתוך כל אחד ואחד מהם וכו'. וכאמרם (סוטה י:) [יז]יוסף שקידש שם שמים בסתר זכה לחצי השם- יהוסף, יהודה שקידש שם שמים בגלוי זכה לשם שלם- יהודה. ועם ה-ד' בתוכו

דכלהו הוו נטלין ברזא דאתוון, וכן ברחב מה כתיב (יהושע ב) ונתתם לי אות אמת, דא את ו' דדא אקרי אות אמת, ואי תימא שאר אתוון לאו אינון אמת, אין, אלא אות דא אות אמת אקרי, העמק שאלה, דא אות ה' בתראה דבשמא קדישא, או הגבה למעלה דא את יו"ד, רישא דבשמא קדישא, ודא איהו רזא דכתיב שאל לך אות מעם יי' אלהיך אות משמא קדישא משמע דכתיב מעם יי' דדא איהו שמא דקודשא בריך הוא את חד דביה, ומשכנא קאים על דא, תא חזי כד סליק עננא על משכנא ושרא עלוי כל אינון רתיכין וכל [דף ב עמוד ב] אינון מאני משכנא דלעיל כלהו הוו גו עננא מה כתיב (שמות מ) ולא יכול משה לבוא אל אהל מועד כי שכן עליו הענן, וכתיב (שם כד) ויבא משה בתוך הענן ויהי משה בהר ארבעים יום וארבעים לילה, אי משה לא הוה יכיל לאעלא למשכנא אמאי הוה יתיב בטורא כל אינון ארבעין יומין, אלא (ס"א אינו) (בגין לקבלא אורייתא זמנא אחרא דהא תרין לוחין אתברו בקדמיתא השתא הוה בטורא כמלקדמין. **[טו] אלשיך במדבר פרק א:** ויהיו כל פקודי בני ישראל לבית אבתם מבן עשרים שנה ומעלה כל יצא צבא בישראל. ויהיו כל הפקדים שש מאות אלף ושלשת אלפים וחמש מאות וחמשים. (מה - מו) (מה) ואחר עדותו יתברך, כי כל הפקודים הם לבית אבותם. אמר, שמא תאמר מה היה שבמנין זה נאמר לבית אבותם. מה שאין כן בכל הפעמים שנמנו כעניין בצאתם ממצרים, ואחר שחטאו בעגל. באופן שיש מקום להרהר אולי במנין ההם לא חשו על כך. ועתה, אלו אשר לא היו לבית אבותם אז, כבר מתו, ואלה שבמנין זה הם מיוחסים אחר אבותם. על כן אמר ויהיו כל פקודי בני ישראל בכל זמן, לבית אבותם. וגם בבלתי נמנים גם שם, שהם הפחותים מבני עשרים. כי מה שנזכר מבן עשרים שנה ומעלה, לא שיש הפרש בין בני עשרים לקטנים, כי מה שמזכיר מבן עשרים, אינו, רק להיותם כל יוצא צבא, אך לא לשלול הקטנים מלהיות גם הם לבית אבותם. כי אין הענין רק להיות כל יוצא צבא בישראל. כי מלכותא דארעא כעין מלכותא דרקיעא: **[טז] אין לו מקור רק מובא באלשיך פרשת כי תשא ובשל"ה מסכת תענית דף ס' ויש מהמפרשים מביאים בשם המדרש::** אלשיך שמות פרק לא ואם כן כיון שהמשכן אין השראת שכינה בו מצד עצמו כי אם באדם כמה דאת אמר (לעיל כה ח) ועשו לי מקדש ושכנתי בתוכם, כי בתוכו לא נאמר אלא בתוכם שהוא כי היכל ה' הוא האדם וממנו יתפשט אל המשכן. ואם כן אמור מעתה איך בשבת שהאדם הוא היכל ה' יעשה מלאכה במשכן שהוא עצמו מצד עצמו אין בו שכינה אלא ממה שנמשך לו מן האדם, שעל ידי היות האדם היכל ה' נמשך אל המשכן. **[יז] תלמוד בבלי מסכת סוטה דף י עמוד ב:** והיא שלחה אל חמיה לאמר לאיש אשר אלה לו אנכי הרה, ותימא ליה מימר! אמר רב זוטרא בר טוביה אמר רב, ואמרי לה אמר רב חנא בר ביזנא אמר רבי שמעון חסידא, ואמרי לה אמר רבי יוחנן משום ר' שמעון בן יוחי: נוח לו לאדם שיפיל עצמו לתוך כבשן האש ואל ילבין פני חבירו ברבים. מנלן? מתמר. הכר נא - א"ר חמא ברבי חנינא: בהכר בישר לאביו, בהכר בישרוהו; בהכר בישר - הכר נא הכתנת בנך היא, בהכר בישרוהו - הכר נא למי. נא - אין נא אלא לשון בקשה, אמרה ליה: בבקשה

ימים האמצעים שמתענין בהם אבל ד' ימים אין מתענין והם ב' ימים של ראש השנה ושבת תשובה וערב יום הכפורים

גלא עמיקתא

רמיזא מלכותא קדישא [יח]דלה ועניה וכו'. וכן נרמז התלבשות השם הקדוש בתיבה ישרא"ל: י' דישראל היינו י' דשם הוי' ברוך הוא. ש"ר דישראל במספר קטן ה' עילאה דשם הוי' ברוך הוא. א' דישראל נכתבת י' ו' י' הרי ו' דשם הוי' ברוך הוא. ל' ונותרו מהאי א' שני יודין עם ל' דישרא"ל הרי נ' במספר קטן ה' תתאה דשם הוי' ברוך הוא. וכאן ה-ו' עם התרין יודין ו-ל' מלובשים יחדו כדוגמת הכרובין דהיו מעורין זה בזה והוא בחינת הלעתיד לבוא דזו"ן יתעלו לבחינת או"א. וכנודע מה שמובא [יט]בספה"ק (דגל מחנה אפרים פרשת וארא דתיבה ישרא"ל ראשי תיבות: יש

ממך, הכר פני בוראך ואל תעלים עיניך ממני. ויכר יהודה ויאמר צדקה ממני - היינו דאמר רב חנין בר ביזנא א"ר שמעון חסידא: יוסף שקדש ש"ש בסתר - זכה והוסיפו לו אות אחת משמו של הקדוש ברוך הוא, דכתיב: עדות ביהוסף שמו, יהודה שקדש ש"ש בפרהסיא - זכה ונקרא כולו על שמו של הקדוש ברוך הוא. כיון שהודה ואמר צדקה ממני, יצתה בת קול ואמרה: אתה הצלת תמר ושני בניה מן האור, חייך שאני מציל בזכותך ג' מבניך מן האור; מאן נינהו? חנניה מישאל ועזריה. צדקה ממני - מנא ידע? יצתה בת קול ואמרה: ממני יצאו כבושים. ולא יסף עוד לדעתה - אמר שמואל סבא חמוה דרב שמואל בר אמי משמיה דרב שמואל בר אמי: כיון שידעה שוב לא פסק ממנה, כתיב הכא: ולא יסף עוד לדעתה, וכתיב התם: קול גדול ולא יסף. **[יח] כתוב לגבי לבנה ולומדים לענין המלכות:** זוהר פרשת וישב דף קפא עמוד א פתח ואמר (ישעיה נ"ב) הנה ישכיל עבדי ירום ונשא וגבה מאד, זכאה חולקהון דצדיקייא דקודשא בריך הוא גלי לון ארחי דאורייתא למהך בהו, ת"ח האי קרא רזא עלאה איהו, הנה ישכיל עבדי ואוקמוה אבל ת"ח כד ברא קודשא בריך הוא עלמא עבד לה לסיהרא ואזער לה נהורהא דהא לית לה מגרמה כלום ובגין דאזעירת גרמה אתנהרא בגין שמשא ובתוקפא דנהורין עלאין ובזמנא דהוה בי מקדשא קיים ישראל הוו משתדלי בקורבנין ועלוון ופולחנין דהוו עבדין כהני וליואי וישראלי בגין לקשרא קשרין ולאנהרא נהורין, ולבתר דאתחרב בי מקדשא אתחשך נהורא וסיהרא לא אתנהירת מן שמשא וכו'. **[יט] דגל מחנה אפרים שמות פרשת וארא:** וזה יש לומר הפירוש

וארא אל האבות באל שדי שאז היה שם הוי"ה ברוך הוא שהוא סוד כל התורה כולה על דרך שמי עם י"ה שס"ה ו"ה עם זכרי רמ"ח היה אז מצומצם באל שדי שהוא רזא דברית קדישא כנ"ל ומשם היו מסתכלין בשם הוי"ה ברוך הוא לקיים כל פרטי מצוות התורה שהוא שמו של הקדוש ברוך הוא ואור נשמת האדם כי אורייתא וקודשא בריך הוא ונשמותיהון דישראל כולהו חד (זוהר ח"ג ע"ג א) ולכך היה אז שמו של הקדוש ברוך הוא גם כן בסוד צמצום בשם שדי כמו אורייתא ונשמותיהון דישראל עד אחר כך שבא משה רבינו ע"ה וכבר הוליד יעקב שנים עשר שבטים ונתפשט שם הוי"ה ברוך הוא לשנים עשר צירופים ואחר כך מהם יצאו ששים ריבוא ישראל שהיו במצרים ואז נתפשט השם הוי"ה ברוך הוא שהוא סוד כל התורה כנ"ל יותר בכל צדדיו ונעשה מזה ששים ריבוא אותיות התורה שכל אחד מישראל היה לו אחיזה באות אחת של התורה כידוע שם ישראל מורה ראשי תיבות יש ששים ריבוא אותיות לתורה וזהו בחינת גדלות שיצא השם הוי"ה ברוך הוא שהוא סוד כל התורה כולה מן הצמצום לבחינת התפשטות ששים ריבוא אותיות התורה שהם כלל כל התרי"ג מצוות שהם שם הוי"ה ממש כנ"ל, והבן איך כל התורה כולה הוא שמו של הקדוש ברוך הוא, וזהו הכל על ידי הדעת שנתפשט כידוע שהדעת הוא מעלה כל הבחינות קטנות אל בחינת גדלות, ולכן כשבא משה ומצא ששים ריבוא ישראל והוא היה שורש כולם שהיו כולם נכללין בו כידוע אז הוציאם ממצרים שהוא בחינת קטנות לבחינת הגדלות שהיא נתינת התורה הקדושה בהתפשטות רמ"ח מצוות עשה

ויקר זה רמז על הענין התשובה שנחלקו לג' זמנים אלו.

גלא עמיקתא

ששים רבוא אותיות לתורה. והני ד' מנינים גופא אינון לקביל ד' אתוון דשמא קדישא מתתא לעילא: י' דשם הוי' רמיזא באתחלתא דגאולה (ד"פ) ביציאת מצרים- דהמצרים לקו י' מכות ובני ישראל יצאו ממצרים לקבל י' דברות- הרי נרמז י' דשם הוי' ברוך הוא. ה' עילאה לקביל תורה שבעל פה בסוד אשת חיל עטרת בעלה והוא חושבן ז"פ וחיי עולם נטע בתוכנו כדאמרינן לעיל. ו' לקביל תורה שבכתב נתן לנו את תורתו (ד"פ). ה' תתאה רמיזא בחושבן אל"ף (111) פעמים יהוד"י (35) והיא מלכותא קדישא כנסת ישראל בבחינת ועשו לי מקדש ושכנתי בתוכם. וכנחבר את ארבעת המימרות שעלו בגימטריא בכל אחד מהמנינים: "אתחלתא דגאולה" (889) "וחיי עולם נטע בתוכנו" (803) "נתן לנו את תורתו" (1999) "יהודי" (35) סליקו הני ד' דברים דאינון לקביל שם י-ה-ו-ה ב"ה לחושבן (3726): ח"י (18) פעמים או"ר (207) בסוד זעיר דהוי ליה ט' תקוני דיקנא [כ] באור ישר ו-ט' [כא] באור חוזר בסוד מטטרו"ן כדמאריך האר"י הקדוש בדרושים. וכדביאר המגלה עמוקות בסוף אופן ע"ז דיליה, וזלשה"ק: וז"ש

ויקר אל משה שכל הנשמות שהם סוד אור יקר שהם הנשמות בכלל נתגלה אל משה בסוד א' זעירא שסוד א' היא נחלקת י"ו למטה י"ו למעלה שהם סוד זעיר שיורדין בו

ושס"ה מצות לא תעשה המפורשים בששים ריבוא אותיות התורה וזה היה מאמר הראשון למשה בהוציאך את העם ממצרים (שמות ג', י"ב) בחינת קטנות תעבדון את האלהים על ההר הזה היינו הר סיני שעליו ניתנה התורה בבחינת גדלות, וזהו וארא אל האבות באל שדי כי משם היה כל בחינת עבודתם כנ"ל בסוד הצמצום ושמי ה' לא נודעתי להם היינו שעדיין לא הגיע לבחינת התפשטות כנ"ל כי בדעת חדרים ימלאו ואם אין חדר מי ימלא והבן, לכן אמור לבני ישראל אני הוי"ה שעתה יצאו מגדר הצמצום והקטנות ויתפשט שמי הוי"ה ברוך הוא בסוד הגדלות והתפשטות הדעת בנתינת התורה בכל פרטיה ושורשיה ותרי"ג מצות שבה והבן כי יש בזה שער התורה ועבודה, וה' יכפר בעדי ואם שגיתי חס ושלום פשיטא יכפר בעדי אמן. [כ] **קדושת לוי ויקרא פרשת צו**: ענין חטאת ועולה, חטאת קודמת לעולה (זבחים פט, ב). כי 'חטאת' הוא אור ישר מעולם העליון לעולם התחתון, ו'עולה' הוא אור חוזר מעולם התחתון לעולם העליון (עי' זוה"ק ח"א רמו, א), ולכן עולה כולה כליל. וזהו 'ויקרב את העולה ויעשה כמשפט' (ויקרא ט, טז),

היינו כמו ראש חודש תשרי האותיות הם למפרע בסוד אור חוזר (חסר). ודו"ק. [**כא**] **חומת אנך בראשית פרשת נח**: ובספר נצח ישראל כ"י כתב את האלהים התהלך נח ס"ת חכם למפרע כדכתיב והחכמה תחיה בעליה וכתיב והחכמה תעוז לחכם ונדרש על נח עכ"ל. ואפשר דרמז בזה שהוא למפרע תיבת חכם דארז"ל שלמד נח תורה ודרשו רז"ל ויבן נח שנתבונן. ורמז שהיה מקיים הפוך בה והפוך בה דכלא בה. וזה טעם דהעניו מכוין להלכה וכמו שאמרו דהלכה כבית הלל שהיו ענותנין דהעניו אינו מאמין בסברתו וחוזר חוזר אור חוזר ואור מקיף עד שיקיף לדון את שתקיף ועי"ז מכוין אל האמת. ועוד טעם אחר דהעניו נעשה מרכבה לשכינהט) והלכה רומז לשכינה ולכך מכוין ההלכה. ושתים זו איתנהו בנח תמים שהיה עניו כמ"ש רש"י פ"ק דע"ז דף ה' ועי"ז את האלהים התהלך נח דהיה בו השראת שכינה כמ"ש אני את דכא. וזה גרם שהיה חכם בס"ת האלהים התהלך נח והוא למפרע לרמוז שע"י ענותנותו לא היה מאמין בעצמו שכיוון אל האמת ועי"ז היה חכם באמת דמכוין לאמיתה של תורהי) וכן רמוז בפ'

ויבן נח שהיה מתבונן ומצדד כמה צדדין ומתוך בדין. [כב] **תלמוד בבלי יבמות דף סא עמוד א:** קברי עובדי כוכבים אינן מטמאין באהל, שנא': ואתן צאני צאן מרעיתי אדם אתם, אתם קרויין אדם, ואין העובדי כוכבים קרויין אדם. מיתיבי: ונפש אדם ששה עשר אלף! משום בהמה. אשר יש בה הרבה משתים עשרה רבוא אדם אשר לא ידע בין ימינו לשמאלו (ובהמה רבה)! משום בהמה. כל הורג נפש וכל נוגע בחלל תתחטאו! דלמא איקטיל חד מישראל. ורבנן? לא נפקד ממנו איש. ור' שמעון בן יוחי? לא נפקד ממנו איש לעבירה. רבינא אמר: נהי דמעטינהו קרא מאטמויי באהל, דכתיב: אדם כי ימות באהל, ממגע ומשא מי מעטינהו קרא? [כג] **זוהר פרשת משפטים דף צד עמוד ב:** תא חזי ב"נ כד אתיליד (ויקרא רכד ב) יהבין ליה נפשא מסטרא דבעירא מסטרא דדכיו מסטרא דאלין דאתקרון אופני הקודש, זכה יתיר יהבין ליה רוחא מסטרא דחיות הקודש זכה יתיר יהבין ליה נשמתא מסטרא דכרסייא, ותלת אלין אינון אמה עבד ושפחה דברתא דמלכא, זכה יתיר יהבין ליה נפשא בארח אצילות מסטרא דבת יחידה ואתקריאת איהי בת מלך, זכה יתיר יהבין ליה רוחא דאצילות מסטרא דעמודא דאמצעיתא ואקרי בן לקודשא בריך הוא הדא הוא דכתיב (דברים יד) בנים אתם ליי' אלהיכם, זכה יתיר יהבין ליה נשמתא מסטרא דאבא ואמא הדא הוא דכתיב (בראשית ב) ויפח באפיו נשמת חיים מאי חיים אלא אינון י"ה דעלייהו אתמר (תהלים קנ) כל הנשמה תהלל יה ואשתלים ביה ידו"ד, זכה יתיר יהבין ליה ידו"ד בשלימו דאתוון יו"ד ה"א וא"ו ה"א דאיהו אדם בארח אצילות דעילא ואתקרי

גלא עמיקתא

הנשמות בתרין חילוקין אלו דהיינו: י"ו למעלה הם נשמות מסיטרא דטוב הם מצד הבל שכן י"פ ו"י עולה ק"ס כמנין הבל שהוא ה"פ ב"ל. ואח"כ ו"י למטה תכה זה אל זה י"פ י"ו הרי קין (סטרא דרע). עכלשה"ק. וכדאמרינן לעיל דנשמות ישראל עלו במחשבה לפני כל דבר ולכן האי חושבן (3726) איהו נמי כחושבן ט"פ "אור אינסוף" (414) לרמוז דהני ב' מטין מושרשים מעצמות אא"ס ב"ה ושמו הגדול מלובש בהם. ונרמז שם הוי' ב"ה בצורת אדם: י' היינו ראשו– החכם עיניו בראשו– י' היינו חכמה. ו' צורת הגוף כעין ו'. ה' עילאה ה' אצבעות יד ימין. ה' תתאה ה' אצבעות רגל ימין. והאי דאינון ה' אצבעות נוספות ביד ורגל שמאל. רמיזא דהוא מלוי הה ל–ה' עילאה – רמיזא ה' אצבעות יד שמאל. ו–ה' תתאה – רמיזא ה' אצבעות רגל שמאל. והיינו אדם צורתו שם ב"ן הוי' במלוי ההין: יוד (ראש) הה (ידיים) וו (גוף–פנים ואחור) הה (אצבעות רגליים) הה"ד "בנים אתם לה' אלהיכם" (דברים י"ד,א') א"נ "בני בכורי ישראל" (שמות ד',כ"ב) וי"ל דקאי אבחינת הגוף, ואילו הנשמה המלובשת בגוף שם מ"ה גימ' אד"ם [כב]אתם קרויים אדם (יבמות סא.) קאי אנשמה אלהית המלובשת בגוף. דאין לומר דקאי אגוף עצמו דגוף העכו"ם כגופי איש הישראלי והחילוק בנשמה דלית לגוי נשמה אלהית כלל רק חיות הנפש בתרין חללי ליבא. ובאיש הישראלי שם מ"ה נש–מ"ה מלובש בגו"ף גימ' (89) חנוכ"ה רמיזא אור הגנוז גבוה מני גבוה הוא גוף קדוש דאיש הישראלי כמו הכלל שמה שבא ממקור גבוה יותר נופל במקום רחוק יותר וזהו מ"ה דנשמה מברר לב"ן דגוף ומתקנו ומזככו לחזור לשרשו הגבוה ד–ג' בחינות ע"ב ס"ג מ"ה הן בחינות נשמה לגוף שם ב"ן, ע"ב ס"ג מ"ה גימ' (180) "פנים", וממילא שם ב"ן הוא בסוד אחור כדכתיב אחור וקדם צרתני (תהל' קל"ט,ה'). והן בחינות נפש רוח נשמה דנשמה– כדאיתא בזוהר הקדוש [כג]זכה יהבין ליה נפש, זכה יהבין ליה רוח, זכה יתיר יהבין ליה נשמה ובאור הענין: דבעבודת הזכוך ניתן

2. באור על מגלה עמוקות ואתחנן אופן כ"א: ד'. אֲשֶׁר בִּשְׂעָרָה יְשׁוּפֵנִי וְהִרְבָּה פְצָעַי חִנָּם (איוב ט,יז) גימ' (2100) ק' פעמים שם אהי"ה (21) רמיזא דפגיעת הקלי' כאשר מכשיל ח"ו אדם מישראל מגיע עד לכתר שם אהי"ה דמכשילו בעבירות שעונשן כר"ת אתוון כת"ר וכיוצא בזה, דאין יניקה ישירה לקלי' משם, אלא בדרך עקלתון, ולכן מנסה להחטיא את האדם בדרכים אחרות, כאמרם (שבת קה:) יצר הרע היום אומר לו כך ומחר אומר לו כך עד שאומר לו לך עבוד עבודת כוכבים- דאין היצר יכול לומר לאדם לך עבוד עבודת כוכבים אלא שמנסה להחטיאו בדברים אחרים עד שלבסוף מחטיאו אפילו בעבודת כוכבים החמורה שרש התורה כולה שגם היא עונשה כר"ת דפוגמת בכת"ר.

גלא עמיקתא

לזכות לרוח שם ס"ג רק כשזיכך גופו והעלהו לבחינת שם מ"ה כבחינת נשמה. ואז ב"ן עולה למ"ה ומתחיל ברור שני דשם כ"ג מברר לשם מ"ה דהוא עתה בחינת גוף אליו– דהתלבש וזיכך את הגוף הגשמי ב"ן. וכן אם זכה יתיר– לישנא דזיכוך– עולה גופו לבחינת שם ס"ג– ואז יבררו שם ע"ב גימ' חס"ד– דשם ס"ג הוא בהפוך אתוון ג"ס, דהיינו זיכוך בתכלית וללא גסות הרוח כלל דלית ליה מעניני גשמיות כלום. וזכה יתיר עולה זיכוך גופו למדרגת ע"ב עצמה ואז כל הנרנח"י דיליה נזדככו וזוכה לבחינת יחידה ליחדך[2] בחינת כתר עליון דמתלבש בו. והוא בסוד משה איש האלהים דמחציו ולמטה איש בחינת נרנח"י מזוככים כדכתיב (במדבר י"ב,ג'): "והאיש משה ענו מאד מכל האדם אשר על פני האדמה" גימ' (1774) ב"פ "אמת דין ושלום" (887) דהן ג' קוין דעליהם העולם קיים– כדאיתא בפרקי אבות (אבות א',י"ז): [כד]על שלשה דברים העולם קיים על הדין, ועל האמת, ועל השלום. והוא נוטריקון אד"ם: אמת דין שלום. ולא נותר לנו אלא לחבר ארבעת הפסוקים בשלמותם– שהם כנגד השם הקדוש הוי' ב"ה– והם ארבעת המנינים הכתובים בתורה הקדושה. [כה]וכפרוש רש"י בתחלת ספר במדבר: "מתוך חבתן לפניו מונה אותם כל שעה" גימ' (2075) "חיבה" (25) פעמים "טוב גנוז" (83) בחינת (תהל' ל"א,כ') "מה רב טובך אשר צפנת ליראיך" דישראל הן בחינת צפנת– וכמו שקרא פרעה ליוסף הצדיק צפנת פענח. צפנ"ת גימ' (620) כת"ר, והוא בחינת פנימיות אור הגנוז. והני תיבין קדישין דרש"י ללא תיבת "שעה" דהיינו: "מתוך חבתן לפניו מונה אותם כל" גימ' (1700) מאה פעמים טו"ב, והוא מ"ה עם אליפו של עולם הרי מא"ה וזהו מא"ה פעמים טו"ב. והני ד' פסוקין דמנין ס' ריבוא ישראל במדבר: א'. "ויסעו בני ישראל מרעמסס סכתה כשש מאות אלף רגלי הגברים לבד מטף" (3556) ב'. "כי תשא את ראש בני ישראל לפקדיהם ונתנו איש כפר נפשו לה' בפקד אתם ולא יהיה בהם נגף בפקד אתם" (5621) ג'. "בקע לגלגלת מחצית השקל בשקל הקדש לכל העבר על הפקדים מבן עשרים שנה ומעלה

בדיוקנא דמאריה ועליה אתמר (בראשית א) ורדו בדגת הים וגו' והאי איהו שולטנותיה בכל רקיעין ובכל אופנים ושרפים וחיוון ובכל חיילין ותוקפין דלעילא ותתא, ובג"ד כד ב"נ זכי בנפש מסטרא דבת יחידה אתמר ביה לא תצא כצאת העבדים. **[כד] משנה מסכת אבות פרק א:** רבן שמעון בן גמליאל אומר על שלשה דברים העולם עומד על הדין ועל האמת ועל השלום שנאמר (זכריה ח) אמת ומשפט שלום שפטו בשעריכם. **[כה] רש"י במדבר פרק א פסוק א:** וידבר. במדבר סיני באחד לחדש - וגו' מתוך חיבתן לפניו מונה אותם כל שעה, כשיצאו ממצרים מנאן, וכשנפלו בעגל מנאן לידע מנין הנותרים. כשבא להשרות שכינתו עליהן מנאן. באחד בניסן הוקם המשכן, ובאחד באייר מנאם.

גלא עמיקתא

לשש מאות אלף ושלשת אלפים וחמש מאות וחמשים" (7996) ד'. "ויהיו כל הפקדים שש מאות אלף ושלשת אלפים וחמש מאות וחמשים" (3886) סליקו כולהו לחושבן עם הכולל (21060) ל' פעמים שב"ת (702) הה"ד (ישעי' נ"ח,י"ג) "וקראת לשב"ת ענג" הרי ל' שב"ת ויש לקשרו למאמר חז"ל ([כו]תוספות חגיגה ג' ע"ב ד"ה מי כעמך בשם המדרש) שלשה מעידים זה על זה שבת הקב"ה וישראל. באור הענין: דשבת תכלית הכל, דהיא האלף השביעי [כז]יום שכולו שבת, כדכתיב (בראשית ב',א') "ויכלו השמים" וכו' דהוא ר"ת י-ה-ו-ה כסדר [דהיינו יום הששי ויכלו השמים] שלמותא דשמא קדישא [כח]דלעתיד לבוא שם שלם וכסא שלם. דאילין תרין פסוקין (בראשית א',ל"א-ב',א'): "וירא אלהים את כל אשר עשה והנה טוב מאד, ויהי ערב ויהי בקר יום הששי" [גימ' (3065) ה"פ "משה רבינו" (613)] "ויכלו השמים והארץ וכל צבאם" [גימ' (958) האי דאמר דוד (תהל' י"ח,ל') "כי בך ארץ גדוד, ובאלהי אדלג שור"] סליקו תרוויהו לחושבן (4023) ט"פ ואמ"ת (447) דהאי [כט]ואמ"ת הוא תקונא אמצעיתא די"ג ת"ד דא"א (התקון[3]

[כו] תוספות מסכת חגיגה דף ג עמוד ב: ומי כעמך ישראל גוי אחד בארץ - אמרינן במדרש שלשה מעידין זה על זה ישראל ושבת והקדוש ב"ה ישראל והקדוש ברוך הוא מעידים על השבת שהוא יום מנוחה ישראל ושבת על הקדוש ב"ה שהוא אחד הקדוש ברוך הוא ושבת על ישראל שהם יחידים באומות ועל זה סמכינן לומר אתה אחד במנחה בשבת אף על פי שאינו מדבר מעניינא דיומא דשבת כמו תפלת ערבית ושחרית. [כז] תלמוד בבלי מסכת סנהדרין דף צז עמוד א: אמר רב קטינא: שית אלפי שני הוו עלמא וחד חרוב, שנאמר ונשגב ה' לבדו ביום ההוא. אביי אמר: תרי חרוב, שנאמר יחיינו מימים ביום השלישי יקמנו ונחיה לפניו, תניא כותיה דרב קטינא: כשם שהשביעית משמטת שנה אחת לשבע שנים, כך העולם משמט אלף שנים לשבעת אלפים שנה, שנאמר ונשגב ה' לבדו ביום ההוא, ואומר: מזמור שיר ליום השבת - יום שכולו שבת. ואומר: כי אלף שנים בעיניך כיום אתמול כי יעבר. תנא דבי אליהו: ששת אלפים שנה הוי עלמא, שני אלפים תוהו, שני אלפים תורה, שני אלפים ימות המשיח. [כח] רש"י שמות פרק יז פסוק טז: כי יד על כס יה - ידו של הקדוש ברוך הוא הורמה לישבע בכסאו להיות לו מלחמה ואיבה בעמלק עולמית, ומהו כס, ולא נאמר כסא, ואף השם נחלק לחציו, נשבע הקדוש ברוך הוא שאין שמו שלם ואין כסאו שלם עד שימחה שמו של עמלק כולו, וכשימחה שמו יהיה השם שלם והכסא שלם, שנאמר (תהלים ט ז) האויב תמו חרבות לנצח, זהו עמלק שכתוב בו (עמוס א יא) ועברתו שמרה נצח, (תהלים שם) וערים נתשת אבד זכרם המה, מהו אומר אחריו (תהלים ט ח) וה' לעולם ישב, הרי השם שלם, (תהלים שם) כונן למשפט כסאו, הרי כסאו שלם. [כט] ספר משנת חסידים - מסכת שארית האצילות - פרק יא: ו ואמ"ת הוא תיקון שבעי ובתרין תפוחין דתקון זה מתגלה הי"ה של אלהים השני יוד מימין והה משמאל כי היה של הראשון הוא נמצא בתקון הראשון כאמור ועוד יכוין שמספרו אהיה פעמים שבעה פעמים ס"ג והוא מספר שבעה פעמים אהיה ס"ג דתרין תפוחין דעתיקא שלשה מימין ושלשה

3. באור על מגלה עמוקות ואתחנן אופן נ"ו: והנה כולהו ו' פסוקין בסוד יסוד ברית קודש [הספירה ה-ו'] והחזרת נצוצות הקדושה הבלועים בקלי' לשרשם בקדושה- סליקו לחושבן (17,859) ובהוספת הכולל (17,860) "חוה" (19) פעמים "אשת חיל מי ימצא" (940) דחוה פגמה תחלה ואף החטיאה את אדם הראשון- ולעתיד לבוא יושלם התקון- דהחל באבות הקדושים ומשה רבינו עליו השלום כללות כולם, על ידי משיח צדקנו- דהנה "אברהם יצחק יעקב משה משיח" סליקו לחושבן (1341) ג' פעמים "ואמת" (447) תקון השביעי מ-י"ג תקוני דיקנא- דהוא עמודא דאמצעיתא ד-י"ג תקונין קדישין, ואז תחזור עטרה ליושנה בסוד אשת חיל [חוה] עטרת בעלה [אדם הראשון].

משמאל ואחד כנגד המשך החוטס. [ל] זוהר **פרשת תרומה דף קלה עמוד ב:** צלותא דמעלי שבתא דהא אתאחדת כורסייא יקירא קדישא ברזא דאח"ד ואתתקנת למשרי עלה מלכא ק־ישא עלאה, כד עייל שבתא איהי אתיחדת ואתפרשת מסטרא אחרא וכל דינין מתעברין מינה ואיהי אשתארת ביחודא דנהירו קדישא ואתעטרת בכמה עטרין לגבי מלכא קדישא וכל שולטני רוגזין ומארי דדינא כלהו ערקין (נ"א ואתעברו מינה) ולית שולטנו אחרא בכלהו עלמין ואנפהא נהירין בנהירו עלאה ואתעטרת לתתא בעמא קדישא וכלהו מתעטרן בנשמתין חדתין, כדין שירותא דצלותא לברכא לה בחדוה בנהירו דאנפין ולומר ברכו את יי' המבורך, את יי' דייקא בגין למפתח לגבה בברכה, ואסיר לעמא קדישא למפתח לגבה בפסוקא דדינא כגון והוא רחום וגו' בגין דהא אתפרשת מרזא דסטרא אחרא, וכל מארי דדינין אתפרשו ואתעברו מינה, ומאן דאתער האי לתתא גרים לאתערא הכי לעילא, וכרסייא קדישא לא יכלא לאתעטרא בעטרא דקדושה דכל זמנא דמתערי לתתא אינון מאריהון דדינא דהוו מתעברן והוו אזלי כלהו לאתטמרא גו נוקבא דעפרא דתהומא רבא כלהו תייבין לאשראה בדוכתייהו ואתרחקת (ס"א ואתדחקת) בהו אתר קדישא דבעאת נייחא, ולא תימא דדא איהו בלחודוי אלא לית אתערותא לעילא לאתערא עד דישראל מתערי לתתא כמה דאוקימנא דכתיב (תהלים פא) בכסה ליום חגנו, ליום חג לא כתיב אלא ליום חגנו, ועל דא אסיר לעמא קדישא דקא מתעטרין בעטרין קדישין דנשמתין בגין לאתערא ניחא דאינון יתערון דינא אלא כלהו ברעו ורחימו סגי דיתערון ברכאן עילא ותתא כחדא, ברכו את יי', את דייקא כדקאמרן דא (בראשית ה ב) שבת דמעלי שבתא, ברוך יי' המבורך דא אפיקו דברכאן ממקורא דחיי ואתר דנפיק מינה כל שקיו לאשקאה לכלא, ובגין דאיהו מקורא ברזא דאת קיימא קרינן ליה המבורך איהו מבועא דבירא, וכיון דמטו תמן הא ודאי בירא אתמליא דלא פסקין מימוי לעלמין, ועל דא לא אמרינן ברוך את יי' המבורך אלא ברוך יי' דאלמלא לא מטי התם נביעו ממקורא עלאה לא אתמליא בירא כלל ועל דא המבורך אמאי איהו המבורך, בגין דאיהו אשלים ואשקי לעולם ועד, עולם ועד דא איהו שבת דמעלי שבתא ואנן תקעין ברכאן באתר דאקרי מבורך, וכיון דמטאן התם כלהו לעולם ועד ודא איהו ברוך יי' המבורך.

גלא עמיקתא

השביעי דתרין תפוחין קדישין) והן ט"פ רמיזא ט' תקוני דיקנא דז"א דמלובשין בהון י"ג ת"ד דא"א כדבארנו לעיל. ויש לקשרו לענין שם הוי' ב"ה דבארנו לעיל בסוד "אתחלתא דגאולה, וחיי עולם נטע בתוכנו, נתן לנו את תורתו, יהודי" דסליק לחושבן ט"פ "אור אינסוף" כנ"ל דהוא כמים הפנים לפנים כן לב האדם לאדם (משלי כ"ז, י"ט): כשישראל עושים רצונו של מקום מתראים פנים אלו באדם העליון ז"א וכן מתעלה ונראה פנים דז"א בפנים דא"א בסוד רעוא דרעוין, וכן עד רזא דאינסוף[ל] וכדאמרינן בצלותא דשבת קודש מהזוהר הקדוש. וממשיך המגלה עמוקות ומביא הפסוקים כדלקמן: שמות מ', י"ז: "ויהי בחדש הראשון בשנה השנית באחד לחדש הוקם המשכן" גימ' (2952) כ"ד (24) פעמים ענ"ג (123) בסוד כ"ד קשוטי כלה עיין מה שבארנו ענין זה באריכות במקום אחר. דה"א כ"ג, י"ג: "בני ע"מר"ם אהרן ומשה, ויבדל אהרן להקדישו קדש קדשים הוא ובניו עד עולם להקטיר לפני ה' לשרתו ולברך בשמו ע־ עולם" גימ' (5258) כ"ב (22) פעמים "בי יד על כס י־ה" (239) (שמות י"ז, ט"ז) בדאמרינן משה בן ע"מ ר"ם– דמשה בכ"ב אתוון דאורייתא דיהב לן מכנע לעמל"ק. ורמיזא נמי בשמיה דאבוהי– ע"ם ר"ם: ר"ם גימ' (240) עמל"ק, ע"מ תרין אתוון קדמאין דעמל"ק. וכן אינון תרין אתוון בתראין

גלא עמיקתא

דבלע"ם [לא]**כמבואר בספרים הקדושים דבלעם ועמלק משולבין זה בזה ויחדו יוצרים ג"כ תיבין בלע"ם עמל"ק כזה: בלעם עמלק- ומשה מכניעו. ויקרא א',א': "ויקרא אל משה, וידבר ה' אליו מאהל מועד לאמר" גימ' (1455) אל"ף תנ"ה (משה במלוי יודין**[4]**ובארנוהו במקום אחר). תהלים ל"ו,ח': "מה יקר חסדך אלהים, ובני אדם בצל כנפיך יחסיון" גימ' (1092) ג"פ משיח"ו (364) כדסיימה חנה תפילתה (ש"א ב',י') "וירם קרן משיחו" רמיזא ביאת משיח צדקנו במהרה בימינו אמן. והנה כל הפסוקים יחד כלומר ד' פסוקים דמנין בני ישראל עם ד' הפסוקים דמביא בדבריו המגלה עמוקות: "ויסעו בני ישראל מרעמסס סכתה כשש מאות אלף רגלי הגברים לבד מטף" "כי תשא את ראש בני ישראל לפקדיהם ונתנו איש כפר נפשו לה' בפקד אתם ולא יהיה בהם נגף בפקד אתם" "בקע לגלגלת מחצית השקל בשקל הקדש לכל העבר על הפקדים מבן עשרים שנה ומעלה לשש מאות אלף ושלשת אלפים וחמש מאות וחמשים" "ויהיו כל הפקדים שש מאות אלף ושלשת אלפים וחמש מאות וחמשים" "ויהי בחדש הראשון בשנה השנית באחד לחדש הוקם המשכן" "בני ע'מר"ם אהרן ומשה, ויבדל אהרן להקדישו קדש קדשים הוא ובניו עד עולם להקטיר לפני ה' לשרתו ולברך בשמו עד עולם" "ויקרא אל משה, וידבר ה' אליו מאהל מועד לאמר" "מה יקר חסדך אלהים, ובני אדם בצל כנפיך יחסיון" סליקו כולהו לחושבן (31816):**

[**לא**] **בני יששכר מאמרי חודש אדר מאמר ג - מלחמה לה', דרוש ה:** ופירש בו הקדוש מהר"ש מאוסטרפאליא הי"ד בקשר אחד תמצאנו, היינו לאורכם ולרוחבם, כשתכתבם בשורה זה תחת זה כזה בלעם עמלק יהיו מקושרים גם לרחבם בלעם עמלק, זה יורה דלשניהם שורש אחד [זוה"ק בראשית כ"ה ע"א], ובלעם היה מתפאר בעצמו ויודע דעת עליון [במדבר כד טז], ועל כן אמרו רז"ל ולא קם נביא עוד בישראל כמשה אשר ידעו י"י וכו' [דברים לד י], ודרשו בישראל לא קם אבל באומות העולם קם ומנו בלעם [במד"ר פי"ד י"ט], ואמרו בזוהר שמות דף כ"א [ע"ב] כד אתא ר' שמעון בן יוחאי אתו שאילו קמיה האי מלה (שהוא באמת תימה גדולה) פתח ואמר, קטיפא דקרנטי אתערבא באפרסמונא טבא ח"ו, אלא ודאי כך הוא, באומות העולם קם ומנו בלעם, משה עובדוי לעילא ובלעם לתתא, משה אשתמש בכתרא קדישא דמלכא עילאה לעילא, ובלעם אשתמש בכתרין תתאין דלא קדישין לתתא, ובההוא גוונא ממש כתיב [יהושע יג כב] ואת בלעם בן בעור הקוסם הרגו בחרב, ואי סלקא דעתך יתיר זיל שאיל לאתניה, עכ"ל, הרי לך מבואר דבלעם היה שורשו מן הדעת דס"א, והנה עמלק הוא עמו בקשר אחד אחיזת שורשו הוא גם כן בדעת דס"א (עיין בדברי הקדוש הרמ"ע ז"ל [מאמר חיקור דין ח"ה פ"ח], כתב בלעם ועמלק בקליפה הוא כמו להבדיל בין טומאה וטהרה יעקב ומשה בקדושה, משה לגו ויעקב לבר [תיקו"ז כ"ט ע"א], כמו כן בדעת דטומאה בלעם לגו עמלק לבר, עיין שם).

4. באור שיר השירים פרק ח': פסוק י"א פשוט וא"ת ב"ש גימ' (7275) ה"פ אל"ף תנ"ה (1455) דהיינו אל"ף (1000) עם משה במלוי יודין "מם שין הי" גימ' (455) תנ"ה דהן ג' מלויי שם א-היה שם הכתר "קנ"א קס"א קמ"ג" דסליקו לחושבן (455) תנ"ה כדבארנו לעיל. וכדאמרו המלאכים בשעת הקטרוג כשעלה משה למרום "תנה הודך על השמים" (תהל' ח',ב'-עיין לעיל אופן קל"ג-תהלים ח' פסוק ב') ואמר למשה החזר להן תשובה כי בידך היא דאתה תנ"ה, והשיב להם כלום יצר הרע יש ביניכם וכו'. וכאן הפסוק פשוט וא"ת ב"ש או"י ואו"ח גימ' אל"ף תנ"ה דאלף אורות להן זכה משה ויהיב לן בכולי שבתא בסוד אור ישר, ואור חוזר תנ"ה מלוי שמיה דמשה- וכדאמר לו הקב"ה החזר להם תשובה- בסוד אור חוזר, ופשוט.

גלא עמיקתא

אהי"ה (21) פעמים "אלף (1000) תפלה (515)" עם הכולל. ורמיזא האי חושבן כולו לדארת אור הכתר דנזכה לאורו במהרה בימינו אמן. דאהי"ה שם הכתר, וכפלינן "אלף" (1000) בחינת אל"ף רבתי דאדם (תחלת דברי הימים) דלעתיד לבוא. וכבר כיום נאמר אתם קרויים אדם וכו' (יבמות סא.) אפילו בחשכת הגלות. וכפלינן אלף רבתי דאדם עם "תפלה" דאדם הוא תכלית המתפלל, ואלף רמיזא אורייתא קדישא לישנא ואאלפך חכמה [לב]דאורייתא מחכמה עילאה נפקת. ומוספינן לכפולה הכולל דהוא עצמותו ומהותו יתברך עושה כל אלה [לג]וכן יגאלנו לעתיד לבוא כימי צאתך מארץ מצרים אראנו נפלאות (מיכה ז',ט"ו) והכתיב (שמות י"ב,מ"א) בעצם היום הזה יצאו כל צבאות ה' מארץ מצרים ומהו כימי צאתך מארץ מצרים. אלא שאמרו חז"ל (פסחים קטז:) [לד]חייב אדם לראות את עצמו כאילו הוא יצא ממצרים – בכל יום ויום [5עיין מה שבארנו באריכות ענין זה בפירוש ענין שבת קודש

5. שבת קודש - תוספת מזון לעולם: ובנביא (ישעי' י"ט) "נגוף ורפוא" ובמגילה (יג:) נגוף למצרים ורפוא לישראל, וכן הוא שבכל דור ודור עם המצרים שלו כמ"ש בהגדה בכל ד"ר ודור חייב אדם לראות את עצמו כאילו הוא יצא ממצרים-וה' יצילנו מידם. ועל הים כשהיתה ליהודים רווח והצלה, היתה מפלה למצרים וכן יהיה לע"ל "כימי צאתך מארץ מצרים אראנו נפלאות" (מיכה ז',ט"ו) כנ"ל. ובים סוף היכה בהם בז' מדות לפני שהמיתם, והן ז' לשונות דיראה (דכתיבי בשירת הים) – והיא יראה דקלי: "ירגזון, חיל, נבהלו, רעד, נמגו, אימתה, פחד, ידמו" גימ' (1421) ז"פ "ברא" והן ג' אותיות ראשונות בתוה"ק מהמילה "בראשית", וכדהזכרנו לעיל "מזון" בברכה ראשונה ומכין מזון לכל בריותיו אשר "ברא", וכאן "ברא" להם ז' מיני מכות, והמיתם לבסוף "וירא ישראל את מצרים מת וכו'" (שמות י"ד,ל'). והנה הוא פלא: "ברא" בא"ת ב"ש גימ' (703) "שבתא", והני ז' לשונות דיראה בא"ת ב"ש גימ' (2376) "ביום השביעי שבת שבתון קדש לה'" (שם ל"ה,ב') ע"ה, והוא ז"פ "אלף זעירא" (399) עם ג' אותיות המלה א'ל'ף' על כולנה. וצירוף א"ת ב"ש עצמו למפרע היינו שבת"א בסוד אור חוזר, דבשבת הכל חוזר לשורש לאלופו של עולם כנ"ל באופן נ', ויהי רצון מלפני אבינו שבשמים שנזכה ליום שכולו שבת ומנוחה לחיי העולמים, ונזכה לראות בגאולה האמיתית והשלמה וביאת משיח צדקנו בעיני הבשר, ב"ב אכי"ר.

[לב] **זוהר שמות פרשת בשלח:** ויקרא מכלא הוא מזונא דחברייא דמשתדלי באורייתא והוא מזונא דאתי מחכמה עלאה, מ"ט מאתר דא בגין דאורייתא נפקא (בראשית מ"ז ב' ויקרא קפ"ב ב' קצ"ב ב') מחכמה עלאה ואינון דמשתדלי באורייתא עיילי בעקרא דשרשהא ועל דא מזונא דלהון מההוא אתר עלאה קדישא קא אתיא, אתא ר' אלעזר ונשיק ידוי אמר זכאה חולקי דקאימנא במלין אלין, זכאה חולקהון דצדיקייא דמשתדלי באורייתא יממא ולילי דזכי לון בהאי עלמא ובעלמא דאתי דכתיב (דברים ל) כי הוא חייך ואורך ימיך.

[לג] **מכילתא דרבי ישמעאל בשלח - מסכתא דשירה פרשה ח:** ד"א עושה פלא עשה עמנו פלא ועושה עמנו בכל דור ודור שנ' אודך על כי נוראות נפלאתי נפלאים מעשיך ונפשי יודעת מאד (תהלים קלט יד) ואומר רבות עשית אתה ה' אלהי נפלאותיך ומחשבותיך אלינו (שם מ ו). ד"א עושה פלא, עושה פלא עם אבות ועתיד לעשות עם בנים שנא' כימי צאתך מארץ מצרים אראנו נפלאות (מיכה ז טו) אראנו מה שלא הראתי אל אבות שהרי נסים וגבורות שאני עתיד לעשות עם הבנים יותר הם ממה שעשיתי לאבות וכה"א לעושה נפלאות גדולות לבדו כי לעולם חסדו, ואומר ברוך ה' אלהים אלהי ישראל עושה נפלאות לבדו וברוך שם כבודו לעולם וימלא כבודו את כל הארץ אמן ואמן.

[לד] **תלמוד בבלי פסחים דף קטז עמוד ב:** בכל דור ודור חייב אדם לראות את עצמו כאילו הוא יצא ממצרים, שנאמר והגדת לבנך ביום ההוא

לאמר בעבור זה עשה ה' לי בצאתי ממצרים. לפיכך אנחנו חייבים להודות להלל לשבח לפאר לרומם להדר לברך לעלה ולקלס למי שעשה לאבותינו ולנו את כל הנסים האלו, הוציאנו מעבדות לחרות מיגון לשמחה ומאבל ליום טוב ומאפלה לאור גדול, ומשעבוד לגאולה, ונאמר לפניו הללויה. עד היכן הוא אומר? בית שמאי אומרים: עד אם הבנים שמחה. ובית הלל אומרים: עד חלמיש למעינו מים. וחותם בגאולה. רבי טרפון אומר: אשר גאלנו וגאל את אבותינו ממצרים, ולא היה חותם. רבי עקיבא אומר: כן ה' אלהינו ואלהי אבותינו יגיענו למועדים ולרגלים אחרים הבאים לקראתנו לשלום, שמחים בבנין עירך וששים בעבודתך ונאכל שם מן הזבחים ומן הפסחים כו', עד ברוך אתה ה' גאל ישראל.

גלא עמיקתא

–תוספת מזון לעולם] וזהו דאע"פ שהיתה יציאת מצרים בפועל וקבלנו תורה מסיני, עדיין אנו בגלות בחינת מצרים שרש לכל הגלויות. ויהי רצון דהשי"ת יצילנו ויגאלנו בביאת משיח צדקנו דכתיב ביה (ישעי' נ"ב,י"ג) "הנה ישכיל עבדי, ירום ונשא וגבה מאד" בבחינת ה' עליות עד ליחידה ליחדך. ואז הנפלאות דלעתיד לבוא יהיו נפלאות שלו היו כמותן מעולם ולא יוסיפו עוד, ובלע המות לנצח (ישעי' כ"ה,ח') ונזכה לחיות חיים אמיתיים ונצחיים עם בוראנו ב"ב אכי"ר.

אופן עט

בצורת א' זעירא נרמז סוד כבוד ה' מלא המשכן בסוד בריך יקרא די"י מאתר בית שכינתיה ר"ל מילוי השכינה כזה שי"ן כ"ף יו"ד נו"ן ה"י בגי' אתר זה סוד מאתר מהו אתר זהו בית שכינתי' ר"ל המילוי והבית של אותיות שכינה הם עולים לחשבון את"ר. נמצא שהשכינה רוכבת על ת"ר מחנות וקול הת"ר נשמע בארצינו דייקא שהיא השכינה.

כבוד אלהים הסתר דבר ר"ל יש בשם אלהים ק"ך צירופים בכל צירוף יש בו ה' אותיות הרי ת"ר ה"פ ק"ך. וזה אלהים צבא אות כל אות יש לו צבא בפני עצמו ה"סת"ר דבר ה"ס היא אדנ"י רוכבת על ת"ר מחנות שהם ת"ר אותיות של אלהים. זה נרמז בא' זעירא שהוא צורת יו"י בזה האופן י"פ ו' הרי ס' י"פ ס' הרי ת"ר וזה א' זעירא כי מילוי השכינה היא עולה את"ר אלף שהיא אלופו של עולם רוכבת על ת"ר. אבל בכאן א' זעירא ר"ל חסר א' ומפרש איזה הצורה היא חסירה א' מן יקר שהיא השכינה בריך יקרא די"י. וחוזר ומפרש וידבר ה' אליו ר"ל אותו הצורה שהוא צורת שם של הוי"ה. וחוזר ומפרש מהיכן באו הת"ר מחנות מאוהל מועד ומשה יקח את האוהל ומשה עלה אל האלהים שיש לו ק"ך

צירופים כמנין מועד ובכל צירוף יש ה' אותיות ה"פ ק"ך הרי ת"ר. לכן באותו יום אמרו ה' הוא אלהים ר"ל אותו צורת א' שהוא שם של ה' שגילה הקב"ה באותו יום א' זעירא למשה באותו הצורה יש בו ג"כ צירופי אותיות אלהים שהוא ת"ר.

אופן עט

בצורת א' זעירא נרמז סוד כבוד ה' מלא המשכן [כמ"ש (שמות מ',ל"ד) וכבוד ה' מלא את המשכן] בסוד בריך יקרא

גלא עמיקתא

והנה עוסק המגלה עמוקות באופן ע"ט דיליה [גימ' (79) "בן דוד יבא" מפיוט צור משלו אכלנו "ובן דוד עבדך יבא ויגאלנו" וכו'] בענין ק"כ צרופי שם אלהי"ם. ויש לומר דרמיזא בקרא דכתיב (בראשית ו',ג'): [א]ויאמר ה' לא ידון רוחי באדם לעולם בשגם הוא בשר והיו ימיו מאה ועשרים שנה גימ' עם הכולל (2805) ג' פעמים מרדכ"י אסת"ר (935) והוא נפלא דבהאי פסוקא רמיזא ג' צדיקיא דשאלו בגמרא (חולין קלט:) [ב]משה מן התורה מנין? והשיבו: בשג"ם הוא בשר – בשג"ם גימ' (345) מש"ה. והנה חזינן בהאי פסוקא דרמיזא חושבן "מרדכי אסתר" ובפסוק עצמו נרמז מש"ה דהם ג' צדיקיא דעליהם שאלה הגמרא אותו צדיק מן התורה מנין. והמן הרשע אינו נכלל בחושבן האי פסוקא – ונרמז רק בתיבה בש"ר גימ' (502) "ארור המן" כדאיתא בגמרא (מגילה ז' ע"ב) [ג]אמר רבא מיחייב איניש לבסומי בפוריא עד דלא ידע בין ארור המן לברוך מרדכי. ואחד הפירושים שישתכר עד שלא ידע לעשות חשבון הגימטריא של "ארור המן" ו–"ברוך מרדכי" חושבנא דדין כחושבנא דדין (502). ובענין באורנו מסיים האי פסוקא "והיו ימיו מאה ועשרים שנה" – רמיזא מיתוק ק"כ צרופי שם אלהים רמיזא משה דאיקרי "משה איש האלהים" כדפותחה פרשת וזאת הברכה "וזאת הברכה אשר ברך משה איש האלהים" וכו'. דהיינו שהיתה [ד]שכינה מדברת בתוך גרונו ר"ת בשג"ם – וע"י זה מתק

[א] **מדרש ילמדנו ילקוט תלמוד תורה – בראשית אות כז:** בשגם הוא בשר, בזכות משה השאיר להם פליטה. ד"א בשגם הוא בשר, כד"א שגם זה הבל (קה' ח', י"ד). אמר הב"ה: אני יודע שגם יצרם הוא מחטיא בשרם, אבל והיו ימיו מאה ועשרים שנה, תלה להם, שכן הוא או' ויהי נח בן חמש מאות שנה (בר' ה', ל"ב), וכתיב בתריה וירא י"י כי רבה רעת האדם וגו' (שם, ו', ה'), ויאמר י"י לא ידון רוחי וגו' (שם, ג'), ומצינו שלא ירד המבול אלא לאחר מאה, שכן כתיב בשנת שש מאות שנה וגו' (שם, ז', י"א), הרי מאה, והעשרים היכן הם, אמ' הב"ה: אלו לא חזרו למוטב בתוך המאה, לא יחזרו בתוך העשרים. הוי והיו ימיו מאה ועשרים שנה. ילמדנו. [ב] **תלמוד בבלי מסכת חולין דף קלט עמוד ב:** אמרי ליה פפונאי לרב מתנה וכו' משה מן התורה מנין? בשגם הוא בשר (בראשית ו') המן מן התורה מנין? המן העץ (בראשית ג') אסתר מן התורה מנין? ואנכי הסתר אסתיר (דברים ל"א) מרדכי מן התורה מנין? דכתיב (שמות ל') מר דרור ומתרגמינן: מירא דכיא. [ג] **תלמוד בבלי מגילה דף ז עמוד ב:** אמר רבא: מיחייב איניש לבסומי בפוריא עד דלא ידע בין ארור המן לברוך מרדכי. רבה ורבי זירא עבדו סעודת פורים בהדי הדדי, איבסום, קם רבה שחטיה לרבי זירא. למחר בעי רחמי ואחייה. לשנה אמר ליה: ניתי מר ונעביד סעודת פורים בהדי הדדי! - אמר ליה: לא בכל שעתא ושעתא מתרחיש ניסא. אמר רבא: סעודת פורים שאכלה בלילה לא יצא ידי חובתו, מאי טעמא - ימי משתה ושמחה כתיב. רב אשי הוה יתיב קמיה דאמימר נגה ולא אתו רבנן. אמר ליה: מאי טעמא לא אתו רבנן? - דלמא טרידי בסעודת פורים - אמר ליה: ולא הוה אפשר למיכלה באורתא? - אמר ליה: לא שמיע ליה למר הא דאמר רבא: סעודת פורים שאכלה בלילה לא יצא ידי חובתו. אמר ליה: אמר רבא הכי? [אמר ליה: אין]. תנא מיניה ארבעין זימנין, ודמי ליה כמאן דמנח בכיסיה. [ד] **תניא ליקוטי אמרים פרק לד:** והנה מודעת זאת שהאבות הן הן המרכבה שכל ימיהם

לעולם לא הפסיקו אפי׳ שעה אחת מלקשר דעתם ונשמתם לרבון העולמים בביטול הנ״ל ליחודו ית׳ ואחריהם כל הנביאים כל אחד לפי מדרגת נשמתו והשגתו ומדרגת משרע״ה היא העולה על כולנה שאמרו עליו שכינה מדברת מתוך גרונו של משה ומעין זה זכו ישראל במעמד הר סיני רק שלא יכלו לסבול כמאמר רז״ל שעל כל דיבור פרחה נשמתן כו׳ שהוא ענין ביטול במציאות הנ״ל לכן מיד אמר להם לעשות לו משכן ובו קדשי הקדשים להשראת שכינתו שהוא גילוי יחודו ית׳ כמ״ש לקמן ומשחרב בהמ״ק אין להקב״ה בעולמו משכן ומכון לשבתו הוא יחודו ית׳ אלא ארבע אמות של הלכה שהוא רצונו ית׳ וחכמתו המלובשים בהלכות הערוכות לפנינו ולכן אחר שיעמיק האדם מחשבתו בענין ביטול הנ״ל כפי יכלתו זאת ישיב אל לבו כי מהיות קטן שכלי ושרש נשמתי מהכיל להיות מרכבה ומשכן ליחודו ית׳ באמת לאמיתו מאחר דלית מחשבה דילי תפיסא ומשגת בו ית׳ כלל וכלל שום השגה בעולם ולא שמץ מנהו מהשגת האבו׳ והנביאים אי לזאת אעשה לו משכן ומכון לשבתו הוא העסק בת״ת כפי הפנאי שלי בקביעות עתים ביום ובלילה כדת הניתנה לכל אחד ואחד בהלכות תלמוד תורה וכמאמר רז״ל אפי׳ פרק אחד שחרית כו׳ ובזה ישמח לבו ויגיל ויתן הודאה על חלקו בשמחה ובטוב לבב על שזכה להיות אושפזיכן לגבורה פעמים בכל יום כפי העת והפנאי שלו כמסת ידו אשר הרחיב ה׳ לו: ואם ירחיב ה׳ לו עוד אזי טהור ידים יוסיף אומץ ומחשבה טובה כו׳ וגם שאר היום כולו שעוסק במשא ומתן יהיה מכון לשבתו ית׳ בנתינת הצדקה שיתן מיגיעו שהיא ממדותיו של הקדוש ברוך הוא מה הוא רחום וכו׳ וכמ״ש בתיקונים חסד דרועא ימינא ואף שאינו נותן אלא חומש הרי החומש מעלה עמו כל הארבע ידות לה׳ להיות מכון לשבתו ית׳ כנודע מאמר רז״ל שמצות צדקה שקולה כנגד כל הקרבנו׳ ובקרבנות היה כל החי עולה לה׳ ע״י בהמה אחת וכל הצומח ע״י עשרון סלת אחד בלול בשמן כו׳ ומלבד זה הרי בשעת התורה והתפלה עולה לה׳ כל מה שאכל ושתה ונהנה מארבע הידות לבריאות גופו כמ״ש לקמן. והנה בכל פרטי מיני שמחות הנפש הנ״ל אין מהן מניעה להיות נבזה בעיניו נמאס ולב נשבר ורוח נמוכה בשעת השמחה ממש מאחר כי היותו נבזה בעיניו וכו׳ הוא מצד הגוף ונפש הבהמית והיותו בשמחה הוא מצד נפש האלהית וניצוץ אלהות המלובש בה להחיותה כנ״ל [בפ׳ ל״א] וכה״ג איתא בזהר בכיה תקיעא בלבאי מסטרא דא וחדוה תקיעא בלבאי מסטרא דא. [ה] **דרשות ר״י אבן שועיב פרשת ויחי יעקב:** ואמרו במדרש אמר להם יעקב לבניו עתיד אדם כיוצא בי לברך אתכם מן המקום שאני פוסק יתחיל הוא, הדא הוא דכתיב וזאת הברכה, דרשו לנו ענין גדול כי יעקב ומשה יש להם שייכות גדול במדותם ובעניניהם אדם כיוצא בו [כי] (ש)יעקב מדתו אמת דכתיב תתן אמת ליעקב, ומשה רבינו הנחיל תורת אמת, זה

די״י מאתר בית שכינתיה [תרגום יונתן יחזקאל ג׳,י״ב ברוך כבוד ה׳ ממקומו] ר״ל מילוי השכינה כזה שי״ן כ״ף

גלא עמיקתא

ק״כ צרופי שם אלהים כמו שביאר בדבריו המגלה עמוקות. וממילא צריכים אנו לפסוק הנ״ל בתחלת פרשת וזאת הברכה (דברים ל״ג,א׳): [ה]**וזאת הברכה אשר ברך משה איש האלהים את בני ישראל לפני מותו** סליק לחושבן (3742): ג״פ "[1]ויהפך ה׳ אלהיך לך את הקללה לברכה, כי אהבך ה׳ אלהיך" (שם כ״ג,ו׳)

1. זוה״ק פרשת ויחי - א״ר יצחק א׳ דויקרא אמאי היא זעירא: בזוה״ק ויחי (דל רל״ד ע״ב) אמר רבי יצחק א׳ דויקרא אמאי היא זעירא, אמר ליה (ר׳ אבא) אתקיים משה בשלימו ולא בכלא דהא אסתלק מאתתיה, עכ״ל. האי "אסתלק מאתתיה" סליק לחושבן (1448) ע״ה ב״פ (תהלים צ״ז) הפסוק "אור זרוע לצדיק" (724), והצדיק איהו צנור-רצון, וכדאמרו חז״ל איזוהי אשה כשירה העושה רצון בעלה ועי׳ לקמן אופן צ״ב, וזהו הקב״ה ומשה שושבינא דמלכא, וכדי שיתקיים עניין "אור זרוע לצדיק" יש להמשיכו למטה עד לאשתו- וכדממשיך ר׳ אבא- ואנן הכי תנינן מאן דאיסתלק לעילא יתקשר לעילא ותתא. וכולא האי פסוקא דהיינו (תהלים צ״ז,י״א) "אור זרוע לצדיק ולישרי לב שמחה" סליק לחושבן (1660) "ביתי בית תפלה יקרא" (ישעי׳ נ״ו,ז׳)

יו"ד נו"ן ה"י בגי' אתר זה סוד מאתר מהו אתר זהו בית שכינתי' ר"ל המילוי והבית של אותיות שכינה הם עולים

גלא עמיקתא

ע"ה (1247) והנה חזינן דנרמז בחושבן האי פסוקא ענין מיתוק הדינים בידי משה שהוא בחינת איש האלהים דשכינה מדברת מתוך גרונו כנ"ל. והוא ג"פ דהוי חזקה– כנודע [1]ג' פעמים אלהים גימ' חר"ן. וכאמרם (בראשית י"א,ל"ב ועיין [ז]בפרש"י שם) "וימת תרח בחרן" עד אברהם חרון אף של מקום. ומשה מיתק האי "חרון אף" גימ' (345) מש"ה. וג"פ מש"ה גימ' (1035) ה"פ או"ר (207) דכתיבי במעשה בראשית– כנודע במשה (שמות ב') [2]ותרא אותו כי טוב

וכמ"ש (בגמ' יומא ב. עיי"ש) "ביתו זו אשתו" פשוט וא"ת ב"ש (או"י או"ח) ע"ה גימ' (1097) הפסוק "ויהפוך ה' אלהיך לך את הקללה לברכה" (דברים כ"ג,ו') והאי דאמר ר' אבא "יתקשר לעילא ותתא" סליק לחושבן (1958) "ישמחו השמים ותגל הארץ ירעם הים ומלואו", ובהקדמות תקו"ז איתא ר"ת י-ה-ו-ה כסדר לכוונו במוסף של ר"ח, וחזינן בעניין מש"כ איזו היא אשה כשרה העושה רצון בעלה לעילא ולתתא, וכשאין אתתא למטה עניין אתתא דלמעלה אינו בשלימות, ולכן אל"ף דויקרא זעירא בסוד מעוט הלבנה (בגמ' חולין ס:) דהיינו המלכות, והאי אל"ף זעירא צורתה י' כמו שכתב המג"ע הק' (אופן ע"ח עיי"ש), והיא המלכות- עשירית. ועוד יתקשר "לעילא ותתא" סליק לחושבן (1958) כ"ב פעמים "חנוכה" והוא עניין אור הגנוז דמתגלה בחנוכה, כמ"ש הבעל הטורים הקדוש (בראשית א',ד') על הפסוק "וירא אלהים את האור כי טוב"- "את האור" בגימ' "בתורה" והוא האור הגנוז וכמ"ש חז"ל היכן גנזו (לאור) בתורה, וכדפרש"י הק' שם עה"פ וזלשה"ק וראהו שאינו כדאי להשתמש בו רשעים "(ו)הבדילו לצדיקים לעתיד לבא" סליק לחושבן (888) ח"פ "אלף" (111)- ורמיזא לאלף השמיני דבו "בלע המות לנצח" וכו' (ישעי' כ"ה,ח'), "ומלאה הארץ דעה את ה' כמים לים מכסים" (ישעי' י"א,ט'), במהרה בימינו אמן.

2. באור על מגלה עמוקות ואתחנן אופן קמ"א: וַיִּקְרָא אֶל מֹשֶׁה וַיְדַבֵּר יהוה אֵלָיו מֵאֹהֶל מוֹעֵד לֵאמֹר (ויקרא א,א) גימ' ע"ה (1456) הוי' (26) פעמים "כי טוב הוא" (59) דאיתמר גבי משה ותרא אותו כי טוב הוא (שמות ב',ב'), ובכאן בהכאה הוי' פעמים בסוד פה אל פה אדבר בו (במדבר י"ב,ח') - דרצה משה להיכנס הוא ויהושע - משה ילמד את העם תורה, ויהושע ילחם מלחמות ה' - בראשי"ת צירוף בשת"י א"ר - ובארנו במקום אחר א"ר גימ' "פה אל פה"

שלישי לאבות וזה שלישי לאחים זה רועה וזה רועה, ואמרו כי ראוי היה יעקב שתנתן תורה על ידו אלא שלא הגיע העת והזמן. וגם במיתתן יש שייכות שמתו חוצה לארץ, ויש ענין כי יעקב נכנס לארץ בגוף ובשר ומשה לא גוף ולא בשר, וזה הוא שאמר כי מת אנכי בארץ הזאת, אינני עובר כי מאחר שהוא מת ידוע הוא שאינו עובר וכו' ויוסף בעצמותיו לבד, ויש בזה רמז למתי הגלות, כמו שדרשו ז"ל במסכת תעניות בפסוק וירא ראשית לו ויתא ראשי עם. [ו] **שער רוח הקודש - דף טז עמוד ב:** וקודם שיטבול ויכנס למקוה לטבול, יכוין כונה זו ולמקוה המים קרא ימים (בראשית א') ר"ת הוי"ה אלהי"ם שהוא יב"ק עם ט' אותיותיהם. ויקרא אלהים ליבשה ארץ (שם) הנה ויקרא עם הכולל בגי' שם אלהי"ם דיודי"ן, והוא ש', וי"ג אותיות מלויו. וה' אותיו' פשוט. הם שי"ח. בגי' ויקרא עם הכולל יבשה ג"כ בגי' שי"ח. עם הנז"ל הרי ב' שמות אלהי"ם ועם שם אלהים עצמו הנז' בפסוק ויקרא אלהי"ם הרי הם ג' שמות אלהים. שהם בגי' חר"ן. שהם כל הדיני' הקשים כמבואר אצלינו בפ' ואברם בן ע"ה שנה בצאתו מחרן (בראשית י"ב) כי הם ג' מוחין דקטנות. ואם תסיר מנין ע"ה מן חר"ן ישאר בגי' יעקב עם הכולל. כי הוא בחי' רחמים פשוטים. שיצא מחרן. שהם הדינים הקשים. ונכנס ברחמים. כי גם יעקב יצא מחרן בבואו לארץ כנודע. [ז] **רש"י סוף פרשת נח בראשית פרק יא:** בחרן - הנו"ן הפוכה, לומר לך עד אברם היה חרון אף של מקום בעולם.

לחשבון את"ר. נמצא שהשכינה רוכבת על ת"ר מחנות (שיר השירים ב',י"ב) וקול הת"ר נשמע בארצינו

גלא עמיקתא

הוא [ח]שנתמלא כל הבית כולו אורה וכו'. והנה ב' הפסוקים מתחלת וסוף התורה: ויאמר ה' לא ידון רוחי באדם לעולם בשגם הוא בשר והיו ימיו מאה ועשרים שנה (2804) וזאת הברכה אשר ברך משה איש האלהים את בני ישראל לפני מותו (3742) סליקו תרוויהו לחושבן (6546) ז"פ "מרדכי אסתר" (935) עם הכולל. והוא נפלא- דפסוקא קמא ויאמר ה' וכו' סליק לחושבן ג"פ "מרדכי אסתר". ונמשך דפסוקא תניינא סליק לחושבן ד"פ "מרדכי אסתר" [עם ב' כוללים]. וכנודע [ט]מרדכי בדורו כמשה בדורו, אסת"ר גימ' (661) "האיש משה". ושלשתם יחד, דהיינו "משה מרדכי אסתר" גימ' (1280) כ' פעמים די"ן (64) דממתקים הדין בהעלותו לכתר- רמיזא דכפלינן כ' פעמים דלית כתר בלא כ'- כדאיתא בשבת (קד.) [3][י]הני דרדקי וכו' כ'- הקב"ה

[ח] שמות רבה פרשת שמות פרשה א אות כ: [ב, ב - ג] ותהר האשה ותלד בן, א"ר יהודה מקיש לידתה להורתה, מה הורתה שלא בצער אף לידתה שלא בצער מכאן לנשים צדקניות שלא היו בפיתקה של חוה, ותרא אותו כי טוב הוא, תני ר"מ אומר טוב שמו, רבי יאשיה אומר טוביה שמו, רבי יהודה אומר הגון לנביאות, אחרים אומרים שנולד כשהוא מהול, ורבנן אמרי בשעה שנולד משה נתמלא כל הבית כולו אורה, כתיב הכא ותרא אותו כי טוב הוא, וכתיב התם (בראשית א) וירא אלהים את האור כי טוב, ותצפנהו שלשה ירחים, שלא מנו המצרים אלא משעה שהחזירה והוה מיעברא ביה תלתא ירחי מתחלתו, ולא יכלה עוד הצפינו, למה לפי שהמצריים היו הולכין בכל בית ובית שהיו חושבין בו שנולד שם תינוק ומוליכין לשם תינוק מצרי קטן והיו מבכין אותו כדי שישמע תינוק ישראל קולו ויבכה עמו, והיינו דכתיב (שיר השירים ב) אחזו לנו שועלים שועלים קטנים וגו'

[ט] שפתי צדיקים ויקרא פרשת צו: מדרש רבה (אסתר ב, ה) במגילת אסתר (ו, ב) איש יהודי היה כו' שקול היה מרדכי כמשה רבינו ע"ה נאמר במשה (במדבר יב, ג) והאיש משה כו'. ונאמר במרדכי איש יהודי. נאמר במשה (ויקרא י, טז) דרוש דרש משה. ונאמר במרדכי דורש טוב לעמו כו' (אסתר י, ג). ויש לדקדק היאך תולה זה בפסוק איש יהודי כו'. ונראה כי משה רבינו ע"ה היה רעיא מהימנא של ישראל והיה מוסר נפשו תמיד על ישראל להחזירם למוטב ולהמתיק מהם הדינים הקשים על ידי פעולות מעשים ויחודים שעשה בעולמות העליונים וידוע כי עיקר המתקות הדינים נעשים על ידי שמירת שבת קודש, ולכן הראשי תיבות של ושמרו בני ישראל את השבת הם אותיות ביא"ה שהוא מורה על יחוד וזווג העליון כביכול, וזה היה גם כן מעשה מרדכי הצדיק שלבש שק ואפר ומסר נפשו להחזיר את ישראל למוטב ולהמתיק מהם הדינים הקשים על ידי היחודים שלו, וזה הוא ראשי תיבות של איש יהודי היה בשושן הם גם כן אותיות ביא"ה, ולכן שפיר דייקו חז"ל בזה הפסוק שקול היה מרדכי כמשה רבינו ע"ה. ע"כ בשם הרב הק' מראפשיץ. **[י] תלמוד בבלי שבת דף קד עמוד א:** אמרי ליה רבנן לרבי יהושע בן לוי: אתו דרדקי האידנא לבי מדרשא ואמרו מילי דאפילו בימי יהושע בן נון לא

(שם), דזכה לסוד א' זעירא מלכותא קדישא לכי ומעטי את עצמך (חולין ס:). ואמר ליה השי"ת: ר"ב ל"ך - זכית לרב ואתה רוצה רב יתיר, אל תוסף דבר וכו' עלה ראש הפסגה ומות בהר בסוד לכי ומעטי את עצמך, ואז תזכה לשער הנון דלא יראני האדם וחי (שמות ל"ג,כ') - באהל מועד זכית לדיבור פה אל פה, ובהר סיני זכית לשמיעה רואים את הקולות (שמות כ',ט"ו) דייקא, ובהסתלקותך תזכה לראות פני אלהים חיים, ולעתיד לבוא יתגלה לעיני כל ישראל.

3. באור על מגלה עמוקות ואתחנן אופן קל"א: ב'. שִׁיר לַמַּעֲלוֹת אֶשָּׂא עֵינַי אֶל הֶהָרִים מֵאַיִן יָבֹא עֶזְרִי (תהלים קכא,א) גימ' (2220) כ' פעמים אל"ף (111) דאות כ"ף מורה על

הכתר, כדאמרו הני דרדקי (שבת קד.) כ' - הקב"ה קושר לך כתר לעולם הבא וכו' עיין שם בסוגיא דדרשו כל סדר הא"ב, וכפילת אל"ף פעמים מרמז כתר עליון אלופו של עולם [כדכתיב ונרגן מפריד אלוף (משלי ט"ז,כ"ח) פרש"י אלופו של עולם] דזכה משה לסודו מרוב ענותנותו הרבה, הלא היא אות אל"ף זעירא דויקרא. ונרמז גם דוד מלכא משיחא - מאין יבא עזרי - ר"ל לא מהנהגת הזעיר על פי דרך הטבע, אלא מאי"ן מכתר עליון.

בארצינו דייקא שהיא השכינה. (משלי כ"ה,ב') כבוד אלהים הסתר דבר ר"ל יש בשם אלהים ק"ך צירופים בכל צירוף יש בו ה' אותיות הרי ת"ר ה"פ ק"ך. וזה אלהים צבא אות [כמ"ש (תהל' פ',ח') אלהים צבאות השיבנו] כל אות יש לו צבא בפני עצמו ה"סת"ר דבר ה"ס היא אדנ"י רוכבת על ת"ר מחנות שהם ת"ר אותיות של

גלא עמיקתא

קושר לך כתר לעולם הבא, וכן [יא]אנכ"י נוטריקון אני כ' היינו כתר ואכמ"ל. והנה שני הפסוקים דהבאנו בהקדמה: "ויאמר ה' לא ידון רוחי באדם לעולם בשגם הוא בשר והיו ימיו מאה ועשרים שנה" (בראשית ו',ג') (2805) "וזאת הברכה אשר ברך משה איש האלהים את בני ישראל לפני מותו" (דברים ל"ג,א') (3742) עם ח' הפסוקים דמביא בדבריו המגלה עמוקות: א'. "ויכס הענן את אהל מועד, וכבוד ה' מלא את המשכן" (שמות מ',ל"ד) (1779) ב'. "ותשאני רוח ואשמע אחרי קול רעש גדול גדול, ברוך כבוד ה' ממקומו" (יחזקאל ג',י"ב) (2884) ג'. "כבוד אלהים הסתר דבר, וכבד מלכים חקר דבר" (משלי כ"ה,ב') (1669) ד'. "הנצנים נראו בארץ, עת הזמיר הגיע, וקול התור נשמע בארצנו" (שיר השירים ב',י"ב) (3177) ה'. "ויקרא אל משה וידבר ה' אליו מאהל מועד לאמר" (ויקרא א',א') (1455) ו'. "ומשה יקח את האהל ונטה לו מחוץ למחנה הרחק מן המחנה וקרא לו אהל מועד והיה כל מבקש ה' יצא אל אהל מועד אשר

איתמר כוותייהו: אל"ף בי"ת - אלף בינה, גימ"ל דל"ת - גמול דלים, מאי טעמא פשוטה כרעיה דגימ"ל לגבי דל"ת - שכן דרכו של גומל חסדים לרוץ אחר דלים. ומאי טעמא פשוטה כרעיה דדל"ת לגבי גימ"ל - דלימציה ליה נפשיה. ומאי טעמא מהדר אפיה דדל"ת מגימ"ל - דליתן ליה בצינעה, כי היכי דלא ליכסיף מיניה. ה"ו - זה שמו של הקדוש ברוך הוא, ז"ח ט"י כ"ל - ואם אתה עושה כן, הקדוש ברוך הוא זן אותך, וחן אותך, ומטיב לך, ונותן לך ירושה, וקושר לך כתר לעולם הבא וכו'.

[**יא**] **סידורו של שבת חלק א שורש ט ענף א: יא.** ולא כן הוא בחי' האך שבא למעט כי ענין בחי' מיעוט האך הוא בהיפוך ממש מזה בדרך שכתב האר"י ז"ל בכוונת יוצר אור ובורא חושך. כי עולם היצירה לפי שהוא רחוק מהמאציל ויכולין אנחנו ליהנות מאורה נקרא אור. ועולם הבריאה שקרוב יותר אל המאציל ואורה גדול ואין אנו יכולין לראות וליהנות מאור' נקראת חושך כי מחשיך עיני הראות מלהסתכל בה וזה הוא מיעוט האך כי א"ך מורה על גודל אור עליון והאלף מורה על פלא העליון שהוא דבר המופלא ומכוסה מבאי עולם ברוב האור שאין יכולין להביט בהבהקת האור כי רוב האורה מכהה את הראיה והכ' הנה הוא מורה על בחי' כתר עליון הרומז בתורה בחי' אנכי ה' אלהיך שהוא אני כ' המור' על בחי' זו. ועי"כ נקראת לפעמים בשם חושך בבחי' שם המושאל ע"ד הקרא ישת חושך סתרו. והכל מורה על גודל האור המחשיך לתחתונים. מצד פחיתת מהותם. ובזה אך הוא מיעוט כי מתמעט הוא מאתנו:

אלהים. זה נרמז בא' זעירא שהוא צורת יו"י בזה האופן י"פ ו' הרי ס' י"פ ס' הרי ת"ר וזה א' זעירא כי מילוי השכינה היא עולה את"ר אלף שהיא אלופו של עולם רוכבת על ת"ר. אבל

גלא עמיקתא

מחוץ למחנה" (שמות ל"ג,ז') (3914) ז'. "ומשה עלה אל האלהים, ויקרא אליו ה' מן ההר לאמר כה תאמר לבית יעקב ותגיד לבני ישראל" (שמות י"ט,ג') (3885) ח'. "אתה הראת לדעת כי ה' הוא האלהים אין עוד מלבדו" (דברים ד',ל"ה) (1898) סליקו כולהו י' פסוקין לחושבן (27,208): ד' פעמים "חוה" (19) פעמים "משיח" (358) באור הענין: דמשי"ח עתיד לתקן חטא חוה דפגמה ב-ד' אתוון שם הוי' ב"ה ומהאי טעמא כפלינן ד' זימנין. ומסיים אופן ע"ט דיליה שגילה הקב"ה למשה א' זעירא שיש בו ג"ב צרופי אותיות אלהים, תיבה "זעירא" בת ה' אותיות- ק"כ צרופים: ק"כ פעמים זעיר"א (288) גימ' (34,560): "כלי" (60) עם ק"פ "משה" (345). והן ה' אותיות נכפיל ה"פ גימ' (172,800): ק"פ "[יב]ישקני מנשיקות פיהו, כי טובים דודיך מיין" (שיר השירים א',ב') (1728) באור הענין: דלאחר שמיתק ק"כ צרופי שם אלהים אמר לו הקב"ה בהסתלקותו ומות כאשר מת אהרן אחיך דהיינו על פי ה' מיתת נשיקה, וכן במרים- דשם לא נזכר דדבר הכתוב בלשון נקיה כפרש"י. ושלשתם- משה אהרן ומרים- זכו לבחינת השכינה הקדושה. שכינה במלוי דמלוי כזה: "שין יוד נון – כף פא – יוד ואו דלת – נון ואו נון – הא יוד" גימ' (1385) "אלף שכינה" והוא ה' פעמים "זרע" (277) בחינת ה' חסדים דיסודא, כדאמר יוסף הא לכם זרע וזרעתם את האדמה (בראשית מ"ז,כ"ג) שהארץ היא בחינת שכינתא קדישא והצדיק שנכנס לארץ הקדושה היא ארץ ישראל הרי הוא כדכורא דזרע לנוקבא [ועיין [יג]תענית ו' ע"ב מיטרא בעלה דארעא שנאמר כי כאשר ירד הגשם והשלג מן השמים ושמה לא ישוב כי אם הרוה את הארץ והולידה והצמיחה וכו' (ישעי' נ"ה,י') והגשמים יורדים ע"י תפלת הצדיקים וד"ל].

[יב] **שיר השירים רבה פרשה א: ד** רבי יודן בשם רבי יודא ב"ר סימון ורבי יהודה ורבי נחמיה, ר' יהודה אומר בשעה ששמעו ישראל אנכי ה' אלהיך נתקע תלמוד תורה בלבם, והיו למדים ולא היו משכחין, באו אצל משה ואמרו משה רבינו תעשה את פרוזביון שליח בינותינו שנאמר דבר אתה עמנו ונשמעה ועתה למה נמות, ומה הנייה יש באבדה שלנו, חזרו להיות למדים ושוכחים אמרו מה משה בשר ודם עובר אף תלמודו עובר, מיד חזרו באו להם אל משה אמרו לו משה רבינו לוואי יגלה לנו פעם שניה, לוואי ישקני מנשיקות פיהו, לוואי יתקע תלמוד תורה בלבנו כמות שהיה, אמר להם אין זו עכשיו אבל לעתיד לבא הוא שנאמר (ירמיה לא) ונתתי את תורתי בקרבם ועל לבם אכתבנה, רבי נחמיה אמר בשעה ששמעו ישראל לא יהיה לך נעקר מלבם יצר הרע באו אצל משה אמרו לו משה רבינו תעשה את פרוזביון שליח בינותינו שנאמר דבר אתה עמנו ונשמעה ועתה למה נמות, ומה הנייה יש באבדה שלנו, מיד חזר יצר הרע למקומו חזרו על משה ואמרו לו משה רבינו לוואי יגלה לנו פעם שני הלואי ישקני מנשיקות פיהו, אמר להם אין זו עכשיו אבל לעתיד לבא הוא דכתיב (יחזקאל לו) והסירותי את לב האבן מבשרכם. [יג] **תלמוד בבלי מסכת תענית דף ו עמוד ב:** אמר רבי אבהו: מאי לשון רביעה - דבר שרובע את הקרקע, כדרב יהודה. דאמר רב יהודה: מיטרא בעלה דארעא הוא, שנאמר כי כאשר ירד הגשם והשלג מן השמים ושמה לא ישוב כי אם הרוה את הארץ והולידה והצמיחה. ואמר רבי אבהו: רביעה ראשונה

בכאן א' זעירא ר"ל חסר א' ומפרש איזה הצורה היא חסירה א' מן יקר שהיא השכינה בריך יקרא דיי'. וחוזר ומפרש וידבר ה' אליו ר"ל אותו הצורה שהוא צורת שם של הוי"ה. וחוזר ומפרש מהיכן באו הת"ר מחנות מאוהל מועד ומשה יקח את האוהל ומשה עלה אל האלהים שיש לו ק"ך

גלא עמיקתא

והנה כד נעביד חושבן "משה אהרן ומרים" במלוי דמלוי של שמותיהם כזה: "[משה] מם מם – שין יוד נון – הי יוד (681), [אהרן] אלף למד פא – הי יוד – ריש יוד שין – נון ויו נון (1425), [מרים] מם מם – ריש יוד שין – יוד וו דלת – מם מם (1686)" הרי צרוף מלוי דמלוי דשמותיהם דמשה ואהרן ["משה – אהרן"] דכורין בחינת [יד]שנים מקרא סליקו לחושבן (2106): ג' פעמים "שבת" (702) בחינת ג' תפלות וג' סעודות של שבת. ושבת היא בחינת הדעת [טו]מינה מתברכיי כולהו יומין ובשבת קודש עולה מלכותא קדישא לבחינת בינה בסוד מי זאת עולה (שה"ש ג',ו') וכפי שיהיה לעתיד לבוא. "מרים" במלוי דמלוי דילה בחינת תפלת מוסף דתקן

כדי שתרד בקרקע טפח, שניה - כדי לגוף בה פי חבית. [יד] **תלמוד בבלי מסכת ברכות דף ח עמוד א:** אמר רב הונא בר יהודה אמר רבי מנחם אמר רבי אמי: מאי דכתיב ועוזבי ד' יכלו - זה המניח ספר תורה ויוצא. רבי אבהו נפיק בין גברא לגברא. בעי רב פפא: בין פסוקא לפסוקא מהו? תיקו. רב ששת מהדר אפיה וגריס, אמר: אנן בדידן ואינהו בדידהו. אמר רב הונא בר יהודה אמר רבי אמי: לעולם ישלים אדם פרשיותיו עם הצבור שנים מקרא ואחד תרגום ממשיך בעמוד ב ואפילו עטרות ודיבן, שכל המשלים פרשיותיו עם הצבור מאריכין לו ימיו ושנותיו. רב ביבי בר אביי סבר לאשלומינהו לפרשייתא דכולא שתא במעלי יומא דכפורי. תנא ליה חייא בר רב מדפתי: כתיב ועניתם את נפשתיכם בתשעה לחדש בערב, וכי בתשעה מתענין? והלא בעשרה מתענין! אלא לומר לך: כל האוכל ושותה בתשיעי - מעלה עליו הכתוב כאילו מתענה תשיעי ועשירי. סבר לאקדומינהו, אמר ליה ההוא סבא, תנינא: ובלבד שלא יקדים ושלא יאחר. כדאמר להו רבי יהושע בן לוי לבניה: אשלימו פרשיותייכו עם הצבור שנים מקרא ואחד תרגום, והזהרו בורידין כרבי יהודה; דתנן; רבי יהודה אומר: עד שישחוט את הורידין; והזהרו בזקן ששכח תלמודו מחמת

אונסו, דאמרינן: לוחות ושברי לוחות מונחות בארון. [טו] **זוהר שמות פרשת בשלח דף סג עמוד ב:** א"ר יהודה בכל יומא ויומא מתברך עלמא מההוא יומא עלאה דהא כל שיתא יומין מתברכאן מיומא שביעאה, וכל יומא יהיב מההוא ברכה דקביל בההוא יומא דיליה ועל דא משה אמר איש אל יותר ממנו עד בקר, מ"ט בגין דלא יהיב ולא יוזיף יומא דא לחבריה אלא כל חד וחד שליט בלחודוי בההוא יומא דיליה, דהא לא שליט יומא ביומא דחבריה, בגיני כך כל אינון (נ"א א"ר יהודה כל יומא ויומא מתברך מההוא יומא עלאה יומא שביעאה ומתברכאן כל שיתא יומין כל חד וחד בלחודוי וכל יומא יהיב ביומא דיליה מההוא ברכה דקביל מההוא יומא עלאה ועל דא משה אמר איש אל יותר ממנו עד בקר דהא לא שליט יומא ביומא דלא דיליה וכל אנון) חמשא יומין שליטין ביומייהו ואשתכח ביה מה דקבילו ויומא שתיתאה אשתכח ביה יתיר, ואזלא הא כהא דאמר רבי אלעזר מאי דכתיב יום הששי ולא אתמר הכי בכל שאר יומין, אלא הכי אוקמוה הששי דאזדווגא (נ"א דאזדמנא) ביה מטרוניתא לאתקנא פתורא למלכא ובגין כך אשתכחו ביה תרין חולקין חד ליומיה וחד לתקונא בחדוותא דמלכא במטרוניתא וההוא ליליא חדוותא

צירופים כמנין מועד ובכל צירוף יש ה' אותיות ה"פ ק"ך הרי ת"ר. לכן באותו יום אמרו ה' הוא אלהים ר"ל אותו צורת א' שהוא שם של ה' שגילה הקב"ה באותו יום א' זעירא למשה באותו הצורה יש בו ג"כ צירופי אותיות אלהים שהוא ת"ר.

גלא עמיקתא

יוסף הצדיק ובחינת סעודה רביעית דדוד מלכא משיחא רגל רביעית למרכבה דהיא בחינת נוקבא בחינת ואחד תרגום – סליקו לחושבן עם ד' אותיות (1690): ג' פעמים "בינה מלכות" (563) ע"ה בסוד מי זאת עולה כנ"ל. ושלשתם יחד "משה – אהרן – מרים" במלוי דמלוי בחינת מרכבה שלמה לשכינתא קדישא סליקו לחושבן (3792): ח' פעמים "דעת" (474) הוא הדעת דלעתיד לבוא א"ז ישיר משה (שמות ט"ו,א') [טז]שר לא נאמר אלא ישיר מכאן לתחית המתים מן התורה ואז תהיה בחינת ומלאה הארץ [מלכותא קדישא – נוקבא] דעה את הוי' [דכורא] בחינת יחודא שלים – כמים לים מכסים (ישעי' י"א,ט') ויתוקן בשלמות פגם אדם וחוה ע"י משיח צדקנו כנ"ל בב"א. וכד מוספינן ל"משה אהרן מרים" "שכינה" במלוי דמלוי סליקו לחושבן (5177): א"ל (31) פעמים "ה' א-להינו ה' אחד" (167) וכדפרש"י (דברים ו',ד') ה' שהוא א-להינו עתה ולא א-להי האומות עתיד להיות ה' אחד וכו' [עבד"ק] ב"ב אכי"ר, ואגלאי מילתא למפרע דכולהו הטוב והמיטיב בחינת חסד א"ל כל היום (תהל' נ"ב,ג') מהאי טעמא כפלינן א"ל זימנין "ה' א-להינו ה' אחד".

דמטרוניתא במלכא וזווגא דלהון ומתברכאן כל שיתא יומין כל חד וחד בלחודוי, בגין כך בעי בר נש לסדרא פתוריה בליליא דשבתא בגין דשארי עליה ברכאן מלעילא וברכתא לא אשתכח על פתורא ריקניא (וההוא ליליא חדוותא דמטרוניתא במלכא וזווגא דלהון), בג"כ ת"ח דידעין רזא דא זווגא דלהון מע"ש לע"ש, ראו כי יי' נתן לכם השבת מאי שבת יומא דביה נייחין שאר יומין והוא כללא דכל אינון שיתא אחרנין ומניה מתברכין, רבי ייסא אמר וכן נמי כנסת ישראל אקרי שבת בגין דאיהי בת זוגו ודא היא כלה דכתיב (שמות לא) ושמרתם את השבת כי קדש היא לכם, לכם ולא לשאר עמין הדא הוא דכתיב (שם) ביני ובין בני ישראל ודא היא אחסנת ירותת עלמין לישראל, ועל דא כתיב (ישעיה נח) אם תשיב משבת רגלך וגו' ובאתריה אוקימנא מלי. **[טז] תלמוד בבלי מסכת סנהדרין דף צא עמוד ב:** תניא, אמר רבי מאיר: מניין לתחיית המתים מן התורה שנאמר אז ישיר משה ובני ישראל את השירה הזאת לה', שר לא נאמר, אלא ישיר - מכאן לתחיית המתים מן התורה. כיוצא בדבר אתה אומר: אז יבנה יהושע מזבח לה', בנה לא נאמר, אלא יבנה - מכאן לתחיית המתים מן התורה.

אופן פ

כתיב ה' קנני ראשית דרכו ר"ל מאחר ששם של ה' קנני שכל התורה כולת נארגת על שם של הוי"ה ולפי ששם של הוי"ה עולה כ"ו לכן ניתנה התורה בדור כ"ו ולזה יהי' פי' הפסוק מאחר שה' קנני לכן התורה שמתחלת במלת ראשית וגם משה נקרא ראשית וירא ראשית לו שניהם היו בדור כ"ו ולפ"ז יהי' פי' הפסוק ויקר נוטריקון ה' ק"נני ר"אשית אח"כ א' זעירא צורת י' ו' י' שהם הדורות מאדם עד נח הרי י' קדמאה מנח עד אברהם י' בתראה מאברהם ועד משה ו' אמצעי"ת בגי' תורה וחוזר ומפרש מה ענין ג' חלוקות אלו לזה אומר וידבר ה' אליו ר"ל צורה זו נארגת על שם של הוי"ה שהתורה כולה בנויה על זה השם בסוד אני ראשון י' עילאה ואני אחרון י' תתאה ומבלעדי אין אלהים ו' אמצעית לכן ניתנה התורה בו' בסיון וכותבים הסופרים ווי העמודים.

אופן פ

כתיב (משלי ח׳,כ״ב) ה׳ קנני ראשית דרכו ר״ל מאחר ששם של ה׳ קנני שכל התורה כולת נארגת על שם של הוי״ה ולפי

גלא עמיקתא

מברר נוטריקון יק״ר לענין נתינת התורה: ה׳ (י–ה–ו–ה) קנני ראשית ר״ת יק״ר ואז א׳ זעירא בחינת תורה שניתנה לכ״ו דורות ד–א׳ זעירא צורת י׳ ו׳ י׳ גימ׳ כ״ו גימ׳ שם הוי׳ ברוך הוא וזהו ״ה׳ קנני ראשית (דר)כ״ו גימ׳ (1173) ג׳ פעמים יהוש״ע (391) דיהושע הוא נער לא ימיש מתוך האהל כדכתיב (שמות ל״ג,י״א): ״[א]ומשרתו יהושע בן נון נער לא ימיש מתוך האהל״ והוא מגלה פנימיותו של משה– דכתיב ביה (שם ב׳,ו׳) ״והנה נער

[א] דברים רבה פרשת עקב פרשה ג: טו ד״א פסל לך א״ר יצחק כתיב (ויקרא ה) והיה כי יחטא ואשם והשיב את הגזלה אשר גזל או את העושק אשר עשק או את הפקדון אשר הפקד אתו או את האבדה אשר מצא א״ל הקדוש ברוך הוא הלוחות לא היו מופקדים אצלך את שברת אותן ואת מחליף אותן, א״ר יצחק מן הלוחות שניים ריצה משה את הקדוש ברוך הוא לישראל מה עשה עלה לו אצל הקדוש ברוך הוא כעוס אמר לו בניך חוטאין ואת נותן עלי קטריקי עשה עצמו כאילו כעוס על ישראל מניין שנאמר (שמות לב) וישב משה אל ה׳ ויאמר אנא חטא העם הזה חטאה גדולה ויעשו להם אלהי זהב ועתה אם תשא חטאתם ואם אין מחני נא מספרך אשר כתבת כיון שראה הקדוש ברוך הוא כך אמר לו משה שתי הפנים בכעס אני ואת כועסין עליהן מיד (שמות לג) ודבר ה׳ אל משה פנים אל פנים כאשר ידבר איש אל רעהו ושב אל המחנה ומשרתו יהושע בן נון נער לא ימיש מתוך האהל א״ל הקדוש ברוך הוא לא יהיו שתי הפנים בכעס אלא כשתראה אותי נותן רותחין הוי נותן צונן וכשתראה אותי נותן צונן הוי נותן רותחין אמר משה רבש״ע היאך יהא א״ל הוי חל אתה רחמים מה עשה מיד ויחל משה את פני ה׳ אלהיו ויאמר למה ה׳ יחרה אפך בעמך אשר הוצאת מארץ מצרים בכח גדול וביד חזקה למה יאמרו מצרים לאמר ברעה הוציאם להרוג אותם בהרים ולכלותם מעל פני האדמה שוב מחרון אפך והנחם על הרעה לעמך א״ל והרי בניך מרים חלה אותן, ד״א אמר לפניו רבש״ע יודע אני שאתה אוהב את בניך ואין אתה מבקש אלא מי שילמד עליה סניגוריא א״ר סימון למה״ד למלך ובנו שהיו נתונים בקיטון והפדגוג של בנו נתון בטרקלין היה המלך צווה הניחו לי שאהרג את בני אינו מבקש אלא מי שילמד עליו סנגוריא כך הקדוש ברוך הוא אומר למשה (שם /שמות/ לב) ועתה הניחה לי ויחר אפי בהם ואכלם ואעשה אותך לגוי גדול אמר משה וכי תופס אני בידו של הקדוש ברוך הוא כביכול אינו מבקש אלא מי שילמד עליהן סניגוריא מיד ויחל משה, ד״א ועתה הניחה לי אמר משה רבון העולמים ולכלותם אתה מבקש עקור העליונים והתחתונים ואח״כ עקור אותם מנין שנאמר (ישעיה נא) שאו לשמים עיניכם והביטו אל הארץ מתחת כי שמים כעשן נמלחו והארץ כבגד תבלה ויושביה כמו כן ימותון וישועתי לעולם תהיה וצדקתי לא תחת, תחלה שמים כעשן וגו׳ ואח״כ יושביה כמו כן ימותון אמר ליה משה ואפילו אתה עוקר את השמים ואת הארץ לישראל אי אתה יכול לעקור שנשבעת לאבותיהם ולא נשבעת להם לא בשמים ולא בארץ אלא בשמך הגדול מנין שנאמר אשר נשבעת להם בך שמא אתה יכול לבטל את שמך אמר לפניו משה חשוב אותם כסדום מה אמרת לאברהם (בראשית יח) ויאמר ה׳ אם אמצא בסדום חמשים צדיקים בתוך העיר ונשאתי לכל המקום בעבורם ויותרת לו עד עשרה מנין שנאמר (שם /בראשית י״ח/) ויאמר אל נא יחר לאדוני ואדברה אך הפעם אולי ימצאון שם עשרה ויאמר לא אשחית בעבור העשרה, ואני מעמיד לך מאלו שמונים צדיקים אמר לו העמד אמר לפניו רבש״ע הרי שבעים הזקנים דכתיב (במדבר יא) ויאמר ה׳ אל משה אספה לי שבעים איש מזקני ישראל אשר ידעת כי הם זקני העם ושטריו ולקחת אותם אל אהל מועד והתיצבו שם עמך וירדתי ודברתי עמך שם ואצלתי מן הרוח אשר עליך ושמתי עליהם ונשאו אתך במשא העם ולא תשא אתה לבדך,

ששם של הוי"ה עולה כ"ו לכן ניתנה התורה בדור כ"ו ולזה יהי' פי' הפסוק מאחר שה' קנני לכן התורה שמתחלת במלת

גלא עמיקתא

בוכה" וכו' דתרוויהו איקרו נער ותרוויהו איקרו לשון אור– במשה כתיב (שמות ב',ב') "ותרא אותו כי טוב הוא" ופרש"י [ב]נתמלא כל הבית אורה, וביהושע (שם ל"ג,י"א) "נער לא ימיש מתוך האהל" הוא לשון (איוב כ"ט,ג') "בהלו נרו עלי ראשי". ונמשך החושבן: "משה יהושע טוב אהל נער" גימ' עם הכולל (1110) י' פעמים אל"ף (111) רמיזין ב–א' זעירא דויקרא. ונבאר הפסוקים דמביא המגלה עמוקות ובאורם: א'. משלי ח',כ"ב: [ג]ה' קנני ראשית דרכו, קדם מפעליו מאז גימ' (1805): "חוה" (19) פעמים "כסא דוד" (95) דדוד מתקן [ד][1]חטא חוה– ואדם הראשון יהב ליה ע'

אהרן נדב ואביהוא אלעזר ואיתמר פנחס וכלב הרי שבעים ושבעה א"ל הקדוש ברוך הוא הא משה היכן עוד ג' צדיקים ולא היה מוצא אמר לפניו רבש"ע אם הללו בחיים ואינם יכולין לעמוד להם בפירצה הזו יעמדו המתים אמר לפניו עשה בזכות ג' אבות והרי שמונים זכור לאברהם ליצחק ולישראל עבדיך כיון שהזכיר משה זכות אבות מיד א"ל סלחתי כדברך, כיון שעמד שלמה וראה שהזכיר משה שבעים ושבעה צדיקים חיים ולא הועיל כלום אילולי שהזכיר זכות שלשת האבות שהיו מתים התחיל אומר (קהלת ד) ושבח אני את המתים שכבר מתו מן החיים אשר המה חיים עדנה וטוב משניהן את אשר עדן לא היה אשר לא ראה את המעשה הרע אשר נעשה תחת השמש, ד"א זכור לאברהם ליצחק ולישראל עבדיך אשר נשבעת להם בך ותדבר אליהם ארבה את זרעכם ככוכבי השמים וכל הארץ הזאת אשר אמרתי אתן לזרעכם ונחלו לעולם וינחם ה' על הרעה אשר דבר לעשות לעמו א"ר לוי אמר לו משה רבש"ע חיין הן המתים א"ל משה אף אתה טועה לא כך אמרתי לך אני אמית ואחיה א"ל משה ואם חיין הן המתים חשוב כמו שהאבות עומדין ומבקשין על בניהן מה היית משיבן כיון שאמר לו משה הדבר הזה מיד וינחם ה' על הרעה. [ב] **שמות רבה פרשת שמות פרשה א:** כ [ב, ב - ג] ותהר האשה ותלד בן, א"ר יהודה מקיש לידתה להורתה, מה הורתה שלא בצער אף לידתה שלא בצער מכאן לנשים צדקניות שלא היו בפיתקה של חוה, ותרא אותו כי טוב הוא, תני ר"מ אומר טוב שמו, רבי יאשיה אומר טוביה שמו, רבי יהודה אומר הגון לנביאות, אחרים אומרים שנולד כשהוא מהול, ורבנן אמרי בשעה שנולד משה נתמלא כל הבית כולו אורה, כתיב הכא ותרא אותו כי טוב הוא, וכתיב התם (בראשית א) וירא אלהים את האור כי טוב, ותצפנהו שלשה ירחים, שלא מנו המצרים אלא משעה שהחזירה והוה מיעברא ביה תלתא ירחי מתחלתו, ולא יכלה עוד הצפינו, למה לפי שהמצריים היו הולכין בכל בית ובית שהיו חושבין בו שנולד שם תינוק ומוליכין לשם תינוק מצרי קטן והיו מבכין אותו כדי שישמע תינוק ישראל קולו ויבכה עמו, והיינו דכתיב (שיר השירים ב) אחזו לנו שועלים שועלים קטנים וגו' [ג] **ספרא קדושים פרשה ג פרק ז פסוק יב:** מפני שיבה תקום יכול מפני אשמאי תלמוד לומר זקן ואין זקן אלא חכם שנאמר אספה לי שבעים איש מזקני ישראל רבי יוסי הגלילי אומר אין זקן אלא זה שקנה חכמה שנאמר ה' קנני ראשית דרכו: [ד] **של"ה פרשת כי תשא תורה אור:** יא. וכל מה שתמצא בנחש תמצא בעגל. חטא העגל בכלל ובפרט, בכלל ענין העגל עבודה זרה. בפרט כיצד, רבותינו ז"ל (בבא - בתרא קסה א) אמרו, העולם חוטאין מיעוט בעריות ורובן בגזל וכולן באבק לשון הרע כו'. כן בכאן 'ויקמו לצחק' (שמות

1. באור על מגלה עמוקות ואתחנן אופן י"ח: ג'. אֲדֹנָי יהוה אַתָּה הַחִלּוֹתָ לְהַרְאוֹת אֶת עַבְדְּךָ אֶת גָּדְלְךָ וְאֶת יָדְךָ הַחֲזָקָה אֲשֶׁר מִי אֵל בַּשָּׁמַיִם וּבָאָרֶץ אֲשֶׁר יַעֲשֶׂה כְמַעֲשֶׂיךָ וְכִגְבוּרֹתֶךָ (דברים ג,כד) גימ' (6385) "חוה" (19) פעמים "פורים" (336) עם הכולל- דחוה חטאה והורידה דין לעולם, ובפורים כתיב ונהפוך הוא (אסתר ט',א') והתפלל משה יהי רצון מלפניך שיתהפך דיני כמו שתעשה לעתיד בפורים דתמן הארת יסוד אבא בוקע ויוצא לחוץ- והוא בחינתי, ואם כן אכנס ואשלים תיקון חטא חוה ואביא גאולה

שלמה לעולם. השיב לו הקב"ה: רב לך- המתן כי עדיין לא הגיעה העת לכך. והוא נמי חושבן (6385) חב"ו (16) פעמים "אלף זעירא" (399) עם הכולל [חב"ו ראשי תיבות היוצאים מן פסוק (איוב כ',ט"ו) חיל בלע ויקיאנו- ומבואר בספה"ק דהוא ענין הוצאת נצוצות הקדושה הבלועים בקלי'] דעדיין עת ברורים הוא עד תום שית אלפי שנין, ולכן חזק את יהושע ואמצהו.

ראשית וגם [ה]משה נקרא ראשית וירא ראשית לו (דברים ל"ג,כ"א) שניהם היו בדור כ"ו ולפ"ז יהי' פי' הפסוק ויקר נוטריקון ה' ק"נני ר"אשית

גלא עמיקתא

שנין מדיליה- דהוה בר נפלא. וכדכתב רבינו ה' (י-ה-ו-ה) קנני ראשית ר"ת יק"ר ואח"כ א' זעירא י' ו' י' גימ' כ"ו- והיא כ"ו מתיבה הבאה ד"ר כ"ו. והיא א' זעירא בחינת מלכותא קדישא דאיהי [ו]דלה ועניה דלית לה מגרמה כלום ר"ת דו"ד מל"ך

לב, ו) פירש רש"י, עריות. לשון הרע, שאמרו במדרש (ילקוט שמעוני ח"א רמז שפ"ו) שהוציאו לשון הרע שאמרו 'אלה אלהיך ישראל' (שמות לב, ד). חטאו בגזל, במסכת ברכות (לה ב) אצל הנהנה מן העולם הזה בלא ברכה 'גוזל אביו ואמו ואמר אין פשע חבר הוא לאיש משחית' (משלי כח, כד), אביו הקדוש ברוך הוא אמו כנסת ישראל, מאי 'חבר הוא לאיש משחית', חבר [הוא] לירבעם בן נבט שהשחית את ישראל לאביהם שבשמים, רצה לומר בעגלים אשר עשה. הרי מעשה עגל גזילת השפעה, וכביכול התשת כח של מעלה. רמז לדבר, 'אין פשע' אין שפע. וכך הנהנה בלא ברכה, גוזל. על כן רמז להם משה 'הרגו' וכו' (שמות לב, כז) ולתת עליהם 'ברכה'. הרי שלשת אלו בפרט היו בחטא 'עגל' עריות גזל לשון הרע, וכן 'עגל' ראשי תיבות שלשת אלה. וזהו רמזו רבותינו ז"ל (סנהדרין קב א) אין לך כל חטא וחטא שאין בו מפקודת עגל, כי כל החוטא הוא מהרוב או מהמיעוט או מהכל. וכל אלו תמצא בנחש, אדם חטא בגזל שלקח פרי שאינו שלו. חוה חטאה בעריות כי בא נחש על חוה (שבת קמו א). הנחש בלשון הרע מסית ומדיח אין מהפכין כו' (סנהדרין כט א). והנה שלש מיתות היו כאן, בעדים והתראה הריגה, בעדים ולא התראה הדרוקן, ובלא עדים והתראה מגפה. כן שם בנחש, אדם בעדים ובהתראה, עֵד השם יתברך הוא העד הוא הדיין, והתראה למיתה שהתרה בו השם יתברך (בראשית ב, יז) 'ביום אכלך ממנו מות תמות'. חוה עדים בלא התראה, עֵד השם יתברך צוה (שם שם, כד) 'על כן יעזב' שאסרה תורה עריות לבני נח כמו שפירש רש"י ורבותינו ז"ל (סנהדרין נז ב), אבל לא עשה התראה למיתה. נחש לא עדים ולא התראה, רק שאין מהפכין בזכות מסית. הנה אדם הראשון תיקן חטאו בשור שהקריב, כמו שאמרו רבותינו ז"ל (שבת כח ב), וכאן חזרו לקלקולם 'וימירו את כבודם בתבנית שור' (תהלים קו, כ). [ה] **שם משמואל שמות פרשת תצוה וזכור:** ובזה יש לפרש דברי המכילתא ואהרן וחור תמכו בידיו מזה אחד ומזה אחד, אהרן בזכות כהונה, וחור בזכות המלכות. והיינו שלעומת כחו של עמלק במחשבה דיבור ומעשה, היו שלשה אלה משה אהרן וחור. משה כנגד כח המחשבה, כי משה נקרא ראשית כדכתיב (דברים ל"ג) וירא ראשית לו, והתורה שהיא מחשבה כנ"ל נקראת על שמו. אהרן הוא בעובדא ע"י מעשה עבודתו בקרבנות. חור בזכות המלכות שהיא במלולא, וכחו של דוד הי' תמיד בשירות ותשבחות, ופה מלכות קרינן לה, ובסוד (תהלים פ"ג) אלקים אל דמי לך. וע"כ משה שהוא כח המחשבה נתמך בשני כחות שהם מלולא ועובדא ע"י אהרן וחור, כהונה ומלכות, כהונה בעובדא ומלכות במלולא: [ו] **כתוב לגבי לבנה ולומדים לענין המלכות:** זוהר פרשת וישב דף קפא עמוד א פתח ואמר (ישעיה נ"ב) הנה ישכיל עבדי ירום ונשא וגבה מאד, זכאה חולקהון דצדיקייא דקודשא בריך הוא גלי לון ארחי דאורייתא למהך בהו, ת"ח האי קרא רזא עלאה איהו, הנה ישכיל עבדי ואוקמוה אבל ת"ח כד ברא קודשא בריך הוא עלמא עבד לה לסיהרא ואזער לה נהורהא דהא לית לה מגרמה כלום ובגין דאזעירת גרמה אתנהרא בגין שמשא ובתוקפא דנהורין עלאין ובזמנא דהוה בי מקדשא קיים ישראל הוו משתדלי בקורבנין ועלוון ופולחנין דהוו עבדין כהני וליואי וישראלי בגין לקשרא קשרין ולאנהרא נהורין, ולבתר דאתחרב בי מקדשא אתחשך נהורא וסיהרא לא אתנהירת מן שמשא וכו'.

אח"כ א' זעירא צורת י' ו' י' שהם הדורות מאדם עד נח הרי י' קדמאה מנח עד אברהם י' בתראה מאברהם ועד משה ו'

גלא עמיקתא

דממתק ד' חלקי פרד"ס התורה "פשט רמז דרוש סוד" גימ' (1216) "חוה" (19) פעמים "דין" (64) וממתק דינים שנמשכו לעולם בחטא חוה. ב'. דברים ל"ב,כ"א: [ז]וירא ראשית לו כי שם חלקת מחקק ספון ויתא ראשי עם צדקת ה' עשה ומשפטיו עם ישראל גימ' (5651) נ' פעמים באל"ף (113) ע"ה – רמיזא דבאלף זעירא דמשה זכה לבחינת שער ה–נ', ובמלואה זכה לה בהסתלקות בהר נב"ו נוטריקון נ' בו. ג'. ויקרא א',א': [ח]ויקרא אל משה וידבר ה' אליו מאהל מועד לאמר גימ' (1455) אלף (1000) מם שין הי – משׁ"ה במליו יודין – תנ"ה (455), ורמיזא אלף זעירא דויקרא אל משה. ד'. ישעי' מ"ד,ו': [ט]כה אמר ה' מלך ישראל וגואלו ה' צב–אות אני ראשון ואני אחרון ומבלעדי אין אלהים גימ' (2753) ב' פעמים "אלף (1000)"

[ז] מדרש זוטא - שיר השירים פרשה א: [יז] קורות בתינו ארזים רהיטנו ברותים. למד הקדוש ברוך הוא שבחו של שלמה, שבנה בית המקדש לשבע שנים ובנה [ביתו] לשלש עשרה שנה. קורות בתינו ארזים, אלו הקורות שהביא חירום (משה) [מלך צור] לשלמה. ד"א קורות בתינו ארזים. אלו שערי ניקנור שהביא אותם בים ואבד אחד מהם ועשה המקום נס, כיון שהגיע לנמל של יפו הקציפה הגל. וי"א אחת מן החיות שבים בלעה אותם, כיון שהגיע ניקנור לנמל פלטה אותה ועמדה בים שלשה ימים עד שלא נכר את כלה. ד"א קורות בתינו ארזים. זו קבורת משה, שנאמר וירא ראשית לו כי שם חלקת מחוקק ספון (דברים ל"ג כ"א). אין ספון אלא ארזים, שנאמר וספון בארז (ירמיה כ"ב י"ד). רהיטנו ברותים. זה בית השכינה. **[ח] תלמוד בבלי מסכת יומא דף ד עמוד ב:** אמר מר: ויקרא אל משה - משה וכל ישראל עומדין. מסייע ליה לרבי אלעזר, דאמר רבי אלעזר: ויקרא אל משה - משה וכל ישראל עומדין, ולא בא הכתוב אלא לחלק לו כבוד למשה. מיתיבי: קול לו - קול אליו, משה שמע וכל ישראל לא שמעו! - לא קשיא; הא - בסיני, הא - באהל מועד. ואי בעית אימא: לא קשיא, הא - בקריאה, הא - בדבור. רבי זריקא רמי קראי קמיה דרבי אלעזר, ואמרי לה: אמר רבי זריקא רבי אלעזר רמי: כתיב ולא יכל משה לבא אל אהל מועד כי שכן עליו הענן, וכתיב ויבא משה בתוך הענן! מלמד שתפסו הקדוש ברוך הוא למשה והביאו בענן. דבי רבי ישמעאל תנא: נאמר כאן בתוך ונאמר להלן בתוך, ויבאו בני ישראל בתוך הים. מה להלן שביל, דכתיב והמים להם חמה - אף כאן שביל. ויקרא אל משה וידבר למה הקדים קריאה לדיבור? לימדה תורה דרך ארץ, שלא יאמר אדם דבר לחבירו אלא אם כן קורהו. מסייע ליה לרבי חנינא, דאמר רבי חנינא: לא יאמר אדם דבר לחבירו אלא אם כן קורהו. לאמר אמר רבי מנסיא רבה: מניין לאומר דבר לחבירו שהוא בבל יאמר, עד שיאמר לו לך אמור - שנאמר וידבר ה' אליו מאהל מועד לאמר. **[ט] פרקי דרבי אליעזר פרק יא:** בַּשִּׁשִּׁי הוֹצִיא מִן הָאָרֶץ כָּל מִין בְּהֵמוֹת, זְכָרִים וּנְקֵבוֹת, טְמֵאִים וּטְהוֹרִים. וּבִשְׁנֵי סִימָנִים הֵם מְטֹהָרִים, בְּמַעֲלֵה גֵרָה וּבְמַפְרִיסֵי הַפַּרְסָה. וּשְׁלֹשָׁה מִינֵי בְּהֵמָה נִבְחֲרוּ לְקָרְבַּן עוֹלָה. אֵלּוּ הֵן, שׁוֹר וְכֶבֶשׂ וָעֵז. וְכָל מִין בְּהֵמָה טְהוֹרָה שֶׁאֵינָהּ נְבֵלָה וּטְרֵפָה, בַּשָּׂדֶה מֻתָּר בַּאֲכִילָתוֹ, חוּץ מִשְּׁלֹשָׁה דְבָרִים, הַחֵלֶב וְהַדָּם וְגִיד הַנָּשֶׁה, שֶׁנֶּאֱמַר [בראשית ט, ג] כְּיֶרֶק עֵשֶׂב נָתַתִּי לָכֶם אֶת כֹּל. בַּשִּׁשִּׁי הוֹצִיא מִן הָאָרֶץ שֶׁבַע חַיּוֹת טְהוֹרוֹת, וְאֵלּוּ הֵן, אַיָּל וּצְבִי וְיַחְמוּר וְאַקּוֹ וְדִישׁוֹן וּתְאוֹ וָזָמֶר, וְכֻלָּן שְׁחִיטָתָן וַאֲכִילָתָן כָּעוֹף. וּשְׁאָר כָּל חַיּוֹת שֶׁבַּשָּׂדֶה כֻּלָּן טְמֵאוֹת. בַּשִּׁשִּׁי הוֹצִיא מִן הָאָרֶץ כָּל שְׁקָצִים וּרְמָשִׂים כֻּלָּן טְמֵאִים. וְאֵלּוּ שֶׁנִּבְרְאוּ מִן הָאָרֶץ נַפְשָׁן וְגוּפָן מִן הָאָרֶץ, וּכְשֶׁהֵן נִגְוָעִים חוֹזְרִין לַמָּקוֹם שֶׁנִּבְרְאוּ, שֶׁנֶּאֱמַר [תהלים קד, כט] תֹּסֵף רוּחָם יִגְוָעוּן. וְכָתוּב אֶחָד אוֹמֵר [קהלת ג, כא] וְרוּחַ הַבְּהֵמָה הַיֹּרֶדֶת הִיא לְמַטָּה לָאָרֶץ. בַּשִּׁשִּׁי הוֹצִיא מִן הָאָרֶץ בְּהֵמָה שֶׁהוּא

אמצעי"ת בגי' תורה וחוזר ומפרש מה ענין ג' חלוקות אלו לזה אומר וידבר ה' אליו ר"ל צורה זו נארגת על שם של

גלא עמיקתא

שלום (376)" עם הכולל. כדמסיימינן לצלותא ה' יברך את עמו בשלום נוטריקון ב' שלום. והוא חושבן (2753) ל"ב (32) פעמים שם אלהי"ם (86) עם הכולל. והן ל"ב פעמים אלהי"ם- דכתיבי במעשה בראשית- והכולל עצמותו יתברך המשפיע בהם בחינת

רָבוּץ בְּהַרְרֵי אָלֶף, וּבְכָל יוֹם וָיוֹם מַרְעִיתוֹ אֶלֶף הָרִים, וּבַלַּיְלָה הֵם נִצְמָחִין מֵאֲלֵיהֶן כְּאִלּוּ לֹא נָגַע בָּהֶם, שֶׁנֶּאֱמַר [איוב מ, כ] כִּי בוּל הָרִים יִשְׂאוּ לוֹ. וּמֵי יַרְדֵּן לְהַשְׁקוֹתוֹ, שֶׁמֵּימֵי הַיַּרְדֵּן סוֹבְבִין אֶת כָּל אֶרֶץ יִשְׂרָאֵל, חֶצְיָן לְמַעְלָה מִן הָאָרֶץ וְחֶצְיָן לְמַטָּה מִן הָאָרֶץ, שֶׁנֶּאֱמַר [שם כג] יִבְטַח כִּי יָגִיחַ יַרְדֵּן אֶל פִּיהוּ. וְהוּא מוּכָן לִסְעוּדָה גְדוֹלָה שֶׁל צַדִּיקִים, שֶׁנֶּאֱמַר [שם יט] הָעֹשׂוֹ יַגֵּשׁ חַרְבּוֹ: מִיָּד אָמַר הַקָּדוֹשׁ בָּרוּךְ הוּא לַתּוֹרָה, נַעֲשֶׂה אָדָם בְּצַלְמֵנוּ כִּדְמוּתֵנוּ [בראשית א, כו]. הֵשִׁיבָה הַתּוֹרָה וְאָמְרָה רִבּוֹן כָּל הָעוֹלָמִים, הָעוֹלָם שֶׁלָּךְ, הָאָדָם הַזֶּה שֶׁאַתָּה רוֹצֶה לִבְרֹאתוֹ הוּא קְצַר יָמִים וּשְׂבַע רֹגֶז וְיָבֹא לִידֵי חֵטְא, וְאִם אֵין אַתָּה מַאֲרִיךְ אַפְּךָ עִמּוֹ רָאוּי לוֹ שֶׁלֹּא בָא לָעוֹלָם. אָמַר לָהּ הַקָּדוֹשׁ בָּרוּךְ הוּא וְכִי עַל חִנָּם נִקְרֵאתִי אֶרֶךְ אַפַּיִם וְרַב חֶסֶד. הִתְחִיל לְקַבֵּץ אֶת עֲפָרוֹ שֶׁל אָדָם הָרִאשׁוֹן מֵאַרְבַּע כַּנְפוֹת הָאָרֶץ, אָדוֹם שָׁחוֹר לָבָן יָרֹק. אָדוֹם זֶה הַדָּם, שָׁחוֹר אֵלּוּ הַקְּרָבַיִם, לָבָן אֵלּוּ עֲצָמוֹת וְגִידִים, יָרֹק זֶה הַגּוּף. וְלָמָּה כִּנֵּס אֶת עֲפָרוֹ מֵאַרְבַּע פִּנּוֹת הָעוֹלָם, אֶלָּא אָמַר הַקָּדוֹשׁ בָּרוּךְ הוּא, אִם יָבֹא אָדָם מִמִּזְרָח לַמַּעֲרָב אוֹ מִמַּעֲרָב לַמִּזְרָח אוֹ בְּכָל מָקוֹם שֶׁיֵּלֵךְ וּבָא קִצּוֹ לְהִפָּטֵר מִן הָעוֹלָם, שֶׁלֹּא תֹּאמַר הָאָרֶץ שֶׁבְּאוֹתוֹ מָקוֹם אֵין עֲפַר גּוּפְךָ מִשֶּׁלִּי וְאֵינִי מְקַבֵּל אוֹתְךָ, חֲזֹר לַמָּקוֹם שֶׁנִּבְרֵאתָ מִשָּׁם. אֶלָּא לְלַמֶּדְךָ שֶׁכָּל מָקוֹם שֶׁיֵּלֵךְ אָדָם וּבָא קִצּוֹ לְהִפָּטֵר מִן הָעוֹלָם, מִשָּׁם הוּא עֲפַר גּוּפוֹ וּלְשָׁם הוּא חוֹזֵר, וְאוֹתוֹ עָפָר יָרִים קוֹלוֹ, שֶׁנֶּאֱמַר [בראשית ג, יט] כִּי עָפָר אַתָּה וְאֶל עָפָר תָּשׁוּב. וּשְׁתֵּים עֶשְׂרֵה שָׁעוֹת הָיָה הַיּוֹם, בְּשָׁעָה רִאשׁוֹנָה צָבַר אֶת עֲפָרוֹ שֶׁל אָדָם, שְׁנִיָּה גִּבְּלוֹ, שְׁלִישִׁית רִקְּמוֹ, רְבִיעִית זָרַק בּוֹ נְשָׁמָה, חֲמִישִׁית הֶעֱמִידוֹ עַל רַגְלָיו, שִׁשִּׁית קָרָא שֵׁמוֹת, שְׁבִיעִית נִזְדַּוְּגָה לוֹ חַוָּה, שְׁמִינִית נִצְטַוּוּ עַל פֵּרוֹת הָאִילָן, תְּשִׁיעִית עָלוּ לַמִּטָּה שְׁנַיִם וְיָרְדוּ אַרְבָּעָה, עֲשִׂירִית הִכְנִיסוֹ לְגַן עֵדֶן וְעָבַר עַל צִוּוּיוֹ, אַחַת עֶשְׂרֵה נִדּוֹן, שְׁתֵּים עֶשְׂרֵה נִתְגָּרֵשׁ, שֶׁנֶּאֱמַר [שם כד] וַיְגָרֶשׁ אֶת הָאָדָם. וְגִבֵּל אֶת עֲפָרוֹ שֶׁל אָדָם הָרִאשׁוֹן, וּבְמָקוֹם טָהוֹר הָיָה, בְּטַבּוּר הָאָרֶץ הָיָה, וְרִקְּמוֹ וְתִקְּנוֹ, וְרוּחַ וּנְשָׁמָה לֹא הָיְתָה בּוֹ. מֶה עָשָׂה הַקָּדוֹשׁ בָּרוּךְ הוּא, נָפַח בּוֹ בְּרוּחַ נִשְׁמַת פִּיו וְזָרַק בּוֹ נְשָׁמָה, שֶׁנֶּאֱמַר [שם ב, ז] וַיִּפַּח בְּאַפָּיו נִשְׁמַת חַיִּים. וְעָמַד אָדָם עַל רַגְלָיו, וְהָיָה מִסְתַּכֵּל כְּלַפֵּי מַעְלָה וּמַטָּה. וְהָיְתָה קוֹמָתוֹ מִסּוֹף הָעוֹלָם וְעַד סוֹפוֹ, שֶׁנֶּאֱמַר [תהלים קלט, ה] אָחוֹר וָקֶדֶם צַרְתָּנִי. אָחוֹר זֶה מַעֲרָב, וָקֶדֶם זֶה מִזְרָח. וְרָאָה אֶת כָּל הַבְּרִיּוֹת שֶׁבָּרָא הַקָּדוֹשׁ בָּרוּךְ הוּא, הִתְחִיל מְפָאֵר לְשֵׁם בּוֹרְאוֹ וְאָמַר מָה רַבּוּ מַעֲשֶׂיךָ ה' [שם קד, כד]. עָמַד עַל רַגְלָיו, וְהָיָה מְתֹאָר בִּדְמוּת אֱלֹהִים. רָאוּ אוֹתוֹ הַבְּרִיּוֹת וְנִתְיָרְאוּ, כִּסְבוּרִין שֶׁהוּא בּוֹרְאָן, וּבָאוּ כֻּלָּם לְהִשְׁתַּחֲווֹת לוֹ, אָמַר לָהֶם בָּאתֶם לְהִשְׁתַּחֲווֹת לִי בּוֹאוּ אֲנִי וְאַתֶּם נֵלֵךְ וְנַלְבִּישׁ גֵּאוּת וָעֹז וְנַמְלִיךְ עָלֵינוּ מִי שֶׁבְּרָאָנוּ, לְפִי שֶׁהָעָם מַמְלִיכִין אֶת הַמֶּלֶךְ, וְאֵין הַמֶּלֶךְ מַמְלִיךְ אֶת עַצְמוֹ אִם אֵין הָעָם מַמְלִיכִין אוֹתוֹ. הָלַךְ אָדָם לְעַצְמוֹ וְהִמְלִיךְ אוֹתוֹ רִאשׁוֹן וְכָל הַבְּרִיּוֹת אַחֲרָיו, וְאָמַר ה' מָלָךְ גֵּאוּת לָבֵשׁ וְגוֹ' [תהלים צג, א]: עֲשָׂרָה מְלָכִים מָלְכוּ מִסּוֹף הָעוֹלָם וְעַד סוֹפוֹ. מֶלֶךְ הָרִאשׁוֹן זֶה הַקָּדוֹשׁ בָּרוּךְ הוּא, שֶׁהוּא מוֹלֵךְ בַּשָּׁמַיִם וּבָאָרֶץ, וְעָלָה בְּמַחֲשַׁבְתּוֹ לְהָקִים מְלָכִים עַל הָאָרֶץ, שֶׁנֶּאֱמַר [דניאל ב, כא] וְהוּא מְהַשְׁנֵא עִדָּנַיָּא וְזִמְנַיָּא מְהַעְדֵּה מַלְכִין וּמְהָקֵים מַלְכִין וְגוֹ'. הַמֶּלֶךְ הַשֵּׁנִי זֶה נִמְרוֹד שֶׁמָּשַׁל מִסּוֹף הָעוֹלָם וְעַד סוֹפוֹ, שֶׁהָיוּ כָּל הַבְּרִיּוֹת יְרֵאִים מִמֵּי הַמַּבּוּל, וְנִמְרוֹד הָיָה עֲלֵיהֶם מֶלֶךְ, שֶׁנֶּאֱמַר [בראשית י, י] וַתְּהִי רֵאשִׁית מַמְלַכְתּוֹ בָּבֶל. הַמֶּלֶךְ הַשְּׁלִישִׁי זֶה יוֹסֵף שֶׁמָּשַׁל מִסּוֹף הָעוֹלָם וְעַד סוֹפוֹ, שֶׁנֶּאֱמַר [שם מא, נז] וְכָל הָאָרֶץ בָּאוּ מִצְרַיְמָה. אָרֶץ אֵין כְּתִיב כָּאן, אֶלָּא וְכָל הָאָרֶץ. וְהָיוּ מְבִיאִין אֶת הַמַּס שֶׁלָּהֶן וּמִנְחָה לִשְׁבֹּר אֶל יוֹסֵף, שֶׁאַרְבָּעִים שָׁנָה הָיָה מִשְׁנֶה לְמֶלֶךְ בְּמִצְרַיִם, וְאַרְבָּעִים שָׁנָה מָלַךְ לְעַצְמוֹ, שֶׁנֶּאֱמַר [שמות א, ח] וַיָּקָם מֶלֶךְ חָדָשׁ עַל מִצְרָיִם וְגוֹ'. מֶלֶךְ הָרְבִיעִי זֶה שְׁלֹמֹה שֶׁמָּלַךְ מִסּוֹף הָעוֹלָם וְעַד סוֹפוֹ, שֶׁנֶּאֱמַר [מ"א ה, א] וּשְׁלֹמֹה הָיָה מוֹשֵׁל בְּכָל הַמַּמְלָכוֹת וְגוֹ'. וְהֵמָּה מְבִיאִים אִישׁ

הוי"ה שהתורה כולה בנויה על זה השם בסוד (ישעי' מ"ד,ו') אני ראשון י' עילאה ואני אחרון י' תתאה ומבלעדי אין אלהים ו'

גלא עמיקתא

[י]אלף זעירא צורת יוד. והנה הני ד' פסוקים דמביא רבינו לקביל ד' אתוון דשמא קדישא [י-ה-ו-ה]: י ה' קנני ראשית דרכו וכו'- י' חכמה קדומה ראשית חכמה וכו'. ה וירא ראשית לו וכו' דסליק לחושבן נ' פעמים באל"ף- ה' עילאה בחינת שער ה-נ' יובל שנת החמישים. ו ויקרא אל משה וכו' סליק לחושבן (1455) ה' פעמים "זרעו בו" (291) (בראשית א',י"א) ו' היינו יסוד. ה כה אמר ה' מלך ישראל וכו' בחינת מלכותא קדישא. דממלכות דאצילות נבראו בי"ע בחינת יש מאין והוא ל"ב אלהי"ם דמעשה בראשית בחינת (תהל' נ"א,י"ב) "לב טהור ברא לי אלהים". וכל ד' הפסוקים יחד סליקו לחושבן (11,664): כ"ד פעמים "אדם אתם" (486) (יחזקאל ל"ב,ל"א) [דמכאן דרשו חז"ל [יא]אדם אתם אתם קרויין אדם ואין עכו"ם קרויין אדם] והן כ"ד קשוטי כלה. וזהו

מִנְחָתוֹ כְּלֵי כֶסֶף וּכְלֵי זָהָב וּשְׂלָמוֹת וְנֶשֶׁק וּבְשָׂמִים סוּסִים וּפְרָדִים דְּבַר שָׁנָה בְּשָׁנָה [שם י, כה]. מֶלֶךְ הַחֲמִישִׁי זֶה אַחְאָב מֶלֶךְ יִשְׂרָאֵל, שֶׁנֶּאֱמַר [מ"א יח, י] חַי ה' אֱלֹהֶיךָ אִם יֶשׁ גּוֹי וּמַמְלָכָה וְגוֹ'. וְהָיוּ כָּל שָׂרֵי אִפַּרְכִיּוֹת כְּבוּשִׁים תַּחְתָּיו, מְשַׁלְּחִים וּמְבִיאִים הַמַּס שֶׁלָּהֶן לְאַחְאָב וּמִנְחוֹתֵיהֶם. וַהֲלֹא כָּל אִפַּרְכִיּוֹת שֶׁבָּעוֹלָם מָאתַיִם וּשְׁלֹשִׁים וּשְׁנַיִם, שֶׁנֶּאֱמַר [שם כ, טו] וַיִּפְקֹד אֶת נַעֲרֵי שָׂרֵי הַמְּדִינוֹת וְגוֹ'. אֲחַשְׁוֵרוֹשׁ מָלַךְ בְּחֶצְיוֹ שֶׁל עוֹלָם מֵאָה וְשֵׁשׁ עֶשְׂרֵה מְדִינוֹת. וּבִזְכוּת אֶסְתֵּר נִתּוֹסְפוּ לוֹ אַחַת עֶשְׂרֵה מְדִינוֹת, שֶׁנֶּאֱמַר [אסתר א, א] אֲחַשְׁוֵרוֹשׁ הַמֹּלֵךְ מֵהֹדּוּ וְעַד כּוּשׁ וְגוֹ'. הַמֶּלֶךְ הַשִּׁשִּׁי זֶה נְבוּכַדְנֶצַּר, שֶׁנֶּאֱמַר [דניאל ב, לח] וּבְכָל דִּי דָיְרִין בְּנֵי אֲנָשָׁא. וְלֹא עוֹד אֶלָּא בְּעוֹפוֹת מָשַׁל, שֶׁאֲפִלּוּ עוֹף לֹא הָיָה יָכוֹל לִפְתֹּחַ פִּיו חוּץ מֵרְשׁוּתוֹ, שֶׁנֶּאֱמַר [ישעיה י, יד] וְלֹא הָיָה נֹדֵד כָּנָף וּפֹצֶה פֶה וּמְצַפְצֵף. מֶלֶךְ הַשְּׁבִיעִי זֶה כּוֹרֶשׁ מֶלֶךְ פָּרַס, שֶׁנֶּאֱמַר [דברי הימים ב, לו, כג] כֹּה אָמַר כּוֹרֶשׁ מֶלֶךְ פָּרַס כָּל מַמְלְכוֹת הָאָרֶץ וְגוֹ'. מֶלֶךְ הַשְּׁמִינִי הוּא אֲלֶכְּסַנְדְּרוֹס מוֹקְדּוֹן, שֶׁמָּשַׁל מִסּוֹף הָעוֹלָם וְעַד סוֹפוֹ, שֶׁנֶּאֱמַר [דניאל ח, ה] וַאֲנִי הָיִיתִי מֵבִין וְהִנֵּה צְפִיר הָעִזִּים בָּא מִן הַמַּעֲרָב. עַל פְּנֵי הָאָרֶץ אֵין כְּתִיב כָּאן, אֶלָּא עַל פְּנֵי כָל הָאָרֶץ [שם], לֵידַע מַה בְּקַצְוֹות הָאָרֶץ. וְלֹא עוֹד אֶלָּא שֶׁרָצָה לַעֲלוֹת לַשָּׁמַיִם לֵידַע מַה שֶּׁבַּשָּׁמַיִם, וְלֵירֵד לַתְּהוֹמוֹת וְלֵידַע מַה בַּתְּהוֹמוֹת, וְחָצָה הַמַּלְכוּת לְאַרְבַּע רוּחוֹת הַשָּׁמַיִם, שֶׁנֶּאֱמַר [שם יא, ד] וּכְעָמְדוֹ תִּשָּׁבֵר מַלְכוּתוֹ וְתֵחָץ לְאַרְבַּע רוּחוֹת הַשָּׁמָיִם. מֶלֶךְ הַתְּשִׁיעִי זֶה מֶלֶךְ

הַמָּשִׁיחַ, שֶׁהוּא עָתִיד לִמְלֹךְ מִסּוֹף הָעוֹלָם וְעַד סוֹפוֹ, שֶׁנֶּאֱמַר [דניאל ב, לה] וְאַבְנָא דִּי מְחָת לְצַלְמָא הֲוָת לְטוּר רַב וּמְלָאת כָּל אַרְעָא. הַמֶּלֶךְ הָעֲשִׂירִי חוֹזֶרֶת הַמְּלוּכָה לִבְעָלֶיהָ, מִי שֶׁהָיָה הַמֶּלֶךְ הָרִאשׁוֹן הוּא הַמֶּלֶךְ הָאַחֲרוֹן, שֶׁנֶּאֱמַר [ישעיה מד, ו] אֲנִי רִאשׁוֹן וַאֲנִי אַחֲרוֹן וּמִבַּלְעָדַי אֵין אֱלֹהִים. וּכְתִיב [זכריה יד, ט] וְהָיָה ה' לְמֶלֶךְ עַל כָּל הָאָרֶץ. וְתַחֲזֹר הַמְּלוּכָה לְיוֹרְשֶׁיהָ, וְאָז וְהָאֱלִילִים כָּלִיל יַחֲלֹף [ישעיה ב, יח]. וְנִשְׂגַּב ה' לְבַדּוֹ בַּיּוֹם הַהוּא [שם יא], וְיִרְעֶה אֶת צֹאנוֹ וְיַרְבִּיצֵם, כִּדְכְתִיב [יחזקאל לד, טו] אֲנִי אֶרְעֶה צֹאנִי וַאֲנִי אַרְבִּיצֵם. וְנִרְאֵהוּ עַיִן בְּעַיִן, כְּמוֹ שֶׁכָּתוּב [ישעיה נב, ח] כִּי עַיִן בְּעַיִן יִרְאוּ בְּשׁוּב ה' צִיּוֹן אָמֵן. [י] **מגלה עמוקות על א' זעירא דויקרא אופן ע"ח:** רמז הקב"ה בכאן בצורת א' שהיא צורת י' סוד המקוה שהוא סוד שיעור קומה בהיפך אתוון הוקם המשכן אז נשלמה המקוה של מעלה. שיש ר"ם קבין במקוה. לכן היו ישראל ד' פעמים ס' רבוא שהם ר"ם רבוא. **[יא] תלמוד בבלי מסכת יבמות דף סא עמוד א:** קברי עובדי כוכבים אינן מטמאין באהל, שנא': ואתן צאני צאן מרעיתי אדם אתם, אתם קרויין אדם, ואין העובדי כוכבים קרויין אדם. מיתיבי: ונפש אדם ששה עשר אלף! משום בהמה. אשר יש בה הרבה משתים עשרה רבוא אדם אשר לא ידע בין ימינו לשמאלו (ובהמה רבה)! משום בהמה. כל הורג נפש וכל נוגע בחלל תתחטאו! דלמא איקטיל חד מישראל. ורבנן? לא נפקד ממנו

אמצעית לכן ניתנה התורה בו' בסיון [יג]וכותבים הסופרים ווי העמודים (שמות ל"ח,י').

גלא עמיקתא

״אדם אתם״ אתוון ״אדם אמת״ דהקב״ה נתן תורת אמ״ת – למי שיש לו צורת אד״ם – [יב]מלשון (ישעי׳ י״ד,י״ד) ״אדמה לעליון״, ובזה מתקן חטא אדם הראשון שלא המתין ואכל מעץ הדעת כאמרם (שבת פ״ז ע״א) [יד]משה הוסיף יום אחד מדעתו – כדי שתהיה קבלת התורה ב–ז׳ סיון [טו]דלכולי עלמא בשבת ניתנה תורה (שם בסוגיא) שתהיה נתינתה ביום הקדוש. וזהו גופא תיקון לחטא אדם הראשון דלא המתין לזיווגו ליום שבת קודש דאז (תהלים ה׳,ה׳) ״לא יגורך רע״– ונתקנא בו האי חויא בישא והחטיא את חוה אשתו, ולכן אמרו חז״ל [טז]תלמידי חכמים זיווגן משבת לשבת. דמתקנים חטאו של אדם הראשון, דפגם בצורה העליונה שנוצר בה– י׳– ראש, ה׳– אצבעות, יד ימין ה׳ (ועם ה׳ דיד שמאל במלוי ההין הה) ו׳– גוף, ה׳– אצבעות רגל ימין (ועם ה׳ דשמאל המלוי דההין הה כנ״ל). וזהו

איש. ור' שמעון בן יוחי? לא נפקד ממנו איש לעבירה. רבינא אמר: נהי דמעטינהו קרא מאטמויי באהל, דכתיב: אדם כי ימות באהל, ממגע ומשא מי מעטינהו קרא? **[יב] של"ה פרשת וישב מקץ ויגש תורה אור:** ועל כן אמרו (סוכה נב ב) אם פגע בך מנוול [זה] משכהו לבית המדרש. ואז תורת ה' היא נקראת 'תורת האדם', כי קריאת שם 'אדם' הוא מלשון 'אדמה לעליון' (ישעיה יד, יד). והיה צודק בו שם אדם קודם שחטא, ויושלם תיקון קריאת שם אדם בהשלמת אדם דוד משיח. וישראל הם נקראים אדם (יבמות סא א). ואדם וחוה שגרמו להיות הטפה סרוחה, ומכח החטא ק"ל שנה היה אדם מוציא קרי ונולדו רוחות ולילין (עירובין יח ב), הוצרך הצירוף והתיקון להיות במצרים שתסור הטומאה מזרע קודש, דהיינו זרע יעקב שהוא מעין שופריה דאדם (בבא מציעא פד א) קודם שחטא. **[יג] שם הגדולים מערכת ספרים אות ו קונטרס אחרון [א] ווי העמודים:** [א] ווי העמודים כתבו הגמ"י שאין לכתוב בס"ת ווי העמודים שלא יכתוב כתיבה תמימה ויבא לעשות ריוח במקום אחד ולצמצם במקום אחר. אמנם דע כי יש סוד גדול לכתוב ס"ת ווי העמודים. ולמאי דחיישי ההגהות היום נדפס חומש א' באמשטרדם נקרא עזרת סופר ווי העמודים מתוקן מאד לכתוב ס"ת: **[יד] תלמוד בבלי שבת דף פז עמוד א:** דתניא: שלשה דברים עשה משה מדעתו והסכים הקדוש ברוך הוא עמו: הוסיף יום אחד מדעתו, ופירש מן האשה, ושבר את הלוחות. הוסיף יום אחד מדעתו. מאי דריש? היום ומחר - היום כמחר, מה למחר - לילו עמו, אף היום - לילו עמו. ולילה דהאידנא נפקא ליה. שמע מינה - תרי יומי לבר מהאידנא. ומנלן דהסכים הקדוש ברוך הוא על ידו - דלא שריא שכינה עד צפרא דשבתא. **[טו] תלמוד בבלי שבת דף פו עמוד ב:** תנו רבנן: בששי בחדש ניתנו עשרת הדברות לישראל. רבי יוסי אומר: בשבעה בו. אמר רבא: דכולי עלמא - בראש חדש אתו למדבר סיני, כתיב הכא ביום הזה באו מדבר סיני, וכתיב התם החדש הזה לכם ראש חדשים, מה להלן - ראש חדש, אף כאן - ראש חדש. ודכולי עלמא - בשבת ניתנה תורה לישראל, כתיב הכא זכור את יום השבת לקדשו, וכתיב התם ויאמר משה אל העם זכור את היום הזה, מה להלן - בעצומו של יום, אף כאן - בעצומו של יום. **[טז] זוהר ויקרא פרשת אחרי מות דף עח עמוד א:** ר' חזקיה אמר כלא ברזא עלאה הוא לאחזאה דמאן דפגים לתתא פגים לעילא, ערות כלתך לא תגלה דתנינן, עונתן של ת"ח משבת לשבת, בגין דידעין רזא דמלה ויכוונון לא וישתכח רעותהון שלים ובנין דאולידו אקרון בגין דמלכא, ואי איליך פגימו מלה לתתא כביכול פגמין אינון בכלה דלעילא כדין כתיב ערות כלתך לא תגלה, דא בגין אינון דידעין אורחין דאורייתא, שאר עמא ההוא דאתגליא כלתך ממש, ובחובא דא שכינתא אסתלקת מבינייהו.

[יז] **תלמוד בבלי סוטה דף ג עמוד א**: תניא, היה רבי מאיר אומר: אדם עובר עבירה בסתר והקב"ה מכריז עליו בגלוי, שנאמר: ועבר עליו רוח קנאה, ואין עבירה אלא לשון הכרזה, שנאמר: ויצו משה ויעבירו קול במחנה. ריש לקיש אמר: אין אדם עובר עבירה אא"כ נכנס בו רוח שטות, שנא': איש איש כי תשטה אשתו, תשטה כתיב. תנא דבי רבי ישמעאל: מפני מה האמינה תורה עד אחד בסוטה? שרגלים לדבר, שהרי קינא לה ונסתרה, ועד אחד מעידה שהיא טמאה.

גלא עמיקתא

דחושבן "ראש גוף כ' פעמים אצבע" גימ' (3860) י' פעמים "דוד בן ישי" (386) דהוא תקונא דאדם הראשון דיהב ליה ע' שנין מדיליה לתקן דעת ק"ל [יז]דנכנס בו רוח שטות- ע' במלוי "עין" גימ' (130) ק"ל. ויהי רצון דהשי"ת ישלח לנו בן דוד דיבא ויגאלנו וישים קץ וסוף לאריכות גלותנו וננוחם בבנין בית מקדשנו דנבוא ונראה בו ומשיח צדקנו בראשנו בב"א.

אופן פא

איתא ברעיא מהימנא פרשת פנחס שכנפי ד' החיות הם רנ"ו רנו ליעקב שמחה מזה הטעם נבחר אהרן להיות כה"ג לפי שהוא כולל כל כנפי ד' החיות שכן אהרן עולה לחשבון רנ"ו ואיתא בסודי רזי שבשעה שירדה השכינה למטה בשעת הקמת המשכן אמרו מלאכי השרת לפני הקב"ה מפני מה אתה מניח את העליונים שהם מקלסין אותך ברנ"ו כנפים ורוצה לשרות שכינתך בתחתונים השיב הקב"ה יש לי אדם אחד הוא כלול ו' יותר מכל כנפי החיות שכן אהרן מלא בו' שהוא כולל ו' יותר מן רנ"ו. זה סוד וירא העם כי באו שש ויקהלו על אהרן ר"ל שמתחילה היה משה דרגא דו' ובזה בחר הקב"ה במשה שהוא כולל כל כנפי החיות כדאיתא ברעיא מהימנא בפ' ויצא ש' של משה היא כוללת ג' חיוון אריה שור נשר נשתייר אתוון מ"ה הוא פני אדם הרי משה מצד שהוא כולל בשמו כל ד' חיות והוא דרגא דו' לכן בחר הקב"ה לשרות שכינתו למטה ז"ש ומשה עלה אל האלהים ר"ל ו' יתירה דכלול משה דרגא דו' זה גרם שעלה אל האלהים שהוא רכב אלהים למטה שכולל ד' כנפי החיות שהם רנ"ו ויש לו סוד ו' באו שש ועתה כי זה משה האיש שלא ידענו מה היה לו לכן ויקהלו על אהרן שהרי גם הוא

כלול ו׳ יותר מכל כנפי החיות וז״ש עשה לנו אלהים עשה דייקא כי אתה הוא הכולל ו׳ יותר מן כל כנפי החיות. והנה בפסוק הזה רמוזין כל ד׳ חיות ויקר אל משה מה יקר חסדיך פני אריה שהוא ימין מצד החסד וידבר ה׳ אליו פני נשר כי אתם ראיתם כי מן השמים דברתי עמכם שמים דייקא דרך נשר בשמים מאוהל מועד הוא פני שור שהי׳ המזבח דמות שור אח״כ אדם כי יקריב הרי אדם לכך א׳ זעירא כי צורת א׳ שהיא י״ו למעלה י״ו למטה תכה זה על זה י״ו פעמים י״ו הרי רנ״ו מזה הטעם נקרא ארון א׳ הוא צורת י״ו על י״ו נשתיירו אתון רנ״ו הרי שארון הוא לקביל כסא הכבוד דתמן רנ״ו כנפי החיות.

אופן פא

[א]איתא ברעיא מהימנא פרשת פנחס שכנפי ד' החיות הם רנ"ו (ירמי' ל"א,ו') רנו ליעקב שמחה מזה הטעם נבחר אהרן להיות

גלא עמיקתא

והנה באור הפסוקים כמו שמביאם המגלה עמוקות בס"ד: א'. [ב]כי כה אמר ה', רנו ליעקב שמחה וצהלו בראש הגוים, השמיעו הללו ואמרו הושע ה' את עמך את שארית ישראל (ירמי' ל"א,ו') גימ' (5393) ד' פעמים "א' שמ"ח" (1348) ב–א' רבתי ע"ה כגון (תהל' ק"ד,ל"ד) "אנכי אשמח בה"" ועוד רבים, והיא השמחה הגדולה דלעתיד לבוא ונגלה כבוד הוי' וכו' (ישעי' מ',ה'). ב'. [ג]וירא העם כי בשש משה לרדת מן ההר,

[**א**] **זוהר - רעיא מהימנא במדבר פרשת פנחס דף רל עמוד ב:** ובגין כך חיוון אשא לעילא ממללן כענפין דאילנא דהוו מתקבצין תמן במזמוטי חתן וכלה, באן אחר בק"ש דתמן ואשמע את קול כנפיהם דאינון ס"ד לד' גדפין ד' זמנין ס"ד סלקין רנ"ו והאי איהו (ירמיה לא) רנו ליעקב שמחה אימתי לבתר דנטיל נוקמא משנאוי ויוקיד טעוון דלהון הדא הוא דכתיב (משלי יא) ובאבוד רשעים רנה איהו הנר (ס"א מ' שנין) לאשלמא ע"ב ע"ב ותליין ס"ד מן תמני' א"ז והכי ס"ד מסתמני' א"ז לד' סטרין רנ"ו וכד מטי לל"ב דאינון א"ז א"ז א"ז א"ז דאינון ח' ח' ח' ח' אתחבר י' לכל סטר למהוי ח"י יהו"ה בח"י ברכאן דצלותא דאית בהון ח"י זמנין ידו"ד דסלקין ע"ב בההוא זמנא דמתחברא יהו"ה באדנ"י בח"י עלמין יאהדונהי מיד דחיון דאש חשות מה כתיב בהון (יחזקאל א) בעמדם תרפינה כנפיהם בעמדם ישראל בגלותא (נ"א בצלותא) תרפינה כנפיהם דלא ישתמודעון עד ההיא שעתא והאי איהו רק שפתיה נעות דאינון כנפי החיות וקולה לא ישמע וכו' [**ב**] **אליהו רבה פרשה יח:** דבר אחר קומי רוני בלילה, אין רננה זו אלא שמחה, שנאמר כה אמר ה' רנו ליעקב שמחה וגו' (ירמיה ל"א ו'), ואומר רני ושמחי בת ציון (זכריה ב' י"ד), רני ברננות הרבה, ושמחי בשמחות הרבה, מפני מה, כי הנני בא ושכנתי בתוכך נאם ה' (שם /זכריה ב'/), ואומר הסיר ה' משפטיך וגו' (צפניה ג' ט"ו), ואומר ויראני ה' ארבעה חרשים (זכריה ב' ג'), משיח בן דוד, משיח בן יוסף, אליהו וכהן צדק. ברוך המקום ברוך הוא שבחר בחכמים ולתלמידיהם ולתלמידי תלמידיהם, ומקיים עליהם במידה שאדם מודד בה מודדין לו, וכשם שיושבין בבתי כנסיות ובבתי מדרשות, שבכל יום שפנוי להן קורין לשם שמים ושונין לשם שמים, ויריאין בלבבן ומחקקין דברי תורה על פיהם, ומקיימין עליהן, כי קרוב אליך הדבר מאד בפיך וגו' (דברים ל' י"ד) [ומקבלין עליהן עול שמים, כך הקדוש ברוך הוא כביכול נותן להם שמחה לצדיקים בעל כרחם שלא בטובתן שנאמר נתת שמחה בלבי (תהלים ד' ח')], משלו משל, למה הדבר דומה, למלך בשר ודם שהיתה לו גינת עצים סמוכה לתוך ביתו, ומזבלה ומעדרה ומשקה מים (מהשקה) [מהשוקת], ונותן לה זבל בזמנה, כל עץ ועץ שיש בה ימי זקנותו יפין לו מימי בחורותיו, כך כל חכם וחכם מישראל שיש בו דברי תורה לאמיתו, ימי זקנותו יפין לו מימי בחורותיו, שנאמר לא יבנו [ואחר ישב לא יטעו] ואחר יאכל [וגו'], ואומר לא יגעו לריק וגו' (ישעיה ס"ה כ"ב וכ"ג), ואומר וקוי ה' יחליפו כח וגו' (שם /ישעיהו/ מ' ל"א), דבר זה עתיד להיות בסוף ונעשה מקצתו היום. [**ג**] **מנחת חינוך מצוה כז:** הנה הלאו הזה מיירי בעושה צלמים ע"מ לעבדם עובר בלאוי' הללו כמו שמבואר בד' הר"מ ובד' הרהמ"ח כאן ומצוה רי"ד ובלאו זה אין חילוק בין צורה לצורה כמ"ש בר"ה אי לעבדם אפי' שלשול קטן דלדעת הר"מ היינו בעוש' ע"מ לעבדם ע' בסה"מ בר"מ ורמב"ן ובמגלת אסתר ואפי' לדעת הרמב"ן שהפשט שם דלעבדם היינו לעבוד ולא קאי על העשי' והלאו הוא מפעמים קדושים מ"מ פשוט דכל צורה אסור רק לאו דלא תעשון אתי לקמן מצוה ל"ט דדרשינן דאסור לעשות צורות אפי' לנוי שם מפליגינן בין צורת אדם או משמשין ובין שאר צורות ער"מ כאן ותראה ובסוגיא דר"ה וע"ז אבל ע"מ לעבדם אין שום חילוק לכ"ע ע"כ תמוהים לי ד' הרהמ"ח כאן

כה"ג לפי שהוא כולל כל כנפי ד' החיות שכן אהרן עולה לחשבון רנ"ו ואיתא בסודי רזי שבשעה שירדה השכינה למטה בשעת הקמת המשכן אמרו מלאכי השרת לפני הקב"ה מפני מה אתה [ד]מניח את העליונים שהם מקלסין אותך

גלא עמיקתא

ויקהל העם על אהרן ויאמרו אליו קום עשה לנו אלהים אשר ילכו לפנינו, כי זה משה האיש אשר העלנו מארץ מצרים לא ידענו מה היה לו (שמות ל"ב,א') גימ' (7009) "טוב ה'" (43) פעמים "ויהי ידיו אמונה" (163) (שם י"ז,י"ב) דנפלו העם מאמונתם אע"פ שזה עתה טעמו וראו כי טוב ה' – והיא הוראה לדורות תורה מלשון הוראה– יהיה מה שיהיה– יש להתחזק במדת האמונה. ואף כשנופל ממדת הבטחון שבע יפול צדיק וקם ס"ת עמל"ק– אינו נופל לקלי' ח"ו אלא רק

שכתב דין המצוה איזה צורה אסורה ואיזה מותרת והחילוק שבין בולטת לשוקעת מה ענין זה לכאן דכאן לכוונת עבודה כל הצורות אסורים ואין חילוק בין בולטת לשוקעת בכ"ע עובר בלאו רק בעושה צורות לנוי אז חילוק בין הצורות עש"ס ור"מ ויבואר לקמן בעזה"י וגם יש חילוק בין בולטת לשוקעת ע"כ ד' הרהמ"ח צע"ג. וע' בספ"י סוגיא דר"ה דלא תעשון אתי כתב דישראל אמרו לאהרן עשה לנו וכו' כי זה משה האיש נראה דביקשו פרצוף אדם תמורת מרע"ה והוא לא עשה כן רק פרצוף שור דאהרן ידע הדרשה דלא תעשון אתי היינו אותי דפרצוף אדם אסור ע"כ עשה להם פרצוף שור. ולכאורה לפמ"ש אם הכונה לעבוד אין חילוק בין פרצוף לפרצוף. אך כוונתו דהנה באמת ישראל לא רצו לעשות את העגל בדרך אלקות רק מנהיג במקום מרע"ה אך לאחר העשי' היו הערב רב חוטאים ומחטיאים את ישראל כי אמרו וכו' כמ"ש בתורה והאריכו המפרשים א"כ כיון שלא רצו העשי' לעבודה ע"כ לא הי' איסור בדבר רק פרצוף אדם ומשמשין אסור בכ"ע אם כן לא עשה אהרן דמות אדם ולא עבר כלום חס ושלום עיין שם. ואני מסופק אם הוא חייב מלקות בהעשי' מתחלה ועד סוף על כל עשי' ועשי' יהי' חייב מלקות כמו לובש כלאים ומתריך בו ונזיר ששותה יין או אפש' דוקא בהגמר שאז נעשית הצורה וקודם לזה אינו חייב כלום. ואין להו"ר מהש"ס דע"ז דאם עבר ובנה ע"ז שכרו מותר דאימתי נעשית ע"ז במכוש אחרון ומכוש אחרון לית ביה ש"פ ע"ש א"כ אינה נעשית ע"ז קודם א"כ

א"ע בלאו ג"כ ז"א דהלא ע"ז של ישראל אינה נאסרת אלא משעבדה כמבואר שם בע"ז ובשו"ע יו"ד סי' קל"ט ומ"מ כאן אפי' ישראל חייב אעפ"י שלא נעבדה כלל כמבואר כאן רק התורה אסרה העשי' לכוונת עבודה א"כ אפשר דתיכף בתחלת העשי' חייב וחייב על כל עשייה בהתרה בו כ"פ כמו נזיר וכו' וצ"ע ואי"ה יבואר לקמן מצוה רי"ד. [ד] **שלל דוד שמות פרק כה:** (ב) ויקחו לי תרומה בתנא דבי אליהו והובא בעולת שמואל "בשעה שאמרו ישראל נעשה ונשמע. אמר הקדוש ברוך הוא ויקחו לי תרומה", והכל תמהו בזה דמה ענין נעשה ונשמע לויקחו לי תרומה. והנה רש"י פירש ויקחו לי תרומה לי לשמי, ויש לדקדק מהו לי לשמי, פשיטא דהוא לשם הקדוש ברוך הוא. ובנאות יעקב בפני שבת דף ה' [ע"ג] הביא ממדרש תנחומא [פיסקא ט], כששמעו מלאכי השרת שאמר הקדוש ברוך הוא למשה ועשו לי מקדש ושכנתי בתוכם, התחילו אומרים רבש"ע למה אתה מניח את העליונים ויורד לתחתונים, ה' אדונינו מה אדיר שמך וכו'. וכתב הוא דהמלאכים היה להם טענה מדין בן המיצר, אמנם הקדוש ברוך הוא לא כן יחשב, כי שכינה בתחתונים צורך גבוה הוא כדי שבני יראו וישמרו מחטוא, דאע"ג דאינהו לא חזי מזלייהו חזי, וכיון שמסר הקדוש ברוך הוא התורה צורך הוא לשמור פקודיו ולעשותם, ע"ש בארוכה. וזהו ועשו לי מקדש - לי לשמי - שתהא השראת השכינה למטה, וכן ויקחו לי תרומה ג"כ לי לשמי. אמנם אימתי הוא השראת שכינה, כשישראל באגודה אחת, אבל

ברנ"ו כנפים ורוצה לשרות שכינתך בתחתונים השיב הקב"ה יש לי אדם אחד הוא כלול ו' יותר מכל כנפי החיות שכן אהרן מלא בו' שהוא כולל ו' יותר מן רנ"ו. זה סוד (שמות ל"ב,א') וירא העם כי באו שש ויקהלו על אהרן ר"ל שמתחילה היה משה דרגא דו' ובזה בחר הקב"ה במשה שהוא כולל כל כנפי החיות כדאיתא ברעיא

כשיש ח"ו פירוד אין השכינה שורה אלא מסתלקת. ועל זה פירשו "ככל אשר אני מראה אותך את תבנית המשכן וגו' וכן תעשו" [כה, ט], כלומר במשכן נאמר [כו, ו] והיה המשכן אחד, כן יהיו ישראל. ולכן אמר "מאת כל איש אשר ידבנו לבו תקחו את תרומתי", שיהיה הכל ברצון בלי אונס כלל. וכמו שכתבו שאפילו גבאים לא היו מחזירין רק כל אחד הביא מנדבת לבו מאליו בלי פיתוי, כדי שהכל יהיו בשלום ובאגודה אחת ואז יזכו להשראת השכינה, הא אילו נעשה ע"י פסיקה או ע"י פיתוי זה היה גורם למחלוקת. וזהו ושכנתי בתוכם, לא נאמר בתוכו אלא בתוכם בישראל. מעתה אתי שפיר, כיון שאמרו ישראל נעשה ונשמע קבלו את התורה, מעתה צורך להשראת שכינה למטה אמר הקדוש ברוך הוא תיכף ויקחו לי תרומה. ואפשר זה כ׳ונת המדרש [ש"ר לג, ז] "ויקחו לי תרומה, הדא הוא דכתיב [דברים לג, ד] תורה ציוה לנו משה. דרש ר' שמלאי תרי"ג מצוות נאמרו למשה מסיני שכ׳ מנין תורה, וא"ת אינן אלא תרי"א, אלא אנכי ולא יהיה לך מפי הגבורה שמעום ותרי"א מפי משה שנאמר תורה ציוה לנו משה מורשה, אל תקרי מורשה אלא ירושה, ירושה היא להם לישראל לעולם". ויש לדקדק מה ענין זה לויקחו לי תרומה אם הם תרי"ג או לאו, וגם מאי ירושה היא להם לעולם. אמנם לפי מה שכתבנו בא המדרש לבאר הך ויקחו לי תרומה לעשות המשכן למה הוא, ומתרץ תורה ציוה לנו משה. שהקב"ה נתן התורה ושמירתה קשה שצריך זהירות יתירה לשמור פקודיו ולעשותם שלא יחטא, ובפרט דאיכא תרי"ג מצו׳ת, ומי יוכל לעמוד בכל אלו לולא ה' עזרתה לנו, וגם אינה לדור אחד בלבד אלא ירושה היא לעולם ולדורי דורות, ומכח כל זה שתהיה יראתו על פנינו לבלתי נחטא בחר הקדוש ברוך הוא להשראת שכינתו בתוכינו שע"י זה לא נחטא כמו שכתבנו, ולכן ציוה על המשכן. והנה בהך מדרש שהבאתי אמר "דבר אחר אל תקרא מורשה אלא מאורסה, מה חתן זה כל זמן שלא נשא ארוסתו הוא הוה פראדורין לבית חמיו, משנשאה הרי אביה בא אצלה, כך עד שלא ניתנה תורה לישראל ומשה עלה אל האלקים [יט, ג], משנתנה תורה אמר הקדוש ברוך הוא ועשו לי מקדש ושכנתי בתוכם". ויש לדקדק מאי בעי בהך דבר אחר, ואם נאמר שחולק על לשון ראשון זה אי אפשר דודאי הפירוש הפשוט של מורשה היא ירושה, וגם אין חולק שהתורה ירושה לעולם, ועיין ביפ"ת. ואפשר לומר דהדבר אחר אינו חולק, רק בא לבאר קושיא על לשון ראשון. דהנה להך לישנא דקודם מתן תורה ובנין המשכן היה לישראל דין ארוסה עם הקדוש ברוך הוא והוה ככלה בבית אביה אבל ממתן תורה ובנין המשכן הוה כנשואה וככלה בבית חמיה, זה סותר למה שאמרו ביומא דף נ"ד [ע"א] "אמר רב קטינא בשעה שהיו ישראל עולין לרגל היו מגלים להם הפרוכת ומראים להם את הכרובים שהיו מעורים זה בזה, ואומרים להם ראו חיבתכם לפני המקום כחיבת זכר ונקבה, מתיב רב חסדא ולא יבואו לראות כבלע את הקודש ומתו [במדבר ד, כ], ואמר רב יהודה אמר רב בשעת הכנסת כלים לנרתיק, אמר רב נחמן משל לכלה כל זמן שהיא בבית אביה צנועה מבעלה כיון שבאתה לבית חמיה אינה צנועה מבעלה", וכתב רש"י אף ישראל במדבר לא היו גסין בשכינה. הרי מוכח דאף במדבר לאחר הקמת המשכן היה להם דין כלה בבית אביה, ולכן ציוה ה' ולא יבואו לראות כבלע את הקודש, הא אילו היה להם דין נשואה וככלה בבית חמיה לא היה אסור להם לראות כבלע את הקודש. וצ"ל דהך מדרש חולק וס"ל דבמשכן נמי היה להם דין נשואה, ואפ"ה אסור להם לראות כבלע את הקודש. אמנם טעם מחלוקת הגמרא עם המדרש אפשר לומר דתליא במחלוקת הרמב"ם והרמב"ן, כי הרמב"ם בשורש (השני) [השלישי] כתב כי אין למנות בתרי"ג מצוות אותן מצוות שאין

נוהגין לדורות, כיון דכתיב מורשה קהלת יעקב ומצוה שאינה נוהגת לדורות אין לנו מורשה, שלא יקרא מורשה אלא מה שיתמיד לדורות. והשיג מפני זה על בעל הלכות גדולות שמנה במנין המצוות [ל"ת שבמלקות קנו] ולא יבואו לראות כבלע את הקודש, ואף על פי שאמרו בסנהדרין [פא, ב] רמז לגונב את הקסוה מנין שנאמר ולא יבואו לראות כבלע את הקודש, הרי מבואר כי הוא רק רמז ופשטיה דקרא אינו, ועוד הביא ראיות לדבר. אמנם הרמב"ן התנצל בעד הלכות גדולות, כיון שיצא מזה הפסוק גונב את הקסוה לכן מנאו בכלל התרי"ג, ואף על פי שאמר רמז הוא דרשה גמורה, ע"ש בארוכה. והנה מגמרא דיומא ראיה לדברי הרמב"ם, שהרי אמר דעיקר הפשט לכסות בנרתיק אינו נוהג לדורות, וא"כ איך נילף מיניה גונב את הקסוה דיהא נוהג לדורות. וא"כ זה טעם הגמרא דיומא דס"ל כדעת הרמב"ם וא"כ אין ללמד ממנו גונב את הקסוה, אמנם המדרש סבר כדעת בעל הלכות גדולות והרמב"ן דהוא לימוד גמור על גונב את הקסוה. ולפי שלא יקשה הלא עיקרא דלא יראו אינו נוהג לדורות, לכן ס"ל דאף לאחר הקמת המשכן היה להם דין נשואה וכלה בבית חמיה ולבה גס בבעלה, ואפ"ה אמר רחמנא ולא יבואו לראות כבלע את הקודש, א"כ הוה מצוה הנוהגת לדורות, וגם גונב את הקסוה יש ללמוד מיניה. וזה כוונת המדרש תרי"ג מצוות נאמרו, וקשה הא הוה טובא כמ"ש הרמב"ן שם, לזה אמר ירושה היא להם לישראל לעולם, כלומר שלא ימנה בכלל התרי"ג אלא הנוהג לדורות ומה שהוא ירושה לעולם. שמא תאמר, מעתה לא נמנה נמי ולא יבואו לראות כבלע את הקודש וכדעת הרמב"ם, לזה אמר דבר אחר אל תקרי מורשה אלא מאורסה, שהיו ישראל ככלה בבית חמיה אחר הקמת המשכן, ואפילו הכי אמר רחמנא ולא יבואו לראות כבלע את הקודש, ש"מ דהוא מצוה הנוהגת לדורות, וא"כ שפיר יש למנותו בכלל התרי"ג. [ה] **פסיקתא זוטרתא ויקרא פרשת ויקרא דף א עמוד ב:** ואמר רבי (שמעון) בן לוי דבר זה כתוב בתורה. ושנוי בנביאים. משולש בכתובים. כל העוסק בתורה נכסיו מצליחין לו. כתוב בתורה הא דאמרן ושמרתם את דברי הברית הזאת ועשיתם אותם למען תשכילו את כל אשר תעשון. שנוי בנביאים (יהושע א) רק חזק ואמץ [מאוד] לשמור לעשות וגו'. משולש בכתובים דכתיב (תהלים א) וכל אשר יעשה יצליח. טוב פריי מחרוץ שהתורה עומדת לו לזקנותו שנאמר (שם צב) עוד ינובון בשיבה וגו'. טוב פריי שהתורה עומדת לו לעולם הבא שנאמר (משלי ו) בהתהלכך תנחה אותך וגו'. טוב פריי מחרוץ ומפז שכל כסף וזהב שהיה לו למשה רבינו לא נשתבח בו אלא בתורה שנאמר (מלאכי ג) זכרו תורת משה עבדי אשר צויתי אותו. התורה ניתנת בחורב ונישנת באוהל מועד ונשתלשה בערבות מואב. בחורב כתיב (במדבר כח) עולת תמיד העשויה בהר סיני וגו' דכתיב (ויקרא א) אדם כי יקריב מכם קרבן לה'. בערבות מואב כתיב (במדבר טו) לפלא נדר או

מהימנא בפ' ויצא ש' של משה היא כוללת ג' חיוון אריה שור נשר נשתייר אתוון מ"ה הוא פני אדם הרי משה מצד שהוא כולל בשמו כל ד' חיות והוא דרגא דו' לכן בחר הקב"ה לשרות שכינתו למטה ז"ש ומשה עלה אל האלהים ר"ל ו' יתירה דכלול משה דרגא דו' זה גרם שעלה אל האלהים שהוא רכב אלהים [כמ"ש (תהל' ס"ח, י"ח) רכב אלהים רבותים]

גלא עמיקתא

יורד קמעה ממדת הבטחון למדת האמונה– ומתחזק בה עד שחוזר גבוה למדרגה גבוהה יותר– מדת הבטחון. ג'. [ה]ויקרא אל משה וידבר ה' אליו מאהל מועד לאמר (1455) מש"ה במלוי יודין "מם שין הי" (455) אלף (1000) – רמיזא דהראה למשה (455) תרין משיחין – "משיח בן דויד – משיח בן יוסף" –

למטה שכולל ד' כנפי החיות שהם רנ"ו ויש לו סוד ו' באו שש ועתה כי זה משה האיש שלא ידענו מה היה לו לכן ויקהלו על אהרן שהרי גם הוא כלול ו' יותר מכל כנפי החיות וז"ש עשה לנו אלהים עשה דייקא כי אתה הוא הכולל ו' יותר מן כל כנפי החיות. והנה

גלא עמיקתא

דסליקו לחושבן "אלף" (1000). ד'. [1]מה יקר חסדך אלהים, ובני אדם בצל כנפיך יחסיון (תהל' ל"ו,ח') גימ' (1092) ב' פעמים "חנוכת המזבח" כדכתיב (במדבר ז',פ"ד) "זאת חנוכת המזבח" וכו' כדמבאר המגלה עמוקות פני שור– שהיה המזבח דמות שור. ועיין בסמוך בפסוק החמישי שמביא המגלה עמוקות "ופני שור מהשמאל לארבעתן". ה'. [2]ודמות פניהם פני אדם, ופני אריה אל הימין, ופני שור מהשמאול לארבעתן, ופני נשר לארבעתן (יחזקאל א',י') גימ' (5353) ו' פעמים "משה וישראל" (892) עם הכולל – דנשמת ישראל מושרשת במרכבה העליונה כדכתיב (תהל' ל"ו,ז') "אדם ובהמה תושיע ה'" ודרשו חז"ל

בנדבה. וכיון שהקים משה את המשכן מיד נתמלא כבוד שנאמר (שמות מ) וכבוד ה' מלא את המשכן. וכתיב (שם) ולא יכול משה לבוא אל אוהל מועד כי שכן עליו הענן. מיד ויקרא אל משה וידבר ה' אליו. [ו] **מוסר השכל לשון הזהב הלכות תשובה פרק ג:** ואתה המעיין הצגתיו לפניך פה כל הענין קבלת תורה שבעל פה בשלימות להבעיר בלבות אנשי אומתינו אש שלהבת יה על למוד תורתינו הקדושה ולהזריח שמש האמת הבירור על התחלת התורה הנמשכות אלינו בקבלה נאמנת מדור דור על פי חכמינו האמתיים והנאמנים אשר בכח קבלה זו הנאמנה יגבר איש לעוף אל רום שמים לחסות תחת כנפיו ית' ישתבח ויתפאר על רוב חסדו וטובו נשירה ונזמרה לו מה יקר חסדך אלקים ובני אדם בצל כנפיך יחסיון. וז"ל רבינו בחבורו הטהור שחיטה פ"י הלכה י"ב ואין להוסיף על טריפות אלו כלל שכל שאירע לבהמ' או לחיה או לעוף חוץ מאלו שמנו חכמי דורות הראשונים אפשר שתחי': הלכה י"ג. וכן אלו שמנו ואמרו שהן טריפה אף על פי שיראה בדרכי הנסיון שבידינו שמקצתן אינן ממיתין ואפשר שתחי' מהן אין לך אלא מה שמנו חכמים שנא' (דברים יז) על פי התורה אשר יורוך: [ז] **תלמוד בבלי מסכת חגיגה דף יג עמוד ב:** כתוב אחד אומר ודמות פניהם פני אדם ופני אריה אל הימין לארבעתם ופני שור מהשמאל לארבעתן וגו'

וכתיב וארבעה פנים לאחד פני האחד פני הכרוב ופני השני פני אדם והשלישי פני אריה והרביעי פני נשר ואילו שור לא קא חשיב! אמר ריש לקיש: יחזקאל ביקש עליו רחמים והפכו לכרוב. אמר לפניו: רבונו של עולם! קטיגור יעשה סניגור? מאי כרוב? אמר רבי אבהו: כרביא, שכן בבבל קורין לינוקא רביא. אמר ליה רב פפא לאביי: אלא מעתה, דכתיב פני האחד פני הכרוב ופני השני פני אדם והשלישי פני אריה והרביעי פני נשר - היינו פני כרוב היינו פני אדם! - אפי רברבי ואפי זוטרי. כתוב אחד אומר שש כנפים שש כנפים לאחד וכתוב אחד אומר וארבעה פנים לאחת וארבע כנפים לאחת להם! - לא קשיא: כאן - בזמן שבית המקדש קיים, כאן - בזמן שאין בית המקדש קיים, כביכול שנתמעטו כנפי החיות. הי מינייהו אימעוט? אמר רב חננאל אמר רב: אותן שאומרות שירה בהן. כתיב הכא ובשתים יעופף וקרא זה אל זה ואמר וכתיב התעיף עיניך בו ואיננו. ורבנן אמרי: אותן שמכסות בהן רגליהם, שנאמר ורגליהם רגל ישרה ואי לאו דאימעוט - מנא הוה ידע? - דלמא דאיגלאי וחזיא ליה. דאי לא תימא הכי - ודמות פניהם פני אדם הכי נמי דאימעוט? אלא - דאיגלאי וחזיא ליה, הכא נמי - דאיגלאי וחזיא ליה. - הכי השתא! בשלמא אפיה - אורח ארעא לגלויי קמיה רביה, כרעיה - לאו אורח ארעא לגלויי קמיה רביה.

בפסוק הזה רמוזין כל ד' חיות ויקר אל משה מה יקר חסדיך (תהל' ל"ו,ח') פני אריה שהוא ימין מצד החסד וידבר ה' אליו פני נשר כי אתם ראיתם כי מן השמים דברתי עמכם (שמות כ',י"ט) שמים דייקא דרך נשר בשמים מאוהל מועד הוא פני שור שהי' המזבח דמות שור אח"כ אדם כי יקריב (ויקרא א',ב') הרי אדם לכך א' זעירא כי צורת א' שהיא י"ו למעלה

גלא עמיקתא

למעליותא בענין מדת הענוה (חולין ה' ע"ב) [ח]אמר רב יהודה אמר רב אלו בני אדם שערומין בדעת ומשימין עצמן כבהמה וכו' עיין שם. ו'. [ט]ויאמר ה' אל משה כה תאמר אל בני ישראל, אתם ראיתם כי מן השמים דברתי עמכם (שמות כ',י"ט) גימ' (4352) די"ן (64) פעמים חיי"ם (68) כאמרם (אבות ד')

[ח] **תלמוד בבלי מסכת חולין דף ה עמוד ב:** וכל היכא דכתיב בהמה גריעותא היא? והכתיב: אדם ובהמה תושיע ה', ואמר רב יהודה אמר רב: אלו בני אדם שהן ערומין בדעת ומשימין עצמן כבהמה! התם כתיב אדם ובהמה, הכא בהמה לחודיה כתיב. [ט] **ספר מצוות גדול לאוין הקדמה כללית:** ולולי כי ניתן פירוש לתורה בעל פה היתה כל התורה כסמיות ועיוורון כי המקראות שוברין וסותרין זה את זה, כגון ומושב בני ישראל אשר ישבו בארץ מצרים שלשים וארבע מאות שנה (שמות יב, מ), ומצינו שקהת בן לוי מיורדי מצרים היה, ואם תמנה כל שני חיי קהת מאה ושלשים ושלש, וכל שני עמרם שהם מאה ושלשים ושבע, ומשה שהיה בן שמנים שנה כשדיבר עמו הקדוש ברוך הוא במצרים, לא יעלו כולם כי אם שלש מאות וחמשים. וכן בשבעים נפש שירדו אבותינו למצרים (בראשית מו, כו) שהם שבעים על הכלל, וכשאתה מונה אותם על הפרט הם שבעים חסר אחת (ב"ב קכג, א). וכן במניין הלוים (במדבר ג, לט) נמנים על הכלל עשרים ושנים אלף וכשאתה מונה אותם על הפרט הם יתרים שלש מאות (בכורות ד, א). וכן בגביית הכסף שכתוב (שמות לח, כו - כח) בקע לגולגולת מחצית השקל בשקל הקודש לכל העובר על הפקודים לשש מאות אלף ושלשת אלפים וחמש מאות וחמשים, וכתיב ויהי מאת ככר הכסף לצקת את אדני הקדש ואת אדני הפרוכת מאת אדנים למאת הככר ככר לאדן ואת האלף ושבע מאות וחמשה ושבעים עשה ווים לעמודים, נכללו כל השקלים האלו של ישראל למאת ככר ונשאר אלף ושבע מאות וחמשה ושבעים שקל, ולפי חשבון השקלים הם מאתים ככר (בכורות שם). וכן כתוב אחד אומר (שמות יב, טו) שבעת ימים תאכל מצות, וכתוב אחד אומר (דברים טז, ח) ששת ימים תאכל מצות, כתוב אחד אומר (שמות יב, יט) שבעת ימים שאור לא ימצא בבתיכם, וכתוב אחד אומר (שם יב, טו) אך ביום הראשון תשביתו שאור מבתיכם, ואם השבתת שאור ביום הראשון של חג המצות איך יתקיים שבעת ימים לא ימצא בבתיכם, הרי נמצא שאור בבית במקצת יום ראשון ולא ימלאו שבעת ימים שלמים בלא שאור (פסחים ד, ב). וכן כתוב אחד אומר (דברים טז, ט) שבעה שבועות תספור לך שאין לך לספור אלא ארבעים ותשעה יום, וכתוב אחד אומר (ויקרא כג, טז) תספרו חמשים יום (מנחות סה, ב). כתוב אחד אומר (דברים טז, ב) וזבחת פסח לה' א-להיך צאן ובקר, יש במשמעו שיוכל להביא פסח מן הצאן ומן הבקר, וכתוב אחד אומר (שמות יב, ה) שה תמים זכר בן שנה יהיה לכם מן הכבשים ומן העזים תקחו, משמע ולא מן הבקר (זבחים ז, ב). כתוב אחד אומר (דברים טו, יט) כל הבכור אשר יולד בבקרך ובצאנך הזכר תקדיש לה', וכתוב אחד אומר (ויקרא כז, כו) אך בכור אשר יבוכר לה' בבהמה לא יקדיש איש אותו (ערכין כט, א). כתוב אחד אומר (ויקרא כג, ה) כי תראה חמור וגו' משמע ראיה אפילו מרחוק, וכתוב אחד אומר (שם כג, ד) כי תפגע שור אויביך, משמע כאדם שפוגע

בחבירו (ב"מ לג, א). כתוב אחד אומר (שמות יט, כ) וירד ה' על הר סיני, וכתוב אחד אומר (שם כ, יט) כי מן השמים דברתי עמכם (מכילתא יתרו פרשה ד). וכאלה רבים [הם ו]לא יוכל להתבאר פתרונם כי אם על ידי תורה שבעל פה שהוא מסורת ביד החכמים. [י] **משנה מסכת אבות פרק ד:** הוא היה אומר הילודים למות והמתים להחיות והחיים לידון לידע להודיע ולהודע שהוא אל הוא היוצר הוא הבורא הוא המבין הוא הדיין הוא עד הוא בעל דין והוא עתיד לדון ברוך הוא שאין לפניו לא עולה ולא שכחה ולא משוא פנים ולא מקח שוחד שהכל שלו ודע שהכל לפי החשבון ואל יבטיחך יצרך שהשאול בית מנוס לך שעל כרחך אתה נוצר ועל כרחך אתה נולד ועל כרחך אתה חי ועל כרחך אתה מת ועל כרחך אתה עתיד ליתן דין וחשבון לפני מלך מלכי המלכים הקדוש ברוך הוא. **[יא] שער הכוונות דף ס"ו ע"א:** ותכף מחזיר הארותיהם של ישראל להם ואינו נוטלם לעצמו כי חפץ הוא לזכות את הרבים **[יב] תלמוד בבלי מסכת מנחות דף צ עמוד ב:** גמ'. תנו רבנן: ועשיתם אשה לה' - יכול כל העולה לאישים יהא טעון נסכים אפילו

י"ו למטה תכה זה על זה י"ו פעמים י"ו הרי רנ"ו מזה הטעם נקרא ארון א' הוא צורת י"ו על י"ו נשתיירו אתוון רנ"ו הרי שארון הוא לקביל כסא הכבוד דה.מן רנ"ו כנפי החיות.

גלא עמיקתא

[י]על כרחך אתה חי. ותיבין "ויאמר ה' אל משה כה תאמר אל בני ישראל אתם" כליקו לחושבן (2400) י' פעמין עמל"ק (240) דבני ישראל ע"י תורה ותפלה יצדקה מכניעים אותו אט אט. וכדאמרינן לעיל בבאור מגלה עמוקות אופן ו': [יא]דהבאנו שם דברי האר"י הקדוש: ותכף מחזיר הארותיהם של ישראל להם ואינו נוטלם לעצמו כי חפץ הוא "לזכות את הרבים" גימ' (1121) "כי יד על כס י-ה מלחמה לה' בעמלק מדור דור" (שמות י"ז,ט"ז). ז'. [יב]דבר אל בני ישראל ואמרת אלהם אדם כי יקריב מכם קרבן לה', מן הבהמה מן הבקר ומן הצאן תקריבו את קרבנכם (ויקרא א',ב') גימ' (4785) ג' פעמים "בהעלותך את הנרות" (1595) רמיזא הנרות אותיות פנימיות רנ"ו. והנה שבעת הפסוקים יחד גימ' עם הכולל (29440): רנ"ו (256) פעמים ע"ל י"ה (115) והוא מהפסוק (שם) "ויאמר כי יד על כס י-ה" כדמסיים המגלה עמוקות האופן: ארון הוא לקביל כסא הכבוד דתמן רנ"ו כנפי החיות.

מנחה? תלמוד לומר: עולה, שלמים מנין? תלמוד לומר: זבח, תודה מנין, ת"ל: או זבח; יכול שאני מרבה אף בכור ומעשר ופסח וחטאת ואשם? תלמוד לומר: לפלא נדר או בנדבה, בא בנדר ונדבה טעון נסכים, שאינו בא בנדר ונדבה אין טעון נסכים. משמע להוציא את אלו, אוציא את חובות הבאות מחמת הרגל ברגל, ומאי נינהו - עולות ראייה ושלמי חגיגה? ת"ל: או במועדיכם, כל הבא במועדיכם טעון נסכים. משמע להביא את אלו, אביא שעירי חטאת הואיל ובאין חובה ברגל? תלמוד לומר: וכי תעשה בן בקר, בן בקר בכלל היה, ולמה יצא? להקיש אליו, מה בן בקר מיוחד בא בנדר ונדבה, אף כל בא בנדר ונדבה. לעשות ריח ניחוח לה' מן הבקר או מן הצאן - מה ת"ל? לפי שנאמר עולה, שומע אני אפי' עולת העוף במשמע, ת"ל: מן הבקר או מן הצאן, דברי ר' יאשיה; רבי יונתן אומר: אינו צריך, הרי הוא אומר זבח, ועוף אינו זבח, אם כן מה ת"ל מן הבקר או מן הצאן? לפי שנאמר: אדם כי יקריב מכם קרבן לה' מן הבהמה מן הבקר ומן הצאן, יכול האומר הרי עלי עולה יביא משניהם? ת"ל: מן הבקר או מן הצאן, רצה - אחד מביא, רצה -

והוא נפלא דהני ז' פסוקין דמביא המגלה עמוקות מתחלק לרנ"ו (256) ובהכפלת "על

שנים מביא. [יג] **פסיקתא זוטרתא שמות פרשת בשלח פרק יז:** טז) ויאמר כי יד על כס יה. כל זמן שהרשעים בעולם, כביכול אין כסאו שלם, ואין השם שלם, בטלו רשעים מן העולם, הכסא שלם והשם שלם, שנאמר מלחמה לה' בעמלק: ד"א כי יד. אין יד אלא שבועה, שנאמר אשר נשאתי את ידי (במדבר יד ל), ר' אלעזר המודעי אומר נשבע הקדוש ברוך הוא בכסא הכבוד שלו, אם אניח נין ונכד בעמלק מתחת מפרס השמים, שלא יהו אומר גמל זה של עמלק, כבש זה של עמלק. ר' אליעזר אומר נשבע הקדוש ברוך הוא שאם יבוא אחד מהאומות להתגייר שיקבלוהו ישראל, ומזרעו של עמלק לא יקבלו אותו, לכך מצינו בדוד, שנאמר ויאמר דוד אל הנער המגיד לו אי מזה אתה ויאמר בן איש גר עמלקי אנכי (ש"ב א יג), באותה שעה נזכר דוד מה שצוה לו הקדוש ברוך הוא למשה, תמחה את זכר עמלק, ויאמר אליו דמך על ראשך (שם שם טז), לכך נאמר מלחמה לה' בעמלק: ביום שעתיד הקדוש ברוך הוא להושיע את ישראל, והיתה לה' המלוכה, ביום ההוא יהיה ה' אחד ושמו אחד: מדור דור. מדורו של משה, לדורו של שמואל, ר' אליעזר אומר לדורו של משיח, שנאמר ייראוך עם שמש ולפני ירח דור דורים (תהלים עב ה): סליק פרשת בשלח

גלא עמיקתא

י–ה" [יג]**למהוי שם שלם וכסא שלם בגאולתא שלמתא בב"א.** והנה הפסוק השישי שמביא המגלה עמוקות (שמות כ',י"ט): **"ויאמר ה' אל משה כה תאמר אל בני ישראל, אתם ראיתם כי מן השמים דברתי עמכם"** גימ' (4352) טו"ב (17) פעמים רנ"ו (256) **והוא בפסוק זה דייקא לרמוז אדם העליון היושב על הכסא הנשא ע"י חיות הקודש עם רנ"ו כנפיים. ונמשך מכאן דששת הפסוקים** הנותרים (שאין עוד מהם פסוק המתחלק ברנ"ו) סליקו לחושבן "חסד ה'" (98) פעמים רנ"ו (256) כנפי החיות. **ורמיזא** דכשרואים שהכל חסד השי"ת וכולו טוב, ממילא מתמלא כס לכסא שלם וי–ה לשם שלם [כאמרם אין השם שלם ואין הכסא שלם עד שימחה שמו של עמלק] – דנמשך מהפסוקים הללו דסליקו יחד לחושבן ע"ל י"ה פעמים רנ"ו, ונחלקו לשנים: פסוק השישי גימ' טו"ב פעמים רנ"ו [והוא לקביל ספירת היסוד, וכדמביא בכאן המג"ע דמשה בסוד דרגא דאות ו'] ושאר הפסוקים גימ' חס"ד הוי' פעמים רנ"ו, והוא נפלא.

אופן פג

איתא בזוהר פקודי שמן אות א' של אנכי בשעת מתן תורה היתה מתפשטת לד' רוחין דעלמא לכל רוח תשעה ניצוצין. לדעתי זה סוד ירעם אל בקולו נפלאות שנתפרשו ניצוצות לד' רוחות ובכל רוח תשעה ניצוצין ד"פ תשע"ה הרי ל"א מאות. והוא סוד מלא כל הארץ כבודו במלת מלא נרמז בנוטריקון ל"א מאות. וזה סוד וכבוד ה' מלא את המשכן שנעשה ע"י בצלאל שהם הכוחות של אל. זהו סוד את האלף ושבע מאות וחמשה ושבעים שרומזת על ניצוצות של א' שנחלקה לד' רוחות בכל רוח שבע מאות וחמשה ושבעים ד"פ תשעה אדם אחד מאלף מצאתי בשעת הר סיני זכה לאותן ניצוצין אבל עתה א' זעירא שלא היה לו בזימנא תניינא אותו היקר שהיה לו מתחלה.

אופן פג

[אופן פ"ב חסר עיין בהקדמה]

[א]איתא בזוהר פקודי שמן אות א' של אנכי בשעת מתן תורה היתה מתפשטת לד' רוחין

גלא עמיקתא

והנה עוסק כאן המגלה עמוקות ב–א' דאנכ"י– ובארנו [1]במקום אחר דהיא אותה א' זעירא דויקרא בסוד פנימיות הכתר. ומביא מהזוה"ק דהיתה האי א' מתפשטת ל–ד' רוחין דעלמא. "רוחין דעלמא" גימ' (419) "אור האין סוף". והוה משפיע בהאי עלמא ובעלמין עילאין דרך האי א' דאנכי. וכפלינן ד'

1. עשרת הדברות: ונמשך דלוח שמאל סליק לחושבן (8560): "יסוד" (80) פעמים "אנכי הוי'" (107) - רמיזא שמירת הברית קודש בספירת היסוד לעילא מן כולא, ויש לקשרו לבר נש עם בחי' הכתר אנכי הוי' וכו' [כדכתיב (שמות כ') "אנכי ה' אלהיך"] כנודע דיסודא סליק עד או"א ואף עד הכתר ובוקע אותו עד לרזא דאין סוף. והנה כולא י' דבריא דפרשת ואתחנן סליקו לחושבן (50947): י"ג פעמים "תתן אמת ליעקב חסד לאברהם אשר נשבעת לאבותינו מימי קדם" (3919) (סוף מיכה). והוא פסוקא בתראה בספר מיכה- והוא הבטחת גמול בזכות אבותינו- וכדפרש"י שם והביא לשונו של התנא הק' יונתן בן עוזיאל מלה במלה באריכות עיין שם, ומה שאינו נוהג להביא באריכות כל כך- לתת כח ותקף לפירושו מהתנא הקדוש. וכפלינן י"ג פעמים רמיזא דכל י"ג מכילן דרחמי מלאים בהאי פסוקא ויתגלה לעתיד לבוא בהארת י"ג מדות הרחמים בגלוי בגאולה האמיתית והשלמה במהרה בימינו אמן. והנה תרין דבריא דיתרו ודואתחנן בסוד א' זעירא כתר עליון א' דאנכי- בסוד מאן דאיהו זעיר (א' זעירא) איהו רב (א' דאנכי). והאי א' דאנכי היא בחינה של א' זעירא שכן קוב"ה ברא עלמא באות ב' כדבארנו מדברי הזוה"ק דעלו לפניו אתוון בסדר תשר"ק וכו'. וכידוע היא ב' רבתי של ב־ראשית, ואם היה בורא באות א' היתה א' רבתי, אך לבסוף לא איברי בה עלמא והיא הלכה ומיעטה את עצמה, כדוגמת קטרוג הלבנה לכי ומעטי את עצמך (בגמ' חולין דף ס: עיי"ש). וממילא בהיותה א' באות בינונית, לגבי א' רבתי נחשבת לא' זעירא, ולעתיד לבוא תגדל להיות א' רבתי דאדם (תחלת דברי הימים) דכל תכלית הבריאה- אדם.

[א] זוהר שמות פרשת פקודי דף רלו עמוד ב: ת"ח כד עבדו ישראל ההוא עובדא וגרמו לההוא חובא מאי טעמא עגל ולא סטרא אחרא, ואי תימא דאינון ברירו עגלא לאו הכי, אלא אינון אמרו (שמות לב) קום עשה לנו אלהים אשר ילכו לפנינו ואהרן רעותיה הוה לאעכבא לון, אלא ודאי עבידתא אתעביד כדקא חזי דהא מסטרא דדהבא נפקא סוספיתא כד אתבריר דהבא ומתמן מתפשטי כל אינון סטרי שמאלא דאינון התוכא דההוא (כד ב) סוספיתא דדהבא ומתפרשאן לכמה סטרין, וכל אינון דאית לון חיזו סומקא גוון דדהבא קיימא בטורי כד שמשא בתוקפיה בגין דתוקפא דשמשא אחזי דהבא ואוליד ליה בארעא, וההוא דממנא בההוא תוקפא דשמשא חיזו דיליה כעגלא ואקרי (תהלים צא) קטב ישוד צהרים ודא נפקא מגו עגלא התוכא סומקא דדהבא וכל הני אתיין מההוא סטרא סומקא רוח מסאבא דכל אינון דמתפרשי מרוח מססאבא מתפשטי בעלמא, והאי רוח מסאבא איהו חויא בישא, (ויחי רכח א) ואית מאן דרכיב עליה ואינון דכר ונוקבא, ואקרון אלה דאינון מזדמנין בעלמא בכל אינון סטרין דלהון, ורוח קדשא אקרי זאת דאיהי רזא דברית רשימא קדישא דאשתכח תדיר עמיה דב"נ וכן (ישעיה כה) זה יי' (שמות טו) זה אלי, אבל אלין אקרון אלה ועל דא כתיב אלה אלהיך ישראל ובגין כך כתיב (ישעיה מט) גם אלה תשכחנה ואנכי רזא דזאת לא אשכחך, וכתיב (איכה א) על אלה אני בוכיה דההוא חובא גרים למבכי לון כמה בכיין, דבר אחר על אלה אני בוכיה, מ"ט, בגין דאתיהיב רשו לאתר דא לשלטאה על ישראל ולחרבא בי מקדשא ובגין דאתייהיב לון רשו לשלטאה כתיב על אלה אני בוכיה רזא דמלה על אלה דא סטרא דמסאבא דאתייהיב לון רשו לשלטאה, אני בוכיה דא רוח קדשא דאקרי אני, ואי תימא הא כתיב (דברים כח) אלה דברי הברית הכי הוא ודאי דכל אינון לא מתקיימין

דעלמא לכל רוח תשעה ניצוצין. לדעתי זה סוד (איוב ל״ז,ה׳) ירעם אל בקולו נפלאות שנתפרשו ניצוצות לד׳ רוחות

גלא עמיקתא

פעמים "רוחין דעלמא" (419) סליק לחושבן (1676) "[2][ב]מה רב טובך אשר צפנת ליראיך" (תהל׳ ל״א,כ׳) צפנ״ת גימ׳ כת״ר- הארת א׳ דאנכי היינו א׳ זעירא דויקרא בסוד [ג]מאן דאיהו זעיר איהו רב (זוה״ק תחלת פרשת חיי שרה) וניתנה למשה בהאי שעתא. ומביא רמז

אלא מגו אלה דתמן כל לווטין כמה דאוקימנא דאיהו ארור דכתיב (בראשית ג) ארור אתה מכל הבהמה, ובגין כך אקדים ואמר אלה דקיימא למאן דעבר דברי הברית, (ויקרא כז) אלה המצות אשר צוה יי׳ את משה בגין דפקודיא דאורייתא לאתדכאה בר נש ולא יסטי לארחא דא ויסתמר מתמן ויתפרש מנייהו, ואי תימא (בראשית ו) אלה תולדות נח, נח הכי הוא ודאי דהא נפק חם דאיהו אבי כנען וכתיב (שם ט) ארור כנען ואיהו רזא דא דאלה ועל דא כל הני התוכא סוספיתא דדהבא, ואהרן קריב דהבא דאיהו סטרא (אחרא) דיליה דכליל איהו בתוקפא דאשא וכלא חד וסטרא דא דהבא ואשא, ורוח מסאבא דאשתכח תדיר במדברא אשכח אתר בההוא זמנא לאתתקפא ביה, ומה דהוו ישראל דכיין מההוא זוהמא דקמאה דאטיל בעלמא וגרים מותא לכלא כד קיימו על טורא דסיני גרם לון כמלקדמין לסאבא לון ולאתתקפא עלייהו וגרים לון מותא ולכל עלמא ולדרייהן בתריהון הדא הוא דכתיב (תהלים פב) אני אמרתי אלהים אתם וגו׳ אכן כאדם תמותון וגו׳ (ע״כ), ובגין כך אהרן אהדר לבתר לאתדכאה ברזא דמהימנותא עלאה באינון שבעא יומין קדישין ולבתר לאתדכאה בעגלא, ות״ח בכלא בעא אהרן לאתדכאה דאילו איהו לא הוה לא נפק עגלא, מ״ט בגין דאהרן איהו (רפא א) ימינא, ואיהו תוקפא דשמשא ודהבא משמשא רוחא מסאבא נחת ואתכליל תמן ואסתאבו ישראל ואסתאב איהו עד דאתדכו. [ב] **ספרי זוטא פרק י**: (לב). והיה כי תלך עמנו והיה הטוב ההוא, הטוב זה בית המקדש שנא׳ ההר הטוב הזה והלבנון (דברים ג כה). ד״א הטוב זו תורה שנא׳ כי לקח טוב נתתי לכם תורתי אל תעזובו (משלי ד ב). ד״א הטוב זה מתן שכרן של צדיקים שנ׳ מה רב טובך אשר צפנת ליראיך (תהלים לא כ) הבטיחו שיש לבניו חלק בכל אלו: [ג] **זוהר - בראשית - פרשת חיי שרה דף קכ״ב ע״ב**: זכאה איהו מאן דאזער גרמיה בהאי עלמא כמה איהו רב ועלאה בההוא עלמא. והכי פתח רב מתיבתא, מאן דאיהו זעיר איהו רב, ומאן דאיהו רב איהו זעיר, דכתיב (בראשית כג) ויהיו חיי שרה מאה שנה ועשרים שנה ושבע שנים, מאה דאיהי חשבון רב כתיב ביה שנה זעירו דשנין חד אזעיר ליה, שבע דאיהו חשבון זעיר אסגי ליה ורבי

---

2. באור על מגלה עמוקות ואתחנן אופן נ״ח: ה׳. וַיֹּאמֶר אֱלֹהִים יְהִי אוֹר וַיְהִי אוֹר (בראשית א,ג) גימ׳ (813) ב׳ פעמים "גנזי מרומים" (406) בהוספת הכולל [כנ״ל באות ד׳] ועם הכללות הוא חושבן (814) כ״ב (22) פעמים טוב״ך (37) דעל ידי עסק התורה הקדושה דנכתבה כ״ב אותיות- זוכין לטעם אור הגנוז בחינת (תהל׳ ל״א,כ׳) מה רב טובך אשר צפנת [גימ׳ (620) כת״ר] ליראיך, וכגון פסוקא קדמאה דאורייתא קדישא: "בראשית ברא אלהים את השמים ואת (הארץ)" גימ׳ (2405) אדנ״י (65) פעמים טוב״ך (37), ובהוספת תיבה אחריתי האר״ץ [דעולה בגימ׳ ח׳ פעמים טוב״ך בסוד אור הגנוז באלף ה-ח׳ ואכמ״ל] סליק כולא פסוקא לחושבן (2701) חכמ״ה (73) פעמים טוב״ך (37) כולם בחכמה עשית (תהל׳ ק״ד,כ״ד) דיתגלה לעתיד לבוא דכולו טוב ויברכו על הרעה כמו על הטובה הטוב והמטיב. וכד מוספינן פסוקא דנן דסליק לחושבן (813) כ״ב פעמים טוב״ך- סליקו תרוויהו לחושבן [ואינון פסוקא קדמאה ותליתאה דאורייתא קדישא] (3515) המי״ם (95) פעמים טוב״ך (37) דהן המים הזידונים (תהל׳ קכ״ד,ה׳) דיתגלה דכולהו הוה לטובתן של ישראל ולטובת הבריאה כולה- כי כך עלה במחשבה הקדומה- והוא כולו טוב וטעם הדבר מבואר על נכון בדברי רבותינו דטבע הטוב להיטיב, אלא שדא עקא בגלותא הוא בהסתרה בתוך הסתרה ונראה רע כביכול, ויהב לן אורייתא קדישא להבדיל בין טוב לרע ולהידבק בו יתברך דהוא תכלית הטוב.

ובכל רוח תשעה ניצוצין ד"פ תשע"ה הרי ל"א מאות. והוא סוד (ישעי' ו,ג') מלא כל הארץ כבודו במלת מלא נרמז

גלא עמיקתא

נפלא דהאי דאיתא בזוה"ק דאתפשטא לתשע"ה נצוצין לכל רוח מ–ד' רוחות, עביד חושבן ד' פעמים תשע"ה הרי ל"א מאות– רמוז בתיבה מל"א כל הארץ כבודו. ואנן בשנת ה' אלפים תשע"ה ואולי הוא רמז כי [ד]כלו כל הקיצין ועת לחננה כי בא מועד ונתבשר בביאת בן דוד עוד בשנה זו אבי"ר. ונמשיך דרכו ונעביד חושבן ד' פעמים "תשעה נצוצין" [גימ' (1081) תפאר"ת] סליק לחושבן (4324) ב' פעמים "מציון תצא תורה ודבר ה' מירושלם" (2162) כדכתיב (ישעי' ב',ג') "כי מציון תצא תורה ודבר ה' מירושלם" והוא ב' פעמים לקביל תורה שבכתב ותורה שבעל פה. וכן נרמז בתיבה ניצוצין דנקרא מימין ומשמאל בסוד [ה]אור ישר ואור חוזר– אות אמצעי ו' עמודא דאמצעיתא תורתנו הקדושה כדאיתא בזוה"ק (תחלת ויקרא) [ו]ו' דא אות אמת ודאי. וכל הפסוק שם (ישעי' ב',ג'): "[ז]והלכו עמים רבים, ואמרו לכו ונעלה אל הר ה'

ליה דכתיב שבע שנים, ת"ח דלא רבי קודשא בריך הוא אלא לדאזעיר לא אזעיר אלא לדרבי, זכאה איהו מאן דאזעיר גרמיה בהאי עלמא כמה איהו רב בעלויא בההוא עלמא. [ד] **תלמוד בבלי מסכת סנהדרין דף צז עמוד ב:** אמר רב: כלו כל הקיצין, ואין הדבר תלוי אלא בתשובה ומעשים טובים. ושמואל אמר: דיו לאבל שיעמוד באבלו. כתנאי, רבי אליעזר אומר: אם ישראל עושין תשובה - נגאלין, ואם לאו - אין נגאלין. אמר ליה רבי יהושע: אם אין עושין תשובה - אין נגאלין? אלא, הקדוש ברוך הוא מעמיד להן מלך שגזרותיו קשות כהמן, וישראל עושין תשובה ומחזירן למוטב. תניא אידך: רבי אליעזר אומר: אם ישראל עושין תשובה - נגאלין, שנאמר שובו בנים שובבים ארפא משובתיכם. אמר לו רבי יהושע: והלא כבר נאמר חנם נמכרתם ולא בכסף תגאלו, חנם נמכרתם - בעבודה זרה, ולא בכסף תגאלו - לא בתשובה ומעשים טובים. אמר לו רבי אליעזר לרבי יהושע: והלא כבר נאמר שובו אלי ואשובה אליכם. אמר ליה רבי יהושע: והלא כבר נאמר כי אנכי בעלתי בכם ולקחתי אתכם אחד מעיר ושנים ממשפחה והבאתי אתכם ציון. [ה] **קדושת לוי ויקרא פרשת צו:** ענין חטאת ועולה, חטאת קודמת לעולה (זבחים פט, ב). כי 'חטאת' הוא אור ישר מעולם העליון לעולם התחתון, ו'עולה' הוא אור חוזר מעולם התחתון לעולם העליון (עי' זוה"ק ח"א רמו, א), ולכן עולה כולה כליל. וזהו 'ויקרב את העולה ויעשה כמשפט' (ויקרא ט, טז), היינו כמו ראש חודש תשרי האותיות הם למפרע בסוד אור חוזר (חסר). ודו"ק. [ו] **זוהר פרשת ויקרא:** שאל לך אות אות ממש דכלהו הוו נטלין ברזא דאתוון, וכן ברחב מה כתיב (יהושע ב) ונתתם לי אות אמת, דא את ו' דדא אקרי אות אמת, ואי תימא שאר אתוון לאו אינון אמת, אין, אלא אות דא אות אמת אקרי, העמק שאלה, דא אות ה' בתראה דבשמא קדישא, או הגבה למעלה דא את יו"ד, רישא דבשמא קדישא, ודא איהו רזא דכתיב שאל לך אות מעם יי' אלהיך אות משמא קדישא משמע דכתיב מעם יי' דדא איהו שמא דקודשא בריך הוא את חד דביה, ומשכנא קאים על דא, תא חזי כד סליק עננא על משכנא ושרא עלוי כל אינון רתיכין וכל [דף ב עמוד ב] אינון מאני משכנא דלעיל כלהו הוו גו עננא מה כתיב (שמות מ) ולא יכול משה לבוא אל אהל מועד כי שכן עליו הענן, וכתיב (שם כד) ויבא משה בתוך הענן ויהי משה בהר ארבעים יום וארבעים לילה, אי משה לא הוה יכיל לאעלא למשכנא אמאי הוה יתיב בטורא כל אינון ארבעין יומין, אלא (ס"א אינו) (בגין לקבלא אורייתא זמנא אחרא דהא תרין לוחין אתברו בקדמיתא השתא הוה בטורא כמלקדמין. [ז] **אבות דרבי נתן נוסחא ב פרק מח:** עשרה

בנוטריקון ל"א מאות. וזה סוד (שמות מ', ל"ד) וכבוד ה' מלא את המשכן [ח]שנעשה ע"י בצלאל שהם הכוחות של אל.

גלא עמיקתא

אל בית אלהי יעקב, וירנו מדרכיו ונלכה בארחתיו, כי מציון תצא תורה ודבר ה' מירושלים" סליק לחושבן (5364) י"ב פעמים ואמ"ת (447) דהיא מדה האמצעית מי"ג ת"ד דא"א ומשפעת בי"ב ת"ד האחרים– ו' מהאי גיסא ו–ו' מהאי גיסא, ואכמ"ל. יש לרמוז דתשעה נצוצין דהביא בזוה"ק הן לקביל ט' ת"ד דזעיר, ולכן "תשעה נצוצין" סליקו לחושבן (1081) תפאר"ת– דזעיר הוא התפארת, וכן אות מרכזית בתיבה ניצוצין היא האות ו', ובזוה"ק ו' דא אות אמת ודאי כנ"ל– ונמשך דכולא פסוקא (שם) כי מציון תצא תורה י"ב פעמים ואמ"ת– אות ו"ו דהיא תרין ווין גימ' י"ב. ונבאר הפסוקים שמביא המגלה עמוקות בהאי אופן: א'. [ט]אנכי ה' אלהיך אשר הוצאתיך מארץ מצרים מבית עבדים (שמות כ', ב') גימ' (2495) ט' פעמים זר"ע

חלקים בריות בעולם. ט' בסדקין ואחד בכל העולם. עשרה חלקים של כשפים בעולם ט' במצרים ואחד בכל העולם. עשרה חלקים של זנות בעולם ט' באלכסנדריא ואחד בכל העולם. עשרה חלקים של נוי בעולם ט' בירושלים ואחד בכל העולם. עשרה חלקים של יסורין בעולם ט' בירושלים ואחד בכל העולם. עשרה חלקים של שטות בעולם ט' בבבליים ואחד בכל העולם. עשרה חלקים של עונות בעולם ט' בלוד ואחד בכל העולם. עשרה חלקים של גבורה בעולם ט' ביהודה ואחד בכל העולם. עשרה חלקים של חכמה בעולם ט' בירושלים ואחד בכל העולם שנאמר ולך לך אל ארץ המוריה וגו' (בראשית כ"ב ב'). עשרה חלקים של חנופה בעולם ט' בירושלים ואחד בכל העולם שנאמר כי מאת (ה') נביאי ירושלים יצאה חנופה לכל הארץ (ירמיה כ"ג ט"ו). עשרה חלקים של תורה בעולם ט' בירושלים ואחד בכל העולם שנאמר כי מציון תצא תורה ודבר ה' מירושלים (ישעיה ב' ג'): [ח] **תלמוד בבלי מסכת ברכות דף נה עמוד א**: אמר רבי שמואל בר נחמני אמר רבי יונתן: בצלאל על שם חכמתו נקרא. בשעה שאמר לו הקדוש ברוך הוא למשה: לך אמור לו לבצלאל עשה לי משכן ארון וכלים, הלך משה והפך, ואמר לו: עשה ארון וכלים ומשכן. אמר לו: משה רבינו, מנהגו של עולם - אדם בונה בית ואחר כך מכניס לתוכו כלים, ואתה אומר: עשה לי ארון וכלים ומשכן! כלים שאני עושה - להיכן אכניסם? שמא כך אמר לך הקדוש ברוך הוא: עשה משכן ארון וכלים. אמר לו: שמא בצל אל היית וידעת! אמר רב יהודה אמר רב: יודע היה בצלאל לצרף אותיות שנבראו בהן שמים וארץ. כתיב הכא וימלא אתו רוח אלהים בחכמה ובתבונה ובדעת, וכתיב התם ה' בחכמה יסד ארץ כונן שמים בתבונה וכתיב בדעתו תהומות נבקעו. אמר רבי יוחנן: אין הקדוש ברוך הוא נותן חכמה אלא למי שיש בו חכמה, שנאמר יהב חכמתא לחכימין ומנדעא לידעי בינה. שמע רב תחליפא בר מערבא ואמרה קמיה דרבי אבהו, אמר ליה: אתון מהתם מתניתו לה, אנן מהכא מתנינן לה - דכתיב ובלב כל חכם לב נתתי חכמה. [ט] **מכילתא דרבי ישמעאל יתרו - מסכתא דבחדש פרשה ו**: לא יהיה לך אלהים אחרים על פני. למה נאמר, לפי שנאמר אנכי ה' אלהיך. משל למלך בשר ודם שנכנס למדינה, אמרו לו עבדיו, גזור עליהם גזרות. אמר להם לאו, כשיקבלו את מלכותי, אגזור עליהם גזרות, שאם מלכותי לא יקבלו, גזרותי לא יקבלו. כך אמר המקום לישראל, אנכי ה' אלהיך - לא יהיה אלהים אחרים. אמר להם, אני הוא, שקבלתם מלכותי עליכם במצרים, אמרו לו, כן. וכשם שקבלתם מלכותי עליכם, קבלו גזרותי: לא יהיה לך אלהים אחרים על פני. רבי שמעון בן יוחאי אומר, הוא שנאמר להלן -ויקרא יח ב- אני ה' אלהיכם, אני הוא שקבלתם מלכותי עליכם בסיני; אמרו לו, הן והן; קבלתם מלכותי, קבלו גזרותי: -שם שם /ויקרא יח/ ג- כמעשה ארץ מצרים וגו'; הוא שנאמר כאן אנכי

ה׳ אלהיך אשר הוצאתיך מארץ מצרים, אני הוא, שקבלתם עליכם מלכותי בסיני; אמרו לו, הן הן; קבלתם מלכותי באהבה, קבלו גזרותי. [י] **ספר סודי רזיא חלק א אות ש:** ירעם אל בקולו נפלאות (איוב לז, ה), כי קול הראשון יש לו כמה דפוסים שמשם יוצאים כמה קולות וכמה ענייני דברים לכמה דרכים, לכך ויהי קולות (שמות יט, טז), רואים את הקולות (שם כ, טו) קלת כתיב מקול אחד כמה קולות. ולכל ענין וענין יש מראה, וקודם שיפרדו לדפוסים כפי ענייניו שיפרדו מראות משונות להתעטף את הקול הראשון שבו מיני דברים, וכל קול מצד אחד ברד ומצד אחד אש, כי מודיע לכל קול כעין זכות וחובה ובנתיים המכריע כעין הקשת אדום ירקרק ירוק. וכן לכל עניינין של מעלה ב׳ דברים זה לעומת זה, זה סותר את זה וזה את זה, לכך בספר שמואל (ב כב, יד) ועליון יתן קולו ובתהלים (יח, יד) ועליון יתן קולו ברד וגחלי אש, הרי זה סותר את זה מים לאש ואש למים, זהו (ישעי׳ ל, ל) והשמיע ה׳ את הוד קולו ונחת זרועו יראה בזעף אף ולהב אש אכלה ונפץ וזרם ואבן וברד כי מקול ה׳ יחת אשור, וכתיב (שם לג, ג) מקול המון נדדו עמים ולא הזכיר זרועו, אלא שהבורא יתברך שמו לכל קול עוז מעטף ולרוח השולח לעשות דבר גזירה מעטף מראה לפי הגזירה. זהו וישלח ה׳ מלאך ויכחד כל גבור חיל (דהי״ב לב, כא), ויצא מלאך ויך במחנה אשור (מ״ב יט, ה), וזהו כי הנה ה׳ יוצא ממקומו (ישעי׳ כו, כא), וכתיב (מ״א כב, כא) ויצא הרוח, צא ועשה כן. והנה נתן ה׳ רוח שקר בפי נביאיו, כל עניין אחד שיש לו ב׳ מדות כגון קטיגור וסניגור, ובהיות המראה בב׳ עניינים יודע הנביא שעדיין לא נגזרה גזירה, ואם יראה הנביא שני המראות כאחת נחשכים בידוע שנגמרה לרעה, ואם שתיהן כאחת זכין ומאירים נגמרה גזירה לטובה. ואם רואה תחילה מראה אחת מאירה בידוע אין מחלוקת היא לטובה, ואם ראה תחלה מראה אחד באימה חשיכה נוראה יודע שאין מתחילה מחלוקת ולרעה. ואם והדיבור לא בא מן המראה אלא מחשכת הגזירה מעוטפת במראה, ובמראה ניכרת הגזירה מחשבת הבורא והדיבור מחזר אחר שאצל המראה, כנגד הדיבורים המראות, לכך אמרו חכמים (מסכת סופרים פט״ז ב) פנים שוחקות להגדה, פנים מסבירות לתלמיד, פנים אימה למקרא, ואין דומין זו לזו, זהו וכל העם רואים את הקולות, וירא העם וינועו ויעמדו מרחוק (שמות כ, טו), פנים בפנים דבר ה׳ (דברים ה, ד) כתיב מתוך האש וכתיב מתוך החושך הרי המראות חלוקות. [יא] **מכילתא דרבי ישמעאל בשלח - מסכתא דשירה פרשה ד:** ה׳ איש מלחמה ה׳ שמו, ר׳ יהודה אומר הרי זה מקרא עשיר במקומות הרבה מגיד שנגלה עליהם הקדוש ברוך הוא בכל כלי זיין נגלה עליהם כגבור חגור חרב שנאמר חגור חרבך על ירך גבור (תהלים מה ד), נגלה עליהם כפרש שנ׳ וירכב על כרוב ויעף וגו׳ (שם /תהלים/ יח יא), נגלה עליהם בשריין וכובע כגבור שנ׳ וילבש צדקה כשריין וגו׳ (ישעיה נט יז), נגלה עליהם בחנית שנ׳ לנוגה ברק חניתך (חבקוק ג יא) ואומר והרק חנית וסגור וגו׳ (תהלים לה ג), נגלה עליהם בקשת ובחצים שנ׳ עריה תעור קשתך (חבקוק ג ט) ואומר וישלח חציו (תהלים יח טו), נגלה עליהם בצנה ומגן שנ׳ צנה וסוחרה אמתו וגו׳ (שם /תהלים/ צא ד) ואו׳ החזק מגן וצנה (שם /תהלים/ לה ב). שומע אני ולא שהוא צריך לאחת מכל המדות האלו ת״ל ה׳ איש מלחמה ה׳ שמו בשמו הוא נלחם ואינו צריך לאחת מכל המדות הללו אם כן למה הוצרך הכתוב לפרט

זהו סוד (שמות ל״ח,כ״ח) את האלף ושבע מאות וחמשה ושבעים שרומזת על ניצוצות של א׳ שנחלקה לד׳ רוחות בכל

גלא עמיקתא

(277) עם הכולל דתיבת זרע וכללות הפסוק, וכפלינן ט׳ פעמים לקביל ט׳ נצוצין שנתפשטו לכל רוח- והוא שרש הטיפה שבמח האב בסוד ט׳ ספיראן דז״א דמשפיע הטיפה במלכות. ב׳. [י]ירעם אל בקולו נפלאות, עשה גדלות ולא נדע (איוב ל״ז,ה׳) גימ׳ (2041) י״ג פעמים זק״ן (157) דאמרו חז״ל [יא]דעל הים נגלה להם כגבור מלחמה שנאמר (שמות ט״ו,ג׳) ״ה׳ איש מלחמה״ ובהר סיני כזקן שזקנו לבן- דהן ט׳ ת״ד דזעיר

כל אחד בפני עצמו אלא שאם נצרכו לישראל הקדוש ברוך הוא עושה להם מלחמות ואוי לאומות מה הם שומעין באזניהם שהרי מי שאמר והיה העולם עתיד להלחם בם. ה' איש מלחמה למה נאמר לפי שנגלה על הים כגבור עושה מלחמה שנאמר ה' איש מלחמה, נגלה בסיני כזקן מלא רחמים שנ' ויראו את אלהי ישראל (שמות כד י) וכשנגאלו מה הוא אומר וכעצם השמים לטוהר ואומר חזה הוית עד די כרסוון ואומר נהר דינור נגיד ונפיק מן קדמוהי וגו' (דניאל ז ט - י) שלא ליתן פתחון פה לאומות העולם לומר שתי רשויות הן אלא ה' איש מלחמה ה' שמו הוא במצרים הוא על הים הוא לשעבר הוא לעתיד לבוא הוא בעולם הזה הוא לעולם הבא שנ' ראו עתה כי אני אני הוא וגו' (דברים לב לט) [וכתיב עד זקנה אני הוא וגו' (ישעיה מו ד) וכתיב כה אמר ה' מלך ישראל וגואלו ה' צבאות אני ראשון ואני אחרון (שם /ישעיה/ מד ו)] ואומר מי פעל ועשה קורא הדורות מראש אני ה' ראשון ואת אחרונים אני הוא (שם /ישעיה/ מא ד). יש גבור במדינה ועליו כל כלי זיין אבל אין לו כח ולא גבורה ולא תכסיס ולא מלחמה אבל הב"ה אינו כן יש לו כח וגבורה ותכסיס ומלחמה שנ' כי לה' המלחמה ונתן אתכם בידינו (שמואל א' יז מז) וכתיב לדוד ברוך ה' צורי המלמד ידי לקרב אצבעותי למלחמה (תהלים קמד א). יש גבור במדינה וכחו עליו בן ארבעים שנה אינו דומה [לבן נ' ולא בן נ'] דומה לבן ששים ולא בן ששים לבן שבעים אלא כל שהוא הולך כחו מתמעט אבל מי שאמר והיה העולם אינו כן אלא אני ה' לא שניתי וגו' (מלאכי ג ו). יש גבור במדינה שמשקנאה וגבורה לובשתו אפילו אביו ואפילו אמו ואפילו קרובו הכל מכה בחמה והולך לו אבל הקדוש ברוך הוא אינו כן אלא ה' איש מלחמה ה' שמו. ה' איש מלחמה שהוא נלחם במצרים, ה' שמו שהוא מרחם על בריותיו שנ' ה' ה' אל רחום וחנון וגו' (שמות לד ו). יש גבור במדינה בשעה שהחצי יוצא מידו עוד לא יכול להחזירו אליו אבל הקדוש ברוך הוא אינו כן אלא כשאין ישראל עושין רצונו כביכול גזרה יוצאה מלפניו שנ' אם שנותי ברק חרבי וגו' (דברים לב מא) עשו תשובה מיד הוא מחזירה שנ' ותאחז במשפט ידי, או שומע אני שהוא מחזירה ריקם ת"ל אשיב נקם לצרי, ועל מי הוא מחזירה על אומות העולם שנ' ולמשנאי אשלם. מלך בשר ודם יוצא למלחמה ומדינות קרבות באות אצלו ושואלות צרכיהן מלפניו והן אומ' להן זעוף הוא למלחמה הוא יוצא לכשינצח במלחמה וישוב באין אתם ושואלין צרכיכם מלפניו אבל הקדוש ברוך הוא אינו כן אלא ה' איש מלחמה שהוא נלחם במצרים ה' שמו שהוא שומע צעקת כל באי העולם שנ' שומע תפלה עדיך כל בשר יבואו (תהלים סה ג). מלך בשר ודם עומד במלחמה אינו יכול לזון ולא לספק אכסניות לכל חיילותיו והקב"ה אינו כן אלא ה' איש מלחמה שהוא נלחם במצרים ה' שמו שהוא זן ומפרנס לכל באי העולם שנאמר לגוזר ים סוף לגזרים וגו' נותן לחם לכל בשר (שם /תהלים/ קלו יג - כה). ה' איש מלחמה, איפשר לומר כן והלא כבר נאמר הלא את השמים ואת הארץ אני מלא נאם ה' (ירמי' כג כד) וכתוב וקרא זה אל זה ואמר (ישעיה ו ג) וכתיב והנה כבוד אלהי ישראל וגו' (יחזקאל מג ב) ומה ת"ל ה' איש מלחמה מפני חבתכם ומפני קדושתכם אקדש שמי בכם שנ' כי אל אנכי ולא איש בקרבך קדוש אקדש שמי בכם (הושע יא ט): ה' שמו בשמו הוא נלחם ואינו צריך לאחת מכל מדות אלו וכן דוד אומר אתה בא אלי בחרב ובחנית ובכידון ואני בא אליך בשם ה' צבאות (שמואל א' יז מה) וכתיב אלה ברכב ואלה בסוסים ואנחנו בשם ה' אלהינו (תהלים כ ח) וכן אסא אומר ויקרא אסא אל ה' אלהיו וגו' (דברי הימים ב' יד י). **[יב] אוהב ישראל ויקרא פרשת ויקרא:** ויקרא אל משה גו' מאוהל מועד גו' [א, א].

רוח שבע מאות וחמשה ושבעים ד"פ תשעה אדם אחד מאלף מצאתי (קהלת ז',כ"ח) בשעת הר סיני

גלא עמיקתא

על הים ו-י"ג ת"ד דא"א בהר סיני- ולכן בכאן הן י"ג פעמים זק"ן לקביל אריך אנפין. ג'. [יב]וקרא זה אל זה ואמר קדוש קדוש קדוש ה' צב-אות מלא כל הארץ כבודו (ישעי' ו',ג') גימ' (2819) ב' פעמים שבעת האושפיזין "אברהם יצחק יעקב משה אהרן יוסף דוד" (1409) ע"ה ועיין מה שבארנו [3]במקום אחר בענין

3. ז' אושפיזין דחג הסוכות: אברהם גימ' (248) "צמח דוד עבדך" דמקרבין ע"י מצות סוכה. אברהם יצחק גימ' (456) "לבית דוד" דהתכללותם יחד בעקדה מקרבא לגאולה. אברהם יצחק יעקב

זכה לאותן ניצוצין אבל עתה א׳ זעירא שלא היה לו בזימנא תניינא אותו היקר שהיה לו מתחלה.

גלא עמיקתא

אושפיזין דחג הסוכות. והוא נמי חושבן (2819) ב׳ אלפים (2000) עם "דוד מלך ישראל חי וקים" (819) (קדוש לבנה) וביארנו במקום אחר דאינון ב׳ אלפין:

גימ׳ (638) "בן דוד משיח צדקך" ד-ג׳ אבהן היינו שלמותא דכולא ודוד רגל רביעי ועביד כסא שלם ב-א׳ זעירא דהות רשימא בידו [כמבואר אצלנו במקום אחר]. אברהם יצחק יעקב משה גימ׳ (983) "קומה ה׳ ויפוצו אויביך וינוסו משנאיך" (במדבר י׳,ל"ה) דהוספת משה מקרבא לגאולתא שלמתא. אברהם יצחק יעקב משה אהרן גימ׳ (1239) "אלף" (1000) פעמים (שמות י"ז,ט"ז) "כי יד על כס י-ה" (239) וזהו דבתוספת שמיה דאהרן כהנא רבא סליקו שמהן לחושבן הנ"ל, והאי אלף (1000) איהי האי אלף דמחסרא למהוי כסא שלים ומחית זרעו של עמלק- והוא נפלא דנתהוה האי חושבן בהוספת שמיה דאהרן רמיזא דאיהו יהיב ג"כ א׳ זעירא. אברהם יצחק יעקב משה אהרן יוסף גימ׳ (1395) "לא" (31) פעמים "אדם" (45) כדכתיב "כי לא אדם הוא להנחם" (ש"א ט"ו,כ"ט) וזהו דבתוספת יוסף דאיהו צדיק יסוד עולם- וכנודע מהרא"י הק׳ דיסודא סליק עד א"ס, וזהו דבתוספת יוסף סליקו כולהו אושפיזין לרזא דא"ס, ומקרבין הגאולה האמיתית והשלמה, במהרה בימינו אמן. אברהם יצחק יעקב משה אהרן יוסף דוד גימ׳ (1409) "חג הסוכות זמן שמחתנו" כדאמרינן בתפלת שלש רגלים "את יום חג הסוכות הזה זמן שמחתנו" וכו׳. והנה נמשך מדברינו דשבעת אושפיזין הן שלימותא דחג הסוכות דהוא מעין עולם הבא כאשר נחסה בצל סוכתו של לויתן שיערוך לנו הקב"ה, ונאכל משור הבר ונשתה מיין המשומר, בגאולה האמיתית והשלמה, במהרה בימינו אמן.

כבר נאמרו ונשנו טעמים וסודות הרבה בסוד א׳ זעירא של ויקרא. אמנם עוד יש לאלוה מילין ואענה גם אנכי את חלקי מתת אלהים אשר חנן אותי ברחמיו. ובהעיר עוד להבין טעם וסוד של א׳ רבתי בתחלת ספר דברי הימים המתחיל אדם שת אנוש גו׳. וי"ל בזה דהנה ידוע (זוה"ק בראשית מז. ועוד) דבאורייתא ברא קב"ה עלמא. וכל העולמות הקדושים העליונים והתחתונים וראשית התגלות אלהותו יתברך היה על ידי אותיות התורה הקדושה ואל"ף הוא הראש לכל האותיות והוא הוא ראשית דראשית התגלות אלהותו ית"ש באור בהיר וצח אשר אלופו של עולם גנוז וטמיר בגוויה. ואל"ף הוא סוד פל"א עליון בסוד במופלא ממך אל תדרוש (חגיגה יג א) כי הוא עדיין מושלל מהשגה. והנה שם בספר דברי הימים מתחיל לחשוב סדר בריאת העולם וקורא הדורות מראש ולזה כתוב שם א׳ רבתא כי הוא ראשית דראשית התגלות אלהותו יתברך באור בהיר זך ומצוחצח בסוד אור וא"ו ימי בראשית המאיר מראש העולם ועד סופו והבן זה. וסוד א׳ זעירא דויקרא הוא ענין אחר. דהנה רש"י ז"ל מביא מדרש (תו"כ ר"פ ויקרא) על כל דיבור ודיבור היתה קריאה והוא לשון חיבה לשון שמלאכי השרת משתמשין בו כמו שכתוב (ישעיהו ו, ג) וקרא זה אל זה עד כאן. ולדעת במה יוודע איפה יתרון החיבה בלשון קריאה י"ל דהתרגום אונקלוס תרגם על פסוק (שם) וקרא זה אל זה כו׳ ומקבלין דין מן דין. כי כל עולם ועולם מקבל השפעתו מעולם שלמעלה ממנו בסוד עילה ועלול. והעולם העליון הגם שהוא גדול במדריגת איכותו ומהותו ומעלתו, עם כל זה הוא משלב ומכליל עצמו בעולם שלמטה ממנו כדי שיוכל לקבל השפעתו הטובה וזהו לשון וקרא זה אל זה, לשון שילוב והשתלשלות, כי על ידי קריאה נעשה שילוב. על דרך משל כביכול כמדבר איש אל רעהו. וכן כשהיה רצון הבורא ב"ה וב"ש לדבר עם משה רבינו ע"ה כביכול היה מכליל ומשלב את הקול ה׳ בכח כדי שיוכל משה רבינו ע"ה לקבל. וזהו סוד הלשון של קריאה של חיבה בכל דיבור ודיבור. וגם כאן כשעלה ברצון הבורא ית"ש לדבר עם משה רבינו ע"ה ענין מעשה וסדר הקרבנות היה גם כן קריאה. אכן לפי שהיה צריך לדבר אתו עמו מעולם הזמן וההנהגה ובפרט מעשה הקרבנות הבאים לכפר על חטאים ועונות של בני אדם ר"ל אשר הקדוש ברוך הוא ברוב טובו וחסדו הגדול המציא מזור ותרופה וכפרה על ידי זה. ולזה כביכול איהו דאזעיר גרמיה לדבר עם משה רבינו ע"ה בזה הענין מעולם

הזמן והמועד ולזה אל"ף של ויקרא היא זעירא. אמנם כן לאשר כי בודאי לפי ערך גודל בחינתו ומדריגתו של משה רבינו ע"ה היה יכול הבורא ב"ה וב"ש להכליל דיבוריו הקדושים אליו כביכול מעולמות עליונים הקדושים לכן נשארו אלו המוחין קדישין אצל משה רבינו ע"ה במקום הנחת תפילין בסוד אורות מקיפים. וזהו ויקרא כמו שדרשו חכמינו ז"ל (מגילה טז ב) ויקר אלו תפילין. וזהו מפורש בפסוק ויקרא אל משה והא' הוא זעירא. והטעם לזה כי להיות וידבר ה' אליו מאהל מועד היינו לפי שהיה צריך לדבר עמו מבהירות עולם הזמן והמועד לשון (איוב כט, ג) בהלו נרו עלי ראשי. ועיין בפרשת פינחס בפסוק צו את בני ישראל גו' פירוש אחר על האל"ף זעירא. והבן כל זה היטב (ועיין עוד תו"א, ובשפ"צ פנחס סד ב): **[יג] זוהר יתרו רזי דרזין דף ע"ג עמוד ב:** בדרועא ימינא הוה חקיק ורשים רשומא חדא סתים מבני נשא מגדל חקיק באריה ואלף זעירא רשים בגויה וסימנא דא (שיר השירים ד) אלף המגן תלוי עליו, כל זמנא דאגח קרבא ההוא רשימא סלקא ובלטא ועל מגדל מכשכשא האי אלף וכדין אתתקף לאגחא קרבא, כד עאל בקרבא מכשכשא ההוא אריה וכדין אתגבר כאריה ונצח קרבין וההוא מגדל אתרהיט וסימניה (משלי יח) בו ירוץ צדיק ונשגב, ונשגב דוד משנאוי דלא יכלין לגביה. **[יד] תלמוד בבלי מסכת סנהדרין דף צז עמוד א:** אמר רב קטינא: שית אלפי שני הוו עלמא וחד חרוב, שנאמר ונשגב ה' לבדו ביום ההוא. אביי אמר: תרי חרוב, שנאמר יחיינו מימים ביום השלישי יקמנו ונחיה לפניו, תניא כותיה דרב קטינא: כשם שהשביעית משמטת שנה אחת לשבע שנים, כך העולם משמט אלף שנים לשבעת אלפים שנה, שנאמר ונשגב ה' לבדו ביום ההוא, ואומר: מזמור שיר ליום השבת - יום שכולו שבת. ואומר: כי אלף שנים בעיניך כיום אתמול כי יעבר. תנא דבי אליהו: ששת אלפים שנה הוי עלמא, שני אלפים תוהו, שני אלפים תורה, שני אלפים ימות המשיח. **[טו] מדרש תנחומא פרשת פקודי:** (ו) [לח, כא] אלה פקודי המשכן משכן העדות עדות לכל באי העולם שנמחל להם על מעשה העגל, למה הדבר דומה למלך שנשא אשה והיה מחבבה כעס עליה והלך לו היו שכנותיה אומרות שוב בעליך אינו חוזר לך לימים בא ונכנס עמד בפלטרין ואכל ושתה עמה ועדיין שכנותיה לא היו מאמינות שנתרצה לה ומתוך כך ראו ריח בשמים עולה מן הבית ידעו הכל שנתרצה לה, כך הקדוש ברוך הוא חבב את ישראל ונתן להם את התורה וקרא אותם ממלכת כהנים וגוי קדוש, לאחר ארבעים יום סרחו אמרו הגוים שוב אינו חוזר עליהם, עמד משה ובקש רחמים ואמר לו סלחתי כדבריך (במדבר יד), אמר משה מי מודיע לאומות, אמר ליה ועשו לי מקדש, כיון שראו אומות העולם הריח של קטרת מתמר ועולה מתוך המשכן ידעו שנתרצה להם הקדוש ברוך הוא, אלה פקודי המשכן וכתיב אלה שמות בני ישראל, בא וראה כמה חבב הקדוש ברוך הוא את המשכן שהניח את העליונים ושכן בתוך המשכן, אמר רבי שמעון עיקר שכינה בתחתונים היתה שנאמר וישמעו את קול ה' אלהים מתהלך

גלא עמיקתא

א'. א' זעירא דויקרא אל משה (ויקרא א',א'). **ב'. א' זעירא דהות רשימא על דרועיה דדוד** [יג]**כדאיתא בזוה"ק** (זהר יתרו רזי דרזין דף ע"ג ע"ב): **בדרוע ימינא** (דדוד) ["ימינא" גימ' (111) "אלף"] **הוה חקיק ורשים רשומא חדא** (אחד כנ"ל) **סתים מבני נשא: מגדל חקיק באריה ואלף זעירא רשים בגויה וסימנא "אלף המגן תלוי עליו"** (שיר השירים ד') **כל זמנא דאגח קרבא ההוא רשימא סלקא ובלטא ועל מגדל מכשכשא האי אל"ף זעירא וכדין אתתקף לאגחא קרבא וכו'. והוא לקביל** [יד]**אלפיים ימות המשיח** (סנהדרין צ"ז ע"א) **דאנו כבר בסיומן ומשיח טרם בא בגלוי על כל פנים ואנו מתפללים לרבונו של עולם שישלח לנו משיח צדקנו ויגאלנו כי רב שבענו בוז וכו'. וזהו דשבעת הרועים הקדושים ליקטו הני ניצוצין קדישין ודאגו שלא תהיה יניקה לחיצונים בלתי כדי חיותם. ד'.** [טו]**ויכס הענן את אהל מועד, וכבוד ה' מלא את המשכן גימ'** (1779) **ג' פעמים "נפלאות הוי'"** (593)

גלא עמיקתא

[כדכתיב (איוב ט׳,י׳) עושה גדולות עד אין חקר ונפלאות עד אין מספר] – דבהסתרה בתוך הסתרה מלא כל הארץ כבודו – דלא יראני האדם וחי – והוא ענין [טז]מאן דאיהו זעיר איהו רב – והקב״ה הוא הבורא ומהווה כל העולמות תחתונים ועליונים יש מאין ממש – ולכן נמשך מכאן שעליו להראות כאין ממש. ה׳. [יז]ואת האלף ושבע המאות וחמשה ושבעים עשה ווים לעמודים, וצפה ראשיהם וחשק אתם (שמות ל״ח,כ״ח) גימ׳ (4359) טו״ב (17) פעמים ״[יח]אור הגאולה״ (257) והוא בחינת ״[יט]אור

בגן (בראשית ג), בא אדם וחטא נסתלקה מן הארץ לשמים, עמד קין והרג את אחיו נסתלקה מן הרקיע הראשון לשני, עמד דור אנוש ודכעיס לפניו נסתלקה מן השני לשלישי, עמד דור המבול והשחית דרכו נסתלקה מן השלישי לרביעי, דור הפלגה נתגאה נסתלקה מן רביעי לחמישי, סדומיים קלקלו נסתלקה מן החמישי לששי, עמדו אמרפל וחבריו נסתלקה מן ששי לשביעי, עמד אברהם וסגל מעשים טובים נמשכה השכינה מן שביעי לששי, יצחק משכה מן ששי לחמישי, יעקב מן חמישי לרביעי, לוי בנו מן רביעי לשלישי, קהת בן לוי מן שלישי לשני, עמרם מן שני לראשון, משה ביום שהוקם המשכן וכבוד ה׳ מלא את המשכן, זשה״כ כי ישרים ישכנו ארץ (משלי ב) ישכינו השכינה בארץ. **[טז] זוהר – בראשית - פרשת חיי שרה דף קכ״ב ע״ב:** זכאה איהו מאן דאזער גרמיה בהאי עלמא כמה איהו רב ועלאה בההוא עלמא. והכי פתח רב מתיבתא, מאן דאיהו זעיר איהו רב, ומאן דאיהו רב איהו זעיר, דכתיב (בראשית כג) ויהיו חיי שרה מאה שנה ועשרים שנה ושבע שנים, מאה דאיהי חשבון רב כתיב ביה שנה זעירו דשנין חד אזעיר ליה, שבע דאיהו חשבון זעיר אסגי ליה ורבי ליה דכתיב שבע שנים, ת״ח דלא רבי קודשא בריך הוא אלא לדאזעיר לא אזעיר אלא לדרבי, זכאה איהו מאן דאזעיר גרמיה בהאי עלמא כמה איהו רב בעלויא בההוא עלמא. **[יז] תלמוד בבלי מסכת בכורות דף ה עמוד א:** שאל קונטרוקוס השר את רבן יוחנן בן זכאי: בפרטן של לוים אתה מוצא עשרים ושנים אלף ושלש מאות, בכללי אתה מוצא עשרים ושנים אלף, ושלש מאות להיכן הלכו? א״ל: אותן שלש מאות בכורות היו, ואין בכור מפקיע בכור. מאי טעמא? אמר אביי: דיו לבכור שיפקיע קדושת עצמו. ועוד שאלו: בגיבוי כסף אתה מוצא מאתים ואחת ככר ואחת עשרה מנה, דכתיב: בקע לגלגלת מחצית השקל בשקל הקדש וגו׳, ובנתינת הכסף אתה מוצא מאת ככר, דכתיב: ויהי מאת ככר הכסף לצקת וגו׳. משה רבכם גנב היה, או קוביוסטוס היה, או אינו בקי בחשבונות! נתן מחצה ונטל מחצה, ומחצה שלם לא החזיר! אמר לו: משה רבינו גיזבר נאמן היה, ובקי בחשבונות היה, ומנה של קודש כפול היה. הוי בה רב אחאי: מאי קא קשיא ליה - ויהי מאת ככר הכסף לצקת וגו׳, הנך - לצקת, ואינך - בי גזא! כתב קרא אחרינא: וכסף פקודי העדה מאת ככר וגו׳; ודקא״ל מנה של קודש כפול היה מנא ליה? אילימא מיניה, שהרי כאן, שבעים ואחד מנה ואת האלף ושבע מאות וחמשה ושבעים עשה ווים לעמודים ולא מנאן הכתוב אלא בפרוטרוט, ואם איתא, מאה ואחד ככר ואחת עשרה מנה מיבעי ליה! אלא, מדלא מנאן הכתוב אלא בפרוטרוט, ש״מ: מנה של קודש כפול היה; ודילמא: כללי - קחשיב בככרי, פרטי - לא קא חשיב בככרי? אלא מהכא: ונחושת התנופה שבעים ככר ואלפים וארבע מאות שקל שהרי כאן תשעים וששה מנה, ולא מנאן הכתוב אלא בפרוטרוט, שמע מינה: מנה של קודש כפול היה; ודילמא: פרטא רבה - קא חשיב בככרי, פרטא זוטא - לא קחשיב בככרי? אלא אמר רב חסדא, מהכא: והשקל עשרים גרה עשרים שקלים חמשה ועשרים שקלים עשרה וחמשה שקל המנה יהיה לכם **[יח] פענח רזא שמות פרשת שמות:** ובעזרת האל בתעצומות, נתחיל ספר וסדר ואלה שמות ואלה״ שמות״ בני״ ישראל״, ס״ת תהי״ל לומר שלבסוף יהיל אורם אור הגאולה בזכות ואלה שמות שלא שינו את שמם כדאיתא במדרש, שמות יש בו אותיות שמת״ו, כלומר אף על גב שמנאם בחיים חזר ומנאן לאחר מותן, ״שמות ״בני ״ישראל ״הבאים ר״ת שבי״ה, לומר שאז כשמת יוסף וכל הדור ההוא הי׳ ראש שבים וגלותם, לכן בא הרמז בראשי תיבות. **[יט] תלמוד בבלי חגיגה דף יב עמוד א:** ואור ביום ראשון איברי? והכתיב ויתן אתם אלהים ברקיע

גלא עמיקתא

הגנוז" שיתגלה[4] בגאולה האמיתית והשלמה– וכאן כפלינן טו"ב פעמים "ויאמר אלהים יהי אור, וירא אלהים את האור כי טוב". ויהי רצון דנזכה להיגאל כבר בשנה זו ואפילו תכף ומיד ממש דאנן בשנת ה' אלפים תשע"ה שבע מאות חמשה ושבעים כמו שהביאו בספה"ק רמז בפסוק זה דבשנה זו תהיה הגאולה האמיתית והשלמה. ו. [כ]אשר עוד בקשה נפשי ולא מצאתי, אדם אחד

השמים וכתיב ויהי ערב ויהי בקר יום רביעי! - כדרבי אלעזר. דאמר רבי אלעזר: אור שברא הקדוש ברוך הוא ביום ראשון - אדם צופה בו מסוף העולם ועד סופו, כיון שנסתכל הקדוש ברוך הוא בדור המבול ובדור הפלגה וראה שמעשיהם מקולקלים - עמד וגנזו מהן, שנאמר וימנע מרשעים אורם. ולמי גנזו - לצדיקים לעתיד לבא שנאמר וירא אלהים את האור כי טוב, ואין טוב אלא צדיק, שנאמר אמרו צדיק כי טוב. כיון שראה אור שגנזו לצדיקים שמח, שנאמר אור צדיקים ישמח. כתנאי: אור שברא הקדוש ברוך הוא ביום ראשון אדם צופה ומביט בו מסוף העולם ועד סופו, דברי רבי יעקב. וחכמים אומרים: הן הן מאורות שנבראו ביום ראשון ולא נתלו עד יום רביעי. **[כ] ילקוט שמעוני ירמיהו רמז שטו:** רחל מבכה על בניה, א"ר יצחק לפי שהדברים אמורים ברחל דכתיב אעבדך שבע שנים ברחל לפיכך נקראו ישראל על שמה שנאמר רחל מבכה על בניה, ולא לשמה אלא לשם בנה שנאמר אולי יחנן ה' צבאות שארית יוסף, ולא לשם בנה אלא לשם בן בנה שנאמר הבן יקיר לי אפרים אם ילד שעשועים (כתוב ברמז צ"ו). יקיר לי, ביוקר ישראל עומדים לי, בנוהג שבעולם אלף בני אדם נכנסים למקרא יוצא מהם מאה. מאה נכנסים למשנה יוצאים מהם עשרה ואחד לגמרא, הה"ד אדם אחד מאלף מצאתי, ר' אבא בר כהנא אמר אילו בקש פרעה משקל כל אחד מישראל אבנים טובות ומרגליות לא הייתי נותן לו, רבי יצחק אומר והלא בדמים נטלם משפחות של כנים משפחות של ערוב הוי ביוקר ישראל עומדים לי. הבן יקיר לי (כתוב ברמז קכ"ד). כל מקום שנאמר לי קיים לעולם, אפרים, (פלטני) [פלטיאני] (ברמז ע"ז). אם ילד שעשועים. אי זה ילד של שעשועים בן שתים בן שלש שנים, ר' אבא בשם ר' לוי בן ארבע בן חמש שנים. כי מדי דברי בו, ר' יוחנן בשם ר' אבא בר כהנא די דבורי בו, ר' יודן ברבי סימון אמר (אף על פי) [אפילו בשעה] שאני מדבר עמו איני יכול לסבול בו, כי מדי דברי בו כי בודאי דבורי בו, דבר אל בני ישראל, צו את בני ישראל, ר' יודן בשם ר' שמואל בר נחמני משל למלך שהיה לו אפיקריסין והיה מצוה את עבדו וא"ל נערה וקפלה תן דעתך עליה, א"ל עבדו אדוני המלך מכל אפיקריסין שיש לך אי אתה מצוני אלא על זה, א"ל מפני שדבקה בבשרי, כן אמר משה לפני הקדוש ברוך הוא רבש"ע משבעים אומות אותנטיאות שיש לך אי אתה מצוני אלא על ישראל, ואל בני ישראל תאמר, ואל בני ישראל תדבר, אמור אל בני ישראל, דבר אל בני ישראל, ואתה תצוה את בני ישראל, כי תשא את ראש בני ישראל, א"ל מפני שהם דבוקים בי שנאמר כי כאשר ידבק האזור אל מתני איש כן הדבקתי אלי וגו', אמר ר' אבין משל למלך שהיה לו פורפירון וכו' והיה מצוה וכו', א"ל מפני שאותם לבשתי כשמלכתי תחלה, כך אמר משה וכו', אמר לו מפני שהמליכוני על הים ואמרו ה' ימלוך לעולם ועד, אמר ר' ברכיה משל לזקן שיש לו מעפורת והיה מצוה וכו' א"ל מפני שקבלו עליהם עול מלכותי בסיני ואמרו כל אשר דבר ה' נעשה ונשמע, אמר ר' יודן בא וראה כמה חבב הקדוש ברוך הוא לישראל שהוא מזכירן חמש פעמים בפסוק אחד הה"ד ואתנה את הלוים נתונים לאהרן ולבניו וגו', תני ר' שמעון בן יוחאי משל למלך שמסר בנו לפדגוג והיה אומר אכל ברי שתה ברי אזל ברי לבי ספרא אתא ברי מבי ספרא, כך הקדוש ברוך הוא מתאוה להזכיר את ישראל בכל שעה, אר"י בר סימון משל לאחד שהיה יושב ועושה עטרה למלך, עבר אחד וראה אותו, א"ל מה

4. באור על מגלה עמוקות ואתחנן אופן ע"ו: ו'. וַיַּעֲבֹר אַבְרָם בָּאָרֶץ עַד מְקוֹם שְׁכֶם עַד אֵלוֹן מוֹרֶה וְהַכְּנַעֲנִי אָז בָּאָרֶץ (בראשית יב,ו) גימ' (2368) ח' פעמים "הארץ" (296) דאמר משה אעברה נא ואראה את הארץ דייקא- ארץ ישראל- וכפילת ח' פעמים רמיזא דיביא לתחית המתים בגאולה השלמה בסוד (שמות ט"ו,א') אז ישיר משה- שר לא נאמר, מכאן לתחית המתים מן התורה- א"ז גימ' ח', ה-א' אלופו של עולם הרוכב על ז' כוכבי לכת ומנהיג את הטבע- כמ"ש הכלי יקר ר"פ שמיני.

גלא עמיקתא

מאלף מצאתי ואשה בכל אלה לא מצאתי (קהלת ז׳,כ״ח) גימ׳ (3728) ד׳ פעמים **"עץ הדעת טוב ורע"** (932) (בראשית ב׳,ט׳) **דשלמה המלך תיקן חטא אדם הראשון בעץ הדעת טוב ורע. ומהאי טעמא מדבר בפסוקא אדם – אשה לזאת יקרא אשה כי מאיש לוקחה זאת וכו׳ לשון נופל על לשון מכאן שנברא העולם בלשון הקודש וכו׳. והוא חושבן ד׳ זימנין לקביל ד׳ אתוון דשמא קדישא הוי׳ ברוך הוא. ותמן ג׳ זימנין מצאת"י** – "מצאתי" גימ׳ (541) ישרא"ל – ג׳ פעמים ישרא"ל גימ׳ (1623) "תפארת ישראל" עם הכולל, כדכתיב במגילת איכה (ב׳,א׳) "השליך משמים ארץ תפארת ישראל". דתיבה תפאר"ת גימ׳ עם הכולל ב׳ פעמים ישרא"ל – וכמאמר הנביא (ישעי׳ מ״ט,ג׳) "ויאמר לי עבדי אתה, ישראל אשר בך אתפאר". והנה שבעת הפסוקים שמביא המגלה עמוקות – עם הפסוק שהבאנו בהקדמת הבאור לאופן "והלכו עמים רבים וכו׳ כי מציון תצא תורה ודבר ה׳ מירושלם" [והוא בסוד ז׳ קני המנורה ונר האמצעי "אל מול פני המנורה יאירו שבעת הנרות" (במדבר ח׳,ב׳) ענין פנימיות אור הגנוז] סליק לחושבן (22595) כ״ב (אתוון דאורייתא קדישא) פעמים "[כא]**חיל בלע ויקיאנו, מבטנו ירשנו אל"** (1027) (איוב

אתה יושב ועושה, א״ל עטרה, א״ל כל מה שאתה יכול לקבוע אבנים טובות ומרגליות קבע שהיא עתידה להנתן בראשו של מלך, כך אמר הקדוש ברוך הוא למשה משה כל מה שאתה יכול לשבח את ישראל לפני שבח לפארן פאר שאני עתיד להתפאר בם שנאמר ישראל אשר בך אתפאר, למה רחם ארחמנו שני פעמים, אלא רחם שרחם הקדוש ברוך הוא על מלך המשיח בשעה שהיה חבוש בבית האסורין שבכל יום ויום היו עובדי אלילים מחרקין שיניהם ומרמזין בעיניהם ומנענעין בראשיהם ומפטירין בשפתותיהם שנאמר כל רואי ילעיגו לי וגו׳ כל המזמור, ארחמנו בשעה שהוא יוצא מבית האסורין, שלא מלכות אחד או שתי מלכיות באים עליו אלא מאה ועשרים מלכיות מקיפות אותו ואומר לו הקדוש ברוך הוא אפרים משיח צדקי אל תירא מהם כי כל אלו ברוח שפתיך ימותו שנאמר וברוח שפתיו ימית רשע: **[כא] תלמוד בבלי מסכת סנהדרין דף קו עמוד ב:** כתיב דואג וכתיב דוייג. אמר רבי יוחנן: בתחילה יושב הקדוש ברוך הוא ודואג שמא יצא זה לתרבות רעה, לאחר שיצא אמר: ווי שיצא זה. (סימן: גבור רשע וצדיק חיל וסופר). אמר רבי יצחק: מאי דכתיב מה תתהלל ברעה הגבור חסד אל כל היום, אמר לו הקדוש ברוך הוא לדואג: לא גבור בתורה אתה, מה תתהלל ברעה? לא חסד אל נטוי עליך כל היום? ואמר רבי יצחק: מאי דכתיב ולרשע אמר אלהים מה לך לספר חקי. אמר לו הקדוש ברוך הוא לדואג הרשע: מה לך לספר חקי? כשאתה מגיע לפרשת מרצחים ופרשת מספרי לשון הרע מה אתה דורש בהם? ותשא בריתי עלי פיך. אמר רבי אמי: אין תורתו של דואג אלא משפה ולחוץ. ואמר רבי יצחק: מאי דכתיב ויראו צדיקים וייראו ועליו ישחקו, בתחילה ייראו, ולבסוף ישחקו. ואמר רבי יצחק: מאי דכתיב חיל בלע ויקאנו מבטנו ירשנו אל, אמר דוד לפני הקדוש ברוך הוא: רבונו של עולם, ימות דואג. אמר לו: חיל בלע ויקיאנו. אמר לפניו: מבטנו יורישנו אל. ואמר רבי יצחק: מאי דכתיב גם אל יתצך לנצח. אמר הקדוש ברוך הוא לדוד: ניתי דואג לעלמא דאתי. - אמר לפניו: גם אל יתצך לנצח. מאי דכתיב יחתך ויסחך מאהל ושרשך מארץ חיים סלה, אמר הקדוש ברוך הוא: לימרו שמעתא בי מדרשא משמיה. - אמר לפניו: יחתך ויסחך מאהל. - ליהוי ליה בנין רבנן. - ושרשך מארץ חיים סלה. ואמר רבי יצחק: מאי דכתיב איה ספר איה שקל, איה ספר את המגדלים, איה ספר כל אותיות שבתורה, איה שקל - ששוקל כל קלים וחמורים שבתורה, איה ספר את המגדלים - שהיה סופר שלש מאות הלכות פסוקות במגדל הפורח באויר. אמר רבי: ארבע מאה בעייא בעו דואג ואחיתופל במגדל הפורח באויר, [ולא איפשט

להו חד]. אמר רבא: רבותא למבעי בעיי? בשני דרב יהודה כולי תנויי בנזיקין, ואנן קא מתנינן טובא בעוקצין. וכי הוה מטי רב יהודה אשה שכובשת ירק בקדירה, ואמרי לה זיתים שכבשן בטרפיהן טהורים אמר: הויות דרב ושמואל קא חזינא הכא. ואנן קא מתנינן בעוקצין תלת סרי מתיבתא, ורב יהודה שליף מסאני ואתא מטרא, ואנן צוחינן וליכא דמשגח בן. אלא הקדוש ברוך הוא ליבא בעי, דכתיב וה' יראה ללבב. אמר רב משרשיא: דואג ואחיתופל לא [הוו] סברי שמעתא. מתקיף לה מר זוטרא: מאן דכתיב ביה איה ספר איה שקל איה ספר את המגדלים ואת אמרת לא הוו סברי שמעתא? אלא, דלא הוה סלקא להו שמעתא אליבא דהלכתא, דכתיב סוד ה' ליראיו. אמר רבי אמי: לא מת דואג עד ששכח תלמודו, שנאמר הוא ימות באין מוסר וברב אולתו ישגה. רב (אשי) אמר: נצטרע, שנאמר הצמתה כל זונה ממך, כתיב התם לצמתת, ומתרגמינן לחלוטין, ותנן: אין בין מוסגר ומוחלט אלא פריעה ופרימה. (סימן: שלשה ראו וחצי וקראו). אמר רבי יוחנן: שלשה מלאכי חבלה נזדמנו לו לדואג, אחד ששכח תלמודו, ואחד ששרף נשמתו, ואחד שפיזר עפרו בבתי כנסיות ובבתי מדרשות. ואמר רבי יוחנן דואג ואחיתופל לא ראו זה את זה, דואג בימי שאול ואחיתופל בימי דוד. ואמר רבי יוחנן: דואג ואחיתופל לא חצו ימיהם. תניא נמי הכי אנשי דמים ומרמה לא יחצו

גלא עמיקתא

כ',ט"ו) [עיין באורנו לפסוק זה [5]בבאור ענין יעקב התחפש לעשו וכו']. באור הענין: בגאולתא שלמתא דיעביד קוב"ה משפט אמת בגויים ובסטרא אחרא בכללות- ויוציא בלעם מפיהם כדכתיב (ירמי' נ"א,מ"ד) "ופקדתי על בל בבבל, והוצאתי את בלעו מפיו" וכו'. והיינו חלקי הניצוצין דבלעו- מהני תשעה נצוצין שיצאו מ-א' דאנכי. ולכן הני פסוקין סליקו לחושבן כ"ב פעמים "חיל בלע ויקיאנו, מבטנו יורישנו אל" דמשיחא יעביד דינא ע"י כ"ב אתוון דאורייתא קדישא. כדכתיב (שיר השירים א',ב') "ישקני מנשיקות פיהו" – מלשון נשק וכלי זין – דנשקו של משיח יהיה אותיות התורה והתפלה, ויגלה בפנימיות התורה רזין דרזין ויכניע אויבינו ומשנאינו- ויבנה זבול תפארתנו ויוליכנו קוממיות לארצנו בחסד וברחמים. וכבר בשנה זו תשע"ה במלוי "תיו שין עין הא" גימ' (912) [6]"בית

5. יעקב התחפש לעשו שרש לפורים דלע"ל - תחית המתים: א' זעירא דויקרא אל משה רמיזא הסתרה והתחפשות- דנראה דכתיב ויקר וכגון ויקר אלהים אל בלעם והוא בכדי להוציא בלעם מפיהם של הסט"א הצדיק לעתים משים עצמו בדומה להם ובהערמה מוציא הנצוץ הקדוש מבטנם. והוא כדכתיב "חיל בלע ויקיאנו מבטנו ירשנו אל" (איוב כ',ט"ו) גימ' (1027) "ויאמר משה קומה ה' ויפצו אויביך" (במדבר י',ל"ה) ובהסתלק כל הסטרין אחרנין כמוץ אשר תדפנו רוח תתגלה הקדושה במלוא הדרה, ואיהו חושבן "אור אין סוף" בא"ת ב"ש ע"ה- ראה במנורה לאופן הקודם בשמאל למטה. וזהו ענין התחפשות- שרש חפ"ש ענינו התחפשו"ת והסתרת עצמו, ובו בזמן ענינו ג"כ חפו"ש אחר נצוצות הקדושה הבלועים ולשחררם לחפש"י להגיע לשרשם בקדושה- והן הן שעשועיו העצמיים דקוב"ה ועבדין ליה נחת רוח מרובה. והנה פרשיה שלמה בתורה בענין לקיחת הבכר"ה והברכ"ה אתוון דדין כאתוון דדין להראות כי חד הוא, והוא בפרשת תולדות (בראשית כ"ז א'-מ"א) עד וישטם עשו את יעקב על הברכה אשר ברכו יצחק אביו וכו'. ואינון מ' פסוקים בכל ענין התחפשות ולקיחת הברכה- וזו היא הוצאת הקדושה מהסט"א, והיא תורה מלשון הוראה- כיצד כאו"א מישראל יכול וצריך לעשות כדוג' יעקב עם עשו עם היצה"ר אשר בקרבו.

6. באור על מגלה עמוקות ואתחנן אופן ל"ט: י"ג. יְרוּשָׁלַ͏ִם הָרִים סָבִיב לָהּ וַיהוה סָבִיב לְעַמּוֹ מֵעַתָּה וְעַד עוֹלָם (תהלים קכה,ב) גימ' (1943) "טוב הוא" (29) פעמים "בינה" (67) והוא רמז לשייכות של משה רבינו להיכנס לירושלים עיר הקודש כמו שהתפלל אעברה נא ואראה את הארץ הטובה וכו' ההר הטוב

הזה והלבנון דקאי אבית המקדש דשוכן על הר המוריה - ובמשה רבינו איתמר ותרא אותו כי "טוב הוא" (שמות ב׳,ב׳). וכפלינן "בינה" פעמים דרצה משה להיכנס לירושלים כדי ליחד מלכות ובינה בבחינת גאולה דהן ה׳ תתאה ו-ה׳ עילאה דשם הוי׳ ברוך הוא- ואז יהא שם שלם וכסא שלם- והשיב לו הקב"ה רב לך וכו׳.

גלא עמיקתא

מקדשנו" כדכתיב (ישעי׳ ס"ד,י׳) "[כב]**בית קדשנו ותפארתנו אשר הללוך אבותינו היה לשרפת אש, וכל מחמדינו היה לחרבה"** יהי רצון דיבנה ויכונן במהרה בימינו אמן תשעה נצוצין לכל רוח והן ד׳ רוחות ד׳ פעמים ט׳ הרי ל"ו שעות שהיתה משמשת האורה טרם נגנזה בסוד ל"ו נרות דחנוכה (בבני יששכר ה׳ פעמים או"ר דכתיבי במעשה בראשית הרי ל"ו). והוא בשנה ובנפש דאדם הראשון חזי בה מסוף העולם ועד סופו– ויהי רצון דנזכה להאי אור הגנוז בביאת משיח צדקנו ב"ב אכי"ר.

ימיהם, כל שנותיו של דואג לא היו אלא שלשים וארבע, ושל אחיתופל אינן אלא שלשים ושלש. [כב] **תלמוד בבלי מסכת מועד קטן דף כו עמוד א**: ערי יהודה מנלן? - דכתיב ויבאו אנשים משכם משלו ומשמרון שמנים איש מגלחי זקן וקרעי בגדים ומתגודדים ומנחה ולבונה בידם להביא בית ה׳ וגו׳. אמר רבי חלבו אמר עולא ביראה אמר רבי אלעזר: הרואה ערי יהודה בחורבנן - אומר: ערי קדשך היו מדבר, וקורע. ירושלים בחורבנה - אומר: ציון מדבר היתה ירושלים שממה, וקורע. בית המקדש בחורבנו - אומר בית קדשנו ותפארתנו אשר הללוך אבתינו היה לשרפת אש וכל מחמדינו היה לחרבה, וקורע. קורע על מקדש ומוסיף על ירושלים. ורמינהו: אחד השומע ואחד הרואה, כיון שהגיע לצופים - קורע, וקורע על מקדש בפני עצמו ועל ירושלים בפני עצמה! - לא קשיא: הא - דפגע במקדש ברישא, הא - דפגע בירושלים ברישא.

אופן פד

הראה הקב"ה למשה אלף יומין דחול וגם תרין משיחין הם עולים לחשבון אלף כי משיח בן יוסף הוא תינו"ק יונ"ק משד"י אמ"ו בגי' תקס"ו. ומשיח בן דוד לעתיד לבא יהי' מלא ב-י' שכן בדברי הימים דוד מלא שיהי' משיח כולל כ"ד תכשיטי כלה שהם צורת ב' ההי"ן מן השם דוד"י שהם סוד דודי כדאיתא בכנפי יונה נמצא שלעתיד יהיה בן דוד מלא ב-י'. תצרף משיח בן דוד שהוא עולה תל"ד עם משיח בן יוסף שהוא עולה תקס"ו הרי אלף זה סוד האלף לך שלמה שרומז על ב' משיחים ואותם הראה הקב"ה למשה ומאוהל מועד דזמין לאתמשכנא לסוף יהי' יקר לישראל. וז"ש אלופינו מסובלים שהם על ב' משיחים שסודם אלף שהם סובלים עבור ישראל כמ"ש אכן חליינו הוא נשא כשיזדווגו יחד אזי אין פרץ יבא בפריו אלף כסף.

[א] מדרש תנחומא פרשת בראשית: (א) [א, א] בראשית ברא אלהים, זה שאמר הכתוב ה' בחכמה יסד ארץ (משלי ג') וכשברא הקדוש ברוך הוא את עולמו נתיעץ בתורה וברא את העולם שנא' לי עצה ותושיה אני בינה לי גבורה (שם /משלי/ ח'), והתורה במה היתה כתובה, על גבי אש לבנה באש שחורה שנא' קווצותיו תלתלים שחורות כעורב (שיר /השירים/ ה'), מהו קווצותיו תלתלים על כל קוץ וקוץ תילי תילים של הלכות כיצד כתוב בה ולא תחללו את שם קדשי (ויקרא כ"ב) אם אתה עושה חי"ת ה"א אתה מחריב את העולם, כל הנשמה תהלל יה (תהלים ק"נ) אם אתה עושה ה"א חי"ת אתה מחריב את העולם. וכן שמע ישראל ה' אלהינו ה' אחד (דברים ה') אם אתה עושה דל"ת רי"ש אתה מחריב את העולם שנאמר כי לא תשתחוה לאל אחר (שמות ל"ד), כחשו בה' (ירמיה ה') אם אתה עושה בית כ"ף תחריב את העולם, אין קדוש כה' (שמואל א' ב') אם אתה עושה כ"ף בי"ת תחריב את העולם ואם אות אחת כך כ"ש התיבה כולה, לכך נאמר קווצותיו תלתלים, לפיכך דוד מקלס ואומר רחבה מצותך מאד (תהלים קי"ט) ואומר ארוכה מארץ מדה וגו' (איוב י"א), והיא היתה אומנת לכל מעשה בראשית, שנאמר ואהיה אצלו אמון (משלי ח') אל תקרי אמון אלא אומן, ובה נטה שמים ויסד ארץ שנא' אם לא בריתי יומם ולילה וגו' (ירמיה לג), ובה חתם ים אוקיינוס שלא יצא וישטף את העולם שנאמר האותי לא תיראו נאם ה' אם מפני לא תחילו וגו' (שם /ירמיהו/ ה'), ובה חתם את התהום שלא יציף את העולם שנא' בחקו חוג על פני תהום (משלי ח'), ובה ברא חמה ולבנה שנאמר כה אמר ה' נותן שמש לאור יומם חקת ירח וכוכבים לאור לילה רוגע הים ויהמו גליו ה' צבאות שמו (ירמיה ל"א), הא למדת שהעולם לא נתיסד אלא על התורה והקב"ה נתנה לישראל שיתעסקו בה ובמצותיה יומם ולילה שנא' והגית בו יומם ולילה (יהושע א) ואומר כי אב בתורת ה' חפצו וגו' והיה כעץ שתול על פלגי מים וגו' (תהלים א'), שבשביל שומרי התורה העולם עומד שכן אמרה חנה כי לה' מצוקי ארץ (שמואל א' ב') ומי הם מצוקי ארץ אלו שומרי התורה שבזכותם הושתת התורה שנאמר וישת עליהם תבל, ותניא אר"ש בן לקיש למה נאמר במעשה בראשית יום אחד יום שני יום שלישי יום רביעי יום חמישי, יום הששי ה"א יתירה למה שהרי בכולן לא נאמר אלא יום אחד יום שני וכן לכולם מלמד שהתנה הקדוש ברוך הוא עם מעשה בראשית ואמר להם אם ישראל מקבלים התורה שיש בה ה' ספרים מוטב ואם לאו אני מחזיר אתכם לתוהו ובוהו, וכן בני קרח אמרו נמוגים ארץ וכל יושביה אנכי תכנתי וגו' (תהלים ע"ה) זו התורה שפתח הקדוש ברוך הוא וזכה משה רבינו וקבלה לפי שהתורה סוליתה ענוה וכתרה יראה, סוליתה ענוה שנאמר עקב ענוה יראת ה' (משלי כב), וכתרה יראה שנא' ראשית חכמה יראת ה' (תהלים קיא) ושניהם במשה רבינו שנא' והאיש משה ענו מאד (במדבר יב) יראה דכתיב כי ירא מהביט אל האלהים (שמות ג') ואמרו רבותינו בשכר שלשה זכה לשלשה, בשכר ויסתר משה פניו זכה לקלסתר פנים, בשכר כי ירא וייראו מגשת אליו (שם /שמות/ לד) בשכר מהביט זכה ותמונת ה' יביט (במדבר יב), ואין מתן שכרה של תורה בעולם הזה אלא לעולם הבא שנאמר אשר אנכי מצוך היום לעשותם (דברים ז') ולא לעולם הבא היום לעשותם ולא היום לטול שכרם, וכן אמר שלמה עוז והדר לבושה ותשחק ליום אחרון (משלי ל"א), בוא ולמד מפרעה על שאמר ליוסף אני פרעה נגדל מאד שנאמר ויסר פרעה וגו' (בראשית מא), הקדוש ברוך הוא על כל מצוה אני ה' על אחת כמה וכמה מה מזה נלמוד שאין קצבה על מתן שכרה, צפה דוד ואמר מה רב טובך אשר צפנת ליראיך וגו' (תהלים לא), בכל מעשה בראשית לא כתיב פעולה ובמתן שכרה כתיב פעולה דכתיב פעלת לחוסים בך (שם /תהלים ל"א/), אתה מוצא שהקב"ה מראה בשעת

אופן פד

הראה הקב"ה למשה אלף יומין דחול וגם תרין משיחין הם עולים לחשבון אלף כי [א]משיח

גלא עמיקתא

מבאר ענין תרין משיחי בסוד אלף: "משיח בן יוסף (566) משיח בן דויד (434)" גימ' "אלף" (1000). והנה "משיח בן יוסף" גימ' (566) ה' פעמים באל"ף (113) עם הכולל "משיח בן דויד" גימ'

בן יוסף הוא [ב]תינו"ק יונ"ק משד"י אמ"ו בגי' תקס"ו. [ג]ומשיח בן דוד לעתיד לבא יהי' מלא ב-י' שכן בדברי

פטירתן של עוסקי תורה מתן שכרן, מעשה בר' אבהו כשהיה מסתלק מן העולם הראה לו הקדוש ברוך הוא שלש עשרה נהרי אפרסמון התחיל לומר בשעת מיתה לתלמידיו אשריכם עוסקי התורה אמרו לו רבינו מה ראית אמר להם שלש עשרה נהרי אפרסמון נתן לי הקדוש ברוך הוא בשכר תורתי התחיל לומר ואני אמרתי לריק יגעתי לתהו והבל כחי כליתי אכן משפטי את ה' ופעולתי את אלהי (ישעיה מט) וכן ישעיה אמר אשריכם זורעי על כל מים (שם /ישעיהו/ לב) אלו עוסקי תורה שנמשלה למים שנא' הוי כל צמא לכו למים (שם /ישעיהו/ נה), משלחי רגל השור זה משיח בן יוסף שנמשל לשור, וחמור זה משיח בן דוד שנא' עני ורוכב על חמור (זכריה ט) כשיבואו על אותה שעה הוא אומר ומעולם לא שמעו ולא האזינו, עין לא ראתה אלהים זולתך וגו' (ישעיה סד) ואומר אשרי תמימי דרך ההולכים בתורת ה' (תהלים קי"ט) כלומר אשרי מכבדי בעלי תורה, ואומר עץ חיים היא למחזיקים בה ותומכיה מאושר (משלי ג') וכך משה אמר כי אם שמור תשמרון (דברים יא) אם שמרת בני תורה תשמרון וכן הוא אומר כי מכבדי אכבד ובוזי יקלו (שמואל א' ב') זה המכבד בני תורה, ותניא את ה' אלהיך תירא את לרבות בני תורה לפי שאין מדה אחרת כיוצא בה שנא' יקרה היא מפנינים (משלי ג') יקרה היא מכהן גדול המשמש לפני ולפנים והתורה צווחת אשרי אדם שומע לי וגו' (שם /משלי/ ח), כל השומע אל התורה אינו ניזק שנא' ושומע לי ישכון בטח ושאנן וגו' (שם /משלי/ א), ואומר בהתהלכך תנחה אותך וגו' (שם /משלי/ ו). **[ב] תלמוד בבלי מסכת ברכות דף ג עמוד א:** עד סוף האשמורה. מאי קסבר רבי אליעזר? אי קסבר שלש משמרות הוי הלילה - לימא עד ארבע שעות! ואי קסבר ארבע משמרות הוי הלילה - לימא עד שלש שעות! - לעולם קסבר שלש משמרות הוי הלילה והא קמשמע לן: דאיכא משמרות ברקיע ואיכא משמרות בארעא, דתניא: רבי אליעזר אומר: שלש משמרות הוי הלילה ועל כל משמר ומשמר יושב הקדוש ברוך הוא ושואג כארי, שנאמר: ה' ממרום ישאג וממעון קדשו יתן קולו שאוג ישאג על נוהו, וסימן לדבר: משמרה ראשונה - חמור נוער, שניה - כלבים צועקים, שלישית - תינוק יונק משדי אמו ואשה מספרת עם בעלה. מאי קא חשיב רבי אליעזר? אי תחלת משמרות קא חשיב, תחלת משמרה ראשונה סימנא למה לי? אורתא הוא! אי סוף משמרות קא חשיב - סוף משמרה אחרונה למה לי סימנא? יממא הוא! - אלא: חשיב סוף משמרה ראשונה ותחלת משמרה אחרונה ואמצעית דאמצעיתא. ואיבעית אימא כולהו סוף משמרות קא חשיב, וכי תימא: אחרונה לא צריך, למאי נפקא מינה - למיקרי קריאת שמע למאן דגני בבית אפל ולא ידע זמן קריאת שמע אימת, כיון דאשה מספרת עם בעלה ותינוק יונק משדי אמו - ליקום וליקרי. אמר רב יצחק בר שמואל משמיה דרב: שלש משמרות הוי הלילה, ועל כל משמר ומשמר יושב הקדוש ברוך הוא ושואג כארי ואומר: אוי לבנים שבעונותיהם החרבתי את ביתי ושרפתי את היכלי והגליתים לבין אומות העולם. **[ג] ילקוט שמעוני תורה פרשת ויחי רמז קס:** גור אריה יהודה [מ"ט, ט] זה משיח בן דוד שיצא משני שבטים אביו מיהודה ואמו מדן ושניהם נקראו אריה שנאמר גור אריה יהודה ודן נקרא גור אריה שנאמר דן גור אריה אמר ליה יהודה בני מסולק אתה מאותו עון שאמרת טרף טרף יוסף לא יסור שבט מיהודה [מ"ט, י] אלו ראשי גליות שבבבל שרודין את ישראל בשבט ומחוקק מבין רגליו [מ"ט, י] אלו בני בניו של הלל שמלמדין תורה ברבים, ד"א לא יסור שבט מיהודה [מ"ט, י] זה משיח בן דוד שהוא עתיד לרדות המלכות בשבט שנאמר תרועם בשבט, ומחוקק מבין רגליו [מ"ט, י] אלו יושבי יעבץ שמורין הלכות בארץ ישראל בסנהדרי גדולה שהיא יושבת בחלקו של יהודה שנאמר ומשפחות סופרים יושבי יעבץ, עד כי יבא שילה [מ"ט, י] שעתידין כל האומות להביא דורון לישראל ולמלך המשיח שנאמר יובל שי לה' צבאות, ולו יקהת עמים [מ"ט, י] זו ירושלים שהיא עתידה להקהות שניהם של אומות העולם שנאמר ביום ההוא אשים את ירושלים אבן מעמסה לכל העמים, הרואה גפן בחלום אין אשתו מפלת נפלים שנאמר אשתך כגפן פוריה, שורקה יצפה למשיח שנאמר ולשורקה בני אתונו, כי אתא רב דימי אמר אוסרי לגפן עירה [מ"ט, י"א] אין לך גפן וגפן

הימים דוד מלא [כמ"ש (דה"א כ"ט,י') ויברך דויד] שיהי' משיח כולל [ד]כ"ד תכשיטי כלה שהם צורת ב' ההי"ן מן השם

גלא עמיקתא

(434) "דלת" דאיהי מלכותא קדישא "[ה]דלה ועניה דלית לה מגרמה כלום" ר"ת דו"ד מל"ך גימ' (1039) ג' פעמים רצו"ן (346) עם הכולל בסוד "כתר-מלכות" גימ' (1116) "בראשית ברא" "בראשית" לקביל כתר "ברא" לקביל מלכות כנודע מהאר"י הקדוש נבראים ומתהווים יש מאין ע"י מלכות דאצילות רגליה יורדות מוות, וזהו בר"א ב"ר א'- מחוץ לאצילות דהיינו יורדת לבי"ע. ובמלויים "משיח בן דוד יוסף" כזה: "מם שין יוד חית (878) בית נון (518) יוד ויו סמך פא (243) דלת ויו דלת (890)" גימ' (2529) ט' פעמים פא"ר (281) כדכתיב (ישעי' מ"ט,ג'): "[ו]**ויאמר לי עבדי אתה, ישראל אשר בך אתפאר**"

שאינו צריך עיר אחד לבוצרה. ולשורקה בני אתונו [מ"ט, י"א] אפי' אילן סרק עושה משאות שתי אתונות. ושמא תאמר אין בו יין ת"ל כבס ביין לבושו [מ"ט, י"א]. ושמא תאמר אינו אדום ת"ל ומדם ענבים סותה [מ"ט, י"א]. ושמא תאמר אין בו טעם ת"ל חכלילי [מ"ט, י"ב] כל חיך שטועמו אומר לי לי ושמא תאמר לנערים יפה לזקנים אינו יפה ת"ל ולבן שנים אל תקרי לבן שנים אלא לבן שנים מסייע ליה לרב יצחק דאמר יפה יין לזקנים כחלב לתינוקות שנאמר ולבן שנים מחלב [מ"ט, י"ב], פשטיה דקרא במאי כתיב אמרה כנסת ישראל לפני הקדוש ברוך הוא רבש"ע רמוז לי בעיניך דטב לי מחמרא ואחוי לי בשינך דטב לי מחלבא. אמר [רבי יוחנן טוב] המלבין שנים לחבירו יותר ממשקהו חלב שנאמר ולבן שנים [מ"ט, י"ב] אל תקרי לבן אלא לבון שנים, לא כעולם הזה העולם הבא, בעולם הזה יש צער לבצור ולדרוך אבל לעולם הבא כל אחד ואחד יוצא לשדה ומביא ענבה בקרון או בספינה ומניחה בקרן זוית [ומספק הימנו כפיטוס] גדול ועציו מסיקן תחת התבשיל, ודם ענב תשתה חמר אין לך ענבה וענבה שאינה עושה ששים גרבי יין שנאמר חמר לא תקרי חמר אלא חומר. [ד] **בעל הטורים בראשית פרק ב פסוק כב:** ויבאה. כתיב חסר והוא עולה כ"ד, רמז שהקב"ה קשטה בכ"ד קשוטין ככלה שצריכה כ"ד קשוטין והביאה לו (ב"ר יח א) ויביאה. ד' במסורת. ויביאה אל האדם. ויביאה יצחק האהלה (להלן כד סז). ויקח את בת פרעה ויביאה אל עיר דוד (מ"א ג א). וישקוד ה' על הרעה ויביאה (דניאל ט יד). רמז למה שדרשו רבותינו ז"ל (שבת נו ב) בשעה שנשא שלמה את בת פרעה בא גבריאל ונעץ קנה בים וכו'. וזהו ויקח את בת פרעה ויביאה אל עיר דוד, וישקוד ה' על הרעה ויביאה. וקודם שנשא שלמה את בת פרעה משל בעליונים לאחר שנשאה משל בתחתונים (סנהדרין כ ב). וזהו דוגמת אדם הראשון שנטרד מן העליונים ע"י חוה. וביצחק היה ההיפך שעל ידי רבקה שרתה שכינה כי היא היתה במקום שרה, כדאיתא במדרש (ב"ר ס טז). [ה] **כתוב לגבי לבנה ולומדים לענין המלכות:** זוהר פרשת וישב דף קפא עמוד א פתח ואמר (ישעיה נ"ב) הנה ישכיל עבדי ירום ונשא וגבה מאד, זכאה חולקהון דצדיקייא דקודשא בריך הוא גלי לון ארחי דאורייתא למהך בהו, ת"ח האי קרא רזא עלאה איהו, הנה ישכיל עבדי ואוקמוה אבל ת"ח כד ברא קודשא בריך הוא עלמא עבד לה לסיהרא ואזער לה נהורהא דהא לית לה מגרמה כלום ובגין דאזעירת גרמה אתנהרא בגין שמשא ובתוקפא דנהורין עלאין ובזמנא דהוה בי מקדשא קיים ישראל הוו משתדלי בקורבנין ועלוון ופולחנין דהוו עבדין כהני וליואי וישראלי בגין לקשרא קשרין ולאנהרא נהורין, ולבתר דאתחרב בי מקדשא אתחשך נהורא וסיהרא לא אתנהירת מן שמשא וכו' [ו] **מדרש תנאים לדברים פרק ו:** ד"א ואהבת את ה' אלהיך שיהא שם שמים מתאהב על ידיך כיצד בזמן שאדם קורא ושונה ודבורו בנחת עם הבריות ומקחו ומתנו בשוק נאה ונושא ונותן באמונה מה הבריות אומרין עליו אשרי פלוני שלמד תורה אשרי אביו ואשרי רבו שלימדוהו

דוד"י שהם סוד דודי כדאיתא בכנפי יונה נמצא שלעתיד יהיה בן דוד מלא ב-י'. תצרף משיח בן דוד שהוא עולה תל"ד

גלא עמיקתא

גימ' (2535) ה' פעמים "ימה וקדמה צפונה ונגבה" (507) (בראשית כ"ח, י"ד) דאינון ד' רוחות העולם דלתמן נתפרשו נצוצין מ-א' דאנכ"י וכדבארנו באריכות[1] באופן הקודם לבאור [ז]ויקרא אופן פ"ג. ולכל כיוון ט' ניצוצין ולכן האי חושבן מלוי ב' משיחין סליק ט' פעמים פא"ר. ומביא מדברי חז"ל (ברכות ג.) [ח]אשמורה שלישית תינוק יונק משדי אמו. תינו"ק גימ' (566) "משיח בן יוסף"- דאנן בסוף אשמורה שלישית בס"ד בקדרותא דצפרא דאלף השביעי- דאז

תורה אוי להן לבני אדם שלא למדו תורה פלוני שלמד תורה ראיתם כמה יפין דרכיו וכמה מתוקנין מעשיו עליו הכת' אומ' (יש' מ"ט ג') ויאמר לי עבדי אתה ישראל אשר בך אתפאר: ובזמן שאדם קורא ושונה ואין דבורו בנחת עם הבריות ואין מקחו ומתנו בשוק נאה ואינו נושא ונותן באמונה מה הבריות אומרין עליו אוי לו לפלוני שלמד תורה אוי לו לאביו ולרבו שלימדוהו תורה אשריהן בני אדם שלא למדו תורה פלוני שלמד תורה ראיתם כמה מכוערין מעשיו וכמה מקולקלין דרכיו עליו הכתוב אומר (יח' ל"ו כ') באמר להם עם ה' אלה ומארצו יצאו: [ז] **מגלה עמוקות על א' זעירא דויקרא אופן פ"ג:** איתא בזוהר פ' פקודי שמן אות א' של אנכי בשעת מתן תורה היתה מתפשטת לד' רוחין דעלמא לכל רוח תשעה ניצוצין לדעתי זה סוד (איוב לו) ירעם אל בקולו נפלאות שנתפרשו ניצוצות לד' רוחות ובכל רוח תשעה ניצוצין ד' פעמים תשע"ה הרי ל"א מאות והוא סוד (ישעי' י) מלא כל הארץ כבודו במלת מלא נרמז בנוטריקון ל"א מאות וזה סוד וכבוד ה' מלא את המשכן שנעשה ע"י בצלאל שהם הכוחות של אל זהו סוד את האלף ושבע מאות וחמשה ושבעים שרומזת על ניצוצות של א' שנחלקה לד' רוחות בכל רוח שבע מאות וחמשה ושבעים ד' פעמים תשעה אדם אחד מאלף מצאתי בשעת הר סיני זכה לאותן ניצוצין אבל עתה א' זעירא שלא היה לו בזימנא תניינא אותו היקר שהיה לו מתחלה. [ח] **תלמוד בבלי ברכות דף ג עמוד א:** דתניא: רבי אליעזר אומר: שלש משמרות הוי הלילה ועל כל משמר ומשמר יושב הקדוש ברוך הוא ושואג כארי, שנאמר: ה' ממרום ישאג וממעון קדשו יתן קולו שאוג ישאג על נוהו, וסימן לדבר: משמרה ראשונה - חמור נוער, שניה - כלבים צועקים, שלישית - תינוק יונק משדי אמו ואשה מספרת עם בעלה.

1. באור על מגלה עמוקות ויקרא אופן פ"ג: והנה עוסק כאן המגלה עמוקות ב-א' דאנכי- וכתבנו באופן חק"ל-עשרת הדברות דהיא אותה א' זעירא דויקרא בסוד פנימיות הכתר. ומביא מהזוה"ק דהיתה האי א' מתפשטת ל-ד' רוחין דעלמא. "רוחין דעלמא" גימ' (419) "אור האין סוף". והוה משפיע בהאי עלמא ובעלמין עילאין דרך האי א' דאנכי. וכפלינן ד' פעמים "רוחין דעלמא" (419) סליק לחושבן (1676) "מה רב טובך אשר צפנת ליראיך" (תהל' ל"א,כ') צפנ"ת גימ' כת"ר- הארת א' דאנכי היינו א' זעירא דויקרא בסוד מאן דאיהו זעיר איהו רב (זוה"ק תחלת פרשת חיי שרה) וניתנה למשה בהאי שעתא. ומביא רמז נפלא דהאי דאיתא בזוה"ק דאתפשטא לתשע"ה נצוצין לכל רוח מ-ד' רוחות, עביד חושבן ד' פעמים תשע"ה הרי ל"א מאות- רמוז בתיבה מל"א כל הארץ כבודו ועוד ל"א מאות. ואנן בשנת ה' אלפים תשע"ה ואולי הוא רמז כי כלו כל הקיצין ועת לחננה כי בא מועד ונתבשר בביאת בן דוד עוד בשנה זו במהרה בימינו אמן. ונמשיך דרכו ונעביד חושבן ד' פעמים "תשעה נצוצין" (1081=תפארת) סליק לחושבן (4324) ב' פעמים "מציון תצא תורה ודבר ה' מירושלם" (2162) כדכתיב (ישעי' ב',ג') "כי מציון תצא תורה ודבר ה' מירושלם" והוא ב' פעמים לקביל תורה שבכתב ותורה שבעל פה. וכן נרמז בתיבה ניצוצין דנקרא מימין ומשמאל בסוד אור ישר ואור חוזר- אות אמצעי ו' עמודא דאמצעיתא תורתנו הקדושה כדאיתא בזוה"ק (תחלת ויקרא) ו' דא אות אמת ודאי.

עם משיח בן יוסף שהוא עולה תקס"ו הרי אלף זה סוד האלף (שיר ח) לך שלמה שרומז על ב' משיחים ואותם הראה הקב"ה למשה ומאוהל מועד [ט]דזמין לאתמשכנא לסוף יהי' יקר לישראל. וז"ש (תהלים קמד)

גלא עמיקתא

החושך כפול ומכופל– ויה"ר דנגאל ברחמים בב"א. והנה "תינוק יונק משדי אמו" גימ' (1133) י"א פעמים נחמ"ה (103) עם הכולל דיפרע הקב"ה מ–י"א סטרין אחרנין ותהא נחמתנו כפולה– כדכתיב (ישעי' מ',א') "נחמו נחמו עמי יאמר אלהיכם" וכו'. ומביא שמשיח דלעתיד לבוא יהיה כולל כ"ד קשוטי כלה, ולכן דוי"ד מלא בדה"י. [2]ועיין מה שכתבנו במקום אחר בענין תקון ליל שבועות בענין כונות האר"י הקדוש לכ"ד קשוטי כלה דעבדינן בליל שבועות– עת היחוד הגדול דקוב"ה ושכינתיה לפני עלות השחר– והיא העת שאנו נמצאים בה עתה, ויהי רצון דהשי"ת יחיש גאולתנו. ומביא חלקי הפסוקים דלקמן: א'. כרמי שלי לפני, האלף לך שלמה, ומאתים לנטרים את פריו (שיר השירים ח',י"ב) גימ' (2854) ג' פעמים "באהבת ישראל" (951) עם הכולל דבגלל שנאת חנם גלו ובזכות אהבת חנם יגאלו ואיהו נמי חושבן (2854) ט' פעמים "אברהם אבינו" (317) עם הכולל כדכתיב (ישעי' מ"א) "אברהם אוהבי"– דאמר הקב"ה לאברהם בעקדה (בראשית כ"ב) "קח נא את בנך את יחידך אשר אהבת" [י]אמר לו את שניהם אני

2. תקון ליל שבועות - כ"ד קשוטי כלה: סליקו הני קשוטין לחושבן: 6111, והוא נפלא ביותר שכן 6000 היינו ו' אלפין רבתין לקביל ו"ק דכורא, ו-111 היינו האי אל"ף זעירא לקביל נוק' דאיהו עת יחודם השלם במוסף דשחרית בכתר בתר ק"ש, וסליק לחושבן (6111) ג' פעמים "שברא ששון ושמחה חתן וכלה" (2037) והוא מעין ברכה ז' משבע הברכות דאמרינן לאחר קדושין - והן מעילא לתתא דברכה א' בורא פרי הגפן - ואחריה - ו' הברכות לקביל המשכת מוחין בפב' פעמים לששה הזוגות דפרצופי האצילות, והשביעית דהיינו השישית דהמשכות המטחין איהי דעסקינן "אשר ברא ששון ושמחה חתן וכלה". ובכונות האריז"ל איתא אשר ברא "ששון (עתיק דכורא) ושמחה (נוק' דעתיק) חתן (א"א דכורא) וכלה (נוק' דא"א) גילה (אבא) רנה (אמא) דיצה (יש"ס) וחדוה (תבונה) אהבה (ז"א) ואחוה (נוק' דז"א) שלום(יעקב) ורעות(רחל)" סליק לחושבן (3078) ו' פעמים "מדת הדין"(513) דעביד דינא בסט"א וחילותיו, דכל רצונם לעשות פירוד בין קוב"ה לשכינתיה ובין ישראל לאביהם שבשמים, וכמו שכתוב ונרגן מפריד אלוף, ותיב כי יד על כס י-ה, דאין השם שלם ואין הכסא שלם עד שימחה זרעו של עמלק, ואנן עבדינן יחוד עליון גם בקדושין חתן עם הכלה בגשמיות, ואף למעלה מזו- בתקון ליל שבועות, דעבדינן יחוד עליון בשמי שמיא, שותפין אנן ביחוד דקוב"ה ושכינתיה דמתן תורה, וע"ע לעיל אופן נ"ו,י"ח,ל"ח בענין המתקת הדינים בשרשם וכמו שכתוב אין הדין נמתק אלא בשרשו.

[ט] זוהר פרשת ויקרא דף ד עמוד ב: תא חזי בההוא יומא דאשתכלל בי משכנא קודשא בריך הוא אקדים ושארי ביה מיד ויקרא אל משה וידבר יי' אליו מאהל מועד לאמר, וידבר יי' אליו ואודע ליה דזמינין ישראל למיחב קמיה ולאתמשכנא האי אהל מועד בחובייהו ולא יתקיים בידייהו (ס"א בהדייהו) הדא הוא דכתיב וידבר יי' אליו מאהל מועד לאמר, מאי א"ל, מאהל מועד מעסקי אהל מועד דזמין לאתמשכנא בחובייהו דישראל ולא יתקיים בקיומיה אבל אסוותא להאי אדם כי יקריב מכם קרבן ליי' הרי לך קרבנין דאגין על כלא.

[י] תנחומא בראשית

אלופינו מסובלים שהם על ב' משיחים שסודם אלף שהם סובלים עבור ישראל כמ"ש (ישעי' נג) אכן חליינו הוא נשא

גלא עמיקתא

אוהב– כלום תחומין יש במעי? אמר לו הקב"ה "את יצחק" וכו'. וממילא הוא חושבן ט' פעמים ויקר"א (317) עם הכולל– דתמן אל"ף זעירא לרמוז האל"ף לך שלמה, וכדפתח האופן הראה הקב"ה למשה אלף יומין דחול. [יא]וכדאיתא בזוה"ק (פקודי רכו:) ואת האלף ושבע המאות וחמשה ושבעים וכו' א"ר יצחק לא ידענא אי דא עבידתא דקדש או חול– בגין דכתיב ואת האלף– דהא כתיב הכא אלף וכתיב התם (שיר השירים ח,י"ב) האלף לך שלמה– מה להלן האלף חול אף הכא האלף חול. אמר ליה לאו הכי– דאי הוה חול וכו' עיין שם דמכריע דהוו קדש. ואמרו חז"ל ומביאו הרמב"ם [יב]כל שלמ"ה דשיר השירים איהו קודש– מלך שהשלום שלו דא קוב"ה, לבר מהכא– האלף לך שלמה– דאיהו חול. ובכאן כתב המגלה עמוקות דהאלף לך שלמה הוא בסוד תרין משיחין דסליקו לחושבן אלף (1000) כנ"ל. ואותן הראה הקב"ה מאהל

פרק כ"ב סימן כ"ב: ויאמר קח נא את בנך- א"ל אי זה בן, א"ל את יחדך- א"ל זה יחיד לאמו וזה יחיד לאמו, א"ל אשר אהבת, א"ל שניהם אני אוהב, א"ל את אשר אהבת הרבה, א"ל וכי יש גבול במעים, א"ל את יצחק.

[יא] זוהר פרשת פקודי: תא חזי אמר רבי אלעזר ואת האלף ושבע המאות וחמשה ושבעים עשה ווים לעמודים, אמאי ווים, אלא כמין ו"ו הוו ורישיהון חפא בדהבא אינון דכסף ורישיהון מחפן בדהבא בגין דכל ו"ו בסטרא דרחמי קא אתיא וכלהו הוו אשתמודעאן לעילא בחושבנא, ובגין דאתו מסטרא דרחמי הוו אקרון ווים, וכל שאר תליין בהו, ולית ו"ו אלא דהבא וכספא כחדא בגין כך כל אינון אקרון ווי דאינון עמודים, מאן עמודים, כמה דאת אמר והעמודים שנים וגו', בגין דהא אלין לבר מגופא לתתא הוו קיימין, אמר ר' יצחק לא ידענא אי דא עבידתא דקדש או חול, בגין דכתיב ואת האלף דהא כתיב הכא האלף, וכתיב התם (שיר ח) האלף לך שלמה מה להלן האלף חול, אוף הכא האלף חול, אמר ליה לאו הכי דאי הוא הוה חול לא יתעבד מנייהו ווים, ותו דהא תמן כתיב האלף ולא יתיר והכא כתיב האלף ושבע המאות וחמשה ושבעים, האלף דהתם אינון חול דכתיב האלף לך שלמה, ודא איהו חול בגין דכל חול לאו איהו בסטרא דקדושה כלל, חול איהו מסטרא אחרא מסאבא, ועל דא הבדלה בין קדש לחול בגין דבעינן לאפרשא בין קדש לחול, ורזא דקרא הכי הוא (ויקרא י) ולהבדיל בין הקדש ובין החול ובין הטמא ובין הטהור, ועכ"ד אף על גב דפרישו אית לקדש מן החול חולקא חדא אית ליה בקדושה [דף רכז עמוד ב] מסטרא דשמאלא, הדא הוא דכתיב האלף לך שלמה דאינון אלף יומי החול ואינון יומי דגלותא, כמה דאית אלף יומין דקדושה הכי נמי אלף יומין לסטרא אחרא, ועל דא אתערו חברייא אינון יומין דגלותא אלף שנין הוו, ועל דא אית אלף ואית אלף ואינון אלף שנין דגלותא אף על גב דישראל יהון בגלותא ויתמשכון יתיר בהני אלף שנין יתמשכון דאינון אלף יומין דקאמרן, ובגין דא אוקמוה כל שלמה דאית בשיר השירים קדש בר מהאי דאיהו חול, האלף דהכא קדש איהו וכל עובדוי קדש, ועל דא עשה ווים לעמודים.

[יב] רמב"ם הלכות יסודי התורה פרק ו הלכה ט: כל השמות האמורים באברהם קדש אף זה שנאמר אדני אם נא מצאתי חן הרי הוא קדש, כל השמות האמורים בלוט חול חוץ מזה אל נא אדני הנה נא מצא עבדך חן, כל השמות האמורים בגבעת בנימין קדש, כל השמות האמורים במיכה חול, כל השמות האמורים בנבות קדש, כל שלמה האמור בשיר השירים קדש והרי הוא כשאר הכנויין חוץ מזה האלף לך שלמה, כל מלכיא האמור בדניאל חול חוץ מזה אנת מלכא מלך מלכיא והרי הוא כשאר הכנויין.

[יג] ליקוטי מוהר"ן תורה מא: ואין דין נמתק אלא בשרשו, ושרש הדינים בבינה, כמ"ש (בזוהר ויקרא י' ע"ב) בינה דינין מתערין מינה, אני בינה לי גבורה (משלי ח'). ושם מ"ב בבינה. נמצא כשממשיך שם מ"ב לתוך עמודים, אזי הדינין נמתקין בשרשם. וזה פי' (שמות כ"ז) ווי עמודים וחשוקיהם כסף, פי' ע"י חשיקה והתחברות ווי עם עמודים, נעשה פשר, חסד, שנמתקין הדינין.

כשיזדווגו יחד אזי אין פרץ יבא בפריו אלף כסף (שיר השירים ח', י"א).

גלא עמיקתא

מועד– ונרמוז דפסוקא: ב'. ויקרא אל משה, וידבר ה' אליו מאהל מועד לאמר (ויקרא א',א') גימ' (1455) מש"ה במלוי יודין "מם שין הי" (455) אלף (1000) – רמיזא דהראה למשה (455) תרין משיחין "משיח בן דויד – משיח בן יוסף" דסליקו לחושבן "אלף" (1000). ג'. אלופינו מסבלים, אין פרץ ואין יוצאת ואין צוחה ברחבתינו (תהל' קמ"ד) גימ' (2224) ח' פעמים "אור הגנוז" (278) דעתידא לאתגלאה בתר שני ימות המשיח באלף השמיני במהרה בימינו אמן. וכמו שאיחר ביאת משיחנו, כן יקדים גלוי אורו יתברך ברחמים, ונזכה כולנו לאור באור החיים במהרה בימינו אמן. ד'. אכן חלינו הוא נשא ומכאבינו סבלם, ואנחנו חשבנהו נגוע מכה אלהים ומענה (ישעי' נ"ג,ד') גימ' (1748) "חוה" (19) פעמים "אדם בוטח בך" (92) כדאמר דוד (תהלים פ"ד,י"ג) "ה' צב–אות אשרי אדם בוטח בך" באור הענין: אדם הראשון שם מבטחו באשתו והחטיאה אותו, ובתקון השלם יחזור הבטחון בהשי"ת ואדם באשתו כדכתיב (ישעי' ס"ה) "לא ירעו ולא ישחיתו בכל הר קדשי" וכו' בגאולתא שלמתא בעגלא דידן ובזמן קריב ונאמר אמן. והנה ארבעת הפסוקים יחד עם הפסוק בישעי' ישראל אשר בך אתפאר: ויאמר לי עבדי אתה, ישראל אשר בך אתפאר (ישעי' מ"ט,ג') א'. כרמי שלי לפני, האלף לך שלמה, ומאתים לנטרים את פריו (שיר השירים ח',י"ב) ב'. ויקרא אל משה, וידבר ה' אליו מאהל מועד לאמר (ויקרא א',א') ג'. אלופינו מסבלים, אין פרץ ואין יוצאת ואין צוחה ברחבתינו (תהל' קמ"ד) ד'. אכן חלינו הוא נשא ומכאבינו סבלם, ואנחנו חשבנהו נגוע מכה אלהים ומענה (ישעי' נ"ג,ד') סליקו כולהו לחושבן (10816) "דין" (64) פעמים "נצח והוד" (169) באור הענין: [יג]דאין הדין נמתק אלא בשרשו (זוה"ק ח"ג קמ"ט ע"א), וכל יניקת הקלי' הם מנצח והוד ומטה נהי"מ. וכשיגרום משיח לאסיפת נצח והוד אל הבינה, כדכתיב ביעקב (בראשית מ"ט,ל"ג) "ויאסף רגליו אל המטה"– ואז תמנע יניקת הקלי' והוא גופא הדין שיהא בהם, ויוציאו בלעם מפיהם, ואף חיותם הניצוץ הקדוש דבגלות אצלם– והוא המחיה אותם– יאלצו להחזיר אל הקדושה, ויוותרו פגרים מתים. ואז ונגלה כבוד הוי'– דאין אדם (העליון) דר עם נחש בכפיפה אחת, ומלאה הארץ דעה את ה' וכו' ובלע המות לנצח בתחית המתים בב"א. ורמיזא דכולא פסוקא (שם): "ויכל יעקב לצות את בניו, ויאסף רגליו אל המטה, ויגוע ויאסף אל עמיו" סליק לחושבן (2148) ו' פעמים משי"ח (358) יבא ויגאלנו בב"א.

אופן פה

נרמז בא׳ זעירא כי צורת א׳ הוא יו״ד י׳ פעמים ו׳ הרי ס׳ של אפרסמון י׳ פעמים ד׳ הרי מ׳ של אפרסמון והוא סוד מ׳ וסמ״ך שבלוחות מס״וה של משה מ״ם סמ״ך נרמזים בו״ה של והלוחות מ״עשה א״להים ה״מה ר״ת מאה שהם כמנין מ׳ וסמ״ך שעולין מאה שהוא סוד שיעור קומה של אדם הראשון.

אופן פה

נרמז בא' זעירא כי צורת א' הוא יו"ד י' פעמים ו' הרי ס' של אפרסמון י' פעמים ד' הרי מ' של אפרסמון והוא סוד מ'

גלא עמיקתא

הנה מבאר רבינו ענין אפרסמון דמוזכר בדברי הגמרא (יומא ט:) [א]מקדש ראשון מפני מה חרב– מפני ג' דברים שהיו בו: עבודה זרה, גילוי עריות ושפיכות דמים. ומביאה הגמרא פסוקים לכל דבר ודבר: עבודה זרה דכתיב וכו'. גילוי עריות דכתיב (ישעי' ג',ט"ז) "ויאמר ה' יען כי גבהו בנות ציון" וכו' א"ר יצחק שהיו מביאות מור ואפרסמון [בתיבה אפרסמון אתוון פ"ר] ומניחות במנעליהן, וכשמגיעות אל בחורי ישראל בועטות ומתיזות עליהן ומכניסין בהן יצר הרע כארס. וזהו בחינת פ"ר דינין שבאפרסמון– דמתמן יניקת יצר הרע. ובאופן דנן מבאר רבינו ענין ס' ו–מ' שהיו בלוחות בסוד מסו"ה שהיה למשה (שמות ל"ד,ל"ג) [ונרמזים גם ב–ס"מ בתיבת אפרסמון]. ובגמרא (ברכות מג.) [ב]אין מברכין בורא עצי בשמים אלא על אפרסמון של בית רבי, ועל אפרסמון של בית קיסר וכו'. ופרש"י שהיה גדל ביריחו, ועל שם הרוח היתה נקראת יריחו. [ובמקום אחר ([ג]מגלה עמוקות על ואתחנן אופן קל"ג) מבאר

[א] **תלמוד בבלי יומא דף ט עמוד ב:** מקדש ראשון מפני מה חרב? מפני שלשה דברים שהיו בו: עבודה זרה, וגלוי עריות, ושפיכות דמים. עבודה זרה - דכתיב כי קצר המצע מהשתרע מאי קצר המצע מהשתרע? אמר רבי יונתן: קצר מצע זה מהשתרר עליו שני רעים כאחד. והמסכה צרה כהתכנס, אמר רבי שמואל בר נחמני: כי מטי רבי יונתן להאי קרא בכי, אמר: מאן דכתיב ביה כנס כנד מי הים, נעשית לו מסכה צרה! גלוי עריות, דכתיב ויאמר ה' יען כי גבהו בנות ציון ותלכנה נטויות גרון ומשקרות עינים הלוך וטפוף תלכנה וברגליהן תעכסנה. יען כי גבהו בנות ציון - שהיו מהלכות ארוכה בצד קצרה, ותלכנה נטויות גרון - שהיו מהלכות בקומה זקופה, ומשקרות עינים - דהוו מליין כוחלא עיניהן, הלוך וטפוף תלכנה - שהיו מהלכות עקב בצד גודל, וברגליהן תעכסנה - אמר רבי יצחק: שהיו מביאות מור ואפרסמון ומניחות במנעליהן, וכשמגיעות אצל בחורי ישראל בועטות ומתיזות עליהן, ומכניסין בהן יצר הרע כארס בכעוס. שפיכות דמים - דכתיב וגם דם נקי שפך מנשה [הרבה מאד] עד אשר מלא את ירושלים פה לפה. [ב] **תלמוד בבלי ברכות דף מג עמוד א:** אמר רבי חייא בריה דאבא בר נחמני אמר רב חסדא אמר רב, ואמרי לה אמר רב חסדא אמר זעירי: כל המוגמרות מברכין עליהן בורא עצי בשמים, חוץ ממושק שמן חיה הוא, שמברכין עליו בורא מיני בשמים. מיתיבי: אין מברכין בורא עצי בשמים אלא על אפרסמון של בית רבי, ועל אפרסמון של בית קיסר, ועל ההדס שבכל מקום! תיובתא. [ג] **מגלה עמוקות על ואתחנן אופן קל"ג:** ראה משה רבינו שיריחו היא עיר היותר קשה מכל עיירות וכרכים שבארץ ישראל, כמ"ש רש"י (ד"ה וראו) על פסוק ראו את הארץ ואת יריחו (יהושע ב [א]), ששקולה יריחו כנגד כל ארץ ישראל. והענין שבנו האמורים את יריחו (על ז' דרגין של טומאה) שהם ז' היכלות תמורות, ולכן הוצרכו להקיף אותה ז' הקפות וז' שופרות בכל הקפה והקפה הוצרכו להזכיר עליו שם של מ"ב, שהם ז' שמות שבכל שם יש בו ו' אותיות. ולפי שזכה משה להשיג שם של מ"ב, ולכן הוצרך לנסוע במדבר מ"ב מסעות, להשיג שם של מ"ב, ולהמתיק מ"ב נהרי אש שברקיע, לכן אמר משה אתה החלות להראות את עבדך את גדלך, שהוא סוד שם של מ"ב. ואמר ידך החזקה בגימטריא ג' פעמים מ"ב עם הכולל, שנחלק שם של מ"ב על שלשה פעמים י"ד, שהם לקביל ג' ידות יד הגדולה יד החזקה יד רמה לקביל שלש אבות, את גדלך לקביל יד החזקה

שהוא אברהם, ידך החזקה לקביל יצחק, אשר מי אל לקביל יעקב. אשר יעשה כמעשך, שזה סוד מעשה בראשית שנברא בשם של מ"ב שהוא מסיטרא דגבורה, ז"ש כגבורותיך. ולכן זכר שמים וארץ שנבראו בשם של מ"ב, שנחלק לשלשה פעמים יד על ג' אבות, אם כן מאחר שהחלות לי להראות הסנה במ"ב מסעות שבמדבר שם של מ"ב, לכן אעברה נא, ורוצה אני להעביר עתה את כחות הטומאה, שיריחו היתה סוגרת ומסוגרת בז' קליפות אלו, שצריך אני להזכיר עליהם ז' שמות של מ"ב שבהם נבראו ז' ימי בראשית. השיב הקב"ה רב לך, די לך בהשגת שם של מ"ב שהשגת במ"ב מסעות, והנה אתה רוצה ליכנס לארץ ישראל, אל תוסף, צו את יהושע, שהוא יקיף את יריחו בשבע הקפות עם שם של מ"ב, שהוא נחלק לז' שמות, וכל שם נחלק לב', על זה אמר נגד כל חלק מן שם אחד, חזקהו בג' אתוון קדמאין, אמצהו בג' אתוון בתראין, ובאותו פרק כשהקיף יהושע ז' פעמים, תיקן הוא עלינ"ו לשבח, שהוא בגימטריא שם ראשון אב"גיתץ, כי יהושע הוא בכור שור (דברים לג יז), שהוא בגימטריא אב"ג ית"ץ, וזה שאמר לתת גדל"ה חסר ו' כתיב בגימטריא מ"ב, ליוצר בראשית דייקא, שם זה יוצא מן פסוק בראשית (א א) עד ב' ובהו (בראשית א ב) כידוע ליודעים. וחתם יהושע שמו בנוסח עלינו למפרע, הוא אלהינו ה' של הושע, ואנחנו כורעים ו' של הושע, שלא עשנו ש' של הו"שע, ע' של "עלינו לשבח הוא ע' של הושע, ומפני הענוה חתם למפרע ולא הזכיר י', ועד אין עוד תיקן יהושע. על זה אמר הקב"ה למשה רב לך, הרבה ענינים תקנת לישראל בנוסח עלינו לשבח שתיקן יהושע על סוד ז' שמות של מ"ב על ז' חומות של יריחו עד אין עוד, אל תוסף דבר אלי עו"ד דייקא, שעל נוסח זה קא מכוין, רק צו את יהושע. ואחר כך ע"ל כ"ן נ"קוה ר"ת עכ"ן, שתיקן אותו עכן כשמעל בחרם, ואיתמר גבי חרם (דברים ז כה) פסילי אלהיהם תשרפון באש, שקץ תשקצנו כי חרם הוא (דברים ז' [כו]), לכן חתם שמו בראש והתפלל להעביר גילולים מן הארץ, שדנין גם כן בשריפה כל האלילים כרות יכרתון, שהם דומין גם כן לחרם. **[ד] קרבן אהרן בחוקותי פרשה א תחילת פרק ג:** (ז) מאתים אמה. דריש מלת קוממיות, כאילו אמר קומה מיותר שהם שני מאות, ור' יהודה פירש המלה כאילו אמר קוממיות בה"א, וירצה קומה מיות כך פירש רבינו הלל. ולדעתי אין אנו צריכים לזה שבחגיגה [יב, א] אמרינן שמיעטו הקדוש ברוך הוא לאדם הראשון

וסמ"ך שבלוחות מס"וה של משה מ"ם סמ"ך נרמזים בו"ה של והלוחות מ"עשה א"להים ה"מה (שמות ל"ב,ט"ז) ר"ת מאה שהם כמנין [ד]מ' וסמ"ך

גלא עמיקתא

רבינו סוד יריח"ו, וענין הקפת יריחו ז' פעמים על ידי יהושע, [1] עיין מה שבארנו שם דרומז לבחינת הכתר]. ויש לקשרו למאי דכתיב גבי משיח (ישעי' י"א,ג'):

1. באור על מגלה עמוקות ואתחנן אופן קל"ג: אקדמות מילין: מביא בהמשך לאופן הקודם ענין כיבוש יריחו ז' פעמים הק"ף (185) עם ז' פעמים שופ"ר (586) סליקו לחושבן (5397): חו"ה (19) פעמים "מה רב טובך" (284) ע"ה (תהל' ל"א,כ'), בחינת [מה שכתוב בהמשך הפסוק] אשר צפנ"ת גימ' (620) כת"ר, ולכן כיתרו [כלשון הפסוק כיתרו את בנימין (שופטים כ',מ"ג) לשון הקפה כפרש"י שם הקיפו את בנימין ככתר המקיף את הראש] את יריחו ז' פעמים בחינת המשכה לז"ת את אור הכתר בתקיעת שופרות בחינת עלה אלהים בתרועה ה' בקול שופר (תהל' מ"ז,ו') דאמרינן בראש השנה קודם התקיעות, וכאשר עלו ז"ת לכתר נתבטלה גשמיות המציאות והחומות נפלו ושקעו תחתיהן. וראה משה שיריחו היא היותר קשה לכבוש, דהיא בסוד "גואל צדק" גימ' (234) יריח"ו מלשון והריחו ביראת ה' (ישעי' י"א,ג') דכתיב גבי משיח, ולכן רצה משה להיכנס בעצמו ולכבשה. ואמר ליה קוב"ה ר"ב ל"ך - יהושע יכנס תחתיך רק חזקהו ואמצהו, וזהו "יריחו - יהושע" גימ' (625) הכת"ר, דב-ז' הקפות העלו המציאות לאור הכתר כנ"ל. ורצה משה בזכותא ד-א' זעירא שזכה בה - שהיא בחינת פנימיות אור הכתר דתמסר יריחו אליו ואל יהושע בשלמות - שכן "יריחו למשה יהושע" גימ' (1000) "אלף" - דהן אלף זיוון דזכה להן משה בהר סיני, והיא אלף זעירא שזכה לה משה על

עסקי אהל מועד [כמבואר בדברי המגלה עמוקות בחיבורו על א' זעירא דויקרא אופן ו' עיין שם]. ואמר ליה קוב"ה: ר"ב ל"ך באלף דיון לעצמך, עלה ראש הפסגה וחזקהו - בחיצוניות הכתר, ואמצהו - בפנימיות הכתר, דהוא יכבוש כמותך דיהושע יריחו גימ' הכת"ר כנ"ל. ורצה משה לתקן ז' היכלין דתמורות שכן ז' פעמים היכ"ל (65) גימ' (455) מש"ה במלוי יודין "מם שין הי", ואמר ליה קוב"ה: ר"ב ל"ך - זכית כבר לרב מכך, ובכלל מאתים מנה (עיין בבא בתרא מא:).

שעולין מאה שהוא סוד [ה]שיעור קומה של אדם הראשון.

גלא עמיקתא

"2[1]והריחו [מלשון יריחו] ביראת ה', ולא למראה עיניו ישפוט ולא למשמע אזניו יוכיח" גימ' (2383) ו' פעמים "אדם כי יקריב" (397) עם הכולל. דהוא פסוקא

2. באור על מגלה עמוקות ואתחנן אופן ל"ה: ז'. וַיֹּאמַר אָדָם אַךְ פְּרִי לַצַּדִּיק אַךְ יֵשׁ אֱלֹהִים שֹׁפְטִים בָּאָרֶץ (תהלים נח,יב) גימ' (1996) ד' פעמים צבאו"ת (499) והוא חושבן הפסוק דמביא המגלה עמוקות לקמן (אות י"ג) בענין יגר שהדותא עיין שם דהוא אותה הגימטריא ברוח קודשו של המגלה עמוקות. והנה בלעם עשה דין באתונו- והדין חזר אליו- והוא סוד "יצחק רבקה" גימ' (515) "ואתחנן"- לבטל דינא קשיא- יצחק, ודינא רפיא- רבקה, כנודע דרבקה תיקונו של יצחק אבינו בחינת הגמיאיני נא מעט מים מכדך- מעט דייקא בחינת צמצום דיצחק. ובפסוקא דנן "ויאמר אדם אך פרי" גימ' (613) "משה רבינו", והמשך הפסוק "לצדיק אך יש אלהים שפטים" גימ' (1090) י' פעמים "דוד המלך" (109) א"נ ה' פעמים "ריח" (218) - וכתיב במשיח (ישעי' י"א,ג') והריחו ביראת ה' ודרשו חז"ל (סנהדרין צג:) מורח ודאין. ותיבה אחריתי בפסוקא "בארץ" גימ' (293) "חכמה חסד נצח"- קו הימין בחינת משה, וגימ' (293) "מזמור" בחינת קו השמאל דדוד מלכא משיחא, בבחינת זמיר עריצים (ישעי' כ"ה,ה') דהוא יסוד מהלך הגאולה בארץ ישראל- מכוחו של משה רבינו- וכמו שבארנו לעיל בענין ו' רבתי דגחון (ויקרא י"א,מ"ב) אמצע התורה באותיות ונבארו במקומו בפירוש מזמורי תהלים ואכמ"ל.

והעמידו על מאה אמה, ור' שמעון דריש כפל המ"ם שיראה ב' קומות, וירצה בב' קומות של אדם הראשון, וא"כ לר"ש היעוד הוא שישוה לכמו שהיה אדם הראשון קודם שחטא ומיעטו הקדוש ברוך הוא, ורבי יהודה אמר מאה אמה כאדם הראשון, דדריש כפל המ"ם כאילו אמר קומה מיותר, שהוא מאה אמה כאדם הראשון, נראה דלדעת רבי יהודה אדם הראשון קודם שחטא לא היה לו אלא מאה אמה, כי כל מה שלמעלה מק' אמות אינו יפה, ויתכן דפליגי בדברי דוד דאמר [תהלים קלט, ה] ותשת עלי כפיך, דכ"ף בגימטריא מאה הוי, ולר"ש זה נאמר על מה שהיה לו אחר החטא, ולרבי יהודה זה נאמר על שעת היצירה שכך יצרו, ובפרק חלק [סנהדרין ק, א] אמרו מאה אמה כנגד היכל. וכותליו. פירוש שכך היה אורך ההיכל עם כתליו, דכתיב [מלכים - א ו, ב] והבית אשר בנה שלמה לה' ששים אמה ארכו, וכותל מזרח [ומערב] ששה אמות ואמה טרקסין, הרי שלש עשרה אמות, ואולם עשר אמה רוחב, וכותל האולם שש הרי כ"ט, ומאחורי האולם תא אחת רחבו שש וכותלו חמש הרי מ', וס' אמה של אורך הבית הרי מאה, וז"ש כאן וכמה הוא תבנית היכל מאה אמה. [ה] **שו"ת אפרקסתא דעניא חלק ד - עניינים שונים סימן שנד:** והנה עכצ"ל דר"י לא דריש לא מ"ם ולא וא"ו לרבוי קומות, אלא לאיכות הקומה שלא תהא קומתם קומה רגילה, וקאמר מאה אמה. ואיכא למידק אמאי קא שביק קומת אדם הראשון דנקט ר"מ ואזיל למיבעי מדת היכל, הרי עדיף למימר קוממיות קומה של אדם הראשון הגבוה שהיא ג"כ ק' אמה. [ו] **שו"ת משנה הלכות חלק י סימן ח:** ואולי מש"ז חוטם בגימ' ס"ג שהוא שם ס"ג והריחו ביראת ה' ולזה להדליק (חנוכה) עולה ע"ב ס"ג מ"ה ובזוהר תנא אורכא דחוטמא תלת מאה וע"ה עלמין אתמליין מן ההוא חוטמא וכלהו מתדבקין בזעיר אנפין האי תושבחתא דתקונא דחוטמא הוא וכל תיקוני דעתיק יומין אתחזון. וצ"ע מאי מעליותא דחוטמא דאורכא שלש מאות וע"ה עלמין וי"ל לפמ"ש בת"ז ת' ע' ק"ל חוטמא אריכא דא הוא בר נש דאית ביה רחמי וחוטמא עקימא מסטרא דחויא ולכן אורכא דחוטמא דעתיק יומין תלת

מאה וע"ה עלמין דרחמיו על כל מעשיו ועל כל עלמין. ואתי נמי שפיר בעל החוטם שתי פעמים דהוא בעל הרחמים והוא הנשיא ומרחם על כל ישראל. [ז] **אור החיים פרשת ויחי ד"ה אוסרי לגפן:** ולא יקשה בעיניך שאנו מחלקים דברי הכתוב חלק בימי משה וחלק בימי המשיח, כי הלא ידעת דברי הזוהר הקדוש (ח"ב קכ.) כי משה הוא הגואל אשר גאל את אבותינו הוא יגאל אותנו וישיב בנים לגבולם דכתיב (קהלת א') מה שהיה הוא שיהיה ר"ת משה. ולא יקשה בעיניך דבר זה באומרך הלא מלך המשיח משבט יהודה מזרעו של דוד המלך ע"ה וי"א (סנהדרין צח:) דוד עצמו מלך המשיח דכתיב (יחזקאל ל"ז) ועבדי דוד מלך עליהם כמשמעו ואם כן היאך אנו אומרים שהוא משה הבא משבט לוי. יש לך לדעת כי בחינת נשמת משה רבינו עליו השלום היא כלולה מי"ב שבטי ישראל כי כל הס' ריבוא היו ענפיה ע"ה וענף שבטו של דוד במשה הוא. ולזה תמצאנו בארץ מדבר שהיה מלך וכהן ולוי ונביא וחכם וגבור שהיה כולל כל הענפים שבקדושה ולעתיד לבא תתגלה בעולם שורש המלכות שבמשה שהוא עצמו מלך המשיח והוא דוד והוא ינון ושילה. [ח] **מדרש תנחומא פרשת כי תשא:** [יב] [ויתן אל משה ככלותו]. אמר ר' אבהו כל ארבעים יום שעשה משה למעלה, היה לומד תורה ושוכחה, א"ל משה רבונו של עולם הרי יש לי מ' יום ואיני יודע שום דבר, מה עשה הקדוש ברוך הוא כשהשלים מ' יום, נתן לו את התורה במתנה, ויתן אל משה. שני לוחות העדות, כנגד שמים וארץ, כנגד חתן וכלה, כנגד שני שושבינין, כנגד העולם הזה והעולם הבא, לפיכך שני לוחות העדות. לוחות אבן. בזכותו של יעקב, שכתיב בו משם רועה אבן ישראל, (בראשית מט כד). והלוחות מעשה אלהים המה (שמות לב טז), בכל יום ויום בת קול יוצאת מהר חורב, ואומרת אוי להם לבריות מעלבונה של תורה, שכל מי שאינו עוסק בתורה נקרא נזוף, [שנאמר] מעשה אלהים, שהם מלאכתו של הקדוש ברוך הוא. [חרות על הלוחות], מהו חרות, ר' יהודה ור' נחמיה ורבותינו, ר' יהודה אומר חירות מן המלכיות, ר' נחמיה אומר חירות ממלאך המות, ורבותינו אמרו חירות מן היסורין. [ט] **שיר השירים רבה פרשה א:** לריח שמניך טובים, ר' ינאי בריה דר"ש כל השירים שאמרו לפניך האבות ריחות היו, אבל אנו שמן תורק שמך, כאדם שמריק מכלי לכלי חבירו, כל המצות שעשו לפניך האבות ריחות היו, אבל אנו שמן תורק שמך, מאתים וארבעים וח' מצות עשה, ושלש מאות וששים וחמש מצות לא תעשה.

גלא עמיקתא

תנינא דויקרא ויקרא אל משה וכו' אדם כי יקריב מכם וכו'. וכפלינן ו' פעמים דאיהו תפארת אדם וכו' כולל ו' קצוות– אדם זהו משיח. ורמיזא בתיבה ביראשית גימ' (613) "משה רבינו" הוא גואל ראשון והוא גואל אחרון ([ז]כמבואר בדברי האור החיים פרשת ויחי ד"ה אוסרי לגפן). ומביא המגלה עמוקות הפסוק (שמות ל"ב,ט"ז): "[ח]והלחת מעשה אלהים המה, והמכתב מכתב אלהים הוא חרות על הלחת" גימ' (3190) ה' פעמים "אברהם יצחק יעקב" (638) ואמרו חז"ל (שיר השירים רבה א',ג') על הפסוק (שיר השירים א',ג'): "לריח שמניך טובים, שמן תורק שמך" וכו' ומבאר המדרש: [ט]כל השירים שאמרו לפניך האבות– ריחות היו. אבל אנו– שמן תורק שמך, כאדם שמוריק מכלי לכלי. והמשובח בשמנים הריהו שמן אפרסמון. ומכאן נמשך דאותיות ס' ו–מ' שבלוחות לקביל שמן אפרסמון. דכל הפסוק שמביא "והלחת מעשה אלהים המה" וכו' סליק לחושבן ה' פעמים "אברהם יצחק יעקב" אבותינו הקדושים שעליהם דרשו חז"ל ריחות היו– והוא למעליותא ריח ניחוח לה' בחינת שמן אפרסמון למעליותא– המשובח שבשמנים. ומסיים האופן דאותיות מ' ו–ס' הן בסוד שעור קומה דאדם הראשון. והנה שני הפסוקים יחד–

גלא עמיקתא

האחד שהבאנו בענינו של משיח, והשני שהביא המגלה עמוקות בדבריו: "והריחו ביראת ה', ולא למראה עיניו ישפוט ולא למשמע אזניו יוכיח" "והלחת מעשה אלהים המה, והמכתב מכתב אלהים הוא חרית על הלחת" גימ' (5573) כ"ח פעמים צדק"ה (199) עם הכולל– ורמיזא כוחה של הצדקה. [3]ובמקום אחר בארנו חשבון עשרת הדברות יתרו עם ואתחנן עם ג' פעמים צדק"ה סליק לחושבן (100,000) א"ק- מאה אלף. וכמו שכתב כאן המגלה עמוקות דאותיות ס' ו-מ' הן בסוד מאה [ס' (60) ועוד מ' (40) הרי מאה (100)] ענין שעור קומה דאדם הראשון– ויש לקשרו ל-א' זעירא [4]דלעתיד לבוא א' זעירא תתהפוך ל-א'

3. עשרת הדברות: ונמשך מדברינו דעשרת הדברות דיתרו (48455) עם ואתחנן (50947) סליקו לחושבן (99402) [ועם הכולל אלופו של עולם המשפיע בהם ודרכם להאי עלמא] (99403): "אנכי ה'" (107) פעמים "חדותא דמלכא קדישא" (929). והוא בזוה"ק פרשת יתרו (ח"ב פח:) דמדבר בשבח ג' סעודות דשבת קודש- והני תיבין "חדותא דמלכא קדישא" אמרינן בשלש סעודות רעוא דרעוין- דלכולי עלמא ניתנה תורה בשבת (בגמ' שבת פו: עיי"ש) ואז לראשונה נגלה ענין הרעוא דרעוין. ובולט לעין כל בר"ת שמו של רבי חדק"א נוטריקון חדותא דמלכא קדישא דהוה מהדר בסעודתיה דשבתא ודרש (בגמ' שבת קיז: עיי"ש) ארבע סעודות הן בשבת דכתיב ג' פעמים היום והיינו לא מכלל הלילה והיינו ד' סעודות, ובארנוהו באריכות לעיל אופן ו'-סעודות שבת עיין שם. והנה בלוחות השניות טוב תיבות יתרין על לוחות ראשונים, דבהם עק"ב תיבות ו-י' דברות כאתוון יעק"ב י' עקב- להמשכא לחכמתא לעקב- המקום הנמוך ביותר. והנה "טוב" תיבין יותר מ"עקב" סליק לחושבן (189): "בחיי העולם הבא" כדכתיב (סנהדרין ריש פרק חלק) כל ישראל יש להם חלק לעולם הבא. ויחד עם י' דבריא סליק לחושבן (199) "צדקה" כדכתיב (ישעי' א') "ציון במשפט תפדה [לקביל לוחות ראשונות] ושביה בצדקה [לקביל לוחות שניות]". וכדאמרינן לעיל דחושבן ה' דבריא דלוח ימין (דואתחנן) סליק לחושבן צדקה פעמים אוהב צדקה. והוא נפלא- דכולא תיבין עם י' דבריא דלוחות שניות גימ' "צדקה", ובלוחות שניות סליק יעק"ב תיבין (עם י' דבריא) דאיהו הצדיק ואיהי צדקה. ובאור הענין הוא דלוחות ראשונות בחי' דכורא ולוחות שניות בחי' נוקבא- י' עילאה ו-י' תתאה דאת א' זעירא כנ"ל. וכמ"ש (ב"ק נה.) שאל רבי חנינא בר עגיל את רבי חייא בר אבא מפני מה בדברות הראשונות לא נאמר טוב ובשניות נאמר טוב וכו' וכו' עיין בסמוך דהבאנו הסוגיא. ונמשך מדברינו דהפרש תיבין הוא "טוב" והן פ"ח אתוון יתרין בשניות לגבי הראשונות- ועיין באופן קמ"ח למזמור י"ז (מזמור ה"טוב") דסליק כולא מזמורא לחושבן (38808): פ"ח פעמים "אמת" (441). ורמיזא להני ב' לוחות דפרשת יתרו ופרשת ואתחנן דאינון בהפרש טו"ב תיבין ופ"ח אתוון- וכן בהשגחה פרטית הוא אצלנו באופן קמ"ח וכדאמרו חז"ל (עיין אבות פ"ג,מי"ז) אם אין קמ"ח אין תור"ה וכו'. ונביא בעזהי"ת דברי הסוגיא דלעיל (ב"ק נה.) וזה לשון הגמרא הק': שאל רבי חנינא בן עגיל את רבי חייא בר אבא מפני מה בדברות הראשונות לא נאמר בהם טוב ובדברות האחרונות נאמר בהם טוב. אמר לו עד שאתה שואלני למה נאמר בהם טוב שאלני אם נאמר בהן טוב אם לאו, כלך אצל ר' תנחום בר חנילאי שהיה רגיל אצל ריב"ל שהיה בקי באגדה. אזל לגביה א"ל ממנו לא שמעתי אלא כך א"ל שמואל בר נחום אחי אמו של רבי אחא ברבי חנינא ואמרי לה אבי אמו של רב אחי בראשית חנינא הואיל וסופן להשתבר, וכי סופן להשתבר מאי הוי, אמר רב אשי חס ושלום פסקה טובה מישראל. ונעביד להני י' דבריא דפרשת ואתחנן בצורת חנוכיה: ובחנוכיה נבאר דמש"ה בא"ל ב"ם אתוון בי"ע- ענין עולמות בריאה יצירה עשיה דמשה הוריד תורה לישראל מעולם האצילות לעולמות התחתונים- בי"ע. והוא שלמות אבי"ע ראשי תיבות אצילות בריאה יצירה עשיה.

4. באור שיר השירים פרק ז': פסוק ט': אמרתי אעלה בתמר אחזה בסנסניו ויהיו נא שדיך כאשכלות הגפן וריח אפך כתפוחים גימ' (3884) ד'

[י] **ילקוט שמעוני דברי הימים א רמז תתרעד:** ויהי יעבץ נכבד מאחיו, אמר רבי שמעון קרא מראש דברי הימים אדם שת אנוש עד ויהי יעבץ ואין אתה מוצא שם כבוד, וכשאתה מגיע ליעבץ כתיב ויהי יעבץ נכבד מאחיו, לפי שעסק בתורה הוי כבוד חכמים ינחלו וכסילים מרים קלון: **[יא] זוהר פרשת תרומה דף קסא עמוד ב:** קודשא בריך הוא אסתכל באורייתא וברא עלמא, בר נש מסתכל בה באורייתא ומקיים עלמא, אשתכח דעובדא וקיומא דכל עלמא אורייתא איהי, בגין כך זכאה איהו בר נש דאשתדל באורייתא דהא איהו מקיים עלמא, בשעתא דסליק ברעותא דקודשא בריך הוא למברי אדם קאים קמיה בדיוקניה וקיומיה כמה דאיהו בהאי עלמא ואפי' כל אינון בני עלמא עד לא ייתון בהאי עלמא כלהו קיימין בקיומייהו ובתקונייהו כגוונא דקיימין בהאי עלמא בחד אוצר דתמן כל נשמתין דעלמא מתלבשן בדיוקנייהו, ובשעתא דזמינין לנחתא בהאי עלמא קרי קודשא בריך הוא לחד ממנא די מני קוב"ה ברשותיה כל נשמתין דזמינין לנחתא להאי עלמא ואמר ליה זיל אייתי ליה רוח פלוני. **[יב] פנים יפות (לר' פנחס הורוויץ זצ"ל) בראשית פרק ד:** ויצא קין מלפני ה' וגו'. בילקוט [בראשית רמז לח] פגע בו אדם הראשון, א"ל מה נעשה בדינך, א"ל עשיתי תשובה ונתפשרתי, התחיל אדם מטפח על פניו ואמר כך הוא כח של התשובה ולא הייתי יודע, מיד עמד אדם ואמר מזמור שיר ליום השבת וגו'. נראה לפרש ע"פ פשוטו, לפי שהמתיק הקדוש ברוך הוא לקין ממיתה עד דור שביעי, שנאמר [ד, כד] שבעתים יוקם קין. והנה חטא אדם הראשון היה שגרם מיתה לדורות, אך לפי פירש"י בתהלים [צ, ד] כי מ"ש הש"י ביום אכלך וגו' היינו יומו של הקדוש ברוך הוא שהוא אלף שנה, הרי אף לאחר חטא אדם הראשון יכול לחיות אלף שנים, ואותם המתים קודם אלף שנים ע"כ הם בחטא עצמם, וז"ש ירמיה [ירמיה לא, כח - כט] אל תאמרו האבות

גלא עמיקתא

רבתי דאדם– כדפותח ספר דברי הימים "[י]אדם שת אנוש" ב–א' רבתי, והן מאה אלף דא"ק אדם קדמון– שעור קומה דאדם קדמון, ששיער בעצמותו יתברך למברי עלמא [יא]אסתכל באורייתא וברא עלמא– שעור קומה ר"ת ש"ק גימ' (400) ארבע מאות איש דעשו דהוא אדם בליעל (משלי ו',י"ב) וממנו נמשך ס' מ' אותיות סמאל– ואותן בנות ציון שגרמו להחטיא בחורי ישראל– ונמשך מחטא אדם הראשון ויתוקן במהרה באלף השמיני [יב]כדאיתא בספה"ק ואז נזכה לגאולה האמיתית והשלמה וביאת משיח צדקנו ב"ב אכי"ר.

פעמים "שראשי נמלא טל" (971) (שה"ש ה',ב'). ורמיזא טל תחיה דעתידא קוב"ה להחיא ביה מתיא כדכתיב (ישעי' כ"ו,י"ט) "יחיו מתיך נבלתי יקומון הקיצו ורננו שכני עפר כי טל אורות טלך וארץ רפאים תפיל". והוא מפנימיות דעתיקא סתימאה ומשתלשל בצמצום לבל יתבטלו הנבראים דרך י"ג ת"ד דא"א, ורמיזא דאינון י"ג תיבין בפסוקא דנן, ו-ס' אתוון כמנין (60) "גנז". ושבת איקרי מתנה טובה יש לי בבית גנזי ושבת שמה, ושמה כתיב גנזי גימ' (70) "אדם וחוה" דתיקוניהון ע"י ע' נפש יוצאי ירך יעקב דנטרין ברית קודש ושבת קודש מחדשין מלין דאורייתא עד הגאולה האמיתית והשלמה בב"א. וכתיב (סוכה נב.) דעתידא קוב"ה למשחטיה למלאך המות- השטן- וזהו "שראשי נמלא טל" ר"ת שט"ן, ושאר אתוון גימ' (612) "ברית". ורמיזא דעיקר קטרוגו למאן דלא נטר ברית ח"ו, ובספה"ק אעל"ה ר"ת אתרוג ערבה לולב הדס ואכמ"ל. והנה ג' תיבין דהיינו "אמרתי אעלה בתמר" סליקו לחושבן (1399) אלף (1000) אלף זעירא (399) והוא דלעתיד לבוא תגדל האי א' זעירא דויקרא ל-א' רבתי דאדם (תחלת דברי הימים) בסוד (דב' ל"ב,ל') "ירדף אחד אלף" וכו'. והוא הצדיק דכתיב ביה (תהל' צ"ב,י"ג) "צדיק כתמר יפרח" דמתקן רפ"ח נצוצין דנפלו בשבירת הכלים ומעלה אותם ל-י' ספירות דאצילות וזהו "פר"ח. "בסנסניו" גימ' (238) "רחל"- מלכותא קדישא- וזהו דז"א אומר אמרתי אעלה בתמר אוחזה בסנסניו- אעלה את המלכות לאתיחדא עמי בחיק או"א, ורמיזא באלף השביעי "כאשכלות" גימ' (777) ז' פעמים "אלף" (111) - אלף השביעי בב"א.

אכלו בוסר ושיני בנים תקהנה, כ"א איש בחטאו ימותו, שלא יאמר אדם שמת מחמת חטא אדם הראשון שאכל מעץ הדעת שהוא בוסר, כי מחמת חטא אדה"ר היה יכול לחיות אלף שנים, א"כ אין לתלות בחטא אדה"ר, אלא שאדה"ר היה מצטער שאם יהיו הדורות צדיקים גמורים, ולולי חטאו היה יכול הדור הראשון לחיות כל חיי העולם, אבל לאחר חטאו הוכרח הוא למות בסוף אלף שנים, וכיון שאחז"ל [ר"ה לא א] שית אלפי שני הוי עלמא הוא גרם שבהכרח שאפילו יהיו צדיקים גמורים בהכרח להיות שש דורות בשית אלפי שנין, וכיון שראה בקין שהתשובה מועלת עד ששה דורות, א"כ באדה"ר אם ימחול לו על ששה דורות, אח"ז יהיה יום שבת הגדול שהוא תחיית המתים, לכך אמר מזמור שיר ליום השבת.

אופן פו

יש בצירוף אלהים מלא בריבועו כזה אל"ף אל"ף למ"ד אל"ף למ"ד ה"ה אל"ף למ"ד ה"ה יו"ד אל"ף למ"ד ה"ה יו"ד מ"ם הוא עולה לחשבון אלף ואחד. והוא סוד רכב אלהים רבותים אלפי שנאן שמרכבה של אלהים הוא בסוד אלפי שהם אלף וא' והיא מרכבה של משה ומשה עלה אל האלהים שבשעת מעמד הר סיני זכה לרכב אלהים ה' בם סיני בקודש שהוא אלפי אדם אחד מאלף מצאתי הוא משה שזכה לאלף ואחד. והוא חשבון קדש ישראל לה' וכן ישראל קדושים. והא א' זעירא רומזת שהיקר של משה היה שזכה לאלף כוחות של אלהים שצריך לצרף לאותו חשבון ג"ב החשבון זעיר שהוא א' זעירא. והוא סוד כשלשת אלפי איש שמתו שבשעת העגל ניערו ג' גוליירין בישין דמתגרין במלחמה דיניקתן מג' כוחות אלהים שכל אחת מן רכב אלהים היא כלולה מן אלף ואחד לכן אמר כשלשת אלפי איש שרמז על חשבון זעיר שבכל א' מן רכב אלהים צריך להוסיף א' על חושבן רב שהוא אלף ולכן הוצרך משה לזכור זכות ג' אבות שכל אחד יבטל כוחות אלהים שניערו.

1. באור על מגלה עמוקות ויקרא אופן נ"ה: ומביא הנקודה של האופן: בשג"ם הוא בש"ר גימ' תתנ"ט י"פ אלהים חסר א' בסוד האי א' זעירא שנותנה לו בהאי פרקא ויקר א' אל משה- ואז הושלם לשלמות י"פ אלהים בחינת משה איש האלהים כנ"ל. וכל הפסוק (בראשית ו',ג'): ויאמר ה' לא ידון רוחי באדם לעולם בשגם הוא בשר והיו ימיו מאה ועשרים שנה גימ' (2804) ד"פ "חונה

[א] **בעל שם טוב בראשית פרשת בראשית:** כתיב (תהלים פ"ד, י"ב) כי שמש ומגן ה' אלהים, פירוש כי שם הוי"ה נקרא שמש, וזהו שאמר שמש ומגן פירוש כמו מחיצה המגין בעד אור השמש, הוא הדמיון כמו ה' אלהים, רצה לומר כמו שאי אפשר להסתכל בשמש, מגודל אור הבהירות שלו, אם לא על ידי מגן ומסך המבדיל, שהוא המגין בעד אור השמש, שיוכלו חלושי הראות ליהנות מאורו, כך הוא שם הוי"ה ברוך הוא אורו רב מאוד, מגודל אור בהירותו, לכך הוצרך לצמצמו ולהגבילו בתוך שם אלהים גימטריא הטבע שהוא המגן [ב] **משנה מסכת אבות פרק ד:** הוא היה אומר הילודים למות והמתים להחיות והחיים לידון לידע להודיע ולהודע שהוא אל הוא היוצר הוא הבורא הוא המבין הוא הדיין הוא עד הוא בעל דין והוא עתיד לדון

אופן פו

יש בצירוף אלהים מלא בריבועו כזה אל"ף אל"ף למ"ד אל"ף למ"ד ה"ה אל"ף למ"ד ה"ה יו"ד אל"ף למ"ד ה"ה יו"ד

גלא עמיקתא

והנה באופן פ"ו דיליה גימ' שם אלהי"ם כנודע, ומזכיר י' פעמים שם אלהי"ם בכל האופן גימ' (860) תכלי"ת וכדאיתא בספה"ק דאדם מיד בקומו משנתו יזכור מהתכלית שהוא עולם הבא וכו'. וזהו דידוע [א]דשם אלהי"ם גימ' (86) הטב"ע- וזהו האי עלמא. אבל אנו כל חשקנו בעלמא דאתי, ומאחר [ב]ועל כרחך אתה חי – וכל חשקו של יהודי לידבק בהשי"ת ובעולם הבא – נמשך דהתכלית הוא להמשיך עולם הבא לכאן- כדאמרינן בפיוט ומקורו בדברי הגמרא (בבא בתרא סוף דף ט"ו ע"ב ותחלת ט"ז ע"א) [ג]מעין עולם הבא יום שבת מנוחה וכו'. וכן להפוך עולם הזה לעולם הבא- להחזירו לשרשו ע"י קידוש הנגה באמרם [ד]קדש עצמך במותר לך. ויש לקשר הענין למה שכתב המגלה עמוקות 1[ה]באופן נ"ה, דתיבין דפסוקא דגמרינן מיניה

ברוך הוא שאין לפניו לא עולה ולא שכחה ולא משוא פנים ולא מקח שוחד שהכל שלו ודע שהכל לפי החשבון ואל יבטיחך יצרך שהשאול בית מנוס לך שעל כרחך אתה נוצר ועל כרחך אתה נולד ועל כרחך אתה חי ועל כרחך אתה מת ועל כרחך אתה עתיד ליתן דין וחשבון לפני מלך מלכי המלכים הקדוש ברוך הוא. [ג] **תלמוד בבלי בבא בתרא דף טו עמוד ב:** מאי ומקנהו פרץ בארץ? א"ר יוסי בר חנינא: מקנהו של איוב פרצו גדרו של עולם, מנהגו של עולם - זאבים הורגים העזים, מקנהו של איוב - עזים הורגים את הזאבים. ואולם שלח נא ידך וגע בכל אשר לו אם לא על פניך יברכך, ויאמר ה' אל השטן הנה כל אשר לו בידך רק אליו אל תשלח ידך וגו', ויהי היום ובניו ובנותיו אוכלים ושותים יין בבית אחיהם הבכור, ומלאך בא אל איוב ויאמר הבקר היו חורשות וגו' - מאי הבקר היו חורשות והאתונות רועות על ידיהם? א"ר יוחנן: מלמד, שהטעימו הקדוש ברוך הוא לאיוב מעין עולם הבא. [ד] **תלמוד בבלי יבמות דף כ עמוד א:** איסור קדושה - אלמנה לכהן גדול, גרושה וחלוצה לכהן הדיוט. ואמאי קרי להו איסור קדושה? דכתיב: קדושים יהיו לאלהיהם. תניא, רבי יהודה מחליף: איסור מצוה - אלמנה לכהן גדול, גרושה וחלוצה לכהן הדיוט, ואמאי קרי ליה איסור מצוה? דכתיב: אלה המצות; איסור קדושה - שניות מדברי סופרים, ואמאי קרי ליה איסור קדוש'? אמר אביי: כל המקיים דברי חכמים נקרא קדוש. א"ל רבא: וכל שאינו מקיים דברי חכמים, קדוש הוא דלא מקרי, רשע נמי לא מיקרי! אלא אמר רבא: קדש עצמך במותר לך. [ה] **מגלה עמוקות על א' זעירא דויקרא אופן נ"ה:** ידוע שמשה עלה אל האלהים שהוא כלול מיוד פעמים (תהלים יב) ותחסרהו מעט מאלהים ז"ש משה מן התורה (חולין קלט:)

מ"ם הוא עולה לחשבון אלף ואחד. והוא סוד (תהל' ס"ח,י"ח) רכב אלהים רבותים אלפי שנאן שמרכבה של

גלא עמיקתא

משה מן התורה מנין: בשג"ם הו"א בש"ר (בראשית ו,ג) סליקו לחושבן י' פעמים שם אלהי"ם חסר א' ולכן הוא א' זעירא עיין שם באורנו באריכות. והפסוקים שמביא רבינו כדלקמן: א'. תהלים ס"ח,י"ח: "[ו]רכב אלהים רבתים אלפי שנאן, א-דני בם סיני בקדש" גימ' (2125) י"ב פעמים ג"ן עד"ן (177) עם הכולל דאמרו חז"ל [ז]כל ישראל יש

מנין שהוא בא להמתיק י"פ אלהים בשג"ם הו"א בש"ר בגי' תתנ"ט חסר א' מי"פ אלהים וז"ס תכלי"ת כי משה רזא תכלית הבריאה והוא ראשית ותכלית לכן אמר גבי לידתו ותשם בסוף ס"ף בפ' רבתי י"פ אלהים שהיא תכלית לכן אמר כאן ויקר אל משה מההוא היקר שבא להמתיק מדת אלהים שתהי' חסד מה יקר חסדיך אלהים משה שנקרא מה שם בנו לא ידענו מה הי' לו להוציא יקר מזולל להמתיק מדת חסד על שם של אלהים אבל אלף זעירא ותחסרהו מעט מאלהים שנחסר לו אחד מן תת"ס ולא עלו רק תתנ"ט מנין בשג"ם הו"א בש"ר. [ו] **איגרת תימן לרמב"ם:** ושלמה המלך עליו השלום דמה אותנו לאשה יפה בתכלית היופי שאין בה דופי, שנאמר (שיר השירים ד' ז'): "כלך יפה רעיתי ומום אין בך". ודמה שאר האמונות והסברות שרוצים להמשיכה אליהם ולהחזירה לאמונתם כאנשי הבליעל השטופים בזמה והמפתים הנשים שהן בנות חיל להשיג מהן תאותם המכוערת, כן אירע לנו עם אלו שהם משיאים אותנו ומפתים להחזירנו לדתותיהם, ואולי נאחז ונסתבך בסבכי פחזותם ובענפי שקריהם. ואחר כך חזר בחכמתו בלשון תשובת האומה, כאלו היא אומרת לאותם שהם רוצים לפתותה, ולהראות להם שסברתה מעולה מסברתם: לאיזה דבר מתחזקים בי? התוכלו להראות לי כמו "מחולת המחנים" (שיר השירים ז' א')? כלומר שהאומה תטעון כנגדם ואומרת להם: הראוני כמו מעמד הר סיני שהיה בו מחנה אלהים ומחנה ישראל זה לעומת זה אז אשוב לעצתכם! וזה המאמר הוא על דרך משל: "שובי שובי השולמית שובי שובי ונחזה בך מה תחזו בשולמית כמחולת המחנים", ופירש "שולמית" - השלמה החסידה, "ומחולת המחנים" שמחת מעמד הר סיני שהיה בו מחנה ישראל", שנאמר (שמות י"ט י"ז): "ויוצא משה את העם לקראת האלהים מן המחנה ויתיצבו בתחתית ההר", ומחנה אלהים כמו שנאמר (תהלים ס"ח י"ח): "רכב אלהים רבותים אלפי שנאן ה' בם סיני בקדש". ראה חכמת המשל וסודו, שהוא החזיר מלת "שובי" ארבע פעמים בזה הפסוק להיות לרמז שאנו נרדפים ארבע פעמים לצאת מן הדת בכל אחת מן המלכיות האלה הארבעה שאנו היום באחרונה מהן. [ז] **תלמוד בבלי מסכת סנהדרין דף צ עמוד א:** כל ישראל יש להם חלק לעולם הבא, שנאמר ועמך כלם צדיקים לעולם יירשו ארץ נצר מטעי מעשה ידי

מלאך ה' סביב ליראיו ויחלצם" (701) (תהל' ל"ד,ח'). והוא (שם) בסוד המיתוק והישועה. ומיד (פסוק ט') "טעמו וראו כי טוב ה'" וכו' בחינת האור כי טוב וכו'. ובארנוהו בענין האי דאמרה שרה לאברהם אבינו עליו השלום חמס"י עליך ראשי תיבות חונה מלאך ה' סביב, והוא באופן קכ"ד באריכות עיין שם. וכאן בשגם הוא בשר והיו ימיו מאה ועשרים שנה רמיזא שנותיו של משה בסוד מיתוק מאה ועשרים צרופי שם אלהים כנודע מהאר"י הקדוש. בשג"ם ראשי תיבות "שכינה מדברת בתוך גרונו" (כך שמעתי ממורי ורבי הרב צבי חשין שליט"א). והוא חושבן עם הכולל (1725) ה"פ מש"ה (345) דהגלוי הר"ת בשג"ם גימ' מש"ה אחד, והנסתר עוד ד"פ מש"ה אמנם עם הכולל- והוא בסוד א' זעירא דויקרא אל משה. וכן י"ל דסליק לחושבן (1724) ב"פ שם הוי' במלוי ומלוי דמלוי דיודין (682) בסוד שם ע"ב גימ' חסד, והוא מיתוק כזה: "יוד - הי -ויו - הי, יוד ויו דלת - הי יוד - ויו יוד ויו - הי יוד" (682). ויש לקשרו לפסוקא הנ"ל (תהל' ח',ו') ותחסרהו מעט וכו'. דסליק לחושבן ב"פ י"ג ע"ב בסוד מרדכי אסתר עם הכולל כנ"ל. ומביא הפסוק ותשם בסף ס"ף במנצפ"ך גימ' (860) י"פ שם אלהים. כפלינן י"פ רמיזא שלמות המיתוק ב-י' בחינות.

להתפאר. ואלו שאין להם חלק לעולם הבא: האומר אין תחיית המתים מן התורה ואין תורה מן השמים, ואפיקורוס. רבי עקיבא אומר: אף הקורא בספרים החיצונים, והלוחש על המכה ואומר כל המחלה אשר שמתי במצרים לא אשים עליך כי אני ה׳ רפאך. אבא שאול אומר: אף ההוגה את השם באותיותיו. שלשה מלכים וארבעה הדיוטות אין להן חלק לעולם הבא. שלשה מלכים: ירבעם, אחאב, ומנשה. רבי יהודה אומר: מנשה יש לו חלק לעולם הבא, שנאמר ויתפלל אליו וישמע תחנתו וישיבהו ירושלים למלכותו. אמרו לו: למלכותו השיבו, ולא לחיי העולם הבא השיבו. ארבעה הדיוטות - בלעם, ודואג, ואחיתופל, וגחזי.

[ח] **אמרי בינה דרוש לפרשת החודש:** ויש להבין הענין מה הקדים המדרש להביא הפסוק ה״ד הגוי אשר ד׳ אלקיו. גם למה הקדים משבחר ד׳ ביעקב ובניו שקבע בו ר״ח של גאולה ללידת יצחק שהי׳ קודם לכן. וגם קבלת הברכות שקבל יעקב הי׳ מקודם. גם ענין המשל למה צריך. שלשה מציאות מצא הקדוש ברוך הוא בעולמו. אברהם דכ׳ ומצאת את לבבו נאמן לפניך. דוד דכ׳ מצאתי את דוד עבדי. ישראל דכ׳ כענבים במדבר מצאתי. איתיבן חברנא לר׳ סימון והכ׳ ונח מצא חן בעיני ד׳. הוא מצא אבל הקדוש ברוך הוא לא מצא. נודע מאמרם ז״ל בראשית ברא כי בשביל ישראל שנקראו ראשית. שנאמר קודש ישראל לד׳ ראשית תבואתו. ולכאורה וכי משא פנים יש בדבר מה לקח ד׳ לו לעמו יעקב חבל נחלתו יותר משאר אה״ע. כמאמר כי יעקב בחר לו יה ישראל לסגולתו הלא כמו כן עם ישראל יש להם חומר ועם קשה עורף נקראו כמ״ש משה. ילך נא ד׳ בקרבנו כי עם קשה עורף הוא. והענין הנה בעינינו ראינו טבע הבריאה בכל סיגים ומינים יש להם מדרגות שונות. גבוה מעל גבוה במעשה טוב ורע גסי החומר ודקי החומר ולמה לא ברא הקדוש ברוך הוא הדבר ההוא כלו טוב מבלי סיג ומעילה בכל. ולמה בכל מין ומין יש מעלות ומדרגות. והעולה לזה כי כל דבר קבל צורתו כפי תכונת החומר הדבר. וזה אין לשאול למה ברא הקדוש ברוך הוא חומר אותו דבר על תכונה זאת שיקבל צורתו במדרגה הזאת. כמו שאין לשאול למה לא נברא חומר סוס שיקבל צורת אדם. רק ע״כ נאמר כי הקדוש ברוך הוא רצה להראות טובו ועוצם כחו שכל מה שהי׳ יכול לקבל טובו להברא ברא ולהאציל כל מה שיש בכח אותו דבר שקבל אותו ובעינינו ראינו החטים שברא הקדוש ברוך הוא. והטבע המציא אותו מן הארץ ומעורבת בו בסובין ומרסן וקמח וסולת וכולן צריכין ואין רע מוחלט. ואם הוא רע לדבר זה מ״מ טוב הוא לדבר אחר. והכל נצרך. כמאמר החכם. כל פעל ד׳ למענהו היינו למען התכלית אשר נצרך לאותו דבר. וכן למעניהו למען ד׳ יתב׳ להראות פעולתו וכל מה שהי׳ יכול לקבל צורה הנאותה לפי ערך החומר קבל פעולתו. וניכר בזה גודל מעלת הפועל. וכמאמרם ז״ל. כל מעשה בראשית בקומתן נבראו לדעתן וצביונן נבראו היינו לדעתן שזה שלימות הדבר שיהי׳ נברא. ואם הי׳ שואל אותה בריאה אם חפצה להיות בהעדר. או להיות נברא בצורה הזאת הי׳ חפצה בזה. והנה כמו כן הארץ אשר נבראה יש בה מדריגות שונות. ומעורב בה במקום זה חומר זך הראוי להוציא זרע טוב אשר יזרע בו אדם וחומר גס ועכור שראוי לדברים פחותים. והאדם יציר כפיו של הקדוש ברוך הוא וברא מן האדמה כדכ׳ ויקח ד׳ עפר מן האדמה. ולא מצאנו שבירר הקדוש ברוך הוא החומר הזך והטוב לבריאת אדם. א״כ הי׳ מעורב בחומרו החומר הגס והעכור והזך חלקי הטוב ואף קודם החטא עץ הדעת מ״מ האדם הי׳ נברא מעליונים ותחתונים להיות בעל בחירה. והא ראי׳ שנפל בעומק החטא הזה לשמוע לקול אשתו. ע״כ הי׳ בו ג״כ כח הנטוי׳ לרע וזה ע״י חלקי החומר הגס שהי׳ מעורב בחומרו. רק אחר החטא נתגשם ביותר. והנה הוליד בדמותו קין והבל. ואחרי ראינו בפעולת קין שהי׳ נוטה יותר לחומרי. ובאהבת בצע הרג לאחיו ע״כ שבא משורש הגס וחלק החומרי מאדם אביו. והבל הי׳ מהחלק הזך והדק. ובכ״ז יען הבל כשמו כן הי׳

אלהים הוא בסוד אלפי שהם אלף וא׳ והיא מרכבה של משה ומשה עלה אל האלהים שבשעת מעמד הר סיני זכה

גלא עמיקתא

להם חלק לעולם הבא (והיינו גן עדן) ולכן כפלינן י״ב פעמים לקביל [ח] י״ב שבטי י״ה ויש לקשר פסוקא דנן דעסיק ביציאת מצרים לגן עדן דכתיב בלוט

שהי' מהבל כל עוה"ז ולא הי' בו חומרי מעורב מחלק הגס לכן ל"ה באופן שישתלשל ממנו העולם והרגו קין. וקין כשמו כן הוא טבעו ומזגו שעשה קנין לעוה"ז העובר. וכן שת אף שממנו הושת העולם. מ"מ הי' מתגבר בו ביותר מחלקי הגס והחומרי הכח הרע עשרה דורות עד נח והיו דומין לקליפה מן הפרי. והיו מכעיסין לפני הקדוש ברוך הוא בכח חומרם עד שגבר בהם הרע במוחלט והוסיפו לחטוא הביא הקדוש ברוך הוא המבול על העולם ותשחת הארץ לפני האלקים ולא נשאר רק הפרי הסגילי הוא נח שהתגבר ע"ע השכלי על חלקי החומרי רק נשאר בו כח הרע והוליד ג' בנים נפרדים ושם הי' הסגילי הפרי מן אדם הראשון וממנו נשתלשל אברהם. אולם כיון שבא מתרח שגבר עליו החומרי. הוליד אברהם ישמעאל מחלקי הרע ומטוב והזך הוליד את יצחק. ועוד הי' מעורב כח מעט רע הוליד יצחק לעשו. ואח"כ יצא סולת נקי' יעקב איש תם יושב אוהלים והשלים א"ע בכל חלקי החומר עד שיצאו ממנו י"ב שבטי יה נגד י"ב מזלות המוכנים שיחול עליהם השגחה הפרטית. ולפי יקרת ערך חומרם שהיו המה פרי אדם הראשון יציר כפיו של הקדוש ברוך הוא וסגולתו ככה יקרת ערך שכלם ומוכנים לקבל כל מצות הש"י:

לרכב אלהים ה' בם סיני בקודש שהוא אלפי אדם אחד מאלף מצאתי (קהלת ז',כ"ח) הוא משה שזכה לאלף ואחד.

גלא עמיקתא

(בראשית יג,י): "[ט]כגן ה' כארץ מצרים" שהושוותה מצרים לגן עדן ודרשו חז"ל

[ט] **תלמוד בבלי מסכת כתובות דף קיב עמוד א**: לשנה איקלע ר' אלעזר להתם ואייתו לקמיה, נקטו בידיה ואמר: ארץ פרי למלחה מרעת יושבי בה. רבי יהושע בן לוי איקלע לגבלא, חזנהו להנהו קטופי דהוו קיימי כי עיגלי, אמר: עגלים בין הגפנים? אמרו ליה: קטופי נינהו, אמר: ארץ, ארץ, הכניסי פירותייך, למי את מוציאה פירותייך, לערביים הללו שעמדו עלינו בחטאתינו? לשנה איקלע ר' חייא להתם, חזנהו דהוו קיימי כעיזי, אמר: עזים בין הגפנים? אמרו ליה: זיל, לא תעביד לן כי חברך. תנו רבנן! בברכותיה של ארץ ישראל - בית סאה עושה חמשת ריבוא כורין, בישיבתה של צוען - בית סאה עושה שבעים כורין; דתניא, אמר רבי מאיר: אני ראיתי בבקעת בית שאן בית סאה עושה שבעים כורין, ואין לך מעולה בכל ארצות יותר מארץ מצרים, שנאמר: כגן ה' כארץ מצרים, ואין לך מעולה בכל ארץ מצרים יותר מצוען, דהוו מרבו בה מלכים, דכתיב: כי היו בצוען שריו, ואין לך טרשים בכל א"י יותר מחברון, דהוו קברי בה שיכבי, ואפילו הכי חברון מבונה על אחת משבעה בצוען, דכתיב: וחברון שבע שנים נבנתה לפני צוען מצרים, מאי נבנתה? אילימא נבנתה ממש, אפשר אדם בונה בית לבנו קטן קודם שיבנה לבנו גדול? שנאמר: ובני חם כוש ומצרים ופוט וכנען! אלא שמבונה על אחת משבעה בצוען. והני מילי בטרשים, אבל שלא בטרשים - חמש מאה. והני מילי שלא בברכותיה, אבל בברכותיה - כתיב: ויזרע יצחק בארץ ההיא וגו'. תניא, אמר רבי יוסי: סאה ביהודה היתה עושה חמש סאין, סאה קמח, סאה סלת, סאה סובין, סאה מורסין, וסאה קיבוריא. א"ל ההוא צדוקי לר' חנינא: יאה משבחיתו בה בארעכון, בית סאה אחת הניח לי אבא, ממנה משח, ממנה חמר, ממנה עיבור, ממנה קיטניות, ממנה רועות מקנתי. א"ל ההוא בר אמוראה לבר ארעא דישראל: האי [תאלתא] דקיימא אגודא דירדנא, כמה גדריתו מינה? אמר ליה: שיתין כורי. א"ל: אכתי לא עייליתו בה אחריבתוה, אנן מאה ועשרים כורי הוה גזרינן מינה! אמר ליה: אנא נמי מחד גיסא קאמינא לך. אמר רב חסדא, מאי דכתיב: ואתן לך ארץ חמדה נחלת צבי? למה ארץ ישראל נמשלה לצבי? לומר לך: מה צבי זה אין עורו מחזיק בשרו, אף ארץ ישראל אינה מחזקת פירותיה. דבר אחר: מה צבי זה קל מכל החיות, אף ארץ ישראל קלה מכל הארצות לבשל את פירותיה. אי מה צבי זה קל ואין בשרו שמן, אף ארץ ישראל קלה לבשל ואין פירותיה שמנים? תלמוד לומר: זבת חלב ודבש, שמנים מחלב ומתוקים מדבש. רבי אלעזר כי הוה סליק לארץ ישראל, אמר: פלטי לי מחדא; כי סמכוהו, אמר: פלטי לי מתרתי; כי אותבוהו בסוד העיבור, אמר: פלטי לי מתלת, שנאמר: והיתה ידי אל הנביאים החוזים שוא וגו', בסוד עמי לא יהיו - זה סוד עיבור, ובכתב בית ישראל לא יכתבו - זה סמיכה, ואל אדמת ישראל לא יבואו - כמשמעו. רבי זירא כי הוה סליק לא"י,

והוא חשבון (ירמי' ב',ג') קדש ישראל לה' וכן [י]ישראל קדושים. והא א' זעירא רומזת שהיקר של משה היה שזכה

גלא עמיקתא

[יא]כגן ה' לאילנות כארץ מצרים לזורעים. ועיין במקום אחר שאומר משה לעם ישראל (דברים יא,י): "כי הארץ אשר אתם באים שמה לרשתה לא כארץ מצרים היא אשר תזרע את זרעך

לא אשכח מברא למעבר, נקט במצרא וקעבר. אמר ליה ההוא צדוקי: עמא פזיזא דקדמיתו פומייכו לאודנייכו, אכתי בפזיזותייכו קיימיתו! אמר ליה: דוכתא דמשה ואהרן לא זכו לה, אנא מי יימר דזכינא לה! ר' אבא מנשק כיפי דעכו. ר' חנינא מתקן מתקליה. [י] **תלמוד בבלי מסכת חולין דף ז עמוד ב:** חבטינהו לא אכל, נקרינהו לא אכל, אמר להו: דלמא לא מעשרן? עשרינהו ואכל, אמר: ענייה זו הולכת לעשות רצון קונה ואתם מאכילין אותה טבלים. ומי מיחייבא? והתנן: הלוקח לזרע ולבהמה, וקמח לעורות, ושמן לנר, ושמן לסוף בו את הכלים - פטור מהדמאי! התם הא אתמר עלה, אמר רבי יוחנן: לא שנו אלא שלקחן מתחלה לבהמה, אבל לקחן מתחלה לאדם ונמלך עליהם לבהמה - חייב לעשר; והתניא: הלוקח פירות מן השוק לאכילה, ונמלך עליהן לבהמה - הרי זה לא יתן לא לפני בהמתו ולא לפני בהמת חברו אלא אם כן עישר. שמע רבי נפק לאפיה, אמר ליה: רצונך סעוד אצלי, אמר לו: הן. צהבו פניו של רבי, אמר לו: כמדומה אתה שמודר הנאה מישראל אני? ישראל קדושים הן, יש רוצה ואין לו ויש שיש לו ואינו רוצה, וכתיב: אל תלחם [את] לחם רע עין ואל תתאו למטעמותיו כי כמו שער בנפשו כן הוא אכול ושתה יאמר לך ולבו בל עמך, ואתה רוצה ויש לך, מיהא השתא מסרהיבנא, דבמלתא דמצוה קא טרחנא, כי הדרנא אתינא עיילנא לגבך. כי אתא, איתרמי על בההוא פיתחא דהוו קיימין ביה כודנייתא חוורתא, אמר: מלאך המות בביתו של זה ואני אסעוד אצלו? שמע רבי נפק לאפיה, אמר לי: מזבנינא להו, אמר ליה: ולפני עור לא תתן מכשול. מפקרנא להו, מפשת היזקא. עקרנא להו, איכא צער בעלי חיים. קטילנא להו, איכא בל תשחית. הוה קא מבתש ביה טובא, גבה טורא ביניהו. בכה רבי ואמר: מה בחייהן כך, במיתתן על אחת כמה וכמה; דאמר ר' חמא בר חנינא: גדולים צדיקים במיתתן יותר מבחייהן, שנאמר: ויהי הם קוברים איש והנה ראו [את] הגדוד וישליכו את האיש בקבר אלישע וילך ויגע האיש בעצמות אלישע ויחי ויקם על רגליו. [יא] **ילקוט שמעוני תורה פרשת עקב רמז תתנז:** לא כארץ מצרים היא [יא, י], ארץ מצרים שותה מימיה, ארץ ישראל שותה מי גשמים, א"י שותה נמוך וגבוה, ארץ מצרים נמוך שותה גבוה אינו שותה, ארץ מצרים גלוי שותה שאינו גלוי אינו שותה, ארץ ישראל שותה גלוי ושאינו גלוי, ארץ מצרים שותה ואחר כך נזרעת, ארץ ישראל (נזרעת ואחר כך שותה) שותה ונזרעת נזרעת ושותה, ארץ ישראל שותה בכל יום ונזרעת בכל יום, ארץ מצרים אינה נזרעת אם אינו עמל בה בפסל וקרדום ונודד שנת עיניו עליה ואם לאו אין לו בה כלום, וארץ ישראל אינה כן אלא הן ישנין על מטותיהן והקב"ה מוריד להם גשמים, משל למלך שהיה מהלך בדרך ראה בן טובים מהלך אחריו ומסר לו עבד אחד לשמשו, שוב ראה בן טובים אחד מעודן ומפונק ועסוק בפעולה ומכירו לו ולאבותיו אמר גזרה שאין אתה עושה בידך ואני מאכילך, כך כל הארצות ניתנו להן שמשים לשמשן, מצרים שותה מן הנילוס, בבל שותה מן נהר יובל, אבל א"י אינה כן אלא הן ישנים על מטותיהם והקב"ה מוריד להן גשמים, ללמדך שלא כמדת בשר ודם מדת הקדוש ברוך הוא, בשר ודם קונה לו עבד שיהא זן ומפרנס אותו, אבל מי שאמר והיה העולם קונה לו עבד שיהא הוא זן ומפרנס אותו, וכבר היו ר' אליעזר ור' יהושע ור' צדוק מסובין בבית המשתה וכו' (כתוב ברמז רכ"ט), אתה אומר לכך הוא בא או לפי שארץ מצרים פסולת מכל הארצות הקישו לארץ ישראל, ת"ל כגן ה' כארץ מצרים, כגן ה' לאילנות, כארץ מצרים לזריעה, או אינו מקישה אלא למגונה שבה, תלמוד לומר אשר ישבתם בה מקום שישיבתכם בה דכתיב במיטב הארץ הושב את אביך ואת אחיך, או אינו מקישה אלא לשעת גנותה, ת"ל אשר יצאתם משם כשהייתם שם היתה מתברכת בשבילכם ולא עכשיו שאין ברכה עליה כדרך שהייתם שם, וכן אתה מוצא בכל מקום שהצדיקים הולכים ברכה

לאלף כוחות של אלהים שצריך לצרף לאותו חשבון ג"כ החשבון זעיר שהוא א' זעירא. והוא סוד (שמות ל"ב,כ"ח)

גלא עמיקתא

והשקית ברגלך כגן הירק, והארץ אשר אתה בא שמה ארץ הרים ובקעות למטר השמים תשתה מים" ומבואר לפי מה שכתוב במקום אחר [יב]שפתח גן עדן במערת המכפלה שבחברון וכתיב (במדבר יג,כב) "וחברון שבע שנים נבנתה לפני צוען מצרים" ודרשו חז"ל [יג]שהיתה מבונה פי שבעה מצוען מצרים אם כן יש לומר דמצרים אמנם היתה כגן ה' אבל עדיין היה צורך בעמל

באת לרגלם, ירד יצחק לגרר באת ברכה לרגליו שנאמר ויזרע יצחק וגו', ירד יעקב אצל לבן באת ברכה לרגליו שנאמר נחשתי ויברכני ה' בגללך, ירד יוסף אצל פוטיפר באת ברכה לרגליו שנאמר ויברך ה' את בית המצרי בגלל יוסף, ירד יעקב אצל פרעה באת ברכה לרגליו שנאמר ויברך יעקב את פרעה, במה ברכו שנמנעו ממנו שני רעבון שנאמר ועתה אל תיראו אנכי אכלכל אתכם ואומר וכלכלתי אותך שם מה כלכל האמור להלן בשני רעבון הכתוב מדבר אף כלכל האמור כאן בשני רעבון הכתוב מדבר, אמר ר' שמעון בן יוחאי אין זה קדוש השם שדברי צדיקים קיימין בחייהן ובטלין לאחר מיתתן, אמר ר' אלעזר בר ר' שמעון רואה אני את דברי ר' יוסי מדברי אבא שזה הוא קדוש השם כל זמן שהצדיקים בעולם ברכה בעולם נסתלקו צדיקים מן העולם נסתלקה ברכה מן העולם, וכן אתה מוצא בארון האלהים שירד לבית עובד אדום הגתי ונתברך בשבילו שנאמר ויגד למלך דוד לאמר ברך ה' את בית עובד אדום ואת כל אשר לו בעבור ארון האלהים, והרי דברים קל וחומר ומה ארון שלא נעשה לא לשכר ולא להפסד אלא לשברי לוחות שבו נתברך בשבילו, קל וחומר לצדיקים שבשבילם נברא העולם, אבותינו באו לארץ באת ברכה לרגלם שנאמר ובתים מלאים כל טוב וגו': **[יב] שו"ת אבני נזר חלק יורה דעה סימן תנז:** י) שם הדמיון שהביא כ"ק אבי הגאון אדמו"ר שליט"א מיעקב אבינו ע"ה שנתן לעשו כל כסף וזהב שהביא מבית לבן. וכתב כ"ק שליט"א וז"ל תמוה גדולה כי יעקב נתן לעשו בשביל חלקו במערת המכפלה וקנה חלק בא"י בשביל מעות חו"ל ג"כ יאמר שנהנה מחו"ל שתחת השר עכ"ל. וזה אינו קושיא מכמה טעמים אי כי מערת המכפלה הוא קדושה עליונה פתח גן עדן שלא הי' לעשו חלק בה באמת וכמ"ש בזוה"ק [ח"א קכז ע"ב] על עפרון שלא ידע מה הוא מערת המכפלה כי לא מתגליא מילתא אלא למרה וקנייתו רק לסלק ממנה ערעור וטוען שהי' לו טענת ירושה ומכי מטא זוזי ליד עשו אסתלק לי' ושוב נשארת המערת המכפלה בעצמותה ליעקב. וכן מה שקנה לו חלק בא"י כוונתו על שכם שקונה לו במאה קשיטה ג"כ אינה קושיא. כי א"י זכה בה אאע"ה רק שהגוים הי' להם עלי' קנין שיעבוד שיהי' להם עד שיכבשוה ישראל ומכי מטא זוזי ליד גוי המוכר אסתלק לי' ושוב הוא שלו בעצם. ובר מן דין אפילו בלא קנין ואפי' בזמה"ז הקונה שדה מן הגוי ובא אחר וזכה בה אחר נתינת הכסף נעשה של אחר דמכי מטא זוזי ליד גוי אסתלק לי' ונעשה הפקר [ב"ב נד ע"ב] וא"כ זכה בה יעקב מן ההפקר ולא קנה דבר ממעות חו"ל. דאפי' אחר שלא נתן הכסף הי' יכול לזכות בה. ומה שהקשה עוד שם הלא כל כלי המקדש וארון וכפורת הי' ממעות חו"ל. במחכ"ק שליט"א אין זה כלום כי הכסף שהוציאו ממצרים או אפי' מה שלקח דוד במתנה מחו"ל. האם נימא שזה הי' מהשפעת שר הארץ שהיתה לשלל או שר של מצרים אדרבה כי זה הי' מתנת השי"ת למרות רצון השר: **[יג] תלמוד בבלי מסכת סוטה דף לד עמוד ב:** שלח לך אנשים - אמר ריש לקיש: שלח לך - מדעתך, וכי אדם זה בורר חלק רע לעצמו? והיינו דכתיב: וייטב בעיני הדבר, אמר ריש לקיש: בעיני - ולא בעיניו של מקום. ויחפרו לנו את הארץ - אמר ר' חייא בר אבא: מרגלים לא נתכוונו אלא לבושתה של ארץ ישראל, כתיב הכא: ויחפרו לנו את הארץ, וכתיב התם: וחפרה הלבנה ובושה החמה וגו'. ואלה שמותם למטה ראובן שמוע בן זכור - אמר רבי יצחק, דבר זה מסורת בידינו מאבותינו: מרגלים על שם מעשיהם נקראו, ואנו לא עלתה בידינו אלא אחד: סתור בן מיכאל, סתור - שסתר

כשלשת אלפי איש שמתו שבשעת העגל ניערו ג' [יד]גוליירין בישין דמתגרין במלחמה דיניקתן מג' כוחות

גלא עמיקתא

וטורח כמ"ש אשר זרעת בזרעך והשקית ברגלך כנ"ל, אמנם [2]בארץ ישראל ששם פתחה של גן עדן, הרי הוא כגן ה' ממש ולכן כשעושין רצונו של מקום הוא אף בלא טורח ועמל כמ"ש ארץ אשר עיני ה' אלהיך בה תמיד מרשית שנה ועד אחרית שנה (דברים יא,יב). וטעם הדבר משום שהשפע בא בארץ ישראל באופן ישיר מהקב"ה ולא דרך מלאכים ושרים כמו במצרים ובשאר ארצות– לכן [טו]ארץ ישראל משובחת מכל

2. באור על מגלה עמוקות ואתחנן אופן קכ"ו: ד'. וַיִּירָא וַיֹּאמַר מַה נּוֹרָא הַמָּקוֹם הַזֶּה אֵין זֶה כִּי אִם בֵּית אֱלֹהִים וְזֶה שַׁעַר הַשָּׁמָיִם (בראשית כח,יז) גימ' (2619) ט' פעמים אר"ץ (291) דהיינו ארץ ישראל, דביקש משה רבינו לבוא לארץ ישראל כי שם שער השמים [יעויין בזוהר (רות לג:) דמערת המכפלה הוא פתח גן עדן].

מעשיו של הקדוש ברוך הוא, מיכאל - שעשה עצמו מך. אמר רבי יוחנן, אף אנו נאמר: נחבי בן ופסי, נחבי - שהחביא דבריו של הקדוש ברוך הוא, ופסי - שפיסע על מדותיו של הקדוש ברוך הוא. ויעלו בנגב ויבא עד חברון - ויבאו מבעי ליה! אמר רבא: מלמד, שפירש כלב מעצת מרגלים והלך ונשתטח על קברי אבות, אמר להן: אבותי, בקשו עלי רחמים שאנצל מעצת מרגלים. יהושע כבר בקש משה עליו רחמים, שנאמר: ויקרא משה להושע בן נון יהושע, יה יושיעך מעצת מרגלים. והיינו דכתיב: ועבדי כלב עקב היתה רוח אחרת עמו וגו'. ושם אחימן ששי ותלמי וגו', אחימן - מיומן שבאחיו, ששי - שמשים את הארץ כשחתות, תלמי - שמשים את הארץ תלמים תלמים. ד"א: אחימן בנה ענת, ששי בנה אלש, תלמי בנה תלבוש. ילידי הענק - שמעניקין חמה בקומתן. וחברון שבע שנים נבנתה - מאי נבנתה? אילימא נבנתה ממש, אפשר אדם בונה בית לבנו קטן קודם לבנו גדול? דכתיב: ובני חם כוש ומצרים וגו'! אלא שהיתה מבונה על אחד משבעה בצוען, ואין לך טרשים בכל א"י יותר מחברון, (משום) דקברי בה שיכבי, ואין לך מעולה בכל הארצות יותר מארץ מצרים, שנאמר: כגן ה' כארץ מצרים, ואין לך מעולה בכל ארץ מצרים יותר מצוען, דכתיב: כי היו בצוען שריו, ואפילו הכי חברון מבונה אחד משבעה בצוען. וחברון טרשים הוי? והא כתיב: ויהי מקץ ארבעים שנה ויאמר אבשלום אל המלך אלכה נא וגו', ואמר רב אויא, ואיתימא רבה בר בר חנן: שהלך להביא כבשים מחברון, ותניא: אילים ממואב, כבשים מחברון! מינה, איידי דקלישא ארעא, עבדה רעיא ושמן קניינא. **[יד] אגרא דכלה בראשית פרשת ויגש:** וכבר ידעת מה שכתבנו בפסוק השליכו אותו אל הבור הזה וכו' [לעיל פרשת וישב], בו"ר במילואו בגימט' נח"ש ועקר"ב, ב' גוליירין בישין שרצו להשליטם עליהם כמ"ש רז"ל אבל נחשים ועקרבים [שבת כב א], והנה הוא רצה לקטרג עליהם על אשר עשו כדבר הזה, וזהו והקל נשמע בי"ת פרעה לאמר, ר"ל השמיע ברמז הדבר דהיינו שיאמרו פרע"ה במילואו מכל אות יתהווה בית דהיינו תיבה כזה פ"א רי"ש עי"ן ה"י, אזי הוא גם כן בגימטריא בו"ר במילואו, והבן כי קצרתי. **[טו] ילקוט שמעוני משלי רמז תתקמג:** משחקת בתבל ארצו, רשב"י אמר תבל זו ארצו ולמה נקרא שמה תבל שהיא מתובלת מכל ארצות שכל הארצות מה שיש בזו אין בזו אבל ארץ ישראל אינה חסרה כלום שנאמר לא תחסר כל בה, ד"א למה נקרא שמה תבל על שם תבלין שבתוכה, ואי זה זה תורה שנאמר בגוים אין תורה מכאן שהתורה בארץ ישראל, וארץ ישראל משובחת משאר ארצות שנאמר וחברון שבע שנים נבנתה לפני צוען מצרים מצרים משובחת שבארצות שנאמר כגן ה' כארץ מצרים, וצוען שבח ארץ מצרים היא דמרבו בה מלכי דכתיב כי היו בצוען שריו, וחברון מן המגונה שבארץ ישראל הוא דקברי בה שכבי והיא מבונה [על אחת] משבעה בצוען שהיא משובחת שבמצרים קל והומר לשבח של ארץ ישראל, ואם תאמר מי שבנה זה לא בנה זה, תלמוד לומר ובני חם כוש ומצרים ופוט וכנען מי שבנה זה בנה זה אי אפשר שבנה את הכעור ואחר כך בנה את הנאה, אלא בנה את הנאה ואחר כך בנה את הכעור שהיא פסולת של ראשון לפי שחביב ומשובח

אלהים שכל אחת מן רכב אלהים היא כלולה מן אלף ואחד לכן אמר כשלשת אלפי איש שרמז על חשבון זעיר

ממנה בנה תחלה, וכן אתה מוצא בדרכי המקום כל מי שחביב נברא קודם לחברו לפי שהתורה חביבה לכל נבראת ראשונה לכל שנאמר ה׳ קנני ראשית דרכו וגו׳ מעולם נסכתי מראש מקדמי ארץ, בית המקדש לפי שחביב מכל נברא קודם לכל שנאמר כסא כבוד מרום מראשון מקום מקדשנו, ארץ ישראל שחביבה מכל נבראת קודם לכל שנאמר עד לא עשה ארץ וחוצות, ארץ זו ארץ ישראל, חוצות אלו שאר ארצות, ד״א ארץ אלו שאר ארצות, חוצות אלו מדברות, תבל זו ארץ ישראל שנאמר משחקת בתבל ארצו, הרי הוא אומר ואתן לך ארץ חמדה נחלת צבי צבאות גוים ארץ עשויה חוליאות לשליטים שכל מלך ושליט שלא קנה בארץ ישראל לא עשה כלום, רבי יהודה אומר וכי שלשים ואחד מלכים היו כלם בארץ ישראל אלא כדרך שעשה ברומי עכשו שכל מלך ומלך שלא קנה ברומי לא עשה כלום כך כל מלך ושליט שלא עשה פלטריאות וחוליאות בארץ ישראל לא עשה כלום, נחלת צבי מה צבי קל ברגליו מכל בהמה וחיה כך פירות ארץ ישראל קלים מכל פירות הארצות, ד״א מה צבי זה כשאתה מפשיטו אין עורו מחזיק את בשרו כך ארץ ישראל אינה מחזקת פירותיה, בשעה שישראל עושים את התורה אין פירותיה קלים, יכול לא היו שמנים, תלמוד לומר ארץ זבת חלב ודבש שמנים כחלב ומתוקים כדבש וכן הוא אומר כרם היה לידידי בקרן בן שמן מה שור זה אין בו גבוה מקרניו כך ארץ ישראל גבוה משאר ארצות, אי מה שור זה אין בו פסול מקרניו אף ארץ ישראל פסולת משאר ארצות, תלמוד לומר בן שמן ששמנה היתה ארץ ישראל גבוהה ומתוקה ומשובחת משאר ארצות, בתחלה היתה תורה בשמים שנאמר ואהיה אצלו אמון, ואחר כך עלה משה והורידה לארץ ונתנה לבני אדם שנאמר משחקת בתבל ארצו, א״ר אלכסנדרי מהו בתבל ארצו מכאן שעשרה שמות יש לארץ, ארץ, אדמה, חרבה, יבשה, ארקא, תבל, חלד, ראשית, גיא, שדה, ארץ שבני אדם רצין בה, אדמה שממנה נברא אדם הראשון, חרבה שמחריבין אותה המים, יבשה בשעה שקבלה דמו של הבל, ארקא בשעה שברחה לפני הקדוש ברוך הוא בשעה שראה ליתן תורה לישראל על הר סיני, תבל שהיא מתובלת בפירותיה, חלד שבני אדם חולדין בה, ראשית שהיא ראשית לכל מעשה בראשית, גיא שעשויה גבעות גבעות, שדה שעשויה שדות שדות: אשרי אדם שומע לי, א״ר יהושע בן לוי לבניו אקדימו עולו אקדימו וחשיכו עולו לבי כנישתא כי היכי דתוריכו חיי ולמודייכו תתקיים בידייכו, א״ר חמא בר חנינא מאי קראה אשרי אדם שומע לי לשקוד על דלתותי יום יום וגו׳, אמר רב חסדא לעולם יכנס אדם שני פתחים לבית הכנסת ויתפלל שנאמר לשמור מזוזות פתחי, שני פתחים סלקא דעתך, אלא אימא שעור שני פתחים, מעשה באשה אחת שהזקינה הרבה, באת לפני ר״י (הגלילי) בן חלפתא אמרה לו רבי זקנתי יותר מדאי ומעכשו חיים של נוול הם שאיני טועמת לא מאכל ולא משתה ואני מבקשת ליפטר מן העולם, אמר לה במה הארכת כל כך ימים, אמרה לו למודה אני אפילו יש לי דבר חביב אני מנחת אותו ומשכמת לבית הכנסת בכל יום, אמר לה מנעי עצמך מבית הכנסת שלשה ימים זה אחר זה, הלכה ועשתה כן וביום השלישי חלתה ומתה, לכך אמר שלמה אשרי אדם שומע לי וגו׳, מה כתיב אחריו כי מוצאי מצא חיים, אמר הקדוש ברוך הוא אם הלכת להתפלל לבית הכנסת לא תעמוד לך על פתח החיצון אלא הוי מתכוין ליכנס דלת לפנים מדלת, לשקוד על דלתי אין כתיב כאן אלא דלתותי, שתי דלתות, ולמה כן שהקב״ה מונה פסיעותיך ונותן לך שכר, מהו לשמור מזוזות פתחי וכי יש מזוזה בבתי כנסיות, א״ר יהודה ברבי סימון מה מזוזה זו אינה זזה מן הפתח כך לא תהא זז מבתי כנסיות ומבתי מדרשות, ואם תעשה כן דע שאתה מקבל פני שכינה, מה כתיב אחריו כי מוצאי מצא חיים, ולא עוד אלא טעון ברכות שנאמר ויפק רצון מה׳. לשמור מזוזות פתחי, א״ר תנחום חייב אדם לתת מזוזה על פתח ביתו, רבי לוי אמר שתי מזוזות הן אחת מכאן ואחת מכאן, רבי ישמעאל אומר מזוזה אחת, וחכמים אומרים הלכה כדברי רבי ישמעאל למה שאם אדם עושה שתי מזוזות איני יודע אי זו עיקר ואי זו טפלה, מסייע ליה לרבי ישמעאל דאמר קרא וקשרתם לאות אם אדם עושה שני תפלין אחד מכאן ואחד מכאן אינו יודע אי זה עקר ואי זה טפל אלא ודאי הלכה כרבי ישמעאל מה מזוזה אחת אף

תפלין אחת, א"ר יודן למה נאמר לשמור מזוזות פתחי, אלא שאם יהיו לו לאדם שני פתחים חייב ליתן מזוזה בזה ובזה לכך נאמר מזוזות פתחי. כי מוצאי מצא חיים, כל מי שהוא מצוי בדברי תורה אני מצוי לו בכל מקום, שאלו תלמידיו את רבי פרידא במה הארכת ימים, אמר להם לא ברכתי לפני כהן, למימרא דמעליותא היא והא אמר רבה בר בר חייא א"ר יוחנן כל תלמיד חכם שמברך לפניו כהן עם הארץ אפי' כהן גדול אותו תלמיד חכם חייב מיתה שנאמר כל משנאי אהבו מות אל תקרי משנאי אלא משניאי, כי קאמר איהו נמי בשוין. כל משנאי אהבו מות, א"ר חייא בר אבא א"ר יוחנן כל תלמיד חכם שיש לו רבב על בגדו חייב מיתה אל תקרי משנאי אלא משניאי, רבינא אמר רבד ממש שנאמר מרבדים רבדתי ערשי, ולא פליגי הא בגלימא דא בלבושא, ריש לקיש אמר רק בפני רבו חייב מיתה אל תקרי משנאי אלא משניאי. **[טז] רש"י דברים פרק יא פסוק י:** לא כארץ מצרים הוא - אלא טובה הימנה. ונאמרה הבטחה זו לישראלז ביציאתם ממצרים, שהיו אומרים שמא לא נבוא אל ארץ טובה ויפה כזו. יכול בגנותה הכתוב מדבר, וכך אמר להם, לא כארץ מצרים היא, אלא רעה הימנה, תלמוד לומר (במדבר יג, כב) וחברון שבע שנים נבנתה וגו', אדם אחד בנאן, וחם בנה צוען למצרים בנו, וחברון לכנען. דרך ארץ אדם בונה את הנאה ואחר כך בונה את הכעור שפסולתו של ראשון, הוא נותן בשני. ובכל מקום, החביב קודם. הא למדת שחברון יפה מצוען, ומצרים משובחת מכל הארצות, שנאמר (בראשית יג, י) כגן ה' כארץ מצרים, וצוען שבח מצרים היא, שהיתה מקום מלכות, שכן הוא אומר (ישעיה ל, ד) כי היו בצוען שריו. וחברון פסולתה של ארץ ישראל, לכך הקצוה לקבורת מתים, ואף על פי כן היא יפה מצוען. ובמסכת כתובות (קיב א) דרשו בענין אחר, אפשר אדם בונהי בית לבנו הקטן ואחר כך לבנו הגדול, אלא שמבונה על אחד משבעה בצוען. **[יז] תוספתא מסכת סנהדרין פרק ד הלכה ז:** וכותב לו ספר תורה לשמו שלא יהא ניאות בשל אבותיו אלא בשלו שנ' וכתב לו שיהא כתיבה לשמו ואין רשות להדיוט לקרות בה שנ' וקרא בו הוא ולא אחר ומגיהין אותו בבית דין של כהנים ובבית דין של לוים ובבית דין של ישראל המשיאין לכהונה יוצא למלחמה הוא עמו נכנס הוא עמו יוצא בבית דין והוא אצלו נכנס לבית המים ממתנת לו עד הפתח וכן דוד הוא אומ' שויתי ה' לנגדי תמיד ר' יהודה אומ' ספר תורה מימינו ותפילין בזרועו ר' יוסי אומ' ראוי היה עזרא שתינתן תורה על ידו אילמלא קידמו משה נאמרה במשה עלייה ונאמרה בעזרא עלייה נאמרה במשה עלייה שנ' ומשה עלה אל האלהים נאמרה בעזרא עלייה הוא עזרא עלה מבבל מה עלייה האמורה במשה למד תורה לישראל שנ' ואתי צוה י"י בעת ההיא ללמד אתכם חקים ומשפטים אף עלייה האמורה בעזרא למד תורה בישר' שנ' כי עזרא הכין את לבבו לדרוש בתורת י"י ולעשות וללמד בישר' חוק ומשפט אף הוא ניתן בידיו כתב ולשון שנ' וכתב הנשתוון כתוב ארמית ומתורגם ארמית מה תורגמו ארמית אף כתבו ארמית ואומ' ולא כהלין כתבא למיקרי ופישרה להחוואה למלכא מלמד שבאותו היום ניתן ואומ' וכתב לו את משנה התורה הזאת וג' תורה עתידה להשתנות ולמה נקרא שמה אשורי על שום שעלה עמהן מאשור ר' אומר בכתב אשורי ניתנה תורה לישראל וכשחטאו נהפכה להן לרועץ וכשזכו בימי עזרה חזרה להן אשורית שנ' שובו לביצרון אסירי התקוה גם היום מגיד משנה אשיב לך:

שבכל א' מן רכב אלהים צריך להוסיף א' על חושבן רב שהוא אלף ולכן הוצרך משה לזכור זכות ג' אבות שכל אחד יבטל כוחות אלהים שניערו.

גלא עמיקתא

הארצות– ועיין היטב [טז]בפירוש רש"י על הפסוק לא כארץ מצרים היא וכו'. ב'. שמות י"ט,ג': "[יז]ומשה עלה אל האלהים, ויקרא אליו ה' מן ההר לאמר, כה תאמר לבית יעקב ותגיד לבני ישראל" גימ' (3885) י"ה (15) פעמים "ויבא עמלק" (259) כדכתיב במלחמת עמלק (שמות י"ז,ח') "ויבא עמלק וילחם עם ישראל ברפידים" ובאור הענין דבעליתו של משה להר סיני ועל ידי

גלא עמיקתא

שהוריד התורה הקדושה לבני ישראל נסתלק ענין עמל"ק גימ' (240) ספ"ק דכתיב ביה (במדבר כ"ד,כ') "ראשית גויים עמלק ואחריתו עדי אובד". ג'. קהלת ז',כ"ח: "[יח]**אשר עוד בקשה נפשי ולא מצאתי, אדם אחד מאלף מצאתי, ואשה בכל אלה לא מצאתי**" גימ' עם הכולל (3729) ג"ל (33) פעמים באל"ף (113) רמיזא גלוי אור הגנוז באל"ף דהוא אלופו של עולם- ואז ונגלה כבוד הוי"- וכאמרם "ושכנתי בתוכם" (שמות כ"ה,ח') [יט]בתוכו לא נאמר אלא בתוכם- בתוך כל אחד ואחד מהם- והיינו שכל אחד מישראל בחינת משכן. ד'. ירמי' ב',ג': "[כ]קדש ישראל לה' ראשית תבואתה, כל אכליו יאשמו רעה תבא אליהם נאם ה'" גימ' (4081) ז"פ "לדוד ולזרעו עד עולם" (583) ס"ת דו"ד. והוא ז"פ בסוד מלכותא קדישא בת שבע השביעית, דכל השביעין חביבין- ויהי רצון דהשי"ת ישלח לנו בן דוד משיחו דיגאלנו כבר עכשיו ממש בגאולה האמיתית והשלמה אכי"ר.

[יח] **תלמוד בבלי מסכת גיטין דף מה עמוד א:** ואין מבריחין את השבויין, מפני תיקון העולם; רשב"ג אומר: מפני תקנת שבויין. מאי בינייהו? איכא בינייהו, דליכא אלא חד. בנתיה דרב נחמן בחשן קדרא בידייהו. קשיא ליה לרב עיליש, כתיב: אדם אחד מאלף מצאתי ואשה בכל אלה לא מצאתי, הא איכא בנתיה דרב נחמן! גרמא להו מילתא ואשתביין, ואישתבאי איהו נמי בהדייהו. יומא חד הוה יתיב גביה ההוא גברא דהוה ידע בלישנא דציפורי, אתא עורבא וקא קרי ליה, אמר ליה: מאי קאמר? אמר ליה: עיליש ברח עיליש ברח, אמר: עורבא שיקרא הוא ולא סמיכנא עליה. אדהכי אתא יונה וקא קריא, אמר ליה: מאי קאמרה? א"ל: עיליש ברח עיליש ברח, אמר: כנסת ישראל כיונה מתילא, ש"מ מתרחיש לי ניסא. אמר: איזיל אחזי בנתיה דרב נחמן, אי קיימן בהימנותייהו אהדרינהו. אמר: נשי כל מילי דאית להו סדרן להדדי בבית הכסא, שמעינהו דקאמרן: עדי גוברין ונהרדעי גוברין, לימא להו לשבוייהו דלירחקינהו מהכא, דלא ליתו אינשין ולישמעי וליפרקינן. קם ערק, אתא איהו וההוא גברא, לדידיה איתרחיש ליה ניסא עבר במברא, וההוא גברא אשכחוה וקטלוה. כי הדרן ואתן, אמר: הוו קא בחשן קידרא בכשפים. **[יט] אין לו מקור רק מובא באלשיך פרשת כי תשא ובשל"ה מסכת תענית דף ס' ויש מהמפרשים מביאים בשם המדרש::** אלשיך שמות פרק לא ואם כן כיון שהמשכן אין השראת שכינה בו מצד עצמו כי אם באדם כמה דאת אמר (לעיל כה ח) ועשו לי מקדש ושכנתי בתוכם, כי בתוכו לא נאמר אלא בתוכם שהוא כי היכל ה' הוא האדם וממנו יתפשט אל המשכן. ואם כן אמור מעתה איך בשבת שהאדם הוא היכל ה' יעשה מלאכה במשכן שהוא עצמו מצד עצמו אין בו שכינה אלא ממה שנמשך לו מן האדם, שעל ידי היות האדם היכל ה' נמשך אל המשכן. **[כ] של"ה שער האותיות אות הקו"ף - קדושת הזווג:** שצח. ומעתה פקח עיני שכלך, ותדע ותשכיל בעניני הברכות, והזהר לכוין בהם מה שראוי לכוונו, והשתדל להיות מאוכלי המוח וזורקי הקליפה, ובכל קנינך קנה בינה, וראה כי הכל בא בכוונה, והכל בדוגמא העליונה, כי המוח לפני ולפנים והקליפה מסובבת מבחוץ, והפתאים רודפים אחריה (ומבלים) [ומכלים] בהבל ימיהם, ואינם זוכים לישב עם המלך במלאכתו, והוא כמשל האגוז שהודענו כבר. ורואי המלך ביפיו, דרכם להסתכל במוח כי הוא חלקם, והקליפה מבחוץ חלק בני אדום היושבים בשעיר, ולזה אמר 'ואלה המלכים אשר מלכו בארץ אדום לפני מלך מלך לבני ישראל' (בראשית לו, לא), כי הקליפה קודמת לפרי. ועתיד הקדוש ברוך הוא להקדים המוח בלי קליפה, שנאמר (ירמיה ב, ג) 'קדש ישראל לה' ראשית תבואתה', ואף על פי שיקדים הפרי, מי הוא אשר ישלח ידו לאכול (לו) ממנו 'כל אכליו יאשמו רעה תבא אליהם נאם ה'' (שם), כי בימים ההם ירבה הדעת את ה' ויגלה הכבוד לעין כל, והוא שנאמר 'ראשית תבואתה', סוד ה"א אחרונה שיהיה בראש, כמו שהוא בימי הנעורים, שנאמר (שמות כד, יז) 'ומראה כבוד ה''

גלא עמיקתא

ה'. שמות ל"ב, י"ג: "[כא]זכור לאברהם ליצחק ולישראל עבדיך, אשר נשבעת להם בך, ותדבר אלהם ארבה את זרעכם ככוכבי השמים, וכל הארץ הזאת אשר אמרתי אתן לזרעכם ונחלו לעולם" גימ' (7958) עם הכולל (7959): אהי"ה (21) פעמים "כסא רחמים" (379) [כב]דכתב בספר אגרא דכלה (נט.) וזלשה"ק: "ידוע דשם הוי' ב"ה מתמלא בי"ג מל'אים שונים נגד י"ג מידות, ואלו הן: ע"ב ס"ז ס"ג ס"ב ח"ן ז"ן ד"ן ג"ן ב"ן מ"ט מ"ח מ"ה מ"ד. והנה הם נגד י"ג חדשי השנה עם חודש העבור, ובשנה פשוטה נכללים ב' אחרונים זה בזה, והנה מג'ע לחדש השביעי אשר בו ידונו כל יצורי עולמים שם השביעי ד"ן, והנה ששת השמות קודם השם ד"ן בגימטריא כס"א רחמי"ם, והששה שאחרי השם הנ"ל בגימ' אר"ץ בסוד (משלי כ"ט,ד') "[כג]מלך במשפט יעמיד ארץ" והנה

כאש אכלת' וגו'. וכן לעתיד לבא, שנאמר (ישעיה נב, ח) 'קול צפיך נשאו קול יחדו ירננו כי עין בעין יראו בשוב ה' ציון', וכתיב (שם שם, י) 'חשף ה' את זרוע קדשו לעיני כל הגוים וראו כל אפסי ארץ את ישועת אלהינו', עכ"ל (תולעת יעקב). **[כא] ספר כד הקמח לרבינו בחיי ערך לולב:** ובמדרש פרי עץ הדר זה אברהם. כפת תמרים זה יצחק. וענף עץ עבת זה יעקב. וערבי נחל זה יוסף. פי' המדרש אמר פרי לשון יחיד כי אברהם היה מיחד את השי"ת בעולם ומפרסם אלהותו והיו דבריו עושין פירות וכתיב (בראשית יב) הנפש אשר עשו בחרן. וכתיב (יחזקאל לג) אחד היה אברהם. ואמר עץ כשם שהעץ יבש בהעדר המים חוזר ועושה פירות כך אברהם לאחר שנתיאש הוליד בן לק' שנה ואמר הדר שהדרו הקדוש ברוך הוא בשיבה כמו שאמרו עד אברהם לא היה זקנה הה"ד (בראשית כד) ואברהם זקן בא בימים. וכתיב (משלי כ) והדר זקנים שיבה. כפת תמרים זה יצחק על שם שהיה נעקד, כי כפת מלשון כפות תמרים מלשון (שה"ש ג) כתימרות עשן על שם שהיה עולה תמימה, וכתיב מי זאת עולה מן המדבר כתימרות עשן. וענף עץ עבת זה יעקב כשם שענף מכוסה בעלים כך יעקב מכוסה בי"ב שבטים, וערבי נחל זה יוסף מה ערבה זו לחה כמושה ויבשה כך יוסף כתחלתו היה לח שהיה משנה למלך מצרים ושליט על הארץ כיון שמת אביו חסר מלחותו וזכותו הגדול יבש שמת קודם שמתו אחיו, והכוונה במדרש הזה שאנו רומזים במצות הלולב זכות האבות ומבקשים רחמים מאת השי"ת שיגין עלינו בזכות האבות, שכן מצינו אדון כל הנביאים משה רבינו עליו

השלום שכלל בתפלתו ובבקשת רחמיו זכות האבות באמרו (שמות לב) זכור לאברהם ליצחק ולישראל עבדיך שיהיה זכותם לישראל מגן וצנה: **[כב] אגרא דכלה בראשית פרשת בראשית:** (ט) נמצא בספר ברית כהונת עולם כוונה נפלאה בזה הפסוק, ולהיות דבריו סתומין וחתומין, ארחיב הביאור מעט ובקיצור ואקדים לך הקדמות, ידוע דהשם הוי"ה ב"ה מתמלא בי"ג מילואים שונים נגד י"ג מידות ואלו הן, ע"ב ס"ז ס"ג ס"ב ח"ן ז"ן ד"ן ג"ן ב"ן מ"ט מ"ח מ"ה מ"ד, והנה הם נגד י"ג חדשי השנה עם חודש העיבור, ובשנה פשוטה נכללין הב' אחרונים זה בזה, והנה מגיע לחודש השביעי אשר בו ידונו כל יצורי עולמים שם השביעי ד"ן, והנה הי"ב אחרים בלא שם ד"ן בגימטריא תר"ע מילוי שם אדנ"י עם הכולל שהוא תר"ע בית דין, והנה ששה השמות שהם קודם השם הנ"ל, גימטריא שלהן במנין שע"ט בגימטריא סנהדרי"ן ובגימטריא כס"א רחמי"ם, והששה שאחר השם הנ"ל בגימטריא אר"ץ, בסוד מלך במשפט יעמיד ארץ [משלי כט ד], אגרא דכלה בראשית פרשת בראשית והנה כשהוא מט"ה [בגימטריא ד"ן] כלפי חסד [ר"ה יז א] ר"ל כשהשם הנ"ל יצורף להשמות כס"א רחמי"ם שבימין אזי יעלה מספר זכו"ת לכל באי עולם [ונ"ל שהוא סוד לבושיה כתל"ג [בגימטריא זכו"ת] חיוור [דניאל ז ט] בסוד הרחמים]. **[כג] ילקוט שמעוני תורה פרשת שופטים רמז תתקכג:** תניא רבי אליעזר בן יעקב אומר זקניך זו סנהדרין, שופטיך זה [כהן גדול ומלך], מלך דכתיב מלך במשפט יעמיד ארץ ואיש תרומות יהרסנה, כהן גדול דכתיב ובאת אל הכהנים הלוים ואל

השופט אשר יהיה בימים ההם, בסנהדרין נמי פליגא עד דאיכא כולה סנהדרין, תניא נמי הכי מצאו אבית פאגי שיצאו למדידת העגלה או להוסיף על העיר ועל העזרות והמרה עליהן יכול תהא המראתו המראה, ת"ל וקמת ועלית והלכת אל המקום מלמד שהמקום גורם, כשם שאתה דורש באביו ואמו כך אתה דורש בזקני בית דין, ויצאו פרט לחגרין, ואמרו פרט לאלמין, ידינו לא שפכו את הדם הזה פרט לקטעין, ועינינו לא ראו פרט לסומין, מגיד הכתוב כשם שזקני ב"ד שלמין בצדק כך הם צריכין שיהו באבריהן, ומדדו את הערים אשר סביבות החלל מאין היו מודדין רבי אליעזר אומר מטבורו, רבי עקיבא אומר מחוטמו, רבי אליעזר בן יעקב אומר ממקום שנעשה חלל מצוארו, במאי קמפלגי מר סבר עיקר חיותא באפיה דכתיב אשר נשמת רוח חיים באפיו, ומר סבר עיקר חיותא בטבוריה, מאי טעמא דרבי אליעזר בן יעקב, כדכתיב לתת אותך על צוארי חללי רשעים, וכתיב אל הערים אשר סביבות החלל, מן החלל אל הערים ולא מן הערים אל החלל, נמצא גופו במקום אחד וראשו במקום אחד מוליכין את הראש אצל הגוף דברי רבי אליעזר, רבי עקיבא אומר הגוף אצל הראש, והיה העיר הקרובה אל החלל ולקחו זקני העיר ההיא עגלת בקר, נמצא מכוון בין שתי עיירות מביאות שתי עגלות דברי רבי אליעזר, מאי טעמא דרבי אליעזר, קסבר אפשר לצמצם וקרובה ואפילו קרובות, וחכמים אומרים לא היו עורפין, כולי עלמא אפשר לצמצם והכא בקרובה ולא בקרובות קמיפלגי, תנא קמא סבר קרובה ולא קרובות, ורבי אליעזר סבר קרובה ואפילו קרובות, תניא אידך נמצא מכוון בין שתי עיירות ר' אליעזר אומר שתיהן מביאות שתי עגלות, וחכמים אומרים יביאו עגלה אחת בשותפות, ויתנו קסברי רבנן אי אפשר לצמצם ואפילו בידי אדם, ולקחו זקני העיר ההיא ולא זקני ירושלים, עגלת בקר אשר לא עובד בה רבי אליעזר אומר עגלה בת שנתה ופרה בת שתים, וחכ"א עגלה בת שתים ופרה בת שלש ובת ארבע, ד"א עגלת בקר (אשר) רחיצה בזקנים וכפרה בכהנים: [כד] כותב ר' שמשון מאוסטרופולי באגרת לבאור הגדה של פסח: והנה כבר השמעתיך

גלא עמיקתא

כשהוא מטה כלפי חסד, רוצה לומר שהשם הנ"ל יצורף להשמות כסא רחמים אזי יעלה מספר זכו"ת" וכו' עבד"ק דהבני ישכר. ונוסיף דכל י"ג השמות בגימ' (724) "אור זרוע לצדיק" (תהל' צ"ז, י"א) והוא ס"ת קר"ע כנודע מענינו דלעתיד לבוא קר"ע שט"ן. ובחושבן פסוקא דנן כפלינן אהי"ה פעמים כס"א רחמי"ם לקביל פנימיות הכתר דנגאל ברחמים, דחיצוניות הכתר הן י"ג ת"ד בחינת צמצומים דשערות דדיקנא. וכשנחבר חמשת הפסוקים הרמוזים בדברי קדשו של המגלה עמוקות, ונוסיף להם חושבן רבוע מלוי שם אלהים דהביא (1001) וי"פ שם אלהים (860) הכתובים באופן זה בסוד שלמות משה איש האלהים, דהיינו: "רכב אלהים רבתים אלפי שנאן, א-דני בם סיני בקדש" (2125) "ומשה עלה אל האלהים, ויקרא אליו ה' מן ההר לאמר, כה תאמר לבית יעקב ותגיד לבני ישראל" (3885) "אשר עוד בקשה נפשי ולא מצאתי, אדם אחד מאלף מצאתי, ואשה בכל אלה לא מצאתי" (3729) "קדש ישראל לה' ראשית תבואתה כל אכליו יאשמו רעה תבא אליהם נאם ה'" (4081) "זכור לאברהם ליצחק ולישראל עבדיך, אשר נשבעת להם בך, ותדבר אלהם ארבה את זרעכם ככוכבי השמים, וכל הארץ הזאת אשר אמרתי אתן לזרעכם ונחלו לעולם" (7958) אל"ף אל"ף למ"ד וכו' י"פ שם אלהי"ם סליקו כולהו לחושבן (23638): "כם הוי'" (106) פעמים דלפק"ט (223) דלפק"ט הן אותיות הקודמות לתיבה המצרי"ם ובשם זה הכה הקב"ה את המצרים על הים– [כד]כמבואר בדברי ר' שמשון מאוסטרופולי בהגדה של פסח. ואז

3. באור על מגלה עמוקות ואתחנן אופן כ"ט: ב'. וְעָבַד הַלֵּוִי הוּא אֶת עֲבֹדַת אֹהֶל מוֹעֵד וְהֵם יִשְׂאוּ עֲוֹנָם חֻקַּת עוֹלָם לְדֹרֹתֵיכֶם וּבְתוֹךְ בְּנֵי יִשְׂרָאֵל לֹא יִנְחֲלוּ נַחֲלָה (במדבר יח,כג) גימ' (4335) י"ה (15) פעמים "א' זעירא" (289) דהוא סוד בינה עילאה- דזכה משה בפרק הקמת המשכן ויקר א' זעירא אל משה, וכפלינן י"ה פעמים דהן שני המאורות הגדולים או"א עילאין, המאור הגדול וכו' והמאור הקטן- בבחינת (חולין ס:) לכי ומעטי את עצמך, ואז י"ה בכללות הן חכמה, ו"ה בגללות הן בינה, והיא מלכותא קדישא ה' תתאה דנתמעטה עד לכדי נקודה תחת היסוד בסוד מולד הלבנה. והנה הפסוק מתחלק: "ועבד הלוי" גימ' (133) "כסא כבודך" [כדכתיב (ירמי' י"ד,כ"א) אל תנבל כסא כבודך] רמיזא בינה עולם הכסא, "ועבד הלוי הוא" גימ' (145) "יחודא עלאה" היינו יחודא דאו"א עילאין כנ"ל. "ישאו" גימ' (317) "ויקרא"- רמיזא א' זעירא דויקרא. כולהו תיבין עד ישאו ועד בכלל סליקו לחושבן (1546) ב' פעמים "ומי כעמך ישראל גוי אחד" (773) (דברי הימים א' י"ז,כ"א) דכתיב בתפילין דמרי עלמא [כדאיתא בגמרא (ברכות ו.)]. ועם תיבה "עונם" גימ' (1712) "תשובה" (713) דאלף (1000) אזעירת גרמה ל-א', בסוד לכי ומעטי את עצמך (חולין ס:) מבושת העון. ועם תיבה "חקת" סליקו כולהו תיבין לחושבן (2220) כ' פעמים "אלף" (111) רמיזא א' זעירא בפנימיות הכתר. ועם תיבין "עולם לדרתיכם" גימ' (3070) ה' פעמים "בברית" (614) והיא תשובה עילאה על פגם הברית רח"ל. וכולא פסוקא סליק לחושבן (4335) ה' פעמים "וזרח השמש" (קהלת א',ה') עם הכולל (867) ודרשו חז"ל עד שלא ישקע שמשו של צדיק

גלא עמיקתא

נתגלה שם הוי' שלם, ובמלחמת עמלק נוספה א' לכסא ונתהוה ענין מה שדרשו חז"ל [כה] שם שלם וכסא שלם. ורק נרמוז ד' פסוקים הראשונים (ללא זכור לאברהם וכו') סליקו לחושבן (13,820): י"ג אל"ף (13,000) עם (בסוד י"ג מדות הרחמים הארת הכתר דלע"ל) "דוד מלך ישראל חי וקים" (819) ע"ה יבוא ויגאלנו בב"א. א"נ חושבן (13,820): י"ג אלף (13,000) ואהבת לרעך כמוך (820) דגאולתא תליא באהבת חינם וכו'. ויחד עם הפסוק החמישי סליקו כולהו ה' פסוקין לחושבן (21,777): אהי"ה (21) פעמים אל"ף (1000) עם ז' פעמים אל"ף (111) בסוד הארת אור הכתר ב-ז' מידות, והוא ג"כ חושבן (21,777): אהי"ה (21) פעמים "מלכות ישראל" (1037). וכולא רמיזא בהאי [3] [כו] א' זעירא דויקרא דהיא הארת פנימיות הכתר

שפרעה נלקה בעשר מכות במצרים וכו' ועליהם השר הנקרא דלפק"ט וכו' ובבאור שם: אותיות הקודמות לתיבת המצרים וכו'. **[כה] רש"י שמות פרק יז פסוק טז:** כי יד על כס יה - ידו של הקדוש ברוך הוא הורמה לישבע בכסאו להיות לו מלחמה ואיבה בעמלק עולמית, ומהו כס, ולא נאמר כסא, ואף השם נחלק לחציו, נשבע הקדוש ברוך הוא שאין שמו שלם ואין כסאו שלם עד שימחה שמו של עמלק כולו, וכשימחה שמו יהיה השם שלם והכסא שלם, שנאמר (תהלים ט ז) האויב תמו חרבות לנצח, זהו עמלק שכתוב בו (עמוס א יא) ועברתו שמרה נצח, (תהלים שם) וערים נתשת אבד זכרם המה, מהו אומר אחריו (תהלים ט ח) וה' לעולם ישב, הרי השם שלם, (תהלים שם) כונן למשפט כסאו, הרי כסאו שלם. **[כו] שפת אמת ויקרא פרשת ויקרא:** [תרנ"ה] בענין א' זעירא דויקרא. דיש אתוון רברבין ובינונים וזעירין. ובחי' אתוון זעירין נראה דהוא מלה דתליא בעובדא שאור תורה מתפשט ומתצמצם בתוך מעשה המצות בחי' נר מצוה. וזה ענין תורת כהנים שהוא בעובדא. דיש בחי' מחשבה דיבור ומעשה. והתורה היא בחי' הדיבור. וזה הי' מיוחד למרע"ה כמו שהי' במתן תורה דכתיב שם ומשה עלה מעצמו שהי' מיוחד למדריגה זו. ואתוון רברבין הם עוד למעלה בשורש התורה שבכתב בחי' מחשבה. ולכן הם רברבין. כמו שבמחשבה יכולין לחשוב למעלה מהמציאות והטבע. והדיבור בחי' ממוצע בין המחשבה והמעשה. ולכן כתיב ויקרא בא' זעירא כי הוא מלה זוטרתא לגבי משה. ובמד' עושי דברו לשמוע בקול דברו. כי צריכין לקשר המעשה בדיבור. ודיבור במחשבה. ולכן ניתן תורת הכהנים ע"י מרע"ה שיקשר בחי' המעשה בדיבור כמ"ש

גלא עמיקתא

דתהיה לעתיד לבוא [4]כמו שבארנו בכמה מקומות, וניתנה בההוא עידנא [כז]למשה רעיא מהימנא בחיי חיותו. ולא ידע כי קרן עור פניו לבחינת כותנות אור דאדם הראשון קודם החטא ד״משה ואהרן״ הוו תקונו דשמותם ״משה ואהרן״ גימ׳ (607) ״[5]אדם הראשון״.

במד׳ בכ״ד שהי׳ עושה הי׳ כותב שמו של מלך שכתב בכל דבר כאשר צוה ה׳ את משה ע״ש במד׳ המשל. והענין הוא דכתיב לעולם ה׳ דברך נצב בשמים. כמ״ש דבריו חיים וקיימים. שכל דיבור ית״ש קיים בשמים ולכן המקיים המצוה לשמה כמשה רבינו. מתקשר זה המעשה ממש בדבר ה׳ של זו המצוה. והוא חתימת שמו של מלך. וע״ז מבקשין ויהי נועם ה״א עלינו כו׳. וזה פי׳ לשמה כי כל התורה שמותיו של הקדוש ברוך הוא. נמצא יש שם מיוחד לכל מצוה שבתורה. וזהו עושי דברו לשמוע בקול דברו. ובימי המעשה זוכין אל התורה בכח העשי׳ כמ״ש בזוה״ק תפילין קודם התפלה ועשו לי מקדש ושכנתי ע״ש. ובשבת אין צריכין תפילין שהם עצמם אות ומאיר אור התורה בעצם היום. וכמו כן נתמעט שבת ממלאכת המשכן בחי׳ עושי דברו. [כז] **זוהר בראשית פרשת וירא דף קו עמוד א:** ועל דא לא הוה בעלמא בר נש דיגין על דריה כמשה דאיהו רעיא מהימנא.

זה מזריח שמשו של צדיק אחר, ובכאן איירי במשה ויהושע- דשמשו של משה שוקעת דמלא הקב״ה שנותיו וכעת זורחת שמשו של יהושע- נער לא ימיש מתוך האהל (שמות ל״ג,י״א) ״לא ימיש״ גימ׳ (391) ״יהושע״- והוא כדוגמת לא ימיש עמוד הענן יומם ועמוד האש לילה- עד שלא עלה עמוד הענן כבר הופיע עמוד האש וכן בהיפוך- ולכן חזקהו ואמצהו וכו׳.

4. תהלים ח״י - דוד מלך ישראל ח״י וקים: הני כ״ד פסוקין יחד גימ׳ (46880): כ״פ (לית כתר בלא כ׳) ״בשוב אלהים שבות עמו יגל יעקב ישמח ישראל״ (2344) (תהל׳ נ״ג,ז׳) והוא בהארת אור הגנוז בפנימיות הכתר וגלוי בעולמות אבי״ע עד מטה מטה לעשיה דעשיה- ״ובלע המות לנצח״ (ישעי׳ כ״ה,ח׳) ותחית המתים. והן כ״ד פסוקין כ״ד קשוטי כלה ביחוד הגדול דשמשא וסיהרא באלף השמיני- ועיין לעיל אופן קמ״ד למזמור י״ד פסוק ז׳, ואמרינן התם (בקצור): ״דוד יעקב ישראל״ עם המלוי סליק לחושבן (2073) ״שבתא״ עם אלפיים תחום שבת. והוא ג״כ ״בראשית ברא אלהים את השמים ואת הארץ״ (2071) עם ב׳ כוללים א׳ דשמים א׳ דארץ, דהכל חוזר לשרשו דאין אדם זורע כור ע״מ לקצור כור וכו׳.

5. באור על מגלה עמוקות ואתחנן אופן מ״ג: ב׳. וַיְשַׁלַּח יהוה בָּעָם אֵת הַנְּחָשִׁים הַשְּׂרָפִים וַיְנַשְּׁכוּ אֶת הָעָם וַיָּמָת עַם רָב מִיִּשְׂרָאֵל (במדבר כא,ו) גימ׳ (4198) ג׳ פעמים ״אלף (1000) אלף זעירא (399)״ עם הכולל- רמיזא קטנות וגדלות, בבחינת אלף זעירא- קטנות, אלף רבתי (1000) גדלות - אדם ב-א׳ רבתי (דברי הימים א׳ א׳,א׳) אתם קרויים אדם ואין עכו״ם קרויים אדם. וכאן נקראים עם מלשון גחלים עוממות - ולהיפך היא אבן ספיר בוהקת ומאירה - אמנם בהני גחלים עוממות יש חום שאינו כבוי מעיקרא - והיא נקודה הפנימית בלב כל ישראל נקודת האהבה המסותרת בלב כל איש ישראל להשי״ת בקשר בל ינתק - ולכן מיד עשו תשובה ויאמרו חטאנו כי דברנו בה׳ ובך (במדבר כ״א,ז׳) - דתשובה מגיעה עד לפנימיות אדם קדמון - דהוא שרש לכל הני י״ב פרצופים פנים ואחור, ושם נמתקים הדינים דאין הדין נמתק אלא בשרשו - ואין שרש למעלה מכך אם לא עצמותו יתברך - דתמן מגיעים בעלי תשובה אמיתיים וממשיכים מתמן מציאות חדשה להאי עלמא אף למעלה מבחינת שתוק כך עלה במחשבה. והוא ענין הבחירה דנתן הקב״ה רשות לכל אדם לבחור כדכתיב ובחרת בחיים (דברים ל׳,י״ט) ואמנם הכל גלוי וידוע לפניו יתברך כדכתיב מגיד מראשית אחרית (ישעי׳ מ״ו,י׳) ברם י״ל דהבחירה היא אמיתית ונתונה תמיד להתהפך לטוב או למוטב כאמרם אל תאמין בעצמך עד יום מותך - דלמתים אין בחירה כדכתיב במתים חפשי (תהל׳ פ״ח,ו׳) ודרשו חז״ל (שבת ל.) כיון שמת אדם - נעשה חפשי מן התורה ומן המצוות. ומאריך הבני יששכר בספר אגרא דכלה (פרשת לך לך) בענין ונברכו ב״ך ב-כ׳ רבתי גימ׳ תק״ב היינו דאמרינן בפורים חייב איניש לבסומי בפוריא עד דלא ידע בין ארור המן לברוך מרדכי - ופירשו שם התוספות דחושבנא דדין כחושבנא דדין - דהיא בחירה אמיתית דשניהם באותו חושבן וכתיב (דברים ל׳,י״ט) ובחרת בחיים - וזהו ברוך מרדכי ובמוות ארור המן. והוא הלשון דכתיב בנחש: ״ארור אתה מכל הבהמה ומכל חית השדה״

(בראשית ג׳,י״ד) [ודרשו חז״ל ערום מכל ארור מכל] גימ׳ (1788) ד׳ פעמים ״ואמת״ (447) דהנחש פגם בלבא ד-י״ג מכילן דרחמי דהוא תיקון ה-ז׳ ואמ״ת - וממילא פגם באדם הראשון דכלול מכל הקומה - ולכן נברא ביום השישי בחינת ו׳ בריח התיכון דמבריח מן הקצה אל הקצה - לכן נידון בדין הקשה וכו׳ ולא היתה מועילה לו תשובה דקלקולו הוא בלתי הפיך והוא שרש לעשו ועמלק וכל עבודות זרות שבעולם וכתיב בעמלק (במדבר כ״ד,כ׳) ראשית גויים עמלק ואחריתו עדי אובד - דשבירתו זו היא תקנתו. ורמיזא בתיבין ״ארור אתה מכל הבהמה״ גימ׳ (960) י׳ פעמים צ״ו (96) ומיד התיבה הבאה ״ומכל״ הרי צ״ו נוסף - ה-י״א, והן הן י״א כתרין דמסאבותא שרש להמן ועשרת בניו י״א ארורים שבתורה מושרשים בהאי ארור דאיתמר בחיויא בישא - ומשיח צדקנו יבא ויגאלנו מהני זינין בישין בעגלא דידן ובזמן קריב אכי״ר.

אופן פז

איתא בסודי רזא ש״י שמות הם שאינם נמחקים ונחלקים לו׳ ולד׳ דהיינו הו׳ הם נכללים בד׳ ומזה הטעם י׳ דברות נחלקים לו׳ ולד׳ וכן לעתיד י׳ ניסין יהיו לישראל נחלקים ג״כ לו׳ ולד׳ ונתנה התור׳ בו׳ בסיון בדרך ד׳ עולמות שהם ד׳ לבושים שלה וכן שית סיטרין איתמר באורייתא כדאיתא בתיקונים דכלילא שית סטרין בראשית וכן ברא ש״ית ונתפשטו לד׳ רוחות וזה נרמז בצורת א׳ זעירא שהיא נחלקת.

אופן פז

איתא בסודי רזא [א]שי' שמות הם שאינם נמחקים ונחלקים לו' ולד' דהיינו הו' הם נכללים בד' ומזה הטעם י' דברות נחלקים

גלא עמיקתא

נלע"ד שחסרו כמה תיבות מסיפא דאופן פ"ז דמגלה עמוקות ואולי חלק שלם דנראה שהוא בתכלית הקצור. ולכל הפחות יש לגרוס בסיפא דאופן: "שהיא נחלקת ליו"ד דהיינו י' שנחלקים ל–ו' ול–ד'" והחוזר לרישא. ועיין אצלנו בענין השמות שאינם נמחקים[21] בכמה מקומות. והתם כתבינן ז' שמות שאינן נמחקין בסוד זו"ן, ובמגלה עמוקות (אופן פ"ז) י' שמות שאינן נמחקין. והוא בסוד גדלות זו"ן לאחר קבלת ג"ר, ואינון י' ספיראן דנחלקין ו' בסוד ו"ק דכורא, ו–ד' בסוד מלכותא קדישא דאיהי

1. ז' שמות דאינן נמחקין באתוון זעירין: ויקרא א' זעירא- א' איהי ראש לכל האותיות ואיהי זעירא ג"כ ראש לכל הזעירות דבכ"ד ספרים מצאנו כל הכ"ב אותיות זעירות ורבתי כמ"ש במנחת שי, ועי' לעיל אופן ז' דהבאנו את כולן שם. ונכתוב את ז' השמות שאינם נמחקים עם אותיותיהם הזעירות- דהיינו התיבות בתנ"ך שמצינו בהן אותיות אלו, וכמו שנבאר: א'. י-ה-ו-ה: "פינחס(י' זעירא) - בהבראם(ה' זעירא) - לשוא(ו' זעירא) - בהבראם (ה' זעירא)" סליק לחושבן (1045) א' אדם, ורמיזא א' רבתי דאדם. ב'. אל: "ויקרא (א' זעירא) לוא (ל' זעירא)" גימ' (354) ב"פ "גן עדן" (177). ג'. אל-ה-י-ם: "ויקרא (א' זעירא) - לוא (ל' זעירא) - בהבראם (ה' זעירא) - פינחס (י' זעירא) - מוקדה (מ' זעירא)" עולה גימ' (967) "אדם חוה קין הבל ושת". ד'. צ-ב-א-ו-ת: "וצוחת (צ' זעירא) - הב (ב' זעירא) - ויקרא (א' זעירא) - לשוא (ו' זעירא) - פרשנדתא (ת' זעירא)" גימ' (2206) ה"פ "אמת" (441) ע"ה. ה'. ש-ד-י: "פרמשתא (ש' זעירא) - אדם (דמשלי-ד' זעירא) - פינחס (י' זעירא)" גימ' (1274) "ישראל שוכן לשבטיו" (במדבר כ"ד,ב'). ו'. א-ה-י-ה: "ויקרא (א' זעירא) בהבראם (ה' זעירא) פינחס (י' זעירא) בהבראם" גימ' (1025) "מחלליה מות יומת" (שמות ל"א,י"ד) - הדין בשרשו דנמתק על ידי שם אהי-ה. ז'. א-ד-נ-י: ויקרא (א' זעירא) אדם (דמשלי כנ"ל- ד' זעירא) ונרגן (נ' סופית זעירא) פינחס (י' זעירא) גימ' (879) "וייצר ה' אלהים את האדם".

2. ז' שמות דאינן נמחקין באתוון רברבין: ויקרא א' זעירא- מאן דאיהו זעיר איהו רב (כמ"ש בזוה"ק תחלת פרשת חיי שרה). ובהמשך לאופן הקודם באותיות זעירות, נכתוב בשמות הק' דאינם נמחקים לכל אות מהשמות את המילה שיש בה אות רבתי בכ"ד ספרים, וכמו באופן הקודם: א'. י-ה-ו-ה: "יגדל, הלה', ויזתא, הלה'" גימ' (591) "אני ה' מקדשכם". ב'. אל: "אדם, וישליכם" גימ' (461) "מלוא כל הארץ כבודו" (ישעי' ו',ג'). ג'. אל-ה-י-ם: "אדם, וישליכם, הלה', יגדל, משלי" גימ' (949) "אהבת ישראל". ד'. צ-ב-א-ו-ת: "צפיו, בראשית, אדם, ויזתא, ותכתב" (2394) "וקשרתם וכו'". ה'. ש-ד-י: "שיר (השירים), אחד, יגדל" גימ' (570) "תפלין" וכן י"פ "אל הוי'". ו'. א-ה-י-ה: "אדם, הלה', יגדל, הלה'" גימ' (214) "טהר"- מתוק הדין בשרשו. ז'. א-ד-נ-י: "אדם, אחד, משפטן, יגדל" גימ' (584) "אור הלבנה כאור החמה".

[א] ספר סודי רזיא לרבי אלעזר מגרמיזא **בעל הרוקח אות א' בשם אלעזר**: [א] יחידה והיא פונה לימין משאר אותיות ונקראת א' לומר לך הקב"ה שהוא אחד פונה מן בריותיו והוא יושב על החיות ומאלף בריותיו להועיל אני ה' מלמדך להועיל (ישעיה מח) והכבוד על החיות דכתיב (תהלים קיג) רם על כל גוים ה' ואמר בשלהי ספר היכלות אל תקרי גוים אלא גאים רם על כל גאים ה', על השמים כבודו שכבודו על החיות הקודש רמים ונשאים וכתיב (שם קג) ה' בשמים הכין כסאו ומלכותו בכל משלה שהקב"ה הכין כסאו על הגאים יבינו הכל כי מלכותו בכל משלה, ברוך אתה ה' אמ"ה אקב"ו על קדושת השם הרי י' תיבות כנגד י' שמות שאינם נמחקים וי' פעמים ברוך ה' אלקי ישראל בקרייה עשה אזנך כאפרכסת ושמע קדושת השם ברוך הוא:

לו' ולד' וכן לעתיד י' ניסין יהיו לישראל נחלקים ג"כ לו' ולד' ונתנה התור' בו' בסיון בדרך ד' עולמות שהם ד' לבושים שלה

גלא עמיקתא

[ב]3 דלה ועניה דלית לה מגרמה כלום- נוקבא דז"א. ומרמז המגלה עמוקות

[ב] כתוב לגבי לבנה ולומדים לענין המלכות: זוהר פרשת וישב דף קפא עמוד א פתח ואמר (ישעיה נ"ב) הנה ישכיל עבדי ירום ונשא וגבה מאד, זכאה חולקהון דצדיקייא דקודשא בריך הוא גלי לון ארחי דאורייתא למהך בהו, ת"ח האי קרא רזא עלאה איהו, הנה ישכיל עבדי ואוקמוה אבל ת"ח כד ברא קודשא בריך הוא עלמא עבד לה לסיהרא ואזער לה נהורהא דהא לית לה מגרמה כלום ובגין דאזעירת גרמה אתנהרא בגין שמשא ובתוקפא דנהורין עלאין ובזמנא דהוה בי מקדשא קיים ישראל הוו משתדלי בקורבנין ועלוון ופולחנין דהוו עבדין כהני וליואי וישראלי בגין לקשרא קשרין ולאנהרא נהורין, ולבתר דאתחרב בי מקדשא אתחשך נהורא וסיהרא לא אתנהירת מן שמשא וכו'.

3. באור על מגלה עמוקות ואתחנן אופן פ"ד: אקדמות מילין: באופן זה עוסק בדורו של ירמיה, שכל ענינו היה דומה למשה רבינו. וזהו "ירמיהו משה" גימ' (616) "התורה", "ירמיהו משה רבינו" ע"ה גימ' (885) ה' פעמים "גן עדן" (177) דבזכות תוכחתם זוכין בני ישראל לגן עדן דשבים בתשובה וכו'. וכפילת ה' פעמים רמיזא ה' בחינות נרנח"י [נפש רוח נשמה חיה יחידה] דכללות נשמות ישראל ועמך כלם צדיקים (ישעי' ס',כ"א) וכלל ישראל הוא פרצוף אחד שלם וגוף אחד, וכגון התורה הקדושה דאותיותיה נמשכות מנשמות ישראל דעלו במחשבה לפני כל דבר, ואף לפני התורה הקדושה, וכשם שבספר תורה אם אות אחת פסולה פוסלת את כל הספר - כך בעם ישראל, ומשיח צדקנו יביא את בני ישראל לשלמות הקומה דלא יחטאו עוד וכאו"א ידע את ה'. ורצה משה רבינו כבר עתה לעשות התיקון הזה כדי שלא יהיה חורבן כלל - "משה רבינו - ירמיהו הנביא" גימ' (946) י"א פעמים אלהי"ם (86) בסוד מיתוק י"א כתרין דמסאבותא דינקין משם אלהי"ם. ואמר לו הקב"ה: ר"ב ל"ך - כבר נגזרה גזירה שיהיו שני חורבנים שנרמזים במלת ר"ב, וקשה דקיימא לן הקב"ה גוזר גזירה וצדיק מבטלה (מ"ק ט"ז:), ויש לתרץ לפי שאמרו חז"ל במקום אחר (שבת סג.) כל העושה מצוה כמאמרה אין מבשרין אותו בשורות רעות שנאמר שומר מצוה לא ידע דבר רע (קהלת ח',ה'), וממשיכה הגמרא: אפילו הקב"ה גוזר גזירה - הוא מבטלה שנאמר: באשר דבר מלך שלטון ומי יאמר לו מה תעשה, וסמיך ליה: שומר מצוה לא ידע דבר רע. ומדייק כל העושה מצוה כמאמרה דייקא, ומשה שנתבקש לדבר אל הסלע והכהו לא יכול היה בכאן לבטל הגזירה, והתפלל משה רבינו שהשי"ת ימחל לו בזכותא ד-א' זעירא דזכה לה באותה עת ויקרא אל משה בסוד כ"ד קשוטי כלה, דתיבין "אין מבשרין אותו בשורות רעות" גימ' (1990) י' פעמים "צדקה" (199), "רעות" גימ' (676) י"ה פעמים מ"ה (45) ע"ה, י"ה רמיזא משה ואהרן חכמה ובינה תרין ריעין דלא מתפרשין לעלמין, ומשה אמר ונחנו מה (שמות ט"ז,ז') ונחנו בהשמטת ה-א' דנקרא מימין ומשמאל כאחד, דמשה ואהרן תרין סמכי קשוט אזלינן כחדא וחשבינן כחדא, ובכאן י"ל דהגזירה שנגזרה לא יכל משה לבטלה לא רק משום שהכה בסלע, אלא גם משום שהיא גזירה מבחינת שתוק כך עלה במחשבה, שאם לא כן היה מוסר הנפש על כך ומבטלה, אך גזירה שהיא בבחינת שתוק כך עלה במחשבה לא תבוטל אפילו במסירת נפשו, ולכן קיבל הדין ועלה להר נבו כפי שציוהו השי"ת. וזהו "שתוק כך עלה במחשבה" דאמר הקב"ה למשה ב' פעמים (עיין מנחות כט:) תחלה לחיוב ואח"כ לשלילה, דהראהו הקב"ה רבי עקיבא דורש על כל קוץ וקוץ תלי תלין של הלכות, ושאלו משה לקב"ה: יש לך אדם כזה ואתה נותן תורה על ידי? אמר ליה: שתוק כך עלה במחשבה, והוא לחיוב ובזה נתגלתה ענותנותו של משה. ובהמשך ביקש הראני תורתו, הראני שכרו. ראה ששוקלין בשרו במקולין, אמר ליה: זו תורה וזו שכרה? אמר ליה קוב"ה: שתוק כך עלה במחשבה - והוא על דרך השלילה, ופשוט. וזהו דחושבן "יש לך אדם כזה ואתה נותן תורה על ידי" גימ' (2090) ב' פעמים "אלף אדם" (1045) דמשה ורבי עקיבא תרוויהו איקרו אדם - משה אדם דבחינת תורה שבכתב, ורבי עקיבא אדם דבחינת תורה שבעל פה. ואחר כך שאל ליה: "זו תורה וזו שכרה" גימ' (1168) חב"ו (16)

פעמים חכמ"ה (73) דבהריגת עשרה הרוגי מלכות ורבי עקיבא ראש להם [עיין מה שכתבנו במקום אחר בענין עשרה הרוגי מלכות] הוצאו ניצוצות הקלי' מבלעם בסוד חיל בלע ויקיאנו (איוב כ',ט"ו), בסוד יפזו זרועי ידיו דיוסף הצדיק, ובסוד הסרת הקטרוג ממכירת יוסף על ידי עשרת אחיו. ותרוויהו יחד: "יש לך אדם כזה ואתה נותן תורה על ידי - זו תורה וזו שכרה" סליקו לחושבן (3258) ו' פעמים "בישראל" (543) דמשה ורבי עקיבא הטביעו בכאו"א מישראל ענין מסירות נפשם על קדושת שמו יתברך, דקוב"ה אורייתא וישראל כולא חד, ואם מתחלל ח"ו שמו יתברך, או מתחללת ח"ו התורה ומצוותיה, אין ליהודי מה לעשות בהאי עלמא, ומה תקנתו? ימסור נפשו ויעזוב העולם, או שתבוטל הגזירה מלפניו יתברך בדרך ממילא. וזהו "שתוק כך עלה במחשבה לפני" גימ' (1488) "אל רחום וחנון ארך אפים ורב חסד ואמת" (שמות ל"ד,ו') דהן ז' תקונין קמאין מ-י"ג תקוני דיקנא, וכופלו הכתוב ב' פעמים (במנחות כט: הנ"ל) הרי חושבן (2976) י"ב פעמים רמ"ח (248) א"נ י"ב פעמים אברה"ם - דאיהו העברי הראשון דמסר נפשיה באור כשדים ועמד בעשרה נסיונות שניסהו השי"ת. ובכאן בא הרמז בכפילת י"ב פעמים לרמוז י"ב שבטי י"ה - דהן כללות נשמות ישראל דמוסרים נפשם ורמ"ח אבריהם על קדושת שמו יתברך. והוא נמי חושבן (2976) "יהודי" (35) פעמים "מילה" (85) ע"ה - דאברהם ראש לנימולים, ובשמירת הברית קודש תליא מילתא. והנה ב' הדברים שאמר משה לקב"ה כנ"ל, "יש לך אדם כזה ואתה נותן תורה על ידי - זו תורה וזו שכרה" (3258) עם ב' פעמים "שתוק כך עלה במחשבה לפני" (2976) סליקו כולהו לחושבן (6234) ו' פעמים "דלה ועניה דלית לה מגרמה כלום" (1039) דאיהי מלכותא קדישא בחינת כנסת ישראל, דאין לנו אלא אבינו שבשמים, ולגבי הצדיק אין העולם הזה נחשב למאומה, ונרמז בכאן דדוד מלכא משיחא יסיים מהלך הגאולה דבני ישראל בארץ ישראל דיחל בו יהושע דיכניס את בני ישראל לארץ ודוד יסיים,

וכן שית סיטרין איתמר באורייתא [ג]כדאיתא בתיקונים דכלילא שית סטרין בראשית וכן [ד]ברא שי"ת

גלא עמיקתא

בתיבה בראשי"ת בר"א שי"ת כדאיתא בתקונים [ועיין עוד [ה]מגלה עמוקות על

[ג] **תיקוני זוהר נספח דף קמז עמוד א:** תקונא תמינאה ליום כפור: בראשית דא באר ואינון תרין חד באר חפרוה שרים כרוה נדיבי העם חד איהו באר דאתמר בה ויריבו גם עליה ותניינא באר אחרת ולא רבו עליה באר דרבו עליה דא אורייתא דבעל פה דאתמר בה ויריבו רועי גרר עם רועי יצחק לאמר לנו המים אלין מקשין על אלין ואלין חולקין על אלין אלין מטהרין ואלין מטמאין אלין פוסלין ואלין מכשירין אלין אוסרין ואלין מתירין בשית סטרין ואינון בראשית ברא שית וכו'. [ד] **תיקוני זוהר תקונא חד סר דף כו עמוד ב:** תקונא חד סר ליום ד' בראשית בר"א שי"ת ומאי ניהו שית היכלין אלקי"ם אימא עלאה עלייהו דאיהי היכלא שביעאה וכמה דאימא עלאה אפיקת שית הכי אימא תתאה אפיקת שית ומאי ניהו את השמים ואת הארץ ואינון שית מאנין דאתמר בהון כי ששת ימים עשה י"י את השמים ואת הארץ והיכלין תתאין אינון מאנין להיכלין עלאין. [ה] **מגלה עמוקות על ואתחנן אופן צ"ז:** רצה משה ליכנס לארץ ישראל, לפי ששם אבן שתיה שממנו הושתת העולם, וראה ברוח הקודש שדוד יתקן השיתין (כדאיתא בסוכה דף נ"ג [ע"א]), שנבראו בו' ימי בראשית, כמ"ש בסוכה (דף מ"ט [ע"א]) שיתין בו' ימי בראשית נבראו, שנאמר (בראשית א א) בראשית בר"א שי"ת, והוא סוד משפטיך תהום רבה (תהלים לו ח), לפי שעל אותו אבן שמצא דוד, היה חקוק שם של מ"ב היוצא מבראשית עד ב' ובה"ו, ה"ו מן בהו בא"ת ב"ש, צ"ף, באותו שעה היה צף התהום. וזה שאמר נוטה צפון על תהו תולה ארץ על בלימה (איוב כ"ו (כו ז), בל"י בגימטריא מ"ב, וכל אותיות יש בו חוץ מן מ"ה, וזה סוד בלי מ"ה, ויש שם ממונה אחד שממונה על התהום שהיו ישראל מנסכין המים, בסוד רדיה שדומה לעגל (כדאיתא בתענית כ"ה [ע"ב]), לפי שמשה קלקל בעשיית העגל שבא על ידי גרם שלו, רצה לתקן אותו העגל שבתהום בכניסתו לארץ. לכן אמר אתה החלות להראות חסר ו', שהוא בגימטריא י"ב פעמים אב"ן, שהן הן י"ב אבנים שלקח יעקב מאבני המקום ושם מראשותיו

ונתפשטו לד' רוחות וזה נרמז בצורת א' זעירא שהיא נחלקת.

גלא עמיקתא

ואתחנן אופן צ"ז [4]ומה שכתבנו שם]. והיא נוק' ברישא נקבה תסובב גבר (ירמי' ל"א,כ"א) דאתוון שי"ת היינו ו"ק [שית תרגום שש]. ונותרו אתוון בר"א לקביל הנוק' דסלקת עד אמא עילאה בסוד בית רבתי – בינה. א"נ בר"א במלוי כזה: "בית ריש אלף" גימ' (1033) י"ב פעמים אלהי"ם (86) ע"ה. וכשהן

מקורות

ששכב במקום המקדש, ומן אותן י"ב אבנים נעשה אבן אחת (חולין צ"א ע"ב), הוא סוד אבן שתיה, וחתם עליו שם י"ה. והנה אמר משה להקב"ה מאחר שהתחלת הבריאה הוא בראשית, שהוא מורה על משה שבשבילו נברא העולם (כדאיתא במדרש רבה שם [ב"ר פ"א ד']), והוא התחיל להקים את האבנים הן הן י"ב שבטי י"ה, והוא סוד שיעור קומ"ה שלמעלה, על זה אמר את גדלך שנחלקו ישראל על צירופי השם, וכמו שהקב"ה מנהיג עולמו בששה מדות של חסד, והם (שמות לד ו) אל רחום וחנון רב חסד ואמת (שמות לד ז) נוצר חסד לאלפים נושא עון, הרי ששה מדות לחסד, וכן גם כן קחשיב בספר סודי רזיא ו' שמות לדין אל קנא וכו', עיין שם. כן גם כן ישראל נחלקו ששה משמותם על אבן אחת וששה משמותם על האבן השני (שם שמות כח י), וזהו סוד שש מעלות לכסא (דברי הימים ב' ט יח), ונרמזו במלת בראשית בר"א שי"ת. וזה רמז בסוף התורה נעץ סופה בתחילתה ולכל היד החזקה אשר עשה משה (דברים לד יב), מה היא היד החזקה, בראשית ברא שית, כמו שקב"ה מנהיג עולמו בששה מדות שהם של חסד, כנגד ששה מדות שהם של דין, כן גם כן משה יד החזקה שהם הלוחות (שמו"ר פמ"ו ג'), היו ו' על ו' (נדרים ל"ח ע"א), בסוד ז"ה. וכן לעיני כל ישראל, גם כן נחלקים לו' מול ו'. לכן פתח משה ואתחנן בו', על סוד שש מעלות אלו לכסא, ועליהם אמר אתה החלות להרא"ת חסר ו', שהוא בגימטריא י"ב פעמים אב"ן, לקביל האבנים על שמות בני ישראל (שמות כח יא), ואמר את גדלך לקביל ו' מדות שהקב"ה מנהיג עולמו בחסד, את ידך החזקה לקביל ו' מדות שהקב"ה מנהיג את עולמו בדין, ולכן משה פני שמ"ש (ב"ב ע"ה ע"א), נוטריקון ש"שה מו"ל ש"שה. זה שאמר אשר מי אל, אל דייקא, שכן ו' מדות של חסד מתחילין באל רחום וחנון, ו' מדות של דין מתחילין גם כן באל קנא ונוקם, ולכן אמר אעברה נא, שהוא בהיפך אתוון ר"עה א"בן ישראל

עיונים

דו"ד מל"ך נוטריקון דלה ועניה דלית לה מגרמה כלום, והוא מכחו של משה, דלכן בא הרמז בכפילת ו' פעמים, דמשה בסוד אות ו' דא אות אמת ודאי, ובכאן מסר נפשיה בעליתו להר נבו כפי שצוהו השי"ת דייקא, אך לא לפני שהתפלל לשהשי"ת תקט"ו תפלות כמנין ואתחנ"ן, דמתאוה הקב"ה לתפלתן של צדיקים, כן יזכנו ונתפלל לפניו תפלות כהלכתן וישים המלים בפינו דתהיה תפלתנו מכוונת ומקובלת לפניו יתברך, ונהיה כלי לעבודתו יתברך אנחנו וזרענו וזרע זרענו עד עולם אכי"ר.

4. באור על מגלה עמוקות ואתחנן אופן צ"ז: אקדמות מילין: אומר משה רבינו מאחר שברא הקב"ה את העולם בעבורו, שנאמר וירא ראשית לו (דברים ל"ג,כ"א) [עיין בראשית רבה א',ד'] ובסוד בראשי"ת כלומר בראשית ברא אלהים בשביל משה רבינו שנקרא ראשית [ומוכח מהאי פסוקא דאיירי בברכת שבט גד שלקח נחלה בעבר הירדן המזרחי כי ראה ששם מקום קבורתו של משה שנקרא ראשית וזהו וירא ראשית לו], והעולם הוא ו' קצוות ד' רוחות מעלה מטה - דהיינו: "ימה וצפנה ותימנה ומזרחה (1103) שמים וארץ (687)" גימ' (1790) ה' פעמים משי"ח (358) דמשה הוא גואל ראשון והוא גואל אחרון [כמבואר באור החיים פרשת ויחי ד"ה אסרי לגפן - ובלשון הזהב של האור החיים: שהוא (משה) עצמו מלך המשיח עכד"ק], על כן מן הראוי שיכנס לארץ ישראל ויביא הגאולה השלמה, וימשיך תמן האור הגנוז בחינת "ואת ידך החזקה" גימ' (566) ב' פעמים "האור הגנוז" (283) בחינת פנימיות וחיצוניות - והן ה' פעמים משי"ח לקביל ה' זימנין או"ר דכתיב במעשה בראשית, דנברא ונגנז ונתגלה בהולדת משה דבההיא שעתא נתמלא כל הבית אורה נוטריקון אור ה' והן ה' פעמים או"ר כנ"ל - דהסתרה אינה אלא לצורך גלוי כדוגמת ראיה להשמש צריכים זכוכית מפויחת דתסתיר על האור בחינת כי שמש ומגן הוי' אלהים (תהל' פ"ד,י"ב)

[כלומר השמש צריכה למגן ונרתק כדי שלא יישרפו מאורה, ובאמת לעתיד לבוא הקב"ה מוציא חמה מנרתיקה וכו' (עיין נדרים ח:)] ועתה משנתגלה בהולדתו וזכינו לתורה מן שמיא ולנסים ונפלאות מדוע יגנז בשנית בהסתלקותו אל ראש הפסגה, דנתגלה בחינת א"ל שד"י בעולם המשכת חסד א"ל כל היום (תהל' נ"ב,ג') ביסודא [ונרמז בתיבת בראשי"ת שאחד מצרופיו הוא בר"א שי"ת כדאיתא בתקוני זוהר - שית תרגום שש ויסוד ספירה הששית כנודע] ומתמן למלכותא קדישא לגלוי העולמות, א"ל שד"י גימ' (345) מש"ה, דזכה לאלף זעירא בחינת א"ל שד"י מלא כזה: "אלף למד פא - שין דלת יוד" גימ' ע"ה (1000) "אלף" - דהן אלף אורות דזכה להן משה בחינת קירון עור פנים למהוי או"ר פני"ם תקונא שלים לחטא אדם קדמאה ומדוע יגנז, דהוא חושבן (1000) "משה ראש הפסגה" ע"ה - וראוי לגלותו למלכות - ארץ ישראל ולהשלים גאולת מצרים בארץ ישראל, דחושבן: "בראשית - משה - ישראל" תיבה קמאה ותיבה אחריתי דאורייתא קדישא [בראשית - ישראל] ומשה בתוך הרי גימ' ע"ה (1800) ארץ ישראל במלוי כזה: "אלף ריש צדי [גימ' (725) "ועץ החיים בתוך הגן" (בראשית ב',ט') לחיים נצחיים] יוד שין ריש אלף למד [גימ' (1075) "שיר השירים" יחודא שלים דקוב"ה ובני ישראל לעתיד לבוא]" ואם כן יכניס הוא את בני ישראל לארץ ישראל, כנרמז "משה - ענו, ישראל - ארץ ישראל" גימ' (1780) כ' פעמים "חנוכה" (89) רמיזא הארת אור הגנוז מכתר עליון - כנרמז ב-ח' נרות חנוכה. ואמר ליה קוב"ה: ר"ב ל"ך - ער"ב ר"ב דהן בגימ' (474) דע"ת הן בגללך דאתה גרמת

גלא עמיקתא

כלולין מ-י' בסוד הגדלת הנוק' בא"ט ב"ח ל-י' ספירות מלאות פרצוף שלם הרי ק"ב צרופי שם אלהי"ם, והרי בר"א בסוד הנוק' כדאמרינן דסלקת לבינה. ושי"ת היינו ו"ק דדכורא- ונעביד שי"ת במלוי כזה: "שין יוד תיו" גימ' (796) ד' פעמים צדק"ה (199) – דיהיב לנוקבא, והן ד' פעמים לקביל שם הוי' ב"ה. ובזוה"ק [ו]איהו צדק ואיהי צדקה. וכאן סליק לחושבן ד' פעמים צדק"ה דייקא ע"ש הגדלת הנוק' מלכותא קדישא עד בינה והמשכת נשמת משיח בן דוד מתמן, בסוד (ירמי' ל"ג,ט"ו): "אצמיח לדוד צמח צדקה" גימ' (530) "פני השכינה" יהי רצון דנזכה לראות "פני השכינה" עם משיח צדקנו בראשנו כדכתיב לעתיד לבוא (ישעי' נ"ב,ח') "כי עין בעין יראו בשוב ה' ציון" בבית המקדש השלישי יבנה ויכונן ב"ב אבי"ר.

(בראשית מט כד), שרצה לבא לארץ ישראל תמן אבן שתיה שחתם בה שם של י"ה, ושם יעלה שבטי י"ה להודות לשם ה' (תהלים קכב ד), ולתקן השיתין, ולשבח משפטיך תהום רבה נרמז במלת אעברה, תמן נרמז המשפט הגדול של ע"א סנהדרין שממונים על משפטיך תהום רב"ה, ולגלות צדקתך כהררי אל, לכן אמר ההר הטוב הזה, שהוא סוד הררי אל, לכן אמר אשר מי אל, הפוך אעבר"ה, תמן ע"א רבה, ר"ל ע"א סנהדרין הם ומשה על גביהם, להפך המשפט של תהום רבה ולסלק המו"ת שהוא בהיפוך אתוון תהו"ם, ובמה יסלק המות, עם הר"רי א"ל חושבנא דדין כחושבנא דדין. זה שאמר אעברה, אני צריך להעביר זה, שכן משה במילוי מ"ם שי"ן ה"א, בגימטריא מו"ת שהוא עולה לבטל מות, וכן אעבר"ה נ"א ואראה, בגימטריא מלא"ך המו"ת, וכן וא"ת ידי"ך החז"קה, בגימטריא צלמו"ת, כמ"ש לאיוב הנגלה לך שערי מות (איוב ל"ח [לח יז]), שהם שש שערי צלמות, הם גם כן שש שהם בסוד י"ב שערים שבסטרא אחרא. השיב הקב"ה רב לך, מאחר שערב רב שלך, ואתה גרמת את העגל (עיין שמו"ר פמ"ב ו'), אין לך יכולת לבטל המשפט של תהום רבה, דתמן ממונה השר דדמי לעגלא ואין קטיגור נעשה סניגור, לכן אל תוסף דבר, אבל צו את יהושע שהוא הקים את האבנים בגלגל (יהושע ד כ), ששה שבטים הפכו פניהם כלפי הר גריזים מזרחה וחזקהו, וששה הפכו כלפי הר עיבל (עיין ספרי דברים יא כט).

[ו] **זוהר במדבר פרשת פנחס:** איהו צדיק ואיהי צדק ובגין כך אתקריבת בהדה ומאן דרחיק ליה מאתר דא רחיק הוא מעדונא דעלמא דאתי בדכורא איהו צדיק ואיהי צדק בלא

יו"ד איהו איש ואיהי אשה בלא יו"ד ובג"כ חדוה דילה לאתקרבא בה ולאתעדנא בהדה מאן דרחיק עדונא דא ירחקון ליה מעדונא דלעילא, וע"ד כתיב (שמואל א ב) כי מכבדי אכבד וגו', ת"ח פנחס קאים קמי דינא תקיפא דיצחק וסתים פרצה בגין כך אשלים לגבי פנחס רזא דיצחק קם קמי פרצה דכתיב (תהילים קו) ויעמוד פנחס ויפלל, קם בפרצה קמי דינא דיצחק בגין לאגנא עלייהו דישראל (ס"א פנחס קאים קמי דינא תקיפא דיצחק לאגנא עלייהו ישראל דכתיב ויעמוד פנחס ויפלל מאי ויעמוד דקם בפרצה קמי דינא דיצחק בג"כ אשלים לגבי פנחס רזא דיצחק) וע"ד כליל דא בדא בחושבנא.

חטא העגל, ו"אין קטיגור נעשה סניגור" גימ' (1143) ט' פעמים "ביום הדין" (127) בחינת ט' תקוני דיקנא דז"א שערין קשישין דמתמן דינין אתערו להאי עלמא, ובמקום דעת דקדושה נתערבה בבני ישראל דעת דקליפה דער"ב ר"ב, וזהו "משה (345) בני ישראל (603)" גימ' (948) דע"ת ער"ב ר"ב - ואמר ליה קוב"ה: איך תכנס בדעתך הזכה והטהורה עם דעת מעורבבת לארץ ישראל, ולכן עלה ראש הפסגה לשמור שלמותך, ויהושע יכניס את בני ישראל לארץ ישראל לברום תמן "יהושע - בני ישראל - ארץ ישראל" גימ' (1826) ב' פעמים "בראשית" (913), דהוא ג"כ עלה בראשית המחשבה הקדומה, ולכן ר"ב ל"ך אל תוסף דבר אלי עוד בדבר הזה.

אופן פח

איתא ברעיא מהימנא פרשת כי תצא שבצורת א׳ נרמזים הגואלים של ישראל בזה האופן: לא יסור שבט מיהודה זה משיח בן דוד שהוא י׳ עילאה שבצורת א׳ מסיטרא דימינא ומחוקק מבין רגליו זה משיח בן יוסף שהיא צורת י׳ תתאה שבא׳ מסיטרא דשמאלא שכן מחוק״ק מבי״ן רגלי״ו ס״ת קנ״ו שהוא בגי׳ יוסף עד כי יבא שילה זה משה שהוא באמצע ו׳ של א׳ נמצא שבצורת א׳ נרמזים ג׳ גואלים וכן הוא סוד יונה תרין גדפין של יונה תרין משיחין גופא של יונה משה וזה נרמז אלופינו מסובלים שהגואלים נרמזין בצורת א׳ לפי שיש בצורת א׳ י״ו״י.

אופן פח

[א]איתא ברעיא מהימנא פרשת כי תצא שבצורת א' נרמזים הגואלים של ישראל בזה האופן (בראשית מ"ט,י'): לא יסור

גלא עמיקתא

ובדבריו מונה משה עם תרין משיחין משיח בן דוד ומשיח בן יוסף– דמשה הוא גואל ראשון והוא גואל אחרון– והענין מבואר היטב בדברי האור החיים פרשת ויחי ד"ה אוסרי לגפן, ונביא מעט מדבריו הקדושים שם: ולא יקשה בעיניך שאנו מחלקים דברי הכתוב חלק בימי משה וחלק בימי המשיח, כי הלא ידעת דברי הזוהר הקדוש (ח"ב קכ.) כי משה הוא הגואל אשר גאל את אבותינו הוא יגאל אותנו ויושיב בנים לגבולם דכתיב (קהלת א') מה שהיה הוא שיהיה ר"ת משה. ילא יקשה בעיניך דבר זה באומרך הלא מלך המשיח משבט יהודה מזרעו של דוד המלך ע"ה וי"א (סנהדרין צח:) [ב]דוד עצמו מלך המשיח דכתיב (יחזקאל ל"ז) ועבדי דוד מלך עליהם כמשמעו ואם כן היאך אנו אומרים שהוא משה הבא משבט לוי. יש לך לדעת כי בחינת נשמת משה ע"ה היא כלולה מי"ב שבטי ישראל כי כל הס' ריבוא היו ענפיה ע"ה וענף שבטו של דוד במשה הוא. ולזה תמצאנו בארץ מדבר שהיה מלך וכהן ולוי ונביא וחכם וגבור שהיה כולל כל הענפים שבקדושה ולעתיד לבא תתגלה בעולם שורש המלכות שבמשה שהוא עצמו מלך המשיח והוא דוד והוא ינון ושילה. עכד"ק. והנה מרמז המגלה עמוקות בצורת א' יו"י ג' גואלי ישראל– ג' משיחים: "משיח בן דוד (424) – משה משיח (703) – משיח בן יוסף (566)" סליק לחושבן (1693): "אלף (1000) ויקרא אל משה (693)" ורמיזא דאל"ף זעירא דויקרא אל משה עתידה לגדול לאל"ף רבתי (1000) דאדם כדפותח ספר דברי הימים "אדם שת אנוש" באל"ף רבתי. כאמרם (יבמות ס"א ע"א)

[א] זוהר פרשת בראשית דף כה עמוד ב: ד"א וכל שיח השדה משיח ראשון טרם יהיה בארעא, וכל עשב השדה טרם יצמח דא משיח שני, ולמה בגין דלית תמן משה למפלח לשכינתא דעליה אתמר ואדם אין לעבוד את האדמה, ורזא דמלה (בראשית מ"ט) לא יסור שבט מיהודה דא משיח בן דוד, ומחוקק מבין רגליו דא משיח בן יוסף, עד כי יבא שיל"ה דא משה חשבן דא כדא, ול"ו יקה"ת עמים אתוון ולו"י קה"ת, ד"א וכל שיח השדה אלין צדיקיא דאנון מסטרא דצדיק ח"י עלמין, שי"ח ש' ח"י, ש תלת ענפין דאילנא ואנון ג' אבהן ומן ח"י עלמין.

[ב] תלמוד בבלי מסכת סנהדרין דף צח עמוד ב: אמר רב גידל אמר רב: עתידין ישראל דאכלי שני משיח. אמר רב יוסף: פשיטא! ואלא מאן אכיל להו? חילק ובילק אכלי להו? – לאפוקי מדרבי הילל דאמר: אין משיח לישראל, שכבר אכלוהו בימי חזקיה. אמר רב: לא אברי עלמא אלא לדוד. ושמואל אמר: למשה. ורבי יוחנן אמר: למשיח. מה שמו? דבי רבי שילא אמרי: שילה שמו, שנאמר עד כי יבא שילה. דבי רבי ינאי אמרי: ינון שמו, שנאמר יהי שמו לעולם לפני שמש ינון שמו. דבי רבי חנינה אמר: חנינה שמו, שנאמר אשר לא אתן לכם חנינה. ויש אומרים מנחם בן חזקיה שמו, שנאמר כי רחק ממני מנחם משיב נפשי. ורבנן אמרי: חיוורא דבי רבי שמו שנאמר אכן חליינו הוא נשא ומכאבינו סבלם ואנחנו חשבנהו נגוע מכה אלהים ומענה. אמר רב נחמן: אי מן חייא הוא – כגון אנא, שנאמר והיה אדירו ממנו ומשלו מקרבו יצא. אמר רב: אי מן חייא הוא – כגון רבינו הקדוש, אי מן מתיא הוא – כגון דניאל איש חמודות. אמר רב יהודה אמר רב: עתיד הקדוש ברוך הוא להעמיד להם דוד אחר, שנאמר ועבדו את ה' אלהיהם ואת דוד מלכם אשר אקים להם, הקים לא נאמר, אלא אקים. אמר ליה רב פפא לאביי: והכתיב ודוד עבדי נשיא להם לעולם! – כגון קיסר ופלגי קיסר.

שבט מיהודה זה [ג]משיח בן דוד שהוא י' עילאה שבצורת א' מסיטרא דימינא ומחוקק מבין רגליו זה [ד]משיח בן יוסף שהיא

גלא עמיקתא

[ה]אתם קרויין אדם– דבכל אחד מישראל ניצוץ משיח [ו]כמבואר

[ג] תלמוד בבלי מסכת סוכה דף נב עמוד א: תנו רבנן: משיח בן דוד שעתיד להגלות במהרה בימינו, אומר לו הקדוש ברוך הוא: שאל ממני דבר ואתן לך, שנאמר אספרה אל חוק וגו' אני היום ילדתיך שאל ממני ואתנה גוים נחלתך. וכיון שראה משיח בן יוסף שנהרג, אומר לפניו: רבונו של עולם, איני מבקש ממך אלא חיים. אומר לו: חיים, עד שלא אמרת - כבר התנבא עליך דוד אביך שנאמר חיים שאל ממך נתתה לו וגו'. **[ד] פסיקתא זוטרתא במדבר פרשת בלק דף קכט עמוד ב:** אראנו. למלך המשיח. ולא עתה אשורנו ולא קרוב. זה אורך הגלות הזה הנמשך. ומה מהרה של הקדוש ברוך הוא תמני מאה ותרתי מנין ונושנתם שישבו ישראל בארץ קודם שגלו. ודבר שכתבו ולא עתה ולא קרוב לא כל שכן לכך נאמר (חבקוק ב) אם יתמהמה חכה לו כי בוא יבוא לא יאחר. דרך כוכב מיעקב תאנא משום רבנן שבוע שבן דוד בא בו שנה ראשונה אין בה מזון כל צורכה. שנייה חצי רעב משתלחין. שלישית רעב גדול. ברביעית לא רעב ולא שובע. בחמישית שובע גדול. ויצמח כוכב ממזרח והוא כוכבו של משיח והוא עושה במזרח ט"ו יום ואם האריך הוא לטובתן של ישראל. ששית קולות ושמועות. השביעית מלחמות. ומוצאי שביעית יצפה למשיח ויתגאו בני מערב ויבואו ויחזיקו מלכות בלא אפים ויבואו עד מצרים וישבו כל השביה. ובימים ההם יקום מלך עז פנים על עם עניו ודל (דניאל ח) והוא מחזיק מלכות בחלקלקות. ועל אותו הזמן אמר ישעיה (ישעיה כו) לך עמי בוא בחדריך וגו'. אמרו חכמים רבי חייא צוה לדורו כשתשמעו שעמד מלך עז פנים לא תשבו שם שהוא גוזר כל מי שהוא אומר אחד הוא אלהי העברים יהרג. והוא אומר נהיה כולנו לשון אחד ואומה אחת והוא מבטל זמנים ומועדים ושבתות וראשי חדשים ומבטל תורה מישראל שנאמר (דניאל ז) ויסבר להשנייה זמנין ודת ויתיהבון בידיה עד עידן עידנין ופלג עידן. עדן שנה. עידנין תרתי. ופלג עידן חצי שנה. אמרו לו מרי להיכן ננצל אמר להם לגליל העליון שנאמר (יואל ג) כי בהר ציון ובירושלים תהיה פליטה. (עובדיה א) ובהר ציון תהיה פליטה והיה קדש. ומחץ פאתי מואב. אמר ר' הונא בשם ר' לוי מלמד שיהיו ישראל מקובצין בגליל העליון ויצפה עליהם שם משיח בן יוסף מתוך הגליל והם עולים משם וכל ישראל עמו לירושלים לקיים מה שנא' (דניאל יא) ובני פריצי עמך ינשאו להעמיד חזון ונכשלו. והוא עולה ובונה את בית המקדש ומקריב קרבנות והאש יורדת מן השמים והוא מוחץ כל הכנענים. ויבא על ארץ מואב והורג את חציה והשאר שובה אותה בשביה ומעלים לו מס ועושה באחרונה שלום עם מואב שנאמר (ירמיה מח) ושבתי את שבות מואב וישבו ארבעים שנה לבטח אוכלים ושותים ובני נכר אכריכם וכורמיכם. וקרקר כל בני שת. שהוא מקרקר כל הכנענים שנקראים בשת. שנאמר (בראשית ד) כי שת לי אלהים זרע אחר. ואחרי כל זאת שומע גוג ומגוג ועולה עליהם שנאמר (תהלים ב) יתיצבו מלכי ארץ ורוזנים נוסדו יחד על ה' ועל משיחו. והוא נכנס והורג אותו בחוצות ירושלים שנא' (דניאל יב) והיתה עת צרה וישראל רואים כך ואומרים אבד משיח ממנו ושוב לא ישוב משיח אחר וסופדים עליו ארבע משפחות שנאמר (זכריה יב) וספדה הארץ משפחות משפחות לבד משפחת בית דוד לבד. והקב"ה יוצא ונלחם עמם שנאמר (שם) ויצא ה' ונלחם בגוים ההם כיום הלחמו ביום קרב **[ה] תלמוד בבלי יבמות דף סא עמוד א:** קברי עובדי כוכבים אינן מטמאין באהל, שנא': ואתן צאני צאן מרעיתי אדם אתם, אתם קרויין אדם, ואין העובדי כוכבים קרויין אדם. מיתיבי: ונפש אדם ששה עשר אלף! משום בהמה. אשר יש בה הרבה משתים עשרה רבוא אדם אשר לא ידע בין ימינו לשמאלו (ובהמה רבה)! משום בהמה. כל הורג נפש וכל נוגע בחלל תתחטאו! דלמא איקטיל חד מישראל. ורבנן? לא נפקד ממנו איש. ור' שמעון בן יוחי? לא נפקד ממנו איש לעבירה. רבינא אמר: נהי דמעטינהו קרא מאטמויי באהל, דכתיב: אדם כי ימות באהל, ממגע ומשא מי מעטינהו קרא? **[ו] ליקוטי מוהר"ן תורה עט:** (תהלים לז) בטח בה'

ועשה טוב שכן ארץ ורעה אמונה. הנה הכלל, שצריך כל אדם לראות שמצידו לא יהי' עיכוב משיחא, דהיינו לעשות תשובה שלימה ולתקן מעשיו. ובכל צדיק וצדיק, מי שהוא צדיק באמת, יש בו התגלות משיח. ואעפ"י שאין בו התגלות משיח, יש בו מדה של משיח, שהוא בחי' משה, כמ"ש בזוה"ק (בראשית דף כה ע"ב) משיח דא משה, כמו שאפרש. כי משה מסר נפשו בעד ישראל, כי ידע שפלותו באמת, וידע חשיבות וגדולות ישראל, כמו שכתוב (במדבר יב) והאיש משה עניו מאד מכל האדם, ומחמת זה מסר נפשו וחיותו בעדם. לכן מי שהוא צדיק באמת, ויודע שפלותו, ויכיר חשיבות ישראל, יכול למסור את נפשו בעדם. ואימתי יכול לראות שפלותו, בשבת. כי בשבת נאמר (שמות טז) ראו כי ה' נתן לכם את השבת, כי שבת הוא שין בת, שין, תלת גוונין דעינא, ב"ת בת עין, וע"כ בשבת יכול לראות שפלותו. וזהו שבו איש תחתיו הנאמר בשבת (שם), היינו תחת מדריגתו, שפל ממה שהוא. ועכ"פ, אל יצא איש ממקומו, היינו למעלה ממ־ריגתו, כגון עושה מעשה זמרי ומבקש שכר כפינחס (סוטה כב ע"ב). ואימתי יכול לראות שפל־תו בשבת, כשעושה תשובה שלימה, שהיא שבת. כמו שכתוב (דברים ל) ושבת עד ה' אלקיך, אתוון דדין כאתוון דדין. כי יש שני תשובות. אחת, יש בני אדם שעושין משא ומתן, והולכין בהבלי עוה"ז. ובאמצעות נופל לו הרהורי תשובה, ואח"כ חוזר למקומו הראשון. וזהו בחינות (יחזקאל א) החיות רצוא ושוב, שאין לו נייחא, כי פעם טמא ופעם טהור, כשר ופסול, אסור ומותר, וזהו בחינות ששת ימי חול. אבל תשובה שלימה הוא בחינות שבת, שיש לו נייחא. כי בא שבת בא מנוחה(א), שיש לו מנוחה מכל וכל, ונדחה הרע לגמרי. ותדע נאמנה, שתשובה שלימה הוא בחינות שבת, כי אי' במ"ר (בראשית פ' כב) כשפגע אדה"ר לקין, ישאל לו מה נעשה בדינך, והשיב לו שעשה תשובה. אמר, אם כך תקיף חילא דתשובה, פתח ואמר מזמור שיר ליום השבת. ולכאורה, מה ענין שבת אצל תשובה. אבל לפי דברינו מכוון היטב, כי כשעושה תשובה שלימה ונדחה הרע לגמרי, ויש לו נייחא, זהו בחינות שבת, ובחי' שדי, ובחי' מט"ט. כי מה הוא שדי, שאמר לעולמו די (חגיגה יב ב"ר פ' מו). ובחינות שבת ג"כ כך, כמו שכתוב (בראשית ב) וישבות ביום השביעי מכל מלאכתו, ואמר די. ובחינות מט"ט, הוא ג"כ בחינות שדי כנודע. וזהו שכתוב בזוה"ק (בראשית דף כז) על פסוק ויקח את האדם ויניחהו בגן עדן וכו' ויקח מאן נטל לי', אלא נטל ליה מארבע יסודין דיליה וכו'. בזמנא דתב בחיובתא ומתעמיק באורייתא, קוב"ה נטל לי' מתמן. ועלי' אתמר ומשם יפרד, אפריש נפשיה מתאוה דילהון וכו'. לעבדה בפיקודין דעשה, ולשמרה בפיקודין דל"ת וכו'. ואי עבר על אורייתא, אתשקיי' ממרירו דאילנא רע, דאיהו יצה"ר. ואם תייבין בתיובתא, אתמר בהון ויורהו ה' עץ, דא עץ החיים, ובי' וימתקו המים. ודא משה משיח, דאתמר ביה ומטה האלקים בידי. מטה דא מט"ט, מסטרי' חיים ומסטרי' מיתה עכ"ל. וזה כמו שפירשנו, היינו כשעושה תשובה שלימה, שידחה הרע לגמרי ונעשה כולו טוב, זהו בחינות משה משיח, דאיתמר בי' ומטה האלקים בידי, היינו שהיה בידו להפוך [מרע לטוב]. ומטה דא מט"ט, מסטרי' חיים ומסטרי' מיתה. כי מט"ט הוא בחינות משנה, שזהו בחינות ששת ימי החול, שהם בחינות ששה סדרי משנה, שכלולים משׂשה בחי' כשר ופסול טמא וטהור אסור ומותר כנודע. וע"כ אלו בני אדם שאינם קבועים עדיין בעבודת הבורא ית', ואין תשובתם שלימה עדיין, רק לפעמים נופל לו הרהור תשובה ומתחיל קצת בעבודתו ית', ואח"כ נופל מזה וחוזר למקומו, ואח"כ הוא חוזר ונתעורר, וחוזר ונופל, וכן משתנה בכל פעם מטוב לרע ומרע לטוב. זאת התשובה היא בחינות ששת ימי החול, שהם בחינות כשר ופסול וכו' כנ"ל. כי הוא ג"כ פעם כשר ופעם פסול, פעם טמא ופעם טהור וכו', כי אין לו נייחא. אבל כשעושה תשובה שלימה, זהו בחינות שבת, כמו שפירשנו. וזהו בחי' משה משיח, שהיה בידו להפוך מרע לטוב, ונדחה הרע לגמרי, וזהו בחינות שדי, ויש לו נייחא מכל וכל. ובחי' מט"ט ג"כ בחינות שדי, אעפ"י שאמרנו שבחינות מט"ט הוא משנה, זהו בששת ימי החול. אבל כשבא שבת בא מנוחה, וישבות מכל מלאכתו, וזהו בחי' שדי. [אזי נכלל מט"ט בבחי' שד"י]. היוצא לנו מזה, שכשעושה תשובה שלימה שהוא בחי' שבת כמו שאמרנו, עי"ז יכול לראות שפלותו כנ"ל: וזה הוא בטח בה', לשון השקט ובטח, שיש לו מנוחה מכל וכל. ועשה טוב, היינו שנתהפך מרע לטוב גמור. שכן ארץ, היינו בחינות נפש, כד"א (תהלים קמג) נפשי כארץ וכו'. היינו שהנפש יש לו נייחא, מחמת שעשה תשובה שלימה כנ"ל. וכשעושה תשובה שלימה הוא בחינות שבת, ויכול לראות שפלותו, וחשיבות וגדולות ישראל. וזהו

צורת י׳ תתאה שבא׳ מסיטרא דשמאלא שכן מחוק״ק מבי״ן רגלי״ו ס״ת קנ״ו שהוא בגי׳ יוסף עד כי יבא שילה זה משה

גלא עמיקתא

בספה״ק, [ז]ובמקום אחר (פירוש על א׳ זעירא דויקרא אופן פ״ד) כתב המג״ע ״משיח בן דוד – משיח בן יוסף״ גימ׳ (1000) ״אלף״. ומביא המגלה עמוקות לכל בחינות ג׳ משיחין הפסוק (בראשית מ״ט,י׳): ״[ח]**לא יסור שבט מיהודה ומחקק מבין רגליו עד כי יבא שילה ולו** יקהת עמים״ גימ׳ (2472) כ״ד פעמים נחמ״ה (103) לקביל 1[ט]כ״ד קשוטי כלה.

ורעה אמונה, היינו שיכול להיות כמו רעיא מהימנא, שיכול למסור את נפשו בעד ישראל. [ז] **מגלה עמוקות על א׳ זעירא דויקרא אופן פ״ד:** הראה הקב״ה למשה אלף יומין דחול וגם תרין משיחין הם עולים לחשבון אלף כי משיח בן יוסף הוא תינו״ק יונ״ק משד״י אמ״ו בגי׳ תקס״ו ומשיח בן דוד לעתיד לבא יהי׳ מלא בי׳ שכן בדברי הימים דוד מלא שיהי׳ משיח כולל כ״ד תכשיטי כלה שהם צורת ב׳ ההי״ן מן השם דוד״י שהם סוד דודי כדאיתא בכנפי יונה נמצא שלעתיד יהיה בן דוד מלא בי׳ תצרף משיח בן דוד שהוא עולה תל״ד עם משיח בן יוסף שהוא עולה תקס״ו הרי אלף זה סוד האלף (שיר ח) לך שלמה שרומז על ב׳ משיחים ואותם הראה הקב״ה למשה ומאוהל מועד דזמין לאתמשכנא לסוף יהי׳ יקר לישראל וז״ש (תהלים קמג) ואלופינו מסובלים שהם על ב׳ משיחים שסודם אלף שהם סובלים עבור ישראל כמ״ש (ישעי׳ כג) אכן חליינו הוא נשא כשיזדווגו יחד אזי אין פרץ יבא בפריו אלף כסף. [ח] **בראשית רבה פרשת ויחי פרשה צח:** ח [מט, י] לא יסור שבט מיהודה, זה מכיר וגו׳, ומחוקק מבין רגליו, שבא ונתחבט לפני רגליו, עד כי יבא שילה, זה מלך המשיח, ולו יקהת עמים, שהוא בא ומקהה שיניהם של עובדי כוכבים, ד״א לא יסור שבט מיהודה, זו סנהדרין שהוא מכה ורודה, ומחוקק מבין רגליו, אלו שני סופרי הדיינים שהיו עומדים לפניהם אחד מימין ואחד משמאל, עד כי יבא שילה, נמנו ואמרו הלל משל מי, אמר רבי לוי מגלת יוחסים מצאו בירושלים וכתיב בה הלל מדוד, ר׳ חייא רבה מן דשפטיה בן אביטל, דבית כלבא שבוע מדכלב, דבית ציצית הכסת מן דאבנר, דבית כובשין מן דאחאב, דבית יצאה מן דאסף, דבית יהוא מן ציפורן, דבית ינאי מן דעלי, רבי יוסי בר חלפתא מן דיונדב בן רכב, רבי נחמיה מדנחמיה התרשתא. [ט] **תפארת שלמה פרשת מקץ:** זאת עשו וחיו את האלהים אני ירא. הנראה לרמז על פי מ״ש בפ׳ זאת חנוכת המזבח. זאת היא השכינה וכן דוד המלך ע״ה אמר

1. באור על מגלה עמוקות ואתחנן אופן ב׳: ו׳. הַכֹּל כַּאֲשֶׁר לַכֹּל מִקְרֶה אֶחָד לַצַּדִּיק וְלָרָשָׁע לַטּוֹב וְלַטָּהוֹר וְלַטָּמֵא וְלַזֹּבֵחַ וְלַאֲשֶׁר אֵינֶנּוּ זֹבֵחַ כַּטּוֹב כַּחֹטֶא הַנִּשְׁבָּע כַּאֲשֶׁר שְׁבוּעָה יָרֵא (קהלת ט,ב) גימ׳ (4584) כ״ד פעמים ״כסא דוד עבדך״ (191) [כדאמרינן בצלותא וכסא דוד עבדך מהרה לתוכה תכין] בסוד כ״ד קישוטי כלה ביחוד הגדול שיהיה לעתיד לבוא [כמו שבארנו במקום אחר בענין תיקון ליל שבועות-כ״ד קישוטי כלה] דאז יתגלה שכולו טוב, וממילא תובן התעלומה שאומר שלמה המלך בקהלת מקרה אחד לצדיק ולרשע וכו׳ והאריך רש״י עיין שם בדוגמאות לכל דבר הנאמר בפסוק- דכל דבר ודבר מטוב עד רע היה לתכלית הכונה דנתאוה הקב״ה להיות לו דירה בתחתונים. והנה ששת הפסוקים עם הכולל בחינת מלכות דאינסוף המשפיע בהם עולים בגימ׳ (20700) מאה פעמים ״אור״ (207) רמיזא אור אינסוף מתלבש בכתר ומאיר בחכמה דאיהו משה ולכן הוא נמי חושבן (20700) ״כלי״ (60) פעמים ״משה״ (345) דמשה רבינו כלי לכתר בחינת חכמה כדכתיב (איוב כ״ח,י״ב) והחכמה מאין תמצא בחינת כתר- דהיא בחינת ביטול דהאיש משה ענו מאד וכו׳ (במדבר י״ב,ג׳) ומאיר בו אור הכתר דהוא גופא כלי לאור אינסוף בפנימיות הכתר, ולכן סליק לחושבן (20700) נ׳ פעמים ״אור אינסוף״ (414) רמיזא דהתלבשותו ב-נ׳ שערי בינה [דזכה להן משה רבינו בהר נבו נוטריקון נ׳ בו] דהוא עיקר- דמתמן ממשיך ויורד להאיר לעולמות בי״ע וכו׳ ולכן אמר לו השי״ת רב לך וכו׳ כבר זכית לכל אלה דהוא גבוה אף מבחינת ארץ ישראל.

זאת היתה לי כי פקודיך נצרתי. כי דוד המע"ה היה בחי' נוקבא דז"א דלית ליה מגרמיה כלום כי אם מתשעה ספירות העליונות. לכן היה לו להוולד בבחי' נפל. וכל חיותו היה מאדם הראשון ומאבות הקדושים. וז"ש זאת היתה לי כי פקודיך נצרתי. לקשט הכלה בפקודי אורייתא. וכן כל איש ישראל מחויב לחנך א"ע בלימוד תורה לשמה לזכות באור החכמה העליונה אשר מופיע בימי החנוכה ויכוון לעשות כ"ד קשוטי כלה כמ"ש קמו בניה ויאשרוה בעלה ויהללה. כי בתחלה קמו בניה ויאשרוה במצות ובמעש"ט והשכינה מתפארת חזי במאי ברא אתינא לקמך. ובזה בעלה ויהללה. וז"ש זאת חנוכת המזבח ביום המשח אותו מאת נשיאי ישראל. היינו לתקן השכינה שנקראת זאת. ביום המשח אותו לשון אות וזה הרמז כי מאיש לקחה זאת היינו שתיקון לזאת הוא ע"י איש האלקים. וז"פ ביום המשח וגו' שזה נמשך מאת צדיקי הדור שומרי אב"ק והם נשיאי ישראל. וזה שאמר ג"כ יוסף זאת עשו וחיו. כאשר תתקנו בחי' זאת עי"ז וחיו. תוכלו להחיות באור פני מלך חיים. אך בזה האופן את האלהים אני ירא. כי אשה יראת ה' היא תתהלל. והבן.

[י'] **אין לו מקור** רק מובא באלשיך **פרשת כי תשא ובשל"ה מסכת תענית דף ס' ויש מהמפרשים מביאים בשם המדרש:** אלשיך שמות פרק לא ואם כן כיון שהמשכן אין השראת שכינה בו מצד עצמו כי אם באדם כמה דאת אמר (לעיל כה ח) ועשו לי מקדש ושכנתי בתוכם, כי בתוכו לא נאמר אלא בתוכם שהוא כי היכל ה' הוא האדם וממנו יתפשט אל המשכן. ואם כן אמור מעתה איך בשבת שהאדם הוא היכל ה' יעשה מלאכה במשכן שהוא עצמו מצד עצמו אין בו שכינה אלא ממה שנמשך לו מן האדם, שעל ידי היות האדם היכל ה' נמשך אל המשכן.

[יא] **מובאים לעיל בתחלת האופן.**

שהוא באמצע ו' של א' נמצא שבצורת א' נרמזים ג' גואלים וכן הוא סוד יונה תרין גדפין של יונה תרין משיחין גופא של

גלא עמיקתא

והנה תיבין "לא יסור שבט מיהודה ומחקק מבין" גימ' (1044) א'דם ב-א' רבתי דהיינו אלף (1000). והא בסוד מה שכתוב (ישעי' ס,כ"ב) "הקטן יהיה לאלף"- דהיינו דלעתיד לבוא לכשיתוקן חטא אדם הראשון תגדל האי א' זעירא ד"ויקרא אל משה" להיות א' רבתי דאדם הראשון בתחלת דברי הימים "אדם שת אנוש" ב-א' רבתי. והוא בסוד אור הכתר דיתגלה בתחתונים "ושכנתי בתוכם" (שמות כ"ה,ח') כפשוטו כאמרם [י']בתוכו לא נאמר אלא בתוכם וכו'. ורמיזא שיל"ה גימ' מש"ה דהוא גואל ראשון והוא גואל אחרון כדהבאנו לעיל דברי [יא]האור החיים פרשת ויחי שהביא פסוק זה. וב-ג' משיחין נרמז שמו. ומחלקו: י' עילאה: משיח בן דוד "לא יסור שבט מיהודה" גימ' (688) ח' פעמים שם אלהי"ם (86) רמיזא דבאלף השמיני יומתקו כל בחינות אלהי"ם ובלע המות לנצח ויתגלה דכולו חסד ורחמים. אלהי"ם בא"ת ב"ש גימ' (560) "לישועה ולנחמה". ו' לקביל משה משיח "עד כי יבא שילה" גימ' (462) ב' פעמים רל"א (231) דהיינו רל"א שערים פנים ואחור- דכעת הן בהסתרה ולעתיד לבוא יתגלה ויתבאר בס"ד דתכלית כל ההסתרה גלוי כבודו יתברך בעולם. "ויקרא אל משה" גימ' (693) ג' פעמים רל"א – הסתרה בתוך הסתרה, ויתגלה לעתיד לבוא ביתר שאת וביתר עוז. שי"ה גימ' מש"ה כנ"ל. י' תתאה: משיח בן יוסף "ומחקק מבין רגליו" גימ' (605) "בבני ישראל" וכדהבאנו לעיל מלקוטי מוהר"ן דבכל אחד מישראל מצוי ניצוץ משיח וע"י זיכוך עצמו מגלה חלקו במשיח דהיינו- הדרך בה יסייע להביא לביאת משיח צדקנו. והוא בחינת "ושכנתי בתוכם" דהיינו "בבני ישראל" כנ"ל. ושאר תיבות

יונה משה וזה נרמז (תהל' קמ"ד, י"ד) אלופינו מסובלים שהגואלים נרמזין בצורת א' לפי שיש בצורת א' י"ו"י.

גלא עמיקתא

הפסוק: "ולו יקהת עמים" גימ' (717) ג' פעמים "כי יד על כס י-ה" (239) (שמות י"ז, ט"ז) דע"י ג' בחינות משיח מכניעים ג' בחינות עמלק מרומז "כי יד על כס י-ה" וממשיך "מלחמה לה' בעמלק" בסוד ראש-תוך-סוף. והנה הפסוק "לא יסור שבט מיהודה" וכו' עם ג' משיחין: "לא יסור שבט מיהודה ומחקק מבין רגליו עד כי יבא שילה ולו יקהת עמים" (2472) (בראשית מ"ט, י') "משיח בן דוד (424) – משה משיח (703) – משיח בן יוסף (566)" (1693)" סליק לחושבן יהוד"י (35) פעמים מג"ן הוי' (119) כדאמר דוד (תהל' פ"ד, י"ב) "כי שמש ומגן הוי' אלהים" וכו' וכדכתיב (ש"ב כ"ב, ל"א) "אמרת הוי' צרופה מגן הוא לכל החוסים בו" יהודי רמיזא "לא יסור שבט מיהודה" יהוד"ה שעל שמו נקרא יהוד"י כאמרם [יב]שבשמו נמצאים ד' אותיות שם הוי' ב"ה. ורמיזא נס דפורים דמרדכ"י נקרא אי"ש יהוד"י כדכתיב במגילה (ב', ה'): "איש יהודי היה בשושן הבירה ושמו מרדכי" וכו'. והוא בסוד השגחה פרטית דישנה לכל אחד ואחד מישראל- דישראל עלו במחשבה לפני כל דבר- ואף לפני התורה הקדושה- ולא עוד אלא שהתורה עצמה נמשכה מנשמות ישראל. כמ"ש רבינו [יג]במקום אחר [וכן מובא

[יב] **תלמוד בבלי מסכת סוטה דף י עמוד ב:** והיא שלחה אל חמיה לאמר לאיש אשר אלה לו אנכי הרה, ותימא ליה מימר! אמר רב זוטרא בר טוביה אמר רב, ואמרי לה אמר רב חנא בר ביזנא אמר רבי שמעון חסידא, ואמרי לה אמר רבי יוחנן משום ר' שמעון בן יוחי: נוח לו לאדם שיפיל עצמו לתוך כבשן האש ואל ילבין פני חבירו ברבים. מנלן? מתמר. הכר נא - א"ר חמא ברבי חנינא: בהכר בישר לאביו, בהכר בישרוהו; בהכר בישר - הכר נא הכתנת בנך היא, בהכר בישרוהו - הכר נא למי. נא - אין נא אלא לשון בקשה, אמרה ליה: בבקשה ממך, הכר פני בוראך ואל תעלים עיניך ממני. ויכר יהודה ויאמר צדקה ממני - היינו דאמר רב חנין בר ביזנא א"ר שמעון חסידא: יוסף שקדש ש"ש בסתר - זכה והוסיפו לו אות אחת משמו של הקדוש ברוך הוא, דכתיב: עדות ביהוסף שמו, יהודה שקדש ש"ש בפרהסיא - זכה ונקרא כולו על שמו של הקדוש ברוך הוא. כיון שהודה ואמר צדקה ממני, יצתה בת קול ואמרה: אתה הצלת תמר ושני בניה מן האור, חייך שאני מציל בזכותך ג' מבניך מן האור; מאן נינהו? חנניה מישאל ועזריה. צדקה ממני - מנא ידע? יצתה בת קול ואמרה: ממני יצאו כבושים. ולא יסף עוד לדעתה - אמר שמואל סבא חמוה דרב שמואל בר אמי משמיה דרב שמואל בר אמי: כיון שידעה שוב לא פסק ממנה, כתיב הכא: ולא יסף עוד לדעתה, וכתיב התם: קול גדול ולא יסף.

[יג] **מגלה עמוקות על התורה פרשת במדבר:** ואתכם יהיו אי"ש אי"ש בכאן רמז מ"ש בזוהר שמנה כאן וחיילותיה של שכינה וחיילות אורייתא חזרנו על כל המקרא ולא מצאנו שמנה כן חיילות תורה וחיילות שכינה רק חיילות ישראל אבל רזא עילאה הוא תלת דרגין דלא מתפשטין אינון רזא דבראשית וכולהו דרגין ס' רבוא בראשית ב"ששים ר"בוא א"ותיות ש"כינה י"שראל ת"ורה במדבר סיני הם חיילות להתורה באוהל מועד הם חיילות השכינה שאו א"ת ראש כל עדת בני ישראל במספר שמות דלעילא ורומז א"ת חיילות התורה כ"ב אותיות התורה הן הן נוטריקון של רא"ש ר"כב א"לקים ש"שים ר"בוא א"ותיות ש"מות ר"בותים אלפ"י ש"נאן וכן בב' צינורות בעולם מתפשטין על ס' רבוא וכן ירדה השכינה עם כ"ב אלף מלאכים נגד כ"ב אותיות התורה ומאחר שאותיות התור' מתפשטין על ס' מילואים זולת מנצפ"ך לכן במספר שמות במסורה ס' מילואים

גלא עמיקתא

[יד]בספה"ק] ישרא"ל ר"ת יש ששים ריבוא אותיות לתורה- וממילא יהודי שעוסק בתורה ממשיך ניצוץ נשמתו בתורה ומקיים את העולם כולו, דקוב"ה [טו]אסתכל באורייתא וברא עלמא.[2]

2. באור על מגלה עמוקות ואתחנ' אופן נ"ג: אקדמות מילין: הנה עוסק המגלה עמוקות באופן זה בענין נקודי האותיות בסוד טנת"א ראשי תיבות "טעמים נקודות תגים אותיות" גימ' (2011) "אשרי העם שככה לו, אשרי העם שה' אלהיו" (תהל' קמ"ד,ט"ו) ובהוספת הכולל עולה בגימ' (2012) "ארמי אובד אבי וירד מצרימה ויגר שם במתי מעט" (דברים כ"ו,ה') [ואמרינן בהגדה של פסח: לבן ביקש לעקור את הכל שנאמר ארמי אובד אבי וכו'] וכמו שכתבנו לעיל בסוף האופן הקודם [נ"ב] דלבן ביקש לעקור את הכל על ידי הריגת אליעזר שהיה שליח לקידושין ואז על פי הלכה יהיה אסור המשלח בכל נשי עלמא [שמא קידש השליח אחת בתורה כי ס' אותיות מילוי א"ב מתפשטין על ס' רבוא אותיות של תורה וכן ישראל ולווים היו כ"ב אלף וכל ישראל ס' רבוא אלף ז"ס כי תרכ"ב (חבקוק ג) על סוס ת"ר כ"ב סוס של הקב"ה הוא אדנ"י בריבוע א' א"ד אד"נ אדנ"י סוד קכ"ו חותם של תורה סוף ה' חומשים ז"ש ואתכם יהיו אי"ש אי"ש ב"פ אי"ש בגי' ב"כת"ר. **[יד] דגל מחנה אפרים שמות פרשת וארא:** וזה יש לומר הפירוש וארא אל האבות באל שדי שאז היה שם הוי"ה ברוך הוא שהוא סוד כל התורה כולה על דרך שמי עם י"ה שס"ה ו"ה עם זכרי רמ"ח היה אז מצומצם באל שדי שהוא רזא דברית קדישא כנ"ל ומשם היו מסתכלין בשם הוי"ה ברוך הוא לקיים כל פרטי מצוות התורה שהוא שמו של הקדוש ברוך הוא ואור נשמת האדם כי אורייתא וקודשא בריך הוא ונשמותיהון דישראל כולהו חד (זוהר ח"ג ע"ג א) ולכך היה אז שמו של הקדוש ברוך הוא גם כן בסוד צמצום בשם שדי כמו אורייתא ונשמותיהון דישראל עד אחר כך שבא משה רבינו ע"ה וכבר דוליד יעקב שנים עשר שבטים ונתפשט שם הוי"ה ברוך הוא לשנים עשר צירופים ואחר כך מהם יצאו ששים ריבוא ישראל שהיו במצרים ואז נתפשט השם הוי"ה ברוך הוא שהוא סוד כל התורה כנ"ל יותר בכל צדדיו ונעשה מזה ששים ריבוא אותיות התורה שכל אחד מישראל היה לו אחיזה באות אחת של התורה כידוע שם ישראל מורה ראשי תיבות יש ששים ריבוא אותיות לתורה וזהו בחינת גדלות שיצא השם הוי"ה ברוך הוא שהוא סוד כל התורה כולה מן הצמצום לבחינת התפשטות ששים ריבוא אותיות התורה שהם כלל כל התרי"ג מצוות שהם שם הוי"ה ממש כנ"ל, והבן איך כל התורה כולה הוא שמו של הקדוש ברוך הוא, וזהו הכל על ידי הדעת שנתפשט כידוע שהדעת הוא מעלה כל הבחינות קטנות אל בחינת גדלות, ולכן כשבא משה ומצא ששים ריבוא ישראל והוא היה שורש כולם שהיו כולם נכללין בו כידוע אז הוציאם ממצרים שהוא בחינת קטנות לבחינת הגדלות שהיא נתינת התורה הקדושה בהתפשטות רמ"ח מצוות עשה ושס"ה מצוות לא תעשה המפורשים בששים ריבוא אותיות התורה וזה היה מאמר הראשון למשה בהוציאך את העם ממצרים (שמות ג', י"ב) בחינת קטנות תעבדון את האלהים על ההר הזה היינו הר סיני שעליו ניתנה התורה בבחינת גדלות, וזהו וארא אל האבות באל שדי כי משם היה כל בחינת עבודתם כנ"ל בסוד הצמצום ושמי ה' לא נודעתי להם היינו שעדיין לא הגיע לבחינת התפשטות כנ"ל כי בדעת חדרים ימלאו ואם אין חדר מי ימלא והבן, לכן אמור לבני ישראל אני הוי"ה שעתה יצאו מגדר הצמצום והקטנות ויתפשט שמי הוי"ה ברוך הוא בסוד הגדלות והתפשטות הדעת בנתינת התורה בכל פרטיה ושורשיה ותרי"ג מצוות שבה והבן כי יש בזה שער התורה ועבודה, וה' יכפר בעדי ואם שגיתי חס ושלום פשיטא יכפר בעדי אמן. **[טו] זוהר פרשת תרומה דף קסא עמוד ב:** קודשא בריך הוא אסתכל באורייתא וברא עלמא, בר נש מסתכל בה באורייתא ומקיים עלמא, אשתכח דעובדא וקיומא דכל עלמא אורייתא איהי, בגין כך זכאה איהו בר נש דאשתדל באורייתא דהא איהו מקיים עלמא, בשעתא דסליק ברעותא דקודשא בריך הוא למברי אדם קאים קמיה בדיוקניה וקיומיה כמה דאיהו בהאי עלמא ואפי' כל אינון בני עלמא עד לא ייתון בהאי עלמא כלהו קיימין בקיומייהו ובתקונייהו כגוונא דקיימין בהאי עלמא בחד אוצר דתמן כל נשמתין דעלמא מתלבשן בדיוקנייהו, ובשעתא דזמינין לנחתא בהאי עלמא קרי קודשא בריך הוא לדד ממנא די מני קוב"ה ברשותיה כל נשמתין דזמינין לנחתא להאי עלמא ואמר ליה זיל אייתי ליה רוח פלוני.

[טז] פתח אליהו תקו"ז הקדמה דף יז עמוד ב: עלאין שמעו אינון דמיכין דחברון ורעיא מהימנא אתערו משנתכון הקיצו ורננו שוכני עפר אלין אינון צדיקייא דאינון מסטרא דההוא דאתמר בה אני ישנה ולבי ער ולאו אינון מתים ובגין דא אתמר בהון הקיצו ורננו וכו' רעיא מהימנא אנת ואבהן הקיצו ורננו לאתערותא דשכינתא דאיהי ישנה בגלותא דעד כען צדיקייא כלהו דמיכין ושינתא בחוריהן מיד שכינתא יהיבת תלת קלין לגבי רעיא מהימנא ויימא ליה קום רעיא מהימנא דהא עלך אתמר קול דודי דופק לגבאי בארבע אתוון דיליה ויימא בהון פתחי לי אחותי רעיתי יונתי תמתי דהא תם עונך בת ציון לא יוסיף להגלותך שראשי נמלא טל מאי נמלא טל אלא אמר קודשא בריך הוא אנת חשיבת דמיומא דאתחרב בי מקדשא דעאלנא בביתא דילי ועאלנא בישובא לאו הכי דלא עאלנא כל זמנא דאנת בגלותא הרי לך סימנא שראשי נמלא טל ה"א שכינתא בגלותא שלימו דילה וחיים דילה איהו ט"ל ודא איהו יו"ד ה"א וא"ו וה"א איהי שכינתא דלא מחושבן ט"ל אלא יו"ד ק"א וא"ו דסליקו אתוון לחשבן ט"ל מלייא לשכינתא מנביעו דכל מקורין עלאין מיד קם רעיא מהימנא ואבהן קדישין עמיה עד כאן רזא דיחודא.

גלא עמיקתא

ומביא ד-ג' משיחין הן בסוד יונה תרין גדפין וגופא, וישראל נמשלו ליונה- מה יונה זו תמה אף ישראל תמימים לקוב"ה ועוד רבים. ולכן בשיר השירים יונה משל לעם ישראל (שיר השירים א') "הנך יפה עיניך יונים" ולכן כתיב שם (ה',ב') "אני ישנה ולבי ער, קול דודי דופק, פתחי לי אחתי רעיתי יונתי תמתי, שראשי נמלא טל קוצותי רסיסי לילה" גימ' עם הכולל (6066): ח"י פעמים בה"ר סיני (337) דבהר סיני על כל דבור ודבור פרחה נשמתן והחזירה להם בטל תחיה- היינו ח"י, רמיזא ראשי נמלא טל- והיינו טל תחיה- לראש"י אתוון ישרא"ל. והא [טז]טל תחיה דעתידא קוב"ה להחיא ביה מתיא, כדאמר ישעי'

מקרובותיה ונאסרה עליו באיסור ערוה] ולכן נקרא שמו "בתואל" שרצה לאסור על יצחק כל בתולות עלמא- וממילא לא יוכל לבנות את בית ישראל, ובארנו דעל אותו משקל במתן תורה שהוא בחינת קידושין דקוב"ה וכנסת ישראל- רצה הס"מ לאסור על הקב"ה את כנסת ישראל בחינת אשה- ולכן הראה להם שמת השליח לקידושין משה רבינו. וזהו בלשון ארמי- דהוא שרש ל-ע' לשונות עכו"ם הוא הוא נסיון העכו"ם להפקיע מלשון הקודש אשר בה נברא העולם, כאמרם קוב"ה אסתכל באורייתא וברא עלמא- וזהו דכללות העולמות נבראים יש מאין ובכל חלק וחלק לפסוקים תיבות ואותיות לפי פרשיותיה וחילוקיה ל-ז' ימי השבוע, ובכל חלק וחלק לפסוקים תיבות ואותיות עד לחלקיק הרגע בו נברא כל העולם על ידי קוץ דאות מסויימת. וכגון בסוף חודש אלול דכל שנה בצאת הכוכבים דהוא אור ל-א' תשרי- דאז מתחילים התורה מראשיתה- ברגע הראשון של א' תשרי כנ"ל מתנוצצת אות ב' רבתי דבראשית ובוראת את העולם כולו, וברגע הבא מיד לאחר מכן מתנוצצת הארת אות ר' דבראשית ובוראת העולם יש מאין וכן על זה הדרך- לכן סליקו כולהו אתוון קמיה קוב"ה וביקשו בי נאה למיברי עלמא [כדאיתא בהקדמת הזוהר ומבואר אצלנו בהרחבה במקום אחר] וסליקו בסדר תשר"ק דחודש תשר"י איברי כולהו מחדש- דמאיר בו אור חדש בעולם שלא היה כמותו מעולם, וחודש תשרי אף הוא בסדר תשר"ק- וכן במוסף שבת קודש אמרינן תכנת שבת רצית קרבנותיה בסדר תשר"ק- דהאות הראשונה בתורה ממשיכה אור חדש דכולהו יומין דבתר רישא גופא אזיל, ולכן איקרי "ראש השנה" [בחינת שנה] דהוא חושבן (861) "בית המקדש" בבחינת עולם, והוא חושבן (861) "והאלהים נסה את אברהם" (בראשית כ"ב,א') בבחינת נפש דאברהם אבינו ראש למאמינים ראשון לנימולים וכו', והני תלת רישין לקביל עולם-שנה-נפש בסוד תלת רישין אינון בכתר, דהיינו: "בית המקדש - ראש השנה - והאלהים נסה את אברהם" [כל אחד מהם גימ' (861) כנ"ל] סליקו לחושבן (2583) "גלגלתא - טלא דבדולחא - קרומא דאוירא - עמר נקי - רעוא דרעוין - פקיחא עילאה - חוטמא" [בתוספת הכולל] דהן ז' תיקונין קדישין דעתיק דמתלבשין בגלגלתא דאריך [והן ראשי תיבות ג"ט קע"ר

פ"ח ובארנוהו במקום אחר בהרחבה], והוא סוד תיקון מיתת ז' מלכים קדמאין (בראשית ל"ו) לקמן באות ד', וזהו: "(תתן) אמת ליעקב חסד לאברהם" (סוף ספר מיכה) גימ' (1003) "ויטע אשל בבאר שבע"- ובארנו במקום אחר דהוא חושבן (1003) "ישראל עלה במחשבה"- דישרא"ל אתוון ל"י רא"ש- והן ראשי תיבות יש ששים רבוא אותיות לתורה בחינת אותיות, "עלה במחשבה" גימ' (462) "אברהם ויצחק"- דהוא ענין נסיון עקדת יצחק "והאלהים נסה את אברהם" כנ"ל דהוא רישא דנפש דאמרינן לעיל, והוא נמי חושבן (462) "אין סומכין על הנס" (פסחים סד:) ולכן אמרינן בברכות השחר ואל תביאנו לידי נסיון וכו' וכן אמר רבי זירא לרבה לאחר שהחיהו נעביד להאי סעודתא לשנה אחרינא [מגילה ז: עיין שם בסוגיא], והוא חושבן (462) ב' פעמים רל"א (231) דהן רל"א שערים פנים ואחור בהן מושפע השפע להאי עלמא כמבואר באריכות במפרשי ספר יצירה, ובמשה רבינו איתמר (ויקרא א',א') "ויקרא אל משה" גימ' (693) ג' פעמים רל"א (231) וסבר שניתנה לו רשות לגלות הרל"א שערים דתיבין "עלה במחשבה" סליקו לחושבן (462) ב' פעמים רל"א כנ"ל- וכגון מאי דשאל לקב"ה כשראהו לרבי עקיבא דורש תלי תלים של הלכות על כל תג ותג וכל קוץ וקוץ- זו תורה וזו שכרה? והשיב לו הקב"ה: "שתוק כך עלה במחשבה" גימ' (1318) "התחית המתים"- היא התכלית להכל- ובכאן ב-ה' הידיעה- דכולהו תנאי ואמוראי היו מחיים מתים בפרטיות- אך לא יכלו לגרום לתחית המתים הכללית- דזאת יעשה רק הקב"ה בעצמו דהוא ר"ב ל"ך- היינו הקב"ה דהיה רבו של משה- הוא יחיה המתים כולם לעתיד לבוא ומשה רבינו בכללם [כדאמר לו הקב"ה בפירוש: הנך שוכב עם אבותיך וקם (דברים ל"א,ט"ז) ודרשו חז"ל מכאן לתחית המתים מן התורה- ומשמע שעיקר תחית

המתים תהיה במשה רבינו וכל בני ישראל יהיו בבחינת טפלים אליו- כי המקור לתחית המתים דכלל ישראל הוא מתחית המתים של משה רבינו ודו"ק] ורק אז יכנס הוא ודור המדבר לארץ ישראל וישיגו סוד טנת"א בשלמות ואף למעלה מכך, דטנת"א הן לקביל אתוון דשמא קדישא י-ה-ו-ה: טעמים: י', נקודות: ה' עילאה, תגים: ו' ואת עלית על כולנה (משלי ל"א,כ"ט), אותיות: ה' תתאה מלכותא קדישא. ברם יש עוד בחינה גבוהה מכולן קוצו של י' והוא בחינת רזין דרזין דאית באותיות עצמן בחינת רל"א שערים כנ"ל בחינת חלופין וצרופין וכו' כגון עשרת הדברות דיתרו ודואתחנן כיצד יהיה חשבונם בא"ת ב"ש, א"ט ב"ח, א"ל ב"ם וכיוצא בזה ומה המשמעות לכל חילוף ומה חשבון כולם יחד, והרי יגיע לאין מספר, וכן באחוריים דתיבין, ואחוריים דאותיות כזה: "א - אנ - אנכ - אנכי י - יה - יהו - י-ה-ו-ה" וכן על זה הדרך אחוריים דאחוריים דאותיות ומה יוצא הלימוד לעבודת ה' מכל צרוף בכל מכל כל, והיא בחינת האותיות עצמן בחינת קוצו של י' דמעל הטנת"א הידוע, דבעולמות קוצו של י' הוא ברזא דאינסוף ולכן יגיעו גם כאן חשבון הצרופים לאינסוף ממש, ויחשבו סוגים דאינסוף: אינסוף קטן, אינסוף גדול, רבוע דאינסוף, אינסוף דאינסוף וכדומה, ובחינות אלו יתגלו רק בתחית המתים לאחר הכנת הכלי (ישעי' מ,ה') ונגלה כבוד הוי' וראו כל בשר- בשר דייקא- דהוא קודם התחיה, ואחר כך תהיה מיתה ותחיה, ואז תהיה התפשטות הגשמיות [כמבואר בכלי יקר ריש פרשת שמיני עיין שם אריכותו המופלאה] דכל ישראל יש להם חלק לעולם הבא- בבחינת אלהות ממש- וממילא יובן הכל ברזא דאינסוף דלא תהיה יותר הגבלת השכליים כפי שהוא בגוף הגשמי- דכל חדא וחדא לפום מאי דמשער בליביה- אמנם גם אז יהיה הפרש בין הבנת ראובן

גלא עמיקתא

הנביא (כ"ו,י"ט): **"יחיו מתיך נבלתי יקומון, הקיצו ורננו שוכני עפר כי טל אורות טלך" וכו' ומביא הפסוק** (תהל' קמ"ד,י"ב): **"אלופינו מסבלים, אין פרץ ואין יוצאת ואין צוחה ברחבתינו" גימ'** (2224): **ח' פעמים "אור הגנוז"** (278) **דעתידא לאתגליא באלפא תמינאה. והנה כל הפסוקים והדברים שמביא באופן, דהיינו: "לא יסור שבט מיהודה ומחקק מבין רגליו עד כי יבא שילה ולו יקהת עמים"** (2472) **"משיח בן דוד** (424) **– משה משיח** (703) **– משיח בן יוסף** (566)**"** (1693) **"אלופינו מסבלים, אין פרץ ואין יוצאת ואין צוחה ברחבתינו"**

לשמעון- לפי ערך מסירות נפשו על לימוד התורה הקדושה וקיום המצוות בחיי חיותו בהאי עלמא, ומשה רבינו ישיג בחינה גבוהה מכולם דמסר נפשו עבור התורה וכלל ישראל בשלמות ויותר מכל אדם- ולכן אומר לו הקב"ה: עלה ראש הפסגה- דאתה שייך לבחינת "קוצו של יוד" גימ' (552) "משה בהר" כדכתיב (שמות כ"ד,י"ח) "ויהי משה בהר ארבעים יום וארבעים לילה".

3. באור שיר השירים פרק ח' - אקדמות מילין: "שימני כחותם על לבך כחותם על זרועך" גימ' (1913) "אלף בראשית". והנה לעיל אופן ל"ט-בזוה"ק סליקו כל אתוון קמיה בסדר תשר"ק וכו' הבאנו מהזוה"ק (הקדמת הזוה"ק ב:) דסליקו כל אתוון קמיה בסדר תשר"ק למברי בהו עלמא, ולבסוף ברא באות ב' דאיהי ברכה שנאמר בראשית ברא אלהים וכו'. ואות אלף לא עאלת אמר לה הקב"ה אלף אלף למה לית אנת עאלת וכו' אמר לה את תהא ראש לכל אתוון וכל יחודא לא יהא אלא באות אל"ף שנאמר אנכי ה' וכו'. ובאור הענין אלף דווקא דאזעירת גרמה ולא עאלת- נהיתה רישא לכל אתוון- ולעתיד לבוא א' רבתי דאדם (תחלת דברי הימים) דהיא ג"כ סיפא לכל אתוון בסוד סוף דבר הכל נשמע- לאחר כ"ז אתוון עם כמנפ"ץ אלף (1000) רבתי. וזהו כ"ז אתוון (כ"ב עם ה' מנצפ"ך) גימ' (4995) ה"פ אל ש-די במלוי כזה "אלף למד, שין דלת יוד" (999), ועם אלף רבתי האות ה-כ"ח הכוללת כולם מ-א' (1) ועד אלף (1000) סליקו לחושבן (5995) י"א פעמים "אך פרי לצדיק" (תהל' נ"ח,י"ב). והפסוק פותח "ויאמר אדם אך פרי לצדיק" וכו' וזהו דאמרינן דלעתיד לבוא אדם א' רבתי (תחלת ספר דברי הימים) אך פרי לצדיק ר"ת אל"ף דאדם. וכפלינן להני כ"ח אתוון י"א פעמים לקביל י"א כתרין דמסאבותא דאדם מזכך מדותיו להתגבר עליהן, דאינון ז' מדות - "ויאמר אדם אך פרי לצדיק" סליק לחושבן (847) ז' פעמים י"א פעמים י"א, חזינן עיקר זיכוך המדות. והוא ע"י התבוננות בגדולתו ית' דמוחין מולידים מדות, והתקשרות לצדיק הכולל דהוא דעת הכולל דאם לא עוזרו (הצדיק מקשר לקב"ה באופן ז"ך) אינו יכול לו. וזהו ז"ך אתוון דאורייתא קדישא ועם האי א' רבתי דאדם- דאיהו הצדיק הכולל בחי' אדם הראשון קודם החטא, דאז נתמעטה האי אלף ל-א' זעירא. ולכן נהיה בחי' "דם" בלי א', והחלה שפיכות דמים דקין והבל כדכתיב "קול דמי אחיך צועקים אלי מן האדמה" (בר' ד',י') סליק לחושבן (725) "אור זרוע לצדיק" עם הכולל (תהל' צ"ז,י"א) והוא סופי תיבות קר"ע כנודע. ואיהו חושבן (סוכה לח.) "גירא בעיניה דשטנא" (725), עם א' רבתי הרי כ"ח אתוון, דהביא רש"י בתחלת פרושו על התורה (תהל' קי"א,ו') "כח מעשיו הגיד לעמו" ע"ה סליק לחושבן (623) "ביד משה ואהרן" (תהל' ע"ז,כ"א). והוא בגמ' (סוכה לח.) רב אחא בר יעקב ממטי ליה ומייתי ליה (ללולב) אמר דין גירא בעיניה דשטנא ומבואר באופן י"א-דירה בתחתונים ע"י עשרת הדברות וכו'. וכן גימ' "שטנא" (אלף חוזר לאחד) בגמ' (סוכה לח.) רב אחא בר יעקב ממטי ליה ומייתי ליה (או"י ואו"ח) אמר "דין גירא בעיניה דסטנא" גימ' (549) "אמת ואמונה", והוא תקונא ד"אדם הראשון" גימ' (607) "משה ואהרן" בחי' הצדיק הכולל לכל דרא ודרא, וקוב"ה יהיב ליה כח לתקן נשמות עם ישראל עד ביאת משיח צדקנו דהוא בחי' איש האלהים דיגאלנו ב"הריחו ביראת ה'" (ישעי' י"א,ג'). ופרשו חז"ל (סנהדרין פרק חלק דף צ"ג ע"ב) "מורח ודאין" סליק לחושבן (325) ה"פ "א-דני" (65) - דה' בחי' נפשו נרנח"י דמשיח הן בבחי' א-דני מלכות דאצילות וממילא שורה בו רוח הקודש ודן על פי ריחו דין אמת. ומביא הש"ס (שם) המעשה מבר כוזיבא (בר כוכבא דנקרא כוזיבא על שם שכיזב) דמלך בבית"ר אתוון ברי"ת

גלא עמיקתא

(2224) סליקו כולהו לחושבן (12454) הוי' (26) פעמים "עין בעין יראו" (479) כדכתיב (ישעי' נ"ב,ח') "[3]כי עין בעין יראו בשוב ה' ציון" והוא בגאולה השלמה, כבאור הרד"ק שם: "כי כולם היתה בהם רוח הנבואה במעמד הר סיני". וזהו דתחזור בהם הראיה כדוגמת (שמות כ',י"ח) "וכל העם רואים את הקולות" ואף יותר מכך (ישעי' מ',ה') "ונגלה כבוד הוי' וראו כל בשר" וכו' דיהיה גלוי אלופו של עולם בעיני בשר- ורמיזא ב-א' זעירא דניתנה למשה רבינו בהקמת המשכן.

שנתים ומחצה. ואמר "אנא משיח" גימ' (410) י"פ "כח אחד" (41) דהיינו דיש בו במשיח הני כ"ח אתוון כולל ה-א' רבתי "אחד" דהיינו "כח אחד" בי"ס דיליה, ובדקו אם הוא מורח ודאין ומשמצאו שאינו הוציאוהו להורג כנביא שקר. "בר כוזיבא" סליק לחושבן (248) רמ"ח ד-א' ששלם ברמ"ח ור"ת כ"ב שרוח הקודש שורה בכ"ב אתוון דיליה- והיינו כ"ב אתוון דאורייתא. ורמיזא בהאי פסוקא ענין התפלין ד"תפלין" גימ' (570) "תחבקני" (פסוק ג') (ושם) שמאלו תחת ראשי- דהיינו "תפלין של ראש" גימ' (1401) "תחת (ראשי) תחבקני" עם ו' דשמאלו ועם ו"י דוימינו ועם הכללות. ובפסוק ו' "שימני כחותם על לבך כחותם על זרועך" לקביל תפלין של יד, וזהו "תפלין של יד תפלין של ראש" גימ' (2315) "חנוכה" (89) פעמים "הוי'" (26) ע"ה רמיזא התגלות אור הגנוז ריזא בנרות חנוכה- והכללות פנימיות הכתר בסוד האי א' זעירא דניתנה אל משה כדכתיב ויקרא אל משה. והנה הוא נפלא דאמרינן "שימני כחותם על לבך כחותם על זרועך" גימ' (1913) "תפלין של יד" (914) דאלף (1000) אזעירת גרמה לאלף (1) בסוד (חולין ס' ע"ב) לכי ומעטי את עצמך (ומבואר לעיל אופן ס'-קטרוג הלבנה וכו'). ולעתיד לבוא "והיה אור הלבנה כאור החמה ואור החמה יהיה שבעתים כאור שבעת הימים, ביום חבש ה' את שבר עמו ומחץ מכתו ירפא" (ישעי' ל',כ"ו) בב"א. ונבאר להאי פרקא אחרינא דשיר השירים קודש קודשים פסוקא פסוקא בפשוט ובא"ת ב"ש בסוד אור ישר ואור חוזר- ולבסוף תהוי חנוכיה י"ד קנים מזה בפשוט וי"ד קנים מזה בא"ת ב"ש, ויהי רצון דנזכה לכוון לאמיתה של תורה. פסוק א': מי יתנך כאח לי ינק שדי אמי אמצאך בחוץ אשקך גם לא יבזו לי: סליק לחושבן (1948) ד"פ "בתהלים" (487). ובארוהו המפרשים ובמדרשים, ורק נוסיף דאינון י"ד תיבין כמנין דו"ד- ומכוון לחושבן ד"פ בתהלים- דאת דלת דלה ועניה דלית לה מגרמה כלום ר"ת דו"ד מל"ך וכן דרשו הני דרדקי האותיות (שבת קד.) ג' ד' גמול דלים. "גמול" גימ' (79) "בן דוד יבא", "דלים" גימ' (84) אבי"ע ע"ה- דהכולל היינו קוצו של י' כתרא עילאה דמשפיע שפע קדושה לעולמות דנבראים. דלעומת הבורא ית' הם בחי' דלים- ולכן הם ד' עולמות אבי"ע בחי' דלות, ברם לכך נתאוה קוב"ה להיות לו ית' דירה בתחתונים (עיין תנחומא נשא טז), ולמהוי כסא שלם בן ד' רגלים דהן בכללות ג' אבהן: אצילות- אברהם אב רם. בריאה- יצחק בחי' דינים עולם הכסא. יצירה- בחי' יעקב דמשלב אברהם (בחינת החסדים) ויצחק (בחינת הגבורות): "יצירה" גימ' (315) "יעקב כסא כבודך" דדמות דיוקנו חקוקה תחת כסא הכבוד- ומשלב אברהם ויצחק כבודך- אצילות, כסא- בריאה עולם הכסא כנ"ל. עשיה- בחי' דוד דאיהו גימ' "יד" היינו עשיה בידים, והוה ליה דמות א' זעירא חקוקה על זרועו- והארכנו במקום אחר בענין א' זעירא דהות בדרועיה דדוד. והנה רמיזא בפסוקא דנן לכל הנ"ל: מי בחי' בינה שער ה-נ' היינו בריאה דכללות. שדי היינו אתוון שם ש-די ביסוד, היינו יצירה דכללות. יבזו לי גימ' (65) א-דני בחי' עשיה דכללות. יונק שדי אמי עם ו' אותיות גימ' (537) "אצילות" לקביל אברהם וזהו "ברחמיך הרבים" גימ' (537) "אצילות". ורמיזא יניקת הסט"א "לילית" בין כל השמות הקדושים הנ"ל ונסיונותיה לינוק מהן המניעה ע"י הצמדתה מהאי גיסא ומהאי גיסא למניעת היניקה דאין הדין נמתק אלא בשרשו בחי' "מי" שער ה-נ' "יתנך" גימ' (480) "לילית" ועוד יותר מכך: "יונק שדי" גימ' (480) "לילית" רמיזא יונק היינו היניקה, שדי היינו ש-די שם היסוד דמתמן עיקר יניקתה הפגם הנודע כדכתב האר"י הק' דנראית לבני נשא בחלום. וזהו דחושבן פסוקא דנן איהו (1948) שנת הולדתו של אברהם אבינו עליו השלום - ונגלה עליו ה' כשהיה בן ב"ן- ואז החלו ב' אלפי תורה (סנהדרין צ"ז ע"א). פסוק א' בא"ת ב"ש בסוד אור חוזר דהיינו: "ים מאטל לתס כמ מפטד בקמ תימ תיהתל שספה תבצל רי כת משעפ כמ" גימ' (4311) ט"פ "עין בעין יראו" (ישעי' נ"ב,ח') ס"ת נון דהיינו דתהיה בהאי עלמא הארת שער הנ' בחי' אור הלבנה כאור החמה. וזהו "ומשרתו יהושע בן נון נער לא ימיש מתוך האהל" בן דשער ה-נון, והס"מ וזוגתו מנסים לסמא עינים ולכן שמיה סמאל. ב"פ "סמאל" (131) גימ' (262) "עין בעין"- והוא או"ח בחי' יהושע בן נון פני לבנה אמנם גם בפשוט סליק לחושבן פסוקא דנן ד"פ בתהלים וי"ל דאיהו או"ח דבאו"י. ופסוקא דנן פשוט וא"ת ב"ש סליק לחושבן (6259) י"א פעמים "בינה ומלכות" (569) דבינה בחי' אור ישר ומלכות בחי' אור חוזר. וכפלינן י"א פעמים לקביל י"א כתרין דמסאבותא דמתמתקאן כד מלכות סלקת לבינה ומעלה לשם ברורי הרפ"ח נצוצין דיהבין לה עמא דישראל. ולעתיד לבוא מלכות תעלה לבינה ותשרה שם בקביעות וממילא הסטרין אחרנין יכלו ויאבדו בגאולתא בב"א, ובהארת אור הכתר- ד-ג' תיבין קדמאין "מי יתנך כאח" בא"ת ב"ש סליקו לחושבן (620) "כתר".

אופן פט

איתא בספר יונת אלם פרק ששי בסוד האלף בסוד ג' אורות שנקראים פנימי וחיצון ומקיף וסימנך נפשינו כצפור נמלטה מפח יוקשים מפ"ח נוטריקון מ"קיף פ"נימי ח"יצון שכן הנפש ג"כ בלולה בסוד פנימי ומקיף ויש בה נובלת בסוד אור חיצון וזה סוד אצל משה שעלה בענן ונתכסה בענן אלה הם חיצון ומקיף ונתקדש בענן זהו אור פנימי וזה סוד ג"פ מסוה וג"פ קרן וג"פ משה בפ"א וסוד ג' עליות שעלה משה להר בכל פעם זכה לאור אחד מג' אורות וזהו סוד בכל לבבך ובכל נפשך ובכל מאודך וכולם ניסדו יחד בצורת האל"ף שהיא ראשונה לאותיות שהיא צורת י"ו"י ובסוד י"כין ו"צדיק י"ילבש ועז"א הפסוק ויקר אל משה ומהו היקר אלף שהוא צורת י"ו"י חשבון ההוי"ה שנאמר וידבר ה' אליו ורמז ג' אורות העליונות שזכה משה וכולם נבללים באלף יוד למעלה שהיא סוד מקיף והו"ו שבאל"ף רמז לסוד אור פנימי ויו"ד תחתונה רמז לאור החיצון ולפי שבשעת העגל פגמו ישראל בג' אותיות אלו ונסתלקו מהם לכן נהרגו כשלשת אלפי איש שרומזים לג' אלפין לג' אורות שנסתלקו מהם ועליהם אמר משה מחני נ"א מספר"ך אש"ר כתב"ת ס"ת בגי' ג' פעמים אור שמשה יקח את האוהל שזכה לכולן ובשעת התיקון אמר כ"י ת"שא

א"ת ר"אש ר"ת תרכ"א איתמר תמן ג' תרומות שהם רומזין לג' אורות אלו.

אופן פט

[א]איתא בספר יונת אלם פרק ששי בסוד האלף בסוד ג' אורות שנקראים פנימי וחיצון ומקיף וסימנך (תהל' קכ"ד,ז')

גלא עמיקתא

והנה באופן פ"ט גימ' (89) חנוכ"ה דורש ענין ג' בחינות באור: פנימי, חיצון, מקיף – מתתא לעילא. ומרמזו בצורת אות א' י"ו"י: לקביל מקיף י' עילאה, פנימי ו' בריח התיכון המַבריח מן הקצה אל הקצה, י' תתאה לקביל חיצון בחינת מלכותא קדישא דמתמן יניקת החיצונים ונקרא חיצון על שם שיונקים ממנו החיצונים. ובעבודה – להמשיך אורות עליונים דמקיף לבחינת פנימי, ומבלי שתהיה יניקת החיצונים בלתי כדי צרכם כדי חיותם. כדוגמת "[ב]מים אחרונים חובה" גימ' (426) ג' פעמים הגנו"ז (71) רמיזא [1][ג]אור הגנוז דעתיד להתגלות באלף

1. באור על מגלה עמוקות ואתחנן אופן נ"ח: ד'. <u>וַיִּגְדַּל הַיֶּלֶד וַתְּבִאֵהוּ לְבַת פַּרְעֹה וַיְהִי לָהּ לְבֵן וַתִּקְרָא</u> שְׁמוֹ מֹשֶׁה וַתֹּאמֶר כִּי מִן הַמַּיִם מְשִׁיתִהוּ (שמות ב,י') גימ' (4478) ב' פעמים "הנסתרות לה' אלהינו והנגלות לנו ולבנינו עד עולם" (דברים כ"ט,כ"ח) (2239) דמשה רבינו היה מן הנסתרות דנשמתו היתה מעוברת מנשמת נח-דאם נח היה מוסר נפשו היה מציל את כל בני

[א] ספר יונת אלם (לרמ"ע מפאנו) - פרק ו: גם הצמצום שזכרנו תחלה לאור הכתר היה לצורך המעוט הזה להחזיר תוקף הבחירה לשרשה והידיעה דבקה בה רצוא ושוב בלי ספק. לפיכך היה האור מפרכס כלו לצאת משא"כ בסוד המקיף כי הוא רוצה בקיו' הפנימי כמו שזכרנו בתחלת הפרק ועוד מעוט הבחירה שהירח נמשלה בה שלא תנהיג רק בזה מדות תחתונות שבה כדלקמן בפ' ל"ג גורם למוחין שלה להסתלק אצל הידיעה הרי ידיעת הבחירה ממש כדברי הגאון רב סעדיה שאמר לדרך הפשט והוא מוסכם מאוד אל הנסתר הנדרש בגבהי מרומים ואמת י"י לעולם וכן נשמת אדם היא בסוד פנימי ומקיף ויש בה נובלות בסוד אור חצון כמו שנפרש בספירות ג"כ. ואדם חשוב המסתפר מן הנכרי ברה"י למגלח רישא דמריה מיבעי ליה להסתכל במראה הוא המקיף שעל ראשו לטהרו ולקדשו והנה הפנימי הוא המוגבל לקיים התורה ומצותיה והחיצון הוא לצורך מה שהאדם מחמיר על עצמו לרצונו לתוספת קדושה לתקון החטא הקדום בכל כחו וכל שכן אם הוא צריך לתקן במעשה עצמו או במעשה אבותיו ועם זה הוא מעלה מנובלת נשמתו להתתקן למעלה והמשל בזה אנו חייבים להקריב תמידין בכל יום אך בחורבן הבית נשארה מצוה זו בסוד נובלות מאי תקנתיה נשלמה פרים שפתינו להעלות הנובלות הללו ומדת חסידות היא כי אונס רחמנא פטריה ושפיר דייק למימר גדול המצוה ועושה כי האור פנימי עיקר וזה אינו אלא כעין תוספת ולפי האמת גם הוא לצורך הפנימי ומשלים אליו כמו שזכרנו והוא מסור לחכמים שכל א' יתקן כאשר תשאלהו נפשו די מחסורה אשר יחסר לה דאיהו לא חזי אבל מזליה חזי הואיל והטה עצמו לצד הקדושה בדרך שרוצה לילך בה מוליכין אותו והמקיף שעדיין לא היתה לו שעת הכושר להיות פנימה הנה הוא תלוי ועומד עד שיושלם התקון לנשמותיהן של ישראל כלן כי הנלוים עלינו בכל דור ודור מינן הוו ואידחו ואע"ג דאינהו לא הוו בסיני מזלייהו הוה בהדן. **[ב] תלמוד בבלי מסכת חולין דף קה עמוד ב:** אמר רב יהודה בריה דרבי חייא: מפני מה אמרו מים אחרונים חובה - שמלח סדומית יש, שמסמא את העינים. אמר אביי: ומשתכח כי קורטא בכורא. אמר ליה רב אחא בריה דרבא לרב אשי: כל מלחא מאי? אמר ליה: לא מבעיא. אמר אביי: מריש הוה אמינא האי דלא משו מיא בתראי על ארעא - משום זוהמא, אמר לי מר: משום דשריא רוח רעה עלייהו. **[ג] תלמוד בבלי חגיגה דף יב עמוד א:** ואור ביום ראשון איברי? והכתיב ויתן אתם אלהים ברקיע השמים וכתיב ויהי ערב ויהי בקר יום רביעי! - כדרבי אלעזר. דאמר רבי אלעזר: אור שברא הקדוש ברוך הוא ביום ראשון - אדם צופה בו מסוף העולם ועד סופו, כיון שנסתכל הקדוש ברוך הוא בדור המבול ובדור הפלגה וראה שמעשיהם מקולקלים - עמד וגנזו מהן, שנאמר וימנע מרשעים אורם. ולמי גנזו - לצדיקים לעתיד לבא שנאמר וירא

נפשינו כצפור נמלטה מפח יוקשים מפ"ח נוטריקון מ"קיף פ"נימי ח"יצון שכן הנפש ג"כ כלולה בסוד פנימי ומקיף וייש

גלא עמיקתא

השמיני, ונרמז בשמונת נרות חנוכ"ה דהוא סימן אופן פ"ט למגלה עמוקות, דאינו מפורש בהדיא אך רמז לדבר דעוסק רבינו באופן זה בבחינות באור ובהמשכתן. ואם כן בתיבות "מים אחרונים חובה" ערך ממוצע של כל תיבה הוא הגנו"ז שהרי עולה לגימטריא ג' פעמים הגנו"ז, ויש לבאר כל אחת מהתיבות לבחינה אחת מ-ג' בחינות האור כנ"ל: "מים" בחינת פנימי כדכתיב (ישעי' נ"ד,א') "הוי כל צמא לכו למים", ובמשה רבינו כתיב (שמות ב',י') "כי מן המים משיתיהו". ויהב לן אורייתא קדישא מן שמיא למהוי פנימיות בכאו"א מישראל כדאמר דוד (תהל' מ',ט') "לעשות רצונך אלהי חפצתי, ותורתך בתוך מעי". כנודע מים רמז לתורה הקדושה כאמרם [ד]מה מים יורדים ממקום גבוה למקום נמוך ולא להיפך- כך אין התורה שוכנת אלא במי שדעתו שפלה. והשייכות למשה דהוא עצמו בחינת מים: דאות מ' במספר כולל [כלומר האותיות א' עד מ'] גימ'

תיבין דפסוקא "ויגדל הילד ותביאהו לבת פרעה ויהי לה לבן ותקרא שמו משה" סליקו לחושבן (2855) ה' פעמים "לישראל" (571) [לקביל ה' בחינות נרנח"י בנשמות בני ישראל] כדכתיב ביתרו (שמות י"ח,ט') ויחד יתרו [ויחד לשון שמחה כמ"ש (תהל' כ"א,ז') תחדהו בשמחה את פניך] על כל הטובה אשר עשה ה' לישראל אשר הצילו מיד מצרים- ובאורו דמשה רבינו גאלם מגלות מצרים- ועתיד לגאלם בגאולה השלמה כמבואר במדרש דכל הגאולות שרשם ביציאת מצרים שנאמר (מיכה ז',ט"ו) כימי צאתך מארץ מצרים אראנו נפלאות. וכולהו תיבין דפסוקא למעט תיבה אחריתי (משתיהו) סליקו לחושבן (3717) אהי"ה (21) פעמים "גן עדן" (177) דבעת הארת אור הכתר [שם אהי"ה] תתגלה בחינת גן עדן בהאי עלמא- כאדם הראשון קודם החטא, ואף למעלה מכך לאין שיעור יותר- דכלום אדם [העליון] זורע כור על מנת לקצור כור?

אלהים את האור כי טוב, ואין טוב אלא צדיק, שנאמר אמרו צדיק כי טוב. כיון שראה אור שגנזו לצדיקים שמח, שנאמר אור צדיקים ישמח. כתנאי: אור שברא הקדוש ברוך הוא ביום ראשון אדם צופה ומביט בו מסוף העולם ועד סופו, דברי רבי יעקב. וחכמים אומרים: הן הן מאורות שנבראו ביום ראשון ולא נתלו עד יום רביעי. [ד] **תניא ליקוטי אמרים פרק ד:** ולכן נמשלה התורה למים מה מים יורדים ממקום גבוה למקום נמוך כך התורה ירדה ממקום כבודה שהיא רצונו וחכמתו יתברך ואורייתא וקודשא בריך הוא כולא חד ולית מחשבה תפיסא ביה כלל. ומשם נסעה וירדה בסתר המדרגות ממדרגה למדרגה בהשתלשלות העולמות עד שנתלבשה בדברים גשמיים וענייני עולם הזה שהן רוב מצות התורה ככולם

דורו ומביא גאולה לעולם, וכן היא נשמת משיח בבחינת (בראשית ב',ב') ורוח אלהי"ם מרחפת על פני המים [דא רוחו של משיח] וזהו משה דכתיב ביה (שמות ב',י') כי מן המים משיתיהו, משתה"ו תמן מש"ה ת"ו- ת"ו גימ' (406) "גנזי מרומים", דכולא פסוקא סליק לחושבן (4478) י"א פעמים "אור קדמון" (907) [עם הכולל] מתמן נשמת משה, דבלידתו כתיב ותרא אותו כי טוב הוא (שמות ב',ב') פרש"י שנתמלא כל הבית אורה- והוא אור קדמון דגנזו הקב"ה לצדיקים לעתיד לבוא, ורצה משה רבינו להמשיכו בארץ ישראל ולכן התפלל אעברה נא- "אעברה" גימ' (278) "אור הגנוז". והנה בהאי פסוקא רמיזא עתידו של משה ושהוא עתיד לגאול את בני ישראל: "ויגדל" גימ' (53) ג"ן- רמיזא ג"ן פרשיות התורה דעתיד משה להוריד להאי עלמא, בסוד ג"ן עדן. "ויגדל הילד" גימ' (102) "אמונה" דמשה איקרי רעיא מהימנא- ומשום הכי שמיה "משה" [בא"ת ב"ש] סליק לחושבן (102) "אמונה".

בה נובלת בסוד אור חיצון וזה סוד אצל משה שעלה בענן ונתכסה בענן אלה הם חיצון ומקיף ונתקדש בענן זהו אור

גלא עמיקתא

(145), **אות י׳** במספר כולל (55) הרי מי״ם במספר כולל גימ׳ (345) מש״ה- וד״ל. ״אחרונים״ לקביל אור חיצון דמתמן יניקת הקלי׳ לשון **סטרא אחרא**, **ולכן אחר מים אחרונים לא ישוח אלא** יברך מים תיכף לנטילה ברכה- כדי **שלא** יינקו הקלי׳ [ה]מחידושי התורה ח״ו. ״חובה״ גימ׳ (21) **שם אהי״ה** שם הכתר [**בינה כתרא דז״א**] **בחינת מקיף**, **והוא** מקיף דקדושה המחיה הקלי׳ **הנקרא** [ו]חוב״ה [**גימ׳ אהי״ה**]. **א׳**. **תהלים** קכ״ד,ז׳: ״[ז]**נפשנו כצפור נמלטה מפח** יוקשים, **הפח נשבר ואנחנו נמלטנו**״ גימ׳

והלכותיהן ובצרופי אותיות גשמיות בדיו על הספר עשרים וארבעה ספרים שבתורה נביאים וכתובים כדי שתהא כל מחשבה תפיסא בהן ואפי׳ בחי׳ דבור ומעשה שלמטה ממדרגת מחשבה תפיסא בהן ומתלבשת בהן ומאחר שהתורה ומצותיה מלבישים כל עשר בחי׳ הנפש וכל תרי״ג אבריה מראשה ועד רגלה הרי כולה צרורה בצרור החיים את ה׳ ממש ואור ה׳ ממש מקיפה ומלבישה מראשה ועד רגלה כמ״ש צורי אחסה בו וכתיב כצנה רצון תעטרנו שהוא רצונו וחכמתו יתברך המלובשים בתורתו ומצותיה. [ה] **זוהר - הקדמה דף ד עמוד ב:** בראשית ר׳ שמעון פתח (ישעיה נ״א) ואשים דברי בפיך כמה דאית ליה לבר נש לאשתדלא באורייתא יממא ולילא בגין דקודשא בריך הוא ציית לקלהון דאינון דמתעסקי באורייתא ובכל מלה דאתחדש באורייתא על ידא דההוא דאשתדל באורייתא עבד רקיעא חדא, תנן בההיא שעתא דמלה דאורייתא אתחדשת מפומיה דבר נש ההיא מלה סלקא ואתעתדת קמיה דקודשא בריך הוא וקודשא בריך הוא נטיל לההיא מלה ונשיק לה ועטר לה בשבעין עטרין גליפין ומחקקן, ומלה דחכמתא דאתחדשא סלקא ויתבא על רישא דצדיק חי עלמין וטסא מתמן ושטא בשבעין אלף עלמין וסליקת לגבי עתיק יומין, וכל מלין דעתיק יומין מלין דחכמתא אינון ברזין סתימין עלאין, וההיא מלה סתימא דחכמתא דאתחדשת הכא כד סלקא אתחברת באנון מלין דעתיק יומין וסלקא ונחתא בהדייהו ועאלת בתמניסר עלמין גניזין (שם ס״ד) דעין לא ראתה אלהים זולתך, נפקי מתמן ושטאן ואתיין מליאן ושלמין ואתעתדו קמי עתיק יומין, בההיא שעתא ארח עתיק יומין בהאי מלה וניחא קמיה מכלא, נטיל לההיא מלה ואעטר לה (שמות י״ד) בתלת מאה ושבעין אלף עטרין, ההיא מלה טסת וסלקא ונחתא ואתעבידא רקיעא חדא, וכן כל מלה ומלה דחכמתא (ס״א) רקיעין קיימין בקיומא שלים קמי עתיק יומין והוא קרי לון שמים חדשים מחודשים סתימין דרזין דחכמתא עלאה וכל אינון שאר מלין דאורייתא דמתחדשין קיימין. [ו] **ספר פרי עץ חיים - שער השבת - פרק ד:** לערב בכל ע״ש שתופי מבואות וערובי חצרות, ויבצע ביום שבת בבוקר, על הפת שנעשה בו העירוב, ובלילה על פת השיתוף. ומורי ז״ל קודם שהיה מערב, היה אומר הברכה, ואח״כ מזכה לבני החצר ע״י אחר, כי כן הדין, כי אחר שיערב בעדו יזכה לאחרים, ויכוין כי עירוב ע״ב רי״ו, ושאר דיני עירוב, עיין בספר טעמי מצות פרשת בשלח הדלקת הנר - ארז״ל, הדלקת נר בשבת חובה, הסוד הוא, כי ב׳ נרות הם, בינה ומלכות, ותכוין לכבות ב׳ הנרות של הסט״א. (ועיין בשבחים) והנה נר שבת הוא בבינה, שהוא אהי״ה, גי׳ חובה, לכן הוא חוב״ה ולא רשות. ועיין מ״ש בפסוק כי נר מצוה ותורה אור. וכבר ידעת, כי הם סוד ג׳ יחודים עליונים - הוי״ה אהי״ה, הוי״ה אלהי״ם, הוי״ה אד״ני, וכולם גי׳ נ״ר. גם דע, כי סוד נ״ר, הם רמ״ח איברי המלכות, כי היא נכללת בב׳ דרועין דמלכא, אז נקראת נ״ר כנודע. [ז] **מכילתא דרבי ישמעאל בשלח - מסכתא דויהי פרשה ו:** ויושע ה׳ ביום ההוא את ישראל מיד מצרים, כצפור שהיא נתונה ביד אדם שאם יכבוש ידו מעט מיד הוא חונקה שנ׳ נפשנו כצפור נמלטה מפח יוקשים הפח נשבר ואנחנו נמלטנו ואומר עזרנו בשם ה׳ עושה שמים וארץ ברוך ה׳ שלא נתננו טרף וגו׳ (שם /תהלים/ קכד ו - ח) וכאדם שהוא שומט את העובר ממעי

הפרה שנ' או הנסה אלהים לבא לקחת לו גוי מקרב גוי שאין ת"ל גוי מקרב גוי אלא כאדם שהוא שומט את העובר ממעי הפרה ואומר ואתכם לקח ה' ויוצא אתכם מכור הברזל וגו' (דברים ד כ). [ח] **אור החיים פרשת ויחי ד"ה אוסרי לגפן:** ולא יקשה בעיניך שאנו מחלקים דברי הכתוב חלק בימי משה וחלק בימי המשיח, כי הלא ידעת דברי הזוהר הקדוש (ח"ב קכ.) כי משה הוא הגואל אשר גאל את אבותינו הוא יגאל אותנו וישיב בנים לגבולם דכתיב (קהלת א') מה שהיה הוא שיהיה ר"ת משה. ולא יקשה בעיניך דבר זה באומרך הלא מלך המשיח משבט יהודה מזרעו של דוד המלך ע"ה וי"א (סנהדרין צח:) דוד עצמו מלך המשיח דכתיב (יחזקאל ל"ז) ועבדי דוד מלך עליהם כמשמעו ואם כן היאך אנו אומרים שהוא משה הבא משבט לוי. יש לך לדעת כי בחינת נשמת משה עליו השלום היא כלולה מי"ב שבטי ישראל כי כל הס' ריבוא היו ענפיה ע"ה וענף שבטו של דוד במשה הוא. ולזה תמצאנו בארץ מדבר שהיה מלך וכהן ולוי ונביא וחכם וגבור שהיה כולל כל הענפים שבקדושה ולעתיד לבא תתגלה בעולם שורש המלכות שבמשה שהוא עצמו מלך המשיח והוא דוד והוא ינון ושילה. [ט]

פנימי וזה סוד ג"פ מסוה וג"פ קרן וג"פ משה בפ"א וסוד ג' עליות שעלה משה להר בכל פעם זכה לאור אחד מג' אורות

גלא עמיקתא

(2561) "יד ה'" (40) פעמים די"ן (64) עם הכולל– בביאת משיח צדקנו יומתקו הדינים, וכדוגמת מכות מצרים דאמרו החרטומים אצבע אלהים היא וכד'. וכותב מפ"ח ר"ת מקיף פנימי חיצון– ונכתבם בפסוק במקום מפ"ח דהיינו חושבן הפסוק ללא תיבה מפ"ח גימ' (2433) ועם "פנימי חיצון מקיף" (584) גימ' (3017) ז"פ "משה עבדי" (431). באור הענין: דמשה הוא גואל ראשון והוא גואל אחרון [ח]כמבואר בדברי האור החיים פרשת ויחי ד"ה אוסרי לגפן. ולכן מזכיר מיד לאחר מכן את משה שעלה בענן ונתכסה בענן. וכותב לכן ג"פ מש"ה ג"פ קר"ן וג"פ מסו"ה. ונאמר דכתיב שם (שמות ל"ד,ל"ב–ל"ה) ג"כ ג"פ "בני ישראל"– לאחר שכתב שער "עם" ל"ט פעמים מלשון גחלים עוממות. וחושבן: ג"פ מש"ה (345) גימ' (1035) ה"פ או"ר דכתיב במעשה בראשית. וזהו קרן עור פניו דהאירו מאור הגנוז דמעשה בראשית בגלוי ולא יכל העם לסבול. ג"פ קר"ן (350) גימ' (1050) י"ב פעמים סו"ד (70) ובפתח אליהו (תקו"ז יז.) [ט]על אלין תרין (י"ה) כתיב הנסתרות להוי' (דברים כ"ט,כ"ח) ג"פ מסו"ה (111=אל"ף רמיזא א' זעירא

תיקוני זוהר הקדמה דף יז עמוד א: פתח אליהו ואמר רבון עלמין דאנת הוא חד ולא בחושבן אנת הוא עלאה על כל עלאין סתימא על כל סתימין לית מחשבה תפיסא בך כלל אנת הוא דאפיקת עשר תקונין וקרינן לון עשר ספירן לאנהגא בהון עלמין סתימין דלא אתגליין ועלמין דאתגליין ובהון אתכסיאת מבני נשא ואנת הוא דקשיר לון ומייחד לון ובגין דאנת מלגאו כל מאן דאפריש חד מן חבריה מאלין עשר אתחשיב ליה כאלו אפריש בך ואלין עשר ספירן אינון אזלין בסדרן חד אריך וחד קצר וחד בינוני ואנת הוא דאנהיג לון ולית מאן דאנהיג לך לא לעילא ולא לתתא ולא מכל סטרא לבושין תקינת לון דמינייהו פרחין נשמתין לבני נשא וכמה גופין תקינת לון דאתקריאו גופא לגבי לבושין דמכסיין עליהון ואתקריאו בתקונא דא חסד דרועא ימינא גבורה דרועא שמאלא תפארת גופא נצח והוד תרין שוקין ויסוד סיומא דגופא אות ברית קדש מלכות פה תורה שבעל פה קרינן ליה חכמה מוחא איהו מחשבה מלגו בינה לבא ובה הלב מבין ועל אלין תרין כתיב הנסתרות לה' אלהינו כתר עליון איהו כתר מלכות ועליה אתמר מגיד מראשית אחרית ואיהו קרקפתא דתפלי מלגו איהו יו"ד ק"א וא"ו ק"א דאיהו

וזהו סוד בכל לבבך ובכל נפשך ובכל מאודך (דברים ו',ה') וכולם ניסדו יחד בצורת האל"ף שהיא ראשונה

גלא עמיקתא

דויקרא) גימ' (333) "ויהי בקר". וזהו חשוכא ברישא בחינת גלות והדר נהורא בחינת גאולה ונחמה דכתיב ויהי ערב ויהי בקר יום אחד. ג"פ "בני ישראל" (603) גימ' (1809) חב"ו פעמים באל"ף (113) עם הכולל- דבאלף זעירא דויקרא בחינת אור הכתר יתגלה בחינת שם הקדוש [2][י']חב"ו ראשי תיבות חיל בלע ויקיאנו (איוב כ',ט"ו) בב"א. והנה

2. באור על מגלה עמוקות ואתחנן אופן ח': ג'. וַיִּתְעַבֵּר יהוה בִּי לְמַעַנְכֶם וְלֹא שָׁמַע אֵלָי וַיֹּאמֶר יהוה אֵלַי רַב לָךְ אַל תּוֹסֶף דַּבֵּר אֵלַי עוֹד בַּדָּבָר הַזֶּה (דברים ג,כו) גימ' (3169) ל"ב פעמים "גדלו לה'" (99) עם הכולל- דאמרינן בהוצאת ספר תורה הפסוק (תהל' ל"ד,ד'): "גדלו לה' אתי ונרוממה שמו יחדו" גימ' (1231) י"פ ענ"ג (123) עם הכולל וכאן כפלינן ל"ב פעמים רמיזא התורה הקדושה דמתחילה באות ב' ומסיימת באות ל' דשתי התיבות הראשונה והאחרונה "בראשית - ישראל" גימ' (1545) משה במילוי כזה "מם שין הי" (455) והוא באל"ף זעירא היינו אלף (1000) אזעירת גרמה ל-א' (1) ובכך משלימה החשבון לתנ"ה (455) דהואר משה במילוי- והוא כללות התורה שנקראת ראשית וניתנה לישראל שנקראו ראשית- וזהו "בראשית - ישראל" והוא בתחלת פרש"י על התורה: בראשית- בשביל התורה שנקראת ראשית - שנאמר (משלי ח',כ"ב) ה' קנני ראשית דרכו, ובשביל ישראל שנקראו ראשית - שנאמר (ירמי' ב',ג') קדש ישראל לה' ראשית תבואתו. וסבר משה שימחל לו הקב"ה מריבוי זכויותיו שמסר נפשו על עם ישראל פעמים רבות, בזכות שהוריד תורה מסיני כדכתיב (תהל' ס"ח,י"ט) עלית למרום שבית שבי וכו', ובזכות "קריעת ים סוף" גימ' (976) "ויתעבר ה' בי למענכם", והשיב לו הקב"ה רב לך- כבר זכית לרב טוב הצפון בזכות מעש־ך אלו ולכן עלה ראש הפסגה וכו'. ומביא המגלה עמוקות המעשה עם ר' חנינא (ברכות לג:) דאמר לההוא דנחת לקמיה למצלייה- והרבה בתארי הקדוש ברוך הוא- וקראו: האל: "הגדול (48) הגבור (216) והנורא (268) והאדיר (226) והעזוז (101) והיראוי (238) החזק (120) והאמיץ (152) והודאי (32) והנכבד (87)" סליקו כולהו שבחים לחושבן (1488): ו' פעמים אברה"ם (248) והיא הברכה

ארח אצילות איהו שקיו דאילנא בדרועוי וענפוי כמיא דאשקי לאילנא ואתרבי בההוא שקיו. [י'] ר' צדוק הכהן מלובלין - **פרי צדיק בראשית פרשת וישב:** [ד] בבראשית רבה (פ"ד, א') פתח פרשה זו כתיב (ישעיה נ"ז, י"ג) בזעקך יצילוך קבוציך תני כינוסו וכינוס בניו וכו', ואת כולם ישא רוח יקח הבל זה עשו ואלופיו והחוסה בי ינחל ארץ זה יעקב. וענין פתיחת פסוק זה להפרשה שהם כתובים בפרשת הצדיק אבד וגו', שמדבר כולו מפגם הברית וכמו שנאמר (שם פסוק ה') שוחטי הילדים וגו' שנדרש (נדה י"ג א) על פגם הברית וסוף הענין כי רוח מלפני יעטוף ונשמות אני עשיתי שנדרש (שם עמ' ב') שאין בן דוד בא עד שיכלו כל הנשמות שבגוף. וכן כל פרשה זו מדברת מתיקון פגם הברית שכן יוסף הביא דיבתם שתולין עיניהם בבנות הארץ ובודאי נדמה לו כן והיה סבור שצריכין בירור במדה זו. והם שידעו שהם נקיים בזה חשדו ליוסף לפוסל במומו שכל אחד החסרון שיש בו נדמה לו שנמצא בחבירו. ועל כן מכרוהו לעבד וכמו שאמרו בבראשית רבה (פ"ד, י"ז) נתפוס דרכו של עולם כנען שחטא לא לעבד נתקלל שפגם זה גורם עבדות (וכמו שנתבאר וירא מאמר א'). וזה התחלת הפרשה וישב יעקב שביקש לישב בשלוה שהיה מצדו כבר נשלם וקפץ עליו רוגזו של יוסף, היינו שבמדת יוסף שהוא מדת צדיק יסוד עולם צריך עוד בירורין שיש לו עסק בזה לברר מטתו שהיא שלימה כמו שנאמר (ישעיה ס', כ"א) ועמך כולם צדיקים. ויוסף שהיה מרכבה למדת צדיק הוצרך לבירור על ידי הנסיון במצרים כמו שנאמר (תהלים י"א, ה') ה' צדיק יבחן. וביהודה כתיב וירד יהודה ואיתא על זה בבראשית רבה (פ"ה, א') בטרם תחיל ילדה קודם שנולד משעבד הראשון נולד גואל האחרון. ואם קאי על פרץ מפני שיצאו ממנו דוד המלך ע"ה ומשיח יש להבין הא מיהודה

יצאו גם כן וכן מיעקב ומאי אולמא דפרץ שנקרא גואל אחרון ואדם הראשון הוא רוחו של מלך המשיח ועל זה נאמר (תהלים קל"ט, ה') אחור וקדם צרתני (בראשית רבה ח', א'). אבל כוונת המדרש רבה דפרץ עצמו הוא נשמת משיח שעליו נאמר (מיכה ב', י"ג) עלה הפורץ לפניהם. ופרץ וזרח היו נשמות ער ואונן כמו שכתב האריז"ל ופרץ נשמת ער שער היה נשמת משיח והוא קִלְקֵל בפגם זה ובא אחר כך פרץ. וכברייתו של עולם ברישא חשוכא והדר נהורא שגם במאמר בראשית ישת חושך סתרו דכתיב (בראשית א', ב') וחושך על פני תהום כתיב ורוח אלהים מרחפת ונדרש בבראשית רבה (ב', ד') על רוחו של משיח. ברישא חשוכא היה נשמת ער והדר נהורא פרץ שהיה נשמת משיח ממש וזה היה תיקונו של ער וזה שאמרו נולד גואל האחרון. ויוסף ירד למצרים ונתברר שנעשה מרכבה למדת צדיק יסוד עולם על ידי הנסיון והוא יברר כל ישראל ועמך כולם צדיקים דכל מאן דאתגזר איקרי צדיק וכל ישראל נקראו על שמו שארית יוסף וכמו שאמרו בבראשית רבה (ע"א, ב'). וכן בפרשה זו ענין יהודה שהודה ויצא בת קול ממני וכו', והוא ומשיח מזרעו יבררו כל ישראל על ידי תשובה שכל ישראל נקראו על שמו של יהודה וכמו שאמרו שם (צ"ח, ו') וזה כל ענין פרשה זו. ולכן פתח במדרש רבה פרשה זו בפסוק בזעקך יצילוך קבוציך והוא על דרך מה שאמרו (סוכה נ"ב ב) יצרו של אדם מתגבר עליו בכל יום וכו', שנאמר (תהלים ל"ז, ל"ב) צופה רשע לצדיק, והיינו לכל אחד מישראל דכתיב ועמך כולם צדיקים וכתיב (שם פסוק ל"ז) ה' לא יעזבנו בידו, והיינו על ידי צעקה ותפילה. וכן כתיב (שם ל"ד, י"ז) פני ה' בעושי רע ורע היינו בפגם זה כמו שמובא בזוה"ק (ח"א קפ"ח א) ובגמרא (נדה י"ג ב) וכתיב בתריה צעקו וה' שמע ומכל צרותם הצילם והוא מה שנאמר ה' לא יעזבנו בידו וזה שנאמר בזעקך יצילוך. וכתיב קבוציך והוא שיוציאם מהקליפה ויכניסם לקדושה וכמו שאומרים בברכת תקע וקבצנו יחד מארבע כנפות שכתבו בספרים הקדושים שנרמז בו שם חב"ו שהוא ראשי תיבות חיל בלע ויקאנו שיוציאם מהקליפה לקדושה. ואמר במדרש רבה תני כינוסו וכינוס בניו ולכאורה אין הבנה למה שאמר כינוסו איך שייך כינוס בנפש אחד. אך לענינינו יתפרש על פי מה שנאמר (תהלים ל"ח, ד') אין שלום בעצמי מפני חטאתי שעל ידי החסרון אין שלום בין עצמות

הראשונה דחתמינן מגן אברהם- כמו שהבטיח לו הקב"ה לאברהם: "ואברכך ואגדלה שמך והיה ברכה" (בראשית י"ב,ב') - בך חותמין. והוא בדברי רש"י על הפסוק ומקורו בגמרא (פסחים קיז:), וכאן כיוון אותו שליח ציבור לענין י' ספירות- י' תארים לפי סדר הספירות מחכמה (הגדול) ועד מלכות "והנכבד" גימ' (87) "לבנה" ואידך זיל גמור. ואמר לו ר' חנינא: סיימתינהו לכולהו שבחי דמרך? אנן הני תלת דאמרינן אי לאו דאמרינהו משה רבינו באורייתא ואתו אנשי כנסת הגדולה ותקנינהו לא הוה אמרינן להו וכו' עיין שם באריכות מימרות ר' חנינא בענין יראת שמים. ואם כן צריכים אנו לפסוקים מהתורה שמוזכרים בהם ג' התוארים שתיקנו חז"ל לומר בתפלה כנ"ל הגדול הגבור והנורא: ד'. כִּי יהוה אֱלֹהֵיכֶם הוּא אֱלֹהֵי הָאֱלֹהִים וַאֲדֹנֵי הָאֲדֹנִים הָאֵל הַגָּדֹל הַגִּבֹּר וְהַנּוֹרָא אֲשֶׁר לֹא יִשָּׂא פָנִים וְלֹא יִקַּח שֹׁחַד (דברים י,יז) גימ' (2538) ו' פעמים "ימי המשיח" (423) והוא בדברי הגמרא (שבת קנא:) על הפסוק בקהלת (י"ב,א'): "וזכר את בוראך בימי בחורותיך, עד שלא יבואו ימי הרעה"- אלו ימי הזקנה, "והגיעו שנים אשר תאמר אין לי בהם חפץ"- אלו ימי המשיח- שאין בהם לא זכות ולא חובה. וממשיכה הגמרא: ופליגא דשמואל- דאמר שמואל אין בין העולם הזה לימות המשיח אלא שעבוד מלכויות בלבד וכו' עיין שם. והנה האי פסוקא מכוון כנגד הני י' תארים שאמר אותו שליח ציבור בתפלתו לפני רבי חנינא- וכאן מכוון יותר וכמו שקבעו לבסוף אנשי כנסת הגדולה לומר בתפלה: דבפסוקא "כי ה' אלהיכם" וכו' אינון י"ט תיבין מכוונות למנין י"ט ברכות תפלת שמונה עשרה (יחד עם ברכה י"ט ברכת המינים כנ"ל). וממילא ו' פעמים אברה"ם [י' תארים גימ' ו' פעמים אברה"ם כנ"ל] מכוונים כנגד ו' פעמים "ימי המשיח" [בחשבון הפסוק]. והנה אברהם (248) ימי המשיח (423) גימ' (671): שם אדנ"י במילוי "אלף דלת נון יוד" (671) והיינו תרע"א תרגום שע"ר בחינת (תהל' קי"ח): "זה השער לה' צדיקים יבאו בו" גימ' (924): י"ב (12) פעמים ע"ז (77) ובאר"י הקדוש שער הפסוקים לסדר שמואל כתב: המלכות נקראת עז כמ"ש ושכינת עוזו וכו' ונרמז בשם אדנ"י שהוא המלכות כי אדנ"י גימ' ס"ה (65) ועם י"ב (12) אותיות המילוי הרי ע"ז (77) וז"ש (שמואל א' ב',י') ויתן עז למלכו וכו' עיין שם באריכות. ובכאן התפלה היא במלכות- וי"ל ד-י"ב אותיות המילוי כנגד י"ב ברכות אמצעיות שהן

לאותיות שהיא צורת י"ו"י ובסוד (איוב כ"ז,י"ז) י"כין ו"צדיק "ילבש ועז"א הפסוק ויקר אל משה ומהו היקר אלף

גלא עמיקתא

חושבן כל הני דברים דהיינו: ג"פ "משה – קרן – מסוה – בני ישראל" בסוד אור מקיף–פנימי–חיצון סליקו כולהו לחושבן (4227) ג"פ "אברהם יצחק יעקב משה אהרן יוסף דוד" (1409) שבעת האושפיזין הקדושים. והן בחינת חג"ת נה"י מלכות– חג"ת בחינת אור מקיף לבי"ע וכן אבא ואמא עילאין מתיחדין בין דרועי דאריך אנפין בחינת חג"ת דכתר, וכן על זה הדרך. "אברהם יצחק ויעקב" גימ' (644) "הוציאך ה' אלהיך ממצרים" כדכתיב (דברים ט"ז,א') "כי בחודש האביב הוציאך ה' אלהיך

עיונים

בענין בקשת צרכיו כנ"ל. וכאשר נחבר "רבי חנינא" (331=טמיר וגנוז) עם "משה רבינו" (613) סליק לחושבן (944) ח' פעמים "הדו לה' כי טוב" (118) (תהל' ק"ז,א') דלעתיד לבוא תתגלה מלכותו יתברך ויתגלה דכולו טוב ויברכו על הרעה (כלומר שנדמה להם כרעה) כמו על הטובה (היינו שנגלה שהוא טוב) הטוב והמטיב. ופסוק זה אומרו לוית"ן גימ' (496) מלכו"ת- כדכתיב (תהל' ק"ג,י"ט) "ומלכותו בכל משלה" בגילוי כבוד השי"ת בגאולה השלמה. וכאשר נחבר כל ארבעת הפסוקים יחד סליקו לחושבן (13424): חב"ו (16) פעמים "שמש צדקה" (839). חב"ו הוא שם קדוש היוצא מראשי תיבות הפסוק (איוב כ',ט"ו) "חיל בלע ויקיאנו, מבטנו יורישנו אל" ומרמז להוצאת ניצוצות הקדושה מהקלי' כמבואר באריכות בספרים הקדושים. "שמש צדקה" כדכתיב (מלאכי ג',כ') "וזרחה לכם יראי שמי שמש צדקה ומרפא בכנפיה ויצאתם ופשתם כעגלי מרבק" ואמרו חז"ל (נדרים ח:) אין גיהנם לעתיד לבוא, אלא הקב"ה מוציא חמה מנרתיקה רשעים נידונין בה וצדיקים מתרפאין בה וכו' ולומדים מהפסוק הנ"ל וזרחה לכם יראי שמי שמש צדקה ומרפא בכנפיה וכו'. וכפלינן חב"ו פעמים "שמש צדקה" דמשה רבינו לימד את עם ישראל תורה ובכאן אף תפלה דבתפלה בכוונה גורמים בני ישראל יחוד עליון בחינת שמש- ז"א, וצדקה- מלכות, ועל ידי זה ממשיכים אור רב הגורם לקלי' להוציא בלעם מפיהם בחינת (איוב כ',ט"ו) חיל בלע ויקיאנו מבטנו יורישנו אל ראשי תיבות שם הקדוש חב"ו.

מקורות

האדם. והשלום העיקר ממלחמת היצר הרע ואז עושה כינוס בגוף ושלום על ידי שמתקן הלב כסיל לשמאלו גם כן שיהיה לטובה. וכמו שאמרו במכילתא (יתרו בחודש א') על פסוק (שמות י"ט, ב') ויחן ישראל כאיש אחד בלב אחד שהוא לב אחד לאביו שבשמים ולא שני לבבות כמו שנדרש (ברכות נ"ד א) בכל לבבך בשני יצריך ביצר טוב וביצר הרע. ובזוה"ק (קע"ט א) פתח פרשה זו רבות רעות צדיק שגם מזמור זה מדבר מפגם הברית ותיקון הפגם וכמו שנאמר פני ה' וגו' וכמו שאמרנו. וזהו שנאמר רבות רעות צדיק שהוא מדת צדיק ומכולם יצילנו ה' וכמו שנאמר ה' לא יעזבנו בידו. וכתיב תמותת רשע רעה ואין רעה אלא גיהנום וכמו שאמרו בנדרים (כ"ב א) ושונאי צדיק יאשמו, היינו עשו ששונא אות ברית מדת צדיק כמו שאמרו (בראשית רבה ס"ג, י"ג) ששונא דם של מילה הם יאשמו. פודה ה' נפש עבדיו משמע שצריכין פדיון שיש עליהם טענות. ומכל מקום לא יאשמו כל החוסים בו דאף דכתיב ושונאי צדיק יאשמו החוסים בו לא יאשמו דה' פודה נפש עבדיו. וזהו שדרשו במדרש רבה ואת כולם ישא רוח יקח הבל זה עשו ואלופיו שהם שונאי צדיק כנ"ל. והחוסה בי ינחל ארץ זה יעקב שכל זרע יעקב לא יאשמו כל החוסים בו. שיזכו כל זרע יעקב לתקן פגם זה וכמו שנאמר ועמך כולם צדיקים לעולם ינחל ארץ ארץ החיים. ושבת רזא דברית כמו שמובא בזוהר (ח"ב צ"ב א) ויכול לזכות בשבת שיהיה תיקון לכל קלקול פגם הנחש וכמו שמובא בתיקונים (תיקון כ"ד) זכאה מאן דעביד לון דירה בשבת בתרין בתי ליבא ואתפני יצר הרע מן תמן וזהו עיקר הכינוס והשלום.

שהוא צורת י"ו"י חשבון ההוי"ה שנאמר וידבר ה' אליו ורמז ג' אורות העליונות שזכה משה וכולם נכללים באלף יוד

גלא עמיקתא

ממצרים לילה". בחינת גלוי המקיפים שגרם לשינוי מערכות הטבע. "משה אהרן יוסף" בחינת נה"י– אור פנימי, סליקו לחושבן (757) "יוסף עליכם ככם אלף פעמים". והוא בברכת משה לישראל (דברים א',י"א) "ה' אלהי אבותיכם יוסף עליכם ככם אלף פעמים, ויברך אתכם כאשר דבר לכם"– בחינת פנימיות, והן בחינת נצח והוד– [יא]שחקים דשוחקין מן לצדיקים. מן נקרא "לחם אבירים" (תהל' ע"ח,כ"ה) דנבלע באיברים בחינת אור פנימי– **אמנם מקורו גבוה מטלא דבדולחא וכו'. דו"ד מלכותא קדישא בחינת אור חיצוני,** דמתמן יניקת החיצונים. והוא בחינת סיהרא כדאיתא בזוה"ק דלכן [יב]לית לה מגרמה כלום, **ואיהי אזעירת גרמה בסוד א' זעירא דויקרא, שלא ינקו מתמן הקליפות, אלא מאי דיהיב לה שמשא היינו בעלה ז"א דעל פי שקול דעתו יודע מתי ומה ואיך להשפיע וד"ל. אמנם מזרעו של דוד יבוא משיח צדקנו בב"א, והוא דייקא יש בכוחו להמשיך השפעות מאור הגנוז כבר עתה,** בחינת חנוכה **ונרמז אופן פ"ט גימ'** 3[יג]**חנוכ"ה. והנה דוד**

[יא] תלמוד בבלי חגיגה דף יב עמוד ב: אמר רבי יהודה: שני רקיעים הן, שנאמר: הן לה' אלהיך השמים ושמי השמים. ריש לקיש אמר: שבעה, ואלו הן: וילון, רקיע, שחקים, זבול, מעון, מכון, ערבות. וילון - אינו משמש כלום, אלא נכנס שחרית ויוצא ערבית, ומחדש בכל יום מעשה בראשית, שנאמר הנוטה כדק שמים וימתחם כאהל לשבת. רקיע - שבו חמה ולבנה כוכבים ומזלות קבועין, שנאמר ויתן אתם אלהים ברקיע השמים. שחקים - שבו רחיים עומדות וטוחנות מן לצדיקים, שנאמר ויצו שחקים ממעל ודלתי שמים פתח וימטר עליהם מן לאכל וגו'. זבול - שבו ירושלים ובית המקדש, ומזבח בנוי, ומיכאל השר הגדול עומד ומקריב עליו קרבן, שנאמר בנה בניתי בית זבל לך מכון לשבתך עולמים. ומנלן דאיקרי שמים - דכתיב הבט משמים וראה מזבל קדשך ותפארתך. מעון - שבו כיתות של מלאכי השרת, שאומרות שירה בלילה וחשות ביום, מפני כבודן של ישראל, שנאמר יומם יצוה ה' חסדו ובלילה שירה עמי.

[יב] זוהר פרשת וישב דף קפא עמוד א: פתח ואמר (ישעיה נ"ב) הנה ישכיל עבדי ירום ונשא וגבה מאד, זכאה חולקהון דצדיקייא דקודשא בריך הוא גלי לון ארחי דאורייתא למהך בהו, ת"ח האי קרא רזא עלאה איהו, הנה ישכיל עבדי ואוקמוה אבל ת"ח כד ברא קודשא בריך הוא עלמא עבד לה לסיהרא ואזער לה נהורהא דהא לית לה מגרמה כלום ובגין דאזעירת גרמה אתנהרא בגין שמשא ובתוקפא דנהורין עלאין ובזמנא דהוה בי מקדשא קיים ישראל הוו משתדלי בקורבנין ועלוון ופולחנין דהוו עבדין כהני וליואי וישראלי בגין לקשרא קשרין ולאנהרא נהורין, ולבתר דאתחרב בי מקדשא אתחשך נהורא וסיהרא לא אתנהירת מן שמשא וכו'. **[יג] קדושת לוי בראשית פרשת ויצא:** ויצא יעקב מבאר שבע כו', עד סוף הפרשה (כח, י - כב). ויבואר בזה מה שאנו קורין לנס דחנוכה בשמן לשון 'חנוכה'. כי 'חנוכה' הוא מלשון חינוך. ותוכן הדברים, דמצינו בתורה גבי חינוך הבגדים של כהנים שנאמר (שמות כט, לג) 'למלא את ידם

3. באור על מגלה עמוקות ואתחנן אופן ס"ו: אקדמות מילין: הנה עוסק המגלה עמוקות בהאי אופן בענין יון ונס חנוכה, ומהיכן שרשו - כנודע דנס חנוכה ו-ח' נרות חנוכה מרמזים אור הגנוז דמתגלה בנרות חנוכה - ולכן אין לנו רשות להשתמש בהן אלא לראותן בלבד מחמת קדושתן, וחסידים נהגו להתבונן ארוכות בנרות דהיו מספרים להם מעשיות משנים קדמוניות. ובסיום האופן חזקהו ואמצהו לקביל נצח והוד, ומדייק "ואמצהו" גימ' (148) "נצח" - והן לקביל ב' הגלויות ו-ב' הניסים הגדולים שעשה עמנו השי"ת - חנוכה ופורים. וזהו יו"ן במילוי יודין- י' על שם החכמה- דהיו חכמים להרע- כמ"ש

(ירמי' ד',כ"ב) חכמים המה להרע ולהיטיב לא ידעו: "יוד ויו נון" גימ' (148) "נצח", בב"ל- מלכותו של אחשורוש שמלך תחת כורש לסוף שבעים שנה של גלות בבל- במילוי כזה: "בית בית למד" גימ' (898) "משה אהרן מרים" ע"ה [דהנביא כורכם בחדא מחתא: ואשלח לפניך את משה אהרן ומרים (מיכה ו',ד')] סופי תיבות המ"ן- רמיזא המן הרשע דהוה לקביל הני תלת צדיקיא, לקביל ספירת ההוד. ותרוויהו יחד, דנצח והוד כחדא אזלן וכחדא שריין, סליקו לחושבן (1046) ה' פעמים "יד על כס י-ה" (209) ע"ה, דהמן-עמלק וכן היונים ניסו להחליש אמונתן של ישראל באביהם שבשמים, ולהפריד ח"ו שמא קדישא י"ה מ-ו"ה, דכביכול י"ה בלבד אמת, ו"ה והנגלות לנו ולבנינו לעשות וכו' (דברים כ"ט,כ"ח) דהיינו מצוות מעשיות דאינן לפי טעם ודעת לסלק מבני ישראל ח"ו- והן המן והן היונים היו פילוסופים, דנקראים פילוסוף מלשון פול-סוף שסופו ליפול. ואיתא בגמרא הקדושה (חולין קלט:) המן מן התורה מנין? שנאמר המן העץ וכו' (בראשית ג',י"א). ונרמז יון מן התורה מנין? דכתיב (שם י',ד') ובני יון אלישה ותרשיש, וזהו "יון - אלישה - תרשיש" גימ' (1628) י"א פעמים "נצח" (148), וכדאמרינן לעיל יון במילוי גימ' נצ"ח, ובכאן י"א זימנין לקביל י"א כתרין דמסאבותא, דהן המן ועשרת בניו- ויש לקשר יון עם המן-עמלק, והנה בריש תרגום שני מונה י' מלכין די מלכו בעלמא, והן לקביל י' ספיראן: [א] מלך מלכיא ה' צבאות [716=ה' אלהי אברהם יצחק ויעקב, לקביל כתר]. [ב] נמרוד [300=סוד הבחירה, והוא בחר למרוד במלכו של עולם, לקביל חכמה]. [ג] פרעה [355 לקביל בינה]. [ד] ישראל [541 לקביל תפארת, ישראל אשר בך אתפאר (ישעי' מ"ט,ג')]. [ה] נבוכדנצר [422 לקביל חסד, דהתיר לבנות בית המקדש]. [ו] אחשורוש [821 לקביל נצח]. [ז] יון [66 לקביל הוד]. [דאיתא בספה"ק פורים בנצח חנוכה בהוד]. [ח] רומי [256 לקביל גבורה - ירד גבריאל ונעץ קנה בים, ונתהוה ממנו כרך גדול של רומי]. [ט] בן דוד משיחא [425=כ"ה פעמים טוב לקביל יסוד דאיקרי טוב כדכתיב אמ-רו צדיק כי טוב (ישעי' ג',י')]. [י'] מלך מלכיא ה' צבאות [716 לקביל מלכות, בסוד נעוץ סופן בתחלתן כתר-מלכות כתר ספירה הראשונה ומלכות ספירה האחרונה]. סליקו כולהו לחושבן (4618) ט' פעמים "מדת הדין" (513) ע"ה, דעתיד הקב"ה לבוא במדת הדין לרשעים וכדאיתא בפרק החובל (בבא קמא פ"ח,מ"א) החובל בחברו חייב לשלם לו משום חמישה דברים: נזק, צער, ריפוי, בושת, ותשלומי שבת [ביטול מלאכה] ומבארת הגמרא שם (ב"ק פה:) שבת- רואין אותו כאילו הוא שומר קישואין בשוק. "שומר קישואין" גימ' ע"ה (1024) חב"ו (16) פעמים "דין" (64) בסוד חיל בלע ויקיאנו (איוב כ',ט"ו) באלף השביעי שני ימות המשיח רמיזא שב"ת היינו יום שב"ת, ומסקינן התם "מדת הדין לא לקתה" גימ' (979) ו' פעמים "ויהי ידיו אמונה" (163) ע"ה (שמות י"ז,י"ב), דאיתמר במשה דעבד דינא ברשעיא במצרים ועל הים ובמלחמת עמלק ומדין וכו'- וכעת רצה להיכנס לארץ ישראל ולקיים זאת גם בארץ הקודש- בעמים היושבים שם. ואמר לו השי"ת: רב לך- והרי הן י' דורות של מלכים, ובכאן איהי מלכותא רביעאה כמבואר בתרגום שני למגילת אסתר הנ"ל- וכאשר תעלה ראש הפסגה ותפשוט גשמיותך יתבאר לך סוד אריכת הגלות, דלעתיד לבוא יברכו על הכל הטוב והמטיב. ובהשגחה פרטית האי אופן עוסק בסוד חנוכה, ואופן דילן הוא סימן (353) "סוד אור הגנוז", דהוא סוד ח' נרות חנוכה, בינה הספירה ה-ח' מתתא לעילא, דמתמן יאיר אור הגנוז להאי עלמא בגאולתא שלמתא ב"ב אכי"ר. וזהו דאור הגנוז במילוי כזה: "אלף וו ריש הי גימל נון וו זין" גימ' (916) "כל הנשמה תהלל" ע"ה, כדמסיים ספר תהלים: כל הנשמה תהלל י"ה הללוי"ה. ומתחלק אור במילוי "אלף וו ריש" גימ' (633) "לבני ישראל", הגנוז במילוי "הי גימל נון וו זין" גימ' (283) "האור הגנוז"- דהיינו דבמלוי אור הגנוז רמיזא מיניה וביה דעתיד הקב"ה להמשיך הארה זו לבני ישראל, ואף בחשכת הגלות ע"י עסק התורה טועמים טעם אור הגנוז כאמרם ליהודים היתה אורה ושמחה וששון ויקר (אסתר ח',ט"ז) אורה זו תורה.

למעלה שהיא סוד מקיף והו"ו שבאל"ף רמז לסוד אור פנימי ויו"ד תחתונה רמז לאור החיצון ולפי שבשעת העגל פגמו ישראל בג' אותיות אלו

ונסתלקו מהם לכן נהרגו כשלשת אלפי איש (שמות ל"ב,כ"ח) שרומזים לג' אלפין לג' אורות שנסתלקו מהם

גלא עמיקתא

במלויו הגדול כזה: "דלת ויו דלת" גימ' (890) י' פעמים חנוכ"ה (89) **ובאור הענין** דשלמות י' ספירות הגנוזות דיתגלו בגאולה השלמה באור הגנוז דהחל להאיר ב–ח' נרות חנוכה בביאת משיח צדקנו בעגלא דידן ובזמן קריב אמן. **ב'.** דברים ו',ה': "[יד]**ואהבת את ה' אלהיך בכל לבבך ובכל נפשך ובכל מאדך"** גימ' (1644) **אלף** (1000) **אברהם יצחק ויעקב** (644) **והוא** לקביל קוב"ה ו–ג' **אבהן קדישין דהוו מרכבתא לשכינתא קדישא. אלף** (1000) לקביל **אלופו** של עולם כמ"ש (משלי ט"ז,כ"ח) "ונרגן מפריד **אלוף**" [טו]כפרש"י: **ועל ידי ריגונו ותרעומתו מפריד ממנו אלופו של עולם.** עכלשה"ק. "**ואהבת**" גימ' (414) "**אור אינסוף**". "**בכל לבבך**" גימ' (106) "**המלוכה**" לקביל **אברהם** שגילה מלכותו יתברך בעולם, ורמיזא גאולתא שלמתא באלפא תמינאה דאז יקוים מאמר דוד (תהל' כ"ב,כ"ט) "כי לה' המלוכה ומושל בגויים". "**בכל נפשך**"– [טז]**אפילו נוטל את נפשך** לקביל **יצחק** שמסר נפשו בעקדה. "**ובכל מאדך**"– גימ' (123) ענ"ג– לקביל **יעקב** בריח התיכון המבריח הן הקצה אל הקצה– [יז]**דאין למעלה מענג ואין למטה מנגע**

לכהן' כו', דהנה כל דבר אשר נעשה מקום להשראת הקדושה עליונה צריכה מקודם לעשות כלי והכנה ובית קיבול שיהיה מקום לקדושה הבאה אחר כך לשרות בדבר ההוא, וזה נקרא 'חינוך', כמו שמחנכין הנער במצות שיהא כלי מזומנת לקבל השראת הקדושה החל עליו בעת גדולתו. [יד] **ספרי דברים פרשת ואתחנן פיסקא לב:** (ה) ואהבת את ה' אלהיך, עשה מאהבה, הפריש בין העושה מאהבה לעושה מיראה, העושה מאהבה שכרו כפול ומכופל. לפי שהוא אומר (דברים י כ) את ה' אלהיך תירא ואותו תעבוד, יש לך אדם שהוא מתירא מחברו, כשהוא מצריכו מניחו והולך לו, אבל אתה עשה מאהבה שאין לך אהבה במקום יראה ויראה במקום אהבה אלא במדת מקום בלבד. דבר אחר ואהבת את ה' אלהיך, אהבהו על הבריות כאברהם אביך כענין שנאמר (בראשית יב ה) ואת הנפש אשר עשו בחרן, והלא אם מתכנסים כל באי העולם לבראות יתוש אחד ולהכניס בו נשמה אינם יכולים אלא מלמד שהיה אברהם אבינו מגיירם ומכניסם תחת כנפי השכינה. [טו] **רש"י משלי פרק טז:** ונרגן מפריד אלוף - וע"י ריגונו ותרעומתו מפריד ממנו אלופו של עולם. [טז] **רש"י דברים פרק ו:** ובכל נפשך - אפילו הוא נוטל את נפשך.

[יז] **תורת המגיד תורה פרשת לך לך:** וקוי ה' יחליפו כח וכו' ירוצו וכו' (ישעי' מ), דאיתא בספר יצירה (פ"ב מ"ד) אין למעלה מענג ואין למטה מנגע, ופי' דענג הוא עולם התענוג, היינו החכמה וההשגה הוא עולם התענוג. ונאמר (תהלים קיא, י) ראשית חכמה יראת ה', ר"ל שיש למדה זו בושה גדולה נגד מה שלמעלה ממנו, הואיל שהוא משיג יותר, וקרוב למלכות מאוד. ומגודל ההכנעה אינו מרגיש בתענוגו, כמשל השר העומד לפני המלך תמיד מגודל הבושה אינו מרגיש את עצמו ואינו משיג בתענוג הגדול, לפי שכבודו בטל ממציאות נגד התענוג הגדול, אבל מי שאינו בתמידות אצל המלך, מרגיש התענוג יותר כשבא לביתו והרגיש ומשיג את עצמו ומחשב שהוא קרוב למלכות, יש לו תענוג, אבל מי שהוא בתמידות אצל המלך, מגודל הבושה והתענוג אינו משיג כבודו כלל, וזהו סייג לחכמה שתיקה, שחכם אינו מדבר לפני מי שגדול ממנו ואדם עומד תמיד לפני המלך מלכו של עולם, ולכך אינו ראוי לדבר לפניו, וזהו אין למעלה מעונג, ר"ל שהוא גדול יותר מהתענוג כנ"ל. ואין למטה מנגע, כי הקב"ה הוא סובל כל עלמין וממלא כל עלמין, כי הקדוש ברוך הוא

ועליהם אמר משה (שמות ל"ב,ל"ב) מחני נ"א מספר"ך אש"ר כתב"ת ס"ת בגי' ג' פעמים אור שמשה יקח את האוהל [כמ"ש (שמות ל"ג,ז') ומשה יקח את האהל] שזכה לכולן ובשעת התיקון אמר

גלא עמיקתא

(ספר יצירה). וזהו (ישעי' נ"ח,י"ג) "וקראת לשבת ענג"– והוא בחינת יעקב דתיקן תחומי שבת. והאי בחינה דאלף רבתי (1000) בסוד ואהבת אור אינסוף– ניתנה באותו פרק למשה– ויקר א' אל משה, בסוד [יח]מאן דאיהו זעיר איהו רב (זוה"ק תחלת חיי שרה). ולעתיד לבוא האי א' זעיר אתהפך ל–א' רבתי דאדם כדכתיב בתחלת דברי הימים "אדם שת אנוש" ב–א' רבתי, ובסוד מה שאמר הנביא "הקטן יהיה לאלף, והצעיר לגוי עצום" ומסיים "אני ה' בעתה אחישנה" במהרה בימינו אמן. ג'. איוב כ"ז,י"ז: "[יט]יכין וצדיק ילבש, וכסף נקי יחלק" גימ' (1116) "בראשית ברא", דברמז

כביכול מצמצם אורו אפי' במדרגה הפחות שבגשמיים, נמצא כשתחקור ותבין כל הדברים תשיג עצם כבודו יתברך, אפי' שם וזהו אין למטה מנגע. **[יח] זוהר - בראשית - פרשת חיי שרה דף קכ"ב ע"ב:** זכאה איהו מאן דאזער גרמיה בהאי עלמא כמה איהו רב ועלאה בההוא עלמא. והכי פתח רב מתיבתא, מאן דאיהו זעיר איהו רב, ומאן דאיהו רב איהו זעיר, דכתיב (בראשית כג) ויהיו חיי שרה מאה שנה ועשרים שנה ושבע שנים, מאה דאיהי חשבון רב כתיב ביה שנה זעירו דשנין חד אזעיר ליה, שבע דאיהו חשבון זעיר אסגי ליה ורבי ליה דכתיב שבע שנים, ת"ח דלא רבי קודשא בריך הוא אלא לדאזעיר לא אזעיר אלא לדרבי, זכאה איהו מאן דאזעיר גרמיה בהאי עלמא כמה איהו רב בעלויא בההוא עלמא. וכו' **[יט] תלמוד ירושלמי מסכת בבא קמא פרק י הלכה א:** מתני' הגוזל ומאכיל את בניו ומניח לפניהן פטורין מלשל' אם היה דבר שיש בו אחריות נכסים חייבין לשלם אין פורטין לא מתיבת המוכסין ולא מכיס של גבאין ואין נוטלין מהן צדקה אבל נוטל הוא מתוך ביתו או מן השוק: גמ' תני ישראל שלוה בריבית ועשה תשובה חייב להחזיר מת והניח לפני בניו עליו הכתוב אומר [איוב כז יז] יכין וצדיק ילבש. הניח לפניהן פרה או טלית חייבין להחזיר אזל תניה לגזילייא. אם היה דבר שיש לו אחריות חייבין להחזיר איזהו דבר שיש לו אחריות רבי יונתן אומר בשהניח לפניהן קרקע ריש לקיש אמר בשהניח לפניהן גוף הגזילה. רב אמר יורש כמשועבד כשם שאין מלוה בעדים גובה ממשועבדין כך אינה גובה מיורשין שמואל אמר דאיקני אינו גובה ממשועבדין הא מבני חרי גובה. ולית היא פליגא על רב דרב אמר יורש כמשועבד כשם שאין מלוה בעדים גובה ממשועבדים כך אינה גובה מיורשין. פתר לה בשהניח לפניהן קרקע. ואפילו כשמואל לית היא פליגא לא כן אמר שמואל דאיקני אינו גובה ממשועבדין. פתר לה בשהניח לפניהן גוף הגזילה. גזל טלית ונתנה לאחר ר' לעזר בשם רבי חייה אמר מוציאין מראשון ולא משני ר' יוחנן אמר בשם ר' ינאי מוציאין אף מן השני. ר' בא בר ממל אמר אף ר' חייה כדעתיה דר' חייה אמר מוציאין אף משני. נתחלפו כליו בבית האומן ישתמש בהן ויצא ויבקש את שלו בבית האבל או בבית המשתה אל ישתמש בהן אלא יצא ויבקש את שלו. א"ר בא בר חנה לא הוה ר' חייה חביבי פתר לה אלא כגון הדין בר קורא שכל הנוטל מאצלו נוטל ברשות וכל המניח אצלו מניח ברשות. הגנבי' שבאו במחתרת ועשו תשובה חייבין להחזיר עשה אחד מהן תשובה חייב להחזיר את שלו ואם היה מוציא ונותן להן הוא משלם על ידי כולן. תני הגוזל ומאכיל בניו בין גדולים בין קטנים פטורין מלשלם הניח לפניהן בין גדולים בין קטנים חייבין לשלם סומכוס אומר גדולים חייבין קטנים פטורין אם אמרו אין אנו יודעין אם עשה אבינו חשבון באחרונה הרי אילו פטורים. התיב ר' בא בר ממל הגע עצמך בשהניח לפניהן קרקע לא הכל מהן לומר אין אנו יודעין מה

חשבון עשה אבינו באחרונה. התיב רב המנונא הגע עצמך שהיתה גזילה מפורסמת לא הכל מהן לומר אין אנו יודעין מה עשה אבינו חשבון באחרונה. התיב רב ששת אפילו קטנים נטענין להן בבית דין מה אית לך למימר. א"ר מנא תיפתר בשטענו הן אין אנו יודעין כו'. יודעין אנן דעסק אבינו עמך על הדין חושבנא ולית נן ידעין מה נפק מדינא: [כ] **פסיקתא זוטרתא שמות פרשת יתרו פרק כ:** אלו עשרת הדברות [החרותות על לוחות האבנים, אבנים ספיר] היו, והמכתב מכתב אלהים היה, מנין אותיות של עשרת הדברות הם שש מאות ושלש עשרה, כנגד שש מאות ושלש עשרה מצות, שנתנו לנו על ידי משה רבינו, שנאמר תורה צוה לנו משה (דברים לג ד) תור"ה תרי"א, ואנכי ולא יהיה לך מפי הגבורה שמענום, ואומר כי טל אורות טלך (ישעיה כו יט), אורות מנין תרי"ג, והאותיות הם תרכ"א, טול תרי"ג לתרי"ג

(שמות ל', י"ב) כ"י ת"שא א"ת ר"אש ר"ת [כ]תרכ"א איתמר תמן ג' תרומות [כדכתיב שם בפסוק י"ג מחצית השקל תרומה לה', בפסוק י"ד יתן

גלא עמיקתא

אות א' הכל חוזר לשרש לקדושה, וזהו [כא]דפירש רש"י על הפסוק: וכסף נקי– כספו של רשע לנקי יחלקנו הקב"ה– והוא בסוד החזרת הניצוצות הבלועים לקדושה. ד'. ויקרא א',א': "[כב]ויקרא אל משה וידבר ה' אליו מאהל מועד לאמר" פסוקא דנן דפותח ספר ויקרא, גימ' (1455) אלף (1000) מש"ה במלוי יודין (455) והוא כדוגמת חושבן הפסוק "ואהבת" וכו' דלעיל דסליק לחושבן "אלף (1000) אברהם יצחק ויעקב". ובשניהם רמיזא אלופו של עולם– אלף כנ"ל– המתלבש באבות הקדושים ובמשה כאמרם שכינה מדברת בתוך

ויוציאנו ממצרים, וכן הוא אומר ויהיו מלעיבים במלאכי אלהים (דברי הימים ב לו) רב הונא תני בשם רבי אחא אומר אלו ישראל שהוא אומר גבורי כח עושי דברו לשמוע בקול דברו שהקדימו עשיה לשמיעה רבי יצחק נפחא אומר אלו שומרי שביעית, ולמה נקרא שמם גבורי כח רואה ששדהו מופקרת ואילנותיו מופקרים והסייגים מפורצים ורואה פירותיו נאכלים וכובש את יצרו ואינו מדבר, ושנו רבותינו איזהו גבור הכובש את יצרו, רבי תנחום בר חנילאי אומר מי גבורי כח זה משה שאין גבור כמותו שישראל עומדים לפני הר סיני ולא יכלו לשמוע את קול הדבור שנאמר (דברים ה) אם יוספים אנחנו לשמוע את קול ה' אלהינו עוד ומתנו, ומשה לא ניזוק, ללמדך שגדולים הצדיקים יותר ממלאכי השרת שמלאכי השרת אינן יכולין לשמוע קולו שנאמר (יואל ב) וה' נתן קולו לפני חילו אלא עומדין ונבהלין,

מצות, ושש מאות אלף רגלי שנימולו בני שמונה ימים בני שלשת אבות ושנים עשר שבטים הכל תרכ"א, וח' למנין ימים של מילה, שנאמר לא עשה כן לכל גוי (תהלים קמז כ), וי"ג שמות לעשרת הדברות למנין שבטי ישראל עם שבט אפרים בן יוסף כי מנשה למטה בני יוסף נמנה שנאמר למטה יוסף למטה מנשה (במדבר יג יא): [כא] **רש"י איוב פרק כז:** וכסף נקי - כספו של רשע לנקי יחלקנו הקדוש ברוך הוא. [כב] **מדרש תנחומא פרשת ויקרא:** (א) ויקרא אל משה, זש"ה ברכו ה' מלאכיו גבורי כח עושי דברו לשמוע בקול דברו (תהלים קג) ברכו ה' מלאכיו אלו משה ואהרן שנקראו מלאכים שנ' (במדבר כ) וישלח מלאך

והצדיקים יכולין לשמוע קולו שנאמר וה' נתן קולו לפני חילו כי רב מאד מחנהו אלו המלאכים שנאמר (בראשית לב) מחנה אלהים זה, וכן הוא אומר אלף אלפין ישמשוניה (דניאל ז) ומי קשה מהם הצדיקים שנא' (יואל ב) כי עצום עושה דברו זה צדיק שעושה רצון יוצרו ואיזהו זה משה שאמר לו הקדוש ברוך הוא עשה לי משכן ועמד ונזדרז ועשה משכן והיה עומד מבחוץ שהיה מתירא לבא אל אהל מועד שנ' (שמות מ) ולא יכול משה לבא אל אהל מועד, אמר הקדוש ברוך הוא אינו דין שמשה שעשה את המשכן יהא עומד מבחוץ ואני מבפנים אלא הריני קורא אותו שיכנס לפיכך כתיב ויקרא אל משה, הוי קשה כחן של צדיקים שיכולין

4. הגאולה האמיתית והשלמה: הנה כתיב בגאולתא (ירמי' ל"א,ל"ג): "ולא ילמדו עוד איש את רעהו ואיש את אחיו לאמר דעו את הוי' כי כולם ידעו אותי למקטנם ועד גדולם נאם ה' כי אסלח לעונם ולחטאתם לא אזכור עוד" והיינו דגם בבחינת קטנות ידעו את ה'.

תרומת ה', בפסוק ט"ו לתת את תרומת ה'] שהם רומזין לג' אורות אלו.

גלא עמיקתא

גרונו ר"ת בשג"ם גימ' (345) מש"ה כאמרם (לולין קלט:)[כג]מש"ה מן התורה מנין? בשג"ם הוא בשר וכו' (בראשית ו',ג') והאריך המגלה עמוקות בבאור ענין זה [כד]בפירושו על א' זעירא דויקרא אופן נ"ה. ה'. שמות ל"ב,כ"ח: "[כה]ויעשו בני לוי כדבר משה, ויפל מן העם ביום ההוא כשלשת אלפי איש" גימ' (2959) י"א פעמים למקטנ"ם (269) כדכתיב בגאולתא (ירמי' ל"א,ל"ג) "כי כולם ידעו אותי למקטנם ועד גדולם נאם הוי'" [4]ובארנו במקום אחר פירוש הענין דאף בקטנות ידעו את הוי' כמו בגדלות. וכפלינן י"א פעמים בסוד י"א כתרין דמסאבותא י"א

לשמוע קולו. [כג] **תלמוד בבלי מסכת חולין דף קלט עמוד ב:** אמרי ליה פפונאי לרב מתנה וכו' משה מן התורה מנין? בשגם הוא בשר (בראשית ו') המן מן התורה מנין? המן העץ (בראשית ג') אסתר מן התורה מנין? ואנכי הסתר אסתיר (דברים ל"א) מרדכי מן התורה מנין? דכתיב (שמות ל') מר דרור ומתרגמינן: מירא דכיא. [כד] **מגלה עמוקות על א' זעירא דויקרא אופן נ"ה:** ידוע שמשה עלה אל האלהים שהוא כלול מיוד פעמים (תהלים יב) ותחסרהו מעט מאלהים ז"ש משה מן התורה (חולין קלט:) מנין שהוא בא להמתיק י"פ אלהים בשג"ם הו"א בש"ר בגי' תתנ"ט חסר א' מי"פ אלהים וז"ס תכלי"ת כי משה רזא תכלית הבריאה והוא ראשית ותכלית לכן אמר גבי לידתו ותשם בסוף ס"ף בפ' רבתי י"פ אלהים שהיא תכלית לכן אמר כאן ויקר אל משה מההוא היקר שבא להמתיק מדת אלהים שתהי' חסד מה יקר חסדיך אלהים משה שנקרא מה שם בנו לא ידענו מה הי' לו להוציא יקר מזולל להמתיק מדת חסד על שם של אלהים אבל אלף זעירא ותחסרהו מעט מאלהים שנחסר לו אחד מן תת"ס ולא עלו רק תתנ"ט מנין בשג"ם הו"א בש"ר. [כה] **פסיקתא דרב כהנא פיסקא ב - כי תשא:** [ח] לפקודיהם (שמות ל: יב). א"ר יהושע בר' נחמיה א' הקדוש ברוך הוא למשה, לך מנה את ישר'. וא' משה לפני הקדוש ברוך הוא, רבון כל העולמים כת' והיה זרעך כעפר הארץ (בראשית כח: יד), והרביתי את זרעך ככוכבי השמים (שם /בראשית/ כו: ד), והיה מספר בני ישראל כחול הים (הושע ב: א), ואת אמר לי לך מנה את ישר', א' לו משה לא כשם שאת סבור, אלא אם ביקשתה לעמוד על מנינם של ישר' טול ראשי אתיות של שבטין ואת עומד על מינינם. ריש דראובן תרתין מאוון אלפין, שין דשמעון תלת מאוון אלפין, נון דנפתלי חמשין אלפין, יהודה יוסף יששכר תלתין אלפין, זין דזבולון שבעה אלפין, דלת דדן ארבעה אלפין, גמל דגד תלתא אלפין, בית דבנימן תרין אלפין, אלף דאשר חד אלפא, הא חמש מאוון ותשעין ושבעה אלפין, הן אינון תלתי אלפייא חורנייה, מה שנפלו בימי העגל, ויעשו בני לוי כדבר משה ויפל מן העם ביום ההוא כשלשת אלפי איש (שמות לב: כח). ר' מנחמא בשם ר' ביבי למלך שהיה לו צאן ונכנסו זאבים לתוכה ובקעוה, א' המלך לרועה מנה את צאני לידע כמה חסרו. כך א' הקדוש ברוך הוא למשה מנה את ישר' לידע כמה חסרו. בעשרה מקומות נמנו ישר'. אחד בירידתן למצרים, בשבעים נפש ירדו אבותיך (דברים י: כב). ואחת בעלייתן, ויסעו מרעמסס סוכותה כשש מאות אלף רגלי (שמות יב: לז). ושנים בחומש הפיקודים. אחד בדגלים. ואחד בחילוק הארץ. ושנים בימי שאול, ויפקדם בטלאים (שמואל א' טו: ד), ויפקדם בבזק (שם /שמואל א'/ יא: ח), כד אינון עתירין באילין אמריא וכד אינון מסכינין באילין בזיקיא. ואחת בימי דוד, שנ' ויתן יואב את מספר מפקד העם (שמואל ב' כד: ט), אם מספר למה מפקד ואם מפקד למה מספר, אלא עשה שתי אנפוראות, גדולה וקטנה, הקטנה הראה לדוד, הגדולה לא הראה לו, שנ' ויתן יואב את מספר מפקד העם (שם /שמואל ב' כ"ד/). ואחד בימי עזרא, כל הקהל כאחד

ארבע רבוא (עזרא ב: סד). ואחד לעתיד לבא, עוד תעבורנה הצאן על יד מונה (ירמיה לג: יג). והדין כי תשא את ראש וגו׳ (שמות ל: יב). **[כו] תלמוד בבלי מסכת סוטה דף יד עמוד א**: וא"ר חמא ברבי חנינא: מפני מה נקבר משה אצל בית פעור? כדי לכפר על מעשה פעור. ואמר רבי חמא ברבי חנינא, מאי דכתיב: אחרי ה׳ אלהיכם תלכו? וכי אפשר לו לאדם להלך אחר שכינה? והלא כבר נאמר: כי ה׳ אלהיך אש אוכלה הוא! אלא להלך אחר מדותיו של הקדוש ברוך הוא, מה הוא מלביש ערומים, דכתיב: ויעש ה׳ אלהים לאדם ולאשתו כתנות עור וילבישם, אף אתה הלבש ערומים; הקדוש ברוך הוא ביקר חולים, דכתיב: וירא אליו ה׳ באלוני ממרא, אף אתה בקר חולים; הקדוש ברוך הוא ניחם אבלים, דכתיב: ויהי אחרי מות אברהם ויברך אלהים את יצחק בנו, אף אתה נחם אבלים; הקדוש ברוך הוא קבר מתים, דכתיב: ויקבר אותו בגיא, אף אתה קבור מתים. כתנות עור - רב ושמואל, חד אמר: דבר הבא מן העור, וחד אמר: דבר שהעור נהנה ממנו. דרש ר׳ שמלאי: תורה - תחלתה גמילות חסדים וסופה גמילות חסדים; תחילתה גמילות חסדים, דכתיב: ויעש ה׳ אלהים לאדם ולאשתו כתנות עור וילבישם; וסופה גמילות חסדים, דכתיב: ויקבר אותו בגיא. דרש רבי שמלאי: מפני מה נתאוה משה רבינו ליכנס לא"י? וכי לאכול מפריה הוא צריך? או לשבוע מטובה הוא צריך? אלא כך אמר משה: הרבה מצות נצטוו ישראל ואין מתקיימין אלא בא"י, אכנס אני לארץ כדי שיתקיימו כולן על ידי; אמר לו הקדוש ברוך הוא: כלום אתה מבקש אלא לקבל שכר, מעלה אני עליך כאילו עשיתם, שנאמר: לכן אחלק לו ברבים ואת עצומים יחלק שלל תחת אשר הערה לַמָּוֶת נפשו ואת פושעים נמנה והוא חטא רבים נשא ולפושעים יפגיע, לכן אחלק לו ברבים - יכול כאחרונים ולא כראשונים? ת"ל: ואת עצומים יחלק שלל, כאברהם יצחק ויעקב שהן עצומים בתורה ובמצות; תחת אשר הערה למות נפשו - שמסר עצמו למיתה, שנאמר: ואם אין מחני נא וגו׳; ואת פושעים נמנה - שנמנה עם מתי מדבר; והוא חטא רבים נשא - שכיפר על מעשה העגל; ולפושעים יפגיע - שביקש רחמים על פושעי ישראל שיחזרו בתשובה, ואין פגיעה אלא תפלה, שנאמר: ואתה אל תתפלל בעד העם הזה ואל תשא בעדם רנה ותפלה ואל תפגע בי. הדרן עלך המקנא לאשתו. **[כז] תלמוד בבלי מנחות דף כט עמוד ב**: אמר רב יהודה אמר רב בשעה שעלה משה למרום, מצאו להקב"ה שיושב וקושר כתרים לאותיות, אמר לפניו: רבש"ע, מי מעכב על ידך? אמר לו: אדם אחד יש שעתיד להיות בסוף כמה דורות ועקיבא בן יוסף שמו, שעתיד לדרוש על כל קוץ וקוץ תילין תילין של הלכות. אמר לפניו: רבש"ע, הראהו לי, אמר לו: חזור לאחורך. הלך וישב בסוף שמונה שורות, ולא היה יודע מה הן אומרים, תשש כחו; כיון שהגיע לדבר אחד, אמרו לו תלמידיו: רבי, מנין לך? אמר להן: הלכה למשה מסיני, נתיישבה דעתו. חזר ובא לפני הקדוש ברוך הוא, אמר לפניו: רבונו של עולם, יש לך אדם כזה ואתה נותן תורה על ידי? אמר לו: שתוק, כך עלה

גלא עמיקתא

יריעות עזים דהוו על משכנא– והני שלשת אלפי איש בסוד ג׳ אלפין דקלי׳ דהרגום הלויין כצווי משה. ו׳. שמות ל"ב,ל"ב: "[כו]ועתה אם תשא חטאתם, ואם אין מחני נא מספרך אשר כתבת" גימ׳ (3671) ה"פ "משה שלמה דוד" (734) עם הכולל בחינת עמודא דאמצעיתא דסליק לרזא דאינסוף בסוד אור הגנוז לצדיקים לעתיד לבוא והוא בחינת אין– וזה שאמר "ואם אין" גימ׳ (108) ח"ק דהיינו: ואם חק הוא לפניך בחינת "[כז]שתוק כך עלה במחשבה" גימ׳ (1308) ד"פ "בראנו לכבודו" (327) כדאמרינן בצלותא בסוף ובא לציון: "ברוך הוא אלהינו שבראנו לכבודו והבדילנו מן התועים ונתן לנו תורת אמת וחיי עולם נטע בתוכנו" וכו׳ והרי כל הנעשה בתחתונים ובעליונים אינו אלא לכבודך ואיך תכחידם, והגיע עד לשרש התשובה בפנימיות אדם קדמון, דאמרינן בבאור עשרת הדברות (במנורה דאות א׳ רבתי) "אדם קדמון"

במחשבה לפני. אמר לפניו: רבונו של עולם, הראיתני תורתו, הראני שכרו, אמר לו: חזור [לאחורך]. חזר לאחוריו, ראה ששוקלין בשרו במקולין, אמר לפניו: רבש"ע, זו תורה וזו שכרה? א"ל: שתוק, כך עלה במחשבה לפני. **[כח] אליהו זוטא פרשה ד:** ארבעים ימים האמצעיין נטל משה את האהל ויצא לו חוץ למחנה, שנאמר ומשה יקח את האהל ונטה לו מחוץ למחנה וגו' (שמות ל"ג ז'), והיו ישראל נוהגין אבילות בעצמן כל אותן הימים, עד שנתגלה מלך מלכי המלכים הקדוש ברוך הוא, יהי שמו הגדול מבורך לעולם ולעולמי עולמים, ופתח לו פתח של רחמים, ואמר הקדוש ברוך הוא למשה, משה, מה עושין אותן עניים, מנודין לרב מנודין לתלמיד, מנודין לי מנודין לך, חזור בך והיכנס למחנה, שנאמר ודבר ה' פנים אל פנים (שם שם /שמות ל"ג/ י"א), איני יודע מקרא זה מה הוא אומר, כשהוא אומר, ושב אל המחנה (שם /שמות ל"ג/), מלמד שהתיר לו את נדרו, והכניס את האהל למחנה. משלו משל, למה הדבר דומה, למלך בשר ודם שכעס על בנו, והיה אחד מגדולי מלכות יושב לפניו, אמר לו, ריקא, אילמלי פלוני אוהבי יושב לפני, כבר היכיתיך מכות גדולות, לכך נדמה משה באותה שעה, שנאמר ויחל משה את פני ה' אלהיו וגו' למה יאמרו מצרים לאמר וגו' זכור לאברהם ליצחק וליעקב עבדיך וגו' (שם /שמות/ ל"ב י"א עד גמירא), מיד היה להן עניו, שנאמר וינחם ה' על הרעה וגו' (שם /שמות ל"ב/).

גלא עמיקתא

בא"ת ב"ש גימ' (713) תשוב"ה. ז'. שמות ל"ג,ז': "[כח]ומשה יקח את האהל ונטה לו מחוץ מן המחנה, הרחק מן המחנה, וקרא לו אהל מועד אשר מחוץ למחנה" גימ' (3914): חו"ה (19) פעמים "בן עולם הבא" (206) דחוה חטאה והחטיאה אף את אדם הראשון ונטרד מן העולם הזה, אך בזכות תקון האבות הקדושים ומשה יתוקן הבל ואף יתעלה למעלה משרשו. וזהו דאדם הראשון הוא בן עולם הבא בעלוי אחר עלוי ויוברר למפרע דהכל היה אך לטוב. ח'. שמות ל',י"ב: "[כט]כי תשא את ראש בני ישראל לפקדיהם, ונתנו א"ש כפר נפשו לה' בפקד אתם, ולא יהיה בהם נגף בפקד אתם" גימ' (5621) ז"פ "וחיי עולם נטע בתוכנו" (803) דאמרינן בברכת התורה – דהיא בחינת תורה שבעל פה– דבברכת התורה ב' חלקים: "אשר נתן לנו תורת אמת" – תורה שבכתב. "וחיי עולם נטע בתוכנו" – תורה שבעל פה. וכפלינן ז"פ דהיא בחינת ז"ת דמלכות – דמלכות סלקת לעילא למיהב לן שפע מבחינת תורה שבכתב מתפארת דרך היסוד, והוא בחינת ה' ספירות עליונות דמלכותא אינון תמיד פנים בפנים עם שמשא דהיינו התפארת. והמיעוט והמילוי בפגימת הלבנה הוא אך ורק בבחינת ה' ספירות תחתונות– דכאן מיוצגות בז"ת והג"ר נחלק ל–ה' בחינות דהן כתר חכמה בינה. ובחכמה ובינה גופא אינון ב' בחינות ישסו"ת ואו"א עילאין– יחד עם הכתר הרי ה' ספירות

[כט] פסיקתא רבתי (איש שלום) פיסקא י - כי תשא: ד"א כי תשא את ראש, כי תפקיד אין כתב כאן אלא כי תשא, מהו, לשון נטילת ראש, למה הדבר דומה לבן מלכים שסרח על אביו אמר המלך לכו שאו את ראשו, לכו תלו את ראשו, שמעו הקוסטנרי' ונטלוהו לחתוך את ראשו, כיון ששמע פידגוגו אמר לו אתה מארי מאבד את בנך מן העולם, לא הוא שיש לך מונגינוס הוא אין אתה צריך לעשות כך, א"ל המלך והיאך אני עושה שכבר הוצאתי קילווני' עליו שישאו את ראשו ויתלו אותו, אמר לו יכולה קילוילוסיו שלך קיימת ובנך במקומו ואינו נזוק, אמר לו, בלשון הזה שהוצאת עליו בו אתה מגדלו בעולם מה (אמר לנו) [אמרת לכו] שאו את ראשו ילכו ירוממו את ראשו ממה שהוא ונמצא קלווסים שלך קיימת ולבנך הגדולה, אמר לו המלך חייך הואיל ולמדת אותי סניגורא ונתת לו נפשו על ידך אני זוקפו ותולה לו את ראשו, כך הבן אילו ישראל בנים אתם לה' אלהיכם (דברים י"ד א') סרחו על הקדוש ברוך

הוא והכעיסוהו אמר הקדוש ברוך הוא מאבדם אני מן העולם הרף ממני ואשמידם (שם /דברים/ ט׳ י״ד), כיון ששמע משה כך חגר את מתניו בסניגורא ובא לו אצל הקדוש ברוך הוא אמר לו רבונו של עולם מאבד אתה את בניך מן העולם הזכיר כמה (טרחתי) [טרחת] בהם עד שהוצאתם ממצרים ולא עוד הזכיר לאבותיהם, כיון שלימד עליהם התנחם הקדוש ברוך הוא וכבר יצתה בגזירה שינשאו את ראשם, הפוך את הלשון ורומם את ראשם, אמר לו הקדוש ברוך הוא חייך הואיל ואתה למדת עליהם סניגורא על ידיך אני מרומם ונושא את ראשם כי תשא את ראש בני ישראל.

גלא עמיקתא

ביחוד תמידי פנים בפנים עם התפארת ואכמ״ל. וכאשר נסכם שמונת הפסוקים – בסוד שמונת נרות חנוכה כדאמרינן – והוא מכוון בברור ע״י המגלה עמוקות דאופן פ״ט גימ׳ (89) חנוכ״ה, ומביא בדבריו הקדושים שמונה פסוקים דווקא כמנין נרות חנוכה: ״נפשנו כצפור נמלטה מפח יוקשים, הפח נשבר ואנחנו נמלטנו״ ״ואהבת את ה׳ אלהיך בכל לבבך ובכל נפשך ובכל מאדך״ ״יכין וצדיק ילבש, וכסף נקי יחלק״ ״ויקרא אל משה וידבר ה׳ אליו מאהל מועד לאמר״ ״ויעשו בני לוי כדבר משה, ויפל מן העם ביום ההוא כשלשת אלפי איש״ ״ועתה אם תשא חטאתם, ואם אין מחני נא מספרך אשר כתבת״ ״ומשה יקח את האהל ונטה לו מחוץ מן המחנה, הרחק מן המחנה, וקרא לו אהל מועד אשר מחוץ למחנה״ ״כי תשא את ראש בני ישראל לפקדיהם, ונתנו איש כפר נפשו לה׳ בפקד אתם, ולא יהיה בהם נגף בפקד אתם״ סליקו כולהו לחושבן (22,941): כ׳ פעמים ״הללוי–ה, הללו אל בקדשו, הללוהו ברקיע עזו״ (1147) (תהל׳ ק״נ,א׳) עם הכולל, והוא בסוד הילול הוי׳ דסליק עד כתרא – והוא בהוספת הכולל רמז לעצמותו ומהותו יתברך דממשיך בתוך הצמצומים לקבלת השפע בנחת וענג תתאין [עיין עוד מה שכתבנו[5] במקום אחר בבאור ענין צורת אדם].

5. צורת אדם: אלף זעירא מרמזת על צורת אדם י׳ ראש ו׳ גוף י׳ ברית קדש, הה״ד משה ״ונחנו מה״ ואנחנו מיבעי ליה, אלא אסתיר א׳ מענותנותו הרבה, שהרי א׳ היא אות עיקרית, וכך נקרא ונחנו משני צדיו רמז לאור ישר - תורה, ואו״ח - תפלה, שזהו מ״ה גימ׳ אדם, ובשם אלקים - הנוק׳ קדישא - כמ״ש שם אלקים בקיצור יוד עליונה ו׳ בלי י׳ תתאה, שבנוק׳ אין עניין הברית קדש ברית המעור, אלא ברית הלשון בלבד (שתשעה קבין שיחה נטלו), ובאדם הם ג׳ בריתות: ברית הלשון - י׳ עילאה, ו׳ - ברית התורה דכתיב ״אם לא בריתי יומם ולילה וגו׳״, ו-י׳ תתאה ברית קודש המעור. ושבת קדש ע״ג כולנה דאיקרי ברית כדכתיב ״כי אות היא ביני וביניכם״, היינו- שבת בסוד ״כתר-מלכות״ קוץ עליון די׳ עילאה וקוץ תחתון די׳ תתאה, גימ׳ (1116) ״בראשית ברא״ - היינו ״אבר ירא שבת״ יראה תתאה ועילאה, וכן ״אבר שית אבר״ מרמז על שתי בריתות והתורה מחברת ביניהם, וכן אברהם אבר מה וד״ל. ״בראשית ברא״ בא״ת ב״ש גימ׳ (1449) ע״ה: ״יהיו לרצון אמרי פי והגיון לבי לפניך ה׳ צורי וגואלי״ (תהלים י״ט,ט״ו) דאמרינן בתר צלותא, וביחד עם הפשוט (1116) (בסוד או״י ואו״ח) גימ׳ (2565) ״מתי תמלוך בציון בקרוב בימינו לעולם ועד תשכון״ - עניין כתר-מלכות דאדם קו״ע וקו״ת כנ״ל, ואדם לגבי הבורא ית״ש הוא כנוק׳ גמור, ולכן אמר משה רבנו עליו השלום (שמות ט״ז,ז׳) ״ונחנו מה״ ללא א׳. ״בטחו בה׳ עדי עד כי בי-ה ה׳ צור עולמים״ (ישעי׳ כ״ו,ד׳) גימ׳ (776) ״יפל מצדך אלף ורבבה מימינך״ (תהלים צ״א,ז׳) ומשה הפיל הא׳ באמרו (שמות ט״ז,ז׳) ״ונחנו מה״ אך לא הורשה להפילה בויקרא, ורמז רצונו בא׳ זעירא, וחז״ל החזירוה באמרם ״מה ה׳ אלוקיך דורש מעמך כי אם ליראה״ וכו׳ אל תיקרי מה אלא מאה - מכאן שחייב אדם לברך מאה ברכות בכל יום, ונוסף על ״מה״ (45) ״מודה״ (55) ביחד ״מאה״ [וכן מה בא״ת ב״ש ק׳] כדרשם ז״ל ״כל הנשמה תהלל י-ה״ מכאן ש״חייב אדם להודות על כל נשימה ונשימה״, גימ׳ (1492) ״ה׳ חפץ למען צדקו יגדיל תורה ויאדיר״ (ישעיהו

מ״ב,כ״א) - יגדל י׳ רבתי דמשה י׳ עילאה, ו׳ תורה, יאדיר י׳ תתאה דדוד בתהלים ״מה אדיר שמך בכל הארץ״ ו״אדיר במרום ה׳״. וזהו בשני יצרים בסוד וייצר ה׳ אלקים את האדם ועיין באריכות הסוגיא ברכות ס״א, וב-א׳ זעירא דמשה מרומז טובא- י׳ עילאה יצר טוב העצה להגדיל ע״י עסק התורה והמצוות כדכתיב ״ועתה יגדל נא כח אדנ-י״ דאמר משה, ו-י׳ תתאה יצר הרע והעצה בזה להקטינו, היינו כדמס״נ דפנחס (ולפני שימסור עצמו השטן, לקמן אופן י״א), שלכן נתוספה לו י׳ זעירא, וזהו ״וייצר״- ״ו״ תורה ״י״ יצה״ט ״י״ יצה״ר, והנותר (290) סליק לחושבן: ״למען דוד עבדי״ (מ״ב י״ט,ל״ד) בביאת משיח צדקנו דוד מלכא משיחא במהרה בימינו אמן. קצור: מרמז צורת אדם השלם, ״אלף דלת מם״ גימ׳ ״הכתר״, ובאדם המלוי ״מתפלל״ מרומז באופן כזה: מ׳ת׳פ׳ בס״ת למפרע עניין התפלה, ל׳ ל׳ דמשלמינן ל״מתפלל״ באותיות אמצעיות מקשר ללמוד (ו)ללמד והן בסוד או״י, ואז הני פ׳ת׳ גימ׳ ״תלמוד״ היינו תושבע״פ, ו-מ׳ היינו תורה שבכתב שנתנה ל-מ׳ יום, וחוזר חלילה תפלה-תורה-תפלה בסוד ״והחיות רצוא ושוב״ (יחזקאל א׳,י״ד). (1046)

אופן צ

ארז"ל במדרש פרשת לך לך נובלת חכמה של מעלה תורה נובלת בינה שכינה מזה הטעם היתה ירידת ישראל למצרים להעלות אילין תרין נובלת.

וזה טעם ירידת נשמת משה בסוד נבל תבול גם אתה גם העם אשר עמך מלת נבול נדרש לשבח כי משה וס' רבוא דיליה ירדו למצרים להעלות ס' רבוא ניצוצות.

במלת נבל נרמזים נ' שערי בינה ל"ב נתיבות חכמה שנובלות בינה היא השכינה שנקראת נ' לכן אין נ' באשרי בזוהר פרשת בהעלותך נ' הפוכה של ויהי בנסוע הארון.

ונובלות חכמה היא התורה מתחלת בב' מזה הטעם כשיצאו ישראל ממצרים בתחילה קבלו התורה שהיא נובלת חכמה אחר כך כלליה ופרושיה ניתנו באוהל מועד שם ירדה השכינה כי נובלת בינה היא השכינה.

ולכן אמר משה בשעת הקמת המשכן ויהי נועם ה' אלהינו שהוא סוד בינה יהי רצון שתשרה שכינה במעשי ידינו שנובלת בינה היא שכינה.

וכמו שמשה שהוא מסוד חכמה לא עלה למעלה ברקיע רק

להוריד נובלת חכמה שהיא תורה כן ג"כ לא ירדה נעמי אל ארץ מואב רק להעלות נובלת שכינה שהיא רות ונעמי היא סוד בינה.

וכן אחת שאלתי מאת ה' לחזות בנועם ה' שהוא סוד בינה הטעם שרוצה לחזות סוד בינה כדי לבקר בהיכלו להוריד נובלת שכינה שהיא היכל.

ולכן בכאן א' זעירא שהיא סוד השכינה שבשעת הקמת המשכן שהוא בסוד לאה שהיא בינה היה תכלית הכוונה להוריד נובלת שכינה שהיא א' זעירא ואותו היקר היה אל משה שהוא מיסוד חכמה.

וכן תורה שבכתב שהיא נובלת חכמה קבלו בסיני ותורה שבעל פה שהיא נובלת בינה קבלו באוהל מועד זה שכתוב מאוהל מועד לאמר שם נצטוו להוראה.

אופן צ

[א]ארז"ל במדרש פרשת לך לך נובלת חכמה של מעלה תורה נובלת בינה שכינה מזה הטעם היתה ירידת ישראל למצרים

גלא עמיקתא

והנה מביא המגלה עמוקות דברי המדרש (בראשית רבה פרשה מ"ד אות י"ז): [ב]ר' חנינא בר יצחק אמר ג' נובלות הן: [א] נובלות מיתה שינה. [ב] נובלות נבואה חלום. [ג] נובלות העולם הבא שבת. רבי אבין מוסיף עוד ב': [ד] נובלות אורה של מעלה גלגל חמה. [ה] נובלות חכמה של מעלה תורה. הרי ה' נובלות של מעלה: "מיתה (455) נבואה (64) עולם הבא (154) אורה (212) חכמה (73)" סליקו לחושבן (958) י"א פעמים לבנ"ה (87) עם הכולל. ויש לומר דהוא בסוד מיעוט הלבנה– בחולין (ס:) [ג]לכי ומעטי את עצמך וכו' עיין שם בסוגיא. דאיתא בספה"ק [ד]עיין ספר כינויי השמות לרמ"ז אות מ') דמיעוט הלבנה שלמעלה [דהיינו מלכות דאצילות] אינו אלא ב–ה' ספירות תחתונות שלה, אבל ה'

[א] בראשית רבה פרשת לך לך פרשה מד: יז [טו, יב] ויהי השמש לבא, רבי יהושע דסכנין בשם רבי לוי אמר תחלת מפלה שינה, דמיך ליה ולא לעי באורייתא, דמיך ליה ולא עביד עבודה, רב אמר שלשה תרדמות הן, תרדמת שינה, ותרדמת נבואה, ותרדמת מרמיטה, תרדמת שינה (בראשית ב) ויפל ה' אלהים תרדמה על האדם ויישן, תרדמת נבואה (בראשית טו) ויהי השמש לבא ותרדמה נפלה על אברם ותרדמת מרמיטה שנאמר (שמואל א כו) ואין רואה ואין יודע ואין מקיץ כי כלם ישנים כי תרדמת ה' נפלה עליהם, ורבנן אמרי אף תרדמה של שטות דכתיב (ישעיה כט) כי נסך ה' עליכם רוח תרדמה וגו', ר' חנינה בר יצחק אמר שלש נובלות הן, נובלות מיתה שינה, נובלות נבואה, חלום, נובלות העוה"ב, שבת, ר' אבין מוסיף תרתין נובלות אורה של מעלה גלגל חמה, נובלות חכמה של מעלה, תורה. **[ב] בראשית רבה פרשת לך לך פרשה מד:** יז [טו, יב] ויהי השמש לבא, רבי יהושע דסכנין בשם רבי לוי אמר תחלת מפלה שינה, דמיך ליה ולא לעי באורייתא, דמיך ליה ולא עביד עבודה, רב אמר שלשה תרדמות הן, תרדמת שינה, ותרדמת נבואה, ותרדמת מרמיטה, תרדמת שינה (בראשית ב) ויפל ה' אלהים תרדמה על האדם ויישן, תרדמת נבואה (בראשית טו) ויהי השמש לבא ותרדמה נפלה על אברם ותרדמת מרמיטה שנאמר (שמואל א כו) ואין רואה ואין יודע ואין מקיץ כי כלם ישנים כי תרדמת ה' נפלה עליהם, ורבנן אמרי אף תרדמה של שטות דכתיב (ישעיה כט) כי נסך ה' עליכם רוח תרדמה וגו', ר' חנינה בר יצחק אמר שלש נובלות הן, נובלות מיתה שינה, נובלות נבואה, חלום, נובלות העוה"ב, שבת, ר' אבין מוסיף תרתין נובלות אורה של מעלה גלגל חמה, נובלות חכמה של מעלה, תורה. **[ג] תלמוד בבלי מסכת חולין דף ס עמוד ב:** רבי שמעון בן פזי רמי, כתיב: ויעש אלהים את שני המאורות הגדולים וכתיב: את המאור הגדול ואת המאור הקטן! אמרה ירח לפני הקדוש ברוך הוא: רבש"ע, אפשר לשני מלכים שישתמשו בכתר אחד? אמר לה: לכי ומעטי את עצמך! אמרה לפניו: רבש"ע, הואיל ואמרתי לפניך דבר הגון, אמעיט את עצמי? אמר לה: לכי ומשול ביום ובלילה, אמרה ליה: מאי רבותיה, דשרגא בטיהרא מאי אהני? אמר לה: זיל, לימנו בך ישראל ימים ושנים, אמרה ליה: יומא נמי, אי אפשר דלא מנו ביה תקופותא, דכתיב והיו לאותות ולמועדים ולימים ושנים, זיל, ליקרו צדיקי בשמיך: יעקב הקטן שמואל הקטן דוד הקטן. חזייה דלא קא מיתבא דעתה, אמר הקדוש ברוך הוא: הביאו כפרה עלי שמיעטתי את הירח! והיינו דאמר ר"ש בן לקיש: מה נשתנה שעיר של ראש חדש שנאמר בו לה' - אמר הקדוש ברוך הוא: שעיר זה יהא כפרה על שמיעטתי את הירח. **[ד] ספר כינויי השמות לרמ"ז (רבי משה זכותא) - אות מ':** [רעב] משיח בן דוד (זכה) [יזכה] לחיה דזיהרא עילאה דאדם הראשון, והיא

להעלות אילין תרין נובלת וזה טעם ירידת נשמת משה בסוד (שמות י"ח, י"ח) נבל תבול גם אתה גם העם אשר עמך מלת

גלא עמיקתא

ספירות העליונות ביחוד תמידי עם החמה פנים בפנים [וכן הוא במאמר שני המאורות לרבי אייזיק האמלער- והוא מאמר מקיף ועמוק בענין מיעוט הלבנה עיין שם אריכות דבריו הנפלאים ותמצא נחת]. ולכן הני ה' דברים דלעילא- דהן כנגד ה' ספירות עליונות של המלכות הקדושה סליקו לחושבן י"א פעמים לבנ"ה- לרמוז י"א דייקא בסוד יניקת הקלי'. אמנם מ-ה' ספירות עליונות אין יניקה כלל וכלל- וזהו דנרמז תוספת הכולל בחינת מיעוט לנקודה וירידה לבחינת ה' ספירות תחתונות דמהן בלבד היניקה. דהתם כתיב (משלי ה',ה') "[ה]רגליה יורדות מוות" בחינת נה"י דנה"י דמלכות היורדת לבי"ע להיות [ו]ראש לשועלים. לכן אף ב-ה' דברים עילאין מוזכר מיתה דמשם משתלשל עד לבחינת "רגליה יורדות מוות" (שם) ממש רח"ל. ו-ה' דברים דהן הנובלות

נשמה לנשמה. והוא [השלמת] נפש רוח נשמה חיה יחידה, ואז יהיה ה' אחד. וזה סוד "רוח חכמה ובינה" ואז בזה ישתלם "משה" זה "שילה". כי מתחלה לא היה לו כי אם בחינת הדעת של אותה זיהרא היא בסוד הרוח. ונ"ל שזה סוד "ואצלתי מן הרוח": [רעג] מרגלים ששלח יהושע ה"ס ב' מוחין [ד]זעיר דקליפה דאצילות, שבהם נתלבשו כלב ופינחס הוא אליהו, ושניהם עולים ב"ן כי כן הם מבחי' הנוקבא. והב' מוחין האמורים הם יונקים ביום מב' דדי בהמה סוד שם ב"ן דכתיב "ומלכותו בכ"ל משלה". וב' זונות שבאו בימי שלמה הם ב' מוחי נוקבא דקליפה דאצילות, כי אז היתה לבנה במלואה ונמתקו אפילו הדינין של הנוקבא: [רעד] מטה ה"ס היכל קה"ק דנוקבא דבריאה. והיינו דכתיב ["הנה מטתו שלשלמה] ששים גבורים [סביב לה" וכו' שהם שאר הו' היכלות. [ה] **זוהר ויקרא פרשת אמור דף קז עמוד ב:** א"ל קודשא בריך הוא אדם שבקת חיי ואתדבקת במותא, חיי דכתיב ועץ החיים בתוך הגן עץ דאתקרי חיי דמאן דאחיד ביה לא טעים טעמא דמותא לעלמין ואתדבקת באילנא אחרא הא ודאי מותא הוא לקבלך הדא הוא דכתיב (משלי ה) רגליה יורדות מות וגו' וכתיב (קהלת ז) ומוצא אני מר ממות את האשה ודאי באתר דמותא אתדבק ושבק אתר דחיי בגין כך אתגזר עליה ועל כל עלמא מותא, אי הוא חטא כל עלמא מאי חטאו אי תימא דכל בריין אתו ואכלו מאילנא דא ואתרמי מכלא, לאו הכי, אלא בשעתא דאדם קאים על רגלוי חמו ליה בריין כלהו ודחלו מקמיה והוו נטלין בתריה כעבדין קמי מלכא והוא אמר לון אנא ואתון (תהלים צה) בואו נשתחוה ונכרעה נברכה לפני יי' עושנו וכלהו אתו בתריה, כיון דחמו דאדם סגיד להאי אתר ואתדבק ביה כלהו אתמשכו אבתריה וגרים מותא ליה ולכל עלמא כדין אשתני אדם לכמה גוונין זמנין לטב זמנין לביש זמנין רוגזא זמנין נייחא זמנין דינא וזמנין רחמי זמנין חיי זמנין מותא ולא קאים בקיומא תדיר בחד מנייהו בגין דההוא אתר גרמא ליה ועל דא אקרי להט החרב המתהפכת מן סטרא דא לסטרא דא מן טב לביש מן רחמי לדינא מן שלום לקרבא, אתהפיכת היא לכלא ואקרי טוב ורע דכתיב ומעץ הדעת טוב ורע לא תאכל ממנו, ומלכא עילאה לרחמא על עובדי ידוי אוכח ליה ואמר ליה ומעץ הדעת טוב ורע לא תאכל ממנו והוא לא קביל מניה ואתמשך בתר אתתיה ואתתרך לעלמין דהא אתתא לאתר דא סלקא ולא יתיר ואתתא גרים מותא לכלא, ת"ח לעלמא דאתי כתיב (ישעיה סה) כי כימי העץ ימי עמי, כימי העץ ההוא עץ דאשתמודע, ביה זמנא כתיב (שם כה) בלע המות לנצח ומחה יי' אלהים דמעה מעל כל פנים, ברוך יי' לעולם אמן ואמן, ימלוך יי' לעולם אמן ואמן. [ו] **אבות פרק ד משנה טו:** רַבִּי יַנַּאי אוֹמֵר, אֵין בְּיָדֵינוּ לֹא מִשַּׁלְוַת הָרְשָׁעִים וְאַף לֹא מִיִּסּוּרֵי הַצַּדִּיקִים. רַבִּי מַתְיָא בֶן חָרָשׁ אוֹמֵר, הֱוֵי מַקְדִּים בִּשְׁלוֹם כָּל אָדָם. וֶהֱוֵי זָנָב לָאֲרָיוֹת, וְאַל תְּהִי

נבול נדרש לשבח כי משה וס' רבוא דיליה שירדו למצרים להעלות [ז]ס' רבוא ניצוצות במלת נבל נרמזים נ' שערי

גלא עמיקתא

של מטה דפרש"י דוגמות: "שינה (365) חלום (84) שבת (702) גלגל חמה (119) תורה (611)" סליקו לחושבן (1881): י"א פעמים בנצ"ח והו"ד (171) וכדאמרינן לעיל ד–ה' ספיראן תתאין דמלכות יורדת לבי"ע בחינת רגליה – היינו [1] נצח והוד [כדאיתא בפתח אליהו (תקוני זוהר

1. סוכות: א' זעירא הארת בינה שם אהי"ה רמיזא אות א', ואיהי היקר דקוב"ה דאמא כתר לזעיר כנודע מהאר"י הק' והמשכת המוחין לז"א דרך נה"י דתבונה (נה"י דנה"י דאמא ברש"ש הק') והמוחין הוא היקר כדכתיב להוציא יקר מזולל, והיינו המוחין דגזלה הקלי' מהקדושה, ובמצות הסוכה אנו מוציאין המוחין בחזרה, והוא הפלא ופלא דבתורה הק' "סכת" (חסר כתיב) גימ' (480) "לילית" נוק' דקלי'. וע"י מצות ד' מינים דנרמזים בפסוק "אמרתי אעלה בתמר" (שה"ש ז',ט') [אעל"ה ר"ת אתרוג ערבה לולב הדס] גימ' (1399): "אלף זעירא" (399) "אלף" (1000), דהיינו ד-א' אגדילת גרמה בסוכות לא' רבתי, דע"י מצות סוכה ו-ד' מינים זוכים להמשיך מוחין דגדלות, המכונה באר"י הק' מוחין דחסדים. ולעתיד לבוא כתיב "נקבה תסובב גבר" (ירמי' ל"א) וכדאמר לבן ליעקב (בר' ל') "נקבה שכרך עלי ואתנה" גימ' (1269): ג"פ "ימי המשיח" (423) והוא ר"ת עש"ן עולם- עלי- דהיינו בעולמו, שנה- שכרך- דיעקב עבד ברחל שבע שנים ועוד שבע שנים אחרות, נפש- היינו רחל כמ"ש "ויהי בצאת נפשה כי מתה" (בר' ל"ה,י"ח). והוא נפלא דהני תרין ר"ת יחד דהיינו: "נקבה שכרך עלי" (807) עם "עולם שנה נפש" (931) סליקו לחושבן (1738) כ"ב (אתוון דאורייתא קדישא) פ' "בן דוד יבא" דהנוק' מקבלת מהדכורא שפע דרך כ"ב אתוון, ומבואר בכונות: א-דני שהיא מלכות דאצי' דעומדת בהיכל הבריאה שפתי נצח והוד תפתח ע"י התפארת ופי שהיא המלכות הנז' יגיד וימשיך השפע היורד מאצי' לבריאה שהוא תהלתך להמתיק כ"ב אותיות (ופי יגיד תהלתך ר"ת תי"ו). "שפתי" גימ' י"פ "בן דוד יבא" דאמרינן לעיל בסמוך, "תפתח" גימ' (888) ח"פ אל"ף רמיזא אלף השמיני התגלות אור הגנוז ותחית המתים. "א-דני שפתי תפתח ופי" גימ' (1839) "גל עיני ואביטה נפלאות מתורתך" דאמרינן לעיל אופן ב' בענין "תורה תשובה תפלה" חושבנא דדין כחושבנא דדין, עיין שם. וכל האי פסוקא דאמרו (ברכות ט:) דדמיא לתפלה אריכתא וכו' "א-דני שפתי

ראֹש לַשּׁוּעָלִים. [ז] **מגלה עמוקות על ואתחנן אופן רמ"ח:** איתא בספר התחלת החכמה ז' מלכין קדמאין דמיתו בסוד ואלה המלכים אשר מלכו בארץ אדום (בראשית לו לא), דאתמר בהון בתורה וימלוך וימת, שבירתן זו היא מיתתן שהיו ס' רבוא שברים, וכל שבר כלול מס' רבוא נצוצות או מנשמות. ולדעתי זה סוד שיש ס' רבוא אותיות בתורה וכל אות כלול מס' רבוא, וכן גם כן ישראל איתא במדרש (שוחר טוב מזמור מ"ה) על פסוק (תהלים מה יז) תחת אבותיך יהיו בניך, שלעתיד יהיה כלול כל אחד מס' רבוא. וזה נרמז בשם ישראל, י' פעמים ש' הרי ג' אלפים, ר' פעמים ג' אלפים הרי ס' רבוא, ואחר כך א' של ישראל מורה על עוד פעם אחד ס' רבוא הרי ק"ך רבוא, ואחר כך ל' פעמים ק"ך רבוא, הרי ס' פעמים ס' רבוא. וז"ש כל איש ישראל (שמות א [א]), ר"ל כל הששים רבוא נרמזין בשם ישראל. וזהו שאמרו ז"ל (במשנה דסנהדרין [ל"ז ע"א]) כל המקיים נפש אחת מישראל כאלו קיים עולם מלא, שכן עולם מלא הוא סוד ס' רבוא צנורות יש בעולם, כמ"ש (קהלת א ד) דור הולך שהוא ס' רבוא, כמו שאמרו במדרש (קה"ר פ"א ד') אין דור פחות מס' רבוא. ועל זה אמר ואתחנן אל ה' בעת ההיא, מה שיהיה לעתיד לבא רצה לתקן הוא, שיהיה כל אחד מישראל עולם מלא לקיים קרא תחת אבותיך. וכן בשם של אברהם הראה הקב"ה ענין ס' רבוא, כמ"ש בספר סודי רזי שהקשה שם שקראו הקב"ה אברהם על שם אב המון גוים (בראשית יז ה), אם כן היה לו לקרא אותו אב"הם. ותירץ שם שבשם אברהם רמז שהוא אב על ששים רבוא כזה, ר' פעמים ה' הרי אלף, ומ' סתומה הוא ת"ר באי"ק בכ"ר, הרי ת"ר אל"ף.

בינה ל"ב נתיבות חכמה שנובלות בינה היא השכינה שנקראת נ' לכן אין נ' באשרי בזוהר פרשת בהעלותך [ח] [ט]נ'

[ח] ויהי בנסוע הארון ויאמר משה וגו'. רבי אלעזר אמר הכא אית לאסתכלא דאיהי (ס"א מנוזרא) מחזרא לאחורא הכא בתרי דוכתי אמאי ואי תימא כפופה הא ידיעה. נ' כפופה נוקבא. נ' פשוטה כללא דדכר ונוקבא והא אוקימנא באתר דא. ויהי בנסוע הארון אמאי אתהדר לבתר כגוונא דא. ת"ח באשרי יושבי ביתך לא אתמר בגין דהיא בגלותא והא אוקמוה חברייא דכתיב נפלה לא תוסיף קום בתולת ישראל וגו'. אלא מה כתיב לעילא וארון ברית יי' נוסע לפניהם דרך שלשת ימים לתור להם מנוחה כיון דהוה נטיל ארונא נו"ן נטיל עליה (נ"א עמיה) והא שכינתא על גבי ארונא יתיב. ת"ח חביבותא דקב"ה לגבייהו דישראל דהא אע"ג דאינון סטאן מארח מישר קב"ה לא בעי לשבקא לון ובכל זמנא אהדר אנפוי לקבלייהו דאי לאו הכי לא יקומון בעלמא, ת"ח ארונא הוה נטל קמייהו ארח תלתא יומין לא הוה מתפרש מניה ונטיל עמיה ומגו רחימו דלהון דישראל אהדר אנפוי ואסתחר מלגבי ארונא כהאי איילא דעזלתא כד איהו אזיל אהדר אפוי לאתר דנפיק. וע"ד בנסוע הארון נו"ן אסחר אנפין לקבלייהו דישראל וכתפי גופא לגבי ארונא וע"ד כד ארונא הוה נטיל משה אמר קומה יי' לא תשבוק לון אהדר אנפך לגבן כדין נו"ן אתהדר לגבייהו כגוונא דא כמאן דמהדר אנפיה מישראל ואתהדר לגבי ארונא ובכלא אתהדר. אמר למשרי כדין אהדר אנפוי מישראל ואתהדר לגבי ארונא ובכלא אתהדר. אמר ר' שמעון אלעזר בודאי הכי הוא אבל הכא לא אהדר אנפוי מישראל דאי הכי בעי נון לאתהפכא מגוונא דאחרא עלאה (ס"א דלעילא) האי מנוזר לאחורא והאי בארח מישר לגבי ארונא אלא ודאי לא אהדר אנפוי מנייהו ומה עביד בשעתא דשארי ארונא למשרי אמר משה שובה יי' כדין שארי ארונא ושכינתא קאים בסטרא אחרא ואנפין לקבלייהו דישראל ולקבליה דארונא וכו' [ט] **צרור המור במדבר פרשת בהעלותך:** ויסעו מהר ה' כמו שפירשתי. והשניה ויהי העם כמתאוננים ובמדרש הנעלם אמרו כי אלו הנוני"ן הם רמז לשכינה ולכן אמרו נו"ן באשרי יושבי ביתך לא איתמר. לפי שהוא רמז לשכינה שהולכת בגלות. ובא דוד וסמכה ברוח הקדש דכתיב סומך ה' לכל

תפתח ופי יגיד תהלתך" (תהל' נ"א,י"ז) גימ' (2721): ג"פ "ואהבת לרעך כמוך אני ה'" (907), בתפילה הוא יחוד מיניה וביה עם הקב"ה, וכתיב בשגם הוא בשר (בראשית ו,ג) ואמרו בגמ' (חולין קלט:) משה מן התורה מנין והביאו להאי פסוקא. וזהו דמשה הוא כללות ישראל וקבל תורה מסיני ומי לנו כמשה וכו' וכל מה ש"תלמיד ותיק" [גימ' (1000) מש"ה גימ' אל ש-די ובמלואו 1000 ע"ה] עתיד לחדש וכו'. וזהו דהשפיע מרע"ה לכלל ישראל התורה הק' דוגמת ז"א (דא משה) דמשפיע בנוק' ע"י כ"ב אתוון (דא כנס"י) וזהו "למרבה המשרה" (ישעי' ט',ו') גימ' (1387) (מ' 600 במנצפ"ך) "שבטי י-ה עדות לישראל" (תהל' קכ"ב,ד'). והרי שבטי י-ה הן ישראל, מה העדות- אלא עדות לישראל סבא וכדאמרינן לעיל אופן קנ"ב: שלשה מעידין זה על זה ישראל שבת והקב"ה עיין שם. והאי מ' סתומה באמצע תיבה רמיזא לסוכה, דאמנם מספיק ב' דפנות וטפח, אך ההידור הוא ד' דפנות וכדוגמת האי מ' סתומה באמצע תיבה, דנסגר צדו השמאלי- הצפון של מ' רגילה, רמיזא לאבידת הקלי' מן העולם בגאולה האמיתית והשלמה בב"א וכדממשיך (שם) "ולשלום אין קץ על כסא דוד" וכו'. ובכוונות ובזוה"ק "סוכה" מלא כתיב, והוא שלוב הוי' א-דני דאתוון חיצונים ס"ה היינו א-דני ואתוון פנימיים כ"ו היינו שם הוי' ב"ה, ויחד צ"א כנודע. וחזינן הולדת ז"א דהיינו הוי' במעוי דאמא א-דני [א"כ זהו שם המלכות- אך כאן בחי' בינה, דאיהי בחי' מלכות לאריך ונמשכת מתקון ה-י"ג ונק"ה ועיין עוד לעיל אופן קס"א יחוד או"א בחיק א"א באריכות]. סוכה בא"ת ב"ש גימ' (208) "יצחק"- דיעקב בחי' סוכות כדכתיב (בר' ל"ג,י"ז) "ויעקב נסע סוכותה ויבן לו בית ולמקנהו עשה סוכות ויקרא שם המקום סוכות" ובא"ת ב"ש רמיזא אבי יעקב יצחק. והוא נפלא פשוט וא"ת ב"ש גימ' (299): "רחמנא" א"נ "אור הלבנה" כמ"ש "והיה אור הלבנה כאור החמה ואור החמה יהיה שבעתים כאור שבעת הימים ביום חבש ה' את שבר עמו ומחץ מכתו ירפא" (ישעי' ל',כ"ו). סוכה ברבוע "ס סו סוכ סוכה" גימ' (303) "דוד וזרעו" כמ"ש "מגדיל ישועות מלכו ועושה חסד למשיחו לדוד

ולזרעו עד עולם" (תהל' י"ח,נ"א) רמיזא ימות המשיח. סוכה בא"ת ב"ש ברבוע "ח חפ חפל חפלצ" גימ' (422) ב"פ "בן העולם הבא". וכולהו יחד דהיינו סוכה פשוט ורבועו א"ת ב"ש ורבועו סליקו לחושבן (1024): "אשר בחר בנו מכל העמים" דאמרינן בברכת התורה (וממשיך ונתן לנו את תורתו- קודם בחר ואח"כ נתן) וזהו כדי לתת לנו עצות (תורת חיים היינו תרי"ג עטין) כיצד נתעלה ונהיה ראויים לביאת משיח ולחיי העולם הבא, בלא נהמא דכסופא ח"ו, ורמיזא דכתיב בספה"ק כל אשר בבינה כל ראש בחכמה. ונעביד חושבן ל-ד' מינים: אתרג גימ' (604) "מי צור מבלעדי אלהינו" (ש"ב כ"ב,ל"ב). ערבה גימ' (277) "זרע" כנודע מהאר"י הק'. לולב גימ' (68) "חיים"- מי שיש לו לב לאביו שבשמים. הדס גימ' (69) "בן דוד בא" כדאמרינן לעיל בבאור תיבה "שפתי" סליק לחושבן (790) י"פ "בן דוד יבא". ארבעתם יחד גימ' (1018): "דוד בן ישי מלך ישראל" (ע"ה) [עיין לעיל סוף אופן קנ"א-פרק שירה בבאור חושבן כל פרק שירה] ורמיזא הגאולה באלף השביעי דאז יקים ה' את סוכת דוד הנופלת ובא לציון גואל. ונעביד ב"פ ערבה ג"פ הדס דהיינו "אתרג לולב ג"פ הדס (207) ב"פ ערבה (554)" סליק לחושבן (1433): "את דכא ושפל רוח אשכן" (ישעי' נ"ז,ט"ו). ונעביד בא"ת ב"ש אתרג לולב ג"פ הדס ב"פ ערבה סליק לחושבן (2388): ד"פ "אור פנימי קדמון" (597) ונאמר ג"פ הדס גימ' "אור" (207) ורמיזא אור שגנזו הקב"ה לצדיקים לעתיד לבוא, והיכן גנזו "בתורה" גימ' (וירא אלהים) "את האור" (613) וכמו שכתב בעל הטורים הקדוש (שם). ומקשרא לעיל אופן י"א-דירה בתחתונים על ידי עשרת הדברות ועשרה מאמרות דאמרינן התם "עשרת הדברות" בא"ת ב"ש גימ' "אור פנימי קדמון" ומקשרא לכאן כדאמרו חז"ל (סוכה ב.) צא מדירת קבע ושב בדירת עראי והוא באופן ב' עיין שם. והוא נפלא דנמשך מדברינו דאף בנטילת ד' מינים ממשיכים אור הגנוז להאי עלמא כדוגמת האי דעבדינן בנרות חנוכה, רק שבחנוכה זהו אור הגנוז עצמו. דאין לנו השגה בו ולכן אין לנו רשות להשתמש בהם, והוא יום חול ולא עשאוהו ליום טוב ואינו אלא מדרבנן- דתורה שבע"פ בשרש גבוהה יותר מתורה שבכתב, אבל בסוכות הוא דאורייתא ויש השגה מעט בהמשכת ד' מינים כמבואר בכונות. ומקשרא האי א"ת ב"ש ד' מינים גימ' ד"פ "אור פנימי קדמון" דערך הממוצע דכאו"א מהם הוא "אור פנימי קדמון" לאופן קמ"ט-תהלים י"ח בפסוק ל' דהבאנו מאותיות דר"ע למ"ד

הנופלים. ועל זה אמר נפלה לא תוסיף קום בתולת ישראל. מעצמם בלי עזר השם. כי היא מכובד הצרות אינה יכולה לקום. אבל השם יקים אותה. וזהו ביום ההוא אקים את סוכת דוד הנופלת. ואמרו שם כי מחשבתם של ישראל השכינה שהוא הנו"ן הפכה פניה כנגד ישראל ואחוריה אל הארון. ולכן הנו"ן הראשונה הפוכה הפכה פניה כלפי ישראל ואחריה אל הארון כזה

הפוכה של ויהי בנסוע הארון (במדבר י',ל"ה) ונובלות חכמה היא התורה מתחלת בב' מזה הטעם כשיצאו ישראל ממצרים

[נ]. ויהי בנסוע ההארון וחתם שובה ה' רבבות אלפי ישראל [נ] /נ' הפוכה/ (נ) הרי כאן שהפכה פניה כלפי ישראל ואחוריה אל (נ) הארון ועם כל זה ישראל הקשו עורף ונאצו את ה' וחטאו חטאים גדולים. ולפי דעתי כי לזה הטעם בעצמו סמך לכאן ויהי העם כמתאוננים. להורות על חטאם שהשם היה עושה כל זה לטובתם. וכביכול היה רוצה יותר בכבודם מבכבוד הארון. ולכן הנוני"ן שהם רמז לשכינה היו חוזרים אחוריהם אל הארון ופניהם כלפי העם. והם לא רצו בזה כי אין ראוי לכסיל כבוד ובעטו בה' ואמרו לא הוא. והפכו פניהם כלפי הקדש בענין שיהיו אחוריהם אל היכל ה'. ולא רצו שיהיו אלו הנוני"ן הפוכים כמו שהן. אלא שיהיו כתובים כהוגן. בענין שיהיו מחזירים האחור לישראל. וזהו ויהי העם כמתאוננים. סדר בחטאם במלת מתאוננים שני נוני"ן כתובות כהוגן הפך מהראשונות. לרמוז כי מאסו את ה' אשר בקרבם ויפנו אליו עורף ולא פנים. וברחו מהשגת השם ונאצו את ה' אשר בקרבם. בענין שיתרחק מהם ויתקיים רחוק מרשעים ישועה. וזהו כמתאוננים שהיו אוננים ועצבים באלו הנוני"ן. ומתכוונים למרות פי כבודו ולא היו רוצים לשמוע בקול ה'. ולכן ברחו ונסעו מהר ה' כמו תינוק שבורח מבית הספר כדי שלא לשמוע קול הרב. וזהו רע באזני ה'. ולא אמר בעיני ה' אלא באזני ה'. כי אוזן שומעת תוכחת מוסר בקרב חכמים תלין:

[י] **תיקוני זוהר הקדמה דף יז עמוד א:** פתח אליהו ואמר רבון עלמין דאנת הוא חד ולא בחושבן אנת הוא עלאה על כל עלאין סתימא על כל סתימין לית מחשבה תפיסא בך כלל אנת הוא דאפיקת עשר תקונין וקרינן לון עשר ספירן לאנהגא בהון עלמין סתימין דלא אתגליין ועלמין דאתגליין ובהון אתכסיאת מבני נשא ואנת הוא דקשיר לון ומייחד לון ובגין דאנת מלגאו כל מאן דאפריש חד מן חבריה מאלין עשר אתחשיב ליה כאלו אפריש בך ואלין עשר ספירן אינון אזלין בסדרן חד אריך וחד קצר וחד בינוני ואנת הוא דאנהיג לון ולית מאן דאנהיג לך לא לעילא ולא לתתא ולא מכל סטרא לבושין תקינת לון דמינייהו

בתחילה קבלו התורה שהיא נובלת חכמה אח"כ כלליה ופרושיה ניתנו באוהל מועד שם ירדה השכינה כי נובלת

גלא עמיקתא

דף י"ז ע"א) [י]**נצח והוד תרין שוקין] – להמשיך חיות לבי"ע ולהעלות הברורים דעבדין בני ישראל לשרשם באצילות. ומשם למעלה מעלה לרזא דאינסוף ע"י הצדיק יסוד עולם (משלי י',כ"ה) יסוד דאצילות דעולה עד לאו"א דמתיחדין בין כתפוי דא"א ואף בוקע לאינסוף ב"ה בסוד [יא]כמים הפנים לפנים כן לב האדם [התחתון] לאדם [העליון] (משלי כ"ז,י"ט). ושוב נחלקים ל-י"א דייקא – דכאן מרמז בהדיא יניקת הקלי' דאינון י"א בסוד עשתי עשר**

ר"ת "לבך מלא דעת" גימ' (597) "אור פנימי קדמון" והוא נפלא דמתחיל לבך וכאן עיקר המינים לולב שיש לו לב לאביו שבשמים. ונעביד הני ד' מינים כדלעיל בפשוט (1433) עם א"ת ב"ש (2388) סליקו לחושבן (3821) י"פ "ה' ימלוך לעולם ועד" ע"ה (382) (שמ' ט"ו,י"ח והוא לפי הקריא). והוא דע"י מצות סוכה ו-ד' מינים מגלים מלכותו בעולם, ויהי רצון דנזכה לראות בגלוי מלכותו יתברך בעולם בגאולתא שלמתא במהרה בימינו אמן.

פרחין נשמתין לבני נשא וכמה גופין תקינת לון דאתקריאו גופא לגבי לבושין דמכסיין עליהון ואתקריאו בתקונא דא חסד דרועא ימינא גבורה דרועא שמאלא תפארת גופא נצח והוד תרין שוקין ויסוד סיומא דגופא אות ברית קדש מלכות פה תורה שבעל פה קרינן ליה חכמה מוחא איהו מחשבה מלגו בינה לבא ובה הלב מבין ועל אלין תרין כתיב הנסתרות לה' אלהינו כתר עליון איהו כתר מלכות ועליה אתמר מגיד מראשית אחרית ואיהו קרקפתא דתפלי מלגו איהו יו"ד ק"א וא"ו ק"א דאיהו ארח אצילות איהו שקיו דאילנא בדרועוי וענפוי כמיא דאשקי לאילנא ואתרבי בההוא שקיו. [**יא] מרומי שדה לנצי"ב (ר' נפתלי צבי יהודה ברלין) מסכת סוטה דף לד עמוד ב:** וכי אדם זה בורר חלק רע לעצמו. לפי פירש"י דבר שסופו לבא לידי תקלה, אינו מדוקדק לשון הגמ' חלק רע לעצמו. אבל הענין דשלוח המרגלים היה מתחילה כדי לראות האיך לכבוש, וכי באמת דבר הכרחי הוא, וכה עשה משה רבינו אח"כ ושלח לרגל את יעזר ויהושע שלח ליריחו. אבל כ"ז נצרך באמת כאשר הענין הולך בדרך הטבע, אלא שהשגחה מן השמים לטובה. משא"כ אם הענין הולך בדרך נס כמו שהיה במדבר אין דבר נצרך לראות מה שלפניו ולאחריו. ובאמת רצון הקדוש ברוך הוא היה להגדיל כבודו בעולם ע"י שתהא כבישת ארץ ישראל בדרך נס. וזהו שכתוב בפ' דברים פנו וסעו לכם ובאו הר האמורי וגו' בערבה בהר ובשפלה ובנגב וגו'. והרי מתחילה היה להם לכבוש את ארץ הנגב, ואח"כ להלוך הלאה, אבל כשהיה ראוי להיות הכל בדרך נס, אין נפ"מ בכ"ז. מיהו ידוע דדבר זה א"א להיות אם לא שיתנהגו גם המה בדרך החסידות ולמעלה מטבע אנושי, ואז יהיה כמים הפנים אל פנים, וכדכתיב בפ' ואתחנן פנים בפנים דבר ה' עמכם וגו'. ומיאנו ישראל בזה ורצו להתנהג בדרך הטבע. ולפי דרכם זאת שאין בו חטא כ"כ, כמו שפירשנו בפסוק האמור בפ' בהר, וכי תאמרו מה נאכל בשנה השביעית הן לא נזרע וגו', משו"ה הסכימו לשלוח מרגלים, אלא שהמרגלים השחיתו הרבה מה שלא עלה על דעת כלל ישראל. וזהו דקאמר האיך אפשר שהקב"ה יצוה לשלוח מרגלים אפילו שלא היו מקלקלין, והרי הוא חלק רע לכבוד השכינה. אלא אחרי שבקשו ישראל דרך זו הסכים למשה לשלוח. והיינו דרשת הגמ' סתור בן מיכאל, סתור שסתר מעשיו של הקדוש ברוך הוא, מיכאל שעשה עצמו מך, ולא שמדבר אחר החטא, שהרי נקרא מתחילה הכי, אלא שמתחילה נתעצם להסכים

בינה היא השכינה ולכן אמר משה בשעת הקמת המשכן (תהל' צ', י"ז) ויהי נועם ה' אלהינו שהוא סוד בינה יהי רצון שתשרה שכינה במעשי ידינו שנובלת בינה היא שכינה וכמו שמשה שהוא מסוד חכמה לא עלה למעלה ברקיע רק להוריד נובלת חכמה שהיא

גלא עמיקתא

יריעות עיזים (שמות כ"ו, ז') ובסוד [יב] י"א סממני הקטרת. וממילא נמשך, דכל עשרת הדברים שמונה המדרש הם כנגד עשר ספירות המלכות הקדושה ונחלק ל–י"א. והוא חושבן (2839): י"א פעמים "הוי' הוא האלהים, הוי' הוא האלהים" (258) דאמרו בני ישראל לפני השי"ת כשנפלה אש מאת ה' ותאכל את העולה ואת העצים בימי אליהו (מלכים א' י"ח, ל"ט). [יג] ופרש"י: הוי' הוא האלהים– ולא הבעל האלהים. עכד"ק. ומיד– "ויאמר אליהו להם תפסו את נביאי הבעל וכו' ויורידם אליהו אל נחל קישון

לעצה זו להשפיל עצמו בעבודת ה' שיהא צריך בדרך נמוכה, וממילא סתר פעולת ה' ית"ש להתנהג בדרך נס. והכי יתבאר מאמרם ז"ל על נחבי בן ופסי, שהחביא דבריו של הקדוש ברוך הוא, והיינו שהיה לפי דעתו השגחתו נסתרת, ופסי שפיסע על מדותיו של הקדוש ברוך הוא שהתנהג עד כה בדרך נס, והיום ביקש שידלג הקדוש ברוך הוא מידתו לדרך הטבע. [יב] **תלמוד ירושלמי מסכת יומא פרק ד הלכה ה:** פיטום הקטורת הצרי והצפורן החלבנה והלבונה משקל שבעים שבעים מנה מור וקציעה שיבולת נרד וכרכום משקל ששה עשר ששה עשר מנה קושט שנים עשר קילופה שלשה קינמון תשעה נמצאת אומר שלש מאות וששים וחמש מנים היו כנגד ימות השנה ושלשה של אותו היום הדא היא דתנינן והיום מוסיף מלא חפניו כרשינה תשעה קבין יין קפריסין ג' סאין וג' קבין אם אין לו יין קפריסין מביא חמר חיורין עתיק מלח סדומית רובע מעלה עשן כל שהוא רבי נתן אומר אף כיפת הירדן כל שהוא נתן בה דבש פסלה חסר בה אחת מסממניה חייב מיתה. תני רשב"ג אומר הצרי אינו אלא שרף של עצי קטף בורית כרשינה למה היתה באה שבה שפין את הצפורן מפני שהיא נאה יין קפריסין למה היא באה שבה שורין את הצפורן מפני שהיא עזה והלא מי רגלים יפין לה אלא שאין מכניסין ריח רע לעזרה מפני הכבוד וכשהיה מידק היה אומר הדק היטב הדק היטב שהקול יפה לבשמים חיסר בה אחת מסממניה או שנתן בה מעט דבש היתה פסולה לא נתן לתוכה מלח או שנתן לתוכה מעלה עשן נתחייב מיתה א"ר זעירה ועובר משום הכנסה יתירה תני בר קפרא הפטמין שבירושלים היו אומרים אילו היה נותן לתוכה מעט דבש לא היה כל העולם כולו יכול לעמוד בריחה תני פיטמה חציים כשירה שילשים ורבעים לא שמענו ר' אומר כמדתה היתה כשירה ודא דאת מר פיטמה חציים כשירה חצי כל סממן וסממן. אחת לששים לשבעים שנה היא היתה באה חציים מן השיריים הדא היא מותר הקטרת מה היו עושין בה. תני הקטיר כזית בחוץ חייב פחות מכזית בפנים פטור רבי זעירה בשם רב ירמיה נפטרו הציבור ידי חובתן ר' יוסי בי ר' בון בשם ר' ירמיה מן מה דתני הקטיר כזית בחוץ חייב מינה את שמע פחות מכזית בפנים פטור דקה מה ת"ל לפי שנאמר [שמות ל לו] ושחקת ממנה הדק אם כן למה נאמר דקה שתהא דקה מן הדקה כיצד הוא עושה מפריש שלשת מנים מערב יוה"כ ומחזירן למכתשת כדי למלאות ממנה חפניו כדי לקיים בה דקה מן הדקה. אמר ר' יונה חוץ מקידוש הראשון א"ר יוסה ואפילו מקידוש הראשון. מתניתא פליגא על רבי יונה כל הכלים שהיו במקדש היו ראויין לקידוש ידים ורגלים פתר לה חוץ מקידוש הראשון. מתניתא פליגא על רבי יוסה הכיור והכן מעכבין פתר לה מקומן מעכב. [יג] **רש"י מלכים א פרק יח פסוק לט:** ה' הוא האלהים - ולא הבעל האלהים.

תורה כן ג"כ לא ירדה נעמי אל ארץ מואב רק להעלות נובלת שכינה שהיא רות ונעמי היא סוד בינה וכן (תהל' כ"ז,ד')

גלא עמיקתא

"וישחטם שם" (שם פסוק מ'). וזהו נביאי הבעל בחינת הני [2][יד] י"א כתרין דמסאבותא דהוו ארבע מאות וחמשים איש (שם פסוק כ"ב) והן כחושבן (450) "מלכא משיחא"– דרצו להפקיע מענין משיח, ואליהו הרי מבשר ביאת משיח– ולכן ת"ן דייקא. וכן בפסוק (דברים

[יד] **אגרא דכלה בראשית פרשת לך לך:** ויאמר עוד, ונברכו ב"ך בגימטריא תק"ב בהחשב הך' רבתי דאותיות מנצפ"ך לת"ק כנודע, כמו מנין שנות האבות, והנה כתוב אצלינו בפסוק תהלת ד' ידבר פי ויברך כל בשר [תהלים קמה כא], דהנה אמרו רז"ל חייב אדם לבסומי בפוריא עד דלא ידע בין ארור המן לברוך מרדכי [מגילה ז ב], והנה כתבו התוס' דלא ידע לחשוב החשבון כי המספר שוה ארו"ר המ"ן, ברו"ך מרדכ"י, כל אחד בגימטריא תק"ב, והנה כתב האר"י ז"ל להיות המן ובניו הם י"א כתרין דמסאבותא, ושם גם כן גנוז ניצוץ הק' המחיה את כולם, וצריכין אנחנו להחיות את ניצוץ הק' הלז, ואם כן צריכין אנחנו לומר בדרך השילוח גם לשם ברוך, אך אי אפשר לומר כן בדיעה מיושבת, כי הנה הוא מברך הקליפה, וצריך לומר זה בלא דעת רק בשכרות. והנה ברו"ך מרדכ"י שהוא בגימטריא בש"ר קודש (וידוע דבחינת היסוד נקרא כל בשר [תיקו"ז מ"א ע"ב] והבן), ובהיפך בסט"א ארו"ר המ"ן בגימטריא בש"ר טמא, ולעתיד במהרה בימינו ימלא כבוד השם את כל הארץ, והניצוצות הקדושות שבקליפות יתפרדו ויוכללו בקדושה והס"א תתבטל, ואז תהלת השם ידבר פי, דיבור ממש בדיעה שלימה, ויברך כל בשר שם קדשו, והבן כי אי אפשר להרחיב הביאור בזה. וכמנין זה היו שני חיי האבות, להיותן עיקר היחוד בעולם, וזה יבואר ונברכו מלשון הברכ"ה, ב"ך כמנין תק"ב

2. באור על מגלה עמוקות ואתחנן אופן פ"ג: ט'. יַרְעֵם אֵל בְּקוֹלוֹ נִפְלָאוֹת עֹשֶׂה גְדֹלוֹת וְלֹא נֵדָע (איוב לז,ה) גימ' (2041) י"ג פעמים "זקן" (157) דהן י"ג תיקוני דיקנא דאריך, דבהר סיני נגלה להם כזקן וזקנו לבן וכו' [כדאיתא במדרש]. ומתחלק: "ירעם אל בקולו" גימ' (495) י"א פעמים "אדם" (45), דבמתן תורה ישראל קבלו צורת אדם דקדושה, לאפוקי אדם בליעל דשלמה המלך ע"ה מזכירו לשמצה. והוא לקביל י"א כתרין דמסאבותא וכן לקביל י"א אלופי עשו [המנויים בפרשת וישלח (בראשית ל"ו מ'-מ"ג)]. "ירעם אל בקולו נפלאות" גימ' (1062) ו' פעמים "גן עדן" (177), דבשמירת הברית קודש תליא מילתא ו' אות ברית קודש, על כן בא הרמז בכפילת ו' פעמים "גן עדן". והנה לעיל אות ו' כפלינן ה' זמינין נרנח"י דאינון לקביל ה' "ברכי נפשי את ה'" (1099) דאמר דוד בספר תהלים: א'. לְדָוִד בָּרְכִי נַפְשִׁי אֶת יהוה (תהל' ק"ג,א'). ב. בָּרְכִי נַפְשִׁי אֶת יהוה וְאַל תִּשְׁכְּחִי כָּל גְּמוּלָיו (שם פסוק ב'). ג'. בָּרְכוּ יהוה וכו' בָּרְכִי נַפְשִׁי אֶת יהוה (שם פסוק כ"ב). ד'. בָּרְכִי נַפְשִׁי אֶת יהוה יהוה אֱלֹהַי גָּדַלְתָּ מְּאֹד (תהל' ק"ד,א'). ה'. בָּרְכִי נַפְשִׁי אֶת יהוה הַלְלוּ יָהּ (שם פסוק ל"ה). וסליק לחושבן (5495) "יהודי" (35) פעמים "זקן" (157). ועם י"ג פעמים "זקן" דפסוקא דנן סליקו לחושבן [מ"ח פעמים זק"ן] (7536) כ"ד פעמים שם שד"י (314), דהן כ"ד קשוטי כלה דהוו ביחוד הגדול דמתן תורה [ועיין מה שבארנו בזה במקום אחר בענין כ"ד קשוטי כלה דתקון ליל שבועות] - שד"י שם היסוד ברית קודש, כדאמרינן דבשמירת הברית קודש תליא מילתא. ובזוהר מאן איקרי צדיק? האי מאן דנטר ברית, דבהר סיני פסקה זוהמתן של ישראל, ובעגל חזרה זוהמתן - ולעתיד לבוא בשני ימות המשיח יחזיר משיח צדקנו עטרה ליושנה ויתגלה דבני ישראל כולם צדיקים לעולם יירשו ארץ (ישעי' ס',כ"א), וננוחם בשוב ה' ציון. וזהו חושבן (7536): י"א פעמים "נחמו נחמו עמי יאמר אלהיכם" (685) ע"ה (ישעי' מ',א'), דיכלו אז י"א כתרין דמסאבותא, כדכתיב ואת רוח הטומאה אעביר מן הארץ (זכרי' י"ג,ב'), ובלע המות לנצח (ישעי' כ"ה,ח') ועתיד הקב"ה לשחוט למלאך המות ולהחיות ישני עפר, וזהו דמוספינן הכול"ל ראשי תיבות "כשור לעול וכחמור למשא" (עבודה זרה ה:) גימ' (1313) "תחית המתים" בביאת גואל צדק בב"א.

אחת שאלתי מאת ה' לחזות בנועם ה' שהוא סוד בינה הטעם שרוצה לחזות סוד בינה כדי לבקר בהיכלו להוריד

גלא עמיקתא

ד',ל"ה): "[טו]אתה הראת לדעת כי הוי' הוא האלהים אין עוד מלבדו" גימ' (1898) הוי' (26) פעמים חכמ"ה (73) [כדכתיב הוי' בחכמה יסד ארץ וכו' (משלי ג',י"ט)] ורמיזא נובלות חכמה של מעלה תורה, דהיא תורת הוי' וכו'. וכן בחטא העגל [דדומה לחטא נביאי הבעל שהסיתו העם לעבודה זרה] הרגו בני שבט לוי כשלשת אלפי איש וכו' (שמות ל"ב,כ"ח) כדוגמת אליהו הנביא דשחט לנביאי הבעל יחד שלשת אלפים איש עם ארבע מאות חמישים נביאי הבעל, הרי יחד חושבן (3450) י' פעמים מש"ה (345) רמז לצדיק הכולל [בחינת משה שבדור] דמעלה הברורים לשרשם, והני דעברו על עבודה זרה דהיא [טז]יהרג ובל יעבור אחת דתם להמית. וזהו דפותח המגלה עמוקות: מזה הטעם נשמת משה להעלות הנובלות וכו' לשרשם. ונרמז במספרם של נביאי הבעל עם עושי העגל דסליקו לחושבן י' פעמים מש"ה כנ"ל.

בהחשב הך' לת"ק בגימטריא דאי"ק בכ"ר שהוא בגימטריא בש"ר, כל משפחות האדמה אפילו מה שהוא בבחינת אדמה תוקף הדין של הקליפות יתבטל, רק מה שהוא משפחות האדמה, ר"ל שמחובר לאדמה היינו הניצוץ המחיה, משפחות לשון חיבור מלשון ונספחו על בית יעקב [ישעיה יד א] יוכללו בקדושה על ידי זרע אברהם אוהבו. **[טו] תלמוד בבלי מסכת ראש השנה דף לב עמוד ב:** מתחיל בתורה ומשלים בנביא, רבי יוסי אומר אם השלים בתורה יצא. אם השלים, דיעבד - אין, לכתחילה - לא. והתניא, רבי יוסי אומר: המשלים בתורה הרי זה משובח! - אימא: משלים. - והא אם השלים קתני, דיעבד - אין, לכתחילה - לא! - הכי קאמר: מתחיל בתורה ומשלים בנביא. רבי יוסי אומר: משלים בתורה, ואם השלים בנביא - יצא. תניא נמי הכי, אמר רבי אלעזר ברבי יוסי: וותיקין היו משלימין אותה בתורה. בשלמא זכרונות ושופרות - איכא טובא, אלא מלכיות תלת הוא דהויין ה' אלהיו עמו ותרועת מלך בו, ויהי בישרון מלך, ה' ימלך לעלם ועד, ואנן בעינן עשר, וליכא! - אמר רב הונא, תא שמע: שמע ישראל ה' אלהינו ה' אחד - מלכות, דברי רבי יוסי. רבי יהודה אומר: אינה מלכות. וידעת היום והשבת אל לבבך כי ה' הוא האלהים וכו' אין עוד - מלכות, דברי רבי יוסי. רבי יהודה אומר: אינה מלכות. אתה הראת לדעת כי ה' הוא האלהים אין עוד מלבדו - מלכות, דברי רבי יוסי. רבי יהודה אומר: אינה מלכות. **[טז] תלמוד בבלי מסכת סנהדרין דף עד עמוד א:** אמר רבי יוחנן משום רבי שמעון בן יהוצדק: נימנו וגמרו בעלית בית נתזה בלוד: כל עבירות שבתורה אם אומרין לאדם עבור ואל תהרג - יעבור ואל יהרג, חוץ מעבודה זרה וגילוי עריות ושפיכות דמים. ועבודה זרה לא? והא תניא, אמר רבי ישמעאל: מנין שאם אמרו לו לאדם עבוד עבודה זרה ואל תהרג מנין שיעבוד ואל יהרג - תלמוד לומר וחי בהם - ולא שימות בהם. יכול אפילו בפרהסיא - תלמוד לומר ולא תחללו את שם קדשי ונקדשתי. - אינהו דאמור כרבי אליעזר. דתניא, רבי אליעזר אומר: ואהבת את ה' אלהיך בכל לבבך ובכל נפשך ובכל מאדך, אם נאמר בכל נפשך למה נאמר בכל מאדך, ואם נאמר בכל מאדך למה נאמר בכל נפשך, - אם יש לך אדם שגופו חביב עליו מממונו - לכך נאמר בכל נפשך, ואם יש לך אדם שממונו חביב עליו מגופו - לכך נאמר בכל מאדך. גילוי עריות ושפיכות דמים - כדרבי. דתניא, רבי אומר כי כאשר יקום איש על רעהו ורצחו נפש כן הדבר הזה, וכי מה למדנו מרוצח? מעתה, הרי זה בא ללמד ונמצא למד: מקיש רוצח לנערה המאורסה, מה נערה המאורסה - ניתן להצילו בנפשו, אף רוצח - ניתן להצילו בנפשו. ומקיש נערה המאורסה לרוצח, מה רוצח - יהרג ואל יעבור, אף נערה המאורסה - תהרג ואל תעבור,

נובלת שכינ' שהיא היכל ולכן בכאן א' זעירא שהיא סוד השכינ' שבשעת הקמת המשכן שהוא בסוד לאה שהיא בינה

גלא עמיקתא

והאי דכתב קרא כשלשת אלפי איש (שם) הוא רמז להעלאה לכתר דלית כתר בלא כ'– כמו שמתבאר מדברי הגמרא (שבת קד.) [יז]בענין הני דרדקי וכו' דדרשו כ' – הקב"ה קושר לך כתר לעולם הבא – ושם בכתר התמתקו. ומביא הפסוק הראשון: (שמות י"ח,י"ח) "נבל תבל גם אתה גם העם הזה **אשר** עמך, כי כבד ממך הדבר, לא תוכל עשהו לבדך" גימ' (3060) ל' פעמים אמונ"ה (102) – וזהו מש"ה בא"ת ב"ש גימ' אמונ"ה. ומביא הפסוקים השני והשלישי: (במדבר י',ל"ה–ל"ו) "ויהי בנסע הארן ויאמר משה קומה ה' ויפצו איביך וינסו משנאיך מפניך (2336) ובנחה יאמר שובה ה' רבבות אלפי ישראל (1933)" סליקו לחושבן (4269): ג' פעמים "אות ברית קדש" (1423) כדאמרינן לעיל דיסודא סליק עד או"א ואף בוקע עד רזא דאינסוף, והוא הצדיק [יח]דצדיק איקרי מאן דנטר ברית (זוה"ק חלק א' דף נ"ט ע"ב). ומביא הפסוק הרביעי: (תהל' צ',י"ז) "ויהי נעם א–דני אלהינו עלינו, ומעשה ידינו כוננה עלינו ומעשה ידינו כוננהו" (1960) גימ' י"פ דו"ד (14) פעמים דו"ד (14) – דנשמת משה רבינו תהיה מעוברת בדוד מלכא משיחא, וכנרמז "משה דוד" גימ' (359) "משיחא" כמ"ש [יט]האור החיים פרשת ויחי ד"ה אוסרי לגפן. ומביא הפסוק החמישי: (תהל' כ"ז,ד') "אחת שאלתי מאת ה' אותה אבקש, שבתי בבית

רוצח גופיה מנא לן? - סברא הוא. דההוא דאתא לקמיה דרבה, ואמר ליה: אמר לי מרי דוראי זיל קטליה לפלניא, ואי לא - קטלינא לך. - אמר ליה: לקטלוך ולא תיקטול. מי יימר דדמא דידך סומק טפי דילמא דמא דהוא גברא סומק טפי. [יז] **תלמוד בבלי שבת דף קד עמוד א:** אמרי ליה רבנן לרבי יהושע בן לוי: אתו דרדקי האידנא לבי מדרשא ואמרו מילי דאפילו בימי יהושע בן נון לא איתמר כוותייהו: אל"ף בי"ת - אלף בינה, גימ"ל דל"ת - גמול דלים, מאי טעמא פשוטה כרעיה דגימ"ל לגבי דל"ת - שכן דרכו של גומל חסדים לרוץ אחר דלים. ומאי טעמא פשוטה כרעיה דדל"ת לגבי גימ"ל - דלימציה ליה נפשיה. ומאי טעמא מהדר אפיה דדל"ת מגימ"ל - דליתן ליה בצינעה, כי היכי דלא ליכסיף מיניה. ה"ו - זה שמו של הקדוש ברוך הוא, ז"ח ט"י כ"ל - ואם אתה עושה כן, הקדוש ברוך הוא זן אותך, וחן אותך, ומטיב לך, ונותן לך ירושה, וקושר לך כתר לעולם הבא וכו'. [יח] **זוהר פרשת נח דף נט עמוד ב:** אלה תולדות נח רבי חייא פתח (ישעיה ס') ועמך כלם צדיקים לעולם יירשו ארץ נצר מטעי מעשה ידי להתפאר זכאין אינון ישראל דמשתדלי באורייתא וידעי ארחין דאורייתא דבגינה יזכון לעלמא דאתי, ת"ח כל ישראל אית לון חולקא לעלמא דאתי מאי טעמא בגין דנטרין ברית דעלמא אתקיים עליה כמה דאת אמר (ירמיה ל"ג) אם לא בריתי יומם ולילה חקות שמים וארץ לא שמתי, ועל דא ישראל דנטרי ברית וקבילו ליה אית לון חולקא בעלמא דאתי, ולא עוד אלא בגין כך אקרון צדיקים, מכאן אוליפנא כל מאן דנטיר האי ברית דעלמא אתקיים עליה, אקרי צדיק, מנא לן מיוסף בגין דנטר ליה לברית עלמא זכה דאקרי צדיק ועל כך ועמך כלם צדיקים לעולם יירשו ארץ. [יט] **אור החיים פרשת ויחי ד"ה אוסרי לגפן:** ולא יקשה בעיניך שאנו מחלקים דברי הכתוב חלק בימי משה וחלק בימי המשיח, כי הלא ידעת דברי הזוהר הקדוש (ח"ב קכ.) כי משה הוא הגואל אשר גאל את אבותינו הוא יגאל אותנו וישיב בנים לגבולם דכתיב (קהלת א') מה שהיה הוא שיהיה ר"ת משה. ולא יקשה בעיניך דבר זה באומרך הלא מלך

המשיח משבט יהודה מזרעו של דוד המלך ע״ה וי״א (סנהדרין צח:) דוד עצמו מלך המשיח דכתיב (יחזקאל ל״ז) ועבדי דוד מלך עליהם כמשמעו ואם כן היאך אנו אומרים שהוא משה הבא משבט לוי. יש לך לדעת כי בחינת נשמת משה רבינו עליו השלום היא כלולה מי״ב שבטי ישראל כי כל הס׳ ריבוא היו ענפיה ע״ה וענף שבטו של דוד במשה הוא. ולזה תמצאנו בארץ מדבר שהיה מלך וכהן ולוי ונביא וחכם וגבור שהיה כולל כל הענפים שבקדושה ולעתיד לבא תתגלה בעולם שורש המלכות שבמשה שהוא עצמו מלך המשיח והוא דוד והוא ינון ושילה. **[כ] שער הכונות - דרושי הפסח - דרוש א:** והנה ז״א אחר שנולד ויצא מבטן אימא עילאה יש לו זמן קטנות וזמן גדלות ומוכרח הוא שבכל זמן מאלו הג׳ יהיו לו בחי׳ מוחין. גם נודע שא״א לו לקבל המוחין אם לא עד שיתלבשו תחילה תוך נה״י דאי׳ ואח״כ יתלבשו בתוכו אלא שבזמן העיבור הא׳ או בזמן הקטנות אין לו אלא נה״י דאי׳ בבחי׳ חיצוניותם בלבד כמבואר אצלנו במקומו ונמצא כי זמן גלות מצרים אשר חזר ז״א ליכנס בסוד עיבור תוך אימ׳ עילאה היה שם אז בבחי׳ ג׳ כלילן בג׳ כדי שלא יתאחזו הקלי׳ בו ויינקו שפע ממנו. הנה גם אז היו לו בחי׳ מוחין מלובשין תוך חיצוניות נה״י דאי׳ ואז כל ג׳ מוחין שלו ובפרט מוח הדעת שבו החסדים והגבו׳ אשר שם תלוי פגם הדור ההוא כולם היו מסתלקים אז ממנו ולא היו מאירים בתוכו רק חיצוניות הלבושים והכלים של נה״י דאי׳ בלבד. והנה נודע כי החסדים שבדעת הם ה׳ וכן הגבו׳ שבדעת הם ה׳ והנה מוכרח הוא שכלי היסוד דאי׳ כיון שהוא מלביש בתוכם את עשרת החסדים והגבו׳ ודאי שבלבוש הזה עצמו הנק׳ יסוד של אימא יהיו בו בחי׳ עשר בחי׳ ולפי שאי׳ נקראת אהי״ה כנודע ובפרט בזמן היות ז״א בתוכו בסוד העיבור אשר ע״ש כן נק׳ אי׳ בשם אהי״ה כמ״ש בס״ה בפ׳ אחרי מות אנא עתיד לאולדא ולאתגליא ולכן אלו הי׳ בחי׳ אשר ביסוד דאימ׳ יהיו עשר׳ שמות של אהי״ה והם נעשים מלבושים אל עשרה חו״ג של הדעת בזמן הגדלות. אבל עתה שהוא בזמן העיבור הא׳ אין מאירין בדעת דז״א רק עשרה לבושין האלו שהם עשר שמות אהי״ה הכלולים ביסוד דאי׳ גם צריך שתדע כי לעולם כל מה שהוא למעלה בבחי׳ אחוריים ברדתם למטה נעשים שם בחי׳ פנים ונמצא כי בחי׳ הפנים והפנימיות הם שמות אהי״ה כסדרן אבל בחי׳ חיצוניות׳ שהם בחי׳ האחורים הם הריבוע של שם אהיה כזה א אה אהי אהיה העולה מ״ד ונמצא כי העשר שמות דאהיה שביסוד דאי׳ המתלבשי׳ בדעת דז״א הם בסוד האחורי׳ שלהם אשר בהתלבש׳ בז״א נעשים שם בבחי׳ פנים והם עשר פעמים דם ואלו הם סוד עשר דמים שבאשה ה׳ דם טוהר וה׳ דם טמא כנז׳ בתלמוד במסכת נדה ובס׳ הזוהר בר״מ פ׳ תזריע. **[כא] תלמוד בבלי מסכת בכורות דף ו עמוד ב:** אמר ליה רב אחא בריה דרבא לרב אשי: אלא מעתה, טעמא דרבנן מגמל גמל, ור׳ שמעון מאת הגמל, הא לאו הכי הוה אמינא חלב דבהמה טמאה שרי! מאי שנא מהא דתניא: הטמאים - לאסור צירן ורוטבן וקיפה שלהן? איצטריך, סלקא דעתך אמינא הואיל דבהמה טהורה נמי חידוש הוא, דאמר מר דם נעכר ונעשה חלב, וכיון דחידוש הוא - בבהמה טמאה נמי לישתרי, קמ״ל. הניחא למאן דאמר דם נעכר ונעשה חלב, אלא למאן דאמר איבריה מתפרקין הימנה ואין נפשה חוזרת עליה עד עשרים וארבעה חדש, מאי איכא למימר? איצטריך, סד״א: הואיל וליכא מידי דאתי מחי ושרייה רחמנא, והאי חלב כי אבר מן החי הוא ושרי, והילכך אפי׳ בבהמה טמאה לישתרי, קמ״ל. וחלב דבהמה טהורה מנלן

היה תכלית הכוונ׳ להוריד נובלת שכינ׳ שהיא א׳ זעירא ואותו היקר היה אל משה שהוא מיסוד חכמ׳ וכן תור׳

גלא עמיקתא

ה׳ כל ימי חיי לחזות בנועם ה׳ ולבקר בהיכלו״ גימ׳ (4772) כ״ב אהי״ה (43) פעמים אל״ף (111) בסוד מתוק הדין בשרשו באמא עילאה שם אהי״ה, כדביאר האר״י הקדוש [כ]שער הכונות דרושי הפסח דרוש א׳] דאות א׳ דשם ס״ג מתפרדת לרבוע אהי״ה כזה: ״א-אה-אהי-אהיה״ גימ׳ ד״ם בסוד הבלעת הדמים [כא]דם נעכר ונעשה חלב (בכורות ו׳ ע״ב), ומהאי א׳ נפקו כ״ב

דשרי? אילימא מדאסר רחמנא בשר בחלב הא לחודיה שרי ואימא חלב לחודיה - אסור באכילה ומותר בהנאה, בשר בחלב - בהנאה נמי אסור! ולר"ש דשרי בהנאה משכחת לה - למילקי על בישוליה! אלא, מדגלי רחמנא דבפסולי המוקדשין תזבח - ולא גיזה, בשר - ולא חלב, הא דחולין - שרי; ואימא דחולין - אסור באכילה ושרי בהנאה, דקדשים - בהנאה נמי אסור! אלא מדכתיב: ודי חלב עזים ללחמך ללחם ביתך וחיים לנערותך; ודילמא לסחורה? אלא מדכתיב: ואת עשרת חריצי החלב; ודלמא לסחורה? אטו דרכה של מלחמה לסחורה? ואיבעית אימא מהכא: ארץ זבת חלב ודבש, ואי לא דשרי - משתבח לן קרא במידי דלא חזי? ואב"א מהכא: לכו שברו ואכלו ולכו שברו בלא כסף ובלא מחיר יין וחלב. אלא מעתה שפן שפן, ארנבת ארנבת, חזיר חזיר להני הוא דאתו? אלא לכדתניא: למה נשנו? בבהמה - מפני השסועה, ובעופות - מפני הראה, גמל גמל נמי להכי הוא דאתא כל היכא דאיכא למידרש דרשינן. **[כב] ילקוט שמעוני ישעיהו רמז שצד:** תנא דבי אליהו ששת אלפים שנה הוי העולם, אלפים תהו, אלפים תורה, אלפים ימות המשיח, ובעונותינו שרבו יצאו מה שיצאו כי יום לה' צבאות על כל גאה ורם. שלא כמדת הקדוש ברוך הוא מדת בשר ודם (כי), מדת בשר ודם רואה אדם עומד יפה ועשיר הוא מעמידו ומסייעו, וכשהוא רואה לאדם שנופל שוב הוא מפילו - אבל הקדוש ברוך הוא אינו כן, כי אם רואה אדם שהוא מתגאה הוא מפילו, שנאמר כי יום לה' צבאות על כל גאה ורם, ואומר גאות אדם תשפילנו. ואם רואה אדם שנפל עד שאול הוא מעמידו, שנאמר מקים מעפר דל. וכה"א כי שחה לעפר נפשנו, מה כתיב אחריו? קומה עזרתה לנו, ואומר אם אמרתי מטה רגלי וגו', ואף לאה שנואת הבית היתה, ונתפקדה בבנים, שנאמר וירא ה' כי שנואה לאה וגו': חדלו לכם מן האדם אשר נשמה באפו, אמר רב הנותן שלום לחברו קודם שיתפלל כאלו עשאו במה, שנאמר חדלו לכם מן האדם אשר נשמה באפו כי במה נחשב הוא, אל תקרי "במה" אלא "במה", ושמואל אמר במה חשבתו לזה לא

שבכתב שהיא נובלת חכמה קבלו בסיני ותורה שבע"פ שהיא נובלת בינה קבלו באוהל מועד ז"ש מאוהל מועד לאמר שם נצטוו להוראה.

גלא עמיקתא

אתוון דאורייתא קדישא, וזהו בכאן חושבן פסוקא דנן כ"ב אהי"ה פעמים א' בסוד הכאה ומתוק. וכל חמשת הפסוקים יחד: "נבל תבל גם אתה גם העם הזה אשר עמך, כי כבד ממך הדבר, לא תוכל עשהו לבדך" (3060) "ויהי בנסע הארן ויאמר משה קומה ה' ויפצו איביך וינסו משנאיך מפניך (2336) ובנחה יאמר שובה ה' רבבות אלפי ישראל (1933)" (4269) "ויהי נעם א-דני אלהינו עלינו, ומעשה ידינו כוננה עלינו ומעשה ידינו כוננהו" (1960) סליקו כולהו לחושבן (14,071): י' (10) פעמים אהי"ה (21) פעמים בינ"ה (67) עם הכולל, וזהו דשלמות שם אהי"ה בבינה- דשם אהי"ה בבינה, וכפלינן י' זימנין רמיזא שלמות הבינה כתרא דז"א לעתיד לבוא יתגלה אור הכתר עלמא דהירו- וכולם ידעו אותי למקטנם ועד גדולם נאם ה' (ירמי' ל"א,ל"ג) ולעתיד לבוא כתיב ונגלה כבוד הוי' וראו כל בשר יחדו כי פי הוי' דבר (ישעי' מ',ה') בביאת משיח צדקנו במהרה בימינו אמן. תם ונשלם באור פ"ג אופנים למגלה עמוקות זיע"א השבח לבורא כל עלמין ברוך ה' יום יום שהכל ברא לכבודו- ונשא תפלה דנזכה לכוון לדעתו הקדושה דרבי נתן נטע שפירא זיע"א בעל המגלה עמוקות. דכל כונתנו לשם שמים ולהאיר מעט מזעיר מחשכת הגלות הארוכה דאלפיים שנה- דאינון [כב]אלפיים משיח, והוא בהסתרה כדכתיב (דברים

גלא עמיקתא

ל"א, י"ח): "ואנכי הסתר אסתיר" גימ' (1423) "אות ברית קדש" ופועל הוא יתברך כח הפועל בנפעל ומברר האור מן החושך בהכנה ארוכה דסוף מעשה במחשבה תחלה למען יוכל נברא להכיל הבורא ביחוד נפלא מיניה וביה כדוגמת "[כג]ישראל עלה במחשבה" גימ' (1003) "ויטע אשל בבאר שבע". דכתיב באברהם (בראשית כ"א,ל"ג) "ויטע אשל בבאר שבע, ויקרא שם בשם ה' אל עולם"- ודרשו חז"ל [כד]אל תיקרי ויקרא אלא ויקריא דהיינו שגילה יחודו יתברך בעולם- ויקר"א שם בשם ה' וכו' רמיזא ויקר"א אל משה. "ויקרא שם בשם הוי' אל עולם" גימ' (1202) "בראשית ברא אלהים" דלעתיד לבוא הכל יחזור לשרשו אך גבוה ומיוחד ללא כל שיעור- דאין אדם (העליון) זורע כור על מנת לקצור כור. ואברהם אבינו ע"ה זכה לעשות נחת רוח לבורא העולם בחינת (בראשית כ"ז,ד') "ועשה לי מטעמים כאשר אהבתי" גימ' (1569) ג' פעמים (דהוי חזקה) "בחר בנו מכל העמים" (523) (ברכת התורה) יחד עם ח"י מהמשך הברכה "וחיי עולם נטע בתוכנו" וכו' גימ' (541) ישרא"ל, וביחוד התפלה עם ד' מלויי שם הוי"ה ו-ג' מלויי שם אהי"ה דהיינו: "ישראל (541) – רל"ב (מלויי הוי') – תנ"ה (מלויי אהי"ה)" סליקו לחושבן (1228) ב' פעמים בברי"ת (614) וחזינן דבשמירת הברית תליא מילתא, ויהי רצון דהשי"ת יזכנו לעבדו בקדושה וטהרה, [כה]דהבא ליטהר מסייעין בידו. וכתיב (בראשית ב',ה') "ואדם אין לעבד את האדמה" גימ' עם הכולל (675): ג' פעמים

אלוה, מתיב רב נחמן בפרקים שואל מפני הכבוד? תרגמה ר' אבא להא דרב - במשכים לפתחו. אמר רבי אושיעא בשעה שברא הקדוש ברוך הוא את אדם הראשון טעו בו מלאכי השרת ובקשו לומר לפניו קדוש. משל למלך ואיפרכוס שהיו נתונים בקרונין והיו בני המדינה מבקשים לומר למלך הימנון ולא היו יודעים אי זה המלך, מה עשה המלך? דחפו והוציאו חוץ לקרונין וידעו הכל שהוא איפרכוס - כך בשעה שברא הקדוש ברוך הוא את אדם הראשון טעו מלאכי השרת ובקשו לומר לפניו קדוש, מה עשה הקדוש ברוך הוא? הפיל עליו שינה וידעו הכל שהוא אדם, הה"ד חדלו לכם מן האדם אשר נשמה באפו כי במה נחשב הוא. **[כג] זוהר פרשת בראשית דף כד עמוד א:** ובגין דא תקינו הבוחר בעמו ישראל באהבה ואינון כלילן באברהם דאתמר ביה זרע אברהם אוהבי (עיין בסוף הספר מה שחסר כאן) ישראל דסליק ביו"ד ה"א וא"ו ה"א ורזא דמלה ישראל עלה במחשבה להבראות מחשבה חש"ב מ"ה וביה תשכח שמא קדישא ובגין יעקב דאיהו ישראל אתמר ויברא אלהים את האדם בצלמו בדיוקנא דמאריה וכו'. **[כד] ילקוט שמעוני תורה פרשת וירא רמז צה:** ויטע אשל בבאר שבע [כ"א, ל"ג] מלמד שנטע פרדס ונטע בו כל מיני מגדים ר' יהודה ור' נחמיה חד אמר פרדס וחד אמר פונדק, בשלמא למאן דאמר פרדס היינו דכתיב ויטע אלא למאן דאמר פונדק מאי ויטע כדכתיב ויטע אהלי אפדנו, ויקרא שם בשם ה' אל עולם [כ"א, ל"ג] אל תקרי ויקרא אלא ויקריא מלמד שהקריא אברהם אבינו שמו של הקדוש ברוך הוא לכל עובר ושב לאחר שאכלו ושתו עמדו לברכו אמר להם וכי משלי אכלתם והלא ממי שלו כל העולם כלו אכלתם הודו וברכו ושבחו למי שאמר והיה העולם רבי יהודה אומר שאל מה תשאל ענבים תאנים רמונים רבי נחמיה אומר אשל פונדק א"ל שאל מה תשאל קופר חמר ביעין, ר' זעירא בשם ר' יהודה בר סימון אשל זה סנהדרין כד"א ושאול יושב בגבעה תחת האשל ברמה על דעתיה דרבי נחמיה דהוא אמר אשל פונדק אברהם וכו', ויגר אברהם בארץ פלשתים ימים רבים [כ"א, ל"ד] רבים מאותן שנים שעשה בחברון שבחברון עשה כ"ה שנה ובגרר עשה כ"ו שנה. **[כה] זוהר שמות פרשת יתרו דף עט עמוד ב:** ומשה עלה אל האלהים זכאה חולקיה

דמשה דזכי ליקרא דא דאורייתא אסהיד בגיניה כך, (תאני ר' יהודה) ת"ח מה בין משה לשאר בני עלמא, שאר בני עלמא כד סלקין סלקין לעתרא סלקין לרבו סלקין למלכו אבל משה כד סליק מה כתיב ביה ומשה עלה אל האלהים זכאה חולקיה, ר' יוסי אמר מכאן אמרו חברייא הבא ליטהר מסייעין אותו דכתיב ומשה עלה אל האלהים מה כתיב בתריה ויקרא אליו יי', דמאן דבעי לאתקרבא מקרבין ליה, ויקרא אליו יי' מן ההר לאמר כה תאמר לבית יעקב וגו', ר' יצחק פתח (תהלים סה) אשרי תבחר ותקרב ישכון חצריך זכאה חולקיה דההוא ב"נ דקודשא בריך הוא אתרעי ביה וקריב ליה למשרי בגו היכלא קדישא דכל מאן דאיהו אתרעי ביה לפולחניה רשים הוא מרשימין דלעילא למנדע דהא הוא אתבחר מקמיה דמלכא קדישא עלאה למשרי במדורוי, וכל מאן דאשתכח ביה ההוא רשימא אעבר בכל תרעין דלעילא ולית דימחי בידוי, ר' יהודה אמר זכאה חולקיה דמשה דעליה כתיב אשרי תבחר ותקרב וכתיב ביה (שמות כד) ומשה נגש אל הערפל ונגש משה לבדו אל יי' והם לא יגשו, כה תאמר לבית יעקב אלין נוקבי ותגיד לבני ישראל אלין דוכרין, ר' שמעון אמר כה תאמר כמא דאת אמר (במדבר ו) כה תברכו וכתיב (תהלים קמה) וחסידיך יברכוכה כלומר יברכו כה, כה תאמר לבית יעקב באמירה והיינו מסטרא דדינא, ותגיד לבני ישראל כדא דאת אמר (דברים ד) ויגד לכם את בריתו וכתיב (שם כו) הגדתי היום ליי' אלהיך, לבני ישראל דוכרין דאתו מסטרא דרחמי, א"ר יצחק (ס"א יוסי) הואיל ואתינא להאי מה הוא הגדתי היום ליי' אלהיך, ליי' אלהינו מבעי ליה, אמר ליה ר' שמעון וכי האי בלחודוי הוא, והא כתיב (שם ח) כי יי' אלהיך מביאך אל ארץ טובה וגו', (שם ז) אשר יי' אלהיך נותן לך, (שם ד) כי יי' אלהיך אש אוכלה הוא וכלהו הכי, אלא הכי תנינן כל הדר בארץ ישראל דומה כמי שיש לו אלוה, וכל הדר בחוצה לארץ דומה כמי שאין לו אלוה, מאי טעמא משום דזרעא קדישא לארעא קדישא סלקא, ושכינתא באתרא יתבא, והאי בהאי תליא, ומשה לא קאמר אלהיך אלא לאינון דהוו זמינין למיעאל לארעא קדישא ולקבלא אפי שכינתא, ומה דלא אמר אלהינו משום דהא משה לא זכה למיעאל לארעא ובגיני כך אלהיך ודאי בכל אתר משום דאינון הוו זמינין למיעאל תמן, א"ל ודאי הכי הוא, אבל הכא כתיב (שם כו) ובאת אל הכהן אשר יהיה בימים ההם ואמרת אליו הגדתי היום ליי' אלהיך והא אינון בארעא שריין מ"ט אלהיך ולא אלהינו, אלא אינון בעיין לאחזאה ולאודאה דבגיני דחסד עלאה זכאן לכל האי ושריין בארעא ועאלן להיא ארעא ועבד עמהון כל אינון טבאן ובגיני כך הוו אמרי מלין אלין לכהן (ולא לבר נש אחרא) דכתיב הגדתי היום ליי' אלהיך (והכי הוא ודאי) משום דאתי מסטרא דחסד, כה תאמר לבית יעקב לההוא אתר דאתחזי להו, ותגיד לבני ישראל בההוא אתר שלים דאתחזי להו דהא יעקב וישראל תרין דרגין אסתלקו ובדרגא חד סלקין. [כו] **תיקוני זוהר (נוסח אחר) דף קיב עמוד ב:** פתח כמלקדמין ואמר יש הבל אשר נעשה על הארץ וגומר דא אדם והבל במחשבה ובמעשה חאבו כמה דאוקימנא לעילא ומאי ניהו מחשבה ומעשה אבא ואימא חכמה ובינה עלייהו אתמר כלם בחכמה עשית הרי עשיה בגין דתמן כח מה דא חכמה דאתפלג לתרין סטרין מה איהו אדם מחשבה חשב מה מה אדם תשכח דאיהו אדם מחשבה בינה תמן י"ה אבא ואימא ובן בגווייהו עמוד דסמיך לון ההוא דאתמר ביה בשגם הוא בשר בשגם זה הבל דאיהו משה מתמן הוה והכי אוקמוהו קדמאין בשגם זה משה הבל אתקרי על שם ב' מן בראשית ל' לעיני כל ישראל ה' חמשה חומשי תורה דעתיד לאתייהבא על ידיה ודא איהו הבל דאתמר ביה כי על כל מוצא פי יי' יחיה האדם ואית הבל דסטרא אחרא דאתמר ביה הבל המה מעשה תעתועים ודא הוא הבל דנבלות הפה ופתגמין בטלין דלית בהו תועלת כלל ובגין דא יש הבל כו' שמגיע אליהם כמעשה הרשעים ויש הבל אשר מגיע אליהם כמעשה הצדיקים מאי הרשעים דא סמא"ל ונחש ש דמשה איהי תלת ענפין דשרשא דאילנא ודא ש מן שת מ"ה מן משה דא אדם דאיהו

גלא עמיקתא

(דהוי חזקה) "גדול הוי' ומהלל מאד" (225) מא"ד אתוון אד"ם, דלעתיד לבוא תתגלה גדלות הבורא באמיתות עין בעין יראו (ישעי' נ"ב,ח'). ומהל"ל גימ' (111) אל"ף- רמיזא א' זעירא דויקרא דניתנה למשה דאיקרי אד"ם [כדכתיב ונחנו מ"ה גימ' (45) אד"ם [כו]כמבואר בזוה"ק]. "גדול הוי" גימ' (69) בבינ"ה-

בדיוקנא דאדם דלעילא ודא איהו מה שמו ומה שם בנו והאי מ"ה ה' תורת י"י תמימה ה' חמשה חומשי תורה דאתייהיבו ליה בארבעין יומין וארבעין לילוון דלחם לא אכל ומים לא שתה.

גלא עמיקתא

וזהו אדם– דכורא משפיע לעבד את האדמ"ה– נוקבא– בחינת מקבל– והוא עבודת האדם מיניה וביה לזכך עצמו ולהעשות כלי המכשיר הגאולה להיות לו יתברך [כז]מקדש מעט.

והוא ענין בירור הסיגים שנמשכו לעולם מחטא אדם הראשון, דבתחילה ברכם השי"ת כדכתיב (בראשית א',כ"ח) ויברך אתם אלהי"ם כו' ויאמר אלהי"ם הנה נתתי לכם את כל כו' ולאחר שחטאו נתקללו בעשר קללות דהיינו הנחש אדם וחוה והאדמה והן (מתחיל בראשית ג',י"ד): וַיֹּאמֶר יְהוָֹה אֱלֹהִים אֶל הַנָּחָשׁ כִּי עָשִׂיתָ זֹּאת אָרוּר אַתָּה מִכָּל הַבְּהֵמָה וּמִכֹּל חַיַּת הַשָּׂדֶה עַל גְּחֹנְךָ תֵלֵךְ וְעָפָר תֹּאכַל כָּל יְמֵי חַיֶּיךָ שימי עיבורו ז' שנים גרוע פי שבע מנמיה כו' על גחונך תלך קיצוץ רגלים ועפר תאכל כל ימי חייך דרשוהו ל–ב' אופנים לפני שאוכל חייב לאכול עפר תחלה או כל שאוכל טועם בו טעם עפר יש לומר דאלה ואלה דברי א–להים חיים ותרוויהו נתקיימו בו ואיבה אשית בינך ובין האשה ובין זרעך ובין זרעה הוא ישופך ראש כו' הרי ג' קללות לנחש דהוה הראשון שפתח באף ואף האשה ד' קללות כדפירש רש"י עצבונך זה צער גדול בנים והרונך זה צער העבור בעצב תלדי בנים זה צער הלידה ואל אישך תשוקתך לתשמיש ואף על פי כן אין לך מצח לתובעו בפה, הרי ד' לאשה ו–ג' לנחש הן ז' בסוד שלשה אבות וארבעה אמהות דחוה נקראת אם כל חי והיא ראש לאמהות

[**כז**] **תלמוד בבלי מסכת מגילה דף כט עמוד א**: תניא, רבי שמעון בן יוחי אומר: בוא וראה כמה חביבין ישראל לפני הקדוש ברוך הוא. שבכל מקום שגלו - שכינה עמהן. גלו למצרים - שכינה עמהן, שנאמר: הנגלה נגליתי לבית אביך בהיותם במצרים וגו', גלו לבבל - שכינה עמהן, שנאמר: למענכם שלחתי בבלה. ואף כשהן עתידין ליגאל שכינה עמהן, שנאמר: ושב ה' אלהיך את שבותך, והשיב לא נאמר אלא ושב, מלמד שהקדוש ברוך הוא שב עמהן מבין הגליות. בבבל היכא? אמר אביי: בבי כנישתא דהוצל, ובבי כנישתא דשף ויתיב בנהרדעא. ולא תימא הכא והכא, אלא: זמנין הכא, וזמנין הכא. אמר אביי: תיתי לי, דכי מרחיקנא פרסה - עיילנא ומצלינא התם. אבוה דשמואל [ולוי] הוו יתבי בכנישתא דשף ויתיב בנהרדעא, אתיא שכינה, שמעו קול ריגשא. [קמו ונפקו רב ששת הוה יתיב בבי כנישתא דשף ויתיב בנהרדעא, אתיא שכינה] ולא נפק. אתו מלאכי השרת וקא מבעתו ליה, אמר לפניו: רבונו של עולם! עלוב ושאינו עלוב מי נדחה מפני מי? - אמר להו: שבקוהו. ואהי להם למקדש מעט, אמר רבי יצחק: אלו בתי כנסיות ובתי מדרשות שבבבל. ורבי אלעזר אמר: זה בית רבינו שבבבל. דרש רבא: מאי דכתיב ה' מעון אתה היית לנו - אלו בתי כנסיות ובתי מדרשות. אמר אביי: מריש הואי גריסנא בביתא ומצלינא בבי כנשתא, כיון דשמעית להא דקאמר דוד ה' אהבתי מעון ביתך, - הואי גריסנא בבי כנישתא. תניא, רבי אלעזר הקפר אומר: עתידין בתי כנסיות ובתי מדרשות שבבבל שיקבעו בארץ ישראל, שנאמר כי כתבור בהרים וככרמל בים יבוא, והלא דברים קל וחומר: ומה תבור וכרמל שלא באו אלא לפי שעה ללמוד תורה - נקבעים בארץ ישראל, בתי כנסיות ובתי מדרשות שקורין ומרביצין בהן תורה - על אחת כמה וכמה. דרש בר קפרא: מאי דכתיב למה תרצדון הרים גבננים, יצתה בת קול ואמרה להם: למה תרצו דין עם סיני? כולכם בעלי מומים אתם אצל סיני. כתיב הכא גבנונים וכתיב התם או גבן או דק, אמר רב אשי: שמע מינה האי מאן דיהיר - בעל מום הוא.

כאמרם (בבא בתרא נח.) כל נשי עלמא בפני חוה כקוף בפני אדם ומתורץ לפי הזוה"ק דהרי חטאה והחטיאה ומה שבח זה, אלא דהוו תרי חוה ה–א' היא לילית שחטאה והחטיאה ומחטיאה עד היום הזה והשניה דלא חטאה ולא הוה בה רבב ובפניה כולהו כקוף וכו', והאדם יחד עם האדמה נתקללו עוד ג' קללות ארורה האדמה בעבורך תעלה לך דברים ארורים כגון זבובים ופרעושים וקוץ ודרדר תצמיח לך אף כשתזרענה קטניות או ירקות גינה וכו' דהן כל מיני דברים רעים שיבואו לך מן האדמה הרי קללה אחת, בזעת אפיך תאכל לחם קללה ב' עד שובך אל האדמה הרי קללת מיתה והיא השלישית – הרי י' קללות והן לקביל י' ספירות ומתחלקים חכמה בינה ודעת בקללת הנחש – דפגם בטיפי המוח דבא על חוה והטיל בה זוהמא כנודע מענין פגם הברית שפוגם במח שם יסוד משכן הנשמה, ד' קללות דנתקללה חוה כנגד נצח – הוד – יסוד – מלכות האחרונה והוא ימשול בך וענין המלוכה והממשלה [ואיננו מתעכבים כאן על פרטי פרטים דרצוננו להגיע לעיקר] ו–ג' באדם לקביל חסד גבורה תפארת – חסד כנגד דברים אחרים תצמיח לו במקום שפע כל טוב, גבורה כנגד בזעת אפיך תאכל לחם ענין יגיע ומאמץ דדורש גבורה וכח, ותפארת כנגד המיתה ישראל אשר בך אתפאר וישראל אינון דמפארים להשי"ת בתורה ותפלה וגמילות חסדים דהכל מאתו יתברך וכתיב לא המתים יהללו י"ה כו' (תהל' קט"ו,י"ז) דלכן יקרא נפטר שנפטר מן המצוות ולכן רשעים בחייהם קרויים מתים דאינן מקיימים המצוות דפטרו עצמן מן המצוות הרי הן כנפטרים היינו מתים רח"ל, וצדיקים במותן קרויין חיים דתורה ומצוות ובנים ותלמידים הרבה שהעמידו ממשיכים דרכם וכאמרם (תענית ה:) לגבי יעקב אבינו מה זרעו בחיים אף הוא בחיים, וכן דובב שפתי ישנים (שה"ש ז',י') האומר שמועה מפי צדיק שפתיו דובבות בקבר (סנהדרין צ:) ועוד רבים.

וזהו ענין בירור הסיגים הנעשה על ידי האדם לברר הטוב מן הרע דנתערבבו זה בזה דחטאו האדם והנחש והאדמה כנ"ל – והן ע"י איש ואשתו כדכתיב (בראשית ב',כ"ז) זכר ונקבה ברא את"ם צירוף אמ"ת, דזכר מברר לנקבה וכן בהיפוך דנקבה מבררת לבעלה בסוד איזו היא אשה כשרה העושה רצון בעלה בפנימיות – וזהו "זכר ונקבה" גימ' [עם ב' התיבות] (392) "ברכה קללה" – כנודע "זכר" גימ' (227) "ברכה", ונותר ונקבה עם ב' התיבות גימ' קלל"ה, דחוה חטאה ראשונה והביאה קללה לעולם.

והנה בפרשת אם בחוקותי תמן מ"ט קללות, דהן ז' פעמים ז' לקביל ז' המידות, וכענין דמבררים בספירת העומר מ"ט ימים כנודע דנחלקים ז' פעמים ז' מצוה לממני יומי ומצוה לממני שבועי (חגיגה יז:) – אי הכי עבדינן לתרוויהו, וכן במשנה תורה פרשת כי תבוא תמן צ"ח קללות דהן כפליים לתושיה – ב' פעמים מ"ט דספר דברים אמר משה מפי עצמו כאמרם (חולין קלט:) משה מן התורה מנין בשג"ם הוא בשר בשג"ם גימ' מש"ה ו–בשג"ם ר"ת "שכינה מדברת בתוך גרונו" והוא גימ' ע"ה (1725): ה"פ "משה" (345) והארכנו בביאורו בכמה מקומות עיין במפתח האופנים, ומשה הוא בחינת שבת כמו שביארנו "ישמח משה" גימ' (703) "שבתא" ושבת כל מעשיה כפולים [כדאיתא במדרש תהלים (מזמור צ"ב פסוק א')] ולכן הביא בכאן ב' פעמים מ"ט קללות.

והנה ידוע וכתבו בספרים הקדושים דכל הקללות הללו אינן אלא ברכות ויסוד לדברינו נמצא בגמרא הקדושה מסכת מועד קטן דף ט. דשלח רבי שמעון בר יוחאי את בנו אלעזר לקבל ברכה משני "אנשים של צורה" גימ' (1032) י"ב פעמים אלהי"ם (86) וכבר בכאן רמיזא דיקבל ר' אלעזר קללות כביכול בחינת דינים דשם אלהי"ם להגביר מדת שפלותו וענותנותו הלא הם התנאים הקדושים רבי יונתן בן עמסיי ורבי יהודה בן גרים – ובשמותיהם נרמז דאין אלו קללות אלא ונהפוך הוא ברכות גבוהות מאד "רבי יונתן בן עמסיי" גימ' (970) "טוב" (17) פעמים "א–ל הוי'" (57) ע"ה, דהן שמות הרחמים, וכן "רבי יהודה בן גרים" גימ' (547) הוי' (26) פעמים אהי"ה (21) ע"ה רמיזא מיתוק הדין בשרשו, דהקללות שיקללוהו הן ברכות מעליא – וכדאזיל ומפרש רשב"י לבנו, וכן תרוויהו "רבי יונתן בן עמסיי – רבי יהודה בן גרים" גימ' ע"ה (1518) ב"פ "עלה ראש הפסגה" (759) (דברים ג',כ"ז), דערך הממוצע דכל שם סליק "עלה ראש הפסגה" דהוא רישא עילאה מתלת רישין דאינון בכתר דהן רישא דאריך – רישא דאין – ורישא דלא אתידע, בסוד אמונה – תענוג – רצון ובארנוהו במקום אחר, ורק נזכיר דלתמן סליק משה דאמר ליה השי"ת עלה ראש הפסגה ולתמן תזכה לרב מכלא הרי ר"ב ל"ך אל תוסף דבר אלי עוד בדבר הזה (שם פסוק כ"ו) ואם תסתפק נאמר דפתח ספר יהושע "ויהי אחר(י) מות משה" גימ' (1031) "רישא דלא אתידע" וכאן משמטינן ה–י' בדהשמיט משה עצמו וכתב והאיש משה ענו בלא י' ומשם קיבל קירון עור פנים דנשתיירה ה–י' מקולמוסו וכו' וכמבואר בחז"ל.

ומתמן המשיכו שני הצדיקים הקללות לר' אלעזר ב"ר שמעון ונהפכו לו לברכות – והוא יסוד לדברינו דנלך בס"ד ונבאר הקללות בפרשת אם בחוקותי וכיצד הן ברכות מעליא והשי"ת יאיר עינינו בתורתו הקדושה דנזכה לכוון לאמיתה של תורה, ורשב"י כינה אותם "אנשים של צורה" גימ' (1032) "רישא דלא אתידע" ע"ה.

והנה הברכות בפרשת אם בחוקותי ובפרשת כי תבוא וכן בגמרא מועד קטן ט. הנ"ל, באו באופן של קללות מכמה טעמים – מניעת יניקת הקלי' וקטרוג הס"מ דרואה שהקב"ה כביכול מקללם ומה בצע דיקלל הוא כנ"ל – ובלעם הרשע רצה לקלל ממש ולכן ויהפך ה' את הקללה לברכה (דברים כ"ג,ו') – ויצאו ברכות מפיו, אך הקללות שהשי"ת מקלל כביכול לבני ישראל הן ברכות מעליא בסוד דודי צח ואדום (שה"ש ה',י') צח לישראל ואדום למצרים כדרשת חז"ל, ונמשך דהעושה רצונו של מקום זוכה ל–ג' דברים: אין באות עליו הקללות חד אך באות עליו ברכות מעליא כדנבאר תרין באות הקללות כפשוטן על שונאיהן של ישראל המצרים להם ודוחקים את רגלם לעבוד את בוראם תלת. וממילא האי בר נש מקרב גאולתא שלמתא בבחינת ישראל נמשלו ללבנה שכוחה להמשיך פנימיות השמש להאי עלמא ולמגר את החושך של הגלות בשרשו טיפין טיפין דהשמש מאיר לעולם דרך הנרתק ולכן נראה דאפשר דיהיו קללות כביכול בעולם ולעתיד לבוא מוציא הקב"ה חמה מנרתיקה רשעים נדונים בה – דהיינו עבורם הן קללות וצדיקים נהנים לאורה ורואים שהם כולהו ברכאן וכדאמרו חז"ל (פסחים נ.) מאי ביום ההוא יהיה ה' אחד ושמו אחד והאידנא לאו אחד הוא אלא כיום מברך

על הטובה ברוך הטוב והמיטיב ועל הרעה ברוך דין האמת ולעתיד לבוא כולהו הטוב והמיטיב דיחזו דכל שחשבו לרעה ולקללה הרי היה לברכה מה שכיום אי אפשר לתפוס כגון חולי רע ומיתות משונות מאי ברכה איכא הכא - ומברך ברוך דין האמת אך בליבו יברך בלב שלם ושמח בבוראו במדת בטחון ואמונה וכדפסק המשנה ברורה וכן הוא בשולחן ערוך.

והנה ב׳ הצדיקים רבי יונתן בן עמסיי ורבי יהודה בן גרים שכינה אותם רשב״י אנשים של צורה קיללו את ר׳ אלעזר ב״ר שמעון ז׳ קללות כנגד ז׳ מידות מעילא לתתא דאמרו ליה (מועד קטן ט:): יהא רעוא:

א׳. ״(ד)תזרע ולא תחצד״ גימ׳ (1216) ז״ך (27) פעמים אד״ם (45) ע״ה, לקביל **חסד** דאמר ליה רשב״י תוליד בנים ולא ימותו דהיא מצוה הראשונה בתורה פרו ורבו, הרי חסד.

ב׳. ״תעייל ולא תיפוק״ גימ׳ (1153): ל״ו (32) פעמים ל״ב (32) ע״ה בסוד לול״ב כנודע כפת תמרים (ויקרא כ״ג,מ׳) חסר כתיב מכאן שצריך להיות כפות וקשור עם המינים הרי **גבורה**, ופירש לו רשב״י שתכנים כלה ושלא ימות בנך ותצא כלתך בחזרה לבית אביה.

ג׳. ״תיפוק ולא תעייל״ גימ׳ (1153) ״אברהם יגל יצחק ירנן יעקב ובניו ינוחו בו״ (מנחה לשבת) הרי תלת אבהן כלילן **בתפארת**, ומפרש ליה רשב״י תוציא כלה ולא ימות בעלה ותחזירה אליך הביתה וכתיב כתפארת אדם לשבת בית (ישעי׳ מ״ד,י״ג) הרי תפארת.

ד׳ ו-ה׳ הן נצח והוד דכחדא אזלין ולכן ב׳ הקללות בחדא מחתא עם ו׳ החיבור דהיינו ״ליחרוב ביתך וליתוב אושפיזך״ הרי ד׳. ״ליחרוב ביתך״ גימ׳ (688) ח״פ אלהי״ם (86) והוא ב״פ שמ״ד (344) דמשה עומד בין שמד לרצון דכתב רבינו דמשה הוא א׳ יותר משמ״ד ומשה כנודע בנצח, ופרש לו רשב״י ביתך הוא הקבר יישאר חרב ויבש ואתה אושפיז בעולם הזה תחיה חיים ארוכים הרי הקבר איקרי בית דהוא נצחי עד לתחיה והרי ספירת **נצח.**

ה׳. ״וליתוב אושפיזך״ גימ׳ (878) ״משיח״ מלא כזה ״מם שין יוד חית״ הרי שיחיה חיים ארוכים ויזכה לראות פני משיח בב״א והוא **בהוד** דייקא כדכתיב במשיח (זכריה ו׳,י״ב) איש צמח שמו ובנה את היכל ה׳, והוא יבנה את היכל ה׳ והוא ישא הוד וכו׳.

והן פורים בנצח ונהפוך הוא סוד תחית המתים וחנוכה בהוד בסוד אור הגנוז בימות המשיח דתחית המתים עיקר דהוא התכלית של הכל ואמרי חז״ל מרדכי בדורו כמשה בדורו. והנה מצינו רמז נפלא דגאולת פורים עיקר בדברי אור החיים הקדוש שכתב (פרשת בא שמות י״ב,מ״ב) וזלש״ק יכוון הכתוב לרמוז חמשה נסים מופלאים שזמנם לילה זו אחד בימי אברהם שני ביציאת מצרים שלישי בימי חזקיה רביעי בימי מרדכי ואסתר חמישי גאולה העתידה עד כאן. והנה ״אברהם - משה - חזקיה - מרדכי אסתר - משיח״ סליקו הני ו׳ שמהן לחושבן (2016) ו׳ פעמים ״פורים״ (336) רמיזא תחית המתים כנ״ל דהוא עיקר, והפסוק שמרמז תמן ה׳ הגאולות דהוו בלילה דהיינו (שמות י״ב,מ״ב): ״ליל שמרים הוא לה׳ להוציאם מארץ מצרים הוא הלילה הזה לה׳ שמרים לכל בני ישראל לדרתם״ סליק לחושבן עם הכולל והכללות (3735) ה׳ פעמים ״משה איש הא-להים״ (747)

דכולהו גאולות בזכותיה דמשה דאמרו חז"ל משה מן התורה מנין בשג"ם הוא בשר היינו עוד בטרם נולד בגוף בשר גשמי גם אז כולהו בזכותו ובארנו לעיל בשג"ם ר"ת "שכינה מדברת בתוך גרונו" גימ' ע"ה (1275) ה' פעמים מש"ה כנגד הני ה' גאולות א' גלוי דהיינו ר"ת בשג"ם גימ' מש"ה בהדיא כנגד גאולת מצרים דמשה הוה גואל בהדיא ושאר ד' גלויות רק ברמז בחושבן דשאר האותיות סליקו ד' פעמים מש"ה.

ו. "לבלבל פתורך" גימ' (800) "קשת" שהוא הברית קדש הרי ספירת **היסוד** וכדביארנו במקום אחר סוד הפסוק "ותשב באיתן קשתו" וכו' (בראשית מ"ט,כ"ד) ופירש לו רשב"י לבלבל פתורך "בבני ובנתא" גימ' (523) "יצאי ירך יעקב" (שמות א',ה') הרי ענינו ברית קדש דאיתמר ביעקב (תענית ה:) מה זרעו בחיים אף הוא בחיים, וכן בכאן בהדיא החושבן (800) י' פעמים יסו"ד, דצדיק יסוד עולם ביה אתכלילו כולהו ספיראן דהוא התכלית להמשיך השפע לתחתונים דנתאוה הקב"ה להיות לו יתברך דירה בתחתונים.

ז'. "ולא תחזי שתא חדתא" גימ' (1576) תפל"ה במלוי אלפין כזה: "תיו פא למד הא" כאשר א' בתראה בסוד "אלף" (1000) הרי **במלכות**, וכדכתב האריז"ל אדנ"י שפתי תפתח (תהל' נ"א,י"ז) ר"ת אש"ת ובכאן צירוף שת"א, וכן בכאן עם ו' החיבור ולא תחזי דיסוד ומלכות כחדא שריין, דכל תכלית היסוד להשפיע במלכות, בסוד דירה בתחתונים כנ"ל דאשתו זו ביתו.

וברכוהו אנשים של צורה ברכות מעליא ב-ז' מידות דיליה, וממילא אף במוחין דיליה דמוחין מולידין המידות.

והנה כל דבריהם דהיינו "תזרע ולא תחצד (1216) תעייל ולא תיפוק (1153) תיפוק ולא תעייל (1153) ליחרוב ביתך (688) – וליתוב אושפיזך (878) – לבלבל פתורך (800) – ולא תחזי שתא חדתא (1576)" סליקו יחד לחושבן (7464) י"ב פעמים "בכתר" (622) דהני ברכאן נפקו מכתרא עילאה כנ"ל, דאמרינן "אנשים של צורה" גימ' (1032) י"ב פעמים אלהי"ם (86) דבחיצוניות נראים כקללות משם אלהי"ם, ובפנימיות הן ברכות מעליא דנעוצות בכת"ר כנ"ל.

וכד מוספינן לחשבון הנ"ל (7464) שמהן דצדיקיא עם תוארם דהיינו "אנשים של צורה" (1032) רבי יונתן בן עמסיי – רבי יהודה בן גרים (1518)" סליקו כולהו לחושבן (10014): ו"פ "בטל מעלינו גזרות קשות" (1669) דאמרינן בצלותא – ו' מרמזות המשכת שפע, ועל ידי שאמרו לו הברכות בצורת קללות בטלו מעליו ומעל עם ישראל כל מיני גזרות קשות רח"ל שעמדו לבא עליהם – וכן הן הקללות שבתורה כנ"ל, ולא בכדי נחלקות לקבוצות של שבע כמפורש והכיתי אתכם גם אני שבע וכו' והוא להסיר הקטרוגים מעל בני ישראל בז' מדותיהם, דנשמות ישראל נמשכו מז"ת דאצילות מחיצוניות הכלים, שבשרשם גבוה מפנימיות האורות מאן דאיהו זעיר איהו רב, והם סוד אל מול פני המנורה יאירו שבעת הנרות (במדבר ח',ב') כמבואר בספרים הקדושים, ולכן חזר רחמנא שוב ושוב בענין הקללות שבע ושבע וכו' וכן הארכנו בבאורנו בענין חצבה עמודיה שבעה, דבכל פרשיות התורה אית שרש שבע לבר מפרשת שמיני דשמה מפורש שמיני ואם כן שבע מאן דכר שמיה, ומדכר תמן ברמז בראשי תיבות עיי"ש באופן נ"ט

לויקרא שהנבואה הולכת דרך ז' מלאכים וכו' עיי"ש ותשבע נפשך.

ועל יסוד מוצק זה של הגמרא הקדושה נבא ונבאר לקללות פרשת בחוקותיי כיצד הן ברכות מעליא ואם לא עכשיו אימתי דאנו בצוק העתים ובעמקי הגלות שלא רואים הגלות דאית לן שפע בגשמיות וברוחניות ומה גלות איכא ושכחו על נותן התורה וכו' וכוחי ועוצם ידי עשה לי את החיל הזה (דברים ח',י"ז) רח"ל וישמן ישורון ויבעט (דברים ל"ב,ט"ו) ה' ירחם, ולכן נגשנו לבאר הפיכת הקללות לברכות ולהסיר הקטרוג המעוור עיני חכמים, ונאמר הקיצו ורננו שוכני עפר (ישעי' כ"ו,י"ט) עם ישראל צדיקים ושובו אל בוראכם יוצרכם ועושיכם ונזכה לחזות בשוב ה' ציון בב"א.

והנה בתחלת פרשת בחוקותיי (ויקרא כ"ו,ט"ו) מביא רש"י הק' הקדמה חשובה דהן בכללות שבע עבירות וכנגדן שבע קבוצות של שבע קללות ומונה ה–ז' עבירות, דהיינו דהן לקביל ז' המידות כנ"ל, ובלשונו הזהב:

א'. "לא למד" גימ' (105): ג"פ "יהודי" (35) דמהותו של היהודי למוד התורה הקדושה דקוב"ה **אורייתא** וישראל חד [כדאיתא בזוה"ק (ח"ג דף ע"ג עמוד ב')], והוא בספירת **החסד** תורת חסד על לשונה.

ב'. "ולא עשה" גימ' (412) בי"ת דהיא בית רבתי ד**ב**ראשית תמן מעשה הבריאה והעוסק בתורה כעוסק במעשה בראשית וההוא לא עשה הרי **גבורה**.

ג'. "מואס באחרים העושים" גימ' (799) "בריתי יומם ולילה" היא התורה הקדושה דכתיב בה והגית בו יומם ולילה (יהושע א',ח'), ובמקום לפאר לעוסקי תורתך ישראל אשר בך אתפאר מואס בהם ומנאצם הרי **תפארת**.

ד'. "שונא את החכמים" גימ' (881) "קדושים תהיו", ד"החכמים" גימ' (123) "ענג" דגורמים ענג להשי"ת בהתקדשותם הנפלאה והוא בנצח דמנצחים את היצר והמקטרגים ומתקדשים הרי **נצח**.

ה'. "מונע את האחרים" גימ' (831) "אשירה ואזמרה לה'" (תהלים כ"ז,ו') הודאה והלל להשי"ת בהוד, ומה ההוא בר נש מונע את האחרים להלל ולזמר להשי"ת ולכן **בהוד**.

ו. "כופר במצות" גימ' (844) "תם יושב אהלים" והוא יעקב איש תם **ביסוד** דמשפיע ברחל המלכות שפע קדש והוא כופר במצוות מלשון צוותא וחיבור דהיסוד מחבר המידות אל המלכות והוא אינו חפץ בחיבור הנ"ל.

ז'. "כופר בעיקר" גימ' (688) ח"פ אלהי"ם (86) **במלכות**, והוא חושבן ב"פ שמ"ד (344) דמלכותא שצי כולא ואכלי כולא. והוא נמי חושבן (688) "ליחרוב ביתך" דאמרי אנשים של צורה לרבי אלעזר בר' שמעון כנ"ל, ובכאן במלכות אשתו זו ביתו (תחלת יומא).

ונמשך דכלל דברי רש"י הנ"ל סליקו כולהו לחושבן (4560): כ"פ "ברוך" (228), כ' רמיזא ספירת הכתר כמבואר בגמרא שבת ק"ד דרשו דרדקי האותיות כ' קושר לך כתר לעולם הבא וכו' וחזינן דנרמז כבר בדברי רש"י שמבאר את שבע העבירות שעובר אדם והוא הקדמה לפרשת הקללות שהן שבע פעמים שבע, ובחשבון הוא כ' פעמים ברו"ך. אמנם אין מקרא יוצא מידי פשוטו ובעבור מי שעובר על דברי השי"ת הן דינים וקללות ככתוב, ואך לעתיד לבוא יתבאר שאף בציור כזה הוי ברכות לאותו אדם שעבר על דבר ה' דייסורין ממרקין ומכפרין,

ותכליתם להחזירו בתשובה וכאמרם (עיין קדושין נ.) על המסרב לתת גט לאשתו כופין אותו עד שיאמר רוצה אני, ואינו גט מעושה - ובפנימיות הדברים מבואר שיהודי בפנימיותו הוא אחד עם התורה הקדושה ועם השי"ת ואין חפצו כלל וכלל לעבור על רצון ה', אלא ששאור בעיסה מעכב ומונע חשקו בהשי"ת ובתורתו, וכשכופין אותו מתגלה הנקודה הפנימית ואומר רוצה אני, וכדפסקו חז"ל דהוא גט כשר ואינו באונס כלל.

וכעת נבאר בס"ד את הפסוקים דקללות בפרשת אם בחוקתי שבע פעמים שבע הרי מ"ט קללות וכדוגמת ספירת העומר דמצוה לממני יומי ומצוה לממני שבועי, ואזי שבע קללות הראשונות כולן בחסד דכללות חסד דחסד, גבורה דחסד וכו' וכן שבע הקללות הבאות אחריהן תמן כתיב שבע בקרא הן לקביל גבורה דכללות וכן על זה הדרך, מ"ט עצות בעבודת ה' שהעצה יוצאת מהקללה עצמה - ורמז לדבר קללה בגימטריא עצה (165). וכן תרי"ג מצוות בזוה"ק תרי"ג עיטין - היינו תרי"ג עצות, והקב"ה ציווה לא לאכול מן העץ צירוף עצה - ואדם לא שמע לעצה ואכל מן העץ.

בפרשה (ויקרא כ"ו, י"ד ואילך) פותח בשני פסוקים והם לקביל חכמה ובינה דכללות, דמוחין מולידין המידות, וכגון דאמרם אין קישוי אלא לדעת וכיוצא בזה ולכן אין דין אונס בעריות. פכוקא "ואם לא תשמעו לי ולא תעשו את כל המצות האלה" סליק לחושבן (2780): י"פ "אור הגנוז" (278) ובפסוק הן י' תיבין דערך הממוצע של כל תיבה הוא אור הגנוז, והוא דרך ברק המבריק בחכמה, ועתיד להתגלות ונגלה כבוד הוי' וראו כל בשר יחדו כי פי ה' דיבר (ישעי' מ', ה') - יחזו א–להות בעיניים - וכן נרמז בפירוש רש"י ואם לא תשמעו לי: להיות עמלים בתורה ולדעת מדרש חכמים - הרי חכמה. ופסוק הבא (טו) לקביל בינה: "ואם בחקתי תמאסו ואם את משפטי תגעל נפשכם לבלתי עשות את כל מצותי להפרכם את בריתי" גימ' (6597): "חיים" (68) פעמים "כה הדין" (97) ע"ה, דמאמא עילאה נמשכים הדינים ובה עצמה ליכא דין, דפנימיות אמא פנימיות עתיק ולית שמאלא בהאי עתיקא, ומשם נמשכים החיים לזעיר כנודע בסוד מוחין דזעיר נמשכים ע"י נה"י דאמא דנהיית בשר כבשרו כביכול ומיחוד זו"ן נולדים הנשמות - ובכאן מוספינן הכולל בסוד טיפה שמעביר אבא לאמא. ותרי הפסוקים יחד סליקו לחושבן (9377) ל"ב (32) פעמים "טוב ורע" (293) ע"ה דעל ידי התורה הקדושה שהיא חיינו ואורך ימינו מגיעים להבחנה בין טוב לרע כדכתיב ובחרת בחיים (דברים ל', י"ט) - ונרמז בכפילת ל"ב פעמים דהתורה מתחלת ב' [בראשית] ומסיימת ל' [ישראל] הרי היא לב לבו של הקב"ה ושל העם היהודי. ובכאן נבוא לבאר לפי הספירות דכללות ודפרטות, והן מ"ט עצות בעבודת ה' יתברך:

והנה הן מ"ט עצות בעבודת ה' בזיכוך המדות, דבכללות ז' מדות חסד גבורה תפארת נצח הוד יסוד מלכות - דהחושבן הני ספיראן עד ספירת היסוד ברית קדש דהיינו "חסד גבורה תפארת נצח הוד יסוד" גימ' (1612) "אלף (1000) ברית (612)" - והוא בגימטריא תרי"ג בחזרת האלף ל–א', דכל ו' ספיראן בחינת דכורא - משפיע, וכל השפע מושפע במלכות דרך היסוד דהוא צנור להעברת השפע - צנו"ר צירוף רצו"ן והמלכות היא בסוד

אשה כשירה העושה רצו"ן בעלה, דעושה אותו צנו"ר להעברת השפע אליה, דהיא דלה ועניה דלית לה מגרמה כלום בסוד ג' ד' גמול דלים (שבת קד.), והן ג' אבות ד' אמהות ופשוט.

וזהו ו' ספיראן דהן כלים לשפע דממשיך מקוב"ה אל המלכות שכינתיה, ולכן הן בחושבן (1612): הוי' (26) פעמים "בכלי" (62) כי שמש ומגן הוי' א-להים – דא-להים בעצמו שהוא הנרתק הוא בחושבן (86) "הוי' כלי" דהן אורות בכלים במזוג הנכון באופן שיתקבל, וזהו הטעם דאדם דהוא בבחינת זעיר אנפין דמלעלה יעשה עצמו כלי מוכשר להמשכת השפע במלכות והוא ברוחניות ובגשמיות דהא בהא תליא כך עלה ברצונו ית' לכן המצוות דהן רצונו ית' מלובשים בחפצא גשמיות דייקא כאמרם ז"ל (שיר השירים רבה א',ג') אבות ריחות היו ואנו שמן תורק שמך.

והנה ו' ספיראן כנ"ל (1612) בצירוף "מלכות" (496) סליקו יחד לחושבן (2108): ד"פ "משה יעקב" (527) והוא ג"כ ד"פ "שפע החסד" (527) דתחלת ועיקר השפע הוא בחסד יומא דאזיל עם כולהו יומין, דמשה מלגו יעקב מלבר וממשיכים חיצוניות ופנימיות שפע החסד לבני ישראל ולהאי עלמא כל חדא לפום שיעוריה, ואף לגויים ולכל היצורים והנבראים וכדמצינו בפרי החג בסוכות שהקריבו כנגד הגויים [שבעים פרים כנגד שבעים אומות] היינו להמשיך אף להם שפע כדי היותם דכל העולמות אינם קיימים אלא בשביל ישראל כמבואר בחז"ל בשביל ישראל שנקראו ראשית ובשביל התורה שנקראת ראשית [ובשביל משה שנקרא ראשית], ואמרינן איני יודע מי קודם ורמזו בראשית ברא שי"ת הרי ש' דמשה י' דישראל ת' דתורה הרי משה קדם לישראל וישראל קדמינהו לתורה.

וממילא ז' ספיראן הן בחושבן (2108) "טוב" (17) פעמים "הודו לה' כי טוב" (124), דבפרק שירה לויתן אומר זאת, "לויתן" גימ' (496) "מלכות", דמלכות היא המהללת ומשבחת להשי"ת דהשפיע בה שפע החסד כנ"ל, ואמרינן "הודו לה' כי טוב כי לעולם חסדו" (תהל' קי"ח,א') דאומר לויתן הוא בגימטריא (408) "זאת" דקאי אמלכות מי זאת עולה, דלעתיד לבוא תעלה עד לאמא עילאה מי ותהא אשת חיל עטרת בעלה – דהיא תשפיע בעולמות ותהיה כתר לכל ויודו על הרעה כמו על הטובה כדדרשו חז"ל מאי ביום ההוא יהיה ה' אחד ושמו אחד ובארנוהו – וכבר בכאן נרמז דכולהו ז' שביעיות דקללות היינו מ"ט קללות דהן לקביל ז' ספירות הן טוב, כנרמז פה בחושבן דז' ספיראן טו"ב פעמים "הודו לה' כי טוב", וחזינן מעל הכל דבהודאה והלול להשי"ת תליא מילתא – לכן הפצירו צדיקים קדמונים בהרבות אמירת תהלים דהן תשבחות והלולים להשי"ת כדכתיב (תהל' כ"ב,ד') ואתה קדוש יושב תהלות ישראל והוא חושבן (2522) הוי' (26) פעמים מ"ה ב"ן (97) יחוד דכורא ונוקבא דהוא יחוד קוב"ה ושכינתיה כנ"ל דעליו יושב כביכול הקב"ה אדם על הכסא (עיין יחזקאל א',כ"ו).

והרי שעבודת זיכוך המדות דלקמן היא יסוד בעבודת השי"ת למהוי כסא שלים ושמא שלים, דכל עצה בפרטות היא מרגניתא טבא, ומאירה בכל שאר מ"ח הספירות בסוד התכללות – דאדם יעשה העצה דאותו זמן ואופן, והיא תאיר לו על כל המידות האחרות

בבחינת ויפח באפיו נשמת חיים (בראשית ב׳,ז׳) דכל עצה ומידה בפרטות מחיה את שאר המידות מכח היסוד שבאותה ספירה פרטית שמאירה בשאר המ״ח – ולכן הן מ״ח דברים דייקא שהתורה נקנית בהם – ואין כאן מקומו להאריך (אפילו שמן הראוי היה) דאותה מידה בפרטות שעוסק בה בר נש מחיה ומאירה באור יקרות את המ״ח דברים שהתורה נקנית בהם ומה טעם דדייק התנא מ״ח דייקא – דאותה אחת שכבר עסיק בה דהיא הכללות כנגד כולן, שמחיה את כולן באותה בחינה פרטית – הרי שכל האדם שהוא התורה זאת התורה אדם חי מאותה בחינה כדכתיב וחי בהם (ויקרא י״ח,ה׳) וממשיך על עצמו ועל העולם כולו שפע החסד דמהפך אותה קללה לברכה כדכתיב ויהפך ה׳ א-להיך לך את הקללה לברכה ונותן טעם כי אהבך ה׳ א-להיך (דברים כ״ג,ו׳) והארכנו בו במקום אחר.

והנה בכללות נאמר דשבע המדות והעצות לזכבן הן כדלקמן: חסד – צדקה, גבורה – הלכה, תפארת – תורה, נצח – התגברות (על היצר), הוד – קירוב (רחוקים), יסוד – שמירת הלשון, מלכות – תפלה. הרי שחשבון כל העצות יחד דהיינו: ״צדקה (199) – הלכה (60=כלי) – תורה (611) – התגברות (1016=ברית קדש) – קירוב (318) – לשון (386) – תפלה (515)״ גימ׳ (3105) ה״פ ״כתרא״ (621), דממשיך ה׳ אורות דיומא קדמאה דמעשה בראשית דהן אור הגנוז כדביאר בעל הטורים א״ת האו״ר גימ׳ (613) בתור״ה, וממילא ב–א׳ רבתי יהיה חשבונו (1612): ״חסד – גבורה – תפארת – נצח – הוד – יסוד״ כדאמרינן לעיל, והוא אלף ברית כנ״ל, דסוף דבר הכל נשמע הרי בשמירת ברית קדש ברית המעור ברית הלשון דמוות וחיים ביד הלשון תליא מילתא, דמה בצע דעסיק כל היום בתורה ומצוות ולבסוף סיפר או קיבל לשון הרע דדינם חד כמבואר בספר שמירת הלשון לרבינו החפץ חיים, וכאמרם ז״ל אין אדם פוגם בברית עד שלא פגם בלשון תחלה.

וכן בכאן ב׳ עצות ראשונות ״צדקה – הלכה״ גימ׳ (259): ״ויבא עמלק״ (שמות י״ז,ח׳) הרי שהן כנגד ויבא עמלק דכל חפצו לקרר הקדושה ולהביא האדם לאפיקורסות רח״ל דהיא עבודת ה׳ בקרירות הרי היא מצות אנשים מלומדה והיא כאפיקורסות ממש וד״ל, אבל העצות עד היסוד ״צדקה – הלכה – תורה – התגברות – קירוב – לשון״ סליקו לחושבן (2590) י״פ ״ויבא עמלק״ (259) דהן ו׳ העצות ממגרות הענין של עמלק אשר קרך בדרך – וממילא משפיע שפע החסד בחמימות ובטוב אל המלכות לשם יחוד קודשא בריך הוא ושכינתיה ״ביחודא שלים״ גימ׳ (411) ״קודשא״ והוא כנגד ״הפיל פור״ חושבנא דדין כדדין.

חסד – צדקה: בספירת החסד הן ה׳ פסוקים ובהם ז׳ קללות, והן ה׳ פסוקים דייקא בסוד ה׳ חסדים דאינון בדעת, ו–ז׳ הקללות הן ז׳ מידות דספירת החסד דכללות ונבארם בסוד נגוף ורפוא (ישעי׳ י״ט,כ״ב) – נגוף למצרים ורפוא לישראל [זוהר ח״ב דף ל״ו עמוד א׳] – דהיינו:

חסד שבחסד: ״בהלה״ גימ׳ (42) ״ביד הוי׳״ דאנו נתונים בחסדי השי״ת ובידו הנאמנה ואיננו הפקר לגויים ח״ו – ובקדושה חזינן בגלוי של יוסף לאחיו כי הוא אחיהם יוסף – והוא מעין הגלוי הגדול שיהיה שלעתיד לבוא כתיב (בראשית מ״ה,ג׳) ״ויאמר יוסף אל אחיו אני יוסף העוד אבי חי, ולא יכלו אחיו לענות אתו

כי נבהלו מפניו" גימ' (2202) ג"פ "ואהבת לרעך" (734) (ויקרא י"ט,י"ח) בסוד חסד שבחסד אברהם אוהבי (ישעי' מ"א,ח'), ולבתר יתקיים (שמות ט"ו,ט"ו) אז נבהלו אלופי אדום וכו' והיה בית יעקב אש ובית יוסף להב"ה (עובדיה א',י"ח) צירוף בהל"ה וכליון לעשו - וזהו שקללה ראשונה בהל"ה הוא חסד בתכלית דאנן ביד הוי' ובגלוי הגדול תהיה אכן בהלה בעם ישראל ואחר כך ענג אינסופי בב"א.

העצה יתן צדקה יותר מרגילותו בשמחה של מצוה.

גבורה שבחסד: "את השחפת" גימ' (1194) ו"פ "צדקה" (199) דאדם מתגבר על אנוכיותו ומפזר צדקה לעני - הרי זו גבורה מלשון תגבורת החסד כגון גבורות גשמים, והוא בחסד דכללות ולכן ו' פעמים צדקה, רמיזא המשכת הצדקה והשלמת שם שלם כמבואר באריז"ל י' מטבע ה' אצבעות דנותן ו' יד דנותן ה' אצבעות דעני הרי שם שלם י-ה-ו-ה, ואם כן את השחפת הוא באופן של ברכה שמחיה את העני, והברכה שתהיה לעם ישראל יכולת להחיות עניים בשפע בגשמיות ורוחניות אמן סלה ועד, שחפ"ת צירוף חפש"ת היינו שיחפש עני הגון.

העצה יתן הצדקה בתגבורת ויתרום למוסדות בשמחה של מצוה.

תפארת שבחסד: "ואת הקדחת" גימ' (924) כ"ב פעמים "בהלה" (42) דהיא הקללה הראשונה דאמרינן "ביד הוי'" וזהו קדחת אתוון ח"ק ד"ת דהיא תורתינו הקדושה וכל אחת תביא בהלה על הגויים וכאמור בית יוסף להב"ה ובית עשו לקש, הרי "בהלה - שחפת - קדחת" גימ' (1352) ב"פ הוי' (26) פעמים הוי' (26) בסוד חג"ת דחסד, דהוי' שם הרחמים והוא בהכאה מיניה וביה ו-ב' פעמים בסוד כפלים לתושיה.

העצה יתן צדקה לענינים של תורה, לאברכים לומדי התורה, ובעת שלומד תורה להצלחת לימודו בשמחה של מצוה.

נצח שבחסד: "וזרעתם לריק" גימ' (1063) "אדם חוה" ב-א' רבתי, אדם ביקר בל ילין, דבחטאו נקנסה מיתה לעולם ורע נתערבב בטוב ולכן באות הברכות הגבוהות באופן של קללות כנ"ל דתיבה רי"ק היא צירוף קר"י, כדאמר רחמנא והלכתי עמכם בחמת קר"י אך הוא גם צירוף יק"ר וכדביארנו במגילת אסתר י' פעמים יקר ואז הוא זרע קודש זרע אדם והיא ברכה מעליא דלעתיד לבוא יהיו בני ישראל כולם בבחינת זרע אדם [כדכתיב והיה ביום ההוא וזרעתי את בני ישראל זרע אדם (ירמי' ל"א,כ"ו)] והוא אדם דאצילות כדהוה אדם הראשון קודם החטא ואף למעלה מכך דבתחית המתים א-להות בגופים גשמיים. והוא דבר שבלתי ניתן לתפיסה כיום וכדאמר הרמב"ם לא ניתן לדעת איך יהיו בתחית המתים עד שנגיע לאותו הזמן ונחזה בעינינו אם כן הוא בנצח שבחסד כנודע דנצח והוד תרין ביעין דמבשלאן לזרע קודש. ורש"י בפירושו השני כתב כנגד הבנים והבנות הכתוב מדבר, והוא מעין מה שכתבו בגמרא הנ"ל (מועד קטן ט.) תזרע ולא תחצד - תוליד בנים ולא ימותו, וכן בכאן וזרעתם לריק זרעכם - תזרעו זרע קדש יקר ויהיו לכם בנים צדיקים.

העצה יתן צדקה בהרחבה דעצת היצר לתת בצמצום כדכתיב ולא תקפוץ את ידך מאחיך האביון (דברים ט"ו,ז') ובכך ינצח את היצר בשמחה של מצוה.

הוד שבחסד: "ונתתי פני בכם" גימ' (1068) י"ב פעמים "חנוכה" (89) בסוד אור הגנוז לעתיד לבא ולכן בכאן י"ב פעמים חנוכה, כנודע חנוכה בהוד פורים בנצח,

הרי הוד שבחסד, ורש"י בפירושו מרמז על הטובה וזלש"ק ונתתי פני בכם: כמו שנאמר בטובה ופניתי אליכם.

וזוהי ברכה מעליא ונתתי פני בכם אתן בכם בפנימיותכם את הפנימיות שלי את פני, והיא היא תורת החסידות שהוריד מרן הבעש"ט הק' לעולם בחסדי השי"ת.

העצה יתן צדקה לקירוב רחוקים ויתרום לעוסקים בכך בשמחה של מצוה.

יסוד שבחסד: "וירדו בכם שנאיכם" גימ' (699) ג"פ "עץ החיים" (233) דהיא תורתינו הקדושה עץ חיים היא למחזיקים בה (משלי ג',י"ח), וכאן כפילת ג' פעמים עץ החיים להורות המשכה מהיסוד לתורתו של משיח ב-ג' קוין דיסוד ממשיך למלכות ב-ג' קוין, וכן נרמז "ורדו בכם" גימ' (278) "אור הגנוז", ובהקדמה אמרינן פסוקא "אם לא תשמעו לי ולא תעשו את כל המצות האלה" סליקו לחושבן י"פ "אור הגנוז" כנ"ל המשכה ב-י' ספיראן, וכאן ורד"ו בכ"ם דמשמע דירד בכם בפנימיות אור הגנוז דהן עשר ספירות הגנוזות במאצילן לכן לעיל בפסוקא קמא לקביל חכמה הוא י' פעמים אור הגנוז לרמוז מלכות דאינסוף מתלבשת בעתיק ובאריך ולבסוף בחכמה דאצילות, ומחכמה ממשיכה לשאר הספירות, דאמרינן בהוד ונתתי פני בכם אתן פנימיותי בכם ואז ורדו בכם ירד האור הגנוז בכם בחינת יאר ה' פניו אליך ויחנך, שונאיכם הם המונעים והמקטרגים, דבהתגברות עליהם ועמידה בנסיונות ממשיכים האור הגנוז כאמרם בזוה"ק כד אתכפיא סיטרא אחרא אסתלק יקרא דקוב"ה בכולהו עלמין.

העצה יתן צדקה לעניני שמירת הלשון היינו ג' מטבעות צדקה בלומדו בספר שמירת הלשון למרן החפץ חיים להצלחת לימודו ויתרום לעוסקים בהפצת הלימוד של הלכות שמירת הלשון בשמחה של מצוה.

מלכות שבחסד: "ונסתם ואין רדף אתכם" גימ' (1368): ו"פ "ברוך" (228) ובהקדמה של רש"י שבע העבירות שעושה בר נש סליקו לחושבן כ' פעמים ברוך, הרי יחד עם ונסתם ואין רדף אתכם הם כ"ו פעמים ברוך, דהיינו הוי' פעמים ברוך, כדענינן לשליח ציבור שאומר ברכו את ה' המבורך, ברו"ך הוי' המבורך לעולם ועד הרי ברו"ך פעמים הוי' הנמשכות למלכות שבחסד ובאופן של ברכה - ונסתם ה' יתברך יעלה אתכם על נס לפאר ולרומם ואז ממילא אין רודף אתכם אלא להיפך ינוסו מפניכם, וזו חביבה מכולן, דכל השביעין חביבין.

העצה יתן צדקה לפני תפלת שחרית ומנחה ובשחרית בויברך דויד כמבואר באריז"ל וכן לכל הפושט ידו יתן לו בהרחבה [רמז לדבר "ונסתם ואין רדף" עולה בגימ' (907) "ואהבת לרעך כמוך אני הוי'", ואז ממילא תיבה "אתכם" גימ' (461) "ולאמים יהגו ריק" (תהלים ב',א')] בשמחה של מצוה.

וזהו ג' תחתונות נצח - הוד - יסוד שבחסד "וזרעתם לריק - ונתתי פני בכם - ורדו בכם שנאיכם" סליקו לחושבן (2830) י"פ "האור הגנוז" (283) ויומשך כולו במלכות כנ"ל, ומוספינן מלכות שבחסד "נסתם ואין רדף אתכם" סליקו כולהו נהי"מ דחסד בתוספת "רב חסד" (274) לחושבן (4472): ד"פ "שמע ישראל ה' א-להינו ה' אחד" (1118) דהיא תמצית אמונתינו הקדושה ואברהם איקרי ראש למאמינים (עיין פסיקתא שיר השירים ד',ח'), והמשיכו דרכו אבותינו הקדושים

ומשה הגדיל להוריד התורה הקדושה ובמלחמת עמלק כתיב ביה ויהי ידיו אמונה (שמות י"ז,י"ב), וכן מש"ה בא"ת ב"ש יב"צ גימ' (102) "אמונה" וזכה להעלות דעת תחתון ברוך שם כבוד מלכותו לעולם ועד לבחינת דעת עליון דשמע ישראל וכו' כדכתיב באמצע התורה פרשתא דאמרו חז"ל (עיין שבת דף קט"ז עמוד א') ספר בפני עצמו דהיינו "ויהי בנסע הארן ויאמר משה קומה ה' ויפצו איביך וינסו משנאיך מפניך" (במדבר י"א,ל"ה) גימ' (2236) ב"פ "שמע ישראל ה' א-להינו ה' אחד" (1118) ובסוף התורה (דברים ל"ד,י') "ולא קם נביא עוד בישראל כמשה אשר ידעו ה' פנים אל פנים" גימ' (2236) ב"פ "שמע ישראל ה' א-להינו ה' אחד" (1118), ויחד הרי הם ד"פ שמע ישראל כנ"ל דזכה משה להעלות יחודא תתאה ליחודא עילאה, ובכאן הוא לקביל נהי"מ דחסד שהוא בחינת יחודא תתאה בכללות, וסליקו ד"פ שמע ישראל וכו' היינו יחודא עילאה.

והנה הני נהי"מ דחסד יחד עם חושבן חג"ת דחסד כנ"ל דהיינו כל ז' המדות דחסד כנ"ל סליקו לחושבן ע"ה (6633): י"א פעמים "בני ישראל" (603) והוא המשכת הברכות לבני ישראל, וכפילת י"א פעמים הוא מפלה לקלי' שהן י"א כתרין דמסאבותא דאף הם עצמם ישבחו וירוממו את בני ישראל לכשתתגלה מעלתן בחסדי השי"ת.

והנה ז' הקללות בספירת החסד דכללות הן ב-ב' פסוקים (ויקרא כ"ו,ט"ז-י"ז) "אַף אֲנִי אֶעֱשֶׂה זֹּאת לָכֶם וְהִפְקַדְתִּי עֲלֵיכֶם בֶּהָלָה אֶת הַשַּׁחֶפֶת וְאֶת הַקַּדַּחַת מְכַלּוֹת עֵינַיִם וּמְדִיבֹת נָפֶשׁ וּזְרַעְתֶּם לָרִיק זַרְעֲכֶם וַאֲכָלֻהוּ אֹיְבֵיכֶם, וְנָתַתִּי פָנַי בָּכֶם וְנִגַּפְתֶּם לִפְנֵי אֹיְבֵיכֶם וְרָדוּ בָכֶם שֹׂנְאֵיכֶם וְנַסְתֶּם וְאֵין רֹדֵף אֶתְכֶם" דסליקו ב' הפסוקים לחושבן (11037): י"ג פעמים ג' המרגלאן היוצאים משם י-ה יה"ו: "הוי' ; הוי' ; מצפ"צ ; י"ה אדנ"י ; א"ל ; אלהי"ם ; מצפ"צ" (849) והן המשכות אורות גבוהים כמבואר באר"י הק' בכוונות המקוה, דהן מימי החסד ובכאן הוא חסד דכללות, ורמיזא דכפילת י"ג פעמים היינו י"ג מכילן דרחמי בדיקנא דאריך אנפין הארת אור הכתר, וכל מדה ומדה מלאה ב-ז' המרגלאן כנ"ל, ומרמז המשכת ז' הקללות דהן ברכות מעליא, ובאריך מלובש אור הגנוז כנ"ל, ולכן הוא חושבן (11037) ט"ל (39) פעמים "האור הגנוז" (283) ומרמז טל תחית המתים שעתידא קוב"ה להחיא מתיא ואז יומשך ויתגלה האור הגנוז בגופים דבני ישראל ויחזו את הא-להים בתוך הטבע כדכתיב אתה הראת לדעת כי הוי' הוא הא-להים (דברים ד',ל"ה) בב"א.

גבורה - הלכה: והנה הפסוק הפותח את ספירת הגבורה דכללות (ויקרא כ"ו,י"ח): "ואם עד אלה לא תשמעו לי ויספתי ליסרה אתכם **שבע** על חטאתיכם" גימ' (3336): י"ב פעמים "אור הגנוז" (278) והוא הפלא ופלא דפסוקא דפותח את ספירת החסד דכללות דהיינו "ואם לא תשמעו לי ולא תעשו את כל המצות האלה" (ויקרא כ"ו,י"ד) סליק לחושבן (2780) י"פ "אור הגנוז" (278) ותמן אינון י' תיבין, ובכאן סליק פסוקא י"ב פעמים אור הגנוז, והן י"ב תיבין בפסוקא, הרי יחד ב' הפסוקים דפותחים את ז' הקללות דחסד ודגבורה דכללות סליקו לחושבן כ"ב פעמים "אור הגנוז" (278) והן יחד כ"ב תיבין - ורמיזא התורה הקדושה תמן גנז הקב"ה את אורו הגדול וכדכתב בעל הטורים בתחלת התורה

"את האור" גימ' (613) "בתורה" והוא נפלא מאד. ובכאן מתחלת פרשיות של שבע קללות כל אחת שפותח בהן בפסוק ומדכר **שבע** כחטאתיכם וכו' ונזקק רש"י בפירושו למנותם, ונלך אחת לאחת לפי באורו שהוא כולו ברוח הקדש הרי שלא נזוז מדבריו ימין או שמאל כלל וכלל – ובספירת הגבורה דכללות הוא כדלקמן ב' פסוקים (ויקרא כ"ו י"ט–כ'):

חסד שבגבורה: "ושברתי את גאון עזכם" גימ' (1516) "אלף (1000) יבנה המקדש (516)" ובכאן פרש"י ושברתי את גאון עזכם: זה בית המקדש עד כאן, ומשה רבינו התפלל תקט"ו תפלות כמנין ואתחנ"ן א"נ תפל"ה להיכנס לארץ ישראל והיה בונה את בית המקדש ואמר ליה קוב"ה רב לך אל תוסף דהיינו אל תוסיף תפלה אחת על תקט"ו דאז יכנס לארץ כמבואר במדרש, ואז יהא מנין תפלותיו תקט"ז (516) כמנין "יבנה המקדש" ומעשה ידיו של משה נצחיים, וח"ו יכלה השי"ת חמתו בבני ישראל, אלא עדיף שיכלה חמתו בעצים ובאבנים – אמנם עדיין קשה דודאי כשהיה נכנס משה לארץ ישראל היה מסיר כל הענינים הבלתי רצויים והרשעה כעשן תכלה ומהיכי תיתי דיחטאו ישראל אם אין רע בעולם וכפי שיהיה לעתיד לבוא בתחית המתים וכל המציאות תהיה א–להות גמורה ועתיד קוב"ה למשחטיה למלאך המות ומהיכן יחטאו – אלא אמר ליה השי"ת למשה לך יש ראיה אחת ולי יש שתי ראיות, אעפ"כ עתידין לחטוא לפני ומוטב דאכלה זעמי בעצים ואבנים מאשר בהם, וקיבל ולא התפלל תפלה הנוספת – ובכאן נרמזת באלף (1000) והשאר "יבנה המקדש" (516) והיא הברכה מעליא שיבנה המקדש הנצחי כדאמר משה יוסף ה' עליכם ככם אלף פעמים – זו משלי היא וכו', ובכאן הברכה היא כפשוטו ושברתי את גאון עזכם מלשון ויוסף הוא המשביר, וכן אמר יעקב (בראשית מ"ד,כ"ה) "ויאמר אבינו שבו שברו לנו מעט אכל" גימ' (1398) "אלף זעירא" והוא ב–א' רבתי (1000) בסוד מאן דאיהו זעיר איהו רב (זוה"ק חיי שרה) וכדתרגם אונקלוס: ואמר אבונא תובו זבונו לנא זעיר עיבורא – מדכר זעיר היינו אלף זעירא כנ"ל, ומבית המקדש כל העולם ניזון דבמצרים הוה יוסף בחינת מקדש מעט דהוא המשביר כנ"ל תמן בפרשתא מתודע יוסף אל אחיו אינון כ"א פעמים לשון שב"ר, ורק נזכיר את דברי הרוקח על הגמ' חייב איניש לבסומי בפוריא עד דלא ידע בין ארור המן לברוך מרדכי ואמר שהן באותו חושבן היינו (502) שב"ר, וזהו שב"ר כלי הוא ארור המן ושב"ר דיוסף הוא ברוך מרדכי, ובמקום אחר מבואר דהוא בסוד בש"ר פיגול ארור המן ולעומתו בש"ר קדש ברוך מרדכי.

והנה כ"א אזכרות שב"ר הן כדוגמת כ"א אזכרות שם הוי' בתפילין בסוד אהי"ה פעמים הוי' גימ' (546) ב"פ "אור גנוז" (273) בחינת פנימיות וחיצוניות אור הגנוז דיזכו לו בני ישראל בתחיה בגלוי, ואף עתה זוכין לאורו בעסק התורה ובשבתות וימים טובים, וזהו כ"א פעמים "שבר" (502) גימ' (10542) מ"ב פעמים "רזא דהוי' אחד" (251) דאמרינן בצלותא דשבת קדש, והוא בסוד שם מ"ב ואכמ"ל, וכ"א תיבין דשבר כפי שמופיעות בפסוקים, דהיינו: "א'. וישבר (518) – ב'. לשבר (532) – ג'. שבר (502) – ד'. שבר (502) – ה'. ושברו (514) – ו'. לשבר (532) – ז'. לשבר (532) – ח'. המשביר (557) – ט'. לשבר (532) – י'. לשבר (532) – י"א. שבר

(502) – י"ב. שברם (542) – י"ג. השבר (507) – י"ד. שברו (508) – ט"ו. ונשברה (563) – ט"ז. לשבר (532) – י"ז. לשבר (532) – י"ח. שברו (508) – י"ט. בשבר (504) – כ'. בשבר (504) – כ"א. שברים (552)" סליקו הני כ"א פעמים שב"ר בסוד א"ך טוב לישראל (תהל' ע"ג,א') לחושבן (11011) י"פ "תפארתך" (1101) ע"ה, דקאי אבית המקדש דהוא בית ה' והוא תפארת עם ישראל המפארים לבוראם. וכן כתיב בנביא (ישעי' ס',י"ט) "לא יהיה לך עוד השמש לאור יומם ולנגה הירח לא יאיר לך והיה לך הוי' לאור עולם וא-להיך **לתפארתך**" גימ' (3476) כ"ב פעמים "חסד א-להים" (158) [כדכתיב בטחתי בחסד א-להים עולם ועד (תהל' נ"ב,י')] רמיזא דהקללות משם א-להים הן ברכות – חסד, וזהו דאנן בביאור חסד שבגבורה בחינת חסד-אלהים כנ"ל, ובית המקדש משם יוצאה האורה לעולם לכן הוו חלונים שקופים אטומים (עיין מלכים א' ו',ד') – דבית המקדש בכללות הוא ענין של גבורה תמן סנהדרין יתבין, והוא חסד שבגבורה שממנו ניזון העולם כולו כדאמרן יוסף הוא השליט על הארץ הוא המשביר לכל עם הארץ וכו'.

וממילא ושברתי את גאון עוזכם הוא ברכה לישראל וקללה לעכו"ם דשבר את גאותם ועוזם הפסולים דכולהו לגרמייהו עבידו ויקוים בנו ובעולם כולו א"ך טוב לישראל – דליכא טו"ב בלוחות אמר רב אשי ח"ו פסקה טובה מישראל (כדאיתא בגמ' ב"ק נה.) ואם כן הן כ"א אתוון דנמשכו מהן תרי"ג מצוות ו–ז' דרבנן הרי תר"ך מצוות כמנין כת"ר אותיות דאית בלוחות והן מכ"א אותיות התורה דליכא ט' כנ"ל, ו–ט' ניתן לישראל יבא טוב ויקבל טוב מטוב לטובים (מנחות נג:) הרי שישראל נקראים טובים למקום והם המקיימים את התורה כולה דאם לא כן תורה מונחת בקרן זוית ח"ו ואין העולם מתקיים ח"ו והוא פירוש א"ך טוב לישראל כ"א אותיות איכא בלוחות היינו א"ך, ואות ט' היינו טוב היא לישראל שמשלים הלוחות ל–כ"ב אותיות ומעידים שהתורה היא טוב כדכתיב כי לקח טוב נתתי לכם (משלי ד',ב'), והקב"ה הוא טוב כדכתיב טוב ה' לכל וכו' (תהל' קמ"ה,י"ח).

העצה ילמד הלכות צדקה וגמילות חסדים, וכן הלכות ריבית דכשמלוה שלא יכשל בריבית ח"ו וברמז "גאון עזכם" (ע"ה) גימ' (199) "צדקה" וכן הלכות בית הבחירה דגאון עזכם היינו בית המקדש בשמחה של מצוה.

גבורה שבגבורה: "ונתתי את שמיכם כברזל" גימ' (1936) "אלף (1000) – מרדכי אסתר ע"ה (936)" דכתב האר"י הקדוש דהוא גימ' י"ג ע"ב בסוד גבי"ע דיוסף והוא ענין הכנעת עמלק "כברזל" גימ' (259) "ויבא עמלק" כדביארנו לעיל "צדקה – הלכה – תורה – התגברות – קירוב – לשון" גימ' (2590) י"פ "ויבא עמלק". ומעתה יומתק ונתתי את שמיכ"ם כברזל צירוף שימכ"ם יהיה חזק כברזל והוא על דרך מש"כ כי כאשר השמים החדשים עומדים לפני כן יעמוד זרעכם ושימכם (ישעי' ס"ו,כ"ב), כברזל כמ"ש גיד ברזל ערפך ומצחך נחושה (שם מ"ח,ד') – שמורה על חוזק.

העצה ילמד הלכות ייבום, זקן ממרא ונגעים וכדומה שהן הלכה לשמה בשמחה של מצוה.

תפארת שבגבורה: "ואת ארצכם כנחשה" גימ' (1141) ז"פ "ויהי ידיו אמונה" (163) חזינן דבספירת תפארת שבגבורה מאירה האמונה הקדושה ב–ז' מדות

דפרטות ודכללות וכתיב במשה במלחמת עמלק "ויהי ידיו אמונה עד בוא השמש" (שמות י"ז,י"ב) - כנודע שמש בתפארת לבנה במלכות וכו'. ומעתה יומתק ואת ארצכם כנחושה מלשון חוזק וקאי אארץ ישראל אשר שם שמות בארץ אל תיקרי שמות אלא שמות.

העצה ילמד הלכות תלמוד תורה וקריאת התורה כבוד בית הכנסת וספרי הקודש בשמחה של מצוה.

גבורה ותפארת שבגבורה: "ונתתי את שמיכם כברזל ואת ארצכם כנחשה" גימ' (3077): "טוב" (17) פעמים "יהיו כמץ" (181), דהוא טוב לישראל וקללה לגויים לעתיד לבא כדכתיב (תהלים ל"ה,ה') יהיו כמץ לפני רוח ומלאך ה' דחה, דכיום ינקין מהקדושה ולעתיד לבוא ידחו לחלוטין מהקדושה ויוציאו בלעם מפיהם היינו הנצוצות קדש שבלעו ע"י שפיתו מאחינו בני ישראל לסור מן דרך האמת ולכפור באמת תורתנו הקדושה ואף את חיותם ימסרו לקדושה דאין להם חיות אלא מניצוץ הקדוש החופף ומקיף עליהם והוא אצלם בבחינת גלות וחשך האומרים לרע טוב וכו' (ישעי' ה',כ') ויש לקשרו למה שכתבנו לעיל בענין אך **טו"ב** לישראל וכו'.

ובכאן פרש"י ונתתי את שמיכם כברזל וכו' זו קשה משל משה ואזיל ומבאר - ולענינו אומר זו קשה, והיינו הן גבורות קשות, ובאופן של ברכה הן ברכות מעליא דלית שמאלא בהאי עתיקא בבחינת תגבורת החכדים וכגון גבורות גשמים וכאמרם ז"ל (שבת לב: עה"פ והריקותי לכם ברכה עד בלי די (מלאכי ג',י') עד שיבלו שפתותיכם מלומר די, והרי ליכא ד' י' באתוון דשפתיים בומ"פ ובארו בזה כמה באורים ואכמ"ל.

וזהו דהאי קללה היא ברכה מעליא לישראל וכדכתיב התם גבי ברזל ונחשת שבכאן (דברים ח',ט') ארץ אשר לא במסכנות תאכל בה לחם לא תחסר כל בה ארץ אשר אבניה ברזל ומהרריה תחצב נחשת, ומיד בפסוק הבא ואכלת ושבעת וברכת את ה' א-להיך מכאן לברכת המזון מן התורה וכו' הרי פסוק בהדיא שענין ברזל ונחשת הוא למעליותא ולברכה לעושין רצונו של מקום, ואז הוא קללה למצרים דלהם יהיו שמים ברזל שאינו מזיע וכו' דלא יהא להם מטר והארץ נחשת שמזיע ותרקיב התבואה וכדמבאר רש"י.

וזהו דכולהו פסוקא (ויקרא כ"ו,י"ט) תמן ג' קללות בבחינת חסד גבורה ותפארת שבגבורה דהיינו "ושברתי את גאון עזכם (חסד שבגבורה) ונתתי את שמיכם כברזל (גבורה שבגבורה) ואת ארצכם כנחשה (תפארת שבגבורה)" סליק לחושבן (4593) ג"פ "אורה (ו)שמחה (ו)ששן ויקר (1531) (אסתר ח',ט"ו) ודרשו חז"ל (מגילה טז:) אורה זו תורה שמחה זה יום טוב ששון זו מילה, ויקר אלו תפילין. הרי לנו מתנות וברכות שנתן הקב"ה לישראל ונרמזים בפסוקא דתמן ג' הקללות הראשונות דספירת הגבורה דכללות ולכן כפילת ג' פעמים והרי הן ברכות מעליא וקללות לגויים כאמרם תורה בגויים אל תאמין [עיין איכה רבה י"ב,ג'], וכן ימי אדיהן נקראו החגים שלהם [עיין עבודה זרה ב.], וכן ששון הוא המילה דאמרו חז"ל (עיין נדרים לא:) הנודר מן הנימולים מותר בערלי ישראל ואסור בנימולי גויים דאף משנימולים כגון הישמעאלים נקראים ערלים, דהם ערלים בעצם, ובתפילין וראו כל עמי הארץ כי שם ה' נקרא עליך - אלו תפילין - ויראו

ממך (ברכות ו. עה"פ דברים כ"ח,י").

נצח שבגבורה: "ותם לריק כחכם" גימ' (874) "עלה א-להים בתרועה" הרי שם אלהי"ם בגבורה, ובכאן עלית שם אלהי"ם אף למעלה משם הוי' לכתרא עילאה כתקיעת שופר שהוא קול פשוט ומרמז על הבל הלב דהוא פנימיותו של היהודי אהבה המסותרת הנמצאת בלב כל ישראל [כדאיתא בספה"ק] – כנרמז כאן באותיות בדילוג **אלה**י"ם **ב**תרוע**ה** אותיות אהבה, ותחילה תיבה על"ה כאשר האהבה עולה מהסתרתה בפנימיות נקודת הלב אז איתמר מים רבים לא יוכלו לכבות את האהבה וכו' (שה"ש ח',ז') והיא הברכה שבכאן דנצח ישראל לא ישקר (ש"א ט"ו,כ"ח) דהקב"ה נותן לנו עז וחיל להתגבר ולנצח יצרינו מבית ועל המסיתים מחוץ דאמרו חז"ל (עיין ביצה כה:) מפני מה קבלו ישראל התורה שהן עזים שבאומות ואז הצירוף ותם לריק כחכם יהיה ותמל ריק כחכם – שהקב"ה **ימול** את ריק כוחנו ונהפוך הוא יתן לנו כוחות מחודשים לעבדו – וכדפרש"י באריכות ותם לריק כוחכם: הרי אדם שלא עמל שלא חרש שלא זרע שלא כסח שלא עדר ובשעת הקציר בא שדפון אין בכך כלום, אבל אדם שעמל וחרש וזרע ונכש וכסח ועדר ובא שדפון ומלקה אותו הרי שיניו שלזה כהות עד כאן ומה האריכות וכפל הלשון – אלא רמיזא לן אדם שלא עמל בתורה ולא חרש וזרע כאמרם (עיין סנהדרין צט.) הלומד ואינו שונה כזורע ואינו קוצר, שלא נכש ולא כסח בפסוקי דזמרה מלשון זמיר עריצים, ולא המשיך "רב חסד" גימ' (274) "עדר" הרי הן בעבורו קללות, ואדם שעמל בתורה וכו' הרי הן ברכות ווזכה לחיי נצח ומסיים הרי שיניו של זה כהות, וכדאיתמר בהמן הרשע (אסתר ז',ה') ויאמר המלך אחשורוש ויאמר לאסתר המלכה מי הוא **זה ואיזה** הוא וכו' ותאמר אסתר **איש צר ואויב** המן הרע **הזה**, ויקוים בנו ברוך מרדכי, מרדכ"י גימ' (274) עד"ר, ובגויים יקוים ארור המן דהוא המן הרע הזה משרש **נחש יצא צפע** וכו'.

ואז הברכה כאן ותמ"ל רי"ק כחכם דאדם שערלה על ליבו הרי כל יגיעו לריק דעוסק בהבלי העולם ושכח מהשי"ת ותורתו, ולעתיד לבוא ומלתי את ערלת לבבכם וכו' ואז לא יהיה ריק כחכם אלא הכל יהא למען שמו ית' להללו ולעבדו בלבב שלם, ווזהי הברכה נצח שבגבורה – שימול את ערלת הלב שבתפארת ולא יהא מציאות של ריק כחכם בב"א.

העצה ילמד הלכות חנוכה דהן הלל והודאה ופורים דאזלין כחדא והלכות יו"ט בשמחה של מצוה.

הוד שבגבורה: "ולא תתן ארצכם את יבולה" גימ' (1692): "ויקרא אל משה" ב–א' רבתי תחת אלף זעירא [דויקרא אל משה] כאמרם בזוה"ק חיי שרה מאן דאיהו זעיר איהו רב ולכן לא תתן ארצכם את יבולה סליק ויקרא אל משה, אך באלף רבתי תחת אלף זעירתא. ומאי ברכה איכא הכא – אלא קרי ולו תתן ארצכם את יבולה, דכל יבולה של הארץ תעלו לשולחן גבוה ולא תורידו אף לא ניצוץ אחד לקלי' דיכלו, וממילא הכל יעלה לגבוה, והוד דקלי' יכלו כדכתיב והודי נהפך עלי למשחית (דניאל י',ח').

העצה ילמד הלכות הקשורות לקירוב רחוקים בשמחה של מצוה.

יסוד שבגבורה: "ועץ הארץ" גימ' (462) "טל תחיה" רמיזא דירד טל תחיה ויחיה מתיא כי האדם עץ השדה (דברים כ',י"ט) וקבור בארץ הרי עץ הארץ דהוא

בחושבן טל תחיה כנ"ל ודוא ביסוד שבגבורה כגון במתן תורה שניתנה מפי הגבורה מתו על כל דיבור ודיבור והחיה אותם הקב"ה בטל תחיה שדוא חושבן ועץ הארץ ובכאן יסוד שבגבורה, מתמן אור הגנוז דמתלבש בטלא דבדולחא הוא טל התחיה, וירד דרך היסוד עד המלכות עפר הארץ בחי' הקיצו ורננו שוכני עפר (ישעי' כ"ו, י"ט), ובהאי עלמא נמשך ע"י התורה הקדושה.

העצה ילמד הלכות לשון הרע ושמירת הלשון בשמחה של מצוה.

מלכות שבגבורה: "לא יתן פריו" גימ' (787) "חיי עולם נטע בתוכנו" דאמרינן בברכת התורה אשר נתן לנו תורתו לקביל תורה שבכתב וחיי עולם נטע בתוכנו לקביל תורה בשעל פה – מה נטיעה פרה ורבה אף דברי תורה פרים ורבים דקאי אתורה שבעל פה – ומרמז ברכה במלכות שבגבורה, דתורה ניתנה מפי הגבורה זו תורה שבכתב, ובמלכות היא תורה שבעל פה בחינת סיהרא. ובכאן נאמר שהברכה היא בקרי לו יתן פריו, היינו לכל אשר בשם ישראל יכונה, דאמרינן ואם עץ הארץ לא יתן פריו ליהודי מכח מה שהחזיק ביהדותו, ועמך כולם צדיקים אין לנו אחד בעם ישראל שאינו מחזיק איזו מדת יהדות כאמרם ז"ל (סנהדרין לז.) ריקנים שבך מלאים מצוות כרימון, ולא דברים ריקים אמרו אלא כך הוא כפשוטו – ותינוקות שנשבו מבני עמנו (חילונים) בכלל זה, ואין מי שלא מל עצמו, עלה לתורה בבר מצוה, צם ביום הכפורים וכיו"ב כל חד וחד היכן שאוחז במדת יהדותו ולכן הן ברכות מעליא גם בעבורו ועץ הארץ לו יתן פריו.

וכן בארנו בענין חטא אדם הראשון ומפרי וכו' פן תמותון – דהקדים הקב"ה תרופה למכה דאמרינן התם ומפר"י צירוף פורי"ם בחינת ונהפוך הוא דדרשין אתחית המתים, דמתים קמים לתחיה הוא תכלית הונהפוך הוא, וקודם שנקנסה מיתה לעולם עלה במחשבה הקדומה ענין תחית המתים.

והנה תיבין דיסוד ומלכות דמלכות, דהיינו "ועץ הארץ לא יתן פריו" סליקו לחושבן (1249): "אורה – שמחה – תורה – יום טוב". וכן אמרינן לעיל דתיבין דחסד גבורה ותפארת דתפארת סליקו לחושבן (4593) ג"פ "אורה שמחה ששן ויקר" (1531) והרי הן כפתור ופרח דחג"ת נמשכים ליסוד בעבור המלכות ב–ג' קוין כנ"ל, ובכאן מגיע הברכה דגבורה דכללות למיצוי דבהגיע הברכה ליסוד מלכות ועץ הארץ לא יתן פריו הרי החושבן אורה–תורה בחינת תורה שבכתב אבא עילאה, דאורייתא מחכמה נפקת קאי אתורה שבכתב, שמחה – יום טוב בחינת תורה שבעל פה אם הבנים שמחה ומיתוק הדינים בשרשם באמא עילאה דפנימיות אמא פנימיות עתיק ולית שמאלא בהאי עתיקא כן נזכה לברכאן בגשמיות ממש בב"א.

וזהו ב' הפסוקים תמן ב' הקללות (ויקרא כ"ו י"ט–כ') "וְשָׁבַרְתִּי אֶת גְּאוֹן עֻזְּכֶם וְנָתַתִּי אֶת שְׁמֵיכֶם כַּבַּרְזֶל וְאֶת אַרְצְכֶם כַּנְּחֻשָׁה, וְתַם לָרִיק כֹּחֲכֶם וְלֹא תִתֵּן אַרְצְכֶם אֶת יְבוּלָהּ וְעֵץ הָאָרֶץ לֹא יִתֵּן פִּרְיוֹ" סליקו יחד לחושבן (8408): ח"פ "גואלכם קדוש ישראל" (1051) (ישעי' מ"ג, י"ד) דיתגלה לעתיד לבוא בסוד א"ז ישיר משה, ה–א' שמעל ז' דטבע, דכל הקללות דהן ברכות בעצם הן ז' פעמים ז' לקביל ז' מידות דטבע, ובכאן כפילת ח' דהוא מעל הטבע, ויתגלה ויגאלנו בב"א.

ויחד עם הפסוק הפותח לענין ז'

הקללות דגבורה דכללות סליקו ג' הפסוקים (ויקרא כ"ו י"ח–כ') לחושבן (11744): ל"ב פ' "אור פניך" (367) וכדמסיימינן לצלותא בשים שלום ג' פעמים בכל יום ברכנו אבינו כולנו כאחד באור פניך, כי באור פניך נתת לנו ה' א–להינו תורת חיים וכו' ובכאן ג' הפסוקים דגבורה דכללות סליקו לחושבן ל"ב פעמים אור פניך, וכן בחג"ת סליק אורה שמחה ששן ויקר וכו' וביסוד מלכות סליק אורה – תורה שמחה יום טוב הרי היא בגבורה דייקא בחינת גבורה דעתיק דהיא תגבורת החסדים, וכפילת ל"ב פעמים רמיזא עסק התורה הקדושה הממשיכה כל ההשפעות הטובות הללו דרך התפילה דיש ענין ללמוד תורה קודם התפילה דדברי תורה וחסידות מעוררים את הלב דיתפלל לבוראו בלב חם ובהשתוקקות גדול, וכן עסק התורה שלאחר התפלה ממשיך אור פניך הנ"ל לפנימיות למהוי אהבה ויראה אמיתיים והשתוקקות גדול יותר לשוב אליו ית' כדכתיב תורתך בתוך מעי (תהל' מ',ט') דהתורה ממשיכה האור הקדוש לפנימיות, וכן נזכה לאורו הגדול בב"א.

העצה ילמד הלכות תפלה, ויקבל קבלות לא לשוח כלל בתפלה, לא להסיח דעתו בחזרת הש"ץ דהיא תפלה גבוהה אף מתפלת העמידה עצמה כמבואר באר"י הקדוש תפלת שמו"ע בנה"י וחזרת הש"ץ בחג"ת בשמחה של מצוה.

תפארת – תורה: פותח בפסוק ולאחריו ז' הקללות כדלקמן, דהפסוק (ויקרא כ"ו,כ"א): "ואם תלכו עמי קרי ולא תאבו לשמע לי, ויספתי עליכם מכה שבע בחטאתיכם" גימ' (3540) כ"פ "גן עדן" (177), והוא הארת כתר עליון באדם שמגביר בו יראת שמים ומעוררו לעבודת הבורא וזוכה לגן עדן תמן עולמות אין קץ גבוה מעל גבוה שומר ולפי מעשיו של אדם בהאי עלמא וזוכה לש"י עולמין דכסיפין דהן היק"ר של השי"ת שנותן לאדם העובדו נאמנה. ולקמן הקללות לפי ז' מידות ולפי סדרו של רש"י הקדוש בפירושו, דהיכן שפירש אין לנו אלא פירושו, והיכן שלא פירש השי"ת יאיר עינינו דנכוון לדעתו ודעת צדיקי קמאי ולאמיתה של תורה אכי"ר.

חסד שבתפארת: "שן בהמת" (דברים ל"ב,כ"ד–על פי רש"י) גימ' (797) "חיי עולם נטע בתוכינו" וכן הוא באותו חושבן לעיל במלכות שבגבורה, שם בלא י', דבסדר השתלשלות הספירות כשלשלת זה מזה הרי מלכות דגבורה משפיעה בחסד שבתפארת ולכן הם באותו חושבן – ותפארת הוא עמוד התורה וכאן תורת חסד על לשונה – והוא על פי רש"י שמונה את הקללות שבכאן כשהן בחד פסוקא, וכשמונים בפרט הרי הן ה' קללות בלבד, לכן נזקק רש"י הקדוש בקללה קדמאה לכלול ג' קללות חית השדה דכתיב בהדיא והשלחתי ובמשנה תורה פרשת האזינו (דברים ל"ב,כ"ד) ושן בהמות אשלח בם עם חמת זוחלי עפר הרי שבתיבה השלחתי כלל גם הבהמות והנחשים הארסיים ומסדרם בסדר אחר – בהמה חיה דכתיב בהדיא, וחמת זוחלי עפר וטעמו עמו, ואין לנו אלא ללכת לאורו של רש"י הקדוש ולא לשנות אפילו את סדר דבריו – ורק הבאנו התיבין כפי שכתובין בתורה, דרש"י כתב שן בהמה ואנן הבאנו לישנא דקרא ש"ן בהמ"ת – ועל כל פנים ג' הדברים שכלל רש"י בתיבה והשלחתי הן לקביל חסד גבורה תפארת דתפארת, וכבר נאמר בשלב הזה דתיבה "והשלחתי" גימ' (759) "עלה ראש

הפסגה" דאמר השי"ת למשה ביומו האחרון, והארכנו בכמה מקומות דסליק לרישא עילאה מתלת רישין דכתרא עילאה דהן רישא דאריך - רישא דאין - ורישא דלא אתידע, ואמרינן "ויהי אחר(י) מות משה" (יהושע א׳,א׳) גימ׳ (1031) "רישא דלא אתידע", ו-ג׳ סוגי החיות הן לקביל תלת רישין שן בהמות - חסד שבתפארת לקביל רישא דלא אתידע בהמות בהררי אלף (תהל׳ נ׳,י׳), שן חיה לקביל גבורה דתפארת רישא דאין וחמת זוחלי עפר לקביל רישא דאריך דהוא אריך אנפין חיצוניות הכתר השייך לעולמות דכתיב בפסוקא (דברים ל"ב,כ"ד) "עם חמת זוחלי עפר" גימ׳ (963) י"ג פ׳ "בחסד" (74) ע"ה, דהן י"ג מכילן דרחמי דאריך הרי רישא דאריך, והוא קצת טעם ע"פ סוד מדוע סידר רש"י הקדוש סדר ג׳ הקללות הראשונות ברוח קודשו בסדר זה דייקא, וזהו שן בהמות הוא ברכה שפע של בהמה בהררי אלף דאכלין אלף הרים ביומא חדא (עיין במדבר רבה פנחס כ"א,י"ח).

העצה ילמד תורה לשמה דתורת חסד על לשונה דכל התורה הן חסדי השי"ת דאלמלי ניתנה תורה היינו לומדים צניעות מחתול וכו׳ (עיין עירובין ק׳ ע"ב) ומהיכי תיתי מה לאכול ומה לא ובעי שחיטה ואיך לשחוט ונרמז "שן בהמת" גימ׳ ע"ה (798) ב"פ "אלף זעירא" (399) דויקרא אל משה ומהו היקר שניתן למשה הרי היא התורה הקדושה כמבואר בכמה מקומות בדברי המגלה עמוקות והאי דכפלינן ב"פ אלף זעירא א׳ לתורה שבכתב ו-א׳ לתורה שבעל פה, וילמד התורה בשמחה של מצוה.

גבורה שבתפארת: "חית השדה" גימ׳ (732) י"ב פעמים אי"ן (61) הרי לקביל רישא דאין כדאמרן, והוא בכפילת י"ב פעמים דימשיך השפע ל-י"ב בחינות בנשמות בני ישראל י"ב שבטי י"ה דהן י"ב גבולי אלכסון כידוע ומבואר בדברי המגלה עמוקות במקום אחר.

ובבאורנו לפרק שירה ביארנו חיות השדה אומרות ברוך הטוב והמיטיב, וחיו"ת השד"ה עצמן הן בגימטריא ברוך דין האמת, והוא כפי שלעתיד לבוא יברכו על הרעה כמו על הטובה ברוך הטוב והמיטיב, פירוש דאז יחזו עין בעין דכל מה שעבר עלינו בכל אריכות גלותינו הכל היה לברכה וטובה ולא היו קללות ופורענות כלל, אלא נדמו לכאלה בחשכת הגלות - ה׳ יאיר עינינו - ולכן בכאן חית השדה מרמז על שפע מכתרא תנינא רישא דאין, ובתוספת א"ת דכתיב "את חית השדה" גימ׳ (1133) י"א פעמים "נחמה" (103) דנחזה אמת תורתנו הקדושה ונגלה כבוד הוי׳ והרשעה כעשן תכלה דהן י"א כתרין דמסאבותא והיא נחמתינו לכן י"א פעמים נחמ"ה, והוא חושבן (1133) ד"פ "האור הגנוז" (283) ע"ה, לקביל שם בן ד׳ דימשיך האור הגנוז להאיר ולהחיות נפשותינו מאריכות הגלות וכו׳ והברכה בחית השדה שיזכו בני ישראל לחיות משדה התפוחין קדישין בגן עדן, כנרמז בפסוק הקודם דאמרינן לעיל דסליק לחושבן כ"פ "גן עדן" (177).

העצה ילמד תורה שבעל פה בעיון עד לבירור הלכתא ורמז לדבר "חית השדה" גימ׳ (732) ב"פ "בארץ החיים" (366) כדמברכינן וחיי עולם נטע בתוכנו דא תורה שבעל פה וילמד משניות בעל פה בשמחה של מצוה.

תפארת שבתפארת: "זחלי עפר" (דברים ל"ב,כ"ד) גימ׳ (405) "זו משלי

הוא" (פרש"י דברים א',י"א) דהן אלף אורות דיהיב משה בכל שבת קדש לבני ישראל כדהאריך האר"י הק' ובארנוהו במקום אחר ובתוספת ו' ע"פ הקרי "זוחלי עפר" עולה בגימ' (411) "יש מאין" דהוא רישא תליתאה רישא דאריך דשייך לעולמות ומשפע מאורו לברוא עולמות בי"ע יש מאין דנבראים בפועל ע"י מלכות דאצילות והוא סוד שעשני כרצונו דאמרינן נשי – דמלכותא מקבל הרצון מאריך דהוא בחינת רצון, ובוראת יש מאין ברצונו ית' למעלה מסדר השתלשלות של י' ספיראן דאצילות, וכן "שעשני כרצונו" גימ' (1102) "ברוך שם כבוד מלכותו" דהוא יחודא תתאה דמלכותא קדישא ומתמן נבראים עולמות בי"ע יש מאין כנ"ל.

והנה ג' החיות כנ"ל בחג"ת דתפארת דהיינו: "שן בהמת – חית השדה – זחלי עפר" סליקו יחד לחושבן (1934): "ישמחו השמים ותגל הארץ ויאמרו בגוים ה' מלך" (דה"א ט"ז,ל"א) דהוא שם הוי' כסדר – צירוף דחודש ניסן, וזהו "ישמחו השמים ותגל הארץ" גימ' (1494) ב"פ "משה איש הא–להים" כדכתיב וזאת הברכה אשר ברך משה איש הא–להים וכו' (דברים ל"ג,א').

ובפסוקא דנן (ויקרא כ"ו,כ"ב) כד מוספינן ב' החיות הנוספות לחושבן דהיינו "והשלחתי בכם את חית השדה – שן בהמת – זחלי עפר" סליק לחושבן ע"ה (3157): ז"פ "מלאה הארץ דעה" (451) והוא כאשר יושפע השפע הנ"ל מתלת רישין דנרמזין ב–ג' חיות הנ"ל הרי מלאה הארץ דעה את ה' כו' ובכאן כפילת ז' פעמים רמיזא ז' הקללות כנ"ל דהן ברכות כנ"ל דעיקר הברכה היא בדעת כפי שאדם רואה את הדבר כן הוא הרי שאדם רואה שהדבר ברכה הוא מבורך טוב עין הוא יבורך (משלי כ"ב,ט') אל תיקרי יבורך אלא יברך (סוטה לח:), על כן אמרו חז"ל (אבות א',ו') הוי דן את כל האדם לקב זכות וכו' דמלמדים זכות ע"י זכאי וכו'.

העצה ילמד תורה שבכתב ופירושה בתורה שבעל פה וזהו בספר תורה תמימה שעל כל פסוק ופסוק מביא החז"ל רמז לדבר "זחלי עפר" גימ' (405) "יושב אהלים" ע"ה וכן זחל"י צירוף חז"ל עפ"ר דרשו מי ששכן לעפר בענוה ושפלות יעלה לימודו בידו וילמד בשמחה של מצוה.

נצח דתפארת: "ושכלה אתכם" גימ' (822) ג"פ "רב חסד" (274) דהוא ג"כ ג"פ "מרדכי" (274) דאמרו חז"ל (אסתר רבה ו',ב') מרדכי בדורו כמשה בדורו, ומשה יניק מפרק ג' דנצח דאצילות והמשיך רב חסד לעם ישראל ולעולם כולו כל חד לפי בחינתו, "ושכלה" גימ' (361) "באר מים חיים" [כדכתיב ויחפרו עבדי יצחק בנחל וימצאו שם באר מים חיים (בראשית כ"ו,י"ט) מעין גנים באר מים חיים (שה"ש ד',ט"ו)] לרב חסד ולשתות ממימי התורה הקדושה לעתיד לבא מפיו של השי"ת בעצמו כדכתיב בפסוק ופרש"י ושכלה אתכם אלו הקטנים דאדם שכל בנים הקטנים ח"ו ובכאן במשמע דלא ימותו בניו דיהיו השפעות גדולות מ–ג' רישין בחינת תחית המתים ומה שימותו אלו הקטנים היינו הקטנות והקלי' המביאה אדם לקטנות, אבל הם עצמם לא ימותו אלא יחיו חיי נצח, ולכן בנצח דתפארת ישראל, ועתה יומתק ושכלה מלשון שכל טוב לכל עושיהם (תהל' קי"א,י').

העצה ילמד תורה בתגבורת וינצח היצר דכשזה קם זה נופל בשמחה של מצוה.

הוד שבתפארת: "והכריתה את בהמתכם" גימ' (1554) ו"פ "א-ל ברוך" (259) המשכת הברכה בקו השמאל דאמא עד הוד אתפשטת - דלא יהא רבוי יתר של השפעה כגון בהמה רבה ובהמות בהררי אלף הרי והכריתה לשון צמצום השפע בכלים דיתקבל בטוב. והוא י"ד פעמים "אלף" (111) רמיזא אלף זעירא דזכה לה משה בסוד הצמצום והמשכת השפע בטוב ודלא כאורות דתוהו דמלכין קדמאין דאתבירו, ומתמן יניק עמלק, וזהו "והכריתה את בהמתכם" גימ' (1554) ו"פ "ויבא עמלק" (259) כדבארנו לעיל, ובכאן למעליותא "והכריתה את בהמתכם" את הנפש הבהמית דילכון ויהא אתהפכא דאף הנפש הבהמית תחפוץ בה'.

וזה נצח והוד כחדא אזלין הרי סליקו ב' הספירות דהיינו "ושכלה אתכם והכריתה את בהמתכם" לחושבן (2376) ח"פ "עם נבל ולא חכם" (297) (דברים ל"ב,ו') והן משירת האזינו תמן ג"כ כמה קללות שהן ברכות מעליא, וכגון כאן עם נבל ולא חכם דמיתקן ר' נחמן מברסלב על פי תרגום אונקלוס דקבילו אורייתא ולא חכימו - דהשליכו החכמות שלהם והלכו בתמימות אחרי השי"ת ולכן קבילו אורייתא, דנב"ל קאי אתורה ל"ב נתיבות חכמה ו-נ' שערי בינה, וזהו "דקבילו אורייתא ולא חכימו" גימ' (891) "משה - אהרן - מרים" דבזכות ג' רועין יקירין אלו זכו להיגאל ממצרים ולקבל התורה הקדושה - דמשה ואהרן בנצח והוד ומרים במלכות הרי שלימות ג' קוין דמתכללאן דא בדא.

העצה ילמד תורה על מנת ללמד ולקרב רחוקים כדכתיב באהרן אוהב את הבריות ומקרבן לתורה בשמחה של מצוה.

יסוד שבתפארת: "והמעיטה אתכם" גימ' (606) ו"פ "מלוכה" (101) דהיסוד סוד אות ו' וכל תכליתו להשפיע במלכות שאם לא כן הוא אבר מת, וצדיק איקרי חי עלמין דמשפיע תדיר במלכות ורשעים בחייהם נקראים מתים דמשפיעים לריק חיותם, וד"ל. וכאן תיבה "והמעיטה" גימ' (145) "יחודא עילאה", דישראל הם המעט מכל העמים ואמר השי"ת כיצד לא אשא פני אליהם שהם ממעטים עצמם לפני, "אתכם" גימ' (461) "ויעל משה", דעלה לבחינת יחודא עילאה בשלמות בהר נבו נון בו. וזהו והמעיטה אתכם הוא ברכה מעליא בחינת יחודא עילאה ובחינת ויעל משה, דתזכו בזכות דממעטים עצמכם ליחודא עילאה - וכן העוסק בתורה ובתפלה בדבקות הרי שממעט עצמו וזוכה מיד להאי יחודא, כאמרם ז"ל (אבות פ"ג,מ"ב) מנין אפילו אחד שעוסק בתורה שהקב"ה שונה כנגדו וכו' אם כן שנה סדר האותיות והמעיט"ה אתכם והטעימ"ה אתכם בחינת טעמו וראו כי טוב הוי' והיא ברכה מעליא.

העצה ילמד תורה לשמה דהיא תורת אמת ומבטל לשון הרע שהוא כזב ושקר בשמחה של מצוה.

מלכות שבתפארת: "ונשמו דרכיכם" גימ' (696) "עתיק יומין" דזכינן לבחינת עתיק יומין דתפארת עמודא דאמצעיתא בריח התיכון דמבריח מהקצה אל הקצה וסליק עד פנימיות הכתר הוא עתיק יומין, וכאן היא בפרטות מלכות שבתפארת כדמברכינן שעשני כרצונו דהיא בביטול ולית לה מגרמא כלום ולכן עולה עד לכתרא עילאה. "ונשמו" גימ' (402) "בת" היינו מלכות, "דרכיכם" גימ' (294) "אין מלך בלא עם" היינו מלכות, "ונשמו דרכיכם" אכניס נשמה וחיות בדרך אשר

תלכו בה, ותראו ברכה מעתיק יומין, והיא החביבה דכל השביעין חביבין.

והנה כללות ז' קללות דספירת התפארת דבארנום כברכות דהיינו: "שן בהמת (797) – חית השדה (732) – זחלי עפר (405) – ושכלה אתכם (822) – והכריתה את בהמתכם (1554) – והמעיטה אתכם (606) – ונשמו דרכיכם (696)" סליקו לחושבן (5612): י"פ "עזה כמות אהבה" (561) [עם ב' הכוללים] (שה"ש ח',ו') דאהבה בפנימיות הלב היינו בתפארת, וכאשר מתגלית האהבה בס"ד הרי באות כל הברכות כנ"ל, וכיצד מתגלית – בעסק התורה והמצוות בדבקות וחשק גדול.

העצה ילמד תורה וחסידות לפני התפלה לעורר לבו לפני א–ל רם ונשא וכן תורה לאחר התפלה בחינת תורתך בתוך מעי (תהל' מ',ט') בשמחה של מצוה.

נצח – התגברות על היצר:

אף בכאן מביא ב' פסוקים כהקדמה [וגם בכאן לא נזוז מפרש"י ימין או שמאל]: "ואם באלה לא תוסרו לי, והלכתם עמי קרי (1759) – והלכתי אף אני עמכם בקרי והכיתי אתכם גם אני שבע על חטאתיכם" (3071) (ויקרא כ"ו כ"ג–כ"ד) סליקו יחד לחושבן (4830): י"ה (15) פעמים "ברוך הטוב והמטיב" (322), והוא נפלא מאד שהרי אמרו חז"ל (פסחים נ.) מאי דכתיב ביום ההוא יהיה ה' אחד ושמו אחד והאידנא לאו אחד הוא – אלא כיום מברך על הרעה ברוך דין האמת ועל הטובה ברוך הטוב והמיטיב ולעתיד לבוא כולו הטוב והמיטיב, ועל פי פנימיות הדברים שם י–ה–ו–ה יהיה לעתיד לבוא י–ה–י–ה דהיינו שזו"ן ו"ה יתעלו למדרגת או"א י"ה וכתבנו בבאורנו לפרק שירה חיות השדה אומרות ברוך הטוב והמיטיב, "חיות השדה" בגימ' "ברוך דין האמת" – והוא בספירת הנצח בכללות – דיהיה בתחית המתים דנזכה לחיי נצח ונחזה את הא–להים ויראה לנו דהוה כולו הטוב והמיטיב, מה ששכל אנוש אינו יכול לתפוס כיום ואף לא משה רבינו בעצמו דאמר זו תורה וזו שכרה אמר ליה השי"ת שתוק כך עלה במחשבה.

חסד שבנצח: "והבאתי עליכם חרב נקמת נקם ברית" גימ' (2196) ב"פ "תורה שבעל פה" (1098) דהוא תורת חסד על לשונה, ובכאן בנצח סיומא דקו ימין חכמה – חסד – נצח תורה שבכתב בחכמה אורייתא מחכמה עילאה נפקת, ותורה שבעל פה בסיום הקו – בנצח, וכפילת ב' פעמים דתורה שבעל פה בחינת נוקבא בחינת שבת קדש דשבת כל מעשיה כפולים ותלמיד חכם איקרי שבת, ותלמידי חכמים שומרים ברית השי"ת היא תורתנו הקדושה כי היא חיינו ואורך ימינו, ולאורו נלך יומם ולילה – הרי בעסק תורתנו הקדושה זוכים לטעום מהאור הגנוז בה, וכנרמז בנרות חנוכה – החג הקרב ובא עלינו בעוד כשבוע ונזכה להדליק נר ראשון של חנוכה ה'תשע"ט, הרי בכאן הברכה והבאתי עליכם "חרב נקמת נקם ברית" גימ' (1602) ח"י (18) פעמים "חנוכה" (89), דהיינו חיים נצחיים באור הגנוז ולכן בחסד שבנצח והוא חושבן (1602) "בני ישראל" ב–א' רבתי של א'דם (תחלת דברי הימים) וכמ"ש אדם אתם ודרשו חז"ל אתם קרויין אדם ואין עכו"ם קרויין אדם. ומעתה יובן והבאתי עליכם חרב נוקמת נקם ברית מאויביכם איפרע א–ל נקמות הוי' והיא נחמתכם.

העצה ניצוח היצר בעניני צדקה דעצת היצר לא לתת [כדכתיב ולא ירע לבבך בתתך לו (דברים ט"ו,י')] בשמחה של מצוה.

גבורה שבנצח: "ונאספתם אל עריכם" גימ' (1008) ג"פ "פורים" (336) כמבואר באריז"ל פורים בנצח וחנוכה בהוד, וכאן ג' פעמים דהיא בגבורה, כנודע דתגבורת החסדים היא הגבורה בחינת גבורות גשמים וכנרמז נ"פ "חסד" (72) גימ' (216) "גבורה", ולכן בכאן ג"פ פורים דגבורה שבנצח והוא נפלא מאד.

והברכה בהאסף אל הערים ברוב עם הדרת מלך וכן קוראים את מגילת אסתר בציבור ועוד כמה מצוות של האספות – ועיקרו הוא במצות הקהל דכתיב ויקהל משה את כל עדת בני ישראל וכו' ומיד בפסוק הבא "וביום השביעי יהיה לכם קדש" ר"ת "ויקהל" וגימ' (985) "בל אויביך מהרה יכרתו" והוא שמירה ליהודים ופורענות לאויביהם.

העצה ניצוח היצר בלימוד הלכה יתגבר כארי בבקר לקום משנתו ולא יבוש מהמלעיגים עליו וילמד הלכות לפני התפלה בשמחה של מצוה.

תפארת שבנצח: "ושלחתי דבר בתוככם ונתתם ביד אויב" גימ' (2379): י"ג פעמים "טוב עליון" (183) – דהוא טוב הנמשך מפנימיות הכתר אל חיצוניותו ואל עולמות הנבראים ולכן טוב עליון – פנימיות הכתר נכפל י"ג פעמים דהן י"ג תיקוני דיקנא דאריך אנפין בחינת חיצוניות הכתר.

וזוהי הברכה ושלחתי בכם דב"ר נוטריקון "דעת – ברכה – רחמים" גימ' (999) א"ל שד"י במילוי כזה: "אלף – למד שין – דלת – יוד", והוא בחינתו של משה רבינו בתפארת שבנצח ד"משה" גימ' (345) א"ל שד"י הרי שישלח לנו הקב"ה משה–משיח בסוד ישמח משה [אותיות משי"ח מש"ה] והוא בתוכיותנו לכן "בתוככם", "ונתתם ביד אויב" הוא יצר הטוב אויב של היצר הרע כאמרם ז"ל (ב"ר ויצא ע"ג,ז') כאשר נולד יוסף נולד שטנו של עשו – הרי שתנתנו כל כולכם ביד יצר הטוב, וכדשאל איוב לקב"ה אני איוב ואתה משימני אויב הרי היה צדיק ואהב להשי"ת.

העצה ניצוח היצר בענין לימוד התורה יוסיף בלימוד התורה יותר מרגילותו ולאידך יקפיד לא לעסוק בתורה בזמן התפלה בשמחה של מצוה.

הרי ש–ג' ברכות ראשונות חג"ת דנצח דהוא נצח ישראל לא ישקר דהוא בית המקדש השלישי יבנה בב"א והוא פסוקא קדמאה דקללות דנצח דכללות (ויקרא כ"ו כ"ה): "והבאתי עליכם חרב נקמת נקם ברית ונאספתם אל עריכם ושלחתי דבר בתוככם ונתתם ביד אויב" סליקו לחושבן (5583): ג"פ "אלף (1000) בית המקדש (861)" (1861), והוא ג' פעמים דייקא דערך הממוצע דכל אחת מהקללות הוא אלף בית המקדש, ורמיזא בית המקדש השלישי הנצחי ולכן חג"ת בנצח דייקא.

נצח שבנצח: "בשברי לכם מטה לחם" גימ' (736) "משה – יהושע", דמשה בספירת הנצח כנודע ואמר ליה השי"ת יהושע יכנים לארץ ישראל חזקהו לבחינת נצח שבך, ואמצהו לפנימיות בחינתך נצח שבנצח, וכאן יוסף הצדיק הוא פנימיותו של משה דכתיב ויקח משה את עצמות יוסף עמו, את עצמותו ומהותו, ולכן בשברי יתפרש דקאי איוסף הוא השליט הוא המשביר לכל עם הארץ, כמבואר לעיל [חסד שבגבורה] כ"א לשונות של שבר בהאי פרשתא דיוסף ואחיו, וכן הרגיש בדבר עיקר שפתי חכמים וזהו לשון קדשו בבואו לבאר את רש"י: כי לא נפרש בשברי לכם כאשר אכלכל אתכם

במטה לחם וכמו לשבור אל יוסף כי יש שבר במצרים עד כאן. ובכאן דאמרינן דאינון ברכאן מעליא רק נסיר את תיבת לא מדברי קדשו במטותא – ואז יהיו דברי מכוונים לנאמר – כי נפרש בשברי לכם כאשר אכלכל אתכם במטה לחם וכמו לשבור אל יוסף כי יש שבר במצרים, ואז שבר במצרים יתפרש בהיפוך – שהשי"ת משבר את מצרים דעכו"ם נמשלו לכלי חרס דשבירתם זו היא תקנתם, וכדביאר המגלה עמוקות בפרשת תולדות באריכות.

וחוזר לרישא דהוא חושבן משה – יהושע, דמשה שיבר את המצרים במצרים ועל הים, ויהושע שיבר את הגויים בארץ ישראל, ומשה עתיד לגאלנו שנית ולשבר הקלי' ולהקים בית המקדש השלישי בב"א – דיהא מעובר בדוד מלכא משיחא וכדמבואר באור החיים הקדוש פרשת ויחי עה"פ אוסרי לגפן ד"ה ואל תתמה עיין שם.

העצה ניצוח היצר בעניני תשובה בשמחה של מצוה.

הוד שבנצח: "ואפו עשר נשים לחמכם בתנור אחד" גימ' (1872) הוי' (26) פעמים "חסד" (72) דהם חסדי הוי' כי לא תמנו, והוא בהוד דיקא תמן מאיר אור הוי' בחינת נרות חנוכה דכתב הבני יששכר דסליקו ה"פ אור דיומא קדמאה דמעשה בראשית לחושבן (1035) ל"ו נרות חנוכה, כאשר תהפוך האלף ל-א' בסוד איכה ירדף אחד אלף, ואמרתי לפני נינו האדמו"ר מדינוב ביתר שליט"א דאפשר אף להשאיר האלף (1000) במקומה, דבהדלקת נר חנוכה ממשיכים אור הגנוז דהן אלף אורות דזכה משה בחורב, והרי עיקר הדלקה הוא הנר דאותו היום ושאר הנרות טפלים אליו וכדנפסק בשו"ע דאם יש לו שמן כדי ח' נרות ידליק כל יום נר א' וכו' והרי אלף הוא הנר מצוה ו-ל"ה הן שאר הנרות – ושמח בדברי.

וממילא הוא נמי חושבן (1872): ב"פ "מרדכי – אסתר" ע"ה (936) דכתב האר"י ז"ל דהן י"ג ע"ב היינו י"ג פעמים חס"ד, דהוו כל י"ג מכילן דרחמי מלאים בשם ע"ב ונתחולל נס פורים, וחנוכה ופורים הם כדוגמת משה ואהרן דאחליפו דוכתייהו לעתים פורים בנצח וחנוכה בהוד ולעתים להיפך, הרי הוא הוד שבנצח כנ"ל בחינת מתכללאן דא בדא, והוא י"ג פעמים "קדם" (144) דישימנו השי"ת קדם העכו"ם אחור בטרם יכלו כמוץ אשר ידפנו רוח.

ומעתה ואפו עשר נשים הן עשר ספירות דנוקבא דישראל הן נוקבא דקוב"ה המשפיע בנו שפע בני חיי ומזוני – והוא הלחם נאפה בתנור אחד דהוא שמע ישראל ה' א-להינו ה' אחד בחינת יחודא עילאה – והוא סוד פנימיות הסוגיא (עיין בבא מציעא נ"ט ע"ב) בתנורו של עכנאי והאם התנור טהור או טמא ונחלקו – והרי עכנא הוא "נחש" [שם בתוספות] גימ' (358) "משיח" כנודע, והיא מחלוקת בענין ביאת משיח, דרצה רבי אליעזר להביא רחמים רבים לעולם ויבא משיח וחלקו עליו חכמים דאמרו שם בסוגיא (כלים פ"ה מ"י) "חתכו חוליות" גימ' (894) ג"פ "רחמים" (298) היינו רחמים רבים ב-ג' הקוים, וממשיך "ונתן חול בין חוליא לחוליא" גימ' (752) ב"פ "שלום" (376) כדמסיימינן לצלותא המברך את עמו ישראל בשלום ב' שלום, והרי בביאת משיח יהיה ב' שלום – שלום לתתא ושלום לעילא, ויוציא הקלי' חיותם ובולעם שבלעו ניצוצות הקדושה מפיהם וישארו פגרים מתים, וזהו כל המאמר "חתכו חוליות – ונתן חול בין חוליא לחוליא" גימ'

(1646) ב"פ "פגרים מתים" (823), דהן הקליפות וכפילת ב' פעמיב דתחילה יוציאו ניצוצות הקדושה שבלעו במשך הדורות ולאחר מכן יוציאו אף חיותם וישארו פגרים מתים כדכתיב גבי צבא סנחריב וישכימו בבקר והנה כלם פגרים מתים (מ"ב י"ט,ל"ה) ויהא ב"פ שלום לעילא ולתתא דגם שריהם שלמעלה יתפגרו ובלע המות לנצח, והרי שרבי אליעזר מטהר דהיינו שעת רצון היא זו ויבא משיח ויטהר הקלי' מן העולם, וחכמים מטמאים אין זו עת רצון והוא בטרם עת ולא הזמן לטהר לעולם דעדיין לא הגיע עת רצון לעולם, ולכן הביא להם ראיה לדבריו שימשיך רחמים רבים ב–ג' קוים, לקביל חסד "**אמת המים**" גימ' (536) "וישלח יעקב" דהיא פרשתנו עתה תשע"ט בהשגחה פרטית, והרי רצה יעקב להמשיך אורות דתוהו של עשו אליו דהוא עצמו השלים עולם התיקון ויביא גאולה לעולם ועשו לא קיבל ממנו ונשאר ברשעותו ועברה לה שעת הכושר דרצות השי"ת כך הוא, לקביל גבורה "**חרוב**" גימ' (216) "גבורה" ופשוט דשית אלפי שנין הוי עלמא וחד חרוב – הרי עתה הוא שעתה דחד חרוב, ולא קיבלו ממנו. לקביל תפארת "**כותלי בית המדרש**" גימ' (1427) ב"פ "תשובה" (713) ע"ה, דרמז להם שעוד הם יכולים לחזור בתשובה על ב' הדחיות הקודמות ולא קיבלו ממנו, דרמז להם "כותלי בית" גימ' (878) משי"ח במילוי כזה: "מם שין יוד חית" (878), בית המדרש היינו התורה עמודא דאמצעיתא לקביל תפארת, כותלי' בית המדר"ש ס"ת שי"ת בראשי"ת בר"א שי"ת דהן שית אלפי שנין כנ"ל וכעת חד חרוב הגיע העת לגאולה השלמה ולא קיבלו. "המדרש" גימ' (549) "יהושע בן נון" והרי משה רצה להיכנס לארץ ישראל ולהקים בית המקדש הנצחי והקב"ה לא נענה לו כי לא היתה העת מוכנה דלא יכלון ח"ו ישראל בחטאתם ימותו, וכן הוא כעת נרמז מדבריו מיניה וביה המדר"ש גימ' יהוש"ע ב"ן נו"ן ואין הוא העת עד בוא גואל צדק, ולכן עמד רבי יהושע דווקא על רגליו וכו'.

והנה הוא הפלא ופלא: "אמת המים – חרוב" סליקו לחושבן (752) "ונתן חול בין חוליא לחוליא" דכתב במשנה כנ"ל, והביא להם ר' אליעזר תרין אלין דייקא שיוכיחו להן באותו חושבן ולא קיבלו ממנו והוסיף "כותלי בית המדרש" גימ' שלשת הדברים יחד ע"ה (2180) כ"פ "דוד המלך" (109) דנשמת משיח מנוקבא דפרדשקא מכתר עליון, והוא (2180) י"פ "ריח" (218) דכתיב גבי משיח "והריחו ביראת ה'" (ישעי' י"א,ג') ודרשו חז"ל (סנהדרין צג:) מורח ודאין ולא קיבלו ממנו. והביא להם עוד הוכחה ניצחת "**מן השמים**" גימ' (485) "תהלים" רמז להם אדוד מלכא משיחא ולא קיבלו – הרי יחד עם ג' הקודמים גימ' (2665) א"ם (41) פעמים אדנ"י (65) דהיא המלכות אדנ"י כפי שעולה לאמא עילאה בסוד מי זאת עולה (שה"ש ג',ו'), וכדיהיה לעתיד לבוא ולא קיבלו ממנו, הרי ד' ראיותיו עם שמו "רבי אליעזר" (530) סליקו יחד לחושבן (3195) י"ה (15) פעמים "וידעו כי אני הוי'" (213) וכפי שיהיה לעתיד לבוא ביום ההוא יהיה ה' אחד ושמו אחד כנ"ל דאתוון ו"ה יתעלו לאתוון י"ה ולכן בכאן כפילת י"ה פעמים וידעו כי אני הוי', ולא קיבלו.

ובענינינו ואפו עשר נשים לחמכם בתנור אחד הוא ברכה מעליא דיזכו לביאת משיח מה שלא זכו עדיין בתנורו של עכנאי והוא בעסק התורה הקדושה

דנמשלה ללחם כמו לכו לחמו בלחמי (משלי ט׳,ה׳) וכנרמז דאותיות הפנימיות של תיבין "**ואפו עשר נשים לחמכם בתנור אחד**" סליקו לחושבן (1223) ב"פ "תורה" (611) ע"ה, דהן תורה שבכתב ותורה שבעל פה, ומוספינן הכולל דהוא א׳ אלופו של עולם המשפיע חיות בתורה ודרכה בעולמות ובמציאות כולה לבראה יש מאין המוחלט כל רגע ורגע, ונמשך דיהודי העוסק בתורה ובעיקר בפנימיות התורה ממשיך שפע ממקור חי החיים אל התורה ואל העולמות כולן, אשרי חלקו.

העצה ניצוח היצר בענין קירוב רחוקים יוסיף יותר מרגילותו ויעשה תשובה על אי התעניינותו (בעבר) בריחוקם ויטכס עצה בנפשו מה בידו לעשות על מנת לקרבם בשמחה של מצוה.

יסוד שבנצח: "והשיבו לחמכם במשקל" גימ׳ (939) "ויעקב איש תם" דנולד מהול והוא בחיר האבות שמטתו שהיתה שלמה ללא פסול בזרעו וכן אמרו חז"ל (תענית ה:) יעקב אבינו לא מת מה זרעו בחיים אף הוא בחיים הרי יסוד שבנצח, ובהלחמו עם המלאך הוא הס"מ ויגע בכף ירך יעקב (בראשית ל"ב,כ"ו) נגע בנצח ומכוין היה ליסוד ולא יוצלח הרי יסוד שבנצח עד שברכו שם שיקרא שמו ישראל וכדיוק האור החיים הקדוש.

והברכה בכאן דכתיב כי לא על הלחם לבדו יחיה האדם (דברים ח׳,ג׳) וידוע דקאי אניצוץ הקדוש שבתוך הלחם המחיה את האדם ומעתה יובן והשיבו לחמכם היינו הקלי׳ ישיבו ניצוצות הבלועים במשקל ב׳ משקל - משקל א׳ מה שבלעו יוציאו בלעם משקל ב׳ יוציאו אף חיותם וישארו פגרים מתים כנ"ל, ועיקר בלעם הניצוצות הוא מפגם הברית כנודע ולכן בכאן יסוד שבנצח.

העצה ניצוח היצר בענין לשון הרע ושמירת הברית יקבל תענית דיבור לפני ובתוך התפלה ומפעם לפעם תענית דיבור לכל היום כולו בשמחה של מצוה.

מלכות שבנצח: "ואכלתם ולא תשבעו" גימ׳ ע"ה (1313): "תחית המתים" דעוד שהקלי׳ ישארו פגרים מתים וכן שריהם שלמעלה, אצלינו ונהפוך הוא הקיצו ורננו שוכני עפר תהא תחית המתים, ומהו ואכלתם ולא תשבעו – חדא דכתיב והריקותי לכם ברכה עד בלי די (מלאכי ג׳,י׳) ודרשו חז"ל (שבת לב:) עד שיבלו שפתותיכם מלומר די והוא מעין ולא תשבעו מרוב ברכה שאריק לכם מכל מיני סוגים וטעמים ולא מאותו סוג שנהפך להם למש"כ עד אשר יצא מאפכם והיה לכם לזרא (במדבר י"א,כ׳) ח"ו - ועוד ילמדנו הקב"ה בעצמו תורה כמ"ש ולא יכנף עוד מוריך (ישעי׳ ל׳,כ׳) ואיך ישבעו הרי יחדש להם עד ועוד ויהיו צמאים עוד ועוד לדבר ה׳ וזהו בתחית המתים פירוש הברכה ואכלתם דדבר ה׳ הוא תורה בחינת תורתך בתוך מעי ולא תשבעו ותתאוו לעוד ועוד בב"א, ווזהי החביבה מכולן דכל השביעין חביבין.

הרי דכולא פסוקא תנינא דהני קללות דנצח לקביל נהי"מ דנצח (ויקרא כ"ו,כ"ו) דהיינו: "בשברי לכם מטה לחם, ואפו עשר נשים לחמכם בתנור אחד והשיבו לחמכם במשקל, ואכלתם ולא תשבעו" סליק לחושבן (4859) "דוד" (14) פעמים "במשה" (347) וכמ"ש אור החיים הקדוש על הפסוק כנ"ל אסרי לגפן ד"ה ואל תתמה: דנשמת משה תהא מעוברת בדוד המלך עצמו ולכן בכאן דו"ד פעמים במש"ה דהן חדא, וכנודע "משה דוד" גימ׳ (359) "משיחא" יבא ויגאלנו בב"א.

והני נהי"מ דנצח (4859) יחד עם חג"ת (5583) דהן ב' הפסוקים דקללות דנצח בשלמותן (ויקרא כ"ו,כ"ה–כ"ו) סליקו יחד לחושבן ז' הקללות (10442): י"ה (15) פעמים "עתיק יומין" (696), והיא המשכה נפלאה מפנימיות הכתר עתיק יומין לאבא ואמא עילאין, והרי בהקדמה לספירת הנצח אמרינן דהן ב' פסוקים מקדימין דסליקו באופן נפלא לחושבן י"ה פעמים "ברוך הטוב והמיטיב" וכפי שביארנו, הרי יחד ארבעת הפסוקים סליקו לחושבן (15270): י"ה (15) פעמים "אלף (1000) חי (18)" (1018) דהוא אלופו של עולם חי החיים המחיה את הכל והוא עצם הטוב והמיטיב ואיך יבואו ממנו קללות אלא רק ברכות – אמנם להני דלא עושין רצונו של מקום הן קללות רח"ל והוא לזככם ולזכותם לחיי עולם הבא הרי שהן בעצם ברכות גם בעבורם ולמשנאיהן של ישראל הן קללות ומשברים אותן מאי איכא למימר אף נאמר שגם להם זוהי תקנה וטובה, דעכו"ם נמשלו לכלי חרס דשבירתן זוהי תקנתן, ונצח ישראל לא ישקר ולא ינחם עד ביאת גואל צדק בב"א.

העצה ניצוח היצר לבלתי ישוח כלל בזמן התפלה וקריאת התורה וכפי שנפסק בשולחן ערוך דאז גדול עוונו מנשוא ויעורר בדרכי נועם לאחרים שלא לשוח בשעת התפלה בשמחה של מצוה.

הוד - קירוב רחוקים:

אף בכאן מונה לנו רש"י הקדוש הקללות אחת לאחת ובס"ד נלך לאורו, ונעביד לקללות דהן ברכות מעליא וכפי שנבאר אי"ה: ומקדים ב' פסוקים אף לקללות ההוד בחינת והודי נהפך עלי למשחית (דניאל י',ח') והוא לגויים דהודם הנפול והמזוייף, ולנו בדיוק להיפך מה שנראה כמו ער"ש דו"י [כדכתיב ה' יסעדנו על ערש דוי (תהל' מ"א,ד')] יהיה עש"ר יו"ד כמבואר באר"י הקדוש. ו–ב' הפסוקים יחד דהיינו (ויקרא כ"ו כ"ז–כ"ח): "ואם בזאת לא תשמעו לי והלכתם עמי בקרי (2277) – והלכתי עמכם בחמת קרי ויסרתי אתכם אף אני שבע על חטאתיכם (3650)" סליקו לחושבן (5928) הוי' (26) פעמים "ברוך" (228), ברוך מלשון מבריך את הגפן היינו המשכת מהותו ועצמותו יתברך להאי עלמא בהני ברכות, והוא נפלא מאד דאמרינן ד–ז' העבירות שמונה רש"י כהקדמה לקללות בפרשתא סליקו לחושבן (4560) כ"פ "ברוך" (228) ושם משמע דהיא המשכה מהכתר דלכן כפילת כ' פעמים, עם ו"פ ברוך במלכות שבחסד הרי הוי"ה פעמים ברוך כנ"ל, וכאן הוי' פעמים ברוך דההמשכת הכתר יורדת בזעיר דאצילות דהן שם הוי' דכללות וממשיכה למלכות דאצילות למברי עולמות בי"ע יש מאין המוחלט והוא באופן של ברוך דהיינו ברכה ולא קללה כלל ועיקר.

ובכאן נרמז בספירת ההוד דתמן חנוכה הן נרות דממשיכים בהדלקה אור הגנוז ומכניעים את חשכת הקלי' י"א כתרין דמסאבותא, לכן מצוה להניחה בפתח ביתו מבחוץ לרמוז הכנעת החיצונים – וזהו פסוקא קדמאה (ויקרא כ"ו,כ"ז): "ואם בזאת תשמעו לי ולא תלכו עמי בקרי" סליק לחושבן (2277): י"א פעמים "אור" (207) אור דילן מכניע י"א כתרין דמסאבותא [והוא נמי חושבן ג"פ "עלה ראש הפסגה" (759) כנ"ל], ופסוקא תנינא (שם פסוק כ"ח): "והלכתי עמכם בחמת קרי ויסרתי אתכם אף אני שבע על חטאתיכם" גימ' (3650): נ"פ "חכמה" (73) רמיזא התורה הקדושה דהן ל"ב נתיבות חכמה אורייתא מחכמה עילאה נפקת הרי

תורה שבכתב ו–נ' שערי בינה תורה שבעל פה, הרי חשבון נ"פ חכמה רומז אתורה הקדושה, שבעסק התורה אור מכניעים י"א בחינות הקלי' ומהפכים חשוכא לנהורא וכפי שיהיה לעתיד לבוא ונהפוך הוא נס דפורים דיהיה בתחית המתים מתים קמים לתחיה זהו תכלית הונהפוך הוא, לכן י"א פעמים "תורה" (611) גימ' (6721) כ"פ "פורים" (336) ע"ה, הארת כתר עליון טלא דבדולחא הוא טל תחית המתים ומספינן הכולל לרמוז אלופו של עולם הוא יחולל הכל בעת רצונו הטוב וכולו להיטיב לברואיו ולבני ישראל בבת עינו ברישא.

חסד דהוד: "ואכלתם בשר בניכם ובשר בנותיכם תאכלו" (ויקרא כ"ו,כ"ט) גימ' (2608) ד"פ "שפע רב" (652) דאמרינן בספירת העומר ועד ידי זה יושפע שפע רב, ובכאן הני קללות הן ברכות והן מ"ט עצות בעבודת ה' להמשיך שפע רב – ומכאן יומתק ואכלתם בשר אתם ובניכם, וכן בשר בנותיכם תאכלנה – היינו שפע רב של בש"ר ואמרינן בכמה דוכתי בש"ר גימ' (502) "ברוך מרדכי" והוא נמי חושבן "ארור המן" – זה יהיה בחלקם של עכו"ם וכל הינקין מ–י"א כתרין דמסאבותא דהם יאכלו בשר בניהם ובנותיהם קללה כפשוטה – ומהאי טעמא הוא נמי חושבן (2608): י"א פעמים "ירא ה'" (237) דלפני דישברו תפול עליהם יראה ופחד כדהוה בים סוף תמן ז' לשונות של יראה לפני דאתבירו ובכאן משמע ברכות מבנים ובנות יראי ה' דמאכילים להוריהם מכל טוב מקדושתם ואף ממה שמוציאים מהקלי' מבטנם יורישם א"ל וכדאמר יצחק לעשו ועשה לי מטעמים כאשר אהבתי וכו' בעבור תברכך נפשי וכו' ויעש גם הוא מטעמים ויבא לאביו ותרגם יונתן בן עוזיאל ואשכח כלבא חדא וקטליה ועבד אף הוא מיניה תבשילין ואיתי לאבוי ורמז הרקאנטי דכלב מסטרא אחרא כמ"ד מיד כלב יחידתי (תהל' כ"ב,כ"א) עד כאן. ומשמע הצילה מיד כלב היינו ממאכל הכלב את יחידתי דאם יאכלנו יטמא ח"ו וירד מכל מדרגותיו דמאכל נהפך לדם והדם הוא הנפש וכו'.

ואצל עכו"ם לאכול בשר כלב הוא דבר שבשגרה דאוכלים כל דבר ומטמאין עצמן עד שיאלצו לאכול בשר בניהם ובנותיהם ממש, ואף בשר עצמם איש את רעהו חיים בלעו (אבות פ"ג,מ"ב) [וכמ"ש איש בשר זרועו יאכלו (ישעי' ט',י"ט)] בחינת והודי נהפך עלי למשחית (דניאל י',ח').

העצה יעסוק בקירוב רחוקים בממונו יתן צדקה למוסדות שעוסקים בקירוב בשמחה של מצוה.

גבורה דהוד: "והשמדתי את במתיכם" (ויקרא כ"ו,ל') גימ' (1678) ב"פ "שמש צדקה" (839) – דהוא סימן ברכה כדכתיב שמש צדקה ומרפא בכנפיה (מלאכי ג',כ') ומיד לאחר מכן והכרתי את חמניכם שהוא בהיפוך משמש צדקה, דפרש"י חמניכם: מין עבודת כוכבים שמעמידים על הגגות וע"ש שמעמידין בחמה קרויין חמנים [כריתת חמנים אין כאן פורענות לכן לא הבאנו אותה בקללות] ובכאן השמדת הבמות הוא בגבורה דייקא של ההוד שלמות קו השמאל ומדת הדין.

העצה יעסוק בקירוב רחוקים ע"י שילמד להם הלכות כגון חומרת חילול שבת וכיו"ב בדרכי נועם ובשמחה של מצוה.

תפארת שבהוד: "ונתתי את פגריכם על פגרי גלוליכם" גימ' (2152): ד"פ "יאר

ה' פניו אליך ויחנך" (538) דיהודי בפנימיותו הוא באור פני ה' ורק בחיצוניותו יכול להראות כעובד כוכבים רח"ל וכדאמרינן לעיל לעתיד לבוא יוציא השי"ת החיות מבלעם של הקלי' וישארו פגרים מתים על גלוליהם וכלשון הקללה שבכאן וכתיב בפסוק (ישעי' מ"ד,י"ג) תפארת אדם לשבת בית דקאי אעבודה זרה – ולכן בכאן בתפארת שבהוד בסוד והודי נהפך עלי למשחית (דניאל י',ח') ובכאן הברכה שפגריהם היינו גופיהם יהיו על הגלולים ולא בקומה אחת או בהשתחוואה להם אלא מורמים מעל הגלולים, ואז הוא תפארת אדם לשבת בית בפירוש החיובי של הפסוק וכפי שרבינו משתמש בפסוק זה באופן חיובי במקום אחר.

העצה יעסוק בקירוב רחוקים וילמדם תורה כפי השגתם בשמחה של מצוה.

נצח שבהוד: "וגעלה נפשי אתכם" גימ' (1015) [=אלף (1000) הוד (15)] ז"פ "יחודא עילאה" (145) והיא ברכה מעליא דהארה מיחודא עילאה היינו כתר עליון ירד שפע ל–ז' מידות דהוד ז' ברכות תחת קללות, ויהא משמעות וגאלה נפשי אתכם ב–א', דפנימיות אות ע' היא א' בסוד אותיות גרוניות אחה"ע, וכן כתיב (תהל' ס"ט,י"ט) קרבה אל נפשי גאלד, דהשי"ת בעצמו יגאלנו דאמרו חז"ל (שבת ק"ה ע"א) אנכ"י נוטריקון **א**נא **נ**פשי **כ**תבית **י**הבית ובארנוהו במקום אחר. והוא נצח שבהוד – נצח הוא פורים חנוכה בהוד בסוד הוד והדר, והוא שילב פורים וחנוכה – תחית המתים ונהפוך הוא בתוך גלוי אור הגנוז נרות חנוכה, דאנו בעוד ימים מספר נזכה לאורן שנת ה'תשע"ט, והשי"ת יגלה שכינתו עלינו ויגאלנו בב"א.

העצה יעסוק בקירוב רחוקים וילמדם כיצד להתגבר על עצת היצר המרחיקם מאביהם שבשמים בשמחה של מצוה.

הוד שבהוד: "ונתתי את עריכם חרבה" גימ' (1822) ב"פ "ראשית" (911) דכתיב בראשית ב' ראשית דהן ישראל והתורה שנקראו ראשית, וישראל והתורה הן הן הודו של הקב"ה דהתורה היא לבושו והדרו של השי"ת דכל התורה שמותיו של השי"ת, ישראל מודים ומהללים להשי"ת הרי הם הודו כדכתיב אתם עדי נאם ה' (ישעי' מ"ג,י'), וזהו "ישראל – תורה" (1152) עם ב' פעמים ראשית כנ"ל (1822) סליקו יחד לחושבן ע"ה (2975) "פה" (85) פעמים "יהודי" (35) דהוא פה יהודי שעוסק בתורה כאמרם (ירושלמי סוף ברכות) פטטיא דאורייתא טבין וכן דרשו עה"פ אמנם אלם (תהל' נ"ח,ב') לעולם ישים אדם עצמו כאלם יכול בתלמוד תורה וכו' והוא בגמרא חולין דף פ"ט (ע"א) וסימנך פטטיא דאורייתא טבין דליכא ט' בעשרת הדברות והרי מהן יוצאים תר"ך מצוות תרי"ג דאורייתא ו–ז' דרבנן וליכא מצוה דיוצאת מאות ט' הכיצד – ישראל אינון האי ט' יבוא טוב ויקבל טוב מטוב לטובים (מנחות נג:) אינון ישראל דעסקין באורייתא ומשלימים להאי אות ט' בלוחות דהן שרש התורה ושרש המציאות כולה וממילא יובן מה שאמרו שישראל דעסקין באורייתא מקיימין עלמא ובהבל פיהם של תינוקות של בית רבן מתקיים העולם דהן מקיימים בלימודם ומשלימים הלוחות דחסר תמן ט' בבחינת עיקר חסר מן הספר דאות ט' השרשית–הראשונה בתורה וירא א–להים את האור כי טוב את האור גימ' (613) בתורה כדהביא בעל הטורים, וישראל הן האי אות ט' ומשלימים אותה בסוד פה יהודי כנ"ל העוסק בתורה בחינת והגית בו

יומם ולילה וכו' בחינת טוב לי תורת פיך (תהל' קי"ט,ע"ב) דייקא למוציאיהם בפה (עירובין נ"ד ע"א) היינו פה יהודי כנ"ל, וזהו אך טוב לישראל - א"ך אתוון הן בלוחות [כ"ב ללא ט' הרי כ"א א"ך] ואות ט' השרשית טו"ב היא לישראל. ומעתה - "ישראל טית" גימ' (960) "ברח דודי ודמה לך לצבי או לעפר האילים" (שיר השירים בסופו - על פי הקרי עם ו' לעופר) ופרש"י ברח דודי: למהר הגאולה, והשרה שכינתך עד כאן. "והשרה" גימ' (516) "יבנה המקדש" כדביארנו במקום אחר סודו דמשה רבינו התפלל תקט"ו (515) תפלות [כמנין ואתחנ"ן או תפל"ה] להיכנס לארץ ישראל ואם היה מתפלל תפלה נוספת על תקט"ו תפלות [דהיינו תקט"ז (516)] היה נכנס לארץ ישראל ובונה המקדש ומעשה ידיו נצחיים וכו' וקיבל ולא נכנס. כנודע דשיר השירים קדש הקדשים והוא שיר אהבים בין הקב"ה לבת זוגו כנסת ישראל הרי שהותיר לנו האי אות ט' להשלים מעשה ידיו דלוחות ראשונים מעשה ידי הקב"ה [כדכתיב והלוחות מעשה א-להים המה וכו' (שמות ל"ב,ט"ז)].

ובכאן מתבאר על פי הגמרא דנן (מועד קטן ט.) דאמרו צדיקיא לרבי אלעזר ברבי שמעון יחרב ביתך, וביאר לו ביתך זהו הקבר, ושישאר חרב ושומם היינו שהוא יחיה חיים ארוכים, וכן בכאן עריכם חרבה ואתם תחיו חיים ארוכים, ולכן הוא הוד שבהוד כידוע ספירתו של רבי שמעון בר יוחאי ל"ג בעומר הוד שבהוד.

העצה יעסוק בקירוב רחוקים בעצם ילך בעצמו וישקיע זמנו וממונו בקירוב בשמחה של מצוה.

יסוד שבהוד: "והשימותי את מקדשיכם" גימ' (1682) ב"פ "בני בכורי ישראל" (841) והוא ב' פעמים דהן ב' מקדשות שנחרבו, ואנו מצפים לבית המקדש השלישי בית חיינו יבנה בב"א ויהא נצחי ובלע המות לנצח וכו' דיסוד איקרי צדיק חי עלמין, ולא כבהאי עלמא אקרי אבר מת, ורק לעתים הנכונות ח"י להשפיע לנוקבא דיליה, וממילא תיבין "והשימותי את מקדשיכם" ע"ה סליקו לחושבן (1683) ג"פ "עזה כמות אהבה" (561) דיסוד אוהב את נוקבא דיליה באהבה עזה כמות דבזכותה ממלא יעודו של השפעה בסוד צנו"ר אתוון רצו"ן, דערך ממוצע דכל תיבה עזה כמות אהבה כנ"ל (שיר השירים ח',ו'), וממילא ממשיך (שם) מים רבים לא יוכלו לכבות את האהבה הנ"ל, דמים רבים הם מים הזידונים הגויים המצרים לנו בגלותינו, והני תיבין "והשימותי את מקדשיכם" גימ' ע"ה (1683) ג"פ "לא יוכלו לכבות" (561) דלעתיד לבוא בתחיה נזכה לאהבה בתענוגים עם הקב"ה ברציפות ולא כהיום לעתים ב-ג' תפלות ובלימוד תורה, ורק ליחידי סגולה צדיקי אמת שזוכים לדבקות אמיתית בחינת אהבה בתענוגים, ואז נופלים ממנה בחינת **שבע יפול צדיק וקם** (משלי כ"ד,ט"ז) ס"ת עמל"ק (לקוטי מוהר"ן תנינא תורה י"ט) ולעתיד לבוא כתיב כי מחה אמחה את זכר עמלק (שמות י"ז,י"ד) ולא יהא עוד שבע יפול צדיק, אלא אך ורק שבע ביום הללתיך וכו' (תהל' קי"ט,קס"ד), דתתגלה קדושתו ית' בכל העולם כולו ולא יהא צורך לעלות לבית המקדש כמו שבא לראות בא להיראות, דמועדים בטלים לעתיד לבוא חנוכה ופורים לא בטלים וישאר בית המקדש שומם למעליותא דקדושתו תתפשט בכל העולם ובכל מקום תשרה קדושת מקדש בעצם ולא רק הארה

שהתפשטה ממנו בעבר.

העצה יעסוק בקירוב רחוקים בענין לשון הרע ושמירת הלשון בשמחה של מצוה.

מלכות שבהוד: "ולא א־יח בריח ניחחכם" גימ' (612) "ברית" הוא היסוד ברית קדש דממלא יעוד בהשפיעו במלכות ומתכלל בה בבחינת ויקרא את שמם אדם כאמרם (זוה"ק ח"ג רלו:) איהו צדק ואיהי צדקה - ובכאן ר"ת **א**ריח **ב**ריח **נ**יחחכם אב"ן משם רועה אבן ישראל (בראשית מ"ט,כ"ד) נוטריקון אב־בן [וכמו שהארכנו בביארו בכמה אופנים] ומאי ברכה איכא הכא - דכל ענין הקרבנות הוא לכפרה על פשע וקרבנות לשון קרוב רחוקים דעל ידי החטא נתרחק מה' ובקרבן יכופר לו ויתקרב מחדש בהתקרבות מחודשת ונפלאה להשי"ת ובכאן לא יהא צורך בקרבנות דיהיו בדבקות נפלאה עם השי"ת בחי' אהבה בתענוגים ולא יהא צורך בקרבנות וממילא לא אריח בריח ניחכם - דתהיו בדבקות תמידית עמי.

העצה יעסוק בקירוב רחוקים בתפלתו ויתפלל שישובו בתשובה מאהבה בשמחה של מצוה.

וזהו יסוד־מלכות דהיינו "והשימתי את מקדשיכם (1682) - ולא אריח בריח ניחככם (612)" סליקו יחד לחשבן ע"ה (2295): י"ה (15) פעמים "הפסגה" (153) דמשה רבינו בעלותו ראש הפסגה לשער הנון בהר נבו נון בו זכה ליחודא עילאה לשלמות ל"ב נתיבות חכמה עב נון שערי בינה, ולכן בכאן כפילת י"ה פעמים הפסגה והוא יחוד תדירי יסוד מלכות דאבא ואמא, והאריך באר"י ז"ל בענין הולדת ז"א דנה"י דאמא מצטננות והופכות בשר מבשרו והאורות מסתלקין מהן בחינת מיתה סוד בראותכן על האבניים ויפסק ח"ו היחוד התדירי יחוד היסודות עם אבא ומחדש שבעת הולדת ז"א ומיתת ירכי תבונה נתהוו כבר נה"י חדשים והיחוד התדירי נשמר, והיא סוגיא נפלאה מי ישורנו ומי ירד לעמקם של דברים דאינם אלא לשבר את השכל ואינם כפשוטם כלל וכדהאריך מהרח"ו זצוק"ל באקדמתו לעץ חיים בענין הסכנה דאין לגשם הדברים כלל דאינם כפשוטם, עיין כל זה בעץ חיים ותשבע נפשך.

והנה נצח הוד יסוד מלכות שבהוד בכאן דהיינו "וגעלה נפשי אתכם (1015) - ונתתי את עריכם חרבה (1822) - והשימותי את מקדשיכם (1682) - ולא אריח בריח ניחככם (612)" סליקו כולהו לחושבן (5131): יהי"ה (30) פעמים "בנצח והוד" (171) ע"ה כדרשת חז"ל (פסחים נ.) מאי ביום ההוא יהיה ה' אחד ושמו אחד, והאידנא לאו אחד הוא, ובארנוהו לעיל, וכאן הוא בנצח והוד, דנצח משפיע בהוד ומתכלל בו כדוגמת משה מתכלל עם אהרן כדכתיב הוא משה ואהרן הוא אהרן ומשה הם המדברים וכו' (שמות ו',כ"ו), והוא נפלא ביותר דעד כאן הן נהי"מ דהוד, דמנה רחמנא ד' פעמים שבע, חוץ מהשבע דחסד שלא מנאם ואנו מנינו בתחילה, ומכאן הן קללות דיסוד ומלכות דכללות דלא מונה אותן דממילא כל ה' הספירות הראשונות [חסד גבורה תפארת נצח והוד] נשפעים דרך היסוד למלכות, ולכן היסוד ומלכות דכללות הן בחדא מחתא, דכל תכליתו של היסוד להשפיע במלכות ואין נפקא מינה מהן ז' הקללות השייכים ליסוד ומהן ששייכים למלכות דבכללות כולן שייכים למלכות דלכן נמשכין אליה בחינת אוקירו לנשייכו כי היכי דתתעתרו (בבא מציעא נט.).

ובכאן נעביד חושבן של כללות ה׳ ספירות הראשונות דכללות, ונוסף הפסוקים שפותחים את הקללות שהן בסוד מוחין דילהון דהקללות עצמן בפרטות הן ז׳ כל פעם דהן ז׳ תחתונות, וכשיש פסוק פותח היינו בגבורה, תפארת, נצח והוד דקללות הרי הפסוקים הפותחין הן בסוד מוחין השייכים אל המידות דהיינו חשבון של כללות הפסוקים (ויקרא פרק כ״ו י״ד-ל״א) סליקו כולהו ח״י פסוקין לחושבן ע״ה (75309) ט״ל (39) פעמים ״אשר שם הא-להים״ [ב-א׳ רבתי] (1931) (שמות כ׳,י״ח) דכתיב ומשה נגש אל הערפל אשר שם הא-להים, ובפסוק הקודם ויאמר משה אל תיראו כי לבעבור נסות אתכם בא הא-להים, ובעבור תהיה יראתו על פניכם לבלתי תחטאו, הרי שכל הקללות בפרשתא דנן כי תבוא וכן בהאזינו אית כמות גדולה של קללות - ברכות שנתיחס אליהם גם כן בס״ד, הן בבחינת נסיון בעבור בני ישראל כנ״ל למען תהיה יראתו על פנינו לבלתי נחטא - אך באמת הן ברכות גבוהות מאד מאד.

וכולהו הני ברכאן דה׳ ספירות ראשונות דכללות, דהן ל״ה קללות ראשונות עם הפתיחות לארבע הספירות כנ״ל נמשכות דרך היסוד דכללות אל המלכות, דהוא מלכות דאצילות ובוראת עולמות בריאה יצירה עשיה יש מאין והוא מכח הזעיר, והמלכות אך מוציאה מהכח אל הפועל, שהוא אשה כשרה העושה רצון בעלה כפשוטו - ומכאן נעביד ז׳ קללות של יסוד דכללות ו-ז׳ של מלכות דכללות, ובכאן לא כתב רחמנא שבע דהן יסוד-מלכות בחדא מחתא כנ״ל, דמתכללאן דא בדא, ובחסד גבורה תפארת נצח והוד לא ראי זה כראי זה והפרידם בשבע, וממילא רש״י הק׳ בפירושו לא נזקק למנותם בפשוטו של מקרא, דלא כתיב בהו שבע.

והנה בפסוק ל״ב ״והשמתי אני את הארץ ושממו עליה איביכם הישבים בה״ כתב רש״י וזלש״ק: ״זו מדה טובה לישראל״ כו׳ דהיינו דהאי פסוקא מפסיק את הל״ה קללות שלמעלה שהן ז׳ פעמים ז׳ כנ״ל וסידרנום בספירות חסד גבורה תפארת נצח והוד, ונמשך דהאי פסוקא הוא בבחינת מיתוק ״זו מדה טובה לישראל״ גימ׳ (655) ״הקדוש ברוך הוא״ כנודע מספירת העומר מד״ה גימ׳ מ״ט שהן ז׳ פעמים ז׳ ז׳ שבועות ובכל שבוע ז׳ ימים דמצוה לממני יומי ומצוה לממני שבועי (חגיגה יז:) - ורמיזא בחושבן ״הקדוש ברוך הוא״ דכולהו קללות הן ברכות דאין רע יורד מלמעלה, וכאמרם (שבת קנו.) אין מזל לישראל ודרשו בספה״ק אין [בפתח וחיריק] מזל לישראל דאינן סומכין על המזלות ח״ו אלא על אביהם שבשמים הקדוש ברוך הוא, ולכן דברי רש״י זו מדה טובה לישראל ר״ת מז״ל הטו״ב, וכולהו פסוקא והשמתי וכו׳ סליק לחושבן ע״ה (2484) י״ב פעמים ״אור״ (207) דיזכו בני ישראל י״ב שבטי י״ה לאורו יתברך אור אינסוף ב״ה דהוא נמי חושבן (2484) ו״פ ״אור האינסוף״ (414) בסוד המכה.

וזהו חושבן פסוקא (2483) עם דברי הש״ת זו מדה טובה לישראל (655) סליקו יחד לחושבן (3138) ו״פ ״בחר בנו מכל העמים״ (523) דאמרינן בברכת התורה אשר בחר בנו מכל העמים ונתן לנו את תורתו וכו׳ דר״ת בחר בנו מכל העמים גימ׳ (49) ״מדה״ והוא דכתב רש״י זו מד״ה טובה לישראל ז״פ ז׳ הקללות הן ברכות וממתיק הקללות ומגלה דהן ברכות בעסק

התורה הקדושה דהיא הדעת דקדושה ולא כדעת המינים ודרכיהם הנלוזות – אלא דעת תורתנו הקדושה, דתיבין בחר בנו מכל העמים בר"ת הוא בחושבן מד"ה היינו ז"פ ז' דהן ז' הברכות מתכללאן דא בדא, ושאר אתוון גימ' (474) "דעת" דהיא דעת תורתנו הקדושה כנ"ל – דבן דעת תורה בעבורו הן ברכות, ומי שאין בו דעת תורה כגון הגויים עליהן הם קללות כאמרם (שיר השירים רבה ה',ט') דודי צח ואדום (שה"ש ה',י') צח לישראל ואדום למצרים, דקאי על צ"ח קללות שבפרשת כי תבוא.

יסוד – שמירת הלשון:

בכאן ובמלכות אין רש"י מונה הקללות דלא נזקק למנין היות ואין כתיב שבע, ומה בצע ימנה הקללות – אלא מפרש כדרכו בקדש פירוש המילות והענינים – ואין לנו אלא פירושו ולאורו נלך – הרי שנפרש את י"ד קללות בתראן, ז' ביסוד דכללות וז' במלכות – דקללות דיסוד הן בפרק כ"ו פסוקים ל"ג–ל"ו: אתכם אזרה... והריקתי אחריכם חרב... ארצכם שממה... ועריכם חרבה... והבאתי מרך בלבבם... ורדף אתם קול עלה נדף... ונסו מנוסת חרב הרי ז' קללות ביסוד.

חסד שביסוד: "ואתכם אזרה בגוים" גימ' (741) י"ג פעמים א"ל הוי' (57) דהן שמות הרחמים – דכל י"ג מדות הרחמים מלאים בא"ל הוי', דיסוד סליק עד אבא ואמא ובוקע עד לכתר, ובאונן כתיב (בראשית ל"ח,ט') ושחת ארצה לבלתי נתן זרע ופרש"י דש מבפנים וזורה מבחוץ– הרי לשון זורה הוא ביסוד, ובכאן חסד שביסוד – כדאמרו שני הצדיקים לרבי אלעזר ברבי שמעון תזרע ולא תחצד ופירש לו רשב"י שיהיה לו בנים ולא ימותו, כך גם כאן יהא פירושו ואתכם אזרה בגוים תולידו בנים ובנות שימלאו כל הארץ וארצות הגויים, וכשתתגלה מעלת ישראל הרי כל העולם כולו מלא בבני ישראל וימשלו בעולם כולו בדרך ממילא, כאמרם יחזיקו אלפיים ושמונה מאות בכנף איש אחד.

העצה ישמור לשונו ויתן ממונו לעניני שמירת הלשון בשמחה של מצוה.

גבורה שביסוד: "והריקתי אחריכם חרב" גימ' (1220) י"פ א"ל האלהי"ם (122) דהוא בגבורה ובכאן בשילוב שם א"ל דהוא חסד, דגבורות דעתיק הן תגבורת החסדים דלית שמאלא בהאי עתיקא, וממילא הוא בגימ' (1220): י"פ "הנה מה טוב" (תהלים קל"ג) אמרו צדיק כי טוב – הוא ביסוד ובכאן בכללות היא הברכה בתגבורת על דרך והריקותי לכם ברכה עד בלי די, ובכאן והריקתי אחריכם הברכה תבוא לכם בשפע חרב היא התורה שניתנה מהר חרב והיא ברכת התורה דכל ברכות התורה יחולו עליכם – וכוללים הקללות שבכאן שהן באמת ברכות– "והריקתי אחריכם חרב" הוא גימ' שמו של רבינו עט"ר: "נתן נטע שפירא" (1220) וד"ל.

העצה ישמור לשונו וילמד הלכות שמירת הלשון למרן החפץ חיים זיע"א וספרי מוסר בענין בשמחה של מצוה.

תפארת שביסוד: "והיתה ארצכם שממה" גימ' (1162) י"ג פעמים "חנוכה" (89) עם ה' אותיות דתיבה חנוכ"ה, דהיסוד ממשיך דרך התפארת עד רזא דאינסוף, תמן עשר ספירות הגנוזות מלכות דאינסוף הממשיכות אורן בחנוכה בכל שנה ושנה כדהוה בנס החשמונאים והוא מפנימיות הכתר עתיק לחיצוניותו דיקנא קדישא דאריך דהן י"ג מדות הרחמים לכן בכאן חושבן י"ג פעמים

חנוכ"ה עם ה' אותיות רמיזין ה' פרצופין דכללות.

מלכות דאינסוף היינו מלכותו ית' דלית לה מגרמא כלום כביכול – ולכן נרמזת בכאן בתיבה "שממה" גימ' (385) "שכינה" וכאמרם ז"ל (תנחומא נשא סימן ט"ז) נתאוה הקב"ה להיות לו יתברך שכינה בתחתונים. "והיתה ארצכם" גימ' (777) ז"פ אל"ף (111) דהוא **אלופו** של עולם כפי שיומשך לז' ספירות תתאין ועד למטה מעשרה טפחים בב"א. וממשיך ומפרט הקללה – ועריכם יהיו חרבה, וכדפרש"י והיתה ארצכם שממה: שלא תמהרו לשוב לתוכה, ומתוך כך עריכם יהיו חרבה – נראות לכן חרבות – וממילא "ועריכם יהיו חרבה" גימ' (592) "מציל עני מחזק ממנו" ע"ה (תהל' ל"ה,י') דקוב"ה יצילנו מכל הני קללות ויראנו ברכאן תחתיהם, כאמרם (פסחים נ.) לעתיד לבוא יברכו על הרעה כמו על הטובה ברוך הטוב והמיטיב דיחזו עין בעין דכולהו ברכאן נינהו, ונמשך **בתפארת דיסוד** "והיתה ארצכם שממה ועריכם יהיו חרבה" גימ' (1754) "הארץ אשר נשבע ה' לאבותיכם" (דברים א',ח') – וממילא ממשיך בכאן אז תרצה הארץ את שבתותיה וכו' בחינת יום שכולו שבת.

וזהו דארצכם הוא ארץ החיים ארץ נצחית, דעתידה ארץ ישראל להתפשט בכל העולם כולו, וממילא יהא פירוש הקללה לברכה, כדאמרו אנשי הצורה לרבי אלעזר יחרב ביתך ויתוב אושפיזך ופירש לו רבי שמעון לברכה – דהקבר זהו יחרב ביתך, ועל דרך זה כאן ארצכם ועריכם הם ארצות החיים נצחיים וכמו הקבר שהוא נצחי עד לתחיה – הרי ישאר שומם וחרב ואתם תזכו לחיים ארוכים וטובים, ונרמז בדקות בפרש"י והיתה ארצכם שממה: שלא תמהרו לשוב לתוכה – ולפירושינו היינו לקבר, ותחיו חיים ארוכים וטובים, וממילא עריכם חרבה, והוא מעין יחרב ביתך דאמרו בסוגיין לרבי אלעזר כנ"ל.

והנה שלשת הראשונות חסד גבורה תפארת דיסוד דכללות דהיינו כולא פסוקא (ויקרא כ"ו,ל"ג): "ואתכם אזרה בגוים, והריקותי אחריכם חרב, והיתה ארצכם שממה ועריכם יהיו חרבה" סליקו לחושבן (3715): ה"פ "אספקלריא המאירה" (743) דזכה לה משה, ועתידים כל ישראל לזכות בה בתחית המתים בס"ד, ונרמז באומרם ז"ל דעתידין לברך על הרעה כמו על הטובה ברוך הטוב והמיטיב ומהיכי תיתי דיברכו כן חדא מאי דהוה הוה ותו והלא רעה היתה בעיניהם, אלא בעיני הבשר העכורות נראה כרע ומברכינן ברוך דין האמת ולעתיד לבוא יחזו באספקלריא דנהרא דכל דעביד רחמנא לטב עביד, ומשה רבינו דזכה לאספקלריא דנהרא באותו פרק לגביה כתיב עין לא ראתה א–להים זולתך, דעל כל פנים יהיו מדרגות בהאי אספקלריא דנהרא דכל חד לפום מאי דמשער בליביה בהאי עלמא, אך תהא ראיה זכה ומאירה לכולהו.

ולכן לאחר ג' ספירות חסד גבורה ותפארת דיסוד דכללות דסליקו ה"פ "אספקלריא המאירה" מביא ומפסיק ב' הפסוקים בענין שבתה הארץ שבתותיה דמאי שייטיה הכא, חוץ מפשוטו של מקרא – אלא לרמוז לנו שבהאי אספקלריא המאירה יהא העולם בתכלית הזיכוך כדהוה לפני החטא והקטרוג, ויהיה עולם שכולו שבת – לכן נקט לישנא דאז תרצה הארץ את שבתתיה כדכתיב אז תתענג על ה' – דיהא העולם כולו א–להות

ענג צרוף כולו רצוף אהבה בתענוגים דבורא עם נברא, וזהו ב' הפסוקים המפסיקים רצף ז' הספירות דיסוד דהיינו: "אז תרצה הארץ את שבתתיה כל ימי השמה ואתם בארץ איביכם, אז תשבת הארץ והרצת את שבתתיה - כל ימי השמה תשבת, את אשר לא שבתה בשבתתיכם בשבתכם עליה" סליקו ב' הפסוקים לחושבן (12680): י"פ "כי מלאה הארץ דעה את ה' כמים לים מכסים" (1268) דהיינו י' ספירות מלאות בדעה את הוי' דילמדו דעת תורה מהקב"ה בעצמו ולא איש מפי אחיו בסוד ולא יכנף עוד מוריך וכו' (ישעי' ל',כ') והוא בספירת יסוד דכללות כאמרם (יבמות נג:) אין קישוי אלא לדעת וכו' ולכן אין אונס בעריות וכו' ויהרג ואל יעבור בעריות ועבר חייב דהוה לדעתו - והרי היא ברכה מעליא בהמשכת ה' ספירות קדמאין חסד גבורה תפארת נצח והוד דכללות אל היסוד, דעיקר ההמשכה בחג"ת דיסוד יהא ברכה נפלאה דכתבה רחמנא בכאן בב' פסוקים הללו ומביא ו' פעמים שרש שבת בב' הפסוקים - ה' שבת ממש והו' בשבתכם לישנא דשבות, דהיינו "שבתתיה (1117) - תשבת (1102) - שבתתיה (1117) - תשבת (1102) - שבתה (707) - בשבתתיכם (1175)" סליקו יחד לחושבן (6320): "יסוד" (80) פעמים "לא-ל חי" (79) - המשכת חסד א"ל כל היום ליסוד ברית קדש, ומשם למלכות דהיא שבת מלכתא, והוא מיניה וביה דתהא כל המציאות יום שכולו שבת ומהיכן ימשיכו, אלא בשב"א גופא, וכהמשכת המן מג"ר דעתיק להאי עלמא שלא בדרך מעבר ותמורות, עד שכביכול אכלו ג"ר דעתיק שנתגשם, והוא ברכתא מעליא ואעפ"כ קורא לו עינוי כדכתיב (דברים ח',ג'): "ויענך וירעיבך ויאכילך את המן" גימ' (1047) ג"פ "יבא טוב ויקבל טוב מטוב לטובים" (349) (מנחות נג:), וכפילת ג' פעמים חדא לחזקה ותרי להמשכה בג' קוין, הרי שכולהו טוב מכל סטרוי ומכנהו בלישנא דעינוי ורעבון, ואף בני ישראל כינוהו לחם הקלוקל [כדכתיב ונפשנו קצה בלחם הקלוקל (במדבר כ"א,ה')] והוא תכלית הטוב, הרי לישנא דקללה והוא תכלית הטוב, וכן בכן במ"ט הקללות דהן תכלית הטוב דקוב"ה לעמו ישראל כנ"ל, אלא שנקט לישנא דקללות מהטעמים שאמרנו בריש דברינו לעיל.

העצה ישמור לשונו וילמד פרשיות בתורה בענין שמירת הלשון [כגון המרגלים שהוציאו דבת הארץ רעה ומעשה מרים שנצטרעה ויוסף שהוציא דבתם רעה] בשמחה של מצוה.

נצח שביסוד: "והנשארים בכם והבאתי מרך בלבבם בארצת איביהם" ע"ה גימ' (2196): ב"פ "תורה שבעל פה" (1098) ומתחלק באופן נפלא דהן ז' תיבין בעצמם בסוד ז' ספירות דנצח שביסוד (ואכמ"ל) - ומתחלק ג' תיבין וד' תיבין בסוד שלשה אבות וארבעה אמהות - דהיינו "והנשארים בכם והבאתי" גימ' (1098) "תורה שבעל פה", והוא בנצח דייקא דמסיימא הימין חכמה חסד נצח דיסוד, והיא התורה הקדושה מימינו אש דת למו, והרי גם תורה שבכתב קו הימין ומאי רבותא - לכן בכאן ב' פעמים תורה שבעל פה דהיא בחינת שבת דמעשיה כפולים וכן תלמיד חכם נקרא שבת וכאן אנו בנצח דיסוד דכללות דהוא המשכה של תורה בשעל פה בכפל כפליים בסוד כפליים לתושיה (איוב י"א,ו') - ונרמז בתיבין עצמן "והנשארים" גימ' (612), דיסוד איקרי ברית קדש והתורה איקרי

ברית אם לא בריתי יומם ולילה וכו' (ירמי' ל"ג,כ"ה) "מרך" גימ' (260) י"פ הוי' (26) המשכת הרחמים למלכות שיגאלנו ברחמים, "בארצת" גימ' (693) "ויקרא אל משה" תמן א' זעירתא המשכה מעתיק כנ"ל מאן דאיהו זעיר איהו רב, וכדכתיב אתהלך לפני ה' בארצות החיים (תהל' קט"ז,ט') ורק בכאן בארצת בהדיא איביהם גימ' (68) "חיים", כדאמרינן אשר נתן לנו את תורתו קאי אתורה שבכתב וחיי עולם נטע בתוכנו היינו תורה שבעל פה – ובכאן לישנא והבאתי מרך בלבבם כד"א (שמות ו',ח') "והבאתי אתכם אל הארץ אשר נשאתי את ידי לתת אתה לאבתיכם ליצחק וליעקב ונתתי אתה לכם מורשה אני הוי'" גימ' (6869) "מלוכה" (101) פעמים "חיים" (68) ע"ה כדכתיב כי לה' המלוכה וכו' (תהל' כ"ב,כ"ט) ואז אתהלך בארצת החיים כנ"ל היא ארץ ישראל שנשבע ה' לאבותינו מורשה וכו' ולכן "מורשה אני ה'" גימ' (638) "אברהם יצחק יעקב", ורמיזא טובא ואין כאן מקומו. ובכאן יהיה פירושו – והבאתי מרך בלבבם – אביא להם לב רך – לב בשר לאביהם שבשמים כדכתיב לעתיד לבוא והסירותי את לב האבן מבשרכם ונתתי לכם לב בשר (יחזקאל ל"ו,כ"ו).

העצה ישמור לשונו וישוב בתשובה שלמה מאהבה על כל מיני לשון הרע שסיפר או שקיבל כל ימייו ביודעין ושלא ביודעין ויקבל על עצמו ב"נ שלא לעבור על איסור לשון הרע בשמחה של מצוה.

הוד שביסוד: "ורדף אתכם קול עלה נדף" גימ' (1106): ב"פ "מחיה מתים" (553) דהן ב' שלבים בתחית המתים יקומו במומיהם, ימותו ויקומו בשלמותן ואין כאן מקום להאריך, ורק נקשרו לנצח שביסוד דאמרינן דסליק לחושבן ב"פ תורה שבעל פה, והרי מקבילות הלולאות דעסק התורה דעיקרה התורה שבעל פה מילין חדתין דפטטיא דאורייתא טבין (ירושלמי סוף ברכות) זוכין לתחית המתים כל חד לפום מאי דחידש ועסק בהאי עלמא חשוכא והוסיף אור התורה לנשמתו במחשכים הושיבני זה תלמוד בבלי (סנהדרין כד.) וכדאמר רבי יוסף חיים זוננפלד "ציון במשפט תפדה" גימ' תלמוד ירושלמי "ושביה בצדקה" גימ' תלמוד בבלי ובארנוהו בסוד אור וחשך. ובמקום אחר בארנו מאמר חז"ל (עבודה זרה ה' ע"ב) לעולם יהא אדם "כשור לעול וכחמור למשא" ר"ת כול"ל – לומד כל היום בכולל, והוא גימטריא (1313) "תחית המתים" – הכונה כולל לאו דוקא, אלא דעוסק כל היום בתורה לשמה כדכתיב והגית בו יומם ולילה (יהושע א',ח').

והברכה בכאן בסוד ועלהו לא יבול ודרשו חז"ל (סוכה כ"א ע"ב) אפילו שיחת חולין של תלמידי חכמים צריכה תלמוד, וכן בכאן קול עלה נדף דאפילו שיחת חולין דילהון תלמד בדקדוקיה, ויהא הקול קול יעקב ויעלמו ידי עשו מן העולם כמוץ אשר תדפנו רוח, כנגד קול עלה נדף כנ"ל.

העצה ישמור לשונו דלא ידבר מהרחוקים מהשי"ת [ואלו ששבו מדרכם שלא להזכיר להם את הראשונות] אלא רק יעסוק בלקרבם בשמחה של מצוה.

יסוד שביסוד: "ונסו מנסת חרב" גימ' (882) ב"פ "אמת" (441), דיסוד איהו צדיק יסוד עולם דאיקרי אמת, כדאמרי בלועי דקרח משה אמת ותורתו אמת והן בדאין ובכאן ב' פעמים אמת כפליים לתושיה, דהוא יסוד שביסוד, אמת א' ליסוד דכללות ואמת הב' ליסוד דפרטות, ובפורים האיר יסוד אבא ונגאלו בסוד ונהפוך הוא והוא סוד תחית המתים, וכן

בכאן "ונסו מנסת" גימ' (672) ב"פ "פורים" (336) בסוד ב' שלבים בתחית המתים כנ"ל בספירת הוד שביסוד, והן ב' נשיאות ונסו מנסת חרב הקב"ה ישא אתכם על נס, ומעליו נס נוסף דהן ניסי ניסים - חרב היא חרב נוקמת נקם ברית (ויקרא כ"ו,כ"ה) ביסוד שביסוד, דינקמו מאויביהם כדהוה בזעיר אנפין בפורים.

וביוסף צדיקיא כתיב הים ראה וינס (תהל' קי"ד,ג') ודרשו חז"ל (ילכות שמעוני תהלים רמז תתע"ג) מה ראה הים ראה ארונו של יוסף שנס מפני המרשעת וגדר עצמו מן הערוה וגדרו כל ישראל עצמם - ונתן כח לכלל ישראל לענין שמירת הברית קדש דהוא ענין עיקרי בבר נש דרוצה להיות צדיק וכאמרם בזה"ק צדיק איהו מאן דנטר ברית וכן דוד מלכא משיחא סיים ספרו תהלים "כל הנשמה תהלל י-ה הללוי-ה" בגימ' (1016) "ברית קדש" והכל הולך אחר החיתום - כי הא בהא תליא הילול השי"ת ותשבחותיו עולים בקנה אחד עם שמירת ברית קדש.

העצה ישמור לשונו בעצם בתענית דיבור, ירבה בעיסוק בתורה, תפלה ואמירת תהלים בשמחה של מצוה.

מלכות שביסוד: "ונפלו ואין רדף" גימ' (523) "בחר בנו מכל העמים" דאמרינן בברכת התורה אשר בחר בנו מכל העמים ונתן לנו את תורתו וכו' ואין טעם ברצון דישראל עלה במחשבה לפני כל דבר - ובכאן יתפרש ונפלו ואין רדף כדאמרי אין מזל לישראל (שבת קנו.) דאין הוא פלא מתמן ינקין ישראל ולכן לא תקרי ונפלו בקמץ אלא ונפלו בחיריק מלשון פלא עליון כדמברכינן מפליא לעשות [ומקורו בפסוק ויעל על הצור לה' ומפליא לעשות (שופטים י"ג,י"ט)] - דיסוד סליק עד לפנימיות הכתר, ובאופן פרטי הוא מלכות דיסוד דסליק בסוד נשי דאמרי שעשני כרצונו דהן בסוד כתר מלכות, דכתב האר"י הק' דמלכות בקטנות היא נקודה תחת היסוד, והיא ספירה דנן מלכות שביסוד, וכשנגדלת נהיית פרצוף מלכות שלם בסוד א"ט ב"ח, והיא חביבה מכולן ונפלו ואין רודף בחיריק ונפלו מלשון פלא עליון כנ"ל, דכל השביעין חביבין.

העצה ישמור לשונו בתפלה ואמר ר' יוחנן הלואי ויתפלל אדם כל היום כולו בשמחה של מצוה.

וזהו ד' ספירות תתאין דיסוד - נצח הוד יסוד מלכות דיסוד דכללות, דכולהו בסוד פסוקא דהיינו (ויקרא כ"ו,ל"ו) "והנשארים בכם והבאתי מרך בלבבם בארצות איביהם ורדף אתם קול עלה נדף ונסו מנסת חרב ונפלו ואין רדף" גימ' ע"ה (4707): ט' פעמים "ונפלו ואין רדף" (523), והוא ט' פעמים דייקא בסוד א"ט ב"ח הגדלת המלכות לפרצוף שלם - ט' ספירות נותנות לה המלכות שלהן והיא נתגדלה לפרצוף שלם להתיחד עם בעלה.

מלכות - תפלה:

במלכות דכללות הן ג' פסוקין בתראין דמ"ט קללות (ויקרא כ"ו,ל"ז-ל"ט): פסוק א' לחג"ת פסוק ב' לנצח והוד ופסוק אחרון ליסוד-מלכות, וכולהו קללות תמן וכשלו... לוא תקומו... ואבדתם... ואכלה... ימקו... דמלכותא לית לה מגרמה כלום, ואית לה כל דיהיב לה בעלה - דהמלכות היא העיקר דאיקרי עקרת הבית, דכל שפע אינסוף ב"ה מושפע באורות וכלים דאצילות תמן כתיב איהו וחיוהי חד איהו וגרמוהי חד בהון (הקדמת תקו"ז י' ע"א), ומשם למלכות דאצילות דממנה נבראים עולמות בריאה יצירה ועשיה יש מאין המוחלט, אך הוא בכחו של ז"א שמושפע

בו אא"ס כנ"ל, ומכל מקום חזינן דסוף כל דרגין ותכלית הכל היא המלכות אוהבה כגופו ומכבדה יותר מגופו (יבמות סב:) בסוד איתתך גוצא גחין ותלחוש לה (בבא מציעא נט.), והוא תכלית הכוונה דנתאוה הקב"ה להיות לו יתברך דירה בתחתונים, לכן אמרו כל השביעין חביבין.

ואמרינן מלכות דלה ועניה דלית דה מגרמה כלום (עיין זוה"ק ח"א דף קפ"א ע"א), היינו כלום ממש בחינת אין המוחלט וכיצד נחלק לפרצוף עשר ספירות, יש לומר דלית לה מגרמא כלום קאי אאורות אך כלים אית לה, ובעלה יהיב לה אורות היינו מוחין מדיליה ועושה כלי כאמרם (סנהדרין כב:) אין האשה כורתת ברית אלא למי שעשאה כלי, דכלים בלא אורות אינו כלי, דכל תכלית הכלי אינו אלא למשוך את האור אליו, וכל תכלית האור אינו אלא למשוך את הכלי ולהעלותו אליו בסוד העלאת רפ"ח נצוצין שנפלו בשבירת הכלים דייקא, דהכלים נשברו והאורות נסתלקו לשרשן למעלה ולא כתיב שבירה באורות, דבכללות הן אבא ואמא עילאין דבהן לא היתה שבירה אלא רק ירידה ונשארו באותו עולם היינו באצילות, אך בז' תחתונות היתה שבירה - בכלים שלהן וירדו מעולם לעולם עד לעשיה רח"ל וכתיב בהן מיתה היינו מיתת מלכים קדמאין וימלוך וימות וכו' ובעבודה הוא ענין זיכוך הכלי היינו זיכוך המדות של האדם כדעבדינן בספירת העומר בסוד זכה נעשית לו התורה סם חיים לא זכה וכו' זכה מלשון זיכוך, לכן נמשלו ישראל לכלי זכוכית ועובדי גלולים לכלי חרס, דמה איכא זיכוך בכלי חרס אלא שבירתן זו היא תקנתן, ובכלי זכוכית שנשברו ניתן לצרפן מחדש ולא חוזרת טומאתן והן כלי זכוכית דייקא שתוכו כברו כן הוא עיקר הזיכוך של יהודי להיות תוכו כברו פיו ולבו שוים וכיצד בעסק התורה לשמה ממילא כל מעשיו יהיו לשם שמים ויזכה להיות לו ית' משכן מקדש מעט כדכתיב ושכנתי בתוכם, בתוכו לא נאמר וכו'.

חסד שבמלכות: "וכשלו איש באחיו כמפני חרב ורדף אין" גימ' (1461) י"פ "חכמה ובינה" (146) ע"ה, דכל תכלית המלכות להמשיך שפע מאבא ואמא עילאין דרך הזעיר ועד אליה, לכן תפלה במלכות תפלה לעני כי יעטף וכו' ואית בה כח להמשיך מפנימיות אבא ואמא עילאין, מה שאין כן בזעיר דהוא שמש, וממשיך רק מחיצוניותם - והיא מעלת המלכות על הזעיר בחינת אשת חיל עטרת בעלה (משלי י"ב,ד') היא אשה כשרה העושה רצון בעלה, דממשיכה אליו שפע מבחינת אבא ואמא עילאין וכתר המלובש בהן וכן תנה"י דאמא נהיים כתר לזעיר ונכנסים בו בבחינת מוחין והוא בזכות המלכות שכן זעיר הוא בחינת צנור אתוון רצון להעביר השפע אל המלכות.

וכן הוא בעבודת ה' כאשר אשה מעודדת בעלה בלמוד התורה והתפלה ומסירה מעליו עול הפרנסה וגדול ילדיו הרי ממשיכה בו השפע כנ"ל, וממילא נמשך שפע זה אליה דרכו בגשמיות וברוחניות להיות להם ילדים יראי שמים וברכה בשפע הגשמי היורד אליהם מאתו ית' ויתע'.

ובכאן הוא החסד שעושה המלכות-האשה עם הזעיר-האיש לכן הוא חסד שבמלכות, אמנם מלכות בכללות היא ענין גבורות וצמצומים וחשך דאמרינן לית לה מגרמא כלום אלא כלים חשוכים דבזיכוכן ממשיך האור להאיר בהן, דהן ישראל בני מלכים לכן "ישראל"

גימ׳ (541) ״אור וחשך״, ובהן שכנת השכינה בחי׳ ושכנתי בתוכם, דאיהו וחיוהי חד בהון היינו באו״ר שבישראל ואיהו וגרמוהי חד בהון היינו בחש״ך שבישראל, דיתגלה לעתיד לבוא שישראל שעלו במחשבה לפני כל דבר הרי הם מושרשים וחלק מעצמותו יתברך חלק א-לוה ממעל ממש.

העצה יתפלל להשי״ת שירבה חסדיו עמו ויהפכהו לאיש חסד ואמת בשמחה של מצוה.

גבורה שבמלכות: ״וכשלו איש באחיו כמפני חרב ורדף אין״, הרי קללה זו היא גם כן בספירת גבורה שבמלכות איזהו גבור הכובש את יצרו וכדפרש״י וכשלו איש באחיו: כשירוצו לנוס יכשלו זה בזה וכו׳ ומדרשו זה נכשל בעונו של זה וכו׳ הרי מביא רש״י שני פירושים לאותן תיבות, ורמיזא לן דהן ב׳ קללות אחת בחינת המשכה שפע וברכה גשמיים פרש״י יכשלו זה בזה היינו בגשמיות יתמכו זה בזה בגשמיות וכדוגמת יששכר וזבלון, דלכן הקדים בברכות שמח זבולון בצאתך ויששכר באוהליך, וכן שמעון ולוי תמכו זה בזה ולקחו איש חרבו על ירכו והרגו את אנשי שכם [וכן יהודה ושמעון שבט יהודה בקש משבט שמעון שיעזור לו בכיבוש הארץ ואחרי כן הוא יעזור לו (עיין שופטים א׳ ג׳-ד׳)] וכן ראובן וגד לקחו להם נחלה בעבר הירדן.

ולפירושו השני ומדרשו וכשלו איש באחיו זה נכשל בעונו של זה ״שכל ישראל ערבין זה לזה״ גימ׳ (1277) ״אור הגנוז״ בא׳ רבתי (1000) להמשכה רוחנית אור הגנוז והוא על ידי עסק התורה שבעל פה מלין חדתין באורייתא וכתב ומדרשו דייקא בחינת מדרשי חז״ל דרבי עקיבא דרש על כל קוץ וקוץ תלי תלים של הלכות וכו׳ הרי שאותן תיבין וכשלו איש ואחיו הוא בכאן לקביל ב׳ קללות שהן ברכות מעליא המשכת שפע גשמי חסד שבמלכות ושפע רוחני לקביל גבורה שבמלכות שממשיכה מג״ר דעתיק דרך גבורה שבו שפע אור הגנוז, וכנרמז ורדף אין - אין מזל לישראל, דאינם מקבלים שפע דרך המזלות אלא מהאין הא-להי מעצמותו ומהותו ית׳ ממש וכשאמרו חז״ל (אבות ה׳,כ״א) בן עשרים לרדף וכן בכאן ורדף אין, שהאין הא-להי ירדף אתם באשר הם והוא כידוע ענין השגחה הפרטית על ישראל בניגוד להשגחתו ית׳ על הגויים ועל הטבע דהיא בהשגחה כללית ואין לו עסק עמהם בפרטי פרטיות, מה שאין כן ביהודי כל זיע וניע בו מושגח - כדחידש הבעל שם טוב - דהשגחתו ית׳ על יהודי היא ללא שיעור לעומת השגחתו על שאר הבריאה, דישראל הן המעט מכל העמים שממעטין עצמן לפני וכיצד לא אשא פני אליהם, היינו אשגיח עליהם מפנימיותי, דיהודי בפנימיותו שוכן האין הא-להי, ורמזינן ״ישראל בעל שם טוב״ ר״ת בגימ׳ (321) ״השגחה״.

לכן בכאן בקללות בג׳ מקומות כתיב אין רודף והן כולן במלכויות, דהיינו: א׳. ונסתם ואין רודף אתכם (כ״ו,י״ז) במלכות שבחסד, ב׳. ונסו מנסת חרב ונפלו ואין רדף - במלכות שביסוד. ג׳. וכשלו איש באחיו כמפני חרב ורדף אין - והוא בכאן חסד וגבורה שבמלכות, והוא נפלא מאד כיצד חזינן דאין היהודי, שהוא במלכות דישראל בני מלכים מאן מלכי רבנן מושרש באין הא-להי ולכן הקללות שבכאן דמדכר אין הן במלכויות דייקא, ובב׳ פעמים הראשונות דכתב רחמנא אין כתב נס - ונסתם ואין רדף - דישא אתכם על נס ויגביהכם לרישא תליתאה רישא

דאריך, והוא מלכות שבחסדו ית', ואחר כך ונסו מנוסת חרב ונפלו ואין רדף - ישא אותם גבוה יותר במלכות דיסוד ועד לרישא דאין, והשלישי בכאן לא כתיב נס כבשני הקודמים דסליקו לרישא דלא אתידע, וכתיב בתר דא בתפארת דמלכות (לקמן) תהיה לכם תקומה בחינת אקים את סוכת דוד הנופלת נפלה לא תוסיף, קום בתולת ישראל (עמוס ה',ב' ועיין גמ' ברכות דף ד' ע"ב) בחינת הקמת המלכות לעתיד לבוא שכינתא מעפרא בחינת תחית המתים דשכנתי בתוכם קאי גם אמתים דהוא הבלא דגרמיה החופף על עצם הלוז, והקיצו ורננו שוכני עפר תהיה גם הקמת שכינתא מעפרא להתיחד ביחוד הגדול והשלם לעתיד לבוא ליחדא קוב"ה ושכינתיה ביחודא שלים בשם כל ישראל בב"א.

ומעתה יתפרש כברכה מעליא וכשלו איש באחיו כדפירש רש"י על הפסוק (דברים כ',ט') "והיה ככלות השוטרים לדבר אל העם ופקדו שרי צבאות בראש העם" פרש"י: שרי צבאות: שמעמידים זקיפים מלפניהם ומאחריהם וכשילים של ברזל בידם וכו' זקיפים בני אדם עומדים בקצה המערכה לזקוף את הנופלים עד כאן, ובפסוקא דנן וכשלו איש באחיו יזקפו איש את חברו ויגנו איש על חברו מפני אויב בכשילים שבידם וכשלו מלשון כשילים כלי זין מברזל [ואולי יש לזה רמז בפסוק: ברזל בברזל יחד ואיש יחד פני רעהו (משלי כ"ז,י"ז)] וכן ברוחניות יהיו ערבים זה לזה כדפרש"י.

העצה יתפלל להשי"ת שיזכה לקיים רצונו יתברך היינו הלכות ולא ייכשל יאמר בכניסתו ויציאתו תפלת ר' נחוניא בן הקנה בשמחה של מצוה.

תפארת שבמלכות: "ולא תהיה לכם תקומה לפני איביכם" גימ' (1351) "גדולה גבורה תפארת" דתפארת כוללת חסד וגבורה דיעקב איש תם ישב אהלים מאחד אהלי אברהם ויצחק, ובכאן היא הקמת המלכות וקרינן ולו היינו השי"ת תהיה לכם תקומה לפני איביכם, דהקב"ה בעצמו יקים את בתולת ישראל מעפרא לאיגרא רמא - ויהא ישראל אשר בך אתפאר - תפארת שבמלכותו יתברך.

העצה יתפלל להשי"ת שיזכה ללמוד תורה לשמה ויזכה לכוון לדעת הצדיקים שבכל דור בשמחה של מצוה.

וזהו חסד גבורה תפארת שבמלכות, דהיינו כולא פסוקא (כ"ו,ל"ז): "וכשלו איש באחיו כמפני חרב ורדף אין, ולא תהיה לכם תקומה לפני איביכם" גימ' (2812): ד"פ "שבתא" (703) דמלכותא קדישא היא בחינת שבת מלכתא, ולעתיד לבוא עת תקום יהא יום שכולו שבת ולכן ד' פעמים דהוא שם הגדול בן ד' מלובש במלכות בסוד שבתא דייקא, א' היינו אלופו של עולם מלובש בשבת ובישראל המשמרין את השבת קדש, כאמרם (במדרש מובא בתוס' חגיגה ג: ד"ה ומי כעמך) שלשה מעידין זה על זה ישראל קוב"ה ושבת, ישראל ושבת על הקב"ה שהוא אחד, ישראל והקב"ה על השבת שהוא יום מנוחה, השבת והקב"ה על ישראל שהם יחידים באומות.

ובכאן הוא שלימו דכולהו בג' ספיראן חג"ת לקביל שלשה אבות, וסליקו לחושבן ד' פעמים שבתא לקביל ארבע אמהות, שבתא דייקא בלשון תרגום דאיתתא לקביל איש היא תרגום כדכתיב ויפל ה' א-להים תרדמה על האדם ויקח אחת מצלעותיו דמתוך תרדמת האיש יצר את האשה, ומהאשה הוא בניין כלל ישראל לכן אמר דוד המלך בשובינו לציון

היינו כחולמים דכל משך הגלות כחלום יעוף.

העצה יתפלל להשי"ת שיעזרהו בניצוח היצר כאמרם ז"ל (סוכה נב:) אם אין עוזרו אין יכול לו בשמחה של מצוה.

הוד שבמלכות: "ואכלה אתכם ארץ איביכם" גימ' (897) "משה אהרן ומרים" דהן ג' רועין יקירין שרעו את ישראל במדבר בארץ לא ־רועה וכו' ובכאן אהרן בסוד אוהב שלום ורודף שלום אוהב את הבריות ומקרבן לתורה (אבות א',י"ב) ובהוד שבמלכות בפרט דמלכותא שציא כולא ואכלה כולא לכן בכאן ואכלה אתכם ארץ איביכם פרש"י "אלו המתים בגולה" גימ' (578) ב"פ "טוב" (17) פעמים "טוב" (17) כאמרם (מנחות נג:) יבוא טוב ויקבל טוב מטוב וכו' וכאן ב"פ טוב היא התורה הקדושה ב' תורות תורה שבכתב ותורה בשעל פה, ובתורה שבכתב גופא ב' לוחות לוחות ראשונים ולוחות שניים, ובתורה שבעל פה תלמוד בבלי ותלמוד ירושלמי - ומעתה ואכלה אתכם ארץ איביכם למעליותא - "איביכם" גימ' (83) "טוב גנוז", וכשיתגלה הטוב הגנוז בעם ישראל דהיא מלכות דאינסוף הרי שצי כולא ואכלי כולא דאכל אישו את הגויים ושריהם, וזהו "ואכלה אתכם" גימ' (523) "ונפלו ואין רדף" במלכות שביסוד לעיל, דביארנוהו ונפלו בחיריק מלשון פלא עליון.

העצה יתפלל להשי"ת על רחוקים שמכיר ביחד עם כלל ישראל ויתפלל על עצמו מדוע רחוק הוא מהשי"ר. ומתורתו הקדושה בשמחה של מצוה.

וזהו נצח והוד כחדא אזלין תרין סמכי קשוט, דהן בפסוקא חדא (ויקרא כ"ו,ל"ח) "ואבדתם בגוים, ואכלה אתכם ארץ איביכם" גימ' (1411) "טוב" (17) פעמים "טוב גנוז" (83) דהוא אור הגנוז דיתגלה בעם ישראל ותתגלה מעלת ישראל, דנצח והוד הן בחינת חנוכה ופורים דאמרו חז"ל מועדים בטלים ופורים אינו בטל וכן חנוכה גם הוא לא יתבטל.

יסוד שבמלכות: "והנשארים בכם ימקו בעונם בארצת איביכם" גימ' (1774) ג"פ "כל ישראל" (591) ע"ה, דהן ב' תיבין דמסיימים תורתינו הקדושה, וכדפתחו חז"ל פרק חלק בגמרא סנהדרין כל ישראל יש להם חלק לעולם הבא וכן בסיפא דפרשתא דקללות מסיים ברזא דאינסוף פסוקא (ויקרא כ"ז,מ"ו): "אלה החקים והמשפטים והתורות אשר נתן ה' בינו ובין **בני ישראל** בהר סיני ביד משה" גימ' (4170) י"ה (15) פעמים "אור הגנוז" (278) דהן י' ספירות הגנוזות המתלבשות בדרך השתלשלות עד אבא ואמא עילאין ומתמן בדרך זיווגים והולדות משתלשלים עד להאי עלמא.

נמצא שהברכות הן בד' עולמות עד לאינסוף מתמן נמשכים דפתח (כ"ו,ג') אם בחקתי תלכו וכו' ונתתי גשמיכם בעתם וכו' כל הברכות דהביא בעולם העשיה, וממשיך ונתתי משכני בתוככם - מתחיל ברכות בעולם היצירה, ומפסוק ט"ז מתחיל בעולם הבריאה באופן של קללות, והוא על דרך יוצר אור ובורא חשך, עשה שלום ובורא רע (ישעי' מ"ה,ז') דשינו חז"ל ללשון נקיה בתפלה בברכת יוצר אור עושה שלום ובורא את הכל, אך מהפסוק בעצמו חזינן עשה שלום לקביל יצירה דכתיב למעלה מיניה, ובורא רע לקביל ובורא חשך, דבבריאה האור כל כך רב ועצום שמחשיך עיני המסתכל בו כדוגמת המסתכל בשמש בצהרי יום חשש שיהא סומא מריבוי האור, ולכן בבריאה באופן

של הסתרה הברכות מאחרי קללות - וכן כפי שביארנו בהקדמה למנוע קטרוג ויניקה דסט"א משם, דאם הקב"ה בעצמו מקללם מה לו לס"מ לקללם, דהוא מלך זקן וכסיל ואינו יכול להשיג ולהבין ולדרוש דהן ברכות מעליא - ובתר הקללות סליק לעולם האצילות (החל מפסוק מ"א) אף אני אלך עמכם בקרי והבאתי אתם בארץ איביהם וכו' וזכרתי את בריתי יעקוב תמן מלא ו' דהן ה' ווין שלקח יעקב מאליהו לפקדון עד שנבשר בשורת גואל והארץ אזכר זו מלכות דאצילות וכו' וכן עולה באצילות עד רזא דאינסוף דכתיב וזכרתי ד' פעמים לקביל ד' אותיות שם הוי' ב"ה, דיזכר השי"ת כד סליק ברעותיה למברי עלמא - דאז ישראל עלו במחשבה לפני כל דבר, וזהו: "וזכרתי - אזכר - אזכר - וזכרתי" גימ' (1742) הוי' (26) פעמים "בינה" (67) דאמא עילאה כתרא דז"א ולעתיד לבוא ז"א סליק לבחינת אבא ואמא היינו י-ה, כאמרם (פסחים נ.) ביום ההוא יהיה הוי' אחד ושמו אחד, והאידנא לאו אחד איהו אלא כיום מברכים על הרעה ברוך דיין האמת ועל הטובה ברוך הטוב והמיטיב, לעתיד לבוֹא כולו הטוב והמיטיב - ובארנוהו בכמה מקומות באורך ולענייננו יחזו דכל דהוה בחינת קללה ורע היה טוב ומשובח לעילא ולעילא, אלא שבעיני הבשר העכורות לא נתפס הטוב שבו ונראה כקללה רח"ל.

וכן הוא בכאן נפרשו לעילא ולעילא: והנשארים בכם ימק"ו אתוון יקמ"ו בארצת איביכם - היינו יקומו בתחית המתים, דסליק ג"פ כל ישראל ואמרו חז"ל כל ישראל יש להם חלק לעולם הבא, והבאנו מהרבי מליובאוויטש באגרות קודש כרך א' אגרת פ"ה דכל ישראל יקומו בתחית המתים ואף אלה שהסיתו ועשו להכעים מוכיח הוא ממקורות בחז"ל שיקומו כלם - ומה שאמרו חוץ מהכופר בתחית המתים ומי שלא כרע במודים והמלוים ברבית דלא יקומו - הכוונה בשלב הראשון, אלא שבשלבים מאוחרים יותר - סוף דבר כולם יקומו - והגויים עצמם הם שימקו כמבואר בנביא (זכרי' י"ד, י"ב): וזאת תהיה המגפה אשר יגף ה' את כל העמים אשר צבאו על ירושלים **המק** בשרו והוא עמד על רגליו ועיניו **תמקנה** בחוריהן ולשונו **תמק** בפיהם - הרי לגויים ג' פעמים ימקו - כנגד ג"פ כל ישראל שבפסוקא דנן - שהם יקמ"ו צירוף ימק"ו. וזה בגויים "המק (145) תמקנה (595) תמק (540)" סליקו יחד לחושבן (1280) כ"פ "דין" (64) רמיזא הדין שיעביד עמהון קוב"ה יהא מבחינת הכתר.

וזהו למעלה מיניה (שם בזכריה פסוק ט') איהו הפסוק "והיה ה' למלך על כל הארץ ביום ההוא יהיה ה' אחד ושמו אחד" גימ' (1127) "תורה - תפלה" ע"ה, לרמוז דהכל תלוי בעסק התורה והתפלה, והוספת הכולל רמיזא עמודא תליתאי גמילות חסדים, דהכולל רמיזא מטבע הצדקה דהוא בצורת נקודה מרמז אקוצו של יוד, בחינת א' זעירא דויקרא אל משה - והן התיבין "והיה ה' למלך על כל הארץ ביום ההוא" גימ' (693) "ויקרא אל משה" תמן א' זעירא דנן, וכן בתיבין דנן והנשארים בכם ימקו בעונם **בארצ"ת** גימ' (693) "והיה ה' למלך על כל הארץ ביום ההוא" כנ"ל, ובתוספת "יהיה" (30) גימ' (723) "יעקב ישראל" עם קדש.

נמצא שיגאלו ויקומו כל ישראל בעונם קרי בעונם היינו בזמנם כמו שדרשו חז"ל על הפסוק בעתה אחישנה (ישעי' ס', כ"ב) זכו אחישנה לא זכו בעתה

(סנהדרין צח.) קרי בעונם כלומר בעונתם – ומסיים הקללות במלכות דמלכות (לקמן) ואף בעונות אבותם אתם ימק"ו – חוזר לעילא – וקמ"ו בעונת אבותם – בזמן שאבותם יקומו, כדרשו חז"ל (סנהדרין צ:) מנין לתחית המתים מן התורה דכתיב במשה הנך שכב עם אבתיך וקם (דברים ל"א,ט"ז), וכשזה קם זה נופל, כשבני ישראל יקומו הגויים ימקו כפשוטו כמפורש בזכריה כנ"ל, דכולא פרשתא כתיבא בענין חג הסוכות כדפרשו חז"ל במסכת עכו"ם מצוה קלה יש לי וסוכה שמה וכו' והביאה רש"י ד"ה את חג הסוכות (פסוק ט"ז שם).

והנה בגמרא יומא נב: בענין ה' דברים בתורה שאין להם הכרעה "שאת משקדים מחר ארור וקם" ועולים לחושבן עם הכולל והכללות (1998) ח"י פעמים אל"ף (111) שהוא אלופו של עולם חי החיים שאין בו ספק כלל, וראיתי לקשרו לדרוש הספקות לאר"י ז"ל תמן ה' ספקות בכתר, הרי שנדרוש לקמן בס"ד הפסוקים שמביא רבינו איסי בן יהודה ונדרוש חושבן הפסוק חלקו הראשון עם המילה שנסתפק, ולאחר מכן נוסיף התיבה המסופקת לחלקו השני של הפסוק – וכן נדרוש הפסוק כולו וכל ה' הפסוקים בס"ד ברמז למקרה המלכים דאתבירו ולתיקון המלא בידי משיח צדקנו ובתחית המתים כמבואר בתיבה אחריתי וקם – הנך שוכב עם אבותיך וקם (דברים ל"א,ט"ז) – מכאן לתחית המתים מן התורה (סנהדרין צ"א ע"ב).

ושאלו בתוספות (שם על הגמ' יומא נ"ב ע"ב) ד"ה שאת משקדים מחר ארור וקם: תימה הוא דלא נקטינהו כסדר שהן כתובין בתורה וכו' אף בכאן ננסה להביא ביאור דהוא בדוקא, ונקבילו בס"ד לחמש הספיקות של האר"י ז"ל בענין שם מ"ה החדש דמתקן לשם ב"ן כנ"ל, וכדלקמן:

א'. שאת: "הלוא אם תיטיב **שאת** ואם לא תיטיב לפתח חטאת רבץ, ואליך תשוקתו ואתה תמשל בו" (בראשית ד',ז') גימ' (5421): י"פ "מלאך המות" (542) ע"ה דבפסוק הבא (ח') היא הרציחה הראשונה בתורה דכתיב ויקם קין אל הבל אחיו ויהרגהו, והקדים הקב"ה תרופה למכה דעלה במחשבה ענין תחית המתים קודם לענין המיתה ונרמז בספק החמישי וקם דהיינו (דברים ל"א,ט"ז) ויאמר ה' אל משה הנך שכב עם אבתיך וקם מכאן לתחית המתים מן התורה כנ"ל, והוא כנגד ויקם קין וכו' וכן הארכנו במקום אחר דכתיב למעלה (בראשית ג',ג') ומפרי העץ אשר בתוך הגן וכו' לא תאכלו וכו' פן תמתון הרי תיבה קדמאה ומפר"י צירוף פורי"ם ונהפוך הוא – סוד תחית המתים דיצאו ממיתה לחיים, ותיבה אחריתי תמתון דנקנסה מיתה לעולם – הרי הקדים הקב"ה תרופה למכה.

וכן בפסוקא דנן דהוא הספק הא' דלא הוה ביה הכרעה ענינו שליטה ביצר ובחירה בחיים כדכתיב (דברים ל',י"ט) ובחרת בחיים והוא ע"י דבקות בקב"ה חי החיים ע"י תפלה ותחנונים דגילה משה י"ג מדות הרחמים ומסרם לנו בסוד נפילת אפיים – ומהאי טעמא פסוקא דנן סליק לחושבן (5421) ג' פעמים "הקדוש ברוך הוא – תפלה – ישראל" (1807) רמיזא ג' תפילות ביום דתיקנו לנו אבותינו הקדושים למען נדבק בו יתברך ונזכה לצאת ממיתה דרשעים בחייהם קרויים מתים (עיין ברכות י"ח ע"ב) דאינם דבקים כלל בחי החיים – ונצא לחיים ארוכים וטובים אמן.

ובכאן נדרוש פסוקא עם תיבה שאת מלפניה ולאחריה דהיינו: "הלוא אם תיטיב שאת" גימ' (1215): ז"ך (27) פעמים "אדם" (45) דהיינו דפירוש החיובי במשמע - אם תזכך עצמך להיותך אדם ז"ך כמו שאמר איוב זך אני בלי פשע וכו' (איוב ל"ג,ט') אזי שאת לשון סליחה הוא (פרש"י בגמרא יומא נב: הנ"ל), ולאידך "שאת ואם לא תיטיב לפתח חטאת רבץ ואליך תשוקתו ואתה תמשל בו" גימ' (4907) ז"פ "שאת" (701) א' בהדיא כנ"ל, ושאר תיבין עוד ו"פ "שאת" (701) לשון נשיאת עוון, רמיזא ז' מלכין קדמאין דאתבירו, דהפגם פוגם בז' המידות דהן בהתכללות ולכן ז' פעמים שאת כנגד ז' המדות הנפגמות בכל עוון ועוון, והארכנו לעיל בענין מ"ט הקללות בפרשת בחוקותיי דהן שבע פעמים שבע כדכתיב שם בהדיא ואם עד אלה לא תשמעו לי ויספתי ליסרה אתכם שבע על חטאתיכם וכו' (ויקרא כ"ו,י"ח) וכן חוזר ד' פעמים ובארנו דכלל הקללות אינן אלא ברכות מעליא ויסוד לדבר הגמרא מועד קטן דף ט. עת קללו ב' הצדיקים את ר' אלעזר בן רשב"י וביאר לו רשב"י דהיו ברכות מעליא.

וכן על זה הדרך הן כל הקללות שבתורה - דאם אדם חטא הרי ייסורים ממרקים ומיתה מכפרת (עיין יומא פ"ו ע"א) רח"ל - ואם התגבר על היצר וניצחו הרי באות עליו ברכות, כנרמז "אם תיטיב שאת" הוא גם כן ר"ת שא"ת דצדיקים דומים לבוראם מה הוא הטוב והמיטיב אף צדיקים חפצים לעשות רצונו ית' ולהיטיב לכל.

ב'. **משקדים**: "ובמנרה ארבעה גבעים משקדים כפתריה ופרחיה" (שמות כ"ה,ל"ב) גימ' (2224): ח"פ "אור הגנוז" (278) וכפילת ח' פעמים הוא האור הגנוז העתיד להתגלות א' יותר מז' דהטבע - וכנרמז בח' נרות חנוכה וח' ימי חנוכה, דז' קני המנורה דלקו למשך ח' ימים בדרך נס, ולכן חושבן פסוקא ע"ה הוא נמי חושבן (2225) כ"ה (25) פעמים חנוכ"ה (89) כ"ה היא השכינה כמבואר בדברי רבינו המגלה עמוקות בכמה מקומות בסוד כ"ה תברכו את בני ישראל (במדבר ו',כ"ג), ונרמז ענין אור הגנוז דמנורה בפסוקא גופא דתיבה "ארבעה" גימ' (278) "אור הגנוז" כנ"ל, רמיזא שם העצם בן ד' י-ה-ו-ה.

ונדרוש תיבה דמספקא ליה לאיסי בן יהודה מלפניה ולאחריה - דהיינו: "ובמנרה ארבעה גבעים משקדים" גימ' (1200) ד"פ "המאור הגדול" (300) דהוא שם בן ד' כנ"ל דעתיד להאיר בגלוי לעתיד לבא כי שמש ומגן הוי' א-להים דשם אלהי"ם גימ' הטבע הוא הנרתק ומעלים על שם הוי' ב"ה דהוא המאור הגדול, וכאשר יוציא הקב"ה חמה מנרתיקה כתיב בסוף תרי עשר הנני שולח לכם אל אליה הנביא לפני בוא יום ה' הגדול והנורא (מלאכי ג',כ"ג) עת יוציא הקב"ה חמה מנרתיקה ויגלה שמו הגדול הוא המאור הגדול כנ"ל ומעתה יובן כביכול כעסו של הקב"ה כאשר קטרגה הלבנה (חולין ס:) דאמרה רבונו של עולם אפשר לשני מלכים שישתמשו בכתר אחד כביכול אמרה זאת כלפיו ית' דהוא המאור הגדול כנ"ל כנודע שמשא היינו זעיר אנפין סיהרא היינו המלכות והאריך בספרו הגדול מאמר שני המאורות ר' אייזיק האמלער בענין הקטרוג מלשון קטר רגיג דרצתה דלא יגדע הקשר ואהבתה אליו בהיותם בעלי כתר אחד עלול להיפגע ח"ו השלום בית כנודע מאיש

ואשה גשמיים דאי אפשר להם בכתר אחד אלא איש כתר תורה והאשה עקרת הבית אם הבנים שמחה דמתבטלת ועושה רצון בעלה היינו עושה לו את כתר התורה שלו דשולחת אותו ללמוד ועוסקת בפרנסת ודאגות הבית וכו' ואז זוכה אף היא כאמרם ז"ל (בגמרא ברכות י"ז ע"א) גדולה הבטחה שהבטיח הקב"ה לנשים וכו' ושואלת הגמרא נשים במאי זכיין, ומתרצת באקרויי בנייהו לבי כנישתא ובאתנויי גברייהו בי רבנן ונטרין לגברייהו עד דאתו מבי רבנן, ולכן כתיב בפסוקא את שני המארת חסר לשון מארה וקללה כמפורש ברש"י שם – וחוזר לדאמרינן ברישא דכל הקללות שבתורה הן לטובה וכן הוה לשעה קטרוג הלבנה וכדהארכנו באופן ס"ח לויקרא בענין לשון הרע לשם שמים עיין שם.

ולאידך "משקדים כפתריה ופרחיה" גימ' (1518) ב"פ "עלה ראש הפסגה" (759) דזכה משה להסתלק ל"רישא דלא אתיידע" גימ' (1041) "ויהי אחרי מות משה" כנ"ל וזכה לטעום טעם תחית המתים בחיי חיותו דארבעים יום וארבעים לילה לחם לא אכל ומים לא שתה, דאין אכילה ושתיה בעולם התחיה, ולכן חושבן ג' תיבין הללו הוא ג"כ חושבן (1518): ו"פ "תחית המתים" בא"ת ב"ש (253). עלה בידינו דחלק הראשון של פסוקא לקביל גלוי האור הגנוז לעתיד לבוא וחלקו השני בסוד תחית המתים, הרי שיהיה הגלוי הגדול תחילה ואז התחיה ב"ב אכי"ר.

ג'. **מחר**: "ויאמר משה אל יהושע בחר לנו אנשים וצא הלחם בעמלק, מחר אנכי נצב על ראש הגבעה ומטה הא–להים בידי" (שמות י"ז,ט') גימ' (3477): ג"פ "אלף (1000) העולם הבא (159)" (1159), במחית עמלק לעתיד לבוא יהא הגלוי הגדול כנ"ל – וכן תתגלה נשמת משה רבינו מעוברת בדוד מלכא משיחא כמבואר באור החיים הקדוש דמשה הוא שרש לכל נשמות ישראל, וכן הצדיקים בכל הדורות הם ענפים אליו.

ונעביד חושבן לפסוקא עם תיבה מח"ר מהאי גיסא ומאידך גיסא, דהיינו: "ויאמר משה אל יהושע בחר לנו אנשים וצא הלחם בעמלק **מחר**" גימ' (2391) י"פ "כי יד על כס י"ה" (239) ע"ה, דאמרו חז"ל (במדרש מובא ברש"י שמות י"ז,ט"ז) אין כסא שלם [דכתיב כס חסר א'] ואין שם שלם [דכתיב י–ה חסר ו–ה] עד שימחה שמו של עמלק, ומאידך גיסא "**מחר** אנכי נצב על ראש הגבעה ומטה הא–להים בידי" גימ' ע"ה (1335) י"ה (15) פעמים חנוכ"ה (89), י"ה הן הנסתרות לה' א–להינו והוא בחינת אור הגנוז הנרמז ב–ח' נרות דחנוכה, ובפסוק הקודם בתיבה משקדים סליק לחושבן כ"ה (25) פעמים חנוכ"ה (89) הוא האור הגנוז שגנזו הקב"ה בתורה שניתנה ל–מ' יום כמבואר בבעל הטורים (בראשית א',ד') דעביד חושבן "את האור" כחושבן "בתורה" הרי מקבילות הלולאות ו–ב' הפסוקים דמשקדים ומחר משלימים ל–מ' פעמים חנוכה, ויחד עם פסוקא קדמאה "שאת" (5421) סליקו לחושבן (11122): מ' פעמים "אור הגנוז" (278) עם ב' התיבות, דגנזו קוב"ה בתורה שניתנה ל–מ' יום כנ"ל, והוא נפלא מאד.

ד'. **ארור**: בכאן הן ב' פסוקים בחדא מחתא, דהיינו: "בסדם אל תבוא נפשי בקהלם אל תחד כבדי כי באפם הרגו איש וברצונם עקרו שור (3584) – **ארור** אפם כי עז ועברתם כי קשתה אחלקם ביעקב ואפיצם בישראל (3321)" (בראשית מ"ט ו',ז') סליקו יחד לחושבן (6905): ה"פ "רב

לך אל תוסף דבר אלי עוד בדבר הזה" (1381) (דברים ג׳,כ״ו) דאמר קוב״ה למשה לאחר שהתחנן והתפלל תקט״ו תפלות כמנין ואתחנ״ן, ואלמלא התפלל תפלה נוספת היה נכנס לארץ ישראל – אין הכי נמי מדוע לא התפלל ונכנס, אלא דאם היה נכנס היה בונה את בית המקדש ומעשי ידיו של משה נצחיים וגלוי וידוע לפניו ית׳ דעתידים ישראל לחטוא ומוטב דיכלה זעמו בעצים ואבנים היינו ב׳ חורבנות ולא בהם, וקשה דאם היה נכנס משה היה מביא לבחינת הלעתיד לבוא יתמו חטאים מן הארץ (תהל׳ ק״ד,ל״ה) ובלע המות לנצח (ישעי׳ כ״ה,ח׳) והיה מסיר כל הענינים הבלתי רצויים והדרא קושיא לדוכתא, אלא אמר ליה קוב״ה [וכן מביא המגלה עמוקות] לך יש ראיה אחת ולי יש שתי ראיות, אף על פי כן יחטאו לפני, וקיבל משה ולא התפלל את התפלה התקט״ז, דאז עולה המנין מ״ואתחנן" (515) ל״יבנה המקדש" (516), ובכאן מוכח בהדיא דהקללות שבתורה הן ברכות, דהרי הן ברכות יעקב לשבטים לפני הסתלקותו ומשתמש בלשון קללה ארור אפם כי עז ודאי דאינו מכוון לקלל את שמעון ולוי באמצע הברכות אלא הן ברכות מעליא וכמבואר בחז״ל ופרש״י בסודם אל תבוא נפשי: זה מעשה זמרי וכו׳ בקהלם: כשיקהל קרח וכו׳ ואין כאן מקומו להאריך – והארכנו לעיל בענין מ״ט קללות דבחוקותיי דהן ברכות מעליא – ועיין שם וקשרהו לכאן.

ונעביד חושבן הפסוקים דארור מהאי גיסא ומאידך גיסא, דהיינו: "בסדם אל תבא נפשי בקהלם אל תחד כבדי כי באפם הרגו איש וברצנם עקרו שור ארור" גימ׳ (3991): י״פ "אלף זעירא" (399) ע״ה, דמבואר אצלנו במקום אחר דאלף זעירא דויקרא הוא סוד אור הגנוז וכאן עשר פעמים אלף זעירא רמיזא עשר ספירות הגנוזות במאצילן מלכות דאינסוף והכולל דמוספינן בסוד טיפה מיסוד דאינסוף למלכות דאינסוף לבריאת המציאות כולה מריש כל דרגין דאיקרי אדם קדמון עד סוף כל דרגין אדם התחתון ישראל איקרי דמקיים רצונו יתברך ב–ג׳ קוין דתורה עבודה וגמילות חסדים באמונה פשוטה וכעבד נאמן – ובהתגלות אור הגנוז יתמתקו כל הדינים ויכלו כל הקטרוגים, וכדהתפלל יחזקאל דיחליף הקב״ה פני שור בפני כרוב ונענה – דלא יקטרג השור שבמרכבה ויזכיר מעשה העגל. ותמהתי ושאלתי את מו״ר הרה״ג ר׳ צבי חשין שליט״א והרי עסקינן בחיות המרכבה ואמרינן פני שור אל השמאל (יחזקאל א׳,י׳) ולא אמרינן פני כרוב הרי שלא נתבטל השור וכיצד היא הסוגיא בחגיגה (דף י״ג ע״ב) שנתהפך לכרוב ומקשינן היינו כרוב היינו אדם ומפרקינן אפי רברבי ואפי זוטרי – ובחסידות מבואר דקאי אז״א דאינסוף ומלכות דאצילות (ואין כאן מקומו), וענה לי במשפט קצר ונחרץ דכתיב אין הדינים נמתקים אלא בשור – שם, היינו השור עדיין קיים בבריאה, דיחזקאל השיג עד יצירה [כמבואר באריז״ל] וישעיה בבריאה, אם כן ביצירה הוא כרוב, אך בשורש בבריאה עדיין לא נחלף ונשאר שור, ובכאן לענייננו בקשו שמעון ולוי לעקור השור ששם היינו למתק הדין בשורשו ויקוים אך לעתיד לבוא בידי משיח צדקנו דימתק הדינים והוא משה דזוכה לסוד אלף זעירא הרי בכאן החושבן י׳ פעמים אלף זעירא עם הכולל כנ״ל בסוד גלוי אור הגנוז ותחית המתים, וכן לימדנו רבינו הרב צבי חשין שליט״א בענין

הכולל דהוא בסוד "כשור לעיל וכחמור למשא" (עבודה זרה ה:) ואמרתי לפניו דהוא חושבן (1313) "תחית. המתים" במכוון ושמח בדברי.

ומאידך גיסא: "ארור אפם כי עז ועברתם כי קשתה אחלקם ביעקב ואפיצם בישראל" גימ' (3321): כ"ז (27) פעמים ענ"ג (123) דלעתיד לבוא תזדכך כל המציאות כולה ויהיה עונג כולו רצוף אהבה ביחוד בורא ונברא וגלוי א-להותו ית' בגופים גשמיים דבני ישראל, דזכה משה והטעימו הקב"ה מעין זה בקירון עור פניו בסוד בקיעה מכאן אמרו חכמת אדם תאיר פניו (קהלת ח',א') וכל הברכה כאן היא בנוסח של קללה – והיא ברכה מעליא כנ"ל.

וכן בשאת דרשנו מלפניה דהיינו "הלוא אם תיטיב שאת" סליק לחושבן (1215) כ"ז פעמים אד"ם (45), בסוד זיכוך המידות לקראת הגאולה וביאת משיח צדקנו וכאן הוא תוצאה דסוף דבר ז"ך פעמים ענ"ג, ובצירוף פסוקא דנן דאידך גיסא כנ"ל (3321) סליקו לחושבן (4536): י"ב פעמים "בשלום" (378) כרכתיב ה' יברך את עמו בשלום (תהל' כ"ט,י"א) וכדמסיימינן לצלותא המברך את עמו ישראל בשלום נוטריקון ב' שלום לתתא ולעילא ביום שכולו שבת ניחא לעילא ניחא לתתא בב"א.

ה'. **וקם**: "ויאמר ה' אל משה הנך שכב עם אבתיך וקם העם הזה וזנה אחרי אלהי נכר הארץ אשר הוא בא שמה בקרבו ועזבני והפר את בריתי אשר כרתי אתו" (דברים ל"א,ט"ז) גימ' (6944) "דוד" (14) פעמים "מלכות" (496) כנודע דוד מלך ישראל חי וקים דהוא עצם המלכות כלמדנו ה"ר צבי חשין שליט"א דו"ד מל"ך הרי הוא נוטריקון דכתיב לגבי מלכות "דלה ועניה דלית לה מגרמה כלום" וממילא סליק לחושבן (1043) ג"פ רצו"ן (346) עם ה' תתאה דשם הוי', בסוד איזוהי אשה כשרה העושה רצון בעלה, דהיא מלכותא קדישא דאצילות דרגליה יורדות מות (משלי ה',ה') לעולמות בי"ע להעלאת הבירורים עד לפנימיות רצונו ית' לעשות נחת רוח ליוצרנו - דכפילת ג' פעמים רצו"ן מרמזים ג' עולמות הנבראים בריאה יצירה עשיה, ומעלה הבירורים לכתר בסוד מאי דאמרי נשי שעשני כרצונו מעשיה לכתר דלית להון מגרמיהון מידי, ולכן יכולות להכיל ולהעלות הברורים לכתר ומשם משפיעות לבעליהן היינו ז"א שפע הכתר וחוזר חלילה וכן הוא אופן הברורים עד שיכלו נשמות מהגוף ויבא משיח צדקנו ויגאלנו בב"א ויכשיר דרא לתחית המתים וזהו דאמרו חז"ל תחית המתים מן התורה מנין הנך שכב עם אבתיך וקם, ואף אנן נעביד חושבן וק"ם וק"ם מהאי גיסא ומאידך גיסא דהיינו: "ויאמר ה' אל משה הנך שכב עם אבתיך וקם" גימ' (1745) ה"פ "יבא טוב ויקבל טוב מטוב לטובים" (349) והוא מהסוגיא בגמרא מנחות נ"ג ע"ב ודרשו חז"ל שם יבא טוב זהו משה ויקבל טוב זאת התורה מטוב דא קוב"ה לטובים אלו ישראל, וביארנו במקום אחר הקושיא בגמרא (בבא קמא נד:) מדוע לא כתיב טוב בלוחות ומסיימינן אמר רב אשי ח"ו פסקה טובה מישראל היינו היות שאות ט' היא טוב וגלוי וידוע לפניו ית' דעתידין הלוחות להשתבר הרי מנע אות ט' מלהיות בלוחות, ושאלנו אין הכי נמי העיקר חסר מן הספר כנודע מר' סעדיה גאון דכתב דבלוחות מכל אות יוצאת מצוה א' מתרי"ג מצוות דאורייתא וז' דרבנן הרי כת"ר מצוות יוצאות מכת"ר אותיות דאית

בלוחות וכן כתב הקאמרנא זצוק"ל ספרו הכביר אוצר החיים ובו מבאר אחת לאחת כת"ר האותיות מעשרת הדברות ואיזו מצוה יוצאת מכל אות ומאריך נפלאות בכל ענין וענין מדוע מאות זו דייקא יצאה מצוה זו דייקא, אשרי המעיין בהאי ספרא רבה – ואם כן מאות ט' שהיא טוב והקב"ה הוא טוב כנ"ל יבא טוב ויקבל טוב וכו' לא תצא אף מצוה – ותירצנו אין הכי נמי השאיר הקב"ה בחסדו וברוב טובו אות ט' לנו בני ישראל שנקראנו טובים בקיום התורה והמצוות נשלים אות ה–ט' החסירה בלוחות, נמשך מדברינו כשיהודי מקיים תורה ומצוות כדבעי הרי הלוחות בבחינה הפרטית שלו הן שלמות, ואם להיפך ח"ו הרי אכן בבחינתו הפרטית חסרה האות ט' ומחסיר הוא העיקר מן הספר דלכן רשעים בחייהם נקראים מתים, והוא בסוד א"ך טוב לישראל (תהל' ע"ג,א') דהיינו כ"א אותיות בלוחות היינו א"ך, ואות ה–ט' הוא הטוב ניתנה לישראל להשלים – ובלוחות השניים דהם לאחר התיקון ולאחר סלחתי כדברך (במדבר י"ד,כ') ב"פ ט' למען ייטב לך ובזרוע נטויה כפליים לתושיה (איוב י"א,ו') וכדוגמת דלא כתיב כי טוב ביום השני לבריאה וביום השלישי השלימו פעמיים כי טוב – אמנם היא מחלוקת גדולה בין הראשונים מה כתיב בלוחות השניים ואין אנו נכנסים למעונות אריות ולהררי נמרים.

ומאידך גיסא: "וקם העם הזה וזנה אחרי אלהי נכר הארץ אשר הוא בא שמה בקרבו ועזבני והפר את בריתי אשר כרתי אתו" גימ' (5345): ה"פ "זאת התורה אדם" (1069) דרשו חז"ל (ברכות סג:) אדם כי ימות באהל (במדבר י"ט,י"ד) אין התורה מתקיימת אלא במי שממית את עצמו עליה, וכפילת ה' פעמים הוא לקביל ה"פ או"ר דיומא קמאה דמעשה בראשית – ובכאן הן התיבות האחרונות ב–ה' הפסוקים ד–ה' התיבות דאין בהן הכרעה דהביא איסי בן יהודה בגמרא ובסדר זה דייקא, דכל אות בגמרא הקדושה מכוונות בדעת קדושי עליון. ובכאן תקצר היריעה מריבוי הרמזים בהני תיבין וקם העם הזה וזנה וכו' ונאמר אך קמעה "וקם העם הזה" גימ' (278) "אור הגנוז" דכולהו יקומו בתחית המתים, וכדהאריך הרבי מליובאוויטש באגרת הקדש חלק א' אגרת פ"ה ומוכיח ממקורות בחז"ל דאף הפחותים שבישראל שאין להם כל זכות משום צד אף הם יקומו בתחית המתים ומה שאמרו במקרים הללו ואחרים שאין להם חלק בתחית המתים כגון הכופר בתחית המתים מוכיח הרבי מליובאוויטש דהכוונה בשלבים הראשונים של התחיה ברם בשלבים מאוחרים יותר יקומו אף הם דלא ידח ממנו נדח (ש"ב י"ד,י"ד) כלל וכלל – ואף כאן מפשט הפסוק דאמרו חז"ל אתחית המתים מן התורה מנין הנך שוכב עם אבותיך וקם – הרי וקם קאי אתחית המתים, והולך להאי גיסא ולאידך גיסא וקם העם הזה דכולם יקומו כנ"ל – ואם לא די בכך הרי תיבה "וזנה" גימ' (68) "חיים" דאין אכילה ושתיה בתחית המתים ואף לא פריה ורביה (עיין ברכות יז.) ויתמו חטאים מן הארץ ומאי וזנה – אלא לישנא דמזון רוחני [כמו רחב הזונה וכו' דלשיטה אחת הוא מלשון מזון] דכעת גוף ניזון מנשמה ולעתיד לבוא נשמה ניזונית מגוף דתתגלה מעלת גוף איש הישראלי ויזונו מהשי"ת בעצמו דילמדנו תורה בעצמו ולא איש מפי איש [כדכתיב ולא ילמדו עוד איש את רעהו וכו' כי כולם ידעו אותי מקטנם ועד גדולם (ירמי' ל"א,ל"ג)].

"וקם העם הזה וזנה" גימ' (346) "רצון" דבנ"י הם בחינת אשה לקב"ה והיא אשה כשרה העושה רצון בעלה כנ"ל, ובתוספת תיבין "אחרי אלהי" סליק לחושבן (611) "תורה", דיעסקו בתורה עם הקב"ה בעצמו בב"א.

והנה משה רבינו זכה לסוד א' זעירא ויקרא אל משה בסוד אור הגנוז ותחית המתים כנ"ל, ותיבין "וקם העם הזה וזנה אחרי א-להי נכר הארץ אשר הוא בא" סלקו לחושבן (1693) "אלף (1000) ויקרא אל משה (693)" ד-א' זעירא דזכה לה תגדל לעתיד לבוא לאלף רבתי דאדם (תחלת דברי הימים) אתם קרויים אדם ואין עכום קרויים אדם, ותיבה בהבאה מיד (אשר הוא בא) שמ"ה צירוף מש"ה והוא הפלא ופלא.

והנה ה' הפסוקים שהן ו' [שכן ארור כולל ב' פסוקים תמן ה' תיבי' דמספקא ליה לאיסי בן יהודה לאיזה צד בדיוק שייכים כנ"ל] סליקו יחד לחושבן (24971): "ברכה" (227) פעמים "הוי' טוב ומטיב" (110) ע"ה, כדאמר הקב"ה לאות ב' בך נאה למיברי עלמא דאנת ברכ"ה [כדאיתא בזוה"ק] ואיהו ית' תכלית הטוב וטבע הטוב להיטיב כמבואר בספה"ק, ושמיה דבעל המימרא רמיזא אמונתנו בבוראנו דהוא תכלית הטוב כנ"ל "איסי בן יהודה" גימ' (163) "ויהי ידיו אמונה", אמנם הגמרא הקדושה מונה כמה וכמה שמות דהוו ליה לאיסי בן יהודה והלא דבר הוא היכן מצינו בש"ס שימנה כל כך הרבה שמות לאדם א' ודאי כונה איכא הכא ורמיזא בשמותיו רזין עילאין, וכן רמזו התוספות ד"ה הוא יוסף הבבלי (יומא נב.) - ואף אנן נעביד חושבן שמותיו דהן בכללות ז' שמות שמונה הש"ס ומפרידם ו' שמות ולבתר ומה שמו איסי בן עקיבא בחינת כל השביעין חביבין - והרי שמותיו:

א'. "יוסף איש הוצל" גימ' (598) ב"פ "רחמנא" (299) בספירת **היסוד** יוסף צדיקא - ב' פעמים רחמנא דייקא דהוא צדיק עליון וצדיק תחתון - "הוצל" גימ' (131) "ענוה" דבמקום שאתה מוצא גדולתו של הקב"ה שם אתה מוצא ענותנותו, ורמזו בספרים דשם הוי' במילואו היינו גדולתו הוא במספר הקטן מכל האותיות.

ב'. "יוסף הבבלי" גימ' (205) "א-ל חי וקים" בספירת **החסד** - חסד א"ל כל היום (תהל' נ"ב,ג'), ואף תמן שמו יוסף דחסד משפיע עם היסוד יוסף איש הוצל ומתמן למלכות, בחינת חסד דאזיל עם כולהו יומין.

ג'. "איסי בן יהודה" גימ' (163) "ויהי ידיו אמונה" כנ"ל בספירתו של משה רבינו **בנצח**, משה בא"ת ב"ש גימ' (102) "אמונה".

ד'. "איסי בן גור אריה" גימ' (558) ח"י (18) פעמים א"ל (31) [כדכתיב צמאה נפשי לא-להים לא"ל חי (תהל' מ"ב,ג')] ובחסד אמרינן החושבן א"ל ח"י וקים הרי מקבילות הלולאות, וכן בשמיה גור ארי"ה ארי"ה גימ' **גבור"ה** בהדיא.

ה'. "איסי בן גמליאל" גימ' (247) "יראי הוי'" **בתפארת** דאינון ישראל דדחלין לקוב"ה.

ו'. "איסי בן מהללאל" גימ' (269) "ספון גנוז" ע"ה דהוא אור הגנוז **בהוד** בסוד ח' נרות חנוכה.

ז'. "איסי בן עקיבא" גימ' (316) ד"פ "בן דוד יבא" (79) במלכות - דוד מלכא משיחא יבא ויגאלנו בב"א.

והנה ו' שמות הראשונים בסוד ו' קצות סליקו יחד לחושבן (2040) כ"פ

אמונ"ה (102), דאמונה היא כתרא עילאה מתלת רישין שבכתר - ומעילא לתתא הן אמונה - תענוג - רצון כנגד רישא דלא אתיידע, ולכן הוה ליה בשמיה רמז אמונה דאף שאין הכרעה בהני ה' תיבין הרי אינו מכחיש כח האמונה דהוא ית' כולו הטוב והמיטיב כנ"ל, והרי ו"ק ממשיכות השפע למלכות דהיא עקרת הבית הרי ביחד עם שמו השביעי דכל השביעין חביבין כנ"ל סליקו ז' השמות לחושבן (2356) "רישא דאריך - רישא דאין - רישא דלא אתידע" עם ג' הרישין בסוד תלת רישין דאינון בכתר דנזכרו בתחלת אדרת האזינו.

וזהו דמאריך רבינו האריז"ל בביאור עתיק יומין והספיקות שבו (עי' חיים שער עתיק פרקים ג' ד' ה', ובמקומות נוספים), ובכללות הן ספיקות באופן תיקון הנוקבא דעתיק מה נתעכב בעתיק יומין דבכללות הוא שם מ"ה המברר את הנוקבא שם ב"ן, ובהוי' דנוקבא שם ב"ן שם הוא דלא אתידע כמה משם ב"ן נתעבר בשם מ"ה הוא עתיק דכורא הנקרא רישא עילאה - ובאריז"ל הן ב' חלוקות בכללות תמן שני ספקות בחלוקה הראשונה ו-ג' ספיקות בחלוקה השניה, ואין כאן מקומו להיכנס בפרטי הדרוש בחינת וירא והנה איל אחר נאחז בסבך בקרניו (בראשית כ"ב,י"ג) - דהוא דרוש סבוך ביותר - בין הסבוכים בכתבי האריז"ל.

ואנן רק נקביל הלולאות דהן ה' ספיקות באריז"ל בענין דכורא ונוקבא עילאין כיצד נתעברו זה בזה לצורך התיקון, ואצלינו כאן הן ה' תיבין דנסתפק איסי בן יהודה דאמרינן חושבן שמו (163) "ויהי ידיו אמונה" בחינת רישא עילאה כנ"ל כיצד לדרשם אם לימין הפסוק דכורא ואם אשמאילה לשמאל הפסוק נוקבא.

ובכללות ה' תיבין דהביא איסי בן יהודה הן כנגד ה' הספיקות דאריז"ל וכנגד ה' פרצופים דכללות האצילות אריך ונוק' אבא ואמא ישראל סבא ותבונה זעיר אנפין ונוק' יעקב ולאה, והן כנגד השם הגדול י-ה-ו-ה עם קוצו של י' כנגד כתר דהוא ממוצע בין עולמות האינסוף לעולמות הנבראים.

לכן ב' ספיקות ראשונות בחדא מחתא כנגד י' וקוץ ה-י' דאינן נפרדים, וכן כתר וחכמה דכללות, ושאר ג' ספיקות כנגד ה-ו-ה דשם הגדול, ובכללות הן כנגד עולמות בריאה יצירה עשיה - ה' עילאה בריאה ו' יצירה ו-ה' תתאה עשיה.

הרי דאף אנן נאמר ד-ב' ספיקות ראשונות דאיסי בן יהודה שאת - משקדים כנגד כתר וחכמה או עתיק ואצילות דכללות, שאת כנגד עתיק קוצו של י' - דפסוקא תמן שאת כנ"ל דהיינו "הלוא אם תיטיב שאת ואם לא תיטיב לפתח חטאת רב"ץ, ואליך תשוקתו ואתה תמשל בו" גימ' (5421) י"פ "קוצו של י'" (542) ע"ה, הרי רמז מובהק ונפלא לכך ששאת הוא בקוצו של יוד בכתרא עילאה דאיהו בלחודוי נושא הפכים דיכול לשאת דבר והיפוכו כגון מציאות בורא ונברא כאחד, אחדות ופירוד וכיו"ב, ולכן נרמז בתיבה שאת בחינת נושא הפכים, ובצד שמאלו סליק לחושבן ז"פ "שאת" רמיזא ז' מלכין קדמאין דאיתבירו דלא נתנו מקום לזולתם ולקחו כל האור לעצמם בחינת אנא אמלוך ומיתו היינו נפלו כליהם לעולמות התחתונים ועד לעולם השפל הלזה דאין למטה ממנו, ומהאי חושבן גופא רמיזא התיקון דהן ז"פ שאת דהתיקון לשאת עם הזולת ולסובלו כאמרם הוי דן את כל האדם לכף זכות (אבות א',ו'), ואמרו אל תדון את חברך

עד שתגיע למקומו (אבות ב׳,ד׳) וכיו״ב מה דעלך סני לחברך לא תעביד (שבת לא.), ואהבת לרעך כמוך זה כלל גדול בתורה (בראשית רבה כ״ד,ז׳) וכו׳ וכו׳ בענין שאת דהוא גופא התיקון.

ותיבה הבאה ״משקדים״ רמיזא אות י׳ דשם הוי׳ ב״ה וב״ש בחינת חכמה – דבחכמה לעומת הכתר כבר יש ציור דאורות כי בי–ה ה׳ צור עולמים (ישעי׳ כ״ו,ד׳) צייר עולמים וכן הוא באריז״ל אורות מצוירים וחולק עליו הרמ״ק דאור פשוט ומקבל ציורו בכלים – הרי תיבה ״משקדים״ גימ׳ (494) ״הנגלות״ לעומת הכתר דהוא בכללות הנסתרות, אמנם למטה מזה והנגלות ו–ה לעומת הנסתרות י–ה לה׳ אלהינו (דברים כ״ט,כ״ח) אבל הוא בערך התחתון – ובערך הכתר י׳ חכמה בחינת הנגלות כנ״ל.

ויחד ״שאת – משקדים״ סליקו תרוויהו לחושבן (1195) ב״פ ״אור פנימי קדמון״ (597) ע״ה, דמהכתר לחכמה נשפע האור כנ״ל דחכמה הוא ביטול בחינת נקודה וכך היא יכול הלהיות כלי לאורו ית׳ ומתקנת ענין אנא אמלוך דמלכין קדמאין דאתבירו בחי׳ בחכמה אתברירו.

ג׳ תיבין הנוספים לקביל ג׳ ספיקות האחרות באר״י הק׳ והן בכללות בחי׳ עולמות בריאה–יצירה–עשיה הנבראים ה–ו–ה, דהיינו לקביל ה׳ עילאה ״מחר״ אמרינן דפסוקא תמן תיבה מחר סליקת לחושבן (3477) ג״פ ״אלף (1000) העולם הבא (159)״ (1159) כנודע בינה הוא עלמא דאתי ותמן אות אלף ממנה נמתקין הדינין בחינת אלף זעירא במלכות אלף רבתי בבינה ולעתיד לבוא מי זאת עולה (שיר השירין ג׳,ו׳) תעלה א׳ זעירא דמלכות לכי ומעטי את עצמך (עיין חולין ס:) אל בחינת בינה אלף רבתי דאדם על הכסא מלמעלה וכו׳ (יחזקאל א׳,כ״ו).

לקביל ו׳ ביצירה ״ארור״ תמן חציו טוב חציו רע לכן לית ו׳ בלא ו׳ נוספת עמה דכתבינן וו, הרי ו׳ ימנית טוב ו׳ שמאלית רע בחינת ארור המן אל השמאל וברוך מרדכי אל הימין וחשבונן שוה כדמבאר הרוקח תרוויהו חושבן שב״ר, ברוך מרדכי לשבור שב״ר דיוסף וארור המן הריהו שב״ר כלי, ופשוט – דעכו״ם נמשלו לכלי חרס דשבירתן זו היא תקנתן וישראל לכלי זכוכית דתוכו כברו, ואם נשבר פסקה טומאתו וניתן לצרפו מחדש לכלי טהור כדאמרו אין שלם מלב נשבר.

ותיבה אחריתי ״וקם״ בסוד ה׳ תתאה דשם הוי׳ ב״ה בסוד תקומת המלכות כנסת ישראל בחי׳ קום בתולת ישראל, והוא בתחית המתים כנ״ל עת יקוים בנו הקיצו ורננו שוכני עפר, בביאת משיח צדקנו בב״א.

וכן הקדישו חז״ל פרק שלם בגמרא לענין החלומות וקראוהו פרק הרואה (במסכת ברכות) מכלל דחלומות הן ראיה ממש אלא שהדעת בגלות ואזי מושלים בו באדם בחלום היינו כל מיני שדין רוחין ולילין ומראים לו שטויות והבלים כאמרם (ברכות נה.) אין חלום בלא דברים בטלים – וכן במציאות חיי עירותינו אנון דברים בטלים כמו בחלום עד שרח״ל פגם בעון הנורא ש״ז לבטלה ופוגם בטיפי המח רח״ל ומשקיע את האדם בגלות וימש חשך תרתי משמע (וד״ל) עד דכנוהו חז״ל נוקבא דתהומא רבא – ועל הכל מועילה תשובה ויפה שעה אחת קודם דלא יהיו יסורין ממרקין ונזכה להגאל מחשכת הגלות אנו וצאצאינו עם כלל ישראל עם קדש אז ימלא שחוק פינו דיאמרו לישחק

אבינו אתה ונזכה לאורו הגדול יתברך בב"א.

נצח שבמלכות: "ואבדתם בגוים" גימ' (453) "מלך המשיח" דהוא במלכות, ובפרט בנצח שבמלכות שהיא ספירתו דמשה רבינו, דמשה הוא גואל ראשון והוא גואל אחרון - ויתפרש בכאן ואבדתם בגויים למעליותא תובדלו באופן מוחלט מהגויים ואבדתם מהיות כמותם, דבחשכת הגלות נתערבבו בני ישראל בגויים ונתבללו אתם רח"ל עד שאבד זרעם דהמתחתן עם נכריה הרי בניו נכרים ונכרת זרעו ובכאן נצח ישראל לא ישקר (ש"א ט"ו,כ"ט) דיאבדו מכל קשר להדמות לגויים - וגזרו חז"ל כמה גזירות למנוע ההתבוללות כמו לא לאכול פת ולשתות שכר עמהם וכיו"ב שמא יתחתן עמהם.

העצה יתפלל להשי"ת שיעזרהו בענין שמירת ברית הלשון וברית המעור דאם אינו עוזרו אין יכול לו בשמחה של מצוה.

מלכות שבמלכות: "ואף בעונת אבתם אתם ימקו" גימ' (1655) "אלף (1000) הקדוש ברוך הוא (655)" דהוא אלופו של עולם יגאלנו בעצמו כמפורש בנביא כנ"ל ותיבה אחריתי דקללות ימק"ו צירוף יקמ"ו כנ"ל, וכן לעיל מיניה (פסוק ל"ז) תפארת דמלכות ולו תהיה לכם תקומה - תקומו מכח השי"ת בעצמו כנ"ל - ומדכר ג' פעמים בג' הפסוקים תיבה "איביכם" שהיא בגימ' (83) "טוב גנוז", דג' פעמים "טוב גנוז" (83) גימ' (249) "ויברכהו" דכולהו ברכאן נינהו, ובכאן היא מלכות שבמלכות דכל השביעין חביבין וכאן חביבין שבחביבין ואיהו הקב"ה עושנו יוצרנו בוראנו שהאציל מחכמתו יתברך בתורה הקדושה ונתנה לנו למען נהגה בו יומם ולילה כדכתיב והגית בו יומם ולילה (יהושע א',ח') והגית בה מיבעי ליה אלא בו בהקדוש ברוך הוא ע"י עסק התורה דכולה שמותיו יתברך ויתעלה לעד ולנצח נצחים.

העצה יתפלל להשי"ת שתעלה תפלתו לרצון והיא תפלה שלפני התפלה כגון תפלת הנועם אלימלך וצדיקים אחרים בשמחה של מצוה.

הרי שיסוד ומלכות דמלכות דכללות הן בחד פסוקא (ל"ט) דהיינו: "והנשאים בכם ימקו בעונם בארצת איביכם, ואף בעונת אבותם אתם ימקו" גימ' (3429) ד' פעמים "ואנחנו קמנו ונתעודד" (857) (תהלים כ',ט') ע"ה, דרשיא דפסוקא המה כרעו ונפלו ואנחנו קמנו ונתעודד כשזה קם זה נופל - לנו יקמו ולהם ימקו כמבואר בנביא זכריה כנ"ל. ושמא תאמר אף שם ברכאן נינהו גם לגויים, אף אנו נאמר אין הכי נמי, ברכאן אינון דנמשלו עכו"ם לכלי חרס דשבירתן זוהי תקנתן - וזו ברכתם שימקו כפשוטו ויכלו מן הארץ ואזי יקוים והיה ה' למלך על כל הארץ וכו' (זכרי' י"ד,ט') דכיצד תתגלה מלכותו עת נמצאים עכו"ם דמשתחוים השכם והערב להבליהם עד שצוונו בהרחקות וגזירות חז"ל לבלתי קיום תנועה המשתמעת להשתחויה וכנפסק להלכה דנפלו מעות ולפניו עבודה זרה לא יכרע לקחתן דמחזיה להתשחויה לע"ז, וכן פסיליהם שיוצאים מהם מים מפיהם לא ישתה מהם דמחזי למנשק לע"ז וכיו"ב גזירות דעבודה זרה חמירא דזרה לא-ל עליון עד שציווה עליה בדיבר השני בעשרת הדברות לא יהיה לך אלהים אחרים על פני וכו' ואזיל ומפרט דבעשרת הדברות כל אות יוצאת ממנה מצוה דתמן כת"ר (620) אותיות תרי"ג דאורייתא ו-ז' דרבנן הרי כת"ר וממילא מכל אות נמשכים תילי תילים

של הלכות וכו' וטרח רחמנא לבאר שם חומר עבודה זרה דהוא חילול הקדש ממש יותר מכל עבירה אחרת רח"ל, עד שגם בגימטריא הוא כנגד - "רחמנא" (299) כנגד "עבודה זרה" (299) באותו חושבן רח"ל וכגון "ברוך מרדכי" ו"ארור המן", "משיח" כנגד "נחש", "משה" כנגד "חרון אף" ועוד רבים דאת זה לעומת זה עשה הא-להים, וכנגד עצמו כביכול "רחמנא" (299) עשה שתהא קיום ל"עבודה זרה" (299) דהוא הנסיון הגדול מכולם דעומד ממש כנגדו כנ"ל, ופשוט.

ותקצר היריעה, רק נאמר ששאר הפסוקים לאחר הקללות, שהן ברכות גלויות דהן כנגד עולם האצילות כנ"ל תמן לא יגורך רע, דאין יניקה לקליפות משם הרי חוזרים לאופן של ברכות מעליא עד לזכירה של ישראל שעלו במחשבה תחלה, דהיא עיקר הזכירה, הרי הפסוקים (מ"א-מ"ו): "אף אני אלך אתם בקרי והבאתי אתם וכו' (3312) - וזכרתי את בריתי יעקוב וכו' (5288) - והארץ תעזב מהם ותרץ את שבתתיה וכו' (6760) - ואף גם זאת וכו' (4640) - וזכרתי להם ברית ראשונים וכו' (5059) - אלה החקים והמשפטים והתורת וכו' (4170)" סליקו יחד לחושבן ע"ה (29,230): י' פעמים "ונתנה הארץ פריה ואכלתם לשבע וישבתם לבטח עליה" (2923) (ויקרא כ"ה,י"ט) דהוא בפרשה למעלה - פרשת בהר סיני, דהן מחוברות תדיר בהר -בחקתי, ותמן ענין היובל תשבו איש אל אחזתו וכו' ועשיתם את חקתי ואת משפטי וכו' ונתנה הארץ פריה וכו' ומסיים פרשתא (בהר) כי לי בני ישראל עבדים וכו' לא תעשו לכם אלילים וכו' אני הוי'.

אמנם לפסוקים שהבאנו יש להוסיף פסוקא (מ') והתודו את עונם ואת עון אבתם וכו' (3892), דהוא לאחר הקללות - ענין הוידוי והתשובה דסליקת לרזא דאינסוף, כדכתבנו במקום אחר "תשובה" בא"ת ב"ש גימ' "אדם קדמון", הרי סך כל הפסוקים (ויקרא כ"ו,מ'-מ"ו) גימ' (33,121): "יסוד" (80) פעמים "אור אינסוף" (414) ע"ה, דיסוד בוקע ועולה עד רזא דאינסוף - בכאן קאי יסוד דפרצוף אצילות הוא הבוקע וכולהו בכוחו דבר נש איש הישראלי יכונה אשר עושה רצונו של מקום ומקיים החוקים והמשפטים והתורות ומעורר למעלה כמים הפנים לפנים את יסוד העליון דיתגדל ויתעלה עד רזא דאינסוף ומביא ברכאן לעצמו ולעולם כולו, וכשזה קם זה נופל - הרי ממילא נופלים משנאינו ומקטריגינו דהקללות באות עליהם כפשוטו ומכלות אותם מן העולם ויקוים בנו ובצאצאינו פסוקא כנ"ל והיה ה' למלך על כל הארץ ביום ההוא יהיה ה' אחד ושמו אחד בעגלא דידן ובזמן קריב ונאמר אמן.

קונטרס

ביאור הברכה

והוא ביאור על ברכת

כ"ק אדמו"ר שליט"א מביאלא

פנחס ירמי' נפתלי רבינוביץ
בן כ"ק מרן אאמו"ר זצללה"ה
מביאלא
בית שמש

ב"ה, יז' לחודש אייר לב' למטמונים תשע"ו לפ"ק
יו"ד של הרה"ק בעל מחבר ספה"ק דגל מחנה אפרים זיע"א

הנה יד שלוחה אלי עלים לתרופה מתכריך כתבים העולים על מזבח הדפוס רמזים יקרים מפז ומפנינים, בלול מהנגלה והנסתר יחדיו יהיו תואמים, על אדני תורת אור שבעת הימים מיוסדים.

אשר ממנו יתד ופינה למדרש ציצים ופרחים, ואאלפך חכמה בסוד אלף זעירא, אשר איכא למדרש בה טעמים טובא לשבח תורה תמימה, אשר הנחיל לנו מורשה ע"י משה רעיא מהימנא בקריאה של חיבה, ונדרשת בע' פנים ואופנים כדת של תורה.

כל אלה חיברם, האי גברא רבא ויקירא ישראל אשר בך התפאר, הנכבד והמרומם הרה"ג **ישראל זידמן** שיחיה לאורך ימים ושנות חיים.

ולא עת להאריך בתושבחתא דא לגלות מליבא לפימא, של הני פטטיא דאוריתא טבי המתחדשין לאיש ישראל במתנת קל כפי שורשו למעלה, וכמו שאמר אאזמו"ר מאוסטרובא זצ"ל בעל מחבר ספה"ק תולדות אדם, דכאשר מתחדש לכל מי אשר בשם ישראל יכונה חידוש בדברי תורה, מחויב הוא להוציאו מפיו על מנת שיצא זה החידוש מן הכוח אל הפועל, והוסיף דאם הוא אדם המתבייש מלומר חידושים המתחדשים לו לרעהו פן ילעגו למו וכדומה, אזי יעמוד אצל הכותל ויוציאם מפיו אל הכותל.

וביותר תגדל המעלה כאשר נחקק בקולמוסא עלי גוילא, וכמו שפירש אדוננו המהרש"א מאמר חכמינו זכרונם לברכה אשרי מי שבא לכאן ותלמודו בידו דקאי על חקיקת דברי תורה בקני כל חרשתא.

ובעקבתא דמשיחא, אזי אמירה דכוותא, מעוררת עת פקידה, להושיע עם אשר נאנחה בגוי גלותא, בעול שעיבוד מלכותיא, בזכות גילוי טמירא וחידושא בדברי תורה.

על כן אמינא לפעלא טבא איישר חילו, הנה כי כן יבורך גבר הנותן אמרי שפר, לזכות להעלותו על מכבש הדפוס בלא שום מניעות ומכשלות, ואך טוב וחסד ירדפוהו כל ימיו, לשכון במשכנות יעקב ובאוהליו, עם כל בני ביתו והנלוים אליו וכל המסייעים בעדו בדררא דממונא, ונזכה לקול מבשר ואומר הגיע זמן גאולתכם בשובה ובנחת השתא בעגלא ובזמן קריב.

כעתירת וברכת

פנחס ירמיה נפתלי
בן כ"ק אאמו"ר זצללה"ה מביאלא

קונטרס ביאור הברכה - והוא ביאור על ברכת כ"ק אדמו"ר מביאלא שליט"א

אקדמות מילין

הנה פותח כ"ק אדמו"ר שליט"א ברכת קודשו במילים: הנה יד שלוחה אלי עלים לתרופה מתכריך כתבים וכו'

"תכריך כתבים" עולה בגימטריא (1122) "מגלה עמקות מני חשך" (איוב י"ב,כ"ב) אשר מוה"ר נתן נטע שפירא זצוקלל"ה בחר בשם זה לכל כתביו דאנו באים לפרשם בעניות דעתנו על פי אלף זעירא דויקרא להשלים לאלף פירושים, והוא לכבוד תורתו הטהורה, אשר הוא עצמו כתב חיבור בעל אלף פירושים על אלף זעירא דויקרא והלך ברובו לאיבוד וכן רוב כתביו- ונותרו רק פ"ג אופנים דהוא באור ספרנו זה.

וכתבנו בכמה אופנים דמשה רבינו זכה לסוד הכתר דהוא אלף זעירא בסוד "האור הגנוז - תחית המתים" ד' פעמים "אלף זעירא" (399) (1596) גימ' וכן הוא גימ' (1596) "מזמור שיר ליום השבת" ראשי תיבות למש"ה הדא הוא דכתיב ויקרא אל משה.

וכן בדברי קודשו דמרן אדמו"ר שליט"א תכריך בדילוג אות אחת הרי צירוף כתר ונותרו אתוון כי דסליקו לחושבן (30) יהיה כדכתיב לעתיד לבוא (זכרי' י"ד,ט') ביום ההוא יהיה ה' אחד ושמו אחד, ודרשו חז"ל בגמרא (פסחים נ.) אטו האידנא לאו אחד הוא וכו' עיין שם מה שתירצו.

וכן בכאן רומז מרן אדמו"ר שליט"א רמז נפלא: דהני כ' תיבין קמאין בסוד כתר ["עשרים" גימ' (620) "כתר"] דהיינו: **"הנה יד שלוחה אלי עלים לתרופה מתכריך כתבים העולים על מזבח הדפוס רמזים יקרים מפז ומפנינים בלול מהנגלה ומהנסתר יחדיו"** סליקו לחושבן (5000) כ' פעמים "נר" (250) דערך הממוצע דכל תיבה הוא "נר" והן נרות דאור הגנוז- המאיר בנשמת כל יהודי העוסק בתורה הקדושה כמו שחידש בעל הטורים בתחלת התורה וירא אלהים את האור כי טוב "את האור" גימ' (613) "בתורה"- והוא אור הגנוז דגנזו הקב"ה בתורה- ונרמז בשמונת נרות חנוכה- ואצלנו כ' נרות בסוד כתר- והנה

הפלא ופלא דשם הכתר הוא אהי"ה (21) וחושבן דברי מרן אדמו"ר שליט"א (5000) הן במכוון כחושבן פסוקא דאיתמר במשה רבינו (שמות ל"ד,ל"ה):

"וראו בני ישראל את פני משה כי קרן עור פני משה והשיב משה את המסוה על פניו עד באו לדבר אתו"

תמן אהי"ה (21) תיבין- והרי מקבילות הלולאות- והוא בסוף פרשת כי תשא ובארנו באריכות במקום אחר ענין חטא העגל (בפרשת כי תשא) דכתיב שם פעמים רבות תיבת "העם" והוא לגריעותא מלשון גחלים עוממות- ואחר שמשה רבינו אומר לקב"ה ואם אין מחני נא מספרך אשר כתבת- השי"ת מתרצה לו ומגלה י"ג מידות הרחמים- ומכאן ואילך (בסוף פרשת כי תשא) נקראים "בני ישראל" ולא העם כבתחילה וזה אחד מהם וראו בני ישראל כי קרן עור פני משה.

והנה בפסוקא דנן ג' פעמים "משה" גימ' (1035) ה' פעמים "אור" (207) דיום א' דמעשה בראשית (בראשית א'-ה'):

"בראשית ברא אלהים את השמים ואת הארץ, והארץ היתה תהו ובהו וחשך על פני תהום ורוח אלהים מרחפת על פני המים, ויאמר אלהים יהיה **אור** ויהי **אור**, וירא אלהים את **האור** כי טוב ויבדל אלהים בין **האור** ובין החשך, ויקרא אלהים **לאור** יום ולחשך קרא לילה ויהי ערב ויהי בקר יום אחד"

וכל זה נרמז ב-כ' תיבין קמאין בברכת אדמו"ר שליט"א דהן חושבן ה' אלפים (5000) דהן ה' אלף רבתי (1000) לרמוז ה' פעמים "אור" ביומא קדמאה דמעשה בראשית- כנודע דכל יום במעשה בראשית לקביל ספירה א' מ-ז' ימי הבנין- ויום א' לקביל ספירת החסד- וכמו שמזכיר מרן אדמו"ר שליט"א סיפא דפסוקא אור שבעת הימים.

וזהו ג' פעמים "משה" (1035) עם ג' פעמים "בני ישראל" (1809) דסוף פרשת כי תשא- סליקו לחושבן (2844) ו' פעמים "דעת" (474) דמשה הוא הדעת הכולל והוריד תורה מן שמיא למען דעת את ה' להבדילנו מכל העמים ומן המציאות כולה כאמרם מדוע תקנו הבדלה בחונן הדעת וכו'.

וזהו תכליתו של משה רבינו וכל הצדיקים דאתפשטותא דמשה בכל דרא ודרא [עיין מה שכתבנו בבאורנו על מגלה עמוקות ויקרא אופן מ"ב] היינו בצדיקי כל דור ודור- להמשיך הדעת לבני ישראל דאין מלך בלא עם- דלא

יקראו עם מלשון גחלים עוממות, אלא אדרבה שיהיו בבחינת (במדבר ח׳,ב׳) בהעלותך את הנרות כפרש״י שתהא שלהבת עולה מאליה.

והנה מוזכר בדברי חז״ל לשון תכריך והוא במשנה בכלאים (ט,ד) תכריך המת ומרדעת של חמור אין בהם משום כלאים.

ומרומז בדברי קודשו ענין ״מת חמור״ גימ׳ (694) ״ויקרא אל משה״ עם הכולל- תמן האי אלף זעירתא דזכה לה משה רבינו ונטעה בנשמות כל אחד ואחד מישראל בסוד מה שאמרו חז״ל אין התורה מתקיימת אלא במי שממית את עצמו עליה שנאמר (במדבר י״ט,י״ד) זאת התורה אדם כי ימות באהל [כמו שבארנו לעיל אופן ק״ג] וכדכתיב ביעקב אבינו (בראשית כ״ה,כ״ז) ויעקב איש תם יושב אהלים- דנטמן י״ד שנה בבית מדרשם של שם ועבר.

ואמרו חז״ל (עבודה זרה ה:) לעולם ישים אדם עצמו כשור לעול וכחמור למשא- וכתבנו במקום אחר כולל ראשי תיבות ״כשור לעול וכחמור למשא״ גימ׳ (1313) ״תחית המתים״.

ונמשך מדברי קודשו ״תכריך כתבים״ הוא אדם הממית עצמו על דברי התורה הקדושה- כשור לעול וכחמור למשא- וזוכה כבר בהאי עלמא שפילא לבחינת תחית המתים.

ובדברי קודשו דמרן אדמו״ר שליט״א נרמזין ל״ה פסוקין כמנין (35) ״יהודי״- ונבארם בס״ד אחד לאחד ומה רמיזא לן בכל הני, והן ז׳ פיסקאות כנגד ז׳ מידות:

פיסקא א׳: חסד

א׳. וָאֶרְאֶה וְהִנֵּה יָד שְׁלוּחָה אֵלָי וְהִנֵּה בוֹ מְגִלַּת סֵפֶר (יחזקאל ב,ט)

גימ׳ (1570) ה׳ פעמים ״ש-די״ (314) דהוא שם היסוד ברית קודש, ורמיזא דכולא תליא בשמירת הברית קודש, ובלעומת זה רח״ל שלח ידיו בשלומיו חלל בריתו (תהל׳ נ״ה,כ״א) ויש לבערו להאי פגם מכל וכל [עיין מה שכתבנו בענין שמירת הברית לעיל אופן ל״ח הערה 1 בענין פרשנו רעבתן שבדבש נתבער ונשרף ולעיל אופן כ״ד] ואיתא בזוה״ק צדיק איקרי מאן דנטר ברית- ואז כולו בחינת ברית קודש ושולח בו הקב״ה ידו- והוא שליחת יד דקדושה- וכמו שאמר איוב (י״ט,כ״א) ״יד אלוה נגעה בי״.

והנה הוא תימה דפתח הפסוק בלשון נקבה- הנה יד שלוחה, וסיים בלשון זכר- והנה בו (ביד) מגילת ספר.

ויש ליישבו על פי ענין "שלם וחצי" דנקבה היא בחינת שלם דמשלימה בעלה להיות אדם שלם כדכתיב ויקרא את שמם אדם (בראשית ה',ב') ואמרו חז"ל איש בלא איתתא פלג גופא איקרי.

וכאן הפסוק מתחלק בדרך פלא: דכל הפסוק גימ' (1570) י' פעמים "נקבה" (157) וכן הוא גימ' (1570) ה' פעמים "ש-די" (314) שם היסוד ברית קודש- דכורא- והרי הוא בסוד שלם וחצי, וכגון מה שכתוב (שמות ל',י"ג) זה יתנו- היינו הזכרים- מחצית השקל [זכר-חצי] ואצל רות ישלם ה' פעלך ותהי משכורתך שלמה (רות ב',י"ב) [נקבה-שלם].

ב'. וְעַל הַנַּחַל יַעֲלֶה עַל שְׂפָתוֹ מִזֶּה וּמִזֶּה כָּל עֵץ מַאֲכָל לֹא יִבּוֹל עָלֵהוּ וְלֹא יִתֹּם פִּרְיוֹ לָחֳדָשָׁיו יְבַכֵּר כִּי מֵימָיו מִן הַמִּקְדָּשׁ הֵמָּה יוֹצְאִים והיו וְהָיָה פִרְיוֹ לְמַאֲכָל וְעָלֵהוּ לִתְרוּפָה (יחזקאל מז,יב)

גימ' (5338) "טוב" (17) פעמים "ש-די" (314)

כדכתיב (ישעי' ג',י') "אמרו צדיק כי טוב" וכדאיתמר במשה רבינו (שמות ב',ב') "ותרא אותו כי טוב הוא" וכתיב במעשה בראשית (בראשית א',ד') "וירא אלהים את האור כי טוב"- והן ה' פעמים "אור" במעשה בראשית דעולים גימ' (1035) ג' פעמים "משה".

וחזינן בדברי קודשו דמרן אדמו"ר שליט"א דפתח בשני פסוקים מיחזקאל הנביא דתרוויהו נחלקים בחושבן "ש-די" (314)

וממילא נמשך דהני תרין פסוקין סליקו לחושבן (6908) כ"ב פעמים "ש-די" (314)

ורמיזא לן דכל ענין לימוד התורה תליא במאן דנטר ברית קודש ואיהו דיזכה בס"ד ל-כ"ב אתוון דאורייתא קדישא חקוקין בעצמותיו, ובאשה תליא מילתא דעל ידה שמירת הטהרה של בעלה- דחושבן תרין פסוקין (6908) הוא "דם" (44) פעמים "נקבה" (157) וכדכתיב (ויקרא י"ב,ד') "תשב בדמי טהרה"

וכדמסיים דוד מלכא משיחא ספרא דתהלים "כל הנשמה תהלל יה הללויה" סליק לחושבן (1016) "ברית קדש"- הא למדת ששמירת הברית היא תכלית הכל.

ומוכח כונתו של מרן אדמו"ר שליט"א מיניה וביה בדבריו הקדושים:

דפותח בתיבין "הנה יד שלוחה אלי עלים" גימ' (614) "בברית"- כלומר בברית קודש תליא מילתא- וכאשר נוסיף תיבה הבאה לתרופה "הנה יד שלוחה אלי עלים לתרופה"

סליק לחושבן (1335) י"ה (15) פעמים "חנוכה" (89) רמיזא אור הגנוז לצדיקים לעתיד לבוא ומאן איהו צדיק מאן דנטר ברית כנ"ל.

ג'. אָז תַּחְפֹּץ זִבְחֵי צֶדֶק עוֹלָה וְכָלִיל אָז יַעֲלוּ עַל מִזְבַּחֲךָ פָרִים (תהלים נא,כא)

גימ' (1645) ה' פעמים "ולאם מלאם יאמץ" (329) (בראשית כ"ה,כ"ג) פרש"י כשזה קם זה נופל בסוד שבע יפול צדיק וקם סופי תיבות עמלק שהשליך מילותיהן של ישראל כלפי שמיא.

וכן בלעם יעץ לבלק אלהיהן של אלו שונא זימה ובאו בנות מואב להכשילם כדכתיב (במדבר כ"ה,א') וישב העם בשטים ויחל העם לזנות אל בנות מואב- כאמרם (סוטה ג.) דאין אדם עובר עבירה אלא אם כן נכנס בו רוח שטות- וזהו בשיטים דייקא מלשון שטות.

והוא רוח שטות דטומאה- ולעומת זה יש שטות דקדושה כמ"ש בספה"ק שצריך אדם לשמח את עצמו בכל מה שיוכל ואפילו על יד מילי דשטותא וכדאיתא בספה"ק עצי שיטים עומדים (שמות כ"ו,ט"ו) מלשון שטות דקדושה ומבואר אצלנו באריכות במקום אחר.

והנה הוא פלא דשני הפסוקים הקודמים (פסוק א'-ב') עם הכולל סליקו לחושבן (6909) אהי"ה (21) פעמים "ולאם מלאם יאמץ" (329) אהי"ה שם הכתר דמתמן השפעת האור הגנוז.

ועם פסוקא דנן [דסליק לחושבן ה' פעמים "ולאם מלאם יאמץ"] סליקו לחושבן (8554) הוי' (26) פעמים "ולאם מלאם יאמץ" (329) כאמרם אלמלא הקב"ה עוזרו אינו יכול לו.

ד'. יְקָרָה הִיא מפניים מִפְּנִינִים וְכָל חֲפָצֶיךָ לֹא יִשְׁווּ בָהּ (משלי ג,טו)

גימ׳ (1185) ל״ב (32) פעמים ״טובך״ (37) עם הכולל

באור הענין: ל״ב רמז לתורה הקדושה דמתחילה באות ב׳ [דבראשית] ומסיימת באות ל׳ [דלעיני כל ישראל].

וכפלינן טוב״ך פעמים דהוא כתר תורה בחינת מה רב טובך אשר צפנת ליראיך (תהל׳ ל״א,כ׳) - צפנ״ת גימ׳ כת״ר - והוא על דרך מה שאמרו חז״ל כל הנביאים לא נתנבאו אלא למשיא בתו לתלמיד חכם - אבל תלמיד חכם עצמו עין לא ראתה אלהים זולתך (ישעי׳ ס״ד,ג׳).

ובארנו במקום אחר דבמשלי כתיב ב׳ פסוקים האחד יקרה היא מפנינים וכל חפציך לא ישוו בה (משלי ג׳,ט״ו) והשני יקרה היא מפנינים וכל חפצים לא ישוו בה (שם ח׳,י״א).

והקשו חז״ל (בגמרא מועד קטן ט:) סתירה בין המקראות דכל חפצים היינו אפילו חפצי שמים לא ישווה בה כלומר שלא להפסיק מלימוד תורה אפילו לעשית מצוה, וכל חפציך לא ישוו בה משמע הא חפצי שמים ישוו בה שצריך להפסיק מלימוד תורה לצורך עשית מצוה.

ותירצו: כאן במצוה שאפשר לעשותה על ידי אחרים [לא יפסיק] כאן במצוה שאי אפשר לעשותה על ידי אחרים [יפסיק].

ומביאה שם הגמרא המעשה ברבי אלעזר בנו של רבי שמעון בר יוחאי שאמר לו אביו שילך לשני אנשים שיברכו אותו וכביכול קיללו אותו עד שפירש לו רשב״י אביו שלא היו אלא ברכות עיין שם בסוגיא.

ה׳. **וְעִשָּׂרֹן סֹלֶת בָּלוּל בְּשֶׁמֶן כָּתִית רֶבַע הַהִין וְנֵסֶךְ רְבִיעִת הַהִין יָיִן לַכֶּבֶשׂ הָאֶחָד** (שמות כט,מ)

גימ׳ (4076) כ״ה פעמים ״ויהי ידיו אמונה״ (163) עם הכולל כדכתיב לגבי משה במלחמת עמלק (שמות י״ז,י״ב) ״ויהי ידיו אמונה עד בוא השמש״ גימ׳ (885) ה׳ פעמים ״גן עדן״ (177).

דבכח אמונתו ודבקותו בהשי״ת הגיע משה לשלמות תיקון הברית קודש עד שפירש מן האשה והסכימה דעת המקום לדעתו ועל ידי זה הביא לנצחון במלחמת עמלק- דתיבין ״ויהי ידיו אמונה עד בא״ סליקו לחושבן (240) ״עמלק״, ״השמש״ גימ׳ (645) ה׳ פעמים ״ה׳ הוא האלהים״ (129).

דמשה הוא הדעת בסוד אתה הראת לדעת (דברים ד׳,ל״ה) והשריש בנשמות ישראל דכל הנהגת ״הטבע״ הוא בדרך ניסית מאת השי״ת עצמו ולכן ״הטבע״ גימ׳ (86) ״אלהים״ כמבואר בספה״ק ויתגלה לעתיד לבוא כדכתיב בגאולה (ישעי׳ מ׳,ה׳) ונגלה כבוד ה׳ וראו כל בשר יחדו כי פי ה׳ דבר.

וכאן כותב מרן אדמו״ר שליט״א **בלול מהנגלה והנסתר**- כמו שאמרו חז״ל (סנהדרין כד.) למה נקרא שמו תלמוד בבלי- שהוא בלול במקרא משנה גמרא הלכות ואגדות.

ורמז דתיבת ״בלול״ גימ׳ (68) ״חיים״- כאמרם (עירובין נד.) חיים הם למוצאיהם (משלי ד׳,כ״ב) אל תיקרי למוצאיהם אלא למוציאיהם בפה [ורמז ללימוד התורה כמו שכתבנו בלול היינו תלמוד בבלי ודו״ק] ״בלול מהנגלה והנסתר״ גימ׳ (922) ״מלכות בית דוד״ ועולה מכאן דעל ידי לימוד התורה מקרבים הגאולה האמיתית והשלמה וביאת משיח צדקנו- ועל ידה השי״ת יקים את סוכת דוד הנופלת כמאמר הנביא (עמוס ט׳,י״א) ביום ההוא אקים את סוכת דוד הנופלת- ויגאלנו מחשכת גלותנו זו האחרונה- וכמו שהבאנו במקום אחר חידושו של הגרי״ח זוננפלד דחידש חושבן נפלא על הפסוק (ישעי׳ א׳,כ״ז) ״ציון במשפט תפדה״ גימ׳ (1076) ״תלמוד ירושלמי״ וממשיך ״ושביה בצדקה״ גימ׳ (524) ״תלמוד בבלי״.

וממילא נאמר דתרוויהו ״ציון במשפט תפדה ושביה בצדקה״ דהוא חושבן ״תלמוד בבלי - תלמוד ירושלמי״ סליקו לחושבן (1600) ל״ב (32) פעמים נ׳ (50) היינו יחוד תמידי דאבא ואמא- ל״ב נתיבות חכמה עם נ׳ שערי בינה.

ולכן ״לב נתיבות חכמה - נ׳ שערי בינה״ גימ׳ (1670) י׳ פעמים ״ה׳ אלהינו ה׳ אחד״ (167) דהוא יחודא עילאה דשמע ישראל וכפילת י׳ פעמים רמיזא יחודא שלים ב-י׳ ספיראן.

וכאשר נכה אותם זה בזה- בסוד (יחזקאל כ״א,י״ט) ואתה בן אדם הכה כף אל כף- דהיינו ״לב נתיבות חכמה״ (973) פעמים ״נ׳ שערי בינה״ (697)

סליקו לחושבן (678181) י׳ (10) פעמים ״חנוכה״ (89) פעמים ״וידבר ה׳ אליו מאהל מועד לאמר״ (762) דהוא פסוקא דפותח ספר ויקרא ״ויקרא אל משה וידבר ה׳ אליו מאהל מועד לאמר״ תמן א׳ זעירא סוד אור הגנוז המרומז בכפילת חנוכה פעמים וכפילת כל החשבון עשר פעמים בסוד עשר ספירות

הגנוזות- ורצה משה רבינו להמשיכן באם יכנס לארץ ישראל- ואמר לו הקב״ה רב לך וכו׳ אל תוסף דבר אלי עוד בדבר הזה.

ו׳. הַנִּסְתָּרֹת לַיהוה אֱלֹהֵינוּ וְהַנִּגְלֹת לָנוּ וּלְבָנֵינוּ עַד עוֹלָם לַעֲשׂוֹת אֶת כָּל דִּבְרֵי הַתּוֹרָה הַזֹּאת (דברים כט,כח)

גימ׳ (4729) **ח׳ פעמים ״כל ישראל״** (591) **עם הכולל**

דהן ב׳ תיבין בתראין דאורייתא קדישא דמסיימת לעיני **כל ישראל**- וכפילת **ח׳ פעמים** רמז לגילוי אור הגנוז לעתיד לבוא לעיני כל ישראל- כאמרם (במשנה סנהדרין תחלת פרק חלק) **כל ישראל** יש להם חלק לעולם הבא שנאמר (ישעי׳ ס׳,כ״א) ועמך כולם צדיקים לעולם יירשו ארץ נצר מטעי מעשה ידי להתפאר.

ז׳. וְיִהְיוּ תֹאֲמִם מִלְּמַטָּה וְיַחְדָּו יִהְיוּ תַמִּים עַל רֹאשׁוֹ אֶל הַטַּבַּעַת הָאֶחָת כֵּן יִהְיֶה לִשְׁנֵיהֶם לִשְׁנֵי הַמִּקְצֹעֹת יִהְיוּ (שמות כו,כד)

גימ׳ (4396) **י״ד** (14) **פעמים ״ש-די״** (314) **אי נמי כ״ח** (28) **פעמים ״נקבה״** (157)

וחוזר על מה שכתבנו לעיל אותיות א׳-ב׳ דבארנו שם ענין דכר ונוקבא בסוד שלם וחצי, וכן י״ד פעמים ש-די חוזר על ענין שמירת הברית קודש, דלא יהא ח״ו שלח ידיו בשלומיו וכו׳.

וכן בנקבה שלא יהא כגון מה שכתוב במשה ״ואת תדבר אלינו״- את לשון נקבה- דאמר משה רבינו לבני ישראל התשתם את כוחי כנקבה (עיין דברים ה,כד ובפרש״י שם).

וכדוגמת מה שהתפלל משה רבינו לקב״ה שלא יאמרו ח״ו אומות העולם שהקב״ה תשש כחו כנקבה ואינו יכול להציל והסכים הקב״ה עמו ואמר לו משה החייתני בדבריך (עיין בגמרא ברכות לב.)

אלא הענין שכל יהודי צריך להיות בבחינת כ״ח פעמים ״נקבה״- דהיא אשת חיל (משלי ל״א,י׳) דלעתיד לבוא נקבה תסובב גבר (ירמי׳ ל״א,כ״א) דבזכות נשים צדקניות נגאלו אבותינו ממצרים ובזכות נשים צדקניות עתידין להיגאל.

ח׳. שׁוֹקָיו עַמּוּדֵי שֵׁשׁ מְיֻסָּדִים עַל אַדְנֵי פָז מַרְאֵהוּ כַּלְּבָנוֹן בָּחוּר כָּאֲרָזִים (שיר השירים ה,טו)

גימ׳ (2472) ד׳ פעמים "בריתו" (618) כדכתיב (תהל׳ נ"ה,כ"א) **שלח ידיו בשלומיו חלל בריתו** כנ"ל באות א׳ דהוא פגם היסוד ברית קודש- דנצח והוד תרין שוקין נכללים יחד עמו בחינת תרין ביעין דמבשלאן לזרע קודש.

ובדברי קודשו דמרן אדמו"ר שליט"א הוא בפסוק השמיני בחינת אלף השמיני עלמא דאתי עלמא דחירו- לרמוז דבשמירת הברית קודש תליא מילתא כנ"ל.

ט׳. **כִּי נֵר מִצְוָה וְתוֹרָה אוֹר וְדֶרֶךְ חַיִּים תּוֹכְחוֹת מוּסָר** (משלי ו,כג)

גימ׳ (2689) ח׳ פעמים "פורים" (336) עם הכולל דפסוק ה-ח׳ כנ"ל ענינו הארת אור הגנוז באלף השמיני דנרמז ב-ח׳ נרות דחנוכה, ובתר דא תחית המתים מטל תחיה דנטיף מפומא דא"ק.

וכמו שנרמז בענין ונהפוך הוא דפורים- מתים קמים לתחיה דהוא עיקר ותכלית ענין ונהפוך הוא- ובכאן הוא שילוב חנוכה- כפילת ח׳ פעמים לקביל ח׳ ימי חנוכה- וכפלינן בפורים- דענינו תחית המתים כנ"ל.

וכמובא בגמרא המעשה מרבה ורבי זירא דיתבי בסעודתא ואז קם רבה ושחטיה לרבי זירא ולמחר בעי רחמי והחיהו בנס תחית המתים עיין שם.

ודרשו בספה"ק דגילה לו סתרי תורה עד שכמעט ופרחה נשמתו- ואמנם אין מקרא יוצא מידי פשוטו- דהיה זה נס תחית המתים ממש, ולא חשדינן ברבה דעבר על לא תרצח ח"ו אלא סתרי תורתו הוו מעין סכינא חריפתא וגרמו לפריחת נשמתו של רבי זירא ממש.

ויש לקשרו לחבורא יקירא דנן דהוא כולו פירוש על א׳ זעירא דויקרא לכל כתבי מורינו רבי נתן נטע שפירא בעל המגלה עמוקות אשר שרדו ועודם קיימים עמנו היום, שכן רובם אבדו וחבל על דאבדין ולא משתכחין שכן האי פסוקא "נר מצוה ותורה אור" גימ׳ (1111) "אלף (1000) אלף (111)"- דהיא האי אל"ף זעירא דויקרא, ולעתיד לבוא תתגלה כאלף רבתי [דאדם בתחלת דברי הימים] בסוד (זוה"ק תחלת פרשת חיי שרה) **מאן דאיהו זעיר איהו רב**- והוא סוד מעשה דרבי זירא [דאיהו זעיר] ורבה [דאיהו רב].

י׳. **וְהָיָה אוֹר הַלְּבָנָה כְּאוֹר הַחַמָּה וְאוֹר הַחַמָּה יִהְיֶה שִׁבְעָתַיִם כְּאוֹר שִׁבְעַת הַיָּמִים בְּיוֹם חֲבֹשׁ יהוה אֶת שֶׁבֶר עַמּוֹ וּמַחַץ מַכָּתוֹ יִרְפָּא** (ישעיהו ל,כו)

גימ׳ (5151) י׳ פעמים ״ואתחנן״ (515) עם הכולל

דהוא הספר היחיד שכתב מוה״ר רבי נתן נטע שפירא זצוקלל״ה בעל המחבר ספר מגלה עמוקות שנותר שלם- והוא באור רנ״ב אופנים על ואתחנן- ומבאר ענין השקלא וטריא שהיה בין משה רבינו לקב״ה מדוע ראוי הוא להיכנס לארץ ישראל ומה היתה דחיתו של הקב״ה.

ומגודל יקרת ספר זה שנותר שלם- חזינן גודל אבידת שאר כתבי קודשו של המחבר, וכן כתבנו בבאורנו שם דמשה רבינו התפלל לקב״ה ואתחנן אל ה׳ וכו׳ והשיב הקב״ה למשה ר״ב ל״ך- והוא רמז לספר שכתב המגלה עמוקות על ואתחנן דרצה לכתוב בו אלף אופנים כמו שכתב אלף אופנים על ענין אלף זעירא דויקרא- והקב״ה לא הניחו ואמר לו כמו שאמר למשה רבינו ר״ב ל״ך- די לך בכתיבת רנ״ב אופנים כמנין ר״ב ל״ך- ואל תוסף דבר אלי עוד בדבר הזה.

ושם בתחלת פרשת ואתחנן ממשיך ואומר הקב״ה למשה וצו את יהושע וכו׳ דפני משה כפני חמה ופני יהושע כפני לבנה בבחינת (ישעי׳ ל׳,כ״ו) והיה אור הלבנה (יהושע) כאור החמה (משה) וחזקהו ואמצהו- דיהא בבחינתך ממש- וכעין מה שכתוב באליהו ואלישע (מ״ב ב׳,ט׳) ויהי נא פי שנים ברוחך אלי [והוא בגמרא (ב״ב עה.) דאומר הקב״ה למשה שיאציל מרוחו על יהושע- ונתת מהודך עליו (במדבר כ״ז,כ׳) זקנים שבדור היו אומרים פני משה כפני חמה ופני יהושע כפני לבנה- ועל זה אומרת הגמרא אוי לה לאותה בושה אוי לה לאותה כלימה].

וזהו ב׳ פעמים ״יהושע בן נון״ (549) סליקו לחושבן (1098) ״תורה שבעל פה״ ולכן הוא יכנס לארץ ישראל דהיא בחינת תורה שבעל פה.

ובכאן כורך יחד כ״ק אדמו״ר שליט״א שני פסוקים (אותיות ט׳-י׳) בכתבו על אדני תורת אור שבעת הימים.

והנה כאשר נחבר חושבן ב׳ הפסוקים כי נר מצוה ותורה אור וכו׳ (2689) עם והיה אור הלבנה כאור החמה וכו׳ (5151) סליקו תרוויהו לחושבן (7840) י׳ פעמים ״גולל אור מפני חשך״ (784) דאמרינן בברכות קריאת שמע של ערבית.

דרצה משה רבינו להמשיך הארת עשר ספירות הגנוזות במאצילן לארץ ישראל דהיא בחינת מלכותא קדישא דלית לה מגרמה כלום בחינת חושך-

ואמר ליה השי"ת רב לך- כבר השגת שלמותך ונכון לך עוד שפע רב בבחינת שבעתיים כאור שבעת הימים- דמשה רבינו איקרי איש האלהים דהשיג בחינת אלהות ממש בקבלת א' זעירא דויקרא אל משה- שכן "משה - הקדוש ברוך הוא" גימ' (1000) "אלף"- והיא היא אלף זעירא דויקרא.

וכן כינה המגלה עמוקות חיבורו כלשון הפסוק (איוב י"ב,כ"ב) "מגלה עמוקות מני חשך"- דכנודע תכלית קיומו של יהודי בעולם הוא לברר את האור מתוך חשכת ועביות הגלות, כנודע "אור וחשך" גימ' (541) "ישראל"- ובתוך גופו הקדוש של כל יהודי נפח הקב"ה נשמה כמו שכתוב (בראשית ב',ז') ויפח באפיו נשמת חיים ודרשו חז"ל מאן דנפח מתוכיה נפח- ובהאי נשמתא קדישא בעי הסיטרא אחרא לפגום- ואינו יכול אלא על ידי הפגם הנורא רח"ל- ולכן ישמור עיניו ומחשבתו ויאיר הקב"ה אור חדש בנשמתו דהן מילין חדתין באורייתא עד ביאת משיח צדקנו במהרה בימינו אמן.

והנה עד כאן נרמזים בפיסקא ה-א' מכתב קודשו דמרן אדמו"ר שליט"א י' פסוקים בסוד שלמות י' ספיראן- בסוד עשרה מאמרות שבהן נברא העולם ועשרת הדברות תמן יחודו דהשי"ת- וכל מאמר כנגד דיבר אחד כדאיתא בזוה"ק אסתכל באורייתא וברא עלמא.

והנה הני י' פסוקין יחד סליקו לחושבן (33251) חו"ה (19) פעמים "מה יפית ומה נעמת אהבה בתענוגים" (1750) עם הכולל (שיר השירים ז',ז') דהגמרא משבחת יופיה של חוה דכל נשי עלמא בפניה כקוף בפני אדם.

ועליה אמר קרא (בראשית ג',כ') ויקרא שמה חוה כי היא היתה אם כל חי- וממנה נולד שת ונקרא כך משום שממנו הושתת העולם והיה בבחינת (תהל' י"ח,י"ב) ישת חושך סתרו- וזהו כפילת חו"ה פעמים "מה יפית ומה נעמת אהבה בתענוגים".

ורצה משה רבינו להמשיך הארה נפלאה זו לארץ ישראל ולהביא גאולה לעולם דימשיך בחינת אנכ"י נוטריקון אנא נפשי כתבית יהבית ותמן תיבה "כתבית" גימ' (832) "ארץ ישראל" ובארנוהו לעיל אופן נ"ט-תלמוד בבלי וירושלמי עיין שם.

וזהו "מה יפית ומה נעמת אהבה בתענוגים" עם הכולל גימ' (1751) "אנא נפשי כתבית יהבית" נוטריקון אנכ"י דהוא שורש התורה- דקוב"ה יהב לן

אורייתא קדישא מן שמיא להתענג על פנימיותו דאין מגלים סוד אלא למי שהוא קרוב.

ולכן יעסוק יהודי בלימוד התורה וישתדל לחדש בה חידושים משרש נשמתו ואז תעלה התורה עצמה קמי קוב"ה להתפלל עבורו כדרשת חז"ל על הפסוק נפש עמל עמלה לו כי אכף עליו פיהו (משלי ט"ז,כ"ו) הוא עומל במקום זה ותורה עומלת לו במקום אחר.

ופרש"י תורה עומלת לו: שמחזרת עליו ומבקשת מאת קונה למסור לו טעמי תורה וכו'.

ורמיזא בפסוקא דמביא הש"ס "נפש עמל עמלה לו כי אכף עליו (פיהו)" גימ' (998) "בריתי שלום" רמיזא דמאן דנטר ברית קודש דאיקרי צדיק יזכה לשלום כדכתיב לסרבה המשרה ולשלום אין קץ (ישעי' ט',ו') ויזכה לכך ב-ה' בחינות נשמתו.

וזהו דבתוספת תיבה אחרינא פיהו "נפש עמל עמלה לו כי אכף עליו פיהו" סליק כולא פסוקא לחושבן (1099) "נפש רוח נשמה חיה יחידה" [ראשי תיבות נרנח"י] דהן ה' שמות דאית לה לנשמה דנפקי מ-ה' "ברכי נפשי" דאמר דוד המלך ולכן "ברכי נפשי את ה'" סליק נמי לחושבן (1099) "נפש רוח נשמה חיה יחידה" והן חושבן פסוקא דהביאה הגמרא בענין עמלה של תורה- ופתח בתיבה "נפש" לרמוז ה' בחינותיה של נפש.

דהוא חושבן (1099) "נפש רוח נשמה חיה יחידה"- "נפש" תיבה קדמאה כתיבא בהדיא- וממילא שאר תיבין גימ' "רוח נשמה חיה יחידה".

[והוא כדוגמת בשג"ם הוא בשר (בראשית ו',ג') כמו שכתבנו במקום אחר בשג"ם ראשי תיבות "שכינה מדברת בתוך גרונו" גימ' עם הכולל (1725) ה' פעמים "משה" (345) והרי ראשי תיבות בשג"ם גימ' מש"ה בהדיא כמובא בש"ס בחולין (קלט:) משה מן התורה מנין בשג"ם הוא בשר וכו' וממילא שאר אתוון סליקו לחושבן ד' פעמים "משה"].

והנה בקדושה י' ספירות ובקלי' הן י"א כתרין דמסאבותא בסוד כל המוסיף גורע.

ורומז לנו כ"ק אדמו"ר שליט"א במכתב קודשו דעל ידי עסק התורה הקדושה ומילין חדתין דמתחדשין "לכל מי אשר בשם ישראל יכונה" גימ' (1605) "אלף (1000) בבני ישראל (605)"

דהוא האי א' זעירתא דנטע משה רעיא מהימנא בנשמותיהן של בני ישראל בכל הדורות עד ביאת משיח צדקנו- הרי הוא מכניע להני י"א כתרין דמסאבותא ומקרב גאולתא שלמתא.

וזהו דפיסקא קמא תמן י' פסוקים בסוד הקדושה וכן משה רבינו קומתו י' אמות והן י' דברות ו-י' מאמרות שבהן נברא העולם.

ובארנו במקום אחר ד"עשר" במילוי כזה "עין שין ריש" גימ' (1000) "אלף"- דהיא אלף רבתי דאדם (תחלת דברי הימים) כאמרם אתם קרויים אדם ואין עכו"ם קרויים אדם.

והרי בהאי פיסקא אית כ"ט תיבין כחושבן (29) "טוב הוא" כדאיתמר במשה ותרא אותו כי טוב הוא (שמות ב',ב') פרש"י שנתמלא כל הבית אורה נוטריקון אור ה' והן ה' פעמים אור דמעשה בראשית- והנה ה' פעמים "אור" גימ' (1035) ג' פעמים "משה".

ובדברי כ"ק אדמו"ר שליט"א הני כ"ט תיבין דפיסקא קמא דהיינו: **"הנה יד שלוחה אלי עלים לתרופה מתכריך כתבים העולים על מזבח הדפוס רמזים יקרים מפז ומפנינים, בלול מהנגלה והנסתר יחדיו יהיו תואמים, על אדני תורת אור שבעת הימים מיוסדים"**

סליקו לחושבן (7953) י"א פעמים "יעקב ישראל" (723) וכדאזיל ומבאר כ"ק אדמו"ר שליט"א ישראל אשר בך אתפאר.

והנה כשנוסיף לחושבן י' פסוקים דרמיזין בדברי קודשו כללות התיבין דאית תמן שהם כמנין "טוב הוא" (29) הרי חושבן (33280) מ' פעמים "ארץ ישראל" (832) בסוד מ' סתומה דלםרבה המשרה ולשלום אין קץ (ישעי' ט',ו').

ולכן היה משה רבינו בהר סיני ג' פעמים מ' יום דהוי חזקה- דרצה בזכות הני ג' פעמים להיכנס לארץ ישראל להשלים תיקון הגאולה, שכן מ' חושבן (40) "גואל" דמשה רבינו הוא גואל ראשון והוא גואל אחרון [כבאור האור החיים פרשת ויחי ד"ה אוסרי לגפן].

ומוספינן להאי חושבן (33280) חושבן דברי קודשו דמרן אדמו״ר שליט״א (7953) סליקו תרויהו לחושבן (41233) ״והוא יהיה״ (48) פעמים ״בשגם הוא בשר״ (859) עם הכולל.

כדאמרינן בפיוט אדון עולם והוא היה והוא הווה והוא יהיה בתפארה ותיקנו לומר הפיוט לפני התפלה וטעם הדבר לפי שיש בו מעין מסירת מודעה שעל כוונה זו יכוון בכל השמות שיזכיר בתפלה כמו שביאר האוהב ישראל מאפטא זצוקלל״ה.

והוא עיקר בעבודת השי״ת לתקוע מחשבתנו תמיד בעלמא דאתי והוא לבל יהיה ליהודי רושם מהבלי העולם השפל וחשכת הגלות- כי הוא כיתרון האור הבא מן החושך דייקא.

וכפלינן בשג״ם הוא בש״ר דמשה רבינו איש האלהים מחציו ולמטה איש מחציו ולמעלה אלהים היינו דזיכך גופו להיות בבחינת רוחניות ממש- ואף על פי כן במשה דייקא כתיב הוא בשר- להורות ליהודי שלא יבטל האי עלמא לגמרי כאילו אינו, שהרי פתחה התורה בראשית ברא אלהים את השמים ואת הארץ- והרי סוף מעשה במחשבה תחלה דרצה הקב״ה להיות לו יתברך דירה בתחתונים בסוד ועשו לי מקדש ושכנתי בתוכם וכו׳ והוא על ידי עסק התורה והמצוות.

ועד כאן באור פיסקא קמא דמכתב כ״ק אדמו״ר שליט״א לקביל מדת החסד- דנטע בתוכנו השי״ת ברוב חסדו הצדיקים הגדולים ומשה רעיא מהימנא בראשם- ״משה מן התורה מנין״ גימ׳ (1201) ״תקע בשופר גדול״- ורמיזא תמן ג׳ פעמים בראשי תיבות ״משה מן מנין״ ויחד עם ״בשגם הוא בשר״ (859) סליקו לחושבן (2060) כ׳ פעמים ״נחמה״ (103) דיאיר לנו השי״ת אורו הגדול מכתר עליון רמיזא ״עשרים״ גימ׳ ״כתר״ ומלאה הארץ דעה את ה׳ כמים לים מכסים (ישעי׳ י״א,ט׳) ונזכה ללמוד תורה מפיו דקוב״ה עצמו בבחינת (במדבר י״ב,ח׳) פה אל פה אדבר בו- והיא תהיה נחמתנו במהרה בימינו אמן.

פיסקא ב׳: גבורה

י״א. מִמֶּנּוּ פִנָּה מִמֶּנּוּ יָתֵד מִמֶּנּוּ קֶשֶׁת מִלְחָמָה מִמֶּנּוּ יֵצֵא כָל נוֹגֵשׂ יַחְדָּו (זכריה י׳,ד׳)

גימ׳ (2554) עם הכולל (2555) ז׳ פעמים ״יוסף הצדיק״ (365) דזכה לשמירת הברית קודש בתכלית וגדר ישראל מן הערוה ונטע כח שמירת הברית בכל אחד ואחד מישראל- והוא במדת הגבורה בסוד איזהו גבור הכובש את יצרו וכמו שבארנו באריכות באופן כ״ד עיין שם.

וכדכתיב בברכות שבירך יעקב אבינו את יוסף (בראשית מ״ט,כ״ד) ״ותשב באיתן קשתו״ גימ׳ (1977) ג׳ פעמים ״ואמת ליעקב״ (659) כדמסיים ספר מיכה ״תתן אמת ליעקב חסד לאברהם אשר נשבעת לאבותינו מימי קדם״.

וכפלינן ז׳ פעמים רמיזא דהיא כללות ז׳ מידות- דפגם הברית פוגם רח״ל בכללות ז׳ מידות- ולכן פסוקא דנן ״ממנו קשת מלחמה״ סליק לחושבן (1059) ג׳ פעמים ״שמחה״ (353) דעיקר מלחמת היצר הוא על ידי לימוד התורה וקיום המצוות בשמחה- ולכן ״עצלות ועצבות״ גימ׳ (1170) ״שמיני עצרת״- כלומר עצלות ועצבות מבקשים להפקיע מענין שמיני עצרת- חג שמחת תורה- דכתיב ביה (דברים ט״ז,ט״ו) ושמחת בחגך [ז׳ ימי סוכות] והיית אך שמח [לרבות שמיני עצרת].

ובפסוקא דנן נחלק: ״ממנו קשת״ גימ׳ (936) י״ג פעמים חס״ד (72) וכמ״ש האר״י הקדוש בשער הפורים דהן גימ׳ ״מרדכי אסתר״ עם הכולל- דכולהו י״ג מכילן דרחמי מתמלאין בחסד- ותיבה ״מלחמה״ סלקת לחושבן (123) ״ענג״- דאז מתמלא הקב״ה ענג עליון מיהודי הנוטל ממנו קשת- היינו כחו של יוסף הצדיק נוטלו ומתגבר וכד אתכפיא סטרא אחרא אסתלק יקרא דקוב״ה בכולהו עלמין [כמבואר אצנו באריכות באופן מ״ב], וממילא מהאי אתכפיא נעשה אתהפכא חשוכא לנהורא, בה היצר עצמו תאב לעבוד את השי״ת ולעסוק בתורתו יומם ולילה.

והאריך המגלה עמוקות בענין ית״ד ראשי תיבות יסוד תפארת דעת ית״ד שהכל תלוי בו- דהוא עמודא דאמצעיתא דסליק עד לרזא דאינסוף- וממילא פסוקא דנן סליק לחושבן (2554) ב׳ פעמים ״אור הגנוז״ (1277) ב-א׳ רבתי- דעתיד להתגלות בחיצוניות לכל ישראל- ובפנימיות למשה רבינו איש האלהים.

ולכן אמר ליה קוב״ה (דברים ג׳,כ״ו) רב לך- זהו רב טוב הצפון אך ורק לך- ״פנימיות אור הגנוז״ גימ׳ (874) ״אז ישיר משה״ (שמות ט״ו,א׳) עם הכולל - ומוספינן הכולל דהיא אלף זעירא דזכה לה משה רבינו בעת הקמת המשכן

בסוד גבורה דעתיק - וכמו שבארנו במקום אחר בענין ג"ט קע"ר פ"ח - ולכן מביא כ"ק אדמו"ר שליט"א בפיסקא השניה ענין אלף זעירא בסוד גבורה כנ"ל.

י"ב. וְקָלַע כְּרוּבִים וְתִמֹרוֹת וּפְטֻרֵי צִצִּים וְצִפָּה זָהָב מְיֻשָּׁר עַל הַמְּחֻקֶּה (מלכים א ו,לה)

גימ' (3074) עם הכולל (3075) כ"ה (25) פעמים "ענג" (123) והוא התגלות "אור הגנוז" גימ' (278) "כרובים".

ודרשו חז"ל (שבת קמה:) על הפסוק (ישעי' כ"ז,ו') הבאים ישרש יעקב יציץ ופרח ישראל- תני רב יוסף אלו תלמידי חכמים שבבבל שעושין ציצין ופרחים לתורה.

וזהו שמביא בדבריו מרן אדמו"ר שליט"א "ציצים ופרחים" גימ' (584) "אור הלבנה כאור החמה" (ישעי' ל',כ"ו) כנ"ל אות י' - סיפא ד-י' פסוקין דמדת החסד - ומסיים פסוקא "ומחץ מכתו ירפא"- דקאי אמחית עמלק וכל העכו"ם שבכל דור ודור עומדים עלינו לכלותנו - וזהו "ציצים" (240) "עמלק" - "ופרחים" גימ' (344) "שמד" - ומבואר בגמרא דתלמידי חכמים מבררים האור הגנוז מחשכת הגלות ועושים "ציצין ופרחים לתורה" גימ' (1235) "יקרה היא מפנינים וכל חפציך לא ישוו בה" (משלי ג',ט"ו) כנ"ל באות ד'- בחינת חסד שבחסד.

ובאופן ס"ט ביארנו מקצתו של פיוט בר יוחאי לרבי שמעון לביא זיע"א שם מזכיר בהדיא "סוד תורה כציצים **ופרחים**"- אמנם ב-כ"ד ספרים אינם כתובים יחד אלא ציצים בפסוק אחד ופרחים בפסוק השני שנביא בסמוך- וממילא נכרכם יחד ויהיו תואמים.

י"ג. וַיְהִי מִמָּחֳרָת וַיָּבֹא מֹשֶׁה אֶל אֹהֶל הָעֵדוּת וְהִנֵּה פָּרַח מַטֵּה אַהֲרֹן לְבֵית לֵוִי וַיֹּצֵא פֶרַח וַיָּצֵץ צִיץ וַיִּגְמֹל שְׁקֵדִים (במדבר יז,כג)

גימ' (4111) י' פעמים "יש מאין" (411) עם הכולל- דהוא יסוד גדול באמונה הקדושה דהקב"ה הוא מובדל מן העולמות ומן הנבראים ובורא בכל רגע מחדש את העולמות יש מאין- ואחד מצרופי **בראשי"ת** הוא **ברא"ת** י"ש והן ש"י עולמות שעתידין לנחול הצדיקים לעתיד לבוא כדכתיב (משלי ח',כ"א) "להנחיל אוהבי יש"- והוא חושבן (4111) י' פעמים "הפיל פור" (411) היינו

המן הרשע דרצה לאבד את שונאיהן של ישראל ולא אכפת ליה ממה יתקיים העולם- וכאמרם (חולין קלט:) "המן מן התורה מנין" גימ' (951) ג' פעמים "ויקרא" (317) תמן האי א' זעירא סוד פנימיות אור הגנוז מגבורה דעתיק דזכה לה משה רעיא מהימנא בעת הקמת המשכן- ובכאן שילבו חז"ל בדרך רמז ב' הענינים: אור הגנוז רמיזא בנרות חנוכה, ופורים רמיזא אתחית המתים ונהפוך הוא, "פורים - חנוכה" גימ' (425) כה"ת ראשי תיבות כל הנשמה תהלל כדמסיים ספר תהלים "כל הנשמה תהלל י-ה הללוי-ה" גימ' (1016) "ברית קדש"- דהארת אור הגנוז ותחית המתים הנרמזים בחנוכה ופורים כולהו תליא בשמירת הברית קדש.

וזהו דקושית חז"ל בגמרא (חולין קלט:) "**המן מן התורה** (מנין)" גימ' (801) ט' פעמים "**חנוכה**" (89) דהן ח' נרות חיצוניות אור הגנוז- והשמש הוא נר ה-ט' בסוד פני משה כפני חמה- שמש, דהוה רעיא מהימנא ושימש את ישראל כל ימי חייו, ולכן מוגבה השמש מ-ח' הנרות, ומגודל קדושתו מותר להשתמש לאורו, דאין יכולת השגה בשכל אנושי בקדושתו של משה רבינו.

ותירוצם "המן העץ" גימ' (260) י' פעמים שם הוי' ברוך הוא (26) דהמן הרשע כל מהותו להפקיע את ישראל מקדושתם, ולכן וישסף שמואל את אגג פירשו חז"ל חתכו ל-ד' לקביל ד' אתוון דשמא קדישא דרצה להפקיע מקדושתו- והאכילו לנעמיות דלא ישאר לו שריד ופליט [ומבואר על פי מאמר חז"ל אין השם שלם ואין הכסא שלם עד שימחה שמו של עמלק וזהו המן הרשע נצר זדון מזרע עמלק שרצה לפגום ולהחסיר בשם שלם הוי' ברוך הוא וד"ל].

והנה הקושיה והתירוץ יחד "המן מן התורה - המן העץ" גימ' (1211) ז' פעמים "נהפוך הוא" (173) בסוד תחית המתים כנ"ל- וכמו שבארנו במקום אחר דהקדים הקב"ה רפואה למכה- דפתח פסוקא ומפרי העץ וכו' ומסיים פן תמותון (בראשית ג',ג') הרי פתח ומפר"י אתוון פורי"ם תמן ונהפוך הוא וסיים פן תמותון ענין המיתה והוא בסוד תחית המתים כנ"ל.

והנה כאשר נכרוך שני הפסוקים (אותיות י"ב-י"ג): וקלע כרובים ותמורות ופטורי ציצים וכו' ויהי ממחרת ויבא משה אל אהל העדות וכו'

סליקו תרוויהו לחושבן (7185) י"ה (15) פעמים העד"ת (479) אתוון הדע"ת כמו שמביא המגלה עמוקות בכמה אופנים ומשה הוא הדעת דכלל ישראל

וזכה לסוד י"ה דשמיה "משה" גימ' (345) י"ה (15) פעמים "טובו" (23) בחינת "יש מאין" גימ' (411) "היכל הרצון" תמן כתיב (בזוה"ק פרשת פקודי):

"האי איהו היכלא דמשה - בהאי היכלא אתכניש משה" גימ' (1663) "אלף (1000) בהאיש משה (663)"- דמשה רבינו זכה לאלף זיווין מגודל ענותנותו שהיה ענו מכל האדם אשר על פני האדמה (במדבר י"ב,ג'), והוריד לוחות העד"ת אתוון הדע"ת אמת לאמיתה של תורה, ולזכה להראות כי הוי' הוא האלהים והוא תכלית הטוב דטבע הטוב להיטיב, וכמו שיתגלה לעתיד לבוא ויברכו על הרעה כמו על הטובה הטוב והמטיב [כמו שבארנו לעיל אופן קנ"א-פרק שירה תמן חיות השדה אומרים ברוך הטוב והמטיב עיין שם].

י"ד. אִם אַיִן אַתָּה שְׁמַע לִי הַחֲרֵשׁ וַאֲאַלֶּפְךָ חָכְמָה (איוב לג,לג)

גימ' (1682) "טוב הוא" (29) פעמים "כבוד ה'" (58) דמשה רבינו איקרי טוב כדכתיב ביה (שמות ב',ב') ותרא אותו כי טוב הוא- וכל חפצו היה להרבות כבוד שמים בעולם- ולכן זכה לסוד אלף זעירא רמז לאלופו של עולם וזכה להוריד המן לבני ישראל במדבר מ' שנה בזכותו דנפק מגבורה דעתיק- ואיתא בזוה"ק לית שמאלא בהאי עתיקא- אלא הוא בחינת תגבורת החסדים וכגון מה שפותחת המשנה בתענית מאימתי מזכירין גבורות גשמים- ואינן אלא חסדים.

ט"ו. וַיִּקְרָא אֶל מֹשֶׁה וַיְדַבֵּר יהוה אֵלָיו מֵאֹהֶל מוֹעֵד לֵאמֹר (ויקרא א,א)

גימ' (1455) "אלף (1000) משה במילוי יודין (455)" דזכה לאלף אורות בהקמת המשכן ולכן אלף זעירא- ובסוד מה שכתוב בזוה"ק (פרשת חיי שרה) מאן דאיהו זעיר איהו רב [ועיין מה שבארנו ענין זה לעיל אופן פ"ב].

ט"ז. תּוֹרַת יהוה תְּמִימָה מְשִׁיבַת נָפֶשׁ עֵדוּת יהוה נֶאֱמָנָה מַחְכִּימַת פֶּתִי (תהלים יט,ח)

גימ' (4369) "טוב" (17) פעמים "אור הגאולה" (257) ובדברי מרן אדמו"ר שליט"א סמך "טובא" ל"משה רעיא מהימנא" דמשה רבינו איקרי טוב והוא יאיר את אור הגאולה כמ"ש האור החיים דמשה הוא גואל ראשון והוא גואל אחרון.

י"ז. תּוֹרָה צִוָּה לָנוּ מֹשֶׁה מוֹרָשָׁה קְהִלַּת יַעֲקֹב (דברים לג,ד)

גימ׳ (2411) ועם הכולל (2412) ד׳ פעמים ״בני ישראל״ (603) דעסקין באורייתא קדישא יממא ולילא- ומקיימין קרא ״מורשה קהלת יעקב״- אל תיקרי מורשה אלא מאורסה- דכנסת ישראל בחינת אשה כשרה דעושה רצון בעלה הקב״ה דאמרו חז״ל איזוהי אשה כשרה העושה רצון בעלה [ועיין מה שבארנו ענין זה לעיל אופן צ׳].

י״ח. **וְהַשְּׁתִיָּה כַדָּת אֵין אֹנֵס כִּי כֵן יִסַּד הַמֶּלֶךְ עַל כָּל רַב בֵּיתוֹ לַעֲשׂוֹת כִּרְצוֹן אִישׁ וָאִישׁ** (אסתר א,ח)

גימ׳ (4161) ה׳ פעמים ״ארץ ישראל״ (832) עם הכולל- כאמרם מאי כדת? ומתרצים ״כדת של תורה״ גימ׳ (1365) ג׳ פעמים משה במילוי יודין כזה: ״מם שין הי״ (455).

והוא נמי חושבן (1365) ה׳ פעמים ״אור גנוז״ (273) דהן ה׳ פעמים אור דיום א׳ דמעשה בראשית דסליקו לחושבן (1035) ג׳ פעמים ״משה״ (345).

והנה בפיסקא שכנגד מדת הגבורה נרמזין ח׳ פסוקין - בסוד בינה הספירה השמינית מתתא לעילא - ומשפעת בגבורה סוד הדינים אשר נמתקין בבינה - דאין הדין נמתק אלא בשרשו בבינה [כמו שבארנו לעיל אופן ל״ח] - ולכן הן ח׳ פסוקין בסוד מיתוק הדינים.

והנה הני ח׳ פסוקין סליקו לחושבן (23817) ״נא״ (51) פעמים ״אמת ה׳״ (467) כדכתיב (תהל׳ קי״ז,ב׳) ״ואמת ה׳ לעולם הללויה״ דרצה משה רבינו להיכנס לארץ ישראל למתק הדינים של עשו הוא אדו״ם בגימ׳ נ״א [כמו שביאר המגלה עמוקות בפירושו על ואתחנן אופן מ׳ עיין שם] ולגלות תמן אמת ה׳ לעולם על ידי שיעביר רוח הטומאה מן הארץ- והשיב לו הקב״ה דרק לעתיד לבוא יעביר הוא עצמו את רוח הטומאה מן הארץ- ולכן אל תוסף [כדמסיים האופן במגלה עמוקות].

ולכן כאן כפילת נ״א פעמים אמת ה׳, דהוא ג״כ אדו״ם (51) פעמים אמת ה׳ כנ״ל- דכל הקלי׳ הן שקר וכזב ויפוצו כמוץ אשר תדפנו רוח- ואז יוכח אמת ה׳ לעולם לעיני כל בשר.

ובדברי קודשו דמרן אדמו״ר שליט״א בפיסקא תנינא אינון ט״ל (39) תיבין בסוד (שיר השירים ה׳,ב׳) שראשי נמלא ט״ל- דהוא ט״ל תחיה להחיא מתיא מגבורה דעתיק ולכן ט״ל תיבין הן במדת הגבורה לרמוז גבורה כנ״ל [ועיין

בפתח אליהו (הקדמת תקוני זוהר דף יז:) שראשי נמלא ט"ל וכו' דסליקו אתוון לחושבן ט"ל (39) ואכמ"ל].

פיסקא ג': תפארת

והוא במדת התפארת דכתב מרן אדמו"ר שליט"א בהדיא "**ישראל אשר בך אתפאר**" והוא כלשון הפסוק:

י"ט. **וַיֹּאמֶר לִי עַבְדִּי אָתָּה יִשְׂרָאֵל אֲשֶׁר בְּךָ אֶתְפָּאָר** (ישעיהו מט,ג)

גימ' (2535) **ועם הכולל** (2536) **ח' פעמים "ויקרא"** (317) **תמן אלף זעירא** בחינת כתר- ח' פעמים רמיזא בינה כתרא דזעיר בסוד (איוב ל"ו,ב') **כתר לי זעיר**- דזעיר איהו תפארת והן תפארת ישראל דממעטין עצמן לפניו יתברך כמ"ש (דברים ז',ז') "לא מרובכם חשק ה' בכם ויבחר בכם כי אתם המעט מכל העמים" ודרשו חז"ל לא מפני שאתם מגדילים עצמכם בחרתי בכם אלא מפני שאתן ממעטין עצמכם לפני- כעין מה שמצינו בהר סיני שניתנה בו תורה מפני שהיה נמוך שבהרים.

כ'. **כִּי אֹרֶךְ יָמִים וּשְׁנוֹת חַיִּים וְשָׁלוֹם יוֹסִיפוּ לָךְ** (משלי ג,ב)

גימ' (1785) **ב' פעמים "משה וישראל"** (892) **עם הכולל**

דהן במדת התפארת עמודא דאמצעיתא בחינת בריח התיכון המבריח מן הקצה אל הקצה (שמות כ"ו,כ"ח) עד לבחינת כתר עליון "כי ארך ימים" גימ' (351) "אלף פעמים".

כדאמר משה לישראל (דברים א',י"א): "ה' אלהי אבותיכם יוסף עליכם ככם **אלף פעמים**" ואמרו לו ישראל: וכי קצבה אתה נותן לברכותינו? ואמר להם: אלו- משלי, אבל הוא יברך אתכם כאשר דבר לכם.

וכאן באה הברכה בענין "ארך ימים ושנות חיים" כאמרם (תענית ה:) יעקב אבינו לא מת מה זרעו בחיים אף הוא בחיים- וכן נמשכת ברכתו של משה רבינו על ידי שעם ישראל עוסק בתורה בששת ימי החול ונקראת תורת משה כדכתיב זכרו תורת משה עבדי (מלאכי ג',כ"ב) וממשיכים אותו ממש להאי עלמא- ואם הכינו הכלי הראוי אזי בשבת קודש ישמח משה במתנת חלקו- דהן אלף האורות דזכה להן משה רבינו בהר סיני ונותנן לישראל בכל שבת ושבת כל חד וחד כפום מאי דמשער בליביה.

ובדברי קודשו דמרן אדמו״ר שליט״א בפיסקא השלישית דבארנו דהיא לקביל ספירת התפארת- נרמזין ב׳ פסוקין בלבד - בסוד אור ישר [מקוב״ה ישראל אשר בך אתפאר] ואור חוזר [מתתא לעילא כי ארך ימים ושנות חיים] - דישראל עבדין תיובתא בדחילו ורחימו, וסליק עד לבחינת אדם קדמון דהוא למעלה ממקור לגבי העולמ׳ת בבחינת אין של היש האמיתי - והוא פלא כיצד יש הנברא יגיע ליש האמיתי והיא תכלית הכונה להיות ביחוד נשיקין בורא ונברא כדכתיב במשה (במדבר י״ב,ח׳) פה אל פה אדבר בו בחינת יחוד נשיקין - וזהו ״אדם קדמון״ בא״ת ב״ש גימ׳ (713) ״תשובה״ וזהו דמאן דעביד תשובה איקרי אדם.

והנה ב׳ הפסוקים יחד סליקו לחושבן (4320) ג׳ פעמים ״אמת״ (1440) ב-א׳ רבתי בסוד אדם ב-א׳ רבתי (תחלת דברי הימים) ומדת התפארת היא לקביל אות ו׳ דשמא קדישא הוי׳ ברוך הוא, ובזוה״ק תחלת פרשת ויקרא (ב.) ו׳ דא אות אמת [וזלשה״ק: ונתתם לי אות אמת (יהושע ב׳,י״ב) דא את ו׳ דדא איקרי אות אמת, ואי תימא שאר אתוון לאו אינון אמת, אין, אלא אות דא אות אמת איקרי עכלשה״ק] ובכאן כפילת ג׳ פעמים להורות דתפארת כליל ג׳ גוונין: לבן, אדום, ירוק - בסוד תלת גוונין דקשת - דקשת איקרי ברית - ויש לקשרו למה שנכתוב לקמן בספירת היסוד ברית קודש בסוד אלה תולדות יעקב יוסף (בראשית ל״ז,ב׳) דגופא ויסודא כחדא חשיבי, ונבארו לקמן באריכות בסוד ה׳ ווין שלקח יעקב אבינו מאליהו הנביא פקדון עד ביאת משיח צדקנו במהרה בימינו אמן.

פיסקא ד׳: נצח

רמיזא בסיפא דפיסקא דכתב מרן אדמו״ר שליט״א ב׳ פעמים ״הכותל״ גימ׳ (922) ״אם אין קמח אין תורה״ וממילא ג״כ ״אם אין תורה אין קמח״- וזהו ״קמח״ בגימטריא (148) ״נצח״.

כ״א. הֲלֹא הֵם יוֹרוּךָ יֹאמְרוּ לָךְ וּמִלִּבָּם יוֹצִאוּ מִלִּים (איוב ח,י)

גימ׳ (981) ״יחודא עילאה יחודא תתאה״ עם הכולל- והוא בחינת שמע ישראל יחודא עילאה עם ברוך שם כבוד מלכותו יחודא תתאה- ופה רמז: ולא עת להאריך ״בתושבחתא״ גימ׳ (1119) ״שמע ישראל ה׳ אלהינו ה׳ אחד״ עם הכולל- ומצינו בדברי חז״ל נשבע הקב״ה שלא יכנס בבית המקדש של מעלה עד שיכנס לבית המקדש של מטה- וזהו דכולא פסוקא לבר מתיבה

אחרינא "הלא הם יורוך יאמרו לך ומלבם יוציאו (מלים)" סליק לחושבן (861) "בית המקדש".

וענין לגלות מליבא לפומא דיהא פיו ולבו שוים ולא כבלעם הרשע שפיו ולבו אינם שוים דחושבן פסוקא (981) הוא כחושבן "ויהפוך ה' את הקללה לברכה" (דברים כ"ג,ו') דכתיב בבלעם.

ואמנם ודאי שלא ברך את בני ישראל מכל לבו הערל שהיה לעומת זה המוחלט לגבי משה רעיא מהימנא- ופגם בברית קודש בתכלית ולא רק שחטא אלא שהחטיא את ישראל שיעץ לבלק להכשילם בבנות מואב- אלהיהם של אלו שונא זימה.

ולכן תיבין דכתב מרן אדמו"ר שליט"א "**תושבחתא דא**" סליקו לחושבן (1122) "**מגלה עמקות מני חשך**" (איוב י"ב,כ"ב) וכמו שכתבנו בדברי קודשו ברישא דקונטרס דתיבין דכתב "**תכריך כתבים**" סליקו נמי לחושבן "מגלה עמקות מני חשך" ותרוויהו בעמודא דימינא- דפסוקא קמא לקביל חסד- ובכאן בפסוקא רביעאה לקביל נצח בסוד גולל אור מפני חשך- דהוא קו הימין.

כ"ב. **וְשֵׁם אִישׁ יִשְׂרָאֵל הַמֻּכֶּה אֲשֶׁר הֻכָּה אֶת הַמִּדְיָנִית זִמְרִי בֶּן סָלוּא נְשִׂיא בֵית אָב לַשִּׁמְעֹנִי** (במדבר כה,יד)

גימ' (4401) כ"ז (27) פעמים "ויהי ידיו אמונה" (163) דזמרי איבד אמונתו וחלל בריתו [ועל ידי כן פגם ב-כ"ז אתוון דאורייתא כ"ב פשוטות ו-ה' מנצפ"ך] עם כזבי מלשון שקר וכזב- ולכן נענש ביד פנחס, ובארנו ענינם באופן מ"ה עיין שם.

כ"ג. **זֶה סֵפֶר תּוֹלְדֹת אָדָם בְּיוֹם בְּרֹא אֱלֹהִים אָדָם בִּדְמוּת אֱלֹהִים עָשָׂה אֹתוֹ** (בראשית ה,א)

גימ' (2949) ג' פעמים "אברהם יצחק יעקב משה" (983) דמשה רבינו כליל ג' אבהן כמבואר בזוה"ק תחלת שיר השירים בענין שין רבתי וכמו שבארנו באריכות לעיל אופן בק"צ בהקדמה לבאור שיר השירים פרק א', וכאן בפסוקא רביעאה לקביל נצח דמשה רבינו הוא בספירת הנצח ואהרן בספירת הוד בבחינת נצח והוד תרין שוקין (פתח אליהו תקו"ז יז:).

כ"ד. זֶה יֹאמַר לַיהוה אָנִי וְזֶה יִקְרָא בְשֵׁם יַעֲקֹב וְזֶה יִכְתֹּב יָדוֹ לַיהוה וּבְשֵׁם יִשְׂרָאֵל יְכַנֶּה (ישעיהו מד,ה)

גימ' (2733) ג' פעמים "ראשית" (911) דהן ישראל דעלו במחשבה לפני כל דבר- י"ל דהן נשמותיהן דהנשמה היא למעלה משם- והן בשם ישראל דעלה בחשבה הקדומה לפניו יתברך כדאיתא בזוה"ק קוב"ה אורייתא וישראל כולא חד

וכמו שיתגלה לעתיד לבוא דיהודי קדוש בבחינת אלהות בחינת ושכנתי בתוכם (שמות כ"ה,ח') וכן התורה הקדושה היא אלהות ממש- וכל תנועה של יהודי אפילו אם נראית סתמית ובלא חשיבות בהאי עלמא- תתגלה דהיתה תנועה קדושה- מה שאין כן בעכו"ם.

כ"ה. אִישׁ כִּי יִדֹּר נֶדֶר לַיהוה אוֹ הִשָּׁבַע שְׁבֻעָה לֶאְסֹר אִסָּר עַל נַפְשׁוֹ לֹא יַחֵל דְּבָרוֹ כְּכָל הַיֹּצֵא מִפִּיו יַעֲשֶׂה (במדבר ל,ג)

גימ' (3702) ו' פעמים "הברית" (617) דאות ו' הוא יסוד ברית קודש- דממשכת המידות העליונות למלכות- ומתמן נפק שמואל הנביא כדכתיב ואמרינן בקבלת שבת (תהל' צ"ט,ו') משה ואהרן בכהניו ושמואל בקוראי שמו- הא למדת ששמואל הנביא שקול כמשה ואהרן- משה בנצח ואהרן בהוד- דנצח והוד כחדא אזלן וכחדא שריין.

וזהו דנצח בחינת פורים והוד בחינת חנוכה- ולכן "איש כי ידר נדר לה'" גימ' (865) ה' פעמים "נהפוך הוא" (173) בחינת תחית המתים- והן ה' תיבין דערך ממוצע דכל תיבה "נהפוך הוא"- והנה הוא הפלא ופלא ה' תיבין הבאים "או השבע שבעה לאסר אסר" גימ' (1313) "תחית המתים"- וממשיך "על נפשו לא יחל" גימ' (615) ה' פעמים "ענג" (123) והוא חושבן (615) "במשה רבינו".

כ"ו. תְּשִׂימֵנוּ מָדוֹן לִשְׁכֵנֵינוּ וְאֹיְבֵינוּ יִלְעֲגוּ לָמוֹ (תהלים פ,ז)

גימ' (1652) כ"ח (28) פעמים "כי טוב הוא" (59) כדכתיב (שמות ב',ב') ותרא אותו כי טוב הוא- דקאי אמשה רבינו- דנתן כ"ח בכל אחד ואחד מישראל דלא יתרשם מהמלעיגים עליו כלל כמו שפתח מרן הבית יוסף בשולחן ערוך.

והנה ו' פסוקין דפיסקא רביעאה דמדת הנצח תמן משה דהוא בסוד אות ו' וירא העם כי בושש משה (שמות ל"ב,א') בושש נוטריקון בו שש- סליקו כולהו לחושבן (16418) ועם הכולל (16419) ט"ל (39) פעמים "מלחמה לה' בעמלק"

(421) כדכתיב במלחמת עמלק (שמות י״ז,ט״ז) ויאמר כי יד על כס י״ה מלחמה לה׳ בעמלק מדר דר - והוא דהקב״ה עצמו יאביד ויכרית שמו של עמלק מן העולם וכדכתיב (במדבר כ״ד,כ׳) ראשית גויים עמלק ואחריתו עדי אובד- וימשיך ט״ל תחית המתים להאי עלמא- ואז יוכל משה רבינו להיכנס לארץ ישראל בראש כל דור המדבר דור דעה.

פיסקא ה׳: הוד

רמיזא ג׳ תיבין אחרנין בדברי קודשו דמרן אדמו״ר שליט״א דהיינו ״קני כל חרשתא״ דסליקו לחושבן (1119) ״בתושבחתא״ דהיא תיבה רביעאה מריש פיסקא רביעאה לקביל ספירת נצח- והרי הן נצח והוד דכחדא אזלן וכחדא שריין- ויחד סליקו לחושבן (2238) ״אשר ברא ששון ושמחה חתן וכלה״ לקביל נצח והוד- ״ששון״ גימ׳ (656) ח׳ פעמים ״אלי אלי״ (82) דאמרה אסתר בפורים הרי נצח, שמחה דכתיב (תהל׳ קי״ג,ט׳) אם הבנים שמחה- בינה דאתפשטת בהוד, וחתן וכלה בחינת נצח והוד כדכתיב איהו בנצח ואיהי בהוד.

כ״ז. **וַיֹּאמֶר לָהֶם בָּרוּךְ מִפִּיו יִקְרָא אֵלַי אֵת כָּל הַדְּבָרִים הָאֵלֶּה וַאֲנִי כֹּתֵב עַל הַסֵּפֶר בַּדְּיוֹ** (ירמיהו לו,יח)

גימ׳ (2757) ג׳ פעמים ״חתמנו בספר החיים״ (919) דאמרינן בצלותא דנעילה ביום הכיפורים [בעשי״ת אומרים וכתבנו בספר החיים ובנעילה דהוא שעת החתימה אומרים וחתמנו].

וכמו שכתב מרן אדמו״ר לשיט״א בענין ״**חקיקת דברי תורה בקני כל חרשתא**״ גימ׳ (2566) ה׳ פעמים ״חתן כלה״ (513) עם הכולל- דמשלימים זה את זה להיות אדם שלם כדכתיב (בראשית ה׳,ב׳) ויקרא את שמם אדם- וכפילת ה׳ פעמים כנגד ה׳ בחינות הנפש דכללות הקומה.

ובכאן תיבין דכתב מרן אדמו״ר שליט״א ״**חקיקת דברי תורה**״ גימ׳ (1455) ״ויקרא אל משה וידבר ה׳ אליו מאהל מועד לאמר״ דהוא פסוקא דפותח ספר ויקרא תמן אלף זעירתא דבה עסיק חבורנו לבאר כל כתבי המגלה עמוקות על פי אלף זעירא דויקרא באלף אופנים.

והנה בפיסקא שכנגד ספירת ההוד מצינו רמז לפסוק אחד (2757) - ויחד עם ו׳ הפסוקים של ספירת הנצח (16418) - דנצח והוד כחדא חשיבי - סליקו כולהו לחושבן (19175) י״ג פעמים ״נצח ישראל לא ישקר ולא ינחם״ (1475)

כדאמר שמואל לשאול (שמואל א׳ ט״ו,כ״ט) וגם נצח ישראל [הקב״ה] לא ישקר ולא ינחם- כי לא אדם הוא להינחם״ וכעין מה שאמר בלעם הרשע (במדבר כ״ג,י״ט) ״לא איש אל ויכזב ובן אדם ויתנחם, ההוא דיבר ולא יעשה ואמר ולא יקימנה״.

ובכאן ״נצח ישראל״ דכולל תרוויהו כחדא בנצח- ומחלקו לשנים: ״ישקר ינחם״ גימ׳ (718) ב׳ פעמים ״משיחא״ (359) דערך הממוצע של שניהם ״משיחא״ והוא רמז לשני משיחים:

ינח״ם רמיזא משיח בן דוד דאחד משמותיו מנח״ם כדאיתא בגמרא (סנהדרין צח:) וינח״ם פשוט עם ישק״ר בא״ת ב״ש גימ׳ (157) ״יוסף״ רמיזא משיח בן יוסף.

פיסקא ו׳: יסוד

מביא כ״ק אדמו״ר שליט״א ״עת פקידה״- וכדאמר יוסף לשבטים (בראשית נ׳,כ״ד) ״ואלהים פקד יפקד אתכם״- ויוסף הצדיק מדתו ביסוד כנודע- וכן ״פקידה״ גימ׳ (199) ״צדקה״ וגם הוא רמז ליסוד הנותן צדקה למלכות כדאיתא בזוה״ק איהו צדק וכד יהיב לה ה׳ איהי צדקה- דהיינו יסודא עביד למלכותא למהוי צדקה- וכדאמר יוסף [שמדתו ביסוד כנ״ל] ״הא לכם זרע״- שנתן להם ה׳ כדי להשלים לצדק״ה- והנה ״עת פקידה״ גימ׳ (669) ״קדושים בכל יום יהללוך״ [כדאמרינן אתה קדוש ושמך קדוש וקדושים בכל יום יהללוך סלה ומסיימינן ברוך אתה ה׳ האל הקדוש] והוא חושבן ״בורא קדושים״ [וגם הוא בצלותא דשחרית תתברך צורנו מלכנו וגואלנו בורא קדושים].

ורמיזא בדברי מרן אדמו״ר שליט״א עת פקידה- דלקח יעקב אבינו ה׳ ווין מאליהו הנביא פקדון עד שיבשר ביאת משיח צדקנו, כפרש״י וזכרתי את בריתי יעקוב: בחמשה מקומות נכתב מלא [יעקוב] ואליהו חסר [אליה] בחמשה מקומות, נטל אות אחת משמו של אליהו ערבון ״שיבא ויבשר גאולת בניו״ גימ׳ (1339) י״ג פעמים ״נחמה״ (103) דבגילוי אור הגנוז מ-י״ג מכילן דרחמי ננוחם בשוב ה׳ את שיבת ציון במהרה בימינו אמן- ועד לאותה העת ננוחם בדברי תורה כדאמר דוד (תהל׳ קי״ט,נ׳) זאת נחמתי בעניי כי אמרתך חייתני- ונעביד חושבן הני י׳ פסוקין, ה׳ תמן **יעקוב** מלא ו-ה׳ תמן **אליה** חסר- והן לקביל עשרת הדברות ה׳ פסוקין דיעקב לקביל לוח ימין דיעקב אבינו איהו רחמי בחינת ימין, ואליהו הנביא בחינת דין כאמרם לעולם יזהר

אדם בתפלת המנחה שהרי אליהו לא נענה אלא בתפלת המנחה דהוא זמן התעוררות הדינים דתפלת מנחה דתיקנה יצחק אבינו כדכתיב (בראשית כ״ד,ס״ג) ויצא יצחק לשוח בשדה לפנות ערב וכו׳ ויצחק מדתו בגבורה.

והנה הני פסוקין דא לקביל דא - באליה חסר מצינו ד׳ פסוקין בספר מלכים ב׳ - ופסוקא חדא בספר מלאכי, וביעקוב מלא מצינו ד׳ פסוקין בספר ירמיהו - ופסוקא חדא בספר ויקרא - והרי מקבילות הלולאות - ולא זו בלבד אלא שהפסוק בספר מלאכי (ג׳,כ״ג) ״הנה אנכי שלח לכם את אליה הנביא לפני בוא יום ה׳ הגדול הנורא״ עולה גימ׳ (1661) ״אלף (1000) האיש משה (661)״ ולעומתו הפסוק היחיד דיעקוב בספר ויקרא (ויקרא כ״ו,מ״ב) ״וזכרתי את בריתי יעקוב ואף את בריתי יצחק ואף את בריתי אברהם אזכר והארץ אזכר״ עולה גימ׳ (5288) ח׳ פעמים ״האיש משה״ (661) והרי הוא פלא - ונוסיף דכפילת ח׳ פעמים מרמזת אור הגנוז לצדיקים לעתיד לבוא דבינה הספירה השמינית מתתא לעילא והוא ענין ח׳ נרות דחנוכה שמרמזים לאלף השמיני - וממילא ב׳ הפסוקים יחד (עם הכולל) סליקו לחושבן (6950) כ״ה פעמים ״אור הגנוז״ (278) דעתיד להתגלות לעתיד לבוא ואז ישיב יעקב את אותה ו׳ שלקח לפקדון מאליהו הנביא - והדברים סתומים.

והנה שאר ח׳ הפסוקים: ד׳ הפסוקים ביעקוב מלא:

א׳. ״כה אמר ה׳ הנני שב שבות אהלי יעקוב ומשכנתיו ארחם ונבנתה עיר על תלה וארמון על משפטו ישב״ (ירמיהו ל׳,י״ח) גימ׳ (5210) ועם הכולל (5211) ט׳ פעמים ״נוצר חסד ונקה״ (579) תרין מזלין ה׳ ו-י״ג דמינייהו ינקין אבא ואמא עילאין- וכפילת ט׳ פעמים באה לרמוז מיתוק הדינים בזעיר תמן ט׳ תיקוני דיקנא קדישא.

ב׳. ״גם זרע יעקוב ודוד עבדי אמאס מקחת מזרעו משלים אל זרע אברהם ישחק ויעקב כי אשוב (אשיב קרי) את שבותם ורחמתים״ (ירמיהו ל״ג,כ״ו) גימ׳ (5361) ג׳ פעמים ״אלף (1000) האיש משה ענו (787)״ (1787) ומקשרא לפסוקא קמא דלעיל וזכרתי את בריתי יעקוב וכו׳ דסליק לחושבן ח׳ פעמים ״האיש משה״ וכן בפסוקא דספר מלאכי הנה אנכי שלח לכם את אליה הנביא וכו׳ דסליק לחושבן ״אלף האיש משה״ כנ״ל.

ג׳. ״ואתה אל תירא עבדי יעקוב ואל תחת ישראל כי הנני מושיעך מרחוק ואת זרעך מארץ שבים ושב יעקב ושקט ושאנן ואין מחריד״ (ירמיהו מ״ו,כ״ז) גימ׳

(6677) י"א פעמים "משה ואהרן" (607) דתרוויהו שקולין כחדא כמו שדרשו חז"ל על הפסוק "הוא משה ואהרן וכו' הוא אהרן ומשה וכו' הם המדברים" (שמות ו',כ"ו) הא למדת ששקולים הם- ומכניעים י"א כתרין דמסאבותא בחינת י"א אלופי עשו.

ד'. "לא כאלה חלק יעקוב כי יוצר הכל הוא ושבט נחלתו ה' צבאות שמו" (ירמיהו נ"א,י"ט) גימ' (2498) י"א פעמים "ברכה" (227) עם הכולל- וכפלינן י"א פעמים לקביל י"א אלופי עשו- והאי "ברכה" לקביל יעקב אבינו שלקח הברכות מעשו- וכן בכאן לקח ה' ווין מאליהו הנביא- וזהו דתרוויהו "יעקב אבינו (251) אליהו הנביא (120)" סליקו לחושבן (371) "שיבוא אליהו" וכפרש"י שיבוא אליהו ויבשר גאולת בניו כנ"ל.

והנה הני ה' פסוקין דיעקוב מלא סליקו לחושבן (25034) ועם הכולל (25035) י"ה (15) פעמים "וכי תאוה הוא לעינים" (בראשית ג',ו') (1669) ב-א' רבתי [דכתיב בחטא אדם הראשון ותרא האשה כי טוב העץ למאכל וכי תאוה הוא לעינים וכו'] - דאדם הראשון קודם החטא היה תפוח עקבו מכהה גלגל חמה - ואמרו חז"ל שופריה דיעקב כשופריה דאדם הראשון - דיעקב אבינו מתקן חטא אדם הראשון וחוה דפגמו בבחינת אבא ואמא עילאין - ולכן כפלינן י"ה פעמים, והוא סוד תיקון השבירה דהיה בעיניים דא"ק, ואכמ"ל.

והנה ד' הפסוקים הנוספים באליה (למעט הפסוק ממלאכי כנ"ל):

א'. "ומלאך ה' דבר אל אליה התשבי קום עלה לקראת מלאכי מלך שמרון ודבר אליהם המבלי אין אלהים בישראל אתם הלכים לדרש בבעל זבוב אלהי עקרון" (מלכים ב' א',ג') גימ' (5630) י' פעמים "בינה מלכות" (563) דשמיה אליה"ו גימ' ב"ן בסוד מלכות- והמשיך מבינה כמו שיהיה לעתיד לבוא, וכגון מה שממשיך שם ותרד אש מן השמים וכו' (שם פסוק י') וכן מה שעלה אליהו בסערה השמימה על ידי רכב אש וסוסי אש (מלכים ב' ב',י"א).

ב'. "ולכן כה אמר ה' המטה אשר עלית שם לא תרד ממנה כי מות תמות, וילך אליה" (שם פסוק ד') גימ' (4012) ד' פעמים "ישראל עלה במחשבה" (1003) לקביל ד' אתוון דשמא קדישא י-ה-ו-ה מלאים בישראל עלה במחשבה, ומשה רבינו דזכה לסוד חיים- היינו תחית המתים דארבעים יום לחם לא אכל ומים לא שתה (שמות ל"ד,כ"ח) והמשיך ונטע זאת בנשמות ישראל- והוא מה שהחל אברהם אבינו לגלות ד"ישראל עלה במחשבה" גימ' (1003) "ויטע אשל בבאר

שבע״ (בראשית כ״א,ל״ג) ולכן פסוקא דנן סליק לחושבן (4012) ״כי טוב הוא״ (59) פעמים ״חיים״ (68) [דכתיב לגבי משה רבינו ותרא אותו כי טוב הוא (שמות ב׳,ב׳)].

ג׳. ״ויאמרו אליו איש בעל שער ואזור עור במתניו, ויאמר אליה התשבי הוא״ (שם פסוק ח׳) גימ׳ (3543) ועם הכולל (3544) ח׳ פעמים ״באמת״ (443) כמו שאומרים בפיוט למוצאי שבת ופרח לו איש האמת והוא אליהו הנביא, וביעקוב סליק פסוקא לחושבן ח׳ פעמים האיש משה כנ״ל- דאומרים בלועי קורח משה אמת ותורתו אמת וכו׳.

ד׳. ״ויען אליה וידבר אליהם אם איש אלהים אני תרד אש מן השמים ותאכל אתך ואת חמשיך, ותרד אש אלהים מן השמים ותאכל אתו ואת חמשיו״ (שם פסוק י״ב) גימ׳ (7164) ט׳ פעמים ״וימת שם״ (796) כדכתיב במשה רבינו (סוף התורה) וימת שם משה עבד ה׳- ובכאן קאי אשר החמישים וחמישיו. והוא נמי חושבן (7164) ל״ו פעמים ״צדקה״ (199) בסוד ל״ו צדיקים- ואליה אחד מהם כד חזינן מהני פסוקין.

והנה חמשת הפסוקים דאליה חסר גימ׳ (22010) ועם הכולל (22011) ״טוב הוא״ (29) פעמים ״עלה ראש הפסגה״ (759) (דברים ג׳,כ״ז) דקאי אמשה רבינו [דכתיב ביה ותרא אותו כי טוב הוא (שמות ב׳,ב׳)] - דרצה שלא להסתלק כאחד האדם אלא כאליהו הנביא דעלה בחיי חיותו השמימה - וכדמצינו בחנוך דלא כתיב ביה מיתה ״ויתהלך חנוך את האלהים ואיננו כי לקח אותו אלהים״ (בראשית ה׳,כ״ד).

והנה כל עשרת הפסוקים יחד- ה׳ פסוקים דיעקוב מלא ו-ה׳ פסוקים דאליה חסר- עולים בגימ׳ (47044) ״חוה״ (19) פעמים ״שמע ישראל ה׳ אלהינו ה׳ אחד (1118) ברוך שם כבוד מלכותו לעולם ועד (1358)״ (2476) ובאור הענין דחוה פגמה ואף החטיאה את אדם, כנודע דאדם וחוה בסוד שם מ״ה דהוי׳ ברוך הוא- דהוי׳ במילוי אלפין כזה ״יוד - הא - ואו - הא״ גימ׳ (45) ״אדם״ ותיקונו על ידי שם מ״ה- חושבנא דדין כחושבנא דדין (45) ומילוי שם הוי׳ דאלפין גימ׳(19) ״חוה״ וחזינן התכללות חוה באדם- כאמרם אדם הראשון דו פרצופין נברא- ועיקר החטא בא על ידי חוה דנתפתתה לנחש כדכתיב (בראשית ג׳,י״ג) הנחש השיאני- מלשון נישואין - ולכן בכאן כפלינן חו״ה פעמים שמע ישראל עם ברוך שם וכו׳ דהוא יחודא דלעתיד לבוא יחוד דעת עליון דלמעלה יש ולמטה אין- עם דעת תחתון דנבראים- דלמטה יש ולמעלה אין- ושניהם אמת

דברא הקב״ה עולמו באופן דיהיו נבראים בעלי הרגש ישות ועיקר עבודתם בטולם אל האין האלהי המהוה אותם בסוד אמונה בו יתברך וכדחזינן מדרגת הצדיקים הגדולים שאחזו במדרגה של בטול ישותם מכל וכל- כמשה רעיא מהימנא דמסר נפשיה על פחותים שבישראל- עד שלעתים שכחו ממדרגתו ורצו למנות להם נשיא אחר ואפילו לסקלו כמו בחטא המרגלים ובעדת קורח וכיו״ב והוא מפחיתות דעתם דראוהו בבטול עצמי ושגו לחשוב דתש כחו- עד שנגלה עליהם השי״ת כדכתיב במרים ואהרן ויאמר ה׳ פתאם אל משה אהרן ומרים צאו שלשתכם וכו׳ (במדבר י״ב,ד׳) וכן בקורח ועדתו ויקהל עליהם קורח את כל העדה וכו׳ וירא כבוד ה׳ אל כל העדה (במדבר ט״ז,י״ט).

ובכאן לקח יעקב אבינו ה׳ ווין מאליהו דיעקב אבינו בסוד שם מ״ה דשופריה דיעקב כשופריה דאדם הראשון ואליהו הנביא בסוד שם ב״ן- והוא לקביל חוה- וזהו דיעקב ואליהו בחינת תיקונא שלים דחטא הקדמון- וי״ל דיעקב לקביל שמע ישראל וכו׳ דאמרו לו השבטים- ואמנם הוא ענה להם- דהם המלכות בסוד י״ב בקר דים של שלמה- ברוך שם כבוד מלכותו וכו׳- ואמרו חז״ל שמע ישראל דכתיב בהדיא נימרינהו בקול ברוך שם כבוד מלכותו לעולם ועד דלא כתיב נימרינהו בלחש.

אמנם לעתיד לבוא דיהא יחודא שלים כדוגמת יום הכיפורים דהוא מעין תחית המתים דאסור באכילה ושתיה כשם שאין אכילה ושתיה לעתיד לבוא- ולכן ביום הכיפורים אמרינן ברוך שם כבוד מלכותו וכו׳ בקול- דיהא יחודא שלים כנ״ל- ובארנוהו במקום אחר [בפירוש על מגלה עמוקות ויקרא אופן ל״ח] בענין משה יהושע וכלב בן יפונה דהוו בחינת יחודא שלים דשם מ״ה וב״ן ואז יחזיר יעקב אבינו הווין לאליהו הנביא ויהיו שניהם בשלמות- אליה״ן שם ב״ן דמלכותא אשת חיל עטרת בעלה (משלי י״ב,ד׳) ״עטרת בעלה״ גימ׳ (786) ״את היי לאלפי רבבה״ (בראשית כ״ד,ס׳) דאיתמר ברבקה- ויעקב אבינו יהא בלא הווין דהוא שלימו יתיר בסוד שם הוי׳- דמספר שמות הוי׳ בתורה (1820) סליקו לחושבן י׳ פעמים ״יעקב״ (182) - דיעקב אבינו איקרי תם כדכתיב ויעקב איש תם (בראשית כ״ה,כ״ז) שלימו דכולהו וכן יתגלה לעתיד לבוא דכל יהודי הוא שלמות האלהות ושלמות המצוות דהן רצונו יתברך מכל יהודי- ולכן: ״ציצת מזוזה תפלין״ גימ׳ (1225) ״יהודי״ (35) פעמים ״יהודי״ (35).

והנה בפיסקא שתיתאה אית פסוקא חדא דרמיזא לן מרן אדמו״ר שליט״א- דהיינו:

כ"ח. **חֵטְא חָטְאָה יְרוּשָׁלַם עַל כֵּן לְנִידָה הָיָתָה כָּל מְכַבְּדֶיהָ הִזִּילוּהָ כִּי רָאוּ עֶרְוָתָהּ גַּם הִיא נֶאֶנְחָה וַתָּשָׁב אָחוֹר** (איכה א,ח)

גימ' (3524) ד' פעמים "כי שמש ומגן הוי' אלהים" (881) (תהל' פ"ד,י"ב) **ומרמז** שמירת היסוד ברית קודש דבעי נטירותא, דשם אלהי"ם הוא נרתק המקיף את שם הוי' ושמר עליו, וכן יוסף הצדיק עמד בין עשו הרשע ובין רחל שלא יתן בה רשע זה את עיניו וכו' בחינת השמירה כנ"ל.

ובארנו לעיל אופן חק"ל לבאור עשרת הדברות דכולהו י' דבריא דפרשת יתרו סליקו לחושבן (48455) אהי"ה בוכ"ו (55) פעמים "כי שמש ומגן הוי' אלהים" (881) ולוחות הברית ארכן ו' ורחבן ו' דעיקר תולדותיו של יעקב הן יוסף, וממילא כשנעלם נסתלקה ממנו רוח הקודש דבלאו יוסף לא עביד פירין.

והנה גם בספירת היסוד בדומה לספירת ההוד מצינו בדברי קודשו דמרן אדמו"ר שליט"א רק פסוק אחד, אמנם הוא מרמז כללות כל הקומה דעולה גימטריא ד' פעמים "כי שמש ומגן הוי' אלהים" כנ"ל- דכולל התפארת-שמש- והמלכות- אלהים, והוא בחינת קדושת הברית דסליק עד לבחינת הכתר דראשי תיבות "כי שמש ומגן הוי' אלהים" סליקו לחושבן (405) ה' פעמים "אנכי" (81) נוטריקון אני כ' דהיינו כתר.

וזהו ד-ג' ספיראן תתאין נצח-הוד-יסוד דאינון הרגלין ברית קודש דעביד תולדין בסוד (תהל' כ"ד,ה') *ישא ברכה מאת ה'* סליקו לחושבן עם הכולל (22700) ק' פעמים "**ברכה**" (227) כדאמר משה רבינו לישראל (דברים י',י"ב) **ועתה ישראל** מה ה' אלהיך שואל מעמך כי אם ליראה וכו' והקשו חז"ל וכי יראה מילתא זוטרתי היא ותירצו אין לגבי משה מילתא זוטרתי היא ומפסוק זה למדו חז"ל חייב אדם לברך מאה ברכות בכל יום- מה ה' אלהיך שואל מעמך אל תיקרי מה אלא מאה- וכן מה בא"ת ב"ש (יצ) סליק לחושבן (100) מאה.

וכד מוספינן להאי חושבן (22700) חושבן פתיחת המכתב דכ"ק אדמו"ר שליט"א כמו שבארנו באקדמות מילין דהן כ' תיבין בסוד כתר: **"הנה יד שלוחה אלי עלים לתרופה מתכריך כתבים העולים על מזבח הדפוס רמיזם יקרים מפז ומפנינים בלול מהנגלה והנסתר יחדיו"** דסליק לחושבן (5000) ה' אלפים- דהוא נמי כחושבן (5000) י' פעמים "פרו ורבו" (500) בקדושה- והרי יחדיו הן חושבן (27700) ק' פעמים "זרע"- בסוד זרע קודש כדאמר יוסף (בראשית

מ״ז,כ״ג) ה״א לכ״ם זר״ע וזרעתם את האדמה וכו׳- והוא לקביל ק׳ פעמים ״ברכה״ כנ״ל דסליק מחושבן הפסוקים דנרמזין בדברי קודשו מרן אדמו״ר שליט״א ב-ג׳ פיסקאות ראשונות לקביל ג׳ ספיראן: נצח-הוד-יסוד כנ״ל.

וכד מוספינן חושבן כל דברי קודשו דמרן אדמו״ר שליט״א בפיסקא קדמאה לקביל חסד (7953) עם חושבן ה׳ הפסוקין בפיסקאות לקביל נצח-הוד-יסוד עם הכולל [דהן גימ׳ (22700) ק׳ פעמים ״ברכה״ (227)] סליקו כולהו לחושבן (30653) ״טוב הוא״ (29) פעמים ״אז תתענג על ה׳״ (1057) (ישעי׳ נ״ח,י״ד) וממשיך והאכלתיך נחלת יעקב אביך נחלה בלי מיצרים בסוד עלמא דאתי דכל הענין שם מדבר מכבוד שבת קודש אם תשיב משבת רגלך וקראת לשבת עונג וכו׳ בחינת האלף השביעי יום שכולו שבת ומנוחה לחיי העולמים.

וכאמרם מנין לתחית המתים מן התורה? אז ישיר משה- שר לא נאמר אלא ישיר אותו לעתיד לבוא- ובכאן כפלינן ״טוב הוא״ דאיתמר במשה (שמות ב׳,ב׳) ״ותרא אותו כי טוב הוא״ וממילא נרמז בדברי מרן אדמו״ר שליט״א ענין עלמא דאתי דהוא תכלית הכל, ולכוון לבנו וכל מאווינו לשם שמים למקרבא לגאולתא שלמתא במהרה בימינו אמן.

פיסקא ז׳: מלכות

רמיזא בהדיא בתיבין קמאין דפיסקא ״על כן אמינא טבא״ עם א׳ דתיבה הבאה איישר דסליקו לחושבן (496) ״מלכות״ ומיד מקושר לענין ״ברית קדש״ גימ׳ (1016) ״**על כן אמינא טבא איישר**״- להורות המשכת השפע מיסוד דהיא פיסקא הקודמת תמן תיבה אחרינא תור״ה ביסוד- ולכן ממשיכה למלכותא קדישא כנסת ישראל דיתבין ועסקין באורייתא קדישא יממא ולילא כי הם חיינו וארך ימינו וכו׳ ובהם נהגה יומם ולילה.

וממילא מקיימים הדיבר אנכי הוי׳ אלהיך כדכתיב (ישעי׳ מ״ג,י׳) אתם עדי נאם ה׳- דעם ישראל על ידי לימוד התורה הקדושה מעידים בקב״ה שבראם- ולכן תיבין הנ״ל עם תיבה הבאה חילו ״**על כן אמינא טבא איישר חילו**״ גימ׳ (1070) י׳ פעמים ״אנכי הוי׳״ דאתפשטותא דהני תיבין בכל י׳ דברות דשרשם אנכי הוי׳ אלהיך וממילא במציאות כולה עד רגלי העשיה וכו׳.

ובהאי פיסקא שביעאה אינון ז׳ פסוקין בתראין דמלכותא קדישא איקרי בת שבע אשת דוד מלכא משיחא- וממילא רמיזין תמן ז׳ פסוקין והוא נפלא ומכוון.

כ״ט. הִנֵּה כִּי כֵן יְבֹרַךְ גָּבֶר יְרֵא יהוה (תהלים קכח,ד)

גימ׳ (834) ״בארץ ישראל״ תמן עיקר היראת שמים כדכתיב (דברים י״ד,כ״ג) ואכלת לפני ה׳ אלהיך במקום אשר יבחר וכו׳ למען תלמד ליראה את ה׳ אלהיך כל הימים ופירשו בתוספות דצריך להעלות המעשר לארץ ישראל ולירושלים כדי שיעסוק שם בתורה ויתחזק ביראת שמים.

ל׳. נַפְתָּלִי אַיָּלָה שְׁלֻחָה הַנֹּתֵן אִמְרֵי שָׁפֶר (בראשית מט,כא)

גימ׳ (2295) ״טוב״ (17) פעמים ״ממלכה״ (135) ואין טוב אלא צדיק שנאמר אמרו צדיק כי טוב (ישעי׳ ג׳,י׳) וכתיב וצדיק יסוד עולם (משלי י׳,כ״ה) דאיהו בחינת היסוד דממשיך הטיפה למלכותא קדישא בחינת ״ארץ ישראל״ גימ׳ (832) ״אמרי שפר״ עם הכולל- וכן ״אילה שלחה הנתן״ ראשי תיבות ״אשה״ וגימ׳ (894) ב׳ פעמים ״ואמת״ המשכת היסוד- ו׳ במלכות שנקראת ארץ בחינת אמת מארץ תצמח (תהל׳ פ״ה,י״ב).

ל״א. אַךְ טוֹב וָחֶסֶד יִרְדְּפוּנִי כָּל יְמֵי חַיָּי וְשַׁבְתִּי בְּבֵית יהוה לְאֹרֶךְ יָמִים (תהלים כג,ו)

גימ׳ (2123) י״א פעמים ״בכסא דוד עבדך״ (193) כדאמרינן בצלותא וכסא דוד עבדך מהרה לתוכה תכין וכתיב (תהל׳ קכ״ב,ה׳) כי שמה ישבו כסאות למשפט כסאות לבית דוד- דדוד מלכא משיחא יעביד משפט ברשעים וכפלינן י״א פעמים דהרשעים מקבלים חיותם מ-י״א כתרין דמסאבותא כמו שבארנו לעיל.

ל״ב. מַה טֹּבוּ אֹהָלֶיךָ יַעֲקֹב מִשְׁכְּנֹתֶיךָ יִשְׂרָאֵל (במדבר כד,ה)

גימ׳ (1691) ״חוה״ (19) פעמים ״חנוכה״ (89) והוא דע״י עסק התורה מכניעים לסיטרא אחרא דהחטיא את חוה [כאמרם בא ס״מ רכוב על נחש בדמות גמל והטיל בחוה זוהמא] ותיקונו על ידי לימוד התורה שהוא עיקר המשכת אור הגנוז דחנוכה- ונרמז בפסוק מה טובו אהליך יעקב רמז ליעקב איש תם יושב אוהלים (בראשית כ״ה,כ״ז) - דאין התורה נקנית אלא במי שממית עצמו באהלה של תורה שנאמר זאת התורה אדם כי ימות באהל (במדבר י״ט,י״ד).

ל״ג. קִיְּמוּ וקבל וְקִבְּלוּ הַיְּהוּדִים עֲלֵיהֶם וְעַל זַרְעָם וְעַל כָּל הַנִּלְוִים עֲלֵיהֶם וְלֹא יַעֲבוֹר לִהְיוֹת עֹשִׂים אֵת שְׁנֵי הַיָּמִים הָאֵלֶּה כִּכְתָבָם וְכִזְמַנָּם בְּכָל שָׁנָה וְשָׁנָה (אסתר ט,כז)

גימ׳ (4920) ו׳ פעמים ״ואהבת לרעך כמוך״ (820) (ויקרא י״ט,י״ח) דאמר רבי עקיבא זה כלל גדול בתורה כדאמר ליה הלל לאותו גר שביקש שילמדו את כל התורה כולה על רגל אחת- ואמר לו מאן דעלך סני לחברך לא תעביד ואידך זיל גמור - כלומר גמור וסיים לפרש את כל התורה כולה באותו אור של אהבת ישראל- וכדמוכח מעשרת הדיברות דהיו ה׳ דברות בלוח ימין בין אדם למקום- ומולם באותו סדר מצוות שבין אדם לחברו- והנה בדיבר ה-ב׳ קפ״ה (כמנין א״ל במילוי) אתוון ומולו הדיבר ה-ז׳ לא תנאף ו׳ אתוון בלבד- וכן בשאר הדיברות דבלוח ימין לכל דיבר יש כמה וכמה אותיות ובלוח שמאל רק לא תרצח, לא תנאף וכו׳ והוא להראות רצונו יתברך באהבת ישראל בין אדם לחברו מקיימים ממילא אהבת המקום שכן כתיב (שמות כ״ה,ח׳) ושכנתי בתוכם וכו׳ השוכן אתם בתוך טומאתם דאהבת יהודי לחברו כי השי״ת שוכן בתוכו ממילא מביאה את האדם לאהוב את השי״ת.

והיא אהבה שאינה תלויה בדבר דהשי״ת הוא נצחי וכן אהבתו של יהודי לחברו היא נצחית- והבנה זו היא סגולה לשלום בית- וכדאמריך כ״ק אדמו״ר שליט״א עם כל בני ביתו והנלוים עליו ועל המסייעים בעדו בדררא דממונא.

ל״ד. מַה נָּאווּ עַל הֶהָרִים רַגְלֵי מְבַשֵּׂר מַשְׁמִיעַ שָׁלוֹם מְבַשֵּׂר טוֹב מַשְׁמִיעַ יְשׁוּעָה אֹמֵר לְצִיּוֹן מָלַךְ אֱלֹהָיִךְ (ישעיהו נב,ז)

גימ׳ (4082) י״ג פעמים שם שד״י (314) בסוד המשכת הטיפה דמח האב מג״ר דעתיק אמשיך האי טלא עילאה דרך דיקנא קדישא ליסודא ברית קודש שם שד״י ומתמן למלכותא קדישא דאנן בפיסקא שביעאה בדברי קודשו דמרן אדמו״ר שליט״א- להחיא מתיא בעגלא ובזמן קריב.

ומקשרא לפיסקא קמא לקביל חסד בסוד חסד א״ל כל היום- דפסוקים א׳-ב׳ סליקו לחושבן כ״ב פעמים שם שד״י הרי הן יחד ״יהודי״ (35) פעמים שם שד״י (314) ומוכח דכל ענינו של יהודי הוא לימוד תורה בקדושה ובטהרה מפי עליון שאמר לעולמו די- היינו שלא יתמשכו העלמות והסתרים עד לאין קץ ותכלית- אבל בלימוד התורה הקדושה עין לא ראתה אלהים זולתך (ישעי׳ ס״ד,ג׳) היא בלי גבול במילין חדתין עד ביאת משיח צדקנו במהרה בימינו

אמן- דיכשיר דרא ללמוד מפי השי״ת בעצמו כדכתיב (ירמי׳ ל״א,ל״ג) **לא ילמדו עוד איש את רעהו ואיש את אחיו לאמר דעו את ה׳- כי ילמדו מפיו דקוב״ה ממש-** כמבואר בילקוט שמעוני.

ומסיים כ״ק אדמו״ר שליט״א בפסוק האחרון ה-״יהודי״ גימ׳ (35) ל״ה:

ל״ה. כִּי כֹה אָמַר אֲדֹנָי יהוה קְדוֹשׁ יִשְׂרָאֵל בְּשׁוּבָה וָנַחַת תִּוָּשֵׁעוּן בְּהַשְׁקֵט וּבְבִטְחָה תִּהְיֶה גְּבוּרַתְכֶם וְלֹא אֲבִיתֶם (ישעיהו ל,טו)

גימ׳ (4078) ט׳ פעמים ״מחיה מתים״ (553) עם הכולל- והוא בסוד תחית המתים- וכדאמרו חז״ל בענין משה רבינו דרומז לתחית המתים- מנין תחית המתים מן התורה? הנך שוכב עם אבותיך וקם (דברים ל״א,ט״ז) א״נ אז ישיר משה (שמות ט״ו,א׳) שר לא נאמר אלא ישיר- מכאן לתחית המתים מן התורה.

ובכאן י׳ תיבין קמאין ״כי כה אמר אדני ה׳ קדוש ישראל בשובה ונחת תושעון״ גימ׳ (2949) ג׳ פעמים ״אברהם יצחק יעקב משה״ (983) ותיבה ״תושעון״ גימ׳ (832) ״ארץ ישראל״- רמיזא כניסתו לארץ ישראל בתחית המתים.

וממילא שאר תיבין דפסוקא ״בהשקט ובבטחה תהיה גבורתכם ולא אביתם״ סליקו לחושבן (2029) ״ויצבר יוסף בר כחול הים הרבה מאד עד כי חדל לספר כי אין מספר״ (בראשית מ״א,מ״ט) בסוד יסודא דסליק עד רזא דאינסוף ובוקע עד לעצמותו יתברך ממש, ואז והריקותי לכם ברכה עד בלי די (מלאכי ג׳,י׳) כדפירשו חז״ל עד שיבלו שפתותיכם מלומר די.

והנה ז׳ הפסוקים דפיסקא שביעאה בסוד מלכות סליקו לחושבן (20923) כ״ב (22) פעמים ״באהבת ישראל״ (951) עם הכולל והוספת הכולל רמיזא קוב״ה אלופו של עולם, ובכאן רמיזא כולא יחודא **דקודשא בריך הוא**- רמיזא בהוספת אל״ף הכולל אלופו של עולם, **אורייתא**- כפילת כ״ב פעמים לקביל כ״ב אתוון דאורייתא, **וישראל**- בהדיא אהבת ישראל- **כולא חד.**

ואז הוא תכלית הכונה ולכן הוא בפיסקא שביעאה דמלכות דאין מלך בלא עם והן בני בכורי ישראל אשר בך אתפאר כמו שהביא מרן אדמו״ר שליט״א בפיסקא תליתאה בסוד תפארת- וקוב״ה אסתכל באורייתא וברא עלמא ועל ידי זה הושלמה תכלית כונתו יתברך דנתאוה להיות לו יתברך דירה בתחתונים.

ומשה רבינו זכה בסוד א׳ זעירא ויקר א׳ אל משה והשרישה בנשמות ישראל בסוד אהבה מסותרת לקדוש ברוך הוא ובין אדם לחברו כדחזינן במהלך הדורות דאפילו פשוטים שבישראל מסרו נפשם על קידוש השם.

והנה מרומזים בדברי כ״ק אדמו״ר שליט״א בפיסקא אחרינא- דהכל הולך אחר החיתום (ספר יצירה) בסוד סוף מעשה במחשבה תחלה- דכולא פיסקא שביעאה סלקת לחושבן עם הכולל (13930) ״יהודי״ (35) פעמים ״אלף זעיר״ (398) דכל יהודי אית ביה אהבה מסותרת והיא היא אלף זעירא- וכל תכליתו לזכך נפשו עד לגילויה ואז יתקיים בו בהעלותך את הנרות דתהא בתוכו שלהבת עולה מאליה באהבתו אל יהודי אחר וממילא על ידי זה יגיע לאהבת השי״ת ותורתו הקדושה כדאיתא בספה״ק דעל ידי ואהבת לרעך כמוך זוכים לקיים ואהבת את ה׳ אלהיך.

והוא סוד הצדקה דהאי פסוקא סליק לחושבן (13930) ״סוד״ (70) פעמים ״צדקה״ (199) וכמו שבארנו במקום אחר דתרין עשרת הדברות דיתרו ודואתחנן סליקו לחושבן (100000) ״מאה אלף״- והוא לכשתוסיף חושבן ג׳ פעמים ״צדקה״ (199) והכולל- דהוא אלופו של עולם עושה נפלאות גדולות לבדו- ואמרינן התם דהוא בסוד מאי דכתב האר״י הקדוש ליתן ג׳ פרוטות לצדקה לפני תפלת שחרית- היינו כשאומר ויברך דוד וכו׳ ואתה מושל [כאן ישים ג׳ פרוטות] בכל וכו׳.

וכד מוסיפנן חושבן דברי קודשו דמרן אדמו״ר שליט״א בפיסקא שביעאה (13930) וחושבן ז׳ הפסוקים דרמיזין בה (20923)

סליקו כולהו לחושבן (34853) י״ג פעמים ״רני ושמחי בת ציון כי הנני בא ושכנתי בתוכך נאם ה׳״ (2681) (זכרי׳ ב׳,י״ד) דהוא תחלת ההפטרה לשבת חנוכה ורמיזא הגאולה דיאירו י״ג מכילן דרחמי בגילוי וראו כל בשר יחדו כי פי ה׳ דבר (ישעי׳ מ׳,ה׳) - ולכן י״ג חושבן (13) אח״ד בסוד יחדו.

והוא נמי חושבן (34853) ״האור העליון״ (383) פעמים ״הוי׳ אדני״ (91) דיתעלו לעתיד לבוא למדרגת אבא ואמא עילאין בסוד ביום ההוא יהי״ה ה׳ אחד ושמו אחד (זכרי׳ י״ד,ט׳) - דבגאולה לא יהיה שמו י-ה-ו-ה היה הוה ויהיה - אלא יהא השם י-ה-י-ה, דנחיה עם בוראנו חיים נצחיים ובלע המות לנצח (ישעי׳ כ״ה,ח׳) וממילא יתבטלו הזמנים עבר הווה ועתיד- אלא יהא הכל עונג רצוף אהבה.

וכן נרמז בדברי קודשו דמרן אדמו״ר שליט״א י׳ תיבין קמאין בסוד י׳ ספיראן דהיינו ״על כן אמינא לפעלא טבא איישר חילו הנה כי כן״ סליקו לחושבן (1230) י׳ פעמים ״ענג״ (123) - שלמות י׳ ספירות כולן בבחינת עונג עליון דתלת רישין אינון בכתר אמונה-ענג-רצון - דעונג רישא תנינא יהיה נחלת כל ישראל- ורישא עילאה ״אמונה״ נחלתו של משה רבינו וצדיקי הדורות ״משה״ בא״ת ב״ש גימ׳ (102) ״אמונה״ לתמן סליק משה רבינו בהר נבו דאיקרי ״רישא דלא אתידע״ גימ׳ (1031) ״ויהי אחרי מות משה״ (תחלת ספר יהושע).

והנה כאשר נחבר דברי קודשו דמרן אדמו״ר שליט״א מפיסקא א׳ (7953) לדבריו בפיסקא ז׳ (13930) בסוד מגיד מראשית אחרית (ישעי׳ מ״ו,י׳) וכדכתיב נעוץ סופן בתחלתן ותחלתן בסופן - סליקו לחושבן (21883) ״לאל חי״ (79) פעמים ״זרע״ (277)

כדאמרינן בברית מילה על כן בשכר זאת אל חי חלקנו צורנו צוה להציל ידידות שארנו משחת למען בריתו אשר שם בבשרנו ומסיימינן ברוך אתה ה׳ כורת הברית- והוא ענין שמירת הברית לכן כפלינן ״זרע״ פעמים- שלמות זרע קודש דהטיפה כולה חסד דנחית ממוחא ולכן איקרי חתן על שם האי טיפה דנחית, והיא נקראת כלה בסוד כלתה לתשועתך נפשי (תהל׳ קי״ט,פ״א) דאיהו חסד ואיהי מלכות- ולכן חברנום יחדו ״חסד מלכות״ גימ׳ (568) ״יעלת חן״ כדכתיב אילת אהבים ויעלת חן (משלי ה׳,י״ט) ואיהי אורייתא קדישא דמעלה חן על לומדיה.

והנה חזינן דרמיזא טובא בדברי קודשו דמרן אדמו״ר שליט״א, ועוד קצרה היריעה דהוא רק אפס קצהו, ונשא תפלה לאל חי דנזכה לקשר נשמותינו לצדיקים הגדולים דלית להו מידי מגרמייהו אלא הן צינורות זכים וטהורים להעביר רצונו יתברך לבני ישראל עד לתחית המתים בסוד ונהפוך הוא דפורים- כדפירש האר״י הקדוש ״מרדכי אסתר״ גימ׳ (936) י״ג ע״ב- י״ג מכילן דרחמי מלאים בחסדי ה׳ כי לא תמנו (איכה ג׳,כ״ב) והפך להם ברוב חסדיו משמד לרצון- וכן עשו משה ואהרן במסירת נפשם על בני ישראל.

וזהו דכולהו ל״ה פסוקין בסוד יהוד״י (35) דנרמזין בדברי קודשו דמרן אדמו״ר שליט״א סליקו לחושבן עם הכולל (105011) ״משה ואהרן״ (607) פעמים ״נהפוך הוא״ (173) ונזכה להוסיף כולל ראשי תיבות ״כשור לעול

וכחמור למשא" ואז נזכה ל"תחית המתים" חושבנא דדין כחושבנא דדין (1313) בעגלא ובזמן קריב אכי"ר.

תם ונשלם השבח לבורא עולם קונטרס באו"ר הברכ"ה לבאור ברכת כ"ק מרן אדמו"ר מביאלא שליט"א.

י"ג סיון ה'תשע"ו ביתר עילית אה"ק.

www.ingramcontent.com/pod-product-compliance
Lightning Source LLC
Chambersburg PA
CBHW061956090426
42811CB00006B/958

* 9 7 8 0 9 8 9 1 6 7 9 8 7 *